国家社科基金重大项目（18ZDA162）最终成果之一

History of Chinese Sociology

# 中国社会学史

### 第一卷 上册

## 群学的形成

主　编　景天魁
副主编　高和荣　毕天云
　　　　杨善民　邓万春
　　　　何　健

中国社会科学出版社

## 图书在版编目(CIP)数据

中国社会学史. 第一卷, 群学的形成: 全2册 / 景天魁主编. —北京: 中国社会科学出版社, 2019.10
ISBN 978-7-5203-5711-1

Ⅰ.①中… Ⅱ.①景… Ⅲ.①社会学史—中国 Ⅳ.①C91-092

中国版本图书馆 CIP 数据核字(2019)第 251821 号

| 出 版 人 | 赵剑英 |
|---|---|
| 责任编辑 | 姜阿平 |
| 责任校对 | 朱妍洁 |
| 责任印制 | 张雪娇 |

| 出　　版 | 中国社会科学出版社 |
|---|---|
| 社　　址 | 北京鼓楼西大街甲 158 号 |
| 邮　　编 | 100720 |
| 网　　址 | http://www.csspw.cn |
| 发 行 部 | 010-84083685 |
| 门 市 部 | 010-84029450 |
| 经　　销 | 新华书店及其他书店 |

| 印刷装订 | 北京市十月印刷有限公司 |
|---|---|
| 版　　次 | 2019 年 10 月第 1 版 |
| 印　　次 | 2019 年 10 月第 1 次印刷 |

| 开　　本 | 710×1000　1/16 |
|---|---|
| 印　　张 | 57.5 |
| 插　　页 | 4 |
| 字　　数 | 885 千字 |
| 定　　价 | 428.00 元(全 2 册) |

凡购买中国社会科学出版社图书,如有质量问题请与本社营销中心联系调换
电话:010-84083683
**版权所有　侵权必究**

欲立其学，先立其史；
欲兴其学，先正其史。
——《中国社会学：起源与绵延》

(社会科学文献出版社 2017 年版，第 21 页)

# 本卷作者、学术顾问简介

**作者、主编：**

景天魁　博士，中国社会科学院学部委员、社会学研究所研究员，中国社会学会中国社会思想史专业委员会荣誉理事长。

**作者、副主编：**

高和荣　博士，厦门大学社会科学研究处处长，公共事务学院教授。

毕天云　博士，云南师范大学学术委员会副主任，哲学与政法学院院长、教授。

杨善民　博士，山东大学哲学与社会发展学院/现代传播研究所所长、首席研究员。

邓万春　博士，武汉理工大学法学与人文社会学院教授。

何　健　博士，西南大学文化与社会发展学院副院长、副教授。

**作者、学术顾问：**

冯　时　博士，中国社会科学院学部委员、考古研究所研究员。

李存山　中国社会科学院哲学研究所研究员，中华孔子学会副会长、国际儒学联合会理事兼学术研究委员会主任。

孙　晓　博士，中国社会科学院历史研究所研究员，文化研究室主任。

楚　刃　山西省社会科学院研究员，政治法律研究所原所长。

**学术顾问：**

魏道儒　博士，中国社会科学院学部委员、世界宗教研究所研究员，中国社会科学院佛教研究中心主任。

刘少杰　博士，中国人民大学教授，社会学理论与方法研究中心主任。

谢立中　博士，北京大学教授，社会学系原主任。

冯　波　博士，中国传媒大学教授，社会学系主任。

张茂泽　博士，西北大学中国思想文化研究所教授。

**作者**（以上已经介绍的作者不再重复，以下按姓氏笔画排列）：

王俊秀　博士，中国社会科学院社会学研究所研究员、社会心理学研究室主任。

陈为雷　博士，鲁东大学法学院社会学系主任，副教授。

宋国恺　博士，北京工业大学文法学部教授，《北京工业大学学报》编辑部主任。

杨建海　博士，北京工商大学经济学院副教授。

杨树美　博士，云南师范大学马克思主义学院副院长，教授。

苑仲达　博士，中国社会科学杂志社学术编辑。

张曙晖　博士，云南师范大学哲学与政法学院教授。

周梁云　硕士，云南师范大学哲学与政法学院副院长，教授。

柳小琴　博士，厦门大学台湾研究院博士生。

赵春雷　博士，曲阜师范大学政治与公共管理学院副教授。

顾金土　博士，河海大学公共管理学院社会学系主任，教授。

徐　磊　博士，贵州民族大学民族学与社会学学院副教授。

徐珺玉　博士，云南师范大学哲学与政法学院讲师。

蒋梓莹　博士，西南大学文化与社会发展学院讲师。

（其他参与写作、文稿整理的人员所做的工作，详见文末和后记）

# 目　录

**总序　论群学复兴** …………………………………………………… (1)
　一　群学正名 ………………………………………………………… (2)
　二　群学要义 ………………………………………………………… (9)
　三　群学特质 ………………………………………………………… (19)
　四　群学新命 ………………………………………………………… (26)

**前言　欲兴其学　先正其史**
　　　——略谈中国社会学史研究 ………………………………… (1)
　一　为什么要重新书写中国社会学史 …………………………… (1)
　二　关于"群学"与"社会学" ……………………………………… (4)
　三　为什么要重视命题演进史 …………………………………… (8)
　四　《中国社会学史》第一卷兼具"群学概论"性质 …………… (11)

## 上　册

**第一章　群学创立的社会基础** …………………………………… (1)
　引言 …………………………………………………………………… (1)
　第一节　人文之本：群学与先秦中华文明高峰 ………………… (3)
　第二节　秩序重构：群学与春秋战国社会剧变 ………………… (8)
　第三节　事在人为：群学与先秦士阶层崛起 …………………… (14)
　第四节　天赐良机：稷下学宫与荀子际遇 ……………………… (29)
　结语 …………………………………………………………………… (39)

## 第二章 群学创立的思想基础 ……………………………（42）
  引言 ……………………………………………………………（42）
  第一节 群聚与群分：从文字考古学考察群学的悠远源头 …（42）
  第二节 交汇与争锋：从百家争鸣中的诸子之学梳理群学的
      思想资源 ………………………………………………（61）
  第三节 积淀与传承：先秦诸子的"四群"论述 …………（117）
  第四节 集成与创新：荀子群学的体系建构…………………（123）
  结语 ……………………………………………………………（128）

## 第三章 群学的基础性命题 ……………………………（130）
  引言 ……………………………………………………………（130）
  第一节 群：人类的存在形式 ………………………………（131）
  第二节 伦：群的基本结构 …………………………………（166）
  第三节 仁：群的建构理念 …………………………………（194）
  第四节 中庸：群的和谐之道 ………………………………（217）
  结语 ……………………………………………………………（250）

## 第四章 合群的基本命题 ………………………………（251）
  引言 ……………………………………………………………（251）
  第一节 参天地：合群的前提 ………………………………（253）
  第二节 修身为本：合群的根基 …………………………（273）
  第三节 修身以礼：合群的原则 …………………………（310）
  第四节 修身入群：合群的方法 …………………………（335）
  第五节 修身以学：合群的途径 …………………………（369）
  结语 ……………………………………………………………（389）

## 下 册

## 第五章 能群的基本命题 ………………………………（393）
  引言 ……………………………………………………………（393）

第一节　家：能群的基础 …………………………………… (396)

第二节　各循其礼：能群的规则 ………………………… (418)

第三节　齐家有道：能群的方法 ………………………… (457)

第四节　家齐而国治：能群的归宿 ……………………… (492)

结语 ………………………………………………………… (521)

## 第六章　善群的基本命题 ……………………………………… (523)

引言 ………………………………………………………… (523)

第一节　以民为本：善群的基础 ………………………… (525)

第二节　礼法并重：善群的方略 ………………………… (546)

第三节　尚贤使能：善群的关键 ………………………… (601)

第四节　富民强国：善群的手段 ………………………… (616)

第五节　修养政德：善群的保证 ………………………… (655)

结语 ………………………………………………………… (686)

## 第七章　乐群的基本命题 ……………………………………… (688)

引言 ………………………………………………………… (688)

第一节　公天下：乐群的理念 …………………………… (689)

第二节　和为贵：乐群的基础 …………………………… (703)

第三节　和而不同：乐群的原则 ………………………… (730)

第四节　兼爱相利：乐群的手段 ………………………… (747)

第五节　天下大同：乐群的理想 ………………………… (766)

结语 ………………………………………………………… (794)

## 第八章　总结：论群学元典
　　——中国社会学话语体系的第一个版本 …………… (797)

引言 ………………………………………………………… (797)

第一节　"一线四层"：群学元典的基本格局 …………… (799)

第二节　环环嵌套：群学命题体系的原本结构 ………… (806)

第三节　整合—贯通：群学命题体系的演进逻辑 ……… (811)

结语 …………………………………………………………（816）

**参考文献** ………………………………………………………（820）

**索引** ……………………………………………………………（837）

**后记** ……………………………………………………………（855）

# 总序　论群学复兴*

　　1903年3月25日，严复在《群学肄言》译后感叹道，"惜乎中国无一赏音"，"吾则望百年后之严幼陵（严复字幼陵——引者注）耳！"① 现在，距严复先生1921年逝世（"百年"）都已近百年了，我们应当如何理解并力图解开他的这一"心结"呢？依笔者愚见，严复译介斯宾塞的《社会学研究》一书，正值甲午战争惨败，中国人的民族自尊、文化自信丧失殆尽之时。严复译书的初衷，本是希冀借西学之火种，让群学成为团结人心、鼓动民力民智的火炬，却眼见得西学之涌入大有湮没群学之势，故而感叹。果不其然，1903年之后的百余年间，先是群学之"名"被"社会学"所取代，继而群学之"实"不仅鲜被提及，就连"中国古代没有社会学"这样一个从来未被论证过的说法也莫名其妙被广为默认为"定论"，以至于"中国古代有没有社会学"早已不成其为一个话题了。

　　那么，到底"中国古代有没有社会学"？近年来，我和我的研究团队从浩瀚的历史文献中史海拾贝，整理出了由4个基础性概念和30个基本概念构成的群学概念体系②，并进一步梳理出包括100多个命题的群学命题体系，据此证明了群学的历史存在性，论证群学即为中国古已有之的社会学或曰中国古典社会学。在这一研究基础上，对群学有了几

---

　　\* 本序第二、三、四部分曾发表于《社会学研究》2018年第5期。现恢复全文，作为《中国社会学史》的总序。

　　① 严复：《译〈群学肄言〉有感》，孙应祥、皮后锋编《〈严复集〉补编》，福建人民出版社2004年版，第12页。

　　② 景天魁等：《中国社会学：起源与绵延》，社会科学文献出版社2017年版。

点新认识：1. 荀子不只提出了"群"的概念，也不仅是创立了"'群'论"，而是创立了"群学"；2. 群学既与西方社会学在内容上"相合"，又具有自己的鲜明特质；3. 群学作为合群、能群、善群和乐群之学，既包含了破译中国社会之所以繁盛绵延的密码，又内藏着促进中华民族实现伟大复兴的基因；4. 群学虽是"旧学"，但在当代和未来堪当大任，负有新的重大使命，因而必将复兴。

## 一　群学正名

断言中国社会学只是"舶来品"、仅以严复译书《群学肄言》为"开端"，这就等于认定中国古代没有社会学。一百多年来，这一陈见未经过任何论证竟然成为不易之论，以至于以采纳成说为原则的《中国大百科全书·社会学卷》非常肯定地断言，西方社会学的引入"标志着中国社会学的开端"。[①] 然而，中国社会学的开端问题不是一个单纯的学科史上的考证问题，而是与中华文明和中国学术的起源和特点、社会学产生的条件、社会学的性质和功能以及这个学科在中国能否崛起等密切相关的重大问题。

中国古代有没有社会学？第一个思考这个问题的当是严复。当他接触到西方社会学，开始译介斯宾塞的《社会学研究》时，肯定思考过中国有没有类似的学问呢？他决意将该书译为《群学肄言》，将"社会学"这门学问追溯到战国时代荀子的"群学"，建立起如此久远的历史关联，一定是有缘由的。试想，严复译介斯宾塞，正值中国人文化自信顿失之时，若按一般识见，哪里还有底气搬出自己的祖宗去与西学相比附？当此情景，严复仍能请出荀子，足见其眼光之卓绝。此一作为，实

---

[①] 中国大百科全书·社会学卷编辑委员会：《中国大百科全书·社会学卷》，中国大百科全书出版社1991年版，第1页。此一观点虽然民国时期就有，但从现有文献判断，在中国社会学恢复重建之后得以流行的这一观点，主要来自日本的福武直，他认为："中国的社会学是从严复把斯宾塞的《社会学研究》（*The Study of Sociology*, 1873）译成《群学肄言》于1903年问世开始的。日本的社会学是1878年由欧内斯特·费诺洛萨在日本讲学的讲稿、特别是1881年由外山正一在东京大学授课的讲义起源的。由此看来，中国比日本晚四分之一世纪才引进社会学。"（福武直、张建群：《中国社会学及其复活》，《国外社会科学》1980年第6期）

际上就是肯定了中国古代就有本土的社会学。

严复在《〈群学肄言〉译余赘语》中，指明了他将"sociology"译为"群学"的理由：第一，字词义相似。"荀卿曰：'民生有群。'群也者，人道所不能外也。"① "群"和"社会"的字词含义，都是人群聚合。他列举近义词"邑"为证："字书曰：'邑，人聚会之称也，从口有区域也，从㔾有法度也。'"西学"国"字的界说与中国字书的解释亦相似，由此"可知中西字义之冥合矣"。②

第二，概念义相合。严复所说的"群"，作为概念，就是西方社会学所谓的"社会"。他说："群有数等，社会者，有法之群也。社会，商工政学莫不有之，而最重之义，极于成国。尝考六书文义，而知古人之说与西学合。何以言之？西学社会之界说曰：'民聚而有所部勒（部勒，东学称组织。——译者注），祈向者，曰社会。'"③ 严复明确指出，荀子的"群"作为概念，与西方社会学对"社会"的界定是相符合的。由此"而知古人之说与西学合"。

第三，学科义相同。严复明确指出了他把 Sociology（社会学）译为"群学"，是因为它们的学科意义相同。"'群学'者何？荀卿子有言：'人之所以异于禽兽者，以其能群也。'凡民之相生相养，易事通功，推以至于兵、刑、礼、乐之事，皆自能群之性以生，故锡彭塞氏（即斯宾塞——引者注）取以名其学也。"④ 严复直接用荀子关于群的论述，解释斯宾塞的社会学，说明他认为这二者在学科意义上是相同的。

第四，关于群学的学科性质和功用。严复认为："群学何？用科学之律令，察民群之变端，以明既往测方来也。肄言何？发专科之旨趣，

---

① 严复：《〈群学肄言〉译余赘语》，载黄克武编《中国近代思想家文库·严复卷》，中国人民大学出版社 2014 年版，第 373 页。
② ［英］赫伯特·斯宾塞：《社会学研究》，严复译，世界图书出版公司 2012 年版，第 3 页。
③ 同上。
④ 黄克武编：《中国近代思想家文库·严复卷》，中国人民大学出版社 2014 年版，第 8 页。

究功用之所施，而示之以所以治之方也。故肄言科而有之。"① 在这里，严复明确肯定了"群学"具有相当于斯宾塞意义上的西方"社会学"的学科性质，它不是如当时有些人从"群""学"的字面意思所附会的学科"总汇""总称"，而是一个专门的学科。群学具有"诚正修齐治平"之功，是治世"之方"，这是它的功用，亦即中国本土社会学的特色。

第五，关于群学的学科地位。严复高度肯定群学（社会学）的学科地位，称在诸种学问中，"以群学为要归。唯群学明而后知治乱兴衰之故，而能有修齐治平之功。呜呼！此真大人之学矣！"② 那么，群学与其他学科到底是什么关系呢？在《国计学甲部》中，严复明确认为是"纲"与"目"的关系："以群学为之纲，而所以为之目者，有教化学或翻伦学，有法学，有国计学，有政治学，有宗教学，有言语学。"③

既然严复肯定在荀子群学与斯宾塞所代表的西方社会学元典之间，其字词义、概念义、学科义、学科性质和功用、学科地位都是相合相同的，那么，显然，他认为群学就是社会学，这就明白无误地肯定了中国古代有社会学。他说："群学西曰梭休洛支（Sociology）。其称始于法哲学家恭德（孔德——引者注）。彼谓凡学之言人伦者，虽时主偏端，然无可分之理，宜取一切，统于名词，谓曰群学。"④ 诚如潘光旦先生所指出的：严复在翻译斯宾塞的《群学肄言》时，"在《译余赘语》里，也曾一度提到荀子，引用荀子的'民生有群'的几句话，大概为的是说明他之所以把'社会学'译成'群学'，是有所本的。"⑤ 也就是说，严复确认荀子群学就是中国古已有之的社会学。

可见，严复并未因荀子和斯宾塞地域不同、文化不同、时代不同、科学背景不同，而断言只有斯宾塞的可称"社会学"，荀子的只能叫

---

① 严复：《〈群学肄言〉自序》，载黄克武编《中国近代思想家文库·严复卷》，中国人民大学出版社2014年版，第371页。
② 严复：《原强修订稿》，载黄克武编《中国近代思想家文库·严复卷》，中国人民大学出版社2014年版，第38页。
③ 王栻主编：《严复集》（第4册），中华书局1986年版，第847页。
④ 同上。
⑤ 潘光旦：《儒家的社会思想》，北京大学出版社2010年版，第359页。

"社会思想"。严复并未在"社会学"与"社会思想"之间挖出一条鸿沟,他用荀子群学解释斯宾塞社会学,用群学命名(斯宾塞的)社会学,明确肯定了"古人之学与西学合",明确肯定了可以用中国之学解释西方之学,明确肯定了中国古典社会学与西方社会学是可以会通的。由此,严复成功地开辟了中国社会学与西方社会学会通的道路,为中国古典社会学的近代转型拉开了帷幕。在这个意义上,我们应当说,严复之译介西方社会学,非译也,创新也!他让刚刚移入的西方社会学接续了中国社会学的传统或"地气",让当时渐失活力的群学传统焕发了新的生机。严复虽不像一些论者所说"是中国社会学的创始人之一",但确是中西社会学会通第一人,是中国社会学近代转型的开拓者。联想到当时对中国之学已开始弥漫的妄自菲薄情绪,联想到严复身后近百年来以西鉴中、以西代中的汹涌思潮,严复的贡献实在难能可贵!称此乃旷世之功,并不为过。

在十九世纪、二十世纪之交,看出群学与西方社会学"相合"的中国思想家不止严复一人。[①] 1891年康有为在广州设长兴学社(后改万木草堂),其讲授的课程中就有"群学"。1895年,康有为在《上海强学会序》中说:"夫挽世变在人才,成人才在学术,讲学术在合群。"[②] 在追述强学会成立原因时他又说:"中国风气,向来散漫,士大夫戒于明世社会之禁,不敢相聚讲求,故转移极难。思开风气,开知识,非合大群不可,且必合大群而力厚也。合群非开会不可。"[③] 强调以合群思想开学会。

章太炎最以尊荀著称,他认为孔子之后唯荀子可称后圣,[④] 他虽然从日本引入了"社会学"译名,却也发表了《尊荀》《后圣》《儒术真

---

[①] 康有为、谭嗣同对群学与西方社会学的关系都有自己的理解,也很有价值。但因学术界对他们使用的概念的含义有争议,为避免岔开本文的主题,这里暂不讨论。
[②] 汤志钧编:《康有为政论集》,中华书局1981年版,第169页。
[③] 楼宇烈整理:《康南海自编年谱》,中华书局1992年版,第29页。
[④] 章太炎著,王小红选编:《二十世纪儒学大师文库·章太炎儒学论集》(下册),四川大学出版社2011年版,第971页。

诠》等文章，"尝试将荀学与西方社会学合观"。①

梁启超在《中国法理学发达史论》中，盛赞荀子是"社会学之巨擘"，认为"荀子以义为能群之本原""与欧西学者之分类正同"。② 在1897年所著的《说群》一文中，他指出"群学"即"合群的学问"。他强调以"群治"救国，"太平世之治必以群"。③ 在《十种德性相反相成义》中，他又说："合群云者，合多数之独而成群也，以物竞天择之公理衡之，则其合群之力愈坚而大者，愈能占优胜权于世界。"④

刘师培认为，即使用西方近代划分学科的方法，也可以从"周末"（春秋战国时期）诸子百家之学中，划分出心理学、伦理学、政法学、计学（经济学）、教育学等16个学科，⑤ 其中，"中国社会学"赫然在列，居第四位。他不仅从诸子百家之学中直接划分出"中国社会学"（可能是中国学者中最早正式使用此一学科称谓者），还曾尝试找到西方社会学与中国群学的结合点。

由上可见，就在西方社会学传入之初，已有一些学者以"群"去对译"社会"，以"群学"去解释"社会学"。这表明他们在中国的历史文化资源中找到了一个与西方社会学对应的学问，这就是"群学"，说明了他们已经认同群学就是中国的社会学，并且视荀子为这一学科——"群学"的创始人，因为荀子是中国历史上对"群"进行系统阐述的第一人。

可惜的是，清末民初，西学大举进军中国，在中国军事上接连溃败、大清帝国不堪一击的同时，中国学术包括中国传统的政治思想、社会思想更是丢盔弃甲，溃败得比军事更不堪一提。中国人的文化自信迅速丧失，就连严复都顶不住压力，接受了从日本转口来的"社会学"

---

① 陈昭瑛：《人作为"类的存有"：荀子人文精神重探》，新浪网儒学栏目，转引自生命太极拳的博客（2016—01—15），http://blog.sina.com.cn/u/2800456432。
② 梁启超：《中国法理学发达史论》，《饮冰室合集·文集》第五册，中华书局2015年版，总第1317页。
③ 梁启超：《饮冰室合集》，中华书局1989年版，第93页。
④ 同上书，第428页。
⑤ 刘师培：《周末学术史序》，载《中国近代学术名著·刘师培辛亥前文选》，中西书局2012年版，第189页。

译名。当此情景，谁人还会不识时务，去深究严复群学（以及他译介的斯宾塞社会学）与荀子群学的内在关联呢？辛亥革命后，一些学人争相对中国传统之学自贬自损，"五四"后更是大加讨伐，竞相以自毁门户为能事。中国人对自己的学术传统自信心都没有了，群学与社会学的名实之争，也就不是被学术辩论解决了，而是被"政治"大势解决了，随着国运的衰颓而被丢弃了。

如果我们今天不再想为从"中国自己的土壤"（费孝通语）中生长出的中国社会学正名，只是想把移入中国的西方社会学当作自己的"开端"，群学与社会学的名实之辨也就没有多大必要了。康、严、章、梁、刘的陈年旧案就没有再翻出来加以讨论的必要了。

这个重要问题在中国学术史上确实是长期"失忆"了。严复思考过并实际已经回答了的"中国古代有没有社会学"的问题，因尘封过久而被遗忘了。因被遗忘，整整100年后，严复译书《群学肄言》"标志着中国社会学的开端"一说，竟然成为历史定论了。习惯成自然。自严复译介至今120年间，中国社会学界心安理得地"默认"了社会学只是诞生在1838年的西方，中国古代没有社会学已然成为铁案。

然而，在中国现代学者中，仍有敢于对此公开提出质疑者。潘光旦先生对荀子做了独到而精辟的研究。他指出，荀子和斯宾塞关于"解蔽"的论述在对"蔽"的总体理解上、对"蔽"的分类上，以及"解蔽"的方法上，都存在相似之处。"两人所处的时代，所欲应付的问题，两人在学养上的准备，既都很有几分相像，于是两个人的答案也就不谋而很有几分符合了。"[①] 尽管斯宾塞与荀子处于完全不同的时代，但二者"很有几分符合"，这种"符合"证明了作为西方社会学奠基人之一的斯宾塞与荀子作为中国社会学（群学）开创者的相似性。

费孝通先生作为中国社会学恢复和重建的领导者，念兹在兹的一直是建设一种什么样的中国社会学的问题。而在对这一问题的思考中，他提出了振聋发聩的"文化自觉"概念，正是在此一概念下，他多次提到拉德克利夫·布朗20世纪30年代在燕京大学讲过，中国在战国时代已由荀子

---

① 潘光旦：《儒家的社会思想》，北京大学出版社2010年版，第361页。

开创了社会学这门学科。费先生语重心长地说:"我提出这个问题,愿意作为这篇谈话的结束,找到这问题的答案也许正是我们中国社会学者值得认真思考并去追求的目标。我已年老,这只能作为我的希望留给新的一代了。"① 费老在 2002 年,即他 92 岁时的那篇《继往开来,建设 21 世纪中国的社会学》②,尤其是他 2003 年的那篇学术生涯最后的长文《试谈扩展社会学的传统界限》③,实质性地为后人指明了方向。

同样"提出这个问题"的,还有曾担任吉林省社会学会首任会长的东北师范大学已故社会学家丁克全教授,他在 20 世纪 40 年代在日本学习社会学时,不仅"提出这个问题",并且作过论证。但他是如何论证的,笔者未见到确切资料。从有人对他的生平介绍中,可以推测他当时是从中日文的用词含义,论证中国古代已有"社会"一词,④ 但对"中国社会学"的内容是什么,未见论及。还有中国台湾的卫惠林教授,在其所著《社会学》一书中也明确指出:"荀子注重社会礼制的研究。荀子可谓中国第一位社会学者。"⑤ 以上各位先贤均提出了穿透历史的卓越洞见。

到了今天,这一争论已经不是争其"名"——到底是叫群学还是叫社会学,这已经没有多大必要了,而是争其"实",到底中国古代有没有"社会学"(类似西方社会学的学问),它能否以及应否作为我们今天实现中国社会学崛起必须追寻的学术史基础?更根本的,我们是否有必要以及如何实现中国社会学的崛起?对于默认"中国古代没有社会学",这里也暂不从意识形态的角度例如欧洲中心主义之类去评论,而是从纯粹学术的角度,认为这其实是学术研究上欠缺了一项基础性的工作——说清楚群学到底有哪些具体内容。如果根本不知道群学是什么,

---

① 费孝通 1993 年在香港中文大学新亚书院座谈会上的发言。以《略谈中国社会学》为题,收录于《从实求知录》,北京大学出版社 1998 年版,第 228—244 页。
② 费孝通 2002 年 11 月 3 日在北京大学社会学系建系 20 周年庆祝会上的讲话,收入《费孝通文集》第十六卷,群言出版社 2004 年版,第 69—74 页。
③ 费孝通:《试谈扩展社会学的传统界限》,《费孝通文集》第十六卷,群言出版社 2004 年版,第 147—174 页。
④ 回清廉:《回族社会学家——丁克全传略》,《回族研究》1992 年第 1 期。
⑤ 卫惠林:《社会学》,正中书局 1980 年版,第 17 页。

怎么能判断它是否是中国古已有之的社会学呢？上述先贤尽管指出了荀子群学就是中国古代的社会学，但并没有阐明群学的具体内容，也就没有摆出可资证明的根据，这样，致使不知者当然也无从判断。我们整理出了群学概念体系和命题体系，不论在概念的阐释上、命题的表述上是否准确，总算有了一个评判的依据。尽管在西方社会学一方，"标准"也不一致，孔德、斯宾塞的社会学与后来的社会学也有不少区别，西方社会学至今也没有一个普遍接受的"范式"，甚至没有一个具有唯一性权威的定义，但是，以群学概念体系和命题体系在中西之间作比较总是可以了。正是在这个意义上可以说，群学概念体系和命题体系的构建，是对群学就是中国古已有之的社会学的正名。以下从群学研究对象和领域、方法和特质等方面为正名提供证据。

## 二　群学要义

不仅荀子关于"群"的概念与"社会"的字词义、概念义相合，而且他还以"群"为核心概念，构建了群学的原初体系。换言之，严复将西方社会学译为"群学"，不只是找到了"群"这一个适切的翻译用词，更是肯定了群学这一学科的存在。

打开《荀子》一书，最直接讲到"群"的，首先是《王制》篇中的一段话："水火有气而无生，草木有生而无知，禽兽有知而无义；人有气、有生、有知，亦且有义，故最为天下贵也。力不若牛，走不若马，而牛马为用，何也？曰：人能群，彼不能群也。"① 而且，《荀子》全书不仅直接讲到分群、合群、能群、使群、善群、为群、利群、乐群和安群等，就是那些没有直接讲到"群"的篇章，其实也是与"群"密切相关的。关于群学的要义，涂可国将其概括为"人而能群的社会本质论、能难兼技的社会分工论、群居和一的社会理想论和明分使群的社会治理论四个层面"②，很有见地；王处辉、陈定闳、谢遐龄、吴根友、

---

① （清）王先谦：《荀子集解》，中华书局2013年版，第194页。
② 涂可国：《社会儒学视域中的荀子"群学"》，《中州学刊》2016年第9期。

庞绍堂和季芳桐、杨善民等在他们各自所著的《中国社会思想史》一类[①]著作中都对荀学有专门论述，各有洞见，兹不一一介绍。笔者在《中国社会学崛起的历史基础》一文中，将"群学要义"概括为"合群、能群、善群、乐群"。[②] 这样一个概括准确与否、全面与否，重要但不是最重要的。更重要而且应当强调的是，我们努力将群学作为一门"学科"而不仅仅是作为"社会思想"来概括其内涵。[③] 群学作为"社会思想"并无争议，而我们将群学作为"学科"却是直面了争议的焦点、翻了百余年来的"旧案"，这一言说是有很大风险的。

为什么说"群学"可称为"学"呢？不仅因为其作为"社会思想"的丰富性，还因为其具有"学科性"。理由正在于群学概念体系的内在逻辑之中。这其实是严复和梁启超早已提示过的，即所谓群学与西方社会学"节目枝条""暗合"[④]，"与欧西学者之分类正同"[⑤]。可惜他们对这一重要提示并未加以展开，群学的具体内涵到底是什么也一直不甚了了。如果说，作为一个学科的"学科性"，首先在于其是否具有相对独立的"研究对象和研究领域"，那么我们认为群学是符合这一"标准"的。

### （一）群学的研究对象与西方社会学"正同"

群学当然就是研究"群"。"群"既然是"人道所不能外也"，[⑥] 那么"群"也就是"社会"。具体地说，荀子群学所研究的"群"主要是以人伦为基础的社会关系。所谓"以人伦为基础"，是因为"人伦"乃

---

① 杨善民所著之书为《中国社会学说史》。
② 景天魁：《中国社会学崛起的历史基础》，《北京工业大学学报》（社会科学版）2017年第4期。
③ 至于"社会思想"与作为学科的"社会学"的区别，笔者在《中国社会学：起源与绵延》一书中曾经作过讨论，这里不赘。
④ 严复：《原强修订稿》，载黄克武编《中国近代思想家文库·严复卷》，中国人民大学出版社2014年版，第37页。
⑤ 梁启超：《中国法理学发达史论》，《饮冰室合集·文集》第五册，中华书局2015年版，总第1317页。
⑥ 严复：《〈群学肄言〉译余赘语》，载黄克武编《中国近代思想家文库·严复卷》，中国人民大学出版社2014年版，第373页。

社会关系之"大本"。何谓"人伦"？荀子说，能够让不齐变得整齐，让弯曲变得有顺序，让不同得以统一的，就是"人伦"。["'斩（不齐——引者注）而齐，枉而顺，不同而一。'夫是之谓人伦。"①] 荀子所说的"人伦"，已经不是如他的前人那样仅停留于君臣、父子、夫妻、兄弟、亲友这些表层的关系，也不是血缘、地缘、业缘、友缘这些"分类"的关系，而是由社会分工造成的社会关系、社会地位、社会名分。这样理解的"人伦"，也超出了一般所谓伦理道德的含义，而彰显了"群性"亦即"社会性"。孔繁认为，荀子对社会的理解要比孔孟高明得多，② 此可为一佐证。

"以人伦为基础的社会关系"有别于政治的社会关系、经济的社会关系、法律的社会关系、文化的社会关系等。但这种区分只具有相对的意义。粗略地说，与孔子长于教人、孟子长于议政、老子崇尚自然、墨子兼爱尚同相比，荀子长于知世治世，更加专注于社会关系和社会治理。正如梁启超所言："我国数千年学术，皆集中社会方面，于自然界方面素不措意，此无庸为讳也。"③ 平心而论，荀子能够凸显出对于群性（社会性）的关注，在诸子百家中已属难能可贵。然而更为可贵之处集中体现在荀子对群学要义的论述上。我们说，群学是合群、能群、善群、乐群之学，而此四群都是社会关系的不同形式和状态。

第一，合群是群性在"分"的基础上展开的原初社会形式和社会状态。

合群不是依靠动物性的本能而来的"合群性"，而是由"分"而来的社会性。"分"字在《荀子》全书中出现了113次，④ 是贯穿群学的一个重要概念。不论是作为"名分""职分"等含义，还是作为"分工、分类、分配"等含义，其表现的是最根本的"群理"，"人之生，不能无群，群而无分则争，争则乱，乱则穷矣。故无分者，人之大害

---

① （清）王先谦：《荀子集解》，中华书局2013年版，第82—83页。
② 孔繁：《荀子评传》，南京大学出版社2011年版，第39页。
③ 梁启超：《清代学术概论》，中华书局2010年版，第43—44页。
④ 参见陈光连《荀子"分"义研究》，东南大学出版社2013年版，第1页。

也；有分者，天下之本利也"①。荀子还说，一个人不能同时掌握多种技艺，一人也不能同时身兼数职，必须分工合作，如果离群独居不相互依赖就会穷困，群居但没有名分等级就会争夺。穷困是忧患，争斗是灾祸，要救患除祸，没有比明确名分、使人们组成群体再好的了。（"而能不能兼技，人不能兼官，离居不相待则穷，群而无分则争。穷者患也，争者祸也。救患除祸，则莫若明分使群矣。"②）

荀子认为，"明分使群"可以"使有贵贱之等，长幼之差，知愚、能不能之分，皆使人载其事而各得其宜，然后使愨禄多少厚薄之称，是夫群居和一之道也。故仁人在上，则农以力尽田，贾以察尽财，百工以巧尽械器，士大夫以上至于公侯，莫不以仁厚知能尽官职，夫是之谓至平"③。如果按照字面含义，"分"与"合"是相反的，"分"可能是化解"群"的。然而，由于有分工，社会成员之间必须合作，必须"合群"。荀子在距今约2200多年前就洞悉了这个因"分"而"合"、由"合"而"群"、相反相成的道理，联想到马克思的劳动分工理论在社会学中的基础性地位、涂尔干的第一本代表作即为《社会分工论》，将荀子的"明分使群"视为群学即其社会学的"第一原理"不为过矣。

第二，能群是在"义"的基础上达到的高一层级的社会形式和社会状态。

荀子曰："人何以能群？曰：分。分何以能行？曰：义。故义以分则和，和则一，一则多力，多力则强，强则胜物，故宫室可得而居也。故序四时，裁万物，兼利天下，无它故焉，得之分义也。"④ 在这里，荀子是在群得以形成的机制这个意义上讲"义"的。"义"不论作为日常词语还是作为概念都有多种含义。而作为概念，它经过了从观念到行为准则和社会联结机制，再到社会组织和社会制度的演变过程。在荀子之前，"义"主要是在伦理观念的意义上表达"应当""正当""当然"等基本含义；而在荀子之后，秦汉以降，"义"逐渐表现为社会制度，

---

① （清）王先谦：《荀子集解》，中华书局2013年版，第212页。
② 同上书，第208页。
③ 同上书，第82—83页。
④ 同上书，第194页。

以及义仓、义社、义田、义学等社会组织和社会实体。而在荀子所处的战国晚期,"义"不但指社会生活中的规范,还代表着社会阶层化的秩序。它作为阶层化的社会秩序,要求各人善尽自身角色的义务、职责和责任,服从长上的权威和社会等级秩序。① 作为这一时期承前启后的大思想家,荀子的"义"的概念成为一个上下接续的转折点,即把"义"从观念转化为"群"的社会联结机制。特别是在群学里,"义"的基本含义是明确"分"的准则,因为只有"分"得合理,才有秩序,才能团结一致,从而形成"群"。在个人,"义"决定荣辱,"先义而后利者荣,先利而后义者辱;荣者常通,辱者常穷;通者常制人,穷者常制于人,是荣辱之大分也"。② 就家庭而言,以"义""事亲谓之孝",以"义""事兄谓之弟"。就国家而言,以"义""事上谓之顺",以"义""使下谓之君"。③ 作为士仕者,尊"义"方为"合群者";④ 作为君主,则可"义立而王"。⑤ 而就"天下"而言,荀子认为使天下富足之道全在明确职责名分("兼足天下之道在明分")。正如耕种田地要划分田界一样,只有明确了职责名分,农民才会依据农时除草施肥,做好农夫分内之事;而促进生产,让百姓和睦,这是将帅之事;寒暑符合节令,让五谷按时成熟,这是上天之事;普遍地保护百姓,爱护百姓,管理百姓,让百姓安居乐业,这是圣君贤相之事。如此明分,即为治群之道。

荀子之谓"能群"是因"义"而明分,因"分"而能群。由是将"义"作为人们社会行为的普遍准则:"遇君则修臣下之义,遇乡则修长幼之义,遇长则修子弟之义,遇友则修礼节辞让之义,遇贱而少者则修告导宽容之义。"⑥ 如此,"义"就是维系社会关系的纽结。我们也可以说"义以明分"是群学的第二原理。

第三,善群是在"礼"的基础上达到的更高一级的社会形式和社会

---

① 景天魁等:《中国社会学:起源与绵延》(下册)之第四章第五节"义:社会的基本规范"(高和荣、赵春燕、苑仲达撰写),社会科学文献出版社2017年版,第411页。
② (清)王先谦:《荀子集解》,中华书局2013年版,第68页。
③ 同上书,第195页。
④ 同上书,第118页。
⑤ 同上书,第239页。
⑥ 同上书,第117页。

状态。

如果说"义"主要是指行为规范和社会形式的内在方面,"礼"不论是礼制、礼仪和礼俗,则主要是外在的制度和规则,因为"礼"与"义"互为里表,荀子常常将二者连用作"礼义";又由于"礼"对人的约束相对于刚性的"法"而言显得柔和一些,而其实"礼""法"互通,因此荀子也常常"礼法"连用,强调"礼法"是纲纪("礼法之大分"①)。正因为"礼"与"义"和"法"都有如此紧密的通连关系,所以"礼"在群学里居于至高的地位,"君臣上下,贵贱长幼,至于庶人,莫不以是为隆正"。② 不论是什么人,莫不把"礼"作为最高标准。不论任何事、任何领域都要遵从礼,用荀子的话说,叫作"礼以定伦"。《荀子》首篇《劝学》即以明礼为学习的最高目的,以"亲师"和"隆礼"作为根本途径。"《礼》者,法之大分、类之纲纪也。"③ 第二篇《修身》又写道:"人无礼则不生,事无礼则不成,国家无礼则不宁。"④"礼者,所以正身也。"⑤ 讲到富国强兵,更是把礼的地位强调到极致,"人之命在天,国之命在礼"⑥,"礼者,治辨之极也,强国之本也,威行之道也,功名之总也"。⑦ 处处把"礼"的地位提升到无以复加的高度。

荀子强调,作为君主必须善群,而欲善群,关键在于谨遵"群道",做到群道得当。群道得当,则万物就能各得其宜,六畜都能得以生长,一切生物可以尽得其寿命。荀子显然认为"群道"如同自然法则一样具有必然性,运用到人类社会,政令得当,则百姓就会团结一心,贤良就会心悦诚服。("君者,善群也。群道当则万物皆得其宜,六畜皆得其长,群生皆得其命。故养长时则六畜育,杀生时则草木殖,

---

① (清)王先谦:《荀子集解》,中华书局2013年版,第253—254页。
② 同上书,第261页。
③ 同上书,第14页。
④ 同上书,第27页。
⑤ 同上书,第39页。
⑥ 同上书,第344—345页。
⑦ 同上书,第332页。

政令时则百姓一，贤良服"①）而群道当与不当，决定于"礼"。

"礼"之所以居于如此高的地位，主要是因为它可以"定伦"。所谓"定伦"，首先是要定规矩。荀子曰："国无礼则不正。礼之所以正国也，譬之犹衡之于轻重也，犹绳墨之于曲直也，犹规矩之于方圆也，既错之而人莫之能诬也。"② 一旦礼仪规矩设置好了，就没有人能进行欺骗了。

其次，"定伦"重在定名分和职责。"君臣、父子、兄弟、夫妇，始则终，终则始，与天地同理，与万世同久，夫是之谓大本。"③ "君君、臣臣、父父、子子、兄兄、弟弟一也，农农、士士、工工、商商一也。"④ 君要像君，臣要像臣，父要像父，子要像子，兄要像兄，弟要像弟，都是一个"礼"；农民要像农民，士人要像士人，工匠要像工匠，商人要像商人，也都是一个"礼"。

荀子讲"礼"，并不是绝对地只讲差序、只讲贵贱。在当时的历史条件下，承认差别，讲有贵贱，是为了形成秩序。虽有贵贱，但可以无偏贵贱。荀子曰："人主胡不广焉无恤亲疏，无偏贵贱，惟诚能之求？若是，则人臣轻职业让贤而安随其后，如是，则舜、禹还至，王业还起。功壹天下，名配舜、禹，物由有可乐如是其美焉者乎？"如是则"农分田而耕，贾分货而贩，百工分事而劝，士大夫分职而听，建国诸侯之君分土而守，三公总方而议，则天子共己而止矣。出若入若，天下莫不平均，莫不治辨，是百王之所同而礼法之大分也"。⑤ 后来被指代表封建主义的"三纲五常"，并不是荀子提出的，而是到了汉代董仲舒才正式确定的，⑥ 虽然不能说与荀子没有继承关系，但处于战国末期的荀子志在总结几百年间战国纷争的经验教训，他不是只知强调"贵贱""差等"，他的目的是强调秩序，实现"大治"，达到"至平"。诚然，

---

① （清）王先谦：《荀子集解》，中华书局2013年版，第194—195页。
② 同上书，第248页。
③ 同上书，第193页。
④ 同上。
⑤ 同上书，第253—254页。
⑥ （西汉）董仲舒：《春秋繁露·基义》，曾振宇注说《春秋繁露》，河南大学出版社2009年版，第305—306页。

荀子当年所讲的"礼"的具体内容是有阶级局限和时代烙印的,这些是随着社会的发展、时代的变迁而被克服和抹掉的,但"礼"的某些形式和功能是可以"抽象继承"(冯友兰语)的。否则,中国自古至今何以称得上"礼仪之邦"!

总之,以"礼"定了规矩,也就定了名分和职责,这样就有了秩序,有了秩序才称得上"善群"。在这个意义上,群学就是"礼以定伦"的秩序之学。由此我们可以说,"礼以定伦"是它的第三原理。

第四,乐群是在"和"的基础上达到的最高层级的社会形式和社会状态。

首先,在群学中,"乐群"是有目标、有标准的。作为在"合群""能群""善群"基础上才能达到的最高层次,对于个人和家庭而言,"乐群"是对"修身""齐家"的最高要求;对群即社会而言,"乐群"是其治理要达到足以让人乐在其中的状态。这种理想状态怎样才能达至呢?在春秋战国时期,经过长达数百年的战乱纷争之后,人们体会到和平的可贵,故而以"和"为乐。荀子出于对人有欲、有欲必争、争则乱、乱则穷的社会过程的观察,也深深体验到以"和"为乐的真谛。因而,"乐群"的目标就是"和"——"群居和一",这是群学的第四原理,也是最高原理。因为作为社会状态,"乐群"要达到的"标准",荀子常用"至平""大治""大形""大神"来形容。而对于"天下",荀子则用"和则一""四海之内若一家"[①]来表达"乐群"的思想内涵。"乐群"在中国和世界思想史上,都是很早升起而永远指引人们向往追求的理想明灯。

其次,"和"是有前提、有条件的,也是要有办法和途径的。分可止争,不争则和;荀子曰:"调和,乐也。"协调和谐,是乐的表现。怎么"调和"?要有"法度"。"法度"何来?"礼义生而制法度。"[②] 荀子坚信:"礼义之谓治,非礼义之谓乱也。"

荀子群学,虽然其强调等级名分的一面与汉初《礼记·礼运》篇所

---

[①] (清)王先谦:《荀子集解》,中华书局2013年版,第121页。
[②] 同上书,第518页。

表述的"大同社会"并不合拍,但《荀子》中多次提到的"尚贤使能""无恤亲疏""无偏贵贱",以及"选贤良,举笃敬,兴孝弟,收孤寡,补贫穷",都为"小康""大同"思想的形成作出了贡献。

### (二) 群学研究领域与西方社会学"暗合"

第一,群学的研究领域具有专门性。与其他学科相比较而言,群学研究领域的专门性主要表现为基础性。所谓"基础性"是说合群、能群、善群、乐群是人们从事各种各样活动必须依赖的基础。欲要修身,重在合群;欲要齐家,重在能群;欲要治国,重在善群;欲要平天下,重在乐群。群是人们从事政治的、经济的、文化的、社会的各种活动的基本形式,换言之,人的各种活动都是在群的基础上进行的。这种基础性既渗透于又相对独立于各种各样的活动,因而,群学相对于分门别类地研究社会的其他"学科"就具有相对独立的基础性学科的地位。荀子作为先秦学术思想的集大成者,当然不仅仅创立了群学,在其他学科领域也多有建树,例如有的学者就对荀子在"名学"(逻辑学)方面的成就评价很高。荀子也是杰出的哲学家和政治学家,作为"赋"体的创始人,他当然也是优秀的文学家。但是群学创立者的这种跨领域、多学科的博学特点,并不能成为否定群学研究对象和研究领域具有相对独立性的理由。事实上,不论是孔德、斯宾塞,还是马克思、涂尔干和韦伯,他们的研究也都是跨领域、多学科的。

第二,群学研究领域与其他学科具有交叉性。各门社会科学学科的研究领域有所交叉,有所重合,是正常现象,否则,何来诸如政治社会学、经济社会学、法律社会学之类的分支学科和交叉学科?

第三,群学关注的问题与西方社会学具有共同性。春秋战国时期,周代建立的礼乐制度已经崩坏,强国称霸争雄,弱国生灵涂炭,社会失序久矣,如何重建秩序,就成为群学的根本关切。荀子每每讲到群,都是针对"争则乱,乱则穷"的痼疾,希望找到破解之策,以定分治乱。可以说,合群、能群、善群、乐群全是为了重建良好的社会秩序。这在宗旨上,恰与孔德2000多年后提出的"社会学"冥想一处,尽管所处时代不同却问题相同，所"宗"（学术源头）不同而"旨"（意图）相同。不光是秩序问题，荀子对群己关系、家国关系、治理问题、变易问题、制衡问题、天下问题的探讨，至少与孔德、斯宾塞时期的西方社会学相比，不仅毫不逊色，而且理论更为丰富；就是与经典的西方社会学相比，许多基本概念和命题也已具备，只是表现形态多为论辩式，而非陈述式；表达形式上更为实用化，非纯学理化而已。

第四，群学的进路与西方社会学具有相似性。荀子讲群学从劝学、修身切入，紧扣的是个人与社会的关系，其所讲的群己关系、身心关系、身性关系、形神关系、天人关系，都是在说如何培养合群性，亦即个人如何实现社会化。个人如何合群，也就是个人如何社会化。个人进入社会之后怎么办？要定分，按技能分工，按职业分层，按名分定序。涂可国认为，荀子可能是"最早提出'职业'范畴的人"，他非常重视职业分工对于社会秩序的调节作用。[①] 事实上，荀子关于士农工商等的分层研究与今天的职业分层也是极为类似的。荀子如何分层？必须"制礼义以分之"，唯其如此，"故序四时，裁万物，兼利天下，无它故焉，得之分义也"。[②]

荀子群学由"明分使群"而"义以定分"，由"礼以定伦"而"群居和一"，相应地开辟出由修身而齐家、由齐家而治国、由治国而平天下的进路，这与西方社会学由个人而社会、由分层而结构、由组织而制度的进路异曲同工、何其相似。如果说有什么不同，应该是另有中华文明的深厚意蕴在其中。对此，后文再予以论述。

由以上的论证可以得出结论：不论荀子在他所处的时代是否具有今天所谓的"学科意识"，也不论《荀子》一书是不是按照单一学科体例编排的，群学的实际内容却表明其在研究对象和研究领域上是可以与其他学科相对区分开来的。它与伦理学不同，与哲学也并不属于同一个研究层次（后文还会谈到），而与西方社会学的"节目枝条""暗合"（亦称"冥合"）。因此，说群学具有相对独立的研究对象和研究领域是

---

[①] 涂可国：《社会儒学视域中的荀子"群学"》，《中州学刊》2016年第9期。
[②] （清）王先谦：《荀子集解》，中华书局2013年版，第194页。

有理有据的。

## 三 群学特质

在所谓"学科性"中,"学科对象"很重要,但并不具有绝对的意义。有很多交叉学科、综合学科可能共有相同或者相近的学科对象,但它们仍然是"学科",对此这里不讨论。所谓"学科性",除了要有确定的"学科对象"之外,还要有学科"视角"和"方法"。那么,群学的研究视角和方法是怎样的?我们认为,与西方社会学相比可以说是有相同也有不同。

### (一) 群学的视角和方法

群学重视经验分析,善于历史比较,长于逻辑论证,承认在社会人事中存在着像自然法则那样的客观法则,这在先秦时期是难能可贵的。这些特点表明,其达到了相当可观的"科学性"水平。

第一,荀子重视经验分析。面对复杂的研究对象,他擅长先划分为不同类型,然后作经验性的比较和分析。例如,荀子把"人臣"划分为四种类型:态臣(阿谀奉承的臣子)、篡臣(篡权的臣子)、功臣、圣臣。不仅用具体的经验性特征刻画他们的形象,还逐一举出"足以稽矣"即可以验证的典型。"故齐之苏秦、楚之州侯、秦之张仪,可谓态臣者也。韩之张去疾、赵之奉阳、齐之孟尝,可谓篡臣也。齐之管仲、晋之咎犯、楚之孙叔敖,可谓功臣矣。殷之伊尹、周之太公,可谓圣臣矣。"荀子论述以"礼义""为人君""为人臣""为人父""为人子""为人兄""为人弟""为人夫""为人妻",都不只是讲道理,还多有征引,使得"此道也,偏立而乱,俱立而治,其足以稽矣。"[1] "足以稽矣"就是说它们是被经验事实完全证实了的。

第二,荀子善于历史比较。他对夏商周三代以来的史实了然于胸,对《诗》《书》等典籍典故运用自如,每每论证一个观点,都能引用前

---

[1] (清)王先谦:《荀子集解》,中华书局2013年版,第275页。

朝旧事做历史比较分析；差不多每个重要论述之后，都能引述"《诗》曰""《书》曰""故曰"以为佐证。

第三，荀子长于逻辑论证。作为战国末期优秀的逻辑学家，荀子对群学原理的论证之严密，远胜于《论语》《孟子》的逻辑水平。荀子能够三次出任齐国最高学府——稷下学宫的"祭酒"（类似于"教务长"的论辩主持人），应该与他的逻辑和论辩才能不无关系。

第四，荀子承认在社会人事中存在着像自然法则那样的客观法则。他讲"人伦"是"与天地同理，与万世同久"，讲"礼有三本：天地者，生之本也；先祖者，类之本也；君师者，治之本也"。[①] 认为"群居和一"是"上取象于天，下取象于地，中取则于人，人所以群居和一之理尽矣。"可见荀子讲"群道"，取法于自然之理，"群道"当与不当，要看其是否符合客观法则，由此说荀子接近于承认并得出"社会规律"的认识恐不为过；孔德、斯宾塞等人依据生物进化推断社会进化，荀子与此何其相似乃尔。

由上可见，群学对于社会关系、社会现象的研究是具有经验性的，或者说理论是依据经验事实的，研究方法也是重视"实证"（可稽）的。人的职业分工、技能分工、利益分配是实实在在经验性的，不是思辨的。总不至于认为，只有在诞生了西方社会学之后，社会学家潘光旦、费孝通研究"伦"和以人伦为基础的社会关系，才能算是社会学，在此之前，不论怎样研究"伦"和以人伦为基础的社会关系，都不能算是社会学吧？

看待群学，不能过于迷信孔德所谓从神学到哲学再到科学的三阶段论，并且把它绝对化，将其硬套到具有不同文明路径的中华文明上。这样硬套的结果，就将全部先秦尤其是春秋战国时期的学术成果全部归之为"哲学"。这显然是妄下雌黄。难道这一时期修建的都江堰、郑国渠只靠作为世界观和方法论的"哲学"，不靠作为实证知识的"水利科学""气象科学"及土木工程等科学技术知识就可以完成吗？这些大型工程所体现的科学技术水平不是直到今天还令人惊叹吗？春秋战国时期

---

[①] （清）王先谦：《荀子集解》，中华书局2013年版，第413页。

的兵学（军事学）、农学、名学（逻辑学）、医学等学科所达到的水平在世界科学史上也是叹为观止的，怎么能说那一时期就只有哲学没有科学呢？

同理，将群学归属于"社会哲学"，从中国学术源流看，显然是不妥当的。因为哲学是关于世界观和方法论的学问，按照恩格斯的界定，哲学基本问题是思维与存在的关系问题，显然，群学不讨论这种作为哲学的基本问题。如果说哲学是讨论关于世界本原问题的，显然，群学讨论的也不是世界本原这种抽象层次的问题，它所讨论的基本上还是人与人、人与群、群与群、家国社稷等具象问题。

将群学归属于"社会思想"或"社会理论"本无不可。但如果这种归类的理由只是认为它称不上是"学"，或者即使是"学"，也不能比肩于西方古典社会学，那就值得讨论了。哈佛大学本杰明·史华兹教授肯定荀子在儒家学派中是"最富于'社会学色彩的'"①。他认为荀子是"以自然的实证化技术为导向的思想范式。假如诸如此类的观点在科学事业中多少也占有主导地位，那么，荀子可以勉强被说成是中国古代的科学倾向的先驱"。"荀子的科学是完全以对于自然所作的具体观察为基础的，不过是依照自然自发呈现在日常经验中的样子进行观察而已。"②以研究中国科学技术史著称于世的英国剑桥大学李约瑟教授甚至认为，作为科学方法的先驱，"荀子的观点也许是过于实证化和技术化了"。③ 我们应该用历史的观点看待 2200 多年前荀子的实证研究方法。

### （二）群学的方法论特质

群学在内容上有与西方社会学"相合"的一面，也有相异之处。然而尽管相异，却仍是社会学，不过是具有自己的特质。"视角""方法"的不同，并不能决定一个学科是否存在，因为一个学科内会有不同的视

---

① ［美］本杰明·史华兹：《古代中国的思想世界》，程钢译，江苏人民出版社 2008 年版，第 405 页。
② 同上书，第 421 页。
③ 同上。

角和方法，但会决定学科特质的不同。那么，群学有什么特质呢？

说到"特质"，如实证社会学、解释社会学、理解社会学均有其特质。在一定的时空条件下，具有某种特质的社会学可能成为主流，甚至有某种"代表性"，却不但没有唯一性，也在正确性、可信性上没有什么绝对的意义。并不是实证的就是最高明的，更不能说非实证的就是不高明、不正规、不正确的；并不是经验研究就是真实的、可靠的，理论研究就是不真实、不可靠的。在学术发展史上，之所以区分开实证与非实证、经验研究与理论研究，是因为没有很好的办法把它们统一起来。因而只好或者做成实证的，或者做成非实证的；或者做成经验的，或者做成理论的。渐渐形成了"二元对立"的局面。而社会对象本身是具有整体性的、紧密联系的，社会学这个学科本来是以综合研究见长的，可以说，真正高明的办法是找到将实证与非实证、经验与理论统一起来的方法和途径，将来高明的社会学应该是费孝通先生所说的科学性与人文性相统一的社会学。而群学，正是坚持科学性与人文性相统一的古典样本，这是我们有必要重视群学的原因之一。

群学的这一特质，表现在四个方面：人本性、整合性、贯通性、致用性。[1]

第一，人本性是群学的最高原则。所谓人本性，首先是以人为主体。在荀子之前，在天人关系上占绝对主导地位的观念是"尊天""敬天"。天神、天命、天道、天理、天心是必须顺从的，天是主宰人的，人是依附于"天"的，必须"唯天命而从之"，只能"以德配天"。唯独荀子敢于喊出"制天"的口号，提出"制天命而用之"的命题，这在当时即使不说是"大逆不道"，也无疑是"石破天惊"之论。荀子说：天有四时变化，地有丰富资源，人有治理之方，人能与天地相匹配。（"天有其时，地有其财，人有其治，夫是之谓能参。"[2]）"参"古义同"叁"，肯定人是天地之外的独立主体，不管是否能与天地并立为

---

[1] 景天魁：《中国社会学崛起的历史基础》，《北京工业大学学报》（社会科学版）2017年第4期。

[2] （清）王先谦：《荀子集解》，中华书局2013年版，第308页。

"三",总是能与天地互动的一方,这极大地抬升了人的地位。之所以可以赋予人如此之高的地位,是因为人有智慧。在《荀子·赋》中,歌颂人的智慧是其广大可以与天地相匹配,道德比尧禹还高尚,其小可以比毫毛还细微,其大可以充满整个宇宙。("大参天地,德厚尧、禹,精微乎毫毛,而充盈乎大寓。")

人本性还指以人为本位。众所周知,天人关系是中国学术的最高问题,落实到人与物的关系上,荀子始终坚持人的自主性、能动性。正如胡适所言,荀子论天,极力推开天道,注重人治。荀子论性,也极力压倒天性,注重人为。他认为先秦思想以孟子、荀子为转折,儒家从极端的伦常主义转向突出个人(个人的知性和德性);从重君权转到民本主义;从关注外界转向关注人的心理。① 这也都是以人为本位、以人为中心的体现。

就群学而论,这一"转折"的关键是坚持人的完整性——有感、有知、有情、有义。荀子不把"社会"看作是一种外在于人的实在,如同自然界一样只是一种"对象",只能"把社会事实作为物来考察",而认为社会事实必须用社会事实来解释。② 群学所讲的"群"是人的社会性存在,人是有性情、有温度、也有理性的。人不同于"物",人之所以"最为天下贵",是因为"能群",而能群之本在于"礼""义"。③ 荀子坚持以人为中心、以人为本位、以人为主体,这是群学的最高原则。

第二,整合性是群学的基本方法。人以及人的社会,毕竟不是自然物,离开了与整体的联系,其性质就发生变化,其功能就会丧失。因此,研究人和社会,整合性方法应该是最适当的。当然也需要分析性方法,但整合性高于分析性,分析必须在整合的统摄下进行,不能流于片面的分析。群学坚持不走分析主义之一途,不将主体与客体、个体与整体、能动者与结构、结构与功能、事实与价值等等,一律二分,更不把

---

① 胡适:《中国哲学史大纲》,商务印书馆2011年版。
② [法] E. 迪尔凯姆(又译:涂尔干):《社会学方法的准则》,狄玉明译,商务印书馆1995年版,第35页。
③ 方勇、李波译注:《荀子》,中华书局2011年版,第127页。

它们二元对立起来。群学坚持从整体上把握社会，以整体统摄分析，在分析的过程中保持研究对象的整体联系。这样似乎不够清晰，但却保持了原本的真实性；而单纯地分析，割断了整体联系，其实就失真了。

当然，整合性方法，也是要进行分析的。荀子倡导的做法是"以类行杂"。就是以整体性的法则来观照和整合细微杂多的分析。人就个体而言是千差万别的，荀子"人论"，首先是分类，"众人者，工农商贾也"，以上则是小儒、大儒，他们在"志""行""知"三个方面各有特点并有明显差别，但都可以用"礼"这个尺度去衡量，用"礼"去统合，使他们各就其位、各司其职。大儒，可以做天子的三公（太师、太傅、太保），小儒可以做诸侯的士大夫，民众则当工匠、农民和商人。这既是治理社会的方法，也是认识社会的方法。如此，则"人伦尽矣"（《人伦》：志不免于曲私而冀人之以己为公也，行不免于污漫而冀人之以己为修也，其愚陋沟瞀而冀人之以己为知也，是众人也。志忍私然后能公，行忍情性然后能修，知而好问然后能才，公修而才，可谓小儒矣。志安公，行安修，知通统类，如是则可谓大儒矣。大儒者，天子三公也。小儒者，诸侯大夫士也。众人者，工农商贾也。礼者，人主之所以为群臣寸尺寻丈检式也，人伦尽矣），[①] 就是说这是最符合社会真实而又最适合人伦准则的研究方法。在这里，本体论与认识论是统一的。

第三，贯通性是群学的主要逻辑。"贯通性"，相当于荀子所说的"以一行万"。"仁"，贯通于合群、能群、善群、乐群四个环节；而后四者又通达于修身、齐家、治国、平天下各个层次；这四者又渗透于经济、政治、文化、社会各个领域。贯通于所有这些环节、层次和领域的就是"群道"。"群道当"则一通百通。西方特别是十八九世纪以来，偏好于把各门学问区隔起来，搞得知识界高墙林立，而且以为墙越高，越是专业，学问越是高深。我们的先人却是执著于贯通，领域通、门类通、概念通、学理通。通则明、通则行、通则成、通则盛。[②]

---

[①] （清）王先谦：《荀子集解》，中华书局2013年版，第172页。
[②] 景天魁：《中国社会学崛起的历史基础》，《北京工业大学学报》（社会科学版）2017年第4期。

总之，在认识方法和研究方法上，荀子主张要"以类行杂，以一行万，始则终，终则始，若环之无端也，舍是而天下以衰矣"。从整体上把握纷杂的事物，相当于我们今天所讲的"整合"；用统一、合一的原则统摄万事万物，也就是"贯通"。总起来说，我们可以称之为"整合—贯通逻辑"。荀子强调，如果舍弃了这个原则，天下就要衰亡了。那是因为这个认识方法原则与"天下"通行的法则是相一致的。自然的本性是怎样的、社会的本性是怎样的，就应该按照它们的本性去认识它们、对待它们，这就是最高明的方法。这样，主观认识与客观实在就符合了，知与行就统一了。对荀子的整合—贯通逻辑，虽然没有必要与大约2000年后黑格尔第一次正式表述的本体论、认识论和逻辑的三者统一的观点曲为比附，然其方法论实质确有相通之处。

第四，致用性是群学的最终目的。贯通总的方向是达到实用。群学这门学问不是像西方社会学那样以"描述""解释""实证"为目的，而是为了用，致力于用，使之有用，达至其用。既然重在致用，就不太重视知识形态。而单纯从知识形态着眼，就会偏重于分析，越是条分缕析，知识就越是显得清晰；而重视实用，就会重视综合，因为实际事物的存在形态总是综合的，要在实践上解决比较重要的问题，往往需要动用多方面的整合性的知识，过于细分的知识难免显得片面，于事无补。[①] 群学的致用性，体现了自夏商周以来"礼乐教化"的传统，"厚人伦，美教化，移风俗"[②]，且一直延续到当代。

基于以上论证，我们可以说，群学的原则是以人为本，方法是整合—贯通法——各个方面相整合，各个环节、各个层次相贯通。这与西方的那种区隔—分析法，确实是很不同的。群学概念体系和命题体系的内在逻辑表明，合群、能群、善群、乐群就是中华民族生生不息、繁茂盛大的基因，群学的内在逻辑——"以类行杂，以一行万"的整合—贯通就是中华文明绵延不绝的密码；群学可以为中国社会、中国历史发展

---

[①] 景天魁：《中国社会学崛起的历史基础》，《北京工业大学学报》（社会科学版）2017年第4期。

[②] 过常宝：《制礼作乐与西周文献的生成》，中国社会科学出版社2015年版，绪言第2页。

乃至中华民族的兴盛和复兴提供最接地气的解释。这是群学之本，是现代中国社会学之源，如果"伐其本，竭其源"，"则其倾覆灭亡可立而待也"。①

群学的这些特质，并不能成为否认其为社会学的理由。恰恰相反，这些特质是群学的巨大优势，不仅可以弥补西方社会学在方法上的不足，还可以推动社会学在整体上的发展。特别是面对未来世界的新问题、新挑战，群学必将发挥不可估量的作用。

## 四 群学新命

是否承认群学是中国古典社会学，可以讨论，一时达不成共识，可以存疑。现在已经是被称为"信息爆炸"的时代了，世界上有那么多以"现代""后现代"为标榜的新理论、新学说，为什么还要眷念2200多年前产生的群学，本文还要对"旧学"作出"新说"呢？因为"周虽旧邦，其命维新。"（《诗经·大雅·文王》）②"如将不尽，与古为新。"（司空图《诗品·纤秾》）③ 中华文化精神历来是志在"旧邦""与古"的传统基础上，创新和开拓未来。群学亦然，虽是"旧学"，其命复兴。群学新命有四：

### （一）重振科学的人文主义

费孝通先生曾经深情地说道："布朗曾说，社会学的老祖应当是中国的荀子，我一直想好好读一遍《荀子》来体会布朗这句话，但至今还没有做到，自觉很惭愧。布朗提醒我们，在我国的传统文化里有着重视人文世界的根子。西方文化从重视自然世界的这一方向发生了技术革命称霸了二百多年……自然世界要通过人文世界才能服务于人类，只看见自然世界而看不到人文世界是有危险的。这一点在人类进入21世纪

---

① （清）王先谦：《荀子集解》，中华书局2013年版，第231页。
② 周振甫译注：《诗经译注》，中华书局2013年版，第392页。
③ （唐）司空图：《二十四诗品》，罗仲鼎、蔡乃中注，浙江古籍出版社2013年版。

时一定会得到教训而醒悟过来,到了那时,埋在东方土地里的那个重视人文世界的根子也许会起到拯救人类的作用了。"① 他还强调说:不光是荀子,"实际我们中国历代思想家思考的中心一直没有离开过人群中的道义关系。如果目前的世界新秩序正好缺乏这个要件,我们中国世代累积的经验宝库里是否正保留着一些对症的药方呢?"费孝通先生认为:"不管我们是否同意他(指拉德克利夫·布朗——引者注)的看法,我们都不容否认,对人际关系的重视,一直是中国文化的特点。在这样长的历史里,这样多的人口,对人和人相处这方面所积累的经验,应当受到我们的重视,而且在当今人类进入天下一家的新时期的关键时刻,也许更具有特殊的意义。"②

费先生的以上论述,指明了群学所代表的中国传统学术以其独具优长的视角和方法,可以作为今后中国社会学崛起之宝贵资源。片面重视自然世界、技术工具的西方文化难免给人类带来危机,而中国文化重视人际关系,重视人文世界,必将在21世纪发挥匡正扶危的独特作用。这对中国社会学来说是一个难得的机遇。抓住这个机遇,发扬中国整合性思维之所长,促进科学与人文的统一,纠正西方二元对立的分析性思维之偏差,回归到以人为本的社会学,即以完整的人、全面的人、人的世界为基点的社会学。这种"回归"就是具有时空跨度和历史意义的"创新"。

研究群学,其重要目的之一是探索支持中国社会学实现崛起的方法论。西方社会学尤其是实证主义社会学,过于偏重于"物",偏重于外在,偏重于理性,偏重于描述,偏重于分析,需要用"科学的人文主义"对之起到纠偏和平衡的作用。而群学所体现的中国传统的方法论,一向坚持人与物、外在与内在、理性与感性、描述与解释、分析与综合的统一,对于滋养和丰富"科学的人文主义",从而推进社会学方法的均衡发展,可以起到以古鉴今、以古贯今的作用。

在社会学方法论上,确实到了蓦然回首的时候了。而在"灯火阑珊

---

① 费孝通:《从实求知录》,北京大学出版社1998年版,第347—348页。
② 同上书,第232页。

处"的，正是科学性与人文性的统一。中国社会学乃至全部社会科学如要在21世纪实现崛起，必须抓住西方社会科学没有解决的根本性问题——科学性与人文性的统一，并力争有所突破。要实现这个突破，就必须坚持整合性思维、贯通性逻辑、综合性方法。由此奠定我们自己的方法论基础，实现古今贯通，才能真正做到既总结西方社会学的经验又克服其局限，从而实现中西会通，在科学性与人文性的统一上有所突破，闯出新路。

以荀子群学为学术史基础的中国社会学，是科学性与人文性相统一的社会学，它不纠结于实证性与非实证性的二元对立，不把人当作物来研究；也不纠结于"价值中立"与否的两难困境，而主张研究者通过加强本身的修养以及随着认识的深入，逐渐逼近客观的真实。因此，群学是科学性与人文性相统一的元典。

要创建科学性与人文性相结合的现代社会学，第一个古典范本就是荀子群学，它是最早体现科学性与人文性相统一的古典社会学。因此，我们今天之所以必须讨论中国社会学的起源问题，第一个目的当然是为群学正名，确立其作为古已有之的社会学的历史地位；第二个目的就是创立科学性与人文性相结合的新型现代社会学。这样，面对独霸社会学制高点已有180年之久的西方社会学，才可能真正争取到中国社会学的话语权，从而赢得中国社会学的崇高地位。

中国社会学欲要崛起，有两条路可选：一条是"跟跑"之路，西方社会学在科学与人文"二分"的路上已经走了很远，学术积累很厚，这条路是现成的，我们要"上路"很容易，但要想摆脱"跟跑"的局面，就很难了，想要超越就更难；另一条是有望"领跑"之路，就是实现科学性与人文性的统一，我们有群学创立以来至今2200多年的历史积累，走这条路是以己之长克彼之短，难固然也难，但有望超越。

### （二）为中国社会学崛起奠定学术史基础

我们今天正在实现中华民族伟大复兴，不仅创造了经济奇迹，而且在实现政治稳定、促进社会和谐、推动文化繁荣等方面也积累了丰富的经验，这些鲜活的实践经验无疑为实现中国社会学的崛起提供了充足的基础条件，那为什么还要探寻其学术史基础呢？

2003年在《试谈扩展社会学的传统界限》一文中，费孝通先生明确指出："中国丰厚的文化传统和大量社会历史实践，包含着深厚的社会思想和人文精神理念，蕴藏着推动社会学发展的巨大潜力，是一个尚未认真发掘的文化宝藏。从过去二十多年的研究和教学的实践来看，深入发掘中国社会自身的历史文化传统，在实践中探索社会学的基本概念和基本理论，是中国学术的一个非常有潜力的发展方向，也是中国学者对国际社会学可能作出贡献的重要途径之一。"他还明确指出研究中国社会思想的路径和意义："'人'和'自然'、'人'和'人'、'我'和'我'、'心'和'心'等等，很多都是我们社会学至今还难以直接研究的东西，但这些因素，常常是我们真正理解中国社会的关键，也蕴涵着建立一个美好的、优质的现代社会的人文价值。社会学的研究，应该达到这一个层次，不达到这个层次，不是一个成熟的'学'（science）。"① 特别值得重视的是，费孝通先生满怀着对人类必将走向美美与共的"大同世界"的坚定信念，他非常清楚西方社会学的单向性思维、二元化逻辑、过分强调对立和冲突的局限性，因而预见中国社会学正是在建立这一美好社会中可以大显身手的成熟的"学"。

而在西方社会学方面，所谓实证与非实证的对立，所谓科学性与人文性的决然的"二分"，在争来争去没有结果的无奈之下，发现造成这一"二元对立"背后的"科学观"本身已经过时了。所谓实证主义不过是对十七八世纪风行的科学观本来就很褊狭的理解，其最可靠的科学基础——牛顿力学在20世纪就已经被相对论和量子力学超越了。到了21世纪，在信息科学、网络技术、生物工程等新兴科学中，观察者与观察对象、主体与客体的相互纠缠、相互作用，使得传统的二元对立的科学观越发的不合时宜了。而在社会学中，将社会哲学、社会理论与社会学严格区隔开来的努力，被证明越是努力，就越是徒劳无功；越是严

---

① 费孝通：《试谈扩展社会学的传统界限》，《北京大学学报》2003年第3期。

格，就越是自相矛盾；越是坚持，就越是难以自拔。本来，社会学长期坚持的整体性原则、综合性思维，正遇到了为新的科学观的形成作出贡献的难得历史机遇，社会科学如能抓住这个历史机遇，一定能够获得与自然科学并驾齐驱的地位。

中国社会学如果完全按照西方社会学的路子走，也许可以有所发展、有所壮大，但很难实现真正的崛起。所谓"崛起"，必须有自己的概念、命题和学术体系，必须有自己的特质，有自己的特长和优势，要么能够弥补西方社会学的重大不足，要么能够彰显新的视野、开辟新的领域、回答和解决西方社会学未能解决或未能很好解决的问题。对此，我们的多位前辈创造了成功经验，他们基于本土经验提炼概念、形成理论，与西方概念和理论相会通。例如，梁漱溟的"乡村建设"概念和理论、潘光旦的"位育"概念和理论、费孝通的"差序格局"概念和理论，即是如此。"位育"也好，"差序"也好，梁先生的"伦理本位"也好，都基于以"人伦"为基础的社会关系。如前所述，在中国学术中，对此做出专门研究的当推群学。

上述这些成功的经验告诉我们，确立荀子群学作为中国社会学的学术史基础具有根本性的意义。我们确定群、伦、仁、中庸为基础性概念，在修身、齐家、治国、平天下四个层次，还有30个基本概念，这样就构成了群学概念体系。[①] 尽管这个概念体系还会有许多不完善之处，甚至不当和错误也难以避免，但是自此之后，群学不再只是一个模糊的概念，而是具体呈现为概念体系，并进而呈现为命题体系了。不论承认不承认群学就是中国古典社会学，总算有一个批评的"靶子"了。换言之，不能再不讲理由就说中国没有社会学了，不能再不加论证就说群学不是社会学了。同样，自此以后，中西会通也不再只是一个无法具体着手的愿望，而是可以明确：我们拿什么去与西方社会学会通？以群学去切实地与西方社会学会通。社会学中国化怎么"化"？可以不再停留在抽象的议论，就可以深入概念和命题的层次了。怎么建立中国社会学的话语权？不再是一个口号，而是可以从

---

① 景天魁等：《中国社会学：起源与绵延》，社会科学文献出版社2017年版。

具体概念着手了。

总之，构建了群学概念体系和命题体系，明确了群学即为中国社会学实现崛起的学术史基础，起码成为一个可以具体评判、展开争论和批评的对象了。

### （三）为实现中华民族伟大复兴提供社会学的学理支撑

实现中华民族伟大复兴，当然首先要把我们自己的国家建设好。在当今世界，中国离不开世界，世界也离不开中国。以中国的体量、中国的文化、中国的影响力，中华民族伟大复兴必定是一个世界性现象，必定会影响到世界格局。换言之，我们实现中华民族伟大复兴，不仅要解决国内的发展问题，也要回答世界面临的共同性问题，拿出中国方案、贡献中国智慧。

正如国家主席习近平在2014年纪念孔子诞辰2565周年国际学术研讨会上所指出的："当今世界，人类文明无论在物质还是精神方面都取得了巨大进步，特别是物质的极大丰富是古代世界完全不能想象的。同时，当代人类也面临着许多突出的难题，比如，贫富差距持续扩大，物欲追求奢华无度，个人主义恶性膨胀，社会诚信不断消减，伦理道德每况愈下，人与自然关系日趋紧张，等等。要解决这些难题，不仅需要运用人类今天发现和发展的智慧和力量，而且需要运用人类历史上积累和储存的智慧和力量……对传统文化中适合于调理社会关系和鼓励人们向上向善的内容，我们要结合时代条件加以继承和发扬，赋予其新的涵义。"[①] 我们如能通过古今贯通、中西会通，立足于中华民族伟大复兴的实践，创造出自己的一系列理论，例如，以中国式的"伦"和"关系"理论对应西方的结构理论，以中国式的"群分"理论对应西方的分层理论，以中国式的尚贤理论对应西方的流动理论，以中国式的"礼"论对应西方的社会制度和规范理论，以中国式的"中庸"理论对应西方的均衡理论，以中国式的"中和"理论对应西方的冲突理论，

---

① 习近平：《在纪念孔子诞辰2565周年国际学术研讨会上的讲话》，新华网，2014年9月24日。

以中国式的"位育"理论对应西方的治理理论，如此等等，就能够下接"地气"，上应"天时"，为实现中华民族伟大复兴提供社会学的学理支撑。

我们坚信，中华文明之所以成为世界上唯一绵延不绝的文明，必有其独特的机理；中国之所以能形成这样一个人口最多、结构最复杂、生生不息的社会，必有其深层的逻辑。这个机理、这个逻辑，部分地深藏在群学之中。群学在历史上曾经参与建设古老中国的社会秩序，建立中国的基本社会制度，塑造中国传统的社会生活，对未来的中国和世界也必然有所启发。

我们研究群学，并不是发思古之幽情，复兴群学，更不是"复古"，而是为了实现中国社会学的崛起。因为群学作为合群、能群、善群、乐群之学，包含着中国社会学的基因，深藏着破译中华民族之所以长盛不衰的密码。因此，它对世界面临的问题必能做出有启发意义的解答。我们要建设人类命运共同体，不就是要合群、能群、善群、乐群吗？我们自己想过好日子，也希望大家都活得好；难道未来世界能够靠霸权逻辑去塑造？既然群学这一合群、能群、善群、乐群之学在历史上曾经对形成和延续中华民族的繁盛起到重要作用，既然在中国走向民族复兴、走向建设人类命运共同体之时恰恰需要解决合群、能群、善群、乐群的问题，那就很显然，群学的复兴当然就是顺天应时的。今天的家庭是长期历史演变的产物，今天的社会也是悠久历史过程的延续，没有历史根基、历史眼光，就没有充足的解释力，就不知道从哪里来、往哪里去，就只能描述现状，无法预测未来。

## （四）参与"世界性的百家争鸣"

"世界性的百家争鸣"是两位睿智的老人在 20 世纪八九十年代提出的预见。在哲学家中，华东师范大学已故冯契教授早在 1989 年 8 月出版的《中国近代哲学的革命进程》一书的"小结"中，就有关于"我们正面临着世界性的百家争鸣"的论断。他认为，"从世界范围来看，今天我们正处于一个东西文化互相影响、趋于合流的时代。为此，需要全面而系统地了解西方文化，也需要全面而系统地了解东方文化，并深入地作比较研究……要通过世界范围内的百家争鸣发展自己"。① 到了1993年，冯先生在为赵修义和童世骏合著的《马克思恩格斯同时代的西方哲学》一书所写的序言中又重申了这一判断。② 在社会学家和人类学家中，费孝通先生做出了同样的前瞻。1993年他在《略谈中国社会学》一文中指出：21世纪，"这个世界还要经过一个战国时期，全世界的战国时期。""我们社会学要在第三个秩序的建立上有所作为。这第三个秩序即道义的秩序，是要形成这样一种局面：人同人相处，能彼此安心，安全，遂生，乐业，大家对自己的一生感到满意，对于别人也能乐于相处。我们必须要造就这样一个天下，这个天下要看在21世纪里造得出来还是造不出来了。我们的任务就是要以这个作为主要的轴心问题进行研究。"③

现在，"世界性的百家争鸣"事实上已经在许多领域有声有色地展开了：全球化与反全球化的争论，坚持还是退出《巴黎气候协定》的分歧，维护还是推翻自由贸易规则的争议，如何对待以联合国宪章为代表的国际秩序的讨论，一国"优先"还是合作共赢的原则之争，霸权主义与"建立人类命运共同体"的目的之争，共商、共建、共享还是动辄以制裁和武力相威胁的方式之争，如此等等。这些争论，不仅存在于政治、经济、军事、文化、外交各领域，也势必在学术上、在理论上引出一系列空前深刻的话题。

对于社会学来说，有一些争论在西方社会学界内部已经展开了，而在中西社会学之间也必将形成真正平等而深刻的大讨论、大争鸣。其话题之广泛、论争之激烈，恐怕是难以预料的。中国社会学要参与这场大讨论、大争鸣，就必须首先明确自己立足的基础，否则怎么可能形成真正平等的对话？怎么可能开展真正有意义的"会通"？

中华民族在历史上曾长期是优秀文化和伟大文明的代表，群学则是这一社会历史过程及其宝贵经验的学术升华之一。战国末期之前，中华

---

① 冯契：《中国近代哲学的革命进程》，上海人民出版社1989年版，第597—598页。
② 赵修义：《世界性的百家争鸣：冯契先生对后学的期望》，凤凰网，2015年11月5日。
③ 费孝通：《从实求知录》，北京大学出版社1998年版，第230页。

民族已有至少3000年①的文明史，群学是这一文明发展的第一批学术结晶之一，是春秋战国时期长达数百年百家争鸣的集成性成果之一，是中国学术第一个百花齐放发展高峰的优秀代表。第一次百家争鸣奠定了中国学术的基础，创造了诸如天人合一、道法自然、以人为本、与人为善、和而不同、和谐共生、中和位育、天下大同等光耀古今的命题和理论；现在已经拉开序幕的"世界性的百家争鸣"将实现文明互鉴、会通、共生、合一。正如费孝通先生所预见的，应该出现一个与20世纪不同的"新的版本"。我们社会学要在新的社会秩序的建立上有所作为，特别是建立大众认同的"道义的秩序"。他认为，中华民族历史上建立了这样的"大众认同"，能否在全世界也出现这样一种认同呢？"全世界五大洲能不能一起进入大同世界呢？这是社会学与人类学在21世纪一起要解决的大问题。"②

历史的逻辑奇妙无比，中国优秀文化仿佛是为21世纪以后的世界准备的。中华文化复兴正是"应天顺时"。在"世界性的百家争鸣"中，中华民族建立"道义秩序"的历史经验势必大放异彩。这是我们建设中国特色社会科学体系及其话语体系所应该具有的大视野、大气度、大胸怀。从"工具理性"到"健全理性"，从片面理性到理性与感性相统一，从科学与人文的原初统一，经过二者的分裂与对立，重回更高阶段的统一，不仅是可以期待的，而且具有必然性。片面的发展、分裂和对立已经有了很长的历史了，而历史总是螺旋式发展的，必定是一个不可抗拒的否定之否定的过程。这个过程将在从春秋战国的"百家争鸣"到21世纪"世界性的百家争鸣"的历史大轮回中得到呈现。

群学自创立至今2200多年间遭遇了诸多挫折和劫难，在"世界性的百家争鸣"中，它必将"浴火重生"。它将成为科学性与人文性相统

---

① 据李学勤教授讲："根据'夏商周断代工程'的年表，夏代的开始是在公元前21世纪的中间……但夏代不是中华文明的起源。中华文明在这以前还有一段相当长的历史，所以我们想把考查的年代再往前推1000年，就是推到公元前3000年。"（李学勤：《中国古代文明研究》，华东师范大学出版社2009年版，代前言第14—15页）而作为"文明社会"标准之一的城市的出现，在中国已有距今6000年（河南郑州西山古城，见前引李学勤书第16页）。故此这里采用了战国时期以前的中华文明已有"至少3000年"之说。

② 费孝通：《从实求知录》，北京大学出版社1998年版，第230—231页。

一的社会学，这是能够在 21 世纪参与塑造人类命运共同体的新型社会学。它将是 21 世纪世界社会学的制高点，是世界性的百家争鸣必将铸就的学术高峰。

　　回到本文开篇提到的严复"心结"，那恐怕不是靠一篇或几篇文章而是要靠我们几代人的奋发努力才能解开的。待到中国社会学实现崛起之时，我们就可以告慰诸位先贤。相信严复"心结"解开了，中国历代社会学人不但可以"心结"顿消，而且定然会"心花"怒放。

（景天魁）

# 前言　欲兴其学　先正其史

## ——略谈中国社会学史研究

在我们研究团队出版了《中国社会学：起源与绵延》一书之后，学界许多同仁鼓励我们重新书写中国社会学史。北京内外多位学者出于对这项工作之重要意义的自觉认识，主动表示愿意加盟，这样，我们的团队成员也就从28人扩大到50多人。旋即，大家齐心协力地投入到《中国社会学史》的写作。在第一卷即将付梓之际，我想简要地做几点说明。

## 一　为什么要重新书写中国社会学史

德国大哲学家黑格尔认为，哲学史的本身，在本质上就是哲学这门科学。[①] 此话即使不适合所有学科，也应该适合社会学；即使不适合其他的社会学，也应该适合中国社会学。因为中国社会学承认自己只是"舶来品"，在西方社会学于清末民初传入中国之前，中国本土没有社会学，因而也就没有本土的社会学史。这就好比一种无根藤，攀附在树上，营养是靠树提供的，虽然也可开出一些小花，但自己无根就永远长不成大树。果真如此，怎么谈得上建立中国社会学的话语体系和学科体系？显然，要搞清楚中国古代到底有没有社会学，如果有，就必须重新书写中国社会学史，这是关系至大的任务。

笔者在《中国社会学：起源与绵延》一书的前言中曾经写道："欲

---

① 黑格尔：《哲学史讲演录》第一卷，商务印书馆1983年版，第12页。

立其学，先立其史；欲兴其学，先正其史。"① 这就提出了中国社会学的发展与其历史基础的关系问题。其实这个问题费孝通先生早在20世纪90年代就提出来了。1993年，他在《略谈中国社会学》一文中曾说，20世纪30年代拉德克利夫·布朗教授在燕京大学讲学时说过，中国在战国时代已由荀子开创了社会学这门学科，比西方的孔德和斯宾塞要早两千几百年。② 其实对于社会学这一学科的起源问题，西方人一直很看重。即使孔德已经拥有了社会学创始人的名分，法国人还是努力追寻社会学思想的源头，不过他们竭尽全力，也只能追溯到孟德斯鸠，再往前，大概只好追溯到法国之外，去求助于古希腊了。而中国自先秦诸子就有了灿烂的社会思想，荀子群学则是其精华之集成。其成熟程度令西方人吃惊，并且承认了它的超前价值。尤其令人着迷的是，它竟能几千年来连绵不断，既一脉相承，又不断丰富发展，这在世界学术史上鲜有可与比肩者。2003年在《试谈扩展社会学的传统界限》一文中，费孝通先生又明确指出："中国丰厚的文化传统和大量社会历史实践，包含着深厚的社会思想和人文精神理念，蕴藏着推动社会学发展的巨大潜力，是一个尚未认真发掘的文化宝藏。从过去二十多年的研究和教学的实践来看，深入发掘中国社会自身的历史文化传统，在实践中探索社会学的基本概念和基本理论，是中国学术的一个非常有潜力的发展方向，也是中国学者对国际社会学可能作出贡献的重要途径之一。"费先生还明确指出了研究中国社会思想的路径和意义："'人'和'自然'、'人'和'人'、'我'和'我'、'心'和'心'等等，很多都是我们社会学至今还难以直接研究的东西，但这些因素，常常是我们真正理解中国社会的关键，也蕴涵着建立一个美好的、优质的现代社会的人文价值。社会学的研究，应该达到这一个层次，不达到这个层次，不是一个成熟的'学'（science）。"③ 这就把发掘中国学术宝藏提升到了能否创立一个"成熟的"社会学的高度。

---

① 景天魁等：《中国社会学：起源与绵延》，社会科学文献出版社2017年版，第21页。
② 费孝通：《从实求知录》，北京大学出版社1998年版，第232页。
③ 费孝通：《试谈扩展社会学的传统界限》，《北京大学学报》2003年第3期。

# 前言　欲兴其学　先正其史

遵循费先生的遗训，重新书写中国社会学史，是一项神圣的使命。中国知识分子历来有"为往圣继绝学"的抱负，在宋代张载的表述中，"为往圣继绝学"是与"为天地立心""为生民立命""为万世开太平"同等重要的，也是紧密联系的。的确，全世界都在惊叹中华文明神奇的绵延力，很多人都在探索在世界古老文明中唯有中华文明经久不衰的内在机理，尽管这种内在机理是复杂多样的，至今难以说得清楚，但有一点是可以肯定的，那就是中国文化人的传承意识。在这个传承过程中，尽管有批判、有否定，甚至有过"焚书坑儒""打倒孔家店"之类的偏激运动，但毕竟割不断中华文明的血脉。总的说来，中华文明是在历史积累的基础上不断创新的，继承与创新是高度统一的，既在继承的基础上实现创新，又在创新的过程中实现继承。这一继承与创新的"统一律"，大概是我们现在认识到的中华文明绵延发展的机理之一。

单纯地继承，容易；单纯地批判，也不难。要把继承与创新高度统一起来，就很是困难了。说到中国社会学，情况就很是特殊，这一继承与创新的"统一律"好像被舍弃了。如果像以往百余年间那样不承认中国古代有社会学，那就既谈不上继承，也用不着"继承"，也不可能在继承的基础上创新，那就太简单了，照搬西方社会学就是了。

然而，中国是一个有深厚历史文化基础的国家。在"以德治国""依法治国"之外，还有一个现在很少提起但其实也很重要的提法——"以史治国"。历史在我们的人文教化和国家治理中曾经发挥过重要作用。前朝是怎么做的，先王是怎么说的，直到今天，我们看京剧，反映三国故事的诸葛亮《空城计》中的唱段，反映明代权利斗争的《二进宫》中的唱段，都是"以史为鉴"的。中国有全世界最发达的历史学，有全世界最早、最成熟的史官制度。我们可以肯定地说，中华文明之所以绵延不绝，与史学发达不无关系。有的文明古国没有历史，印度依靠玄奘的《大唐西域记》，才知道它古代的首都在哪里。这是古印度文明断绝的结果，还是其原因？更像是后者。是否可以说"以史治国"也是中华文明绵延不绝的原因之一，请史学家们去讨论，不是本书所能担当的任务。这里想要说的，无非是强调重新

·3·

书写中国社会学史对于中国社会学的重要性。笔者写的《中国社会学：起源和绵延》一书序言，标题就是"中国社会学崛起的历史基础"，很显然，那里已经论证了中国社会学史对于实现中国社会学崛起的重要意义，这里不赘。

在我们梳理出群学概念体系，初步证明了群学就是中国古典社会学之后，中国社会学史自然就应该从荀子群学的创立写起。由于荀子是先秦学术的集大成者，群学的渊源还要向前追溯。在从荀子到严复的2100多年间，群学经历了复杂的命题演进和形态演变过程。即便在严复译介西方社会学之后的110多年来，"中国社会学史"也不仅仅是西方社会学在中国的传播史、移植史、应用史、扩张史，也仍然有群学绵延的一条脉络在，而且开启了群学与西方社会学对话和会通的过程，情况也很复杂。本书作为第一次从荀子写起的《中国社会学史》，旨在梳理2200多年间群学的发展和演进历程，这是我们所说的"新写"的"对象"和含义，任务之艰巨自不待言。

## 二 关于"群学"与"社会学"

尽管我们在以往的著述中多次谈到了"群学"与"社会学"的关系，而且我们不主张纠结于这种问题，但我们既然从战国末期群学创立开始书写中国社会学史，就不能回避"群学"和"社会学"这两个名称的使用问题，因此，在本书第一卷前言中应该对此有所交代。

群学与（西方）社会学的区别，不宜简单地用异同来下结论。笼统地说，二者在内容上同大于异，在形式上异大于同，在方法上有同也有异。因此，要下结论，就看以何者为标准，选择从哪个角度着眼。重视内容的方面，就会认为二者"正同"（梁启超语）；重视方法的方面，可能认为二者"暗合"（严复语）；重视形式的方面，难免认为二者"相异"。如果只从名称上看，把孔德的"社会学"当作唯一公认的名称，把西方社会学当作唯一的标准，那就连异同也不用讨论了。因为这种唯一性，也就是独占性、排他性，完全排除了学科另有起源的可能性。可是，这难道不是过于武断的偏见吗？

前言　欲兴其学　先正其史

具体地说，从内容上讲，严复已经指出了群学与（西方）社会学在字词义、概念义、学科义、学科性质和功用、学科地位等方面都是相同的，多方面论述了他之所以将 sociology 译为"群学"的理由。① 我们把群学的概念体系和命题体系归纳为合群、能群、善群、乐群等四个层次②，也是与（西方）社会学内容的基本架构相一致的。合群相当于西方社会学所谓的"社会化"，能群相当于西方社会学的关系和组织，善群相当于西方社会学的制度、机制和社会治理，乐群相当于西方社会学作为社会理想的人类秩序。单从内容上看，二者的相同性是显而易见的。

从方法上看，群学也与西方社会学一样是研究具体的社会关系和社会行为的，基本上都是偏向于经验研究的，尽管在群学初创时期不可能具备后来才形成的实证方法，但正如哈佛大学的本杰明·史华兹教授所指出的，荀子"以自然的实证化技术为导向的思维范式"，使群学从一开始就凸显出实证研究的特征，因而是"最富于'社会学色彩的'"。③ 至于说到具体研究视角和方法，西方社会学内部也是多种多样的，不能讲运用实证方法的就是社会学，运用非实证方法的就不是社会学。既然如此，在群学与（西方）社会学之间，就应该肯定二者在基本方法取向上的一致性，不能以具体方法为依据判断二者的异同。

从形式上看，孔德创立"社会学"之名时，西方社会科学正处于学科分化的高潮期。因此，尽管社会学以综合地研究社会现象见长，但人们还是承认它是一门单独的学科，就是说它的综合性是内在的。但毕竟社会现象的整体联系是不可分开的，所以很快就在社会学内部分化出了诸如经济社会学、政治社会学、法律社会学以及工业社会学、农村社会学等几十个分支学科，以此调和学科单一性与社会整体

---

① 严复：《〈群学肄言〉译余赘语》、《原强》《译〈群学肄言〉自序》《原强修订稿》，载黄克武编《中国近代思想家文库·严复卷》，中国人民大学出版社 2014 年版，第 373、8、71、38 页。

② 景天魁：《中国社会学崛起的历史基础》，《北京工业大学学报》（社会科学版）2017 年第 4 期。

③ ［英］本杰明·史华兹：《古代中国的思想世界》，程刚译，江苏人民出版社 2008 年版，第 421、405 页。

性之间的矛盾。而群学创立时则是另外一种情况。春秋战国时期，中国社会已经发育得很复杂了，社会矛盾也暴露得很充分了，不仅产生了诸子百家，而且形成了百家争鸣的局面，其论辩之激烈、规模之宏大，在世界学术史上是无与伦比的。群学作为集大成的一个成果，其学科内容是极为丰富的，但在存在形式上，中国学术历来重视综合，群学也就很自然地与其他学科交叉并存。这种存在方式上的特点，不足以构成否认群学是一个学科的理由。早在1905年，刘师培在研究春秋战国诸子百家之学时就曾指出，即便按照西方划分学科的标准，中国到战国末期也至少形成了16个社会科学学科，其中"中国社会学"名列第四。① 这就在严复、梁启超之外，明确肯定了中国在战国末期就形成了中国社会学。

从现在来看，由荀子创立并绵延两千多年的群学，应该称为中国古典社会学。自清末民初西方社会学传入中国至今的110多年间，"中国社会学"的成分变得复杂了。它不仅包括①来自中国本土的群学，②来自西方的社会学（"社会学在中国"），也包括③在中西社会学会通和社会学中国化过程中形成的新理论、新学派；还包括④随着马克思主义的传入，在唯物史观指导下所进行的社会调查和研究，以及⑤110多年来在中国人民进行的伟大斗争特别是在改革开放以来走向民族复兴的伟大实践基础上提炼形成的社会学新概念、新命题和新理论，以上诸多方面共同构成了中国近现代社会学。

由此回答前述"群学"与"社会学"的异同问题，我们可以说，如果把中国社会学区分为中国古典社会学和中国近现代社会学的话，那么群学既是中国古典社会学，也是中国近现代社会学的重要组成部分。在前一意义上，"群学"与"社会学"是相同的；在后一意义上，"群学"与"社会学"是有同也有所不同的。

我们着重于从内容上处理"群学"与"社会学"的关系。只是顾及但不侧重于其形式的方面，甚至也不在方法上多作讨论，更不纠结于

---

① 刘师培：《周末学术史序》，《中国近代学术名著·刘师培辛亥前文选》，中西书局2012年版，第189页。

"群学"与"社会学"的名称问题。本书致力于梳理出群学的命题体系及其演进脉络，以期展现出群学的丰富内涵。我们把合群命题梳理出来，相较于西方社会学的社会化命题而言，就不仅鲜明的中国特色一目了然，而且更显示出中国修身之道的丰富性；我们把能群命题梳理出来，中国社会关系的复杂性就凸显出来了，关于"关系""面子""人情"等的"关系社会学"不是已经成为中国社会学的重要组成部分了吗？我们把善群命题梳理出来，中国基本社会制度的稳定性以及社会治理的丰富经验就展示出来了；我们把乐群命题梳理出来，从"四海一家"到"天下大同"和"构建人类命运共同体"的历史脉络就很清楚了。我们深信，面对群学命题体系所呈现的丰富内容，所谓群学只是"社会思想"，称不上"社会学"的成见也就难以立足了；再纠结于群学是不是社会学的名称之争就没有什么必要了。

进一步说，我们既然致力于实现中国社会学的崛起，那么，有自己学术的历史积累总比没有好，学术积累悠久深厚总比一片空白强。为实现中国社会学崛起的大目标计，我们当然要选择在继承基础上创新的道路，将继承与创新高度统一起来，这种文化自觉是最具理性的。

因此，本书总的名称是《中国社会学史》。前面讲的中国古典社会学部分，就是群学的形成（第一卷）和绵延史（第二卷群学制度化、第三卷群学民间化、第四卷群学内向化）；后面讲近现代中国社会学的部分，则是讲在中西会通基础上发生的群学转型，以及在中国伟大社会实践基础上正在实现的包括群学复兴在内的中国社会学的崛起（在课题立项时合为第五卷，后一部分将来也可能创造条件使之单立为第六卷）。

这样看来，所谓"中国社会学的崛起"，应该是：①以群学的古今贯通为纵轴，②以中西社会学会通为横轴，③以中华民族实现伟大复兴的实践为基础，④以社会学中国化为方向，交汇融通、综合创新，形成一系列能够回答21世纪中国和世界的重大社会发展问题的新概念、新命题、新理论的伟大创造过程。而重新书写中国社会学史，则是其中一项基础性工作。

## 三 为什么要重视命题演进史

（一）怎样重新书写《中国社会学史》？令笔者久陷愁城。以往驾轻就熟的套路，当然是按照年代和人物写。然而，中国古人一般都是跨学科、多学科的，如果按照人物写，按照著作写，容易纠缠不清。到底哪些人可以称为社会学家，哪些著作可以算作社会学著作？多少年来缺乏专门研究。那些被称为哲学家或者别的什么家的人，例如王阳明，他的有些思想是否也可以算作社会学命题？古人的书不是按照现代意义上的学科写作的，哪些书可以算作社会学专著？例如，顾炎武的《日知录》讲了那么多的社会制度、社会风俗，到底是哲学著作还是社会学著作？如果要等把一个一个朝代、一个一个人物、一本一本著作都研究清楚了，再动笔写作，那就不知要等到猴年马月；如果在逐一研究清楚之前就按照年代和人物写，又势必陷入无尽的争论中，很难走出来，那这本书就没法写了。

其实，写作中国社会学史，以往的研究积累太少虽然是一个问题，但并不能因此就认为缺乏写作的基础条件，从根本上说，这里有一个思路问题。20世纪前期，胡适和冯友兰写作中国哲学史的时候，西方人根本不承认中国有哲学；中国古人也未曾用过"哲学"这个学科名称，"哲学"之名，也是与"社会学""逻辑学"等一起，刚刚从日本转译而来的。但是他们捷足先登，凭借自己对中国传统学术的深厚素养，依据对"哲学"作为一个学科的理解，胡适很快就出版了《中国哲学史大纲》第一卷（1919年），稍后，冯友兰也出版了更为完整的《中国哲学史》（上下册），由此开拓出了"中国哲学史"这个专门学科。[1] 百年来，这个专业已经英才荟聚，专家辈出，蔚为大观，足可与"西方哲学史"专业并驾齐驱。

---

[1] 蔡仲德：《冯友兰先生评传》，张海燕主编《冯友兰文选·中国哲学的精神》，国际文化出版公司1998年版。

前言　欲兴其学　先正其史

胡、冯二位先生之高明，首先在于"心灵手敏"（蔡元培语）[①]，得以占得先机。从老子、孔子、墨子、庄子、荀子（胡适书），直到冯先生从商周一路写到康（有为）、谭（嗣同）、严（复）、王（国维），因为他们是首创，几乎可以说是信手拈来，并无忌惮。不但是天人、物我、心性、名实、知行之类公认的哲学命题尽量纳入，就是像吕不韦的《吕氏春秋》、太平天国的"天朝田亩制度"、曾国藩与满汉斗争之类或者与哲学沾点边或者不沾边的内容，也照收不漏。反正不管怎么说，用不着先去论证某某人是不是哲学家、某某书算不算哲学著作。我们就不行了，已经是在胡著出版100年、冯著出版八九十年（冯友兰《中国哲学史》上下册，于1934年出版）之后，早已被写到哲学史和别的学科史里的人物和著作，成了牢固的先入之见，我们再要把其中的某些人、某些书写到社会学史里，就会面临种种质疑——他（它）们是社会学家或社会学著作吗？当然，我们可以去努力发掘出一些胡、冯二位先生没有提及的人物和著作，这当然也还有很多，也确实是我们应该做的，但是，由于前述中国学术交叉综合的特点，而且这是"主流"，还是必须想办法恰当处理这个问题。

（二）怎样办？必须突破按照年代和人物写作学科史的"历史记述法"的局限，跳出习惯套路而另辟蹊径——以群学命题演进史为主线写作中国社会学史。

第一，我们既然在与西方社会学的相似性比较中认定群学就是"合群、能群、善群、乐群"之学，那我们就紧紧把握住这条主线，不论是谁——先不管他到底是什么"家"，不论哪本书——先不管它是不是社会学著作，只要是有关"四群"的命题，就择其要者纳入进来；而且不是按照年代和人物，而是按照这些命题与"四群"的相关性加以重新编排。这样，我们就避开了对人物和著作的争论，将一个个命题镶嵌在"四群"主线上，形成命题的"珍珠链"。人物和著作随着命题走，出现在对命题来源和背景的叙述中。只要这些命题是与"四群"有关

---

① 蔡元培：《〈中国哲学史大纲〉序言》，载胡适《中国哲学史大纲》卷上，东方出版社1996年版，第2页。

的，对人物和著作的争论在这里就没有必要了——当然，如有兴趣，可以另外去讨论。

这样做并不是主观任意的，我们的依据是：我们写的是学科史，学科史并不等于历史事件的编年史，也不等于历史人物的记述史。学科发展是由它的命题演进过程表现出来的。因此，以群学命题演进史为主线写作中国社会学史，更符合学科史的性质要求。

第二，全部《中国社会学史》将命题演进史贯彻始终，一以贯之，层层展开，卷卷呼应。第一卷的108个命题，到了后面的每一卷，哪些改变了，哪些取消了，新出现了哪些命题；在遇上西方社会学之后，这些命题与西方社会学的命题是怎么碰撞的、怎么会通的，各自都发生了哪些改变，碰撞出来哪些新的火花，产生了哪些新命题。这样一卷一卷捋下来，我们就在命题演进的水平上梳理清楚了群学的历史，确凿无疑、铁板钉钉地证明了群学的历史存在和世代绵延。这样的中国社会学史，比起按照年代和人物书写的思想史，脉络要清晰得多，逻辑要严谨得多。这在学科史的书写上，应该是一个创新。我说"应该是"，是说尽管这是第一次从荀子群学写起的中国社会学史，又是第一次以命题演进史的形式书写的，但是否称得上"创新"，还要看它能不能站得住，是否有价值，那就要经受学术界的评论和历史的检验了。

第三，尽管前面说过从荀子开始书写中国社会学史，缺乏对2200多年间的许多人物和著作的专题研究作为基础，但是我们以命题演进史的形式书写中国社会学史却不是"没有办法的办法"，毋宁说，对于本书来说，这是最为恰当的写法。因为这部《中国社会学史》尤其是第一卷，还首先承担着证明群学这个学科的存在性和绵延性的任务。而第一卷命题体系的形成是群学创立的最为充分的标志，其后各卷命题体系的演进则是群学绵延的轨迹。命题演进史虽然不拘泥于人物和著作概述以及时代背景介绍，却更能够确凿地证明群学的存在和绵延，更便于展现群学的丰富内容。

（三）在确定了命题演进史的写法之后，困难就在于怎样梳理群学命题体系了。在浩瀚的史海中，如何大海捞针般地选取重要的命题？除了必须有一条线索——合群、能群、善群、乐群，必须以此作为明确的取舍标准，还必须有慧眼识珠之人。

我们诚邀了熟悉中国哲学史、文化史、政治史、思想史、社会史、宗教史和社会理论等方面的专家，大家反复讨论，集思广益。我们从2017年2月开始讨论，到9月才基本形成了包括105个命题的写作提纲，在写作过程中，又几次开会讨论，反复增删和修改，直到2018年4月昆明会议上才最终确定下108个命题。这样，即使难免有所遗漏，只要紧紧抓住合群、能群、善群、乐群这条主线，相信应该不会有太大的偏差。

## 四 《中国社会学史》第一卷兼具"群学概论"性质

第一卷不仅是开篇，它在全部《中国社会学史》中居于重要地位，可以说具有定型和引领作用。

### （一）第一卷建立的整个命题体系（包括基础性命题和基本命题）相当于"群学概论"

在第一卷中，我们区分了源于基础性概念（群、伦、仁、中庸）的"基础性命题"，和展开群学内容的基本命题——合群（修身）命题、能群（齐家）命题、善群（治国）命题、乐群（平天下）命题。这些"基本命题"是基础性命题的展开。但在群学发展史上，它们都是"群学概论"的组成部分，并不是只有"基础性命题"才是"概论"。也就是说，第一卷所建立的整个命题体系都是"概论"，是"群学概论"，相当于"社会学概论"。

### （二）"群学概论"的结构与"社会学概论""正相合"

第一卷"群学创立"时期的命题，不论是"基础性命题"还是"基本命题"，都历史地具有"概论"的性质，因为相对而言，第二卷的"群学制度化"，要到秦汉时期才发生；第三卷的"群学民间化"要到隋唐宋时期才发生。所以，历史地看，先秦诞生的"群学"总体上具有"概论"的性质。况且，将"概论"中的命题，区分为"基础性命题"和"基本命题"是"概论"一类著作的通例。现在流行的《社会学概论》也是如此，有个人和社会、结构和交往这样的基础性概念，也展开为社会组织、社会制度、阶级阶层、社会流动、社会发展和社会治理等各个方面。这与我们建立的由基础性命题和基本命题组成的"群学概论"，借用严复的话说，在"节目枝条"上"正相合"。尽管群、伦、仁、中庸这些基础性概念与西方社会学不同，但它们所展开的也是社会的构成、社会的结构、社会的规范、社会行动的方法，与西方社会学是相通的。正因为"相合"和"相通"，我们才说群学就是中国的社会学，相异之处只是"中国特色"，并没有"异"到不"相合"的程度。正如开红花的牡丹和开黄花的牡丹都是牡丹、"家槐"和"洋槐"都是槐树一样。

"基础性命题"和"基本命题"，到了后面几卷，都有一个制度化、民间化、内在化、会通和转型、并在中国社会学崛起中发挥作用的问题。区别只是在于"基础性命题"会比较稳定一些、持续性更强一些，但不可能没有变化；基本命题（例如家庭伦理、选贤任能）等变化大一些，但也可能找到某种变形和延续的形式。第一卷的基本命题到了后面几卷到底如何变化，后续的研究任务还非常艰巨。而且正是通过后面几卷的研究展现中国社会学的特点和优势（绵延性、整合性、变通性、实用性等），可以发挥的空间很大。

我们本来无意将群学与比它晚2000多年由孔德创立的西方社会学相比较，更不想在二者之间论短长，诞生在战国末期的群学与西方社会学有所不同，这太正常了；西方社会学有的概念和命题群学没有，也是难免的，正如群学有的概念和命题西方社会学也没有一样，不必大惊小怪。我们重视的是严复指出的群学与西方社会学"正相合"，这即是事实，也是我们坚信群学就是中国古典社会学的理由。即便不想作比较，我们还是不能不说，群学的命题体系表明，它的学科内容确实是非常丰富且有鲜明特色的。它不仅值得我们继承和发扬，完全有资格作为现代中国社会学实现崛起的学术史基础。

### (三)"群学概论"和"命题演进史"是史论结合的

《中国社会学史》包含"群学概论"和"命题演进史"。但由于整个写法是"史论结合"的,所以,第一卷是以"群学的形成"这一史论的形式,来展开"群学概论"的;或者反过来说,是在"群学概论"中展现"群学的形成"条件和实现过程的。群学诞生了,它的基本内涵也就形成了,或者说,群学的基本内涵形成了,它也就诞生了。"史"与"论"是高度合一的。

### (四)群学命题体系的学术价值

首先,"群学命题体系"相当于"群学概论",它对中国社会学的意义却深远得很。当年,胡适、冯友兰对中国哲学史的研究不仅在世界学术界纠正了认为中国古代没有哲学的偏见,还很快开辟出来中国哲学史这个学科。此后只用了几十年时间,这个学科就蔚为大观,其学科地位和规模都可与西方哲学史并驾齐驱,而且涌现出张岱年、汤用彤、熊十力、牟宗三、朱伯崑、楼宇烈、杜维明、余英时、萧萐父、张立文、牟钟鉴、陈来等一批又一批哲学史家,真可谓群星灿烂。中国社会学史研究在建立了群学命题体系之后,也要进入专题研究阶段,也必定会成长出一大批中国社会学史专家。可以预期,中国社会学史不仅研究范围将从一百多年,拓展到二三千年,而且其学科地位也会大大提升。即使不能像黑格尔那样断言社会学就是社会学史本身,至少中国社会学理论的源头是必须追溯到荀子群学的,中国社会学有如此丰厚的历史资源,那就不应被置于边缘地位,犯不上非要到西方社会学那里去"寻根"(如果不说是"归宗"的话),因而必定极大地增强自己的学科自信。

进而,群学命题体系就是中国社会学话语体系的历史版本。荀子群学的命题体系是元典性的版本,秦汉时期群学制度化是第二个版本,隋唐宋时期群学民间化是第三个版本,元明清时期群学内向化是第四个版本,清末民国时期群学转型是第五个版本,这样一路绵延下来,传承下去,中国社会学就有了实现崛起的雄厚历史基础,这在世界社会学殿堂上都是无与伦比的。中国社会学不仅能够真正站起来了,其辉煌的未来也是指日可待的。

《中国社会学史》要梳理自荀子群学以来如此久远而繁杂的历史过程,立下这样的宏愿,对我们团队来说实属不自量力。尽管我们团队成员来自中国社会科学院多个研究所,还有北京大学、中国人民大学、中国传媒大学以及京外的中山大学、厦门大学、山东大学等十几所高校,但这项任务是需要长时间的刻苦攻关才能完成的。那就让我们做一次探险吧!我对团队每一位成员的勇气和担当,深表敬意!对学界同仁的鼓励和批评深表感谢!

(景天魁)

# 第一章　群学创立的社会基础

## 引　言

100多年来，人们一直在说社会学对中国来说只是"舶来品"，19世纪末20世纪初才传入中国，中国本土没有社会学。现在我们说战国末期荀子创立的群学就是中国古典社会学，人们可能感到很诧异。其实，早在西方社会学传入中国之初，康有为、梁启超、章太炎、严复、谭嗣同、刘师培等前辈就明确认为荀子群学就是中国古已有之的社会学，[①] 可惜此说未能得到广泛承认。不仅是中国人讲，就连英国功能主义大师拉德克利夫·布朗教授也在20世纪30年代指出，中国早在战国末期已由荀子开创了社会学这个学科，[②] 但也没有引起人们的重视。民国时期，不认可中国有自己本土社会学的观点，在学术界已被视为定论，在当时全盘西化思潮下作为"舶来品"的西方社会学一家独尊，中国不仅被认为没有社会学，就是所谓"社会思想"也被贬为农耕文明的遗存，是必须抛弃的落后的"包袱"。

改革开放之初，中国社会学刚刚恢复之时，日本社会学家福武直所谓中国没有社会学的观点乘虚而入，影响很大，他说："中国的社会学是从严复把斯宾塞的《社会学研究》（The study of sociology，1873）译成《群学肄言》于1903年问世开始的。日本的社会学是1878年由欧内斯特·费诺洛萨在日本讲学的讲稿、特别是1881年由外山正一在东京

---

[①] 参见景天魁《论群学复兴——从严复"心结"说起》，《社会学研究》2018年第5期。
[②] 费孝通：《从实求知录》，北京大学出版社1998年版，第232页。

大学授课的讲义起源的。由此看来，中国比日本晚四分之一世纪才引进社会学。"①他的意思无非是说，日本有社会学竟比中国早很多。如果单就"引进社会学"之一事而言，此言倒也凿凿，可是其作为前提宣扬的是中国本无社会学。然而这一论调被当作权威之论很快占据了大学讲堂，甚至被搬上了《中国大百科全书·社会学卷》这样本应只接受定论的著作。这样一来，"中国本无社会学""中国社会学史是西方社会学在中国的传播史"的观点，竟被视为不易之论。积习成自然，人们不仅承认中国古代只有"社会思想"没有社会学，甚至心悦诚服地承认"中国社会思想史是社会学的'史前史'"。既然如此，"史前史"当然就不能入"学科"之流，不能登临社会学正规学科之列，那它不受重视，学校认为可教可不教，学生认为可学可不学，也就是无可厚非的了。

直到20世纪末21世纪初，中国社会学恢复重建的领军人物费孝通先生多次肯定拉德克利夫·布朗的论断，并表示很想好好研究荀子，竟也没有引起多少反响。②费先生是在回顾总结中国社会学恢复重建二十年的经验得失，展望其在21世纪的前途和使命的时候，一再提起荀子亦即中国社会学的起源问题的，如此掌舵定向之人的振聋发聩之言，为什么竟然和者寥寥呢？

可见，所谓"中国本无社会学"已成"铁案"，即便费孝通这样德高望重之人也难以撼动。那么，人们到底为什么不接受荀子群学就是中国古典社会学这一论断呢？原因可能很多，归结起来看，在过去，主要是文化自信问题——西方社会学传入中国，是在甲午战争之后，国人的文化自信几乎丧失殆尽，觉得人家欧洲那么发达，到1838年才产生社会学这个学科，中国凭什么早在战国末期就能诞生这个学科？荀子有什么本事能比孔德早2000多年就创立作为中国古典社会学的群学？在今天，随着文化自信的逐步增强，则主要是认识问题——不了解群学为何物，怎能相信战国末期中国居然具备了产生群学的社会历史条件呢？

---

① ［日］福武直、张建群：《中国社会学及其复活》，《国外社会科学》1980年第6期。
② 费孝通：《从实求知录》，北京大学出版社1998年版，第347—348页。

欲兴其学，先正其史。笔者在 2014 年发表文章，正式提出中国社会学的古今中西之辨①，2015 年提出中国社会学的源流问题②，2017 年我们出版《中国社会学：起源与绵延》一书，依靠团队合作之力，梳理出群学概念体系，以此初步证明群学就是中国古典社会学。本书拟在此基础上，进一步梳理出群学命题体系，将中国社会学史的"开端"从严复译介西方社会学往前推至战国末期的荀子群学，研究 2200 年来群学的起源、演进与复兴，追寻中国社会学的本土历史起源，阐述中国社会学（群学）源远流长的学科脉络与学科演变，分析群学命题的演进轨迹与社会功能，探讨群学复兴的历史机遇、条件与路径。

尽管我们肯定荀子创立了群学，但是，本书更侧重研究群学得以创立的社会基础和思想基础，强调群学的创立是当时社会历史条件的必然产物，有个人作用但非纯粹个人所为，而是中华民族固有的合群性在文明发展到一定阶段的自然表现，是春秋战国时期中华文明发展的高峰和世界历史上罕见的"百家争鸣"的伟大结晶。因而，本书重点研究社会（作为社会过程）是如何"形成"群学的。

本章从中华文明的特点出发，谈到春秋战国社会剧变，进而阐述中国特有的士阶层的崛起、世界历史上独有的长达几百年的百家争鸣，落笔到作为群学天赐摇篮的稷下学宫和荀子人生机遇。各节由远到近、由大到小，沿着时代—社会—阶层—群体—个人的顺序，逐次展开对群学产生的社会历史条件的论述，以期回答上述第一个问题——中国在战国末期具备了哪些社会历史条件使得作为中国古典社会学的群学得以诞生？

（景天魁）

## 第一节　人文之本：群学与先秦中华文明高峰

中华文明有自己的特色，中华文化有自己的法度，中国学术有自己

---

① 景天魁：《中国社会学不可回避的根本问题——从"社会学的春天"谈起》，《学术界》2014 年第 9 期。
② 景天魁：《中国社会学源流辨》，《中国社会科学评价》2015 年第 2 期。

的体系，中国学问有自己的语境。在传统的社会中，中国学人在经史子集的框架中，探赜索隐、钩稽发微，阐明文化价值，总结历史经验。如果以现代西方学科分类观点来看，中国传统学术似乎边界模糊；如果以中国传统学术的视角，现代西方学科分类则显得支离破碎。这大概是东西方不同思维方式的结果。就荀子群学而论，或根本否认群学就是中国的社会学；或以为群学即西方的社会学，认为荀子群学与西方的社会学多有神契。但是，荀子的群学是中国原生的社会学，其旨趣、纲目、内涵与西方社会学并不等同。于是，凭据中国传统学术规范，通过荀子群学，正本溯源，疏浚中国传统社会学的源流，对构建中国社会学学科体系，无疑大有裨益[①]。

## 一 中华文明的滥觞

与中国其他思想学说一样，荀子群学的孕育与萌发，根植于中国文化的沃土，是中华古代文明发展的结晶。中华文明探源工程研究证明，多元一体、兼容并蓄、绵延不断是中华文明的起源和发展总体特征。多元文化在中华文明起源和早期发展阶段，有不同的生态环境、经济内容、社会机制以及思想意识，但是各种文化的演化不是孤立的，并在长期交流互动中相互促进，最终融会凝聚出以二里头文化为代表的文明核心，开启了夏商周三代文明[②]，为多民族统一国家的形成打下坚实的基础。

从世界文明史的视角来看，早在五六千年前，世界各地都出现了早期文明的踪影。各文明之间有交流和相互影响，中国早期文明亦不例外。然而由于中国处于东方，山海的阻隔，其文明萌生，更具有自己的特色。中华文明探源工程对几个重要的距今5500—3500年的都邑性遗址，开展了大规模考古调查和发掘，如浙江余杭良渚遗址、山西襄汾陶寺遗址、陕西神木石峁遗址、河南偃师二里头遗址，并进行多学科综合

---

[①] 参见景天魁等《中国社会学：起源与绵延》，社会科学文献出版社2017年版。
[②] 参见《中华文明探源工程文集》，科学出版社2009年版。

研究，取得了重要成果。① 距今5800年前后，黄河、长江中下游、西辽河等区域出现了文明起源迹象；距今5300年前后，中华各地陆续进入了文明阶段；距今3800年前后，中原地区形成了更为成熟的文明形态，并向四方辐射，成为中华文明发展的核心与引领者。

文明社会的判断标准一直是国内外学界最关注的焦点问题。人类学家不断进行深入探究，分析如何判定具体遗址的文明属性，进一步提出了较为形象的要素标准。如英国格林·丹尼尔的《最初的文明》即列举文字、城市和复杂的礼仪中心三项要素，并且说只要一个社会具备其中两项，便可判定属于文明。② 中国考古学家夏鼐在20世纪80年代关于中国文明的起源的论述中指出，文明社会要以国家的出现，政治、经济、文化活动的中心，文字的出现与使用，冶炼金属等作为判定的依据。③

中华早期文明珠玑丛生。现已发现良渚文化、辽宁牛河梁文化、陶寺文化、神木石峁文化、安徽含山凌家滩文化、江苏张家港东山村文化等遗址。不同的文化赓续共生，结成了一个巨大的丛体，其规模已超过了世界同期其他的古代文明，从这个意义上，我们可以把这个丛体看成是一个整体。

中华文明可以视为农业文明。中国的史前农业萌芽于1万年之前，大约距今6000年或更早，已经形成一个相对成熟的农业体系，农业作为黄河流域、长江流域、西辽河流域等地区人们生产生活重要内容，同时也是文明发展的物质基础。④ 早期农业应包括农作物栽培的起源和原始农业的兴起两个阶段。在中国低纬度地区，农业起源最重要的焦点问题就是探寻稻作起源区域。我国自1954年首先发现湖北京山屈家岭遗址的稻谷稻壳遗存以来，1973年、1977年浙江余姚河姆渡遗址的两次考古发掘中，在大多数探坑里都发现稻谷与其他植物互相混杂的堆积层，平均厚处达40厘米左右。稻谷属栽培水稻的原始粳、籼混合种，

---

① 参见王巍《聚落形态研究与中华文明探源》，《文物》2006年第5期。
② 参见《中华文明探源工程文集》，科学出版社2009年版。
③ 参见夏鼐《中国文明的起源》，中华书局2009年版。
④ 参见钱耀鹏《略论中国史前农业的发展及其特点》，《农业考古》2000年第1期。

以籼稻为主（占60%以上），出土时色泽金黄、颖脉清晰、芒刺挺直。同时出土以骨耜为主的170件农具，其中2件骨耜柄部还留着残木柄和捆绑的藤条，说明农业发展已经步入较为成熟的阶段。[①] 伴随农业的进步和文明的演化，大约距今5000年前，中原等一些文明已孕育出自己的国家雏形。

## 二 中华文明的特色

蔚然丛生的以农业为生产生活形态的中华早期文明，按学界对文明标准的判断，毫无疑问，已经进入文明社会。这种文明具有自己鲜明的特色。

其一是协和万邦。丛生的农业文明在空间延展，必然以集体协助为主要手段。相较于人类早期其他游牧文明、商业文明等，在生产工具比较简陋的条件下，农业生产必然以集体劳动的形式进行。《诗经·载芟》有这样的描述："载芟载柞，其耕泽泽。千耦其耘，徂隰徂畛。侯主侯伯，侯亚侯旅，侯强侯以。有嗿其馌，思媚其妇。"[②]《诗经》的《豳风》《甫田》等篇目中，我们也可以看到家族集体劳动的描述。农业生产，治水是最重要的工作，中国夏王朝的缔造者大禹，就是治水的英雄。与大禹一样，中华文明早期神话中的英雄，多是率众征服自然，这符合农业文明协助互恤、和衷共济的生产生活特性，这与其他地区远古神话的率众经略英雄迥然不同。

在中国古文献中，协和万邦的观念第一次被表述出来，来自《尚书·尧典》："曰若稽古，帝尧曰放勋，钦明文思安安，允恭克让，光被四表，格于上下。克明俊德，以亲九族。九族既睦，平章百姓，百姓昭明，协和万邦，黎民于变时雍。""亲九族"就是首先要做到自己的氏族和谐，从而才能"平章百姓"与"协和万邦"。要做到由不同族群组成的邦国团结和睦，就需要一定的规矩，到后来，"礼"就出现了。起先，礼是族邦之间的道德标准，其后，才逐渐演化成家族、家庭与个人

---

① 参见孙晓主编《中国极简史》，中国社会科学出版社2017年版。
② 《十三经注疏》之《诗经·周颂·载芟》，嘉庆刻本。

伦理。这因为家族与小家庭的出现与独立，是后来的事情。荀子群学讲究"明分""隆礼"，其文化渊薮便来自于此。

其二是慎终追远。慎终追远是文明在时间上的延展。具有国家雏形的中华早期文明有强烈的自我中心意识。中华文明与其他文明之间的交流相对较弱。中国古代东边是海，西边是高原、大漠，南方湿热，北方寒冷。天然的生存环境与地理因素，使得中华文明在演化过程中，自我中心意识不断强化。相对封闭的自然生存环境，也决定这种自我中心意识的强化方式，不是努力追求空间的开拓，而是追求时间的延展。

"慎终追远，民德归厚矣。"① 通过时间的延展来强化自我中心意识的方式，更凸显了中华文明与其他文明的差异性。比如古希腊文明，自然神的地位远远高于祖先神。自然力量的神化与血缘关系的弱化，为宗教信仰的传播打开了大门。而在中国早期文明中，祖先神的地位却高于自然神。血缘关系的强化与自然力量的弱化，为非宗教的世俗伦理弘扬奠定了基础。中国的文明，在其发轫阶段，便具有人文气质。《周易》说："刚柔交错，天文也；文明以止，人文也。观乎天文以察时变，观乎人文以化成天下。"② 天人之分是人类原初自我意识的基础，中华文明早期天人观念与人文精神，为后来荀子群学提供了丰富的营养。

与世界其他文明相继湮灭不同，中华文明的发展却绵延不绝，这得益于中华文明独特的自我中心意识。世界早期文字都是象形文字，除中国以外，均中断未续。甲骨文，是中国商代后期（公元前14世纪—公元前11世纪）王室用于占卜记事而刻（或写）在龟甲和兽骨上的文字。它是中国已发现的古代文字中时代最早、体系较为完整的文字。甲骨文是比较成熟的文字，它以象形、假借、形声为主要造字方法。今天的汉字，仍是以象形字为基础的形符文字，因此甲骨文已具备后代汉字结构的基本形式。从语法上看，甲骨文中有名词、代名词、动词、形容词等，其句子形式、结构序位也与后代语法基本一致。象形文字的继承与沿用，又有益于中华文明的源远流长、中华文化的根深叶茂。在中

---

① 《十三经注疏》之《论语·学而》，嘉庆刻本。
② 《十三经注疏》之《周易·贲卦·彖传》，嘉庆刻本。

国,对历史的记述,一直是文化的最核心内容。孟子说:"王者之迹熄而《诗》亡,《诗》亡然后《春秋》作。晋之《乘》,楚之《梼杌》,鲁之《春秋》,一也。其事则齐桓、晋文,其文则史。孔子曰:'其义则丘窃取之矣。'"① 文字的共识,为共同文化记忆提供前提;文化记忆的共识,为文化的认同提供了必需的条件。春秋战国时期,诸子百家的兴起,百家争鸣的出现,便是文化认同演化的景象,荀子的群学就是其中一个璀璨的亮点。

(孙 晓)

## 第二节 秩序重构:群学与春秋战国社会剧变

荀子群学创立后两千多年,虽伏脉千里,但草蛇灰线,还是有迹可循的。要准确理解群学,确定其内容,诠释其特色,必须要从其产生的时代背景入手。

### 一 春秋战国时期的社会剧变

春秋战国是中国社会急剧变化的历史时期,统一政体的分裂、社会秩序凌乱、国家制度混杂,给思想文化的成长提供了丰腴的膏壤。一方面,思想文化是社会现实的镜像;另一方面,社会现实问题需要思想文化给出解决的思路和方法。这便是在礼坏乐崩的残垣断壁中,奏响百家争鸣华章的原因。群学便根植于这段历史之中,是荀子给出社会整合、国家治理的答案。

在中国历史上,春秋战国的社会变革意义最为深刻,无可比拟。史学家经常用"礼坏乐崩"来描述春秋战国社会现状,准确而形象。礼坏乐崩是新旧碰撞的必然结果。新秩序出现了,旧制度却义无旋踵;新的地缘关系已经形成,旧的血缘关系依然附着;家庭要求独立,家族的桎梏仍存;编户制悄悄萌生,宗法制暗暗作祟;军功爵位渐渐流行,世袭爵位迟迟不去;官僚制已渐成气象,世卿制阴魂不散;郡县开始建

---

① 《十三经注疏》之《孟子·离娄下》,嘉庆刻本。

置,分封存而不废;专制是霸道的志向,自治是王道的理想;变法是趋势,复辟也是选择……所有这些都是新与旧的矛盾,所有社会问题,便是这一矛盾林林总总的展示。

春秋战国时期社会剧变,原因是多方面的。这个时期,气候比较温暖①,适宜农耕。伴随农业规模的扩大和生产的发展,农业技术已有长足进步。就生产工具的改进而言,铁制农具开始普遍使用。考古发现证明,中国在西周晚期已使用人工冶铁制品。②到春秋战国,铁农具使用的地区已经非常广泛。铁制工具的大量出现,标志我国由青铜时代进步到铁器时代。铸铁柔化处理技术也是这个时候发明的,是世界冶铁史上一大杰出成就。就生产技术创新而言,牛耕技术开始普及。犁是一种先进农具,用牛代替人来拉犁是一项技术创新,是农业动力的革命。就农田水利而言,这时诸侯国为了国强民富,都十分重视兴修水利工程,中原地区已普遍用桔槔来灌溉农田;古代著名的水利工程如楚国的芍陂(池塘)、魏国西门豹渠、秦国的都江堰、郑国渠都相继完成。农业的发展与技术的进步,大大提高了劳动生产效率,接踵而至的是人口的大量增殖和社会分工的细化。这时期手工业门类较多,如铜铸、冶铁、漆器、纺织、煮盐、酿酒、陶瓷、玉雕等等。青铜铸造成就有春秋中期的珍品莲鹤方壶、金银错技术和雕铸技术;漆工艺已采用夹纻技术。手工业工艺专著《考工记》也在这时完成。

农业与手工业的迅速发展,促进了商贸的繁荣。齐国位于东部沿海,自立国伊始就十分重视商业贸易,出台了"通工商之业,便鱼盐之利"的政策。齐桓公时,丞相管仲深谙经商之道,制定了四民分业、各安所居、开设市场、减轻税收等鼓励措施,使得"海岱之间敛袂而往朝焉",齐国因此迅速富强,"九合诸侯,一匡天下"。楚国商贸场所被称为"市",政府设"市令"。据《史记·货殖列传》记载:"陈在楚夏之交,通鱼盐之货,其民多贾。"晋国的强国地位应该与其重商有关。据《国语·晋语》记载,晋文公即位后,采取了"清关易道,通商宽

---

① 参见竺可桢《中国近五千年来气候变迁的初步研究》,《考古学报》1972年第1期。
② 参见张宏明《中国铁器时代应起源于西周晚期》,《安徽史学》1989年第2期。

农"等重商措施。为保护各国之间商道畅通，这一时期，各诸侯国在会盟中，时常会签约保障商贸活动。公元前651年，葵丘会盟中就有"无曲防，无遏籴"的条款，强调各诸侯国要协同保护商旅，疏通商品流通渠道。

春秋战国时期，文字开始规范，文字承载的信息量也大大增加。文化的进步促进文化的传播，文化的进步使许多生产生活的经验变成知识，文化的传播无疑提升了全社会文明的水平。譬如，与农业活动密切相关的天文学，已渐成体系。1978年湖北省随县出土的二十八宿漆箱盖，把文献证据提前到了公元前5世纪。[①] 这时期出现了许多天文学家，周室有苌弘，鲁有梓慎，晋有卜偃，郑有裨灶，宋有子韦，齐有甘德，楚有唐昧，赵有尹皋，魏有石申夫，皆掌天文，各论图验。《甘石星经》是这个时期代表作品，系统反映了人们对自然天象的认识。在神和人混沌的远古时代，天文知识的深化，无疑可以明晰神与人之间的界限，有助于人们认知的进化。

## 二　春秋战国时期的社会秩序重构

所有这些因素，为社会大变革提供了澎湃的动能。就社会秩序来说，旧的以血缘为纽带的宗族社会被撕裂，小家庭裂变为新的社会细胞，从宗族中分化出来，努力成为独立的经济单元。西周时期，同宗兄弟共居共财或异居共财，社会秩序构建于血缘关系之上。关于宗法制，学界一般比较认同《礼记·大传》看法，"别子为祖，继别为宗，继弥者为小宗。有百世不迁之宗，有五世则迁之宗"。别子是指国君嫡长子之弟，别子分出，自立一家，由其长子继承，称为大宗，所以百世不迁；别子之庶子的子孙，只能继承其父，所以五世则迁。春秋战国时期，自耕农小家庭崛起，社会风气更多体现出独居独产的家庭的观念。生产技术的进步，为这些早期自耕农的独立提供了必要条件。自耕农小家庭对私有财产的欲望，使他们极力想脱离血缘宗族或家族的羁縻，渴

---

[①] 王健民、梁柱、王胜利：《曾侯乙墓出土的二十八宿青龙白虎图象》，《文物》1979年第7期。

望建立一种以土地私有为基础的新型的地缘关系。为了适应这一变化，晋国惠公六年（公元前645年），始"作爰田"①，这样，宗族内的自耕农就有了可以"自爱其处"的永久土地。

从春秋到战国，家庭结构演化的路径是家庭不断缩小。春秋初期，家庭人口较多，到李悝时，"一夫挟五口，治田百亩"已比较常见。②这一时期的小家庭最为普及的是秦国，因为秦地处西陲，旧的宗法势力较弱，而秦的商鞅变法较其他各国的变法更为全面，也更为彻底。商鞅变法的核心是"农战"，鼓励家庭分户析居是基本方法，商鞅设"异子之科"，规定民有二男以上不分异者倍其赋。

应该注意的是，小家庭的出现，并不意谓宗族、家族的解散；地缘关系的萌生，也不意谓血缘关系的终结。春秋战国的自耕农小家庭并不是蔚然大观，只是长在血缘宗族大树下的青草，所需的阳光雨露，时常被残叶断枝所隔离。由于土地制度没有也不可能完全私有化，绝大部分土地仍在宗族或家族的控制之下，个体小家庭决不可能完全脱离血缘关系而存在。地缘与血缘、家庭与家族、公田与私田、自耕农与贵族等等，在对立中演变，就是这个时代社会的二重性特征。

自耕农的大量出现，改写了温情脉脉的血缘宗法社会秩序，必然反映到政治制度之中。规范宗族社会秩序的制度是宗法制，在宗法制度下，"天子建国，诸侯立家，卿置侧室，大夫有贰宗，士有隶子弟"。③形成了一套系统而完整的制度。宗法制的目的在于稳固贵族阶级的等级秩序，其形制是按血亲关系进行管理。但小家庭的独立与涌现，血缘的纽带遭到损坏。

于是，基于地缘关系的新的管理形式——编户制出现了，跃跃欲试，准备代替宗法制。《国语·齐语》记载，管仲在齐国主持的行政改革就是以家庭为基础，家庭既是最基层的行政单元，又是经济上的基本单位，即所谓的编户齐民。管仲规定，居民"五家为轨，轨为之长；十

---

① 参见林甘泉《中国封建土地制度史》，中国社会科学出版社1990年版。
② 《汉书·食货志》，中华书局1962年版。
③ 《十三经注疏》《春秋左传注·桓公二年》，嘉庆刻本。

轨为里，里有司；四里为连，连为之长；十连为乡，乡有良人"。

于是，与编户制相适应的赋役改革也被推出。管仲"相地而衰征"又是面对土地关系新的变化，实施的一项赋税改革，即根据土地的好坏贫瘠征收不同的赋税，实质上是以实物地租取代过去的劳役地租。同样，鲁国的"初税亩"是在宣公十五年（公元前594年）实行的按亩征税的田赋制度，应该是承认私有土地合法化的开始。

于是，基于有效管理编户齐民的新型的官僚制度也蜕变而生。春秋时各国均采取世卿世禄制度，官职一般由世官充任。世官世袭爵位，爵位有卿、大夫、士三等。到春秋末期至战国，世卿开始渐渐被君王的选官即官僚取代。相较于世卿制，在官僚制体系中，国君可以随时任免官员，有利于中央集权；大小官员都凭借官印来行使权力，官印乃君王所授；官员通常领取实物俸禄，以代替过去的采邑，私兵被取缔，地方的独立性被抑制。

于是，在编户齐民所构建的地缘关系基础之上，郡县脱颖而出。郡县制的诞生，在中国政体改革方面具有标志性意义。在郡县出现之前，分封制与宗法制互为表里，紧密结合，在宗族范围内为宗法制，在国家范围内为分封制。天子将土地分给亲属、功臣或前代贵族，所封之地称为诸侯国，统治封地的君主被称为诸侯。此后，诸侯在自己的封域内，又对本国的卿大夫实行分封。卿大夫再将土地和庶民分赐给士。这样层层分封下去，就形成了一个环环相扣的贵族统治政体。郡县的出现打破了这个政体的稳固常态。郡县开始出现在诸侯国的边疆地区，郡的出现稍晚于县。早期，县大于郡。《说文》解释"郡"字："从邑君聲。"从字源分析，郡就是国君的直属的采邑。"县"字，本义是悬，悬挂，从字源分析，是指对新开拓疆土的称谓。这样我们可知，郡县多是由君王直接管理的区域。[①] 春秋时，一些诸侯国为了加强直属采邑和新得疆土的管理，就直接任命一些非世袭的官员作为郡县的管理者。到后来，有些国家如晋国还在国内置郡，管理者由国君任免，这种制度可以防止因分封而导致分裂，扩大中央集权。至战国时，这种制度多为各侯国采

---

① 参见孙筱《两汉经学与社会》第一章第三节，中国社会科学出版社2002年版。

用，贵族分封的地区逐渐萎缩。

以上所列举的社会秩序与政治制度的种种变化，均反映在这一时期的各国变法之中。从公元前5世纪中叶魏国李悝变法始，风起云涌的变法运动持续了近200年。秦有商鞅变法，楚有吴起变法，赵有胡服骑射，燕有乐毅改革，韩有申不害变法，齐有邹忌改革、等等。综述各国变法与改革的内容，大都以除旧布新为圭臬，承认与固化以编户为基础的地缘社会秩序是变法的基础；颁布成文法、强化王权、弱化旧分封贵族势力是必要手段；奖励军功、保护自耕农利益等是具体措施。从效果看，李悝变法、吴起变法、商鞅变法影响最大。表面上看，变法是为了富国强兵，其实变法是新旧矛盾激化的结果，吴起、商鞅的悲惨结局便是清晰的佐证。

春秋战国大变革是新旧矛盾的表现形态。过去，我们习惯认为，新的出现了，旧的就消亡了。这种非此即彼的西方式的逻辑思维，常常使我们在认识中国历史中，跋前疐后，动辄得咎。其实，传统的中国一直是新旧二重性的结合，这种二重性，有时呈现是激烈的冲突，有时则是平静的和谐。地缘关系出现了，血缘关系并未全部退却，春秋战国时期，以血缘为基础的贵族，盘根错节，仍是各国政坛中的主要力量。譬如著名的战国四公子（魏国的信陵君、赵国的平原君、楚国的春申君、齐国的孟尝君），哪个不是依仗宗族，把持朝政，纵横捭阖。即使战国以降各个王朝，又何尝不是如此？自耕农小家庭开始普及，编户齐民逐渐成为常态，但家族、宗族却改头换面，维护其内部家庭秩序的和谐共处，抵御外来的包括中央集权的压迫。传统社会的编户既是组成国家的基本细胞，同样又是宗族、家族的基本单元，接受同宗同族的护佑与帮助。在社会分裂的战乱时期，宗族是一股强大的政治力量，不然为何会出现"楚虽三户（昭氏、屈氏、景氏——引者注），亡秦必楚"；在国家安定时期，宗族又是仕进的坚实基地，不然为何东汉会出现许多累世三公家族（东汉汝南袁氏便是"四世三公"）。郡县制作为整合社会秩序的新的手段，已是不二选择，这并不说明分封制就必须终结。秦终结了分封制，全面实行郡县制，可是摈弃社会自治的专制行政，无疑是导致秦朝二世而亡的主要原因之一。后人常说，汉因秦制，然而汉代实际是分封与郡县并行，这种新旧政体混合的选择，使汉朝国祚延续400年之久。

春秋战国的社会变革是深刻的，具有鲜明的新旧二重性特征。毫无疑问，这种特征必然会遗传到秦汉以后的传统社会的机体中，也必然会给荀子所创立的群学打下深深的烙印。

（孙　晓）

## 第三节　事在人为：群学与先秦士阶层崛起

群学是中国近代学者用以指称社会学的术语。严复将 sociology 译为群学，源自《荀子·王制》中关于群的概念。1891 年康有为在广州万木草堂讲学，他所编的教育大纲中也列有群学的科目。特别是严复给群学下了明确的定义，他说："群学何？用科学之律令，察民情之变端，以明既往、测方来也。……群学者，将以明治乱、盛衰之由，而于三者之事操其本耳。"[①] 尽管群学在中国学界的提法不长，戊戌变法后逐渐为社会学一词所代替，但康、严之论已经为后人研究群学定下了基调，提供了启迪。

然而，群学虽为荀子所创立，但在人们细读先秦诸子的著作时，却发现荀子关于群的思想，在诸子著作的许多篇章中都有先声。因而可以这样认为，荀子不仅是先秦儒家思想之集大成者，也是先秦诸子思想之兼容者，并且是先秦群学思想之集大成者。要想深入研究荀子的群学，就不能不研究先秦诸子这一知识群体的崛起。而这一先秦诸子的知识群体，实质上就是先秦之士这个特定的阶层。所以说，群学与先秦士阶层的兴起有着密切的联系，群学就是先秦士阶层的精神产物。

### 一　先秦之士的崛起

先秦之士何以崛起，是一个甚为复杂的问题，需要从以下几个方面探讨：

---

[①] 严复：《〈群学肄言〉译序》，《群学肄言》，时代出版传媒股份有限公司 2014 年版，第 19 页。

(一) 时代的转换

一般地说，先秦史研究的范围，包含了中国从进入文明时代直到秦王朝建立这段时间，主要指夏、商、西周、春秋、战国这几个时期。即公元前21世纪到公元前221年，长达1800多年。在这个时期，特别是西周到春秋战国，历史条件发生了剧烈的转换。

经济转换。经济转换即土地从井田制到私有制的变化。铁器的使用，牛耕的普及，使得生产力得到极大的提高；西周奴隶制社会"普天之下莫非王土，率土之滨莫非王臣"①的井田制崩溃，社会上"辟草莱，任土地"，土地私有制出现，地主阶级和农民兴起了。

政治转换。政治转换即西周礼治到礼崩乐坏。西周以来，"安上治民，莫善于礼"的礼治，由于奴隶和平民的反抗，新兴地主阶级的斗争，进而诸侯争霸，王室衰微，"礼乐征伐自天子出"的局面被打破，终于"礼崩乐坏"，旧制度、旧规范、旧秩序处于坍塌之中。

制度转换。制度转换即世卿世禄到选才用能的转换。西周奴隶主贵族"正君臣之位，贵贱之等"的等级秩序，以及反映这种关系的礼节仪式都遭到了破坏。而新兴势力则通过战功获得重要职位，在经济上随之"不胜其富"。西周父死子继的"世卿世禄"制度走到了尽头，春秋战国不拘一格选才用能的制度逐渐形成了。

(二) 士人的含义

士的含义，从西周到春秋，有一个显著的转变过程：

西周之士。西周之士为武士。孟子谈到西周等级制度时说："君一位，卿一位，大夫一位，上士一位，中士一位，下士一位，凡六等。"②《礼记·王制》也说："诸侯之上大夫卿，下大夫、上士、中士、下士，凡五等。"③ 士虽说是宗法分封制的产物，是贵族的最底层。但在宗法上却和贵族几乎没有血缘关系，只是一种单纯的隶属关系。他们的主要任务就是服军役和作战，是战场上冲锋陷阵的基层军官。④

---

① 《诗经·北山》，《四书五经》第二卷，线装书局2016年版，第50页。
② 杨伯峻：《孟子译注》，中华书局2012年版，第257页。
③ 《礼记·王制》，《四书五经》第二卷，线装书局2016年版，第773页。
④ 参见陈璧耀《点读中国传统文化：皇帝与官制》，宁夏人民出版社2009年版。

春秋战国之士。到了春秋战国时，士的性质发生了很大的变化，逐渐由武士而蜕化成了文士，并且成为当时推进社会变化的一支不可忽视的社会力量。西周以来的士随着社会的发展，已难形成一个完整的阶层，而演变为成分复杂的一级。或为新兴的小地主，或为自由工商者，或为没落的卿大夫之后裔。苏轼《东坡志林》卷五谈道："春秋之季，至于战国，诸侯卿相，皆争养士自谋。……鸡鸣狗盗之徒，莫不肉食以馆于上者，不可省计。"①

（三）士人的类型

春秋及其以后的士，概括起来有以下类型：

武士。即具有武功的士人。比如，毛遂被赵国的平原君奉为"上客"就是一例。战国后期秦军曾经包围了赵国都城邯郸，赵国平原君赵胜奉命去楚国求兵解围。但是到了楚国之后和楚王一直商量不下结果，于是平原君随行的宾客毛遂就向前催促。楚王大声呵斥，毛遂手按宝剑说："如今十步之内，大王性命在我手中！"楚王见毛遂勇敢，只好听毛遂讲话。经过毛遂的精辟分析，楚王立即答应出兵。平原君感叹地说："毛先生一至楚，楚王就不敢小看赵国。"回国后就把毛遂封为"上客"。

文士。即所谓儒者知识群体。这是古代介于大夫与庶民之间的阶层，也指有地位有声望的读书人。正如《谷梁传·成公元年》何休所注："士民，学习道艺者。"如孔子"弟子三千人，身通六艺者七十二人"。墨子有弟子300人，其服役者有180人。魏之信陵君、楚之春申君、齐之孟尝君、赵之平原君，都是养士数千人。

技士。即具有一技之长的士人。

游士，就是在野的士人。刘诗竹认为："游士是士的一分子，是在野的积极的知识分子，这是游士的范畴。…… 有的学者认为士在先秦就被称作游士，而杨柳先生则把此概念分得较细致。他认为在朝的士有两种——文士与武士，在野的士分为隐士与游士，在朝的士与在野的士总起来为士的概念，游士则为积极的在野士。士在春秋战国之前为有官

---

① 转引自陈登原《国史旧闻》第一册，中华书局2000年版，第188页。

爵者，春秋战国后'士者，知识阶级也'。"①

（四）士人的位置

在中国封建时代，它的社会分层是怎样的呢？主要是常见的士、农、工、商等四个阶层。正如《汉书·食货志》所说："士、农、工、商，四民有业；学以居位曰士。"② 其中：

士——又称士大夫。我们所说的士人，主要就是指古代的士大夫阶层。他们既是国家政治的直接参与者，同时又是社会上层文化、艺术的创造者、传承者。先秦以至历代的士人，都处于君王朝廷之下，农、工、商万民之上。

农——由于春秋后期各国土地、赋税制度的变化，个体农民大量涌现，于是中国历史上的农民阶级出现了。农民阶级中包括以下几种阶层：个体小农、佃农、雇农以至"新甿"（新民）或"宾萌"（客民），但农民阶层的主体是个体小农。个体小农是生活于广大乡村从事农业生产的社会群体。他们作为编户齐民，一般由国家授给一定数量的土地进行耕种。

工——是从事手工业生产劳动的社会群体。一是官府手工业者，对官府有较强的人身依附关系，生产的产品主要供王宫及官府使用，不具有商品的性质。这种官营手工业则由政府委派的大司空组织和监督生产，官供膳食，由国家直接控制的"工""百工""匠人"从事生产；另一个是个体手工业者。这主要是一种家庭手工业，分布于民间各个家庭，而且与农业和日常生活直接发生联系，如当时的种桑采麻、养蚕纺织、烧陶制木等等。

商——是从事物资流通与商品交换的社会群体。《荀子·王制》篇形容当时货物流通的情形说，北方的走马、大狗，南方的羽毛、象牙、犀皮、颜料，东方的海鱼、海盐，西方的皮革、毛织品、牦牛尾，中国市场上都能买到。住在泽地的人可以得到木材，住在山地的人可以得到水产，农民不动刀斧，不陶，不冶，可以得到器械，工商不耕，不种，

---

① 刘诗竹：《浅论先秦游士之风》，《群文天地》2011年第6期。
② 《前汉书·食货志》，《二十五史》第一册，上海古籍出版社1986年版，第112页。

可以得到粮食。从荀子的这段描述可以想见当时的商业活动已经相当繁盛。①

## 二 士的学术团体

### （一）历史背景

官学衰微。夏商西周已有官学教育，正如《孟子》所讲："夏曰校，殷曰序，周曰庠，学则三代共之，皆所以明人伦也。"②《礼记·学记》说"古之教者，家有塾、党有庠、遂有序、国有学"③，即是说在各级地方以至家这个最基本的社会单位中，都有相应的教学方式。关于教学内容，《礼记》说周代学校"春秋教以礼乐，冬夏教以诗书"，但是到了春秋战国时期，社会动荡，礼崩乐坏，夏商西周以来的官学教育已经不复存在了。

礼崩乐坏。所谓"礼"，即周代推行的一整套制度，其中特别提倡"尊尊""亲亲"，培养民众的"忠""孝"精神。"礼"包括了整个宗法等级制度、道德规范和仪礼。《左传·隐公十一年》："礼者，经国家、定社稷、序人民、利后嗣者也。"④ 所谓"乐"，即"礼以道其志，乐以和其声……礼乐政刑，其极一也，所以同民心而出治道也。"⑤《诗经·郑风·子衿》郑玄注："古者教以诗乐，诵之、歌之、弦之、舞之。"即为"乐"的多种形式。

相对稳定。虽然春秋战国整体上处于社会动荡、礼崩乐坏的局面，比如《史记·太史公自序》所说："春秋之中，弑君三十六，亡国五十二，诸侯奔走不得保其社稷者，不可胜数。"⑥ 但在各个国家内部，还是处于相对稳定的局面。在这种相对稳定的局面下，各国都创设了有本国特色的制度。比如，"战国时代各国官制十分复杂。大体是三晋为一

---

① 骆宾译注：《荀子》，中国文联出版社2016年版，第112页。
② 杨伯峻：《孟子译注》，中华书局1960年版，第118页。
③ 《四书五经》第三卷，线装书局2016年版，总第905页。
④ 同上书，总第1088页。
⑤ 同上书，总第910页。
⑥ 《史记·太史公自序》，《二十五史》第一册，上海古籍出版社1986年版，第358页。

系统，齐国为一系统，楚、秦为一系统"。① 在各个大国之中，都有相对稳定的局面，为其创设本国特色的制度奠定了基础。东方大国齐国的"稷下学宫"，就是齐国相对稳定局面下，创设的一个富有特色的教育和学术机构。

（二）学术性团体

春秋后期，由于社会动荡，官学衰微，私学团体兴起。司马迁的父亲司马谈在《论六家之要指》中，将百家首次划分为："阴阳、儒、墨、名、法、道"等六家。后来，刘歆在《七略》中，又在司马谈划分的基础上，增"纵横、杂、农、小说"等为十家。

私学团体。当时最著名的要数孔子私学。春秋末期，孔子首办私学，从而开创了历史上私学育人的新局面。当时，孔子兴私学，招门生，"以诗、书、礼、乐教弟子，盖三千焉，身通六艺者七十有二人……颇守业者甚众"。② 尤其可贵的是，孔子实行了"有教无类"的教育方针。不管出身贵贱，不论地域南北，凡是"自行束修以上"者，"吾未尝毋诲焉"。这样一来，不仅学在下层，而且"学在四夷"，各种人才从四面八方，都来到孔子的私学中求学。虽然，孔子认为"耕也，馁在其中矣；学也，禄在其中矣"③，但仍然掩盖不住兴办私学的先进意义。

其他如法家学派，起源于春秋时的管仲、子产，发展于战国时的李悝、商鞅、慎到和申不害等人。战国末期韩非加以综合，集法家学说之大成，提出了"法、术、势"的理论。墨家学派，在春秋末期及战国时期与儒家私学并称为"显学"。墨家私学可以派学生去做官，但不能违背墨家"兼爱""非攻"的宗旨，否则随时将学生召回。道家私学，其中的一派集中在齐国稷下，称为稷下黄老学派。另一派是以庄子为代表，他们都继承了老子的思想。如此等等。

研究内容。每一家私学都有明确而独特的研究内容。尽管后人对诸

---

① 张晋藩、王超：《中国政治制度史》，中国政法大学出版社1987年版，第113页。
② 《史记·孔子世家》，《二十五史》第一册，上海古籍出版社1986年版，第227页。
③ 《论语·卫灵公》，《四书五经》第一卷，线装书局2016年版，第84页。

子百家的研究内容解释很多，但至今很少超出汉代司马谈的论述范围。司马谈在《论六家之要指》作了如下归纳："夫阴阳、儒、墨、名、法、道德，此务为治者也，直所从言之异路，有省不省耳。"① 按照司马谈的说法，私学各家研究的主要内容是：儒家序列君臣父子之礼，夫妇长幼之别；法家主张严刑峻法，辨正君臣上下名分；墨家主张强本节用；名家辨正名与实的关系；道家吸收儒墨两家之长，撮取名、法两家之精要，随着时势的发展而发展，顺应事物的变化，树立良好风俗，应用于人事；阴阳家关于一年四季运行顺序的道理，是不可丢弃的。②

研究方法。这一时期的士人，面对现实社会问题，提出了解决的办法和思想。《汉书·艺文志》指出："其言虽殊，辟犹水火。相灭亦相去也。仁之与义，敬之与和，相反而皆相成也。"③ 正是这种百家争鸣、百花齐放的写照。比如，荀子在《非十二子》中，就认为乘世道不宁，以邪说混淆视听者大有人在，像它嚣、魏牟、陈仲、史鳝、墨翟、宋钘、慎到、田骈、惠施、邓析、子思、孟轲12人就是。世间只有孔子的学说最为正确，只有舜禹之治最理想，所以当今的圣人要学习他们，去除邪说，弘扬"圣王之迹"。当然，这也只是荀子的一家之言，未必公允。

## 三 重用士人的氛围

研究春秋战国重视士人的社会氛围，主要涉及以下两个问题：

（一）社会的需求

争雄称霸。春秋战国既是社会制度大变革的时期，又是新兴地主阶级争雄称霸的时期。"春秋之中，弑君三十六，亡国五十二、诸侯奔走不得保其社稷者，不可胜数。"④ 战国时期，齐、楚、燕、韩、赵、魏、秦，更是围绕着霸权的争夺，进行着激烈的兼并战争。于是，具有专门

---

① 《史记·太史公自序》，《二十五史》第一册，上海古籍出版社1986年版，第358页。
② 参考《史记·太史公自序》，《二十五史》第一册，上海古籍出版社1986年版，第358页。
③ 《汉书·艺文志》，《二十五史》第一册，上海古籍出版社1986年版，第167页。
④ 《史记·太史公自序》，《二十五史》第一册，上海古籍出版社1986年版，第358页。

技能和纵横权术的士，往往一言兴邦、一言覆邦，成为各国统治者争霸称雄的工具。吕思勉教授论士的作用说："若夫游士则不然，朝秦暮楚，以一身托于人，不合则纳履而去耳。故有异为倾危之行，卖人之国以自利者矣。"① 各国统治者为了国家的兴亡，无不重币以聘士人。如齐宣王"喜游说之士，自如驺衍、淳于髡、田骈、接予、慎到、环渊之徒七十六人，皆赐列第为上大夫"。②

政治改革。春秋战国是一个急剧改革的时代，许多改革家无不把重用士人作为改革的重要内容。比如改革家管仲不惜重金召集人才。《管子·小问》中记载了他与齐桓公的一段对话："公曰：'请问战胜之器？'管子对曰：'选天下之精材，来天下之良工，则有战胜之器矣！'……公曰：'然则取之若何？'管子对曰：'假而礼之，厚而勿欺，则天下之士至矣！'公曰：'致天下精材若何？'公曰：'五而六之，九而十之，不可为数。'公曰：'来工若何？'管子对曰：'三倍不远千里。'"③ 这里的"五而六之，九而十之"，是说招徕贤才，别处给五分报酬，我们给六分，别处给九分，我们给十分。这里的"三倍"指给贤才以三倍于别处的报酬。

社会重塑。从西周到春秋战国，不仅仅是一些社会制度的变革，更是一个社会性质的重塑。西周经济上实行井田制，政治上实行分封制，文化上奉行天人合一。因而在人事制度上实行父死子继的世卿世禄制。世卿世禄制虽然也不乏任贤之举，但本质上贯穿亲亲尊尊的血缘关系。人们有的称之为封建社会，有的称之为奴隶社会；春秋战国时期，经济上开创了土地私有制，政治上出现了礼崩乐坏，文化上涌现出百家争鸣，呈现着向争雄称霸、集权专制社会的转变。在人事制度上也出现不拘宗法，冲破樊篱，百家争鸣，尚贤使能的思想和诉求。人们有的称之为向封建社会过渡，有的称之为向集权社会过渡。总之都是一种社会重塑。

---

① 吕思勉：《中国制度史》，上海教育出版社1985年版，第712页。
② 《史记·田敬仲完世家》，《二十五史》第一册，上海古籍出版社1986年版，第224页。
③ 《管子·小问》，《百子全书》第二卷，岳麓书社1993年版，总第1375页。

## (二) 重视士人的氛围

春秋战国时期，从世卿制到官吏制是又一场深刻的变革，和任何深刻的社会变革一样，这场变革也有其舆论准备，这就是先秦诸子人才思想的争鸣。正如当代学者陈登原所说："尚贤之论，墨家有之，儒家有之，即法家亦有之。如依风俗通所称之客言之，则三家之外，他家亦有尚贤之论矣。"①

看重士人。孔子认为士人关系着国家的兴衰存亡："其人存，则其政举；其人亡，则其政息……故为政在人。"② 当他的弟子仲弓向他问政时，他又说："先有司，赦小过，举贤才。"③ 从而把"举贤才"视为治理国家的重要政策。孔子还列举一系列"举贤才"的历史事例说明其重要性。例如"管仲相桓公，霸诸侯，一匡天下"。④ 墨翟说："今者王公大人为政于国家者，皆欲国家之富，人民之众，刑政之治。然而不得……是其故何也？是在王公大人为政于国家者不能以尚贤事能为政也。"⑤ 他列举了禹举伯益而成九州，汤举伊尹而灭夏桀，文王举闳夭、泰颠而得天下的事例，说明"国有贤良之士众，则国家之治厚；贤良之寡，则国家之治薄"。⑥

选拔士人。孔子的弟子仲弓问：怎样才能"举贤才"呢？孔子答曰："举尔所知，尔所不知，人其舍诸？"⑦ 就是推举你所知道的士人，你不知道的士人，别人难道还会埋没他们吗？韩非说："观其所举，或在山林薮泽岩穴之间，或在囹圄缧绁缠索之中，或在割烹刍牧饭牛之事。然明主不羞其卑贱也，以其能，为可以明法，便国利民，从而举之，身安名尊。"⑧ 更明确提出"宰相必起于州部，猛将必发于卒伍"，即坚持从地方官中选拔宰相，从士兵中选拔将军。

---

① 陈登原：《国史旧闻》第一册，中华书局2000年版，第191—192页。
② 《礼记·中庸》，《四书五经》第一卷，线装书局2016年版，第15页。
③ 杨伯峻：《论语译注》，中华书局2012年版，第185页。
④ 同上书，第210页。
⑤ 《墨子·尚贤上》，《百子全书》第三册，岳麓书社1993年版，总第2374页。
⑥ 同上。
⑦ 杨伯峻：《论语译注》，中华书局2012年版，第185页。
⑧ 《韩非子·说疑》，《百子全书》第三册，岳麓书社1993年版，总第1775页。

任用士人。孟子非常重视尊贤使能，他说："尊贤使能，俊杰在位，则天下之士皆悦，而愿立于其朝矣。"尊重贤能，任用贤能，使俊杰处于权位之上，那么天下的士人都高兴，乐意为这个朝廷效力了。韩非说："圣王明君则不然，内举不避亲，外举不避仇。是在焉，从而举之；非在焉，从而罚之。是以贤良遂进而奸邪并退，故一举而能服诸侯。"①

爱护士人。荀子说过：（古代的）人们认为人的本性是多欲而不是少欲，所以就用丰厚的奖赏来增加人们的资产……上等的贤才以天下的税收作为俸禄，次等的贤才以一国的税收作为俸禄，下等的贤才以封地内的税收作为俸禄，忠厚老实的百姓也能够衣食不愁。（《正论》："以人之情为欲多而不欲寡，故赏以富厚……故上贤禄天下，此贤禄一国，下贤禄田邑，愿悫之民完衣食。"）管仲也提道：圣明的君主的治国，是高悬爵禄以勉励其民，民想要从上边得到利益，所以君主就有使用他们的办法。建立刑罚以威慑其下，下边对上边有所畏惧，所以君主有管理下边的办法。所以没有爵禄则无法勉励人民，没有刑罚则无法威慑众人。（《明法解》："明主之治也，县爵禄以劝其民，故主有以使之。立刑罚以威其下，下畏于上，故主有以牧之。故无爵禄则无以劝民，无刑罚则主无以威众。"②）

## 四　选拔士人的制度

为了探讨先秦选拔士人的制度，需要从以下两个方面入手：

（一）改革的成果

选拔士人的制度，即尚贤使能制度，其所以产生和确立，是制度改革的成果。

终止世卿世禄制。春秋战国时期，特别是战国末期，经过一场剧烈改革，西周以来的世卿世禄制终于被废除了。所谓世卿，指西周等级制度中的卿一级高官，按照西周"立（嫡）以长不以贤"的原则，卿大夫实行嫡长子继承制，长子继为卿，众子为次卿。而且世世代代，父死

---

① 《韩非子·说疑》，《百子全书》第三册，岳麓书社1993年版，总第1774页。
② 《百子全书》，岳麓书社1993年版，总第1410页。

子继。所谓世禄，就是世卿们世世代代相继承的俸禄。西周等级制度中，卿大夫有采邑，可以在采邑设官职、建军队、征赋税、强迫百姓服徭役。但是到了春秋时期，世卿世禄制度已经逐渐改革，比如西周时天子的庶子为诸侯，诸侯的庶子为卿大夫。到了春秋的时候，卿大夫已经发展到两种，诸侯的庶子为公族，有功的异姓人为卿族。

突破用人唯亲。《容斋随笔》卷二曾提道："七国虎争天下，莫不招致四方游士。然六国所用相，皆其宗族及国人。如齐之田忌、田婴、田文，韩之公仲、公叔，赵之奉阳、平原君，魏王至以太子为相。独秦不然，其始与之谋国以开霸业者，卫人公孙鞅也，其他若楼缓则赵人，张仪、魏冉、范雎皆魏人，蔡泽燕人，吕不韦韩人，李斯楚人。皆举国而听之不疑，卒之所以能兼天下者，诸人之力也。"[1] 春秋战国用人，从专用宗室本国之人，变为用外姓人，用外国人，这不能不算是一种力度很大的改革。

引入商品原则。由于当时社会上已经出现了雇佣劳动者，既有雇农，又有雇工。因而各国任用官吏，也采用了雇佣方式，并随之实行了俸禄制度。《荀子·议兵》篇就认为这种方式是"佣徒鬻卖之道"，[2] 即所谓的君卖官爵，臣卖智力。国君对官吏认为可即授玺命职，不可即收玺免官。官吏的任免权在国君手中，保证了官吏队伍牢牢控制在国君手中，进一步巩固了新兴的集权统治地位。君王与臣子的关系，既有君贤臣忠的伦理因素，也有官爵智力的交换。

（二）主要选举制度

1. 民主选举

民主选举即群众"用投票或举手等表决方式选出代表人或负责人"。[3] 原始氏族部落的首领们都是由原始民主选举产生，正如《礼记·礼运》所说："大道之行也，天下为公，选贤与能，讲信修睦。"[4]

原始民主选举的条件是：社会生产力低下，没有剩余财产，没有阶

---

[1] （宋）洪迈：《容斋随笔》卷二，上海古籍出版社1996年版，第23页。
[2] 骆宾译注：《荀子》，中国文联出版社2016年版，第226页。
[3] 中国社科院语言研究所编：《现代汉语词典》，商务印书馆1979年版，第1294页。
[4] 《礼运》，《四书五经》第二卷，线装书局2016年版，总第826页。

级差别，人们共有意识较强；被选举者应有"贤"与"能"，即有才能、有智慧，为人们做了好事。选举的方式是"用投票或举手等表决方式"表决。

原始民主选举的方式是"禅让制"。《虞书》记载了尧主持选举舜的会议："帝曰：'咨四岳……汝能庸命巽朕位。'岳曰：'否德忝帝位。'曰：'明明扬侧陋。师锡帝曰：有鳏在下曰虞舜。'帝曰：'俞！余闻如何？'岳曰：'……克谐以孝，烝烝乂，不格奸。'帝曰：'我其试哉！'"① 这里是说尧晚年让四大部落首领举荐自己的继承人，个别成员如放齐推举尧王的儿子朱丹，但尧王认为朱丹"不肖，不足以授天下"。而多数首领共同选举了舜，并介绍了舜孝敬父母、忠厚待人的情况。同样，舜老了的时候，也不用自己的不肖儿子商均，而用同样的"禅让制"，把位子让给了禹。因为大禹受命治水，"八年于外，三过家门而不入"，终于"疏九河"，"决汝汉"，"排淮泗"，在部民中享有威望，赢得崇敬。

但是，到了大禹的晚年，社会生产力提高了，财产私有制产生了，禹的儿子夺取了王位，禅让制被世袭制取代了。后世的所谓禅让，如曹魏禅让给司马氏族，实际上仍是篡夺行为。

2. 以教育人

以教育人主要是指教育制度，先秦教育制度分为夏商周与春秋战国两段。

夏商西周教育制度。西周有"国学""乡学"两级官学。天子和诸侯设的学校为"国学"，卿大夫所办的学校为"乡学"。"国学"又分"大学""小学"："大学"为贵族子弟高等学府，"小学"为贵族子弟初级学校。"乡学"则为一般贵族子弟学校。设在周天子王畿内的大学叫"辟雍"，设在诸侯国内的大学叫"泮宫"。《礼记·学记》说："古之教者，家有塾、党有庠、遂有序、国有学。"② 西周教学的内容主要是"六艺"，即"礼""乐""射""御""书""数"。

---

① 《尧典》，《四书五经》第二卷，线装书局2016年版，总第323页。
② 《礼记·学记》，《四书五经》第三卷，线装书局2016年版，总第905页。

春秋战国教育制度。由于当时社会礼崩乐坏，官学制度已经崩溃了。代之而起的是私学的兴起，如孔、孟、墨等私学，以及官办的学术研究机构如稷下学宫。荀子还设想举办一系列学校，以系统培养人才：设立国家的最高学府，兴办地方学校，学习六种礼仪，明确十种教育，这就是用来引导百姓的办法。（《大略》："立大学，设庠序，修六礼，明十教，所以道之也。《诗》曰：'饮之食之，教之诲之。'王事具矣。"①）"庠"是教养的意思，"校"是教导的意思，"序"是陈列的意思，都是学习人与人相处的大道理的教育机构。

春秋战国私学大兴，各学派聚徒讲学，出身寒微的士大批涌出。他们或有文化，或有武功，各国统治者就多从这些士中选用人才。如魏国的庞涓、齐国的孙膑，都是鬼谷子的学生，后来分别在魏国和齐国为官的。李斯、韩非都是荀子的学生，先后投奔秦国效力，李斯则阴谋杀害了师弟韩非。

3. 荐举人才

荐举制度是向用人机关或官员推荐人才，授以官职的人才选拔制度。台湾的张金鉴认为："荐举者，以具有一定之职位或资格者向用人权力者，提出人选使得任职之程序也。"② 先秦荐举历经尧舜时期和春秋战国两个阶段。

尧舜时期荐举。《左传·文公十八年》记载："舜臣尧，举八恺，使主后土，以揆百事，莫不时序，地平天成。举八元，使布五教于四方，父义、母慈、兄友、弟共、子孝，内平外成。"③ 这里的"舜臣尧，举八恺""举八元"，就是舜当尧的臣子时，向尧举荐"八恺""八元"等贤才。所谓"八恺""八元"，史传高阳氏有才子八人，即仓舒、大临、龙降、仲容、叔达、庭坚、梼戭、陨敖等八位有才能的人，天下的人们称其为"八恺"；高辛氏有才子八人，即伯奋、仲堪、叔豹、叔献、季仲、伯虎、仲熊、季狸等八位有才能的人，天下的人

---

① 骆宾译注：《荀子》，中国文联出版社2016年版，第409—410页。
② 张金鉴：《中国文官制度史》，台湾华冈出版有限公司1977年版，第39页。
③ 《左传·文公十八年》，《四书五经》第二卷，线装书局2016年版，总第1260—1261页。

们称其为"八元"。

春秋战国荐举。文武大臣或接近国君的人，都可以向国君推荐有用之才。大臣、宗室可以推荐，郡守、县令也可以推荐。如赵襄子时任登为中牟县令，"上计"时推荐中牟之士胆胥己，赵襄子接见胆胥己后，就任其为中大夫。魏国的翟璜在同魏成子比功时说，他向魏文侯推荐了吴起、西门豹、乐羊、李克、屈侯鲋等一批人才，李克却说，翟璜推荐的人都是国君的官，魏成子推荐的子夏、田子方、段干木三人都是魏文侯的师，所以翟璜的功不及魏成子。当时著名的孙膑由田忌推荐而被齐威王任用为军师，商鞅由景监推荐而见用于秦孝公，蔺相如因缪贤推荐而为赵相国，李悝、吴起、西门豹由翟璜推荐而得到魏文侯的任用，儒门弟子子夏、田子方、段干木也曾得到魏成子的推荐。另外，郡县地方官在"上计"的时候，也要向中央朝廷推荐人才。

4. 访贤聘贤

访贤。访贤活动在夏、商、西周从未间断，著名的如成汤用伊尹，武丁举傅说，周公接待贤人"一沐三握发，一饭三吐哺"。商代的创业者成汤很善于招揽人才，据说当时有个贤者伊尹隐居乡间，"汤使人聘迎之，五反然后肯往从汤……汤举任以国政"。① 传说伊尹本不想做官，受到成汤使者五次聘请，于是便辅佐成汤，打败夏桀，建立商朝。而文王访贤遇子牙更是千古佳话。据说周文王礼贤下士，中午连饭都顾不上吃，因而天下的人才大都跟随了他。当时的人才，包括纣王旧臣，如伯夷、叔齐、太颠、闳夭、散宜生、鬻子、辛甲大夫，都投奔了文王。

聘贤。聘贤就是公开招聘国内外的贤才。如燕昭王与郭隗等君臣，高筑招贤台即所谓黄金台，"卑身厚币以招贤者"。按照"察能而授官"的原则进行任用。在燕昭王黄金台的引诱下，各国的贤士无不争相前往，比如齐国的邹衍、赵国的剧辛、卫国的屈庸、游士苏代等，都来投奔燕国，一时人才济济。特别是魏国大将军乐羊的后代乐毅，投奔燕国后被委任为亚卿，掌握着燕国的军政大权，横扫齐国70余城。唐代陈

---

① 《史记·殷本纪》，《二十五史》第一册，上海古籍出版社1986年版，总第15页。

子昂凭吊燕昭王诗:"南登碣石馆,遥望黄金台。丘陵尽乔木,昭王安在哉?"① 生动地表现了诗人对燕昭王求贤若渴,礼贤下士的羡慕和渴望。

5. 养士制度

战国时候不论是国君还是卿大夫,无不养士以自重。著名的如"四公子"及吕不韦,都养了几千士人。据《史记》记载,齐国孟尝君"倾天下之士","食客数千人";魏国信陵君"仁而下士","食客三千人";赵国平原君"喜宾客,宾客盖致者数千人";楚国春申君有"客三千余人"。就连秦国的相国吕不韦,也"乃使其客,人人著所闻,集论以为八策、六论、十二纪,二十余万言"②,成为流传后世的《吕氏春秋》。这些士人称为"食客""宾客""门下""舍人"等等。这种养客的做法,实际上就是对人才的储养,到关键时刻就会发挥出巨大的作用。各国贵族以优厚的待遇供养士人,如"孟尝君舍业厚与之,以故倾天下之士,食客数千人"。③ 产生了许多诸如窃符救赵、鸡鸣狗盗、千金市骨、毛遂自荐的历史佳话。

6. 军功升迁

军功又称"以功仕进"。《韩非子·定法》说:"商君之法曰:斩一首者,爵一级,欲为官者为五十石之官……官爵之迁与斩首之功相称也。"④ 各国变法都有奖励军功的规定。早在春秋末期,晋国的赵简子首倡军功用人,在战前誓师时就讲道:"克敌者,上大夫受县,下大夫受郡,士田十万,庶人工商遂,人臣隶圉免。"⑤ 1965 年冬天发掘出土 2500 年前埋在地下的《侯马盟书》,就从考古上证明了从世卿世禄制到军功爵制的转变。当时的县大于郡,所以上大夫当县令,下大夫当郡守。⑥ 到战国时,魏

---

① 中国科学院文学研究所:《中国文学史》第二册,人民文学出版社版1962年版,总第349页。
② 《史记·吕不韦列传》,《二十五史》第一册,上海古籍出版社1986年版,总第282页。
③ 《史记·孟尝君传》,《二十五史》第一册,上海古籍出版社1986年版,总第267页。
④ 《百子全书》第二卷,岳麓书社1993年版,总第1773页。
⑤ 《左传·哀公二年》,《四书五经》第四卷,线装书局2016年版,总第1695页。
⑥ 1965 年山西侯马晋国遗址出土了大量盟誓辞文玉石片,称为"侯马盟书",盟书又称"载书"。当时的诸侯和卿大夫为了巩固内部团结,打击敌对势力,经常举行这种盟誓活动。它见证了春秋末期晋国赵鞅参与晋国内部由六卿内争至四卿并立的一场激烈政治斗争,拉开了作为标志战国时代开端的"三家分晋"这一重大事件的序幕。

国的将领吴起曾下令："明日且攻亭，有能先登者，仕之国大夫，赐以上田上宅。"就是要以国大夫的职位来奖赏奋勇登城的将士。当时，各国将领多是要根据军功提拔的，如商鞅制定的20等爵，就是鼓励人们杀敌取官。

7. 游说求官

当时有不少游士不经过任何人推荐，直接向国君上书或游说，取得国君的信任而被任命为大臣，即所谓的"布衣将相"。游说在当时甚至成为一种专门学问，韩非子曾加以总结，写成《说难》一文。如，苏秦游说秦以外的六国"合纵"抗秦，身佩六国相印。虞卿游说赵王，被提拔为上卿，执掌相印，封万户侯。其他如纵横家张仪、儒家荀况，都是通过游说或上书国君而取得高官的。《史记·李斯传》就记载李斯："西入秦，辞于荀卿曰：今万乘方争，游者主事。秦王欲吞天下，称帝而治。此布衣驰骛之时，而游说者之秋也。诟莫大于卑贱，而悲莫甚于穷困。久处卑贱之位，困苦之地，非世而恶利，自托于无为，此非士之情也。故斯将西说秦王矣。"[1] 这足以代表当时游士们的心情。

此外，还有封君、郎官、褒子等非主流的选拔制度。

（楚　刃）

## 第四节　天赐良机：稷下学宫与荀子际遇

### 一　三为祭酒：稷下学宫与群学孕育

荀子生于战国末期赵国郇邑，后到齐国游学于稷下学宫。至于游学始自何时，有说荀子"年十五"，有说"年五十"。前者的根据是《韩非子·难三》，韩非是荀子的学生，记述其老师的行迹，比较可信；后者的根据有《史记·孟荀列传》，也较可信。东汉应劭（约153—196年）著《风俗通义》似乎更相信韩非的记忆，其卷七"穷通"篇称，荀子"有秀才，年十五，始来游学"。[2] 只是荀子一生多次到稷下学宫，

---

[1]《史记·李斯列传》，《二十五史》第一册，上海古籍出版社1986年版，第285页。
[2]（东汉）应劭：《风俗通义校注》，王利器校注，中华书局1981年版，第322页。

有游学，有讲学，最为声誉远播的是"三为祭酒""最为老师"，很可能上述文献指的不是"同一次"，也未可知。① 不管怎么说，有几点是无异议的：1. 稷下学宫是当时最先进的学术机构，是最高学术殿堂；荀子在稷下学宫活动期间，大师云集，学术氛围浓厚，稷下学宫是世界历史上罕有的百家争鸣最主要的舞台；2. 荀子能够"三为祭酒"，表明他是公认的学术领袖，他长期主持学术讨论，具备博采众长的最佳机会；3. 学宫讨论的许多问题，为荀子创立群学提供了启迪，准备了丰厚的思想资源。

我们依据上述3条，试图证明群学的创立不仅如以上几节所述，是先秦中华文明高峰的结晶，是春秋战国社会巨变的精神产物，是当时迅速崛起的"士"阶层即中国历史上第一个职业知识群体的智慧大成，是第一次百家争鸣的学术硕果，而且这些文明的、社会的、人才的条件，以及学术氛围和学术积累，都相当可观地直接集中体现在稷下学宫。因此，可以肯定稷下学宫与群学创立有密切的关系，是促成群学创立的直接性条件之一。诚如白奚所言"没有稷下之学就没有荀子之学"。② 在这个意义上，我们称稷下学宫是群学的孕育之地，实非虚言。

上述第3条关于稷下学宫为荀子创立群学准备的思想资源情况，已纳入本书第二章关于"思想基础"的统一阐述之中。其中，第二节杨善民所撰"交汇与争锋：从百家争鸣中的诸子之学梳理群学的思想资源"中提到的许多人物，多是"稷下先生"或参与过稷下学术活动的著名学者。为避免重复，这里不专门叙述。以下，仅对上述第1、2条略作说明。

（一）关于稷下学宫

齐国的稷下学宫，创办于公元前4世纪中期（一说是更早的历史传承下来的），止于秦灭齐即公元前221年。稷下（今山东临淄北）在国都临淄的西门外，学宫是齐国为吸引人才兴办的讲学场所，召集各国学

---

① 参见刘蔚华、苗润田《稷下学史》，中国广播电视出版社1992年版；白奚《稷下学研究：中国古代的思想自由与百家争鸣》，生活·读书·新知三联书店1998年版。
② 白奚：《稷下学研究：中国古代的思想自由与百家争鸣》，生活·读书·新知三联书店1998年版，第292页。

者前往聚徒讲学、自由辩论，可以说是中国最早的社会科学院。

1. 稷下学宫的出现不仅有着深刻的经济、政治根源，而且有其直接的文化背景

首先，稷下学宫并不是突然出现的，它有一个很长的酝酿发展过程。就齐国本身而言，稷下之制虽确立于战国，其滥觞却可上溯至春秋。它是齐国三百年养士传统和政策的最终产物，稷下学宫的许多制度和活动均可在春秋五霸之首齐桓公（姓姜，名小白，公元前685—公元前643年在位）那里找到它的原型。

公元前770年周平王南迁，开始了"春秋时期"。在140多个诸侯国中，齐国发达最早。具有敏锐政治眼光的齐桓公率先注意到，霸业能否实现，关键在于能否得到新兴的士阶层的支持，所谓"得士则昌，失士则亡"。于是，齐国开始了具有开创之功的国家养士事业。为了得到更多的贤士，齐桓公主动四处纳士，"为游士八十人，奉之以车马、衣裘，多其资币，使周游于四方，以号召天下贤士"（《国语·齐语》）。他还提出"育才"的政策，所谓"尊贤育才，以彰有德"。[1] 齐桓公是怎样培养人才的？他创造性地提出，要让"士"成为一种职业，让他们安于本行，世代相传，这样就可以为国家源源不断地培养出大批的士。正是这一措施为齐国开辟了一条由国家独立培养士的新路，对于齐国文化的繁荣昌盛和齐国国势的长盛不衰，特别是对于稷下学宫的最后出现具有非常重要的意义。稷下学宫的创立，可以说是这一政策的最终产物。[2]

其次，稷下学宫的出现也不是一个偶然的、孤立的现象，而是类似现象中最为耀眼的一个。战国时期，不少国家采取公开讲学、著书立说、不治而议的办法，来储备和养育人才。如燕昭王的下都学馆、秦国的吕不韦门馆，至于招养门客、聚徒讲学则非常盛行。

2. 稷下学宫的特点

（1）兼容并蓄。稷下学宫容纳了当时"诸子百家"中的几乎各个

---

[1] 孟子：《告子章句下》，杨伯峻：《孟子译注》，中华书局2008年版，第222页。
[2] 白奚：《稷下学研究：中国古代的思想自由与百家争鸣》，生活·读书·新知三联书店1998年版，第38页。

学派，其中主要的有儒、墨、道、法、名、兵、农、阴阳诸家，汇集了天下贤士多达千人左右，其中著名的如孟子、淳于髡、邹衍、田骈、慎到、接予、季真、环渊、彭蒙、尹文、田巴、儿说、鲁仲连、邹奭、荀子等。尤其是荀子，曾三次担任过学宫的"祭酒"（学宫之长）。当时，凡到稷下学宫的文人学者，无论其学术派别、思想观点、政治倾向，以及国别、年龄、资历如何，都可以自由发表自己的学术见解。这些学者们互相争辩、诘难、吸收，使稷下学宫成为真正体现战国"百家争鸣"的典型。

（2）稷下学宫具有教学机构和学术团体的双重性质。它既有一般学校教育的特点，又有学术团体的特性。当时齐国统治者封了不少著名学者为"上大夫"，并"受上大夫之禄"，允许他们"不治而议论""不任职而论国事"。如孟子在稷下学宫期间，待遇很高，据《孟子》记载孟子出行"后车数十乘，从者数百人"。另一方面，稷下学宫又有学术团体的性质，起着政治顾问的作用。据后人统计从稷下学宫出去的师生中，被各国封为上大夫以上官员的就有75人，而田骈、慎到、环渊、淳于髡等更成为著名的政治家。

（3）正规制度。稷下学宫订有严格的规章制度。张良才在《从〈管子·弟子职〉看稷下学宫的教学与生活管理》一文中提道："郭沫若经过研究和考证，断言：'《弟子职》篇当是稷下学宫之守则，故被收入《管子》书中。此中弟子颇多，先生亦不止一人，观其同嗛以齿，及相要以齿可证。且学中有堂有室，有寝有庖，师行均食息其中，规模宏大，决非寻常私塾可拟。'①……（《弟子职》）在学风方面，要求学生温恭自虚，朝益暮习，闻义则服；在校纪方面，对学生的饮食起居、衣着仪表、火烛洒扫、课堂纪律、课后温习，以及侍奉师长等，都作了详细而明确的规定。"②

作为战国时期最著名的正规高等学府，稷下学宫大师云集，学生数

---

① 《管子集校》，科学出版社1956年版，第956页。
② 张良才：《从〈管子·弟子职〉看稷下学宫的教学与生活管理》，《管子学刊》1994年第3期。

千，培养出了不少名震天下的学生，如李斯、韩非等。其论辩之自由、思想之碰撞、学派之林立、影响之深远，引得梁启超盛赞道："如春雷一声，万绿齐苗于广野；如火山乍裂，热石竞飞于天外。壮哉盛哉！非特中华学界之大观，抑亦世界学史之伟迹也。"[①] 稷下学宫当之无愧是当时世界上规模最大、最正规的学术殿堂。作为战国七雄之一的齐国，一个稷下学宫就能够鼎盛到如此程度，学术发达的盛况在当时的世界上应是无与伦比的。可以确信，当时具备了世界上最好的产生社会学这种学科的条件——有专门的机构，有高等学府，有优秀的教师，有众多的学生，有专业分科，有专门的教材，有学术论坛，有学术奖励制度。

有人将稷下学宫与古希腊的吕克昂学园作比较，"学宫""学园"都与"学"有关，在这个意义上比较一下并无不可，但其实二者并不在同一个层次上。真正与柏拉图学园、亚里士多德的吕克昂学园可有一比的是"私学"，中国也有许多，孔子、孟子、墨子、荀子等都聚徒讲学，学生也有上百上千，但都只是师生关系，是传道授业；而稷下学宫却不仅如此，它主要是大师云集之所，自由辩论之地，百家争鸣的论坛，思想激荡、学派争锋的殿堂，在这个意义上，稷下学宫是古希腊学园不可比拟的。稷下学宫不仅在办学规格、人员规模、持续时间上，远胜于古希腊学园，而且就本书所关注的荀子群学创立条件而言，这些条件虽然都重要，但自由辩论、学派争锋更是群学得天独厚的产生条件。

（二）荀子与稷下学宫

1. 稷下学宫是战国百家争鸣的学术中心

春秋战国是我国古代思想史的黄金时代。百家之学的创始者们竞相标新立异，创新理论，从春秋后期到战国前期，孔子、墨子、老子等先后创立了儒家、墨家、道家等学派。但直到战国前期，学派数目尚不多，学派之间的交流和争论也有限。这与当时缺乏交流条件，学者们难以进行面对面的争论不无关系。

稷下学宫的出现，正好提供了学术交流的场所。特别是学宫广纳各家各派，成为繁荣学术的理想园地。自此，先秦学术进入飞跃发展期，

---

① 梁启超：《论中国学术思想变迁之大势》，上海古籍出版社2006年版，第13页。

新的学说和流派如火山迸发般涌现。先秦百家之学在稷下时期得到了充分的争鸣，使得许多重要的学说理论臻于成熟。有些研究者认为，进入稷下时期，严格意义的百家争鸣才真正开始，先秦学术才迅速发展到鼎盛。① 这里所谓"严格意义"，在笔者看来，应该是指直接的、面对面的辩论式的争鸣。广义的"争鸣"从不同学派产生之时就开始了，不然不会称为"学派"，墨家从儒家中独立出来，不能没有理论上的争论。儒家和墨家内部分化的派别之间也有"争鸣"。这样看来，百家争鸣存在的时间应该有几百年，而不限于稷下学宫存续的150多年，只是在稷下时期百家争鸣达到了鼎盛阶段。

2. 荀子在稷下学宫之时，恰逢诸子之学走向综合的历史机遇期

按照宣兆琦、张杰的说法，荀子"年十五"开始游学稷下学宫，一住就有20多年之久。② 而刘蔚华、苗润田在所著《稷下学史》中认为，荀卿从15岁来到稷下，先后三次居齐，历时五十余年。③ 不管怎么说，荀子在稷下学宫活动期间，已属战国末期。

而从战国（公元前475—公元前221年）中期以后，诸子百家之间在长期而激烈的辩论中，相互借鉴和吸收，越来越表现出某种趋同性，学派之间的界限也越来越模糊。儒与墨、儒与法这些学派之间也由原来有所排斥而走向相互补充。百家之学互相渗透、互相贯通，学术发展总的走向已由多元走向融合，由分化走向统一。

梁启超指出，春秋末及战国时期，是中国学术的"全盛时代"。战国之末，"实为全盛时代第四期，亦名之混合时代，殆全盛中之全盛也"。④ 荀子是在稷下学宫极其优越的学术环境中成长起来的，并且最终成为学宫中最负盛名的领袖人物。不仅如此，他游踪遍及赵、燕、齐、楚、秦五国，辗转于群雄的腹地，极其广泛地接触并研究了各家各派的学说主张。荀子作为先秦最后一位大师，具有极强的综合才能。可

---

① 白奚：《稷下学研究：中国古代的思想自由与百家争鸣》，生活·读书·新知三联书店1998年版，第18页。
② 宣兆琦、张杰：《荀子与稷下学宫》，《邯郸师专学报》2001年第1期。
③ 刘蔚华、苗润田：《稷下学史》，中国广播电视出版社1992年版，第272页。
④ 梁启超：《论中国学术思想变迁之大势》，上海古籍出版社2006年版，第26页。

以说，正在先秦学术积累到需要综合的高峰时期，出现了能够担当集大成之任的最佳人选。而群学正是此一集大成的重大成果。

3. 荀子与稷下之学

荀子久居齐国，曾在稷下"三为祭酒"，积极参与并实际主持了许多讨论和辩论，熟悉稷下的各家之学，这为他批判总结先秦学术提供了难得的条件。荀子通过对百家之学特别是稷下之学的全面批判、汲取和修正而建立了自己的思想体系，可以说，荀学中的每一部分都渗透着稷下学术的深刻影响。

稷下学宫在其存在的150余年间，热烈地展开了不同学派、不同观点的大辩论，诸如义利之辩、名实之辩、天人之辩、王霸之辩等，即使不单单属于群学的议题，也明显具有群学的面向，事实上产生了许多群学概念和命题。天人之辩是群学的理论前提，因为只有"天人相分"，确立人的主体地位，才能凸显作为群学研究对象的人与人的关系；从"性伪之分"，引出人必须修身、学习，才能合群，才能成为群的合格成员；而群与分，则是群学的核心概念，荀子论述的群与分，实际上是分析了基于人伦的社会关系，这种人与人的社会关系乃是社会有秩序地发展的基础。至于义利之辩，是建立社会制度和社会规范的根本原因；王霸之辩是社会治理的基本原理。如此等等。从《荀子·非十二子》篇，可以看到荀子对各家各派批评之精准，许多批评都是从群学观点出发的（见本书第二章），由此可见稷下之学与荀子创立群学的紧密联系。

（景天魁）

## 二　学政辗转：荀子人生际遇与群学创立

要全面了解群学的创立，当然还应该从荀子一生经历来分析。

荀子名况，字卿，时人尊称"荀卿"。西汉时因避汉宣帝刘询讳，又改称孙卿。荀子的生卒年，后世学者看法不一，大致可以确定为约公元前313年—公元前238年。司马迁《史记·孟子荀卿列传》对荀子记述虽然比较简略，但还是勾勒出其一生的活动轨迹。荀子是赵国人，五十岁（有学者认为五十是十五的传抄误笔）游学于齐国。齐襄王时，荀子以齐国稷下学宫里资历最深的"老师",三次担任稷下学士的祭酒。后来,他遭人毁谤,就到了楚国,担任兰陵令。荀子罢官后,便在兰陵安家,专心著述,死葬于兰陵。荀子的群学,应该是在这个时候最终完成的。

荀子置身战国末叶,他死的时候,秦始皇开始亲政,并在李斯等人的筹划下,开启了"灭诸侯,成帝业,为天下一统"大业①,而李斯恰是荀子的弟子。春秋战国诸侯争霸,社会分化,民不聊生。战国后期,这种现象更加严重,天下统一的端倪渐显,各种社会矛盾日益激化。春秋战国社会的急剧变化,必然会反映到思想文化领域,百家争鸣的主要内容便是各个思想家及流派解决社会问题的方案。但是到战国后期,由于矛盾的激化,整个社会对那些缓和矛盾的理论、缺乏可行性的设计已失去兴趣,他们需要的是思想的急就章,需要的是言能践行的社会整合方案。

纵观荀子一生,他生活的几个诸侯国,均是战国晚期的强国。荀子生于赵国,赵国是战国七雄之一,赵武灵王二十四年(公元前302年)推行"胡服骑射",改革军备和战法,赵国得以强盛。赵北击匈奴,建立云中、九原两郡,又在阴山筑长城以抵御匈奴。公元前296年赵吞并中山国。荀子游学与讲学的齐国,也是当时强国。公元前314年,燕国发生"子之之乱",齐宣王命匡章率兵大败燕国。齐湣王继位后,兵强马壮,与秦争霸。公元前301年,联合韩、魏攻楚,大败楚国。三年后,又联合韩、魏连年攻秦,入函谷关,迫秦求和。公元前288年,与秦武王相约,分别称为东帝、西帝。公元前286年,齐灭宋;后又攻楚,夺取了楚淮河以北全部土地;接着又兵入三晋,令卫、鲁、邹入齐称臣,齐国势到达巅峰。齐湣王还扬言要吞并二周,成为天子。荀子入仕的楚国,堪称春秋战国的第一大国,"地方五千余里,带甲百万,车千乘,骑万匹,粟支十年"。②

然而,这几个与荀子一生关联密切的诸侯强国,在荀子晚年,均由

---

① 《史记·李斯列传》,中华书局1982年版。
② 《史记·苏秦列传》,中华书局1982年版。

盛转弱，对这一过程，荀子应该历历在目，感怀于心。

赵国强弱变化的分水岭无疑是公元前260年的长平之战。这场发生在长平（今山西省晋城高平市西北）的战役，赵军战败，秦国获胜，此战秦军共斩首坑杀赵卒约45万，赵国从此一蹶不振。赵国在长平的失败，客观原因是因为国力不如秦国，但也有非客观原因可以探讨，其一，赵王选用自己宗族的赵括替代廉颇为主帅，也是重要原因。在赵国，有才能的人若非同宗同族，很难得到重用，即使重用也得不到完全信任。根据《史记·赵世家》记载，自赵烈侯以降，赵共有31位将军，其中12人是赵氏族人。其二，赵国虽然建立了军功爵制度，但很不完善，存在着"亲戚受封，而国人计功"的弊病。① 赵国封爵中宗室占很大比例。军功爵建立主要是鼓励征战，其次还可用来招徕人才。《荀子·君道》说："人主欲得善射，射远中微者，悬贵爵重赏以招致之。欲得善驭，及速致远者，一日而千里，悬贵爵重赏以招致之。"

齐国是在乐毅破齐后衰败的。公元前284年，燕昭王以乐毅为上将军，合燕、秦、韩、赵、魏攻齐，王都临淄被破，连下73城，战争相持5年，后齐将田单使用反间计，使得乐毅被燕王所废，并以"火牛阵"大败燕军，收复失地。齐虽然复国，但元气已大伤，自此以后无力再与秦抗衡。荀子在稷下学宫任祭酒，当是在这场变故之后，他是稷下学宫的最后一个大师。稷下学宫是多元文化汇聚之地，不同学派的思想家，各显其能，聚讼纷纭。司马迁在《史记·孟子荀卿列传》里叙述了这种状况。荀子到了稷下，当时"邹衍的学说曲折浮夸，但很雄辩；邹奭的文章完备缜密，但不切实际；淳于髡的学问，只有与他日久相处，才能领会到一些精辟的言论。所以齐国人评价他们说：高谈阔论的是邹衍，精雕细刻的是邹奭，智多善辩，滔滔不绝的是淳于髡"。同时在稷下学宫，具有鲜明齐文化特征的新兴的黄老学说、阴阳学说，与齐国盛行的旧的巫术神仙信仰也互相糅杂，作为儒学的传承人的荀子，肯定在其中汲取了丰富的学术营养。

战国后期楚国的衰败是拜秦所赐，楚怀王（约公元前355—公元前

---

① 何建章：《战国策注释·赵策三》，中华书局2016年版。

296年）时，秦楚发生两次大的战争，楚怀王十七年（公元前312年）秦攻取楚之汉中，取地六百里，仿楚制，设置汉中郡，后一年攻取了召陵。楚怀王三十年（公元前299年），楚怀王被秦骗去秦国，客死咸阳。楚顷襄王时代，秦国多次伐楚，得西陵、巫、黔中等地。公元前287年秦攻入楚都郢城。公元前263年，楚考烈王继位后，任用春申君。春申君派兵助赵，解邯郸之围，又领兵灭鲁，楚国一度复兴。楚考烈王死后，楚宫政变，春申君被杀，楚国从此萎靡不振。荀子由齐入楚，做了兰陵县令，便是得到春申君的帮助。我们习惯认为，在战国七雄中，楚是最保守的国家，因为楚国的旧贵族势力最为强大，但我们却忽视了，其实这个最保守的国家，同样最愿意提拔新领导，吴起变法便是例证。作为新的地方行政管理机构的县，也最早出现在楚国。荀子做楚国县令，是一次难得的政治实践，对新旧制度的体悟，也肯定会充实到其群学理论之中。

约公元前264年，应秦昭王聘，荀子西游入秦。荀子入秦之事，司马迁没有讲述，但在《荀子》与《风俗通义》多有记叙，应当是可信的。春秋战国时期有"儒者不入秦"的说法，孔孟及其门徒鲜有人到过秦国。荀子没有遵循这个戒律，他到了这个被时人视为虎狼之国的秦国后，看到的是"秦士甚公，秦吏甚察，秦民质朴"，而近乎"治之至也"，对秦国政治予以充分肯定，说"秦四世有胜，数也，非幸也"，[①]或许这时他把统一中国的希望寄托于秦国。他主张秦国应当"力术止，义术行"，任用"儒者"。秦国政治奉行的是法家的新"霸道"理论，与儒家旧"王道"思想抵牾，荀子的建议未被秦国采纳。应该看到，荀子入秦，新制度所规范的新秩序，足以让他耳目一新，这些无疑会纳入他创立群学的理论考量之中。

荀子的一生，有强烈的现实关怀，充满事功精神。荀子游学于齐、仕宦于楚、论政于秦等，无不影响到他对社会关系、社会行为、社会治理的理论思考，所有这些正是他创立群学的优越的历史条件。

（孙 晓）

---

[①] 王天海：《荀子校释·强国》，上海古籍出版社2016年版。

第一章　群学创立的社会基础

## 结　语

　　以上几节，分别从社会历史条件的不同方面，证明了在战国末期，我国确实具备了创立作为学科之群学的优越而完备的主客观条件。表明荀子群学的孕育与形成，根植于中国文化的沃土，是中华古代文明发展高峰的结晶。

　　只要不把孔德创立的社会学奉为唯一标准，只要承认中国学术与西方学术各有独立的起源，自然就会确认群学就是中国古典社会学。

　　事实上，在中西学术史上，西方有经济学，中国自古就有"计学"；西方有数学，中国自古就有"算学"；西方有逻辑学，中国自古就有"名学"；西方有西医，中国自古就有中医；如此等等，名称不同罢了。群学与社会学也是相同的学科，不过是名称不同而已。怎么能说自然科学、社会科学只诞生在西方？17—18世纪，西欧继文艺复兴之后又兴起了启蒙运动，发生了工业革命，大大刺激了近代科学的发展，中国在这一阶段落后了，这是事实。但是，能够因此就说中国古代一片空白，什么学科也没产生过？只因为群学不符合西方社会学的"学科标准"，不论其内容多么丰富，也只能叫"社会思想"，不能称为"学科"？可是，中国自古也有很多"学科"，只不过含义和用法有别于西方之"学科"，应该说中西之"学"各有其义，各有所长，为什么只能以西方的所谓"学科标准"为圭臬？其实在西方，也没有什么普遍公认的、唯一的"学科标准"，就是在西方社会学内部，有实证的，也有非实证的，有偏向科学性的，也有尊崇人文性的，为什么只要是西方的，不论分歧多大，都可以算作"社会学"，而在西方之外的，不论内容如何，就是不能称为"社会学"呢？更何况，就连有的西方学者，也承认荀子群学是"以自然的实证化技术为导向的思维范式"，是"最富于'社会学色彩的'"[①]，那么我们有什么理由不承认群学就是中国古

---

[①] ［美］本杰明·史华兹：《古代中国的思想世界》，程刚译，江苏人民出版社2008年版，第405、421页。

已有之的社会学亦即中国古典社会学呢？

　　对于理解群学产生的社会历史条件，横亘在眼前的一个思想障碍就是所谓社会学只能诞生在工业社会。可是这个说法站得住脚吗？孔德提出社会学的1838年的法国，就算是工业社会，所谓社会学只能诞生在工业社会这一说法，充其量也不过是对这一事实的"事后确认"，未见有人对这个说法做出有充分学理根据的论证，能够证明社会学的诞生与工业社会之间有着唯一性的必然联系。再者，即使证明这种联系在欧洲学术史上是存在的，谁又能证明在其他文明中、在其他学术体系中，社会学或类似社会学这种学科的产生，也必然与工业社会具有唯一性的联系，即证明农业社会无论多么发达，都不可能产生社会学？如何比较农业文明与工业文明？如果按照进化主义逻辑，先前出现的就是落后的，后起的就是先进的。但是，进化主义是粗糙的、不准确的，在其简单化的方面则是不正确的。一般而言，物质文明、科技文明，是工业社会比农业社会更发达。但也不尽然，生态文明主要属于物质文明，农业生产可循环性更强，造成的污染更小，生态较为平衡，就此而言就未必落后。至于精神文明那就难说了，农业社会保留了人们之间的血缘的、地缘的联系，并没有像工业社会造成那么多的道德危机、文化危机和心理危机等，就更不能简单地判定谁先进谁落后了。至于文化艺术水平那就更加难说了。后来的书法家有谁敢说超过了王羲之？现在的相声演员，有谁超过了侯宝林？

　　退一步说，即便工业文明水平总体上高于农业文明，那又如何能够证明社会学这个学科只能产生在工业社会？如果工业文明对于社会学的产生有那么绝对的意义，为什么在1838年之前它没有产生在工业水平比法国更高的英国？如果"法国大革命"对社会学的产生就有那么绝对的意义，那么，为什么没有发生同样的"大革命"的德国能够出现卡尔·马克思和马克斯·韦伯这样的社会学经典大师？

　　工业革命、法国大革命即便是孔德创立"社会学"的重要社会条件，这些条件也并不具有绝对的、普遍的意义。没有学理根据说在其他文明、其他学术脉络中，这些一定是产生社会学的必要条件。应该说，社会学既然是研究社会现象、社会过程和社会行动的，那么，只要社会结构复杂到一定程度、社会矛盾激烈到一定程度、对社会关系关注到一定程度、对社会的思考深刻到一定程度、关于社会的学问积累到一定程度，就可能产生社会学或类似于社会学这个学科。换言之，这些才是社会学产生的必要社会条件，亦即具有普遍意义的条件。

因此，我们说，虽然战国末期比孔德创立西方社会学早了2000多年，但因为春秋战国时期中华文明达到了历史的高峰，社会剧变长达500年之久，形成了世界历史上无与伦比的富有思想创造力的知识群体——士阶层，发生了世界上绝无仅有的百家争鸣，出现了盛况空前的稷下学宫，具备了被梁启超称为"全盛之中的全盛"的优越条件，战国末期由先秦学术的集大成者荀子创立作为中国古典社会学的群学，完全是水到渠成的，有什么可奇怪的？

（景天魁）

# 第二章 群学创立的思想基础

## 引 言

群学的创立，除了必要的社会基础之外，还必须具备相当丰厚的学术积累和直接性的思想条件。那么，战国末期是否形成了这样的思想基础呢？本章第一节将首先从文字考古学的角度，考察群学的悠远源头；第二节从诸子之学中梳理群学的思想资源；第三节集中探寻"合群、能群、善群、乐群"由隐到显的脉络；第四节落脚到荀子本人的人生际遇，阐述群学体系建构的得天独厚的思想条件。这样，如同第一章一样，同样是由远及近，由文明考古到思想资源，继而由"四群"脉络到群学体系建构；由文明先祖到诸子百家再到创立者个人，展开对群学创立之思想基础的论述。以此，从思想条件方面，回答关于群学创立问题的第二个主要疑问——荀子何以能够比孔德早2000多年创立作为中国古典社会学的群学？

（景天魁）

## 第一节 群聚与群分：从文字考古学考察群学的悠远源头

今日之社会学，严复、梁启超辈皆主肇端于荀子之群学[①]，或以群

---

[①] [英]赫伯特·斯宾塞：《社会学研究》，严复译，世界图书出版公司2012年版，第3页；梁启超：《中国法理学发达史论》，《饮冰室合集·文集》第五册，中华书局2015年版，第1317页。

学思想设论①。然而荀子的思想实非其凭空所创，必有更古老之来源。澄清这一问题不仅对探讨荀子群学思想的形成非常重要，而且也直接关系到对中国社会学史的正本清源。本节利用先秦古文字资料，研究前荀子时代群之观念及其特点，力求建立中国社会学思想的完整文脉。

## 一　群之造字及字义之发展

《说文·羊部》："羣，辈也。从羊，君声。"段玉裁《注》："若军发车百网为辈。此就字之从车而言也。朋也，类也，此辈之通训也。《小雅》：'谁谓尔无羊，三百维羣。'《犬部》曰：'羊为羣，犬为獨。'引伸为凡类聚之偁。"古人以羊和善而主群，犬好斗而主独，故以羊为意符创造"羣"字，又以犬为意符创造"獨"字②，互为区别。"羣"以辈为本训，而"辈"之本义乃为相同形制的车，字从"非"声，"非"则取两翼为形，③禽之两翼必相当，遂有同和之义，故"辈"字实于形声之中兼而表意。准此则知，"羣"以辈为训，意为同类、同等之称，其中必暗含同和之意。其用指人类，根本义项即是同类之人。故古人以为，同类之人相聚可为群，不同类之人则无以为群。

"羣"从"君"声，这个声符的选择并非没有意义。《说文·口部》："君，尊也。从尹口。口以发号。"段玉裁《注》："尹，治也。"甲骨文"尹""君"互作④，尹为百官之长，又引申为位尊之人，其以发号施令为职。故"羣"从"君"声，战国文字或从"尹"声（图一，13），必有于群聚之人强调其宗主的意义，而非群龙无首的乌合之众。此又引发出"羣"字本所具有的第二个义项，即尊卑之分。

"羣"之所从"君""羊"二字究竟呈现上下结构还是左右安排，

---

① 梁启超：《说群一：群理一》，《饮冰室合集·文集》第二册，中华书局2015年版，第136—139页；景天魁等：《〈中国社会学：起源与绵延〉前言》，社会科学文献出版社2017年版。

② 《说文·犬部》："獨，犬相得而斗也。从犬，蜀声。羊为羣，犬为獨。"段玉裁《注》："犬好斗，好斗则獨而不羣，引伸叚借之为专壹之偁。《小雅·正月》《传》曰：'獨，单也。'《孟子》曰：'老而无子曰独。'《周礼·大司寇》《注》曰：'无子孙曰獨。'《中庸》《大学》皆曰'慎其獨'。戾、獨等字皆叚借行而本义废矣。""獨"从"蜀"声，或蜀犬最獨。

③ 《说文·非部》："非，韦也。从飞下翄，取其相背也。"

④ 李学勤：《释多君、多子》，《甲骨文与殷商史》，上海古籍出版社1983年版。

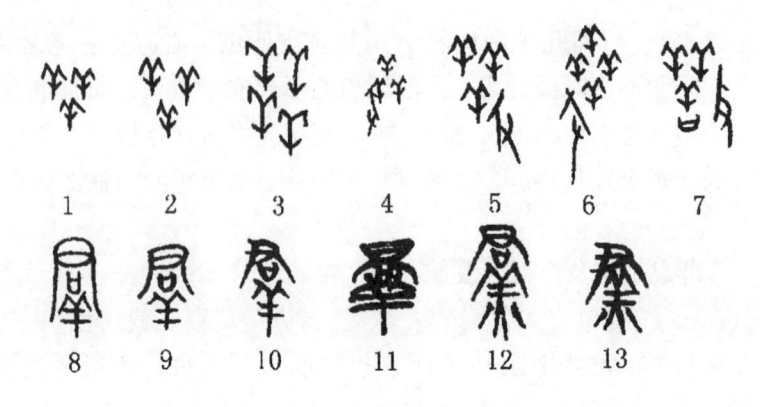

**图一　古文字"羣""羴"**

注：1—3 为甲骨文"羣"（《前》4.35.2、《明藏》173、《前》4.35.5）；4—7 为甲骨文"羴"（《京津》3006、《库》1506、《库》1506、《续》5.1.4）；8、9 为金文"羣"（子璋钟、陈侯午敦）；10、12、13 为侯马盟书"羣"；11 为楚竹书"羣"（上海博物馆藏竹书《周易》）。

这个问题并非无关紧要，故不可不辨。今见先秦古文字及秦篆之"羣"皆作"君"在"羊"上之形（图一，8—13），无有例外。显然，其字形结构所体现的"羣"中有君、且君位在上的思想非常清楚。

"羣"作君在羊上之形，于传世文献始见于西周，而出土文献则迟见于东周。事实上，殷商甲骨文已有"羣"字，唯字形字义皆与晚世之"羣"不同，有助于梳理"羣"之观念的早晚变化。

甲骨文有字作"羴""羴"①（图一，1—3），从三羊或四羊，当即"羣"之本字。学者多释"羴"②，或体作"羶"。《说文·羴部》："羴，羊臭也。从三羊。羶，羴或从亶。"段玉裁《注》："臭者，气之通于鼻者也。羊多则气羴，故从三羊。或体亶声也。今经传多从或字。"许氏以"羴"为"羶"之本字，清儒对此则提出质疑。俞樾《兒笘录》卷一云：

《羴部》："羴，羊臭也。从三羊。"重文羶，曰羴或从亶。樾谓

---

① 中国社会科学院考古研究所：《甲骨文编》，中华书局1982年版，第185—186页。
② 王襄：《簠室殷契类纂》，天津市博物院石印本1920年版，第19页。

## 第二章 群学创立的思想基础

许书建首之字如《品部》之品，《雥部》之雥，《晶部》之晶，《似部》之似，《毳部》之毳，《麤部》之麤，《焱部》之焱，《蠡部》之蠡，《蟲部》之蟲，《劦部》之劦，《孨部》之孨，凡絫三字为一字者，皆无重文。又如《艸部》之芔，《言部》之譶，《林部》之森，《石部》之磊，《马部》之骉，《兔部》之毚，《犬部》之猋，《鱼部》之鱻，《耳部》之聂，《车部》之轟，亦皆无重文。惟《女部》姦篆有重文叒，盖《心部》忢篆之重文误列于此。……然则羴下不当有重文羶。《周礼·庖人》"膳膏羶"，《内饔》"羊泠毛而毳羶"，《礼记·月令》"其臭羶"，字并作羶，无作羴者。羴与羶非一字明矣。今按：羶者，羊臭也。羴者，羣羊也。犹雥为羣鸟，骉为众马。屖字从羴，义亦相近，故曰羊相厠也。屖从羴在尸下，犹巢从雥在木上也。许君合羴、羶为一字，则屖字从羴亦失其意矣。

俞说虽于秦篆不合，但衡之甲骨文则颇中肯綮。战国文字有"羴"，读与"羶"同。战国楚竹书《性自命出》云："闻笑声，则羴如也斯喜。""羴如"，学者多读为"鲜如"[①]。古音"羴""鲜"并在元部，叠韵可通。因此，战国文字及秦篆之"羴"读如"羶"应该没有问题，许慎之说自有渊源。然而，甲骨文"羴"虽与《说文》训羊臭之字同形，但却不应视二者为一字。甲骨文、金文又有"𦍌"字，隶定作"羋"，当即羊臭之"羴"（羶）的本字[②]。其本从二羊，后孳乳为三羊。准此，则与"羋"同时代之"羴"与羊臭之字无关较然明白。

甲骨文又有"𦍌""𦍌"[③]（图一，4—6），从"羴"从"攴"[④]，隶

---

[①] 荆门市博物馆：《郭店楚墓竹简》，文物出版社1998年版，第180页；季旭昇主编，陈霖庆、郑玉珊、邹濬智合撰：《〈上海博物馆藏战国楚竹书（一）读本〉》，万卷楼图书股份有限公司2004年版，第177页。

[②] 此字又见于《库方二氏藏甲骨卜辞》1506版，对于此版刻辞的真伪问题，学者或有不同认识，参见胡厚宣《甲骨文"家谱刻辞"真伪问题再商榷》，于省吾：《甲骨文"家谱刻辞"真伪辨》，俱载《古文字研究》第四辑，中华书局1980年版，笔者主为习刻真迹，见冯时《中国古文字学概论》，中国社会科学出版社2016年版，第407页。

[③] 容庚编著，张振林、马国权摹补：《金文编》，中华书局1989年版，第263页。

[④] 中国社会科学院考古研究所：《甲骨文编》，中华书局1982年版，第143页。

定作"𢿧",像人持杖驱使群羊之形,为会意而非形声。很明显,"𢿧"所从之"羴"若具𦍌意,"𢿧"字便将无意可表。

甲骨文"𢿧"实即"敠"之本字。《说文·攴部》:"敠,朋侵也。从羣攴,羣亦声。"段玉裁《注》:"羣,朋也。攴,侵也。""朋"训同类,从"攴"则像人持杖驱之,故朋侵之意即言同类动物成群因驱使而拥挤侵扰,这正是放牧群羊所呈现的真实景象。羊驱之成群必相互挤迫侵犯,或咩叫有声,故《甲骨文合集》21284版"𢿧"字增"口"以示羊咩(图一,7)。显然,"𢿧"字的结构乃像攴驱群羊,后世则通作"敠"。据此对比,可知甲骨文从三羊四羊之"羴"实即"羣"字初文,本像群羊。唯"羣"与"敠"于卜辞皆作国族名或人名而已。

"羣"之本字既作群羊之形,则知其本义不可能用指人群,而仅指羊群或兽群。《国语·周语上》:"夫兽三为羣,人三为众,女三为粲。"韦昭《注》:"自三以上为羣。"仍存古训。《诗·小雅·吉日》:"从其羣醜。""或羣或友。"毛《传》:"兽三为羣。"郑玄《笺》:"醜,众也。田而升大阜,从禽兽之羣众也。"《礼记·曲礼下》:"大夫不掩羣。"孔颖达《正义》:"羣,谓禽兽共聚也。"所言均明。古人以兽三为群,并不特限三羊。《夏小正》:"羣而养之。"孔广森《补注》:"三鹿曰羣。"《易·系辞上》:"物以羣分。"《易·否·象》:"不乱羣也。"李鼎祚《集解》引虞翻并曰:"物三称羣。"当然,先民的家畜饲养经验使他们很容易懂得羊最喜群。《诗·小雅·无羊》:"谁谓尔无羊,三百维羣。"故群之本义首先即应限指羊群,尔后才扩大而指兽群。甲骨文"羣"字本作三羊四羊之形,正是这种观念的体现。

古礼于见君之贽素有以羔喻群的传统。《周礼·春官·大宗伯》:"卿执羔。"郑玄《注》:"取其羣而不失其类。"《仪礼·士相见》:"上大夫相见以羔。"郑玄《注》:"羔取其从率羣而不党也。"《说苑·修文》:"卿以羔为贽。羔者,羊也。羊羣而不党,故卿以为贽。"《白虎通·瑞贽》:"卿以羔为贽,羔者,取其羣而不党。卿职在尽忠率下,不阿党也。"很明显,古人以羔喻群,则群之观念源于羊善群的事实毋庸置疑。

"羣"本作"羴",仅在描述羊多成聚,并没有强调群中之君的意

第二章　群学创立的思想基础

义。因此，这种朴素的群的观念事实上与"众"并无不同，二者唯重人兽之分而已。《周语》以"人三为众"与"兽三为羣"并称，即是这种思想的反映。

《说文·伙部》："众，衆立也。从三人。"又："衆，多也。从伙目，衆意。"许慎的解释并不确切。"众"本作三人之形，以人多为义。而"衆"则作三人于日下，本指某种身份的人①，至西周始讹"日"为"目"，故人三以见其多乃为"众"字本义。甲骨文众庶之"庶"本作，即从"众"以见多义。《尔雅·释诂上》："庶，众也。"其与"庶"字本作焚石之象有别。又聚众之聚亦从"众"见义。《说文·伙部》："聚，会也。从伙，取声。一曰邑落为聚。"段玉裁《注》："《公羊传》曰：'会犹冣也。'《注》云：'冣，聚也。'按《冖部》曰：'冣，积也。'积以物言，聚以人言，其义通也。""庶""聚"二字皆据人多而立义，故相对于嫡为众庶，聚人之居邑则为聚，凡此皆以三人强调人多之意。《诗·小雅·天保》："羣黎百姓。"朱熹《集传》："羣，众也。"《吕氏春秋·召类》："羣者，众也。"皆见其思想。显然，在以群本作"羴"的殷商时代，群所体现的还只是类聚的思想，尚未产生群中尊卑主从的分别，即群中之分的观念。甚至在从"君"之"羣"字出现之后，群聚的本义仍未消失。

群之观念的发展首先就是从原本无君之聚众到强调群分尊卑的变化，这一思想事实上是通过对动物群体的观察自然产生的。不难发现，凡群聚之兽必有首领，如群羊必有头羊，群雁必有头雁，这些现象对于崇尚自然的上古先民而言当然并不难了解。正像《尚书·尧典》以"鸟兽孳尾""鸟兽希革""鸟兽毛毨""鸟兽氄毛"等鸟兽变化描述分至四时的物候征象一样，鸟兽群体的生存特征早已为他们所熟悉，以致领头羊、领头雁之类语词至今仍借用为对群体中领导者的比喻。显然，一旦人们将群从本指动物群体移用而指人类，群也就必须体现出主从尊卑的分别，这使群分的思想开始出现。

---

① 有关甲骨文所见众或众人之身份，学者的看法莫衷一是，其观点的归纳可参王宇信《建国以来甲骨文研究》，中国社会科学出版社1981年版，第110—117页。

群的概念如果用指人类社会，就必须与其本指动物群体的意义相区别，这体现了古人对于人兽之分的基本思考。人类社会显然已不再是简单的人群类聚，而更注重建立以君为首的群体。君作为发号施令者，为群中的主导，于是古人为体现这种主从尊卑的思想，重新创制了从"君"从"羊"的"羣"字。许慎以"羣"属形声，并不正确，实际本为"君"在"羊"上、"君"亦声的会意兼声之字。虽群主聚合，但合中有分，主从分明。犹宗氏为群，但宗有宗君；族氏为群，然族有族长。从而最终建立起了人类群体的思想。

"羣"字从"君"显然强调的是君对于合群的关键作用，这使群真正具有了社会化意义。《逸周书·太子晋》："侯能成羣谓之君。"《墨子·兼爱下》："若予既率尔羣对诸羣。"孙诒让《间诂》引惠栋云："羣犹君也。"从这一意义分析，君实际已成为群的核心。《广雅·释言》："君，羣也。"《荀子·王制》："君者，善羣也。"又《君道》："君者何也？曰：能羣也。"《尔雅·释诂上》邢昺《疏》引《白虎通》云："君，羣也，羣下之所归心也。"《白虎通·号》："君之为言羣也。"《春秋繁露·灭国上》："君者，不失其羣者也。"《逸周书·谥法》："从之成羣曰君。"很明显，君为群中之尊，其能成群合群，故能成群者自为君，这是新创的"羣"字所体现的根本思想。

群的社会化核心乃在于有君，而君的作用则在于使群，故群与君意义关联，通用不别。王引之《经义述闻》卷二十六云："君字有二义，一为君上之君，天帝皇王后辟公侯是也。一为羣聚之羣，林、烝是也。古者君与羣同声，故《韩诗外传》曰：'君者，羣也。'故古羣臣字通作君臣。《管子·大匡篇》：'恒公使鲍叔识君臣之有善者。'《问篇》：'君臣有位而未有田者几何人。'皆羣臣之假借也。"这种认识为古人以群描述人类社会奠定了基础。

人之所以群聚辑睦而不争斗散亡，或者说君之所以能使群合群而终致乐群，关键因素即取决于和，这成为群用指人类社会的基本条件。古文"和"本出二源，一作"和"，一作"龢"，各具本义。二字皆从"禾"声，"禾"为嘉谷之名，食之于身体和洽，故"和""龢"皆于声中见义。

## 第二章 群学创立的思想基础

"和"之本义为应和,这是从君为群首这一本质思想发展出来的。《说文·口部》:"和,相应也。从口,禾声。"段玉裁《注》:"古唱和字不读去声。"是古应和字如此。《礼记·经解》:"发号出令而民说,谓之和。"此君命民和之谓。群聚者必有君,君发号令而民应和,仁人在上,方能合群乐群。西周琱生三器铭载召氏家族鉴于君上失德而致附庸散亡不群的教训,故拔擢琱生管理附庸事务必以其贤德为念①,即体现了这种"举直措诸枉"的一贯主张。是君贤民和,此和之要义。"羣"字本象君位在上,以显君尊,故群聚必以仁君为尊。古文《尚书·泰誓》:"天视自我民视,天听自我民听。"古以君主为民之父母,君治体民,则民应和之,方可形成和谐稳定的社会。

和的另一意义则为谐和,字本作"龢"。《说文·龠部》:"龢,调也。从龠,禾声。读与和同。"段玉裁《注》:"《言部》曰:'调,龢也。'此与《口部》和音同义别。经传多假和为龢。"许氏以"龢""读与和同",仅言其同音而已。然"龢"字从"龠"表意,本指乐调龢谐。《龠部》:"龤,乐龢也。从龠,皆声。《虞书》曰:'八音克龤。'"段玉裁《注》:"龤训龢,龢训调,调训龢,三字为转注,龤龢作谐和者皆古今字变,许说其未变之义。"《尔雅·释诂上》:"谐,和也。"郝懿行《义疏》:"和者,调也,适也,不争也。《谥法》云:'和,會也。'《汉书注》:'和,合也。'《广雅》云:'和,谐也。通作龢。'《说文》:'乐和龤也。'引《虞书》曰'八音克龤',今《书》作谐。"足可见其本义。所以"龢"本指乐律龢谐,五声八音本不同调,而能谐龢之,所谓"和而不同"是也。以此调龢之龢维系社会的稳定,则在于社会的分工合作,相互协调,故而为和。这不仅是对群分思想的进一步丰富,而且也构成了荀子群居和一理论的重要基础。

龢则同心同德,齐心协力,从而使人类战胜自然的整体能力得到提升。《说文·劦部》:"劦,同力也。从三力。《山海经》曰:'惟号之山,其风若劦。'"段玉裁《注》:"同力者,龢也。龢,调也。""力"

---

① 冯时:《琱生三器铭文研究》,《考古》2010年第1期。

本取形犁臂①，故"劦"乃象多犁同耕。《诗·周颂·载芟》："千耦其耘。"引申则为戮力同心。《尔雅·释诂上》："协、龤，和也。"众人同力则协和，故"劦"有同和之义。甲骨文记东方风名曰"劦"②，即谓春分协和之气。③ 故"劦"亦训和，遂从"劦"表意之字皆有和义。《说文·劦部》："協，同心之龢也。从劦心。"又："恊，同思之龢也。从劦思。"又："协，同众之龢也。从劦十。"段玉裁《注》："同心一如同力，故从劦心会意。""同思一如同力。""同众之和，一如同力。"显然，应和同和思想的挹注不仅极大地丰富了群之君尊思想，而且使以人君为首的群彻底区别于聚众之群，成为规范人类社会的重要理念。

## 二 人兽之分与概念借用

上古文明的标志重在人兽之分，二者之概念畛域分明。言人者虽可含及物兽，然言物兽者却不可及人，高足以摄下，贵可以统贱，但不能反之。

一例如"肉"之训。甲骨文"祭"本像人持肉献神之形，则献祭之肉必属禽兽。段玉裁《说文解字注》论"肉"之义云：

> 谓鸟兽之肉。《说文》之例，先人后物。何以先言肉也？曰以为部首，不得不首言之也。先民之初，食鸟兽之肉，故肉字最古。而制人体之字，用肉为偏旁，是亦假借也。人曰肌，鸟兽曰肉，此其分别也。

其于先民人兽之分之思想可见一斑。

再例如"膏"之训。《说文·肉部》："膏，肥也。"段玉裁《注》云：

---

① 冯时：《叶家山曾国墓地札记三题》，《江汉考古》2014年第2期。
② 胡厚宣：《甲骨文四方风名考证》，《甲骨学商史论丛初集》第二册，成都齐鲁大学国学研究所石印本1944年版；《释殷代求年于四方和四方风的祭祀》，《复旦学报》（人文科学）1956年第1期。
③ 冯时：《殷卜辞四方风研究》，《考古学报》1994年第2期。

## 第二章 群学创立的思想基础

> 按肥当做脂。脂字不厕于此者，许严人物之别。自胝篆已下乃谓人所食者。膏谓人脂，在人者可假以名物，如"无角者膏"是也。脂专谓物，在物者不得假以名人也。

又《肉部》："脂，戴角者脂，无角者膏。"段玉裁《注》云：

> 《大戴·易本命》曰"戴角者无上齿"，谓牛无上齿，触而不噬也。"无角者膏而无前齿"，谓豕属也。无前齿者，齿盛于后不用前。"有羽者脂而无后齿"，羽当为角，谓羊属也，齿盛于前不任后。《考工记》郑《注》曰："脂者牛羊属，膏者豕属。"《内则》《注》曰："肥凝者为脂。"释者为膏。按上文膏系之人，则脂系之禽，此人物之辨也。有角无角者各异其名，此物中之辨也。释膏以脂，禽亦曰膏。《周礼》香臊腥膻皆曰膏，此皆统言不别也。

也见人兽之称的分别唯以尊领卑、以高兼下而已。是称人之名可涉而称兽，但称兽者却不可称人。《诗·卫风·硕人》："手如柔荑，肤如凝脂，领如蝤蛴，齿如瓠犀，螓首蛾眉。"此皆以物相喻，非直以物相称也。准此，则知群本言兽之称，故不得称人。这意味着由人所构成的社会组织本自别具系统，其小者言家，大者言宗言族，皆不称"羣"。

人类由男女两性构成，两性从群交到乱婚，尚未形成严格的婚姻制度。随着父系社会的诞生，对偶相配逐渐发展为一夫一妻制的家庭，形成了最基本的社会组织——家。有关的考古资料已极为丰富。故男女有别然后有婚姻，有婚姻然后有家，有家然后有父子祖孙，进而形成以家为基础的宗族。而宗则别之以大小，成为较家更为复杂的社会结构。显然，人类的合聚，最早是以血缘为纽带所形成的家庭和宗族，因此，构成社会的基本组织本在于血缘。父母亲爱其子，祖妣溺宠其孙，皆出天伦，血缘愈近，挚爱愈深，此人兽共有之本性。事实上，血缘的亲疏已成为决定宗族亲和力的关键因素。

血缘家庭扩大为宗，在宗法制度中，嫡长子为大宗，别子相对于嫡则为小宗。别子立新宗而为始祖，继别者为嫡，又形成新的大宗，其别子相对于嫡仍为小宗。这种复杂的宗法制度构成了相对复杂的社会组织。

家庭合居为聚，为篱落，为邑，为里。《尚书·酒诰》谓为"里居"，西周作册令方彝铭则作"里君"，即里之君长。不同的邑里之间可以是同一宗氏下的分族关系，其同属一宗，这是社会的第二层组织。

然而，不同的宗族之间却已完全没有了足以维系其亲和稳定的血缘关系，其或形成不同的阶层，如士农工商；或享有不同的爵秩，如公侯伯子男；或任有不同的官职，如师傅卿相；上至王权，下逮人鬲，构成了社会的第三层组织。

家和宗族都是以血缘为纽带形成的社会组织，那么非血缘之间的社会结构又应以怎样的形式表述？商周时期，家与宗的称谓是普遍的，二者都以血缘所维系。而由非血缘组织所构成的社会关系则具体分明，从政体的意义讲，有以王庭或邑、大邑规定的内服，以国规定的外服，以方规定的边方，以邦规定的包括内外服在内的国家，以侯甸男卫规定的外服差等，以卿事僚、大史僚规定的官制，但在社会意义的层面，则还没有一个足以涵盖一切的具有概括意义的通名。至战国晚期，荀子才为此给出了明确的概念——羣。

古人何以独取本指羊群的"羣"指称人类，原因当然首先在于先民对于家畜习性的认识。正像先民据对六畜中猪的观察创造了"家"字一样[①]，他们对羊的观察则创造了"羴"（羣）字。事实上，人们在长期的生产活动中发现，作为六畜的马牛羊鸡犬豕，唯羊不仅群聚为性，而且主从分明，这与人类社会聚居且有尊卑的特点极为相似，于是逐渐形成了借羊群比附人群的朴素意识。

然而，人类社会与动物群体的相似性尽管可以诱发人们考虑以本指动物群聚的概念指称人类，但人兽之分的传统观念意味着，原始以表现群羊为旨的"羴"不可能不加改造地用指人群。准确地说，"羴"字本

---

① 冯时：《文明以止——上古的天文、思想与制度》，中国社会科学出版社2018年版，第548—553页。

从三羊四羊而特指羊群，其所表达的意义与人群的事实显然格格不入，因此，人们在有理由将羊群的概念移用而指人群的时候，必须抛弃其原本描述群羊的"羴"的结构，而在本字的基础上取羊为意，并增以人君在上的思想，创造出君在羊上、"君"亦声的新的"羣"字（图一，8—13），并借这一固有结构表现君在庶众之上的君尊思想。其或以君下从"羔"（图一，12，13），更喻庶众在下卑小，其观念之鲜明如此。

这种变"羴"为"羣"，或者说由羊群之群转而指称人群的做法，至少在西周时期即已完成。《尚书·金縢》："管叔及其羣弟。"孔颖达《正义》："满三乃称羣。"《金縢》为西周文献，"羣"已用称血缘族众。《易·涣》："涣其羣。""羣"或指民众[①]，已成为超越血缘族众的集合称谓。《易经》的形成年代在西周早期，很明显，当时的人们已经产生了不同血缘族氏聚合为群的观念。必须强调的是，人类之群的观念虽然继承了其本指群羊的古义，仍取羊作为意符，但其更凸显群中之君的思想却是清楚的。在这种思考的背景下，羊或羔用于表意其实更在借此表现民卑如羔羊的意义。与此同样重要的是，人类之群不仅可以指称以血缘纽带维系的族众关系，而且具有了超乎血缘的社会关系，其已不限于家族群体，而是对非血缘关系人群的集合表述。事实上，群从本指动物群聚转用为人群，首先即用指血缘族群，其后才扩大为非血缘关系之群体。显然，这些思想都为群注入了新的内涵，形成了其区别于动物群聚的具有社会意义的重要特点。

出土文献所见君在羊之上"羣"，时代较传世文献为晚，其例如：

  唯正十月初吉丁亥，羣孙沂子璋，子璋择其吉金，自作龢钟。
           子璋钟（《集成》113）
  唯十年，陈侯午朝羣邦诸侯于齐，诸侯享以吉金，用作参寿适器敦。
          十年陈侯午（《集成》4648）
  唯十又四年，陈侯午以羣诸侯献金作皇妣孝大妃祭器钛敦。

---
[①] 高亨：《周易古经今注》，中华书局1984年版，第335页。

十四年陈侯午簋、敦（《集成》4145、4645、4646）

昔者虘先考成王早弃羣臣。

中山王𗧉鼎（《集成》2840）

及羣乎盟者。

（《侯马盟书》）

义也者，羣善之蕝也。

（《性自命出》）

　　子璋钟的年代为春秋晚期，陈侯午十年和十四年分别相当于公元前366年和公元前362年①，《侯马盟书》的年代为公元前434年②，中山王𗧉鼎作于𗧉在位之十四年，即公元前315年③，楚竹书的时代则当战国晚期。分析"羣"字用法，"羣孙"之"羣"显指血缘族众；"羣邦诸侯"省称为"羣诸侯"，其与"羣臣"一样，都指非血缘关系之群体④，而"羣善"义即众善。⑤ 显然，诸辞之"羣"虽仍有众义，但已显示出与"众"的不同。《侯马盟书》之"及羣乎盟者"意即参与盟誓之人，亦即从盟之众，但盟誓不仅聚众称"羣"，且必有伯主以为群主盟主，这与"羣"所体现的群有君长的思想恰好相当。因此，"羣"作君在羊上之形，颇有君临庶众之上的意味。很明显，古人一旦以"羣"指称超乎家庭或宗族等以血缘纽带为特征的亲族关系，才真正限定了其所具有的新的社会关系。

　　基于人兽之分的思考，人们通过创造新字的方式，将描述群羊的"羣"的本字"羴"最终改造成了君在羊上的"羣"，从而使以"羣"称

---

① 徐中舒：《陈侯四器考释》，《"中央研究院"历史语言研究所集刊》第三本第四分，1932年。

② 冯时：《侯马、温县盟书年代考》，《考古》2002年第8期。

③ 冯时：《中国古文字学概论》，中国社会科学出版社2016年版，第635页。

④ 《左传·襄公十年》："子产闻盗，为门者，庀羣司，闭府库。"《周礼·秋官·乡士》："羣士司刑皆在，各麗其法，以议狱讼。"伪《古文尚书·周官》："六服羣辟，百官承德，归于宗周。"羣司、羣士、羣辟同为非血缘关系之百官。

⑤ 《诗·邶风·柏舟》："忧心悄悄，愠于羣小。"郑玄《笺》："羣小，众小子在君侧者。"《左传·襄公十一年》："羣神羣祀。"杜预《集解》："羣祀，在祀典者。""羣"即众义。

人的做法成为可能。尽管如此,"羣"字字形的转变并未影响其本之于同类合聚的本义,以至于"羣"既可称物,也可称人。《逸周书·周祝》:"用其则必有羣。"孔晁《注》:"群,类。"《诗·大雅·假乐》:"率由羣匹。"马瑞辰《毛诗传笺通释》:"对言则羣为三,匹为二。"《礼记·曲礼上》:"羣居五人。"孔颖达《正义》:"羣,朋友也。"《檀弓上》:"吾离羣而索居。"郑玄《注》:"羣,谓同门朋友也。"《三年问》:"因以饰羣。"郑玄《注》:"羣谓亲之党也。"孔颖达《正义》:"羣谓五服之亲也。"《大戴礼记·制言下》:"则吾与之聚羣嚮尔。"王聘珍《解诂》:"羣,谓羣居。"事实表明,"羣"由同类之物兽发展而称人,更从血亲人群扩大到突破血亲藩篱的社会关系,最终具有了社会的意义。

### 三 荀子群学思想的形成

西周时期,人们通过对动物之群有尊卑的认识,以及其与人类社会的相似性,开始将群从本指羊群移用而指人类,并创造出新的君在羊上之"羣"字。至战国晚期,荀子继承并发展了这一思想,提出群学主张。他所强调的群既包括原始意义上具有血缘关系的同类合群,更涵盖了不同族类之间的合群。后一概念将群扩大到血缘之外,以其作为构成社会各阶层不同族群的集合,反映了西周先民的固有思想。《荀子·富国》:"百姓之羣,待之而后和。……父子不得不亲,兄弟不得不顺,男女不得不欢,少者以长,老者以养。"其所说之"羣"既本之于家庭伦常,也广之于社会关系,与两周文献所反映的群不仅可指具有血缘关系的"群孙",也可用以描述非血缘关系的"群诸侯""群臣"的思想完全相同,成为当时社会的普遍认同。

荀子的人群思想,概括地说就是群居和一。《荀子·荣辱》:"夫贵为天子,富有天下,是人情之所同欲也。然则从人之欲,则势不能容,物不能赡也。故先王案为之制礼义以分之,使有贵贱之等,长幼之差,知愚、能不能之分,皆使人载其事而得其宜,然后使谷禄多少厚薄之称,是夫羣居和一之道也。"其理论内涵可归纳为五点。

其一,以义建立人兽之分的标准。荀子云:

· 55 ·

水火有气而无生，草木有生而无知，禽兽有知而无义，人有气、有生、有知，亦且有义，故最为天下贵也。力不若牛，走不若马，而牛马为用，何也？曰：人能群，彼不能群也。人何以能群？曰：分。分何以能行？曰：义。故义以分则和，和则一，一则多力，多力则强，强则胜物，故宫室可得而居也。故序四时，裁万物，兼利天下，无它故焉，得之分义也。

故人生不能无群，群而无分则争，争则乱，乱则离，离则弱，弱则不能胜物，故宫室不可得而居也，不可少顷舍礼义之谓也。能以事亲谓之孝，能以事兄谓之弟，能以事上谓之顺，能以使下谓之君。君者，善群也。群道当则万物皆得其宜，六畜皆得其长，群生皆得其命。（《荀子·王制》）

荀子认为，人有义而兽无义，有义则能群，无义则不能群，故人能群则相互以和，兽不能群则相互以暴，这是人兽分别的唯一标准。荀子所说的群已不局限于血缘族群的意义，而在强调非血缘人群的类聚。兽不能群，这里的群显然不是同类动物，同类动物可群，不同的动物则不能群，甚至相噬。与此不同的是，人类非血缘的族群之间仍可以群，而使之能群的关键条件则在于礼义。因此从这一意义上说，人兽分别的标准其实并不在于能否群聚，而在于是否有义。有义则为人而能群，无义则为兽而不能群，义的本质为信，作为德的重要内涵。[①] 故此群意已异于群辈的本义，而被赋予了德义的思想。

其二，提出明分使群的主张。荀子云：

欲恶同物，欲多而物寡，寡则必争矣。故百技所成，所以养一人也。而能不能兼技，人不能兼官。离居不相待则穷，群而无分则争。穷者患也，争者祸也，救患除祸，则莫若明分使群矣。强胁弱也，知惧愚也，民下违上，少陵长，不以德为政，如是，则老弱有失养之忧，而壮者有分争之祸矣。事业所恶也，功利所好也，职业

---

[①] 冯时：《西周金文所见"信"、"义"思想考》，《文与哲》2005 年第 6 期。

## 第二章 群学创立的思想基础

无分,如是,则人有树事之患,而有争功之祸矣。男女不合,夫妇之分,婚姻娉内送逆无礼,如是,则人有失合之忧,而有争色之祸矣。故知者为之分也。

人之生不能无羣,羣而无分则争,争则乱,乱则穷矣。故无分者,人之大害也。有分者,天下之本利也。

兼足天下之道在明分,掩地表亩,刺屮殖谷,多粪肥田,是农夫众庶之事也。守时力民,进事长功,和齐百姓,使人不偷,是将率之事也。高者不旱,下者不水,寒暑和节,而五谷以时孰,是天下之事也。若夫兼而覆之,兼而爱之,兼而制之,岁虽凶败水旱,使百姓无冻馁之患,则是圣君贤相之事也。(《荀子·富国》)

荀子认为,人何以能群,原因即在于能分,而能分则在于礼义的建立,以义定分则和,和则一,故其强调分职与定分。荀子云:

分均则不偏,势齐则不壹,众齐则不使。有天有地而上下有差,明王始立而处国有制。夫两贵之不能相事,两贱之不能相使,是天数也。势位齐而欲恶同,物不能澹则必争,争则必乱,乱则穷矣。先王恶其乱也,故制礼义以分之,使有贫富贵贱之等,足以相兼临者,是养天下之本也。(《荀子·王制》)

荀子所谓之礼义,其核心在于分别。如《王制》所云:"故丧祭、朝聘、师旅一也,贵贱、杀生、与夺一也,君君、臣臣、父父、子子、兄兄、弟弟一也,农农、士士、工工、商商一也。"礼行于国于家,贯穿一切。《君道》云:"请问为人君?曰:以礼分施,均遍而不偏。请问为人臣?曰:以礼待君,忠顺而不懈。请问为人父?曰:宽惠而有礼。请问为人子?曰:敬爱而致恭。请问为人兄?曰:慈爱而见友。请问为人弟?曰:敬诎而不苟。请问为人夫?曰:致和而不流,致临而有辨。请问为人妻?曰:夫有礼则柔从听侍,夫无礼则恐惧而自竦也。此道也,偏立而乱,具立而治,其足以稽矣。"其定社会之分,各守法度,是为礼义。

荀子以阶层的分别称为"曲辨"(《王霸》),其虽承认阶层的轮转,但并非以此抹杀定分的必然。《王制》曰："虽王公士大夫之子孙也，不能属其礼义，则归之于庶人。虽庶人之子孙也，积文学，正身行，能属于礼义，则归之卿相士大夫。"足见阶层轮转的关键并不在于欲望，而在于礼义，从而据一个新的角度强调了以礼定分的重要。

其三，因人性恶，故必立仁人在上，制礼义以定分。荀子云：

> 古者圣王以人之性恶，以为偏险而不正，悖乱而不治，是以为之起礼义，制法度，以矫饰人之情性而正之，以扰化人之情性而导之也。
> 
> 问者曰："人之性恶，则礼义恶生？"应之曰：凡礼义者，是生于圣人之伪，非故生于人之性也。……圣人积思虑，习伪故，以生礼义而起法度，然则礼义法度者，是生于圣人之伪，非故生于人之性也。若夫目好色，耳好声，口好味，心好利，骨体肤理好愉佚，是皆生于人之情性者也。感而自然，不待事而后生之者也。夫感而不能然，必且待事而后然者，谓之生于伪。是性、伪之所生，其不同之征也。故圣人化性而起伪，伪起而生礼义，礼义生而制法度。然则礼义法度者，是圣人之所生也。故圣人之所以同于众其不异于众者，性也；所以异而过众者，伪也。（《荀子·性恶》）
> 
> 礼起于何也？曰：人生而有欲，欲而不得则不能无求，求而无度量分界则不能不争，争则乱，乱则穷。先王恶其乱也，故制礼义以分之，以养人之欲，给人之求。使欲必不穷乎物，物必不屈于欲，两者相持而长，是礼之所起也。（《荀子·礼论》）

荀子以为，礼义乃由圣人化性起伪而制，故群居必以仁人在上以定分，在下者各安其职。《荣辱》以为"仁人在上"，这种强调群中之君，抑或君能使群的主张显然深受新创"羣"字从君思想的影响。"羣众未悬则君臣未立"（《富国》），未有尊卑，故不能群。"而人君者，所以管分之枢要也"（《富国》），其制礼定分才是群和的根本保证。分而有义自可群居和一，这是荀子解释人类社会的重要方式。

其四，和而不争。荀子主张圣人制礼以分之，所以礼的意义即在于分。荀子云：

> 礼者，贵贱有等，长幼有差，贫富轻重皆有称者也。(《荀子·富国》)
>
> 君子既得其养，又好其别。曷谓别？曰：贵贱有等，长幼有差，贫富轻重皆有称者也。(《荀子·礼论》)

显然，荀子以为，别即是分，所以制礼的目的就在于定分。其引《尚书·吕刑》"维齐非齐"以论欲求平等之齐，必自不平等之非齐，欲上下齐一，非得有等级之差别与社会的分工。显然，制礼以定分，使有贫富贵贱士农工商之等，各依其技能智能分工合作，最终达到和一之平等。阶层虽不平等，但这是社会分工的必然；其终至平等，也是社会分工的必然①。

《王制》以宰爵、司徒、司马、大师、司空、治田、虞师、乡师、工师、巫觋、治市、司寇、冢宰、辟公以至天王各安其事，各尽其职，分工而不乱，则社会便可实现群居和一，以达至平。《荣辱》云："故仁人在上，则农以力尽田，贾以察尽财，百工以巧尽械器，士大夫以上至于公侯莫不以仁厚知能尽官职，夫是之谓至平，故或禄天下而不自以为多，或监门、御旅、抱关、击柝而不自以为寡。故曰：'斩而齐，枉而顺，不同而一。'夫是之谓人伦。"因此，荀子所追求的平等并非阶层的消灭，而是强调在分的基础上尽忠职守于自己的岗位，如此才可能实现平等，所以不要有无谓的争斗，争则乱，乱则穷。反之，不争则和，和则平等，如此才可能实现群居和一。

其五，提出和一多力的主张，如此方可能提高战胜自然的能力。荀子云：

> 故义以分则和，和则一，一则多力，多力则强，强则胜物。……故人生不能无群，群而无分则争，争则乱，乱则离，离则弱，弱则不能胜物。(《荀子·王制》)

---

① 姜尚贤：《荀子思想体系》，协益印刷局1966年版，第280页。

群体的力量对于不同生产力水平的社会而言有着不同的作用，生产力水平愈为低下，要想适应自然甚至战胜自然，群体的力量就愈显重要。旧石器时代先民必须依靠群体才能在狩猎活动中有所收获，原始农业"千耦其耘"的劳作方式显示了群体力量对于丰收的实际意义。而使个人的力量和之成为群体的力量，不仅在于分工，更在其协同。因而荀子以为人能群则和，和则齐力同心，万众一心，一心则多力而强，从而使人类可以战无不胜。

从"羣"字的本义及其演变历程分析荀子群学思想的形成，可以看出四个特点。

第一，荀子认为人有义而群，兽无义而不群，这里的"羣"显然已不是仅限于血缘纽带的宗族群体，而具有了更广泛的族群之间的合群这一社会意义。"羣"字本用指动物的合群，不指人类，故非仅有人类可群，后人渐以群指人类，观念已有发展。动物无义而群，这是因血缘维系的合群，并非人兽分别的关键。因此，荀子否定动物也群，显示出其群居学说并未针对血缘纽带之下的群聚，而强调的是非血缘之间的群和问题，故而必须引入义的思想。当然，社会之群有义的思考也应是从宗族之群依宗法制度加以维系这一基本事实中发展出来的。

第二，复杂的血缘宗族社会需要以宗法区别大小宗的不同，进而限定各自的权利与义务，维系宗族的稳定。这一思想必须发展出对于社会之分的认识。宗法既有主亚嫡庶，社会便有君臣贵贱；宗族靠宗法的分别以维系，社会便以群体的分别以建设；宗族以分而求和，社会便以分而求同。故群和在于明分，这一社会化认识同样源出于群聚之本旨。

第三，古人新造之"羣"字从"君"，显然反映了他们对于群中有君，且君位在上的事实的认识。这一观念的发展当然就是荀子所谓的"仁人在上"。事实上，动物群体所体现的尊卑差异与人类社会并没有什么本质区别，将二者类比的做法不仅朴素，也很客观。当然，因人本性恶，故在上之君必化性起伪而制礼定分，这一思想则是荀子提出的合乎逻辑的解释。

第四，人类社会本有贵贱尊卑之差，其何以能够群而不争，关键即在于能和。事实上，"羣"字本身在表达群聚的同时，也具有了和的意义。

《诗·秦风·小戎》:"俴驷孔群。"朱熹《集传》:"群,和也。"《论语·卫灵公》:"群而不党。"朱熹《注》"和以处众曰群。"荀子在建立其群学思想的时候必然引入和的思想,并将本出于二源的调和与应和思想加以统一,用以解释不同阶层的和一。社会的和谐既需要各阶层的分工合作,齐心协力,也需要上命下和,相互呼应,从而达到社会的致平安宁。所以,仅有分而没有和,社会则不能健全;而现实的分无法消除,只能以和加以平衡。当然,只有和才可能使人们戮力同心,聚万人之力于一,达到和一的境界。这与早期劦、同之观念又有密切的关系。

事实表明,荀子有关群学思想的各种主张继承了周人以群用指人群之后所形成的传统认识,唯荀子又在古人思想的基础上发扬光大,取精用宏而已。

### 四 结论

综上所述,可将本节要点厘定如次。

(1) 商代甲骨文有"羣"字,本从三羊或四羊之形而指羊群,也泛指兽群,但不用指人类。至西周时期,先民制造了从"君"从"羊""君"亦声的"羣"字,且以"君"在"羊"上,始用指人群,以显示君位在上的尊卑与群分思想。

(2) "羣"之本义为相同畜类之聚,犹"众"为人之聚,差异仅在于人兽之分,并无尊卑之分的义涵。待别造的"羣"字出现,群不仅用指人类,且群中之君的意义也被特别强调,形成了人类群分的思想。

(3) 荀子群居和一思想显然源于早期"羣"字所具有的这些基本义涵,其据宗法制度建立义与分,据君在羊上建立仁人在上以定分,据和以建立群与群之间的联系,最终完成其群居和一思想的论述。

(冯 时)

## 第二节 交汇与争锋:从百家争鸣中的诸子之学梳理群学的思想资源

群学是中国历史上第一次百家争鸣的产物。大凡思想进化有一定的次序。一个时代有一个时代的问题，即有那个时代的思想。① 中国文明经过几千年演进，到公元前6世纪春秋时代，社会陷入空前的危机，先秦诸子在具有深厚人文精神的文化土壤上，思考解救人类之道，从而形成思想史上百家争鸣的黄金时代。② "凡诸子百家……蜂出并作，各引一端，崇其所善，以此驰说，联合诸侯。"（东汉班固《汉书·艺文志》）1928年傅斯年讲学笔记《战国子家叙论》提到"百家并鸣"，③1943年郭沫若首次使用"百家争鸣"一词，认为"自春秋末年以来，中国的思想得到一个极大的开放，呈现出一个百家争鸣局面。"④ 这一时期，中国文明大放光芒，思想家的天空群星闪烁，儒、道、墨、法等诸子百家提出众多的群学议题，如群体的建立、群体秩序、群体管理、群体分配、个人与群体关系、群体目标等，诸子各抒己见，不同理念、不同政策取向争鸣交汇，形成世界文明史上一支独特而巨大的思想潮流。如梁启超所言："我国大思想家之出现，实在西纪前530年至前230年之300年间，吾命之曰全盛时代……本时代为文化发育最高之时。"⑤

## 一 百家争鸣中的群学共题

中国在先秦时代，早已完成了"国家凝成"与"民族融合"两大事业，同时中国民族的"学术路径"与"思想态度"，也大体在先秦时代奠定。⑥ 而"先秦诸子之思想，有与后世异者。后世政治问题与社会问题分，先秦之世，则政治问题与社会问题合。"⑦ 在这些政治与社会混合的问题中，有一个鲜明的时代主题，就是如何把不同族群整合为一，用《周易·系辞》的话说，就是"何以聚人"。先秦诸子共同关注

---

① 胡适：《〈中国哲学史大纲〉导言》，民主与建设出版社2017年版，第13页。
② 陈鼓应：《道家的人文精神》，中华书局2015年版，第94页。
③ 傅斯年：《傅斯年讲史学》，凤凰出版社2008年版，第119页。
④ 郭沫若：《十批判书：吕不韦与秦王政的批判》，人民出版社2012年版，第310页。
⑤ 梁启超：《梁启超论先秦政治思想史》，商务印书馆2012年版，第71页。
⑥ 钱穆：《中国文化史导论（修订本）》，商务印书馆1994年版，第65页。
⑦ 吕思勉：《〈先秦学术概论（上编）〉总论》，中国人民大学出版社2011年版，第10页。

## 第二章 群学创立的思想基础

着族群冲突、分裂、分化,并为群体的团结、安定、统一而殚思竭虑。诸子百家公开争鸣,游说四方,收徒聚众,并希望借此教化统治者及百姓群众,以建立安和均平的家国天下。虽然在庞杂的诸子学说中梳理出系统的群学思想不易,但我们还是通过比较印证,找出了这一时期诸子思想中一些最重要的群学共题与争鸣。

(一)生而群聚:人备可完

在荀子系统阐发"人生不能无群"的意义之前,先秦就有了许多关于这一问题的有价值讨论。如《周易》"方以类聚,物以群分"①。"君子以类族辨物。"② 讲的就是"人以类聚,物以群分""同声相应,同气相求"③。这与孔子所谓"鸟兽不可与同群"(《论语·微子》)是一个含义。

人之所以要群聚而生,在于要"制禽犬,服狡虫","相与利之"。"利出于群,而人备可完矣。"(《吕氏春秋·恃君》)这应该是先秦诸子的共识。殷商时期人们生活于其中的"群"主要是族氏组织,这些族氏有自己的领地、族众、墓地以及自己的神灵崇拜对象,每个族氏都是一个独立的经济与政治实体。如《左传·隐公八年》云:"天子建德,因生以赐姓,胙之土而命之氏。"又《左传·襄公十二年》记:"凡诸侯之丧,异姓临于外,同姓于宗庙,同宗于祖庙,同族于祢庙。"在经济社会巨变过程中,族群不断分化融合,族群与个人的关系也根基摇动,变得飘忽不定。为此,先秦诸子纷纷提出了自己的为群之道。

如孔子倡导:

君子矜而不争,群而不党。(《论语·卫灵公》)
贤者辟世,其次辟地,其次辟色,其次辟言。(《论语·宪问》)
乱邦不入,危邦不居。(《论语·泰伯》)

---

① 陈鼓应、赵建伟注释:《周易今注今释》"系辞",商务印书馆2016年版,第582页。
② 陈鼓应、赵建伟注释:《周易今注今释》"一三、同人",商务印书馆2016年版,第138页。
③ 同上书,第140页。

> 天下有道则见，无道则隐。（《论语·泰伯》）

老子淡泊于群，"众人熙熙，如享太牢，如登春台。我独泊兮其未兆，如婴儿之未孩"。要做一个"顽似鄙"的"愚人"，"虚其心，实其腹；弱其志，强其骨，常使民无知无欲"。老子理想的生活是在自治、和平的小社群中，"小国寡民……甘其食，美其服，安其居，乐其俗。邻国相望，鸡狗之声相闻，民至老死不相往来"。

墨子则相反，认为在无私的上天之下，每个群体与个人都是无差别的："今天下无大小国，皆天之邑也。人无幼长贵贱，皆天之臣也。"（《墨子·法仪》）"天之行广而无私。"（《墨子·法仪》）因此可以生活在任何群体中，并且"视人之国，若视其国；视人之家，若视其家；视人之身，若视其身。"（《墨子·兼爱》）

孟子不同意墨子的做法，明确表示要找行为举止相似的"同类"为群："故凡同类者，举相似也……心之所同然者。"（《孟子·告子章句上》）巫马子更坦然，认为与其他群体和个人的距离越远，爱越淡；距离越近，爱越浓："我爱邹人于越人，爱鲁人于邹人，爱我乡人于鲁人，爱我家人于乡人，爱我亲于我家人，爱我身于吾亲。"（《墨子·耕柱》）当然，孟子及儒者都希望生活在群体中，与民同乐："独乐乐，与人乐乐，孰乐？""不若与人。""与少乐乐，与众乐乐，孰乐？""不若与众。"

最特立独行的是庄子，追求的是群居而仍独处之境，独与天地精神往来：

> 独与天地精神往来，而不敖倪于万物。不谴是非，以与世处。……上与造物者游，而下与外死生，无终始者为友。（《庄子·天下》）

> 独往独来，是谓独有。独有之人，是谓至贵。（《庄子·在宥》）

庄子既希望作为人生活在群体中，又希望脱离人情世俗：

第二章　群学创立的思想基础

> 有人之形，无人之情。有人之形，故群于人；无人之情，故是非不得于身。(《庄子·德充符》)

君子之交淡若水。(《庄子·山木》)在庄子看来，人们与其在群体中与同伴艰难度日相濡以沫，不如各奔前程相忘于江湖。来自至，去自往，不党不群。

孔孟积极入群与老庄的淡泊于群，作为两种典型态度影响后世中国人2000余年；而墨子试图消除一切差别的为群之道，则过于理想化，不久就归于沉寂。

韩非不容许王权之外的社会聚集。"欲为其国，必伐其聚。"(《韩非·五蠹》)事实上，当时的社会容不下独立不群之人，那些"上不臣于王，下不治其家，中不索交于诸侯"的无用者："何为至今不杀乎？"(《战国策·齐策》)

(二) 群体秩序：天道与人伦

群体秩序从何而来？是先秦诸子讨论的一个重要话题。人之初生，有群而无伦。胡适认为，人与人之间有种种天然的或人为的交互关系。如父子，如兄弟，是天然的关系；如夫妻，如朋友，是人造的关系。每种关系便是一"伦"，每一伦有一种标准的情谊行为。如父子之恩，如朋友之信，这便是那一伦的"伦理"。[①] "伦"是先秦中国文化的核心要义之一，因此孟子云："今居中国，去人伦，无君子。"(《孟子·告子下》)

1. 生民之初有群而无伦

帛书《黄帝四经·十大经》托言黄帝曰："群群为一囷。无晦无明未有阴阳。"陈鼓应注："群群"，读为"混混"。[②]《老子》第十四章"混而为一"。对此，《吕氏春秋》有更明白的解释：

> 昔太古尝无君矣，其民聚生群处，知母不知父，无亲戚兄弟夫

---

① 胡适：《中国哲学史大纲》，民主与建设出版社2017年版，第81页。
② 陈鼓应注译：《黄帝四经今注今译》，第二篇"十大经"，中华书局2016年版，第261页。

妻男女之别，无上下长幼之道，无进退揖让之礼，无衣服履带宫室畜积之便，无器械舟车城郭险阻之备。(《吕氏春秋·恃君》)

人类早期，"小民方兴，相为敌仇"。(《微子》)"天下之百姓，皆以水火毒药相亏害……天下之乱，若禽兽然。"(《墨子·尚同上》)

此时社群竞争激烈，而适者生存。如帛书《黄帝四经·十大经》所记："姓生已定，而适者生争，不谌（戡）不定。"陈鼓应将"适者生争"解读为"敌者生争"，是说氏族社会中相互敌对的部落和阶级之间发生了战争和争斗。① 在笔者看来，这也许是"适者生存"的最早思想来源。

2. 人伦与天道

黄帝为生民"布制建极"，定名立制，建立秩序。② 孔子提出"正名"以正秩序，孟子则希望"明人伦"："人伦明于上，小民亲于下，有王者起，必来取法，是为王者师也。"(《孟子·滕文公上》)

伦的核心是分清上下、先后，以及谓贵贱尊卑，如《礼记·乐记》言："是故先王有上有下，有先有后，然后可以有制于天下也。"

这种上下先后、贵贱尊卑之伦序来自天道天理。如《尚书·皋陶谟》所说："天叙有典，敕我五典五惇哉。天秩有礼，自我五礼有庸哉。"又《洪范》云："比类百则，仪之于民。"

人伦是天道的映现。先民在反复的尊神事神活动中学会了秩序，这也是后来一切人伦的基石。这种秩序就是此后儒家道家之所谓道，儒家的所谓礼，法家的所谓法。"而其渊源则认为出于天，前此谓有一有感觉、有情绪、有意志之天直接指挥人事者，而此感觉情绪意志，化成为人类生活之理法，名之曰天道。"③ "道家每言'道法自然'，此则儒家之'德法自然'也。"④

---

① 陈鼓应注译：《黄帝四经今注今译》，第二篇"十大经"，中华书局2016年版，第271—272页。
② 同上书，第256页。
③ 梁启超：《梁启超论先秦政治思想史》，商务印书馆2012年版，第28—29页。
④ 钱锺书：《管锥编（1—4册）》，生活·读书·新知三联书店2007年版，第1482页。

春秋时期子产认为"天道远，人道迩"(《左传·昭公十八年》)，孔子说："唯天为大。"(《论语·泰伯》)《黄帝四经·经法》则提出"天道不远"，人道与天道偕行，这在某种意义上讲，有天道设教的意味。① 马王堆汉墓出土古逸书《九主》则提出天乏(范)、天纶二义，其言曰：

礼数四则：立法天，佐法地，辅臣法四时，民法万物。此谓法则。

礼数四则曰天纶……谓天之命四则，四则当口，天纶乃得。

"天纶"，饶宗颐按："纶者，伦也，作之有伦理也。"礼必合乎天时，设于地理，大与天同义，天纶正犹大伦也。②

这种天伦、大伦，就是众星拱北辰，如《论语·为政》所说的"为政以德，譬如北辰，居其所而众星共之"。也就是《黄帝四经·经法》所谓"主得位，臣辐属"。"臣辐属"，群臣归聚在君主周围就像车辐聚集在轮心周围一样。从此，"荡荡平平之伦理，一变而为君臣上下，等级分明之伦理耳"。③

3. 各守其伦，各安其位

群体成员只有各守其伦，各安其位，国家才能得到治理。《管子·君臣下》："国既明礼义，伦等不逾，虽有大夫邪曲，不敢有混乱国家之心。"

而老子则认为："天地不仁，以万物为刍狗。"也就是说，天地与人不同性，天地不懂仁义伦理，在天地面前，万事万物都一样渺小。庄子认为万物自化无伦，一切均在循环之中，目前的存在只是"待之而已"。

---

① 陈鼓应注译：《黄帝四经今注今译》，第一篇"经法"，中华书局2016年版，第152页。
② 饶宗颐：《选堂集林·史林新编》中册，香港中华书局2012年版，第563页。
③ 吕思勉：《〈先秦学术概论(上编)〉总论》，中国人民大学出版社2011年版，第12页。

万物皆种地，以不同形相禅。始卒若环，莫得其伦，是谓天均。(《庄子·寓言》)

化其万化而不知其禅之者，焉知其所终？焉知其所始？正而待之而已耳。(《庄子·山木》)

(三) 群体之合：亲亲、尚贤与亲民

古今中外，在群体生活中如何处理亲、贤、民三者之间的关系，都至关重要。亲，是有血缘关系的亲人和无血缘关系的亲近之人；贤，即贤才，专业人士，社会精英；民，即普罗大众。重亲不尚贤，群体会趋于愚昧，重贤而轻民，群体则会分裂。如何平衡亲、贤、民之间的关系，先秦诸子均有不同的思考。

1. 亲亲：从特权到亲情

早期的国家实质上就是氏族血亲组织。"凡有血气者，莫不尊亲。"(《中庸》)"亲亲与大。"(《左传·昭十三年》)孔子希望梦回的周代，最重视的就是亲亲，另一个是尊尊。《礼记·丧服小记》将"亲亲"与尊尊、长长、男女之有别三者并列，称作"人道之大者"。"君子不以亲亲害尊尊，此春秋之义也。"(《公羊传》)

就家庭骨肉的关系来说，亲亲是亲其所亲，在群体活动特别是人才遴选、任用中首先关注或考虑亲属成员，尤其是具有亲密血缘关系的近亲。周人在分封过程中实践的就是"亲亲"原则。[①]《左传·昭公二十八年》载："昔武王克商，光有天下，其兄弟之国者十有五人，姬姓之国者四十人，皆举亲也。"据《春秋左传正义》记载，周初多次分封，对姬姓贵戚的倚重始终不变。值得注意的是，这种倚重血缘因素的做法在当时非但没引人反对，相反还被认为是理所应当。"故不爱其亲而爱他人者，谓之悖德。不敬其亲而敬他人者，谓之悖礼。"(《孝经》)

血缘亲情是人类群体秩序的基石，断人子孙是大不仁。"有亲则可

---

① 晁天义：《"亲亲"与"尊贤"：前国家时代的政治遗产》，《陕西师范大学学报》2013年第6期。

久,有功则可大。"(《周易·系辞》)"人人亲其亲、长其长,而天下平。"(《孟子·离娄上》)"亲亲,仁也;敬长,义也;无他,达之天下也。"(《孟子·尽心上》)孔子之所以讲"子为父隐、父为子隐"(《论语·子路》),目的也是维护人类基于血缘亲情的最基本的信任关系。儒家的思想是不准亡人世代的,断人子孙是大不仁。这也是依亲亲原则说的。①

墨子主张爱利自己的亲人,也同样要爱利别人之亲。(《兼爱下》)②

而在庄子看来,"亲亲"走向极端就是灾难;"尧之治天下,使民心亲,民有为其亲杀其杀而民不非也"(《庄子·天运》)。因此希望"君子淡以亲"(《庄子·山木》),甚至"忘亲……使亲忘我"(《庄子·天运》)。如果不能忘,那就要做到"真":"强亲者虽笑不和。真悲无声而哀。"(《庄子·渔父》)

"亲亲"在中国社会生活中发挥的影响力,和欧洲大陆有很大不同。"我们面对的是(古代中国)一个相对和谐的社会组织——在这样的社会中,统治者和被统治者都视对方为亲属。对照欧洲大陆的'贵族阶层'(aristocracy)概念,这似乎颇为特别,但是传统描述的中国古代社会现实确实呈现了这样一幅画面。"③

2."亲亲"与"尚贤"重士

春秋后期,以血缘为核心的"亲亲"传统受到挑战。列国并立互竞,务延揽人才以自佐。如秦孝公、齐威王、齐宣王、梁惠王、燕昭王,乃至孟尝、平原、春申、信陵之四公子,皆以"礼贤下士"相尚,"处士"声价日重,而士之争自濯磨者亦日众。④另一个事实如慎子所言,"今也……官不足。官不足……则慕贤智"(《威德》)。

这正是战国年间社会大变革时青黄不接的过渡情形。旧的礼法崩溃

---

① 牟宗三:《中国哲学十九讲》,吉林出版集团有限公司2010年版,第51—52页。
② 梁启超:《梁启超论诸子百家·墨子学案》,商务印书馆2012年版,第152页。
③ [美]罗泰:《宗子维城:从考古材料的角度看公元前1000至前250年的中国社会》,吴长青、张莉等译、王艺等审校,上海古籍出版社2017年版,第182页。
④ 梁启超:《梁启超论先秦政治思想史》,商务印书馆2012年版,第73页。

了，新的还未树立起来。① 基于此，诸子百家也纷纷提出"兴贤""尊贤""尚贤""贤贤""选贤""兴贤"等主张，希望统治者能突破血缘亲族局限擢举人才。

"亲亲"与"尊贤"，一者讲究依赖血缘关系，一者强调重视个体才能，是两种不同的政治路线。据《吕氏春秋·长见》载，周初太公望被封于齐地之后，重视贤才事功；周公旦就封于鲁国，则倚重血缘关系及"上恩"。最后的结局是"齐日以大……鲁日以削"。这似乎也反映了《吕氏春秋·长见》更推崇"尊贤"的价值导向。

"亲亲"与"尊贤"的平衡既是政治也是艺术。从某种意义上讲，儒家是诸子之中传统政治文化的最忠实继承者，他们力图实现"亲亲"与"尊贤"的并用。②

事实上，纯粹意义上的"尊贤"与"亲亲"在先秦社会都不可能真正实现，情况往往是"亲亲"为主而辅之以"尊贤"。

> 用上敬下，谓之尊贤。(《孟子·万章下》)
> 尊贤则不惑，亲亲则诸父昆弟不怨。(《礼记·中庸》)
> 仁者，人也，亲亲为大。义者，宜也，尊贤为大。(《中庸·哀公问政》)

可以看出，《中庸》的作者一方面强调"选贤任能""尊贤"，一方面又强调"不独亲其亲，不独子其子"，着力弥缝两种原则之间裂痕。理想的状态是"吾苟能亲亲而兴贤"。③

墨子强烈主张"尚贤"，认为"尚贤为政之本"(《墨子·尚贤上》)，并批评儒家倡导的"亲亲有术，尊贤有等"(《墨子·非儒》)。"亲亲"使"王公大人骨肉之亲，无故富贵"(《墨子·尚贤下》)。正确

---

① 郭沫若：《十批判书》，人民出版社2012年版，第131页。
② 晁天义：《"亲亲"与"尊贤"：前国家时代的政治遗产》，《陕西师范大学学报》(哲学社会科学版) 2013年第6期。
③ 陈鼓应注译：《黄帝四经今注今译》，第二篇"十大经"，中华书局2016年版，第254页。

的做法应该是不袒护亲属，不偏向有钱有势的人，不屈从所宠幸的人的要求。"列德而尚贤"，"不党父兄，不偏富贵，不嬖颜色，贤者举而上之，不肖者抑而废之"《墨子·尚贤上》。

随着时代发展，"尊贤"重于"亲亲"，逐步成为"王道之大者"。《周礼·天官·大宰》所谓"以八统诏王驭万民"之"八统"，列于一二位的是"亲亲""敬故"，三四位是"进贤""使能"。公元前651年由齐国主导的葵丘之会上，各国诸侯达成五条有关规范诸侯行为的协议，"亲亲"与"尊贤相间"，其中一、三两条是旨在维护血缘关系利益的"亲亲"，二、四两条强调了擢举贤才。到《礼记·中庸》成书时代，"尊贤"已经高于"亲亲"："凡为天下国家有九经：曰修身也，尊贤也，亲亲也……"司马迁更进一步，认为"善善恶恶，贤贤贱不肖……王道之大者也"。没有再提"亲亲"（《史记·自序》）。

当然，要求"不尚贤"的反面声音也有，即老子主张的"不尚贤，使民不争"（《道德经》第三章）。"绝圣弃智，民利百倍。"（《道德经》第十九章）不过这种声音在先秦基本上没有政治市场。

韩非也反对儒家之"尊贤"，认为"位势"重于"贤材"，如《功名》云："夫有材而无势，虽贤不能制不肖……桀为天子，能制天下，非贤也，势重也。尧为匹夫不能正三家，非不肖也，位卑也。"《难势》云："吾以此知势位之足恃，而贤智之不足慕也。"因为在韩非看来，"贤者寡而不肖者众"，只能"以威势之利，济乱世之不肖人"。

在韩非看来，帝王是无须乎贤者能者的，只要有法有术，就是中等智能的人都可以充任，甚至是桀、纣也不要紧。帝王要"恃术而不恃信"（《外左下》），"上法而不上贤"（《显学》），"不贤而为贤者师，不智而为智者正"（《主道》）。做主上的人只要你有办法，有手腕，尽可以骄奢淫逸也没多大问题。"有术而御之，身坐于庙堂之上，有处女子之色，无害于治；无术而御之，身虽瘁臞，犹未有益。"（《外左上》）①

3. 亲亲而仁民

"亲"是小圈子，"民"才是大群，既要"亲亲"，既要亲上，也要

---

① 郭沫若：《十批判书》，人民出版社2012年版，第283—284页。

亲下。① 还应"仁民"(《孟子·尽心上》),"爱敬尽于事亲,光耀加于百姓"(《吕氏春秋·孝行览》)。"亲下""仁民"就是要"亲民"(《国语·晋语》)就是要"以德抚民"(《春秋左传正义》),特别是要"爱利民"(《吕氏春秋·精通》)。正如管子所言:"欲为天下者,必重其国;欲为其国者,必重其民。"(《管子·权修》)

《淮南子·兵略》:众之所助,虽弱必强;众之所去,虽大必亡。

《难三》:政在悦近而来远。……恐民有倍心,而诚说之。

《象》曰:君子以容民畜众。

《礼记·儒行》:儒……举贤而容众,毁方而瓦合,其宽裕有如此者。

4. 合众以礼法

无论亲亲、尚贤还是亲民,都需要一种规范秩序,这就是礼法。从西周到春秋时期,群体秩序是由礼来规定并通过它体现的。礼崩乐坏促使诸子提出了不同的规范设计,既有从孔子开始为图恢复并完善以礼为核心的群体秩序,并主张发挥人的内在道德性为根据的儒家,也有要求把罚和法结合起来的法家。比较起来,道家特别是黄老学派的政治设计则似乎介于儒家和法家之间。②

礼可团结民众,改进群体秩序。如《曲礼》所言:"道德仁义,非礼不成;教训正俗,非礼不备……是以君子恭敬、撙节、退让以明礼。"《周礼》:"大封之礼,合众也。"(《春官·宗伯》)

春秋之后,各国境宇日恢,民众日杂,前此之礼文习惯,不足以维系,故竞务修明法度,以整齐划一其民。③ 如《慎子》佚文说:"法者,所以齐天下之动,至公大定之制也。"《管子·君臣上》言:"法制有

---

① 陈鼓应、赵建伟:《周易今注今释》,商务印书馆2016年版,第13页。
② 陈鼓应:《道家的人文精神》,中华书局2015年版,第8—9页。
③ 梁启超:《梁启超论先秦政治思想史》,商务印书馆2012年版,第72页。

常，则民不散而上合。"礼法之所以能"合众"，使"民不散"，是因为"理不护亲，法不阿贵，亲疏贵贱，一视同仁"（李悝《法经》）。"无法之劳不图于功，无劳之亲不任于官。官不私亲，法不遗爱，上下无事，唯法所在。"（《慎子·君臣》）①

老子庄子都有批评礼法的倾向，但黄老却将法制导入以礼制为主轴的社会，又将情与理注入僵化的礼制文化中，使之具有活泼的生命力，所谓"礼者因人之情，缘物之理也"。礼法与情理的平衡，使之更能满足社会的需要。② 任何时候，法都不能只讲条文，不讲是非、不论情理。

5. 合群以中庸中和

中庸中和是中华民族的精神命脉之所系。群体生活中要处理好亲、贤、民三者之间的关系，需要中庸中和。余敦康综合金岳霖、冯友兰、熊十力三位哲学家观点时说："中国哲学的精神，就是一种从对立求统一的精神，是一种从天人之分中把握天人之合的精神，是一种具有宇宙意识又有人文情怀的极高明而道中庸的精神，也是一种洋溢着乾健与坤顺相结合的综合之美的精神。"③ "中"乃中国民族精神命脉之所系，无论社会组织、政治形态如何变迁，在思想上所遵守之根本原则，精神仍是一贯的。④

"中庸"作为"至德"，目标是"中和"。"中也者，天下之大本也，和也者，天下之达道也。""中和"是"从容中道"（《中庸》）。以"中道"容人，首先是"合外内"（《中庸》第二十五章），即和合亲族之外与亲族之内。较早提出"和合"概念的《国语·郑语》云："商契能和合五教，以保于百姓者也。""五教"，韦昭注："父义、母慈、兄友、弟恭、子孝。"这即是说，首先和合家族内部的五伦，然后保于家

---

① 郭沫若：《十批判书》，人民出版社2012年版，第129页。
② 陈鼓应：《道家的人文精神》，中华书局2015年版，第28页。
③ 余敦康：《回到轴心时期——金岳霖、冯友兰、熊十力先生关于易道的探索》，收于《内圣外王的贯通》，学林出版社1997年版，第550页。
④ 方东美：《原始儒家道家哲学》，黎明文化事业股份有限公司1993年版，第57—58页。

族外部之百姓。而现实情况是,"内之父子兄弟作怨仇,皆有离散之心,不能相和合"(《墨子间诂》卷三)。

"中和"之道的另外一层意义就是"上下应之",和合上下尊卑。《周易·大有》象曰:"大中而上下应之,曰大有。"实际上,韩非与墨子也用"上下调和"来描述理想社会,但韩非强调"刑名参同"才能"上下调和";强调法治的重要性,认为法治是促进社会和谐的重要手段。①

和合能强化家族群体、君臣及诸臣之间、社会普通成员之间的凝聚。"昔越王勾践,好士之勇,教训其臣,和合之。"(《墨子间诂》卷四)"畜之以道,则民和;养之以德,则民合。"(《管子集校》第八)

儒、墨、法各家在"人和"的范围内提出和谐的主张,而庄子则提出"天和""人和""心和"之三和。英国哲学家罗素在《变动世界的新希望》一书中开篇便说,人类有三种冲突:人和自然的冲突,人和人的冲突及人和他自己的冲突。道家同样注意到这多种的冲突,但强调它们的和谐关系。这三种和谐关系用庄子的术语来说就是"天和""人和""心和"(《天道》,《庄子集释》第十三)②,三和实乃宽大心胸(comprehensive mind)所产生的"广大的和谐"。

《周易》则综合总结了儒道两家的说法,进一步提出了"太和"的思想,使得社会领域的君臣、父子、夫妇群伦关系能够像天地万物那样调适畅达,各得其所。就价值理想而言,"太和"是天与人、自然与社会整体和谐的最高目标。"太和"还是一个儒道互补的新型世界观,"代表了中国文化的根本精神,体现了中国思想的共同特征"。③

(四)群体分配:明德与明分

群体团结的最核心问题是分配问题,人伦之明,亲亲之道,礼法之制,核心都是为了解决分配问题。对于先秦围绕分配问题建立起的等级制度,诸子各家均表达了看法。老子对贵贱、高下的差别采取认同的态度,但并不极力鼓吹。孔子则表示认同,但希望恢复"礼乐征伐自天子

---

① 陈鼓应:《道家的人文精神》,中华书局2015年版,第25页。
② 同上书,第22—23页。
③ 同上。

出"的周王朝制度。墨子、庄子不主此说。黄老学派认为这种区别是由人的能力高低强弱的差异所造成的，是可以理解的。

1. 德要明：明乃服命

至少在《诗》《书》时代，中国人对"明"的呼唤和追求就很强烈了。《诗》中的"大明"，《书》中的"明罚""明德"均可证此。

"明"的本义就是太阳。太阳"赫赫在上"，"明明在下"（《诗经·大明》），"天道下济而光明"（《易·谦》）。因此"天无私覆"《吕氏春秋·去私》，阳光普照天下，"天道无亲，常与善人"（《道德经》第七十九章）。基于这种朴素的认识，殷商时代的民众即呼唤统治集团能"类天大明"①，施政公开、透明，"向明而治"，使"万物皆相见"②，"明德慎罚"（《尚书·康诰》）。

德者，得也。"明德"就是公开所得，不但"王公居民"，要"明道德《文子·上德》"，君子也应"自昭明德。"③ 据此就容易理解《庄子·天道》所言："古之明道者，先明天，而道德次之；道德已明，而仁义次之。"④ 其实这就是说，"明道者"首先要明白天道无私，然后明示自己所得，然后再谈布施分配。用老子的话说，礼是最后的秩序，因为人们缺乏忠信，无份而乱，仁义善举不行，因此不得不建立礼制："先道而后德，先德而后仁，先仁而后以义，先义而后礼。夫礼者，忠信之薄也，而乱之首也。"（《道德经》第三十八章）

统治者应该以不得为德，"上德不德（得），是以有德。"（《道德经》第三十八章）民众"明乃服命"⑤，无论是"罚"，还是"得"都是如此。

2. 分要明：明分达治而保万世

"明德"是前提，"明分"才是目的。只有公开透明的分配，才能

---

① 《十大经·立命》，载陈鼓应《易传与道家思想》，中华书局2015年版，第56页。
② 陈鼓应、赵建伟：《周易今注今释》"说卦"，商务印书馆2016年版，第710页。
③ 陈鼓应、赵建伟：《周易今注今释》"三五、晋"，商务印书馆2016年版，第323页。
④ 同上书，第324页。
⑤ 顾颉刚、刘起釪：《尚书校释译论》，中华书局2005年版，第1354页。

让人心安。"明分职,序事业,材技官能,莫不治理,则公道达而私门塞矣,公义明而私事息矣。"(《荀子·君道》)

"明分"就需要先"定名"。"名定则物不竞,分明则私不行。"(《尹文子·大道上》)"分之以其分(身份),而万民不争;授之以其名,而万物自定"。①"若夫名分,圣人之所审也……审名分,群臣莫敢不尽力竭智矣。天下之可治,分成也;是非之可辨,名定也。"(《尸子·发蒙》)"圣王财衍以明辨异,上以饰贤良而明贵财,下以饰长幼而明亲疏……将以明分达治而保万世也。"(《荀子·君道》)

3. 分要均:不患寡而患不均

分配不但要公开透明,而且还要"均而平之"②,"分要均"(《墨子·明鬼》)。"有国有家者,不患寡而患不均,不患贫而患不安。"(《论语季氏》)在老子看来,"称物平施"(《老子》第三十二章)就要"损有余而补不足"(《老子》第七十七章)。庄子提出,"以道观之,物无贵贱"(《秋水》),打破了人间政治、社会中等级差异的观念,在后来长期的专制政体与宗法封建制度的历史进程中,这一理想一直是激荡人心的。庄子《齐物论》更隐含着自由平等的因素,可以在其中寻找到许多问题,如现实生活中的群己关系问题。③

分配是否均平,需要建立标准,"公平者职之衡也"(《荀子·王制》)。可以"为之权衡以秤之"(《庄子·胠箧》),以"合与不合王制"为准(《荀子·解蔽》)。

4. 不争故无忧

在老子生活的时代,人类社会正处于权力风暴席卷之中,权欲的贪婪与恣肆,造成了人间祸患的根源。针对人间社会失和的状态,老子提出"无为""不争""柔弱""处厚"等原则,希冀能够消除社会动乱,促进人间的和睦相处。④"上善若水,水利万物而不争""夫唯不争,故天下莫与之争""报怨以德""强梁者不得其死""曲则全,柱则直,洼

---

① 陈鼓应:《黄帝四经今注今译》第四篇"道原",中华书局2016年版,第464—465页。
② 陈鼓应:《黄帝四经今注今译》第二篇"十大经",中华书局2016年版,第292页。
③ 陈鼓应:《道家的人文精神》,中华书局2015年版,第103—104页。
④ 同上书,第27页。

则盈"……这些都是最极端的"犯而不校"的人生观。

从另一面,黄老学派说道:"争者凶,不争亦无以成功。"(《黄帝四经·姓争》)从此可以看出黄老学派在有为与无为、争与不争之间的选择与挣扎。这也是许多君子仁人面对利益分配、特别是面对分配不公时的选择与挣扎。

5. 自为自富

建立公平分配的制度固然重要,但自食其力才能自救。老子认为,民能自为、自化、自正,"我好静而民自正,我无事而民自富"(《老子》第五十七章)。墨子说得更直接,"赖其力者生,不赖其力者不生"(《墨子·非乐》)。慎子则认为,"人莫不自为也,化而使之为我,则莫可得而用矣"(《因循》)。郭沫若对此给予了很高的评价:"自为"是新时代的原则,人各有所为,使之各得其所为,则王者亦得其所为。这样便能够兼包并蓄以成其大。① 孔子、孟子、荀子提倡社会分工论,劳心劳力,不同阶层的人做不同的工作,自食其力,也应是属于"自为"范围吧。

6. "阶级性的礼"与"平等性的仁"

钱穆在其《中国文化史导论》中提出了两个很有分析价值的概念:"阶级性的礼"和"平等性的仁"。② 先秦儒家之礼的核心是不平等的等级秩序,仁则是平等的爱心义行。

商周时代的礼(包括刑制)有严格的等级性,所谓"登降揖让,贵贱有等,亲疏之体,谓之礼"(《管子·心术上》)。"礼不下庶人,刑不上大夫"(《礼记·曲礼》),典型地反映出礼和刑鲜明的等级性。

儒家对人类的贡献,就在于对夏、商、周三代的文化,开始作一个反省,提出了仁的观念。③ 仁在内,义在外。"告子曰:'食色,性也。仁,内也,非外也。义,外也,非内也。'"(《孟子·告子上》)"仁"是内心无差别的爱。"泛爱众,而亲仁。"(《论语·学而》)"君子之所

---

① 郭沫若:《十批判书》,人民出版社2012年版,第132页。
② 钱穆:《中国文化史导论(修订本)》,商务印书馆1994年版,第82页。
③ 牟宗三:《中国哲学十九讲》,吉林出版集团有限公司2010年版,第53—55页。

以异于人者，以其存心也，君子以仁存心，以礼存心。"（《孟子·离娄下》）仁是一种人心的境界与功能，人与动物同有心，但只有人类之心，能在同类中间互相感通，互相会合，不仅为个体求生存，并有成为大群文化的意义。①

"义"是仁心的外化，是君臣父子夫妇朋友之爱，是"所谓言必行，行必果，己诺必诚，不爱其躯，赴士之阨困，千里诵义者也"（《史记·游侠传》）。"义"更是仁政王道，"以定天下之业，以断天下之疑"②。"圣人以此洗心，吉凶与民同患。"③"造次必于是，颠沛必于是"（《论语·里仁》），乃至"杀身成仁"（《论语·卫灵公》）。"此谓国不以利为利，以义为利也。"（《大学》）

仁义和非仁义是晚周学术流派的一大分界线，也许是可以这样说的。先秦诸子百家争鸣，到秦汉时代，依然是杨、墨、儒的仁义学说最后取得社会的信从。④

（五）群体之主：独断与分职而治

一个群体必然会有群体之主，动物界亦然。但与动物界不同的是，蚂蚁不会问蚁王与群蚁的关系问题、蚁王的权力来源问题，而人类却会。群体之主应该具有何种权力？权力来自哪儿？群主与群众之间的关系应该如何？等等。总有一些先知先觉者会思考并提出这些问题。先秦诸子就是这样一批智者。

1. 人群需要群主

人群需要建立秩序，维持秩序就需要一个群主。正如墨子所言，初民社会"天下之乱，若禽兽然"，为建立秩序，就要选出天子，置立三公，分国立君，置设政长（《墨子·尚同上》）。群主还是群之中枢，"心之在体，君之位也；九窍之有职，官之分也"（《管子·心术上》）。"自上世以来，天下亡国多矣，而君道不废者，天下之利也。"（《吕氏春秋·恃君》）

---

① 钱穆：《中国文化史导论（修订本）》，商务印书馆1994年版，第80—81页。
② 陈鼓应、赵建伟：《周易今注今释》"系辞"，商务印书馆2016年版，第627页。
③ 同上。
④ 蒙文通著，蒙默编：《蒙文通全集》，巴蜀书社2015年版，第114页。

第二章 群学创立的思想基础

2. 对于群主的态度:"从王"与"不将不迎"

在需要一个群主这个问题上,诸子几乎没有分歧,但在如何对待群主问题上,诸子各有自己的态度和方式。"孔子三月无君,则惶惶如也"(《孟子·滕文公下》);孟子则认为民贵君轻;墨子"以天子之所是而是之,以天子之所非而非之"(《墨子·尚同上》);庄子"来自至,去自往"①"不将不迎"(《庄子·应帝王》);荀子"无有作好,遵王之道。无有作恶,遵王之路"(《荀子·修身》);韩非也是"从王之指……从王之路"(《韩非子·有度》)。

3. 群主何以成为群主:权力的来源

群主何以成为群主,权力来自哪儿?在被梁启超视为中国古代第一奇书的《墨辩》六篇②中提出:

君,臣萌(同民)通约也。

就是说,人们在推举产生群主的时候,是有一个契约的——这被视为是先秦最伟大的思想观点之一。墨子在《尚同中》阐述了这个契约:(1)人们选举产生了国家政权,就将部分自然权利让渡给了国家政权,国家有权力"发政于天下""制为五刑"。而民众在行政上,就必须对执政者有所服从。(2)建国设都,设立天子诸侯,不是让他们骄奢淫逸的;乃是让他们分授职责,按公平之天道治理国家。执政者有义务"为万民兴利除害,富贵贫寡,安危治乱。这种见解,和那说'天生民而立之君'的一派神权起源说,和那说'国之本在家'的一派家族起源说,都不相同。"(梁启超:《墨子学案》)

4. 忠盈天下,害及其国;智盈天下,泽及其君

随着群体的扩大,君主需要大臣辅助,君臣之间应如何相处?《说苑·君道》的作者认为,君臣之间应该是朋友。《中庸》也希望君主能"敬大臣也,体群臣也",大臣也不需要"阿君",因为"置君非以阿君

---

① 陈鼓应:《黄帝四经今注今译》第二篇"十大经",中华书局2016年版,第387页。
② 胡适:《中国哲学史大纲》,民主与建设出版社2017年版,第159页。

也，置天子非以阿天子也，置官长非以阿官长也"（《吕氏春秋·恃君》）。

慎子比较激进，认为"治乱在乎贤使任职，而不在于忠也。故智盈天下，泽及其君；忠盈天下，害及其国"（《慎子·知忠》）。①郭沫若对此解释说，慎子所说的"忠"，是指比干、伍子胥之类的忠，在一人独裁之下不得尽臣下的贤智而遭残杀以成其为忠臣的忠。像这样的忠臣越多，那天下也就越没有办法（治理），所以说："忠盈天下，害及其国。"又说："孝子不生慈父之家，而忠臣不生圣君之下。"圣君无事，依法去私，人人各得尽其智力，那当然也就不会再有比干、子胥那样的忠臣，做人君的自然也就受其福了，所以说："智盈天下，泽及其君。"②

因为"天下非一人之天下，乃天下之天下也"（《六韬·文师第一》），所以"万民之主，不阿一人"（《吕氏春秋·贵公》）。

5. 君主要领导群伦，必须"敬事而信"

君者群也。荀子认为，天子、三公作为"大儒"，应该是"善调一天下者"（《儒效》）。古"朕"字就是缝合、联系的意思，二物相交时中间的缝隙叫"朕"，管子有言，"所以朕合之"。③

群主要能领导团结群众。君为天下而设（《吕氏春秋·贵公》），只有"尊德义，明乎民伦"，才"可以为君"。④首要的问题是让"民信之"（《论语·颜渊》），"道千乘之国，敬事而信，节用而爱人，使民以时"（《论语·学而》）。"故君子者，信矣，而亦欲人之信己也；忠矣，而亦欲人之亲己也。"（《荀子·荣辱》）"义立而王，信立而霸，权谋立而亡。"（《荀子·王霸》）领导者的信用，政府的信用，是社会大众信用的标杆，要想上下团结一心，领导者必须"敬事"，以恭敬、谨慎之心尽责。"主忠信……崇德也。"（《论语·颜渊》）先秦儒家所讲的信用、信任，是对群体所有成员的规范和期待，不分上下尊卑、男女老

---

① 郭沫若：《十批判书》，人民出版社2012年版，第131页。
② 同上。
③ 陈鼓应：《黄帝四经今注今译》第三篇"称"，中华书局2016年版，第410页。
④ 李零：《郭店楚简校读记》，中国人民大学出版社2007年版，第181页。

幼,是普遍的人与人之间的"信",是中华民族最重要的文化基因之一。

6. 无为、独断与分职而治

儒家以为"天无二日,士无二王"(《礼记·坊记》),《吕氏春秋》主张君主政治,"一则治,两则乱"(《执一》)。胡适认为,这是当时政治思想的最普通的主张。墨家的尚同主义不但要一个一尊的天子,还要上同于天。儒家的孟荀则主张君主之治。①

道家则主张"无治主义"。在梁启超看来,道家信自然力万能而且至善,以为一涉人工,便损自然之朴。故其政治论,建设于绝对的自由理想之上,极力排斥干涉,结果谓并政府而不必要。他名之曰"无治主义"。② 老、庄均崇尚"无为",却有着不同的内涵。老子说:"爱国治民能无为乎?"以"无为"为"爱国治民"的高宗旨,其"无为"的主张是专就上层治者而提出的。庄子"无为"的概念则是作为个体精神的一种自由自在、自适自得的心境的描述。③

黄老之学则主张君臣分职而治。事实上,《管子》及《吕氏春秋》中的君道思想,如君上无为臣下有为,以及君臣分职而治的观念,后来成为汉魏政治哲学的主流思想。④ 这一理论很明显的是儒家"恭己正南面"的发展,是墨家事必躬亲的反对。这见解是很进步的。⑤

法家认为君主要能独断,因为"穷巷多怪,曲学多辩。愚者之笑,智者哀焉;狂夫之乐,贤者丧焉"(《商君书·更法》)。墨家主张统治者应该与百姓共劳苦:"少人徒,省官职,上功劳苦,与百姓均事业,齐功劳。"(《荀子·富国》)

战国以来,尊王"王王"成为潮流,无为"无君"思想止于老庄。《吕氏春秋·爱类》载,匡章对惠子说:"公之学去尊,今又王齐王,何其到(倒)也?"惠子过去主张"去尊",也就是无君;而今又倡导

---

① 胡适:《中国思想史》,华东师范大学出版社2015年版,第157页。
② 梁启超:《梁启超论先秦政治思想史》,商务印书馆2012年版,第76页。
③ 陈鼓应:《道家的人文精神》,中华书局2015年版,第19页。
④ 陈鼓应:《管子四篇诠释》,中华书局2015年版,第2页。
⑤ 郭沫若:《十批判书》,人民出版社2012年版,第130页。

"王王",这立场变化也太大了!①

7. 聚合众人,必须"通天下之志"

群主要聚合众人,必须识人心、感人心,对群众的感情欲望及时作出反应。"圣人感人心而天下和。"② 而"唯君子为能通天下之志"(《周易·同人》《彖传》),即人主欲聚众,必须与众人心志相沟通;君子"文明以健,中正而应",合于天道,故唯君子能聚众。③《吕氏春秋》说得更生动,"国亦有郁",那就是"生德不通,民欲不达",而"国郁处久,则百恶并起而万灾丛至矣"(《达郁》)。老子提出"以百姓心为心",稷下道家强调"因人之心""因民之欲",这即是《尚书·泰誓》《左传》《孟子》中"民为邦本"的精神。

8. 天下至众,非至明莫之能和

荀子的观察认识非常深刻,认为天下是最大的重器,需要最强大的人才能胜任;天下人群广大,没有最聪明的人不能把他们凝聚在一起:

> 天下者,至重也,非至强莫之能任;至大也,非至辩莫之能分;至众也,非至明莫之能和。④

在老子看来,天下之主应能忍辱负重:"受国之垢,是谓社稷主。受国不祥,是为天下王。"(《老子》第七十八章)儒者认为,君子君主,仁人志士,应有自任天下之重的精神,即随时随地不忘安人安百姓,"这是儒家精义之所在"。⑤ 春秋以来儒家重"安"。郭店楚简云:"知而安之仁也""善者民必富,富未必和,不和不安,不安不乐。"(郭店楚简《尊德义》篇)⑥ 在孔子看来,真正的君子,要内克修己,

---

① 郭沫若:《十批判书》,人民出版社2012年版,第206—207页。
② 陈鼓应、赵建伟:《周易今注今释》"三一、咸",商务印书馆2016年版,第288页。
③ 陈鼓应、赵建伟:《周易今注今释》"一三、同人",商务印书馆2016年版,第138页。
④ (清)王先谦:《荀子集解》,中华书局1988年版,第383页。
⑤ 饶宗颐:《选堂集林·史林新编》,中华书局2016年版,第404页。
⑥ 同上书,第408页。

外能安人和安百姓。这样才可算为"君子儒"。

在法家看来，由于"君之智未必贤于众"，一人之识不足识天下（《慎子·民杂》），因此需要"明主"：明主"能照四方"，"君明臣明，域中乃安"（《文子·上德》）。明主是"古之全大体者……不吹毛而求小疵，不洗垢而察难知"（《韩非子·大体》）。"明主之国……言无二贵，法不两适。"（《韩非子·问辩》）韩非把一切"言"统之于"令"，一切"事"统之于"法"，人民之言行，悉由上位者规定，并加支配管制。韩子以为如此即为"明主"，这一"明主"观念，明显不同于儒家之仁主。在劳思光看来，"此显为极权主义之立场"。[①] 但无论如何，以"圣法之治"取代"圣人之治"，应是进步之举：

> 圣人者，自己出也；圣法者，自理出也……故圣人之治，独治者也；圣法之治，则无不治矣。（《尹文子》）

人治的弊害是法治兴起的重要原因。在稷下道家看来，人治主义不仅有"人存政举，人亡政息"[②] 的忧虑，圣人之治还容易演变成"独治"。人治与法治的不同，前者出于己意，后者出于事理。[③]

（六）个人与群体关系：贵己与立公

个人在群体中生活，时时刻刻要面临和群体的关系处理问题。事实上，群己关系也是先秦诸子讨论的最重要话题之一。一直到近代，章太炎仍以《群己权界论》中文书名冠以英国思想家穆勒的《自由论》。在欧洲，个人与群体是截然不同、对立统一的双方，在中国，依钱穆之见，人生和社会是浑然一体的。《大学》一书上所说的修身、齐家、治国、平天下，一层一层的扩大，即是一层一层的生长，又是一层一层的圆成，最后融合而化，此身与家、国、天下并不成为对立。[④] 杜维明也探求修、齐、治、平之不可分割，认为儒家的理想社会不是一个充满张

---

[①] 劳思光：《新编中国哲学史》，生活·读书·新知三联书店2015年版，第275页。
[②] 语出《中庸》"其人存则政举，其人亡则政息"，见朱熹《四书章句集注》，第28页。
[③] 陈鼓应：《道家的人文精神》，中华书局2015年版，第58—59页。
[④] 钱穆：《中国文化史导论（修订本）》，商务印书馆1994年版，第17—18页。

力的抗争性的社会，而是一个约法三章、互爱互信的社会。这个理想社会是由一批有共同信仰的人共同组织及参与的有机群体（organic community）。通过这个群体生活的经验，个人也得到自我完成。①

1. "为我""贵生"：关注个人生命处境

先秦社会大变动所产生的影响是多方面的。不仅有政治秩序的问题，同时社会中的每个人都会受到不同程度的冲击。一般而言，先秦诸子大多把目光投向了政治秩序的重建，而无暇顾及乱世中个人生命所受到的压力。而庄子表达了对于个体生命尊重的要求，从而转向了关注个人生命的心路历程。②

庄子对个体生命尊重的观念来自于老子的"贵以身""爱以身"说。（《老子》第十三章）

发扬光大者是杨朱。杨朱的人生哲学通常被视为一种极端的"为我主义"。事实上，杨朱的为我主义，并不是损人利己。他一面贵"存我"，一面又贱"侵物"；一面说"损一毫利天下不与也"，一面又说"悉天下奉一身不取也"。他只要"人人不损一毫，人人不利天下"。这是杨朱的根本学说。③

后来《管子》《吕氏春秋》等书中表达的贵生之术，也不是教人贪生怕死，更不是教人苟且偷生。《吕氏春秋》在这一点上说得最分明：

全生为上，亏生次之，死次之，迫生为下。（《审为》）
尊生者，非迫生之谓也。（《贵生》）

正因为贵生，所以不愿迫生。贵生是因为生之可贵，如果生而不觉其可贵，只得其所甚恶，故不如死，孟轲所谓"所恶有甚于死者"正是此理。贵生之术本在使所欲皆得其宜，如果生而不得所欲，死而得其所安，那自然是生不如死了。④

---

① 何炳棣：《何炳棣思想制度史论》，中华书局2017年版，第178—179页。
② 陈鼓应：《道家的人文精神》，中华书局2015年版，第17—18页。
③ 胡适：《中国哲学史大纲》，民主与建设出版社2017年版，第129—130页。
④ 胡适：《中国思想史》，华东师范大学出版社2015年版，第149页。

## 第二章 群学创立的思想基础

不光是老庄杨朱贵生,儒家也十分爱生(身)。儒家的"大孝尊亲,其次弗辱"(《礼记·祭义》),"身体发肤,受之父母,不敢毁伤,孝之始也;立身行道,扬名于后世,以显父母,孝之终也"(《孝经·开宗明义章》)。又如曾子"父母全而生之,子全而归之,不亏其身,不损其形,可谓孝矣"(《礼记·祭义》),都体现的是一种全生贵己的精神。推此精神,也可以养成"不降其志,不辱其身"(《论语·微子》)的人格。所不同者,贵生的个人主义重在我自己,而儒家的孝道重在我身所自生的父母,两种思想的流弊大不同,而在这尊重自身的一点上确有联盟的可能。①

即便是兼爱无私的墨家,也认为"爱人不外己",爱人和爱自己是统一的:"爱人不外己,己在所爱之中。己在所爱,爱加于己;伦列之,爱己,爱人也。"(《墨辩·大取》)

2. 爱身为天下,不以天下害吾生

在先秦诸子的语境中,家国天下只是不同规模的人类群体,没有本质不同。修齐治平是儒家的传统。在许多人的观念中,道家爱身避世,自私为己,不关心家国天下。事实并非如此。老子就主张"爱身为天下":"故贵以身为天下,若(乃)可寄天下。爱以身为天下,若可托天下。"(《道德经》第十三章)在老子看来,修身才能治国:"修之于身,其德乃真;修之于家,其德乃馀;修之于乡,其德乃长;修之于邦,其德乃丰;修之于天下,其德乃普。"(《道德经》第五十四章)这里由身推到家、乡、邦、天下,就是后来庄子所说的"内圣外王"。

"内圣外王"一词最早见于《庄子·天下》,是作为一种理想道术的形态而提出的。《天下》篇所标示的"内圣外王"的理想,怀抱着"育万物,和天下,泽及百姓"的社会意识,又具有"配神明,醇天地"的宇宙精神。《天下》虽非庄子所自作,但"内圣外王"却也是庄子本人学术的理想。陈鼓应认为,庄子未尝没有济世的抱负,只是囿于世道的黑暗,因此才对治平之事表现出不关心甚至鄙视的态度。对外王方面的不甚重视并不表示庄子缺乏对社会的关怀与社会责任感。他对乱

---

① 胡适:《中国思想史》,华东师范大学出版社2015年版,第150页。

世之中个人命运的关怀恰恰是许多士人所忽视的社会生活的一个重要方面。①《庄子》书中虽然很多地方在菲薄儒家，而认真称赞儒或孔子的地方，则非常严肃。其中主要就是对儒家"内圣外王之道"的赞赏。②但与老子相比，庄子明显地把注意力放在了治身即内圣的方面。

在道家学派中，把治身与治国结合最为紧密且对后世政治发挥实际影响的是黄老学派，特别是稷下道家。《管子·心术下》说："心安是国安也，心治是国治也。"心安、心治是治身、内圣，国安、国治是治国、外王，二者究其实乃是一体、一理。③《吕氏春秋·审分》说得更明确："治身与治国，一理之术也。"

在以身许国许天下的同时，国人天下人也不能危害个人的生存和生命："天下，重物也，而不以害其生……唯不以天下害其生者也，可以托天下。"（《吕氏春秋·贵生》）《吕氏春秋》的作者甚至认为，"天下轻于身，而士以身为人"（《吕氏春秋·不侵》）。人的生命是一切行为的目的而不是手段："身者，所为也。天下者，所以为也。"（《吕氏春秋·审为》）

这是对韩非把人民视作牛马之类工具的激烈反对。韩非认为君主所需要的人只有三种：一种是牛马，一种是豺狼，还有一种是猎犬。牛马以耕稼，豺狼以战阵，猎犬以告奸，如此而已。④

3. 去私而立公

商周宗法社会，国家的构成分子不是个人，而是家族。国家利益、家族利益被视为"公"，小家庭、个人利益通常被视为"私"。之后逐步演化，"公"指大多数人，"私"指少数人。多数人同意的就是公道、公平；少数人做的就是私情、私心、偏心。无私，就是兼爱，就是"去私就公"。

在一般人的观念里，是儒家在倡导公而无私。事实是，"公"的观念在诸子中首见于老子，其后黄老学派大肆发扬，如成书于战国早中期

---

① 陈鼓应：《道家的人文精神》，中华书局2015年版，第6页。
② 郭沫若：《十批判书》"庄子的批判"，人民出版社2012年版，第147页。
③ 陈鼓应：《道家的人文精神》，中华书局2015年版，第6—7页。
④ 郭沫若：《十批判书》，"韩非子的批判"，人民出版社2012年版，第293页。

的马王堆帛书《黄帝四经》，一再强调"精公无私"①"唯公无私"②"去私而立公"③。道家各派莫不尚"公"，老子的"道"，本蕴含着"公"的客观精神。④

法家更是热衷于"强公室，杜私门，蚕食诸侯……成帝业"（《史记》卷八十七《李斯传》）。

立公就要"克己"（孔子），节己、节民（《周易〈节〉卦》），无己、舍己（庄子），毋有己（《黄帝四经·十大经》）。

立公还要共产共利："同天下之利者则得天下，擅天下之利者则失天下……天有时，地有财，能与人共之者仁也。仁之所在，天下归之。"（《六韬·文师第一》）如墨子所讲，计利当计"国家百姓人民之利"（《墨子·非命上》）。又庄子所言："藏天下于天下。"（《庄子·大宗师》）儒者则谓，父母在，不存私财。个人属于家族，个人生产所得也属于家族共有。"父母存……不有私财。"（《礼记·曲礼上》）"异居而同财，有余则归之宗，不足则资之宗。"（《仪礼·丧服》）

去私立公要依法进行：

> 法制礼籍，所以立公义也。凡立公所以弃私也。明君动事分功必由慧，定赏分财必由法，行德制中必由礼。（《吕氏春秋·威德》）

> 故当今之世，能去私曲就公法者，民安而国治；能去私行行公法者。（《韩非·有度》）

（七）群体目标：小邦寡民与天下一家

在追求群体百姓安和、国家善治、天下太平方面，无论儒道还是墨法家，都是一致的。他们的区别只是路径、方法、急缓的不同，当然也

---

① 陈鼓应注译：《黄帝四经今注今译》，"经法·君正"，中华书局2016年版，第123页。
② 陈鼓应注译：《黄帝四经今注今译》，"经法·名理"，中华书局2016年版，第245页。
③ "去私而立公"两见于《经法》之《道法》与《四度》，见陈鼓应注释《黄帝四经今注今译》，中华书局2016年版，第74、169页。
④ 陈鼓应：《道家的人文精神》，中华书局2015年版，第57—58页。

包括对何谓安和、善治、太平的不同理念。

1. 由氏族到家国天下

钱穆认为，在中国史上，"民族"与"国家"，是早已"融凝为一"的。① 中国人很早便知道由民族而创建国家的道理。正因中华民族不断在扩展中，因此中国的国家亦随之而扩展。中国人常把民族观念消融在人类观念里，也常把国家观念消融在天下或世界的观念里。先秦诸子并不存在狭义的民族观与狭义的国家观，"民族"与"国家"都只为文化而存在。"民族融合"即是"国家凝成"，国家凝成亦正为民族融合。中国文化，便在此两大纲领下，逐步演进。②

在王国维看来，中国古时所谓"国"本是等于部落的意思，所谓"封建藩卫"也不过是建置大小不等的各种殖民部落而已。异姓之国大抵是原有的部落，同姓之国则多系重新建设的。③ 王国维更有一个重要的发现，便是古诸侯在其国内可以称王，这结论是很有根据的。古诸侯在国内既可称王，因而其臣下亦每自称其首长为"天子"，如《献簋》称其君榽伯为"朕辟天子榽伯"便是绝好的例证。④

中华民族，是由多数家族，经过长时期接触融合而渐趋统一的。迨其统一完成之后，也依然不断有所吸收融合而日趋扩大。因此我们还要考虑中国人的家族观念，不仅要注意它时间绵延的直通方面（孝），还应该注意它空间展扩的横通方面（悌）。横通直通便把整个人类织成一片。因此中国人很轻易由"家族观"而过渡到"世界观"。⑤

先秦诸子的"天下观念"超乎国家观念之上。国家并非最高最后的，这在很早已成为中国人观念之一了。⑥ 到春秋末年，平民学者兴起，这个趋势更为明显。孔子、墨子以及此下的先秦百家，很少抱狭义的国家观念的。屈原与韩非除外。⑦ 在民众心目中，也并无齐国人、楚

---

① 钱穆：《中国文化史导论（修订本）》，商务印书馆1994年版，第21页。
② 同上书，第23页。
③ 郭沫若：《十批判书》，人民出版社2012年版，第10页。
④ 同上。
⑤ 钱穆：《中国文化史导论（修订本）》，商务印书馆1994年版，第53页。
⑥ 同上书，第47—48页。
⑦ 同上书，第48—49页。

国人等明确的观念。①

春秋、战国时代，可以说是从"霸诸侯"到"王天下"的时代。春秋时期是霸诸侯的活动时期，战国时期则为王天下的活动时期，用现代术语来说，霸诸侯是"完成国际联盟"的时期，王天下是"创建世界政府"的时期。②自春秋以来，由十二诸侯而成七国，无论在政治上与思想上，所走的都是趋向统一的路线，秦始皇承六世余威，居高临下，加以六国诸侯的腐败，收到了水到渠成的大功。③

2. 大国还是小邦

孔子《论语》常用"天下"字样，但孔子视野中的"天下"很小。如傅斯年说，孔子之"天下"，大约即是齐、鲁、宋、卫，不能甚大。④

孔子对协助齐桓公"一匡天下"的管仲赞赏有加，天下和而民受益。在整个春秋战国时代，主流的观念是"国大人众"才能叫"强国"⑤，韩非便雄心勃勃，要"一天下之和，总四海之内""必反大国"（《非攻》）。但老子却更期待小邦寡民，孟子也很向往这种"守望相助，疾病相扶持……百姓亲睦"（《孟子·滕文公上》）的生活。

3. 如何一天下、总四海

关于一天下、总四海的路径方法，儒墨道法分道而立。儒家把一天下、总四海叫作"大同"之世，要实现人类大同，首先必须以"天下为公"的思想为指引，然后选贤与能，讲信修睦；打破血缘群体的局限，实现普遍的社会保障和保护，"故人不独亲其亲，不独子其子，使老有所终，壮有所用，幼有所长，矜寡孤独废疾者皆有所养。男有分，女有归"。财产共有，劳动力共用；社会安定，人身安全，"盗窃乱贼而不作，故外户而不闭"（《礼记·礼运》）。这就是孟子所说的"仁政"和"王道"。墨家力主兼爱、反战、节用，法家主张富国强兵，用信赏必罚之法，使人民居则农，出则勇于作战。

---

① 钱穆：《中国文化史导论（修订本）》，商务印书馆1994年版，第49—50页。
② 同上书，第33页。
③ 郭沫若：《十批判书》，人民出版社2012年版，第345页。
④ 转引自胡适《中国思想史》，华东师范大学出版社2015年版，第14页。
⑤ 陈鼓应：《黄帝四经今注今译》，第二篇、十大经，中华书局2016年版，第362页。

最后争论变成了是"霸天下"还是"王天下"。孔儒尚王而法家崇霸。在当时中国人眼光里,中国即是整个的天下。中国人便等于这世界中整个的人类。当时所谓"王天下",实即等于现代人理想中的创建世界政府。凡属世界人类文化照耀的地方,都统属于唯一政府之下,受统一的统治。"民族"与"国家",其意义即无异于"人类"与"世界"。这一个理想,中国人自谓在秦代的统一六国而实现完成了。[1]

## 二 诸子百家的思想来源

正如胡适所言,人之思想,不能无所凭借,有新事物至,必本诸旧有之思想,以求解释之道,而谋处置之方。[2] 但由于胡适关于中国古代哲学家思想发展史的开山之作《中国哲学史大纲》,截断众流,直接从老子、孔子讲起,并且后来者均依此因循,就往往让人误解为中国在老子、孔子之前,没有思想。实际情况却如梁启超所言,自周初以来,中国文化经数百年之蓄积酝酿,根柢本极深厚。[3] 吕思勉亦言,先秦诸子之学,非至晚周之世,乃突焉兴起者也。其在此前,旁薄郁积,蓄之者既已久矣。[4] 傅斯年讲得更详细:西周晚年以及春秋全世,若不是有很高的人文,很细的社会组织,很奢的朝廷,很繁丰的训典,则直接春秋时代而生之诸子学说,皆都无所附丽。[5] 即使春秋时代,孔子以前,各国也有一些了不起的人物出现,如郑国的子产、齐国的管仲等,这些人都是文化陶养出来的。[6] 因此,胡适本人也承认,孔子的成绩"只是这个五六百年的历史运动的一个庄严灿烂的成功"。[7]

在老子、孔子之前,中国差不多已经有了3000年的文明史,炎黄帝、尧舜禹、文王周公等,可谓"满天星斗",一代一代的智者发明词汇,建构思想,模塑着中国人的行为。根据考古学家苏秉琦的研究,新

---

[1] 钱穆:《中国文化史导论(修订本)》,商务印书馆1994年版,第37页。
[2] 吕思勉:《先秦学术概论》,中国人民大学出版社2011年版,第9页。
[3] 梁启超:《梁启超论先秦政治思想史》,商务印书馆2012年版,第74页。
[4] 吕思勉:《先秦学术概论》,中国人民大学出版社2011年版,第3—4页。
[5] 傅斯年:《傅斯年讲史学》,凤凰出版社2008年版,第117—118页。
[6] 牟宗三:《中国哲学十九讲》,吉林出版集团有限公司2010年版,第45—47页。
[7] 胡适:《中国思想史》,华东师范大学出版社2015年版,第27页。

石器时代中国就形成了六大文化区系：黄河流域三大块，长江流域三大块。中国北方（黄河流域），先是周、夏、商三块并列，后是秦、晋（三晋两周）、齐（齐、鲁、宋、卫）三块并列；中国南方（长江流域），是蜀（巴、蜀）、楚、越（吴、越）三块并列。①

孔子以前的古代典籍，流传至今者不多。其中最重要者，只《尚书》《诗经》和《易经》三种。②因此本节就其中的群学思想作一简述，希望借以"发现中国民族集体智慧的线索"。③

（一）《诗经》：保持了中国最鲜活的家族道德

胡适和傅斯年都认为《诗》是纯文学作品，有无上的文学价值，"没有丝毫别的用意"，是后来的腐儒，把"文学变成了道学"。④

而钱穆却指出，《诗经》虽是中国一部伦理的歌咏集，但中国古代人对于人生伦理的观念，自然而然地被他们以最恳挚、最和平的一种内部心情歌咏出来了。我们要懂中国古代人对于世界、国家、社会、家庭种种方面的态度与观点，最好的资料，无过于此《诗经》三百首。⑤《诗经》三百首里，极多关涉家族情感与家族道德方面的，无论父子、兄弟、夫妇，还是一切家族哀、乐、变、常之情，莫不忠诚恻怛，温柔敦厚。唯有此类内心情感与真实道德，始可以维系中国古代的家族生命，乃至数百年以及一千数百年以上之久。《诗经》里的家族情感与家族道德，是中华民族人道观念之胚胎，是中国现实人生和平文化之真源。不懂得这些，将永不会懂得中国文化。⑥

牟宗三也指出，在夏、商、周三代的时候，道德意识虽然还不能像孔子时候那样清楚，但是就《诗》《书》所记载的，他那个关心自己的德性首先是经由集团的实践来关心。古代是部落社会，是一个氏族一个

---

① 苏秉琦：《中国文明起源新探》，商务印书馆1997年版，第27—84页。
② 钱穆：《中国文化史导论（修订本）》，商务印书馆1994年版，第65—66页。
③ 方东美：《原始儒家道家哲学》，黎明文化事业股份有限公司1993年版，第10页。
④ 胡适：《中国哲学史大纲》，民主与建设出版社2017年版；傅斯年：《傅斯年讲诗经》，北京理工大学出版社2016年版，第202页。
⑤ 钱穆：《中国文化史导论（修订本）》，商务印书馆1994年版，第67页。
⑥ 同上书，第54页。

氏族，一个氏族的领袖领导一个集团，所以他的行动即是团体的行动。①

### 1. 诗可以群

孔子爱诵诗，他常把"诗""礼"并重，② 特别是孔子还认为"诗可以群"："诗，可以兴，可以观，可以群，可以怨。"（《论诗·阳货》十七）

### 2. 天监下民

《诗经》材料甚杂，对"天"的观念也有几种，既有"形上天"观念，也有"人格天"观念。③ "惟天监下民。"（《诗·大雅·大明》）《诗经》中人格意义之"天"则表一主宰者，以意愿性为本；对应于"天意"观念。故"形上天"与"人格天"之分别，实"天道"与"天意"二观念之分别。④ 《诗经》中虽多见"人格天"之观念，但"形上天"之观念亦渐渐出现。故后世之"天道"观念，悉源于此。⑤

### 3. 反对不平等

《诗经》所形成的时代，社会渐渐成了一个贫富很不平均的社会。富贵的太富贵了，贫苦的太贫苦了。⑥

> 东人之子，职劳不来。西人之子，粲粲衣服。舟人之子，熊罴是裘。私人之子，百僚是试。（《小雅·大东》）

《国风》上所写贫苦人家的情形，不止一处。内中写那贫富太不平均的，也不止一处。⑦ 如：

> 彼有旨酒，又有嘉肴……念我独兮，忧心殷殷！佌佌彼有屋，蔌蔌方有谷。（《小雅·正月》）

---

① 牟宗三：《中国哲学十九讲》，吉林出版集团有限公司2010年版，第44—45页。
② 胡适：《中国哲学史大纲》，第四篇、孔子，民主与建设出版社2017年版，第84页。
③ 劳思光：《新编中国哲学史》，生活·读书·新知三联书店2015年版，第62页。
④ 同上书，第63页。
⑤ 同上书，第64页。
⑥ 胡适：《中国哲学史大纲》，民主与建设出版社2017年版，第25页。
⑦ 同上书，第26页。

更知名的是下面的一篇：

> 不稼不穑，胡取禾三百廛兮！不狩不猎，胡瞻尔庭有县貆兮！彼君子兮，不素餐兮！（《魏风·伐檀》）

4. 凡今之人，莫如兄弟

《诗经·小雅·常棣》云："凡今之人，莫如兄弟。"此诗以兄弟和朋友作比较，重视亲情而疏远友情的取向非常明显。又《小雅·黄鸟》云："言旋言归，复我邦族……言旋言归，复我诸兄……言旋言归，复我诸父。"父母兄弟等骨肉之亲之间即使存在矛盾冲突，也比没有血缘关系的人更值得信赖，这是中国古代"疏不间亲"观念的早期表现。但《诗经·小雅·伐木序》也说"亲亲以睦友，友贤不弃"。

5. 渴求良治

《诗经》所形成的时代的政治，除了几国之外，大概都是很黑暗、很腐败的王朝的政治。我们读《小雅》的《节南山》《正月》《十月之交》《雨无正》几篇诗，也可以想见了。[1] 写得最明白的，莫如：

> 人有土田，汝反有之。人有民人，汝覆夺之。此宜无罪，汝反收之。彼宜有罪，汝覆说之。（《大雅·瞻卬》）

最痛快的，莫如：

> 硕鼠硕鼠，无食我黍。三岁贯女，莫我肯顾。逝将去女，适彼乐土！乐土乐土！爰得我所！（《硕鼠》）

这首诗写虐政之不可逃，更可怜了。人还不如：

---

[1] 胡适：《中国哲学史大纲》，民主与建设出版社2017年版，第26页。

鱼在于沼，亦匪克乐。潜虽伏矣，亦孔之昭。忧心惨惨，念国之为虐。(《正月》)①

#### 6. 反对战争

长期的战争，闹得国中的百姓死亡丧乱，流离失所，痛苦不堪。因此《诗经》中有许多篇章表达了强烈的反战情绪。如《唐风·鸨羽》《小雅·采薇》《出车》《秋杜》《小雅·何草不黄》《兔爰》《苕之华》，等等。

### (二)《尚书》：德教之始

《尚书》里保留着的商、周两代重要的政治文件，钱穆认为，这都是考证中国古代上层统治阶级宗教观念和政治观念的上好史料。他们敬畏上帝，敬畏祖先，敬畏民众的公共意志。他们常不敢放肆，不敢荒淫惰逸，相互间常以严肃的意态警诫着。无论同辈的君臣，或先后辈的父子，他们虽很古就统治着很大的土地和很多的民众，但大体上，永远是小心翼翼。这是中国政治上的最古风范。影响后世十分深切。②牟宗三认为，《书经》所记载的，并不是神话，只能说是传说。传说因为是一代一代往下传，当然不是很严格的，但它也不是完全没有凭据而凭空瞎说的。③梳理中《尚书》中和"群"有关的观念，主要有以下几条：

#### 1. 明德：将国人凝成道德团体

王国维在他的名作《殷商制度论》中指出，周人制度，"其旨在纳上下于道德，而合天子、诸侯、卿、大夫、士、庶民以成一道德之团体"。

皇天无亲，惟德是辅。(《左传·僖公五年》引《尚书·周书》佚文)

"德"字在《尚书》中，大抵为道德、德行、恩惠诸义。④《高宗肜

---

① 胡适：《中国哲学史大纲》，民主与建设出版社2017年版，第27页。
② 钱穆：《中国文化史导论（修订本）》，商务印书馆1994年版，第66—67页。
③ 牟宗三：《中国哲学十九讲》，吉林出版集团有限公司2010年版，第45—47页。
④ 顾颉刚、刘起釪：《尚书校释译论》，中华书局2005年版，第2107页。

日》篇所用作为道德意义的"德"字,在存世甲骨文中是没有的,到周代金文和文献中才出现。这实际是西周统治者意识形态方面的一个范畴。殷代没有此"德"字,因为殷代用杀戮的权威和上帝的权威来进行统治。周人开始怀疑天的绝对权威,频繁地提出了"德"字用来"祈天永命",就是用"敬德"来求取天命。[1]

"明德"即明于天下,公开于天下,所谓"厎至齐信,用昭明于天下"。[2]"德威惟畏,德明惟明。""明德慎罚"[3]"明德"亦迭见《梓材》《召诰》《康诰》《多方》等篇中。始为周公所强调,以后为周代统治者所共信。[4] 殷代尊神重刑,"周政"重视人民注重德教的思想,具有革命性,这实际就构成了后来儒家的中心思想。[5]

根据杨伯峻《论语译注》书末所附的统计,《论语》一书,所载德的项目:全书共谈"仁"109次,"礼"74次,"道"60次,"德""信"各38次,"智"25次,"义"24次,"直"22次,"忠、忠恕"20次,"孝"19次,"恭"13次。其中"礼""德""直""恭""义",都见于《皋陶谟》中。这些是孔子经常谈的道德项目,亦即儒学德目的主要者。其全书中所载10次以下者,计有"爱"9次,"惠""和"各8次,"慎""笃"各7次,"简"6次,"温""刚"各5次,"宽""庄""果"(包括果敢)"悌"(字作弟)各4次(另有兄弟之弟7次),"谨"3次,"恕""敬""诚"各2次,"廉""毅"各1次。则《皋陶谟》中的"德""礼""直""恭""义"已进入孔子主要德目,其余"惠""宽""毅""温""廉""刚"等则亦为孔子所沿用。

2. 遵王从王

《洪范》以王之法则为最高行为准则,强调"人无有比德,惟皇作极"。"无偏无颇,遵王之义。"[6] 警告民众不要结成邪党,在位者不要

---

[1] 顾颉刚、刘起釪:《尚书校释译论》,中华书局2005年版,第1035—1036页。
[2] 同上书,第1839页。
[3] 同上书,第1901页。
[4] 同上书,第2115页。
[5] 同上书,第432页。
[6] 同上书,第1163页。

朋比为奸，只应当一致遵守君主建立的准则。① 《尚书·尧典》宣扬以君主为中心，其中的一些道德概念，都是儒家德教之义，后来成为儒家中庸之义。② 刘起釪认为，《尚书》作为儒家两部教本中的一本，原材料按后来的儒家意图进行了编排、润饰、增订，如今本《皋陶谟》中的"九德"，就受到了后儒中庸思想的影响。③

### 3. 念敬我众

在《尚书》中，从信天到信人，从敬神到敬祖，人与民的地位都开始提升。《君奭》篇里，周公道："不知天命不易，天难谌。……天不可信。"周初周公诸诰，差不多每篇都要颂扬先祖文王武王的光烈，这成了周人《书》篇必有的内容。④ 公元前2千纪的最后30年中，全人类第一次出现人神关系里关键性的改变，由敬神转向敬祖，人的理性和政治实践使天秤倾向人这一方。⑤

《尚书》中周公处处注重民众。"念敬我众"，是说要以敬重之心想到并顾及我的民众。《召诰》则"欲王以小民受天永命"。周家的统治权是建筑在小民的基础上，要巩固其统治权就非把小民弄得服帖不可。这是所谓"王道"的中心思想，而周公所以成为古代的大政治家原因也就在这里。孟子的思想系受周公的影响。⑥ 《盘庚》强调君必尊重民意，又强调人民应与君主同忧。⑦ 中国古代思想中虽亦有以人君为"受命天子"之观念，但另有人民为国家根本之观念。此种"民本观念"，为中国政治思想特色之一。⑧

### 4. 知人安民

"知人安民"与上所述之重民本观念是一回事。《虞书·皋陶谟》云：

---

① 顾颉刚、刘起釪：《尚书校释译论》，中华书局2005年版，第1165页。
② 同上书，第379—380页。
③ 同上书，第512—514页。
④ 同上书，第2088—2089页。
⑤ 何炳棣：《何炳棣思想制度史论》，中华书局2017年版，第31—32页。
⑥ 顾颉刚、刘起釪：《尚书校释译论》，中华书局2005年版，第1451页。
⑦ 劳思光：《新编中国哲学史》，生活·读书·新知三联书店2015年版，第68页。
⑧ 同上书，第68页。

## 第二章 群学创立的思想基础

皋陶曰：都，在知人，在安民。禹曰：吁，咸若时。惟帝其难之。知人则哲，能官人；安民则惠，黎民怀之。

在禹与皋陶问答之中，皋陶把"知人"与"安民"两项作为政治原则提了出来。早期社会多以英雄崇拜为主；中国古代虽亦强调群主之才德，但认为领袖必待有才者相辅，始能成功。由此，"知人"发展出后世"尊贤"之观念。此点与日后中国政治制度之特色尤有密切关系。①

5. 体恤弱者，不侮老幼

体恤弱者，不侮老幼，是中国的优秀传统，这个传统，在《尚书》中就有多处提及。"汝无老侮成人，无弱孤有幼。"②"老侮成人"就是见老人而轻侮之，"弱孤有幼"就是因小儿孤幼而轻忽之。古人语言中常以不侮老幼鳏寡为言，如金文《毛公鼎》，《尚书》之《康诰》《无逸》，《诗·烝民》及《左传·昭公元年》等，都有"不侮鳏寡"之文，基本表达同一意义。③ 由此构建了中国文化中体恤弱者的优秀基因。

6. 尚"中"与"和"

《尚书》重中。仅《吕刑》篇中就有10个"中"字，就其通常意义立论，主要谓其中正、正道，意为在断狱中不偏不倚，不轻不重，不枉不纵，不僭不滥，赏罚平允，无有过忒，无过无不及，等等。个别的释"中"为半也、均也，亦即持平为不偏，均衡为不轻不重，总之仍是中正之义。④

《尚书》重和、合。和合两字有和谐、和善之义，都曾见于甲骨、金文。殷周之时，和与合是单一概念。《尚书》"和"字44见，"合"字4见。《易经》"和"字2见，"合"字无见。⑤《尚书》多就人际关

---

① 劳思光：《新编中国哲学史》，生活·读书·新知三联书店2015年版，第69页。
② 顾颉刚、刘起釪：《尚书校释译论》，中华书局2005年版，第946页。
③ 同上书，第947页。
④ 同上书，第2108—2109页。
⑤ 《中国文化的精髓——和合学源流的考察》，随性随缘的博客，http://blog.sina.com.cn/fuyinjushi。

系谈和谐,而且很合今天的情景。如《康诰》说"四方民大和会",这是说四方的人都盛大地集合到这里。《尧典》说"百姓昭明,协和万邦",今天国与国之间也要求有一个"协和万邦"的良好的国际环境。①

《尚书·洪范》主张刚柔兼用,以致中和,这正是孔子的中道,刚与柔二者的和谐,正是周人的传统观念,显然孔子中庸思想是本于《诗》《书》,并依此加以祖述而发扬的。②

(三)《易经》:占卜的伦理化

《易经》成书,应该远在春秋之前。"子曰:'加我数年,五十以学易,可以无大过矣。'"(《论语·述而》)钱穆认为孔子生前是否精研过《易经》,现在无法知道,但《易经》里的几条基本原则,是颇合于儒家思想之路径的。又因为《易经》里简单几个"象"与"数"的符号,可以很活泼的运用,而达于极为深妙的境界,因此后来的儒家,并有道家,都喜欢凭借《易经》来发挥他们的哲理。于是《易经》这部书,最终和《诗》《书》一样,也成为中国古经典之一了。③《易传》作为战国时期解释《易经》的论文集,思想相当驳杂。虽然其向来被视为儒家经典,但是从《易传》中最重要的部分《象传》和《系辞》来看,其受到老庄思想的主要影响,是毫无疑问的。④

正如钱穆所言,《易经》虽是一种卜筮之书,主意在教人避凶趋吉,迹近迷信,但其实际根据,则绝不在鬼神的意志上,而只在于从人生复杂的环境和其深微的内性上面,找出一恰当无迕的道路或条理来。最先此种占卜应该是宗教性的,而终于把它全部伦理化了。而且此种伦理性的指点与教训,不仅止于私人生活方面,还包括种种政治、社会、人类大群的重大事件,全用一种伦理性的教训来指导,这又是中国文化之一个主要特征。⑤《易经》中和"群"有关的观念,有下述三条:

---

① 陈鼓应:《道家的人文精神》,中华书局2015年版,第25页。
② 饶宗颐:《选堂集林·史林新编》,中华书局2016年版,第405页。
③ 钱穆:《中国文化史导论(修订本)》,商务印书馆1994年版,第71—72页。
④ 陈鼓应:《易传与道家思想》,中华书局2015年版,第111页。
⑤ 钱穆:《中国文化史导论(修订本)》,商务印书馆1994年版,第71页。

1. 男女是人类群体的最基本构成

人群之事虽然繁复，但分析到最后，不外两大系统，一属男性的，一属女性的。人事全由人起，人有男女两性之别，无论在心理上还是生理上均极明显，不能否认。① 刚柔是所有男女的"天性"。因此，每个人应自己考虑自己的刚柔姿性，与外部的环境命势，而选择决定其动静进退之"态度"，以避凶趋吉，这也就是所谓"道"。②

2. "时"和"位"构成所谓"命"

《易经》六十四卦，都由两卦叠成，在时间上象征前后两个阶段，在空间上象征高下两个地位，"时"和"位"是《易经》里极重要的两个基本概念，几乎如区分男性女性一样重要。这是说，在某一时候的某一地位，宜乎采取男性的姿态，以刚强或动进出之的，而在某一时候的某一地位，则又宜乎采取女性的姿态，以阴柔或静退出了之。③ 人类在外面所遭逢的"环境"，其关于时间之或先或后，与地位之或高或下，及其四围人物及与事变所形成之一种形势。占卦所得之某一爻，即表示其时与地之性质，其余五爻，即指出其外围之人物与事态者，此即所谓"命"。④

3. 正中是最好的空间和时间

《易经》中的每一卦，都由三划形成，这无论在时间或地位上，都表着上、中、下或前、中、后三个境界。钱穆指出，大体上在最先的阶段或最下的地位，其时则机缘未熟，事势未成，一切应该采取谨慎或渐进的态度。在最后的阶段或最高的地位，其时则机运已过，事势将变，一切应该采取警戒或退守的步骤。只在正中的一个地位和时间，最宜于我们之积极与进取的活动。若把重卦六爻合并看来，第二第五两爻，居一卦之中坚，最占主要地位。第三第四爻，可上可下，其变动性往往很大。最下一爻和最上一爻，则永远指示着我们谨慎渐进或警戒保守。如此再配上全卦六爻所象征的具体事物，及其全个形

---

① 钱穆：《中国文化史导论（修订本）》，商务印书馆1994年版，第69—70页。
② 同上书，第71页。
③ 同上书，第70页。
④ 同上书，第71页。

势,则其每一时间每一地位应取的刚柔态度和可能的吉凶感召,便不难辨认了。①《易》的尚"中"思想,为儒道两家所共通。老子强调"守中"(《老子》第五章),庄子倡言"养中"(《人间世》),免于走向极端,也是道家用心处。②

汉人解《易》,常说"易"一名而含三义,即简易、变易和不易。这或许就是《易经》的真谛和流传数千年的魅力所在。

### 三 诸子百家众派争流

先秦时代,中国学术破山出川,众派争流,诸子百家,群星闪耀,形成西人所谓"轴心时代"。《诗经·大雅·荡之什》中的几句,正可以用来描述这时的盛况:

> 如飞如翰,如江如汉,如山之苞。如川之流,绵绵翼翼。

"吾国学术,大略可分七期:先秦之世,诸子百家之学,一也……纯为我所自创者,实止先秦之学耳。"③ 之所以如此,定有其有前因后果。这个前因,第一是那时代政治社会的状态;第二是那时代的思想潮流。时势生思潮,思潮又生时势,时势又生新思潮。④ 借用德国思想家雅斯贝尔斯谈论教育本质时的形象比喻就是:"一棵树摇动另一棵树,一朵云推动另一朵云,一个灵魂唤醒另一个灵魂。"(雅斯贝尔斯《什么是教育》,1977)

(一)百家群起,道术为天下裂

先秦诸子百家,"百家"一词语出《庄子》"天下大乱……悲夫,百家往而不反,必不合矣。后世学者,不幸不见天地之纯,古人之大体,道术将为天下裂"(《庄子·天下中》)。据《汉书·艺文志》的记

---

① 钱穆:《中国文化史导论(修订本)》,商务印书馆1994年版,第70页。
② 陈鼓应:《易传与道家思想》,中华书局2015年版,第38页。
③ 吕思勉:《〈先秦学术概论(上编)〉总论》,中国人民大学出版社2011年版,第3页。
④ 胡适:《中国哲学史大纲》,民主与建设出版社2017年版,第23页。

载，诸子数得上名字的一共有189家，4324篇著作。其后的《隋书·经籍志》《四库全书总目》等书则记载"诸子百家"实有上千家。但流传较广、影响较大、较为著名的不过十家而已。西汉刘歆在《七略·诸子略》中将小说家去掉，称为"九流"。俗称"十家九流"。

晚周的百家争鸣，是中国古代学术史上最光辉灿烂的一页。但是晚周诸子学术的派别系统是一个极不易分梳条理的问题。从《荀子·非十二子》《庄子·天下》《淮南子·要略》、司马谈《论六家之要指》，到《汉书·艺文志》，都各有其见解，而终于莫衷一是。①

在梁启超看来，诸子的思想首先出现的是儒家，然后是墨家，所以最先是儒墨相对立。道家是后起的，法家更是后起的。这四家于我们所要讨论的诸子起源问题是直接相干的。名家不是直接相干的，它是派生的（derivative），是从这四家所对付的问题里面派生出来的。阴阳家没有文献，它是战国末年所产生的思想，它是派生的派生，更不是直接相干的。先秦虽然号称有"诸子百家"，但是如果集中一点来讲，就是这六家，所以司马谈就有"六家要旨"。这六家中主要的是儒、墨、道、法四家。②

（二）诸子聚徒成党

孟子说孔子的时代，是"邪说暴行有作""邪说横行，处士横议"。实际上这是一个大辩论时代。到战国时代，更是百家杂兴，各以自己的学说，批评政府的施政，如李斯所言，"闻令下，则各以其学议之"。始则"异取以为高"，终则"党与成乎下"（《史记·秦始皇本纪》）。大师之门，"从者恒数百"（《孟子》），而大城市则成为人文所萃之地。如"齐稷下常聚数万人，或赐列第为大夫，不治而议论"（《史记·田敬仲完世家》）。钱穆认为，儒、墨、道三家，他们都能站在人类大全体上讲话。其余名、法、农、杂、阴阳、纵横诸家，则地位较狭，不能像他们般有力了。③虽然名学在中国学术思想上有绝大的影

---

① 蒙文通著，蒙默编：《蒙文通全集》，周秦学术流派试探，巴蜀书社2015年版，第105页。
② 牟宗三：《中国哲学十九讲》，吉林出版集团有限公司2010年版，第48—49页。
③ 钱穆：《中国文化史导论（修订本）》，商务印书馆1994年版，第85页。

响。① 儒家几乎为阴阳所吞。② 但从群学思想看，最有贡献者，还主要是儒道墨法四家。

1. 儒家

从群学的角度看，儒家的相关思想最丰富，特别是荀子。他们对人与人、人与群、群体秩序、理想群体、群体分工与治理这些最根本的问题，进行了较系统的研究和思考。

笔者阅读过许多关于儒家的总结性概论，但用短短一段话，从群伦角度，把儒家思想作如此精辟概要的，唯有梁启超。首先，"儒家谓社会由人类同情心所结合，而同情心以各人本身最近之环圈为出发点，顺等差以渐推及远"。其次，儒家"欲建设伦理的政治，以各人分内的互让及协作，使同情心于可能的范围内尽量发展，求相对的自由与相对的平等之实现及调和"。再者，儒家"又以为良好的政治，须建设于良好的民众基础之上，而民众之本质，要从物质、精神两方面不断的保育，方能向上"。最后，梁启超认为，儒家"殆将政治与教育同视，而于经济上之分配亦甚注意"。因此，梁启超把儒家学说名之曰"人治主义"或"德治主义"或"礼治主义"。③

关于儒家的来源，章太炎认为，"儒家、法家皆出于道，道则非出于儒也"（《原道》上篇之末注）。儒家的书记载孔子"从老聃助葬于巷党"。《周礼》也说，"儒以道得民"。孔子和老子本是一家，后来孔、老分家。老子代表儒的正统，而孔子早已超过了那正统的儒。④

孔子放大了儒的事业。从孔子才开始，对尧舜、夏商周三代文化有一个反省。⑤ 在"吾从周"的口号之下，孔子扩大了旧"儒"的范围，把那个做殷民族的祝人的"儒"，变做全国人的师儒了。"儒"的中兴，其实是"儒"的放大。⑥ 章太炎使我们知道"儒"字的意义经过了一种

---

① 胡适：《中国哲学史大纲》，民主与建设出版社2017年版，第72页。
② 傅斯年：《傅斯年讲史学》，凤凰出版社2008年版，第120—121页。
③ 梁启超：《梁启超论先秦政治思想史》，商务印书馆2012年版，第76页。
④ 胡适：《中国思想史》，华东师范大学出版社2015年版，第5页。
⑤ 牟宗三：《中国哲学十九讲》，吉林出版集团有限公司2010年版，第45—47页。
⑥ 胡适：《中国思想史》，华东师范大学出版社2015年版，第39页。

第二章 群学创立的思想基础

历史的变化,从一个广义的,包括一切方术之的"儒",后来缩小到"祖述尧舜,宪章文武,宗师仲尼"的狭义的"儒"。广义的、来源甚古的"儒",变成了孔门学者的私名,是孔子的伟大成绩。① 孔子建立了那刚毅宏大的新儒行,就自成一种新气象。② 孔子根据礼义,把古代贵族礼直推演到平民社会上来,完成了中国古代文化趋向人生伦理化之最后一步骤。这是孔子讨论礼的大贡献。③

孔子一派的儒家思想,当然也被指出了很多的缺点。

墨子曾激烈地批评儒家"儒之道足以丧天下者,四政焉":儒者不相信鬼神,儒家坚持厚葬,儒家"盛为声乐以淫遇民",儒家信天命(《墨子·公孟》)。儒家是"繁饰邪术":"累寿不能尽其学,当年不能行其礼,积财不能赡其乐,繁饰邪术以营世君,盛为声乐以淫遇民,其道不可以期世,其学不可以导众。"(《墨子·非儒》)

儒家倡导礼义,对社会起着重大的教化作用,但将人的视听言动都纳入礼的规范则失之泛化,易演成钳制人心的"礼教",④ 因而庄子后学一再抨击儒家道德"撄人之心"⑤"僭然乃愤吾心",⑥ 并一语中的地指出儒家"明乎礼义而陋知人心"。⑦ 庄子还揭露了礼义法度被上层人士"盗积""盗守"的现象(《庄子·胠箧》)。"彼窃钩者诛,窃国者为诸侯,诸侯之门而仁义存焉。"⑧ 礼法被工具化。⑨

从群学的角度,钱穆认为儒家的不足主要有三点。第一,是他们太

---

① 胡适:《中国思想史》,华东师范大学出版社2015年版,第27页。
② 同上书,第50页。
③ 钱穆:《中国文化史导论(修订本)》,商务印书馆1994年版,第73页。
④ "礼教"一词,首见于《庄子·徐元鬼》,载(清)郭庆藩《庄子集释》,中华书局2006年版,第834页。
⑤ 《庄子·在宥》,载(清)郭庆藩《庄子集释》,中华书局2006年版,第373页。
⑥ 《庄子·天运》,载(清)郭庆藩《庄子集释》,中华书局2006年版,第523页,"愤"字今本作"慣",盖形近而误,载(清)郭庆藩《庄子集释》,第523页;陈鼓应《庄子今注今译》,中华书局2001年版,第384页。
⑦ 《庄子·田子方》中"明乎礼义而陋知人心",载(清)郭庆藩《庄子集释》,中华书局2001年版,第704、705页。
⑧ 载(清)郭庆藩:《庄子集释》,中华书局2006年版,第350页。
⑨ 陈鼓应:《道家的人文精神》,中华书局2015年版,第52—53页。

看重人生，容易偏向于人类中心、人类本位，而忽略了四围的物界与自然。第二，是他们太看重现实政治，容易使他们偏向社会上层而忽略了社会下层；常偏向于大群体制而忽略了小我自由。第三，因他们太看重社会大群的文化生活，因此使他们容易偏陷于外面的虚华与浮文，而忽略了内部的素朴与真实。①

2. 道家

道家在群学思想方面的贡献，正像他的派别一样，十分复杂。郭沫若指出，老子的思想虽在孔、墨之先，而它的成为学派是在孔、墨之后。② 胡适认为，老子也是儒。老子的教义正代表儒的古义。③ 先秦道家派别繁多，春秋末的老子到战国中期崛起的黄老学派和庄子学派都统称道家。

老子的"道"，具有浓厚古代民主性、自由性的讯息。老子提出很多富于古代民主思想色彩的主张，如劝喻上位者放弃对子民的过多干预，让人民在较为自在、自由、自足的环境中生存发展；他认为意志和欲望是与生俱来的，将之导向正途则可造福人类，故而主张发挥创造意志，收敛占有冲动。④ 道家背后的基本精神是要求高级的自由自在，他那个自由不是放肆，不是现在这个世界所表现的这种自由。它是一种高级的修养。⑤

道家因脱离现实，陈义过高，在老聃、杨朱以至杨朱弟子的时代都还不曾蔚成为一个学术界的潮流；但到稷下先生时代，道家三派略有先后地并驾齐驱，不仅使先秦思想更加多样化，而且也更加深邃化了。⑥

战国百家争鸣，黄老独盛；黄老学说，可说是显学中的显学。黄老援引礼、法以入道；主时变，推动政治社会变革；主张君臣各司其职、各尽其能将老学治道更加向现实世界落实了。"黄老独盛"的局面，在

---

① 钱穆：《中国文化史导论（修订本）》，商务印书馆1994年版，第84页。
② 郭沫若：《十批判书》，"古代研究的自我批判"，人民出版社2012年版，第54页。
③ 胡适：《中国思想史》，华东师范大学出版社2015年版，第49页。
④ 陈鼓应：《道家的人文精神》，中华书局2015年版，第27页。
⑤ 牟宗三：《中国哲学十九讲》，吉林出版集团有限公司2010年版，第55—56页。
⑥ 郭沫若：《十批判书》，"稷下黄老学派的批判"，人民出版社2012年版，第125页。

中国思想史上延续了三四百年之久。①

在中国思想系统里，儒、道两家遂成为正、反两大派。儒家常为正面向前的，道家则成为反面而纠正的。此两派思想常互为消长。② 每逢儒家思想此等流弊襮著的时候，中国人常有另一派思想对此加以挽救，则为庄老道家。③ 钱穆认为，道家思想是承接儒、墨两派而自为折中的。但论其大体，则道家似与墨家更近。他们同时反对古代传统的礼，认为不平等而奢侈。又同样不如儒家般以"人本主义"为出发。墨、道两家的目光与理论，皆能超出人的本位之外，而从更广大的立场上寻根据。墨家的根据是"天"，即"上帝鬼神"，而道家的根据则是"物"，即"自然"。④

郭沫若认为，道家思想直可以说垄断了2000年来的中国学术界。这也未必全是正面的。郭沫若认为，老聃之术传于世者2000余年，经过关尹、申不害、韩非等人的推阐，在中国形成一种特殊的权变法门，养出了大大小小不计其数的权谋诡诈的好汉。⑤

3. 墨家

墨家对群学思想贡献仅次于儒家。《淮南要略》云："墨子学儒者之业，受孔子之术。"在傅斯年看来，从逻辑上说，儒墨之别常是一个度的问题。儒者亦主张任贤使能者，但更有亲亲之义在上头；儒者亦非主张不爱人，但谓爱有差等；儒者亦非主战阵，但还主张义战；儒者亦非无神无鬼论者，但也不主张有鬼。乐、葬两事是儒墨行事争论的最大点，但儒者亦放郑声，亦言"礼与其奢也宁俭，丧与其易也宁戚"。儒者是持中者，墨家是极端论者，两者总是不能合的，但精神上还有多少的相互同情。⑥ "诸子百家中，墨之组织为最严整，有巨子以传道统……"⑦ 胡适也认为，墨子是一个实行的宗教家。他主张节用，又主

---

① 陈鼓应注译：《黄帝四经今注今译》，中华书局2016年版，第2—3、25—26页。
② 钱穆：《中国文化史导论（修订本）》，商务印书馆1994年版，第85页。
③ 同上书，第84页。
④ 同上书，第85页。
⑤ 郭沫若：《十批判书》，"稷下黄老学派的批判"，人民出版社2012年版，第143页。
⑥ 傅斯年：《傅斯年讲史学》，凤凰出版社2008年版，第130页。
⑦ 同上书，第116页。

张废乐,所以他教人要吃苦修行。要使后世的墨者,都要"以裘褐为衣,以跂蹻为服,日夜不休,以自苦为极"。这是"墨教"的特色。

郭沫若指出,在思想本质上,墨家是抹杀个性的,可以说是处在另一个极端。墨家的尊天、明鬼、尚贤、尚同诸义,与道家极不相容,就是以尊重私有权为骨干的兼爱与非攻的主张,也为道家所反对。"兼爱不亦迂乎!无私焉,乃私也"(《天道》);"爱民,害民之始也;为义偃兵,造兵之本也"(《徐无鬼》);这些都是很深刻的批判。在"兼爱"中看出本来是为私,"非攻"中看出本来是为保护私有权的防御战。2000多年后的今天,批判墨子学说的人差不多谁也没有做到这样的深刻。①

钱穆对墨家道家平等观的评价也是非常精到的。钱穆认为,墨子站在人类平等观念上,极端排斥贵族阶级,但他所主张的平等,实际上不好算是平等,而是无差别与齐一。他主张"兼爱",便是一种"无差别""无分等"的爱。他说要"视人之父若其父",这就违反了人类内心的自然情感,但他却说这是上帝的意志。他虽重新采用了古代宗教的理论,但又毁弃了古代宗教的一切仪式和方法。这因为他太看重人生经济实利方面,他只在人生经济实利方面来建筑他的无差别的平等主义。墨子的人格是可敬的,但其理论则嫌疏阔。墨子彻底反对古代贵族制度及其生活,在这一点上墨子的态度似比孔子更前进了。但他不免又回复到古代素朴的上帝鬼神的宗教理论上去,则确乎比孔子后退了。②

4. 法家

法家极大地深化了先秦的群学思想。法家为九流之一,然《史记》以老子与韩非同传,则法家与道家,关系极密也。名、法二字,古每连称,则法家与名家,关系亦极密也。③

在牟宗三看来,儒、墨、道三家都只是在精神生活上有贡献,对于

---

① 郭沫若:《十批判书》,"庄子的批判",人民出版社2012年版,第159—160页。
② 钱穆:《中国文化史导论(修订本)》,商务印书馆1994年版,第82—83页。
③ 吕思勉:《〈先秦学术概论(下编)〉分论》,中国人民大学出版社2011年版,第83页。

第二章 群学创立的思想基础

当时的社会的政治、经济没有什么贡献。要解决当时的时代问题，最实用而可以见诸行事的是法家。①法家出来完成当时社会形态的转型，结果打倒了贵族政治，成为君主专制，这在中国历史上是进一步。②

在胡适看来，公元前4世纪与公元前3世纪之间的"法家"，是三百年哲学思想的混合产物。"法"的观念，从"模范"的意义演变为齐一人民的法度，这是墨家的贡献。法家注意正名责实，这便和孔门的正名主义和墨家的名学都有关系。法家又以为法治成立之后便可以无为而治，这又是老子以下的无为主义的影响了。法家又有法律平等的观念，所谓"齐天下之动，至公大定之制"，所谓"顽嚚聋瞽可与察慧聪明同其治"，这里面便有墨家思想的大影响。故我们可以说，当时所谓"法家"其实只是古代思想的第一次折中混合。③

牟宗三把法家分为"不坏的法家"和"坏的法家"。像李克、吴起、商鞅这样的法家是不坏的，法家是在经过申不害到韩非那个时候才变成坏的。如果没有客观的法就没有真正的政治，所以法不算坏。法是客观的，布在官府公诸社会，就是圣人也不能反对法，可是到申不害讲术就出问题了。到了韩非就综合商鞅的法和申不害的术，再加上韩非的那一整套思想，这样就坏了。④

申不害的术从道家来。法家和道家一合，结果道家变质了，法家也变坏了。术用在皇帝这个地方，是不能公的，"赏罚不测，喜怒不测"，法家到这里就坏了。法家到了申不害、韩非、李斯、秦始皇就成了大罪恶。李斯及秦始皇（还应有韩非）不把人当成有人格的人来看，只是把人民当作一个耕战的工具。结果秦朝一下子就垮了。后来再也没有人敢公然的说用法家的思想，虽然背地里或可偷用一点，但是没有人敢公开的拿出来当原则的。⑤

郭沫若认为，法家的"坏"，主要在于禁绝人民的自由。在韩非所

---

① 牟宗三：《中国哲学十九讲》，吉林出版集团有限公司2010年版，第56—57页。
② 同上书，第58—59页。
③ 胡适：《中国思想史》，华东师范大学出版社2015年版，第127页。
④ 牟宗三：《中国哲学十九讲》，吉林出版集团有限公司2010年版，第58页。
⑤ 同上。

· 107 ·

谓"法治"的思想中，一切自由都是禁绝了的，不仅行动的自由当禁（"禁其行"），集会结社的自由当禁（"破其群以散其党"），言论出版的自由当禁（"灭其迹，息其说"），就连思想的自由也当禁（"禁其欲"）。韩非子自己有几句很扼要的话："禁奸之法，太上禁其心，其次禁其言，其次禁其事。"（《说疑》）这真是把一切禁制都包括尽致了。①

太史公马谈（司马迁父亲）是这样评价法家的："法家不别亲疏，不殊贵贱，一断于法，则亲亲尊尊之恩绝矣。可以行一时之计，而不可长用也，故曰'严而少恩'。"（《史记·太史公自序》）但法家所倡导建立的"尊主卑臣，明分职不得相逾越，虽百家弗能改也"（《史记·太史公自序》）。

法家治世，用力过猛，施政太苛。"猛则民残。"② 苛政猛于虎。对于政治家来说，还是应该听听孔子之言："礼之用，和为贵。"（《论语·学而》）

也有人认为法家执行的是父爱主义，儒家倡导的是母爱主义："无父之行，不得子之用；无母之德，不能尽民之力。父母之行备，则天地之德也。"③ 父严母慈，则父德主刑罚，母德多庆赏。"父母之行备"，盖谓赏罚相济、慈严并施。④ "职是故，法家之治民，乃主大处落墨，而不主苟顺民情。"⑤

也许是基于这一点，虽然郭沫若批判法家态度激烈，但也有所肯定：纯粹法家以富国强兵为目标，他们所采取的是国家本位，而不必一定是王家本位。他们的抑制私门是想把分散的力量集中为一体，以谋全国的富强。人民虽然受着严刑的压迫以为国服役，但不必一定为一人一姓服役，因而人民的利益也并未全被抹杀，人民的大部分确实是从旧时代的奴隶地位解放了。⑥

---

① 郭沫若：《十批判书》，人民出版社2012年版，第295页。
② 《昭公二十年》，《春秋左传注》，第1421页。
③ 陈鼓应注译：《黄帝四经今注今译》第一篇"经法"，中华书局2016年版，第122页。
④ 同上书，第123页。
⑤ 吕思勉：《〈先秦学术概论（下编）〉分论》，中国人民大学出版社2011年版，第87—88页。
⑥ 郭沫若：《十批判书》，"前期法家的批判"，人民出版社2012年版，第253—254页。

第二章　群学创立的思想基础

事实上，秦国的取胜，一定有它的优势。荀子去秦国后，写下了一段热情赞扬的观感。在荀子看来，秦国百姓纯朴，有古民之风；官员士大夫"莫不恭俭、敦敬、忠信"，公而无私，不朋党，不比周；朝廷高效决策，百事不留。与其他国家的君主无能、贵戚腐败、任人唯亲、政令不通、缺乏行动力相比，秦国就是荀子眼中最理想的新世界："治之至矣！"秦国的唯一不足是"无儒"（《儒效》《强国》）。司马迁在《史记》里对秦也有很高的评价，商鞅变法后，秦政"行之十年，秦民大悦，道不拾遗，山无盗贼，家给人足"（《史记·商君列传》），足可以与荀子的观感相比照。

（三）儒家的胜出是因为其社会性

从老子、孔子到荀卿、韩非，从公元前6世纪到公元前3世纪，是中国古代思想的分化时期。这300多年的思想，大致可以分作两个时期，前期趋于分化，而后期便渐渐倾向折中与混合。① 前期的思想家都敢于创造，勇于立异；他们虽然称道尧舜，称述先王，终究遮不住他们的创造性，终究压不住他们的个性。但公元前4世纪以后，思想便有趋向混合的形势了。这时代的列国局势也渐渐趋向统一，西方的秦国已到最强国的地位，关外的各国都感觉有被吞并的危险。思想界的倾向自然也走上功利的一条路上去。②

汉朝立国不久，儒术被定于一尊。

儒家的胜出是因为其社会性。傅斯年认为，儒家的思想及制度中，保存部落时代的宗法社会性最多，中国的社会虽在战国大大地动荡了一下子，但始终没有完全进化到军国，宗法制度仍旧是支配社会伦理的。所以黄老之道、申韩之术，可为治之用，不可为社会伦理所从出。这是最重要的一层理由。儒墨之战、儒道之战，儒均战胜。儒与阴阳之战，儒虽几乎为阴阳所吞，最后仍能超脱出来。战国一切子家一律衰息之后，儒者独为正统，这全不是偶然，实是自然选择之结果。③

---

① 胡适：《中国思想史》第二编"中国中古思想史长编"，华东师范大学出版社2015年版，第124—125页。
② 同上书，第124页。
③ 傅斯年：《傅斯年讲史学》，凤凰出版社2008年版，第120—121页。

### 四 荀子的超越与批评

荀子是集大成者，超越了百家。郭沫若认为，荀子是先秦诸子中最后一位大师，他不仅集了儒家的大成，而且可以说是集了百家的大成……他是把百家的学说差不多都融会贯通了。先秦诸子几乎没有一家没有经过他的批判……他对于百家都采取了超越的态度，而在他的学说思想里面，我们很明显地可以看得出百家的影响。或者是正面的接受与发展，或者是反面的攻击与对立，或者是综合的统一与衍变。①

（一）荀子群学思想举要

英国著名人类学家布朗教授（R. Brown）20世纪30年代在燕京大学讲课时就曾经指出：中国在战国时代已由荀子开创了社会学这门学科，比孔德要早2000多年。② 又如郭沫若所说，在先秦诸子中，能够鲜明地抱有社会观念的，要数荀子，这也是他的学说中的一个特色。他是认定了群体的作用的，认为"能群"是人类所能够克服自然界而维持其生存的主要的本领；群之所以能够维持是靠着分工；分工的依据就是礼义。他在《荀子·王制》和《荀子·富国》里面，把这些意思叙述得特别详细而且明白。③

1. 思想逻辑：道→人道→君道→群道

胡适认为，荀子思想的核心是道→人道→君道→群道："道者，非天之道，非地之道，人之所以道也。君子之所道也。"（《儒效》）又说："道者何也？曰：君道也。君者何也？曰：能群也。"（《君道》）这是儒家本来的人事主义和孔子的"未能事人，焉能事鬼"同一精神。④ 荀子以前，未必没有人使用人群、群这个概念，但是荀子却是第一个把人从群体的角度来分析、把社会划分为群体来探究、把群体社会的存续、维

---

① 郭沫若：《十批判书》"荀子的批判"，人民出版社2012年版，第164页。
② 费孝通：《从实求知录》，北京大学出版社1998年版，第232页。
③ 郭沫若：《十批判书》"荀子的批判"，人民出版社2012年版，第173页。
④ 胡适：《中国哲学史大纲》，民主与建设出版社2017年版，第224页。

系、团结用"社会学色彩的思维"①来研究的。

2. 明于天人之分,"制天命"对"非命"的超越

荀子的"制天命"观念表明了群体性的自信。荀子的"天论",即是培根的"戡天主义"(Conquest of Nature)了。② 戡天的思想,即所谓人定胜天。这本是儒家的一个特点,例如,孟子便说过"天时不如地利,地利不如人和",而荀子却表现得更为痛快。③ 这也是对于墨家尊天明鬼的反对,"制天命"的说法便是超越"非命"说的回答。"非命"是以为自然界或人世界中没有所谓必然性,这是违背现实的;"制天命"则是一方面承认有必然性,在另一方面却要用人力来左右这种必然性,使它于人有利,所以他要"官天地而役万物"。④

3. 推崇"人为"胜过"天然"

重视人自身的力量,是群体性的自觉。中国自古以来的哲学家都崇拜"天然"过于"人为"。老子、孔子、墨子、庄子、孟子都是如此。推崇"人为"过于"天然",乃是荀子哲学的一大特色。⑤ 他不仅一次地援用"旁皇周浃"的字句来赞叹这种人为秩序的成功。在他看来,人是因为有这样的创制本领所以才能够和天地并列的。"天有其时,地有其财,人有其治,夫是之谓能参。"(《天论》)这和《中庸》参赞化育的思想,明显地有一脉的渊源。⑥

4. 建立等级规范

等级规范是群体团结的约束性力量。"君君臣臣父父子子兄兄弟弟〔夫夫妇妇〕",应该是怎样呢?他在《君道》篇里面有一段问答体的解说。他这些观念不用说是有所承继而来,而同时也就开启了此后 2000 余年的封建社会的所谓纲常名教。值得提起的,在这儿还没有朋友一

---

① [美]本杰明·史华兹:《古代中国的思想世界》,程钢译,江苏人民出版社 2008 年版,第 405 页。
② 胡适:《中国哲学史大纲》,民主与建设出版社 2017 年版,第 224 页。
③ 郭沫若:《十批判书》"荀子的批判",人民出版社 2012 年版,第 166 页。
④ 同上书,第 166—167 页。
⑤ 胡适:《中国哲学史大纲》,民主与建设出版社 2017 年版,第 227—228 页。
⑥ 郭沫若:《十批判书》"荀子的批判",人民出版社 2012 年版,第 174—175 页。

伦。但他也并没有轻视这项关系。① 荀子的社会观完全是一种阶级的社会观，但有趣的是他却说这样就是平等。他说，这是不平等的平等，或平等的不平等。②

5. 重"分"及"分工"

"分"及"分工"使群体成员的所得变得可以预期，能够消除群体生活的不确定性。荀子所说的"分"，有时又称之为"辨"，是已经具有比较复杂的含义的。它不仅限于分工，它已经是由分工而分职而定分（去声），在社会是"农农、士士、工工、商商"；在家庭是"父父、子子、兄兄、弟弟"；在国家是"君君、臣臣"；要各人守着自己的岗位，共同遵循着一定的秩序而通力合作。③ 荀子受管仲以来齐国优良的法制传统影响，以使君臣上下循名责实地各依其职、各尽所能。④ 荀子之所以重"分"，是由于看到人生有欲，无分必争。人伦并处，"分"可以避免"失合之忧"。

6. 隆礼、重法、爱民、敬士、用智

隆礼、重法、爱民、敬士、用智，荀子希望群体之主变得睿智强大。"人君者隆礼尊贤而王，重法民而霸"（《强国》《天论》）；"君人者欲安则莫若勤政爱民矣，欲荣则莫若隆礼敬士矣"（《王制》）。"不亲贤用知（智），故身死国亡也。"（《尧问》第三十二）荀子"隆礼义"是包含着尊法听制的主要成分的。⑤"遵法敬分而无倾侧之心，守职循业，敢损益，可传世也，而不可使侵夺，是士大夫官帅之材也。"⑥ 儒家之中，孟子主张仁义；荀子主张礼义，而又不忘兵力。（《荀子·强国》）⑦

7. 贵贤敬贤，反对"以族论罪，以世举贤"

贵贤敬贤，反对"以族论罪，以世举贤"，荀子希望群主超越血缘

---

① 郭沫若：《十批判书》"荀子的批判"，人民出版社2012年版，第175页。
② 同上书，第180—181页。
③ 同上书，第174页。
④ 陈鼓应：《管子四篇诠释》，中华书局2015年版，第31页。
⑤ 郭沫若：《十批判书》"荀子的批判"，人民出版社2012年版，第178—179页。
⑥ （清）王先谦：《荀子集解》，中华书局1988年版，第290页。
⑦ 萨孟武：《中国社会政治史——先秦秦汉卷》，生活·读书·新知三联书店2018年版，第48—49页。

第二章 群学创立的思想基础

亲族的羁绊。"尊圣者王，贵贤者霸，敬贤者存，慢贤者亡，古今一也。故尚贤使能，等贵贱，分亲疏，序长幼，此先王之道也。"① 以族论罪，以世举贤。故一人有罪而三族皆夷，德虽如舜，不免刑均，是以族论罪也。先祖当贤，后子孙显，行虽如桀、纣，列从必尊，此以世举贤也。②

8. 天立君为民

荀子强调天立君为民，是想告诉君主（群主），在其位谋其政，必须为民服务。

天之生民，非为君也。天之立君，以为民也。（《大略》）③

天下是社会人心。"故可以有夺人国，不可以有夺人天下；可以有窃国，不可以有窃天下也。可以夺之者可以有国，而不可以有天下"。④

荀子反对君主擅权，主张"百官论"（《王霸》）。荀子反对人君的自己动手，以为是"役夫之道，墨子之说"。这大抵是说王者的相佐。荀子主张王者须"共己正南面"，不要自己管事，要紧的是要选择一位好的宰相。相是称为"国具"的。⑤ 荀子赞赏诤臣、诤子、诤友，反对愚忠愚孝。总之，荀子还侧重人民，韩非则专为帝王，他们纵然有过师徒的关系，但他们的主张是成了南北两极的。⑥

9. 赞成用革命的手段推翻暴政

荀子不能容忍君主（群主）的暴政，因此有时也赞成用革命的手段推翻暴政。当时的学者已经有人说汤、武是篡逆的（荀子的弟子韩非便有这样的主张），他极力加以辩驳，认为汤、武只是诛独夫。他对于这种革命，曾给予一种独特的术语，叫作"权险之平"。⑦ 所谓"权险之平"，是权其险侧使归于平正的意思。这主张倒相当彻底。那么，在

---

① （清）王先谦：《荀子集解》，中华书局1988年版，第535页。
② 同上书，第534页。
③ 郭沫若：《十批判书》"荀子的批判"，人民出版社2012年版，第168页。
④ （清）王先谦：《荀子集解》，中华书局1988年版，第385页。
⑤ 郭沫若：《十批判书》"荀子的批判"，人民出版社2012年版，第186页。
⑥ 郭沫若：《十批判书》"韩非的批判"，人民出版社2012年版，第290页。
⑦ 郭沫若：《十批判书》"荀子的批判"，人民出版社2012年版，第190页。

"天下不一，诸侯俗反，则天王非其人也"（《王制》）的时候，自然也尽可以"夺杀易位"而"权险之平"了。① 荀子的学生李斯献媚于秦始皇，后来做了丞相，"荀卿为之不食"（《盐铁论·毁学》）。②

10. 把中庸具体化："中理""中事"

荀子赞同群体生活的中庸之道，认为，中庸的关键在于"中理"。（《正名》）"凡事行，有益于理者，立之；无益于理者，废之。夫是之谓中事。凡知说，有益于理者，为之；无益于理者，舍之。"

11. 重王道不反对霸道

荀子的主张和孟子一样，在原则上是重视王道的，但也并不反对霸道。他在《王制》里面有王、霸、安存、危殆、灭亡的五等国势的区分，不妨把它们并揭在下边。③ 王道就是所谓"平政教，审节奏，修仁义，正法则，选贤良，养百姓"，包括所谓"王者之政""王者之人""王者之制""王者之论""王者之法"。④ 在荀子看来，秦只做到霸的极致，而还够不上王道。但已经有谈王道的资格，而且应该施行王道了。他之所以在秦昭王时亲自跑到秦国去，打破了儒者不入秦的旧例，自然是看上了秦国，而他替秦国的划策，也就是希望它实行儒术，所谓"力术止，义术行"，施行"王道"。⑤

12. 劝学尊师重道

劝学尊师重道，是中国几千年传承不衰的隐形密码。荀子对于"师法"极其尊重，师的地位在礼义之上。师即是圣人君子，礼义乃由之而出（《修身》）。⑥ 像这样尊师重道的话，《荀子》书中触目皆是，举不胜举。有时他把君和师合而为一，对于治国平天下的圣王把礼成法备的情形叙述了一遍之后，爱这样赞叹一句："夫是之谓人师。"（《王制》）这是指圣人之在位者而言。圣人之不在位者如像仲尼、子弓，在他看

---

① 郭沫若：《十批判书》"荀子的批判"，人民出版社2012年版，第190—191页。
② 郭沫若：《十批判书》"吕不韦与秦王政的批判"，人民出版社2012年版，第332—333页。
③ 郭沫若：《十批判书》"荀子的批判"，人民出版社2012年版，第182页。
④ 同上书，第185页。
⑤ 同上书，第184—185页。
⑥ 同上书，第175页。

来，也是万世师表了。他们的地位和名望在一切非圣人而在位者的王公大人之上。①荀子认为，普通人通过"积善""积学"也可以成为圣人。《荀子》书中说这"积"字最多。因为人性正如一张白纸，本来没有什么东西，所以需要一点一滴的"积"起来，才可以有学问，才可以有道德。荀子的教育学说以为学问须要变化气质，增益身心。不能如此，不足为学。②

13. 官员应该"忍私""安公"

群体中不仅有群主和群众，中间还有管理者，荀子所谓大小儒。这些官员能否"忍私""安公"，对群体治理及群体发展至关重要。因此荀子强调："志忍私，然后能公；行忍情性，然后能修；知尚好问，然后能才；公修而才，可谓小儒矣。志安公，行安修，知通统类，如是则可谓大儒矣。大儒者，天子、三公也。小儒者，诸侯、大夫、士也。"（《儒效》）

（二）荀子批评诸子不能"和大众，明大分"

春秋战国的先哲们对于社会的构成、变迁、社会问题、人与社会的关系、人与国家、社会的关系种种社会问题都已经作了积极地探究讨论，提出了许多的看法和主张，给荀子的社会学意识和"群学"理论的提出打下了基础。荀子学问渊博，曾研究诸家的学说，在儒家中别开生面，独创一种很激烈的学派。③依荀子的认识论，凡是有利于群体凝聚的就值得赞赏鼓励，反之就要批评抑制。故此，在他的文章中，对各家的观点进行了批评。在荀子看来，对如何"群众"，各家均不得其门。如《天论》所言：

>慎子"有后而无先，则群众无门"。
>老子"有诎而无信，则贵贱不分"。
>墨子"有齐而无畸，则政令不施"。

---

① 郭沫若：《十批判书》"荀子的批判"，人民出版社2012年版，第176页。
② 胡适：《中国哲学史大纲》，民主与建设出版社2017年版，第229页。
③ 同上书，第222页。

宋子"有少而无多，则群众不化"。

又《非十二子》所言：

它嚣、魏牟"不足以合文通治"。
陈仲、史鰌"不足以合大众，明大分"。
墨翟、宋钘"不知壹天下、建国家之权称……不足以容辨异，县君臣"。
慎到、田骈"不足以经国定分"。
惠施、邓析"不可以为治纲纪"。
子思、孟子"略法先王而不知其统"。

荀子《解蔽》还从人文的角度批评了各家：

墨子蔽于"用"而不知"文"。
宋子蔽于"欲"而不知"得"。
慎子蔽于"法"而不知"贤"。
申子蔽于"势"而不知"知"。
惠子蔽于"辞"而不知"实"。
庄子蔽于"天"而不知"人"。

此外荀子还批评了墨子的节用论和非乐论；批驳孟子的性善论；反驳"杀盗非杀人也"诸说。① 在郭沫若看来，荀子在儒家中是参加辩争最积极的一位。"君子必辩"，"予岂好辩哉？予不得已也"。②

当然荀子非墨，而其论正名，实大受墨者之影响。③ 慎子尚法，荀子尚礼，然慎子之法含有礼，荀子之礼含有法，彼此也几乎是两两平行

---

① 胡适：《中国哲学史大纲》，民主与建设出版社2017年版，第222页。
② 郭沫若：《十批判书》"明辨思潮的批判"，人民出版社2012年版，第235页。
③ 胡适：《中国思想史》"第一编、先秦两汉诸子哲学"，华东师范大学出版社2015年版，第81—82页。

的。只有一点重要的不同处，便是荀子所尚之礼主要在"复古"，慎子所尚之法主要在"从俗"。①

### 五 小结 生发中华民族绵延不绝的文化基因

儒、墨、道、法各家，蕴涵着让中国文化传承数千年的基因密码，并且各有其普世的价值。西人罗哲海注意到了中国出现的这种"普遍性"："这种普遍性曾经出现在一个雅斯贝尔斯因其具有枢轴般之重要性而称作'轴心时期'的历史中，即公元前800年到公元前200年之间，在近东、希腊、印度和中国几乎同时发生思想上的首次重大突破性进展；原本各自独立的发展突然改变方向，产生出一个具有世界史向度的早期启蒙新纪元，而替未来打下基础。"② 先秦诸子启蒙争鸣，融合激荡，构建了群体生活最基础之规范，成为支撑中华民族数千年绵延不绝的文明基因，也是所谓普世价值：守规则，尊智者，重安和，有信用，自食其力，不走极端，有长远打算。直到今天，世界上还有很多地方的群体规范，难以比肩公元前2世纪以前中国先秦的完备程度。

（杨善民）

## 第三节 积淀与传承：先秦诸子的"四群"论述

先秦之士是我国历史上第一个崛起的知识阶层，在我国瀚如烟海的思想宝库中，留下了开创性的宝贵精神财富，而群学正是这万紫千红中最耀眼的珍宝。如果说，修身齐家治国平天下典型地体现了中国社会学的精髓，那么先秦诸子从不同方面论及了"修齐治平"思想。如果说，"合群、能群、善群、乐群"精辟地概括了中国社会学的范畴，那么先秦诸子学说中已经积累了丰富的"四群"论述。

荀子创立了群学，但他是集大成者。我们既要充分肯定荀子凭借卓

---

① 胡适：《中国思想史》"第二编、中国中古思想史长编"，华东师范大学出版社2015年版，第124—125页。

② ［德］罗哲海：《轴心时期的儒家伦理》，陈咏明、翟德瑜译，大象出版社2009年版，第33页。

越的综合创新才能所作出的个人贡献,也要承认群学的创立是先秦学术雄厚积累的必然产物。

**一 关于"合群"**

荀子提出了"明分使群"。这就是"分。分何以能行?曰:义。故义以分则和,和则一,一则多力,多力则强,强则胜物,故宫室可得而居也"。① 分就是指人们不同的社会地位和社会分工,要使群体内部或群体之间真正达到能够共同生活的目标,必须使得他们各安其位,各司其职,并且厘清他们各自的权利与义务。这样,人们就能相互和同,就能整齐划一,就有了较大的力量。人们力量大了,就会强壮起来;人们强壮起来,就会战胜万物;所以,人们才能安然地在宫室里居住,而不必像牛马一样,被圈养在偏僻的牛圈马厩里。相反,"群而无分则乱争,争则乱,乱则穷矣。故无分者,人之大害也;有分者,天下之本利也"。② 人要生活,就不能没有群体。在群体中生活,就不能没有等级名分。没有等级名分,就会你争我夺;你争我夺,就会动荡不安;动荡不安,就会陷入困境。所以,没有等级名分是人生的巨大灾难,有了等级名分是人生的根本利益。

然而,怎样才能"明分使群",先秦诸子早就提出了"义""礼"等"分"的依据和体现。即人们要划分和遵守一定职分,又要以什么为根据呢?这就需要"义",即具有区分和辨别的能力。《礼记·中庸》认为,"义者宜也",也即将"义"解释成"应该"或"应当",多数学者也认同将"义"解释成为"宜"。战国中晚期,"义"不但指社会生活中的规范,还代表社会阶层化的秩序。它作为阶层化的社会秩序,要求各人善尽自身角色的责任,服从长上的权威。《大戴礼记·盛德》:"义者,所以等贵贱、明尊卑;贵贱有序,民尊上敬长矣。"管子也说:"是故辨于爵列之尊卑,则知先后之序,贵贱之义矣。"③ 那么,"分"

---

① 骆宾译注:《荀子》,中国文联出版社2016年版,第115页。
② 同上书,第131页。
③ 唐敬杲译注:《管子》,商务印书馆1936年版,第37—38页。

的形态又会体现为什么呢？这就是"礼"。正如《礼记·哀公问》："孔子曰：'丘闻之，民之所由生，礼为大。非礼无以节事天地之神也，非礼无以辨君臣、上下、长幼之位也，非礼无以别男女、父子、兄弟之亲，婚姻疏数之交也。'"①《礼记·曲礼》："夫礼者，所以定亲疏、绝嫌疑、别同异、明是非也。"② 礼是用来确定亲疏的标准、判断疑惑不解的问题、分辨事物的同异、明确事物的是非的。

## 二 关于"能群"

在上古时期，人也曾有混迹于牛马行列的时候。诚如韩非子所说："上古之世，人民少而禽兽众，人民不胜禽兽虫蛇。有圣人作，构木为巢以避群害，而民悦之，使王天下，号（之）曰有巢氏。民食果蔬蚌蛤，腥臊恶臭而伤腹胃，民多疾病。有圣人作，钻燧取火以化腥臊，而民悦之，使王天下，号之曰燧人氏。"③ 可见上古之世正是人们从无群到有群的过渡期。但是，荀子提出人是能成为"群"的，其原因就是人最为天下贵，即"水火有气而无生，草木有生而无知，禽兽有知而无义，人有气，有生，有知，亦且有义，故最为天下贵也"。④ 水火有气息而没有生命，草木有生命而没有知觉，禽兽有知觉而没有道义。人有气息，有生命，有知觉，有道义，所以是最为天下所宝贵的。并且进一步指出："力不若牛，走不如马，而牛马为用，何也？曰：人能群，彼不能群也。"⑤ 就是说，人的气力不如牛，奔跑不如马，可是牛马都被人所使用，这是为什么呢？答案就是：人能够合群，牛马不能合群。

这种人"能群"的思想，在先秦典籍中并不乏见。比如，"谁谓尔无羊？三百维群"（《诗经·小雅·无羊》）。⑥ "兽三为群，人三为

---

① 《四书五经》第三卷，线装书局2010年版，第983页。
② 《四书五经》第二卷，线装书局2010年版，第709页。
③ 《百子全书》第二册，岳麓书社1993年版，总第1788页。
④ 骆宾译注：《荀子》，中国文联出版社2016年版，第115页。
⑤ 同上。
⑥ 周振甫：《诗经译注》，中华书局2010年版，第268页。

众。"(《国语·周语上》)[1] "吾过矣,吾过矣! 吾离群而索居,亦已久矣。"(《礼记·檀弓上》)[2] "方以类聚,物以群分,吉凶生矣。"(《周易·系辞上》)[3] "古者未有君臣上下之别,未有夫妇妃匹之合,兽处群居,以力相征。"(《管子》)[4] 子曰:"小子何莫学夫诗? 诗,可以兴,可以观,可以群,可以怨……"(《论语》)[5] "群"指三者或三者以上的人或者兽,或泛指多数;朋友;以群或分或合等之义。而管子"群"的意义为人类只有以群的形式、并借助群力,才能在自然界中得以生存。孔子的"群"已具备了"合群"之义,后来荀子关于"群"的意义与孔子之意较为相近。不同的是在荀子的论述里"群"这一概念随处可见,并将其命题化、系统化,这是荀子明显超越前人,将群的思想提升为群学的关键所在。

### 三 关于"善群"

家国同构就是要把"家"和"国"这两个群密切结合起来。用儒学的话来说,就是要修身齐家治国平天下。个人只有完善自身修养,才能把家庭治理有序,而家庭秩序井然是国家安定的基础。"修齐治平",只有提高自身修为,才能治理好国家,安抚天下百姓苍生。[6] 换言之,家国情怀就是齐家治国的情怀。宗法制为核心、族权与王权相重合的政治社会框架,即天子有"天下",诸侯有"国",大夫有"家",并通过嫡长子继承制与世卿世禄制来复制延续。[7] 宗法制和分封制结合的结果形成了"王者天下之大宗",也由此形成了族权与王权相结合的"家""国"一体的社会格局。所以张光直认为:"从社会组织结构的特性和发达程度来看,夏商周似乎都具有一个基本的共同特点,即城邑式的宗

---

[1] 梁谷整理:《国语》,上海世纪出版集团2008年版,第4页。
[2] 陈成国点校:《周礼仪礼礼记》,岳麓书社2006年版,第258页。
[3] 周振甫点校:《周易译注》,中华书局2012年版,第302页。
[4] 谢浩范、朱迎平译注:《管子》(上),贵州人民出版社2008年版,第340页。
[5] 陈晓芬、徐儒宗译注:《论语大学中庸》,中华书局2015年版,第211页。
[6] 王利民:《读书人的家国情怀》,《财经法学》2016年第2期。
[7] 沈毅:《"家""国"关联的历史社会学分析——兼论"差序格局"的宏观建构》,《社会学研究》2008年第6期。

族统治机构。"①

但是，到了春秋战国时代，由于相互征伐出现了诸侯争霸的局面，也造成了礼崩乐坏和"家""国"的失序。儒家先贤们把社会动乱的原因归结于西周礼仪秩序的破坏，于是在西周宗法制度的基础上，开始了系统地阐释"家国一体"的思想。《大学》有云："古之欲明明德于天下者，先治其国；欲治其国者，先齐其家；欲齐其家者，先修其身。"这段论述深刻表述了中国传统文化中的修身、齐家、治国、平天下的观念。如有人问孔子"子奚不为政"时，孔子回答道："《书》云：'孝乎惟孝，友于兄弟，施于有政。'是亦为政，奚其为政？"意思是说，家、国本来是一体的，把家庭照顾好也就等于治国了。《孟子·离娄上》载："人有恒言，皆曰，'天下国家'。天下之本在国，国之本在家，家之本在身。"使得"家国一体"思想得到进一步的阐发。荀子也尝言："臣之于君也，下之于上也，若子之事父，弟之事兄。"

## 四　关于"乐群"

在"修齐治平"的"平天下"层级上，人们更多的是享受天下一家的快乐。《尧典》中记载，尧"克明俊德，以亲九族；九族既睦，平章百姓；百姓昭明，协和万邦，黎民于变时雍"。② 尧能表彰有才有德的人，使九族和睦相亲；九族和睦之后，尧又考察分辨百姓姓氏；辨明百姓姓氏之后，尧又和谐万邦诸侯。于是民众受到教化感染而变得和睦友好。实际上，这就是中华民族自古倡导的天下和合精神。这种精神，完全是《中庸》中和思想的外化："中也者，天下之大本也；和也者，天下之达道也；致中和，天地位焉，万物育焉。"③ 中是天下最大的根本，和是天下通行的道理，努力达到中和，天地就各安其所，万物就发育生长了。

这种天下和合的思想，在先秦诸子著作中已经有丰富的记载。比较

---

① 张光直：《中国青铜时代》，生活·读书·新知三联书店1999年版，第73页。
② 高山译注：《尚书·礼记》，中国文联出版社2016年版，第13页。
③ 《四书五经》第一册，线装书局2010年版，总第13页。

早提出的应当是姜子牙。据记载："文王曰：'立敛若何，而天下归之？'太公曰：'天下非一人之天下，乃天下之天下也。同天下之利者则得天下，擅天下之利者则失天下。'"这句话出自《六韬·文师》。天下不是某一个人的天下，天下是全国人的天下。指治国应以天下为公。而更鲜明的应是孔子的天下为公思想："大道之行也，天下为公，选贤与能，讲信修睦。故人不独亲其亲，不独子其子，使老有所终，壮有所用，幼有所长，矜、寡、孤、独、废疾者皆有所养，男有分，女有归。货恶其弃于地也，不必藏于己；力恶其不出于身也，不必为己。是故谋闭而不兴，盗窃乱贼而不作，故外户而不闭，是谓大同。"① 用现在的话说：在大道施行的时候，天下是人们所共有的，把品德高尚的人、能干的人选拔出来，讲求诚信，培养和睦（气氛）。所以人们不单奉养自己的父母，不单抚育自己的子女，要使老年人能终其天年，中年人能为社会效力，幼童能顺利地成长，使老而无妻的人、老而无夫的人、幼年丧父的孩子、老而无子的人、残疾人都能得到供养。男子有职务，女子有归宿。对于财货，人们憎恨把它扔在地上的行为，却不一定要自己私藏；人们都愿意为公众之事竭尽全力，而不一定为自己谋私利。因此奸邪之谋不会发生，盗窃、造反和害人的事情不发生。所以大门都不用关上了，这叫作理想社会。

荀子曾经这样描述士的阶层：儒者效法先王，尊崇礼义，谨慎地做臣子，并使他们的君主尊贵。如果君主任用他，他们在朝廷内会做一个称职的臣子；如果不任用他们，他们就会退居民间，在编入的户籍册中，做一个诚实、顺服的老百姓。即使处境艰难，受冻挨饿，也不会用歪门邪道满足自己的欲望；即使贫穷到没有安身之处，也能深明维护国家的大义。(《荀子·儒效》："儒者法先王，隆礼义，谨乎臣子而致贵其上者也。人主用之，则执在本朝而宜；不用，则退编百姓而悫；必为顺下矣。虽穷困冻馁，必不以邪道为贪。无置锥之地，而明于持社稷之大义。"②)又指出儒者的作用是：大儒，可以担任天子身边的三公；小

---

① 《四书五经》第二册，线装书局 2010 年版，总第 826 页。
② 骆宾译注：《荀子》，中国文联出版社 2016 年版，第 79 页。

儒，可以担任诸侯的士大夫；一般民众，就只能做工匠、农民、商人了。(《荀子·儒效》："大儒者，天子三公也；小儒者，诸侯、大夫、士也；众人者，工农商贾也。"①)

（楚　刃）

## 第四节　集成与创新：荀子群学的体系建构

　　春秋战国时期，错综复杂的社会问题，必然需要一个系统的解决方案；诸侯争霸，既给百家争鸣提供了演出的舞台，又提出论争的命题。各种流派的思想家，纷纷拿出自己解决社会问题的方案。所有这些方案均与其产生的历史背景密切相关。

　　孔子身处春秋末叶，宗法制虽已残破，但还相对完整。所以孔子给出的社会整合方案是"尊尊亲亲"，尊尊讲求的是"礼"，礼是旧的宗法等级制度的骨架；亲亲就是孔子所说的"仁"，这是孔子的发明，是新的东西，是从旧的家族亲情推衍出来的概念，是在独立的小家庭逐渐成长的背景下制定的道德规范。孟子继承了孔子的思想，比较偏爱用仁去做政治实践，故多述仁政。孟子的发明是"义"。在孟子的时代，小农家庭已成风尚，宗法制度几近崩塌，义之本身没有多少血缘亲情的成分，作为地缘关系下人们秉持的道德信条，十分适宜。所以后人说"孔曰成仁，孟曰取义"。道家之学源于楚，楚国旧家族势力十分强大，且地广人稀，无其他国家人口增长带来的压力，故小国寡民作为一种社会理想，自然是其旧贵族的心之所系。法家源于三晋，三晋土地稍嫌偏狭，在人口自然增长较快的压力下，社会矛盾尖锐，故用强制的手段进行社会整合是必要的选择。儒道学说，皆以道德自律为起点，而法家学说，则以道德强制为起点。

　　战国后期，国家的分崩离析，山河的满目疮痍，人民生活的艰难困苦，新旧矛盾日益尖锐，社会对系统的理论解决方案的需求更为急迫。

---

① 骆宾译注：《荀子》，中国文联出版社2016年版，第99页。

荀子"于是推儒、墨、道德之行事兴坏，序列著数万言而卒"。① 群学便是诞生于这样一个特殊的历史环境之中。

荀子的群学是总结诸子各家理论实践得失形成的。群学不是对前揭理论的简单归纳，而是汲取其精义，并基于当时社会历史条件，打造的一套有完整逻辑结构的学说。群学讲求"明分使群"。荀子认为社会秩序之所以混乱，是因为"群而无分则争"，要想完成社会整合，"救患除祸，则莫若明分使群矣"。② 群学的逻辑手段是"分"，逻辑指向是"群"，即通过规范社会秩序，谋求治国理政。

群学所说的"分"，包含诸多内容，层层递进，逻辑清晰。

第一，先明"天人之分"，这是群学逻辑论证的第一步。荀子认为天地与人类各有职分，天归天，人归人，各有自己运行规律。《荀子·礼论》说："天有其时，地有其才，人有其治。"治乱吉凶，在人而不在天。荀子"明于天人之分"的观点可谓是特立独行，确定人类社会的问题与天没有必然的联系，天不再具有人格，也不会主宰人的命运。这与当时儒墨显学、道家及阴阳五行学家的观点迥然相异，为就世人讨论人事划定了范围，确定了原则。毫无疑问，战国时期，古天文学的巨大进步，为荀子"天人相分"的思想的发育，提供了丰富的营养。

第二，再明"性善性恶"。把人与天分开后，人便不具备天的神性。天的神性无法证明，人的本性便可通过其行为验证。在动荡的战争时代，人性丑恶弥足凸显，荀子性恶论证就有了根据，至于仁义，是由后天学习修为所得。其实，后人对荀子的性恶论多有误读，荀子所谈的人性，"本始材朴"，是人的自然之性，可以为恶，也可以为善。只不过"今人之性，生而离其朴"，所以才会有"今人之性，生而有好利焉"。③ 荀子在论述性恶问题时，反复强调"今人"，足以说明其理论来源于对现实的观察。"人之生固小人，无师无法则唯利之见耳。人之生固小人，又以遇乱世，得乱俗，是以小重小也，以乱得乱也。"④ 要扭

---

① 《史记·孟子荀卿列传》，中华书局1982年版。
② （清）王先谦：《荀子集解》，中华书局2013年版，第208页。
③ 同上书，第513页。
④ 同上书，第75页。

转这种倾向，必须制定礼义，进行教化。"化性而起伪，伪起而生礼义，礼义生而制法度。"①

第三，再明"人禽之别""长幼有差""贵贱有等"，于是"贫富轻重皆有称"。人之所以可以通过教化，趋善避恶，因为人与禽兽不同，"夫禽兽有父子而无父子之亲，有牝牡而无男女之别"。②这样以人伦之辨为基础，父子、夫妇的人伦关系就清楚了，"长幼有差"也就成为必然结论。既然长幼有差，那么"贵贱有等"也就不难解释。故《荀子·王制》说："夫两贵之不能相事，两贱之不能相使，是天数也。"既然贵贱有等，"贫富轻重皆有称"就自然而然在情理之中。荀子"明分"，就是用来解释社会差别、不平等的合理性，肯定人们之间贫富差别的秩序。社会成员各安其所，社会秩序便井然有序。

"明分"以后，便是"使群"。"群"是"分"的结果，《荀子·富国》说："故百技所成，所以养一人也。而能不能兼技，人不能兼官，离居不相待则穷，群而无分则争。穷者，患也。争者，祸也。救患除祸，则莫若明分使群矣。"荀子所处的时代，小家庭从家族独立出来，旧的按等级建构的宗法制千疮百孔，新的相对平等的编户制尚难完善，纷争迭起，祸乱仍频。这种乱象引发的社会灾难，荀子记忆犹新。给新的小家庭或个体成员，重新定位，"群"无疑是最好的模式。

荀子首先论证了人能分群的理由。《荀子·王制》说："人，力不若牛，走不若马，而牛马为用，何也？曰人能群，彼不能群也。""水火有气而无生，草木有生而无知，禽兽有知而无义。人有气，有生，有知，亦且有义，故最为天下贵也。"虽然这些都是无类比附，但还是有很强的说服力。荀子的论述着重强调了人与动物的不同，从而比较出人为何能优异于动物，就是人"能群"，人有组织社会的能力。

分群的规则是礼义。荀子对礼十分重视，论述较多，"隆礼贵义者其国治"，③但对于礼，不再强化"礼不下庶人"的社会等级观念。而

---

① （清）王先谦：《荀子集解》，中华书局2013年版，第517—518页。
② 同上书，第93页。
③ 同上书，第319页。

做出另一种符合当时社会实际的解释。《荀子·礼论》说:"礼起于何也?曰:人生而有欲,欲而不得,则不能无求。求而无度量分界,则不能不争;争则乱,乱则穷。先王恶其乱也,故制礼义以分之,以养人之欲,给人之求。使欲必不穷于物,物必不屈于欲。两者相持而长,是礼之所起也。"礼作为分群的规则,"分莫大于礼",侧重于制度建构,反映在人们意识之中,就是义。《荀子·王制》说:"人何以能群?曰:分。分何以能行?曰:义。"以义分群或侧重于道德教化。群学的分群形式,是采取新的网格化的方式,进行社会整合,这无疑是受到各国变法的启迪。但是,群学所确立的分群的规则却是礼义旧说,或多或少有些复古的味道。向旧寻新也许就是群学的诉求,这种妥协中前进的态度,贯穿其学说的始终。

应该看到,荀子分群毕竟与旧的宗法制度不同,是基于小农家庭为社会单元,提出的社会整合方案。在这个方案中,新旧驳杂,互为表里,社会自治与国家专制或相濡以沫,王道与霸道同舟共济。比如在人才选拔方面,荀子主张"用人不待次",即不注重人的原有社会身份;主张"内不可以阿子弟,外不可以隐远人"。[①] 即选官不看血缘关系的远近。但荀子所设计的官僚体系,仍袭用卿大夫等旧称。

应该看到,荀子分群与新的编户制度不同,虽然这时自耕农小家庭大量涌出,各诸侯王为了强化集权,也渴望直接管理居民,但是,由于旧的贵族势力依然强大,编户制不可能成为一个完整制度,并全面推行。所以在荀子的社会分群整合的方案中,还能看到旧的贵贱、贫富的等级分列的踪影。

应该看到,荀子的群学与儒、墨、道家学说的差异。这些学说,在道德方面,强调自律;在社会方面,强调自治;在政治方面,强调王道。重民而轻君,孟子曰:"民为贵,社稷次之,君为轻。"[②] 虽然荀子也有"水能载舟,亦能覆舟"的论述,并常常为人引用,以证明荀子具有鲜明的民本思想,但是在荀子的学说中,国君其实更为重要。《荀

---

① (清)王先谦:《荀子集解》,中华书局2013年版,第285页。
② 杨伯峻:《孟子译注》,中华书局1960年版,第328页。

子·王制》说:"君者,善群也。群道当,则万物皆得其宜,六畜皆得其长,群生皆得其命。""人君者,所以管分之枢要也。""君者,何也?曰:能群也……四统者俱而天下归之,夫是之谓能群。"国君不但善群、能群,还掌握分群的枢要。荀子讲隆君,多为后学所诟病,认为这是功利主义。其实,功利主义也可以理解为积极的入世精神。荀子隆君观点便为后来董仲舒所继承,两汉经学的鼎盛便是儒学入世的成就。

还应该注意,荀子的群学与法家学说的界限。群学讲究"隆礼重法",法家的思想与社会实践对"明分使群"有积极影响。荀子的学生李斯,深谙群学中的法家韬略与隆君的帝王之术,最终助秦始皇统一天下。荀子有自己的原则,群学多讲"重法",但必须以"隆礼"为前提;虽讲"隆礼尊贤而王,重法爱民而霸",[①] 把王道与霸道并列,但荀子偏爱王道,还是不言自明的。拥有儒学传统的荀子,经常会用儒家的宽容,化解法家的锋芒,消解法家的戾气。

综上所述,我们可以看出,荀子的群学产生于社会分裂、新旧相杂的历史时期。群学自身有鲜明的新旧二重性特征,有创新,也有妥协;有引领,也有守成;有旧传统的余绪,更有新前景的昭示。群学实际是守成以布新的学说。

群学是荀子继先哲统绪,所撰成的一家之言。郭沫若认为荀子是位集大成的学者,冯友兰认为荀子是中国的亚里士多德。但在古代,荀子多遭贬抑,文献零散。

战国以后,荀子群学的影响是实际存在的。经学对中国的影响无须多言,荀子就是经学传承的祖师。汉代经学的五经,《礼》《诗》《春秋》三家均与荀子有关,其中应该有迹可循群学的内容。所以,以群学为纲目,系统整理荀子思想体系,探究中国原生社会学的形态,无疑是非常有价值的努力;以中国传统的逻辑分析中国社会,以中国传统概念对传统正名定分,无疑应该予以积极鼓励。

(孙 晓)

---

[①] (清)王先谦:《荀子集解》,中华书局2013年版,第573页。

## 结　语

如果说社会基础是群学产生的必要条件，那么，思想基础则是群学产生的充分条件；如果说前者是间接条件，那么，后者则是直接条件。有了这些必要和充分条件、间接和直接条件，群学的产生就不仅具有可能性，而且具有必然性。

这样，群学之创立，论文明条件，有先秦中华文明高峰；论社会条件，有春秋战国500多年的社会巨变；论知识群体条件，有当时世界上就规模和社会地位、社会作用而言无与伦比的"士阶层"；论教育条件，有大师云集、自由辩论的高等学府——稷下学宫；论学术氛围，有世界历史上盛况空前的百家争鸣，长达数百年的自由辩论，激发了诸子百家的创造才能，这就形成了智慧迸射的知识创新机制。这些得天独厚的条件，保证了荀子能够比孔德早2000多年创立作为中国古典社会学的群学。

梁启超指出，春秋战国是中国学术的"全盛时代"，而战国之末，实为"全盛中之全盛也"。[①] 这几百年间，圣贤迭出、智慧闪耀、思想撞击、学派林立，实为世界学术史上罕有之盛况。纵向地看，此后2000年，中国学术虽然大师辈出、蔚为壮观，长期执世界学术之牛耳，但总体上看是继承多于创新；横向地比，虽然古希腊时代同样创造了灿烂的欧洲文明，但只可与中华文明交相辉映，不可独占学术发明权。因为中西学术各有独立的起源。纵向和横向综合地看，我们今天很有必要从文明和文化的源头上，探寻群学的形成。

战国末期如此优越的社会基础和思想基础，使得群学的产生条件齐备而充分。此"非特中华学界之大观，抑亦世界学史之伟迹也"。[②] 具备如此必要而充分、间接又直接的条件，荀子于战国末期创立群学，就

---

[①] 梁启超：《论中国学术思想变迁之大势》，上海世纪出版集团2006年版，第13、26页。

[②] 同上书，第13页。

## 第二章 群学创立的思想基础

社会历史条件而言是水到渠成；就思想和个人条件而言是功到自然成。详备至此，何怪之有？确凿至此，何疑之有？①

关于中国社会学产生的历史条件问题，不同的观点背后，有认识原因，有心态原因。对于认识原因，我们已经摆明历史事实；而在历史事实面前，还有一个心态问题。相信在文化自信、学术自信日益增强的今天，随着中华民族越来越接近实现伟大复兴，中国人不可能相信悠悠五千年灿烂的中华文明竟然在科学上一片空白；全世界最庞大繁盛、复杂而有序的中国社会却诞生不了属于自己的社会学。

本书是学科史，旨在叙述群学的产生和发展历程；本章只限于介绍群学产生的思想条件，均不适合做过多的理论争辩。如果说，我们在《中国社会学：起源与绵延》一书中梳理出来的群学概念体系初步证明了群学的历史存在性，那么，本卷以下各章梳理出来的群学命题体系、展现的群学元典形态，则是对群学就是中国古典社会学的充分证明。到群学概念体系和命题体系及其历史形态都摆在眼前了，群学的内容讲清楚了，就便于说理争论了。所以，还是让我们耐心地看看群学元典的100多个命题吧。

（景天魁）

---

① 本书是学科史，重在事实陈述，而非理论辨正；本书又是集体著作，不宜过多展开个人的争论性的观点。出于这两个原因，笔者关于群学产生条件的讨论性的辨正，将另文单独发表，这里只是简略提及，不予展开。

# 第三章 群学的基础性命题

## 引 言

　　荀子"群学"作为本土社会学传统资源,可被看作当今中国社会学崛起的源头。[①] 荀子提出的"群",既包括地域性群体,也包括超地域的社会划分。以此为基础,荀子阐释了"群"的属性,提出了相关命题,呈现了"合群""能群""善群""乐群"的要旨,并将其贯穿践行于"修身、齐家、治国、平天下"的各个层面。本章主要梳理阐释了荀子群学关于群、伦 、仁、中庸的基础性命题。

　　对人类"群"的意识自觉,是荀子宏伟思想的一个重要特征。群居合一是人类战胜环境持续发展的法宝,人类以文明礼仪相和合,而鸟兽不可与同群,同时,人有差等,必须"明分"才能"使群",并且要分以义行。

　　"圣也者,尽伦者也。"(《荀子·解蔽》)对"伦"的认知及遵从,是人和其他动物最主要的区别,人伦来自天理,因此要人伦与天地同理,知同知异,群有五伦,"群昭群穆咸在而不失其伦",只有通过教化才能明人伦。

　　"仁"是儒家群体规范的核心价值。仁是做人的根本,仁者爱人,仁以孝悌为本,仁要在群体互动中才能实现。

　　"中庸"是在群体事务中持守中道,即把握平衡与和谐。"中庸"作为孔子心目中的"至德",是"中国人"这个世界上最大族群数千年

---

[①] 景天魁:《中国社会学源流辨》,《中国社会科学评价》2015 年第 2 期。

来的生存艺术。"中国人如此看重中庸之道以至于把自己的国家也叫作'中国'。这不仅是指地理而言……"① 中庸作为群体生活艺术,理想是中和,核心是"至诚",贯通与适度是艺术,"时中"则是群体生活之所本。

从成百上千的多样化社群向以汉族为主体的超大社群过渡,是中国群体社会演变的一大特点。秦代以前,社群之间以竞争为主题,汉代以后,族群团结成为主要追求。在不同群体和地区整合成国家的过程中,既有文明教化之功,更多的则是暴力的使用。汉代以降,不同社群逐步形成了共同的文化价值,这是中国历史最基本的特点之一。"亲缘和友谊、跨代的联系和家族间的联系为社群生活提供了必要纽带。共有的价值观和历史观是共同身份的基础。在社群中,人们得到了为自身利益展开集体行动的力量。"②

(杨善民)

## 第一节 群:人类的存在形式

所有人类社会都由社群(community)组成。社群是把男人、女人及其家庭联系起来的一系列关系,由此形成的有机社会整体不仅仅是各部分的总和。通过社群,人类发展出了统一行动的能力。通过不断摸索,社群中的人类学会了如何改变和适应环境。③

### 一 鸟兽不可与同群

人是一种社会性的存在,这在战国时期荀子的思想中就是人"能群"。"群"的意识在儒家的创始人孔子的思想中已经有所自觉,如《论语·微子》篇记载,孔子及其弟子在周游列国的途中遇到两位隐

---

① 林语堂:《中国人》,郝志东、沈益洪译,学林出版社1994年版,第12页。
② [美]约翰·马克·法拉格、玛丽·乔·布尔、丹尼尔·切特罗姆、苏珊·阿米蒂奇:《合众存异:美国人的历史》,王晨、李书军、丁维、戴虹、张帅译,上海社会科学院出版社2018年版,第2页。
③ 同上书,第1页。

士,其中一位隐士对孔子的弟子子路说:"滔滔者,天下皆是也,而谁以易之?且而与其从辟人之士也,岂若从辟世之士哉?"意思是说,当今天下无道,如洪水一般,到处都是这样,你们同谁去改变它呢?你与其跟着孔丘这样的人,何如跟着我们这些逃避乱世的隐士呢?子路向孔子转告这样的话,孔子怅然说道:"鸟兽不可与同群,吾非斯人之徒与而谁与?天下有道,丘不与易也。"在孔子看来,既然我们不可与鸟兽同群,那么我们如果不和天下人同群,又能和谁同群呢?正因为天下无道,所以我们才周游列国,谋求改变这种状况。如果天下有道,我们也就不用付出努力,去改变它了。

在孔子的思想中,天下人就是指人类,"仁者爱人",也就是要爱人类所有的人。如《吕氏春秋·爱类》篇所说:"仁于他物,不仁于人,不得为仁。不仁于他物,独仁于人,犹若为仁。仁也者,仁乎其类者也。"而人类是结合为"群"的,这个"群"与禽兽等物类相区别,故"鸟兽不可与同群",我们只能和天下人"同群"。因此,我们生活在人类的"群"中,就要对人类负有社会责任,当"天下无道",社会陷于混乱时,我们就要勇于承担社会责任,努力去改变它。这也就是孔子率其弟子栖栖惶惶,周游列国,试图将"天下无道"改变为"天下有道"的原因。

对人类的"群"的意识的自觉,是孔子提出"仁者爱人"思想的一个前提。也正因为此,儒家有高尚的道德志向和对社会责任的担当精神,如孔门弟子曾子所说:"士不可以不弘毅,任重而道远。仁以为己任,不亦重乎!死而后已,不亦远乎!"(《论语·泰伯》)

(李存山)

## 二 人有差等

荀子是先秦思想家中第一个直面社会差等问题并系统阐述社会差等思想的大家。荀子认为"人不能无群",人是以群的方式生存,离群索居离开社会是无法生存下去的。同时荀子也指出了群内成员的实际状态并提出了"人有差等"的群学命题。这一命题不仅客观呈现了社会不平等的事实,而且从理论上解决了如何才能实现群居和一的基本而关键的问题。

（一）人有差等的含义

承认人有差等这一思想的并非首推荀子，但是倡导将这一思想以制度的形式规定下来并进行系统阐释的当属群学开创者荀子。荀子认为人生活在社会之中，有贵贱之等，长幼之差，聪明与愚蠢之分，有能力与无能力之别。荀子指出如果不承认不接受人有差等的思想，必然导致"三不祥"和"三必穷"。即人有三不祥："幼而不肯事长，贱而不肯事贵，不肖而不肯事贤，是人之三不祥也。人有三必穷：为上则不能爱下，为下则好非其上，是人之一必穷也。乡则不若，偕则谩之，是人之二必穷也。知行浅薄，曲直有以相县矣，然而仁人不能推，知士不能明，是人之三必穷也。"[①] 意思是年幼而不肯侍奉年长的人，卑贱而不肯侍奉尊贵的人，不肖而不肯侍奉有贤德的人，这是人的三种不祥。作为上级却不爱护下级，作为下级却喜欢非议上级，这是第一种必然穷困。当面不顺从，背后又谩骂人家，这是第二种必然穷困。智能品行浅薄，辨别是非的能力又和别人相差很远，然而对于仁人又不推崇，对于智士又不尊重，这是第三种必然穷困。荀子明确指出有了这"三不祥""三必穷"，处于上位必然危险，处在下位则必然灭亡。荀子一方面承认人有差等，另一方面指出如果不承认不接受人有差等的客观现实，必然会遭遇危险，甚至灭亡的严重后果。可见承认和接受人有差等思想的重要性和现实性。

为什么人会有差等呢？荀子从社会发展和运行过程中揭示了其背后的根源。

1. 社会角色及伦理关系为基础的社会差等

荀子在阐释人伦关系问题时指出："君臣、父子、兄弟、夫妇，始则终，终则始，与天地同理，与万世同久，夫是之谓大本。故丧祭、朝聘、师旅一也。贵贱、杀生、与夺一也。君君、臣臣、父父、子子、兄兄、弟弟一也。"[②] 荀子认为君臣、父子、兄弟、夫妇之间的社会伦理

---

[①] （清）王先谦：《荀子集解》，中华书局2013年版，第90页。
[②] 同上书，第193页。

关系，生生不息、循环往复，与天地同理，与万世并存，这是社会伦理关系的根本。荀子指出，君君、臣臣、父父、子子、兄兄、弟弟之间的社会伦理关系不仅要有划分，有各自角色的区分，并各自承担不同的义务，而且这种伦常关系不可逾越，君要像君，臣要像臣，父要像父，子要像子，兄要像兄，弟要像弟，否则就是"至乱"。这种角色的划分客观上规定了人是有差等的。

2. 社会分工和职分产生的社会差等

社会分工是人类社会生产生活发展到一定阶段的产物。荀子在其所处的时代已认识到这点，引经据典说明职业分工、社会分工状态及其所取得的效果。"传曰：农分田而耕，贾分货而贩，百工分事而劝，士大夫分职而听，建国诸侯之君分土而守，三公总方而议，则天子共己而已矣。"① 荀子同时指出："故百技所成，所以养一人也。而能不能兼技，人不能兼官，离居不相待则穷，群而无分则争。穷者患也，争者祸也。救患除祸，则莫若明分使群矣。"② 荀子强调了社会分工的必要性。荀子在这里已明确指出社会分工不同、社会职分不同随之产生了社会差等，这是客观存在的社会事实。

承认人有差等并非荀子的本意，其本意是在指出人有差等的基础上，通过制度化的规定，使得人们接受这种差等，从而实现群居和一的社会存在状态。"故先王案为之制礼义以分之，使有贵贱之等，长幼之差，知愚、能不能之分，皆使人载其事而各得其宜。然后使悫禄多少厚薄之称，是夫群居和一之道也。"③ 荀子通过礼义制度的规定，承认了人有差等的问题，通过礼义制度确认"分"，做到明分使群，从而在一定程度上消除争夺和纷争，甚至战争，进而实现群居和一。

3. 地位和待遇不同产生的社会差等

荀子指出，不同等级的人因其社会地位不同，所享有的政治地位和待遇亦不同。"由士以上则必以礼乐节之，众庶百姓则必以法数制

---

① （清）王先谦：《荀子集解》，中华书局 2013 年版，第 253 页。
② 同上书，第 208 页。
③ 同上书，第 82—83 页。

之。"① 也就是说，士以上的大官小吏都必须用礼乐制度去约束，普通百姓则一定要用法律制度去制约。

为了确立社会中所存在的等级、分层的意义，荀子将其规范化制度化，强调不同等级间应"衣服有制，宫室有度，人徒有数，丧祭械用皆有等宜"，②并且认同固化这一社会等级、社会分层理念及其固定化的行为标准，要求人们必须按照礼制安分守己并严格维持群的秩序。

> 礼者，贵贱有等，长幼有差，贫富轻重皆有称者也。故天子袾裷衣冕，诸侯玄裷衣冕，大夫裨冕，士皮弁服。德必称位，位必称禄，禄必称用。③

> 郊止乎天子，而社止于诸侯，道及士大夫，所以别尊者事尊，卑者事卑，宜大者巨，宜小者小也。故有天下者事十世，有一国者事五世，有五乘之地者事三世，有三乘之地者事二世，持手而食者不得立宗庙，所以别积厚，积厚者流泽广，积薄者流泽狭也。④

> 天子外屏，诸侯内屏，礼也。外屏，不欲见外也；内屏，不欲见内也……天子山冕，诸侯玄冠，大夫裨冕，士韦弁，礼也。天子御珽，诸侯御荼，大夫服笏，礼也。天子雕弓，诸侯彤弓，大夫黑弓，礼也。⑤

在荀子看来，礼不仅是约束各个阶层各类人群的制度，也是划分等级、体现分层的重要依据。"故为之雕琢、刻镂、黼黻、文章，使足以辨贵贱而已，不求其观；为之钟鼓、管磬、琴瑟、竽笙，使足以辨吉凶、合欢定和而已，不求其余；为之宫室台榭，使足以避燥湿、养德、辨轻重而已，不求其外。"⑥ 这些规定最重要的目的就是能分辨上下尊

---

① （清）王先谦：《荀子集解》，中华书局2013年版，第211页。
② 同上书，第187页。
③ 同上书，第210—211页。
④ 同上书，第413—415页。
⑤ 同上书，第573—575页。
⑥ 同上书，第213页。

卑，体现等级分层，而且这种等级划分、分层体现是能群善群的重要手段。"不美不饰之不足以一民也。"① 人类社会唯有遵循并实践这些制度化的标准，才能够统一民心、社会有序。

4. 财富分配不同产生的社会差等

不同的社会等级和社会阶层，不仅具有不同的社会地位，而且其分配的财富也不同。荀子指出："欲恶同，物不能澹则必争，争则必乱，乱则穷矣。先王恶其乱也，故制礼义以分之，使有贫富贵贱之等，足以相兼临者，是养天下之本也。"② 由于财物不能满足就相互争斗，争斗就会混乱，混乱就一定会导致穷困。因而，荀子认为，人类社会只有通过相应的制度进行社会分配，使得社会有贫富贵贱之分，并认为这是发展社会的根本。荀子指出要解决"欲恶同""欲多而物寡""物不能澹"的社会现实问题，就必须在调节人们的欲望和满足社会的需求上做文章。荀子进一步强调："故制礼义以分之，以养人之欲，给人之求，使欲必不穷于物，物必不屈于欲，两者相持而长，是礼之所以起也。"③ 人们通过制定礼义来确定分配的界限，这也是礼义的起源。"故礼者，养也……贵贱有等，长幼有差，贫富轻重皆有称者也。"④ 换言之，人类社会通过制度化的分配，从而使得贵贱、长幼、贫富、尊卑各得其宜。当然，虽然这种分配是有等级、有差别、有区分的，但总体上体现了差等分配的办法，这的确为荀子理论高明之处。

(二) 人有差等的思想渊源

人有差等是与生俱来的，这里所说的差等着重指政治、经济、社会等方面所存在的差等或不平等，以及由此而形成的等级制度。有学者指出殷周等级制度根植于服制，在夏商周三代国家中，一方面是强大的盟主变成了王，他的家室，即王室，变成了凌驾一切之上的公权力机关；另一方面，臣服了的家族作为次级统治机构或基层社会单位被完整地吸纳到新的管理系统中。既已臣服，就需要承担义务意味着降为臣的同

---

① （清）王先谦：《荀子集解》，中华书局2013年版，第220页。
② 同上书，第180页。
③ 同上书，第409页。
④ 同上书，第410页。

时，也形成了剥削与被剥削的关系。①《诗经·豳风》曰："七月流火，九月授衣。一之日觱发，二之日栗烈。无衣无褐，何以卒岁。"② 大意是一年四季不停劳作，统治者享受他们的劳动成果，过着优裕的日子，而劳动者却过着"无衣无褐"的生活，二者形成了鲜明对比，反映了当时社会存在社会差等的现象和问题。《魏风·伐檀》中说："不稼不穑，胡取禾三百囷兮？不狩不猎，胡瞻尔庭有县鹑兮？彼君子兮，不素飧兮！"③ 同样指出了统治者不耕不稼，不狩不猎，却粮满仓、兽满院，丰衣足食。《魏风·硕鼠》甚至把统治者比喻为贪吃的大老鼠，喂肥了自己，却不顾百姓的死活。"硕鼠硕鼠，无食我黍！三岁贯女，莫我肯顾。逝将去女，适彼乐土。乐土乐土，爰得我所。"④ 这些都反映了当时社会不平等问题。

《尚书》中也有关于社会差等的记述，"天叙有典，敕我五典五惇哉！天秩有礼，自我五礼有庸哉！同寅协恭和衷哉！天命有德，五服五章哉！天讨有罪，五刑五用哉！"⑤ 意思是上天既然安排了君臣、父子、兄弟、夫妇、朋友之间的伦常次序，便应当按照上天的意旨规范上述五类关系。上天为了区分人们之间的差等而传下来了天子、诸侯、大夫、士、庶人这五种人应该遵从的礼节。与此相对应同样制定了五种人相应的服装制度和刑罚制度，分别予以表彰或惩罚这五类人。从这里不难看出《尚书》所反映的人有差等的思想。

到了孔子时代，孔子一方面承认人有差等，另一方面苦苦维护差等秩序。一边对季氏"八佾舞于庭""三家者以雍彻"之类越礼行为进行猛烈抨击，一边明确宣示"周监于二代，郁郁乎文哉，吾从周"。⑥ 主张"正名""复礼"，"正名"与"复礼"两者互为因果，不可分割。孔子的正名就是"君君臣臣父父子子"，保障差等秩序的客观存在和

---

① 赵世超：《中国古代等级制度的起源与发展》，《陕西师范大学学报》（哲学社会科学版）2016 年第 1 期。
② 周振甫：《诗经译注》，中华书局 2010 年版，第 199 页。
③ 同上书，第 142—143 页。
④ 同上书，第 144 页。
⑤ 王世舜、王翠叶译注：《尚书》，中华书局 2012 年版，第 38 页。
⑥ 杨伯峻：《论语译注》，中华书局 2012 年版，第 39 页。

合，通过正名达到复礼的目的。

孟子尽管已经有了平等的理念，如"人皆可以为尧、舜"。[①] 但是在实践中，依然承认社会差等的存在。孟子指出"有大人之事，有小人之事……劳心者治人，劳力者治于人；治于人者食人，治人者食于人"[②]的主张，这一主张不仅体现了社会分工的思想，同时也承认了社会差等的客观存在，认为人本来就有"大人""小人"、"劳心者""劳力者"的不同等级或者阶层的区别。

到了战国时代，礼崩乐坏，七雄争霸，荀子一方面承认社会差等的客观存在，另一方面将社会差等客观存在制度化、规范化，让社会成员承认社会差等的现实，并接受由于社会差等制度化而产生的效应和后果。这也是荀子不同于前人并高明于前人之处。

（三）为什么提出人有差等的命题

荀子所处的时代是战国七雄争霸、连年征战的时代，整个社会处于动荡纷争之中。荀子一方面希望社会立刻停止征战，尽快回归秩序，另一方面分析指出了社会动荡，甚至战争的原因。荀子认为社会纷争和连年征战的原因不仅仅是当时资源短缺，深层次原因更是人们不承认社会差等。不承认社会差等的客观存在就难以平衡社会资源的分配，资源分配不公必然引发社会纷争，乃至战争。因而，荀子明确指出不仅要承认社会差等客观事实，而且通过制度规定让全体社会成员接受社会差等的规定以及由此而产生的后果，"先王案为之制礼义以分之，使有贵贱之等，长幼之差，知愚、能不能之分，皆使人载其事而各得其宜。然后使悫禄多少厚薄之称"[③]，并认为这才是实现群居和一的路径。当时战国时期各国推行的变法运动体现了这点。

战国推行变法其中一条重要内容就是废除世卿世禄制、世袭特权，如魏国的李悝变法、楚国的吴起变法、秦国的商鞅变法等，目的是让这些人各尽其才，各得其所。商鞅变法明确规定："明尊卑爵秩等级，各

---

① 杨伯峻：《孟子译注》，中华书局1960年版，第276页。
② 同上书，第124页。
③ （清）王先谦：《荀子集解》，中华书局2013年版，第82—83页。

以差次名田宅，臣妾衣服以家次。"① 各级爵位均规定占田宅、奴婢的数量标准和衣服等次。商鞅变法规定："有军功者，各以率受上爵，为私斗争，各以轻重被刑大小。"② 废除旧世卿世禄制，根据军功的大小授予爵位，官吏从有军功爵的人中选用。新法规定不准私斗，禁止因争夺土地、财产而发生的争斗。依情节轻重，处以刑罚。史记记载，商鞅变法"行之十年，秦民大悦，道不拾遗，山无盗贼，家给人足。民勇于公战，怯于私斗，乡邑大治"。③ 由此可见，荀子"人有差等"群学思想的具体实践及其深远影响。

荀子提出"人有差等"的群学命题，其深层用意在于明分使群，安邦治群，群居和一。荀子在其论述中明确指出，名分等级的问题一旦确定，全体社会成员则都要不折不扣地认真执行。"治国者，分已定，则主相、臣下、百吏各谨其所闻，不务听其所不闻；各谨其所见，不务视其所不见。所闻所见诚以齐矣。则虽幽闲隐辟，百姓莫敢不敬分安制以化其上。"④ 荀子认为因为与"分"紧密相关的"人有差等"思想事关治国平天下的大事。

（四）人有差等的现代价值和社会学意义

社会平等和不平等向来是社会学研究的重要内容，人有差等群学命题的现代价值在于，一方面承认社会是不平等的，追求平等是社会学研究的主要内容，也是社会学担负的使命；另一方面，启示人们正视社会不平等的客观存在，在不平等中追求平等——有差异的平等。这一重要思想完全突破了以往研究中不是"平等"就是"不平等"非此即彼的二分法，平等或不平等中都蕴含了差异平等的思想。

荀子差等群学思想认为，承认社会差等并将此制度化，这是全面进行社会统治和治理、养育天下的根本。"维齐非齐"，⑤ 意思是要想齐就

---

① （汉）司马迁：《史记》，中华书局2005年版，第1765页。
② 同上。
③ 同上书，第1766页。
④ （清）王先谦：《荀子集解》，中华书局2013年版，第264页。
⑤ 同上书，第180页。

必须不齐,也就是要想平等就必须不平等。"斩而齐,枉而顺,不同而一。"① 意思是有不齐才能齐,有不直才能归于顺,有不同才能有统一,有不平等才能达到平等。这一思想在现代社会保障制度设计中具有重要的实践价值,即无论如何发展社会福利或者社会保障,永远不可能达到让全体社会成员获得平等一致的福利,但是,社会福利的底线公平是可以做到的。这是人有差等群学思想在现代社会的具体体现。

(杨善民 宋国恺)

### 三 明分使群

先秦诸子,多有救世情怀。齐属天下大国,稷下人物莫不奔走呼号,投身于体制变革以推动天下一统。分和群,是荀子关注的核心问题之一,也是荀子对社会治理挑战的回应。"大抵合群二字,为天下第一难事",王国维在写给朋友的信中说到。2018年,瑞士达沃斯论坛的主题为"在分化的世界中加强合作"。这表明,即使在当今世界,"分"与"群"的关系依然是一个世界性的难题。

荀子时代是一个大"中国"民族(民族国家)形成的时期。中国各地各族以各种不同的方式被卷入融合与排斥的进程。一方面,社会融合的进程在加快。"考古发现显示了东周时期的文化与社会的惊人的一致性——考虑到这一时代显著的政治割据和连年的残酷战争,这就更为惊人了。"② 周人社会内部越来越同质化,而与外族的界限也越来越清晰。与此同时,荀子深感"坚凝之难(群之难)",即战争兼并后融合凝聚之难:

> 兼并易能也,唯坚凝之难焉。(凝,定也。)齐能并宋而不能凝也,故魏夺之;燕能并齐而不能凝也,故田单夺之;韩之上地,方数百里,完全富足而趋赵,赵不能凝也,故秦夺之。故能并之而不

---

① (清)王先谦:《荀子集解》,中华书局2013年版,第83页。
② [美]罗泰:《宗子维城:从考古材料的角度看公元前1000至前250年的中国社会》,吴长青、张莉等译,王艺等审校,上海古籍出版社2017年版,第439页。

能凝,则必夺;不能并之又不能凝其有,则必亡。能凝之,则必能并之矣。①

如何"能凝之"?荀子提出了深思熟虑的解决方案,这就是"明分"以"使群"。

(一)"明分使群"命题的提出

1."明分使群"的内涵

"明分使群"即"明分以使群""使群必明分"。"救患除祸,则莫若明分使群矣。"(《荀子·富国》)在荀子之前的帛书《老子》甲本卷后以及古佚书《伊尹·九主》中,就曾提到"明分"。《伊尹·九主》云:"法则明分。"又说:"法君名分,法臣分定。"《黄帝四经·道原》言:"分之以其分,而万民不争。"②《管子·宙合》则进一步提出"操分葆统"。③

何谓"明分"?

"明分"首先是让人明白自己的身份地位(本分),其次是公开合理地划分职位等级和分配资源。"明"即光明、明显、明察、聪明。"照临四方谓之明。"④"明,显也。""见小曰明。"(《道德经》五十二章)"知常曰明。"(《道德经》十六章)"明,犹尊也。"⑤"分"即部分、分支、本分、名分(分当如此),以及划分、分工、分配、分辨等。要准确把握荀子的"分",就必须厘清"分"(fēn)和"分"(fēn)之别:作为名词的"分"(fēn),即部分、本分、名分、身份、部分、分支;作为动词的"分"(fēn),意思是分辨、分别、划分、分工,以及分配、分享等。

何谓"使群"?

荀子论述中的群,包括氏族、宗族、家族、家庭等血缘群体;九

---

① (清)王先谦:《荀子集解》,中华书局2013年版,第342—343页。
② 陈鼓应:《黄帝四经今注今译》,中华书局2016年版,第15—16页。
③ (清)黎翔凤:《管子校注》,中华书局2004年版,第235页。
④ 顾颉刚、刘起釪:《尚书校释译论》,中华书局2005年版,第10页。
⑤ (清)孙希旦:《礼记集解》,中华书局1989年版,第605页。

州、国家、四方、五服等地理行政单位；君主、三公、大夫、诸侯等政务人群；士农工商等职业群体；按财产划分的富人、穷人阶层，以及按知识及道德修养划分的君子、士、小人等群体。《荀子》论述中的"群"，还有群聚、聚集、联合之义，如"群天下之英杰"（《荀子·非十二子》）；以及众多之义，如"群生皆得其命"（《荀子·王制》）。

群由部分组成，在荀子的目光中，由于人性恶，自然之群实际上是乌合之众，需要被教化、被管治。通过合群、群一等"使群"之道，积少为多，积分为群，由身及家，由家及国，由国及天下，凝集为一。英语中氏族（lineage）、部落（tribe）、家族（family）或群体（corporation）、社群（community）、社群主义（communitarianism）等各有专门词汇，荀子的"群"内涵丰富，很难翻译成某一个英语词汇。

2. 社会日益分化和复杂化

荀子时代，社会日益分化和复杂化。在农业技术进步的刺激下，人口和城市都在增加，其中黄河中下游和山东半岛西北部的增长最快。战争与封建打破了血缘群体，地缘组织发展起来了。一个扩大的新社会正在兴起。这个社会由最初的、原先只包括贵族的血缘集团，发展成包容了大多数民众的社会。曾经占据主导地位的以血缘为基础的贵族等级制度渐渐退出历史舞台，取而代之的是专制君主制，这是一种集权的、分等的、尊贤的官僚体制，以严格的法律和复杂的税收赋役制度做支撑。一个高度发达的"国家级社会"在周代中国出现了。[1]

国家"量地以制邑，度地以居民"（《礼记·王制》）。正如恩格斯所说："国家和旧的氏族组织不同的地方，第一点就是它按地区来划分它的国民……这种按照居住地组织国民的办法，是一切国家共同的。"[2]与此同时，在国家周边还存在许多非国家的夷族部落。"昔者五帝地方千里，其外侯服、夷服，诸侯或朝或否，天子不能制。"（《史记·秦始皇本纪》）这些"天子不能制"的部落社会与"国家级社会"，构成了

---

[1] ［美］罗泰：《宗子维城：从考古材料的角度看公元前1000至前250年的中国社会》，吴长青、张莉等译，王艺等审校，上海古籍出版社2017年版，第22页。
[2] 《马克思恩格斯选集》第4卷，人民出版社1995年版，第170—171页。

一个分分合合的复杂网络。

同时，东周时期开始实行的同姓不婚制，使不同族姓的融合成为一大社会问题。异族通婚使隶属同一氏族的人可能分属不同的政治团体。"当正常的人口繁衍使得相互通婚的氏族构成的核心群体膨胀起来时，就像很多扩张的社会那样，我们可以观察到一个同化与一个排外封闭之间的对立发展过程。"①

> 且异姓之国，非宗法之所能统者，以婚媾甥舅之谊通之。于是天下之国，大都王之兄弟甥舅；而诸国之间，亦皆有兄弟甥舅之亲；周人一统之策实存于是。（王国维《殷商制度论》）

随着社会的分化，不平等现象也扩大了，它不仅存在于氏族之间，而且特别存在于氏族内部的贵族和平民之间。贵族死后也会成为"贵神"。如《左传·昭公二十九年》记："有五行之官，是谓五官。实列受氏姓，封为上公祀为贵神。社稷五祀，是尊是奉。"祭祀权也产生了很大的等级差别。

> 所以别尊者事尊，卑者事卑，宜大者巨，宜小者小也。故有天下者事十世，有一国者事五世，有五乘之地者事三世，有三乘之地者事二世，持手而食者不得立宗庙，所以别积厚，积厚者流泽广，积薄者流泽狭也。（《荀子·礼论》）

王公贵族并不希望消除社会差别，反而更乐于追求特权："君子既得其养，又好其别。曷谓别？曰：贵贱有等，长幼有差，贫富轻重皆有称者也。"（《荀子·礼论》）并且"荣者常通，辱者常穷，通者常制人，穷者常制于人"（《荀子·荣辱》）。

与社会分化相伴的是道德的堕落。越来越多的"小人""为事利，

---

① ［美］罗泰：《宗子维城：从考古材料的角度看公元前1000至前250年的中国社会》，吴长青、张莉等译，王艺等审校，上海古籍出版社2017年版，第188—189页。

争货财，无辞让，果敢而振，猛贪而戾，侔侔然唯利之见，轻死而瀑”（《荀子·荣辱》）。

荀子敏锐地感受到了这种分化及后果，并在焦虑中试图为齐、楚、秦等强国统治者提供解决方案。

3. 社会需要“群居无乱”以保持力量

群为自然之性，群生是自然界的普遍现象。“草木畴生，禽兽群焉，物各从其类也。”（《荀子·劝学》）中华文明是在与自然斗争中形成的，中国人从小就知道团体的重要性。“群道当，则万物皆得其宜，六畜皆得其长，群生皆得其命。”（《荀子·王制》）然而“人之性恶……从人之性，顺人之情，必出于争夺，合于犯分乱理，而归于暴”《荀子·性恶》。

为此，荀子考虑的首要问题是如何使“群居而无乱”“众而不相害”？“物固有众而不若少者。”（《淮南子·说山训》）“彼安能相与群居而无乱乎？”（《荀子·礼论》）而《淮南子·说林训》所云：“善用人者……众而不相害”，想必也是荀子考虑过的。即如不能同心协力，反而彼此妨碍。“故千人同心，则得千人之力，万人异心，则无一人之用。”（《淮南子·兵略训》）因此荀子希望“以类行杂，以一行万”（《荀子·王制》）。“淑人君子，心如结兮。故君子结于一也。”（《荀子·劝学》）

荀子考虑的另一个问题是君主如何实施政令，进行有效的政治军事管治。一方面，要建立等级制度，因为“有齐而无畸，则政令不施”（《荀子·天论》）。“执齐则不壹，众齐则不使。（此皆名无差等，则不可相制也。）有天有地而山下有差，明王始立而处国有制。（制，亦谓差等也。）夫两贵之不能相事，两贱之不能相使，是天数也。”①

另一方面，荀子希望“亿万之众而博若一人”。只有高度一体化协同的群体，才能令行禁止，形成强大的战斗力。“行礼要节而安之若生四枝，要时立功之巧若诏四时，平正和民之善，亿万之众而博若一人，如是，则可谓圣人矣。”（《荀子·儒效》）“故尚贤使能，则主尊下安；

① （清）王先谦：《荀子集解》，中华书局2013年版，第179—180页。

贵贱有等，则令行而不流；亲疏有分，则施行而不悖；长幼有序，则事业捷成而有所休。"（《荀子·君子》）"士服民安，夫是之谓大凝，以守则固，以征则强，令行禁止，王者之事毕矣。"（《荀子·议兵》）

4. 群而有分，各得其宜

人们更愿意与有着共同身份和价值观的人互利互助。无群不可，群而无分亦不可。"人生不能无群，群而无分则争，争则乱，乱则离，离则弱，弱则不能胜物。"（《荀子·王制》）"故无分者，人之大害也；有分者，天下之本利也。"（《荀子·富国》）人人都有追求富贵的欲望，"好荣恶辱，好利恶害，是君子小人之所同也"（《荀子·荣辱》）。但由于资源的有限性，"群而无分"，必然造成争夺和混乱："夫贵为天子，富有天下，是人情之所同欲也。然则从人之欲，则势不能容，物不能赡也。"（《荀子·荣辱》）"物不能澹则必争，争则必乱，乱则穷矣。"（《荀子·王制》）为此，就要区分贵贱、长幼、知愚、能不能，并据此进行资源分配。"故先王案为之制礼义以分之，使有贵贱之等，长幼之差，知愚、能不能之分，皆使人载其事而各得其宜，然后使悫禄多少厚薄之称，是夫群居和一之道也。"（《荀子·荣辱》）

（二）明分使群的理想目标

荀子希望通过明分使群，达成国家与社会治理的四重目标，一是能够使社会各阶层、各个职业角色等级分明，各安其分；二是能够贯彻礼法制度，选贤任能，有效管理官员，管理日益扩大和复杂化的社会；三是发展生产，使社会安定，人口增长，人民富裕；四是能够推进国家兼并进程，以文教化成天下，四海一家。"而天下归之，夫是之为能群。"（《荀子·君道》）

1. 壹天下，建国家，长养人民

荀子希望通过"明大分"，实现"合大众……壹天下、建国家"的理想目标。

一天下，财万物，长养人民，兼利天下，通连之属，莫不从服。（《荀子·非十二子》）

大儒者，善调一天下者也。（《荀子·儒效》）

其一天下,而莫能倾也。(《荀子·儒效》)

今以夫先王之道、仁义之统,以相群居,以相持养,以相藩饰,以相安固邪。(《荀子·荣辱》)

2. 建立公正,均分则不偏

荀子希望通过"明道而钧分",从而建立公平公正的社会。

明道而钧分之,时使而诚爱之,下之和上也如影向。(《荀子·议兵》)

以礼分施,均遍而不偏。(《荀子·君道》)

分均则不偏。(《荀子·王制》)

出若入若,天下莫不平均,莫不治辨,是百王之所同也,而礼法之大分也。(《荀子·王霸》)

故公平者,职之衡也;中和者,听之绳也。其有法者以法行,无法者以类举,听之尽也;偏党而无经,听之辟也。(《荀子·王制》)

荀子的"均遍",是在自然造物不均,以及贵贱贫富等级制度下的相对公平。

皇天隆物,以示下民,或厚或薄,帝不齐均。(言人虽见,方所知或多厚,或寡薄,天帝或不能其均也。)[1]

故者先王分割而等异之也,(以分割制之,以等差异之。)故使或美或恶,或厚或薄,或佚或乐,或劬或劳,非特以为淫泰夸丽之声,将以明仁之文、通仁之顺也。(先谦案:此言先王将欲施仁于天下,必先有分割等异,乃可以明其文而通其顺;若无分割等异,则无文不顺,即仁无所施矣。)故为之雕琢、刻镂、黼黻、文章,使足以辨贵贱而已,不求其观;为之钟鼓、管磬、琴瑟、竽笙,使

---

[1] (清)王先谦:《荀子集解》,中华书局2013年版,第559页。

足以辨吉凶、合欢定和而已，不求其馀。①

故制礼义以分之，使有贫富贵贱之等，足以相兼临者，是养天下之本也。书曰："维齐非齐。"此之谓也。(《荀子·王制》)

## 3. 职分而序不乱

"分"能让人安分，各尽本分，职分而序不乱。

人之百事如耳目鼻口之不可以相借官也，故职分而民不探，次定而序不乱。(《荀子·君道》)

其耕者乐田，其战士安雄，其百吏好法，其朝廷隆礼，其卿相调议，是治国已。(《荀子·富国》)

君臣上下，贵贱长幼，至于庶人，莫不以是为隆正；然后皆内自省，以谨于分。是百王之所以同也，而礼法之枢要也。然后农分田而耕，贾分货而贩，百工分事而劝，士大夫分职而听，建国诸侯之君分土而守，三公总方而议，则天子共己而止矣。(《荀子·王霸》)

虽贵贱不同，但如果都能各尽本分为国家社会做贡献，这就是最大的公平：

田、贾以察尽财，百工以巧尽械器，士夫以上至于公侯，故或禄莫不以仁厚知能尽官职，夫是之谓至平。(各当其分，虽贵贱不同，然谓至之平也。)②

## 4. 明分达治

荀子"明分使群"的理论旨趣就是"明分达治"，最终实现无争乱患祸、人民安居乐业的太平社会。要"明分达治"，首先要"遵法敬

---

① （清）王先谦：《荀子集解》，中华书局2013年版，第212—213页。
② 同上书，第82—83页。

分",无论多少,人们都能满足于所分,"敬分安制","分不乱于上,能不穷于下,治辨之极也"(《荀子·儒效》)。

> 遵法敬分而无倾侧之心,守职循业,敢损益,可传世也。(《荀子·君道》)
>
> 故或禄天下而不自以为多,或监门、御旅、抱开、击柝而不自以为寡。故曰:"斩而齐,枉而顺,不同而一。"(《荀子·荣辱》)
>
> 治国者,分已定,则主相、臣下、百吏各谨其所闻,不务听其所不闻;各谨其所见,不务视其所不见。所闻所见诚以齐矣,则虽幽闲隐辟,百姓莫敢不敬分安制以化其上,是治国之徵也。(安制,谓安于国之制度,不敢逾分。徵,验也。治国之徵验在分定。)[1]

然后明辨明分,杜绝私门,达于公道,使"通达之属莫不从服":

> 明分职,序事业,材技官能,莫不治理,则公道达而私门塞矣,公义明而私事息矣。(《荀子·君道》)
>
> 圣王财衍以明辨异,上以饰贤良而明贵贱,下以饰长幼而明亲疏;上在王公之朝,下在百姓之家,天下晓然皆知其非以为异也,将以明分达治而保万世也。(《荀子·君道》)
>
> 四海之内若一家,通达之属莫不从服。(《荀子·儒效》)

(三)明分什么?

荀子要"分",就是要建立"度量分界":"人生而有欲,欲而不得,则不能无求;求而无度量分界,则不能不争;争则乱,乱则穷。"(《荀子·礼论》)为此,荀子希望能明白合理地分国、分诸侯、分家;划分爵位、等级、职业、身份、地位,以及男女、老幼、贵贱、贤与不肖。不仅分高下等级,还要分权;分配收入、消费权;通过礼仪、礼节使人际互动建立分寸感。

---

[1] (清)王先谦:《荀子集解》,中华书局2013年版,第264页。

1. 明于天人之分

荀子"明于天人之分",将自然与社会相区别,认为天道运行有其自身规律,而政治社会也有其自身运作的法则,"天有其时,地有其财,人有其治"(《荀子·天论》)。荀子"天人相分"的思维方式与其"明分使群"是一脉相通的:"顺其类者谓之福,逆其类者谓之过,夫是之谓天政。"(《荀子·天论》)"故明于天人之分,则可谓至人矣。"(《荀子·天论》)

2. 辨别是非,量能授官

君主行政的一大职责,就在于分辨贤与不肖,以及是非曲直,量能授官:

> 王者之政也。听政之大分:以善至者待之以礼,以不善至者待之以刑。两者分别则贤不肖不杂,是非不乱。贤不肖不杂则英杰至,是非不乱则国家治。(《荀子·王制》)
>
> 论德而定次,量能而授官,皆使其人载其事而各得其所宜。上贤使之为三公,次贤使之为诸侯,下贤使之为士大夫,是所以显设之也。修冠弁、衣裳、黼黻、文章、雕琢、刻镂皆有等差,是所以藩饰之也。故有天子至于庶人也,莫不骋其能,得其志,安乐其事,是所同也。(《荀子·君道》)

3. 明确社会角色分工

社会日益分化,身份角色需要明确识别:

> 君君、臣臣、父父、子子、兄兄、弟弟一也;农农、士士、工工、商商一也。(《荀子·王制》)

天子、诸侯、士大夫、官人百吏、庶人各有其分内的责任义务:

> 本分而理,圣人士君自之分具矣。(《荀子·非相》)
> 志意致修,德行致厚,智虑致明,是天子之所以取天下也。政

令法，举措时，听断公，上则能顺天子之命，下则能保百姓，是诸侯之所以取国家也。志行修，临官治，上则能顺上，下则能保其职，是士大夫之所以取田邑也。循法则、度量、刑辟、图籍，不知其义，谨守期数，慎不敢损益也，父子相傅，以持王公，是故三代虽亡，治法犹存，是官人百吏之所以取禄秩也。孝弟原悫，䩄录疾力，以敦比其事业而不敢怠傲，是庶人之所以取暖衣饱食，长生久视，以免于刑戮也。（《荀子·荣辱》）

辨治上下，贵贱有等明君臣。（《荀子·成相》）

故知者为之分别，制名以指实，上以明贵贱，下以辨同异。贵贱明，同异别，如是则志无不喻之患，事无困废之祸，此所为有名也。（《荀子·正名》）

## 4. 明确职业技能分工

荀子应该是先秦最早提出"职业"概念的人：

事业所恶也，功利所好也，职业无分如是，则人有树事之患，而有争功之祸矣。（《荀子·富国》）

荀子还阐明了"职分"与"分职"的不同。"职分"是名词，即"职责本分"，"分职"是动词，即进行职业分工：

人习其事而固，人之百事，如耳目鼻口之不可以相借官也，故职分而民不慢，次定而序不乱，兼听齐明而百姓不留；如是，则臣下百吏至于庶人，莫不修己而后敢安止，诚能而后敢受职；百姓易俗，小人变心，奸怪之属莫不反悫，夫是之谓政教之极。（《荀子·君道》）

然后明分职，序事业，材技官能，莫不治理，则公道达而私门塞矣，公义明而私事息矣。（《荀子·君道》）

与职业分工相伴随的是技能的分化和专业化：

故百技所成，所以养一人也。而能不能兼技，（虽能者亦不兼技功，使有分也，谓梓匠轮舆各安其业则治，襍之则乱也。）人不能兼官，（皆使专一於分，不而事也。）①

5. 明确分配制度

"明分使群"的核心问题实际上是分配问题。两千多年前，荀子就特别强调，要满足人民需求，平衡消费与资源，实现可持续发展：

以养人之欲，给人之求。使欲必不穷乎物，物必不屈于欲，二者相持而长。（《荀子·礼论》）

重色而衣之，重味而食之，重财物而制之，合天下而君之。（《荀子·王霸》）

礼者，贵贱有等，长幼有差，贫富轻重皆有称者也。故天子袾裷衣冕，诸侯玄裷衣冕，大夫裨冕，士皮弁服。德必称为，位必称禄，禄必称用。由士以上则必以礼乐节之，众庶民百姓则必以法数制之。（《荀子·富国》）

(四) 谁来明分使群？

君主是"经国定分"（《荀子·非十二子》）的第一责任人。在荀子的设计中，"君"是群主，也是明分使群的枢纽。君者善群，君使群要以"群道"。

1. 君为群主：度百事，总百官

在荀子看来，无君主即无管治，"天下之悖乱而相亡"：

今人之性，生而有好利焉，顺是，故争夺生而辞让亡焉；生而有疾恶焉，顺是，故残贼生而忠信亡焉；生而有耳目之欲有好声色焉，顺是，故淫乱生而礼义文理亡焉。（《荀子·性恶》）

---

① （清）王先谦：《荀子集解》，中华书局2013年版，第208—209页。

> 今当试去君上之势，无礼义之化，去法正之治，无刑罚之禁，倚而观天下民人之相与也；若是，则夫强者害弱而夺之，众者暴寡而哗之，天下之悖乱而相亡不待顷矣。（《荀子·性恶》）

君主管治是中国深厚的历史传统。《尚书·尧典》中即有"群后（王）""群牧"（治民之官）之说。荀子对此进行了深刻的观察和论述：

> 君者，善群也。（善能使人为群也。）群道当则万物皆得其宜，六畜皆得其长，群生皆得其命（安其性命）。①
> 人君者，所以管分之枢要也。（《荀子·富国》）
> 人主者，以官人为能者也；匹夫者，以自能为能者也。（《荀子·王霸》）

天子有三大任务——任重、分辨、和众：

"故天子唯其人。天下者，至重也，非至强莫之能任；（物之至强者乃能胜重任。）至大也，非至辨莫之能分；（至大则难详，故非小智所能分别也。）至众也，非至明莫之能和。（天下之人至众，非极知其情伪，不能和辑也。）此三至者，非圣人莫之能尽。故非圣人莫之能王。"②

"圣王在上，图德而定次，量能而授官，使民载其事而各得其宜。"（《荀子·正论》）

2. 君主不可以"独"分

国家者，士民之国家。"天之立君，以为民也。""以天下之合为君。"（《荀子·正论》）因此"人主不可以独"。君主应分职授权（百官分事），不必事事"自为之"。荀子特别强调，君臣以及官僚，都是管理职位，都是为社会服务的：

> 山林者，鸟兽之居也；国家者，士民之居也。（《荀子·臣道》）

---

① （清）王先谦：《荀子集解》，中华书局2013年版，第194—195页。
② 同上书，第383页。

第三章　群学的基础性命题

> 天之生民，非为君也。天之立君，以为民也。故古者列地建国，非以贵诸侯而已；列官职，差爵禄，非以尊大夫而已。(《荀子·大略》)

> 无土则人不安居，无人则土不守，无道法则人不至，无君子则道不举。故土之与人也、道之与法也者，国家之本作也。(《荀子·臣道》)

分权是实施集中管理的最好方式之一，君主不必事事自为之：

> 今以一人兼听天下，日有余而治不足者，使人为之也。(韩子曰：夫为人主而身察百官，则日不足、力不给也。故先王舍己能而因法数，审赏罚，故治不足而日有余，上之任势使然也。) 大有天下，小有一国，必自为之然后可，则劳苦耗悴莫甚焉。①

> 以是县天下，一四海，何故必自为之？为之者，役夫之道也，墨子之说也。(墨子之说也，必自劳苦矣。)②

> 人主不可以独也。卿相辅佐，人主之基、杖也。(《荀子·君道》)

> 故明主好同而暗主好独。(《荀子·臣道》)

### 3. 以德兼人

作为群主，君主要能团结众人，并不断扩大群体规模，"以德兼人"：

> 凡兼人者有三术：有以德兼人者，有以力兼人者，有以富兼人者。(《荀子·议兵》)

> 以德兼人者王，以力兼人者弱，以富兼人者贫。古今一也。

---

① （清）王先谦：《荀子集解》，中华书局2013年版，第252页。
② 同上书，第253—254页。

(《荀子·议兵》)

汤、武非取天下也，修其道，行其义，兴天下之同利，除天下之同害，而天下归之也。(《荀子·正论》)

论德使能而官施之者，圣王之道也，儒之所谨守也。(《荀子·王霸》)

### 4. 小人成群，斯足忧矣

要想让一个社会的所有成员都抱有归属感是不现实的。社会制度本来就是建立在不平等的基础上的，疏离感、边缘感最容易在社会最底层的人群中蔓延。在主流社会之外，社会底层的人也会集结成群。对此，荀子十分忧虑：

小人之群常常"犯分、乱理、骄暴、食利，是辱之由中出者也"。(《荀子·正论》)

诗曰："忧心悄悄，愠于群小。"小人成群，斯足忧矣。(《荀子·宥坐》)

对"小人之桀雄"，则"不可不诛也"。"少正卯……居处足以聚徒成群，言谈足以饰邪营众，强足以反是独立，此小人之桀雄也，不可不诛也。"(《荀子·宥坐》)孔子做司寇，七日便杀了一个"乱政大夫少正卯"。有人问他为什么把少正卯杀了，孔子数了他的三大罪：其居处足以撮徒成党；其谈说足以饰衺荧众；其强御足以反是独立。这三件罪名，译成今文，便是"聚众结社，鼓吹邪说，淆乱是非"。[①]

（杨善民）

## 四 分以义行

（一）"分以义行"命题含义

荀子的"明分"，首先是明"本分"、明"职分"，明等级贵贱、分

---

[①] 胡适：《中国哲学史大纲》，民主与建设出版社2017年版，第51—52页。

配分享。荀子的"礼分"和"义分",可以统称为"礼义之分"。

"礼"是"明分"的最高纲领。"礼"不仅是"强国之本""法之大分、类之纲纪",还是食饮、衣服、容貌、态度、居处、动静的标准。"礼者,治辨之极也,强国之本也,威行之道也,功名之总也。"(《荀子·议兵》)

"礼者,法之大分、类之纲纪也,(礼所以为典)"。①"食饮、衣服、居处、动静,由礼则和节,不由礼则触陷生疾;容貌、态度、进退、趋行,由礼则雅,不由礼则夷固僻违,庸众而野。"(《荀子·修身》)

荀子"隆礼义",常常礼、义并称,因此其"礼分"和"义分",可以统称为"礼义之分"。"今以夫先王之道、仁义之统,以相群居,以相持养,以相藩饰,以相安固邪?"(《荀子·荣辱》)"分义则明。"(分,谓上下有分。义,谓各得其宜。)②"义"是道义,是利他行为,以此:"故义以分则和,和则一,一则多力,多力则强,强则胜物,故宫室可得而居也。故序四时,裁万物,兼利天下,无它故焉,得之分义也。"(《荀子·王制》)

(二)人贵有义

荀子认为人比其他动物的高贵之处在于人有"义"。"水火有气而无生,草木有生而无知,禽兽有知而无义,人有气、有生、有知,亦且有义,故最为天下贵也。"③可见"义"的极端重要性。荀子在阐释和解决"分"的问题时,始终是与"义"联系在一起的,分义一体,分以义行。"有夫分义则容天下而治,无分义则一妻一妾而乱。"④有分有义整个天下能够得到治理,否则,即使一个小家庭也会陷入混乱。纵观荀子的论述,"义"大体具有五重意义。

1. 先王制礼义以分之

"义"为"礼义"之义。荀子认为人以群的方式生存生活,人不能无群。但是因群居而形成的社会如果没有等级名分则会陷入争斗争夺,

---

① (清)王先谦:《荀子集解》,中华书局2013年版,第14页。
② 同上书,第345页。
③ 同上书,第194页。
④ 同上书,第611—612页。

争斗争夺则进一步导致社会混乱,而社会混乱则导致社会分崩离析,缺乏凝聚力,缺乏凝聚力则大大削弱群的力量,群力削弱则无法战胜外界的事物及其力量。因此,荀子认为人生活在社会之中一刻也不能离开"礼义"。"人生不能无群,群而无分则争,争则乱,乱则离,离则弱,弱则不能胜物;故宫室不可得而居也,不可少顷舍礼义之谓也。"① 荀子指出先王厌恶社会的无序与混乱,因而通过制定礼义以明确等级名分,使得社会回归到秩序的轨道上。先王通过制定礼义让社会成员首先承认社会本来是有"分"的客观事实,并通过礼义这种法的形式固定下来,让"分"能够顺利实施执行,这样才能确保社会有序运行,避免陷入"群而无分则乱"的不良后果。在这个意义上来讲,"义"为"礼义",具有法的意义和功能。

2. 天下之通义

"义"为"通义""原则"之义。"分"之所以行得通,能够得以顺利实施,荀子认为这是坚持了"义",即坚持和把握了通行于天下的原则,这些原则在社会中早已形成并被普遍接受。荀子指出不仅要承认社会有等级名分,而且还要按照等级名分行使相应的权利和义务,这是社会运行的普遍原则。"少事长,贱事贵,不肖事贤,是天下之通义也。"②

3. 道义之义

"义"为"道义"之义。义利之辨向来是中国传统文化中一组不可割裂的话题,在荀子群学之中也是如此。"义与利者,人之所两有也。"③ 荀子认为道义与利益是人们兼有的,两者都不能剥夺。但是荀子指出如何恰当平衡两者的关系:"义胜利者为治世,利克义者为乱世。上重义则义克利,上重利则利克义。"④ 这里明确了义利之分的重要性,同时也明确了把握义利之分的原则及其所产生的后果。显然荀子主张坚持以道义为前提的利。荀子在《荣辱》篇中,同样指出荣辱之大分也

---

① (清)王先谦:《荀子集解》,中华书局2013年版,第194页。
② 同上书,第133页。
③ 同上书,第592页。
④ 同上。

在义利之分,"先义而后利者荣,先利而后义者辱"。① 这与义利之分上升到治乱之分同理。

荀子在论述儒者的社会功效之时,也讲到了道义之"义"。荀子充分肯定了大儒"法后王,隆礼义,定名分"的政治主张以及在统一天下中所发挥的重要作用,着重强调了儒者必须坚守的"道义"底线,让天下归顺,并拥护君主的地位。荀子指出武王死时,成王还年幼,周公旦庇护成王,继承了武王来维护天下。直至成王长大成人,周公旦把天下和王位返还他,表明周公旦不敢私自玷污和泯灭主上的这一重要道义。"成王冠,成人,周公归周反籍焉,明不灭主之义也。"② 这里不仅体现了"分""本分""职分"的内涵,而且呈现出了以"道义"为前提的"分"。荀子在《荣辱》篇中,讲到荣辱之大分也在义利之分,"先义而后利者荣,先利而后义者辱"。

4. 仁义之义

"义"为"仁义"之义。荀子指出为什么"分"能够行得通,因为"分"的目的是"群",明分使群,群居和一,在这个过程中充分体现仁义、坚持仁义。"今以夫先王之道,仁义之统,以相群居,以相持养,以相藩饰,以相安固邪。"③ 这段论述意思是今天的社会为什么人们能够相互群居在一起,相互扶养,最终形成了安全稳定的社会,是因为坚守了先王之道,遵循了仁义的纲纪,并且先王之道本身包含仁义的精神。

荀子明确指出先王之道本身就包含"分义"思想和精髓。"故尚贤使能,等贵贱,分亲疏,序长幼,此先王之道也。"④ 荀子进一步指出,喜欢先王之道的精髓,就是仁,而明确等级名分并实施先王之道,就是义。"故仁者,仁此者也;义者,分此者也。"⑤ 荀子"分以义行"之"义"包含"仁义"之义。

---

① (清)王先谦:《荀子集解》,中华书局2013年版,第68页。
② 同上书,第136页。
③ 同上书,第76页。
④ 同上书,第535页。
⑤ 同上书,第536页。

### 5. 德行、品德之义

荀子心目中的"义"具有"德行""品德"之义，尤其是倡导全体社会成员具备谦让之品德，而具备谦让的品德则能够使得天下人心悦诚服。荀子提出了针对不同对象所具有的不同德行及其行为举止的要求。面对君王要奉行臣下的义务，面对乡亲就要讲究长幼的辈分，面对长辈就要实行子弟之道，面对朋友就要讲究理解谦让，面对地位卑微而年纪又小的就要实行教导宽容之道。"遇君则修臣下之义，遇乡则修长幼之义，遇长则修子弟之义，遇友则修礼节辞让之义，遇贱而少者，则修告导宽容之义。"① 在这里一方面明确了等级名分之义，另一方面指出了面对不同的名分等级要求所具备不同的"义"，即品德、德行。可见，"义"具有"品德""德行"之义。

### 6. 义者理也

荀子在其论述中曾明确指出，"义"就是"道理"。"仁者爱人，义者循理。"② 仁就是爱人，而义就是遵循道理。荀子针对等级名分的问题，指出"义"具有"道理"之意。荀子认为社会本来就存在等级名分、人伦差别，而面对如此复杂的等级名分、人伦差别，社会运行井然有序、群居和一，这是因为有"义"的存在，义的存在就是合乎道理遵循道理，所以使得一切行得通。"亲亲、故故、庸庸、劳劳，仁之杀也。贵贵、尊尊、贤贤、老老、长长，义之伦也。行之得其节，礼之序也。仁，爱也，故亲；义，理也，故行；礼，节也，故成。"③ 义就是合乎道理、遵循道理、讲道理，按道理办事。

综上所述，"义"具有六重意义，即礼义之义、仁义之义、通义之义、道义之义、品德德行之义、道理之义。礼义之义具有礼法、法律规范层面的意义。纵观荀子的论述，礼义多从法的角度阐释其义。这点梁启超指出荀子的礼和义就是法的意思。"荀子之所谓礼、所谓义，墨子之所谓义，其实皆法也。"④ 但是梁启超的这个论断有待商榷，上述对

---

① （清）王先谦：《荀子集解》，中华书局2013年版，第117页。
② 同上书，第330页。
③ 同上书，第579—580页。
④ 《梁启超全集》第5卷，北京出版社1999年版，第1256页。

"义"的梳理，显然已经远远超出了"法"的范畴。换言之，"义"不仅具有"法"之义，还具有包括道义、仁义、原则、品德、道理等多层面的意义。事实上，荀子认为治理社会，不仅需要隆礼重法，有法之"义"，还需要"法"外之"义"。"夫义者，内节于人而外节于万物者也；上安于主而下调于民者也。内外上下节者，义之情也。"① 也就是说，"义"对内调和人心而对外调和万物，上能安定君主而下能调和万民。内外上下都调和，这是"义"的实质。由此可见，"义"不仅仅局限于隆礼重法层面的"义"。据此，荀子进一步明确指出"为天下之要义为本"。② 也正如梁启超所言："荀子以义为能群之本原。"

（三）为什么以义明分能够行得通

为什么以义明分能够行得通呢？还需要从"义"本身以及"分义"一体关联的角度进一步阐释说明。

1. "义"本身为社会所接受

通过上述对"义"的梳理，"义"首先是"礼义"之"义"，是法。有学者统计，在荀子群学论述中，"礼"出现约309次，"义"出现约305次，"礼义"则达到106次。③ "礼义"之"义"多为法。"义"还具有道义、仁义、通义、品德和德行，以及道理等多重含义。"义"不仅有法律规范层面的意义，而且有群体规矩原则及个人道德修养层面的意义。这些"义"本身一方面就通行于社会之中；另一方面共同约束和规范社会运行和个人行为。概言之，"义"本身为社会所接受并行得通。

2. 以"义"明确等级名分

为什么以义明分能够行得通？除了"义"本身为社会所接受之外，关键在于"义"明确规定了"分"。这里有两个层面的意义，一是，荀子在阐释"分"时，明确指出等级名分本来就是社会的客观存在，这是社会事实，不以个人的意志为转移，社会成员要承认等级名分的存在这一客

---

① （清）王先谦：《荀子集解》，中华书局2013年版，第361页。
② 同上。
③ 张奇伟：《论"礼义"范畴在荀子思想中的形成——兼论儒学由玄远走向切近》，《北京师范大学学报》（人文社会科学版）2001年第2期。

观现实，并且将等级名分以"义"的形式规定下来，让全体社会成员承认"分"的存在。二是，荀子不仅指出要承认"分"的存在，而且指出要让全社会接受"分"，其行为要符合"分"，按照"分"来规范自己的行为。进一步说，既然全体社会成员接受"义"，分也是"义"的规定，"分"自然也就被接受并行得通了。"治国者，分已定，则主相、臣下、百吏各谨其所闻，不务听其所不闻；各谨其所见，不务视其所不见。所闻所见诚以齐矣。则虽幽闲隐辟，百姓莫敢不敬分安制以化其上。"[①] 荀子认为，"分"既然以礼义和道德等形式规定下来，那么君主、宰相、大臣、各级官吏以及普通百姓，即使地处偏远的百姓，也没有敢不安分守己顺从执行的，并认为这是安定国家治理社会的主要特征。

（四）为什么要提出分以义行的命题

为什么荀子提出分以义行的命题呢？荀子着重基于两个方面的考虑。

1. 分义乃养天下之本

荀子一方面认为让天下富足的方法在于明确等级名分，让从事各种职业的社会成员做好本职工作，各司其职，各尽所能，这样才能使天下富足，社会稳定。"兼足天下之道在明分"说的就是这个意思。另一方面，荀子指出人们根据四时的顺序，管理万物，使天下皆受益，没有别的原因，就是因为有"分义"。认为分以义行是养天下之本，"制礼义以分之，使贫富贵贱之等，足以相兼临者，是养天下之本也"。[②]

2. 纠乱世乱俗之偏

荀子所处的时代是战国时代，是群雄割据、连年征战的时代，当时整个社会处于"群而无分则乱"状态，同时也是礼崩乐坏的时代。用荀子的话说是当时的社会"乱世乱俗"。荀子认为人的本性本来就是恶的，如果没有等级名分，没有"义"的约束规范，人们只会看到利益，必然引发争夺纷争。荀子特别强调指出，如果在这种情况下，再恰逢乱世乱俗，必然使得人性更恶、社会更加混乱，乱上添乱。"人之生固小

---

[①] （清）王先谦：《荀子集解》，中华书局2013年版，第264页。
[②] 同上书，第180页。

人，又以遇乱世，得乱俗，是以小重小也，以乱得乱也。"① 因而，荀子提出以"义"纠正这种偏差，以"义"才能"以相群居，以相持养，以相藩饰，以相安固"，② 实现群居和一的目标。

（五）分以义行命题的社会学意义

这一命题的社会学意义在于以下三点。

第一，群学承认"分"。在群学中，"分"这一思想广泛而深厚，不仅包括人伦角色划分的区分，而且还包括社会分工、职业分类、社会分配、社会等级差别、阶层划分等重要内容。这些都是社会学研究的重要内容，其中人伦角色划分及其相关内容更具有群学特色。

第二，分以义行的命题指出了分的可行性问题，实质上也指出了群学关于社会整合及社会控制的问题。前文分析"义"不仅有"礼义"法的规定性，同时还具有道义、仁义、通义、德行和道德、道理的内涵。既有法的禁止性、限制性的规定，也有道义、仁义、品德等倡导性的规定，这些都是社会控制和社会整合的手段，同样也是社会学研究的重要内容。

第三，提供了解决社会不平等的新思路。社会不平等是客观存在的社会事实，这个命题一方面承认这一社会事实，另一方面通过礼义、道义、仁义、通义、德行和道德、道理等的规定让社会成员接受这一事实。尤其重要的是，分以义行提供了解决社会不平等问题的群学思路。

（杨善民　宋国恺）

## 五　群居和一

荀子通过对"欲而争，争而乱，乱而穷"的社会过程的考察，提出了群居和一的重要命题。群居和一，是在社会层级差异基础上达至的社会和谐，是人载其事而各得其宜的至平社会。

（一）群居和一的提出

社会秩序是先秦儒家的共同追求。荀子的秩序情结，建立在对人性

---

① （清）王先谦：《荀子集解》，中华书局2013年版，第75页。
② 同上书，第76页。

的基本认识基础上,在他看来,人的欲望是没有止境的,如果没有后天的教育与礼法的约束,当人们展开物质财富或者社会地位的追逐时,人的能力或者客观的物质资源都会与其不断增长的欲望脱节,如此势必会导致社会的混乱。(《荀子·荣辱》:"人之生固小人,无师无法则唯利之见耳。"① "夫贵为天子,富有天下,是人情之所同欲也。然则从人之欲则势不能容,物不能赡也。"②《荀子·王制》:"物不能澹则必争,争则必乱,乱则穷矣。"③)为此,荀子提出明分使群、隆礼重法等方式来调节和约束人的欲望,使人们辨贵贱之别、长幼之序,从而达至人载其事各得其宜的群居状态,即群居和一的理想社会。(《荀子·荣辱》:"故先王案为之制礼义以分之,使有贵贱之等,长幼之差,知愚、能不能之分,皆使人载其事而各得其宜,然后使悫禄多少厚薄之称,是夫群居和一之道也。"④)在这样的社会中,仁人、士、农、工、商等各司其职,各尽其责,人们的欲望受到礼法的调节和约束,同时,人们的能力能够有相应的地位、财富与之匹配,在荀子看来,群居和一的社会秩序,就是最大限度实现了治理的至平社会。(《荀子·荣辱》:"故仁人在上,则农以力尽田,贾以察尽财,百工以巧尽器械,士大夫以上至于公侯,莫不以仁厚知能尽官职,夫是之谓至平。"⑤)

(二)群居和一的内涵

荀子提出群居和一的命题,其中"和"指群居关系的和谐,"一"指建立在社会层级差异基础上的统一,由此而言,群居和一,主要是指群居关系的和谐与统一,并且这种和谐与统一,是在社会层级差异基础上所实现的整合状态。

第一,群居和一强调社会层级差异的必要性。荀子的"群"建立在"分"与"义"的基础上,其所追求的"和一"也必然建立在差异基础上。荀子认为,名分相同就不能有所偏重,权势相同就不能统一,众人平

---

① (清)王先谦:《荀子集解》,中华书局2013年版,第75页。
② 同上书,第82页。
③ 同上书,第180页。
④ 同上书,第82—83页。
⑤ 同上书,第83页。

等就不能互相役使,这是社会治理的最基本规律。何况,人们的权势地位相同了,喜好与厌恶的东西也会相同,财富、资源的供给就会不足,必然导致相互倾轧,社会就会陷入混乱。故而,要使物质资源能够养育天下,真正实现社会的整合,只能建立在社会层级差异的基础上。(《荀子·王制》:"分均则不偏,势齐则不一,众齐则不使。……势位齐而欲恶同,物不能澹则必争,争则必乱,乱则穷矣。……《书》曰:'维齐非齐。'此之谓也。"①) 对于分层所面临的弱势群体问题,荀子主张优势阶层及政府应该负有基本的帮扶责任,为他们提供衣、食、住等全面的照顾。(《荀子·王制》:"五疾,上收而养之,材而事之,官施而衣事之,兼覆无遗。"②) 当然,荀子并不认为社会层级差异是绝对的,在他看来,社会层级差异应该建立在德行和才能的基础上,如果才能、德行与其地位、财富不相匹配,社会层级间的上下流动也是实现社会整合所必要的。(《荀子·王制》:"无德不贵,无能不官,无功不赏,无罪不罚,朝无幸位,民无幸生。"③ "虽王公士大夫之子孙,不能属于礼义,则归之庶人。虽庶人之子孙也,积文学,正身行,能属于礼义,则归之卿相士大夫。"④)

第二,群居和一以群居关系的和谐为主要内容。在荀子看来,实现群居关系的和谐,就是对社会中的人们进行结构性的安排,确定各自的身份等级及其相应的职责,如此不同阶层的人们各自按照阶层的标准和职责行事,就能避免自然状态下人与人相倾轧的混乱状态,实现社会秩序。这种结构性的安排,体现在荀子的隆礼思想中,在荀子看来,通过礼的制度性安排,一方面,能够调节和约束个人的欲望,从而实现个人身心关系的和谐。(《荀子·礼论》:"先王恶其乱也,故制礼义以分之,以养人之欲,给人之求,使欲必不穷于物,物必不屈于欲。"⑤) 另一方面,能够规范君臣、父子、夫妇、邻里等人伦之间的关系,从而实现群居关系的和谐。(《荀子·大略》:"父子不得不亲,兄弟不得不顺,夫

---

① (清) 王先谦:《荀子集解》,中华书局2013年版,第179—180页。
② 同上书,第176页。
③ 同上书,第188页。
④ 同上书,第175—176页。
⑤ 同上书,第180页。

妇不得不欢。"①《荀子·王制》:"上无君师,下无父子,夫是之谓至乱。"②)当然,除了礼的外在性规范之外,荀子还特别强调乐对人的内化作用。荀子认为,礼的目的在于区分身份等级的差异,但要更为彻底实现群居关系的和谐,还需要乐的作用,礼与乐都关乎着人们的思想与行为。(《荀子·乐论》:"乐合同,礼别异,礼乐之统,管乎人心矣。"③)乐通过沟通人们的内在情感,以内化的方式移风易俗,最终实现外在群居关系的和谐。(《荀子·乐论》:"故乐在宗庙之中,君臣上下同听之,则莫不和敬;闺门之内,父子兄弟同听之,则莫不和亲;乡里族长之中,长少同听之,则莫不和顺。"④)

第三,群居和一的重要功能在于战胜外物。在荀子看来,人类能够在"力不若牛,走不若马"的情况下而使牛马为用,原因就在于人生活在群体中,能够通过群体内部的整合,达至上下团结,如此便可调用群体的力量战胜外敌、征服自然。(《荀子·王制》:"和则一,一则多力,多力则强,强则胜物。"⑤)一方面,在人与自然之天的关系中,荀子主张"制天命而用之",⑥强调人在自然面前的主动性。(《荀子·天论》:"故错人而思天,则失万物之情。"⑦)而这种主动性能力的最大发挥,无疑在于组成群体,从而使自然万物为人所用。另一方面,在群体的对外关系中,荀子同样认为,只有实现群体整合、上下团结的社会,才能在对外战争或者抵御外辱方面,发挥优势,克敌制胜,这样的社会必定是实现了治理的太平盛世。(《荀子·君道》:"城郭不待饰而固,兵刃不待陵而劲,敌国不待服而诎,四海之民不待令而一。夫是之谓至平。"⑧)这就是说,只有"群居和一"的社会,才能使其在与自然的关系以及与外部的关系格局中,占据优势地位,发挥群体的力量战胜外物。

---

① (清)王先谦:《荀子集解》,中华书局2013年版,第216页。
② 同上书,第193页。
③ 同上书,第382页。
④ 同上书,第379页。
⑤ 同上书,第194页。
⑥ 同上书,第375页。
⑦ 同上。
⑧ 同上书,第274页。

第四，群居和一的政治理想在于天下统一。关于"一天下"的问题，多次出现在《荀子》一书中，对于荀子来说，真正的儒者无疑是善于整治统一天下的人。(《荀子·儒效》："大儒者，善调一天下者也。"①) 而真正堪比尧舜的君王，无疑是能够一统天下的君王。(《荀子·王制》："一天下，振毫末，使天下莫不顺比从服，天王之事也。"② 《荀子·王霸》："则一天下，名配尧、舜。"③) 天下的统一也可以说是人民的共同愿望。(《荀子·王霸》："一天下，是又人情之所同欲也。"④) 在荀子看来，只有天下统一，群居和一的社会才能真正得到政治上的保证，同时，也只有实现了群居和一的社会，才可能结束诸侯割据、政治混乱的局面，实现天下统一，两者之间本是相辅相成的关系。可以说，群居和一的"一"，既有"维齐非齐"的齐一之义，也内含了"一天下"的统一之义，实际上，天下一统是群居和一在政治方面的必然诉求，明分使群、隆礼重法等制度性措施，均需要以圣明君王为代表的政治权威予以保障。

（三）群居和一的价值

对于如何实现社会整合以及应该达成什么样的社会秩序，可以说是先秦思想家们所关心的核心问题。《礼记·礼运》篇中记载了孔子所提出的"大同"和"小康"社会的构想，墨子提出"爱无差等"的理想社会模式，而老子同样畅想能够实现"民至老死不相往来"的小国寡民社会。与这些空想社会的理念不同，荀子提出的群居和一的至平社会，建立在对人欲以及社会现实的认识基础上，他承认社会层级差异的必要性，强调上下层级间的扶持与合作，以及同层级间的劳动分工，并认为社会整合需要建立在群间关系的和谐基础上，而这需要礼乐来规范人们的思想和行为。在荀子看来，人们以群居方式组成的社会，只有如此才能实现内部的团结，增强群体的凝聚力，才能使自然万物为人类所用，才能在群体的对外关系中获得优势地位，才有利于政治上的统一，

---

① （清）王先谦：《荀子集解》，中华书局2013年版，第162页。
② 同上书，第202页。
③ 同上书，第251页。
④ 同上书，第256页。

而天下一统反过来才能为群居和一的社会提供政治基础。就此而论，荀子提出的群居和一命题所构想的理想社会，是可借鉴的、切实可行的社会设计蓝图，他所探讨的实现社会秩序的整合模式，对于当代和谐社会的构建，仍具有理论解释的效力。

（徐　磊）

## 第二节　伦：群的基本结构

在一般意义上，"伦"字包括类别、序次、关系三层含义。[①] 在古汉语中，"伦"字从人从仑。《说文》指出："仑，思也，从亼从册。"[②] 于此，"亼是合，册是分，自条理或类别的辨析言之是分，自关系与秩序的建立言之是合，便已包括了社会生活的全部"。[③] 那么，如何从"伦"字的本义里深入发掘其在中国群学创立过程中的恰切位置和突出作用，并且重新审视它对中国传统社会群体基本结构塑造和社会关系建构的宝贵价值，可谓当今国内外社会学者的一项重要任务。本部分依托荀子的群学思想，主要论述"人伦与天地同理""知同知异""群有五伦""不失其伦""以教化明人伦"五个基本命题，旨在揭示"伦"与荀子群学中"群"的密切联系。

### 一　人伦与天地同理

（一）"人伦与天地同理"的提出

人伦同自然界一样，也有其自身的规律。荀子提出，君臣、父子、

---

[①] 胡适认为，"伦"字具有"类""道理""辈分"和"关系"的含义。比如，"人与人之间，有种种天然的或人为的交互关系。如父子，如兄弟，是天然的关系。如夫妇，如朋友，是人道的关系。每一种关系便是一'伦'，每一伦有一种标准的情谊行为。如父子之恩，如朋友之信，这便是那一伦的'伦理'。儒家的人生哲学，认定个人不能单独存在，一切行为都是人与人交互关系的行为，都是伦理的行为。"参见胡适《胡适学术文集·中国哲学史》，中华书局1991年版，第84页。

[②] （汉）许慎撰，（宋）徐铉校定：《说文解字》，中华书局1963年版，第108页。

[③] 潘光旦：《说"伦"字——说"伦"之一》，载《儒家的社会思想》，北京大学出版社2010年版，第253—254页。

第三章 群学的基础性命题

夫妇之道是与天地同始终的天理。比如，"君臣、父子、兄弟、夫妇，始则终，终则始，与天地同理，与万世同久，夫是之谓大本"①（《荀子·王制》）。他认为，天地是生命的本源，礼义是治理的根本；君臣、父子、兄弟、夫妻之间的伦理关系从始到终、周而复始，它们与天地相分是同样的道理，与千秋万代是同样的长久，也就是最大的根本。在"五伦"中，父子之亲、长幼之序基于血缘，是最为天然、符合天理的；君臣之义、朋友之信属于"人伦"，近乎"天理"；夫妻之别，基于人类天然的分工，作为"天伦"与"人伦"之间的纽带。从"符合天理"的"血缘"关系，到近乎"天理"的"人伦"关系，再到"基于人类天然的分工"而起纽带作用的夫妻关系，形成一个整合性的"差序结构"，此五伦"与天地同理"，可视为"大本"。其中，"大本"意指人们先要建立这五种关系，才可建立其他社会关系。②荀子的这一重要论断将人伦的地位，提升到了"天理"与"大本"的高度。该群学思想既确立了伦在人们社会生活中的重要地位，也指明了伦是处理社会关系的基本遵循。另外，荀子还强调：

> 是故夫礼必本于大一，分而为天地，转而为阴阳，变而为四时，列而为鬼神。其降曰命，其官于天也。夫礼必本于天，动而之地，列而之事，变而从时，协于分艺。③（《礼记·礼运》）

其实，早在先秦时期，人们就把血亲的联结、自然的交往分别看作人伦关系自然顺序的肇端和本源。据《白虎通·号》所载："古之时，未有三纲六纪，民人但知其母，不知其父……于是伏羲仰观象于天，俯察法于地，因夫妇，正五行，始定人道。"④ 可见，伏羲对"人道"的原初确立取法于天地、缘于夫妇，也即因循人伦关系的自然属性。而在《周易·序卦》中，孔子对人伦关系产生过程的记述

---

① （清）王先谦：《荀子集解》，中华书局2012年版，第162页。
② 景天魁等：《中国社会学：起源与绵延》，社会科学文献出版社2017年版，第89页。
③ 钱玄等注译：《礼记》（上），岳麓书社2001年版，第310页。
④ （汉）班固：《白虎通·号》，中华书局1985年版，第21页。

是:"有天地,然后有万物;有万物,然后有男女;有男女,然后有夫妇;有夫妇,然后有父子;有父子,然后有君臣;有君臣,然后有上下;有上下,然后礼义有所错。"[1] 把男女两性关系看成人类最原始、最普遍的基本关系,并将夫妇关系视作人类进入文明社会以后最基本的社会关系。

然而,荀子指出,君臣、父子、夫妇之道乃是人伦的轴心。比如,"若夫君臣之义,父子之亲,夫妇之别,则日切磋而不舍也"[2](《荀子·天论》)。也就是说,荀子特别强调人伦关系的社会属性。他还认为:"臣之于君也,下之于上也,若子之事父,弟之事兄,若手臂之扞头目而覆胸腹也。"[3](《荀子·议兵》)"遇君则修臣下之义,遇乡则修长幼之义,遇长则修子弟之义,遇友则修礼节辞让之义,遇贱而少者则修告导宽容之义。无不爱也,无不敬也,无与人争也,恢然如天地之苞万物。"[4](《荀子·非十二子》)

综上可知,荀子的群学思想不仅突出了"伦"的社会属性,而且将其提升到与天地同理的地位,为古代中国社会结构的确立和社会关系的维系,以及宋明时期"伦"的义理化奠定了坚实的基础。

(二)"人伦与天地同理"的含义

欲充分认识和深刻理解"人伦与天地同理"的含义,首先应明确荀子所谓"人伦"究竟意有何指?在《荣辱》篇中,荀子对其注释如下:

> 夫贵为天子,富有天下,是人情之所同欲也。然则从人之欲则势不能容、物不能赡也。故先王案为之制礼义以分之,使有贵贱之等,长幼之差,知愚、能不能之分,皆使人载其事而各得其宜,然后使悫禄多少厚薄之称,是夫群居和一之道也。故仁人在上,则农以力尽田,贾以察尽财,百工以巧尽械器,士大夫以上至于公侯,莫不以仁厚知能尽官职,夫是之谓至平。故或禄天下而不自以为

---

[1] (唐)李鼎祚:《周易集解》,中央编译出版社2011年版,第315—316页。
[2] (清)王先谦:《荀子集解》,中华书局2012年版,第309页。
[3] 同上书,第262页。
[4] 同上书,第99页。

多，或监门、御旅、抱关、击柝而不自以为寡。故曰："斩而齐，枉而顺，不同而一。"夫是之谓人伦。①

荀子指出，古代圣明的帝王通过制定礼义来对人们加以区分，从而使人们群居在一起而协调一致。"这一番议论清晰地论述了一个社会何以要讲人伦这一根本问题。"② 其中，"斩而齐，枉而顺，不同而一"特指有了参差才能达到整齐，有了枉曲才能实现平顺，有了不同才能归于统一，这就是荀子所界说的"人伦"之要义。荀子所谓的"人伦"，既不是仅停留于君臣、父子、夫妻、兄弟、亲友等表层的关系，也不是血缘、地缘、业缘、友缘等"分类"的关系，而是由社会分工带来的社会关系、社会地位、社会名分。由于这种意义上的"人伦"具有明显的"群性"（亦即"社会性"），因此荀子群学所研究的"群"主要是以人伦为基础的社会关系。③

其次，应了解我国古代社会如何看待天地人三者之间的关系。正如道教教义之一《太平经》所载："元气恍惚自然，共凝成一，名为天也，分而生明而成地，名为二也；因为上天下地，阴阳相合施生人，名为三也。"这是对老子"道生一，一生二，二生三，三生万物。万物负阴而抱阳，冲气以为和，"④（《老子·四十二章》）思想的延伸。人们通常认为，"一"是元气，"二"是阴气和阳气，"三"是天、地、人"三才"。其中，天是阳气，地是阴气，而在天地之间的人则是阴阳调和的"和气"。

荀子曾说："天地者，生之本也。"⑤（《荀子·礼论》）又说："天有其时，地有其材，人有其治，夫是之谓能参。"⑥（《荀子·天论》）其中，他所谓的"天"，既不是孔、墨有意志的天，而是自然的天；也

---

① （清）王先谦：《荀子集解》，中华书局2012年版，第70—71页。
② 翟学伟：《伦：中国人之思想与社会的共同基础》，《社会》2016年第5期。
③ 景天魁：《论群学复兴——从严复"心结"说起》，《社会学研究》2018年第5期。
④ 李存山注译：《老子》，中州古籍出版社2008年版，第101页。
⑤ （清）王先谦：《荀子集解》，中华书局2012年版，第340页。
⑥ 同上书，第302页。

不是道家观念的天，而是物质的天。① 换句话说，荀子把"天"理解为自然或自然界。如，"天行有常，不为尧存，不为桀亡"②（《荀子·天论》）。而且，自然界有其自身的规律。如，"天有常道矣，地有常数矣，君子有常体矣"③（《荀子·天论》）。④ 可见，荀子与先前"天道观""天命观"的不同之处在于，他在天人关系上极大地提升了人的地位。⑤ 荀子强调"人伦与天地同理"，这个"理"乃是至高的法则和人们相互关系的根基。⑥ 基于此，人伦与天地同理意味着"人伦"既是与"天地"生而俱来的先天规定性，也是作为人之常情的内在规律性。荀子将人伦看作像天地一样的永恒存在，对中国的后世社会产生了极其深刻的影响。对此，郭沫若评价说荀子"开启了此后二千余年的封建社会的所谓纲常名教"⑦。

再次，既然荀子将"伦"视为与天地同理，那么我们不禁要问，此处的"理"究竟是现代意义上的道理、伦理、义理，还是"礼"？

从字面上来看，"与天地同理"可理解为"与天地相分是相同的道理"，即此"理"是"道理"，甚或"原理"。然而，"伦"字在荀子的群学思想中也包含一定"伦理"的含义。譬如，他所说的君臣、父子、夫妇之道，在本质上就是人们之间的伦理关系。

西汉董仲舒主张"道之大原出于天""天人感应""人受命于天"之说，并认为确立人伦关系的仁义制度规范皆由天定。

> 是故仁义制度之数，尽取之天。天为君而覆露之，地为臣而持载之；阳为夫而生之，阴为妇而助之；春为父而生之，夏为子而养

---

① 侯外庐、赵纪彬、杜国庠：《中国思想通史》（第一卷），人民出版社2011年版，第477页。
② （清）王先谦：《荀子集解》，中华书局2012年版，第300页。
③ 同上书，第305页。
④ 任继愈主编：《中国哲学史》（一），人民出版社2010年版，第227—228页。
⑤ 景天魁：《史海拾贝：中国社会学概念体系的历史资源》，《社会学评论》2017年第5期。
⑥ 景天魁：《论群学元典——探寻中国社会学话语体系的第一个版本》，《探索与争鸣》2019年第6期。
⑦ 郭沫若：《郭沫若全集》历史编第2卷，人民出版社1982年版，第227页。

之，秋为死而棺之，冬为痛而丧之。①（《春秋繁露·基义》）

时至宋明，"伦"被诸多理学家进一步义理化。例如："人伦者，天理也。"②"仁义礼智，岂不是天理？君臣、父子、兄弟、夫妇、朋友，岂不是天理？"③"天理只不过是仁义礼智信之总名，仁义礼智信是天理的件数。"④又如，二程指出："父子君臣，天下之定理，无所逃于天地之间。"⑤（《河南程氏遗书》卷五）朱熹强调："仁莫大于父子，义莫大于君臣，是谓三纲之要，五常之本，人伦天理之至，无所逃与天地之间。"⑥（《朱文公文集·癸未垂拱奏札·二》）在沟口雄三看来，自宋学兴起以后，"理"就占据了儒教思想的中心地位。它具有宇宙万物的存在根据、存在法则的含义，当其指称人类社会的事物时，可被作为"天理"一词使用。⑦

将"人伦"义理化是宋明理学家二程、朱熹等人对其的再度升华，显然并非出自荀子的原意。然而，值得注意的是，荀子强调"礼义"对于形成古代社会"人伦"关系的重要性，或可以说，"礼义"的外在约束规定了"人伦"的内在建构。比如，荀子指出："礼者，法之大分、类之纲纪也。故学至乎礼而止矣。夫是之谓道德之极。"⑧（《荀子·劝学》）又如，"礼者，贵贱有等，长幼有差，贫富轻重皆有称者也"⑨（《荀子·富国》）。在梁启超看来，荀子所说的"礼"既指公认

---

① 曾振宇注说：《春秋繁露》，河南大学出版社2009年版，第306页。
② （宋）程颢：《二程集·外书》（卷7），中华书局1981年版。
③ 朱熹认为"五伦"是由天命所决定的，即具有先验的绝对意义。参见（宋）朱熹《晦庵先生朱文公文集》，上海古籍出版社、安徽教育出版社2010年版，第2837页。
④ （宋）朱熹：《晦庵先生朱文公文集》，上海古籍出版社、安徽教育出版社2010年版，第1838页。
⑤ （宋）程颢、程颐：《四库家藏：二程语录集》，山东画报出版社2004年版，第60页。
⑥ （宋）朱熹：《晦庵先生朱文公文集》，上海古籍出版社、安徽教育出版社2010年版，第633—634页。
⑦ ［日］沟口雄三：《中国的思想》，赵士林译，中国社会科学出版社1995年版，第18页。
⑧ （清）王先谦：《荀子集解》，中华书局2012年版，第11—12页。
⑨ 同上书，第176页。

共循之"义"的制度,又近战国法家之"法"的性质,还有合理之习惯的含义。① 另有学者指出,荀子所谓的"礼"具有七种含义:它是治国之本、为政的前提,满足人类物质生活需要而对财富进行分配的标准,一套封建等级制度,社会成员的一切生活行为规范、社会成员活动的规定界限和标准,礼节、仪式、文明人的标志,人与其他动物的区别,教化的工具,并具有法的特质。② 可见,作为天理的"伦"在一定程度上是受"礼义"所支配的,即此中的"理"包含"礼"的成分。另外,宋明时期的周敦颐、张载、朱熹等人不遗余力地试图证明"礼即理",意在将社会秩序的"礼"与"天理"等同论之,其中"礼"的核心就是维护贵贱上下、尊卑长幼、男女有别的封建社会等级秩序。③ 在景天魁看来,荀子所谓的"礼"可以"定伦",其主要表现是:"以'礼'定了规矩,也就定了名分和职责,这样就有了秩序,有了秩序才称得上'善群'。"因此,群学即是"礼以定伦"的秩序之学。④

总之,在中国古代社会,"天理体现在天,叫作'命';体现在社会关系与社会规范上,叫作'义';而体现在人的品质上,就叫作'性'"⑤。因此,被荀子视为"天理"的"伦"也无疑是具有多重含义的。正如史华兹对荀子曾做出的如是评价:"可以肯定地说,荀子的确比我们到目前为止所遇见的其他人物都更接近于科学的人文主义(scientific humanism)。"⑥ 荀子所谓的"伦",是他更加接近科学人文主义的一个重要表现。

(三)"人伦与天地同理"的价值和意义

对于荀子群学的创立而言,"人伦与天地同理"这一命题为"群"的基本结构的确立和基本关系的形成奠定了坚实的基础,并成为后世

---

① 梁启超:《先秦政治思想史》,东方出版社 1996 年版,第 116—121 页。
② 陈定闳:《中国社会思想史》,北京大学出版社 1990 年版,第 170—171 页。
③ 徐公喜、万红:《宋明理学"三纲五常"向"四德五伦"结构性转变》,《上饶师范学院学报》2012 年第 5 期。
④ 景天魁:《论群学复兴——从严复"心结"说起》,《社会学研究》2018 年第 5 期。
⑤ 王处辉主编:《中国社会思想史》,中国人民大学出版社 2002 年版,第 374 页。
⑥ [美]本杰明·史华兹:《古代中国的思想世界》,程钢译,江苏人民出版社 2008 年版,第 420 页。

讨论社会结构和社会关系躲不掉、绕不开的一个重要性、根本性命题。换句话说，将"人伦"提升到"与天地同理"的高度，人的"能群""合群""善群""乐群"才是符合古代社会结构与社会关系规范的。

回溯西方社会思想史的产生与发展脉络不难发现，无论是古希腊罗马时代智者学派①的"人是万物的尺度"、斯多葛派的"依自然而生活，也就是依道德而生活"、欧洲中世纪奥古斯丁"地上之城"与"天上之城"的对立之说、托马斯·阿奎那"天恩不夺走人性，人性也不夺走天恩"的学说、文艺复兴时期托马斯·莫尔所描绘"乌托邦"的理想社会，还是启蒙运动中洛克、卢梭等人提出的"自然权利""自由平等""天赋人权""社会契约"，都在一定程度上探讨了人性与自然的关系，以及伦理道德与社会规范之间的关系。另外，还有"君权神授"和"主权在民"等不同主张之间的持久争论。

然而，相较于中国古代战国时期荀子作为天理之"伦"的群学思想，上述西方社会思想均未将类似于"伦"的某一具体概念上升到"天理"的高度，甚至是"究天人之际，通古今之变"的"义理之学"。晚清以降，诸多近代西方社会思想才与中国的"伦"观念产生了强烈碰撞，李鸿章称其为"数千年来未有之变局"。其中，"天赋人权"的自然权利观宣扬"人人平等"或"人人生而平等"，导致中国封建社会传统意义上的"纲常名教""朕即皇帝"等人伦等级观念备受批驳；而"社会契约"的相关学说主张自由平等并反对大私有制及其压迫，造成被我国历代封建王朝奉为圭臬的纲常伦理屡遭诟病。

对此，一种观点认为，应当固守中国传承千年的伦常纲纪，如张之洞指出："夫不可变者，伦纪也，非法制也；圣道也，非器械也；心术也，非工艺也。"②另一种观点强调，中国封建社会的"伦"观念已然不合时宜，如谭嗣同指出君臣、父子、夫妇三伦是对自由平等之义的违

---

① 该学派划出一个超乎人为法的自然法领域。
② 苑书义、孙华峰、李秉新主编：《张之洞全集》（第11册），河北人民出版社1998年版，第9747页。

背①。但事实证明，随着西方社会思想的引入和传播，作为天理之"伦"已逐渐走下神坛。

面向中国社会思想的未来发展而言，应当辩证地看待作为天理之"伦"的当代价值。一方面，需要承认"伦"在维系社会关系和维护社会秩序中发挥的积极作用，进一步弘扬尊老爱幼、父慈子孝、夫妻和睦、团结友爱的传统美德；另一方面，也要弱化"伦"在固化社会阶层和阻碍社会流动中所起的消极作用，进一步树立彼此尊重、相互信任、平等互利、合作共赢的社会风尚。

（苑仲达）

## 二 知同知异

（一）"知同知异"的意涵

在荀子看来，群体中各类人等杂处，要避免"失合之忧"，就必须"知同""知异"。对此，荀子在《富国》篇中作了专门论述。

> 人伦并处，同求而异道，同欲而异知，生也。皆有可也，知愚同；所可异也，知愚分。执同而知异，行私而无祸，纵欲而不穷，则民心奋而不可说也。如是，则知者未得治也；……群众未县，则君臣未立也。无君以制臣，无上以制下，天下害生纵欲。欲恶同物，欲多而物寡，寡则必争矣。故百技所成，所以养一人也。……离居不相待则穷，群居而无分则争。……男女之合，夫妇之分，婚姻聘内，送逆无礼：如是，则人有失合之忧，而有争色之祸矣。故知者为之分也。②

荀子这段话的意思是说，人类群居在一起，有同样的欲求而选择实现的路径却不同，同样有欲望而识见却不同。对外物有所感知，这是智者和愚人相同的；但各人所识所见又是不同的，这是智者和愚人的区

---

① 景天魁主编：《中国社会发展观》，云南人民出版社1997年版，第35页。
② （清）王先谦：《荀子集解》，中华书局2012年版，第173—175页。

第三章　群学的基础性命题

别。要避免"失合之忧""争色之祸",就要知势之同异,知君臣上下之同异,知欲恶之同异,知百技分工之同异,知群与分之同异,知男女夫妇之同异。

首先要"知同"。群主（君主）有同理心,与群体成员同甘共苦（"济同欲"）,才能战胜内忧外患。"书曰'蔡杀其大夫公子燮',言不与民同欲也。"①（《左传·襄公二十年》）"上下同欲者胜。"②（《孙子·谋攻》）"对曰：'求逞于人,不可。与人同欲,尽济。'"③（《左传·昭公四年》）"同恶相助,同好相留,同情相成,同欲相趋,同利相死。"④（《史记·吴王濞列传》）"四王之王也,树德而济同欲焉。"⑤（《左传·成公二年》）

人与人之间有同有异,因此既要"知同"也要"知异"："材性知能,君子小人一也。好荣恶辱,好利恶害,是君子小人之所同也,若其所以求之之道则异矣。"⑥（《荀子·荣辱》）对于男女来说,"同"即《彖传》的"男女睽而其志通","异"即"二女同居,其志不同行"⑦。"仁者见之谓之仁,知者见之谓之知,百姓日用而不知。"⑧

从群学意义而言,荀子所讲的"伦"重类别而轻关系⑨。他认为,人之所以能够合群,是因为人有所分别。比如,"人何以能群？曰：分。"⑩ 也就是说,"分"是"群"的前提和基础。"分"的古义含有"职"的意思⑪；而荀子的"分"具有职业分工⑫、社会角色差别（荀

---

① 赵生群：《春秋左传新注》（上）,陕西人民出版社2008年版,第597页。
② 赵生群：《春秋左传新注》（下）,陕西人民出版社2008年版,第744页。
③ （春秋）孙武著,刘开举译注：《孙子兵法译注》,北京联合出版公司2015年版,第30页。
④ 韩兆琦译注：《史记》（全本全注全译丛书）,中华书局2010年版,第6362页。
⑤ 赵生群：《春秋左传新注》（上）,陕西人民出版社2008年版,第416页。
⑥ （清）王先谦：《荀子集解》,中华书局2012年版,第61页。
⑦ 陈鼓应、赵建伟注释：《周易今注今释》"睽",商务印书馆2016年版,第347页。
⑧ 陈鼓应、赵建伟注释：《周易今注今释》"系辞",商务印书馆2016年版,第599—600页。
⑨ 潘光旦：《儒家的社会思想》,北京大学出版社2010年版,第264页。
⑩ （清）王先谦：《荀子集解》,中华书局2012年版,第162页。
⑪ 比如,《礼记·礼运》中有"男有分,女有归",郑玄注云："分,犹职也"。参见（清）孙希旦《礼记集解》,中华书局1989年版,第582页。
⑫ 例如,"农农、士士、工工、商商一也。"（《荀子·王制》）参见（清）王先谦《荀子集解》,中华书局2012年版,第162页。

·175·

子称"别")① 两种含义。正如荀子指出,"物有同状而异所者,有异状而同所者,可别也"。②(《荀子·正名》)而他所谓的"知异",就是主张认识并理解这些区别。③ 为此,荀子提倡建立一个"尚贤使能,等贵贱,分亲疏,序长幼"④ 的理想社会。

(二)"同而不和"与"和而不同"

由于"百姓日用而不知",因此君子不能"与世俗同知"⑤(《论衡·死伪》),而要"以同而异"。⑥ "同",即把看来相异的事物统一起来,即异中发现同、个性中发掘出共性;"异",谓把看来相同的事物区别开,即同中发现异、共性中发掘出个性。为此,荀子认为在为事物命名时,同类事物要用相同的名称来命名,不同类的事物要用不同的名称来命名,同实同名,异实异名。"然后随而命之:同则同之,异则异之……知异实者之异名也,故使异实者莫不异名也,不可乱也,犹使同实者莫不同名也。"⑦(《荀子·正名》)

然而在实际群体生活中,晏子认为是"同而不和",必异中有同、同中有异始可。《左传·昭公二十年》晏子论"和"与"同"谓:"若以水济水,谁能食之?若琴瑟之专一,谁能听之?同之不可也如是。"⑧ 因此,必异中有同、同中有异始可。⑨ 这也正是《群书治要》引《慎子·民杂》所谓:"民杂处而各有所能,所能者不同,此民之情也。大君者太上也,兼畜下者也;下之所能不同,而皆上之用也。是以大君因民之能以为资,尽苞而畜之,无能去取焉。是故不设一方以求于人,故

---

① 例如,"曷谓别?曰:贵贱有等,长幼有差,贫富轻重皆有称也。"(《荀子·礼论》)参见(清)王先谦《荀子集解》,中华书局2012年版,第176页。
② (清)王先谦:《荀子集解》,中华书局2012年版,第407页。
③ 潘光旦指出,社会关系至少需要满足三个递进的条件:"一是品性同异的存在;二是同异之辨,即同异的辨识;三是同异的辨别的自觉。"参见潘光旦《"伦"有二义——说"伦"之二》,《潘光旦文集》(第10卷),北京大学出版社2000年版,第147页。
④ (清)王先谦:《荀子集解》,中华书局2012年版,第438页。
⑤ 赵生群:《春秋左传新注》(下),陕西人民出版社2008年版,第865页。
⑥ 陈鼓应、赵建伟注释:《周易今注今译》"睽",商务印书馆2016年版,第346页。
⑦ (清)王先谦:《荀子集解》,中华书局2012年版,第405—406页。
⑧ (唐)魏徵编撰:《群书治要》,天津人民出版社2015年版,第351页。
⑨ 钱锺书:《管锥编》,生活·读书·新知三联书店2007年版,第46—47页。

所求者无不足也。"①

这和孔子主张的"和而不同"异曲同工。应在知同知异的基础上，存异求同讲和合。知同不知异，和合就缺乏基础；知异不知同，就可能会排斥和合，两种态度都有失中庸之道。

（三）人异行同，殊途同归

虽然根据佛学思想，人类大多"迷心不悟""执异思异"，如《大日经》言："云何迷心？谓所执异，所思异。《大乘入道章》下：迷心不悟，一行尚不能依。"② 但人类依然可以"同行"，如《止观辅行》云："言同行者，己他互同，递相策发，人异行同，故名同行。"③ 这也就是《易·系辞传》所言"殊途同归"："天下何思何虑？天下同归而殊途，一致而百虑。"④

荀子之所以提出要"知同知异"，是希望人们认识到群体的复杂性，人类需求及选择实现路径的多样性，以及群体成员在智愚、贫富、地位方面的差等。"每个人依据其资质尽可能去做适合他自己的事情，于是社会才会正常地运行起来；如果无此分别，那么人人皆向往权力与财富，必定引发争夺，并导致社会大乱。"⑤

（杨善民）

## 三 群有五伦

（一）群有五伦的提出

对于中国群体关系的表述，可以追溯至尧舜时代的"五教"。《春秋左传·文公十八年》记："举八元，使布五教于四方，父义、母慈、兄友、弟共、子孝，内平外成。"⑥ 类似地，《史记·五帝本纪》载："舜举八恺，使主后土，以揆百事，莫不时序。举八元，使布五教于四

---

① 蒙文通著，蒙默编：《蒙文通全集》"略论黄老学"，巴蜀书社2015年版，第53页。
② 丁福保：《六祖坛经笺注》，齐鲁书社2012年版，第59页。
③ 同上书，第106页。
④ （唐）李鼎祚集注：《周易集解》，中央编译出版社2011年版，第269页。
⑤ 翟学伟：《伦：中国人之思想与社会的共同基础》，《社会》2016年第5期。
⑥ 杨伯峻：《春秋左传注》，中华书局1990年版，第638页。

方，父义，母慈，兄友，弟恭，子孝，内平外成。"①

孔子将"夫妇"作为人伦关系生发之始，并把规范和调整人们行为的基本社会关系概括为"君臣""父子"二伦。比如，《周易·序卦》："有天地，然后有万物；有万物，然后有男女；有男女，然后有夫妇；有夫妇，然后有父子；有父子，然后有君臣；有君臣，然后有上下；有上下，然后礼义有所错。"② 其中，人伦关系发生的顺序是：夫妇—父子—君臣。另如，《论语·颜渊》："齐景公问政于孔子，孔子对曰：'君君，臣臣，父父，子子。'"③ 在此，"君臣""父子"二伦的顺序为"君臣—父子"。

孟子提出了"人之大伦"的主张，且厘定了"五伦"关系的次序。《孟子·公孙丑下》云："内则父子，外则君臣，人之大伦也。"④《孟子·滕文公上》有："圣人有忧之，使契为司徒，教以人伦：父子有亲，君臣有义，夫妇有别，长幼有序，朋友有信。"⑤ 其中，"五伦"的顺序为"父子—君臣—夫妇—长幼—朋友"。另外，他重关系之"伦"而轻类别之"伦"。⑥

韩非强调人伦关系的国家与社会属性，并突出"五伦"中的"君臣""父子""夫妇"三伦。例如，《韩非子·忠孝》："臣事君，子事父，妻事夫。三者顺则天下治，三者逆则天下乱，此天下之常道也。"⑦ 韩非把人伦关系的顺序确立为"君臣—父子—夫妇"。

综观先秦诸子的相关著述不难发现，无论孔子的"君臣—父子"二伦、孟子的"父子—君臣—夫妇—长幼—朋友"五伦，还是韩非的"君臣—父子—夫妇"三伦，都反映出中国传统社会人伦关系的产生和发展，具有其悠久的历史渊源和丰厚的文化底蕴。然而，作为群学开创者的荀子，对"伦"有其独到的见解。

---

① （汉）司马迁：《史记》，中华书局2005年版，第27页。
② 李鼎祚：《周易集解》，中央编译出版社2011年版，第315—316页。
③ 杨伯峻：《论语译注》，中华书局2012年版，第178页。
④ 杨伯峻：《孟子译注》，中华书局1960年版，第88页。
⑤ 同上书，第125页。
⑥ 潘光旦：《儒家的社会思想》，北京大学出版社2010年版，第262—263页。
⑦ （清）王先慎：《韩非子集解》，中华书局1998年版，第466页。

## （二）群有五伦的含义

荀子"群学"是中国社会学的传统资源，他的群学观点指引了群体关系的分合。其中，荀子揭示了人区别于动物的基本社会属性是"能群"，并提出了"明分使群"的组织原则和"人生不能无群"的共生原则。这对他如何以"伦"处理群体关系起到重要的导向作用。

荀子的"人生不能无群"重视"合"对"群"的共生功能，而他的"伦"体现了对群体关系的维系。荀子主张，人们共处虽然有共同的需求，但满足需求的方法不同；虽然有共同的欲望，但实现欲望的智慧各异。例如，"人伦并处，同求而异道，同欲而异知，生也"①（《荀子·富国》）。他指出，群的共生性是群体内部成员的共生，并强调人们要处理好群体内部的社会关系。又如，"君君、臣臣、父父、子子、兄兄、弟弟一也，农农、士士、工工、商商一也"（《荀子·王制》）。②其中，君臣、父子、兄弟、夫妇是指社会身份，农、士、工、商则指社会职业。荀子认为，一个人的社会角色或名分一旦被礼确定之后，他就拥有了与之相应的权利和义务；"君君、臣臣、父父、子子"的角色要求，突出的是某一社会角色和社会身份双向的、有条件的对等性义务。③而景天魁认为，"群"凭借"伦"的整合性，将人的血缘关系、地缘关系、业缘关系、文缘关系等一层一层、一圈一圈地整合成在横向和纵向上贯通的差序结构。由于"五伦"具有本源性社会关系的地位，因此它是社会结构之本。④易言之，人而合群，"最基本的"就是按照五伦组成了社会的基本结构。⑤

潘光旦在考证孟子的"人伦"时发现，中国人的社会规范源于"伦"字，并依此规定着人与人的类别和关系。其中，"没有了类别，

---

① （清）王先谦：《荀子集解》，中华书局2012年版，第173页。
② 同上书，第162页。
③ 涂可国：《社会儒学视域中的荀子"群学"》，《中州学刊》2016年第9期。
④ 景天魁：《史海拾贝：中国社会学概念体系的历史资源》，《社会学评论》2017年第5期。
⑤ 景天魁等：《中国社会学：起源与绵延》，社会科学文献出版社2017年版，第89页。

关系便无从发生";①"类别决定着关系，即没有类别就无所谓关系，或者说，关系一定是先确定了类别，才可以由此发生相互影响、相互联系"。②据《孟子·滕文公上》所载："圣人有忧之，使契为司徒，教以人伦：父子有亲，君臣有义，夫妇有别，长幼有序，朋友有信。"③孟子上述的"五伦"，其实质是父子、君臣、夫妇、兄弟、朋友五种人伦关系。这五种人伦关系的界定，对荀子的群学思想产生了重要影响。

在《说"五伦"的由来》一文中，潘光旦主要论述了在中国历史上"五伦"这五种看似理所当然、一成不变，实则经过反复锤炼、不断演变，也常被称之为五常、五典、五教、达道的关系。尽管这五种关系以一种稳定集合的形式在先秦和汉唐的文献中不为所见，多数情况下只有父子、兄弟或者父子、君臣等并列的二伦，也有加之夫妇并列为三伦；另有不涉及朋友，只论说四伦的表述，直到宋代才出现五伦并举的说法，再到明代开始传播，又到清代被明确下来。众所周知，所谓"人伦"有五，最早、最完整的表述是由孟子提出的，即"父子有亲，君臣有义，夫妇有别，长幼有序，朋友有信"（《孟子·滕文公上》）。如上，尽管孟子指出这五种关系是人伦，但是他并没有说人与人的关系仅限于这五种。有鉴于此，后人或者对其增减，或者调整顺序，或者突出其中的几种关系并另做表述，如"三纲"（父为子纲、君为臣纲、夫为妻纲），甚或进一步延伸，如"三纲六纪"（六纪为诸父有善、诸舅有义、族人有序、昆弟有亲、师长有尊、朋友有旧）。其中值得注意的是，虽然在中国文化传统中师生关系非常重要，但是它并未出现在五伦关系之中。潘光旦的重点工作，就是对这些方面加以梳理和探讨。他所论述的"五伦"的来龙去脉与时代变迁，为考察群学的创立乃至中国社会思想史的发展提供了史实依据和重要借鉴。

总的来看，荀子的群学在社会关系层面突出了"群"的组织属性和共生属性，并对人伦关系的顺序做了有别于孔孟的调整。对于"五伦"

---

① 潘光旦：《说"伦"字——说"伦"之二》，载《潘光旦文集》第10卷，北京大学出版社2000年版，第146页。
② 翟学伟：《伦：中国人之思想与社会的共同基础》，《社会》2016年第5期。
③ 杨伯峻：《孟子译注》，中华书局1960年版，第125页。

关系中的每一个角色，荀子都做出了明确规定："君"应"以礼分施，均而不偏"，"臣"应"以礼待君，忠顺而不懈"；"父"当"宽惠而有礼"，"子"当"敬爱而致恭"；"兄"需"慈爱而兄友"，"弟"需"敬诎而不苟"；"夫"要"致和而不流，致临而有辨"，"妻"要"夫有礼则柔从听侍，夫无礼则恐惧而自竦"。① 正如范浩所指出："人伦本于天伦而立。在'五伦'坐标中，由父子而君臣，由兄弟而朋友，由夫妇而男女，一句话，社会的伦理关系本于家族血缘伦理关系。这是与家国一体的社会结构相适应、相匹配的人伦模式，是家国一体的社会结构的伦理体现。"②

（三）群有五伦的价值和意义

近现代以降，在西方社会学中国化的过程中，我国传统社会的"五伦"遇到了学术话语的争论和社会实践的解构。

一方面，有的学者对"五伦"作出了新的阐释。比如，何启、胡礼垣强调"五伦"说的合理性，如"凡尚理学如希腊等国，亦莫不以五伦为重"③，胡适的"人与人之间，有种种天然的或人为的交互关系……每一种关系便是一'伦'……儒家认定人生总离不开这五条达道，总逃不出这五个大伦，故儒家的人生哲学，只要讲明如何处置这些伦常的道理，只要提出种种伦常的标准伦理"，④ 梁漱溟"伦理本位、关系无界、阶级无涉"的理论判断⑤，李安宅把五伦当作社会关系的概念，⑥ 黄光国的"儒家关系主义"，⑦ 金耀基有关"关系"和"人情"的研究，⑧ 边燕

---

① 陈定闳：《中国社会思想史》，北京大学出版社1990年版，第170—171页。
② 樊浩：《伦理精神的价值生态》，中国社会科学出版社2001年版，第145页。
③ 张之洞、何启、胡礼垣：《劝学篇·劝学篇书后》，冯天瑜、肖川点注，湖北人民出版社1991年版，第247页。
④ 胡适：《胡适学术文集·中国哲学史》，中华书局1991年版，第84页。
⑤ 比如，梁漱溟认为："儒家之伦理名分，自是意在一些习俗观念之养成。在这些观念上，明示其人格理想；而同时一种组织秩序，亦即安排出来。因为不同的名分，正不外乎不同的职位，配合拢来，便构成一个社会。"参见梁漱溟《中国文化要义》，上海人民出版社2005年版，第108页。
⑥ 李安宅：《〈仪礼〉与〈礼记〉之社会学的研究》，上海人民出版社2005年版。
⑦ 黄光国：《儒家关系主义——文化反思与典范重建》，北京大学出版社2006年版。
⑧ 金耀基：《中国社会与文化》，牛津大学出版社1992年版。

杰的"关系社会学"论著①等。在《五伦观念的新检讨》一文中，贺麟对五伦概念进行了重新界定，他认为：

> 以上所批评阐明的四点：（一）注重人与人的关系；（二）维系人与人之间的正常永久关系；（三）以等差之爱为本而善推之；（四）以常德为准而皆尽单方面之爱或单方面的义务。这就是我用披沙拣金的方法所考察出来的构成五伦观念的基本质素。要想根本上推翻或校正五伦观念，须从推翻或校正此四要素着手；要想从根本上发挥补充五伦观念，也须从发挥补充此四要素着手。此外都是些浮泛不相干的议论。为了方便起见，综括起来，我们可试给五伦观念下一界说如下：五伦观念是儒家所倡导的以等差之爱、单方面的爱去维系人与人之间长久关系的伦理思想。②

另一方面，也有学者围绕"五伦"展开了国际比较。例如，冯友兰对比西方哲学，指出五伦之道与霍布斯理论存在相似之处，并且认为五伦恰如柏拉图的理想国；③ 在《明伦》一文中，柳诒徵对五伦的现代性予以辩护，并指出五伦中所表达的相互性要比西方的互助概念深厚得多；④ 而张东荪将五伦视为中国的社会组织，他认为：

> 中国人的"君""臣""夫""子""夫""妻"完全是各为一个"函数"或"职司"，由其互相关系，以实现社会的全体。故君必仁，臣必忠，父必慈，子必孝。如君不仁，则君不君；臣不忠，则臣不臣；父不慈，则父不父；子不孝，则子不子。⑤

---

① 边燕杰主编：《关系社会学：理论与研究》，社会科学文献出版社2011年版。
② 贺麟：《五伦观念的新检讨》，原刊于《战国策》第3期，1940年5月1日；后收入《文化与人生》，商务印书馆1996年版，第62页。
③ 冯友兰：《中国之社会伦理》，《三松堂学术文集》，北京大学出版社1984年版，第88页。
④ 柳诒徵：《明伦》，孙尚扬、郭兰芳编《国故新知论——学衡派文化论著辑要》，中国广播电视出版社1995年版，第407页。
⑤ 张东荪：《理性与良知——张东荪文选》，上海远东出版社1995年版，第286页。

在瞿同祖看来，五伦所涵盖的五种社会关系是经归纳各种社会关系而得出的五种最重要的范畴。

我们应当注意伦常与社会差异及礼的关系。第一，所谓伦常纲纪，实即贵贱、尊卑、长幼、亲疏的纲要。贵贱关系极为繁复，君臣足以概括之。家族中尊卑关系也不止一种，最重要的为父子、夫妻，最尊莫如父，妇人以父为天。长幼的关系则有兄弟。所以君臣、父子、夫妇、兄弟、朋友五种社会关系，只是从千万种社会关系中提纲挈领归纳所得的五种最重要的范畴而已。人与人的社会关系，皆不能轶出此种范围，家族的、政治的、社会的关系皆在其中。五伦之中除朋友一伦处于平等地位外，其余四种都是对立的优越与从属关系，而其中又以君臣、父子、夫妇为最重要，所以汉儒又提出三纲的口号。总之，贵贱、尊卑、长幼、亲疏是概括的笼统的说法，五伦三纲则是具体的分类和范畴。[①]

新中国成立以来，社会关系意义上的"五伦"曾经被人们所曲解、批驳、排斥甚至淡忘。而改革开放之后，"伦"作为群体关系的基础作用又受到关注和阐发。正如梁漱溟所指出："融国家于社会人伦之中，纳政治于礼俗教化之中，而以道德统括文化，或至少是在全部文化中道德气氛特重，确为中国的事实。"[②] 为此，当代中国的社会建设应当充分重视"五伦"在群学创立过程中的独特价值，并继续发挥它在维系和谐稳定社会关系中的能动作用。

（苑仲达）

## 四　不失其伦

（一）"不失其伦"的提出

一方面，昭穆制度是中国封建社会维持"不失其伦"的重要载体之一。《礼记·祭统》曰："夫祭有昭穆。昭穆者，所以别父子、远近、

---

[①] 瞿同祖：《中国法律与中国社会》，上海书店1989年版（影印版），第318页。
[②] 梁漱溟：《中国文化要义》，上海人民出版社2005年版，第20页。

长幼、亲疏之序而无乱也。是故有事于大庙，则群昭群穆咸在而不失其伦。"① 其中，"昭穆"是我国上古时代流传后世的、确定对宗庙或墓地的辈次排列规则和次序的一种宗法制度。上古宗庙或墓地排列的制度是，始祖庙居中，以下按父子的辈分排列为昭穆，昭居左，穆居右。周人以后稷为始祖，后稷后的第一代为昭，第二代为穆。此后的第三、第五、第七代，以及下推至任何奇数代，皆为昭；此后的第四、第六、第八代，以及下推至任何偶数代，皆为穆。周代设有专门负责区分昭穆的官员，如《周礼·春官》中的小宗伯、小史。另外，昭穆制度与墓葬形制大体相同，只是王、诸侯一世只有一位，昭穆的排列与原生习俗并无二致。依据古代宗法制度，宗庙中的神主和墓冢的排次是，始祖居中，二世、四世、六世在始祖的左方，称昭；三世、五世、七世在始祖的右方，称穆。后来，"昭穆"泛指家族中的辈序排行（谓之"辈分"或"字沿"），而在春秋时期它还有尊卑等级关系的含义。

昭穆的表现形式，多为四字、五字、七字一句的诗句。由于每一字代表一辈，因此诗中的字不可重复。诗的作者，则多为族中贤达。大多数作为昭穆的诗句，均含有光宗耀祖，承前启后，教育子孙忠君报国、尊祖睦族、耕读传家的意蕴。一旦昭穆得以制成，必须举行隆重仪式，祷告祖宗，辑入谱中，通告各族，以在子孙命名时严格奉行，称呼不乱，世系有序。及至后世修谱，昭穆必须入谱，以致来裔世代相袭。明清时期，这一世传昭穆制度被漳州人引介到台湾，并在各姓氏家族中传承沿用至今。昭穆是中华优秀传统文化的重要组成部分，它传袭几千年而经久不衰，成为支持中华文明是唯一未曾中断的文明这一结论之明证。

另一方面，王国维在《殷周制度论》中对宗法、丧服、宗庙的研究，② 吴承仕对五服制度文化意义的讨论，③ 冯汉骥所著《中国亲属制

---

① 陈戊国点校：《四书五经》（上），江苏古籍出版社2014年版，第614页。
② 王国维：《殷周制度论》，《观堂集林》卷10，中华书局2004年版，第451—480页。
③ 吴承仕：《中国古代社会研究者对于丧服应认识的几个根本观念》，陈其泰、郭伟川、周少川编《二十世纪中国礼学研究论集》，学苑出版社1998年版，第322页。

度》①和葛兰言与列维-斯特劳斯关于亲属制度的研究,②以及丁凌华、丁鼎、林素英等对传统中国礼制的研究,③都揭示了丧服制度与传统中国亲属制度之间存在密切的关系。而费孝通指出,"伦重在分别,在《礼记》祭统里所讲的十伦,鬼神、君臣、父子、贵贱、亲疏、爵赏、夫妇、政事、长幼、上下,都是指差等。'不失其伦'是在别父子、远近、亲疏。伦是有差等的次序。"④阎云翔进一步认为,虽然人们通常将"差序格局"比作水波同心圆,但是这并非它的严格定义,其实质含义既包括亲疏远近的差,也包括贵贱尊卑的别,即为一个等级结构。⑤孙隆基、马戎、翟学伟等则指出,差序格局和传统的五服图之间存在一致性。⑥另外,吴飞将差序格局看作对丧服制度的一种社会科学诠释,并将丧服制度视为对差序格局的一种图解。⑦

其中,丧服制度主要是指中国传统社会和宗族的"五服"⑧制度,而"五服图"是理解丧服制度的基本工具⑨。所谓"五服",有四种含义:一是古代王畿外围,以五百里为一区划,由近及远分为甸服、侯服、绥服(一曰宾服)、要服、荒服,合称五服;二是古代天子、诸

---

① Han-Yi Feng, *The Chinese Kinship System*, Cambridge, Mass.: Harvard University Press, 1984;冯汉骥:《中国亲属称谓指南》,徐志诚译,上海文艺出版社1989年版,第17页。

② Claude Levi-Strauss, *The Elementary Structures of Kinship*, Boston: Beacon Press, 1969, pp. 331–332.

③ 丁凌华:《五服制度与传统法律》,商务印书馆2013年版,第122—123页;林素英:《丧服制度的文化意义——以〈仪礼·丧服〉为讨论中心》,文津出版社2000年版,第484—498页;丁鼎:《〈仪礼·丧服〉考论》,社会科学文献出版社2001年版,第184页。

④ 费孝通:《乡土中国》,上海人民出版社2013年版,第26—27页。

⑤ 阎云翔:《差序格局与中国文化的等级观》,《社会学研究》2006年第4期。

⑥ 孙隆基:《中国文化的深层结构》,广西师范大学出版社2004年版,第367页;马戎:《差序格局——中国传统社会结构和中国人行为的解读》,《北京大学学报》2007年第3期;翟学伟:《再论"差序格局"的贡献、局限与理论遗产》,《中国社会科学》2009年第3期。

⑦ 吴飞:《从丧服制度看差序格局——对一个经典概念的再反思》,《开放时代》2011年第1期。

⑧ 《尚书·皋陶谟》中谓:"天命有德,五服五章哉。"这可能是我国古代典籍中关于"五服"最早的记载。《荀子·正论》中亦有"五服"之事:"封内甸服,封外侯服,侯卫宾服,蛮夷要服,戎狄荒服。甸服者祭,侯服者祀,宾服者享,要服者贡,荒服者终王。"参见晁福林《先秦社会思想研究》,商务印书馆2007年版,第186—189页。

⑨ 吴飞:《五服图与古代中国的亲属制度》,《中国社会科学》2014年第12期。

侯、卿、大夫、士五等服式；三是古代以亲疏为差等的五种丧服；四是谓高祖父、曾祖父、祖父、父亲、自身五代。① 其中，我国古代丧服制度中的"五服"仅指以亲疏为差等的五种丧服。中国的封建社会是由父系家族组成的社会，其亲属范围涵盖自高祖以下的男系后裔及其配偶，即自高祖至玄孙的九个世代，通常称为本宗九族。在此范围内的直系亲属和旁系亲属均为有服亲属，死为服丧。正如《礼记·丧服小记》所谓的"上杀、下杀、旁杀"②，亲者服重，疏者服轻，依次递减。"五服"制度是中国礼治中为死去的亲属服丧的制度，它规定在血缘关系亲疏有别的亲属间，服丧的服制不同，并据此把亲属分为五等，即所谓"五服"。它由亲至疏依次是：斩衰、齐衰、大功、小功、缌麻。这说明，五服制度是对中国传统社会"伦"的另一种表征。然而，郭沫若也曾指出五服制度"不消说是儒家的伪托"，是"虚造"③。

（二）"不失其伦"的含义

由上可知，"不失其伦"是指对上古以来中国昭穆宗法制度和五服制度等的传承与遵循，是在承认并尊重"父子、远近、亲疏"之"分别"的基础上对中国传统"差序格局"的敬畏与践行。

在《人论》篇中，荀子将人们划分为三种类别：其一，"众人"（普通民众）。他们的思想既没有脱离偏邪自私，又希望别人认为自己大公无私；行为既没有脱离肮脏污秽，又希望别人认为自己纯良美好；他们既非常愚昧肤浅，又希望别人认为自己智慧聪颖。其二，"小儒"。他们先在思想上克制了私心，而后才能出于公心；先在行动上抑制了本性，而后才能纯良美好；他们聪慧而又喜欢求教，而后才能多才多艺。换句话说，他们去私为公、行为美好、富于才干。其三，"大儒"。他们在思想上已习惯于公正无私，在行动上已习惯于纯良美好，其智慧则能够精通法律制度。荀子认为，"大儒"能当天子的三公，"小儒"可当诸侯的大夫或士，"众人"则当工匠、农夫、商人。于是，君主鉴定

---

① 《汉语大词典》（第一卷），上海辞书出版社1986年版，第363页。
② 钱玄等注译：《礼记》（下），岳麓书社2001年版，第441页。
③ 郭沫若：《中国古代社会研究》，《郭沫若全集》历史编第一卷，人民出版社1982年版，第262页。

群臣等级的标准就是"礼制",并可依此鉴定人的各种类别了。

> 人论:志不免于曲私而冀人之以己为公也,行不免于污漫而冀人之以己为修也,其愚陋沟瞀而冀人之以己为知也,是众人也。志忍私然后能公,行忍情性然后能修,知而好问然后能才,公修而才,可谓小儒矣。志安公,行安修,知通统类,如是则可谓大儒矣。大儒者,天子三公也。小儒者,诸侯大夫士也。众人者,工农商贾也。礼者,人主之所以为群臣寸尺寻丈检式也。人伦尽矣。[1](《荀子·儒效》)

荀子主张,人们应当以忠诚守信为本体,以正直老实为纲纪,以礼义为规范,以伦理法律为原则,以示对他人的尊敬。在这里,"伦类"包含伦理关系和法律规范两层含义。比如:"忠信以为质,端悫以为统,礼义以为文,伦类以为理,喘而言,臑而动,而一可以为法则。"[2](《荀子·臣道》)同时,荀子以礼制与度量衡作类比,强调依据礼制确定人与人之间的尊卑等级关系。

> 程者,物之准也;礼者,节之准也。程以立数,礼以定伦,德以叙位,能以授官。凡节奏欲陵,而生民欲宽,节奏陵而文,生民宽而安。上文下安,功名之极也,不可以加矣。[3](《荀子·致士》)

荀子指出,臣子谨慎守法严、君主掌控变法权、公正考察善思索、伦理关系不混乱,并以此来治理天下,方可使后世不断效法,并成为常规沿袭。例如,"臣谨修,君制变,公察善思论不乱。以治天下,后世法之成律贯"[4](《荀子·成相》)。

在荀子看来,孝敬父母、善待朋友、奖励有功劳之人、犒劳付出劳

---

[1] (清)王先谦:《荀子集解》,中华书局2012年版,第144页。
[2] 同上书,第250页。
[3] 同上书,第257—258页。
[4] 同上书,第456页。

动之人，都是"仁"的等级差别；尊重身份高贵的人、官爵显赫的人、德才兼备的人、年老的人和年长的人，均为"义"的伦理要求。而恰如其分地奉行"仁义之道"，就是"礼"的秩序。他认为，"仁""义""礼"乃至"乐"所追求的目标是一致的。

> 亲亲、故故、庸庸、劳劳，仁之杀也。贵贵、尊尊、贤贤、老老、长长，义之伦也。行之得其节，礼之序也。仁，爱也，故亲。义，理也，故行。礼，节也，故成。仁有里，义有门。仁非其里而虚之，非礼也。义非其门而由之，非义也。推恩而不理，不成仁；遂理而不敢，不成义；审节而不知，不成礼；和而不发，不成乐。故曰：仁、义、礼、乐，其致一也。君子处仁以义，然后仁也；行义以礼，然后义也；制礼反本成末，然后礼也。三者皆通，然后道也。①（《荀子·大略》）

（三）"不失其伦"的原则要求

与荀子的观点相类似，春秋战国时期的墨子也强调"义"作为伦理规范在群体生活中的重要性。比如，"由于人类过着群体的社会生活，就需要规定出规范人们行为的制度，这就是墨子所谓'义'"。②

而正如上文所述，处理好群体关系的原则就是"不失其伦"。对于如何做到"不失其伦"，荀子不仅分别阐释了"伦"与"仁""义""礼"之间的关系，而且主张通过践行"仁义之道"而实现"礼制"对"人伦"的规定性。在此，"伦"既是"众人""小儒""大儒"等的类别之分，也是我国古代远近亲疏、贵贱尊卑社会等级关系的表征。换句话说，这里的"伦"等同于费孝通所谓的人伦差等原则——"差序格局"。

在"差序格局"的观照下，"不失其伦"的原则要求主要体现在以下四个方面：一是在社会生活中承认并尊重人与人之间的差别；二是在

---

① （清）王先谦：《荀子集解》，中华书局2012年版，第475—476页。
② 王处辉主编：《中国社会思想史》，中国人民大学出版社2002年版，第124页。

重视差别的基础上建构并维系社会群体之间的伦理关系;三是在遵循人伦关系的同时强化和巩固法律规范对社会秩序的维持功能;四是以伦理关系和法律规范共同作用于社会群体之间分合关系的调整与转化。

(四)"不失其伦"的中西对话与当代价值

对于"不失其伦"的相似情形,在西方社会学中不难发现关于伦理道德、社会规范、社会秩序或社会风尚等方面的探讨。而在社会群体的意义上,"不失其伦"主要表现为作为群体中的个人在社会观念、社会行为上的内在特征和外在表现,以及群体成员之间社会关系的紧张或调和。其中,符合伦理道德和社会规范的观念和行为无疑会促进形成良好的社会秩序和创造和谐的社会环境;反之,有悖伦理道德和社会规范的观念和行为则可能破坏社会秩序或引起社会动荡。

而对于"失其伦"的情形而言,可见诸有关"乱伦""失范""冲突""越轨"等的讨论。例如,法国社会学家迪尔凯姆在《乱伦禁忌及其起源》中揭示了乱伦禁忌的最初表现形式是外婚制,而外婚制的起源则是原始人关于血的"塔布";他在《自杀论》中则提出了"失范"(anomie)的概念,主要指人民对什么是适当的社会规范的理解存在本质上的分歧,或者指由社会规范或价值观的瓦解或缺乏造成的不稳定状态。西方社会学对"社会失范"的原因主要有两种解释:一种是迪尔凯姆认为,现代社会中的失范是由从机械团结到有机团结的改变尚未完成导致的,并认为这是社会病态的外在表现;另一种是美国社会学家默顿认为,社会价值结构的不同组成部分之间的分离和文化所规定的目标统一与达到这些目标所采取的制度化合法手段之间的分离是造成人类不幸的原因,当人们不能用合法手段去实现这些目标时失范就产生了。

另外,还有默顿、米德等西方社会学家研究了"越轨"(deviance)这一社会行为,认为它是"对于某一社区或社会中被大多数的人所接受的一套既定规范的不服从"。[1] 它是在一定经济和文化环境中,被社会

---

[1] [英]安东尼·吉登斯、菲利普·萨顿:《社会学》,赵旭东等译,北京大学出版社2015年版,第879页。

成员判定为违反其社会准则或价值观念的任何思想和行为，包括犯罪、违法、违反道德规范、社会习俗和风尚等。[①] 相较于中国的"伦"而言，这些社会现象或社会问题也可归为"失其伦"之列。

综上，我们重新审视并强调"不失其伦"，具有如下四个方面的当代价值：一是在社会生活中注重提高个人伦理道德和法律规范意识，以引导正确的价值观念和社会行为；二是在社会群体中重视加强对矛盾冲突的化解，以促进良好人际关系和社会交往；三是不断增强对"失范""越轨"等行为的社会控制和打击力度，以维护社会秩序和社会稳定；四是大力提倡德治与法治并举的社会治理模式，以树立达成善治的伦理道德和法律规范。

（苑仲达）

## 五 以教化明人伦

（一）"明伦"的提出

"伦"的社会思想源出于华夏文明的远古时代，且与人文教化的生发演变有密切联系。[②] 早在尧舜时代，就已"修其五教"。《史记·五帝本纪》载："舜举八恺，使主后土，以揆百事，莫不时序。举八元，使布五教于四方，父义、母慈、兄友、弟恭、子孝，内平外成。"[③]

后来，孟子指出人需要有一个社会化的过程，而其中最重要的是接受教育，学习"父子有亲，君臣有义，夫妇有别，长幼有序，朋友有信"等人伦规范。[④] 他崇尚仁义的价值，认为仁是人们最安全的住所，义是人们最正确的道路。[⑤] 他继承孔子"仁以孝悌为本"的观点，主张"仁"是侍奉父母，"义"是顺从兄长；"礼"是在"仁"和"义"的

---

① 王伟、戴杨毅、姚新中：《中国伦理学百科全书·应用伦理学卷》，吉林人民出版社1993年版，第422页。

② 景天魁等：《中国社会学：起源与绵延》，社会科学文献出版社2017年版，第89—90页。

③ （汉）司马迁：《史记》，中华书局2005年版，第27页。

④ 杨伯峻：《孟子译注》，中华书局1960年版，第125页。

⑤ 譬如，"仁，人之安宅也；义，人之正路也。"(《孟子·离娄上》) 参见（战国）孟轲著，杨伯峻、杨逢彬注译《孟子》，岳麓书社2000年版，第124页。

方面不失礼节、态度恭敬;"智"是领悟"仁"和"义"的道理并不违背其原则性要求。因此,行仁义者就是"人伦之至"的人。施行仁政亟须顺应这种社会需求,设庠序学校,教育人们"明人伦",使人们以仁义为共同遵守的道德和行为的规范,这样人与人的关系就和谐了。①

及至后世,诸多学者亦有关于"明伦"的若干讨论。宋代的朱熹指出,人从孩提的时候就知道敬爱父母,等稍长大后又知道尊敬兄长,这如同饥则求食、渴则求饮一样的天赋之知。人性之所以不同于其他生命,是因为人有"仁义礼智等良知良能"。在饥食、渴饮方面,人与其他动物没有区别,而不同之处在于,人不仅知道"五伦""五常"等天地之性,而且懂得"父子有亲,君臣有义,夫妇有别,长幼有序,朋友有信"。人一旦接触社会,情感就会被逐渐培养出来,并表现出善恶的差别。人的天性包括"仁义礼智",并生发为"恻隐、善恶、辞让、是非"之情,即这"四端"是天命发于情的必然结果。②明代的顾炎武指出,仁慈的君主任用廉洁的官员治理社会,以使社会积累财富;为了实现社会文明,需要社会富裕而辅以教化,人民富足而风俗淳朴,人们能够行孝行悌,各亲其亲,各长其长,明人伦,讲礼貌,构建一个"风俗淳厚,而爱亲敬长之道达诸天下"的社会。③明末清初的王夫之则认为,人的社会化过程乃是个体学习"理"、"明人伦"的"成人成德"的过程。换句话说,为了做到"不失其伦",就需要通过"教化"的途径"明人伦"。

(二) 以教化明人伦的含义

对于"明伦",荀子将其与"富民"进行类比。他认为,如果不能使民众富足,就无法调养人们的思想情感;如果不进行教育,就无法涵养民众的本性。因此,"富民"的办法是:分配给每家5亩宅基地、100亩耕地,并使其努力从事农业生产活动,而不耽误农时;"明伦"的做法是:建立国家的高等学府,设立地方学校,规范6种礼仪,开展

---

① 王处辉主编:《中国社会思想史》,中国人民大学出版社2002年版,第93页。
② 同上书,第392页。
③ 同上书,第486页。

7个方面的教育。

> 不富无以养民情，不教无以理民性。故家五亩宅，百亩田，务其业而勿夺其时，所以富之也。立太学，设庠序，修六礼，明十教，所以导之也。[①]（《荀子·大略》）

其中，"太"通"大"，"太学"即国学，是国家的最高学府；"庠序"是古代地方所设的学校；"六礼"指冠礼（男子成年时举行的加冠礼仪）、婚礼、丧礼、祭礼、乡饮酒礼（乡中送荐贤者于君主时设宴送行的礼仪）、相见礼；"十教"中的"十"当为"七"字之误，而七教是指有关父子、兄弟、夫妇、君臣、长幼、朋友、宾客等七个方面的伦理教育（参见《礼记·王制》），其内容主要是父亲爱护儿子、儿子孝顺父亲，兄长对弟善良、弟对兄长敬重，丈夫秉持道义、妻子顺从丈夫，君主仁爱、臣子忠诚，年长的照顾年幼的、年幼的服从年长的，对朋友讲究信用、对宾客讲究礼节。

另外，荀子进一步划定了"学"或"明伦"的范围，即通晓圣王之道的最圆满境界。他认为，"圣人"是完全精通事理的人，"王者"是彻底精通制度的人，而在这两个方面都精通的人，就完全可以成为天下最高的师表了。因此，他主张"学"就要把圣王当作老师，把圣王的制度当作自己的法度，既效法圣王的法度而探求他们的纲领，又努力效法他们的为人。

> 故学也者，固学止之也。恶乎止之？曰：止诸至足。曷谓至足？曰：圣也。圣也者，尽伦者也；王也者，尽制者也。两尽者，足以为天下极矣。故学者，以圣王为师，案以圣王之制为法，法其法，以求其统类，以务象效其人。向是而务，士也；类是而几，君子也；知之，圣人也。[②]（《荀子·解蔽》）

---

[①]（清）王先谦：《荀子集解》，中华书局2012年版，第482页。
[②] 同上书，第394页。

潘光旦指出："所谓社会之学的最开宗明义的一部分任务在这里，就在明伦，所谓社会学的人化，就得从明伦做起。"[1] 在他看来，类别和关系是"伦"，自觉是"明"，人们由"明"类别而"明"关系，由"明"关系而"明"类别，就是"明伦"。而由于"明伦"的自觉，各种类别和关系才得以构成由己到人、由内到外的次序结构，这种结构恰是理解社会的关键所在。[2] 在《明伦》一文中，柳诒徵强调君臣不囿于天子与诸侯、皇帝与宰相的关系，而是涵盖各式各样的上下级关系。[3] 而景天魁指出，"'明伦'是明'合群'之理，是明社会之所以形成整体结构之理。没有社会之外的孤立的个人，也没有人群之外的独立的社会。个人是社会的人，社会是个人的社会。二者不是二元的，而是一体的、整合的；不是对立的，而是统一的；不是描述性的，而是描述性和规范性相统一的"。[4] 由此可见，"明伦"是中国古代群学的重要使命和责任之一，它通过学习、教化等途径和手段，旨在使人们明白为何"合群"与如何"合群"的道理和方法，进而实现"社会学的人化"。

（三）以教化明人伦的价值与意义

较之于西方社会学所谓"人的社会化"，"明伦"恰恰反映的是中国传统意义上人的社会化过程。人的社会化，是指自然人（或生物人）通过社会交互作用、学习社会文化、参与适应社会生活，成长为社会人的过程。它既是一个人格与自我观念形成和发展的过程，也是社会文化的传递和社会生活的延续过程，更是掌握生活技能与培养社会角色的过程。

社会化是人类特有的行为，并只有在人类社会中才能实现。而每个人只有经过社会化，才能使外在于自己的社会行为规范、准则内化为自

---

[1] 潘光旦：《潘光旦文集》第10卷，北京大学出版社2000年版，第146页。
[2] 周飞舟：《人伦与位育：潘光旦先生的社会学思想及其儒学基础》，《社会学评论》2019年第7期。
[3] 孙尚扬、郭兰芳：《国故新知论——学衡派文化论著辑要》，中国广播电视出版社1995年版，第407页。
[4] 景天魁等：《中国社会学：起源与绵延》，社会科学文献出版社2017年版，第89—90页。

己的行为标准,这是社会交往的基础。社会化的一般内容包括:学习基本的生活技能、掌握基本的社会规范、确立生活的目标、树立价值观念和培养社会角色等。家庭、学校、工作单位、同辈群体和大众传媒等为人的社会化提供了条件和环境,教育是社会化的主要途径。

在《规训与惩罚》一书中,福柯用"规训"(discipline)这一术语指称近代产生的一种特殊的权力技术,它不仅既是权力干预、训练和监视肉体的技术,而且是制造知识的手段,而规范化是这种技术的核心特征。德国社会学家 M. 舍勒在《知识社会学的尝试》一书中率先提出"知识社会学"这一概念,并在一系列著作中论述了知识或思想与社会生活的关系;曼海姆则在《意识形态与乌托邦——知识社会学导论》等著作中强调,要研究思想史上各种观念的变动、知识对思想发展的影响和作用。从中国传统的角度来看,"明伦"正是通过学习、教育等方式使人们掌握基本社会规范、内化价值观念的社会化活动。

对于中国社会思想史而言,"明伦"这种"人的社会化"甚或"社会学的人化"过程具有以下四点当代价值:一是以社会主义核心价值观引领伦理道德教育,启发人们形成正确的伦理观念和自我意识;二是以现代化的教育和科技手段,加强对社会规范和行为准则的宣传普及;三是充分重视家庭、学校、工作单位、同辈群体和大众传媒等对人的社会化过程的影响,促进人们尽快学习生活技能、培养社会角色;四是积极营造有利于人的社会化的社会环境,从而形成和睦友爱的社会风尚。

(苑仲达)

## 第三节 仁:群的建构理念

### 一 仁以孝悌为本

仁作为社会规范的"统领"兼涵"忠、恕、礼、恭、敬、勇"等众多规范,[1]"仁"应用于不同的人际互动时便会形成不同的规范形式。例如,父母对子女之仁就是慈,子女对父母之仁就是孝,兄对弟之仁就

---

[1] 张岱年:《中国哲学史大纲》,中国社会科学出版社1982年版,第261页。

是友，弟对兄之仁就是悌，臣对君之仁就是忠，君对臣之仁就是义，做到父慈子孝，兄友弟悌，群臣有义。……当然，仁的这些表现形式所体现出来的社会地位并不平等，其中，孝悌最为根本，正如孔子所言："君子务本，本立而道生。孝弟也者，其为仁之本与！"① 将孝悌作为仁的根本，既适应了中国古代的社会现实，也促进了古代社会的稳定运行与发展。

（一）仁以孝悌为本的含义

孔子提出仁以孝悌为本的论断，既是基于其对"仁"与"孝悌"这两方面关系在中国社会内部演变规律的把握，也是基于对中国古代社会运行所需条件的基本判断。因此，以规范家庭及社会秩序为主旨的"仁以孝悌为本"具有丰富的社会学含义。

1. 仁源于孝悌

钱穆曾经指出，儒家的孝"有其历史上的依据，这根据，是在殷商时代已经盛行的崇拜祖先的宗教，上古的祖先教"。② 因此，孝源于中国早期社会的祖先崇拜，后来引申为"善事父母"，③ 在此基础上产生了"悌"的观念。因为在多子女情形下，父母会要求年长的哥哥姐姐照看弟弟妹妹，弟弟妹妹就需要听从兄长的话，这样，弟弟妹妹就既需要听从父母的安排，也要听从兄长的安排，于是，悌也就在孝观念的基础上产生了。从起源上看，仁最初表达的就是孝，《尚书·金縢》载周公自谓"予仁若考"，这个"考"就是"孝"，"予仁若考"实际上就是说仁就是孝，孝就是仁的一种表现形式。《国语》也说，"为仁者，爱亲之谓仁"，④ 这里的"亲"是指双亲，认为仁就是孝敬父母。正因为如此，孔子才言，"今之孝者，是谓能养，至于犬马，皆能有养，不敬，何以别乎？"⑤ 因此，早期的仁就是"孝敬祖先、亲爱父母""仁同

---

① 杨伯峻：《论语译注》，中华书局2012年版，第3页。
② 钱穆：《中国文化导论——文化危机与展望（下）》，中国青年出版社1989年版，第51页。
③ 李恩江：《文白对照〈说文解字〉译述》，中原农民出版社2000年版，第762页。
④ 陈桐生：《国语》，中华书局2014年版，第158页。
⑤ 杨伯峻：《论语译注》，中华书局2012年版，第19页。

孝是分不开的"。① 由于仁的观念出现的比孝悌观念出现得晚，孝就成为仁的来源，②孝悌自然就可以看作仁的起源。

2. 仁以孝悌为本成为家的核心

传统社会本质上就是一种以家为核心不断拓展开来的社会，而孝悌之所以能够成为仁的根本，就在于它们是维持家运行的关键，孝是维持家庭中纵向的亲子关系规范，而"悌"维持着家庭中横向的兄弟关系结构，围绕孝悌这两个关键要素，慈、友、忠、义等规范依据孝悌而产生并建立起整个家庭关系结构框架，这表明，孝悌是以家为支撑、服务于家而存在的，"以孝悌为本"实际上也就是以家为本。此外，朋友关系实际是兄弟关系的延伸，君臣、上下及师徒关系实际上是父子关系的扩展，它们实际上是家庭结构的延伸。于是，整个国家和天下就成为一家。因此，以孝悌为本所体现的以家为本的精神，包含着以家国为本的精神。

3. 仁以孝悌为本要求恪守人伦秩序

应当看到，孝悌是建立在"权利—义务"关系不对等基础之上。孝的权利是父母，义务是子女，孝意味着子女不仅要奉养父母，而且要顺从父母，所以，孝与顺通常联系在一起，也即孝顺，基于孝的顺以及基于顺的孝使得父母拥有对子女的绝对权力，甚至达到了"身体发肤，受之父母，不敢毁伤"③的程度。同样，悌的权利主体是兄长，义务主体是弟弟，悌不仅意味着要尊敬兄长，要听从兄长的指挥，而且要像遵从父亲那样遵从兄长的指令，而并未赋予弟弟多少权力，于是，兄长就拥有了对弟弟的权威。家庭中基于孝悌形成的秩序延伸到家族、宗族、行会乃至国家中，孝意味着子民要服从并接受治理，而悌意味着同一社会阶层内部严格的服从关系，因此，以亲子、兄弟间的关系为基础塑造出整个人伦秩序关系，推动古代社会秩序的稳定。

（二）仁以孝悌为本的社会功能

仁以孝悌为本是古人对中国社会的概括和总结，深刻地体现了那个

---

① 朱伯崑：《先秦伦理学概论》，北京大学出版社1984年版，第30—31页。
② 朱岚：《中国传统孝道思想发展史》，国家行政学院出版社2011年版，第80页。
③ 胡平生：《孝经·开宗明义》，中华书局1999年版，第1页。

时代的社会特质,在中国社会治理中发挥了重要的作用。

1. 仁以孝悌为本凸显了家的核心地位

家庭在人类社会演变中发挥着重要作用,家对于中国人民以及中国社会具有特殊的含义,家是理解中国社会的一把钥匙,成为中国传统社会的核心。家自身也是一个有机整体,家庭内部最关键的纵向结构是父子关系,它是维系家庭结构的支柱,最关键的横向关系是兄弟关系,做到"父义母慈""兄友弟恭""手足相连",这些关系是维系家庭关系和谐的横向支柱,拓展开来就成了"朋友有信"及"内平外成"。可以这么说,将孝悌确定为仁的根本,就强化了孝与悌两种生活规范,进而也就强化了家庭结构中的父子关系与兄弟关系,强化了家庭在整个社会结构中的核心地位。

2. 仁以孝悌为本强化了传统社会秩序

孔子十分推崇周朝的社会秩序,《周礼》更是将社会关系与社会秩序具体化、明确化以及生活化。而春秋时期礼崩乐坏局面的出现、社会等级秩序的破坏,使得孔子重新思考并构建自己的社会秩序思想,提出"仁以孝悌为本"这一命题,引导社会回到原先那种礼乐和鸣的社会秩序中去。孝悌观念不仅直接塑造起亲子、兄弟等自下而上的遵从关系,而且这样的遵从关系延伸到社会各个层面以及整个国家上,从而以孝悌为基础,构建起了整个社会秩序体系。因此,将孝悌作为仁的根本,使孝悌在社会结构中充分发挥其作用,有助于强化社会秩序。

3. 仁以孝悌为本固化了差序格局社会

传统社会是一种差序格局社会,以孝悌为本可以固化这一社会结构形式。首先,孝悌在家内部将亲子、兄弟这些最亲密的人整合在一起,形成一种等距的亲密关系网络;其次,孝悌在家族、宗族内部发生作用,将族人按照与特定家庭成员由亲及疏的次序整合起来;再次,孝悌在邻里、朋友等群体内部发挥作用,通过孝悌为本的仁将邻里关系和朋友关系整合为家庭内部兄弟关系的延伸;最后,以孝悌为本的仁将社会所有个体都纳入进去,形成了一个由亲及疏的关系网络。因此,将孝悌作为仁的根本,将会使孝悌融入整个社会关系中,结成并固化"差序格局"结构。

（三）仁以孝悌为本的价值

仁以孝悌为本的提出适应了中国古代社会运行和发展的需要，它在构建家庭关系、维护社会稳定等方面发挥着积极作用，对中国社会的建设具有重要的价值。

1. 有助于社会问题的解决

以孝悌为本实际上就是以家为本，尽管家庭结构小型化以及家庭抚养功能的逐渐弱化，但家庭的地位与作用仍然长久地存在着，被作为一种政策工具用于解决特定的社会问题。例如，在抚育子女上，家庭可以给予子女其他社会结构都难以给予的母爱、父爱以及其他亲人的关怀；在赡养老人上，家庭可以给予老人其他社会结构都给予不了的亲情关怀；在病人照顾上，其他任何主体都难以做到家人的无微不至与精神支持……因此，家庭可以作为政策工具被优先应用于解决子女抚育、老人赡养、病人照顾等问题上。仁以孝悌为本既然以家为本，那么发扬孝悌精神就有助于发挥家庭的功能，进而有助于利用家庭作为政策工具解决社会问题。

2. 有助于社会矛盾的解决

当前，随着现代化进程的加快以及人们的家庭观念嬗变，传统社会规范尤其是孝悌规范正受到前所未有的挑战：由于悌规范得不到有效遵守，子女之间在养老、继承父母遗产等问题上容易出现难以调和的矛盾；由于孝规范约束力的减弱，一些子女推卸赡养老人的义务，甚至出现啃老问题，使得一些老人与子女之间关系紧张；孝悌规范的淡漠，不讲仁义、不守信用问题不断涌现。因此，重提仁以孝悌为本，有助于人们更好地遵守孝悌规范，解决因为孝悌规范约束力弱化而导致的社会矛盾。

3. 有利于社会结构的和谐

中国人重视家。直到今天，家庭仍然是中国最基本的社会结构，是整个社会平稳运行的重要基础，在抚育子女、赡养老人、互帮互助、亲情关怀以及社会治理等方面仍然发挥着其他组织不可替代的功能。因此，家结构的稳定关系到每个人日常生活需要的满足，如果家结构运行出现问题，将会影响社会的平稳运行。由于仁以孝悌为本实际上是以家为本，孝悌是维持家庭结构正常运转的关键社会规范，因而，坚持仁以孝悌为本的理念有利于维护家庭结构的存在和正常运转，进而有利于维护社会的稳定。

（高和荣　赵春雷）

## 二　仁者爱人

"仁"是维系中国传统社会的纽带，是中国古典社会学的核心概念，成为"群""我"互动的理念基础，更是人们进行社会行动的理念支撑，为历代社会学家们所推崇。早期的社会思想家对"仁"有过许多论述，集中阐释了"仁"的基本内涵、行动准则、践行方式及实现途径。在儒家看来，"仁"的核心要义在于"爱人"，仁、仁者与爱人相辅相成，缺一不可。"仁者爱人"成了个人与他人、人与群交往的最高准则，由此建构起中国人特有的家、国、天下关系结构与社会图景。

（一）仁者爱人的提出

先秦时期，人们就已经形成了人与人、人与群以及群与群相处的规范准则，"仁者爱人"就是其中之一。"仁者爱人"最早出现在《论语·颜渊》中，樊迟问孔子"仁"是什么，孔子言"爱人"，强调"泛爱众"是作为仁者爱人的基本属性，"己欲立而立人，己欲达而达人"[1]"己所不欲，勿施于人"作为仁者爱人的基本要求。[2] 孔子的"仁者爱人"主张，得到了众多学者继承与丰富，《孟子·离娄下》中言"君子以仁存心，以礼存心。仁者爱人，有礼者敬人"，意思为君子把仁和礼放在心上，仁人爱别人，有礼的人尊敬别人。[3]《荀子·议兵》中荀子回答陈嚣的询问，说"彼仁者爱人，爱人故恶人之害之也；义者循理，循理故恶人之乱之也。"仁者用兵是用来消除祸乱，而不是为了争夺。因为仁义的人爱人，所以憎恨恶人去害人。[4] 强调仁者的核心要义在于爱人。

---

[1]　杨伯峻：《论语译注》，中华书局2012年版，第91页。
[2]　同上书，第172页。
[3]　杨伯峻：《孟子译注》，中华书局1960年版，第197页。
[4]　（清）王先谦：《荀子集解》，中华书局2013年版，第330页。

在那个时代，其他学派对这一命题进行了吸取与转化。墨子就提出"推己及人"，在《墨子·兼爱中》中主张爱人如爱自己，如果"视人之国若视其国，视人之家若视其家，视人之身若视其身"，那么君臣会因相爱而"惠忠"，父子会因相爱而"慈孝"，兄弟会因相爱而"和调"。不仅如此，他强调无差别的爱，不分亲疏关系的爱，认为如果天下之人能够相亲相爱，"爱人若爱其身，犹有不孝者乎？"因此，他的推己及人是一个双向互动的过程，爱自己，爱他人，在《墨子·兼爱下》中他说"必吾先以事于爱利人之亲，然后人报我以爱利吾亲也"。

(二) 仁者爱人的内容

第一，仁者是"仁者爱人"的前提。《论语·里仁》中孔子讲"唯仁者能好人，能恶人"。只有仁德的人才能够正确喜爱人，或者厌恶人。[1] 仁者不同于小人、不仁之人，智者、勇者和君子等个体，他们具有独特的人格品质，如"不忧"[2]、"安仁"[3]、"先难而后获"[4]、"其言也讱"[5]，他们喜爱山水，好静且长寿。这些个体品质的养成，使个体能够有一个仁爱之心的同时也能拥有正确的"爱人"方法。他们"以其所爱及其所不爱"，[6] 而不会"以其所不爱及其所爱"，[7] 仁者不仅仅会爱人，也强调爱自己。另外，仁者与"爱人"相辅相成，互为前提，在《荀子·修身》中就有"体恭敬而心忠信，术礼义而情爱人"，是指体貌恭顺而内心忠信，遵循礼仪而内心仁爱。[8] 此时爱人是指仁爱的意思。《礼记·表记》中也有类似的记载，即"仁者人也"，[9] 是指仁者就是爱人，两者在一定程度上意思具有相似性。爱人能够使人成为仁者，而仁者才能掌握正确的爱人的方法，才能爱人。

---

[1] 杨伯峻：《论语译注》，中华书局2012年版，第48页。
[2] 同上书，第135页。
[3] 同上书，第48页。
[4] 同上书，第86页。
[5] 同上书，第173页。
[6] 杨伯峻：《孟子译注》，中华书局1960年版，第324页。
[7] 同上。
[8] （清）王先谦：《荀子集解》，中华书局2013年版，第32页。
[9] （清）孙希旦：《礼记集解》，中华书局1989年版，第1302页。

第二，相爱相助是"仁者爱人"的内在动力。"仁"由两个人的互动而成，而两个人之间形成互动关系的动力来自于相互之间的"爱"。爱的发动者在情感和行为上有主动意识，才能使他人去爱自己，从而实现"相爱"。在《国语·晋语四》中载有"欲人之爱己也，必先爱人"。当然，这种"爱"持续一定时期，使对方有所察觉，才能得到爱的回馈，从而有了互动的可能。《孟子·离娄下》有类似的记载，它说"爱人者人恒爱之，敬人者人恒敬之"。同时，互动的双方一方的付出会影响另一方的行动与回应。《墨子·兼爱下》也说过"爱人者必见爱也，而恶人者必见恶"，正如《诗经·大雅》中所讲"投我以桃，报之以李"。

第三，"泛爱众"是"仁者爱人"的拓展。"泛爱众"作为仁的基本属性最早出自于《论语·学而》里，是孔子要求"弟子入则孝，出则悌，谨而信，泛爱众而亲仁。行有余力，则以学文"，这也是他教化万民的基本大纲。其实，作为"仁"的规定性的"爱人"是一个不断向外拓展的过程，并由此结成传统社会中人际交往的关系结构。在孔子那里，"仁者爱人"从家庭内部成员开始，家庭内部成员之间的爱是"仁者爱人"，"爱他人"也就是"泛爱众"的前提，只有家庭成员之间相互的爱才有可能向外延伸到邻里之间以诚相见，做到"其邻不戒"，[①]只有这样才能称普天之下的民众"兄弟"，做到"出则悌，谨而信"。反过来，如果"入不孝"，家庭成员之间都缺乏爱，整个社会将陷入互不信任、缺乏友爱的无情世界里，就不可能去爱"普遍性的他人"。因此，"爱人"是"泛爱众"的前提与基础，"泛爱众"是"爱人"的延展与必然，也是"爱人"的最高标准及境界。

第四，爱有等差是"仁者爱人"的内在规矩，这也是群体间差异性的体现。对不同的群体施行不同的爱，既表明"仁者爱人"有着明确的内在规定，也表明"仁者爱人"不是完全均等、毫无差别的爱，而是一个有着层次性的"等差之爱"或"差等之爱"，个体根据不同

---

[①] 李学勤：《周易正义》，北京大学出版社1999年版，第68页。原文"六四，翩翩不富，以其邻不戒以孚"。

的位置，表现不同的"爱"。《国语·晋语一》提道："为仁者，爱亲之谓仁；为国者，利国之谓仁。"这就是说，从为仁者的角度看，爱护的对象主要是亲人，但是亲人之中也有差别，在家庭中对于长辈要求"孝敬"，对于兄弟姐妹要"信悌"。这个区别是家庭成员互动的行为准则，也是维系家庭秩序的行为规范。同时这一准则也被拓展到家族内外，并且根据亲疏关系和齿序关系，将家庭中行为规范映射到约束个体对年长和同辈群体的行为上来。这要求对社会上所有年长的"孝敬"，对所有同辈群体则"信悌"。而君主作为掌管天下百姓的父母，不仅要求对他孝敬，更要对他"孝忠"和"效忠"，此时"孝敬"就演变为"孝忠"和"效忠"。另外，从为国者的角度看，他们的仁爱体现在利国，怀有一个恻隐之心，"慈爱"百姓，如《战国策·苏子谓楚王》所言"爱之以心，事之以善言"，"爱惜"贤才，"急亲贤也"。① 这种因为个体社会角色的不同而带来的差异性将"修身""齐家""治国平天下"整合起来，实现了"孝悌谨信"与"慈爱爱惜"的双向情感的整合，是"修身""齐家"后迈进陌生人社会所应恪守的行为准则，它成了家国同构社会得以存在的基础及纽带。

（三）仁者爱人的社会基础

"仁者爱人"作为孔子的核心思想不仅是修身由己的内在要求，更是个体走向社会的客观要求，否则"孝、悌、谨、信"就不可能在全社会范围内得以顺利实现，因而"仁者爱人"有其产生的社会基础。

首先，"仁者爱人"的提出具有深厚的社会秩序基础。春秋时期，周天子大都"亲小人，远贤臣"而无力控制诸侯，致使王室衰微，诸侯争霸，出现了诸多"大败王师""召周王""问鼎"等凌辱周天子事件，原来的"礼乐征伐自天子出"变成了"礼乐征伐自诸侯出"，这种"社稷无常奉，君臣无常位"现象令同是贵族出身的孔子痛心疾首，重建往日的荣景就成了孔子的夙愿。在孔子看来，造成礼崩乐坏的局面原因固然很多，其中很重要的一条就是整个社会普遍失去了仁爱之心，这

---

① 杨伯峻：《孟子译注》，中华书局1960年版，第322页。

就应该"克己复礼""拨乱世,反诸正",建设一个上下有序、秩序和谐的社会,它要求社会成员"己欲立而立人,己欲达而达人",人与人之间自爱自重、宽厚仁爱,做到仁爱他人。所以,"仁者爱人"构成了重建社会秩序的重要手段。

其次,"仁者爱人"的提出具有浓郁的社会生活根基。"仁者爱人"不仅是一种价值,更是一种生活态度,构成孔子等人的生活方式。按照孔子的看法,"仁者爱人"要求对待他人要像对待自己的家人那样,他人只不过是家人的扩大化,自己如何对待家人就应该怎样对待他人。正是秉承这样的生活原则与生活态度,孔子在闾里设学广收门徒 3000 余人,而且不论这些学生出身贵贱、所属阶层、家境贫富,都教而授之,做到有教无类、因材施教、诲人不倦,努力将受教育者培养成为有用之才,推进全体社会成员素质的提高,促进整个教育的民间化与大众化。这种教育实践活动正是"仁者爱人"产生的生活基础。

再次,"仁者爱人"的提出具有广泛的社会心理基础。先秦时期的崇古心理实际上是基于崇尚周朝制度与礼仪的社会心理,崇古就是法先王,效三代之法、托古改制构成了那个时代特有的社会现象与文化事项,"法先王"进而成为历代社会进行改良的心理基础。在孔子那里,法先王就是要尊崇并恢复周文王时代那种"郁郁乎文哉"的人际交往与社会互动礼仪,就是效法制度清明、施行仁政、内圣外王、爱民如子、泽被天下的周文王,维系这种社会图景的则是周礼,它源于孟子所说的"恻隐之心",并成为"仁者爱人"的逻辑起点和心理基础,有了"仁者爱人"心理,甚至可以善葬他人,做到"朋友死,无所归"而"于我殡"。[1]

最后,"仁者爱人"的提出符合中国特有的社会结构。文王及武王时代的周朝施行仁政、政治昌明,"知小人依"[2]、"怀保小民、惠鲜于鳏寡"[3]、"养民裕民",民众安居乐业,被孔子称为典范社会。原因就

---

[1] 杨伯峻:《论语译注》,中华书局 2012 年版,第 150 页。
[2] 顾颉刚、刘起釪:《尚书校释译论》,中华书局 2005 年版,第 1530 页。
[3] 同上书,第 1538 页。

在于周文王、武王及成王建立起"周王—诸侯—卿大夫—士"这样的纵向社会结构，使得整个社会君臣有位，尊卑有等，贵贱有别，长幼有序。不仅如此，周天子通过土地分封制以及长子继承制进一步强化了这种社会结构。加上周天子施行仁政、敬德保民、取民有制、视民如子，这些品性和仁政正是孔子所推崇的"仁者爱人"，这样的"仁者爱人"扎根于周王朝的政治及社会结构，有助于"六合同风、九州共贯"社会格局的形成。

（四）仁者爱人的价值

仁者爱人强调将爱自己和爱他人有效地结合起来，构建起相互友爱的社会氛围，有助于社会的和谐，具有丰富的社会价值。

一是有助于结成平等和谐的人际关系结构。"仁者爱人"以"孝、悌、谨、信"为载体，以"礼"为手段，强调每个人都应该从自我出发去平等地爱其他社会成员，而不因社会成员的阶级属性、政治经济地位等有所差别。"仁者爱人"给社会成员的社会互动都规定了"礼"，社会成员遵循了"礼"自然就会恪守"孝、悌、谨、信"，进而实现社会成员之间的平等和谐相处。

二是有利于形成"有爱"的氛围。个体在融入群体过程中仁者注重"中心憯怛"，这是"爱人之仁"的体现。群体之中有仁者怀以仁爱之心，以爱他人的行动作为榜样，能够带动群体中的他人加以遵从。《墨子·兼爱中》中所言"夫爱人者，人亦从而爱之"，从而营造起爱自己、爱他人的有爱氛围，使群体之间的关系得以缓和，有利于形成良好的社会风气和社会风尚。

三是有助于形成天下一家的社会共同体。扎根于中国文化的"仁者爱人"所遵循的不是原子式的平等之爱，而是与特定社会结构及文化相统一的等差之爱。这样的等差之爱以自我为中心向外拓展，形塑出差序格局式的同心圆结构关系，便于将整个社会整合为各具独特性和丰富性的熟人社会，进而凝练成"自我—家—国—天下"的社会共同体。

四是有助于减少国家之间的矛盾冲突。由自己到他人、由家庭到社会体现着爱人的差异性、秩序性及层次性。正是有了这种差异性的爱人，增强了社会的异质性及丰富性，减少了社会的同质性及单一性，有助于弥合不同群体乃至民族国家之间的矛盾；有了"仁者爱人"，明确了典章、规范及礼仪，可以大大减少社会冲突风险，实现社会的善治。

（高和荣）

### 三 仁是做人的根本

儒家借助于仁、义、礼、智、信、忠、勇、孝、悌、廉等概念建立起较为完整的规范体系，规定了个体合群、能群、善群及乐群所应具有的品性与要求。其中，把"仁"当作做人的根本，强调"仁者，人也"是群学中有关如何做人的最根本的命题。

（一）仁是做人的根本的提出

在周朝建立初期，周王汲取商朝灭亡的教训，励精图治，建立起了系统的宗法制度，有效地维持了周朝的统治和社会的稳定；同时为了证明周朝取代商朝的合法性，周王宣扬"天命"思想，强调"以德配天"[1]、"以德辅天"[2]，要求周王、各诸侯以及整个社会都要模范遵守宗法伦常。到了周朝中后期，周王荒废朝政，诸侯趁机扩张势力并爆发战争、涂炭生灵，周朝陷入混乱，原有的宗法伦常趋于失效，整个社会礼崩乐坏、人心不古、世风日下。孔子等人看到了战争的残酷以及社会秩序的混乱所带来的灾难，提出以仁为根本、以礼为手段、以乐为载体重建社会秩序方略，因而把仁作为做人的根本原则。

实际上，在孔子等人提出仁是做人的根本之前，有关文献就已经有类似的阐述。《尚书》中，"仁"主要用来描述君主的一种品行。例如，"克宽克仁，彰信兆民"，意指"汤宽仁之德，明信于天下"；[3] "民罔常怀，怀于有仁"，意为"民众不可能永远归顺某个君王，他只归顺有仁德的君王"，[4] 其实都是强调君主要想获得人们的拥护与支持，就必须对人民宽厚仁爱。《诗经·里仁》篇也有描述人的仁厚品性，其中，

---

[1] 李学勤：《十三经注疏·尚书正义》，北京大学出版社2000年版，第213页。
[2] 同上书，第453页。
[3] 同上书，第197页。
[4] 同上书，第213页。

"其人美且仁",意思是"那人漂亮并且慈仁";①"洵美且仁",意思是"却是美好并且仁慈"。②《易经》中"仁"主要被看作君子的一种德性。例如,"君子体仁,足以长人",意为"君子以仁心为本,可以成为好的统治者";③"君子学以聚之,问以辩之,宽以居之,仁以行之",意思是"君子靠学习来积累知识,靠发问来辩决疑难,胸怀宽阔而居于适当位置,心存仁爱而施诸一切行为"。④ 这里可以发现,孔子以前,仁尽管被看作特定个体(主要是君主)所拥有的一种品质,但并未上升到做人的根本这一高度。

最早提出将仁作为做人的根本是孔子。他在《中庸》中说,"仁者人也,亲亲为大",这里他将"仁"作为人之所以为人的一个基本规定性。孔子之后,孟子对仁作为做人的根本这一命题做了进一步发挥:

> 所以谓人皆有不忍人之心者……今人乍见孺子将入于井,皆有怵惕恻隐之心——非所以内交于孺子之父母也,非所以要誉于乡党朋友也,非恶其声而然也。由是观之,无恻隐之心,非人也;无羞恶之心,非人也;无辞让之心,非人也;无是非之心,非人也。恻隐之心,仁之端也;羞恶之心,义之端也;辞让之心,礼之端也;是非之心,智之端也。人之有是四端也,犹其有四体也。⑤

之所以说凡是人都有怜恤他人之心,是因为如果人们突然见到小孩子将要掉入井中,都会有惊惧同情之心,这样做并非是为了与孩子的父母拉关系,并非是为了在邻里朋友间沽名钓誉,也并非是因为厌恶孩子的哭叫声。由此看来,没有同情之心的不能算是人,没有羞耻之心的不能算是人,没有谦让之心的不能算是人,没有是非之心的不能算是人。同情之心是仁的发端,羞耻之心是义的发端,谦让之心是礼的发端,是

---

① 周振甫:《诗经译注》,中华书局2002年版,第142页。
② 同上书,第112页。
③ 黄寿祺、张善文:《周易译注》,上海古籍出版社2001年版,第10页。
④ 同上书,第20页。
⑤ 杨伯峻:《孟子译注》,中华书局1960年版,第79—80页。

非之心是智的发端。这四项就像人具有四肢一样。由此可见，孔孟认为不具有仁的品质的人，不仅不能从事侍奉父母等正常的社会活动，甚至连做人的资格也应该被否定，这就将仁提升到做人的根本的地位上。

（二）仁是做人的根本的含义

仁是做人的根本主要包括四个方面的含义。

第一，仁是人作为社会人的基本属性。仁本身是一个会意字，从"二"从"人"，直意为两个共处的人，实际上暗含着当两个人共处时，站在各自立场上彼此将对方作为人的寓意，因此，仁的本意即为将他人看作人，"仁也者，人也。合而言之，道也"。① 意思是说"仁"的意思就是"人"，仁和人的意思合起来说就是"道"，② 进而引申为人所应该具有的属性，也即只有个体将他人当作与自身一样的人来对待，他人才有可能也将该个体当人看待，相互接纳对方作为人的一员，如果个体不将他人当作人来看待，那么他人也会反过来不会将该个体当人看待，此时，人们相互否定对方做人的资格，人也就不成为人。由此，仁成为人，仁就是人。这个观点在《孟子》中得到了较为明确的阐述：

> 乃若其情，则可以为善矣，乃所谓善也。若夫为不善，非才之罪也。恻隐之心，人皆有之；羞恶之心，人皆有之；恭敬之心，人皆有之；是非之心，人皆有之。恻隐之心仁也，羞恶之心义也，恭敬之心礼也，是非之心智也。仁、义、礼、智，非由外铄我也，我固有之也，弗思耳矣。③

也就是说，依据人们的性情来说，人性是善的，"至于有的人不善，并不是他资质的罪过，因为同情之心、羞耻之心、恭敬之心、是非之心人人都有，同情之心是仁的来源，羞耻之心是义的来源，恭敬之心是礼

---

① 杨伯峻：《孟子译注》，中华书局1960年版，第329页。
② 同上。
③ 同上书，第259页。

的来源，是非之心是智的来源，仁、义、礼、智不是从外面注入的，是人本来就有的，只是人们未曾去领悟罢了"。这意味着仁属于人性，人只有具有仁的本性才能融入社会中，而不仁者将会受到社会排斥。孔子就指出，"唯仁者能好人，能恶人"，①"我未见好仁者，恶不仁者。好仁者，无以尚之；恶不仁者，其为仁矣，不使不仁者加乎其身"，②"里仁为美。择不处仁，焉得知？"③ 由此可见，仁者应当排斥不仁者，个体不仁需要付出被社会排斥的代价，这一代价对于每个个体而言都是非常高昂的，因为个体脱离社会是难以生存的。因此，古人非常注重自身品格的养成与塑造，强调"成己，仁也"，④"仁者安仁，知者利仁"，⑤"志士仁人，无求生以害仁，有杀身以成仁"。⑥

　　第二，仁是做人的根本强调要尊敬长者。孔孟都强调"仁者爱人"，韩非也认为"仁者，谓其中心欣然爱人也"，⑦因此，爱人是践行仁的基本方式。这种爱人体现为下者、幼者对长辈、兄姊以及君主等的尊敬，从而形成较为稳固的社会规范体系。反之，如果下不爱上，幼不爱长则被称为不仁爱之人。墨子就讲过"且夫天下盖有不仁不祥者，曰当若子之不事父，弟之不事兄，臣之不事君也"，⑧ 如果是这样，那么就难以确立稳固的社会规范体系。《论语·学而》也说"孝弟也者，其为仁之本与"，其中"为人子，止于孝"⑨ 且"孝悌以肃"，⑩"为人弟必悌"⑪ 等，都强调晚辈对长辈的仁爱就要"孝"，对兄姐的仁爱就要"悌"。管子、墨子等人还从君臣关系角度论证了"仁者人也"思想，

---

① 杨伯峻：《论语译注》，中华书局 2012 年版，第 48 页。
② 同上书，第 50 页。
③ 同上书，第 48 页。
④ 王文锦：《大学中庸译注》，中华书局 2013 年版，第 37 页。
⑤ 杨伯峻：《论语译注》，中华书局 2012 年版，第 48 页。
⑥ 同上书，第 228 页。
⑦ 刘乾先等：《韩非子译注》，黑龙江人民出版社 2002 年版，第 207 页。
⑧ 吴毓江：《墨子校注》，中华书局 1993 年版，第 305 页。
⑨ 王国轩译注：《大学·中庸》，中华书局 2007 年版，第 11 页。
⑩ （清）黎翔凤：《管子校注》，中华书局 2004 年版，第 198 页。
⑪ 吴毓江：《墨子校注》，中华书局 1993 年版，第 180—181 页。

认为"为人臣者,忠信而不党",①"为人臣必忠",②强调对君主的仁爱就是"忠","下之事上也,虽有庇民之大德,不敢有君民之心,仁之厚也"。③因此,仁作为做人的根本,必须要尊亲敬长才能使个体不会成为"不仁"之人。

第三,仁是做人的根本强调要对他人的关爱。传统社会从父母在家中的地位出发建立起君主在国家中的权威地位。但是,父母、长辈乃至君主也要仁爱及慈爱,做到"为人父,止于慈",④"为人父必慈",⑤"必能诏其子",⑥然后"慈惠以教"。⑦兄姐对弟妹要友善,"为人兄必友"(《墨子·兼爱下》),既能像朋友一样对待弟妹,也"必能教其弟",⑧且"宽裕以诲"。⑨君主对于臣民要有义,而且还不能偏废,"君臣之义,如之何其废之"。⑩同时"为人君,止于仁",⑪只有"上好仁,则下之为仁争先人,故长民者章志、贞教、尊仁,以子爱百姓;民致行己以说其上矣"。⑫因此,仁是做人的根本同样要求上对下的爱护,这有助于增强人们对既有社会秩序的认可与维护。

第四,仁是做人的根本还强调朋友之间的互帮互助。《中庸》虽然讲"仁者人也,亲亲为大",但由于传统社会家庭可以通过血缘、姻亲关系延伸更多的朋友甚至是陌生人,因此仁爱不仅体现在小家庭中,也会辐射到朋友以及陌生人之间。《论语·雍也》就提到:"夫仁者,己欲立而立人,己欲达而达人。能近取譬,可谓仁之方也已。"它是指自己想要成功,也让别人能成功,自己想通达,也要别人事事通达,就好

---

① (清)黎翔凤:《管子校注》,中华书局2004年版,第198页。
② 吴毓江:《墨子校注》,中华书局1993年版,第180—181页。
③ (清)孙希旦:《礼记集解》,中华书局1989年版,第1307页。
④ 王国轩译注:《大学·中庸》,中华书局2007年版,第11页。
⑤ 吴毓江:《墨子校注》,中华书局1993年版,第180—181页。
⑥ 孙通海译注:《庄子》,中华书局2007年版,第347页。
⑦ (清)黎翔凤:《管子校注》,中华书局2004年版,第198页。
⑧ 孙通海译注:《庄子》,中华书局2007年版,第347页。
⑨ (清)黎翔凤:《管子校注》,中华书局2004年版,第198页。
⑩ 杨伯峻:《论语译注》,中华书局2012年版,第272页。
⑪ 王国轩译注:《大学·中庸》,中华书局2007年版,第11页。
⑫ (清)孙希旦:《礼记集解》,中华书局1989年版,第1323—1324页。

比推己及人。例如，当孔子问弟子们的志向时，子路就说"愿车马、衣轻裘，与朋友共"，① 也就是能将车马和裘衣和朋友共用；而当朋友去世没有人管的时候，孔子则说"于我殡"。② 但是如果遇到需要帮助的人而不施以援手，则会被认为是不仁。因此，仁是做人的根本，要求朋友间互帮互助，要有"恻隐之心"，对需要帮助的人施以援手。

（三）仁是做人的根本的意义

面对"礼崩乐坏"的社会现实，孔孟通过强化仁等社会规范，力图使社会恢复到周朝初期的状况，"克己复礼为仁"，认为"一日克己复礼，天下归仁焉"。③ 尽管孔孟的这一理想并没有实现，但将仁看作做人的根本这个命题的提出具有十分重要的意义和价值。

第一，为个人融入社会指明了方向。仁是做人的根本意味着个体具备仁的品质才能被他人所接受，才能更好地融入社会，成为一个社会人。因此，每个个体要想在社会中得到成长，就必须不断修炼自己，做到"其言也讱"，④ 言语谨慎，做到"己所不欲，勿施于人"。⑤ 同时坚持"以德报怨"且"俭近仁"，⑥ 将"恭、宽、信、敏、惠"⑦ 等仁的品质展现出来。

第二，凸显了家庭的社会地位。将仁看作做人的根本，实际上高度强调了仁的重要性，而要践行仁首先就要"亲亲"，因为"仁之实，事亲是也"，⑧ "未有仁而遗其亲者也"。要"亲亲"，就要爱自己的家人，家人之间相互爱护强化了彼此之间的联系，使得家庭成为一个更加稳固的社会结构，成为传统社会中基本的社会单元。以家庭为基础，又向外延伸出一系列社会关系，最终形成了"差序格局"社会结构。

第三，推动了社会风气的改善。经过孔子的改造和创新，孟子的系

---

① 杨伯峻：《论语译注》，中华书局2012年版，第73页。
② 同上书，第150页。
③ 同上书，第172页。
④ 同上书，第173页。
⑤ 同上书，第172页。
⑥ （清）孙希旦：《礼记集解》，中华书局1989年版，第1305页。
⑦ 杨伯峻：《论语译注》，中华书局2012年版，第255页。
⑧ 杨伯峻：《孟子译注》，中华书局1960年版，第183页。

统阐述，仁的思想逐步丰富起来，并且产生了深远影响，在一定程度上促使人们重新审视仁的价值与意义，于是"仁者无敌"[①]思想开始逐步被人们接受，这为整个社会风气的改善提供了思想基础，为传统社会的平稳运行提供了条件。在以仁为核心的儒家思想指引下形成的中国社会具有超稳定的社会结构，这与强调仁是做人的根本有着密切联系。

第四，为诸侯国的改革提供了路径选择。当诸侯奉行仁是做人的根本这一原则时，该原则就演变成为一种政治统治与国家治理手段，形成了明确的仁政思想，仁政便成为各诸侯国竞相选择的治理理念与理政目标。在那个时代，为了在频繁的战争中占得先机，各诸侯国纷纷走上了变革图强道路，面临着王道、霸道两种路径选择。事实证明，霸道并不能维持长久的政治统治，以儒家为代表的王道主张推行仁政成为各国安定秩序、强化统治的手段。

（高和荣）

## 四 仁在群体互动中实现

"仁"作为"群""己"互动的理念基础，是构建"群""己"关系进而结成社会关系、形成社会秩序的基础理念，它在"群""己"互动中得以实现，表现为一系列制约行动者的价值准则与行为规范，揭示出人与人之间的人伦关系。透过"群""己"以及整个社会的互动可以更加准确地把握"仁者爱人"以及"仁要求泛爱众"命题的深刻意蕴，有助于剖析和理解中国特有的社会关系与社会结构特质。

（一）仁在群体互动中实现的含义

在群己互动以及群体互动中依据仁、体现仁并实现仁是"仁"从抽象的理念走向丰富的社会生活的必然要求，也是个体进行社会行动的价值典范与规范根据，成为个体间相互关系的基础。孔子的仁不是一种抽象的道德概念及哲学范畴，而是人们的行动纲领与行为准则，它需要在群体互动中、透过人伦关系才得以实现。这一命题主要涉及以下几个方面的含义。

---

① 杨伯峻：《孟子译注》，中华书局1960年版，第10页。

首先，仁可以从不同群体的社会行动中得以透视。在传统社会里，仁不是抽象的，它有着具体的内容，对应着丰富的社会实践，它是对当时生活实践的总结、提升，并在相互比较中加以明确，体现着那个时代的最高认识水平。例如，就王位继承这类事件来说，不同的态度及做法可以看出其行为是仁还是不仁：伯夷、叔齐两兄弟追求仁，他们对待王位相互谦让甚至逃离商而去周，后来武王伐纣，他们扣马谏阻，武王灭商后又不吃周朝的食物最终饿死于首阳山。在孔子看来，他们虽然均失去了王位、甚至失去了生命去追求仁最终得到了仁，而被后人所敬仰并尊称为"贤人"。反之，像卫灵公去世后他的孙子卫辄继承了王位，却不肯迎接他父亲卫蒯聩回来使得父子反目，这样的行为不可能称为"仁"。所以子贡问孔子"伯夷、叔齐何人也？"，孔子称他们为"古之贤人也"，子贡又问孔子伯夷兄弟俩对自身的谦让行为感到怨恨吗，孔子则称赞他们"求仁而得仁，又何怨"。[①] 伯夷、叔齐与卫辄及卫蒯聩的行为截然相反，仁与不仁昭然若揭，孔子不可能帮助卫国。这表明，从不同群体对同一个社会事件的态度及做法中可以窥视出仁。

其次，仁在与对待他人的态度中加以规定。中西方社会学内容尽管有所不同，但都把社会看成一个"和谐与冲突""正功能与反功能甚至零功能"的现实的社会，立足于这样的社会所进行的群体互动或社会行动自然就是丰富多彩的，需要在"价值性"基础上形成"中立性"的社会评价态度，把仁看成"爱"和"恨"的统一，强调爱人特别是"泛爱众"固然是"仁"，但是，平等地对待他人，甚至不带偏见、恰如其分地憎恨他人同样也是"仁"的内在要求。因此，仁包括"爱"和"恨"两个层面，形成不可分离的结构整体。个人是否成为仁者、个体的行为是否仁，关键就在于他是否公正无私地与他人交往，能否不带偏颇地看待他人，特别是能否不带偏见地批判他人、厌恶他人甚至憎恨他人。在孔子看来，大凡仁者都"安心于仁"，爱憎分明，而不为贫穷或富裕、顺境或逆境所左右，像颜回那样，"一箪食，一瓢饮，在陋

---

[①] 杨伯峻：《论语译注》，中华书局2012年版，第98页。

巷，不堪其忧"而"不改其乐"，①才既"能好人"又"能恶人"。

再次，仁的养成深受社会互动的环境所影响。要修养仁德必须注重社会及人文环境，注意择邻而居，选择讲仁德民风好的地方生活，亲近贤能仁义之士，因为不仁者无论身处贫穷还是富裕均不利于仁心仁德的养成。所以，孔子强调"里仁为美，择不处仁，焉得知"，②就是强调社会环境在仁德养成中的作用。"孟母三迁"其实也有这方面的功能。这就是说，群体交往与互动必须在特定的社会环境中得以开展，仁或者不仁都受到人们生活状态的影响，有什么样的环境就会形塑出什么样的社会实践活动与社会行动。如果说仁者能够身处任何社会环境中，那么，不仁者则不会长久地处于顺境或逆境、贫困或富裕中，因为缺乏仁爱之心的人如果长久地生活在贫困中也容易为非作歹，做出损人利己的事。反过来，这些人一旦过上富裕的生活则容易变得骄奢淫逸，做出伤天害理之事。所以孔子说"不仁者不可以久处约，不可以长处乐"，就是强调仁的实现需要具备一定的社会环境与条件。

最后，成仁的途径呈现出多样化，它既可以通过自我修养获得，更主要在与他人的互动中得以养成。这就是说，仁的养成是多方面累积的结果，实现仁的途径同样是多种多样，并非仅有一宗。一方面，仁是社会成员共享的价值规范，它成为社会成员为之奋斗、努力实现的目标，"民之于仁也，甚于水火。水火，吾见蹈而死者矣，未见蹈仁而死者也"。③另一方面，个人通过自身的修养实现仁，他不会为了苟且偷生而损害仁义，相反，他宁可牺牲自己的生命也要去恪守仁、捍卫仁，仁就成了志士仁人的最高行动准则，取义成仁成了实现仁的一种途径。孔子就曾说过，"志士仁人，无求生以害仁，有杀身以成仁"。④同时，仁更是在与他人的互动中才能得到确证，通过与他人的社会互动去判断自身或他人行动的正当性和仁惠性，通过与朋友的交往交流有助于仁德的

---

① 杨伯峻：《论语译注》，中华书局2012年版，第82页。
② 同上书，第48页。
③ 同上书，第237页。
④ 同上书，第228页。

养成。例如，曾参就说过"君子以文会友，以友辅仁"，① 就是强调用仁的礼节、礼文及规范去广交朋友，这样的朋友将有助于培养仁、实现仁，与志同道合、德性高尚的朋友交往有助于仁的养成及实现。这正如孔子所说："三人行必有我师，择其善者而从之，其不善者而改之"，就是这个道理。

（二）仁在群体互动中实现的过程

作为社会秩序典范基础的仁是在日常生活中得到确证，透过全部社会生活准则与要求可以窥视出仁，特别是先秦时期周朝的官制、礼乐、刑法、农业、教育等社会事务及人际交往与互动中浸润着仁，仁通过群体间的互动得到很好的实现。

一方面，仁在王位的继承、官员的选拔中得到实践。例如，早期的禅让制体现了中国古代先贤追求政治和谐、将仁融化为政治生活的集中体现，举荐仁人成了禅让的重要方面。尧之所以将部落首领的位置禅让给舜就是因为尧发现舜上孝下悌，是仁德之人，这样的人值得托付。再如，王位的谦让则体现了谦让者恪守仁、推崇仁以及践行仁，泰伯三让王位、伯夷叔齐谦让王位以及目夷让位兹父等典故都是仁在这些先贤身上的集中体现。② 又如，周文王把廉洁作为考察官吏的重要项目，强调"廉善""廉能""廉敬""廉正""廉法""廉辨"，《后汉书》曾总结说先秦的贡士就是协助国君处理社会风俗事宜职位，"孝廉"就成为选拔这一职位的依据，"郡国孝廉，古之贡士"。③《周礼》中记载了乡大夫举行乡饮酒礼以便考察这些人士的德仁进而供周王选用，在祭拜鬼神及祖先的时候能够告诉民众注重礼节及道义，要求"饮酒于序，以正齿位"，这样的仁德之人更容易被选拔为各级官员。在这些禅让或谦让中可以感受到仁。

另一方面，仁在政治生活中得到践行与恪守。社会生活在本质上是

---

① 杨伯峻：《论语译注》，中华书局 2012 年版，第 183 页。
② 泰伯三让王位讲的是泰伯为了顺从父亲意思离家去了吴山而便于姬昌顺利继承王位，后来听说季礼要将王位归还给自己而逃到梅里，季礼被杀后泰伯拒绝了季礼儿子昌要泰伯回去继位的要求而让位给昌，昌就是后来的周文王。
③ （清）王先谦：《后汉书集解》，中华书局 1984 年影印本，第 704 页。

实践的，个体及群体日常生产及交往的内容十分丰富，它涵盖着百姓生活以及贯穿于其中的文化、习俗，形成了群体整合和社会运行的特有的文化与规范。这样的文化及规范体系在萧公权看来就是仁，实现这样的整合需要依靠仁。为此，他称孔子所描绘的周朝时代的"全部之社会及政治生活，实为表现仁行之场地"。① 孔子认为，君臣交往时所遵守的规则及仪式就体现着仁的规定性与制约性。孔子强调，臣子在进入朝廷时候要谨慎而恭敬，不能站在门的中间，也不能踩着门槛走路，经过国君时要显得庄重，说话要轻言轻语，"立不中门，行不履阈。过位，色勃如也，足躩如也，其言似不足者"，走出朝廷时要显得怡然自得，做到"出，降一等，逞颜色，怡怡如也；没阶，趋进，翼如也；复其位，踧踖如也"。② 再如向国外献礼时要"鞠躬如也，如不胜。上如揖，下如授。勃如战色，足蹜蹜如有循。享礼，有容色。私觌，愉愉如也"。③ 所有这些礼节作为一种规范，其背后凸显出臣子对君王的恭敬、臣子之间的宽厚以及诸侯国之间的相互敬重，遵守这样的礼节就使仁得到很好的实现。

不仅如此，仁在日常生活领域得到很好的体现。无论祭祀祖先还是邻里交流都要遵循特定的礼仪，孔子认为，祭祀活动体现了社会分层化特性，国君祭祀天而百姓祭祀鬼神，百姓在祭祀鬼神的时候要穿正式的服装站在东边，做到"朝服而立于阼阶"，④ 体现出对鬼神的敬重以及对普通民众的仁爱。孔子认为，居家饮食的要求里同样体现出仁，例如"乡人饮酒，杖者出，斯出矣"，⑤ 就是说举行乡饮酒礼后要等老人们先出去然后自己才能走，以体现尊老爱老之孝心，这正是仁心的集中体现。再如，孔子强调要"问人于他邦"，"再拜而送之"，⑥ 主张问候别人时要送些礼物，送别客人时要两次拜别以显得自己尊重他人。甚

---

① 萧公权：《中国政治思想史》，商务印书馆2011年版，第66页。
② 杨伯峻：《论语译注》，中华书局2012年版，第139页。
③ 同上书，第140页。
④ 同上书，第148页。
⑤ 同上书，第147页。
⑥ 同上书，第148页。

至朋友去世，如果无亲属料理后事，都由他来负责，[1] 其实体现的正是作为仁核心的孝悌精神的延续，就是仁者爱人在交往领域内的集中体现。所有这一切表明，仁是扎根于社会生活并透过社会生活得到实现和确证。

（三）仁在群体互动中得以实现的价值

首先，仁在群体互动中得以实现展现出孝悌之美。孝悌关系是维系家庭关系以及由此引申出来的社会关系的基础，孝悌关系的存在就在于家庭成员间的仁心及仁行，并由这种苑于家庭中的仁心仁行推广到社会其他群体间的互动，正如萧公权所言，仁"始于在家之孝悌，终于博施济众，天下归仁"，[2] 由此使得整个社会结成一个以孝悌为基础的仁心仁行社会，仁的实现实际上就是孝悌从家庭走向社会的过程，进而使得整个社会体现出孝悌之美。

其次，仁在群体互动中得以实现体现了秩序之善。仁在群体中的互动过程实际上就是把"仁"外化为规则、转变为人们行动依据的过程，依据这种规则展开行动，有助于形成父子有信、君臣有义、夫妇有别、长幼有序、朋友有信、上下相亲的和美的社会关系，走出那个礼崩乐坏的社会，形塑出一个整齐有序的社会，仁在群体互动中的实现过程就变为良好社会秩序的重构过程。

最后，仁在群体互动中得以实现成为社会稳定重器。仁在群体互动中得以实现，从衣食住行、饮食起居到朋友互动、教育耕作，从君臣交往、域外出使到祖先祭祀、鬼神祭拜等都有一套严格的规范要求，它强调按照远近亲疏、由己及人然后家国天下秩序，开展差序式群体互动与社会行动，这样的社会行动有助于形成上下有序的社会结构，个人或群体的行动被嵌入于社会纽结上，结构化为社会的一部分，以仁为基础的群体互动成为社会稳定的有力保障。

（高和荣）

---

[1] 杨伯峻：《论语译注》，中华书局 2012 年版，第 150 页。《论语·乡党》："朋友死无所归，曰：于我殡。"

[2] 萧公权：《中国政治思想史》，商务印书馆 2011 年版，第 66 页。

## 第四节 中庸：群的和谐之道

### 一 中和是群的理想状态

一般而言，中庸是指"在日常事务中持守中道"，即平衡与和谐之义，因此，从群的位育和化育角度看，秉持"中庸"之道，即是以"中和"为群之理想状态，这是中华民族生生不息之根本，展现出整体性、和谐性特征。

（一）"中和是群的理想状态"命题的含义

本命题的"中和"由"中""和"两个概念构成。按《说文解字》，"中"本义是指"沟通天人的礼仪、礼器"，[1] 后演化为"最合理而至当不移"之义。"和"则是指和谐、恰当，在《论语》中"被奉为最高的文化成就"，意味着秩序的"有机完整"和行动者的"从容自在"。[2] "中和"合在一起就是指"最相和"。"位育"照朱熹的解释，"位者，安其所也"，"育者，遂其生也"。[3] 潘光旦最先把两者连在一起，在他看来，"位育"是指各司其职，适应协调以生。[4] 它们都出自《中庸》："喜怒哀乐之未发，谓之中；发而皆中节，谓之和；中也者，天下之大本也；和也者，天下之达道也。致中和，天地位焉，万物育焉。"[5]

因此本命题的含义是指，社会的发展既要求社会内部各要素各得其宜，也要求社会各要素有秩序协调生长，个体与整体相得益彰，整体秩序优雅，个体能够充分展现自身。

（二）"中和是群的理想状态"命题的思想史源流

在中国古代，天地位育是指社会和谐发展，其目标可以"中和"一

---

[1] 梁涛：《郭店竹简与思孟学派》，中国人民大学出版社2008年版，第271页。
[2] ［美］安乐哲、郝大维：《切中伦常》，彭国翔译，中国社会科学出版社2011年版，第85页。
[3] （宋）朱熹：《四书章句集注》，中华书局1983年版，第18页。
[4] 潘光旦：《潘光旦文集（第8卷）》，北京大学出版社2000年版，第132—133页。
[5] （宋）朱熹：《四书章句集注》，中华书局1983年版，第18页。

言之。所以中国古代经典不时提道：

> 鼓瑟鼓琴、和乐且湛。(《诗经·鹿鸣》)
> 人心惟危，道心惟微，惟精惟一，允执厥中。(《尚书·大禹谟》)
> 夔！命汝典乐，教胄子，直而温，宽而栗，刚而无虐，简而无傲。诗言志，歌咏言，声依咏，律和声。八音克谐，无相夺伦，神人以和。(《尚书·舜典》)

在这些段落里，社会位育的最好比喻就是诗歌、音乐之"和"与"中"，所以孔子言："诗，可以兴，可以观，可以群。"(《论语·阳货》)这种诗乐般的社会状态既是社会演化的目标，也是一种境界标准：

> 中和者，听之绳也。(《荀子·王制》)

这一目标或标准，极其重要，"上失天时，下失地利，中失人和"(《荀子·富国》)。因为它，社会行为就有了"中事"与"中说"，"失中"必然"失和"，误入"奸道"，误行"奸事"从而亦可区分"治世"与"乱世"：

> 凡事行，有益于治者，立之；无益于理者，废之。夫是之谓中事。凡知说，有益于理者，为之；无益于理者，舍之。夫是之谓中说。事行失中，谓之奸事；知说失中，谓之奸道。奸事、奸道，治世之所弃，而乱世之所从服也。(《荀子·儒效》)

(三)"中和是群的理想状态"命题的社会史基础

在中国古代，中和思想的产生不是无缘无故的，而是基于当时剧烈的社会分化和社会矛盾，不调和，社会位育势必不可能。青铜器等考古史资料表明，殷商时代的殷礼呈二分化，① 在社会学意义上这叫社会分群，殷商时代的社会二分现象表现为王室与诸侯之别。到了周代，这种社会二分更为明显的制度化，比如昭穆制度和宗法制度开始成型。从东周开始，昭穆制度逐渐瓦解，具有整合性的制度得到更大发展，上层发展的是国家制度，下层发展的是乡村家族制度，从历史来看，这上下两层制度相互结合、相互补充。在这一发展过程中，能够予以上下贯通整合的莫过于"礼"。

中国古典文献中关乎礼的理论与论述众多，其中，中庸即礼的命题居于某种核心地位。②

为不失人和，应当行礼，所以《荀子·儒效》里有对话："先王之道，人之隆也，比中而行之。曷谓中？曰：礼义是也。"《礼记·仲尼燕居》里也有相关对话："敢问将何以为此中者也？""礼乎礼！夫礼所以制中也。"

行礼的要求是达到中庸，由于倡导礼法治国，所以不仅仅是礼要求达到中庸，还要求有中庸之经济，比如井田制，也要求中庸之国策，比如羁縻绥靖，还要求有中庸之祭祀等。

（四）命题的中西比较思考

在西方社会学中，对应社会位育的概念有社会调节（Social Adjust）、社会适应（Social Adaptation）、社会演化（Social Evolution）、社会分化（Social Differention），但是，西方的这些概念都不是强调社会内部有着和谐的机制和可能。"中和是社会位育的目标"这一命题在核心主旨上却是认为中国社会内部本身就存在和谐的可能。

这种判断的重要性依据在于，无论外来冲击多么剧烈，中国社会的变迁都绝对存在一个内在维度的变迁，它不似西方社会有传统与现代的断裂，而是内在与外在的互动。正如史华兹所说，"在'中国'这种文明框架之中，并没有出现过现代西方与'传统'过去之间发生过的全

---

① 张光直：《殷礼中的二分现象》，《中国青铜时代》，生活·读书·新知三联书店 2013 年版，第 236—260 页。

② 李安宅：《〈仪礼〉与〈礼记〉之社会学的研究》，上海世纪出版集团 2005 年版。

盘的质变性的决裂"。①

　　西方的"社会"概念具有特定的历史意义，它往往与"共同体"相对照，更多反映的是"现代性"，从而显现出"传统"与"现代"的二分。梅因的《古代法》、滕尼斯的《共同体与社会》就是要说明这种不同。西方"社会"概念意味着在与传统"决裂"之后的"重建"。

　　以中庸为基础的"群学"（或者说中国社会学）则完全不同，其宗旨是文明的延续。无论是孔子还是墨子，抑或老庄，虽对立亦有共性，他们都认为中国过去曾有过一个辉煌灿烂的时代，不过后世衰落，即"大道之行"与"大道已隐"的讲法，现在的任务则是复兴"道"，彰显"德"。中庸这一至高社会价值，一直起着社会行动方法的作用，渗透在知识分子和常人社会里，捍卫着一个叫中国的社会。所以《中庸》有言：

> 唯天下至圣，为能聪明睿知，足以有临也；宽裕温柔，足以有容也；发强刚毅，足以有执也；齐庄中正，足以有敬也；文理密察，足以有别也。溥博渊泉，而时出之。溥博如天，渊泉如渊。见而民莫不敬，言而民莫不信，行而民莫不说。是以声名洋溢乎中国……

（五）"中和是群的理想状态"命题的现实意义

　　从全球角度看，国际政治经济秩序仍存在极大失衡，世界自然环境面临的挑战十分艰巨，这一命题可以成为世界各国处理复杂矛盾的观念资源。从国内社会来看，经济上的贫富差距仍是攻坚的目标，政治上大众民主欲求日益突出，这一命题可以成为推动社会和谐的思想来源。

（何　健）

---

① ［美］本杰明·史华兹：《古代中国的思想世界》，程刚译，江苏人民出版社2008年版，第2页。

## 二 至诚是群的根基

对于群而言,无论是群的凝聚、运行或维系,都需要拥有强大的根基以提供源源不断的动力。而这种动力则来源于组成群的数个群体成员自身所具备的有着自主性和超越性的道德实践能力——"至诚"。

（一）"至诚是群的根基"命题的提出

"诚"字较早出现于《诗经》中:"申伯信迈,王饯于郿。申伯还南,谢于诚归。"(《诗经·大雅·崧高》)代表一种美好的品行,指涉人心的信实状态。在《论语·子路》一文中,"诚"即为信的意思:"诚哉是言也。"(《论语·子路》)荀子将"诚"与"礼"联系起来,认为礼即为祛除虚伪的诚心:"礼乐之统,管乎人心矣。穷本极变,乐之情也;著诚去伪,礼之经也。"(《荀子·乐论》)[1] 在儒家经典《中庸》一书中,"诚"被赋予了愈加厚重的意涵,形成了"至诚"这个概念。它不只是一种精神状态,更是一种能动力量,使人道与天道联系起来。于是在《中庸》中:"至诚之道,可以前知。国家将兴,必有祯祥;国家将亡,必有妖孽。见乎蓍龟,动乎四体。祸福将至,善必先知之;不善,必先知之。故至诚如神"、"唯天下至诚,为能尽其性。能尽其性,则能尽人之性。能尽人之性,则能尽物之性。能尽物之性,则可以赞天地之化育,可以赞天地化育,则可以与天地参矣。"(《中庸》)

由于群的要旨在于"合群""能群""善群""乐群",其中"合群"与"能群"体现了"修身、齐家、治国、平天下"中的"修身"与"齐家"的重要内容,"善群""乐群"则彰显了"治国"与"平天下"的目标。由此,从"合群"到"能群",到"善群",再到"乐群",是个体与家、与国家,甚至与天下的勾连,蕴含着由"内圣"至"外王"状态的儒家治世理念的追求。这样看来,群的根基就表现为个体关于道德实践能力的内在之道与寻求经世抱负的外在之道之基础,而

---

[1] 参见刘金波《中国古代文论的至诚之美》,《武汉大学学报》(人文科学版)2014年第1期。

这恰恰正是《中庸》中的"至诚"所要表达的意涵。

(二)"至诚是群的根基"命题的含义

1. 诚之为贵

无论群体大小与否,群均是由数个群体成员所组成,那么对于群体成员而言,"至诚"首先是指一种极为重要的德性——善。孟子认为个人道德修养的重要性在于:"尽其心者,知其性也;知其性,则知天矣。存其心,养其性,所以事天也。夭寿不二,修身以俟之,所以立命也。"(《孟子·离娄上》)那么,对于内在之道的修养,《中庸》认为:"诚身有道:不明乎善,不诚乎身矣。"(《中庸》)那么,人又何以明善,何以能择善而固执善,以诚吾身而尽吾性呢?《中庸》继续认为在于博学、审问、慎思、明辨和笃行这五个方面:"诚之者,人之道也。诚者,不勉而中,不思而得,从容中道,圣人也。诚之者,择善而固执之者也。博学之,审问之,慎思之,明辨之,笃行之。有弗学,学之弗能弗措也;有弗问,问之弗知弗措也;有弗思,思之弗得弗措也;有弗辨,辨之弗明弗措也;有弗行,行之弗笃弗措也。人一能之,己百之;人十能之,己千之。果能此道矣,虽愚必明,虽柔必强。"(《中庸》)[①] 由此,"至诚"即代表着人之德性中最本真的善,"诚身有道,不明乎善,不诚乎身矣","惟天下至诚,为能尽其性;能尽其性,则能尽人之性。"(《中庸》)这也正如荀子所言:"君子养心莫善于诚,致诚则无它事矣,唯仁之为守,唯义之为行。"(《荀子·不苟》)又如孟子所言:"万物皆备于我矣。反身而诚,乐莫大焉。强恕而行,求仁莫近焉。"(《孟子·尽心上》)

2. 真实无妄

"至诚"的第二层含义是指真实,无虚妄。《中庸》认为:"诚者,物之终始。不诚无物。"(《中庸》)朱熹在《中庸章句》中,对"诚"字的注解即为"真实无妄之谓"。[②] 钱穆在《中庸之明与诚》一文中,将其形象地解释为"天实实在在有此天,地实实在在有此地,寒实实在

---

[①] 参见钱穆《钱宾四先生全集》,《中庸新义》,联经出版事业股份有限公司1998年版,第95—97页。

[②] 参见钱穆《钱宾四先生全集》,《中庸之明与诚》,联经出版事业股份有限公司1998年版,第175页。

在有此寒，暑实实在在有此暑，此皆实在，此即'诚'也。① 换言之，"至诚"代表着事物的普遍之理与道德的本源，是客观存在之物所具备的普遍性，体现在"物"身上，则是"物之性"；体现在"人"身上，则为"人之性"。这与道家中所讲的"自然"较为相近。而与道家所不同的是，"至诚"所指的真实无妄，带有从生命持续中生成的人心的含义。心的功能在于能开悟、有知觉，能够分辨出真实与虚妄，即为"明"。这正是儒家所强调的在自然中重视生命，在生命中重视心，心不背离自然的修养状态。② 由此，"自诚明，谓之性；自明诚，谓之教。诚则明矣，明则诚矣"。（《中庸》）那么，在此意义上"至诚"，于群而言，首先在于群成员在个人德性修养中，需要秉承自我昭明的秉性；其次推及群成员之间交往，再至群治，也都需要有昭明至物之秉性，这样才能够保障群之凝聚与运行。

（三）"至诚是群的根基"命题的社会价值

从上述对于"至诚是群的根基"的命题含义的分析可以发现，"至诚"不但是对于人之性应具有的"内圣"状态的强调，而且也是对由人之性推及物之性，遵循事物客观存在的普遍之性（"天理"）的"外王"状态的追求。这样看来，"至诚"的深层次意涵在于"一是表现出的一种对待社会、事物的态度和动；二是由诚而采取的行为方式；三是在这一过程中的意志过程和意志力的结果；四是在与社会和事物的关系中长期形成的品质"。③ 如此，"至诚是群的根基"命题的社会价值实际上在于彰显了群的化育功能。于己而言，"诚者，自成也；而道，自道也。诚者，物之终始。不诚无物。是故君子诚之为贵。诚者，非自成己而已也。所以成物也。成己仁也。成物知也。性之德也，合外内之道也。故时措之宜也"（《中庸》）。于国家而言，"至诚之道，可以前知。国家将兴，必有祯祥；国家将亡，必有妖孽。见乎蓍龟，动乎四体。祸

---

① 参见钱穆《钱宾四先生全集》，《中庸之明与诚》，联经出版事业股份有限公司1998年版，第175页。
② 同上书，第177页。
③ 参见丁晓武《儒家中庸思想的"至诚"主张及现代意蕴》，《青海师范大学学报》（哲学社会科学版）2009年第1期。

福将至，善，必先知之；不善，必先知之，故至诚如神"。(《中庸》) 也就是说，在群之中，"至诚"意味着要尽人之性，再由人之性发挥人能，来尽物之性，处理好自身与自身、自身与他人、自身与万物之间的关系，并且以此作为起点，才能够立足于田地之间，契合"合群""能群""善群""乐群"等群之要旨，从而构建万物并育、美美与共的大同世界。[①] 由此，"唯天下至诚，为能尽其性。能尽其性，则能尽人之性。能尽人之性，则能尽物之性。能尽物之性，则可以赞天地之化育，可以赞天地化育，则可以与天地参矣"(《中庸》)。

（蒋梓莹）

## 三 贯通是群的方法

(一)"贯通是群的方法"命题的含义

在前一个命题（"至诚是群的根基"）讨论了个体社会责任的基础上，这里继续讨论一下群化育的方法。

"化育"语出《中庸》：

> 唯天下至诚，为能尽其性；能尽其性，则能尽人之性；能尽人之性，则能尽物之性；能尽物之性，则可以赞天地之化育；可以赞天地之化育，则可以与天地参矣。(《中庸》)

> 唯天下至诚，为能经纶天下之大经，立天下之大本，知天地之化育。夫焉有所倚？肫肫其仁！渊渊其渊！浩浩其天！苟不固聪明圣知达天德者，其孰能知之？(《中庸》)

从《中庸》的这两段文献可以看出，"化育"在于"尽性"，"尽性"并非一步完成，而是从"尽人性"到"尽物性"，尽性动力源于"诚"，诚不至，则性不达，性不达则化育不成。可见，这里面是有过程和方法，"尽""至"二字表露无遗，从这里我们看到了背后的方法

---

① 参见景天魁等《中国社会学：起源与绵延》，社会科学文献出版社2017年版，第582页。

## 第三章 群学的基础性命题

是"贯通"。正如庄子言:

> 精神四达并流,无所不极,上际于天,下蟠于地,化育万物……(《庄子·外篇·刻意》)

又看管子"化育万物谓之德"(《管子·心术上》)一语,"化育万物"的意思就是万物生生不息。

所以,"化育"本意里除了有生生不息之义,还带有贯通方法之义。对于本命题而言,我们无妨把社会化育看作是生命事物繁衍的过程。社会化育的主体包括个人、群体、社会等,相互之间有诸多关系、等级和环节,比如夫妇、父子、君臣等群体关系,对它们如果不加以梳理和安排,就会发生障碍和错乱。孔子因此讲"己所不欲,勿施于人","己欲立而立人,己欲达而达人",君子无论在哪,都应该不怨天不尤人。那如何做到,有什么方法呢?

这就是人与人之间的贯通之法。孔子认为,如果没有这贯通之法,即使学得再多、了解得再多也是不行的。

> 子曰:"赐也,女以予为多学而识之者与?"对曰:"然,非与?"曰:"非也,予一以贯之。"(《论语·卫灵公》)

这贯通之法是什么呢?孔子认为是忠恕之道:

> 子曰:"参乎!吾道一以贯之。"曾子曰:"唯。"子出。门人问曰:"何谓也?"曾子曰:"夫子之道,忠恕而已矣。"(《论语·里仁》)
> 
> 子贡问曰:"有一言而可以终身行之者乎?"子曰:"其恕乎!"(《论语·卫灵公》)

忠恕之道其实就是合礼。没有礼的制度,社会无法贯通和谐,只能陷入混乱状态。孔子作《春秋》就是说明礼是社稷人伦有序的法律保证，倾覆礼则必然会产生乱臣贼子。后来董仲舒申言《春秋》之大义在于以礼贯通人伦：

> 《春秋》，大义之所本耶？六者之科，六者之旨之谓也。然后援天端，布流物，而贯通其理，则事变散其辞矣。故志得失之所从生，而后差贵贱之所始矣。论罪源深浅，定法诛，然后绝属之分别矣。立义定尊卑之序，而后君臣之职明矣。载天下之贤方，表谦义之所在，则见复正焉耳。幽隐不相逾，而近之则密矣。而后万变之应无穷者，故可施其用于人，而不悖其伦矣。（《春秋繁露·正贯》）

综上，本命题的含义是指社会人伦关系并非天然和谐，而是潜藏着混乱的可能，社会人伦关系因此需要通过礼制加以贯通以至生生不息。

（二）"贯通是群的方法"思想史源流

在先秦文献里，《中庸》之中的意思里含有贯通一义，"中""贯""通""一"等字相互可通。比如《周易》中有"中正以通""中而有节""制度同人"等含义：

> 文明以健，中正而应，君子正也。唯君子为能通天下之志。（《易经·同人》）
> 节，亨，刚柔分，而刚得中。苦节不可贞，其道穷也。说以行险，当位以节，中正以通。天地节而四时成，节以制度，不伤财，不害民。（《易经·节·彖辞》）

除了《周易》，《周礼》中的通则有更明显的"社会流通"含义，比如经常有"通财""通四方""通上下""通天下"等讲法。另外，"贯"和"一"也常连用，比如"一以贯之"，"一""贯"什么呢？不是什么别的东西，而正是那些具有普遍性的礼法制度，能够中"礼"者，即能够贯通者。在这种思想里，社会与人是不能割裂的，如果硬要给出一个逻辑顺序，那还是社会在前，人在后。说人在后，并不是说人不重要，只是逻辑先后上的考虑而已，人在守礼合礼达到忠恕的过程中就贯通了人己区隔,实现与社会的合一,"冶道德、人伦、政治于一炉,致人、己、家、国于一贯"。①

孔子讲"叩其两端""执两用中",在这种思想里,贯通是很明显的。

如果回到《中庸》本身来看,贯通毫无疑问也是"诚"实现的基本方法。在人性与物性、形上与形下、内在诚明与外在明诚、体(中)与用(庸)、下学与上学、成人与成己、个体与社会、家与国、内圣与外王之间实现通达。② 正如郭店楚简中的《性自命出》文献表明,"性自命出,命自天降"的思想与"赞天地之化育""天人合一"的主旨相同,天人之际并非天壤之别,自然、社会与人是相互贯通、相互影响的。

(三)"贯通是群的方法"命题的社会史基础

中国上古文化里非常重视社会人伦关系的贯通。比如,"重黎绝地天通"(《尚书·周书·吕刑》)是上古神话,讲的是黎苗乱德,家为巫史,民神杂糅招致祸灾,颛顼于是命重黎绝地天通后使得物亨祸除的故事。这一神话以其"人神不能相乱""社会安宁之刑法一秉于王者"的内在精神在历史上发挥了重要影响,逐渐演化为规范天地人伦华夏夷狄相通的刑制礼法。③

除了以神话为证,还有古代遗留下来的器物也可以证明中国古代文化义明中的贯通精神。这里以玉琮为例。根据张光直的研究,④ 玉琮是中国古代的一种玉制器物,在形象上是内圆外方上下贯通的柱体,由于在中国古代文化里,内圆像天,外方像地,所以,这种特征的社会功能意味着持有玉琮之个人、团体或阶层能够贯通天地而"礼天地四方"。(《周礼·大宗伯》)

(何 健)

---

① 萧公权:《中国政治思想史》,商务印书馆2011年版,第67页。
② 赵卫东:《天道性命的贯通与内在德性的开显:〈中庸〉上下内外相互贯通的立体思维架构》,《理论学刊》2004年第2期。
③ 顾颉刚、刘起釪:《尚书校释译论》,中华书局2005年版,第1957—1959页。
④ 张光直:《中国青铜时代》,生活·读书·新知三联书店2013年版,第299—314页。

### 四 适度是群的规矩

群的凝聚、群的运行、群的繁衍，都需要一定的规矩，在中国，凡是都要讲个适度，讲个恰当，凡是过犹不及、游走极端的行为都是要受到一定的限制，过犹不及是任何群都需要避免的。

（一）"适度是群的规矩"命题的提出

在中国，适度思想起源很早。《尚书·洪范》有"皇极"一词的"皇"为"大"意，"极"为"中"意，"皇极"即"大中"之道。《正义》中有"施政教，治下民，当使大得其中，无有邪僻"，"凡行不迂僻则谓之中"，意味着求中之义。《洪范》更有"无偏无陂，遵王之义；无偏无党，王道荡荡；无党无偏，王道平平"的名言。①

群体生活最讲求规矩，即群之个体遵循一些行为准则（"度"）。《诗经》这一反映中国古代群体生活各种样态之文献就有对行为准则的记载，比如"彼汾沮洳、言采其莫。美无度、殊异乎公路"（《诗经·国风·魏风·汾沮洳》）这句是说，"劳动"是衡量人之美德的"度"，即衡量标准。确实，在生产力较为低下的古代，劳动即意味着群体生存之根本。随着群体规模的扩大，"度"的内涵包括两个方面：其一，"合宜""合法度"之义（《诗经·北山之什·楚茨》：礼仪卒度、笑语卒获）；其二，谋划、考量（《诗经·皇矣》："维彼四国、爰究爰度"）。越往后，"度"的含义日益扩展为度量、测度、衡量、制度、法度、节度、审度等含义。

怎么样一个"合宜"？怎么程度的度量和审度？适合什么样的度？在《中庸》看来，适度就是适中，所谓"中也者，天下之大本也"，"中立而不倚"。显然这是一种形而上的认识，除此外，"适度"还朝着心理自我衡量与制度化的法度等两个维度。

群体之存在，乃是因为人人相互比较学习，圣人可以身先垂范，"以己度者也"（《荀子·非相》），但常人不可以，"彼众人者，愚而无

---

① 参见王中江《中西早期的"适度"思想及适用范围的扩展——从人间伦理到生态伦理》，《孔子研究》2005年第3期。

说，陋而无度者也"，（《荀子·非相》）只能在比较与习得中成为同类，故有"故以人度人，以情度情，以类度类，以说度功，以道观尽，古今一也。类不悖，虽久同理，故乡乎邪曲而不迷，观乎杂物而不惑，以此度之"。（《荀子·非相》）

（二）"适度是群的规矩"命题的含义

1. 兼术能容

群体之维系，要求群体之成员能够像绳子一样能屈能伸，如果能做到，群体就会以适度为标准。正如《荀子·非相》："凡说之难，以至高遇至卑，以至治接至乱。未可直至也，远举则病缪，近世则病佣。善者于是间也，亦必远举而不缪，近世而不佣，与时迁徙，与世偃仰，缓急赢绌，府然若渠匽檃栝之于己也。曲得所谓焉，然而不折伤。故君子之度己则以绳，接人则用拽。度己以绳，故足以为天下法则矣；接人用拽，故能宽容，因求以成天下之大事矣。故君子贤而能容罢，知而能容愚，博而能容浅，粹而能容杂，夫是之谓兼术。"

2. 必节

孔子曰："巧而好度，必节。"（《荀子·仲尼》）这里的"好度"和"必节"就是适度的意思，个体修身与群体运行靠什么实现适度呢？荀子认为，"由礼则和节"，是指要通过礼来实现，"人无礼则不生，事无礼则不成，国不礼则不宁"。（《荀子·修身》）

3. 审法度

对于群而言，适度的原则既要求有内在的平衡，也要求有外在的律令，无度会伤民伤群，正如荀子所讲，"上好贪利，则臣下百吏乘是而后丰取刻与，以无度取于民"；（《君子·君道》）"上无道揆也。下无法守也，朝不信道，工不信度，君子犯义，小人犯刑，国之所存者幸也"。（《孟子·离娄上》）这样的王是不能治理好群的，但是，王也不能使群民富得过了，那样的治理，也是不行，所谓"圣王之生民也，皆使富厚优犹知足，而不得以有余过度"。（《荀子·正论》）

王的群治要适度，需要外在颇无情的法度和制度作保障。"制法度，以矫饰人之情性而正之。"（《荀子·性恶》）"谨权量，审法度，修废官，四方之政行焉。"（《论语·尧曰》）"上以无法使，下以无度行。"(《荀子·正论》)"天子三公,诸侯一相,大夫擅官,士保职,莫不法度而公:是所以班治之也。"(《君子·君道》)"求而无度量分界,则不能不争;争则乱,乱则穷。"(《荀子·礼论》)"疏观万物而知其情,参稽治乱而通其度。"(《荀子·解蔽》)"谨权量,审法度,修废官,四方之政行焉。……权,然后知轻重;度,然后知长短。物皆然,心为甚。王请度之!"(《孟子·梁惠王上》)"法则度量正乎官。"(《荀子·儒效》)一言以蔽之,"礼乐制度衣服正之"。(《礼记·王制》)

(三)"适度是群的规矩"命题的社会价值

1. 群以适度美为内在价值

群之存在,以适度为群的最佳状态,甚至达到了一种美学境界,这是中国古代社会思想中的一个重要特点。宋玉在《登徒子好色赋》中描写美人之适度美:"天下之佳人,莫若楚国;楚国之丽者,莫若臣里;臣里之美者,莫若臣东家之子。东家之子,增之一分则太长,减之一分则太短;著粉则太白,施朱则太赤。眉如翠羽,肌如白雪,腰如束素,齿如含贝。嫣然一笑,惑阳城,迷下蔡。"这种内在价值有助于群体及成员净化心灵,升华道德,增强群体的神圣性。

2. 维系名利言行的恰当

这一命题内在的要求群体成员要有正确的名利观和得体的言行修养。不言而喻,名利招来毁损:"名与身孰亲?身与货孰多?得与亡孰病?甚爱必大费;多藏必厚亡。"(《道德经》)为避免名利之祸,要练就知足的修养,"祸莫大于不知足,咎莫大于欲得。故知足之足,常足矣"(《道德经》),具体可归纳为"博学之,审问之,慎思之,笃行之"等方法。

3. 可以防范群体及其成员行为的过犹不及倾向

适度意味着不走极端,不进入非此则彼的二难选择,而是具有多种选择。孔子称赞舜时说"执其两端,用其中于民",其"两端"和"中"就构成了三种不同的方式。孔子评价子张和子夏,说他们一个是"过",一个是"不及","过"如同"不及"都不理想,只有"不过"又"及"的"中"才是理想的。所以孔子说,"不得中行而与之,必也狂狷乎？狂者进取，狷者有所不为也"（《论语·子路》），其中的"中行"是最好的，而作为两极的"狂"和"狷"都失之于偏。①

（何　健）

## 五　"时中"：群体生活所本

"时中"即"时"和"中"，时为时间，中是空间。所有的人都生活在一定的时空之中。时空是人类群体生活的"本体论依据"。② 在中国先秦诸子中，孔子及儒家包括荀子心目中的人，就是身处此时此地的人，是日常生活中的人，而不是泛泛而谈的"一般人"、抽象人。③《中庸》将"时中"引入群体生活领域："君子之中庸也，君子而时中，小人之中庸也，小人而无忌惮。"作为中庸之德，有修养的君子必须懂得"时中"，也即"适中"，懂得自己在群体中的时空边界，而不是像缺乏修养的小人那样行为处事无所忌惮。同时，"时中"也是治国所本，如《清华简·祭公》所言："其皆自时中乂（治）万邦"，以及《尚书·洛诰》所云："其自时中万邦，咸休。""时中"在群体活动中起着协同、规范、预测的重要作用。

### （一）"时中"的意涵

"时"既是自然的，更是文化的。不同文化的群体，对时间的看法以及划分会有很大不同。"中庸"之"中"强调的是伦理层面的"中德""中行"，而"时中"的意涵却要复杂得多。

1. "时"即"天时"，介乎季节和天意之间

"时"的原本意义是自然的时间，即"天时"。"天有分时，时有分数。"（《鹖冠子·天则第四》）为了农业种植，必须审明时令，修治历法，"斗为帝车，运于中央，临制四乡，分阴阳，建四时，均五行，

---

① 参见王中江《中西早期的"适度"思想及适用范围的扩展——从人间伦理到生态伦理》，《孔子研究》2005年第3期。
② [英]帕特里克·贝尔特：《时间、自我与社会存在》，陈生梅、摆玉萍译，北京师范大学出版社2009年版，第13页。
③ 杜维明：《儒家思想——以创造转化为自我认同》，东大图书股份有限公司2014年版，第54—55页。

移节度，定诸纪"。(《史记·天官书》)"君子以治历明时。"(《周易革·象》)对于大多数亚里士多德主义者来说，时间有点不实在，新柏拉图主义者大都继承了这种看法。在中国，佛教各宗各派也把时间看成幻象，并把这种观念当作其一般世界学说的一部分，但土生土长的中国哲学家从未有过这种见解。① 在他们看来，时间本身始终具有无可逃避的实在性。这也与印度文明的总体精神气质形成了强烈对比。②

随着社会的扩大和复杂化，殷周以来，天时逐步与社会事务联系在一起，成为指导群体生活的重要依据：

> 时大矣哉！(《易·大过》)
> 礼，时为大，顺次之，体次之，宜次之，称次之。③
> 春秋致其时而万物皆及，王者致其道而万民皆治……故道虽贵，必有时而后重，有势而后行。(《孔子家语·致思》)

时间不再被概念化为一个单一的、统一的和绝对的系统。相反，时间在本质上被认为是多方面的、多样性的、非均匀的。"社会时间"体现了这些特征。④ 为了提高"天时"的威权和对民众的约束力，"天时"成为"天命"的一部分，所谓天"授人时"(《尚书·尧典》："钦若昊天，历象日月星辰，敬授人时")，于是人民要"恪谨天命"，"不孚于天时"。

在这种情况下，"天时"介乎季节和天意之间，准确的意义相当不易把握。⑤ 也就是说，"时"的意义多元化了。如：

---

① [英]李约瑟：《文明的滴定：东西方的科学与社会》，张卜天译，商务印书馆2016年版，第210页。
② 同上书，第204页。
③ (清)孙希旦：《礼记集解》，中华书局1989年版，第627页。
④ [英]理查德·惠普、芭芭拉·亚当、艾达·萨伯里斯编：《建构时间：现代组织中的时间与管理》，冯周卓译，北京师范大学出版社2009年版，第174页。
⑤ 何炳棣：《何炳棣思想制度史论》，中华书局2017年版，第104页。

《论语·学而》:"子曰:'学而时习之,不亦悦乎?'"①

《庄子·秋水》:"物之生也,若骤若驰,无动而不变,无时而不移。何为乎?何不为乎?夫固将自化。"

《周易·丰》:"日中则昃,月盈则食,天地盈虚,与时消息,而况于人乎,况于鬼神乎?"

《黄帝四经·经法》:诛[禁]时当。

《礼记·学记》:"当其可之谓时。"

《说苑·建本》:"因其可之曰时。"②

综括而言,先秦诸子所言"时",主要有以下几义:一是宏观层面(天道观)的天时、天命、天意、时代、世代、历史;二是中观层面的四时、季节、年岁、日月、时运、时势、环境、条件;三是微观(日常生活)层面的时境、时机、时光、日夜、时刻、节点。作为"计时"之"时"的社会化和哲学化,是东西方的共同现象。正如海德格尔所说,时间性存在诸种"绽出":"在'计时'中所经历的'时间'是时间性的最切近的现象方面……阐明了这种'时间'的源头,也就公开出时间性的一种本质的'到时'或'时机'(Zeitigang)的可能性。"③

"时"的概念,一直为战国各家各派所强调。成书于西周时期的《易经》,"时"字仅一见,而成书于战国中后期的《易传》,"时"字达57见。战国各家讲"时"有不同的侧重面,黄老道家所言"天时",介乎季节和天意之间;兵家着重于掌握取胜的时机;孟子谈"时"多与"天时地利"有关,强调"不违农时";④而法家重"时",常把"时"与"势"联系在一起。

---

① 注:时习,在周秦时代,"时"字用作副词,意为"在一定的时候"或者"在适当的时候";但朱熹在《论语集注》一书中把"时"解释为"时常"。

② 陈鼓应:《黄帝四经今注今译》,中华书局2016年版,第153页。

③ 孙周兴、王庆节主编:《海德格尔文集》,《存在与时间》,陈嘉映、王庆节译,商务印书馆2016年版(中文修订第二版),第327页。

④ 陈鼓应:《易传与道家思想》,中华书局2015年版。

2. "中"，内也，扩展为适中、持中、适当、中意

据《说文解字》，"中"（zhōng），内也。内者，入也。入者，内也。然则中者，别于外之辞也，别于偏之辞也，亦合宜之辞也。按中字会意之恉，必当从口。云下上通者，谓中直或引而上或引而下皆入其内也。"中"，《仪礼》、《礼记》郑注皆云："中，犹间也。"①《诗经》"施于中谷"（《周南·葛覃》），"中心好之"（《唐风·有杕之杜》），即为"施于谷内""内心好之"。

由此可知"中"，即内部，中间；不偏，中心；中直，中正；中通。到春秋战国时期，"中"的意涵由空间位置逐步扩展至社会及伦理方面，即分寸、适中、持中、适当、中意、中道等，如孟子所言"中道而立，能者从之"。（《孟子·尽心上》）

根据钱锺书先生考证，"中"的本义是人之"中"，私也，即人体生殖器（非人面之"人中"），略同西方旧日恶谑之"人中"。②《逸周书·武顺解》有证："人有中曰参，无中曰两……男生而成三，女生而成两。"谢墉注："皆下体形象。"一个旁证是《周礼·大司徒》所谓的"地中"说："日至之景（影）尺有五寸，谓之地中，天地之所合也，四时之所交也，风雨之所会也，阴阳之所和也，然则百物阜安，乃建王国焉。"③"地中"即天地之"中"，与"人中"男女相交的功用象类，是"天地之所合也，四时之所交"处。

"中"还是"中"（zhòng）即中的、中标，《说文解字》："皆入其内也。"《周礼·射人》："持弓矢审固，然后可以言中。"

在先秦典籍中，《周易》最贵"中"，尚"中"，特别是《易传》之《彖》《象》，表现得尤为突出。《彖》在35个卦中，《象》在38个卦中，论述了"中"的思想。（金谷治《易的占筮与易理》）《易》的

---

① 顾颉刚、刘起釪：《尚书校释译论》，中华书局2005年版，第1006页。
② 钱锺书：《管锥编（一）》，生活·读书·新知三联书店2007年版，第25页。
③ 注：这是《周礼·大司徒》记载的用仪器"表圭"测量日影以确定天下之中的方法：在夏至那天，竖立八尺高的垂直标杆"表"，到正午时分，竿影落在"表"下向正北伸出的度尺"圭"上，如果竿影长一尺五寸，符合这个条件的地点就是天下之中（"地中"）。——李学勤著，张耀南编《李学勤讲中国文明》，东方出版社2018年版，第95页。

尚"中"思想，为儒道两家所共通。① 《汉书·艺文志》里说："道家……知秉要执中。"孔子《论语·尧曰》也载："尔舜，天之历数在尔躬，允执其中。"荀子也云："礼之敬文也，乐之中和也。"② "中和者，听之绳也。"③

与对纯粹思辨不感兴趣的儒家不同，古代墨家、名家、道家重视思辨。从科学上说："中，同长也。"（《墨子·经上》）从政治社会学角度，荀子以为，"欲近四旁，莫如中央"。④ 而惠施则是个善思辨的相对论者："我知天下之中央，燕（北面的诸侯国）之北，越（南面的诸侯国）之南是也。"因为空间的无限广大，到处都可以作为中心。

3. "时中"，时空融通。非时将安适？

在《周易》里，随处可见"中""时"或"时中"这样的字眼。"时中"即人们行为处世在时间上要把握住时机，空间上能把握好分寸边界，无过也无不及。"时，中者也。"（《诗·宾之初筵》）"天地之道，有左有右。"（《黄帝四经·称》）"天道尚右……地道尚左……人道尚中。"（《逸周书·武顺解》）"时中"即时境之中，融通时空是智者的追求，适时才能安适：

黄姑与织女，相去不盈尺；银河无鹊桥，非时将安适？（李白：《拟古十二首，其一》）

荀子深得其中要义，提出群体生活要充分利用天时、地财、人治，（"天有其时，地有其财，人有其治，夫是之谓能参。"）⑤ 即《周易·无妄卦·象》所言，先王勉力配合时节，育化万物。（"先王以茂对时，育万物。"）

宋儒对于"时中"也有自己的阐述。朱子：所谓"时中"，就是

---

① 陈鼓应：《易传与道家思想》，中华书局2015年版，第37—38页。
② （清）王先谦：《荀子集解》，中华书局2013年版，第14页。
③ 同上书，第179页。
④ 同上书，第573页。
⑤ 同上书，第364—365页。

"随时以处中也"(《四书集注·中庸章句》),"得其时之中","随时而变,动静不失其宜,乃进德修业之要也"。程子曰:"时中者,当其可而已。犹冬饮汤,夏饮水而已之谓。""且如初寒时则薄裘为中,如盛寒时而用初寒之裘,则非中也。更如三过其门而不入,在禹稷之世为中,若居陋巷,则不中矣。陋巷,颜子之时为中,若三过其不入,则非中也。"

概而言之,"时中"就是适中、持中,执中知止,不追索无度,亦即适度合理。适度合理是人类理性的进步,是人类各群体普遍认可的美德。也就是要"量力而行,相时而动",①《周易·艮卦·象传》谓之"时止则止,时行则行"。在欧洲,亚里士多德也说:"德性是一种选择的品质,存在于相对我们的适度之中。这种适度是由逻各斯规定的,就是说,是像一个明智的人会做的那样确定的。"②古希腊诗称美人:"不太纤,不太丰,得其中。"释书如《弥勒下生经》称梵摩貌相端正:"不长不短,不肥不瘦,不白不黑,不老不少。"《长阿含经》称王女宝貌相端正:"不长不短,不粗不细,不白不黑,不刚不柔。"③

(二)"时中"对群体生活的意义

"时间是社会建构的。"④不同群体都有自己的地方性时间,"时中"则是个人在群体社会中的时空定位的寻求。中国文化是在漫长历史过程中通过各族群融合而形成的,这种融合就包括了对时间认知的融合统一,无论被迫还是自愿,"天涯共此时"极大地便利了群体生活。"时中"在群体活动中起着协同、规范、预测的重要作用。

1. 随时而行:促进农业

虽然渔猎和战争都需要明"时"用"中",但毫无疑问,重视"随时而行"是农业时代的显著特点。"夫圣人随时而行是谓守时","时不

---

① 杨伯峻:《春秋左传注》,中华书局1990年版,第76页。
② [古希腊]亚里士多德:《尼各马可伦理学》,廖申白译,商务印书馆2003年版。
③ 《管锥篇》(三),生活·读书·新知三联书店2007年版,第1406页。
④ [英]理查德·惠普、芭芭拉·亚当、艾达·萨伯里斯编:《建构时间:现代组织中的时间与管理》,冯周卓译,北京师范大学出版社2009年版,第174—175页。

至，不可强生"(《国语·越语下》)，农业生产年岁季节密切相关，时间的细分及守时，大大促进了农业的发展。在中国，最早形成的是表示农作物成熟和收获的"年""岁"概念。甲骨文"年"字从禾，指谷物的收成。由于古代的生产水平，谷物的一届收成就是一年，于是"年"字引申为后来年岁的"年"。①"岁"字已出现于甲骨文中，除可能作祭名外，大都不是年岁或岁星诸意义，而只是有关于收成方面，并且一年分为两岁。因此它近于早期"季"②字的用法。作为年岁的岁是周代的事，而且年和岁的用法也有区别。据顾炎武《日知录》之《集释》卷三十二云："自今年冬至至明年冬至，岁也（三百六十五日，实际即阳历年）。自今年正月朔至明年正月朔，年也（三百五十四日多，实即阴历年）。"到战国时，年和岁的意义基本不分了。③ 作物的生长需要适宜的温度、湿度、光照条件，而这都来自于季节轮转。因此必须密切关注并依靠四时变化树艺五谷：

《黄帝四经·君正》："地之本在宜……知地宜，须时而树。"
《国语·越语下》："不逆天时，五谷睦熟，民乃蕃滋。"
《周易·解卦·彖》："天地解而雷雨作。雷雨作而百果草木皆甲坼。解之时，大矣哉。"
《逸周书·武顺解》："天有四时，不时曰凶。"
《黄帝四经·经法》："动静不时，种树失地之宜，'则天'地之道逆矣。"

据《礼记·王制》所记，古代高官司空职掌"四时"调度和管理："司空执度度地，居民，山川沮泽，时四时，量地远近，兴事任力。"官员的职责，应该是让各种征召徭役不要妨害农时，用荀子的话说就是

---

① 顾颉刚、刘起釪：《尚书校释译论》，中华书局2005年版，第60页。
② 注：《夏小正》[经文] 季杨。何按：季，截枝而栽，杨柳可无根而插生也。参见何新《宇宙的起源》，中国民主法制出版社2008年版，第79页。
③ 顾颉刚、刘起釪：《尚书校释译论》，中华书局2005年版，第62页。

"罕兴力役，无夺民时"。①

2. 与时共行：协同群体生活

伴随社会规模的扩大，群体活动的（时间）协调日益复杂。因此，要求建立一种抽象的时序时间，通过使时间可量化来将时间标准化，"将各种不规则但相互关联的社会活动整合成一个非同时的同步性。"② 为此，先秦的政治家思想家都非常重"时"：

《黄帝四经·十大经·兵容》："圣人之功，时为之庸。"

《老子·八章》："正善治，事善能，动善时。"

《管子·白心》："以时为宝。"

《庄子·徐无鬼》："时为帝。"

《孟子·万章下》："伯夷，圣之清者也；伊尹，圣之任者也；柳下惠，圣之和者也；孔子，圣之时者也。孔子之谓集大成。"

在杜维明看来，"孔子，圣之时者"，这个"时"超过了"清""任""和"，恰恰是因为"时"象征一种伟大的协奏曲，因此孔子成为"集大成者"。③ 所谓"时"象征一种伟大的协奏曲，杜氏也就几乎是说，"时"具有协同群体、统一社会的伟大作用。颜渊向孔子请教治国之道，孔子给出的第一个办法就是改革历法，"行夏之时"。（颜渊问为邦，子曰："行夏之时，乘殷之辂，服周之冕，乐则《韶》舞。《论语·卫灵公第十》"）《吕氏春秋》的十二月令是阴阳家的分月宪法。④

群体生活的统一性，以及国家的兼并统一，都需要"共此时"。中国古老的神话传说后羿射日的故事，看起来说的是尧的时候，天上有十个太阳同时出现在天空，把土地烤焦了，庄稼都枯干了，人民无粮可

---

① （清）王先谦：《荀子集解》，中华书局2013年版，第212页。

② ［英］理查德·惠普、芭芭拉·亚当、艾达·萨伯里斯编：《建构时间：现代组织中的时间与管理》，冯周卓译，北京师范大学出版社2009年版，第228—229页。

③ 杜维明：《儒家思想：以创造转化为自我认同》，东大图书股份有限公司2014年版，第126页。

④ 胡适：《中国思想史》，华东师范大学出版社2015年版，第165页。

第三章　群学的基础性命题

吃，尧命羿射九日，仅留一日。其真正要表达的意思（隐喻）却是，统一日历，避免混乱。该九日当为九黎或多个部落方国的不同历法，在尧之时实现了统一，或许这就是中国第一部有记载的历法《夏小正》的起源。（《庄子·齐物论》："昔者十日并出，万物皆照。"《淮南子·本经训》："逮至尧之时，十日并出，焦禾稼，杀草木，而民无所食。"唐人成玄英《山海经·秋水》疏引《山海经》云："羿射九日，落为沃焦。"宋代类书《锦绣万花谷》前集卷一引《山海经》云："尧时十日并出，尧使羿射十日，落沃焦。"）

从"众异"到"大同"，需要"与四时合其序"。同一性最主要是通过抽象的钟表时间（引者注——自然时间）的逻辑时序生产出来，而钟表时间试图极其细致地控制甚至是最世俗的社会活动。[①] 关于这方面的论述很多：

> 《周易·文言传》："曰：夫大人者，与天地合其德，与日月合其明，与四时合其序，与鬼神合其吉凶。"
> 《吕氏春秋·有始览》："天地万物，一人之身也，此之谓大同。众耳目鼻口也，众五谷寒暑也，此之谓众异。则万物备也。"

时代越往后，人们自觉"共时"的认知越清晰：

> （东汉）《白虎通·四时》："岁者，遂也。三百六十六日一周天，万物毕成，故为一岁也。……言岁者以纪气物，帝王共之。"
> （唐）张九龄《望月怀远》："海上生明月，天涯共此时。"

到北宋，群体通过"时中"的协同行动已经达到高度的自觉统一，王安石的诗就清晰地记录了"千门万户"在"元日""总把新桃换旧符"的集体行动：

---

[①] ［英］理查德·惠普、芭芭拉·亚当、艾达·萨伯里斯编：《建构时间：现代组织中的时间与管理》，冯周卓译，北京师范大学出版社2009年版，第228—229页。

爆竹声中一岁除，春风送暖入屠苏。千门万户曈曈日，总把新桃换旧符。

基于此，儒家学者一直致力于教授民时。"历象日月星辰，敬授民时。"①

正如李约瑟所说："天文历法，一直是正统的儒家之学。"这是李约瑟的深刻认识。只要看各史所载天文学家大都是儒家即可知。②

事实上，中国的政治家思想家早就意识到了这种伟大作用。如《管子·宙合》所说："事之会"，要"审于时"。（"必周于德，审于时，时德之遇，事之会也。"）《周易·艮卦·彖》曰："时止则止，时行则行，动静不失其时，其道光明。"也就是群体与时共行，用《周易·乾·文言》话讲，是"终日乾乾，与时偕行"。

"共时"实现了抽象的逻辑时间的标准化，不仅促进社会活动的协调，而且具有构成社会活动的含义。序列时间导致了一个主体间的（时间）参照框架的形成——它使得本地的社会时间经验可以跨越本地和共同体边界传达，这对创造和保持想象中的共同体起着基本的作用。③

3. 合时以制礼法：规范群体生活

懂"时"可以明"礼（理）"。礼法制度是先秦中国人群体生活的基本规范，"时中"为礼法制度提供了基本框架和依据。礼仪制度的核心是秩序，最基本的秩序是天时，是四时之序。因此，《礼记·礼器》云："礼也者，合于天时，设于地财，顺于鬼神，合于人心，理万物者也……故必举其定国之数，以为礼之大经，礼之大论。"又云："礼：时为大，顺次之，体次之，宜次之，称次之。"

荀子也说："天地以合，日月以明，四时以序，星辰以行，江河

---

① 顾颉刚、刘起釪：《尚书校释译论》，中华书局2005年版，第380页。
② 同上。
③ [英]理查德·惠普、芭芭拉·亚当、艾达·萨伯里斯：《建构时间：现代组织中的时间与管理》，冯周卓译，北京师范大学出版社2009年版，第229页。

以流，万物以昌，礼岂不至矣哉。"① 就连庄子也说："差其时，逆其俗者，谓之篡夫。当其时，顺其俗者，谓之义之徒。"(《庄子·秋水》)

礼仪制度的另一个支柱是分寸感，也就是"度"，这也需要通过"知时"来把握：如管子所言，"知时以为度"，② "时则动，不时则静"，(《管子·宙合》)"夫静与作，时……贵得度"。③

法律制度的核心是公正无私。而正是"天地无私，四时不息"(《经法·国次》)，因此应该"观时而制法"。④ 同时，礼仪法度应随时境变化而变化，"法与时转则治，法与世宜则有功……时移而治不易者乱，能治众而禁不变者削"。(《韩非子·心度》)"故礼仪法度者，应时而变者也。"(《庄子·天运》)

4. 顺天应人，立业取福：预测未来生活

"时"似乎总是蕴含着特定的场合义务和机会。⑤ "顺乎天（时）而应乎人"才能完成"革命"；圣人举事，必须合于天地；称王称霸，立盛德大业，更要"法阴阳""则四时"，日新其德：

《周易·干·彖》："天地革而四时成，汤武革命，顺乎天而应乎人。革之时大矣哉。"

《黄帝四经·十大经·前道》："圣人举事也，阖（合）于天地，顺于民，羊（祥，顺也）于鬼神。"⑥

《淮南子·本经训》："帝者体太一，王者法阴阳，霸者则四时，君者用六律。"

《周易·系辞上》："盛德大业至矣哉，富有之谓大业，日新之

---

① （清）王先谦：《荀子集解》，中华书局2013年版，第420页。
② （清）黎翔凤：《管子校注》，中华书局2004年版，第789页。
③ 同上书，第882页。
④ 注：《战国策·赵策》："古今不同俗……观时而制法，因事而制礼。法度制令，各顺其宜。"
⑤ ［英］李约瑟：《文明的滴定：东西方的科学与社会》，张卜天译，商务印书馆2016年版，第214页。
⑥ 顾颉刚、刘起釪：《尚书校释译论》，中华书局2005年版，第31页。

· 241 ·

谓盛德。"

对普通的群体成员来说，福禄寿宁是终极性的追求。而要取福，必须"与天为期""趋其时"：

> 遵天之道……不弃时，与天为期。不为得，不辞福。(《文子·符言》)
> 古之君子，时福至唯取，时亡则以须……走（趋）其时唯恐失之。(《缪和》)

无论对于群体还是个人，未来都可以根据"天时"的规律变化进行预测：

> 四时有度，天地之……理也。(《黄帝四经·论约》)
> 先天而弗违，后天而奉天时。天且弗违，而况于人乎，况于鬼神乎。(《周易·乾·文言》)

预测的方法就是"知微知彰""观往知来"：《尚书·虞书·益稷》最早提出"敕天之命，惟时惟几"（《史记》作"陟天之命，维时维几"）。"子曰：知几其神乎……几者，动之微，吉之先见者也，君子见几而作，不俟日。《易》曰：……君子知微知彰，知柔知刚，万夫之望。"(《周易·系词》)"几"是"动之微""吉之先见"，即萌芽、先兆，君子可以根据事物变化的先兆，预知事情的未来发展方向，并可以据此开展行动。从"知微知彰"再进一步，就是帛书《周易·系辞》所说的"观始反终"、《黄帝四经·称》的"观前知反"、《列子·说符》的"观往知来"。而"知所先后，则近道矣"。("物有本末，事有终始，知所先后，则近道矣。"[①])

---

[①] 王文锦：《大学中庸译注》，中华书局2013年版，第3页。

## （三）群体生活如何"时中"

> 天时人事日相催，冬至阳生春又来。（杜甫《小至》）

在古代中国人的观念中，时间总是被分成节、段、间，一如空间被有机地分成特别的范围和区域。① 这些节、段、间就是年岁季节，是群体构建的自然—社会节奏，自然—社会节奏是"规律性的节奏和间隔"对"混乱的自然界的节奏"的替代。"节奏作为一种时间和空间占有的最基本的形式——对社会融合是至关重要的。"② 它构建了群体独有的和社会中心的——能够和平共处，结合成一种非同时性的同步框架。③ 在这个框架内，"与时迁移，应物变化，立俗施事，无所不宜"。（《史记·太史公自序》）

### 1. 认清天时季节，顺四时之变

对于古代中国人来说，时间不是一个抽象参数，不是同质瞬间的相继，而是被分成了具体的季节、月、日等。"相继"这观念从属于"交替"（alternation）和"相依"（interdependence）的观念。当然，中国人的思想中既有分段时间，也有连续时间。两者各有其重要性，前者用于科学技术方面，后者用于历史与社会学方面。④

典型的分段时间是至战国时代才最终定型的二十四节气。远在数千年前，我们的先人就开始依据日月星辰和农业周期，寻找时间的标记点了。最重要的基点有两个，这便是春分与秋分，正像古人最早懂得了日出日落一样，他们最早找到了这两个分点。而后又通过平分四时——冬至、春分、夏至、秋分，找到了立春、立夏、立秋和立冬，接着他们把

---

① ［英］李约瑟：《文明的滴定：东西方的科学与社会》，张卜天译，商务印书馆2016年版，第214页。
② ［英］理查德·惠普、芭芭拉·亚当、艾达·萨伯里斯编：《建构时间：现代组织中的时间与管理》，冯周卓译，北京师范大学出版社2009年版，第227—228页。
③ 同上书，第228页。
④ ［英］李约瑟：《文明的滴定：东西方的科学与社会》，张卜天译，商务印书馆2016年版，第215、216页。

这八节之间的距离平均三分，于是定立了二十四节气。①

连续时间古人或叫作"宙"或叫作"久"。"往古来今谓之宙，四方上下谓之宇。"（《淮南子·齐俗训》）《墨辩·经上》则说："久，弥异时也。"其《经说》曰："久，合古今旦莫。"②"久"是"时"的总名。一时、一刻、千年、一刹那，是时。弥满"古今旦莫"，"古往今来"，总名为"久"。久也是无穷无极不可割断的。③

四时总是交替变化，帛书《尧典》所言"四神相代，乃步以成岁"。相似的说法包括"四时相代"（《庄子·则阳》）、"四时代序"（《楚辞·离骚》）、"四时代谢"（《淮南子·兵略》），"这种一年中的季节周期不过是过去、现在、未来所构成的无穷延续链条中的一环而已"。④ 为此，必须要明辨时境，懂得"随时""顺四时之变"，不同的季节做不同的事：

> 匪其彭无咎，明辨晰也："此其明辨时境之智也。"（《周易·大有》）
>
> "大亨贞，无咎，而天下随时，随时之义大矣哉。"王弼注："得时，则天下随之矣。随之所施，唯在于时也；时异而不随，否之道也。"（《周易·随》）
>
> "顺四时之变……应动静之化。"（《黄帝四经·论》）
>
> "冰炭不同器而久，寒暑不兼时而至。"（《韩非子·显学》）

包括日常生活的饮食服饰，都要顺应季节，在"时中"，即孔子所谓："武王、周公，其达孝矣乎！……春秋修其祖庙，陈其宗器，设其裳衣，荐其时食。时食，四时之食，各有其物，如春行羔、豚、膳、

---

① 冯时：《中国天文考古学》，中国社会科学出版社2017年版，第210页。
② 胡适：《中国哲学史大纲》，民主与建设出版社2017年版，第141页。
③ 同上书，第166页。
④ [英]李约瑟：《文明的滴定：东西方的科学与社会》，张卜天译，商务印书馆2016年版，第217页。

膏、香之类是也。"① "不时（非收获之季）不食，割不正（不符合身份地位）不食。"② 孟子曰："民事不可缓也。诗云：'昼尔于茅，宵尔索绹；亟其乘屋，其始播百谷。'"（《孟子·滕文公上》）

2. 认清历史，中正而应

"时"，还是时代、历史、过程，人在"时中"，就是在大历史中。我们可以毫不犹豫地说，在一切古代民族中，中国人最具有历史意识。其他文化都不曾留下二十五部正史那样的卷帙浩繁的历史文献。③ 从公元前370年到公元1742年，中国制定了不下100种"历法"或天文表，包含了越来越准确的天文常数，确定了冬至、夏至的时间，日、月、年的长度，日月运行和行星运转周期，等等。在中国科学文化史上，历法的确占据着核心位置。既然一部历法要包含很多年，它便融入了历史本身。④

中国人格外重视"史"，先秦中国人看问题和处理问题，已经把"时"作为长时段历史的一部分来考虑了。因此，处理问题最重要的是要"得当"。如《管子·宙合》所言："时出则当……奚谓当……应变不失之谓当。"《穀梁传·序》疏云："当者，中于道。"《荀子·正论》注："当，谓得中也。"《礼记·乐记》："天地顺而四时当。"注："当谓不失其所。"

"得当"，即是顺应天地四时而践行中正合宜的天道。"大君之宜，行中之谓也。"（《周易·临·象》）"文明以健，中正而应，君子正也；唯君子为能通天下之志，"（《周易·同人·象》）用现代语言说就是，聚众之君，必须处位得当、持守中正，和柔刚健并举、文武二德兼备。⑤

重视"史"，不仅要重视"时中""守中""养中"，还必然要善

---

① （宋）朱熹：《四书章句集注》，中华书局1983年版，第27页。
② 杨伯峻：《论语译注》，中华书局2012年版，第144页。
③ [英]李约瑟：《文明的滴定：东西方的科学与社会》，张卜天译，商务印书馆2016年版，第219—221页。
④ 同上书，第217—218页。
⑤ 陈鼓应、赵建伟：《周易今注今释》，商务印书馆2016年版，第138页。

"始"善"终"。老子为此提出"慎终如始":"民之从事,常于几成而败之。慎终如始,则无败事。"而荀子则指出"始则终,终则始",始和终同样重要:"始则终,终则始,若环之无端也……君臣父子兄弟夫妇,始则终,终则始,与天地同理,与万世同久,夫是之谓大本。"①

3. 抓住时机,当断则断

李约瑟认为,古代中国儒家关注的总是人间事务,他们所考虑的时间只是圣人在社会中行动的恰当时机。做任何事情都要有正确的时间。② 实际上不仅是儒家,道家法家都重视抓住恰当时机的重要性。《黄帝四经·十大经·兵容》所云:"当天时,与之皆断;当断不断,反受其乱。""人道刚柔,刚不足以(依),柔不足寺(恃)。"(《黄帝四经·十大经》)君子应该行动果决、培育其德("君子以果行育德")。③

《国语·越语下》说得更明白:"得时无怠,时不再来。天予不取,反为之灾。嬴缩变化,后将悔之。"因此,君子进德修业要及时,要抓住时机,跟上时代,才不至于"离群"脱离社会。(《周易·乾·文言》:"上下无常,非为邪也;进退无恒,非离群也;君子进德修业,欲及时也,故无咎。")

4. 人各有时,地各有势

时来天地皆同力,运去英雄不自由。[(唐)罗隐《筹笔驿》]

无论群体还是个人,都不可能永远在"时中"。有时可能是疏忽,有时可能是缺乏准备,也可能是智慧不足,人的境遇时起时伏,并成为世间常态。

根据班固的解释,这是因为天运在不断变化。如《汉书·天文志》云:"夫天运三十岁一小变,百年中变,五百年大变,三大变一纪,三

---

① (清)王先谦:《荀子集解》,中华书局2013年版,第192—193页。
② [英]李约瑟:《文明的滴定:东西方的科学与社会》,张卜天译,商务印书馆2016年版,第210页。
③ 陈鼓应、赵建伟:《周易今注今释》,商务印书馆2016年版,第66页。

纪而大备，此其大数也。"经春秋时期的"必有胜"（《墨子·经上》）、"毋常胜"（《墨子·经下》），到战国末期邹衍提出"五德终始"说，历史变迁、王朝更替成为循环往复的循环。也就是孙子此前所说的"四时无常位"。（《孙子·虚实》："五行无常胜，四时无常位，日有短长，月有死生。"）这种"无常"的历史观，正是由于观察春秋中晚期旷世巨变而逐渐形成的。与孙武同时的史墨又是最佳之一例。《左传》昭公三十二年（前510年）记有史墨之言："故天有三辰，地有五行……社稷无常奉，君臣无常位。……三后（虞、夏、商）之姓，于今为庶。"从观念或修辞比喻方法来观察，确凿地反映了春秋末叶的"当时性"。[①]

《管子》更是明确提出，天地并不是只有一时一利，人的一生也并不是只做一件事。（"天不一时，地不一利，人不一事。"[②]）因此不需太在意一时一地的浮沉，不需抱怨"生不逢时""时运不济"，天时处于不断变动中。时来则"尽天极、用天当"（《黄帝四经·经法》），尽用天时地利；时去就要耐心等待。如孟子所说，"虽有智慧，不如乘势；虽有镃基（农具），不如待时"。[③] 圣人之所以不朽，是因为他们懂得时去还会再来（《黄帝四经·十大经·观》："圣人不朽，时反是守。"），虽然有时可能会迟到，但该来的总归要来。（《易经·归妹》："归妹愆期，迟归有时。"）

（四）超越：不囿于"时中"

人生充满了各种不确定性，群体亦然。《周易》"无妄"卦的爻辞就指出了一种特别的客观现象，即人们的动静吉凶并非都与"时"相关，尚有一种由冥冥不测的偶然因素所致的意外情况，这便是"无妄之灾""无妄之疾"。[④] 这大概就是《京房易》等书中所谓的"乖时不祥"。[⑤] 庄子更从宇宙的广度审视"物量无穷，时无止，分无常"的境遇，以为世事是"无时而不移"的，希望人们不可囿于"时"。赵武灵

---

[①] 何炳棣：《何炳棣思想制度史论》，中华书局2017年版，第203—204页。
[②] （清）黎翔凤：《管子校注》，中华书局2004年版，第206页。
[③] 杨伯峻：《孟子译注》，中华书局1960年版，第57页。
[④] 陈鼓应、赵建伟：《周易今注今释》，商务印书馆2016年版，第243—244页。
[⑤] 李学勤：《李学勤说先秦》，上海科学技术文献出版社2011年版，第87页。

王在一次讲话中更指出，阴阳之变有不同的规律，四时更替有不同的规则。所以贤能之人要观察天时，而不被天时所拘束。(《战国策·赵策》："阴阳不同道，四时不一宜。故贤人观时，而不观于时。")[1]

1. 适得，可先可后

群体和个人生活一样，不可能永远是好时光，也不可能永远是坏运气，"物不可以终通……物不可以终否"(《周易·序卦传》)，因此要学会"适得"。(《庄子·齐物论》："凡物无成与毁，复通为一……通也者，得也。适得而几矣。")也就是荀子所说的，君子要能屈能伸。(《荀子·仲尼》："故君子时诎则诎、时伸则伸也。")

从另一方面看，时序先后有时也许并不那么重要。"正道不殆，可后可始"(《黄帝四经·十大经》)，"可后可始"，谓掌握了正道，则后动先动均顺当自如，亦即《雌雄节》云："先亦不凶，后亦不凶"也。[2]甚至有时会出现"先亦制后，后亦制先"的状况。在人生导师鬼谷子看来，成功之道，并不拘于一时一地。(《鬼谷子·摩篇》："独行之道。夫几者不晚，成而不拘，久而化成。")

2. 生财有时而以力为本

改变命运不仅要抓住机会，更要付出体力智力。"时极未至，而隐于德；既得其极，远其德，浅(致)以力。"("时极"，指天道运行当中所积累的必要的条件和时机。"隐于德"，谓自隐其身以修德待时。)[3]

孔子和墨子说得更直接：

　　生财有时矣，而力为本。(《孔子家语》)
　　赖其力者生，不赖其力者不生。(《墨子·非乐上》)
　　故先民以时生财，固本而用财，则财足。故虽上世之圣王，岂能使五谷常收而旱水不至哉！然而无冻饿之民者，何也？其力时急而自养俭也。(《墨子·七患》)

---

① 楚刃、王华芳：《三晋史稿》，三晋出版社2015年版，第90页。
② 陈鼓应、赵建伟：《周易今注今译》，商务印书馆2016年版，第364页。
③ 同上书，第414—415页。

只要付出努力，在时境不利的情况也可取得成功。这就是《史记·韩世家》所云："时绌（屈）举赢。"（"举"，举事。）《国语·越语下》"赢缩转化。"《鹖冠子·世兵》："早晚赢绌，反相殖生变化无穷，何可胜言。"

3. 定心在中，出入无时

时空给人以限制约束，但心可以自由驰骋。所谓"定心在中，耳目聪明"。①"宽窄在心中。"这就是心理分析中认知理性控制的思想：假设人们在有资历、有经验的专业人士的帮助下，认识到了自己行为的局限性，那么，他们就能利用这种认识理性地控制未来，并且消除这种局限性。②"孟子提出了一个有关人心结构的独到见解：如果得到培养，心事实上就能够得到无限发展。"③用孟子自己的话说就是"心之官则思，思则得之，不思则不得也"。④"尽其心者，知其性也。知其性，则知天矣。"⑤"孔子曰：'操则存，舍则亡；出入无时，莫知其乡。'唯心之谓与？"⑥

4. 以人制天，养成万物

超越天时天命的拘囿，最大胆的想法就是"制天命而用之"，这就是荀子的伟大设想：

> 大天而思之，孰与物畜而制之！从天而颂之，孰与制天命而用之！望时而待之，孰与应时而使之！……故错人而思大，则失万物之情。⑦

---

① （清）黎翔凤：《管子校注》，中华书局2004年版，第937页。
② ［英］帕特里克·贝尔特：《时间、自我与社会存在》，陈生梅、摆玉萍译，北京师范大学出版社2009年版，第11页。
③ 杜维明：《儒家思想：以创造转化为自我认同》，东大图书股份有限公司2014年版，第117页。
④ 杨伯峻：《孟子译注》，中华书局1960年版，第270页。
⑤ 同上书，第301页。
⑥ 同上书，第270页。
⑦ （清）王先谦：《荀子集解》，中华书局2013年版，第374—375页。

无论群体还是个人，均不应消极地顺从自然，而要主动地控制和利用它。老子、庄子夸大了自然的必然性，"蔽于天不知人"。墨子相信天命鬼神，荀子则希望人类能够明于天人之分，从"畏天命"中解放出来，成为自己的主人，"修道而不贰，则天不能祸"。[①] 或许是受荀子鼓励，《吕氏春秋》开篇第一句话就宣示："始生之者，天也；养成之者，人也。"（《本生》）也就是说，"出处全在人"（聂夷中《行路难》）。

（杨善民）

## 结　语

本章主要梳理阐释了荀子群学中关于群、伦、仁、中庸等的基础性命题，认为这些命题体现了"合群""能群""善群""乐群"的要旨，并将其贯穿践行于"修身、齐家、治国、平天下"的各个层面。这种看法当然是仁智各见。儒家学者提出了很多和族群有关的命题，哪些是最基本的、哪些是衍生的？这些命题与"合群""能群""善群""乐群"的关联如何等，都是可以进一步探讨的课题。本章提出群是人类的存在形态，伦是群的基本结构，中庸是群的和谐之道，仁为群的建构理念，既有荀子等儒家学者的思想依据，从逻辑上来看，也是足以自洽的。

（杨善民）

---

[①] （清）王先谦：《荀子集解》，中华书局2013年版，第363页。

# 第四章　合群的基本命题

## 引　言

"合群"这一概念出自《荀子·非十二子》:"古之所谓仕士者,厚敦者也,合群者也,乐富贵者也,乐分施者也,远罪过者也,务事理者也,羞独富者也。"唐代杨倞的注对"合群"的解释是:"合,谓和合。群,众也。"① "合群"是指和合社会众人、与社会众人以群体的方式生活、相处的意思。

与孟子人性本善的认识不同,荀子认为人的天性与鸟兽动物并无大的不同,有着一些原始的欲望,"人之情,食欲有刍豢,衣欲有文绣,行欲有舆马,又欲夫余财蓄积之富也;然而穷年累世不知不足,是人之情也"(《荀子·荣辱》)。在道德修为上,也并不是人人都有自觉的道德意识,"今之所谓仕士者,污漫者也,贼乱者也,恣睢者也,贪利者也,触抵者也,无礼义而唯权埶之嗜者也"(《荀子·非十二子》)。"今夫偷生浅知之属,曾此而不知也,粮食大侈,不顾其后,俄则屈安穷矣。是其所以不免于冻饿,操瓢囊为沟壑中瘠者也。况夫先王之道,仁义之统,诗书礼乐之分乎!"(《荀子·荣辱》)

但是,人类与鸟兽动物又有不同之处。人类能对自己的欲望进行调节,"今人之生也,方知畜鸡狗猪彘,又蓄牛羊,然而食不敢有酒肉;余刀布,有囷窌,然而衣不敢有丝帛;约者有筐箧之藏,然而行不敢有舆马。是何也?非不欲也,几不长虑顾后而恐无以继之故也!于是又节

---

① (唐)杨倞注:《荀子》,上海古籍出版社2010年版。

· 251 ·

用御欲、收敛蓄藏以继之也。是于己长虑顾后,几不甚善矣哉"(《荀子·荣辱》)。人类虽有欲望,但是能够对自己的欲望进行克制、调节;人类虽有不守礼义之人,但是总有君子、仁人之士以身作则,站出来维护社会的礼义道德,对不符合道德规范的行为进行干预,如上文所说的"古之所谓仕士者"。

所以人类与鸟兽动物的不同,并不在于人性本善,而是在于人类有合群之性,即人类作为一个群体,有自我克制、去恶向善、群居合一的内在要求。

这种合群的内在要求,首先出于对人类自我毁灭的担忧。人类的私欲所导致的纷争有可能使人类社会无以为继,合群之道让人类达至一种和谐、秩序状态。荀子说:"人生不能无群,群而无分则争,争则乱,乱则离,离则弱,弱则不能胜物。"(《荀子·王制》)"夫贵为天子,富有天下,是人情之所同欲也;然则从人之欲,则埶不能容,物不能赡也。故先王案为之制礼义以分之,使有贵贱之等,长幼之差,知愚能不能之分,皆使人载其事而各得其宜。然后使悫禄多少厚薄之称,是夫群居和一之道也。"(《荀子·荣辱》)

其次,合群也是人类互助生存,相互扶持,众人、万物各得其宜之道。荀子说:"今以夫先王之道,仁义之统,以相群居,以相持养,以相藩饰,以相安固邪。"(《荀子·荣辱》)"君者,善群也。群道当,则万物皆得其宜,六畜皆得其长,群生皆得其命。"(《荀子·王制》)

但是要实现合群这一内在要求,人类必须修养身心、践行礼义。礼义才是人类与鸟兽动物的根本区别,人类之所以能够合群,就在于人类能够习得礼义之道,而鸟兽动物不能。荀子说:"水火有气而无生,草木有生而无知,禽兽有知而无义,人有气、有生、有知,亦且有义,故最为天下贵也。力不若牛,走不若马,而牛马为用,何也?曰:人能群,彼不能群也。人何以能群?曰:分。分何以能行?曰:义。故义以分则和,和则一,一则多力,多力则强,强则胜物。故宫室可得而居也,故序四时,裁万物,兼利天下,无它故焉,得之分义也。"(《荀子·王制》)

天地为万物之母,繁衍生息了人类,所以参透天地之道,与天、地自然相应相合是人类合群的前提。合群的根基在于修身，修身不仅能立人、塑造理想人格，而且能够使社会他人安乐，使天下百姓安乐，修身奠定了齐家治国平天下之基础。习礼、守礼是合群的原则，人无"礼"无以成人，礼规范人的行为，平息社会纷争，使社会成员各安其位，各守其分。修身开启了社会成员的合群之法，学习则为社会成员开辟了合群的途径，学习是礼义之道的习得之径，学习能够维护群、巩固群。

（邓万春）

## 第一节 参天地：合群的前提

### 一 天行有常

天行有常是荀子在探索天人关系的主题上提出的基本观点，也是"合群"的前提性命题。天是人们生产和生活中不可避免的元素，人们的思想和行为深受其影响。只有确定天的特性，才能认识人的特性，才能确定人与自然、人与社会之间的关系。古代中国人对于天的特性的认识经历了一个曲折的过程，从早期的"物理之天"和"人格之天"相混，到荀子剔除天的意志性，提出单一的"物理之天"，才真正认识到天具有的不变特征。这对于古代中国人正确处理人与自然、个人与社会等关系具有重要而深刻的影响。

（一）"天行有常"命题的出处及背景

"天行有常"命题出自荀子《天论》。原文为："天行有常，不为尧存，不为桀亡。""列星随旋，日月递炤，四时代御，阴阳大化，风雨博施，万物各得其和以生，各得其养以成，不见其事，而见其功，夫是之谓神。皆知其所以成，莫知其无形，夫是之谓天功。""天不为人之恶寒也辍冬，地不为人之恶辽远也辍广，君子不为小人之匈匈也辍行。天有常道矣，地有常数矣，君子有常体矣。君子道其常，而小人计其功。"[①] 荀子在《天论》中表达的观点是，天是一个客观存在的重要物体，是与地相对应的空中事物。它自身存在一定的客观规律，对人间祸

---

① （清）王先谦：《荀子集解》，中华书局2013年版，第368页。

福有重大影响力，但本身没有主观意志。因此，上天存在客观规律，并依据客观规律处理、运作各种事宜，并不因人们厌恶的事物就不执行或者施加影响，反过来对与天地相参的君子也应该按行为标准行事。荀子坚定承认天地规律的客观性和自在性，与先秦时代人们普遍信奉"天是人格神"的信念存在差异。比如孔子对天既充满敬畏，又感到亲切。他说："天何言哉？四时行焉，百物生焉，天何言哉？"①"天下何思何虑，天下同归而殊途，一致而百虑，天下何思何虑？日往则月来，月往则日来，日月相推而明生焉。寒往则暑来，暑往则寒来，寒暑相推而岁成焉。"②在孔子看来，天具有双重属性，物理之天和人格之天。前者表现为异于人类的客观性和自在性，后者表现为约束指导、保护关爱人类的天父角色。君子需要接受上天的命运安排，以"畏天命"为首要。荀子继承了孔子的物理之天，但否认了"人格之天"，否认天具有意志特征。

（二）概念及命题的内涵

"天行有常"命题涉及"天""常"两个关键概念。这里的"天"仅指自然之天或者物质之天，就是指日月星辰、四时阴阳、风雨雷电等。自然之天虽然是人类生存的必要条件，也深刻影响人事的成败，但不能决定人事，也不能裁决人事。它的变化与人间变化没有关系。荀子认为天的运行是有规律的，也就是"道"。这里的"道"虽然不同于老子的"道"，但确实吸收了道家对于"道"的认识，但并不认可"道"是事物的本源。这里的"道"就是天然之性，是"生之所以然"，也即与生俱来，不待人为而有。人和万物均存在天然之性。需要注意的是，荀子并不主张使用"天道"概念，他使用天情、天官、天君、天养、天政、天功等概念，但唯独不见"天道"一词，原因在于"道者非天之道，非地之道，人之所以道也"。③因此，荀子独立使用的"道"，一则可以避免将天回归到"人格神"的老路，二是相较道家更低一个层

---

① 杨伯峻：《论语译注》，中华书局2012年版，第261页。
② 陈成国：《四书五经·周易·系辞下》，岳麓书社1991年版，第202页。
③ （清）王先谦：《荀子集解》，中华书局2013年版，第144页。

次使用"道"的概念。"常"是荀子关于"天"的运行规律特点的重要认知和判断，需要重点加以梳理。

《说文解字》对"常"的解释是："下裙也。从巾，尚声。"意思是："下衣裙子为常。""（常）引申为经常字。"① "常"的引申义是经常之常，② 就是常见的、相对稳定的，它不是永恒不变的，但变化是少数，类似于现代的"主流""常态"等概念。因此，常并不是恒，常道也不是恒道。道家认可的是永恒、长久不变的"道"，并不是荀子理解的"道"。荀子认为，天虽然保持常态，但也对变化保有开放性，蕴含着非常态可能。

1. 天行有常，不必怨天

"列星随旋，日月递炤，四时代御，阴阳大化，风雨博施，万物各得其和以生，各得其养以成。"③ 该句表明了天与世间万物之间的紧密关系，也体现天有自身的独特规律。这种独特性可以分解为三个层次。一是天对于世上的万事万物是公平的。《管子·形势》曰："天覆万物而制之，地载万物而养之，四时生长万物而收藏之，古以至今，不更其道，故曰古今一也。"《吕氏春秋·去私》有言："天无私覆也，地无私载也，日月无私烛也，四时无私行也。"④ 二是天对万事万物的厉害影响是辩证的。天无常予，无常夺也。《吕氏春秋·尽数》中说："天生阴阳、寒暑、燥湿、四时之化、万物之变，莫不为利，莫不为害。圣人察阴阳之宜，辨万物之利以便生。"意思是说，天生出阴阳、寒暑、燥湿、四时的更替、万物的变化，没有一样不给人带来益处，也没有一样不对人产生危害。圣人能洞察阴阳变化的合宜之处，能辨识万物的有利一面，以利于生命。⑤ 三是万事万物的盛衰变化遵循消息盈虚的常道。

---

① （汉）许慎撰，（宋）徐铉校定：《说文解字》，中华书局1963年版，第286页。
② 王肃、姚振文：《〈老子〉世传本"常道"与帛书本"恒道"辨析》，《船山学刊》2012年第4期。
③ （清）王先谦：《荀子集解》，中华书局2013年版，第365页。
④ （秦）吕不韦编：《吕氏春秋·去私》，陆玖译注，中华书局2011年版，第27页。
⑤ （秦）吕不韦编：《吕氏春秋·尽数》，陆玖译注，中华书局2011年版，第71—72页。

如日中则昃,月盈则食,天地盈虚,与时消息。① 君子应该明白事物的损益吉凶之道。因此,"水旱未至而饥,寒暑未薄而疾,袄怪未至而凶。受时与治世同,而殃祸与治世异,不可以怨天,其道然也"。② 因此,在同样的道之下因人的作为而获得不同的祸福,"知命者不怨天,怨天者无志"。③

2. 天行有常,不必畏天

《荀子·天论》开篇肯定"天行有常",却并不因为桀的存在而消失。《管子·形势》曰:"天不变其常,地不易其则,春秋冬夏不更其节,古今一也。"天所降临的祸福与人的意志没有关系,不会优待某些人而只降临幸福,也不会厌恶某些人而只降临灾难。人是与天地同列的"三才"之一。但是,先秦时代,天毕竟也是强大的。对于"星队、木鸣"等异变现象,人们皆有恐惧的心理。荀子认为,这也是"天地之变,阴阳之化",只不过是非常稀少的天然现象,觉得奇怪是可以理解的,但是"畏之非也",也就是说畏天是错误的。荀子认为"即使牛马生出怪胎"也无须畏惧,是因为君主的"政策法令不清明,措施不合时宜,农业生产不加管理,督促劳作不合时节",因此,"牛马就会生出怪胎"只能叫作"人事中的怪现象"。④ 从这里可以看出,需要改进的是人们的生产方式和工作手段,而不是去"畏惧天""贿赂天"。

3. 天行有常,不求知天

荀子认可孔子关于"天道贵在运转不停止"的观点,如"日月东西相从而不已也,是天道也;不闭其久,是天道也;无为而物成,是天道也;已成而明,是天道也"。⑤ 他也认为天具有神奇性,如"不见其事,而见其功,夫是之谓神"。⑥ 如此神奇、伟大的天,人们是否可能认识,是否有必要认识?荀子认为,圣人为不求知天。天功就是"皆知其所以

---

① 《说苑·敬慎》,载林桂榛《天道天行与人性人情——先秦儒家"性与天道"论考原》,中国社会科学出版社2015年版,第38页。
② (清)王先谦:《荀子集解》,中华书局2013年版,第364页。
③ 同上书,第67—68页。
④ 同上书,第370—373页。
⑤ (清)孙希旦:《礼记集解》,中华书局1989年版,第1265页。
⑥ (清)王先谦:《荀子集解》,中华书局2013年版,第365页。

成，莫知其无形"，①因此，人们是不可能认知天，而只能将精力聚焦到现实的社会。社会治理失败就是失责，失责不能期望天地来弥补、照顾。因此，圣人不需要致力于了解天，只要知道阴阳化生的结果就可以了，不要关心怎么化生的过程。因此，荀子对自然界持信任的不可知论。

那么，如何看待原始巫术呢？荀子认为只需视为"礼仪"即可。②"雩而雨"与"不雩而雨"是一样的，自然现象并不因为人们的行为而改变。在君子看来，"日月食而救之，天旱而雩，卜筮然后决大事"，都是一种文饰，如果以为神，反而是错误的。③ 愚蠢的人只看到了一物的一部分，却自认为了解了大道，实在是太无知了。因此，"大巧在所不为，大智在所不虑"，圣人只要任用别人来观察天象而自己却掌握治国大道，根据地理繁衍种植，根据四时安排农事，根据阴阳处理政事。④ 荀子反对"无用之辩，不急之察，弃而不治"。⑤

（三）"天行有常"命题的现实价值

"天行有常"命题解构了天的道德性和卜筮的神秘性，为后面提出的"明天人之分""制天命而用之"命题奠定了思想基础。可是，这样朴素的经验主义观点并不能成为当时社会的主流。比如司马迁就认为，日月星辰等天象变化能够预示人间大事的发生，因此占卜手段是必需的，也是有价值的。"自古受命而王，王者之兴何尝不以卜筮决于天命哉！"⑥"王者决定诸疑，参以卜筮，断以蓍龟，不易之道也。"⑦ 而且可以加强君主的德性、减少刑罚笼络人心。卜筮的功能建立在人们对天的敬畏之上，而这种敬畏心理并不能由荀子一人所改变。随着后期"君权神授"思想的渐趋制度化，荀子以事实为根据的经验现实主义并不能发挥应有的作用。荀子的天论本应有利于发展出科学，而"君权神授"

---

① （清）王先谦：《荀子集解》，中华书局2013年版，第365页。
② 赵新：《先秦神话传说的精神走向——应用长时段理论的一个解答》，《前沿》2012年第11期。
③ （清）王先谦：《荀子集解》，中华书局2013年版，第374页。
④ 同上书，第366—367页。
⑤ 同上书，第373页。
⑥ （汉）司马迁：《史记》，中华书局1959年版，第3215页。
⑦ 同上书，第3223页。

思想堵塞了科学发展之路。荀子并不是在形而上意义探讨自然，而是将天仅仅设定为"象"，主张"其于天地万物也，不务说其所以然而致善用其材"，[①] 也就是说"对于天地万物，不务求说明它们形成的原因而只是充分利用它们的材质"。[②] 因此，"天行有常"反映了当时经验研究的最高水平，但不能成为时代的主流思想，表征了科学认知由于社会、政治、文化和心理等因素的干扰而对改变社会产生有限的价值。

（顾金土）

## 二 明天人之分

"明天人之分"命题是在"天行有常"的基础上凸显人的主体性和能动性，将天的"无意志性"和"恒常性"与人类的"灵性"和"可塑性"作出显著的对比，为后续行动层次上处理"人与天之间的关系"奠定基础。人们从依附、畏惧于天神的角色地位演化为与天、地并列存在的角色地位，并进而成为认知和改造天的社会主体。这为充分发挥人的主动性和创造性带来了巨大的社会空间和想象空间，使得人们在处理群己关系和矛盾时有了客观的世俗标准，也为群体生活奠定了越来越可靠的伦理基础。

（一）"明天人之分"命题的出处及背景

该命题出自《荀子·天论》，原文为：

> 强本而节用，则天不能贫；养备而动时，则天不能病；修道而不贰，则天不能祸。故水旱不能使之饥，寒暑不能使之疾，袄怪不能使之凶。本荒而用侈，则天不能使之富；养略而动罕，则天不能使之全；背道而妄行，则天不能使之吉。故水旱未至而饥，寒暑未薄而疾，袄怪未至而凶。受时与治世同，而殃祸与治世异，不可以怨天，其道然也。故明于天人之分，则可谓至人矣。

---

[①] 赵法生：《荀子天论与先秦儒家天人观的转折》，《清华大学学报》（哲学社会科学版）2015年第2期。

[②] 方勇、李波：《荀子》，中华书局2011年版，第193—194页。

天人之分源于天道和人道之间的区分。该思想渊源于春秋末期的子产，子产提出"天道远，人道迩，非所及也"①的观点，表明天道和人道之间两不相关，人道难以企及天道。荀子在批判诸家学说中不切实际的乌托邦思想基础上，继承并发挥了这一思想。②他认为，天人关系中首先应该确立人的主体性地位。

（二）概念及命题的含义

"明天人之分"中涉及四个关键概念，即天、人、明、分。这里的天与"天行有常"中的"天"相同。如何理解"人"呢？作为与"天"相对应的主体是所有"人"。但是，作为与无意志的天相对应的有认知能力的人来说，荀子思想中的"人"的概念是分层的。在《荀子·哀公》中，依托孔子的观点是，人有庸人，有士，有君子，有贤人，有大圣。庸人为耳、目、鼻、口、心的欲望所主宰，自己不知道该怎么做、怎么说，还不依靠贤人善士作依靠。士人虽然知识、能力有限，但说话办事审慎、有操守。君子，说话忠诚守信而谦逊，仁义并不炫耀，思想明白通达却不与人争辩。贤人，行为符合规矩法度而不伤害本身，言论能够被天下人取法而不伤害自己，施舍财物而不担忧自己会贫穷。圣人，通晓各种智慧，能明辨万物性质，根据万物性情判断是非，能应对各种事变，管理万物，但不能为百姓所认识。可见，在荀子的理解中，并不是所有人均具有相同的认识水平。庸人并不识得万物的本质，士人可以认识一些，君子可以做到前后统一，贤人言行可以示范天下百姓，只有圣人才能通晓万物，管理万事。孔子认为，圣人只是一个理想人格，他说："圣人，吾不得见之矣。得见君子者，斯可矣。"③但荀子认为，圣人不是生而知之，而是后天习得的产物，只要"积善而全尽"④就可以为"圣人"。

那么，如何理解"明"？明可以是一个动词，也可以是一个名词。作为动词，它就是"明辨"，是圣贤之责任，可以明天道、吉凶、善

---

① 杨伯峻：《春秋左传注》，中华书局1990年版，第1395页。
② 王处辉主编：《中国社会思想史》，中国人民大学出版社2002年版，第141页。
③ 杨伯峻：《论语译注》，中华书局2012年版，第103页。
④ （清）王先谦：《荀子集解》，中华书局2013年版，第171页。

恶。君子应该剥离意志之天,留下自然之天,而把意志归属于人类。圣人或君子接受"自然之天",视之为生存条件,但也不苛求知天。对于普通百姓又是另一种情况,他们往往不能明辨是非曲直,凭主观想象将人事与天意相关联,希望从天中获得行动的理由。作为名词的"明",是君子可以达到的状态,洞悉事物,责任在人,而庸人总是处在一种蒙蔽、幽暗状态,将人间的祸福归咎于天。

如何理解分?分是区分之义,是明辨的后果。"宇中万物生人之属,待圣人然后分也。"[①] 经过圣人的明辨,可以对万物根据其本性加以区分,如职责、能力、品格、本末、亲疏、贵贱、缓急、先后等。"天人之分"中的"分"的重点是天和人之间的角色分野,描述的是一种社会距离关系而不是相互割裂,因为两者之间显然是相互影响、不可割舍的。

1. 天和人之间是独立的关系

"天能生物,不能辨物。"[②] 因此,天虽然神奇伟大,但无人格与意志,而人是有道德及意志的。天的运行构成人生成的重要也是必要条件,但不决定人的行为,不影响人的意志,也不代表结果。天不能主宰、干预人事,解释社会现象,人亦不可将自己的主观意志强加于自然。天与人是物质相通,因为天无意志,所以天不通人愿,反之亦然。天功是不求自来的,成就成了,得就得了,可归之为命。天与人之间没有道德联系,因此,祈天、畏天是无用的。人性好恶也与天没有关系。只要人能够"强本而节用,养备而动时,修道而不贰",即使出现"水旱、寒暑、祅怪"也均不会导致人间的饥荒、疾病和灾难。反之,如果人"本荒而用侈,养略而动罕,背道而妄行",即使不处于"水旱、寒暑、祅怪"等天象之中,也会有人间的饥荒、疾病和灾难。因此,荀子的思想使人从对天的依赖中独立出来。

2. 人是认知主体,天是认知对象

天虽然没有意志,没有认知能力,但蕴含着很多规律、知识。人是

---

[①] (清)王先谦:《荀子集解》,中华书局2013年版,第433页。
[②] 同上。

作为认知的主体参与其中。在认知过程中，天与人的地位是不对等的，也是单向的，是人对天的认知而不是相反。因此，无论是物质之天还是万物的天性，均是人的认知对象；人的动机、过程和结果，不是从天的因素里寻求解释。荀子在《天论》中指出，"夫日月之有蚀，风雨之不时，怪星之党见，是无世而不常有之……夫星之队，木之鸣，是天地之变，阴阳之化，物之罕至者也；怪之，可也；而畏之，非也"。[1] 作为认知对象的"天"，无论出现常见的还是罕见的现象，无论是出现有利于人类生存还是有害于人类生存的现象，均是其自身规律决定的结果，人们可以发挥主观能动性去认知。即使人不明白天的很多道理，但仍然不需要惧怕天的惩罚，因为天没有意志，并不会有意加害于人。不知可以继续去求知，但如果人失去了自主性就失去判断主体、责任主体的地位。当然，认知也有正确和错误之分，普通人难以洞察深奥的天性，所以，需要向圣贤之人学习。这是与人的群居性生存特点相一致的。

3. 人是行动主体，天是必要环境

"天地合而万物生，阴阳接而变化起。"[2] 荀子认为，天地只要在阴阳适合的环境下，就可以生产万物。但是，这里并不包括人事。人事的运作规律是"天生人成"，是天与人合作的结果。因为天不是有意志的生命体，因此，人的角色不仅仅体现为认知主体，还表现为行动主体。天凭借其自然之伟力完成天功和天责，人需要以天职为基础，实现对天地环境衍生的万物加以劳动改造，实现"人成"的关键环节。荀子在《修身》中提道"道虽迩，不行不至；事虽小，不为不成"，表明人们不能被动等待，祈求天遂人愿。行动还需要遵循自然规律和社会礼法。"人无法，则怅怅然；有法而无志其义，则渠渠然；依乎法而又深其类，然后温温然。"[3] 意思是说，人如果没有礼法，就会不知所措，有了礼法而不了解它的意义，就会局促不安；遵循礼法而又深入了解它的准则，然后就会悠闲自若。[4]

---

[1] （清）王先谦：《荀子集解》，中华书局2013年版，第371页。
[2] 同上书，第433页。
[3] 同上书，第39页。
[4] 方勇、李波译注：《荀子》，中华书局2015年版，第21页。

### 4. 人是责任主体，天是辅助条件

"天人之分"表明天尽天责，人尽人事。人们根据自己的动机和想法付诸行动，必然会形成一种结果。这种结果可能符合预期，也可以出乎意料。由谁承担这个责任呢？荀子认为，无论后果吉凶与否，责任在人。对治理国家的君主，他说："日月星辰瑞历，是禹桀之所同也……繁启蕃长于春夏，畜积收藏于秋冬，是禹桀之所同也……得地则生，失地则死，是又禹桀之所同也。"① 对于普通人，荀子认为，"故君子敬其在己者，而不慕其在天者；小人错其在己者，而慕其在天者"。② 结果，君子日进，小人日退。荀子将人事责任归到人身上，较之老庄"蔽于天而不知人"是一个不小的进步，较之孔子"知天命""畏天命"的观念，也显然要积极得多。③ 从成事的角度，天可以视为一个与人并列的要素，所谓"谋事在人，成事在天"，但是"人在做，天在看"是没有根据的。

### （三）"明天人之分"命题的现实价值

荀子在他所处的时代里，能够清楚地意识到"天人之间"的独立性，是非常了不起的。天没有意志，恪守职责。人有意志，但也要被动去适应天地环境，还要承担后果。人们不能从天那里获得行动的合法依据，也不可以将自己的责任推卸到"天"身上；更不能将自己的祸福依附于天意。"天人之分"命题确立了二者之间真实的物质联系，为后来人类改造自然、治理社会奠定了基础。改造自然要以农为本，各司其职，因时制宜，节用养备，尽其在我，终获天功。荀子提醒人们要正视人事的反常现象，如政令不明，举错不时，本事不理，勉力不时，礼义不修，内外无别，男女淫乱，则政险失民，父子相疑，上下乖离，寇难并至。对此，君主需要及时辨察、处置，而人们也需要作出客观评价。另外，荀子反对"无用之辩，不急之察"，引导人们关注和解决现实问题，对当时农耕社会的生产和生活起到重要的指导作用，对于当代社会

---

① （清）王先谦：《荀子集解》，中华书局2013年版，第367—368页。
② 同上书，第369页。
③ 邵汉明：《荀子天人观论析》，《管子学刊》1992年第2期。

中事物的价值判断也提供了可靠准绳。意识形态的孰是孰非、制度改革的对错判断，都需要用实践加以检验、获得智慧。

（顾金土）

### 三 人与天地相参

天、地是人类生存的物质基础，繁衍生息了人类，是人类的"父母"。人作为天地间最有灵性的生物，应该遵循和顺应天、地自然的规律，并和天、地自然相应相合，和谐共存。与天、地"父母"的相参相应是人之合群的前提。

（一）"人与天地相参"命题的提出

"人与天地相参"这一命题，出自《内经》。《内经》中有多处直接提到这一命题。《素问·咳论》篇讲："五藏各以其时受病，非其时，各传以与之。人与天地相参，故五藏各以治时，感于寒则受病，微则为咳，甚者为泄为痛。乘秋则肺先受邪，乘春则肝先受之，乘夏则心先受之，乘至阴则脾先受之，乘冬则肾先受之。"《灵枢·岁露论》篇云："人与天地相参也，与日月相应也。故月满则海水西盛，人血气积，肌肉充，皮肤致，毛发坚，腠理郄。"《灵枢·刺节真邪》云："请言解论，与天地相应，与四时相副，人参天地，故可为解，下有渐洳，上生苇蒲，此所以知形气之多少也。"

"人与天地相参"的主要意思是：人与天、地三者相应相合。即人与天、地相互感应、相互作用，达至一种人与天地自然的和谐统一状态。在《内经》中，"人与天地相参"主要指人的身体与天地自然机理之间的相互关系，强调人应该参悟、顺应天地自然的规律，顺天时、地利而为，这样才能身体康健。

（二）"人与天地相参"命题的思想渊源

"人与天地相参"这一命题传递的是中国古人对于人、天、地三者之间关系的理解。"人与天地相参"这一命题虽是直接出自《内经》，但是在此之前的很多文献中已经出现了关于天、地、人之间关系的诸多论述。

《周易·系辞上》说："六爻之动，三极之道也。"这里的"三极"

就是指的天、地、人，将三者并立。《周易·系辞下》云："易之为书也，广大悉备，有天道焉，有人道焉，有地道焉。兼三才而两之，故六；六者非它也，三才之道也。"明确指出《周易》就是关于天、地、人三者之道的书。

《道德经》第二十五章云："道大，天大，地大，人亦大。域中有四大，而人处其一焉。"将道、天、地、人四者并列。

《管子·九守》讲"一曰天之，二曰地之，三曰人之"，① 将天、地、人三者并提。

《春秋左传·昭公二十五年》讲："夫礼，天之经也，地之义也，民之行也。天地之经，而民实则之。则天之明，因地之性，生其六气，用其五行。"② 将天、地、民（人）并提，并且阐述了三者之间的关系。

《国语·越语》有："夫人事必将与天地相参，然后乃可以成功。"

《吕氏春秋·序意》篇云："上揆之天，下验之地，中审之人，若此则是非可不可无所遁矣。"

（三）"人与天地相参"命题的含义

"人与天地相参"的命题总体上来说表达了古人强调天、地、人相应相合的观念，但是具体而言，在中国古人的思想中，天、地、人又有着复杂的多重关系。

1. 天、地、人并存并列

这种关系强调天、地、人是世间的三极，或者"三才"，三者并存于世，各有其属性或功能。《尚书·泰誓》："惟天地，万物父母；惟人，万物之灵。"天地和人在这里是并列的，各有其长。《周易》中多处以"三才""三极"来指称天、地、人三者。《管子·内业》讲"天主正，地主平，人主安静"③ 以及《管子·君臣上》"天有常象，地有常形，人有常礼"，④ 则分别阐明了天、地、人三者各自的属性及社会

---

① （清）黎翔凤：《管子校注》，中华书局2004年版，第1043页。
② 杨伯峻：《春秋左传注》，中华书局1990年版，第1457页。
③ （清）黎翔凤：《管子校注》，中华书局2004年版，第937页。
④ 同上书，第550页。

功能。《国语·越语》中的"持盈者与天,定倾者与人,节事者与地",①《荀子·天论》中的"天有常道矣,地有常数矣,君子有常体矣",都从天、地、人各有其性、各有其能的角度来阐述三者的并存并列关系。《吕氏春秋·情欲》篇说:"人之与天地也同,万物之形虽异,其情一也。"强调天、地、人三者的同一性,其情相通。

2. 天、地、人相应相合

这种关系重在突出天、地、人三者的相互合作、相互作用。《周礼》说:"天有时,地有气,材有美,工有巧,合此四者,然后可以为良,材美工巧,然而不良,则不时,不得地气也。"这里的"工有巧"是指人的行为。天、地、材、人相互合作,则"可以为良"。《中庸》云:"能尽人之性,则能尽物之性。能尽物之性,则可以赞天地之化育。可以赞天地之化育,则可以与天地参矣。"人如果能率性尽性,就能够与天地相互交感应和。《吕氏春秋》的《审时》讲:"夫稼,为之者人也,生之者地也,养之者天也。"说种庄稼是天、地、人三者合作、各尽其力,相互作用的过程。《周易》说:"昔者圣人之作《易》也,将以顺性命之理。是以立天之道曰阴与阳,立地之道曰柔与刚,立人之道曰仁与义。"②天、地、人各有其道、各有其性,正因如此,天、地、人才需要相互合作、相互作用。《周易·乾卦·文言》说:"'大人'者与天地合其德,与日月合其明,与四时合其序,与鬼神合其吉凶,先天而天弗违,后天而奉天时。"指人与天地、日月、四时的相互参合、相互交流。《管子·五辅》说:"所谓三度者何?曰:上度之天祥,下度之地宜,中度之人顺,此所谓三度。"③国家的治理要同时考究天祥、地宜、人顺,三者缺一不可,否则就会有祸乱。《国语·越语》:"夫人事必将与天地相参,然后乃可以成功。"人事要与天地相应相合,才可以成功。《荀子·天论》说:"天有其时,地有其财,人有其治,夫是之谓能参。"④天、地、君子(人)三者并提,且三者各有其性其理,

---

① 徐元诰:《国语集解》,中华书局2002年版,第575页。
② (清)阮元:《十三经注疏》,中华书局1980年版,第93—94页。
③ (清)黎翔凤:《管子校注》,中华书局2004年版,第199页。
④ (清)王先谦:《荀子集解》,中华书局2013年版,第364—365页。

也正因为三者各有其性其理，所以三者才能够相参。《内经》的《灵枢·岁露论》篇云："人与天地相参也，与日月相应也。"人要和天地、日月相参相应。

3. 天地生人，人法天地

首先是强调天地生人。认为天和地是世间万物之父母，有了天地，才有万物，才有了人。《周易·说卦传》曰："乾，天也，故称乎父；坤，地也，故称乎母。"称天地为世间万物（包括人）的父母。《周易·序卦》中说"有天地，然后有万物，有万物，然后有男女"。天地是人类存在的前提。《内经·素问·保命全形论》谓："人生于地，悬命于天，天地合气，命之曰人。能应四时者，天地为之父母，知万物者，谓之天子。"《内经·素问·宝命全形论》又云："天复地载，万物悉备，莫过于人。人以天地之气生，四时之法成。"天与地共同造就了人。《管子·内业》说："凡人之生也，天出其精，地出其形，合此以为人。和乃生，不和不生。"[①] 天与地相互合作，造就了人。

其次是认为人应该效法、顺应天地。因为承认天地是万物之父母，所以自然会强调人对天地的效法和顺应。《周易·系辞上传》所说："夫《易》，圣人所以崇德而广业也。知崇礼卑，崇效天，卑法地。"圣人之所以为圣人，在于其能效法天地。《礼记·礼运》云："故圣人作则，必以天地为本，以阴阳为端，以四时为柄，以日星为纪，月以为量，鬼神以为徒，五行以为质，礼义以为器，人情以为田，四灵以为畜。"[②] 圣人要以天地为本。《内经·灵枢·逆顺》云："气之逆顺者，所以应天地阴阳四时五行也。"人要顺应天地阴阳四时五行。《内经·素问·宝命全形论》说："若夫法天则地，随应而动，和之者若响，随之者若影，道无鬼神，独来独往。"人要法天则地，顺应天时地利而动。

4. 人最为天下贵

这种关系主张人在天地自然面前的主观能动性，认为人最终为世间的主宰。《孟子》说"天时不如地利，地利不如人和"。这虽是在谈战

---

[①] （清）黎翔凤：《管子校注》，中华书局2004年版，第945页。
[②] （清）孙希旦：《礼记集解》，中华书局1989年版，第612页。

争时说到的,但是仍然突出了人本身的主动性在客观的天地条件面前的重要作用。《春秋左传·昭公十八年》讲"天道远,人道迩"。[①] 在天和人的关系上,更倾向于强调人道的实际性。《礼记·礼运》曰:"人者,其天地之德,阴阳之交,鬼神之会,五行之秀气也。"[②] 人汲取了天地的德性、阴阳五行的灵气,所以能为天下贵。《孝经》说:"天地之性,人为贵。"天地万物之中,人最为贵重。《荀子·礼论》说:"天能生物,不能辨物也;地能载人,不能治人也;宇中万物,生人之属,待圣人然后分也。"[③] 荀子认为天地虽能生人,但是人的思辨能力、人的治理能力,是天地所不具备的。荀子说:"水火有气而无生,草木有生而无知,禽兽有知而无义。人有气,有生,有知,亦且有义,故最为天下贵也。"[④] 认为人在世间万物中是最为尊贵的。在人与天的关系上,荀子也倾向于强调人和天各自不同的特点以及人对于天的主观能动性。他主张"明于天人之分"(《荀子·天论》),还批评庄子的观点"蔽于天而不知人"(《荀子·解蔽》)。《内经·素问·宝命全形论》云:"天覆地载,万物悉备,莫贵于人。"在天地之间的万物中,没有什么比人更贵重的了。

(四)"人与天地相参"与"天人合一"的不同之处

通过上面的分析可知,在先秦时期,"人与天地相参"的思想观念极其丰富。到了汉代,"人与天地相参"的思想逐渐被以董仲舒为代表的汉儒的"天人合一"思想所取代。后世有很多人将"人与天地相参"的思想与"天人合一"思想混同,认为"天人合一"思想就是人与天地相参思想。

"人与天地相参"的思想和"天人合一"思想的确有相同之处,即二者都认为人和天是相互作用、交相感应的,都强调人和天建立一种和谐关系。但是,这二者也存在明显的不同之处。

其一,"人与天地相参"中的"天"与"天人合一"中的"天"

---

① 杨伯峻:《春秋左传注》,中华书局1990年版,第1395页。
② (清)孙希旦:《礼记集解》,中华书局1989年版,第608页。
③ (清)王先谦:《荀子集解》,中华书局2013年版,第433页。
④ 同上书,第194页。

的含义不一样。前者中的"天"主要强调客观性的存在,强调自然规律性,而后者中的"天"则主要是一种伦理化的"天",强调"天"的伦理道德规范性,而非自然规律性。

其二,"人与天地相参"表达的是人、天、地的三元关系,而"天人合一"表达的是天与人的二元关系。很显然,这里的三元关系是一种更具客观性的关系,也更能凸显人的主观能动性的关系。而在天和人的二元关系中,自然的因素弱化,伦理色彩上升,人对于天的主观能动性也相应弱化。

(五)"人与天地相参"命题的意义

从上面对"人与天地相参"命题所表达的天、地、人的多重关系的分析可知,天、地、人的关系是一种多元辩证统一的关系。

在这种多元辩证统一关系中,天、地、人首先是并存并立的,三者各有其属性,各有其独特的社会功能,三者各司其职。其次,天、地有对人的塑造之功,这里的天地显然主要指的是自然,客观的大自然及其规律是人类生存的客观物质基础。再次,人类虽有赖于天地而存在,但是人类是天地万物中最为有灵气、最为贵重的,没有人,天地也将失色。这样一来,天地和人就是一种相生关系,人与天地之间就有一种互为主体的意味。没有天地自然,就没有人类,所以天地自然应该有其独立性、主体性;反过来,人是天地间最为尊贵的主体,没有人,天地自然的价值和意义就会大打折扣,所以人也是天地间最为重要的一个主体。最后,天地和人这两个主体应该如何相处?应该"相参相合"。也就是说,天地和人这两个主体应该相生相应,相感相合,达至一种人与自然的和谐状态。

"人与天地相参"命题所表达出的这种多元辩证统一关系对于我们今天理解人与自然的关系具有很大的启发意义,即摒弃在人与自然关系上的二元论倾向,在一种互为主体性的立场上去理解人与自然的关系,在这种互为主体性立场上,人与自然的关系就应该是人既效法自然、顺应自然,人又引领自然、升华自然,人与自然相参相应,相生相合。

(邓万春)

## 四 制天命而用之

"制天命而用之"命题从行动层次阐释了人类与自然之间的紧密合作关系。人类并不是为了认识而去认识自然规律,而是通过了解和运用自然规律,实现天地人之间的相互参合,满足人们的物质和精神需要。"天命"具有价值性和实践性。价值性体现在人们掌握自然规律和盲目行动之间的差别,前者带来丰裕的收获,后者带来巨大的灾难。实践性表现在人们只有应用、驾驭自然规律,才能让天实现为人类服务的功能,舍此无其他道路。同时,"制天命而用之"也是有限度的,荀子主张"用天而不勘天",约束人们与天争胜的征服欲望。这既发出了"人们对于自然之物必须适可而止"的忠告,也提醒人们"人类的生存和发展离不开对天的尊重"。

(一)"制天命而用之"命题的出处及背景

荀子在《天论》中曰:"大天而思之,孰与物畜而制之!从天而颂之,孰与制天命而用之!望时而待之,孰与应时而使之!因物而多之,孰与骋能而化之!思物而物之,孰与理物而勿失之也!愿于物之所以生,孰与有物之所以成!故错人而思天,则失万物之情。"[①] 从前文的"明天人之分"和"天行有常"命题来看,荀子这里的"物畜""制天""应时""骋能"都是人能够做的、也是恰当的主动改造行为,而不是控制万物、自然,更不是征服自然。诚如廖名春的翻译,即"推崇自然而寄望于自然,哪里比得上畜养自然物产而合理地加以安排?听从自然而颂扬自然,哪里比得上培育造就自然物产而享用它?盼望好天时而消极地等待它,哪里比得上响应天时而使天时为我所用?依赖自然物产而赞美上天的恩赐,哪里比得上尽力施展人的才能来生产它?思慕自然物产而以之为神,哪里比得上管理好自然物产而不失去它们?寄希望于'生物'的天,哪里比得上专注于'成物'的人?所以放弃了人的努力而寄望于上天的恩赐,那就违背了天下万

---

① (清)王先谦:《荀子集解》,中华书局2013年版,第374—375页。

物'天生人成'的本质。"① 这段话综合反映了人类与自然生物之间的行动联系，人类要畜养自然物、掌握自然物的天时，培育自然物之性，发挥自然物对人类之功能。也就是说，人类应时畜养自然物，自然物尽性尽能而对人类有功。这与孟子不同，"尽其心者，知其性也。知其性，则知天矣。存其心，养其性，所以事天也"。② 孟子的意思是人们通过修心可以认识、感知天意，通过养性可以服侍上天，进一步提升了人的理性化程度，但并不否认天具有人格特征。

（二）"制天命而用之"命题的含义

"制天命而用之"中的"制"不是征服的意思，而是"裁制""加工""治理"之义，也即是在辨物析理的基础上顺着万物的条理、性能而加以制用的意思。③ 因此，"制"的本质是一种面向自然之物的劳动，是一种劳动规矩、行为禁忌、规范和约束。只有应时劳动，才能获得天功，成就人事。"天命"是天然之性，而不是孟子所言的"天降大任于斯人"的天命。天命是自然物的特点，因为荀子否定了"人格之天"的存在，因此，天命就是独立于人类意识的而具有外在的客观性。"用"的含义就是利用、使用，是让自然物施展天性为人类服务。综观"制天命而用之"的内在含义，可以从三个方面加以阐明。

1. 天生人成

因为只有人有气、有生、有知，亦且有义，④ 有能知能辨能干的特性，因此，天地虽然诞生了万物，但需要人的作用才能最终完成，此之谓"天地生之，圣人成之"。⑤《吕氏春秋》也记载："始生之者，天也；养成之者，人也。"也就是说，最初创造出生命的是天，养育生命

---

① 廖名春：《〈荀子·天论〉篇"大天而思之"章新诠》，《邯郸学院学报》2012年第4期。
② 杨伯峻：《孟子译注》，中华书局1960年版，第301页。
③ 路德斌：《荀子哲学的两大原理——"天生人成"与"礼义之统"及疏解》，《陕西师范大学学报》（哲学社会科学版）2017年第4期。
④ （清）王先谦：《荀子集解》，中华书局2013年版，第194页。
⑤ 同上书，第216页。

并使它成长的是人，人类有义务去保全上天创造的生命。① 荀子反对"思天、颂天"，停留在语言上的"从天而颂之"，而是要用行动造就"天生之物"，让人性与天性相吻合，既成全人的成就，也成全物的功能。圣人因为能清其天君，正其天官，备其天养，顺其天政，养其天情，全其天功，所以，他们是"天地之参也，万物之总也，民之父母也。无君子则天地不理"。圣人需要明白自己该做的事情和不该做的事情，不羡慕那些取决于上天的东西，才能做到"其行曲治，其养曲适，其生不伤"，实现"天地官"和"万物役"，即"利用天地，操纵万物，避免大凶"。

2. 应时裁物

人应该如何参天地呢？圣王应"期天象，息地宜；事四时节数，和合阴阳……故序四时，裁万物，兼利天下"。② 人们应该根据天象、地理、季节条件，安排适宜耕作万物的劳作顺序，使天下都受益。比如"草木荣华滋硕之时则斧斤不入山林，鼋鼍、鱼鳖、鳅鳝孕别之时，网罟毒药不入泽，春耕、夏耘、秋收、冬藏四者不失时，百姓有馀食、馀用和馀材"。③《吕氏春秋》更具体阐明孟春（即正月7—8日）应该修订祭祀规则，不用母牲祭祀山林河流，禁止砍伐树木，不许杀害幼小的禽兽飞鸟和掏取鸟卵；不得大兴土木建设城郭，要掩埋枯骨尸骸。④ 如果人们的行为符合天命，则"万物皆得其宜，六畜皆得其长，群生皆得其命"。相反，如果举措不时，政令不合理，则会出现人祸，"楛耨失岁，政险失民；田薉稼恶，籴贵民饥，道路有死人"。《吕氏春秋》也说："孟春行夏令，则风雨不时，草木早槁，国乃有恐；行秋令，则民大疫，疾风暴雨数至，藜莠蓬蒿并兴；行冬令，则水潦为败，霜雪大挚，首种不入。"农时错乱，就不会风调雨顺，带来水害霜雪，导致草木枯萎、瘟疫盛行、影响收成。⑤ 裁物也不能忘记基础设施建设，如

---

① （秦）吕不韦编：《吕氏春秋·本生》，陆玖译注，中华书局2011年版，第11—12页。
② （清）王先谦：《荀子集解》，中华书局2013年版，第194页。
③ 同上书，第195页。
④ （秦）吕不韦编：《吕氏春秋·孟春》，陆玖译注，中华书局2011年版，第9—10页。
⑤ 同上。

"修堤梁，通沟浍，行水潦，安水臧，以时决塞，岁虽凶败水旱，使民有所耘艾……相高下，视肥硗，序五种，省农功，谨蓄藏，以时顺修，使农夫朴力而寡能"。①

3. 用天而不勘天

天是成就事物的一个要素，因此是可以利用的资源，而不是征服的对象。荀子批评墨子担心不足、杞人忧天，是"私忧过计"。"今是土之生五谷也，人善治之则亩数盆，一岁而再获之，然后瓜桃枣李一本数以盆鼓，然后荤菜百蔬以泽量，然后六畜禽兽一而剸车……夫天地之生万物也，固有余足以食人矣；麻葛、茧丝、鸟兽之羽毛齿革也，固有余足以衣人矣。"② 荀子表达的核心观点是，只要人们合理使用天时地利，自然提供物品是绰绰有余的。人们与自然物之间的关系不是"用不用""够不够"的问题，而是"怎么合理使用""如何顺时取物和取予有度"的问题。在《富国》篇中，荀子强调："明主必谨养其和，节其流，开其源，而时斟酌焉，潢然使天下必有馀而上不忧不足。如是，则上下俱富，交无所藏之。"③ 荀子虽然力主人类影响"用天命""制天命"，但也不是把人的力量凌驾于"天命"、凌驾于自然规律之上，将人与自然对立起来。他主张的是认识规律、使用规律，来造福人类，并没有要把人的意志强加于天、去改变天行之常、改变自然规律、征服自然的"胜物"思想，④ 也没有干扰、窥探天的意志，其实天没有意志。

(三)"制天命而用之"命题的现实价值

天给人类以巨大的福利，也给人类制造巨大的灾难。这些福利或者灾难具有客观性，不以人类的意志为转移。荀子认可天意是一种客观的自然规律，但不认可它是另一种意志。因此，荀子不相信宿命论，而相信人类掌握着处理天地关系的主动权。社会的治乱是现实存在的，但不能依靠祈求上天降福来消灾避难，而是激励人们以更合理的方式与天地

---

① （清）王先谦：《荀子集解》，中华书局2013年版，第198页。
② 同上书，第218—219页。
③ 同上书，第230页。
④ 张舜清：《从知天命到制天命——论原始儒家"生"之伦理的实现方式》，《武汉大学学报》（人文科学版）2009年第5期。

相参。荀子一方面将社会治乱归咎于人类的责任，视天地为外在的条件，另一方面又启示人们应该主动、理性、有限地"制天而不畏天""用天而不思天"。荀子提出"制天命而用之"的命题，恰当地处理了人与自然之间的矛盾关系，对当代社会也有重要的启示：人类既依赖自然，也有权使用自然，要摒弃"人类中心主义"和"环境中心主义"；自然以它自身拥有的规律运行发展，人类需要对它加以认知、遵循，但认知的目的是为了"制天"；人类需要认知自然规律，但不能穷尽对自然规律的认知，因此，需要人类运用礼义原则把握认知的和未被认知的自然规律之间的矛盾。

（顾金土）

## 第二节　修身为本：合群的根基

### 一　修身成人

修身成人是儒家思想的基本命题，是人能合群的前提和基础。儒家认为，一个人要能够处理好各种人伦关系实现合群的目标，其前提和基础在于人自身必须具有良好的道德品质，是个仁人君子而非小人更不是禽兽。但是，良好的道德品质不是人与生俱有的或自发形成的，是需要通过道德修养才能拥有并不断提高；当人通过"修身"的路径拥有了仁义的品质，即成为仁人君子时，就具有了合群的基本条件。

（一）"修身成人"命题的提出

修身成人思想源于孔子的"修己""成人"等言论。孔子将具有较好道德修养和道德品质的人称之为君子，反之则称为小人，他教育其弟子要成为君子而非小人。那么，如何才能成为君子呢？孔子认为成为君子的途径就是通过修养自己的道德品质以尊敬他人、使百姓得到安乐。（《论语·宪问》："子路问君子。子曰：'修己以敬。'……'修己以安人。'……'修己以安百姓'。"[1]）在孔子看来，人要成为真正的人，必须通过修身获取道德知识，拥有不欲、勇敢等道德品质，能够做到循

---

[1] 杨伯峻：《论语译注》，中华书局2012年版，第221页。

礼行事。(《论语·宪问》:"子路问成人。子曰:'若臧武仲之知,公绰之不欲,卞庄子之勇,冉求之艺,文之以礼乐,亦可以为成人矣。'曰:'今之成人者何必然?见利思义,见危授命,久要不忘平生之言,亦可以为成人矣。'"①)从孔子上述言论可以看出,孔子特别重视修己,提倡修己就是为了使人成为真正的人,即修身成人。其实,在孔子之前,已经有了把修养道德作为人之为人的重要标志的思想。据《国语》记载,春秋时晋国的赵武行成人礼后,韩献子就教导他说,真正的成人在于要拥有善的品德,且要不断提升善良的品质,不然就会受到蔑视。(《国语·晋语》:"成人在始与善,善进善,不善蔑由至矣。")

孔子修身成人思想又特别重视"仁"的修养。在孔子看来,仁是最高的道德原则,可以统摄所有的道德德目,修己最重要的就是"依于仁",使人具有"仁"的品质,进而在言语行为中都能遵循仁。把仁作为众多德目中的一项,起源甚早,本出自东夷的一种人与人相见时面对面躬身作揖、互相问候的礼俗,后来被周人所继承并把它视为一种美德,周公自称"予仁若考"。从《国语》《左传》中可以看到,仁与不仁的道德判断已很普遍。孔子在继承前人把仁作为一种美德的思想观念基础上,进一步把仁提升为可以统摄所有德目的全德,更把仁作为人之为人的根据,认为修身的目标就是成仁或成人。

《大学》明确提出上自天子下到平民百姓,人人都要以修身作为根本,没有哪个人可以例外。如果这个根本乱了,人伦关系和谐的基础就没有了;没有人与人关系的和谐,要整治好家庭、治理好国家就是不可能的,因此,修身是人之为人的根本。(《大学》:"身修而后家齐,家齐而后国治,国治而后天下平。""自天子以至于庶人,壹是皆以修身为本。其本乱,而末治者否也。"②)

孟子继承了孔子的修身成人的思想,又以"人性本善"为基础,提出"养性""修身""立命"的观念,认为修身先要存心养性,极力发展人本有的善端,一心修正自身以等待天命到来,这是一个人安身立命

---

① 杨伯峻:《论语译注》,中华书局2012年版,第207页。
② 王文锦:《大学中庸译注》,中华书局2013年版,第4页。

之道。(《孟子·尽心上》:"存其心,养其性,所以事天也。殀寿不贰,修身以俟之,所以立命也。"①) 孟子还从君子与修身、平天下的关系维度论述了修身成人的内涵,认为君子的使命和责任就是要以修身为出发点最终实现平天下的理想。(《孟子·尽心下》:"君子之守,修其身而天下平。"②)

荀子从"人性本恶"思想出发,认为修身就是"化性起伪":要有老师利用法度对人进行教化,用礼义来引导人的言行,使人的行为合乎礼法,以此去除人性的恶、发展其善的方面。现实社会中的人,由于其修身——化性起伪的结果不一样,因而就有了君子与小人的区分。(《荀子·性恶》:"人之性恶,其善者伪也。……故必将有师法之化,礼义之道,然后出于辞让,合于文理,而归于治。……今之人,化师法,积文学,道礼义者为君子;纵性情,安恣睢,而违礼义者为小人。"③)

总之,自孔子提出修身成人思想后,经《大学》《中庸》的系统化、理论化,再到孟子、荀子的发展,修身成人日益成为儒家思想的核心观念,正如宋儒陆九渊所说的:"人生天地间,为人自当尽人道;学者所以为学,学为人而已。"(《宋元学案》卷五十八)在儒家的修身成人思想中,孔子强调"仁"是人之为人的根本,修身的主要目标就是要使人成为"仁人君子";孟子则"仁义"并举,认为通过修身正行,"人皆可以为尧舜";荀子则更重视礼对人的行为的规范,但也认为通过修身,"涂之人可以为禹"。

(二)"修身成人"命题的含义

1. 人者仁也

"人者仁也"是儒家修身成人命题的逻辑起点。在儒家看来,仁义道德是人之异于禽兽的标志,是人之为人的根据,因此,人要成为真正的人,必须通过修身以获得属于人的仁义道德品质,或者说,如果人没

---

① 杨伯峻:《孟子译注》,中华书局1960年版,第301页。
② 同上书,第338页。
③ (清)王先谦:《荀子集解》,中华书局2013年版,第513—514页。

有仁义道德品质，也就不是真正意义上的人。孔子的《论语》通篇都在讲什么是仁、仁与人的关系是什么、人如何获得仁等问题。对于孔子的仁学思想，《中庸》进行了高度概括，以引用孔子言论的形式提出："仁者，人也。"这就表明孔子把"仁"作为人之所以为人的根据，认为只有人具备了仁这种道德品质，才能成为真正的人，正是在此意义上，我们认为，在儒家思想中，仁与人是互相规定的：仁作为可以概括全部美德的"全德"，是人才能具有的品质，从此观之，儒家提出"仁者，人也"；另一方面，人要成为真正的人，必须具有"仁"的品质，即仁是人之为人的根据，从此观之，则是"人者，仁也"。

孟子从"人之所以异于禽兽者"的层面论述仁义道德是人与禽兽相分的标志，是人之为人的根据。孟子认为，人与禽兽有许多相同的地方，但最不同之处就在于人有仁义之心或良心而禽兽没有；如果人也像禽兽一样，只求吃饱穿暖、住得舒适安逸，却没有仁义道德教化与修养等精神层面的诉求，那和禽兽也就没有区别了。（《孟子·离娄下》："人之所以异于禽兽者几希，庶民去之，君子存之。"[1]《孟子·滕文公上》："人之有道也，饱食、暖衣、逸居而无教，则近于禽兽。"[2]）孟子还从反面论述仁义道德品质是人之所以为人的标志，他说如果人没有恻隐之心、羞恶之心、辞让之心、是非之心等仁义道德品质，就不是真正的人。（《孟子·公孙丑》："由是观之，无恻隐之心，非人也；无羞恶之心，非人也；无辞让之心，非人也，无是非之心，非人也。"[3]）因此，孟子同样认为仁就是人成为真正的人的根据，进而提出人与仁相结合就是道的观点。（《孟子·尽心下》："仁也者，人也。合而言之，道也。"[4]）

荀子也从人与禽兽的区别论述道德是人之所以为人的标志和根据。荀子认为，人与禽兽最大的区别就在于人有礼义道德，能够根据礼义道德区分人的高低贵贱、亲疏远近等，即道德不仅把人与禽兽区分开来，

---

[1] 杨伯峻：《孟子译注》，中华书局1960年版，第191页。
[2] 同上书，第125页。
[3] 同上书，第80页。
[4] 同上书，第329页。

也把不同身份、不同等级、不同地位的人区分开来。(《荀子·非相》:"人之所以为人者何已也?曰:以其有辨也。……然则人之所以为人者,非特以二足而无毛也,以其有辨也。……夫禽兽有父子而无父子之亲,有牝牡而无男女之别,故人道莫不有辨,辨莫大于分,分莫大于礼。"①)荀子还进一步认为,因为人不仅有气、有生、有知,而且还有义这种道德品质,特别是人所独有的义,不仅把人与其他事物相区分,而且还使人成为天地之间最为高贵的存在。反之,如果人没有了义这种道德品质,人就不成其为人而是变成了禽兽。(《荀子·王制》:"水火有气而无生,草木有生而无知,禽兽有知而无义。人有气,有生,有知,亦且有义,故最为天下贵。"②《荀子·劝学》:"其义则始乎为士,终乎为圣人。……为之,人也;舍之,禽兽也。"③)由于把道德视为人之为人的根据,是人与禽兽相区分的标志,所以荀子提出了人没有道德礼义就不可能生存下去,做事不遵守道德礼义就不可能成功,国家不遵守道德礼义就不可能得到安宁的思想。(《荀子·修身》:"人无礼不生,事无礼不成,国家无礼则不宁。"④)

总之,从孔子开始,儒家就把仁义、礼义等道德品质作为人与禽兽相区分的标志,是人之为人的根据,认为如果人没有仁义、礼义等道德,人也就不再是人而是禽兽。"人者仁也"表明人之为人的最显著特征在于人的道德性。

2. 修身以仁

仁义道德是人与禽兽相区别的标志,是人之为人的根据,但是,仁义道德不是与生俱来或自发形成的,而是需要人在后天不断修养、不断锤炼的,即人需要不断地进行修身正行,以此提高和完善自身的仁义道德品质。孔子认为,人的一生最重要的责任就是进行道德的修养与完善,成为具有仁义道德品质的人。但是,人们应该如何进行修身呢?孔子以自身的修身实践为经验,提出修身首先要立志于做有"道"之人,

---

① (清)王先谦:《荀子集解》,中华书局2013年版,第92—93页。
② 同上书,第194页。
③ 同上书,第13页。
④ 同上书,第585页。

然后以德为根据、以仁为准绳，同时也要掌握各种技能技艺，最终的目标就是要成为有仁德的君子。(《论语·述而》："志于道，据于德，依于仁，游于艺。"①)

《大学》认为上自天子、下至黎民百姓，都要以修身作为根本。(《大学》："自天子以至于庶人，壹是皆以修身为本。"②) 修身是做人的根本，那么应该如何进行修身呢？《中庸》明确提出修养自身的根本在于遵循道德，遵循道德又要以仁为根本；仁是人之为人的根本，对自己的亲人给予仁爱则是最大的仁。即修身最重要的就是修养自身的仁德，修养仁德又必须从亲爱亲人入手。(《中庸》："修身以道，修道以仁。仁者，人也，亲亲为大。……思修身，不可以不事亲。"③) 当一个人通过修养自身仁德而成就了自身，也就成为了真正的人。(《中庸》："成己，仁也；成物，知也。"④)

孟子认为达到仁是修身的最重要的内涵，并从正反两方面加以论证。从正面看，仁是天地间最重要的品质，是人们安逸的居所；人只要做到了仁，既可以成就自己，又可以达到天下无敌的境界，即没有什么是仁做不到的。(《孟子·公孙丑上》："夫仁，天之尊爵也，人之安宅也。"⑤《孟子·梁惠王上》："仁者无敌。"⑥) 从反面看，如果人而不仁，则上至天子、下至普通百姓都将无法正常履行职责、无法实现自身担负的使命。(《孟子·离娄上》："天子不仁，不保四海；诸侯不仁，不保社稷；卿大夫不仁，不保宗庙；士庶人不仁，不保四体。"⑦) 所以，修身的根本就在于修养仁德。

获得仁义品德是修身的主要内容，那么，需要通过什么方法或途径才能获得仁义的品德呢？修身既需要有老师的教诲，又需要用礼来约束自己的言行。(《荀子·修身》："礼者，所以正身也；师者，所以正礼

---

① 杨伯峻：《论语译注》，中华书局2012年版，第94页。
② 王文锦：《大学中庸译注》，中华书局2013年版，第4页。
③ 同上书，第30页。
④ 同上书，第37页。
⑤ 杨伯峻：《孟子译注》，中华书局1960年版，第81页。
⑥ 同上书，第10页。
⑦ 同上书，第166页。

也。无礼,何以正身?无师,吾安知礼之为是也?礼然而然,则是情安礼也;师云而云,则是知若师也。"①) 在修身过程中,人应该时时刻刻反省自身行为是否合乎于仁义品德,如果言行合乎仁义则要坚守,如果是恶或不仁义的言行就要坚决去除,以此修养自身。(《荀子·修身》:"见善,修然必以自存;见不善,愀然必以自省也。善在身,介然必以自好也;不善在身,菑然必以自恶也。"②《中庸》:"齐明盛服,非礼不动,则所以修身也。"③) 通过修身获得了仁义品德,就可以立道立身,进而能协调并处理好君臣之间、亲人之间、群臣之间、君民之间、与四方来客之间、诸侯之间等各种群体关系,实现天下依礼而治的局面,即真正的合群。(《中庸》:"修身则道立,尊贤则不惑,亲亲则诸父昆弟不怨,敬大臣则不眩,体群臣则士之报礼重,子庶民则百姓劝,来百工则财用足,柔远人则四方归之,怀诸侯则天下畏之。"④《荀子·修身》:"体恭敬而心忠信,术礼义而情爱人,横行天下,虽困四夷,人莫不贵。"⑤)

3. 为仁由己

修身的主要内容是陶冶、涵养仁义品德,而获得仁义品德的路径,主要在于人自身的学习、反省,以及用礼义约束和规范自己的言行,即一个人是仁还是不仁,关键在于人是否能够主动进行修身,是否能够主动克制、约束和规范自己的言行,使之合乎礼义的要求;人在什么时候做到了主动克制自身言行使之合乎礼义的要求,也就成为了仁人;因此,修养、践行仁德完全在于人自己的主动选择与修养,只能依靠自身的努力,不可能依靠他人。(《论语·颜渊》:"克己复礼为仁。一日克己复礼,天下归仁焉。为仁由己,而由人乎哉?"⑥) 仁德全靠自身努力修养而达到,那么,仁德离人远吗?人能不能通过自身努力而达到呢?

---

① (清)王先谦:《荀子集解》,中华书局2013年版,第39页。
② 同上书,第24页。
③ 王文锦:《大学中庸译注》,中华书局2013年版,第33页。
④ 同上书,第32页。
⑤ (清)王先谦:《荀子集解》,中华书局2013年版,第32—33页。
⑥ 杨伯峻:《论语译注》,中华书局2012年版,第172页。

对此，孔子非常肯定，认为仁德离人并不远，只要人真心实意修养仁德，就会拥有仁德。（《论语·述而》："仁远乎哉？我欲仁，斯仁至矣。"①）

孟子也认为仁义道德是人努力追求和实践就可以得到的，如果人们自动放弃修养，那仁义道德就只会远离人，因此，是否达到仁义道德，关键还在于人自己的追求。（《孟子·尽心上》："求则得之，舍则失之，是求有益于得也，求在我者也。"②）孟子进而认为人不能自暴自弃，必须积极主动进行仁德修养，使自己的言行能够遵循仁义的要求，如果人自己放弃了对于仁德的修养，那是人最为悲哀的事情！（《孟子·离娄上》："自暴者，不可与有言也；自弃者，不可与有为也。言非礼义，谓之自暴也；吾身不能居仁由义，谓之自弃也。仁，人之安宅也；义，人之正路也。旷安宅而弗居，舍正路而不由，哀哉！"③）

总之，"为仁由己"告诉人们，面对仁与不仁，如何选择关键在于人自身，人必须对自己的言行及其带来的后果负责。

4. 仁人君子

儒家所倡导的仁德修养，其最终目的都是为了使人成为有仁德的人，或者说道德的人，即仁人君子。儒家以仁德为标准，把人区分为小人与君子：所谓小人就是没有仁德修养、其言行不符合礼义规范的人；所谓君子，就是拥有仁德，其言行符合礼义规范的人。在儒家看来，当一个人通过自身积极涵养和践行，具有了仁德，也就成为了仁人君子，这也是人真正成为人的标志。孔子在回答子路的"什么是成人"这一问题时，以臧武仲、孟公绰、卞庄子、冉求等人为榜样，告诉子路成人即是成为像这几位一样具有仁德的仁人君子。（《论语·宪问》："子路问成人。子曰：'若臧武仲之知，公绰之不欲，卞庄子之勇，冉求之艺，文之以礼乐，亦可以为成人矣。'曰：'今之成人者何必然？见利思义，见危授命，久要不忘平生之言，亦可以为成人矣。'"④）君子时时刻刻

---

① 杨伯峻：《论语译注》，中华书局2012年版，第105页。
② 杨伯峻：《孟子译注》，中华书局1960年版，第302页。
③ 同上书，第172页。
④ 杨伯峻：《论语译注》，中华书局2012年版，第207页。

都会与仁德同在，哪怕是仓促匆忙之时，或者处于颠沛流离之中也不会离开仁德，只要是君子就必定是具有仁德的，具有仁德的人也就是真正的君子，所以儒家一般把仁人与君子并称或互称。（《论语·里仁》："君子无终食之间违仁，造次必于是，颠沛必于是。"①）孟子也认同孔子关于君子的界定，认为君子与一般人不同之处就在于有仁德、能够亲爱他人。（《孟子·离娄下》："君子所以异于人者，以其存心也。君子以仁存心，以礼存心。"②）

君子是有仁德的人，成为有仁德的君子是修身的目的，但是，是不是所有的人都可以通过自觉能动的修身而最终成为君子呢？孟子认为只要人们积极主动修养身心，最终都能够成为像尧和舜那样的有仁德的人。（《孟子·告子下》："曹交问曰：'人皆可以为尧、舜，有诸？'孟子曰：'然。'"③）在孟子看来，能不能成为像尧、舜那样的人，关键在于人们能不能像尧、舜那样的做且能长久坚持；只要做到了尧、舜所做到的，就可以成为像他们那样的有仁德的人。（《孟子·告子下》："夫徐行者，岂人所不能哉？所不为也。尧、舜之道，孝弟而已矣。子服尧之服，诵尧之言，行尧之行，是尧而已矣。"④）荀子也认为，只要人们认真持久修养道德，像禹一样学习仁义法度、像禹一样用仁义法度规制自己的言行，就会成为有仁义法度之人，甚至资质不是很好的"涂之人"也可以成为像禹那样的人。（《荀子·性恶》："'涂之人可以为禹'，曷谓也？曰：凡禹之所以为禹者，以其仁义法正也。然则仁义法正有可知可能之理，然而涂之人也，皆有可以知仁义法正之质，皆有可以能仁义法正之具，然则可以为禹明矣。"⑤《荀子·修身》："扁善之度，以治气养生则后彭祖，以修身自名则配尧禹。"⑥）

如果人们能够成为具有仁德之人，用仁爱、礼义处理人与人之间的

---

① 杨伯峻：《论语译注》，中华书局2012年版，第49页。
② 杨伯峻：《孟子译注》，中华书局1960年版，第197页。
③ 同上书，第276页。
④ 同上书，第276—277页。
⑤ （清）王先谦：《荀子集解》，中华书局2013年版，第523页。
⑥ 同上书，第25页。

关系，那么就能够处理好各种人伦关系，实现合群的目的。(《孟子·离娄下》："仁者爱人，有礼者敬人。爱人者，人恒爱之；敬人者，人恒敬之。"①) 荀子从君子可以善群、治理好国家的维度，充分肯定了君子所具有的仁德能够较好处理各种人伦关系，进而实现天下治的目标，并据此认为天下混乱是由小人造成的。(《荀子·王制》："君者，善群也。群道当则万物皆得其宜，六畜皆得其长，群生皆得其命。"② 《荀子·王制》："治生乎君子，乱生乎小人。"③)

总之，修身的目的就是要成为仁人君子，而人们都成为仁人君子时，就能以仁爱、礼义处理好各种人伦关系，国家因此就能达到治的目标。

(三) "修身成人"命题的意义

儒家的修身成人思想，是孔子等思想家在面临春秋战国时期社会纷乱、人伦关系出现各种失范状态的情形下，提出的以建立符合仁爱原则、使各种人伦关系重新走向和谐，进而通过实现合群以达到治国平天下目标的思想。这个思想提出后，就成为儒家伦理思想的核心，成为中国传统人生价值追求的主流。其意义体现在以下方面：

一是修身成人命题把仁义道德作为人之为人的根据，认为人要成为真正的人必须经由道德修养实现由自然人向社会人的超升。对于人自身的认识与反思，是儒家思想的重要内容。在儒者们看来，人的生命存在，不仅仅只是身体发肤等受之于父母的身生命，更有仁德等后天修养身心而具有的心生命；对于人而言，要使自身成为真正意义上的人，其根本在于仁义品德的修养与获得。因此，当人获得身生命的时候，人还不是真正意义上的、脱离了动物性的人，人还必须不断进行仁义品德修养，通过修养身心，懂得用礼义规范和约束自身言行，进而成为仁人君子，即通过仁义品德修养，完成由自然人向懂得循礼行事的社会人转化。关于人的身心修养问题，是上自天子、下至黎民百姓都必须直面并

---

① 杨伯峻：《孟子译注》，中华书局1960年版，第197页。
② (清) 王先谦：《荀子集解》，中华书局2013年版，第194—195页。
③ 同上书，第179页。

解决的问题，没有谁可以例外。儒家通过修身成人的思想，提出并论证了人的德性修养与人的社会性之间的关系问题，儒家在回答这一问题的过程中，形成了以仁义品德修养为核心的实现人由自然自在状态向道德的人、具有社会属性的人转化的思想。

二是修身成人命题强调"为仁由己"，体现了人在道德修养过程中必须发挥主观能动性、积极接受社会主流道德规范、进而成就自身的思想观念。儒家的修身成人思想指出了仁义品德修养对于人之为人的重要意义，同时也论证了人在仁与不仁之间具有自主选择、自我造就的能动性，进而要求人应该积极修养身心，把礼义规范的外在要求转化为自我实现、自我成就的内在需要；当人能够积极主动学习社会所认可的道德规范、并能用相应的礼义约束自身言行时，人不仅能够成为具有仁德的人，而且能够较好履行自身职责，实现自身的生命价值和意义，即人可以通过成己、成人而达至安民、安百姓。

三是，修身成人的最终目标是通过自身修养获得仁德，进而以仁德实现各种人伦关系的和谐，甚至实现国家由乱到治，这就为儒家仁政思想奠定了理论基础。在儒家看来，人通过自身修养具有仁义品德，即可以做到无敌于天下。从人伦关系的角度看，如果一个人真正拥有了仁义品德，就可以取得各类群体的信任与认可，进而实现合群的目标。（《荀子·修身》："体恭敬而心忠信，术礼义而情爱人，横行天下，虽困四夷，人莫不贵。劳苦之事则争先，饶乐之事则能让，端悫诚信，拘守而详，横行天下，虽困四夷，人莫不任。"[1]）在儒家看来，仁义道德确实是无往而不胜的，如果人要合群，首先就必须修养自身的仁义品德。循着这样的理路，到孟子时，就提出了"仁政"思想。

（杨树美）

## 二 以修养取人

社会评价或人才选拔是合群的重要方式，合理的社会评价能引导社会风气，鼓舞民众士气，选拔出优秀的治国、平天下之才。所以社会评

---

[1] （清）王先谦：《荀子集解》，中华书局2013年版，第32—33页。

价或人才选拔的标准就显得极其重要。"以修养取人"的社会评价或人才选拔标准是一个兼顾了道德修养、心性审美和实际技能的综合性的标准,也是一个重视后天自致性因素的、公平的标准,是合群的重要根基。

(一)"以修养取人"命题的提出及历史背景

"以修养取人",意思就是:以修养作为评价他人、选拔人才的标准。这一命题的原文是"取人以身",出自《中庸》:"故为政在人,取人以身,修身以道,修道以仁。"这句话的意思是:国家的治理在于得到人才,人才的选用则要依据其身心修养,身心修养取决于道的教养,道的教养要以仁为重。"以修养取人"的命题虽源于对治国人才选拔的考虑,但是这一命题的含义远远超出了人才选拔的范围,而成为一种社会评价的准则与机制。

在先秦时期,家族出身和血统是地位身份的重要象征,也是获取担当显要社会角色的关键依据。西方社会在16世纪以前,主要是贵族式社会,国家重要职位的人员任用主要取决于家族血统。但是和西方固化且长久的贵族制不同,中国的贵族制度既没有如西方社会那么长久,也没有如西方社会那么固化。先秦时期,各诸侯国为了招揽人才,都大兴养士之风,战国四公子就是养士的楷模,这就使得人才选拔和社会评价的准则不仅限于血统,而是血统和修身二元标准并行。中国古代的贵族制度从战国时秦国的商鞅变法就开始被打开缺口,秦统一六国后更是不再分封同姓诸侯王,而是实施平民化的郡县制,选拔任用有才德、有军功之人为官为将,修身成为社会评价的主要标准。正是在这样的历史背景下,以修养、以才能取人成为一种社会价值,"以修养取人"的命题也诞生在这种历史背景下。其后,汉代魏晋时期有察举制度,到隋代开始有了科举制度,这些都是以制度化的方式从才德,即修身的角度选拔人才,也是从才德的角度进行社会评价。

(二)"以修养取人"命题的含义

1."取人"的评价准则

"以修养取人"这个命题传递给我们社会评价的准则,这个准则就是"修养"。

第四章 合群的基本命题

在社会评价中，至关重要的评价就是人才选拔。"以修养取人"就是中国古代人才选拔的一个基本准则。这是因为，身心修养不仅是"为政"，即"治国"的条件，也是齐家、平天下的基础。《大学》曰："古之欲明明德于天下者，先治其国；欲治其国者，先齐其家；欲齐其家者，先修其身。"①儒家文化是一种具有强烈入世精神的伦理政治文化，类似于古希腊柏拉图的"哲学王"理念，儒家认为经过身心修养的士人是治理国家的重要力量。因此，就有了"学而优则仕"②的论断（《论语·子张》）。而之所以认为经过身心修养的人就可以入仕治理国家，是因为儒家在这里有两个逻辑推论理路：一是由小及大，二是家国同构。儒家思想认为，只有经过身心修养的人才能"齐家"，使家族成员和睦齐心，而能"齐家"的人，才能够"治国"，即治理国家。这是一个由小及大的逻辑理路，所谓"一屋不扫何以扫天下"，只有把自身的事、家族的事做好了，才有可能做好国家、天下的事。在儒家思想中，"家事"和"国事"并无本质的区别，在很大程度上，"国"就是"家"的放大版，所谓"国家"就是认为"国"是一个"大的家"。因此，"国事"也就是"家事"的扩展。这是一个家国同构的逻辑理路。正是有了这两个逻辑理路，所以儒家思想自然就会将个体的修养和国家治理人才的选拔结合起来，并将在修养上的境界视为人才选拔的主要标准。从儒家的文献我们就可以看出，其所论"修身"的主体主要就是即将入仕者和已经入仕者，《论语·子路》中孔子说："行己有耻，使于四方，不辱君命，可谓士矣。"③荀子说："故君子博学深谋，修身端行，以俟其时。"（《荀子·宥坐》）④

"以修养取人"也是社会评价的一般准则，是成为一个社会人的必修课，说明了传统社会对人的评价重在身心修养，把身心修养视为评价人的最重要准则。曾子曰："吾日三省吾身——为人谋而不忠乎？与朋

---

① 王文锦：《大学中庸译注》，中华书局2013年版，第3页。
② 杨伯峻：《论语译注》，中华书局2012年版，第281页。
③ 同上书，第194页。
④ （清）王先谦：《荀子集解》，中华书局2013年版，第622页。

友交而不信乎？传不习乎？"（《论语·学而》）①《大学》曰："富润屋，德润身，心广体胖。"②荀子说："善在身，介然必以自好也；不善在身，菑然必以自恶也。"（《修身》）③

2. "取人"的评价内容

在修身上，虽然最为强调的品质是道德教养，但是，修身并不仅仅只是道德教养。早期儒家思想尊奉周王朝的文化传统。周王朝的官学就要求学生掌握六种基本素质，即"六艺"：礼、乐、射、御、书、数，《周礼·保氏》曰："养国子以道，乃教之六艺：一曰五礼，二曰六乐，三曰五射，四曰五御，五曰六书，六曰九数。"可以看出这里的"道"是包含"礼、乐、射、御、书、数"等六种素养的，并不仅仅指道德。《尚书》载伊尹的一段话："任官惟贤才，左右惟其人。"孔子指出："如有周公才之美，使骄且吝，其余不足观也。"荀子指出："知而不仁，不可；仁而不知，不可；既知且仁，是人主之宝也，而霸王之佐也。"（《荀子·君道》）④墨子《尚贤》提出"察能予官，以德就列"。这些论断都意在强调在修身上道德和知识能力都很重要，二者不可偏废。

所以我们在理解上文《中庸》中的"修身以道"时，也不宜狭隘地将"道"理解为道德。修身是一个全面系统的工程，大体而言，包括三个方面的素质培养：一是道德修养，主要以"礼"的形式表现出来；二是审美和心性修养，主要以"乐、书"的形式表现出来；三是实用技能的培养，主要以"射、御、数"的形式表现出来。即使从现代教育理念来看，"六艺"都是一个形而上与形而下有机结合，既重"德"，又重"才"，且不忽视"技"的全面、系统的修身标准。

当然，在这"六艺"中，儒家最为看重的是道德修养，主要是"礼"的修养。荀子说："凡治气、养心之术，莫径由礼。"⑤"礼者，

---

① 杨伯峻：《论语译注》，中华书局2012年版，第4页。
② 王文锦：《大学中庸译注》，中华书局2013年版，第4页。
③ （清）王先谦：《荀子集解》，中华书局2013年版，第24页。
④ 同上书，第283页。
⑤ 同上书，第31页。

所以正身也。"① （《修身》）孔子则说"克己复礼为仁"（《论语·颜渊》）。"礼"是修身最重要的路径，而"仁"则是修身的旨归，所以"克己复礼为仁"。②因此，《中庸》才有"故为政在人，取人以身，修身以道，修道以仁"之说。

综上，儒家在人才选拔或者社会评价上强调修身标准，而修身又包含一些具体的修养要素，既有道德、审美方面的要求，又有知识、技能方面的衡量。但是在这些要素中，道德是属于最重要的要素。这种人才选拔或社会评价标准，概而言之，就是"德才兼备，以德为先"。

（三）"以修养取人"命题的价值与意义

一个社会对于"人"的社会评价体系，在很大程度上会影响到社会的发展进步以及社会的风气。这是因为，社会的发展进步离不开人，先进合理的社会评价体系能够将真正的人才选拔出来，不合理的社会评价体系则会制造劣币驱逐良币的逆淘汰人才机制。逆淘汰机制不但不能促进社会的快速发展，还会恶化社会风气，使真正有才德的人对社会失望，使社会养成投机钻营的氛围。

"取人以身"，而非西方"取人以血统"，这是中国传统思想留给我们的优秀社会评价理念。在很大程度上，正是基于中国古代以才德为标准的官员选拔制度和社会评价体系相对于西方古代以贵族血统为标准的官员选拔制和社会评价体系的优越性，才有了中国古代社会在发展水平上对于西方的领先。

"以修养取人"命题给我们两个基本启示。

其一，在现实的社会人才选拔和社会评价中，应强调后天的自致性因素，即个人德性修养和能力培养的重要性，以个人的实际德性、能力素质作为人才选拔或社会评价的标准。要警惕先赋性的地位和身份左右我们的人才选拔或社会评价，因为这样的社会评价标准将影响社会的公平和进取心，并最终影响到社会的可持续发展与和谐稳定。

其二，人才选拔或社会评价的"修养"标准是一个综合性的评价标

---

① （清）王先谦：《荀子集解》，中华书局2013年版，第39页。
② 杨伯峻：《论语译注》，中华书局2012年版，第172页。

准，内在包含着道德、心性审美和技能三个大的方面的修养要求。因此，我们的社会评价是对社会成员道德、能力、素质的全方位考核，尤其重视对道德修养的考察。在现代社会中，一些极端的功利主义社会评价体系被一些社会人士或机构奉为圭臬，他们将目的—手段的合理性绝对化，为达目的不择手段。在这种功利主义的社会评价体系下，达成目标是唯一被关心的，手段的合理性、道德性则不会被关注，美其名曰"唯才是举"。这样的社会评价体系造成的社会后果就是世风浇漓、社会失范。在古人"取人以身"的社会评价体系中，是兼顾才和德的，而且在二者的关系中，更重"德"。因为，社会人才选拔的最终目的是要服务于社会民众，如果有才无德，极有可能适得其反，司马光就曾说过，与其选择小人，不如选择愚人。

人的全面自由发展是我们追求的最终目标，中国古人"取人以身"的社会评价体系内在包含着对人的道德、审美、才能、技术的全方位修养要求，应该成为我们今天的人才选拔和社会评价体系的重要借鉴。

（邓万春）

## 三 修身在正心

正心是修身的前提和基础，要修身必须要先正心；正心是修身的关键与途径，修身的关键就在于正心。从正心到修身是一个由内修到外治的过程，修身不仅仅只是独善其身，更要兼济天下。正心、修身的目的是使个体能够"合群"。

（一）"修身在正心"命题的提出

"修身在正心"命题出自《大学》：

> 古之欲明明德于天下者，先治其国；欲治其国者，先齐其家；欲齐其家者，先修其身；欲修其身者，先正其心；欲正其心者，先诚其意；欲诚其意者，先致其知；致知在格物。物格而后知至，知至而后意诚，意诚而后心正，心正而后身修，身修而后家齐，家齐而后国治，国治而后天下平。
>
> 所谓修身在正其心者，身有所忿懥，则不得其正；有所恐惧，

则不得其正；有所好乐，则不得其正；有所忧患，则不得其正。心不在焉，视而不见，听而不闻，食而不知其味。此谓修身在正其心。

第一段话将"正心"作为修身的前提和途径：要修身，先要正心，正心则可以修身。第二段话可以看作对第一段话的解释，即解释为什么修身在正心：如果内心有各种不良的情绪或杂念，如愤怒、恐惧、喜好、忧虑，就会心思不够端正；如果心思不端正，就会心不在焉、魂不守舍，身体的看、听、食等行为都会不得其要，看了却像没看一样，听了却像没听一样，吃了却不知味道。所以，修身在正心。

"修身在正心"命题有两重基本含义。其一，正心是修身的前提和基础，要修身必须要先正心；其二，正心是修身的关键与途径，修身的关键就在于正心，不正心就谈不上修身，甚至可以说正心就等同于修身。

(二)"修身在正心"命题的含义

《大学》强调修身在正心。《大学》和《中庸》是《礼记》中的两篇，朱熹将《大学》和《中庸》从《礼记》中摘出，与《论语》《孟子》一道作为理学的入门书，合称"四书"。《大学》为"四书"之首，朱熹把《大学》的思想概括为"三纲领"和"八条目"，"三纲领"是指"明明德""亲民""止于至善"，八条目是指"格物""致知""正心""诚意""修身""齐家""治国""平天下"，朱熹认为"八条目"是"三纲领"得以实现的具体步骤。[①]

《大学》开篇即提出"三纲领"，"大学之道，在明明德，在亲民，在止于至善"，[②] 接着就提出实现"三纲领"的前提，一个层层递进的路径，"古之欲明明德于天下者，先治其国；欲治其国者，先齐其家；欲齐其家者，先修其身；欲修其身者，先正其心；欲正其心者，先诚其

---

[①] 蒋重跃：《〈大学〉思想体系的中国特质——基于元典和古代诠释传统的本体论透视》，《南京大学学报》(哲学·人文科学·社会科学)2017年第5期。

[②] (宋)朱熹：《四书章句集注》，中华书局1983年版，第3页。

意；欲诚其意者，先致其知；致知在格物"。①"八条目"清晰的逻辑是以格物、致知、诚意为基础，"正心"处于起承的核心位置，是格物、致知、诚意的结果，也就是所谓"内圣"的过程，然后从内在的完善外化为行动，然后是不同范畴不断向外的推衍，从"齐家""治国"到"平天下"，构成"外王"的过程，这其中强调修身的关键是正心。

关于修身在正心的思想，儒家的代表人物都有相关的论述。

孔子间接地在正心与修身之间建立了逻辑关系。他说："君子坦荡荡，小人长戚戚。"（《论语·述而》）君子，即修身有成之人，心胸开阔宽广、坦荡自若；而小人，即不修身之人，或修身不成之人，则心胸狭窄、患得患失、斤斤计较。如此，孔子便将修身与正心联系起来，比较了修身之人与不修身之人在"正心"方面的巨大差异。

孟子秉持其"内圣外王"的致思路径，认为内在的"正心"是修身的前提条件。他讲："尽其心者，知其性也。知其性，则知天矣。存其心，养其性，所以事天也。夭寿不贰，修身以俟之，所以立命也。"（《孟子·尽心上》）人如果能够尽自己的心力，就会知道人之本性；人如果能够保存自己的本心，修养自己的本性，就可以对待天命。这里的"尽心""存心"都属于正心的范畴，只有做到尽心、存心，才能够知性、养性，知性、养性即修身之功夫。孟子说："君子所性，仁、义、礼、智根于心。其生色也，睟然见于面，盎于背，施于四体，四体不言而喻。"（《孟子·尽心上》）君子的本性，仁、义、礼、智根植于内心。有了内心的仁义，身体外在表现就自然是合乎仁、义、礼、智的。

荀子将修身之要放在治气养心上面。他说："治气养心之术：血气刚强，则柔之以调和；知虑渐深，则一之以易良；勇胆猛戾，则辅之以道顺；齐给便利，则节之以动止；狭隘褊小，则廓之以广大；卑湿重迟贪利，则抗之以高志；庸众驽散，则劫之以师友；怠慢僄弃，则照之以祸灾；愚款端悫，则合之以礼乐，通之以思索。"（《荀子·修身》）"不诚则不独。"（《荀子·不苟》）如果心意不真诚，则无以慎独。因此，正心也是慎独的前提与基础。但是荀子并不全然将正心与修身的关系看

---

① （宋）朱熹：《四书章句集注》，中华书局1983年版，第3页。

作是一个由内至外的过程,而是视作一个内外相互作用的有机循环过程。他说:"见善,作然必以自存也;见不善,愀然必以自省也。善在身,介然必以自好也;不善在身,菑然必以自恶也。"(《荀子·修身》)善或者不善的行为,会作用于人的内心,"作然""愀然""介然""菑然",然后由内心的反省、检讨而反作用于人的外在行为。正心在这个过程中处于一个中间环节。

《大学》讲:"所谓修身在正其心者,身有所忿懥,则不得其正;有所恐惧,则不得其正;有所好乐,则不得其正;有所忧患,则不得其正。心不在焉,视而不见,听而不闻,食而不知其味。此谓修身在正其心。"① 那么这些个人心理不"正"教化的意义何在?直接关系到个体与群体、社会的关系,正心、修身的目的是使得个体能够"合群"。也就是说,正心到修身是一个由内修到外治的过程,修身不仅仅只是独善其身,更要兼济天下。格物、致知、诚意、正心是内修以达到"明明德"的目标,齐家、治国、平天下则是外治以实现"亲民"的目标。而外治"亲民"又是以内修"明明德"为前提的,只有"明明德"而修身成人才能达到"己立立人、己达达人,使天下万民、家国天下除旧布新、振作自新"。内修"明明德"以外治"亲民"为目标,通过修、齐、治、平达到家齐、国治、天下平的最终目标,也就是"止于至善"。② 修身在正心作为"八条目"的核心环节,构成了从个体到家、国、天下的社会实践路径。

(三)"修身在正心"命题的意义

修身在正心的命题不仅作为中国传统社会重要的社会统治和社会控制思想,体现在儒家倡导的要求个人不断自我完善,自我修养的理论中,通过"内圣外王"的理想人格模式来为社会塑造标准的个人价值,也就是"君子",使之成为中国传统社会的核心价值。但是儒家关于"修身""正心""诚意"等的解释和论争反映为中国古代不同时期对于

---

① (宋)朱熹:《四书章句集注》,中华书局1983年版,第3页。
② 杨英姿:《试论〈大学〉"三纲八目"之儒学奥义及当代价值》,《伦理学研究》2015年第1期。

身心、知行等基本问题的认识的发展。从现代心理学的角度来看，身和心难以独立存在，身与心本也难以分割，是一体的，王阳明的"知行合一"要比程朱理学认为的先知而后行更接近事实。王阳明的心学，从人的内心去解释人的行为，比较接近现代心理学的"知、情、意"三分法，也就是把人的心理分为认知、情感和意志。王阳明对"格物致知"的理解代表的是人的道德、善恶等高级社会认知和发展目标，通过"诚意"和"正心""修身"实践，外化为个人的"修身"行动，进一步表现为超越个体的行为，即"齐家""治国"和"平天下"。借鉴日本心学家东泽泻的"诚意正心"一体的观念，① 从心理学的视角看，儒家的"八条目"可以看作"诚意正心"和"格物致知"的心理过程和"修身、齐家、治国、平天下"的行为实践，内在的心理过程是个人努力至善，"慎独戒惧"不断"格心""正心"，实现"致良知"；行为实践只是个人在不同社会范畴中的作为，是一个从个体、家庭到国家和天下的推演和提升的过程。修身在正心对于当代社会依然具有积极的意义，通过个体自我修养提升实现社会完善和进步也需要从个体的"诚意""正心"出发，不断"修身"，承担家庭、社会和国家层面的责任，实现家、国、天下共治的社会目标。

（王俊秀）

## 四　养浩然之气

养浩然之正气，是古人对仁人君子的要求，也是对社会个体成员修身合群的要求。浩然之气既是一种精神境界，也与天地之间存在的物质之气相通。养浩然正气需要集仁义、尚志、养心、反求诸己。

（一）"养浩然之气"命题的提出及含义

儒家讲修身之崇高的境界，莫如孟子说"我善养吾浩然之气"。在孟子与其弟子公孙丑的对话中，公孙丑问："敢问夫子恶乎长？"孟子答："我知言，我善养吾浩然之气。""知言"应即是明辨言论之是非，

---

① ［日］冈田武彦：《王阳明大传：知行合一的心血智慧》（中），杨田等译，钱明审校，重庆出版社2015年版，第98—99页。

而"浩然之气"则不易理解。故公孙丑又问:"敢问何谓浩然之气?"孟子又答:"难言也。其为气也,至大至刚;以直养而无害,则塞于天地之间。其为气也,配义与道;无是,馁矣。是集义所生者,非义袭而取之也。行有不慊于心,则馁矣。"(《孟子·公孙丑上》)

在中国传统思想中,"气"概念的含义十分广泛。它可以指世界本原意义上的"气",也可以指物理、生理、心理和伦理等方面的"气"。孟子所说的"浩然之气",当主要是一种将心理和伦理合而为一的"气",简言之,它是一种道德的精神境界。"浩然",朱熹在《四书集注》的《孟子集注》中说:"浩然,盛大流行之貌。"这种"盛大流行之貌"一般是指江河大川之流行的物理现象,但在中国古代也可用来描述崇高而博大的精神境界。如《孟子·公孙丑下》记载,孟子在游说齐国时未受到齐王的礼遇,孟子在昼县又住宿了三夜,也没听到齐王要把他召回,于是孟子"浩然有归志"。这里的"浩然"是用来表述"如水之流不可止"的精神意向。《孟子》书中的两处"浩然"都是喻指精神现象,而"浩然之气"则更是指道德高尚的精神境界。

孟子对于"浩然之气"也说是"难言也",但他仍对此做了说明:"其为气也,至大至刚;以直养而无害,则塞于天地之间。"这种精神境界"至大至刚",是说其极致的博大而刚健;"以直养而无害,则塞于天地之间","直"是正直、正义,"养"是充养,亦即道德的修养,不对这种道德的修养有所妨害,则"浩然之气"就可"塞于天地之间"。虽然"浩然之气"是一种精神境界,但在中国古人看来,这种精神境界亦是与天地之间存在的"气"相通的。"塞"是充满,在孟子的意识中,"浩然之气"可以充满天地之间,实也就是孟子胸怀宇宙、"万物皆备于我"的那种精神境界。

孟子又说:"其为气也,配义与道;无是,馁矣。是集义所生者,非义袭而取之也。行有不慊于心,则馁矣。"这里的"义与道"可合在一起理解,即指正义或道义。"浩然之气"是与正义或道义紧密结合在一起的;"无是,馁矣",如果没有正义感或道义感充实在心,那么精神状态也就疲软而无所谓"浩然"了。"是集义所生者,非义袭而取之也",这是说"浩然之气"乃由正义感的一贯积累而产生的,而不是由偶然的正义行为从外部取得的。"行有不慊于心,则馁矣","慊"是快感、愉悦,当人们以长期的、一贯的、自觉的、真诚的发自内心的道德意识而从事,就会自然而然地在心中有一种愉悦之感,孟子说"仰不愧于天,俯不怍于人","反身而诚,乐莫大焉"(《孟子·尽心上》),这种"乐"就是由真诚的道德意识和行为所产生的愉悦之感,如果心有愧疚,失去了道德的愉悦之感,那也就没有"浩然之气"了。

概括言之,孟子所说"我善养吾浩然之气",所谓"善养"是说长期的、一贯的、自觉的、真诚的道德修养,而"浩然之气"则是这种道德修养所达到的崇高的道德的精神境界。虽然这种精神境界"难言",但孟子把它表述出来,说明孟子实有这种精神境界的体验。也正因孟子实有这种精神境界,所以在孟子的立身行事中能表现出"富贵不能淫,贫贱不能移,威武不能屈"的"大丈夫"精神(《孟子·滕文公下》)。

(二)如何养浩然之气

孟子不但提出了"养浩然之气"的命题,还给出了"养浩然之气"的方法。

1. 集仁义

孟子的"浩然之气"充盈着仁、义、礼、智,所以养浩然之气的首要方法就是要蓄养仁、义,通过仁、义的修养以达到养成浩然之气的目的。孟子说:"其为气也,配义与道;无是,馁也。"浩然之气的养成需要配合义和道,否则,就气馁了。他说气"是集义所生者,非义袭而取之也"。即是说,浩然之气的获得需要对仁与义的长期的积累,而非偶尔的投机。孟子主张性善论,所以认为仁与义就在人的内心,只需要通过修养而将其发挥出来即可。他说:"仁、义、礼、智,非由外铄我也,我固有之也,弗思耳矣。故曰:求则得之,舍则失之。"(《孟子·告子上》)

2. 尚志

孟子养浩然之气也注重"尚志"。孟子说:"夫志,气之帅也;气,体之充也。夫志至焉,气次焉。"(《孟子·公孙丑上》)志是气的统帅,气随志而动。所以,要尚志。《孟子·尽心上》中,王子垫问曰:"士何事?"孟子曰:"尚志。"曰:"何为尚志?"曰:"仁义而已矣。杀一无罪非仁也;非其有而取之非义也。居恶在?仁是也;路恶在?义是也。居仁由义,大人之事备矣。"志与仁义相通。孟子所讲的"富贵不能淫,贫贱不能移,威武不能屈"就是对大丈夫之志的表述。(《孟子·滕文公下》)

3. 养心

人心皆有欲望,养浩然之气需要克制人心的欲望,否则,过度的外在欲望会损害气的涵养。所以养气需要养心。孟子说:"行有不慊于心,则馁矣。我故曰告子未尝知义,以其外之也。"人的行为问心有愧,则会气馁。

养心有几个具体的要求。一是要尽心、存心。《孟子·尽心上》说:"尽其心者,知其性也。知其性,则知天矣。存其心,养其性,所以事天也。"即要尽善心、存善心。二是要寡欲。孟子说:"养心莫善于寡欲。"三是不动心。《孟子·公孙丑上》中公孙丑问曰:"夫子加齐之卿相,得行道焉,虽由此霸王不异矣。如此,则动心否乎?"孟子曰:"否。我四十不动心。"心志要专一而不妄动。

4. 反求诸己

养浩然之气需要时时对自己的言行进行反省、反躬自问。孔子曾说过"君子求诸己"(《论语·卫灵公》)。孟子说:"仁者如射:射者正己而后发,发而不中,不怨胜己者,反求诸己而已矣。"(《孟子·公孙丑上》)仁者能够反求诸己。他还讲:"爱人不亲反其仁,治人不治反其智,礼人不答反其敬。行有不得者,皆反求诸己,其身正而天下归之。"(《孟子·离娄上》)在社会交往与社会事务中出现的不如人意的地方都要多从自身去找原因。

(三)"养浩然之气"命题的社会价值

"养浩然之气"命题体现的是中华民族传统中对理想人格的呼唤和追求。在传统儒家思想中,个体的修养最终是为了合群、能群、善群、乐群,社会、国家的命运投射在个体的道德、人格之上。拥有浩然正气的社会个体的存在是一个长治久安、繁荣昌盛的国家与社会存在的前提。因此，个体养浩然之气就不再仅仅是一个个人修养问题，也是一个更宏观的国家、社会问题。

"养浩然之气"命题启示我们培养社会成员的健全人格的重要性。培养社会成员健全的人格需要立志、蓄积仁义、克制过度的欲望，并时时反省自己的言行。

"养浩然之气"也是培育社会资本，并进而达至一个健全社会的路径。只有健全的社会成员，才能造就一个健全的社会。

（李存山）

## 五 身劳而心安

群学强调，人的合群性不是出于人的生物本能，而是通过修身达至的。只有依靠修身，才能"立人"；只有凭借修身，才能"取人"；只有通过修身，人才能"正心"。而"修身"并不是空洞的、抽象的，它有具体的实现途径。《荀子·修身》指出的一个重要途径就是"劳动—修身—合群"。群学不仅肯定劳动对于人的生活的意义，还把劳动看作是立人之本、合群之源，因而是修身的重要途径和基本内容。

（一）"身劳而心安"命题的提出

在中华文明形成的早期，我们的先人就认识到了劳动对于人的意义。在我国最早的诗歌总集《诗经》（从先秦传到孔子时尚余305篇）中，就不乏歌颂劳动的诗篇。首先是高度肯定劳动对于人的生命的意义。有多首诗歌赞颂父母为子女和家庭付出的辛劳，"有子七人，母氏劳苦""母氏劬劳"，[1]"哀哀父母，生我劬劳""父兮生我，母兮鞠我。拊我畜我，长我育我，顾我复我，出入腹我。欲报之德，昊天罔极！"[2]这些诗歌不仅肯定了劳动本身，还将劳动与作为社会关系的伦理关系联系起来，表达至亲情感和报恩观念，从而表现了劳动与社会的内在关联。

许多诗歌还进而肯定了劳动对人的社会生活的意义，表明我们的先

---

[1] 周振甫：《诗经译注》，中华书局2013年版，第46页。
[2] 同上书，第324—325页。

人很早就开始从劳动出发理解社会的形成。如《七月》一诗皆言农桑稼穑之事,透出对劳作艰辛的同情:正月里修理农具,二月里举起脚犁田。我的妻子儿女,将饭送到田地,田官很是欢喜。("三之日于耜,四之日举趾。同我妇子,馌彼南亩,田畯至喜。"①)这里描写了多项劳动分工,也有农夫与田官之间的职位之别。由劳动分工而有社会分工,由社会分工而有社会矛盾。骄横的统治者迫使劳动者尝尽艰辛,苍天啊,你要谴责骄横的人,怜悯辛劳的人。("骄人好好,劳人草草。苍天苍天,视彼骄人,矜此劳人!"②)

在生产劳动实践中,人们实际地观察到他们之间的关系到底是怎么形成的,根本上是通过劳动分工而形成。可见,早在先秦时期,人们已经明了劳动与群的形成之间的关联——而这正是"群理"的发源。

到了春秋战国时期,我国已经出现了平民知识阶层,产生了墨子这样的"劳动人民的思想家"。墨子提出,人与禽兽等动物的区别在于"赖其力者生,不赖其力者不生"。③明确揭示了"劳动是人的本质"这一重要原理,由此开启了"劳动—修身—合群"的理论脉络。

墨子所说的"赖其力",其实不仅指的体力劳动,但墨子后学将其推广为任何人必须从事生产劳动。这遭到了孟子的反驳,社会分工应该是普遍性的、多样性的:百工之事本不可一边种地同时又从事其他工种的。孟子曰:"然则治天下独可耕且为与?有大人之事,有小人之事。且一人之身,而百工之所为备,如必自为而后用之,是率天下而路也。故曰,或劳心,或劳力;劳心者治人,劳力者治于人;治于人者食人,治人者食于人,天下之通义也。"④可见在孟子的时代,社会分工已然成为"社会之通义"了。

荀子虽然对墨、孟多有批评,然而他在讲到修身时提出"身劳而心安"的命题,将墨子的劳动原理推广到对群的形成的原理性解释,由此

---

① 周振甫:《诗经译注》,中华书局2013年版,第209页。
② 同上书,第321页。
③ 方勇译注:《中华经典名著全本全注全译丛书·墨子》,中华书局2011年版,第279页。
④ 杨伯峻:《孟子译注》,中华书局1960年版,第124页。

奠定了群理的基础。

(二) 提出"身劳而心安"命题的社会背景

我国的农业文明发育很早。与采摘和游牧不同，农业从一开始就必须有劳动的投入，春天播种，秋天收获，这是一个生产过程，不像当时的采摘和游牧，其对象是自然界现成提供的。农业生产要求人们必须有极强的农时意识，误了农时，就有挨饿的危险。春种、夏管、秋收、冬藏，一年四季必须勤劳。农业劳动使我们的先人较早认识到，勤劳是获取成果的最根本的理由，所以，中华民族很早就形成了尚勤节俭的劳动文化。

然而，春秋战国500年间，战事频仍，社会混乱，纲纪败坏，盗贼丛生。据《庄子·盗跖》讲："盗跖从卒九千人，横行天下，侵暴诸侯；穴室枢户，驱人牛马，取人妇女；贪得忘亲，不顾父母兄弟，不祭先祖。所过之邑，大国守城，小国入保，万民苦之。"[1] 跖是大盗，其他小盗从卒即便没有这么多，但小盗数量多，加起来规模可观，对百姓的祸害程度可想而知。同时，乱世之时，社会浮躁，不耕而食、不织而衣、游手好闲、不劳而获也是当时普遍蔓延的社会现象。

对于上述诸种社会现象和问题，可以从经济的、政治的、文化的、社会的不同角度加以观察，而出于不同的阶级和群体的立场，观点可能迥异或相反，例如孔子和盗跖之辩即是如此。而要从以上社会现象和问题中揭示出劳动与群理的关系，更需要劳动人民对于自身社会价值和作用具有一定的觉悟，需要能够反映劳动人民觉悟的一个特定阶层或群体的出现，那就是平民知识阶层的登场。而一个新兴的知识阶层在战国时期果然出场了。

在同时代世界上其他几个文明体仍由少数贵族分子垄断知识和话语权之时，中国因为孔子力行了"有教无类"的平民教育，使得知识迅速扩散到了民间。只需带一块干肉，孔子即可收为弟子，这一创举打破了官家对教育的垄断特权。很快，中国不但出现了被称为"士"的平民知识阶层，而且出现了仍然从事劳动、倡导劳动、维护劳动人民利益

---

[1] 孙通海：《庄子》，中华书局2007年版，第347页。

的知识群体，那就是墨子及其学派。这个学派主张创造一个"有余力以相劳，有余财以相分"的没有贫富劳逸的不均，没有浪费和窘迫的对照，没有嫉妒、愁怨或争夺的理想社会。① 著名史学家张荫麟认为："春秋时代最伟大的思想家是孔丘，战国时代最伟大的思想家是墨翟。""在世界史上，墨子……首先替人类的共同生活作合理的新规划。"② 墨家学派在当时与孔子创立的儒家学派并立为显学，有这样一个学派才能在春秋末战国初就创造出以劳动原理为基础的社会理想。这不仅在中国，就是在世界学术史上也是最早触及人类社会根本问题的"理智的明灯"。③

善于综合各家之长的荀子之所以能在创立群学时充分吸收墨子的劳动原理，则与他在稷下学宫期间与包括墨家后学在内的各派人物有直接的交流和对话机会有很大的关系。

（三）"身劳而心安"命题的含义

顾名思义，这个命题是讲"身劳"与"心安"的关系。为什么"身劳"方能"心安"呢？这可以从以下三个层次去理解。

1. 劳动与修身

劳动之所以可以作为修身的重要途径，是因为劳动不仅可以满足物质生活的需要，还可以在精神上获得作为人的尊严。因为，再也没有比依靠自己的劳动获得享受上的满足更让人感到理直气壮的了。所以，"身劳"可以"心安"。荀子据此将"身劳而心安"确定为修身的一项行事原则：身体辛劳但心安理得，就可以去做；利益虽少但道义多，就可以去做。（"身劳而心安，为之；利少而义多，为之。"④）而将"身劳而心安，为之"与"利少而义多，为之"并举，凸显了二者具有同样的道德高度。

2. 劳动与合群

作为个人，该干什么、不该干什么要讲"身劳而心安"，作为群的

---

① 张荫麟：《中国史纲》，中华书局 2009 年版，第 126 页。
② 同上书，第 123 页。
③ 同上。
④ （清）王先谦：《荀子集解》，中华书局 2013 年版，第 32 页。

一员，怎样才能被群所接纳、获得群的认可？也要讲"身劳而心安"。劳苦的事争着干，享乐的事让给别人，忠厚诚信，谨守礼法而知晓事理，这样的人不论走到哪里都可以入群、合群。（"劳苦之事则争先，饶乐之事则能让，端悫诚信，拘守而详，横行天下。"①）反之，对劳苦的事偷懒退缩，享乐的事就巧言争夺，邪僻而不诚实，放纵而不检束，这样的人不论走到哪里，莫不遭到唾弃。（"劳苦之事则偷儒转脱，饶乐之事则佞兑而不曲，辟违而不悫，程役而不录，横行天下，虽达四方，人莫不弃。"②）正反的事实证明，以"身劳而心安"立身，以此态度为人处世，就可以增强合群性。

3. 劳动与群理

不仅对个人、对个人与群的关系而言，就是对于群的整体而言，要想增强群的团结，提高群的凝聚力，都要讲"身劳而心安"。爱护老人可以让青壮年对自己的未来放心，不让穷困者陷入绝境可使显达的人感到安心，做好事不求回报就会得到无论贤能之人还是无能之人的普遍认同。做到了这三条，即使有大祸，上天也会保佑的。（"老老而壮者归焉，不穷穷而通者积焉，行乎冥冥而施乎无报，而贤不肖一焉。人有此三行，虽有大过，无其不遂乎？"③）

劳动与群理的关系扩展到"王者之论"即国家和社会治理层面，要做到没有德行就不能尊贵，没有才能就不能当官，没有功劳就不能奖赏，没有罪过就不能惩罚，无德无能无功在朝廷上就不能侥幸得到职位，百姓如果不务正业也不能侥幸生存。（"无德不贵，无能不官，无功不赏，无罪不罚，朝无幸位，民无幸生。"④）

劳动与群理的关系落实到"王者之政"的实践中，要求把劳动作为评价人、选拔人的标准，也作为教育人、处理人的手段。荀子首次提出"职而教之"的主张，"职"这里指"劳役"。⑤对那种奸言、奸说、奸

---

① （清）王先谦：《荀子集解》，中华书局2013年版，第33页。
② 同上书，第33—35页。
③ 同上书，第40—41页。
④ 同上书，第188页。
⑤ 章诗同：《荀子简注》，上海人民出版社1974年版，第77页。

事、奸能之类的人，要强制他们劳动并进行教育，等待他们转变，以奖赏或惩罚劝导他们劳动，安心劳动就留下，不安心的就抛弃。但对有残疾的五种人，国家要收养他们，根据能力安排工作，官府提供衣食，全面覆盖无一遗漏。荀子认为这是"天德"，是为"王者之政"。（"故奸言、奸说、奸事、奸能、遁逃反侧之民，职而教之，须而待之，勉之以庆赏，惩之以刑罚，安职则畜，不安职则弃。五疾，上收而养之，材而事之，官施而衣食之，兼覆无遗。才行反对者死无赦。夫是之为天德，王者之政也。"[①])

（四）"身劳而心安"命题的价值

1. 在先秦思想家中，墨子首先从劳动角度讲人与动物之别，孟子从劳动分工讲到社会分工，荀子对墨子和孟子虽然多有批评，但也有吸收和继承。就"身劳而心安"这一命题而言，在先秦诸子之间，有各自讲，有对着讲，也有接着讲。在从劳动到社会的认识思路上，墨孟是对着讲的，墨荀是接着讲的。不论何种讲法，从墨子、孟子到荀子的思想是具有相继性的，在此脉络中，建立了劳动与群理之间的内在关系。从而不仅为修身确定了一个具体途径，更为群理奠定了基础。能群、合群、乐群、善群，本原是劳动。如果将群学分为群理与群治的话，那么由"身劳而心安"这一命题铺陈开的劳动原理可以作为联结群理与群治的桥梁。

2. 由"身劳而心安"这一命题的上溯与下延，我们可以理解中华民族勤劳品质的历史形成脉络。可知对于勤劳，早在战国时期不仅已经形成了广泛的社会共识，而且已经达到了相当高的理论认识水平。

3. "身劳而心安"这一命题对后世"耕读传家"的齐家治国之道和社会风俗的形成，具有深远的影响。尽管"不劳而获"不可避免，奸猾欺诈不绝于世，但"身劳而心安"在广大劳动群众中、在知识阶层中，始终占据价值评价的主导地位。

（景天魁）

---

① （清）王先谦：《荀子集解》，中华书局2013年版，第176页。

## 六 修己以安人

修养自身是君子之本，是合群的根基。君子要通过修养自身，使家庭和睦安宁；君子更要通过修养自身，使社会他人安乐；君子的最高境界，是通过修养自身，使普天之下的百姓都安乐。因此，君子修养自身是齐家、治国、平天下的根基，因而也是合群的根基。

（一）"修己以安人"的出处与含义

"修己以安人"出自《论语·宪问》：

> 子路问君子。子曰："修己以敬。"曰："如斯而已乎？"曰："修己以安人。"曰："如斯而已乎？"曰："修己以安百姓。修己以安百姓，尧、舜其犹病诸！"①

对于"修己以安人"中的"人"，自古以来有着不同的解释。魏何晏注、宋邢昺疏《论语注疏》卷十四指出："孔（安国）曰：'人，谓朋友九族。'"朱熹《四书章句集注》曰："修己以敬，夫子之言至矣尽矣。而子路少之，故再以其充积之盛，自然及物者告之，无他道也。人者，对己而言。百姓，则尽乎人矣。尧、舜犹病，言不可以有加于此。以抑子路，使反求诸近也。盖圣人之心无穷，世虽极治，然岂能必知四海之内，果无一物不得其所哉？故尧、舜犹以安百姓为病。若曰吾治已足，则非所以为圣人矣。"清代刘宝楠《论语正义》云："君子，谓在位者也。修己者，修身也。以敬者，礼无不敬也。安人者，齐家也。安百姓，则治国平天下也。"杨伯峻《论语译注》则认为这里的"人"字"显然是狭义的'人'，没有把'百姓'包括在内"，是指"士大夫以上各阶层的人"。②

孔安国将这里的"人"的含义理解为"朋友九族"，稍嫌狭窄。杨伯峻将"人"理解为"士大夫以上各阶层的人"，这个含义则过于政治

---

① 杨伯峻：《论语译注》，中华书局2012年版，第221页。
② 同上。

化，有浓厚的阶级论色彩。

对于这里的"人"的理解，朱熹和刘宝楠的解释应该能够给我们较多启示。刘宝楠从修身、齐家、治国、平天下的角度来理解这段话中的"己""人""百姓"。由身到家，再到国、天下，遵循一个由内而外、由近及远的推衍法则。与此相应，"身"和"己"对应，"人"和"家"对应，"百姓"和"国、天下"对应。但是，传统社会的"家"和"国"并无明确清晰的界限，这里的"家"，是一个以家人为中心向外扩散至亲戚、朋友、故旧的"大家"，而不仅仅局限于朋友九族，所以这里与"家"对应的"人"的主要是以家人为中心，并拓展到亲戚、朋友、同事、同乡等的人际圈或生活世界中的人。

朱熹从人己关系及远近的角度理解人。从人己关系出发，这里的"人"就是社会他人，但这个社会他人不能等同于百姓，"百姓"在这里比"人"更为抽象，如果把这里的"人"理解为具体化的社会他人，或者离"己"较近的社会他人的话，那么这里的"百姓"就可以理解为概化的社会他人，或者离"己"较远的社会他人。具体化的社会他人是在跟"己"的对象化关系中得以呈现的，因此是属于"己"的生活世界，或人际圈的社会他人，而概化的社会他人更多地属于"己"的陌生人世界，或者说处于"己"的生活圈外。

因此，对于"修己以安人"中的"人"，我们就不能孤立地去理解，而应在"己""人""百姓"以及"修身""齐家""治国平天下"的逻辑序列中去理解"人"。从这个逻辑序列去理解，这里的"人"就是处于"己"和一般"百姓"之间的人，主要是自己人际圈或生活世界中的人。而且，"己""人""百姓"三者之间的关系不应该是杨伯峻所说的阶级等级关系，而是以"己"为中心，由内而外、由近及远的关系，"人"是离"己"社会距离较近的人，而一般"百姓"则是离"己"社会距离较远的人。

弄清楚了"人"的含义后，我们可以对这段话加以理解：以虔敬、谨慎的态度修养自身，这是君子之本，或者说是作为君子首先要做到的；其次是要通过修养自身来使社会他人安乐，君子的最高境界则是通过修养自身使普天之下的百姓都安乐。孔子认为，要做到使普天之下的老百姓都安乐,实非易事,连尧舜都很难做到。

(二)"修己以安人"命题的思想源流

在传统儒家思想中,类似"修己以安人"的论述较多。拿《论语》来说,就有《论语·卫灵公》中的"己所不欲,勿施于人",[①]《论语·雍也》中的"夫仁者,己欲立而立人,己欲达而达人",[②]《论语·学而》中的"不患人之不己知,患不知人也",[③]《论语·颜渊》中的"君子成人之美,不成人之恶,小人反是"。[④] 与《论语》同时代的《道德经》第八章有"上善若水,水善利万物而不争"之说。《论语》之后的《孟子·尽心上》说:"得志,泽加于民;不得志,修身见于世。穷则独善其身,达则兼济天下。"[⑤]《孟子·梁惠王下》曰:"忧民之忧者,民亦忧其忧。"[⑥]《孟子·梁惠王上》有"老吾老以及人之老,幼吾幼以及人之幼",[⑦]《荀子·荣辱》中的"自知者不怨人,知命者不怨天"。[⑧]《大学》中的"是故君子有诸己而后求诸人,无诸己而后非诸人"。《墨子》中反复强调的"兼相爱,交相利"。《墨子·兼爱中》讲"视人之国若视其国,视人之家若视其家,视人之身若视其身"。

这说明"修己以安人"的思想在中国传统文化中源远流长。此类论述传达的一个共同理念是:个体,或者说"己",需要在"人—己"关系框架中去考虑自己的行为选择,即个体的意识、心理和行为选择要以回应社会他人的行为和处境为旨归;而为了能够有效地回应社会他人的行为和处境,作为个体的"己"需要通过修身提升自我。这就是"修己以安人"的命题内涵。

(三)"修己以安人"的社会学价值

从社会学的角度来看,"修己以安人"作为一个命题,反映的是个

---

① 杨伯峻:《论语译注》,中华书局2012年版,第172页。
② 同上书,第91页。
③ 同上书,第13页。
④ 同上书,第179页。
⑤ 杨伯峻:《孟子译注》,中华书局1960年版,第304页。
⑥ 同上书,第33页。
⑦ 同上书,第16页。
⑧ (清)王先谦:《荀子集解》,中华书局2013年版,第67页。

体与社会的关系问题。"己"代表的是个体。但是这里的社会显然不同于西方社会学体系中的"社会"。这里的社会准确地说是一个社会连续统,连续统的一端是离自己最亲、最近的家人,如父母、兄弟、妻儿,连续统的另一端是离自己疏而远的概化的社会他人。个体作为一个社会人,他需要跟这个社会连续统上的各种"人"进行社会交往或社会互动。"修己以安人"体现在社会交往或社会互动上,呈现出如下特点:

其一,个体跟离自己较亲、较近的人的交往与互动更为直接、更为频繁,而与离自己较疏、较远的人的交往与互动更为间接、更少。自己与父母、兄弟、妻儿、朋亲的交往显然会比一般的"百姓"的交往要更为直接、频繁。

其二,个体跟离自己较亲、较近的人的互动更倾向于是情景性的、权宜性的,但并不是没有互动模式。作为古代社会行为规范的三纲五常就属于人际互动的伦理模式。个体跟离自己较疏、较远的人的交往更倾向于是模式化的、结构化的,但并不排除差异化和特殊性。这是因为,在社会连续统上的各种"人"之间本无明晰的界限。

其三,个体会将跟离自己较亲、较近的人的互动模式推广到跟离自己较疏远的人的交往中,或者说,前者的互动会为后者的互动提供模式借鉴。中国传统社会的家国同构观念即是体现。

其四,无论是跟较亲近的人的互动,还是跟较疏远的人交往,良好的社会互动或社会交往的前提都取决于一个修身养性的"己"的存在。"己"修身养性,其目标并不是指向自身,而是指向社会他人,是为了齐家、治国、平天下。

其五,"修己"不但为齐家、治国、平天下奠定基础,也使得个体能以同理心来对待与社会他人的交往与互动。"己所不欲,勿施于人",此之谓也。

其六,"修己以安人"的命题,将社会个体融合于社会,个体在齐家、治国平天下中实现自我价值,这一命题也赋予中国传统文人士大夫强烈的社会责任感和道德使命感。但是这些责任感和使命感并不是刚性要求,达则兼济天下,穷则独善其身。"修己"是根本,"安人"是更高的要求,最高境界是"安百姓",文人士大夫可以在三者间选择进退。

"修己以安人"作为一个表征个体与社会关系的命题,避免了西方社会学体系中个体与社会关系的一些问题。作为个体的"己"所要面对的社会并非简单的是一个抽象的社会他者,或者制度结构,而是从微观的亲人至概化的社会他人的一个社会连续统,在这个连续统中无法划分明确的微观与宏观的界限。如果以费孝通的概念来把握这个社会连续统,那么就是差序格局。个体所面对的社会其实是以自己为中心,以亲疏远近为标准向外拓展的一个差序格局。作为个体的"己"在与这个社会连续统交往和互动时所遵循的社会规范,也并非某种外在的抽象价值准则,而是首先习得于个体与社会连续统最微观层面的亲人、家人的互动,通过齐家层面的互动形成齐家层面的社会规范。然后将齐家层面的社会规范推衍至治国,再将治国层面的社会规范推衍至平天下。这就打破了西方社会学中微观与宏观、行动与结构的二元对立问题。

"修己以安人"的命题也在个体与社会之间达成了辩证的平衡。"修己"的指向是社会,作为个体的"己"背负着齐家、治国、平天下的使命。但是"修己"本身给了个体以自由度。在《论语·颜渊》中,孔子说:"克己复礼为仁。一日克己复礼,天下归仁焉。为仁由己,而由人乎哉?"[①] 即:实行仁德,关键在于自己,而不是取决于别人。根据段玉裁的解释,"克己复礼"中的"克己"是"自胜"之义,即自己战胜自己。这就是说,"修己"的主动权还是在自身,"己"的行为虽受到社会他人和价值规范等外因的约束,但是实现仁的关键还是取决于内因。而且,如上文所言,社会所赋予个体的使命感和责任感本身也有层级,并非刚性要求。这就能够在一定程度上实现个体的内在自由与社会规范和社会使命的平衡。

(邓万春)

### 七 修己以安百姓

儒家崇尚道德,注重培养"君子"的道德人格。这在孔子的思想中

---

[①] 杨伯峻:《论语译注》,中华书局2012年版,第172页。

就是首先"修己以敬",然后"修己以安人",如果个人能力和社会条件许可,则进而可像尧舜等圣人那样,努力去追求"修己以安百姓"(《论语·宪问》)。在这里,"修己以敬"是基础,只有注重个人自身的道德修养,具有高尚的道德人格和思想境界,才能为他人、为社会作出重要的贡献。

(一)"修己以安百姓"命题的由来与含义

儒家文化的宗旨常以"内圣外王"来概括,所谓"内圣"就是个人有高尚的道德修养,所谓"外王"就是对社会作出重要的贡献。在孔子编纂的《尚书》中,首篇《尧典》就记载帝尧"克明俊德,以亲九族;九族既睦,平章百姓;百姓昭明,协和万邦。黎民于变时雍"。所谓"克明俊德"属于"内圣"或《大学》所说的"修身",以下的"以亲九族""平章百姓""协和万邦"则属于"外王"或《大学》所说的"齐家""治国""平天下"。而"黎民于变时雍"则是修、齐、治、平所要达到的社会的普遍道德和谐。在《尚书·皋陶谟》中也记载,帝舜时皋陶说:"在知人,在安民。"大禹说:"知人则哲,能官人;安民则惠,利民怀之。"在这里,"知人则哲"是要选贤任能,而"安民则惠"也是要达到的终极目标。

《尚书》中的思想被孔子所继承。《论语·雍也》记载,子贡问:"如有博施于民而能济众,何如?可谓仁乎?"孔子答:"何事于仁!必也圣乎!尧舜其犹病诸!"在孔子看来,如果能"博施于民而能济众",就已不是一般的"仁者爱人",而是达到了"圣"的境界,这是尧舜都恐怕做不到的。可以说,如果连尧舜都须经过努力才能做到"博施于民而能济众",那么这也正是儒家的最高价值取向。

《论语·宪问》篇记载,子路问如何才能成为"君子",孔子答:"修己以敬。"子路接着又问:"如斯而已乎?"(这样就可以了吗?)孔子答:"修己以安人。"子路再问:"如斯而已乎?"孔子又答:"修己以安百姓。修己以安百姓,尧舜其犹病诸!"在这里,"修己以敬"属于个人修身的"内圣","敬"是一种严肃的专心致志的精神状态;"修己以安人"是在个人修身的基础上,能对他人有所帮助,也就是"己欲立而立人,己欲达而达人""己所不欲,勿施于人",这就是

"仁"的境界了。而"修己以安百姓"则是"尧舜其犹病诸"的"圣"的境界，这里的"安百姓"同于前所述"博施于民而能济众"，也与《尚书》中所说"安民则惠""黎民于变时雍"有着思想继承的关系。朱熹在《四书集注》的《论语集注》中说："尧舜犹病，言不可以有加于此。"所谓"不可以有加于此"，正说明这是儒家的最高的或终极的价值取向。

杨荣国认为："关于'百姓'与'民'，自西周以来是有严格的区分的，'百姓'即'百官'，'民'即'奴隶'。"但到孟子的时代，"'百姓'与'民'便不像以前一样有若何显著的分别了。说'百姓'是指自由民，说'民'也是指自由民。因而在孟子的口吻中对这两者是无区别的。"① 本书对"百姓"与"民"不作严格区分。

（二）"修己以安百姓"的内容

1. 养民

《尚书·大禹谟》讲："德惟善政，政在养民。"善政在于养育民众。子谓子产："有君子之道四焉：其行己也恭，其事上也敬，其养民也惠，其使民也义。"（《论语·公冶长》）养育民众要有恩惠。养民要重视民意，"天视自我民视，天听自我民听"（《尚书·泰誓》），要"因民之所利而利之"（《论语·尧曰》）。根据民众的好恶来决策，"民之所好好之，民之所恶恶之"（《礼记·大学》）。

能够做到养民、保民，就能够王天下，做到天下无敌。孟子说："保民而王，莫之能御也。"（《孟子·梁惠王上》）孟子认为："古之人，与民偕乐，故能乐也。"（《孟子·梁惠王上》）"乐民之乐者，民亦乐其乐，忧民之忧者，民亦忧其忧。乐以天下，忧以天下，然而不王者，未之有也。"（《孟子·梁惠王下》）韩非子提出："无地无民，尧舜不能以王，三代不能以强。"（《韩非子·饰邪》）

2. 富民

冉有说："既庶矣，又何加焉？"孔子回答说："富之。"富民是安百姓之道。子贡曰："如有博施于民而能济众，何如？可谓仁乎？"子

---

① 杨荣国：《中国古代思想史》，生活·读书·新知三联书店1954年版，第172—174页。

曰:"何事于仁,必也圣乎?尧舜其犹病诸!"(《论语·雍也》)如果能够做到富民济众,那就是圣人。《论语·颜渊》中讲:"百姓足,君孰与不足?百姓不足,君孰与足?"要让百姓富足,百姓富国才能富。孟子说"民可使富也"(《孟子·尽心上》)。为什么要富民呢?孟子认为有恒产者才能有恒心,"民之为道也,有恒产者有恒心,无恒产者无恒心"(《孟子·滕文公上》)。

如何才能做到富民呢?要做到轻徭薄赋,使民以时。孔子说:"薄赋敛则民富,无事则远罪,远罪则民寿。"(《说苑·政理》)《论语·学而》曰:"道千乘之国,敬事而信,节用而爱人,使民以时。"孟子则提出要"薄税敛"(《孟子·梁惠王上》)、"取于民有制"(《孟子·滕文公上》)。

3. 教民

《大学》首句就讲"大学之道,在明明德,在亲民,在止于至善"。就是要以教化让民众从善。《论语·子路》中冉有说:"既富矣,又何加焉?"孔子说:"教之。"除了养民、富民,还要教民,即教化民众。孔子主张"为政以德"(《论语·为政》),"子为政,焉用杀?子欲善而民善矣。君子之德风,小人之德草,草上之风必偃"(《论语·颜渊》)。他说:"道之以政,齐之以刑,民免而无耻;道之以德,齐之以礼,有耻且格。"(《论语·为正文》)孟子曰:"善政不如善教之得民也。善政,民畏之;善教,民爱之。善政得民财,善教得民心。"(《孟子·尽心上》)

教化民众的内容主要有:教民和睦,教民事亲敬长,教民顺承天命。孔子说:"立爱自亲始,教民睦也。立敬自长始,教民顺也。教以慈睦,而民贵有亲;教以敬长,而民贵用命。教以事亲,顺以听命,错诸天下,无所不行。"(《礼记·祭义》)

(三)"修己以安百姓"命题的社会意义

"修己以安百姓"命题体现的是中华民族传统中社会个体以天下为己任的精神传统。作为个体的社会成员并不以个人的安危祸福为旨归,而是身负深沉的社会责任感和历史使命感,将天下百姓苍生的幸福作为自己安身立命之基,并以此作为自己修身成人的动力。

"修己以安百姓"命题提醒世人，个体的命运与社会的命运是紧密联系在一起的。个体的修身养性以社会、民众的前途与发展为旨归时，个人的潜能才能得到最大限度发挥，个人的社会价值才能够得到最大化展现。

一方面，个人有修养自身以合群的内在需求与义务，没有个人的修身成人，就谈不上安人、安百姓；另一方面，修己既是立己之事，更是安百姓的必由之路。但是，安百姓并非一个强制性的社会义务，而是对于社会个体的一个理想召唤。

（李存山）

## 第三节　修身以礼：合群的原则

### 一　人无礼不立

礼是人之为人的基本准则，不学礼、不知礼就无法立身处世，无以为人。礼是社会成员的行为规范，所有社会行为都要合于礼，都要从礼出发，否则，人就难以成为一个合格的社会成员，社会也可能为此出现悖乱。人因礼而立、事因礼而成、国因礼而宁，所以因礼而能合群。

（一）"人无礼不立"命题的提出

"人无礼不立"的命题首见于《论语》：

> 陈亢问于伯鱼曰："子亦有异闻乎？"对曰："未也。尝独立，鲤趋而过庭，曰：'学《诗》乎？'对曰：'未也。''不学《诗》，无以言。'鲤退而学《诗》。他日，又独立，鲤趋而过庭，曰：'学《礼》乎？'对曰：'未也。''不学《礼》，无以立。'鲤退而学《礼》。闻斯二者。"陈亢退而喜曰："问一得三，闻《诗》，闻《礼》，又闻君子之远其子也。"（《论语·季氏》）[1]

子曰："不知命，无以为君子也；不知礼，无以立也；不知言，

---

[1] 杨伯峻：《论语译注》，中华书局2012年版，第249页。

无以知人也。"(《论语·尧曰》)①

"人无礼不立"的意思是:人如果不学礼、不懂礼,就无法立身处世,就无以为人。

其后,荀子继承了《论语》中的这一思想,并对其作了发挥。

> 宜于时通,利以处穷,礼信是也。凡用血气、志意、知虑,由礼则治通,不由礼则勃乱提僈;食饮、衣服、居处、动静,由礼则和节,不由礼则触陷生疾;容貌、态度、进退、趋行,由礼则雅,不由礼则夷固、僻违、庸众而野。故人无礼则不生,事无礼则不成,国家无礼则不宁。诗曰:"礼仪卒度,笑语卒获。"此之谓也。(《荀子·修身》)②

荀子认为,为人如果无礼则无法立于世,行事如果无礼则事情不可能做好,治理国家如果无礼则国家不会安宁。荀子将礼的重要性从《论语》中的个体层面拓展到社会、国家层面,即人无礼不立、事无礼不成、国无礼不宁。

(二)"人无礼不立"命题的含义

1. 礼以成人

礼是人之为人的基本准则,不学礼、不知礼的结果就是"不立",即无法成其为一个真正的人,无以为人。

孔子在《论语·宪问》中对这个道理有着深刻的洞见:"子路问成人。子曰:'若臧武仲之知、公绰之不欲、卞庄子之勇、冉求之艺,文之以礼乐,亦可以为成人矣。'曰:'今之成人者何必然?见利思义,见危授命,久要不忘平生之言,亦可以为成人矣。'"③即礼乐可以造就人,使社会成员成为一个人格健全之人。孔子还从人的生命历程的角度

---

① 杨伯峻:《论语译注》,中华书局2012年版,第294页。
② (清)王先谦:《荀子集解》,中华书局2013年版,第26—27页。
③ 杨伯峻:《论语译注》,中华书局2012年版,第207页。

强调了礼对于人的重要性，人的整个生命历程都伴随着礼，包括死亡，人与礼生死不离。他说："生，事之以礼；死，葬之以礼，祭之以礼。"（《论语·为政》）①

孟子认为人有四端，分别是仁之端、义之端、礼之端、智之端，四端是人之为人的根本，其中"辞让之心"是礼之端。孟子认为，如果没有辞让之心，则不能成其为人："由是观之，无恻隐之心，非人也；无羞恶之心，非人也；无辞让之心，非人也；无是非之心，非人也。恻隐之心，仁之端也；羞恶之心，义之端也；辞让之心，礼之端也；是非之心，智之端也。人之有是四端也，犹其有四体也。有是四端而自谓不能者，自贼者也；谓其君不能者，贼其君者也。"（《孟子·公孙丑上》）②

荀子则较孔子、孟子更强调礼作为人的特征的重要性，他说："礼者，人道之极也。"（《荀子·礼论》）③ 就是说，礼是人之为人的最重要的因素。在孔子、孟子那里，只是将礼作为人之为人的众多因素中的一个，而到了荀子这里，将礼作为人之为人的最重要的特质。他还说："在天者莫明于日月，在地者莫明于水火，在物者莫明于珠玉，在人者莫明于礼义。"（《荀子·正论》）④ 即人的根本特征就是讲礼义。

2. 无礼不"行"

没有规矩不成方圆。礼作为人的行为规范，对社会成员的行为处事进行引导、规范、约束。社会成员的所有行为都要合于礼，都要从礼出发，无礼不"行"。人们通过学礼、知礼完成这个社会化的过程，否则，就难以成为一个合格的社会成员。

孔子将礼作为行为规范，认为人的行为合于行为规范，就可以达至他终生追求的"仁"的价值目标。他说："克己复礼为仁。一日克己复礼，天下归仁焉。为仁由己，而由人乎哉？"（《论语·颜渊》）⑤ 因此，

---

① 杨伯峻：《论语译注》，中华书局2012年版，第18页。
② 杨伯峻：《孟子译注》，中华书局1960年版，第80页。
③ （清）王先谦：《荀子集解》，中华书局2013年版，第421页。
④ 同上书，第374页。
⑤ 杨伯峻：《论语译注》，中华书局2012年版，第172页。

礼就成为了实现"仁"的重要途径。也正因为如此,孔子将礼作为人的一切行为的规范。他说:"非礼勿视,非礼勿听,非礼勿言,非礼勿动。"(《论语·颜渊》)① 人的视、听、言、说等行为都要符合礼的要求。他还将人的性情、人格等方面从礼的角度加以规范,"恭而无礼则劳;慎而无礼则葸;勇而无礼则乱;直而无礼则绞。君子笃于亲,则民兴于仁;故旧不遗,则民不偷"(《论语·泰伯》)。② 人的恭敬、谨慎、勇敢、正直等性情、人格方面的品质,要合于礼,否则这些看似优秀的品质也会产生不良的社会结果。

孟子认为,一个不讲求仁、义、礼、智的人,只配被他人驱使,连自己都会以此为耻。因为这样的人无法成为一个堂堂正正的人。他说:"不仁、不智,无礼、无义,人役也。人役而耻为役,由弓人而耻为弓,矢人而耻为矢也。"(《孟子·公孙丑上》)③ 孟子从人性善的立场出发,认为恭敬之心是人本身就有的内在特质,而恭敬之心又是礼的发端,因此礼就是人内在就有的品质。他说:"恻隐之心,人皆有之;羞恶之心,人皆有之;恭敬之心,人皆有之;是非之心,人皆有之。恻隐之心,仁也;羞恶之心,义也;恭敬之心,礼也;是非之心,智也。仁、义、礼、智,非由外铄我也,我固有之也,弗思耳矣。"(《孟子·告子上》)④ 既然如此,孟子就要求我们不要去外界寻求礼,而是要通过修身养性等方式探求和发现我们内在的礼。

在这一点上,荀子和孟子有所不同。荀子认为人性本恶,所以没有内在的恭敬之心,因而人的本性之中就没有礼的因素。但是人性之恶如果没有教化和约束,则会出现很多社会弊端,"人无礼义则乱"。正是出于对人性本恶的担忧,荀子提出要将礼作为人的行为准则,去对人的行为进行规范和约束。他说:"凡人之欲为善者,为性恶也。夫薄愿厚,恶愿美,狭愿广,贫愿富,贱愿贵,苟无之中者,必求于外。故富而不愿财,贵而不愿埶,苟有之中者,必不及于外。用此观之,人之欲为善

---

① 杨伯峻:《论语译注》,中华书局2012年版,第172页。
② 同上书,第111页。
③ 杨伯峻:《孟子译注》,中华书局1960年版,第801页。
④ 同上书,第259页。

者，为性恶也。今人之性，固无礼义，故强学而求有之也；性不知礼义，故思虑而求知之也。然则性而已，则人无礼义，不知礼义。人无礼义则乱，不知礼义则悖。然则性而已，则悖乱在己。用此观之，人之性恶明矣，其善者伪也。"（《荀子·性恶》）[1]

（三）"人无礼不立"命题的启示

"人无礼不立"的命题给了我们如下启示：

其一，礼作为一种社会规范，人是社会规范的动物。人跟其他物种的一个根本区别在于人类讲求社会伦理道德规范。社会规范是人之为人的本质特征，社会规范使得人类从一种自然状态，进化到一种自为状态。用荀子的话来说，就是人能合群，而鸟兽则不可以。因此，正是社会规范的形成，使得人类合群、能群。

其二，对社会规范的学习与遵循。礼作为一种社会规范，其根本目的在于维护社会的秩序性，在于合群。要达到这一目的，就要让民众认识到社会规范对于自身修养、对于社会秩序的重要性。因此，首先就有一个对社会规范的学习过程。儒家思想很重视对礼的学习，孔子说，不学礼，无以立。在儒家思想中，这就是修身的过程。其次，要遵循礼的规范，即守礼、合乎礼。任何成员的一切社会行为，都要符合相应的社会规范。人们的性情、人格等品质也要接受社会规范的检验。

其三，内在自律和外在他律相结合的社会化过程。在对礼的认识上，荀子和孟子有所不同。孟子主张人性善，所以他认为人内在的就有礼义之心，我们要做的主要就是通过修身内省唤醒内在的规范，即发挥道德自律的作用。荀子主张人性恶，所以他认为人本身并无礼义之心，荀子之所以要强调礼的重要性，是因为无所约束的人性可能会危及社会的和谐稳定。因而，荀子主张民众学礼、知礼、合礼、守礼，以满足合群的需要。这是属于外在他律的范畴。在现实的社会成员社会化过程中，我们可以将孟子和荀子的观点结合起来，既强调社会成员对社会规范的自觉内化，也重视外在的社会规范对社会行为的规范与约束。

（邓万春）

---

[1] （清）王先谦：《荀子集解》，中华书局2013年版，第519页。

## 二 礼以正身

礼能修养端正人心，礼能规范人的言行，礼能引导人的性情，礼能节制人的欲望，这是礼以正身的内涵。正身是齐家、治国、平天下的基础，因此正身也是合群的基础，礼在其中扮演着关键角色。

（一）"礼以正身"命题的提出

"礼以正身"命题出自《荀子》：

> 礼者，所以正身也，师者，所以正礼也。无礼何以正身？无师吾安知礼之为是也？礼然而然，则是情安礼也；师云而云，则是知若师也。情安礼，知若师，则是圣人也。故非礼，是无法也；非师，是无师也。不是师法，而好自用，譬之是犹以盲辨色，以聋辨声也，舍乱妄无为也。故学也者，礼法也。夫师，以身为正仪，而贵自安者也。（《荀子·修身》）[1]

> 论礼乐，正身行，广教化，美风俗，兼覆而调一之，辟公之事也。全道德，致隆高，綦文理，一天下，振毫末，使天下莫不顺比从服，天王之事也。（《荀子·王制》）[2]

"礼以正身"命题的意思是：以礼来修养、端正自己的身心、行为。

（二）"礼以正身"命题的含义

1. 礼正心

礼是端正人心的重要途径。

孔子认为，用法令来治理百姓，民众不会有羞耻之心，只有用礼义来治理百姓，民众才会有羞耻心，并心悦诚服。他说："道之以政，齐之以刑，民免而无耻。道之以德，齐之以礼，有耻且格。"（《论语·为政》）[3] 所以礼是可以改变人心的。相反，如果对待礼没有发自内心的

---

[1] （清）王先谦：《荀子集解》，中华书局2013年版，第39—40页。
[2] 同上书，第201—202页。
[3] 杨伯峻：《论语译注》，中华书局2012年版，第16页。

敬意、严肃，孔子认为是无法容忍的："居上不宽，为礼不敬，临丧不哀，吾何以观之哉？"（《论语·八佾》）①

孟子认为君子不同于常人的地方就是能够保存本心，他提出了以礼存心的观点，就是要以礼来保存人之本心。孟子相信人性本善，所以他说的本心就是善良仁义之心。他说："君子所以异于人者，以其存心也。君子以仁存心，以礼存心。仁者爱人，有礼者敬人。爱人者，人恒爱之；敬人者，人恒敬之。"（《孟子·离娄下》）② 为了保存本心，就不能心为外物所掳，如果心中只有财、色、名利、地位，而无礼义，那么就会失去本心。他说："一箪食，一豆羹，得之则生，弗得则死。呼尔而与之，行道之人弗受；蹴尔而与之，乞人不屑也。万钟则不辨礼义而受之。万钟于我何加焉？为宫室之美、妻妾之奉、所识穷乏者得我与？乡为身死而不受，今为宫室之美为之；乡为身死而不受，今为妻妾之奉为之；乡为身死而不受，今为所识穷乏者得我而为之，是亦不可以已乎？此之谓失其本心。"（《孟子·告子上》）③

荀子认为礼是治气养心之术。他说："治气养心之术……愚款端悫，则合之以礼乐，通之以思索。凡治气养心之术，莫径由礼，莫要得师，莫神一好。夫是之谓治气养心之术也。"（《荀子·修身》）④

2. 礼正行

礼能规范人的行为举止，使人的行为合乎礼义，举止得体。

《论语》中有子说："信近于义，言可复也。恭近于礼，远耻辱也。因不失其亲，亦可宗也。"（《论语·学而》）⑤ 行为恭敬合于礼，就能够远离耻辱。孔子认为贫穷而不谄媚，富裕而不骄横，不如"贫而乐，富而好礼者也"（《论语·学而》）。⑥ 贫穷能安贫乐道，富裕而能爱好礼，这是孔子所推崇的行为取向。孔子进太庙，凡事都仔细询问，小心

---

① 杨伯峻：《论语译注》，中华书局2012年版，第46页。
② 杨伯峻：《孟子译注》，中华书局1960年版，第197页。
③ 同上书，第266页。
④ （清）王先谦：《荀子集解》，中华书局2013年版，第29—31页。
⑤ 杨伯峻：《论语译注》，中华书局2012年版，第11页。
⑥ 同上书，第13页。

翼翼。别人对此不以为然，他却认为这才是真正地合乎礼。"子入太庙，每事问。或曰：'孰谓鄹人之子知礼乎？入太庙，每事问。'子闻之，曰：'是礼也。'"（《论语·八佾》）①《论语》中多处从礼的角度阐述了对君子的修养要求。孔子所认为的君子是行事以道义为基础，依礼而行，言语谦逊、态度诚实。"君子义以为质，礼以行之，孙以出之，信以成之。君子哉！"（《论语·卫灵公》）② 相反，如果"动之不以礼"，则"未善"（《论语·卫灵公》）。③ 子夏说："君子敬而无失，与人恭而有礼。四海之内，皆兄弟也。"（《论语·颜渊》）④ 君子对人恭敬有礼，就能做到够四海之内皆兄弟，即合群。

孟子说，言语不合于礼义者，属于自暴，"自暴者，不可与有言也；自弃者，不可与有为也。言非礼义，谓之自暴也"（《孟子·离娄上》）。⑤ 孟子说："非礼之礼，非义之义，大人弗为。"（《孟子·离娄下》）⑥ 以不合礼义的礼义去行事，为君子所不为。

荀子认为礼有取长补短、损有余补不足的功能，还能够养成良好的品行，"礼者，断长续短，损有余，益不足，达爱敬之文，而滋成行义之美也"（《荀子·礼论》）。⑦ 他说："故礼及身而行修，义及国而政明。"（《荀子·致士》）⑧ 强调礼能修养身行。荀子以礼为标准，区分了君子和小人，君子"安礼乐利，谨慎而无斗怒"，"小人反是"（《荀子·臣道》）。⑨

### 3. 礼正性情

礼能规范人的性情、欲望。

《论语》中，子贡想免掉每月祭祀所宰杀一只羊，孔子对他说，你

---

① 杨伯峻：《论语译注》，中华书局2012年版，第39页。
② 同上书，第231页。
③ 同上书，第236页。
④ 同上书，第174页。
⑤ 杨伯峻：《孟子译注》，中华书局1960年版，第172页。
⑥ 同上书，第188页。
⑦ （清）王先谦：《荀子集解》，中华书局2013年版，第429页。
⑧ 同上书，第306页。
⑨ 同上书，第302页。

爱惜的是那一只羊,而我爱惜的是祭祀的礼仪,"赐也!尔爱其羊,我爱其礼。"(《论语·八佾》)① 这件事既说明了孔子对礼的重视,也能表明人们在礼义和实际的利益之间的选择。孔子认为君子要学习各种文化知识,但是这些不能代替礼,仍然需要礼的规范,这样才不至于离经叛道,"君子博学于文,约之以礼,亦可以弗畔矣夫"(《论语·雍也》)。②

《孟子·告子下》中,孟子以一种智慧而巧妙的方式回答了在礼与现实欲望之间,何者为重的问题,表现了孟子对礼的重视与维护。

任人有问屋庐子曰:"礼与食孰重?"曰:"礼重。"

"色与礼孰重?"曰:"礼重。"

曰:"以礼食,则饥而死;不以礼食,则得食,必以礼乎?亲迎,则不得妻;不亲迎,则得妻,必亲迎乎!"屋庐子不能对,明日之邹以告孟子。

孟子曰:"于答是也何有?不揣其本而齐其末,方寸之木可使高于岑楼。金重于羽者,岂谓一钩金与一舆羽之谓哉?取食之重者,与礼之轻者而比之,奚翅食重?取色之重者,与礼之轻者而比之,奚翅色重?往应之曰:'紾兄之臂而夺之食,则得食;不紾,则不得食,则将紾之乎?逾东家墙而搂其处子,则得妻;不搂,则不得妻,则将搂之乎?'"③

荀子重视礼对人的性情、欲望的调节与规约。他认为礼能调养人的欲望,或者说使人的口腹、身体之欲合于礼义,"故礼者,养也。刍豢稻粱,五味调香,所以养口也;椒兰芬苾,所以养鼻也;雕琢刻镂,黼黻文章,所以养目也;钟鼓管磬,琴瑟竽笙,所以养耳也;疏房檖䈼,越席床第几筵,所以养体也。故礼者,养也"(《荀子·礼论》)。④ 荀

---

① 杨伯峻:《孟子译注》,中华书局1960年版,第40页。
② 同上书,第89页。
③ 同上书,第274页。
④ (清)王先谦:《荀子集解》,中华书局2013年版,第409—410页。

子认为人性恶,因此不能从人之性,而要以礼义来对人性进行规化。他说:"人之性恶,其善者伪也。今人之性,生而有好利焉,顺是,故争夺生而辞让亡焉;生而有疾恶焉,顺是,故残贼生而忠信亡焉;生而有耳目之欲,有好声色焉,顺是,故淫乱生而礼义文理亡焉。然则从人之性,顺人之情,必出于争夺,合于犯分乱理,而归于暴。故必将有师法之化,礼义之道,然后出于辞让,合于文理,而归于治。"(《荀子·性恶》)① 他认为遵循礼义者是君子,而放纵自己性情违背礼义的人则是小人。"今人之化师法,积文学,道礼义者为君子;纵性情,安恣睢,而违礼义者为小人。"(《荀子·性恶》)② 荀子解释了不能放纵性情的原因,人性本恶,如果放纵人的性情,则人们会因私欲而相争,而如果以礼义去规范人的性情、欲望,人们之间就会相互礼让。他说:"夫好利而欲得者,此人之情性也。假之有弟兄资财而分者,且顺情性,好利而欲得,若是,则兄弟相拂夺矣;且化礼义之文理,若是,则让乎国人矣。故顺情性则弟兄争矣,化礼义则让乎国人矣。"(《荀子·性恶》)③

(三)"礼以正身"命题的意义

"礼以正身"命题给我们如下启示。

1. 重视身心修养的重要性

个人的身心修养不但是使个体自身立身处世的必要过程,也是个体融入社会、从事社会事务、实现人生价值的基础。用中国古人的话来说,修身、正身是齐家、治国、平天下的基础。这个过程,也是一个社会化的过程,是个体从自然人到社会人的过程。

2. 以社会礼仪端正人心

在中国古人那里,礼是对更深层次的仁的外在践行,是实现仁的路径。礼联结着"心"和"行"两个层面,所以通过对礼的学习、遵循,可以实现对仁、义等社会价值的认同与再生产。因此,社会礼仪可以端正人心。

---

① (清)王先谦:《荀子集解》,中华书局2013年版,第513—514页。
② 同上。
③ 同上书,第518—519页。

### 3. 以社会礼仪规范言行

社会礼仪的主要功能就是规范人的言行，使人的言行符合社会一般价值和伦理道德规范的要求。通过这个过程，社会成员的社会化过程得以实现，个体得以融入社会，合群得以实现。

### 4. 以社会礼仪引导性情

社会礼仪可以引导人们的性情倾向和性情偏好。在现代社会，性情取向属于非常个人化的领域，个人在性情取向上有很大的自主空间。也正因如此，这个领域才需要社会礼仪规范的合理、适当引导。

### 5. 以社会礼仪调节欲望

在传统社会，人们的消费生活都要受到礼仪制度的规范与约束。超越社会身份的消费和违背社会价值的消费会被礼仪制度所约制，并受到社会舆论的谴责。当代社会是一个消费社会，社会成员的消费行为对社会风气、社会伦理道德起着风向标的作用。因此，以社会礼仪调节社会欲望就显得尤为重要。

（邓万春）

## 三 礼以定分

人生有欲望，社会有纷争，运用礼义规范去约束人的欲望，区分社会成员的社会位置，使得人的欲望之争不至于祸乱社会，让社会达至一种和谐状态，这是一种合群之道。人的才德修养有差等，人的性情禀赋有差异，通过礼义规范去对不同才德、不同禀赋的人进行划分、定位，这样能使社会成员各安其位、各守其分、各尽其能，能让社会成员找到适合自己的位置，并在合适的位置上最大限度地发挥自己的德能。这也是一种合群之道。

（一）"礼义定分"命题的提出

"礼以定分"的命题出自《荀子》：

> 礼起于何也？曰：人生而有欲；欲而不得，则不能无求；求而无度量分界，则不能不争；争则乱，乱则穷。先王恶其乱也，故制礼义以分之，以养人之欲，给人之求，使欲必不穷乎物，物必不屈

于欲,两者相持而长。是礼之所起也。(《荀子·礼论》)①

故先王案为之制礼义以分之。使有贵贱之等,长幼之差,知愚、能不能之分,皆使人载其事而各得其宜,然后使悫禄多少厚薄之称,是夫群居和一之道也。(《荀子·荣辱》)②

第一段话是从礼的源起的角度阐述礼以定分之理。人类为什么要有礼呢?是因为人有欲望,有欲望就会有纷争,有纷争就会导致社会动乱。礼就是出于应对这种社会隐患而诞生的。通过礼去划分、规范欲望、要求,使人的欲望和外物的供给达至平衡,这就是礼出现的原因。

第二段话是从礼的归宿的角度阐述礼以定分之理。礼的制定,最终目标是为了使社会达至一种群体成员各安其位、各守其分、各尽其能、各得其所的秩序、和谐状态。

因此,概言之,礼义定分命题的意思是:通过礼的制定,去规范人们的欲望,厘定群体成员的社会位置,使人的欲望、需求与社会供给达至平衡,使群体成员各安其位、各守其分、各尽其能、各得其所,最终达至一种社会和谐有序的状态。

礼以定分命题虽直接出自《荀子》,但是在此之前,相关的思想表述已经出现。《论语》中孔子说:"名不正,则言不顺;言不顺,则事不成;事不成,则礼乐不兴;礼乐不兴,则刑罚不中;刑罚不中,则民无所措手足。"(《论语·子路》)③ 所谓的"名不正"很大程度上就是由于没有"定分"造成的,因为没有"定分",人们的言行就无所依凭,就会言不顺、事不成。没有礼乐的规范、厘定、教化,刑罚就很难适当,民众就会不知所措。《管子·权修》说:"朝廷不肃,贵贱不明,长幼不分,度量不审,衣服无等,上下陵节,而求百姓之尊主政令,不可得也。"④ 如果贵贱、长幼、上下,甚至服饰没有等级或者区分,那么老百姓就不可能遵从政令。孟子曰:"君子所性,虽大行不加焉,虽

---

① (清)王先谦:《荀子集解》,中华书局2013年版,第409页。
② 同上书,第82—83页。
③ 杨伯峻:《论语译注》,中华书局2012年版,第185—186页。
④ (清)黎翔凤:《管子校注》,中华书局2004年版,第53页。

穷居不损焉，分定故也。君子所性，仁、义、礼、智根于心。其生色也睟然，见于面，盎于背，施于四体，四体不言而喻。"（《孟子·尽心上》）① 君子的本性不会因"大行"而有所增加，也不会因"穷居"而有所减损，其原因就在于其分已定，而之所以君子其分已定，就在于仁、义、礼、智已根植于其心。

（二）"礼以定分"命题的含义

为什么要定分？为什么要以礼来定分？这是理解礼以定分命题首先要回答的两个问题。

1. 为什么要定分

为什么要定分呢？荀子从两个方面对此作了解释。

一是从人先天欲望的角度解释定分。荀子《荀子·礼论》中讲，人天生有欲望、欲求，欲求得不到满足，或者欲求没有限度，都会导致纷争祸乱。正是为了应对因欲求而可能引致的祸乱，才制定了礼义去对民众的欲求进行划分、规范，使之不过分、不过度。所以，为了规范人的欲望、止纷乱需要定分。

二是从人后天合群的角度解释定分。荀子认为人跟鸟兽的最大不同就在于人能群，而鸟兽不能群。所以能群、合群是人区别于一般其他动物的最本质特征，是人的社会性的体现。但是人的能群、合群并非一个自然的过程，人的能群、合群是人类后天干预的结果。"分"就是荀子所认为的对群进行干预的一种有效手段。荀子说："故人生不能无群，群而无分则争，争则乱，乱则离，离则弱，弱则不能胜物。故宫室不可得而居也，不可少顷舍礼义之谓也。"（《荀子·王制》）② 人不能无群，群是人之为人的本性，但是群离开了区分、划等、定位、规范等社会干预，就会出现纷争祸乱，继而群就会离散瓦解，因此要通过礼义的制定去对群进行"分"而治之。所以，为了止争、合群需要定分。

2. 为什么要以礼定分

为什么要以礼来定分？因为以礼定分是养天下之本、礼是定分最重

---

① 杨伯峻：《孟子译注》，中华书局1960年版，第309页。
② （清）王先谦：《荀子集解》，中华书局2013年版，第194页。

第四章　合群的基本命题

要的手段，如果不以礼来定分会有诸多不利的社会影响。

以礼定分是养天下之本。荀子说："分均则不偏，执齐则不壹，众齐则不使。有天有地而上下有差；明王始立而处国有制。夫两贵之不能相事，两贱之不能相使，是天数也。执位齐而欲恶同，物不能澹则必争，争则必乱，乱则穷矣。先王恶其乱也，故制礼义以分之，使有贫富贵贱之等，足以相兼临者，是养天下之本也。"（《荀子·王制》）① 荀子从天地相分的高度来说明"分"的合理性与必要性，而"分"的具体办法就是制定"礼义"。通过礼义来区分社会贫富贵贱的差等，并认为这是养天下之本。

礼是定分最重要的手段。荀子说："辨莫大于分，分莫大于礼，礼莫大于圣王；圣王有百，吾孰法焉？曰：文久而灭，节族久而绝，守法数之有司，极礼而褫。"（《荀子·非相》）② "分"最重要的方式是"礼"。既然要以礼作为区分的最重要手段，那么对人和事的区分就不是人或事物的先天地位，而是判断人或事是否合乎礼。他认为："贤能不待次而举，罢不能不待须而废，元恶不待教而诛，中庸不待政而化。分未定也，则有昭缪。虽王公士大夫之子孙也，不能属于礼义，则归之庶人。虽庶人之子孙也，积文学，正身行，能属于礼义，则归之卿相士大夫。"（《荀子·王制》）③ 王公士大夫如果不合于礼义，就只能划归为庶人，而庶人的子孙如果能够通过自身努力合乎礼义，也能归为士大夫。社会各行各业、各个领域的道理都是如此，即以礼而分："农分田而耕，贾分货而贩，百工分事而劝，士大夫分职而听，建国诸侯之君分土而守，三公总方而议，则天子共己而已矣。出若入若，天下莫不平均，莫不治辨，是百王之所同也，而礼法之大分也。"（《荀子·王霸》）④

如果不用礼来定分，则会出现人伦失序、纷争祸乱、国将不国。《管子·五辅》说："上下无义则乱，贵贱无分则争，长幼无等则倍，

---

① （清）王先谦：《荀子集解》，中华书局2013年版，第179—180页。
② 同上书，第93—94页。
③ 同上书，第175—176页。
④ 同上书，第253—254页。

贫富无度则失。上下乱,贵贱争,长幼倍,贫富失,而国不乱者,未之尝闻也。"① 如果不以礼义来区分上下、贵贱、长幼、贫富,则会出现乱、争、失等社会问题,最终导致祸乱国家。孟子曰:"不信仁贤,则国空虚。无礼义,则上下乱。无政事,则财用不足。"(《孟子·告子下》)② 不以礼义来厘定社会位置,则会上下失序,发生动乱。荀子说:"男女之合,夫妇之分,婚姻娉内送逆无礼,如是,则人有失合之忧,而有争色之祸矣。故知者为之分也。"(《荀子·富国》)③ 如果没有礼来对男女、夫妇、婚娉、送迎之事进行区分、规范,则会有人与人之间失合、相互争色等人伦之祸。"汤、武非取天下也,修其道,行其义,兴天下之同利,除天下之同害,而天下归之也。桀纣非去天下也,反禹、汤之德,乱礼义之分,禽兽之行,积其凶,全其恶,而天下去之也。"(《荀子·正论》)④

3. 礼以定分,各安其位

根据礼来厘定社会成员各自的社会位置,并各安其位,这样,社会就会处于有序状态。

孔子曾批评管子不守礼,不安其位:"邦君树塞门,管氏亦树塞门。邦君为两君之好,有反坫,管氏亦有反坫。管氏而知礼,孰不知礼?"(《论语·八佾》)⑤ 认为管子的行为僭越了君主,是不知礼、不安其位的表现。

孟子说:"礼,朝廷不历位而相与言,不逾阶而相揖也。"(《孟子·离娄下》)⑥ 礼就是规范各自的行为举止,让大家的行为举止不越位、不逾矩。他讲过如果社会成员不守礼、不能各安其位的后果。他说:"士之失位也,犹诸侯之失国家也。礼曰:'诸侯耕助,以供粢盛;夫人蚕缫,以为衣服。牺牲不成,粢盛不洁,衣服不备,不敢以祭。惟

---

① (清)黎翔凤:《管子校注》,中华书局2004年版,第198页。
② 杨伯峻:《孟子译注》,中华书局1960年版,第328页。
③ (清)王先谦:《荀子集解》,中华书局2013年版,第209页。
④ 同上书,第382页。
⑤ 杨伯峻:《论语译注》,中华书局2012年版,第43页。
⑥ 杨伯峻:《孟子译注》,中华书局1960年版,第197页。

士无田，则亦不祭。'牲杀、器皿、衣服不备，不敢以祭，则不敢以宴，亦不足吊乎？"（《孟子·滕文公下》）① 士大夫如果不能各安其位，就像诸侯失去国家一样。如果诸侯、夫人、士等人不能安其位，尽其责，则连祭祀都无法举行。他还讲："上无道揆也，下无法守也，朝不信道，工不信度，君子犯义，小人犯刑，国之所存者幸也。故曰：城郭不完，兵甲不多，非国之灾也；田野不辟，货财不聚，非国之害也。上无礼，下无学，贼民兴，丧无日矣。"（《孟子·离娄上》）② 城墙不完整、兵甲不多都不是最要紧的事，上下之间、各色人等没有礼来区分、定位，导致社会秩序混乱，这才是最可怕的，会亡国。因此，他认为每个人都有自己的社会位置和社会责任，每个人都要安守其位："口之于味也，目之于色也，耳之于声也，鼻之于臭也，四肢之于安佚也，性也，有命焉，君子不谓性也。仁之于父子也，义之于君臣也，礼之于宾主也，智之于贤者也，圣人之于天道也，命也，有性焉，君子不谓命也。"（《孟子·尽心下》）③

荀子也强调社会各色人等对自己社会位置的安守。他说："天地者，生之始也；礼义者，治之始也；君子者，礼义之始也；为之，贯之，积重之，致好之者，君子之始也。故天地生君子，君子理天地；君子者，天地之参也，万物之总也，民之父母也。无君子，则天地不理，礼义无统，上无君师，下无父子，夫是之谓至乱。君臣、父子、兄弟、夫妇，始则终，终则始，与天地同理，与万世同久，夫是之谓大本。故丧祭、朝聘、师旅一也；贵贱、杀生、与夺一也；君君、臣臣、父父、子子、兄兄、弟弟一也；农农、士士、工工、商商一也。"（《荀子·王制》）④ 他认为君臣、父子、兄弟、夫妇、士农工商之分是天经地义的，是社会之本，所以他强调社会成员各自要守其礼、安其位。

4. 礼以定分，各守其分

不同社会位置的人有着不同的社会职责或社会义务，每个人都要守

---

① 杨伯峻：《孟子译注》，中华书局1960年版，第142页。
② 同上书，第162页。
③ 同上书，第333页。
④ （清）王先谦：《荀子集解》，中华书局2013年版，第192—193页。

住自己的社会职责和社会义务。

《论语》中，定公问君臣之礼，定公问："君使臣，臣事君，如之何？"孔子回答说："君使臣以礼，臣事君以忠。"（《论语·八佾》）①君对臣要施之以礼，臣对君要尽忠。这说明君和臣之间有着对等的社会义务，二者要各守其分，这样才能形成一种良性的君臣关系。

孟子也有着类似的思想。他在回答是否该为旧君穿孝服守孝时说，如果君主能守其分，做到接受臣下劝谏，听从臣下建议，恩泽百姓，对臣下宽厚有节，这就叫作三有礼。这样臣下就会为他服孝。如果君王不接受臣下劝谏建议，不能恩泽老百姓，对待臣下如仇敌，还有什么孝可服呢？孟子说："谏行言听，膏泽下于民；有故而去，则君使人导之出疆，又先于其所往；去三年不反，然后收其田里。此之谓三有礼焉。如此，则为之服矣。今也为臣，谏则不行，言则不听；膏泽不下于民；有故而去，则君搏执之，又极之于其所往；去之日，遂收其田里。此之谓寇仇。寇仇，何服之有？"（《孟子·离娄下》）②

荀子认为，以礼来定分，就是要让人们能够各守其分，各尽其社会义务。他说："故人生不能无群，群而无分则争，争则乱，乱则离，离则弱，弱则不能胜物；故宫室不可得而居也，不可少顷舍礼义之谓也。能以事亲谓之孝，能以事兄谓之弟，能以事上谓之顺，能以使下谓之君。"（《荀子·王制》）③ 对亲孝，对兄悌，对上顺，这些都是人们守其分的礼义准则。荀子说："马骇舆，则君子不安舆；庶人骇政，则君子不安位。马骇舆，则莫若静之；庶人骇政，则莫若惠之。选贤良，举笃敬，兴孝弟，收孤寡，补贫穷。如是，则庶人安政矣。庶人安政，然后君子安位。"（《荀子·王制》）④ 君子只有尽其"选贤良，举笃敬，兴孝弟，收孤寡，补贫穷"之分，才能安其位。荀子认为，礼区分贵贱长幼，不同的社会成员不同的社会位置，是需要以其才德来匹配的。他说："礼者，贵贱有等，长幼有差，贫富轻重皆有称者也。故天子袾裷

---

① 杨伯峻：《论语译注》，中华书局2012年版，第41页。
② 杨伯峻：《孟子译注》，中华书局1960年版，第186页。
③ （清）王先谦：《荀子集解》，中华书局2013年版，第194—195页。
④ 同上书，第180页。

衣冕，诸侯玄裷衣冕，大夫裨冕，士皮弁服。德必称位，位必称禄，禄必称用，由士以上则必以礼乐节之，众庶百姓则必以法数制之。"(《荀子·富国》)① 因此，社会成员之间的社会职责或社会义务是相互的，大家都要各守其分，才能做到社会的和谐。他说："上莫不致爱其下，而制之以礼。上之于下，如保赤子，政令制度，所以接下之人百姓，有不理者如豪末，则虽孤独鳏寡必不加焉。故下之亲上，欢如父母，可杀而不可使不顺。君臣上下，贵贱长幼，至于庶人，莫不以是为隆正；然后皆内自省，以谨于分。是百王之所同也，而礼法之枢要也。"(《荀子·王霸》)② 上下、贵贱长幼都要"谨于分"，各安其位，各守其分，这是礼法的关键。相反，如果"礼义不修，内外无别"，则会出现"男女淫乱，则父子相疑，上下乖离，寇难并至"的后果。(《荀子·正论》)③

5. 礼以定分，各尽所能

各安其位、各守其分并不是不让人们发挥其才能。荀子认为，各安其位、各守其分恰恰是使每个人在合适的位置发挥自己才德的重要安排，或者说以礼定分恰恰能够有助于人们在适合自己的位置上去发挥才德。

所以以礼定分是根据社会成员的才德，给他们安排适合自己的位置，"各得其宜"，因此这种安排也就更有利于他们发挥自己的德能。荀子说："故先王案为之制礼义以分之，使有贵贱之等，长幼之差，知愚、能不能之分，皆使人载其事而各得其宜，然后使悫禄多少厚薄之称，是夫群居和一之道也。故仁人在上，则农以力尽田，贾以察尽财，百工以巧尽械器，士大夫以上至于公侯，莫不以仁厚知能尽官职。"(《荀子·荣辱》)④ 因而，"分"恰恰能够让人们各尽其能。他说："朝廷必将隆礼义而审贵贱，若是，则士大夫莫不敬节死制者矣。"(《荀

---

① （清）王先谦：《荀子集解》，中华书局2013年版，第210—211页。
② 同上书，第261页。
③ 同上书，第371页。
④ 同上书，第82—83页。

子·王霸》）① 他讲："君子之所谓贤者，非能遍能人之所能之谓也；君子之所谓知者，非能遍知人之所知之谓也；君子之所谓辩者，非能遍辩人之所辩之谓也；君子之所谓察者，非能遍察人之所察之谓也；有所止矣。相高下，视硗肥，序五种，君子不如农人；通货财，相美恶，辩贵贱，君子不如贾人；设规矩，陈绳墨，便备用，君子不如工人；不恤是非然不然之情，以相荐撙，以相耻怍，君子不若惠施、邓析。若夫谲德而定次，量能而授官，使贤不肖皆得其位，能不能皆得其官，万物得其宜，事变得其应，慎墨不得进其谈，惠施、邓析不敢窜其察，言必当理，事必当务，是然后君子之所长也。"（《荀子·儒效》）② 这段话虽是在讲君子之道，但是同时也阐明了社会成员各守其分、各尽其能的道理，阐明了通过"分"使社会成员"得其宜"、使事物"得其应"的道理。

荀子视这种建立在礼基础之上的"分"为群居和一之道，即合群之道。

（三）"礼以定分"命题的意义

礼以定分命题给我们如下启示：

1. 人的欲望需要通过礼义规范加以教化、约束

人的欲望没有边界，但是世界上的资源是有限的，环境的承受能力是有限的。以无限的欲求对有限的资源，必然会起争端。正因如此，荀子认为要"使欲必不穷乎物，物必不屈于欲，两者相持而长"。即人的欲望的增长要与世界资源的增长同步，不能超越资源的增长，否则就会出现社会纷争。因而，为了避免争端，就有必要对人的欲望加以调教、规范。通过礼义规范的教化，让人们认识到我们对外界的欲求应该量力而行、量"物"而行。前者是针对自身而言的，自身要根据自己的消费能力和消费需要去度量自己的欲求；后者是针对外在环境而言的，我们应根据环境的承受能力去度量自己的欲求。

2. 礼以定分是一种中国式的社会分工论

每个社会成员在才能、德行、修养、性情上都有所不同，都有所差

---

① （清）王先谦：《荀子集解》，中华书局2013年版，第269—270页。
② 同上书，第144—146页。

异,如果不加规范,任由其野蛮竞争,一是会造成社会秩序的混乱,二是不利于社会成员各得其宜、各尽其能。以荀子为代表的中国古代思想家正是认识到了这一点,提出了通过制定礼义来对不同才德、不同性情的人进行划分、归类,使他们都能找到适合自己的位置,并在合适的位置上各尽所能、人尽其才。西方近代以来的社会分工论建立在市场的功能互赖基础之上,市场因素在社会分工中起主导作用。市场经济有很强的优胜劣汰效应,这种社会分工往往不利于社会弱势群体的生存和发展。荀子的礼以定分的分工思想则更多的是从人自身的能力、德行、性情等因素来考虑社会分工。因此,这是一种更人性化的分工,更有利于人的才德发挥的分工。用马克思的观点来说,这种社会分工会既能推动社会生产力的发展,又能避免劳动的异化。

无论是通过礼义来规范人的欲望,还是通过礼义来区分人的社会位置,使人们各安其位、各守其分、各尽其能,荀子礼以定分思想的指向都是合群,即通过"分"来达到"合"的社会目标。这是礼以定分命题给我们的最大启示。

(邓万春)

## 四 礼以致和

制定礼的目的就是致社会和谐,而乐的社会功能也是通过感染熏陶人而达至社会和美。所以礼和乐都是为合群而生的。从礼的角度而言,这种合群是要以合礼为前提的,即人的性情、意志、思虑、饮食、起居、态度、行为等都要合于礼,这样才能达至社会和谐状态,即合群状态。从乐的角度而言,乐要合于礼,礼乐相合,或者以礼正乐,才能达到礼乐致和,即合群的社会目标。不合于礼的邪音则有损于社会和谐。

(一)"礼以致和"命题的提出

《论语》中有子曾表达过"礼以致和"的思想:

> 有子曰:"礼之用,和为贵。先王之道,斯为美,小大由之。

有所不行，知和而和，不以礼节之，亦不可行也。"(《论语·学而》)①

礼的运用，以和为贵。也就是说，礼追求的社会目标是"和"。这里的"和"不是无原则的和，而是"中节"之和，或者说合乎礼义的"和"。

荀子继承了《论语》中的这一思想：

> 宜于时通，利以处穷，礼信是也。凡用血气、志意、知虑，由礼则治通，不由礼则勃乱提僈；食饮，衣服、居处、动静，由礼则和节，不由礼则触陷生疾；容貌、态度、进退、趋行，由礼则雅，不由礼则夷固、僻违、庸众而野。(《荀子·修身》)②

无论是人的性情、意志、知虑、饮食、起居、动静，还是人的态度、行为，如果遵循礼义，就会和顺通达、和谐有节、优雅自如，否则就会懈怠散漫、身陷疾病、鄙陋邪僻、庸俗粗野。即是说：只有遵循礼义，才能达至和谐、通达。

《礼记·中庸》中有："喜怒哀乐之未发谓之中，发而皆中节谓之和。""中节"就是合乎礼义，因此《中庸》中的这一论断也有"礼以致和"的含义。

因此，礼以致和的意思是：制定礼的社会目的就是致和谐，但是这种和谐是要以合礼为前提的，人的性情、意志、思虑、饮食、起居、态度、行为等都要合于礼，这样才能达至社会和谐状态。

(二)"礼以致和"命题的含义

1. 合礼致和

礼的终极目标就是合群、社会和谐。个人的言行举止、君主的言行举止、国家的治理如果合乎礼义，自然就会达至众人合群、社会和谐的

---

① 杨伯峻：《论语译注》，中华书局2012年版，第10页。
② (清)王先谦：《荀子集解》，中华书局2013年版，第26—27页。

局面。

致和乃礼之旨归。荀子将礼义视为和谐之本,天地因礼义而和谐,万物因礼义而繁荣昌盛;用礼义来治理天下,则世间万物怎么变化也不会混乱,呈秩序状态。他说:"凡礼,始乎梲,成乎文,终乎悦校。故至备,情文俱尽;其次,情文代胜;其下复情以归大一也。天地以合,日月以明,四时以序,星辰以行,江河以流,万物以昌,好恶以节,喜怒以当,以为下则顺,以为上则明,万变不乱,贰之则丧也。礼岂不至矣哉!立隆以为极,而天下莫之能损益也。"(《荀子·礼论》)[1] 荀子认为,人最重要的莫过于生命,人最快乐的莫过于安宁,而要养生安乐,最重要的是礼义。礼义是达至养生安乐最重要的方式。他说:"故人莫贵乎生,莫乐乎安,所以养生安乐者莫大乎礼义。人知贵生乐安而弃礼义,辟之是犹欲寿而刎颈也,愚莫大焉。故君人者爱民而安,好士而荣,两者亡一焉而亡。"(《荀子·强国》)[2]

以礼致和是君子合群之道。荀子认为,君子不以不正当的难能为可贵,不以不正当的明察为贵,不以不正当的流传为贵,只有当行为、学说、名声合乎礼义才能称之为贵。因为只有合乎礼义的行为、学说、名声才会带来社会的和谐、合群。他说:"君子行不贵苟难,说不贵苟察,名不贵苟传,唯其当之为贵。故怀负石而投河,是行之难为者也,而申徒狄能之;然而君子不贵者,非礼义之中也。'山渊平','天地比','齐秦袭','入乎耳,出乎口','钩有须','卵有毛',是说之难持者也,而惠施邓析能之。然而君子不贵者,非礼义之中也。盗跖贪凶,名声若日月,与舜禹俱传而不息;然而君子不贵者,非礼义之中也。故曰:君子行不贵苟难,说不贵苟察,名不贵苟传,唯其当之为贵。"(《荀子·不苟》)[3]

以礼致和是天下治理之方。荀子认为,仁义、诗书礼乐,是治理天下的重大方略,着眼于天下百姓的民生与长远幸福。如果掌握并推广运

---

[1] (清)王先谦:《荀子集解》,中华书局2013年版,第419—420页。
[2] 同上书,第354页。
[3] 同上书,第43—45页。

用仁义、诗书礼乐，就能做到触类旁通，平安无事。运用它们来调理情欲，成就名声，就能对自己有利，获得荣耀；运用礼义来和众人相处，就能和睦合群。他说："况夫先王之道，仁义之统，《诗》《书》《礼》《乐》之分乎？彼固为天下之大虑也，将为天下生民之属长虑顾后而保万世也，其㳽长矣，其温厚矣，其功盛姚远矣，非孰修为之君子莫之能知也。故曰：短绠不可以汲深井之泉，知不几者不可与及圣人之言。夫《诗》《书》《礼》《乐》之分，固非庸人之所知也。故曰：一之而可再也，有之而可久也，广之而可通也，虑之而可安也，反鈆察之而俞可好也。以治情则利，以为名则荣，以群则和。"（《荀子·荣辱》）①

如果君主讲求礼义，尚贤使能，没有贪图财利的念头，那么不但臣子会忠信谨顺，普通百姓也会不用奖赏就能勤勉，不用刑罚就能服从，政策法令不须繁多社会习俗就会很好，百姓会顺从君主的法令、为君主的事情卖力，并且对此感到安乐。他说："故上好礼义，尚贤使能，无贪利之心，则下亦将綦辞让，致忠信，而谨于臣子矣。如是则虽在小民，不待合符节，别契券而信，不待探筹投钩而公，不待冲石称县而平，不待斗斛敦概而啧。故赏不用而民劝，罚不用而民服，有司不劳而事治，政令不烦而俗美，百姓莫敢不顺上之法，象上之志，而劝上之事，而安乐之矣。"（《荀子·君道》）② 荀子区分了三种威严：道德之威、暴察之威与狂妄之威。道德之威建立在讲求礼仪道义的基础之上，这种威严能让百姓敬重君主、敬畏君主，像亲近父母一样亲近君主；不需要奖赏百姓就会勤奋努力，不需动用刑罚君主的权威就能行于天下。这就是以礼致和的道理。而暴察之威和狂妄之威则适得其反。他说："威有三：有道德之威者，有暴察之威者，有狂妄之威者——此三威者，不可不孰察也。礼义则修，分义则明，举错则时，爱利则形。如是，百姓贵之如帝，高之如天，亲之如父母，畏之如神明。故赏不用而民劝，罚不用而威行，夫是之谓道德之威。礼乐则不修，分义则不明，举错则不时，爱利则不形；然而其禁暴也察，其诛不服也审，其刑罚重而信，其诛杀猛

---

① （清）王先谦：《荀子集解》，中华书局2013年版，第80—82页。
② 同上书，第274页。

而必,黭然而雷击之,如墙厌之。如是,百姓劫则致畏,嬴则敖上,执拘则最,得间则散,敌中则夺,非劫之以形埶,非振之以诛杀,则无以有其下,夫是之谓暴察之威。"(《荀子·强国》)①

荀子认为,礼义能致和,但是礼义本身要恰到好处,要合规中节,要做到隆盛但不妖冶,简略但不刻薄,恰到好处的礼义才能达到致和的目的。他说:"礼者断长续短,损有余,益不足,达爱敬之文,而滋成行义之美者也。故文饰、粗恶,声乐、哭泣,恬愉、忧戚;是反也;然而礼兼而用之,时举而代御。故文饰、声乐、恬愉,所以持平奉吉也;粗恶、哭泣、忧戚,所以持险奉凶也。故其立文饰也,不至于窕冶;其立粗恶也,不至于瘠弃;其立声乐、恬愉也,不至于流淫、惰慢;其立哭泣、哀戚也,不至于隘慑伤生,是礼之中流也。"(《荀子·礼论》)②

### 2. 礼乐致和

礼乐致和的意思是:礼通过正乐而达到礼乐致和的目的。

荀子认为乐有感染熏陶人、致社会和谐的作用。他说:"夫声乐之入人也深,其化人也速,故先王谨为之文。"③ "乐者,圣人之所乐也,而可以善民心,其感人深,其移风易俗。"(《荀子·乐论》)④

但是,并不是所有的音乐都有致和的作用,或者说,如果音乐不加节制就不仅不能致和,而且会造成流弊。所以荀子说:"故先王导之以礼乐,而民和睦。"⑤ "夫民有好恶之情而无喜怒之应则乱;先王恶其乱也,故修其行,正其乐,而天下顺焉。"(《荀子·乐论》)⑥ 礼乐,实为合于礼的乐,荀子认为只有合于礼的乐才能使社会和谐。他说:"以道制欲,则乐而不乱,以欲忘道,则惑而不乐。"(《荀子·乐论》)⑦ 合于礼的礼乐与不合于礼的邪音,对社会的影响大不一样。他说:"乐中平则民和而不流,乐肃庄则民齐而不乱。民和齐则兵劲城固,敌国不

---

① (清)王先谦:《荀子集解》,中华书局2013年版,第345—346页。
② 同上书,第429—430页。
③ 同上书,第449页。
④ 同上书,第450页。
⑤ 同上。
⑥ 同上。
⑦ 同上书,第451页。

敢婴也。如是，则百姓莫不安其处，乐其乡，以至足其上矣……乐姚冶以险，则民流僈鄙贱矣；流僈则乱，鄙贱则争；乱争则兵弱城犯，敌国危之如是，则百姓不安其处，不乐其乡，不足其上矣。故礼乐废而邪音起者，危削侮辱之本也。故先王贵礼乐而贱邪音。"（《荀子·乐论》）①"礼乐"跟"邪音"相对，礼乐是和合于礼的乐，而邪音则是不合于礼的乐。合乎礼的乐能使民和、民齐，不合于礼的邪音则使民众淫荡、轻慢、卑鄙、下贱，并因此导致国不宁民不安。

因此，荀子认为礼和乐各有其特点或功能，但是如果礼、乐并行，或者礼乐相互结合，就能使人血气和平，天下安宁，社会"美善相乐"。他说："故乐行而志清，礼修而行成，耳目聪明，血气和平，移风易俗，天下皆宁，美善相乐。故曰：乐者，乐也。君子乐得其道，小人乐得其欲；以道制欲，则乐而不乱；以欲忘道，则惑而不乐。故乐者，所以道乐也，金石丝竹，所以道德也。乐行而民乡方矣。"（《荀子·乐论》）②他还讲："且乐也者，和之不可变者也；礼也者，理之不可易者也。乐合同，礼别异，礼乐之统，管乎人心矣。"（《荀子·乐论》）③《礼记·乐记》也说："大乐与天地同和，大礼与天地同节。和故百物不失，节故祀天祭地，明则有礼乐，幽则有鬼神。如此，则四海之内合敬同爱矣！礼者殊事，合敬者也；乐者异文，合爱者也。礼乐之情同，故明王以相沿也。"④

（三）"礼以致和"命题的意义

"礼以致和"命题给我们如下启示。

1. 社会规范的最终目的应该是追求社会的和谐、和美

礼义规范的制定要有一个终极的价值取向，即社会的和谐、和美。从这种价值取向的角度看，礼义规范制定出来，应该具有多重社会功能，其一是对不合礼义规范的言行举止进行约束、限制；其二是对合乎礼义的言行举止给予引导、鼓励。但是，无论如何，礼义规范的性质应

---

① （清）王先谦：《荀子集解》，中华书局2013年版，第449—450页。
② 同上书，第451—452页。
③ 同上书，第452页。
④ （清）孙希旦：《礼记集解》，中华书局1989年版，第988—989页。

该是生产性的，而不应该是压制性的。

2. 在一定社会规范引导下的音乐艺术是形塑社会和谐的重要手段

音乐具有感染熏陶人的独特社会功能，这使音乐在和谐社会的建设中具有举足轻重的地位。但是，音乐作品并不必然引致社会和谐，音乐作品的生产也需要有一个终极的价值的取向，即社会的和谐、和美。所以，对于音乐作品，一定程度的价值规范引导是必要的。

（邓万春）

## 第四节　修身入群：合群的方法

### 一　存心养性

孟子心性论阐明了心与性的关系，心不仅是脏器，还是认知心、道德心；性则是人之本性，其内容是仁、义、礼、智。在社会中，人要保存认知心和道德心，去思考和实践，把固有的道德心彰显出来，成为一个高尚的人。人人都这样做，并相互影响，这样群体就会成为一个和谐的群体，为国家稳定和社会和谐奠定基础。

（一）"存心养性"命题的来源

儒家创始人孔子最早提出"性"的观点，这就是"性相近，习相远也"，[1] 其意是人之天赋本性是相近的，但后天的习染致使人之性发生变化，从而有不同的人。孔子思想的核心是仁，仁就是"爱人"。[2] 人之所以能爱人或被人爱，是因为每个人在本性上具有一致性。孟子则由仁本身转向"仁之方"，并通过对"仁之方"的论述建立了自己的心性论。在孟子看来，"人之所以异于禽兽者几希"，[3] 人与动物之间是有相同性的，"口之于味也，目之于色也，耳之于声也，鼻之于臭也，四体之于安佚也，性也"。[4] 口的对于美味，眼的对于美色，耳的对于好听的声音，鼻的对于芬芳的气味，手足四肢的喜欢舒服，这些爱好，都

---

[1] 杨伯峻：《论语译注》，中华书局2012年版，第253页。
[2] 杨伯峻：《孟子译注》，中华书局1960年版，第197页。
[3] 同上书，第191页。
[4] 同上书，第263页。

是天性。天性是人与动物都具有的,但却不是人之所以为人者,不是人性。孟子认为:"恻隐之心,人皆有之;羞恶之心,人皆有之;恭敬之心,人皆有之;是非之心,人皆有之。"① 人异于动物的根本所在,在于人先天地具有恻隐之心、羞恶之心、恭敬之心、是非之心。这才是人之所以为人者,才是所谓的人性。

在《孟子》一书的最后一篇,孟子明确地指出:"存其心,养其性,所以事天也。"② 朱熹《孟子集注》:"存,谓操而不舍;养,谓顺而不害。事,则奉承而不违也。"这里存心、养性是通过修养来保存和发展先天仁、义、礼、智,而这正是人性的重要内容,因而保存和发展了这仁、义、礼、智也就可以使人真正知性。按《中庸》的讲法,性为天之所命,故知性也就可以知命、知天,这样,便使自己的心、性与天、命沟通了,一个人也就掌握了最高的知识,实现了自我完善。

(二)"存心养性"命题的含义

1. 人具有先天道德心

心在汉语中一般指人的心脏,属于五脏之一。但人们认为心脏与一般的脏器不同,而具有特别的功能,亦即去思考。据杨泽波统计,《孟子》一书的"心"字凡 121 见(另有三处用于人名不包括在内),③ "心"字出现频率甚高,可见其重要性。《孟子》之心的基本含义相当于生理学意义上的脑,如"于予心犹以为速"④ "于心终不忘"⑤ 等,皆为此义。由此又可引发为心志、意愿,如"我四十不动心"⑥ "必先苦其心志"⑦ 等。有时孟子还以心代表民意,如"失其民者,失其心也"。⑧ 在这样的意义上,心就不再只是指心脏,而也指心灵,它包括了思想意识乃至精神等。可见,孟子所理解的心并非只是一个单纯认识

---

① 杨伯峻:《孟子译注》,中华书局 1960 年版,第 259 页。
② 同上书,第 301 页。
③ 参见杨泽波《孟子性善论研究》,中国社会科学出版社 1995 年版,第 28、111 页。
④ 杨伯峻:《孟子译注》,中华书局 1960 年版,第 108 页。
⑤ 同上书,第 113 页。
⑥ 同上书,第 61 页。
⑦ 同上书,第 298 页。
⑧ 同上书,第 171 页。

的心，而且也是一个具有道德的心。这就是说，心灵不仅能认识事物的本性，而且也能指引人类的行为，尤其是能去规定人与人之间的关系。①

孟子主张性善，往往与心相联系。如他提出人的四心：恻隐之心、羞恶之心、辞让之心、是非之心。孟子认为，人的四心是仁、义、礼、智四德的萌芽，又称为四端之心。孟子以孺子将入于井来说明四心，"今人乍见孺子将入于井，皆有怵惕恻隐之心——非所以内交于孺子之父母也，非所以要誉于乡党朋友也，非恶其声而然也。……恻隐之心，仁之端也；羞恶之心，义之端也；辞让之心，礼之端也；是非之心，智之端也。人之有是四端也，犹其有四体也"。② 人看到孩子掉井里，都会生怵惕恻隐之心，并不是为了讨孩子父母欢心，不是为了向乡党邀誉，也不是厌恶孩子的求救声。恻隐之心、羞恶之心、辞让之心、是非之心分别是仁、义、礼、智四种仁德的萌芽，它们是固有的，像人的四体一样不可或缺。人对于"四端之心"的"固有"并不是那种实然生理性质的"固有"，而是一种精神性与心理性的内在固有。而这种精神、心理性质的内在"固有"又必须依赖人自觉的"思"才能呈现并加以把握。③ 所以，孟子说"仁、义、礼、智，非由外铄我也，我固有之也，弗思耳矣"。④ 孟子还说，"君子所以异于人者，以其存心也。君子以仁存心，以礼存心"。⑤ 即有德行的人或君子与常人不同的地方就在于保存了婴儿所具有的天真纯朴的心或保存了先天所具有的仁、义、礼、智等善性。

2. 心性合一，人性本善

在孟子看来，人性与人心本是二而一的东西，人性即是人心，人心即是人性。北宋理学家程颐说："在天为命，在义为理，在人为性，主于身为心，其实一也。心本善，发于思虑，则有善有不善。若既发，则

---

① 彭富春：《论孟子的心性论》，《清华大学学报》（哲学社会科学版）2010年第4期。
② 杨伯峻：《孟子译注》，中华书局1960年版，第79—80页。
③ 丁为祥：《孟子心性之学的信仰维度——儒家道德善性的追根溯源与深层检讨》，《人文杂志》2015年第9期。
④ 杨伯峻：《孟子译注》，中华书局1960年版，第259页。
⑤ 同上书，第197页。

可谓之情，不可谓之心。"① 从人之所以为人的角度，从不学而能、不虑而知的天赋的角度看，是人性；从其居于人的内心，支配人的思想和行为的角度看，则是人心。因此，人的本心、本性就其本原意义而言，原本就是善的。这种本原的、先天性的善，正是人为仁向善的基础。朱熹在《孟子序说》说："杨氏曰：'《孟子》一书，只是要正人心，教人存心养性，收其放心。至论仁、义、礼、智，则以恻隐、善恶、辞让、是非之心为之端。论邪说之害，则曰：'生于其心，害于其政。'论事君，则曰'格君心之非'，'一正君而国定'。……千变万化，只说从心上来。人能正心，则事无足为者矣。大学之修身、齐家、治国、平天下，其本只是正心、诚意而已。心得其正，然后知性之善。故孟子遇人便道性善。"②

（三）存心养性的方法

心是道德心，是仁德心；性是人之本性，而人性本善；它们都是人所固有的。孟子认为，人先天具有的道德萌芽还需要后天的"养"。如果没有受到良好的熏陶与培养，这些道德萌芽就不会发展成为成熟的道德。孟子说："富岁，子弟多赖；凶岁，子弟多暴，非天之降才而殊也，其所以陷溺其心者然也。"③ 丰收年成，少年子弟多半懒惰；灾荒年成，少年子弟多半强暴，不是天生的资质这样不同，是由于环境使他们的心情变坏的缘故。他说："今夫麰麦，播种而耰之，其地同，树之时又同，浡然而生，至于日至之时，皆熟矣。虽有不同，则地有肥硗，雨露之养，人事之不齐也。"④ 他说这好比种大麦，如果土地一样，种植的时候一样，便都会蓬勃地生长，迟至夏至，都会成熟。如果有所不同，那是由于土地的肥瘠、雨露的多少、人工的勤惰等因素有所不同的缘故。那么，如何进行修养呢？孟子提出养性的系统观点如下：

首先，要树立远大的目标，并通过行动不断地向目标靠近。养性的最高目标在于贯通人性天道，从而达到天人合一的最高境界。关于这个

---

① （宋）朱熹、吕祖谦编：《近思录》，中州古籍出版社2008年版，第49页。
② （宋）朱熹：《四书集注》（第2版），三秦出版社2005年版，第4页。
③ 杨伯峻：《孟子译注》，中华书局1960年版，第260页。
④ 同上书，第261页。

第四章 合群的基本命题

目标,《中庸》如此说:"唯天下至诚,为能尽其性。能尽其性,则能尽人之性;能尽人之性,则能尽物之性;能尽物之性,则可以赞天地之化育;可以赞天地之化育,则可以与天地参矣。"宇宙的本真状态是生命秩序的和谐,天道即人道。至诚者方能尽其本性,由仁民爱民而爱万物滋养万物,民胞物与,从而达到天人合一的最高境界。孟子认为,尽心是知性,同时也是知天和事天。他明确指出:"尽其心者,知其性也。知其性,则知天矣。存其心,养其性,所以事天也。殀寿不二,修身以俟之,所以立命也。"① 意思是,充分扩张善良的本心,这就是懂得了人的本性。懂得了人的本性,就懂得了天命了。保持人的本心,培养人的本性,这就是对待天命的方法。短命也好,长寿也好,我都不三心二意,只是培养身心、等待天命,这就是安身立命的方法。孟子除了指出心性和天的同一性外,还强调人的心性的修炼不仅是一个认识的过程,而且也是一个实践的过程,它是认识和实践的统一。与此相应,它不仅是知天,而且也是事天。由此可见,孟子存心养性有伦理实践,是一个无限的生命过程,孟子将此过程表述为两条脉络:"尽心—知性—知天与存心—养性—事天"。由此可见,孟子心性论的伦理实践不能离开其存在论上的终极根据,这就是儒家人文主义所设定的终极存在——天。"天"不仅是心性存在论上的终极根据,而且也是心性实践论上的终极根据。因此,"天"构成了存在论与实践论的双重根据。②

其次,就自身的善端来说,需要加以扩充或发展。人的善端像种子萌芽一样,需要浇灌和培育,这样才能发展壮大。正如孟子所说:"凡有四端于我者,知皆扩而充之矣,若火之始然,泉之始达。"③ 所有具有这四种道德萌芽的人,懂得扩大充实它们,便会像刚刚燃烧起来的火,可成燎原之势,像刚刚流出来的泉水,可以汇为江河一样,先天所具有的善端或道德萌芽就可以发展为尽善尽美的思想道德。朱熹对此也深表赞同,他说:"孟子言性善,存心,养性,孺子入井之心,四端之

---

① 杨伯峻:《孟子译注》,中华书局1960年版,第301页。
② 陈永革:《人心向善与人性本善——孟子心性论的伦理诠释》,《中国哲学史》1996年第4期。
③ 杨伯峻:《孟子译注》,中华书局1960年版,第80页。

发，若火始然，泉始达之类，皆是要体认得这心性下落，扩而充之。"①不仅如此，孟子还使"求放心""寡欲""存夜气""养浩然之气""不动心"等一系列存养功夫，成为扩充四端的必要手段，并进而提升到儒家四德的理想境界，充分实现其人性理想。

再次，反身而诚。孟子说："万物皆备于我矣。反身而诚，乐莫大焉。强恕而行，求仁莫近焉。"② 孟子认为，人自身具备一切。这在于人的本心和本性具有良知良能，既有四端之心，又有仁、义、礼、智四德之性。凭借如此，人能够知晓万物和操劳万事。因此，人自身是理解和把握万事万物的首要通道。③ 孟子认为，通过这种个人自身的心性的修炼，人才能培养成一个真正意义上的人；而当一个人实现了理想人格的时候，他就成为了大人。"大人者，不失其赤子之心者也。"④ 赤子之心是人的本心，亦即四端之心。小人们失去了它，大人们却保有了它。大人之心就是人的所本有的仁义之心。故成为大人的途径并非向外寻找，而是从内发现。一旦找到了这颗赤子之心，那么人就成为了大人。

最后，不可自暴自弃。孟子将人的丧失本心和本性的行为称为自暴自弃。"言非礼义，谓之自暴也；吾身不能居仁由义，谓之自弃也。仁，人之安宅也；义，人之正路也。旷安宅而弗居，舍正路而不由，哀哉！"⑤ 所谓自暴，就是人自己残害自己的本性；所谓自弃，就是人自身放弃自身本性。仁义作为人们居住的家园和行走的道路，是天赋的，是人自身本来就拥有的。故它们是人的本性和本心，是人的良知良能。如果人的本心和本性遭到剥夺的话，那么这既非天的意志，也非他人的行为，而是人自身所致。故这种行为是人的自暴自弃。当人们残害和放弃了自身的善良本性时，他当然就会否定仁义，而不能居仁由义，也不

---

① （宋）黎靖德编：《朱子语类》（第二册），中华书局1986年版，第445页。
② 杨伯峻：《孟子译注》，中华书局1960年版，第302页。
③ 彭富春：《论孟子的心性论》，《清华大学学报》（哲学社会科学版）2010年第4期。
④ 杨伯峻：《孟子译注》，中华书局1960年版，第189页。
⑤ 同上书，第172页。

可能有善言善行。①

（四）"存心养性"命题的价值和意义

古希腊的苏格拉底认为人之所以为恶，是由于不知道是恶。因此求知乃是人生最重要的道德义务。柏拉图认为感觉所得不可靠，因为既不真实而且时有变化，这是恶的由来，纯粹不变的至善观念必须自理性中发生。就古希腊的人性论来看，他们把人看作宇宙的一部分，人既然在宇宙中生活，就要去了解宇宙，因此他们强调人性中的理性成分；同时他们认为人性之善恶实与人所掌握的知识或理性有关，所谓人性善即是理性地生活，对欲望加以节制。古希腊的人性论总体上是一种智识成分的人性论，这与中国传统人性论强调品性成分不同。

在中国儒家思想中，不导致行为结果的"知"是没有的。② 孔子把"仁"作为一种道德情感、道德品质或全德之名，"仁者人也"，"仁者，爱人"，就是说只有具备道德的人才能算作人，或者换句话说，道德是人性的特殊规定性。在孟子看来，人与动物的区别就在于人有道德。人先天就有恻隐之心、羞恶之心、恭敬之心、是非之心四个善端，把它引申出来就是社会的仁、义、礼、智等伦理道德规范，把它发挥出来就是善行善德。这四个善端就是人均先天存在的一种道德的起点，是人性的重要表征。正因为人性先天具有道德的潜质，因此，人性必然是善的，而且必然是向善、趋善的，人人皆可成为尧舜那样的圣人。即使主张人性恶的荀子也坚信"涂之人可以成禹"。由此，在中国思想史上，或者说在社会文化的演进中，性善论逐渐成为一种主导的价值信仰，得到了士大夫文化和民众文化的认同。③

（陈为雷）

## 二 无信不立

"信"是处理人与人之间关系的基本准则和方法，人与人之间如果

---

① 彭富春：《论孟子的心性论》，《清华大学学报》（哲学社会科学版）2010 年第 4 期。
② [美]孟旦：《早期中国"人"的观念》，丁栋、张兴东译，北京大学出版社 2009 年版，第 58 页。
③ 肖群忠：《论中国传统人性思想的特点与影响》，《齐鲁学刊》2007 年第 3 期。

没有了基本的信任、信用和诚信，则无法形成社会合作，无法结成群体，无法形成组织，即群不能成，群无法合。所以，"无信不立"这个命题告诉我们，有"信"才能合群，"信"是修身合群的重要方法。

（一）"无信不立"命题的提出

"无信不立"这个命题出自《论语·颜渊》：

> 子贡问政，子曰："足食，足兵，民信之矣。"子贡曰："必不得已而去，于斯三者何先？"曰："去兵。"子贡曰："必不得已而去，于斯二者何先？"曰："去食。自古皆有死，民无信不立。"[1]

孔子认为，对于一个国家而言，老百姓的信任要重于粮食、兵备，一个国家可以没有兵备、粮食，但是不能失去民众的信任，失去了民众的信任，国家就不会存在了。孔子将无形的对待人与人、人与国之间关系的准则或方法的重要性置于有形的物质资源之上。

先秦关于"信"的思想起源很早，在《论语》之前，已有关于"信"的相关论述。《周易》中多次出现的"孚"一字，就有"信""诚信"的意思。《周易·杂卦》有"中孚，信也。"《诗经·大雅·板》曰："上帝板板，下民卒瘅。出话不然，为犹不远。靡圣管管，不实于亶。犹之未远，是用大谏。"这句中的"亶"就有"诚""信"的意思。"不实于亶"就是不讲诚信。《诗经·大雅·下武》："王配于京，世德作求。永言配命，成王之孚。成王之孚，下土之式。永言孝思，孝思维则。"这句中的"孚"有"使人信服"的意思，"成王之孚"就是成王令人信服。

在先秦思想中，"信"有三类基本含义，一是"诚信""守信"；二是"信任""相信"；三是兼具前两类含义，可理解为更高层次上的"信义"。

诚信、守信。《论语·泰伯》中曾子说："鸟之将死，其鸣也哀；人之将死，其言也善。君子所贵乎道者三：动容貌，斯远暴慢矣；正颜

---

[1] 杨伯峻：《论语译注》，中华书局2012年版，第175页。

色，斯近信矣；出辞气，斯远鄙倍矣。笾豆之事，则有司存。"① 这里的"信"就有诚信的意思。

《荀子·不苟》"庸言必信之，庸行必慎之，畏法流俗而不敢以其所独甚，若是则可谓悫士矣"② 与"言无常信，行无常贞，唯利所在，无所不倾，若是则可谓小人矣"③ 中的"信"都有诚信、守信的含义。

信任、相信。《论语·公冶长》"始吾于人也，听其言而信其行；今吾于人也，听其言而观其行"④ 与"老者安之，朋友信之，少者怀之"⑤ 中的"信"有相信、信任的意思。《荀子·非十二子》"士君子之所能不能为：君子能为可贵，不能使人必贵己；能为可信，不能使人必信己；能为可用，不能使人必用己"⑥ 中的"信"也有信任、相信的意思。

信义，兼有诚信、信任的含义。《论语·学而》中有子说："信近于义，言可复也。恭近于礼，远耻辱也。因不失其亲，亦可宗也。"⑦《论语·颜渊》中孔子讲："主忠信，徙义，崇德也。爱之欲其生，恶之欲其死；既欲其生又欲其死，是惑也。"⑧《荀子·仲尼》曰："天下之行术：以事君则必通，以为仁则必圣，立隆而勿贰也。然后恭敬以先之，忠信以统之，慎谨以行之，端悫以守之，顿穷则从之疾力以申重之。"⑨ 这几句都是从一个更高的层次来谈"信"，是理念层面的"信"，而非行为层面的"信"。所以这里的"信"就有"信义"的含义。

（二）"无信不立"命题的含义

1."信"而立身

"信"是修身的基本准则。《论语·述而》曰："子以四教：文，

---

① 杨伯峻：《论语译注》，中华书局2012年版，第112—113页。
② （清）王先谦：《荀子集解》，中华书局2013年版，第59页。
③ 同上。
④ 杨伯峻：《论语译注》，中华书局2012年版，第64页。
⑤ 同上书，第73页。
⑥ （清）王先谦：《荀子集解》，中华书局2013年版，第120页。
⑦ 杨伯峻：《论语译注》，中华书局2012年版，第11页。
⑧ 同上书，第177页。
⑨ （清）王先谦：《荀子集解》，中华书局2013年版，第133页。

行，忠，信。"① 孔子把"信"作为其教育人的四条准则之一。《论语·学而》"君子，不重则不威；学则不固。主忠信。无友不如己者。过，则勿惮改"② 中的"忠信"、《论语·泰伯》"笃信好学，守死善道。危邦不入，乱邦不居。天下有道则见，无道则隐"③ 中的"笃信"则是孔子为人的基本信条。《论语·学而》中曾子说："吾日三省吾身：为人谋而不忠乎？与朋友交而不信乎？传不习乎？"④ 他将"信"作为自己修身的一个标准。《荀子·修身》曰："宜于时通，利以处穷，礼信是也。"⑤

"信"是成为君子、圣贤的条件。《论语·卫灵公》中孔子说："君子义以为质，礼以行之，孙以出之，信以成之。君子哉！"⑥ 将"信"视作成为君子的标准。在《论语·宪问》中孔子曰："不逆诈，不亿不信，抑亦先觉者，是贤乎！"⑦ 意思是不事前揣测别人对自己无信，但是能够事前发觉别人的无信，这样的人就是贤人。孟子在《孟子·告子上》中说："有天爵者，有人爵者。仁义忠信，乐善不倦，此天爵也；公卿大夫，此人爵也。古之人修其天爵，而人爵从之。今之人修其天爵，以要人爵；既得人爵，而弃其天爵，则惑之甚者也，终亦必亡而已矣。"⑧ 只有守"忠信"的人，才能成为"天爵"，即圣贤。《荀子·非十二子》曰："信信，信也；疑疑，亦信也。贵贤，仁也；贱不肖，亦仁也。"⑨

无"信"无以为人。《论语·为政》中孔子说："人而无信，不知其可也。大车无輗，小车无軏，其何以行之哉？"⑩ 人如果没有信义的话，怎么能行呢？《论语·泰伯》中孔子说："狂而不直，侗而不愿，

---

① 杨伯峻：《论语译注》，中华书局 2012 年版，第 102 页。
② 同上书，第 8 页。
③ 同上书，第 116 页。
④ 同上书，第 4 页。
⑤ （清）王先谦：《荀子集解》，中华书局 2013 年版，第 26 页。
⑥ 杨伯峻：《论语译注》，中华书局 2012 年版，第 231 页。
⑦ 同上书，第 216 页。
⑧ 杨伯峻：《孟子译注》，中华书局 1960 年版，第 271 页。
⑨ （清）王先谦：《荀子集解》，中华书局 2013 年版，第 114—115 页。
⑩ 杨伯峻：《论语译注》，中华书局 2012 年版，第 28 页。

悾悾而不信，吾不知之矣。"① 孔子无法理解那些无能而又无"信"的人。荀子在《荀子·非十二子》中讲"耻不信，不耻不见信"，② 以无"信"为耻。

不能轻"信"，"信"要合于"义"。《论语·子路》曰："言必信，行必果，硁硁然小人哉！抑亦可以为次矣。"③ 孔子认为，说话一定守信，做事一定有结果，这是浅薄固执的小人之举。为什么这么说呢？因为我们的言行还有更高的衡量标准，这就是"义"。孟子在《孟子·离娄下》中说："大人者，言不必信，行不必果，唯义所在。"④ 应不应该言必行、行必果，要以"义"来衡量，符合"义"才需要言必行、行必果。

2. "信"而立群

"信"是立群、合群的方法。

"信"乃人之所好。《荀子·强国》曰："人之所恶何也？曰：污漫、争夺、贪利是也。人之所好者何也？曰：礼义、辞让、忠信是也。"⑤ "信"是为人们所喜好的一种品质。《荀子·不苟》曰："公生明，偏生暗，端悫生通，诈伪生塞，诚信生神，夸诞生惑。此六生者，君子慎之，而禹、桀所以分也。"⑥ 诚实守信会产生神奇的社会效应。

"信"是与朋友相交的准则与方法。《论语·学而》中子夏说："贤贤易色；事父母，能竭其力；事君，能致其身；与朋友交，言而有信。虽曰未学，吾必谓之学矣。"与朋友相交，要言而有信。《孟子》也讲"父子有亲，君臣有义，夫妇有别，长幼有序，朋友有信"，强调朋友之交要有"信"。

"信"是与众人相交的准则与方法。《论语·学而》孔子说："弟子入则孝，出则悌，谨而信，泛爱众，而亲仁，行有余力，则以学文。"⑦

---

① 杨伯峻：《论语译注》，中华书局2012年版，第118页。
② （清）王先谦：《荀子集解》，中华书局2013年版，第120页。
③ 杨伯峻：《论语译注》，中华书局2012年版，第194页。
④ 杨伯峻：《孟子译注》，中华书局1960年版，第189页。
⑤ （清）王先谦：《荀子集解》，中华书局2013年版，第352页。
⑥ 同上书，第59—60页。
⑦ 杨伯峻：《论语译注》，中华书局2012年版，第6页。

有"信",则能泛爱众。《论语·阳货》中孔子说:"恭、宽、信、敏、惠。恭则不侮,宽则得众,信则人任焉,敏则有功,惠则足以使人。"① 孔子认为人讲诚信,就会被人信任、重用。《荀子·荣辱》曰:"故君子者,信矣,而亦欲人之信己也;忠矣,而亦欲人之亲己也;修正治辨矣,而亦欲人之善己也。"② 这就是说,"信"是人与人交往的准则,自己要守"信",也希望他人对自己有"信"。《荀子·致士》曰:"师术有四,而博习不与焉:尊严而惮,可以为师;耆艾而信,可以为师;诵说而不陵不犯,可以为师;知微而论,可以为师:故师术有四,而博习不与焉。"③ 为人师者应具备的四种品质,其中之一就是"信"。老年人有"信",就可以为人师。

"信"是与天下交的准则与方法。《荀子·修身》讲:"体恭敬而心忠信,术礼义而情爱人;横行天下,虽困四夷,人莫不贵。"④ 心存忠信,走遍天下都会受人尊重。

3."信"而立国

"信"而服民。孔子认为,国家治理者对民众讲诚信,百姓就会真心拥护。《论语·子路》曰:"上好礼,则民莫敢不敬;上好义,则民莫敢不服;上好信,则民莫敢不用情。夫如是,则四方之民襁负其子而至矣,焉用稼?"⑤《论语·子张》中子夏讲:"君子信而后劳其民;未信,则以为厉己也;信而后谏,未信,则以为谤己也。"⑥ 要先取得百姓的信任,然后才能使用民力。因为只有这样,民众才会甘心为国效力。《论语·尧曰》讲:"宽则得众,信则民任焉,敏则有功,公则说。"⑦ 国家治理者只有讲求诚信,才能获得老百姓的信任。荀子认为得到百姓拥护,使万民归附、为国效力的秘诀在于国家治理者讲求忠信、致力于社会调和与公平。《荀子·富国》说:"使民夏不宛暍,冬

---

① 杨伯峻:《论语译注》,中华书局 2012 年版,第 255 页。
② (清)王先谦:《荀子集解》,中华书局 2013 年版,第 72 页。
③ 同上书,第 310—311 页。
④ 同上书,第 32—33 页。
⑤ 杨伯峻:《论语译注》,中华书局 2012 年版,第 187 页。
⑥ 同上书,第 280 页。
⑦ 同上书,第 292 页。

不冻寒，急不伤力，缓不后时，事成功立，上下俱富；而百姓皆爱其上，人归之如流水，亲之欢如父母，为之出死断亡而愉者，无它故焉，忠信调和均辨之至也。"①

"信"而强兵。荀子认为，国家对民众有诚信，兵才能强，否则兵弱。《荀子·富国》曰："观国之强弱贫富有征验：上不隆礼则兵弱，上不爱民则兵弱，已诺不信则兵弱，庆赏不渐则兵弱，将率不能则兵弱。"② 国家的政令要有诚信，不能朝令夕改，政令有诚信则兵强，政令没有诚信则兵弱。《荀子·议兵》说："政令信者强，政令不信者弱。"③ 荀子认为治兵不能仅靠赏罚、耍手腕，还需要对百姓有礼仪忠信，否则外敌来犯必败。《荀子·议兵》讲："为人主上者也，其所以接下之百姓者无礼义忠信，焉虑率用赏庆、刑罚、埶诈，除阸其下，获其功用而已矣。大寇则至，使之持危城则必畔，遇敌处战则必北，劳苦烦辱则必奔，霍焉离耳，下反制其上。"④

"信"而治国。孔子认为治理国家要认真对事，讲求信义。《论语·学而》中孔子说："道千乘之国，敬事而信，节用而爱人，使民以时。"⑤ 荀子认为国家治理要讲求忠信。《荀子·富国》曰："仁人之用国，将修志意，正身行，伉隆高，致忠信，期文理。"⑥ 商鞅将"信"作为三种治国方略之一，他在《商君书·修权》中说："国之所以治者三：一曰法，二曰信，三曰权。法者，君臣之所共操也；信者，君臣之所共立也；权者，君之所独制也。"墨子提出对忠信之士进行奖赏，对不忠信之人进行惩罚，《墨子》曰："凡我国之忠信之士，我将赏贵之；不忠信之士，我将罪贱之。"

"信"而平天下。荀子将义和信视为平天下的根本。《荀子·强国》说："古者禹、汤本义务信而天下治，桀、纣弃义背信而天下乱，故为

---

① （清）王先谦：《荀子集解》，中华书局2013年版，第224页。
② 同上书，第229页。
③ 同上书，第319页。
④ 同上书，第337页。
⑤ 杨伯峻：《论语译注》，中华书局2012年版，第5页。
⑥ （清）王先谦：《荀子集解》，中华书局2013年版，第232页。

人上者必将慎礼义、务忠信然后可。此君人者之大本也。"[1]《荀子·王霸》讲："致忠信，箸仁义，足以竭人矣。两者合而天下取，诸侯后同者先危。"[2]

（三）"无信不立"命题的意义

"无信不立"这个命题启发我们如何在四个不同的层面上合群。

首先，在个人层面上，"信"是个人修身的准则与信条，如孔子所言，一个没有诚信、不讲信用的人，是无法成为一个真正的人的，这样的人或许可以称之为小人。不能成人，自然也就无法合群。

其次，在群体层面上，"信"是人与人之间、人与群体、群体与群体之间合群的原则与方法。诚信、信用、信任是维系人与人、人与群体、群体与群体之间关系的基本道德规范，也是社会秩序的根基，如荀子所言，仅依靠奖惩制度来治理的社会，是无法达到社会和谐的理想状态的。

再次，在国家层面上，"信"是国家治理的方略与手段。国家治理者要讲诚信，要对民众讲信用，不能失信于民，要兑现对民众的承诺，政令不能朝令夕改，这样民众才能信任、拥护国家，心甘情愿为国家效力。

最后，在天下层面上，国与国之间也要讲诚信，"信"也应该成为国与国之间交往的准则，背信弃义的行为会被国际社会所唾弃。

（邓万春）

### 三 与人为善

"与人为善"命题揭示的是有关社会交往、处理人际关系，甚至是治国理政的基本准则，对后世影响深远。"与人为善"命题的思想渊源是"性善论"，认为善是人的本性，把善发扬光大，修齐治平才可能实现。"与人为善"以"善"为出发点，就人际关系来说，人人要修善德，人与人互相交往要心存善念，要乐于和别人一起行善；就国家层面

---

[1] （清）王先谦：《荀子集解》，中华书局2013年版，第361页。
[2] 同上书，第254页。

而言，君主对百姓要行善政。"与人为善"对实现微观个体"小群"和宏观国家"大群"的和谐都具有重要意义。

（一）"与人为善"命题的提出

基于对人性的不同看法，先秦诸子提出了各自的处理人际关系及治国主张，性善论者认为，合群、治国都需"与人为善"。从"善"的原始含义看，《说文解字》解释："善，吉也，从言、从羊，此与义美同意义。"①"善"是吉祥的意思，字形采用"詰、羊"会义，"善"与"義"（义）、"美"同义。"善"的本义是像羊一样说话，羊是温顺的动物，如果人们都像羊一样说话，人与人之间就会避免很多争吵和冲突。之后，"善"的解释几乎都与善良、安详、吉祥、美好、仁慈、善于等意思有关。《诗经》中说母亲是善良的。（《诗·邶风·凯风》："母氏圣善。"②）老子认为，最好美好的品德像水一样，做人、交友、为政的最高境界也要像水一样。（《道德经》："上善若水。水善利万物而不争，处众人之所恶，故几于道。居善地，心善渊，与善仁，言善信，正善治，事善能，动善时。夫唯不争，故无尤。"③）《大学》则说，大学之道在于使人们达到最完美的道德境界。（《大学》："大学之道，在明明德，在亲民，在止于至善。"④）

至孟子时代，诸子对"善"的理解有了很大的扩展，"善"与人性、与伦理、与治国发生着莫大的关系，以发扬孔学为己任的孟子提出了"性善论"，以"性善论"为基础，孟子首次提出了"与人为善"的思想，着重指出与别人一道行善是作为君子最伟大的善。（《孟子·公孙丑上》："取诸人以为善，是与人为善者也。故君子莫大乎与人为善。"⑤）孟子进一步说，"善"即美好，把美好不断扩充最终会达到神圣的境界。（《孟子·尽心下》："可欲之谓善，有诸己之谓信。充实之

---

① （汉）许慎撰，（宋）徐铉校定：《说文解字》，中华书局2013年版，第52页。
② 王秀梅译注：《诗经》，中华书局2015年版，第62页。
③ 陈默译：《道德经》，吉林美术出版社2015年版，第24页。
④ 王文锦：《大学中庸译注》，中华书局2013年版，第3页。
⑤ 杨伯峻：《孟子译注》，中华书局1960年版，第83页。

谓美，充实而有光辉之谓大，大而化之谓圣，圣而不可知之之谓神。"① "与人为善"在先秦诸子思想中占有重要的地位，它强调以"善"为本，推己及人，"善与人同"，善政为民。"与人为善"对加强个人修养，维护社群关系，维持社会秩序的稳定都发挥着积极的作用。

(二)"与人为善"命题的含义

1. 以"善"为本

"与人为善"的首要内涵是以"善"为本，从"善"出发。孔子主张为人应以善为本，择善而从是与人为善的基础，为善的最高境界是仁。按子贡的说法，孔子说的善就是温、良、恭、俭、让，孔子每到一个国家，之所以那个国家的人都会把政事讲给他听，是由于孔子始终都以温和、善良、恭敬、俭朴、谦让的美德去对待别人。(《论语·学而》："字禽问于子贡曰：夫子至于是邦也，必闻其政，求之与？抑与之与？子贡曰：夫子温、良、恭、俭、让以得之。"②) 温、良、恭、俭、让既是善的基本内涵，也是与人为善的基本方法。进一步说，孔子认为善即无恶，无恶即仁，"苟志于仁矣，无恶也"。③ 这是孔子心目中善的最高境界，《论语》中很多地方都提到的善，大多都是仁者外在的行为表现，仁是内在的修养，通过"礼"的规范内化于人们的思想和行动中，达到"非礼勿视，非礼勿听，非礼勿言，非礼勿动"④ 能"从心所欲，不逾矩"⑤ 的程度，就是"克己复礼"⑥ 的仁了，从"仁"出发，仁者爱人就是善的表现。

孟子进一步提出，善是人的天性，是做人的本质，人生而有"四心"，"四心"表现于外是仁、义、礼、智四个"善端"，"恻隐之心，人皆有之；羞恶之心，人皆有之；恭敬之心，人皆有之；是非之心，人皆有之。恻隐之心，仁也；羞恶之心，义也；恭敬之心，礼也；是非之

---

① 杨伯峻：《孟子译注》，中华书局1960年版，第334页。
② 杨伯峻：《论语译注》，中华书局2012年版，第29页。
③ 同上书，第49页。
④ 同上书，第172页。
⑤ 同上书，第16—17页。
⑥ 同上书，第172页。

心智也"。① 这些善的天性就像人的四肢一样自然而然,不必学习,它使人们自觉地有同情心、羞耻心、礼让心和正义感。孟子认为人有善心而不加以探索,不推恩于外,是导致人与人之间差别形成的原因,人不能充分发挥人性善的本性,更是可惜,"仁、义、礼、智,非由外铄我也,我固有之也,弗思耳矣。故曰:求则得之,舍则失之。或相倍蓰而无算者,不能尽其才者也"。② 因此,需要我们不断充实扩充善心,如果能够扩充它们,便足以安定天下,如果不能够扩充它们,就连赡养父母都成问题。(《孟子·公孙丑上》:"凡有四端于我者,知皆扩而充之矣,若火之始然,泉之始达。苟能充之,足以保四海;苟不充之,不足以事父母。"③)假如人们忽然看到一个小孩掉到井里,人们都会"出于善心"自动伸出援手,若没有这些善良之心,简直不是人。(《孟子·公孙丑上》:"今人乍见孺子将入于井,皆有怵惕恻隐之心——非所以内交于孺子之父母也,非所以要誉于乡党朋友也,非恶其声而然也。由是观之,无恻隐之心,非人也;无羞恶之心,非人也;无辞让之心,非人也;无是非之心,非人也。恻隐之心,仁之端也;羞恶之心,义之端也;辞让之心,礼之端也;是非之心,智之端也。人之有是四端也,犹其有四体也。"④)因此,"与人为善"的第一要义就是以善为本,强调人皆有善心,人生于社会当以善待人。依善而行是人之为人的根本,是融入社群的首要条件。

2. 推己及人

善是需要推广的,否则善的好便无法得到体现,这就是"推己及人"。"推己及人"要求设身处地为别人着想,急人之所急。"推己及人"需要养成一种广大厚重的人格,然后用善心、善德承载万物,接人待物,这便是《周易·坤》所说:"君子以厚德载物。"⑤

孔子讲"推己及人",其核心是"仁",按《说文解字》的解释,

---

① 杨伯峻:《孟子译注》,中华书局1960年版,第259页。
② 同上。
③ 同上书,第80页。
④ 同上书,第79—80页。
⑤ 杨天才、张善文:《周易》,中华书局2011年版,第29页。

"仁，亲也，从人、从二"。① 仁是人与人的关系，这种关系体现的是一种既符合"礼"的规范又能够顺应人的自然本性的总和。孔子强调人与人的关系要以"仁"为基础，"仁"的基本含义有二，一是爱人，"樊迟问仁，子曰爱人"，② 即人和人之间要友善相亲；二是"克己复礼"，即遵从自己内心天然的"仁"而达到符合"礼"的规范。把"仁"推广开来便是"推己及人"，"夫仁者，己欲立而立人，己欲达而达人"③ "己所不欲，勿施于人"④，就是说自己想要站得住首先要使别人站得住，自己想要事事行得通也要使别人事事行得通，自己不喜欢的事情不要强加给别人，这就是一种推己及人的过程，每个人都要设身处地为他人考虑，像对待自己一样关心别人、帮助别人、尊重别人，这也是孔子的"忠恕"之道，要求待人要心无二心，意无二意，了己了人，爱人如己。孔子认为，为仁是有根本的，为仁的对象千差万别。"孝弟也者，其为仁之本与！"⑤ 这是说，孝顺父母、友爱兄弟是处理所有人际关系的根本点和出发点，连这都做不到就根本不配谈仁。为仁之道千千万，但基本都包含在父子、兄弟、朋友和君臣关系中，处理这些关系都要以仁为依据，子对父要孝，父对子要慈；弟对兄要悌；对朋友要信；君对臣要礼，臣对君要忠。

在这些基本关系的基础上，孔子更是提出了"泛爱众"的主张，即：恭、宽、信、敏、惠。（"子张问仁于孔子。孔子曰：能行五者于天下为仁矣。请问之。曰：恭、宽、信、敏、惠。恭则不侮，宽则得众，信则人任焉，敏则有功，惠则足以使人。"⑥）这就是说，处理人际关系要以谦恭、宽厚、诚实、勤敏、施惠为本，谦恭就不致遭受侮辱，宽厚就会得到众人的拥护，诚实就能得到别人的信任，勤敏就能做事显出成效，施惠于人才好使唤别人。在处理上述关系的时候，孔子都是从"己"出发，这是一个以我为中心，从我出发，然后一层层往外推的与

---

① （汉）许慎撰，（宋）徐铉校定：《说文解字》，中华书局2013年版，第159页。
② 杨伯峻：《论语译注》，中华书局2012年版，第182页。
③ 同上书，第91页。
④ 同上书，第172页。
⑤ 同上书，第3页。
⑥ 同上书，第255页。

人为善结构，这个结构费孝通先生把它称为"差序格局"，是中国社会文化最具特色的地方。

孟子说"仁之实，事亲是也"，[1] 仁的主要内容就是侍奉父母，却不能只停留在侍奉父母这一层，要推广开来，达到"老吾老以及人之老，幼吾幼以及人之幼"[2] "亲亲而仁民，仁民而爱物"[3] 的程度。把侍奉父母、孝敬自己的长辈、抚养教育自己的孩子之爱推广到别人家的长辈和小孩身上，进而推广到万事万物。尽管孔孟都认为爱是有差等的，是一种由近及远、由亲到疏、由人到物的爱，他们认为这是由血缘及人之本性所决定的，但爱亲人、爱别人、爱万物之"爱"是一样的。

墨家也讲"爱"，称"兼爱"，墨子认为，当时社会动乱的原因就在于人们不能兼爱，因此，墨子主张，"以兼相爱、交相利之法易之"，[4] "兼爱"的基本要求是，人不分老幼贵贱，天下之人皆相爱，"视人之国若视其国，视人之家若视其家，视人之身若视其身。是故诸侯相爱则不野战，家主相爱则不相篡，人与人相爱则不相贼，君臣相爱则惠忠，父子相爱则慈孝，兄弟相爱则和调。天下之人皆相爱，强不执弱，众不劫寡，富不侮贫，贵不敖贱，诈不欺愚。凡天下祸篡怨恨可使毋起者，以相爱生也，是以仁者誉之"。[5] 显然，墨家主张"兼爱"就是要人们爱人就像爱自己，爱别人的家就像爱自己的家，爱别人的国就像爱自己的国。墨家的爱是没有差等的爱，是不分亲疏远近的爱，与儒家的亲疏有别的爱是有区别的，但两者都浸透着仁爱精神，并且推己及人、与人为善的理念是共通的。

3. 善与人同

与人为善不仅仅是人与人之间的相互关怀和帮助，更是人与人之间相互欣赏、主动自觉汲取各自优点之后乐于行善的态度和行为，这即是"善与人同"。"善与人同"重在吸收别人的优点，改正自己的缺点，善

---

[1] 杨伯峻：《孟子译注》，中华书局1960年版，第183页。
[2] 同上书，第16页。
[3] 同上书，第322页。
[4] 方勇译注：《墨子》，中华书局2011年版，第126页。
[5] 同上。

行不分彼此，乐于与别人一起行善。(《孟子·公孙丑上》："孟子曰：子路，人告之以有过，则喜。禹闻善言，则拜。大舜有大焉，善与人同，舍己从人，乐取于人以为善。自耕稼、陶、渔以至为帝，无非取于人者。取诸人以为善，是与人为善者也。故君子莫大乎与人为善。"①)子路"闻过则喜"，别人指出他的错误他就高兴；大禹则更进一步，听到有教益的话他就给人行礼；大舜更是了不起，他不仅勇于抛弃自己的不是、接受别人的是，而且非常快乐地汲取别人的优点来行善。因此，"善与人同"包含两个基本内涵：

第一，"反躬自省，舍己从人"。要培养"闻过则喜"的胸怀及善于汲取别人优点改正自己不足的内在需求，"反躬自省"是首要条件，"反躬自省"是个人对自身的自知之明和高度自觉，《礼记·乐记》说："好恶无节于内，知诱于外，不能反躬，天理灭矣。"② 一个人如果任由好恶之情在内心泛滥，加之外来事物的不断诱惑，还不知道返回自身进行反省，那么，天理就要灭绝了。这说明，不"反躬自省"，人往往就会被好恶和事物不断影响，久而久之，甚至会导致社会风气败坏，大乱兴起。(《礼记·乐记》："于是又悖逆诈伪之心，有淫泆作乱之事。是故强者胁弱，众者暴寡，知者诈愚，勇者苦怯，疾病不养，老幼孤独不得其所，此大乱之道也。"③)孔子对自省也非常重视，他认为应该向好的榜样看齐，驱使自己不断进步，坏的榜样也要引以为戒，要自己反省，吸取经验教训。(《论语·里仁》："子曰：见贤思齐焉，见不贤而内自省也。"④)孟子的母亲为了使孟子有一个好的学习环境、不受坏榜样的影响而搬了三次家，这就是历史上著名的"孟母三迁"。孔子甚至把别人指出自己的错误当成非常幸运的事。(《论语·述而》："子曰：丘也幸，苟有过，人必知之。"⑤)孔子的学生曾子说："吾日三省吾身——为人谋而不忠乎？与朋友交而不信乎？传不习乎？"⑥ 就是说，

---

① 杨伯峻：《孟子译注》，中华书局1960年版，第82—83页。
② （清）孙希旦：《礼记集解》，中华书局1989年版，第984页。
③ 同上。
④ 杨伯峻：《论语译注》，中华书局2012年版，第54页。
⑤ 同上书，第105页。
⑥ 同上书，第4页。

曾子每天不断地问自己对别人的事尽心了没有、对朋友诚实了没有、对老师教导的学问复习了没有，通过这样持续的自我反省，人格不断得到完善和升华。可以说，自省是儒家修身养德的座右铭，是"舍己从人"的重要基础，通过自省发现自己的不足，改正自己的过失。孟子甚至认为，自省是最大的勇敢。(《孟子·公孙丑上》："昔者曾子谓子襄曰：子好勇乎？吾尝闻大勇于夫子矣：自反而不缩，虽褐宽博，吾不惴焉；自反而缩，虽千万人，吾往矣。"①)

自省需要严格要求自己，虚心听取别人的意见，所以子路"闻过则喜"，大舜"闻善言则拜"，总之，一个善于自我反省的人，才能扬长避短，才能发挥自己最大的潜力，才能拥有宽广的胸怀，才能"舍己从人"。"舍己从人"必须从修身开始，从"反躬自省"出发，然后"修己以安百姓"，乃至于齐家治国平天下都要以"修己"为本，"修己"是实现自身的"善"，"修己以安人"是和别人一起行善，这是儒家仁爱思想的具体体现。(《论语·宪问》："子路问君子。子曰：修己以敬。曰：如斯而已乎？曰：修己以安人。曰：如斯而已乎？曰：修己以安百姓。修己以安百姓，尧舜其犹病诸。"②)

第二，"乐取人以为善"。乐于汲取别人的优点去行善，这样的行善既体现了别人的善，也体现了自己的善，这是"与人为善"的本义，是"舍己从人"的进一步表现，把善集合于众人身上，以此为快乐，这是一种积极主动的乐善精神。所以大舜在行善时不区分彼此，他从种庄稼、做陶瓦、做渔夫一直到做天子，无一不在汲取别人的优点，他与百姓一起，互相谦让，互相学习，善行推广到民众中，很快就形成了和谐的村落、小镇和都市。(《史记·五帝本纪》："舜耕历山，历山之人皆让畔；渔雷泽，雷泽上人皆让居；陶河滨，河滨器皆不苦窳。一年而所居成聚，二年成邑，三年成都。"③) 大舜喜欢向别人请教，能够包涵别人的坏处，大力宣扬别人的好处，这是典型的"乐取人以为善"。

---

① 杨伯峻：《孟子译注》，中华书局1960年版，第61页。
② 杨伯峻：《论语译注》，中华书局2012年版，第221页。
③ （汉）司马迁：《史记》，中华书局1982年版，第32页。

(《中庸》："子曰：舜其大知也与！舜好问而好察迩言，隐恶而扬善，执其两端，用其中于民，其斯以为舜乎！"①）子曰："三人行，必有我师焉：择其善者而从之，其不善者而改之。"② 就是说，和人在一起会有善者和不善者之分，所以首先要选取别人的优点而学习，看到别人的缺点就要对照自己，有则改之。就连道家的创始人老子也有类似的道理，认为善人可以作为恶人的师范，恶人可为善人作借鉴。（《道德经》："故善人者，不善人之师；不善人者，善人之资。"③）

"乐取人以为善"绝不是盲从别人，而是在分清善恶的基础上，以"四心"、仁、义、礼、智为基础的博爱至善。"善与人同"绝不是凌驾于人故意为之的"小善"，而是"舍己从人"胸怀天下无私无我的"真善"，所以，孟子说："以善服人者，未有能服人者也；以善养人，然后能服天下。"④

4. 善政待民

想要国家稳固，百姓安居乐业，作为君主就需"善政待民"。"善政待民"的核心是"以民为本"，这是扩大化了的"与人为善"。

关于"善政待民"，就连主张无为而治的老子也认为，对待民众最重要的是一视同仁，坚持以"善""信"待之，善治才能形成。（"圣人无常心，以百姓心为心。善者吾善之，不善者吾亦善之，德善。信者吾信之，不信者吾亦信之，德信。"⑤）这就是说，圣人待民，当以百姓的愿望为自己的愿望。善良的人，以善待之，而不善的人，也以善待之，诚实的人，以诚待之，不诚实的人，也以诚待之。这样才能形成一个诚信的环境、良善的社会。周公旦认为"人，无于水监，当于民监"。⑥ 治民要"先知稼穑之艰难"，⑦ 统治者不能贪图安逸享受，一定要勤政为民，只有"怀保小民"，才能得到上天的佑助，这是中国历史上较早提

---

① 王文锦：《大学中庸译注》，中华书局2013年版，第21页。
② 杨伯峻：《论语译注》，中华书局2012年版，第101页。
③ 陈默译：《道德经》，吉林美术出版社2015年版，第81页。
④ 杨伯峻：《孟子译注》，中华书局1960年版，第190页。
⑤ 陈默译：《道德经》，吉林美术出版社2015年版，第145页。
⑥ 王世舜、王翠叶译注：《尚书》，中华书局2012年版，第205页。
⑦ 同上书，第254页。

出的善政思想。

"述而不作,信而好古"① 的孔子,始终把周公当成楷模,深受周公影响,在治国待民上,主张以民为本,以德治国,"道之以政,齐之以刑,民免而无耻;道以德,齐之以礼,有耻且格"。② 这就是说,如果以德治国,民众就会有廉耻之心,而且人心归服。孔子甚至说:"为政以德,譬如北辰居其所而众星拱之。"③ 那么,善政待民具体怎么做呢?在孔子看来,主要有两条具体措施:

一是重教化,轻刑法。一个国家的强大离不开庶、富、教三者,而教化是最为重要的内容,所以孔子说:"不教而杀谓之虐。"④ 不加教育便杀戮这是虐政,虐政不得民心,统治者要引以为戒。《礼记》中"苛政猛于虎"的故事就是孔子反对虐政的具体表现,"孔子过泰山侧,有妇人哭于墓者而哀。夫子式而听之,使子路问之曰:子之哭也,壹似重有忧者。而曰:然。昔者吾舅死于虎,吾夫又死焉,今吾子又死焉。夫子曰:何为不去也?曰:无苛政。夫子曰:小子识之:苛政猛于虎也。"⑤ 所以孔子说,只要是善人治国,连续100年就可以消除暴政了。(《论语·子路》:"善人为邦百年,亦可以胜残去杀矣。"⑥)

二是爱惜民力。孔子说,君子之道有四种,其中两种是对民众施恩惠、役使民众要合理。(《论语·公冶长》:"有君子之道四焉:其行己也恭,其事上也敬爱,其养民也惠,其使民也义。"⑦) 类似的提法还有"节用而爱人,使民以时",⑧ 这都是与民为善的主张。

孟子在孔子的基础上,进一步提出了民贵君轻的主张,"民为贵,社稷次之,君为轻",⑨ 因此,善政待民必须要行仁政,行仁政最重要

---

① 杨伯峻:《论语译注》,中华书局2012年版,第93页。
② 同上书,第16页。
③ 同上书,第15页。
④ 同上书,第293页。
⑤ (清)孙希旦:《礼记集解》,中华书局1989年版,第292页。
⑥ 杨伯峻:《论语译注》,中华书局2012年版,第190页。
⑦ 同上书,第66页。
⑧ 同上书,第5页。
⑨ 杨伯峻:《孟子译注》,中华书局1960年版,第328页。

就是保证民众有一定的"恒产,""恒产"的标准是"五亩之宅,树之以桑,五十者可以衣帛矣。鸡豚狗彘之畜,无失其时,七十者可以食肉矣。百亩之田,勿夺其时,数口之家可以无饥矣。谨庠序之教,申之以孝悌之义,颁白者不负戴于道路矣。七十者衣帛食肉,黎民不饥不寒,然而不王者,未之有也"。① 这是孟子心目中的理想社会,也是孟子行仁政的具体纲领。当然,孟子认为,行仁政还需减免刑法,减轻赋税,重视农业生产,人人孝悌忠信,若能这样,即使是百里小国,天下百姓也会归顺而王。

主张"性恶论"的荀子,在待民方面,也主张以民为本,善待百姓。荀子说:"君者,舟也;庶人者,水也。水则载舟,水则覆舟。"② 所以,君主要把百姓放在心中,要适当减少税收,不违背农时,就能达到"以政裕民"国富民强的目的,"轻田野之税,平关市之征,省商贾之数,罕兴力役,无夺农时,如是,则国富矣。夫是之谓以政裕民"。③ 同时,荀子还认为发展农业生产是富国的根本,节用是使老百姓富裕起来的重要手段,"足国之道:节用裕民而善臧其余。节用以礼,裕民以政。彼裕民,故多余。裕民则民富,民富则田肥以易,田肥以易则出实百倍"。④ 这些言论无不是"善政待民"的具体表现。

(三)"与人为善"命题的社会背景

殷商时期,虽然人们的行为仍受制于天命,祭祀盛行,但已开始出现了重人事轻天命,个人修养重在用"礼"修善德的观念,认为做事于人于己首先要无愧于心,修好善德,才会有善行,有了善德,君主才能配享天命。西周初年,周公旦在吸取殷商灭亡的教训中深刻认识到西周王朝要想长治久安,就要知道天命是不固定的,上天不会永远眷顾着某一个王朝,唯一的办法就是"以民为本""与民为善""敬天保民",为此建立了一整套礼乐制度。西周末年,周王室日渐衰微,社会开始陷入动荡不安之中,出现了"礼崩乐坏"的局面,正所谓"天下有道,

---

① 杨伯峻:《孟子译注》,中华书局1960年版,第5页。
② (清)王先谦:《荀子集解》,中华书局2013年版,第180页。
③ 同上书,第211—212页。
④ 同上书,第209页。

则礼乐征伐自天子出；天下无道，则礼乐征伐自诸侯出"，① 甚至出现了"《春秋》之中，弑君三十六，亡国五十二，诸侯奔走不得保其社稷者，不可胜数"② 的恶劣状况，这个时候人与人、国与国之间几乎都处在以"恶"相待、弱肉强食的状态之中，以礼乐相处荡然无存。

至孟子时代，社会变革更加剧烈，更为动荡，诸侯各国纷起争霸，变法盛行。面对诸侯争战、民不聊生的现实，诸子百家纷纷发表各自的主张，出现了"杨朱、墨翟之言盈天下"，③ 法家、兵家、道家、纵横家争相建言的"百家争鸣"局面。以天下为己任，救民于水火，以孔子为标杆的孟子，自信"如欲平治天下，当今之世，舍我其谁也"。④ 孟子认为，战国时期，由于争霸战争连绵不绝，加之战争规模不断扩大，导致社会秩序严重恶化，生产力遭到严重破坏，人口大量死亡，"争地以战，杀人盈野；争城以战，杀人盈城，此所谓率土地而食人肉，罪不容于死"。⑤ 百姓遭受暴政折磨没有比此时更厉害的了，"且王者之不作，未有疏于此时者也；民之憔悴于虐政，未有甚于此时者也"，⑥ 百姓终日劳作，但养活不了自己的父母妻儿，"仰不足以事父母，俯不足以畜妻子；乐岁终身苦，凶年不免于死亡"。⑦ 在这样的背景下，孟子坚信人的本性是善的，是天生的，人性本善就像水的本性向下流一样。(《孟子·告子上》："人性之善也。犹水之就下也。人无有不善。水无有不下。"⑧) 所以，孟子以人性本善为依据开始他端正人心、消灭邪说，立志继承大禹、周公和孔子事业的实践。(《孟子·滕文公下》："我亦欲正人心，息邪说，拒诐行，放淫辞，以承三圣者。"⑨) 从性本善出发，孟子认为要实现性善就需"与人为善"，舍此无他途。

---

① 杨伯峻：《论语译注》，中华书局2012年版，第243页。
② （汉）司马迁：《史记》，中华书局1982年版，第3297页。
③ 杨伯峻：《孟子译注》，中华书局1960年版，第155页。
④ 同上书，第109页。
⑤ 同上书，第175页。
⑥ 同上书，第57页。
⑦ 同上书，第17页。
⑧ 同上书，第254页。
⑨ 同上书，第155页。

孟子进而提出，"与人为善"在治理国家的层面上须行仁政，只有行仁政百姓才能得到拯救，因此，孟子说"善政，民畏之；善教，民爱之"。①

因此，"与人为善"是在社会动荡无序，人际关系、诸侯国关系空前紧张，在相信"人之初，性本善"根本前提下以儒家为代表提出来的合群、治国的理想设计和基本方略，是与特定历史背景分不开的。

（四）"与人为善"命题的价值

"与人为善"在先秦时期提出，表明我国古代思想家们早就在探究人与人、人与群体、人与社会的关系，是对后来荀子提出的"人生不能无群"②的另一种阐述。"与人为善"的思想体系中体现了以儒家为代表的思想家们高度重视人之本性、个人修养，以及人与人相处、君与民相处应持有的基本态度和方法。"与人为善"对于社群关系和谐有非常明显的积极意义，对国家稳定也有着重要的价值。

第一，"与人为善"坚信人性本善、重视个人修养。

孔子虽然没有直接提出人性善恶问题，但孔子说"性相近也，习相远也"，③意思是人的本性是相近的，但由于习染不同，便相差悬殊了。孔子在"仁学"和"礼学"中对人与人之间的关系问题进行了诸多阐发，可以见到爱人、克己、孝悌、忠信、温良恭俭让等重要概念，都体现了孔子非常重视通过学习这些美德而达到为善的目的，所以孔子说"不学礼，无以立"，④主张为人要重视个人修养，要自省、克己、见贤思齐、择善而从，要学礼。孟子则直截了当地提出了人性本善，认为性本善不是后天习得的，而是产生于先验的良知良能，不学习便能做到是良能，不思考就知道是良知，因此，小孩没有不爱他父母的，长大了就会知道尊敬兄长。（《孟子·尽心上》："人之所不学而能者，其良能也；所不虑而知者，其良知也。孩提之童无不知爱其亲者，及其长也，无不

---

① 杨伯峻：《孟子译注》，中华书局1960年版，第306页。
② （清）王先谦：《荀子集解》，中华书局2013年版，第194页。
③ 杨伯峻：《论语译注》，中华书局2012年版，第253页。
④ 同上书，第249页。

知敬其兄也。"①)可见,孟子主张性善是根源于他所认为的人的自然性及其天生的血缘关系。孟子提出,人性固善,但现实中却不都是善人,反而有许多坏人,这都是由于所处环境不同及不专心学习的缘故,因此孟子提出要把善发扬光大,以"四心"为本,不断培养充实善心,把仁、义、礼、智施之于人,处理人际关系要"与人为善"。以性恶论著称的荀子,固然认为人生来就有耳目之欲、声色之欲、求利之欲等诸多恶端,但他也认为如果不约束这些本能之欲就会导致恶事频发,因此,需要人学礼以化恶。

总之,孔、孟、荀都十分强调修身的重要性,孔子的修身强调教化的作用,孟子则认为修身以心性为本,荀子主张化性起伪、改造本性。修身的过程也就是从"生物人"逐渐转变为"社会人"的过程,个体的良好社会化是社会良性运行的基础,在儒家思想体系中,这是一个优良的传统,也是传承至今的美德,在当代社会仍然发挥着重要的作用。

第二,"与人为善"是实现人际和谐、达到国泰民安的重要手段。

首先,按孟子的说法,只要有人就有人际交往,人际交往必须用一定的方法来维护其和谐,具体而言,一是推恩,把仁爱尽量推己及人,"仁者爱人,有礼者敬人。爱人者,人恒爱之;敬人者人,恒敬之";②二是讲究礼义廉耻,人际交往中互惠互利,以仁义待人,"为人臣者怀仁义以事其君,为人子者怀仁义以事其父,为人弟者怀仁义以事其兄,是君臣、父子、兄弟去利,怀仁义以相接也,然而不王者,未之有也";③ 三是善与人同,高度重视汲取别人的优点,乐于与别人同甘共苦。

其次,上升到国家层面,君与民的和谐关系必须要通过善政来维系,只有善政待民,才能国泰民安,按孟子的设想,那就要:"易其田畴,薄其税敛,民可使富也。食之以时,用之以礼,财不可胜用也。民非水火不生活,昏暮叩人之门户求水火,无弗与者,至足矣。圣人治天下,使有菽粟如水火。菽粟如水火,而民焉有不仁者乎?"④ 百姓衣食

---

① 杨伯峻:《孟子译注》,中华书局1960年版,第307页。
② 同上书,第197页。
③ 同上书,第280页。
④ 同上书,第311页。

丰足后，人人皆可以成为仁者，"仁者无不爱也"，① 如此，人与人就会互相关爱，再加上"谨庠序之教，申之以孝悌之义"，②"壮者以暇日修其孝悌忠信，入以事其父兄，出以事其长上"，③ 那么，和谐稳定的社会就能形成。

因此，"与人为善"是处理人际关系和实现国泰民安的重要手段，体现的是一种良好的社会互动关系。人们在互动过程中，个体在其中经历着良好的社会化，个体的人格发展得以不断完善；反过来，这种良好的互动关系有利于形成稳定的社会关系，组成稳定的社会网络，进而结合为各种稳定的社会群体，最终构成稳定的国家和社会。

（张曙晖）

### 四　舍生取义

生命是宝贵的，要珍视生命。死亡和生命一样，都承载着仁、义、道等价值形式。仁、义、道是人之合群、能群的基础性价值。人的生命存在要合于仁、义、道，从而合群。人的死亡同样接受着仁、义、道的检验，死得其所是人之合群的理想状态，舍生取义是人之合群的一种至高境界。

（一）"舍生取义"命题的提出

"舍生取义"命题出自《孟子·告子上》：

> 生，亦我所欲也，义，亦我所欲也。二者不可得兼，舍生而取义者也。生亦我所欲，所欲有甚于生者，故不为苟得也；死亦我所恶，所恶有甚于死者，故患有所不避也。如使人之所欲莫甚于生，则凡可以得生者，何不用也？使人之所恶莫甚于死者，则凡可以避患者，何不为也？④

---

① 杨伯峻：《孟子译注》，中华书局1960年版，第322页。
② 同上书，第5页。
③ 同上书，第10页。
④ 同上书，第265—266页。

这个命题的意思是：生是我们所看重的，义也是我们所看重的，死是我们所厌恶的，但是在一些社会大义面前，我们宁愿舍生忘死，以自己的生命成就大义。

对于生死的观念，在孟子之前已多有论述。据马王堆汉墓出土的医书《十问》记载，尧问于舜，天下万物孰最贵？舜答曰："生。"《尚书·洪范》篇中讲到："五福：一曰寿，二曰富，三曰康宁，四曰攸好德，五曰考终命。六极：一曰凶、短、折，二曰疾，三曰忧，四曰贫，五曰恶，六曰弱。"视长寿为五福之一，视夭折短命为六种不幸之一。《周易·系辞下》说："天地之大德曰生。"生是天地的德性，天地好生。《诗经》中有"东之君子，万寿无期"，这是古人重视生命的理念。《春秋左传·昭公二年》中子产曰："人谁不死，凶人不终，命也。"[1] 认为人的生死取决于天命，凶恶之人不会有善终。

（二）"舍生取义"命题的含义

"舍生取义"命题并不是说古人不重视生命，恰恰相反，古人很重视生命，注重身体的保全，但是古人也认识到死亡是不可避免的，生命总有终点。也正因如此，古人认为要使有限的生命展现出其价值和意义。因而他们能够正视死亡，并赋予了死以社会价值，在仁、义、礼面前，死和生一样具有社会意义。死亡并不仅仅是一种自然现象，人们还可以为了仁、义、礼等社会价值去死，这种为了仁、义、礼等价值去死的行为就是舍生取义。

1. 重生、贵生

重生、贵生是"舍生取义"的前提，正因为生命贵重，所以舍生取义就显得更为难得、更为令人侧目、令人动容。

在生与死的关系上，古人更重视生，贵生恶死。孔子说："未知生，焉知死。"（《论语·先进》）[2] 连生都没有弄清楚，又怎么知道死呢。墨子说："天欲其生而恶其死。"（《墨子·天志》）墨子认为乐生恶死是上天的意志。《内经》中讲："人之情莫不恶死而乐生。"认为

---

[1] 杨伯峻：《春秋左传注》，中华书局1990年版，第1230页。
[2] 杨伯峻：《论语译注》，中华书局2012年版，第159页。

乐生恶死是人的天性。《吕氏春秋》指出:"圣人深虑天下,莫贵于生。"

重生、贵生之理。孔子说:"身体发肤,受之父母,不敢毁伤。"(《孝经·开宗明义章》)[①] 身体受之于父母,爱护身体是对父母的孝。《老子》第五十九章中讲:"深根固柢,长生久视之道。"认为根基深固是长生之道。孟子说:"知命者,不立乎岩墙之下。"(《孟子·尽心上》)[②] 知天命的人不会立于危墙之下,让自己毫无价值地丧命,而是要珍视自己的生命。庄子说:"缘督以为经,可以保身,可以全生,可以养貌,可以尽年。"(《庄子·养生主》)强调顺应自然以保身养生。荀子讲:"故人莫贵乎生,莫乐乎安;所以养生安乐者,莫大乎礼义。人知贵生乐安而弃礼义,辟之,是犹欲寿而歾颈也,愚莫大焉。"(《荀子·强国》)[③] 荀子认为人最宝贵的是生命,人保身养生的最好办法是遵循礼义,为了长寿而抛弃礼义是愚蠢的行为。

2. 生死皆有价值

人皆有死。孔子说:"自古皆有死,民无信不立。"又说:"商闻之矣,死生有命,富贵在天。"(《论语·颜渊》)[④] 认为人都有一死,不可避免,人的生死取决于天命。既然人都逃不过死亡,生死乃天命所定。

既然死和生一样都不可选择或逃避,都取决于天命,那么死和生就要以相同的方式对待。荀子说:"哀夫!敬夫!事死如事生,事亡如事存,状乎无形,影然而成文。"(《荀子·礼论》)[⑤] 因此,在对待死亡的方式或态度上,就应该跟对待生一样,坦然地直面生死。

价值化的死。既然死和生都要以相同的方式对待,那么死就和生一样具有了社会价值,而不再仅仅是一种自然现象。所以孔子说:"生,

---

[①] 《孝经·开宗明义章》,见吴哲楣主编《十三经》,国际文化出版公司1993年版,第1319页。
[②] 杨伯峻:《孟子译注》,中华书局1960年版,第301页。
[③] (清)王先谦:《荀子集解》,中华书局2013年版,第354页。
[④] 杨伯峻:《论语译注》,中华书局2012年版,第174页。
[⑤] (清)王先谦:《荀子集解》,中华书局2013年版,第447页。

事之以礼。死，葬之以礼，祭之以礼。"(《论语·为政》)① 生和死一样，都要待之以礼。孔子还说："慎终，追远，民德归厚。"(《论语·学而》)② 强调要慎重地对待死亡，并将其与道德化育联系在一起。孟子用"性命"来代替"生命"，就是赋予生死以社会价值。荀子云："故丧礼者，无它焉，明死生之义，送以哀敬，而终周藏也。故葬埋，敬藏其形也；祭祀，敬事其神也；其铭、诔系世，敬传其名也。事生，饰始也，送死，饰终也。终始具，而孝子之事毕，圣人之道备矣。"(《荀子·礼论》)③ 死生都有义，死生都事之以礼，善始善终。

既然死亡被赋予了社会价值，那么不同的死或不死自然就会被赋予不同的社会价值。例如孔子批评原壤"幼而不孙弟，长而无述焉，老而不死，是为贼"(《论语·宪问》)，④ 认为原壤不死反而是贼，就是因为原壤其人不遵循礼义，与孔子所推崇的价值准则相悖。对于那种没有价值、没有意义的死亡，孔子则极不认同，他说："暴虎冯河，死而不悔者，吾不与也。"(《论语·述而》)⑤ 他反对这种无谓的死。而对于管子的生死，孔子的态度就截然不同。他认为管仲不死对齐国是更有价值的，所以管仲不死是仁的表现。子路问孔子："桓公杀公子纠，召忽死之，管仲不死，曰：'未仁乎？'"孔子回答说："桓公九合诸侯，不以兵车，管仲之力也。如其仁！如其仁！"子贡说："管仲非仁者欤？桓公杀公子纠，不能死，又相之。"孔子说："管仲相桓公，霸诸侯，一匡天下，民到于今受其赐。微管仲，吾其被发左衽矣。"(《论语·宪问》)⑥ 荀子说："生，人之始也；死，人之终也。终始俱善，人道毕矣。"(《荀子·礼论》)⑦ 生死"始终"都能够做到"善"，这就是人道之至。荀子用"刻死而附生，谓之墨；刻生而附死，谓之惑；杀生而送

---

① 杨伯峻：《论语译注》，中华书局2012年版，第18页。
② 同上书，第8页。
③ （清）王先谦：《荀子集解》，中华书局2013年版，第439页。
④ 杨伯峻：《论语译注》，中华书局2012年版，第221页。
⑤ 同上书，第96页。
⑥ 同上书，第210页。
⑦ （清）王先谦：《荀子集解》，中华书局2013年版，第424页。

死，谓之贼"（《荀子·礼论》）① 这句话表达了他对各类生死的价值判断。《礼记·檀弓上》更是明确地提出了三种不值得凭吊的死亡，"死而不吊者三：畏、厌、溺"。②

3. 舍生取义，杀身成仁

既然不同类型的死在社会价值上有了排序，有了不同的社会定位，那么为了社会大义而舍生忘死就自然会成为一种价值追求。孔子认为，为了践行仁义道德，甚至可以放弃自己的生命，他说："志士仁人，无求生以害仁，有杀身以成仁。"（《论语·卫灵公》）③ 仁人志士，只会为了仁而舍生忘死，不会为了求生而损害仁义。他还讲："朝闻道，夕死可矣。"（《论语·里仁》）④ 早上学到了道，哪怕晚上就死了也足矣。《史记·孔子世家》记载，宋司马桓魋要杀孔子，孔子从容离去。弟子劝他快跑，孔子说："天生德于予，桓魋其如予何！"孔子在道面前，坦然面对生死。《论语·泰伯》中曾子说："士不可以不弘毅，任重而道远。仁以为己任，不亦重乎？死而后已，不亦远乎。"⑤ 为了仁义，可以终生奋斗，至死方休。在孔子看来，外在的物质性追求、甚至生命，在道面前都不足为虑，他说："君子谋道不谋食。"（《论语·卫灵公》）⑥ 道家的开创者老子强调贵生，但是他也重视生死的价值，他说："不失其所者久也，死而不亡者寿也。"（《老子》第三十三章）人死后还被世人追念，千古留名，这才是真正的长寿啊。

孟子是明确提出舍生取义命题的人。他说："尽其道而死者，正命也；桎梏死者，非正命也。"（《孟子·尽心上》）⑦ 认为为道而死才是好的命运。他又讲"存其心，养其性，所以事天，夭寿不贰，修身以俟之，所以立命"（《孟子·尽心上》）⑧，人能修身养性，以实现天道，

---

① （清）王先谦：《荀子集解》，中华书局2013年版，第439页。
② （清）孙希旦：《礼记集解》，中华书局1989年版，第182页。
③ 杨伯峻：《论语译注》，中华书局2012年版，第228页。
④ 同上书，第51页。
⑤ 同上书，第114页。
⑥ 同上书，第236页。
⑦ 杨伯峻：《孟子译注》，中华书局1960年版，第301页。
⑧ 同上。

寿命长短都无所谓。在《孟子·告子上》中，孟子说："一箪食，一豆羹，得之则生，弗得则死。呼尔而与之，行道之人弗受；蹴尔而与之，乞人不屑也。"① 人不会为了一口嗟来之食而放弃礼义尊严。孟子强调舍生取义并不意味着他轻视生命，孟子讲："嫂溺不援，是豺狼也。男女授受不亲，礼也。嫂溺援之以手者，权也。"（《孟子·离娄上》）② 所以孟子并不是盲目地让人们舍生取义，而是要在礼义与生命之间作权衡。

墨子认为，"万事莫贵于义"（《墨子·贵义》），所以墨家也主张为了义可以舍生。据《淮南子·泰族训》载："墨子服役者百八十人，皆可使赴火蹈刃，死不旋踵。"荀子说："人之所欲，生甚矣；人之所恶，死甚矣。然而人有从生成死者，非不欲生而欲死者也，不可以生而可以死也。"（《荀子·正名》）③ 人们天性好生恶死，但是人们会舍生赴死，为何，不是不想求生，是有让人们赴死而不贪生的仁义礼仪。

在中国传统文化中，舍生取义有一个根本性的价值皈依，即"死而不朽"，死而不朽是人们能够慷慨地舍生取义、杀身成仁的一个重要的内在动力。《春秋左传·襄公二十四年》中，范宣子问穆叔："古人有言曰，'死而不朽'，何谓也？"穆叔说："豹闻之，大上有立德，其次有立功，其次有立言，虽久不废，此之谓不朽。若夫保姓受氏，以守宗祊，世不绝祀，无国无之，禄之大者，不可谓不朽。"④ 古人认为人生有"三不朽"，即立德、立功、立言。这"三不朽"是激励一代一代的中国人终生奋斗、死而后已的精神动力，是中国人舍生取义、杀身成仁的内在精神寄托。

（三）"舍生取义"命题的意义

"舍生取义"命题给我们多方面的启示。

其一，珍视生命。"舍生取义"命题并不是让我们无视生命、轻视

---

① 杨伯峻：《孟子译注》，中华书局1960年版，第266页。
② 同上书，第177页。
③ （清）王先谦：《荀子集解》，中华书局2013年版，第506页。
④ 杨伯峻：《春秋左传注》，中华书局1990年版，第1087—1088页。

生命，或者将生命视作达成外在功利性目的的手段。恰恰相反，"舍生取义"命题的前提是重生、贵生，对于人而言，生命是基础，人类有乐生恶死的本性。一个人如果连自己的生命和他人的生命都不珍视，那么他也不可能成为一个高尚的、对社会有价值的人。正因如此，中国古人反对轻率的、鲁莽的、无谓的死亡，大力提倡重生、贵生、保身。这就是说，"舍生取义"的根本目标还是人本身，"舍生取义"是为了牺牲自我而让社会他人更好地"活"。

其二，直面死亡。死亡作为一种自然规律，是不可避免的，所以我们没有必要逃避或者畏惧死亡。相反，面对死亡的铁律，我们应该坦然直面，向死而生。当我们直面死亡、向死而生时，死就跟生成为一体的了。死生一如，所以死跟生一样，都被赋予了社会价值，死和生一样都被排进了社会价值的等级序列。所以，不同的死亡就会有不同的社会价值赋予。因而，直面死亡就不仅仅是坦然面对死亡，还要对死的方式、死的内容、死的价值进行人生抉择。

其三，生而合群。中国古人重生、贵生，其落脚点在于人的价值性存在，而不在于人的生物性存在。对于儒家而言，人的存在的价值在于仁、义；对于道家而言，人存在的价值在于道、自然。所以人的生命存在要合于仁、义、道。仁、义、道是群体形成与存在的基本价值准则，因此人就要生而合群。就是要通过自己的生命存在去践行仁、义、道，从而达到合群的目的。

其四，舍身合群。死跟生一样，被赋予了社会价值。所以死同样也要承载仁、义、道等价值，也就是说死亡也同样肩负着合群的使命。如何实现死亡的这种合群使命呢？首先是要死得其所。就是要死得有价值，为了齐家、治国、平天下而死，为了百姓安康、家和国兴、天下太平而死，就符合社会大义，就死得其所。反之，为了个人私利而死、轻率、鲁莽、无谓的死，就不值得推崇。其次，在某些关键的时刻，需要我们奋不顾身，舍生忘死。这种死是悲壮的，但是对于合群而言，这是人之合群的至高境界。

（邓万春）

## 第五节　修身以学：合群的途径

### 一　尊师重教

中华民族自古有尊师重教的良好传统，将教育作为治国之本，创立学校和教育制度，讲求师道尊严，注重教育方法，重视教师素质。尊师重教不但是修身合群的重要路径，也是治国安邦的基础。

（一）"尊师重教"命题的由来

中华民族自古就以农立国，而且很早就形成了"耕读文化"、尊师重教的传统。《尚书·泰誓》有"天佑下民，作之君，作之师"。孟子说："饱食煖衣，逸居而无教，则近于禽兽。圣人有忧之，使契为司徒，教以人伦：父子有亲，君臣有义，夫妇有别，长幼有序，朋友有信。"（《孟子·滕文公上》）这里说的"契"是尧、舜时期的人物，他曾担任火正，发明了以火星纪时的历法，他还曾帮助大禹治水，后来被任命为主管人伦教化的司徒。这说明在尧、舜时期中国文化就已经有了崇尚人伦教化的传统。孟子又说："设为庠序学校以教之：庠者，养也；校者，教也；序者，射也。夏曰校，殷曰序，周曰庠，学则三代共之，皆所以明人伦也。"（《孟子·滕文公上》）这也说明，至迟在夏、商、周三代，中国就已经有了以"明人伦"为宗旨的学校教育。

在孔子以前，学校教育限于贵族阶层的子弟，而孔子开创了"有教无类"的民间教育。史载："孔子以诗、书、礼、乐教，弟子盖三千焉，身通六艺者七十有二人。"（《史记·孔子世家》）自此之后，儒家无不重视教育。如孟子主张"仁政"，在保障人民物质需求、"使民养生丧死无憾"的基础上，"谨庠序之教，申之以孝悌之义"（《孟子·梁惠王上》）。荀子更强调"论礼乐，正身行，广教化，美风俗"（《荀子·王制》）。"礼者，所以正身也；师者，所以正礼也。无礼，何以正身？无师，吾安知礼之为是也？"（《荀子·修身》）可见，虽然礼重要，但师法教化又是礼之本。《礼记·礼运》曰："故天生时而地生财，人其父生而师教之。四者君以正用之。"

## （二）"尊师重教"命题的含义

为何要尊师重教？在儒家的经典文献中，"尊师重教"莫过于《礼记·学记》，此篇可以说是中国历史上第一部专论教育的文献。《学记》阐述了尊师重教的理由。"凡学之道，严师为难。师严然后道尊，道尊然后民知敬学。是故君之所不臣于其臣者二：当其为尸，则弗臣也；当其为师，则弗臣也。大学之礼，虽诏于天子无北面，所以尊师也。"（《礼记·学记》）《学记》说："君子如欲化民成俗，其必由学乎！""玉不琢，不成器；人不学，不知道。是故古之王者，建国君民，教学为先。"教育的宗旨是为了"化民成俗"，在王者的"建国君民"、治国理政中，教育处于为先、为本的地位。"学无当于五官，五官弗得不治；师无当于五服，五服弗得不亲。""五官"是指人的五种认识器官，如果不经过学习，五官就不能发挥正常的功能；"五服"是指由五等丧服所表示的五等亲属关系，如果没有老师的教诲，也就不会有五服之亲的和谐关系。《学记》说："三王之祭川也，皆先河而后海，或源也，或委也。此之谓务本。""三王"是指夏、商、周三代之王。"源"是源头，"委"是流衍的归宿。在这里"河"是源头，"海"是归宿，《学记》以此喻指教育就是"化民成俗"的根本。

《尚书·仲旭之诰》说："能自得师者王，谓人莫己若者亡。"荀子也认为教育是治国之本，他说："天地者，生之本也；先祖者，类之本也；君师者，治之本也。无天地恶生？无先祖恶出？无君师恶治？"荀子认为："言不称师，谓之畔；教而不称师，谓之倍。倍畔之人，明君不内，朝士大夫遇诸涂不与言。"（《荀子·大略》）不赞颂、尊崇自己的老师，如同背叛，这样的人贤明的君主是不会启用的。

创立教育制度。在尧舜之时，就有"鞭作官刑，扑作教刑"的制度安排（《尚书·舜典》）。西周时国家的六种法典之中，"教典"仅次于"治典"而位列第二，功能是"以安邦国，以教官府，以扰万民"（《周礼·天官冢宰》）。周代的官职分六个系统，天官系统地位最高，其次就是地官系统，掌管国家教育，施行12种教育。

重视师道尊严。《学记》强调师道尊严，提出："凡学之道，严师为难。师严然后道尊，道尊然后民知敬学。是故君之所不臣于其臣者二：当其为尸，则弗臣也；当其为师，则弗臣也。大学之礼，虽诏于天子无北面，所以尊师也。"这是说，如欲"化民成俗"，首先就要有师道尊严，有了师道尊严然后才能有"道之尊"和"民知敬学"。怎样才能有师道尊严呢？《学记》的作者认为，君主必须首先要尊师，在两种情况下君主不能把教师当作他的臣属：一是在教师作为主持祭祀的祭主时，不能把教师当作臣；二是在教师给天子讲书授课时，不能把教师当作臣。"大学之礼"是在教师给天子讲书时不是面朝北，即不是行君臣之礼。因为教师的尊严是"道之尊"和"民知敬学"的先决条件，所以君主的权位虽高，但必须尊师重道。

　　荀子说："国将兴，必贵师而重傅；贵师而重傅，则法度存。国将衰，必贱师而轻傅；贱师而轻傅，则人有快，人有快则法度坏。"（《荀子·大略》）要想国家兴旺，就必须尊师重教。《吕氏春秋·劝学》中说："事师之犹事父也。"

　　重视教育方法。《学记》还非常重视教育的方法，如"教学相长"、循序渐进、启发式教学、因材施教、学友间相互观摩，等等，以使学生达到"敬业乐群""博习亲师""论学取友""知类通达"等效果。

　　对教师的职业要求。《周礼·春官宗伯》载："凡有道者，有德者，使教焉。"有德有道者才能担任教师。荀子提出了做教师的几个素质要求："师术有四，而博习不与焉。尊严而惮，可以为师；耆艾而信，可以为师；诵说而不陵不犯，可以为师；知微而论，可以为师。"（《荀子·致士》）《学记》说："君子知至学之难易而知其美恶，然后能博喻，能博喻然后能为师，能为师然后能为长，能为长然后能为君。故师也者，所以学为君也，是故择师不可不慎也。"即教师必须首先是品德高尚的"君子"，必须知道学习知识、达到深刻理解的难易程度以及学习效果的好坏，然后能多方喻导，循循善诱，这样才能做合格的教师。《学记》还提出，"记问之学，不足以为人师"；"既知教之所有由兴，又知教之所由废，然后可以为师也"。

　　（三）"尊师重教"命题的现实价值

　　尊师重教是中华民族的优秀传统和社会美德。从宏观上来说，尊师重教命题将教育与社会、国家的治理联结起来，认为教育是国家、社会治理的根本；从中观来说，尊师重教命题是一种社会价值观念和社会道德规范；从微观上来说，尊师重教是个体社会成员的行为准则。因此，我们可以从这三个层面来理解尊师重教命题的现实价值。

在宏观层面上，既然承认教育是国之根本，那么国家就应该切实重视教育问题和教育投入，为国家民族的前途和发展奠定永续基础。

在中观层面上，应思考在一个功利化的时代，如何提倡和宣扬尊师重教的社会价值和道德规范，让尊师重教成为大多数社会成员认同的社会价值。

在微观层面上，尊师重教应成为社会成员教育与社会化的重要内容，教育与社会化的价值导向应避免过度功利化。

在这三个层面中，宏观层面应该是中观层面和微观层面的基础。

（李存山）

## 二 学能固群

"学能固群"是群学的重要命题之一。荀子"人不能无群"的命题揭示了人以群的方式生存的奥秘，而"学能固群"进一步回答了如何才能维系群、安定群的问题。学以修身，修身以合群固群。通过学习达到修身的目的，以修身进而实现齐家治国平天下的抱负。

（一）"学能固群"命题的提出

孔子说："小子何莫学夫诗？诗，可以兴，可以观，可以群，可以怨。迩之事父，远之事君；多识于鸟兽草木之名。"（《论语·阳货》）[①]孔子认为应该学习《诗经》，学习《诗经》可以起到激发志气、观察天地万物及人间盛衰得失、使人懂得合群、使人懂得讽谏上级的作用。近者可以侍奉父母，远者可以侍奉君主。这就直接将学习与合群联结在一起。

荀子讲："伦类不通，仁义不一，不足谓善学。"（《荀子·劝学》）[②] 对伦理规范不能融会贯通，对仁义不能坚守如一，这样的学习

---

① 杨伯峻：《论语译注》，中华书局2012年版，第258页。
② （清）王先谦：《荀子集解》，中华书局2013年版，第21页。

不能称之为善于学习。荀子这句话的言下之意就是说：学习的目的是为了融通伦理规范，坚守仁义之道，能做到这一点才能算是善于学习。而融通伦理规范、坚守仁义之道正是人之为群的本质特征，所以依荀子的理路，学习的根本目的就是要维护群、巩固群，即固群。

（二）"学能固群"命题的含义

学能固群，就是要通过学习来巩固群、维护群。学习是一个修身的过程，学习是划分人群的重要标准，学习是对道的接近与领悟，学习有助于改造民心、移风易俗。因此，"学"有利于固群，有利于社会有序运行。

1. 学以修身

孔子说："不学诗，无以言。""不学礼，无以立。"（《论语·季氏》）[1] 不学《诗经》，就不懂得怎么说话；不学礼，就不懂怎么立身做人。他还说："君子食无求饱，居无求安，敏于事而慎于言，就有道而正焉。可谓好学也已。"（《论语·学而》）[2] 君子饮食不求饱足，居住不求舒适，对工作勤敏，说话谨慎，到有道的人那里去匡正自己，这样就算是好学了。所以学习的过程就是一个修身的过程。子夏的话更证明了这一点："贤贤易色；事父母，能竭其力；事君，能致其身；与朋友交，言而有信。虽曰未学，吾必谓之学矣。"（《论语·学而》）[3] 孔子说："（君子）博学于文，约之以礼，亦可以弗畔矣夫。"（《论语·颜渊》）[4] 君子广泛地学习文化典籍，并以礼约束自己，这样就不会离经叛道。

相反，如果不学习，修身的过程就会不顺利。孔子说："好仁不好学，其蔽也愚；好知不好学，其蔽也荡；好信不好学，其蔽也贼；好直不好学，其蔽也绞；好勇不好学，其蔽也乱；好刚不好学，其蔽也狂。"（《论语·阳货》）[5]

---

[1] 杨伯峻：《论语译注》，中华书局 2012 年版，第 249 页。
[2] 同上书，第 12 页。
[3] 同上书，第 7 页。
[4] 同上书，第 179 页。
[5] 同上书，第 257 页。

荀子明确指出"君子之学也，以美其身"（《荀子·劝学》）。① 君子学习，就是完善自己的身心的。他也将学习作为修身之法说："君子博学而日参省乎己，则知明而行无过矣。"（《荀子·劝学》)② 意思是君子广博地学习而又每天反省自己，那就智慧明达而且行为也没有过错了。荀子指出一方面通过学习增加知识使自己更加智慧明达，另一方面通过学习反省达到修身的目标，使得自己的行为没有过错。他还以一组形象的比喻说明了学习环境对于修身的重要性，"蓬生麻中，不扶而直。白沙在涅，与之俱黑。兰槐之根是为芷，其渐之滫，君子不近，庶人不服。其质非不美也，所渐者然也。故君子居必择乡，游必就士，所以防邪辟而近中正也"（《荀子·劝学》）。③ 荀子主张通过学习让社会成员掌握"长幼有序、贵贱有等"的基本品德和礼义规范。他说："遇君则修臣下之义，遇乡则修长幼之义，遇长则修子弟之义，遇友则修礼节辞让之义，遇贱而少者则修告导宽容之义。无不爱也，无不敬也，无与人争也，恢然如天地之苞万物。"（《荀子·非十二子》)④ 具备了这样的品德和礼义规范就会忠厚老实，合群能群，"厚敦者也，合群者也"（《荀子·非十二子》）。⑤

2."学"以分群

学习还是划分人群的重要标准。

孔子说："生而知之者上也，学而知之者次也；困而学之，又其次也；困而不学，民斯为下矣。"（《论语·季氏》)⑥ 生来就知道的属于上等；通过学习知道是次一等；遇到困难才学习的是又次一等的；遇到困难仍然不学习的人是最下等的。

荀子将人分为四类：俗人、俗儒、雅儒、大儒，其划分的重要标准之一就是学。他说："不学问，无正义，以富利为隆，是俗人者也。"

---

① （清）王先谦：《荀子集解》，中华书局2013年版，第15页。
② 同上书，第2页。
③ 同上书，第6—7页。
④ 同上书，第117页。
⑤ 同上书，第118页。
⑥ 杨伯峻：《论语译注》，中华书局2012年版，第247页。

(《荀子·儒效》)① 不追求学问和正义，只知道追逐物质私利，这样的人只能是俗人。《荀子》中讲，儒者是能够通过学习效法先王，遵循礼义之人，"儒者法先王，隆礼义，谨乎臣子而致贵其上者也"（《荀子·儒效》）。而"略法先王而足乱世术，缪学杂举，不知法后王而一制度，不知隆礼义而杀诗、书……是俗儒者也"②，缪学杂举者是俗儒。能够做到"法后王，一制度，隆礼义而杀诗书；其言行已有大法矣，然而明不能齐法教之所不及，闻见之所未至，则知不能类也；知之曰知之，不知曰不知……是雅儒者也"。③ 能够做到"法先王，统礼义，一制度；以浅持博，以古持今，以一持万……是大儒者也"。④ 可见，荀子在对人群的划分中，对先王、后王的学习、对诗书礼义的学习是基本的标准。除了对上面四种人群的划分外，荀子在《劝学》中还提到了"陋儒""散儒"，也是从学习的角度进行划分的："上不能好其人，下不能隆礼，安特将学杂识志，顺诗书而已耳。则末世穷年，不免为陋儒而已……故隆礼，虽未明，法士也；不隆礼，虽察辩，散儒也。"（《荀子·劝学》）⑤

3. 学以致道

学习也是修道悟道之径。

孔子说："笃信好学，守死善道。"（《论语·泰伯》）⑥ 君子守信好学，至死不渝地坚守善道。子夏说："百工居肆以成其事，君子学以致其道。"（《论语·子张》）⑦ 君子学习是要实现"致其道"的目的。《论语》讲："君子学道则爱人，小人学道则易使也。"（《论语·阳货》）⑧ 君子学道就能仁者爱人，一般民众学道则更易于管理。相反，如果不学习不修道，孔子则深为忧虑，"德之不修，学之不讲，闻义不能徙，不

---

① （清）王先谦：《荀子集解》，中华书局2013年版，第164页。
② 同上。
③ 同上书，第165—166页。
④ 同上书，第166—167页。
⑤ 同上书，第17—20页。
⑥ 杨伯峻：《论语译注》，中华书局2012年版，第116页。
⑦ 同上书，第280页。
⑧ 同上书，第254页。

善不能改，是吾忧也"（《论语·述而》）。①

《礼记》说："人不学，不知道。"（《礼记·学记》)② 人如果不学习，就无法领悟道。

荀子说："问楛者勿告也，告楛者勿问也，说楛者勿听也，有争气者勿与辩也。故必由其道至，然后接之，非其道则避之。故礼恭而后可与言道之方，辞顺而后可与言道之理，色从而后可与言道之致。"（《荀子·劝学》)③ 只有按照礼义之道来请教的人，才可接待他，反之，就回避他。来请教的人礼貌恭敬，才可以同他谈论道的学习方法；言辞和顺，才可以和他谈论道义的条理；乐于听从，才可以和他谈论道义的精义。

4. 化民成俗

学习是改造民心、移风易俗的重要途径。通过学习达到化民成俗，从而使得社会成员能够心悦诚服地归顺合群。

《礼记·学记》中明确指出学习对于化民成俗的重要性。《学记》说："君子如欲化民成俗，其必由学乎！"④ 将学作为化民成俗的必经路径。因此"古之王者建国君民，教学为先"。古代的君王，在建设国家治理人民方面，将兴办教育作为首要任务，其原因就在于教育能够改造民心，移风易俗，达到合群的目的。《礼记》认为化民易俗就是大学之道："夫然后足以化民易俗，近者说服，而远者怀之，此大学之道也。"（《礼记·学记》）

荀子认为使天下心悦诚服的方法就是学习，"兼服天下之心……不知则问，不能则学"（《荀子·非十二子》)。⑤

（三）"学能固群"命题的意义

"学能固群"命题能给我们如下启示。

1. 学习是修身的重要途径

在中国古人看来，学习就是为了修养身心，而修养身心是为了齐家

---

① 杨伯峻：《论语译注》，中华书局2012年版，第94页。
② （清）孙希旦：《礼记集解》，中华书局1989年版，第957页。
③ （清）王先谦：《荀子集解》，中华书局2013年版，第20页。
④ （清）孙希旦：《礼记集解》，中华书局1989年版，第956页。
⑤ （清）王先谦：《荀子集解》，中华书局2013年版，第117页。

治国平天下，即学习的最终目标是合群、能群、善群、乐群。

2. 学习是对道或者真理的追求

学习不仅能使我们发现道或真理，而且促使我们按照道或者真理的方式去做人、行事。

3. 学习或者教育是一种划分人群的重要方式

荀子强调对人群的划分，将"分"作为达至社会和谐稳定的不二方法。如何"分"呢？"礼"是一种划分人群的方式，而"学"则是划分人群的另外一种重要方式。不同的学习目标、不同的学习内容、不同的学习方法判别出不同的社会人群。

4. 学习是化民成俗的重要方法

国家与社会的治理有赖于教化民心、移风易俗。而学习就是进行社会教化的最重要方法。

（邓万春　宋国恺）

### 三　学而不已

"学"是实现修身进而实现齐家治国平天下的宏大抱负的重要路径。"学而不已"的命题不仅指出了"学"是修身合群的重要内容，而且指出了学无止境的深刻内涵及学习的内容与方法。

（一）"学而不已"命题的提出

"学而不已"命题出自《荀子》，荀子说："君子曰：学不可以已。"（《荀子·劝学》）意思是：学习是没有止境的，学习一刻也不能停息。荀子还讲："吾尝终日而思矣，不如须臾之所学也。"（《荀子·劝学》）

早在《尚书》中就有了"学"的论述，强调了学习古人遗训、历史经验、效仿古人的重要性："王，人求多闻，时惟建事，学于古训乃有获。事不师古，以克永世，匪说攸闻。惟学逊志，务时敏，厥修乃来。允怀于兹，道积于厥躬。惟敩学半，念终始典于学，厥德修罔觉。监于先王成宪，其永无愆。"[①] 意思是：王啊，人们增长知识，是希望成就一番事业，学习古人的遗训，才能真正有所收获。成就事业不效法

---

[①] 王世舜、王翠叶译注：《尚书》，中华书局2012年版，第424页。

古人，而能使事业希望长存，前所未闻。学习态度要谦逊，必须时时努力学习，这样学业才能有长进。相信并记住这些，知识才能不断积累。教人所获是学习所得的一半，始终专心学习，品德才能在不知不觉中臻于完美。借鉴先王的成法，将永远不会有过失。《尚书》之"学"表明，通过学习遗训、效法古人、借鉴成法从而增长知识，达到修身并提升品德的目标。《中庸》开宗明义指出通过教育让人们学习道，把道加以修明并推广于民众，学习掌握中庸之道，达到中和的境界："天命之谓性，率性之谓道，修道之谓教。道也者，不可须臾离也，可离非道也……中也者，天下之大本也；和也者，天下之达道也。致中和，天地位焉，万物育焉。"①

（二）"学而不已"命题的含义

1. 为何学

学习的目的是什么呢？

首先是为了解蔽。荀子认为大凡人们的毛病，是被偏见所蒙蔽而不明白全面的道理，"凡人之患，蔽于一曲而暗于大道"。②荀子认为当时的各诸侯实行不同的政治，各个学派主张不同的学说，这里必然有正确的、有错误的，有能够使得社会安定的、有导致社会混乱的。"今诸侯异政，百家异说，则必或是或非，或治或乱。"③因而主张用心学习，学以解蔽，真正学习掌握治国治群的大道。荀子甚至盛赞孔子是"学以解蔽"的典范，"孔子仁知且不蔽，故学乱④术足以为先王者也。一家得周道，举而用之，不蔽于成积也。故德与周公齐，名与三王并，此不蔽之福也"。⑤孔子仁爱、智慧且不受蒙蔽，是因为学习了治理天下的大道，足以与先王媲美。

其次是为了修养身心，成为士人、圣人。孔子以四项内容教育学

---

① 王文锦：《大学中庸译注》，中华书局2013年版，第288—289页。
② （清）王先谦：《荀子集解》，中华书局2013年版，第456页。
③ 同上。
④ 注释："乱"为"治"，见方勇、李波译注《荀子》，中华书局2015年版，第341页。
⑤ （清）王先谦：《荀子集解》，中华书局2013年版，第465页。

生,"子以四教:文,行,忠,信"。① 说明其教学的目的重在培养人的德性。荀子更直接地说,学习"其义则始乎为士,终乎为圣人"(《荀子·劝学》),即学习的目的在于培养士人、圣人。

2. 学什么

学习要学什么呢?

孔子重视对《诗经》的学习。多次强调学习《诗经》,他说"不学诗,无以言",② 不学诗就不知如何说话。他认为学习《诗经》可以培养联想力,可以提高观察力,可以加强合群性,可以针砭时弊。他说:"小子何莫学夫诗?诗,可以兴,可以观,可以群,可以怨。"③ 并说:"女为《周南》《召南》矣乎?人而不为《周南》《召南》,其犹正墙面而立也与!"④ 认为人如果不懂诗,就像面壁而立一样,既无眼界也无出路。当然,孔子也注重对礼的学习,"子所雅言,《诗》《书》、执礼,皆雅言也"。⑤

荀子认为学习应开始于诵经,终止于读礼,经和礼是学习的重要内容。他说:"学恶乎始?恶乎终?曰:其数则始乎诵经,终乎读礼。"(《荀子·劝学》)他尤其看重对礼的学习,认为学习主要就是学习礼法,"学也者,礼法也"。⑥ 他说:"故学数有终,若其义则不可须臾舍也。为之,人也;舍之,禽兽也。故书者,政事之纪也;诗者,中声之所止也;礼者,法之大分,类之纲纪也。故学至乎礼而止矣。夫是之谓道德之极。"(《荀子·劝学》)荀子指出了为什么要学习的根本原因。通过学习礼,以修身养性,以礼正身,进一步实现齐家治国平天下的抱负。

3. 学习重在积累、温习

学习是一个不断积累、厚积薄发的过程。

孔子说:"学如不及,犹恐失之。"(《论语·泰伯》)学习知识就像

---

① 杨伯峻:《论语译注》,中华书局2012年版,第102页。
② 同上书,第249页。
③ 同上书,第258页。
④ 同上。
⑤ 同上书,第100页。
⑥ (清)王先谦:《荀子集解》,中华书局2013年版,第39页。

追赶唯恐不及那样,又会担心丢掉什么,表现了孔子对于知识学习如饥似渴的态度。

荀子说:"积土成山,风雨兴焉;积水成渊,蛟龙生焉;积善成德,而神明自得,圣心备焉。故不积跬步,无以至千里;不积小流,无以成江海。骐骥一跃,不能十步;驽马十驾,功在不舍。锲而舍之,朽木不折;锲而不舍,金石可镂。"(《荀子·劝学》)他把学习比作积土成山、积水成渊,似积跬步以至千里、积小流以成江海,只要锲而不舍,就能金石可镂。他还讲道:"真积力久则入,学至乎没而后止也。"(《荀子·劝学》)学习要求日积月累,坚持不懈地深入下去,学到死然后才能停止。

学习要经常温习。孔子很重视对知识的温习。他说:"温故而知新,可以为师矣。"(《论语·为政》)认为温习旧的知识,可以获得新的认识或体会。他还讲:"学而时习之,不亦说乎?有朋自远方来,不亦乐乎?人不知而不愠,不亦君子乎?"(《论语·学而》)认为学习经常温习是一件快乐的事情。

4. 终身学习

孔子强调指出:"加我数年,五十以学《易》,可以无大过矣。"[1] 孔子的意思非常明显,不仅要学习,而且要持续、不断、终身地学习。孔子希望天增其寿活到50岁,这样可以学习《易》了。他说:"默而识之,学而不厌,诲人不倦,何有于我哉?"(《论语·述而》)学习而不知满足,教导人而不知厌倦,能做到这样,就没有什么可遗憾的了。

5. 学、思结合,不耻下问

学习有方法,要学思结合、不耻下问。

孔子说:"学而不思则罔,思而不学则殆。"(《论语·为政》)光学不思会迷惘而无所得,只思不学会困惑而无所得。所以学和思要相结合。孔子有过只思不学的反例,他说:"吾尝终日不食、终夜不寝以思,无益,不如学也。"(《论语·卫灵公》)子夏说:"博学而笃志,切问而近思,仁在其中矣。"(《论语·子张》)

学习不仅要自身勤奋,还要不耻下问。子贡问孔子说:"孔文子何

---

[1] 杨伯峻:《论语译注》,中华书局2012年版,第100页。

以谓之文也?"孔子说:"敏而好学,不耻下问,是以谓之文也。"(《论语·公冶长》)为什么要不耻下问,因为学问有专长、术业有专攻,"三人行,必有我师焉"。

(三)"学而不已"命题的意义

学习没有止境,是一辈子的事件,要厚积薄发。"学而不已"命题向我们传递了在今天的教育理念中仍然有效的一些学习思想,例如学习重在积累,终身学习。

学习要掌握方法。学习要讲方法,要注重温习,要学思结合,不耻下问。

学习的内容选择很重要。学习的知识内容要以经典为主。学习经典的著作才能够达到合群的目标,否则会适得其反。

学习最终的目标是修身,通过修身达到齐家治国平天下的抱负,通过学让社会成员各自达到合群、能群、善群、乐群的目的,并实现群居和一的理想目标。

(邓万春　宋国恺)

## 四　见贤思齐

见贤思齐既是学习的一种方式,也是修身的一种重要途径,修身以学,通过学习贤者,反思自身,崇礼、修德、向善,提升自己的修养,从而实现合群的目的,进而达到群居和一的理想状态。

(一)"见贤思齐"命题的提出

"见贤思齐"这一命题出自《论语》。孔子在《论语》中说:"见贤思齐焉,见不贤而内自省也。"[1] 意思是,见到德才兼备的人就想着如何像他一样并向他看齐,反之,见到不贤者就在内心反省自己会不会也像他一样。

孔子还讲道:"三人行,必有我师焉;择其善者而从之,其不善者而改之。"[2] 意思是别人的言行举止,必定有值得我们学习的地方。选

---

[1] 杨伯峻:《论语译注》,中华书局2012年版,第54页。
[2] 同上书,第101页。

择别人好的学习，看到别人缺点，反省自身有没有同样的缺点，如果有则加以改正。曾子有"吾日三省吾身"的说法，即每天数次自我反省，检查对照自己是否有过错或者不足之处，以便进一步改进，提升自身的修养。孔子和曾子的这些说法与"见贤思齐"具有异曲同工之妙。

（二）"见贤思齐"命题的含义

见贤思齐是一种学习方式和修身的路径。孔子认为"学"的方式都有多种，其中一种是效法贤者学习老师。孔子所说的"见贤思齐焉，见不贤而内自省也"与"三人行，必有我师焉；择其善者而从之，其不善者而改之"表达的就是这类含义。孔子指出要善于向君子善人学习，"圣人，吾不得而见之矣；得见君子者，斯可矣……善人，吾不得而见之矣，得见有恒者，斯可矣"。[1] 效法贤者和仿效老师目的是不断反省自己，检讨自己，发现自己是否达到了贤者和老师品德境界，从而通过这种方式做到修身养性。孟子说："是故君子有终身之忧，无一朝之患也。乃若所忧则有之：舜，人也；我，亦人也。舜为法于天下，可传于后世，我由未免为乡人也，是则可忧也。忧之如何？如舜而已矣。"[2] 意思是君子有终身的忧虑，没有一时的担心。这样的忧虑是：舜是人，我也是人。舜被天下的人所效法，传及后世，我却免不了只是一个普通人，这才是要忧虑的。担忧这个做什么呢？要力求成为像舜那样的大德之人。孟子的深意在于，即使是普通的社会成员，也要效法学习像舜这样有德性的人，提升自身的修养。荀子说："学莫便乎近其人。"（《荀子·劝学》）他认为学习最为便捷的方法就是亲近良师。荀子还说："故不登高山，不知天之高也；不临深溪，不知地之厚也；不闻先王之遗言，不知学问之大也。"（《荀子·劝学》）认为要学习古圣先王。

见贤思齐是崇礼向善的表现。贤者能够安身立命，是崇礼、修德、向善的结果。因此，见贤思齐就内在地要求人们崇礼向善。曾子讲"吾

---

[1] 杨伯峻：《论语译注》，中华书局2012年版，第103页。
[2] 杨伯峻：《孟子译注》，中华书局1960年版，第197—198页。

日三省吾身",① 至于检查对照什么,曾子说了三条:"为人谋而不忠乎?与朋友交而不信乎?传不习乎?"② 为别人办事是否尽力了?与朋友交往是否真诚守信了?对老师传授的学业是否认真复习了?即反省的标准在于诚实、守信等礼义准则。荀子说:"故学也者,礼法也。"③ 学习就是学习礼法。他讲:"学之经莫速乎好其人,隆礼次之。上不能好其人,下不能隆礼,安特将学杂识志,顺诗书而已耳。则末世穷年,不免为陋儒而已。将原先王,本仁义,则礼正其经纬蹊径也。"(《荀子·劝学》)将崇尚礼义作为学习的重要途径。他还说:"见善,修然必以自存也;见不善,愀然必以自省也。善在身,介然必以自好也;不善在身,菑然必以自恶也。"④ 意思是说,你见到善的东西、好的东西,一定要把这个善修养到你自己的内心之中。见到不善的时候,一定要像受到灾祸似的来反省自己。

见贤思齐是"合群"的要求。见贤思齐要求社会成员通过使自己的行为与贤者或老师保持一致而达到修身的目的。贤者和老师之所以为人所效法,是因为他们能够崇礼、修德、向善。

(三)对礼崩乐坏群而无分的回应

无论是孔子的"见贤思齐""三人行必有我师",还是孟子的"天下法舜",以及荀子的"见善修然",都是在"乱世乱俗"的时代背景下提出的。

在孔子所处的时代,周王室已极为衰微,列国争雄,大夫专权,原有的统治秩序正在急剧瓦解,作为维系这一制度的礼乐制度遭遇前所未有的挑战和破坏,这就是礼崩乐坏。孔子对此极为不满,在竭力维护周礼的同时,严厉抨击各统治阶层违背和破坏周礼的行为,力图通过恢复周礼以重建等级分明的社会秩序,并将"学"作为达成其目标的重要方法。学的主要路径之一便是"见贤思齐"。这里的"贤"并不仅仅局限于贤士、老师,也包括礼义制度、君子圣人。

---

① 杨伯峻:《论语译注》,中华书局2012年版,第4页。
② 同上。
③ (清)王先谦:《荀子集解》,中华书局2013年版,第39页。
④ 同上书,第24页。

到了战国时代，不仅是礼崩乐坏，而且已经发展到七雄争霸、连年征战、群而无序的混乱状态。荀子看到引发混乱的深层次原因是对礼制的破坏，由此引发群的纷争、混乱，因而荀子主张恢复和制定礼义制度，让社会成员承认并接受礼义制度的规定。荀子认为要做到这点，其中当务之急是"学"。学的路径之一便是"见善修然"。荀子的"善"亦为广义，不仅仅是礼义制度规定的善，也包括善行，以及践行善的贤士君子。通过接受善的规定，效仿善行善举，学习效法善人，达到修身的目标，进而做到合群、能群、善群、乐群。

综上所述，孔子、孟子、荀子所处的时代是礼崩乐坏、群而无分的时代，这个时代迫切要求回归礼乐制度、走向群居和一。因此，他们都主张社会成员修身养性，修己以安人，其中的重要路径之一就是见贤思齐，见善修然，效法贤士。

（四）"见贤思齐"命题的价值与意义

"见贤思齐"命题的提出，意在促使社会成员通过这种方式修身。通过学习德才兼备的人的言谈举止、为人处世方式，反省自己的不足之处，提高个人修养，使社会成员达到修身的目的。

见贤思齐属于群学中学以修身的范畴。见贤思齐既包含丰富的学习内容，也明确了实现合群的路径。见贤思齐具有社会学意义上的社会化含义，内在地包含着社会化的重要内容和路径。社会化的内容即是崇礼、修德、向善，社会化的路径则是与贤者看齐，向贤者学习。

见贤思齐命题揭示了榜样的存在及学习榜样的价值。从现代社会来看，见贤思齐命题也启示我们尊重和效仿人才、尊重和效仿贤能之士。

（宋国恺　邓万春）

## 五　学至于行

"学至于行"命题着重体现在学以修身方面，是实现合群的重要途径之一。这一命题意在通过学习，经过感性认识阶段、理性认识阶段，最后落实到行动阶段，做到知行合一。

（一）"学至于行"命题的提出

"学至于行"这一命题出自《荀子》：

> 不闻不若闻之，闻之不若见之，见之不若知之，知之不若行之，学至于行之而止矣。(《荀子·劝学》)

闻、见都属于感性认识，知属于理性认识，而行则属于行为层面。荀子在此给我们阐述了一个关于学习的道理：即感性认识不如理性认识，而理性认知又不如身体力行。就是说我们的学习不能满足于或止步于感性层面的闻、见，也不能满足于或止步于理性层面的认知，而是要能够将自己的学习落实到行动层面，做到知和行的合一。

强调实践、躬行是中国文化的一个重要传统。孔子注重学习，但更注重实践、行动。《论语》开篇第一句就表明了孔子的这一重要思想："学而时习之，不亦说乎？"[1] 对于所学习的知识要适时复习、实践，不也令人愉快吗？古人治学并非仅仅是为了学习知识，而是要将学习到的知识付诸实践，予以践行。

（二）"学至于行"命题的含义

"学至于行"命题包含三层含义，其一是强调从学到行动的发展过程，并强调"学"最终要落实到的"行"这一目标上；其二，学至于行也是一个社会成员向上流动的社会过程；其三，知行合一。

1. 学至于行的过程

"学至于行"这一命题首先明确了从学到行的发展过程。从学到行是一个从感性到理性，再到实践的过程。

荀子辩证地指出："不闻不若闻之，闻之不若见之，见之不若知之，知之不若行之，学至于行之而止矣。行之，明也，明之为圣人。圣人也者，本仁义，当是非，齐言行，不失毫厘，无它道焉，已乎行之矣。"[2] 这段话的意思是，没有听到不如听到，听到不如看到，看到不如认知，认知不如实践，学习只有到了实践这个层面才算圆满完成了。荀子在这里强调了具体的实践及行动的重要性，明确了学习从感性跃升到实践的

---

[1] 杨伯峻：《论语译注》，中华书局2012年版，第2页。
[2] （清）王先谦：《荀子集解》，中华书局2013年版，第168页。

过程。实践就是明达事理，明达事理就是圣人。圣人是以仁为根本，正确判断是非，言行一致，不差毫厘，在于把所学到的一切内容运用到实践之中，除此之外，没有其他的道路可走。

荀子指出人的认识起始于感觉，"闻之""见之"。不过不同的是"闻之"是间接的感性认识，而"见之"则为直接的感性认识。后者明显高于前者。荀子进一步指出，"见之"不如"知之"。"见之"毕竟还是处于感性认识阶段，因此，荀子主张"知之"，上升到理性认识阶段。对事物进行全面的认识把握，获取对事物规律性的本质的把握和认识，否则，仍然停留在感性认识阶段，获得的认识依然是片面的、不深刻的，甚至是虚妄或错误的。但是，荀子认识的目的显然不是"知之"，而是"行之"，即从理性认识阶段，再跃进到行动这一更高的阶段，也就是通过实践将获得的理性认识落实到具体行动中、日常生活中、言谈举止中。按照荀子的论述，似乎"行之"还不是最后阶段，"明之"才是最后阶段。即"行之，明也，明之为圣人"。"明之"就是明达事理，将获得的认识落实到行动之中，再将具体的行动转化为"明达事理"，明达事理就成为圣人。显然，在荀子眼里，"明之"还要高于"行之"。圣人则以仁义为根本，将学到的一切付诸实践之中。由此可见，荀子的"学至于行"命题的最终目标是通过这种转化，达到修身养性的目的。

荀子在论述学与行的关系时，还指出，"君子之学也，入乎耳，箸乎心，布乎四体，形乎动静。端而言，蝡而动，一可以为法则"。[①]这段话的意思是，君子学习进入耳里，记在心中，灌注到全身，表现在行动上，他细微的一言一行、一举一动，都可以成为他人效法的榜样。荀子认为学习到行动经过三个阶段，第一阶段通过学习达到感性认识和理性认识。在认识基础上付诸行动，进入行动阶段即第二阶段。行动的依据是学习到的知识。第三阶段是将行动转化为"法则"，把行动化为他人效法的榜样。让他人学习、行动也就有了依据和范例。

---

① （清）王先谦：《荀子集解》，中华书局2013年版，第14页。

2. 实现向上社会流动的过程

"学至于行"这一命题除了指从感性认识到实践的学习过程外,还有另外一层重要含义,就是通过学习实现向上社会流动的实践过程。荀子说:

> 我欲贱而贵,愚而智,贫而富,可乎?曰:其唯学乎。彼学者,行之,曰士也;敦慕焉,君子也;知之,圣人也。上为圣人,下为士君子,孰禁我哉!乡也,混然涂之人也,俄而并乎尧、禹,岂不贱而贵矣哉!乡也,效门室之辨,混然曾不能决也,俄而原仁义,分是非,图回天下于掌上而辩黑白,岂不愚而知矣哉!乡也,胥靡之人,俄而治天下之大器举在此,岂不贫而富矣哉!①

这段话的大致意思是:我想由卑贱变得高贵,由愚蠢变得聪明,由贫穷变得富有,可以吗?只有通过学习才能实现这种转变。那些学习的人,将学到的东西付诸行动,就叫作士;勤勉努力,就是君子;通晓它,就是圣人。一无所知的乡村百姓忽然间能与尧、禹相比,茫然不能决断的人忽然间能探讨仁义的本源、分清是非,一无所有的人忽然间却掌握了治理天下的大权,荀子认为这些社会转变或社会流动都是取决于"学至于行"这样的努力过程。不难发现,荀子承认积极的社会流动,而且明确指出了实现向上社会流动的路径是学习及将学习转换为实践的能力。

3. 知行合一

孔子说:"诵《诗》三百,授之以政,不达;使于四方,不能专对;虽多,亦奚以为?"②熟读了《诗经》三百篇,把政事交给他,却不能办成事;令他出使外国,却不能独立应对;虽然读了很多,又有什么用呢?这足以表明孔子极为重视将所学书本知识转化为实践或有成效的实际行动。"知"是"行"的前期准备、条件,"行"是"知"的目

---

① (清)王先谦:《荀子集解》,中华书局2013年版,第148—149页。
② 杨伯峻:《论语译注》,中华书局2012年版,第188页。

的,"知"与"行"高度统一,坚持书本知识与投入实践相统一,做到学以致用。

在将"学""知"转化为"行"时,孔子强调"仁",以"仁"为逻辑基础将"知"与"行"联系起来。"子以四教:文、行、忠、信。"①"文"是文献典籍,"行"是实践活动、有成效的行动,"忠"是忠恕之道,"信"是诚信。将所学书本知识转化为实际行动或者有成效的实践时,需要秉持忠恕及诚信之道,体现仁之精神。反对脱离理论学习的实践活动,也反对没有体现仁的精神的学习和实践。这与荀子所说的"道虽迩,不行不致;事虽小,不为不成",以及后来的"知行合一"是一个道理。

另外,《论语》有"仕而优则学,学而优则仕"(《论语·子张》)之说,"学而优则仕"很典型就是一个将学付诸实践的过程。

(三)"学至于行"命题的时代背景

荀子在《非相》中通过大量的事实,对相术进行了批判。这足以表明当时相术盛行,成为影响社会发展的一个时弊。荀子针对这一时弊,认为"相形不如论心,论心不如择术。形不胜心,心不胜术。术正而心顺之"。②荀子一针见血地指出相貌比不上思想,思想比不上行为。行为正确,则思想就会顺从它。强调了人的思想修养和实际行为的重要性。

荀子所处时代是战国时期,与战争相伴随的另一重要社会现象是百家争鸣。这一时期各类学说思想广泛传播,相互批判攻讦,这些学说对当时整个社会产生了巨大影响。荀子在其著名的《非十二子》中明确指出当时众多学说不乏邪说奸言。"假今之世,饰邪说,文奸言,以枭乱天下,矞宇嵬琐,使天下混然不知是非治乱之所存者有人矣。"③荀子认为当时一些学说代表人物乘借乱世,粉饰邪说,美化奸言,混淆视听,扰乱天下,使得天下的人昏昏然不知是与非、治与乱的根本所在。

---

① 杨伯峻:《论语译注》,中华书局2012年版,第102页。
② (清)王先谦:《荀子集解》,中华书局2013年版,第85—86页。
③ 同上书,第105—107页。

因而，荀子要求人们批判地学习或接受各类思想，更重要的是要将所学转化为具体的行动、行为。"上则法舜、禹之制，下则法仲尼、子弓之义，以务息十二子之说。"① 对上效法舜尧的典章制度，对下应效法孔子、子弓的道义，成为士君子，率道而行，敦厚合群，这样才能使得天下之人心悦诚服，使得社会得到有效治理。

（四）"学至于行"命题的价值与意义

"学至于行"这一命题明确了通过"学至于行"达到修身的目的。其群学价值在于强调了"学"转化为"行"，即"实践""有成效的行动"的重要意义。"学至于行"命题不仅强调学习，更重要的是将学习转化为社会行为、社会实践、社会行动，达到知行合一的理想状态。

"学至于行"的另外一层的社会学意义体现在"社会流动"方面。教育是实现向上社会流动的重要途径之一，早在春秋战国时期我国就已经有了这样的社会学命题，而教育与社会流动的关系问题同样也是当代社会学研究的重要内容之一。

（宋国恺　邓万春）

# 结　语

天、地是人们生产和生活中不可或缺的元素，人们的思想和行为深受其影响。只有认识天、地的特性，才能定位人的角色与位置，进而确定人与自然、人与社会之间的关系，实现合群目标。"天行有常"命题解构了天的道德性和卜筮的神秘性。"明天人之分"命题在"天行有常"的基础上凸显人的主体性和能动性，为后续行动层次上处理人与天地之间的关系奠定基础。"制天命而用之"命题从行动层次阐释了人类与自然之间的合作关系。人类并不是为了认识而去认识自然规律，而是通过了解和掌握自然规律，实现天地人之间的相互参合。人们从依附、畏惧于天的角色地位演化为与天、地并列存在的角色地位，并进而成为

---

① （清）王先谦：《荀子集解》，中华书局2013年版，第114页。

认知和改造天的社会主体。

修身是合群的根基。只有依靠修身，才能"立人"；只有凭借修身，才能"取人"；只有通过修身，人才能"正心"；只有通过修身，才能养浩然之气。个人处理好各种人伦关系实现合群的前提和基础在于人自身必须具有良好的道德品质。当人通过"修身"的路径拥有了仁义的品质，成为仁人君子时，就具有了合群的基本条件。

"劳动—修身—合群"是修身的一个具体途径，群学不仅肯定劳动对于人的生活的意义，还把劳动看作是立人之本、合群之源，因而是修身的重要途径和基本内容。"身劳而心安"命题铺陈开的劳动原理可以作为联结群理与群治的桥梁。

"修己以安人"和"修己以安百姓"命题告诉我们：君子要通过修养自身，使家庭和睦安宁；君子更要通过修养自身，使社会他人安乐；君子的最高境界，是通过修养自身，使普天之下的百姓都安乐。因此，君子修养自身是齐家、治国、平天下的根基，因而也是合群的根基。

礼是人之为人的基本准则，是社会成员的行为规范，礼能修养端正人心，礼能规范人的言行，礼能引导人的性情，礼能节制人的欲望。不学礼、不知礼就无法立身处世，无以为人。所有社会行为都要合于礼，都要从礼出发，否则，人就难以成为一个合格的社会成员，社会也可能为此出现悖乱。人因礼而立、事因礼而成、国因礼而宁，所以因礼而能合群。

人生有欲望，社会有纷争，运用礼义规范去约束人的欲望，区分社会成员的社会位置，使得人的欲望之争不至于祸乱社会，让社会达至一种和谐状态。人的才德修养有差等，人的性情禀赋有差异，通过礼义规范对不同才德、不同禀赋的人进行划分、定位，使社会成员各安其位、各守其分、各尽其能。这就是合群之道。

礼和乐都是为合群而生的。合群要以合礼为前提的，人的性情、意志、思虑、饮食、起居、态度、行为等都要合于礼，这样才能达至合群状态。乐也要合于礼，礼乐相合，或者以礼正乐，才能达到礼乐致和，即合群的社会目标。

心不仅是脏器，还是认知心、道德心；性则是人之性，其内容是仁、义、礼、智。在社会中，人要存心养性，保存认知心和道德心，去思考和实践，成为一个高尚的人。

"信"是处理人与人之间关系的基本准则和方法，人与人之间如果没有了基本的信任、信用和诚信，则无法形成社会合作，无法结成群体，无法形成组织，即群不能成，群无法合。

"与人为善"命题揭示的是有关社会交往、处理人际关系，甚至是治国理政的基本准则。"与人为善"命题以"善"为出发点，从人际关系层面的人人要修善德、人与人交往要心存善念、要乐于和别人一起行善进至国家层面的君主对百姓要行善政。"与人为善"命题对实现微观个体"小群"和宏观国家"大群"的和谐都具有重要意义。

生命是宝贵的，要珍视生命。死亡和生命一样，都承载着仁、义、道等价值形式。人的生命存在要合于仁、义、道，从而合群。人的死亡同样接受着仁、义、道的检验，死得其所是人之合群的理想状态，舍生取义是人之合群的一种至高境界。

学以修身，修身以合群固群。"学"是实现修身进而实现齐家治国平天下的宏大抱负的重要路径。修身以学，通过学习贤者，反思自身，崇礼、修德、向善，提升自己的修养，从而实现合群的目的，进而达到群居和一的理想状态。要通过学习，经过感性认识阶段、理性认识阶段，最后落实到行动阶段，做到知行合一。学习没有止境，需要终身学习、学思结合、不耻下问。学习对于修身如此重要，所以要尊师重教。

（邓万春）

History of Chinese Sociology

# 中国社会学史

### 第一卷 下册
群学的形成

主　编　景天魁
副主编　高和荣　毕天云
　　　　杨善民　邓万春
　　　　何　健

中国社会科学出版社

# 第五章 能群的基本命题

## 引 言

群学十分重视家，群学关于家的论述是其一大特色，它把家当作组成群的细胞以及能群的首要环节与重要基础。家是群的基本单元，国之本在家，人不能没有家；群是扩大化了的家，无论规模多么庞大、结构多么复杂、功能多么强大的群，甚至是国家和天下，都是从家这一基本单元中衍生并不断拓展开来的。能群必须齐家，齐家方得能群。很难想象一个连家都治理不好，家庭及家族秩序混乱、内部关系紧张的个人，能够融入社会并协调好各种社会关系与社会矛盾。只有个人将家庭治理好，家和才能万事兴旺，家齐方能国治而天下平。因此，治理好家政成为个体能够合群、也就是能群的关键所在。能群的基本命题主要回答"何谓能群""能群的规矩"及"能群的方法"，它构成了齐家的原则、要求与途径。

"何谓能群"？荀子从人和其他动物相区别的角度指出："人能群，彼不能群也。"强调人因为"有气、有生、有知，亦且有义"和其他动物有着明显的区别。实际上，人的"气、生、知和义"最初是通过家这一群体培养起来的，家是个体情感产生与表现的载体，也是个体由"家"这个小群能够走向"天下"这个大群的起点。荀子在《君道》中言："君者，何也？曰：能群也。""善生养人者也，善班治人者也，善显设人者也，善藩饰人者也。善生养人者人亲之，善班治人者人安之，善显设人者人乐之，善藩饰人者人荣之。四统者俱，而天下归之，夫是之谓能群。"① 最初的群体是一个氏族与部落，后来在此基础上形成了血缘关系的家族，进而分裂为若干个小家庭，这些家庭、家族就成了国的基础，自然就有了"国之本在家"这一说法，家的和睦才能使群体兴旺。因此，能群在治理家政实践中延续了"合群"的特性，通过能群规矩的建立，规范群体成员的行为，使群体成员有规可依，协调群体成员的关系，明确群体成员的角色，促进群体成员恪守本分，最终走向"善群"和"乐群"，实现个体之间、群体之间乃至整个社会的和谐发展。

"无规矩，不成方圆。"能群讲究的是要恪守规矩，这样才能使个体更好地融入群体中。从齐家角度看，夫妻和美构成能群的基础，也是个体情感归属的基本需要。它不仅关系到家庭和睦，还关系到社会的稳定，基于情感互动的夫妻和美需要遵循性别和社会角色之分，又依赖于礼治；在家庭内部关系中，"父慈子孝"是家庭成员关系稳定的内在要求，实现"父慈子孝"，需要遵循"父慈"与"子孝"的结合及双向互动；"兄友弟恭"揭示家庭中同辈群体的行为规范准则，使得这些同辈群体的行为有规可依。扩大到家族层面，夫妻和美、兄友弟恭意味着家族内部不同家庭的交往准则，而父慈子孝则规定着家族内部成员的地位高低秩序，因而自然就需要"长幼有序"，这构成了能群的基本条件，保证群体的秩序规范。这些规范涉及居家生活、社会交往、祭祀礼义等各个方面，包含了孝悌之义、恭敬谦让、宽惠慈爱等原则。实现"长幼有序"就要怀仁义而非怀利、推行教育化人、制定礼义法规；家族和睦旨在强调成员之间在各个场合中各守其责而不可僭越，包括俭而不淫、族重人轻、同族同心、法先情后，实现家族和睦需要适中刑罚，明德教化，设立乡规里约，同时仁以修身，顺天效先，达到内外合一，因而它自然就需要遵循家有家规、各循其礼，这构成了社会成员行动的指南以及能群的基本规则。

治家需有方，能群要有法。在家庭治理中，家庭是进行德行礼义、危难意识、生活生产知识教化的场所，在家庭这一场域中形成的

---

① （清）王先谦：《荀子集解》，中华书局2013年版，第237页。

家庭教化是使人走进家庭并进行齐家的基本方法。家庭教化需要坚持贤人为教、教之以礼、践行而化、参与观察的方法，使家庭成员接受家庭礼义与行为规范，实现家庭的和睦。家庭教化最核心的就是言传身教，它通过语言和行为传授个人修养、家庭规矩、社会交往、为政之道等，以便使个体更好地融入群体中。要实现言传身教就要坚持有教无类、身教为主、言传为辅原则，同时通过修身养性、以身作则，效仿他人、循序渐进，兴学设职，实施教育来使个体约束自身，明长幼秩序，守社会规范，达到家齐而国治。客观上讲，在物质资料较为匮乏的传统社会中齐家必须注重勤俭，勤俭方能持家，个体勤于劳动、重于节俭才能使家庭兴旺发达，勤俭也是国家长治久安、经久不衰的手段，君主及士大夫注重勤俭节约、开源节流就能够使得国富民强。和顺可亲是能群的重要保障。当个体坚持和顺就会便于他们聚集在一起结为兄弟、朋友、师生、师徒乃至君臣，要达到和顺可亲，可以通过欣赏音乐、清静无为、遵循礼仪和抚恤民众等方式来提高自身的修养。当然，和顺可亲还需要恪守疏不间亲，不能违背家庭成员交往准则、不要妄议生疏之人、不要逾越亲疏关系，明辨自身的位置和亲疏关系，做到各司其职而不僭越，确保社会有序运行。荀子认为，音乐在治理朝政、端正社会风气、进行伦理教化中起到独特作用，音乐可以为统治者的文治武功所服务。他说："乐在宗庙之中，君臣上下同听之，则莫不和敬；在族长乡里之中，长幼同听之，则莫不和顺；在闺门之内，父子兄弟同听之，则莫不和亲。故乐者，审一以定和，比物以饰节，节奏合以成文，所以合和父子君臣，附亲万民也，是先王立乐之方也。"（《荀子·乐论》）

齐家不只是为了治家，齐家乃是为了治国并实现国家的有效治理。齐家需要建立一套完整的礼俗制度，做到"亲仁善邻"，体现群体之间的休戚与共、友好交往、互惠互利、和睦相处，让成员之间相亲相爱，各族人民和谐相处，做到"四海一家"，进而为"善群"和"乐群"的实现奠定基础。在荀子看来，无论是合群、能群还是善群、乐群都离不开家，只有把家治好才能成群。治好的关键是明确夫妻、父子、兄弟之间的人伦关系，使得各人都依据伦常而行，这样家风才会端正，邻里之间就可以做到互帮互助、相互关爱、守望相助,国家可以得到有效治理,天下方可安定。因此,治国平天下不仅成为中国人的生活追求与社会理想,而且也是齐家的目的与归宿。

(高和荣)

## 第一节 家:能群的基础

作为最基本的群体,家是个体走向社会的中介,也是个体能够成为群的基础。在家这一群体中优先强调夫妇关系以及在此基础上形成的父子关系与兄弟关系,并由此衍生出君臣、长幼及上下关系,这些关系都来源于家庭内部关系。所以,家就成了群的基本单元,国家的根在于家,治国首先要齐家,齐家方可治国平天下,家和自然万事就会兴旺而发达。在儒家看来,要想齐家就得修身,而要修身就得"格致诚正","格"就是"格物",就是掌握事物的本质;"致"就是"致知",就是形成自己的认识;"诚"就是"诚意",达到内心的认同与信仰;而"正"则是"正心",就是要形成符合儒家文化的态度与观念。所以,齐家就要修身,修身就要"格致诚正",只有这样,齐家才能有助于个体融入族群、邦国具有十分重要的作用,家就成为能群的基础。

### 一 夫妇之道,君臣父子之本

荀子通过考察人伦关系的自然生成过程,提出夫妇关系是各种人伦关系的根本,即"夫妇之道,君臣父子之本"的能群命题。这个命题的提出,在某种程度上确立了夫妇关系在中国家庭和社会中的轴心地位,使夫妇关系成为能群的基础和起点,发挥其人口与社会的再生产功能,具有重要的历史意义。

(一)"夫妇之道,君臣父子之本"的提出

先秦时期,人伦关系在不同场域具有不同的次第顺序。在政治场域,君臣关系优先于夫妇关系。孔子在回答齐景公如何治国时,主要强调君臣与父子关系,而未提及夫妇关系。(《论语·颜渊》:"齐景公问政于孔子。孔子对曰：'君君，臣臣，父父，子子。'"①）孟子在回答如何治理天下时，也把君臣关系列在夫妇关系之前。（《孟子·滕文公上》："父子有亲，君臣有义，夫妇有别，长幼有叙，朋友有信。"②）荀子在讨论安邦定国原则时，同样把君臣关系列在夫妇关系之前。（《荀子·天论》："若夫君臣之义，父子之亲，夫妇之别，则日切磋而不舍也。"③）政治场域侧重君臣关系的优先地位，比较容易理解，但是在社会场域，究竟优先强调父子关系，从而以父子之孝延展出君臣之忠，还是优先强调夫妇关系，以夫妇之别作为社会整合的逻辑起点呢？

在先秦某些文献中，父子关系在家庭和社会中处于轴心的地位。例如，《周易·家人卦》中，父子、兄弟关系居于夫妇关系之前。（《周易·家人》："父父子子，兄兄弟弟，夫夫妇妇，而家道正。"④）《孟子》中景丑提出，家庭之内是父子关系重要，家庭以外则是君臣关系重要，父子和君臣关系是人伦中最重要的关系，孟子对此并未反对。⑤（《孟子·公孙丑下》："内则父子，外则君臣，人之大伦也。"⑥）《中庸》引用孔子指出，君子应该用忠恕的原则处理父子、君臣、兄弟和朋友四个方面的人伦关系，夫妇关系并未列入。⑦（《中庸》："君子之道四，丘未能一焉；所求乎子，以事父未能也；所求乎臣，以事君未能也；所求乎弟，以事兄未能也；所求乎朋友，先施之未能也。"⑧）荀子并不反对父子关系的重要性，实际上父子、兄弟、夫妇都是重要的人伦

---

① 杨伯峻：《论语译注》，中华书局 2012 年版，第 178 页。
② 杨伯峻：《孟子译注》，中华书局 1960 年版，第 125 页。
③ （清）王先谦：《荀子集解》，中华书局 2013 年版，第 373 页。
④ 陈鼓应、赵建伟：《周易今注今译》，商务印书馆 2016 年版，第 335 页。
⑤ 孟子认为，天下普遍尊贵的东西有三件：爵位、年龄和德行。（《孟子·公孙丑下》："天下有达尊三：爵一，齿一，德一。"）这实际说明孟子确实看重君臣与慈幼的关系。参见杨伯峻《孟子译注》，中华书局 1960 年版，第 89 页。
⑥ 杨伯峻：《孟子译注》，中华书局 1960 年版，第 88 页。
⑦ 此外，《中庸》还引用了孔子的话，认为天下共通的人道关系包含五种，分别是君臣关系、父子关系、夫妇关系、兄弟关系、朋友关系。（《中庸》："君臣也，父子也，夫妇也，昆弟也，朋友之交也，五者天下之达道也。"）这个引文虽把夫妇关系列入其中，但仍是居于君臣、父子关系之后。参见王文锦《大学中庸译注》，中华书局 2013 年版，第 31 页。
⑧ 王文锦：《大学中庸译注》，中华书局 2013 年版，第 24 页。

关系，是礼所要规范的对象。(《荀子·大略》："父子不得不亲，兄弟不得不顺，夫妇不得不欢。"①) 但是，在荀子看来，夫妇关系才是各种人伦关系存在的本源，无本则人伦关系的建立就失去根基，故应该以夫妇关系作为社会整合的基础和起点。(《荀子》："夫妇之道，不可不正也，君臣父子之本也。"②)

（二）如何理解"夫妇之道，君臣父子之本"

荀子在社会场域优先强调夫妇关系，认为夫妇关系在各种人伦关系中具有更加根本的地位，应该成为社会整合的逻辑起点，对此应该如何理解？

从社会背景来说，荀子处于战国末年。春秋后期至战国末年，中国社会处于大动荡中，西周建立的宗法制度名存实亡，宗法组织分崩离析。在这个时期，以直系亲属为核心的家庭冲破了宗法家族组织的外壳而独立出来，成为基层社会中最基本的组织实体。③ 例如秦国的商鞅变法，便是鼓励家庭分户析居；齐国管仲推行的编户齐民，就是以家庭改革为基础，家庭既是最基层的行政单元，又是经济上的基本单位。荀子所处的战国末年，虽然小家庭仍然处于血缘宗法的笼罩下，但家庭结构不断缩小的趋势却是愈益明显，在这样的时代条件下，荀子提出以夫妇关系而不是父子关系作为能群的基础，是适应当时社会经济条件发展的。

当然，荀子提出把夫妇关系作为能群的基础，还有其内在的原因：

第一，荀子提出"夫妇之道，君臣父子之本"这个命题，源于对《周易·咸卦》的直接理解。(《荀子·大略》："易之咸，见夫妇。"④)《周易·咸卦》认为，男女交相感应而结为夫妇，这是人伦关系的开始。(《周易·咸卦》："咸，感也。柔上而刚下，二气感应以相与。"⑤)《周易·序卦》对此解释指出，从天地万物的自然生成过程来说，有了

---

① （清）王先谦：《荀子集解》，中华书局2013年版，第216页。
② 同上书，第584—585页。
③ 王利华：《中国家庭史》，广东人民出版社2007年版，第121页。
④ （清）王先谦：《荀子集解》，中华书局2013年版，第584页。
⑤ 陈鼓应、赵建伟：《周易今注今译》，商务印书馆2016年版，第288页。

男女才能结合成夫妇，有了夫妇才能有父子关系，有了父子关系才能有君臣之分，有了君臣之分才能有上下尊卑的秩序，然后才能进行礼义纲常制度的安排。(《周易·序卦》："有天地然后有万物，有万物然后有男女，有男女然后有夫妇，有夫妇然后有父子，有父子然后有君臣，有君臣然后有上下，有上下然后礼义有所措。"[①]）因此，从人伦关系的自然生成过程来讲，夫妇关系在各种人伦关系中处于始源性的地位，这是基本的生物学事实。

第二，基于夫妇关系的这种始源性地位，婚礼在各种礼仪中就应该居于根本地位，这关系着子嗣繁衍的宗族大事。婚礼是从风俗、制度等方面规范夫妇关系的仪轨，《礼记·昏义》指出，礼以冠礼为起始，以婚礼为根本，就是强调婚礼的根本地位。(《礼记·昏义》："夫礼始于冠，本于昏。"[②]）婚礼的这一地位，确保了男女能够结合为夫妇，繁衍子嗣，从而使得宗族家庭万世子孙的绵延不绝。(《礼记·郊特牲》："天地合而后万物生兴焉。夫昏礼，万世之始也。"）荀子的隆礼思想同样注重婚礼，在荀子看来，婚礼是家庭生活的开始(《荀子·大略》："亲迎之道，重始也。"[③]），关系着宗族繁衍的大事(《荀子·大略》："往迎尔相，成我宗事"[④]）。故此，从夫妇结合具有的宗族绵延功能而言，社会整合理应从夫妇关系的规范开始。

第三，夫妇关系的重要性，还在于夫妇相处的原则能够推广和应用于其他人伦关系，在逻辑上具有优先地位。在《礼记·昏义》中提出，礼的基本原则在于形成男女间的分限，只有端正夫妇关系，父子之间才能亲爱，君臣关系才能得其正位。(《礼记·昏义》："礼之大体，而所以成男女之别，而立夫妇之义也。男女有别，而后夫妇有义；夫妇有义，而后父子有亲；父子有亲，而后君臣有正。"[⑤]）夫妇相处之义，何以能够延伸出父子之亲、君臣之正呢？在《仪礼》中解释为，夫妇关

---

① 陈鼓应、赵建伟：《周易今注今译》，商务印书馆2016年版，第741页。
② （清）孙希旦：《礼记集解》，中华书局1989年版，第1418页。
③ （清）王先谦：《荀子集解》，中华书局2013年版，第585页。
④ 同上书，第578页。
⑤ （清）孙希旦：《礼记集解》，中华书局1989年版，第1418页。

系除了床笫之间的情感不同于其他人伦关系外，夫妇的日常互动实际囊括了君臣之严、父母之敬、兄弟之道以及朋友之义等内容。(《仪礼》："平日。笄而相，则有君臣之严；沃盥馈食，则有父母之敬；报反而行，则有兄弟之道；规过成德，则有朋友之义；惟寝席之交，而后有夫妇之情。")荀子虽然没有对这种逻辑关系予以说明，但他在明分使群中，明确说到群得以形成的机制就在于义。(《荀子·王制》："人何以能群？曰：分。分何以能行？曰：义。"①)故此，夫妇关系能够涵括其他人伦关系，理应成为社会整合的逻辑起点。

第四，夫妇关系维系的是家庭的稳定，而家庭的稳定是国家治理的前提。国之本在家，家庭和睦才能实现社会和谐，这是先秦儒家（包括荀子）的基本观念。夫妇关系是成人组建家庭生活的开端，夫妇关系能否处理好，决定了家庭关系是否和睦，《诗经·小雅·常棣》就强调夫妇关系在实现家庭和睦方面的重要作用，父子、兄弟关系均在夫妇关系之后。(《诗经·小雅·常棣》："妻子好合，如鼓琴瑟。兄弟既翕，和乐且耽。宜尔室家，乐尔妻帑。"②)《诗经·大雅·思齐》更进一步把夫妇关系置于家庭和社会的轴心，以此作为齐家和治国的起点。(《诗经·大雅·思齐》："刑于寡妻，至于兄弟，以御于家邦。"③)从家与国的关系来说，夫妇关系维系着家庭和睦，进一步决定了社会的团结，故此，夫妇关系在所有人伦关系中具有根本地位。

（三）夫妇关系作为能群基础的重要意义

在社会场域中，把父子关系还是夫妇关系安置在优先的地位，显然预设着不同的整合逻辑。从父子而至君臣的整合逻辑，在家庭以内注重的是血缘亲情，以父子、兄弟、亲族等关系为主轴，构成的是父权制的家庭结构；在家庭以外，由于父子关系本身内含着上下尊卑的等级观念，从而形成以君臣、师徒、主仆等关系为主轴的纵向分层结构。以夫妇关系作为社会整合的逻辑起点，强调在家庭以内夫妇有别、男尊女

---

① （清）王先谦：《荀子集解》，中华书局2013年版，第194页。
② 程俊英：《诗经译注》，上海古籍出版社1985年版，第294页。
③ 同上书，第506页。

卑，而家庭之外则构成了基于男性主义的朋友之信，君臣、主仆之间的尊卑关系，由此就形成了荀子所提出的"夫妇之道，君臣父子之本"的命题。

（徐　磊）

## 二　家是群的基本单元

家是组成社会的细胞，是个人迈进社会时所要经过的第一个组织，是人结合为群的基本单位，因而成为社会组织的最初表现形态。任何社会组织无论规模多么庞大、结构多么复杂、功能多么强大，都是从家这一组织中衍生并不断拓展开来。中国社会学从创立之初起就十分重视家的作用，把家当成群的基本单元，对家的基本内涵及其规范要求作了明确规定。

（一）家作为群的基本单元缘起

在中国社会学史上，社会学家们虽然并没有直白地说出"家是群的基本单元"这句话，但是，古代社会思想家们表达了类似的思想。例如，《周礼》讲"有夫有妇，然后为家"[1]，明确了家作为群的基本单元所必须具备的人口学特性，为把家作为群的基本单元提供了自然基础。

再如，孟子讲"天下之本在国，国之本在家，家之本在身"，揭示了自我、家庭以及国家之间的关系，进而揭示了家在自我及国乃至天下中的基础性地位。而管子说"家者人伦之本"则强调了家在人伦关系中的位置。所以古人把家当成"居家之礼，治国之基"。又如，《中庸》讲"明乎郊社之礼、禘尝之义，治国其如示诸掌乎"[2]，这是从治理角度提出了家作为群的基本单元所涵蕴的社会意义，强调了家是国的最小单元，齐家是治国的基础，治国的前提在于齐家，齐家为治国提供了经验。正因为如此，早期的中国社会学已经把家作为群的基本单元，探索中国自己的群我及家国关系结构。

---

[1]　李学勤：《周礼注疏》，北京大学出版社1999年版，第277—278页。原文：乃均土地以稽其人民，而周知其数：上地家七人，可任也者家三人；中地家六人，可任也者二家五人；下地家五人，可任也者家二人。

[2]　王文锦：《大学中庸译注》，中华书局2013年版，第29页。

## （二）家作为群的基本单元内涵

从词源上看，作为社会组织初级形式的"家"来源于甲骨文，上面是"宀"，表示与室、与居住的空间有关，下面是"豕"，"豕"就是"猪"，表示居住在一起的人有了一定的生活来源就成了"家"。

第一，夫妇是组成家的先决条件。按照说文解字的观点，家的形成必须具备一定的条件或要素，如基本的物质生活资料，一定的居住空间及生活来源，适当数量的人口，在这些要素中夫妇构成了家的最基本的条件或要素。《易经》阐述了家产生的物质及文化基础，认为"有天地然后有万物，有万物然后有男女，有男女然后有夫妇，有夫妇然后有父子"，[①] 万物、男女特别是在此基础上结合为夫妇是构成家的先决条件。《周礼》更明确讲到"有夫有妇，然后为家"，[②] 只有夫而没有妇或者只有妇而没有夫则不可能组成家，只有将自然属性有所差异的男女结合起来一起生活、繁衍后代才能称为家，由男女、夫妇就衍生出婚姻与血缘关系，他们从属于夫妇并与夫妇一起成为家的核心要素。因此，家最初总是建立在男女两性结合基础上，夫妇是家产生的基础，夫妇关系是家最基本的关系，所有"其他的社会制度，如宗教、政府和教育，都是在家庭体制中"由夫妇、婚姻、血缘等关系发展起来的。[③]

第二，个人要以家的兴旺发达为己任。古代社会学认为，个人是家的一部分，修身才能齐家，修身的终极目标固然是要治国、平天下，但首先要能够齐家，如果不能够齐家则不可能治国安邦、平定天下，不能齐家也失去了修身的价值。因此，家在个人的人生理想中处于中介地位。对女子来说，女子嫁人组成家庭要能够厚家、富家、旺家，《诗经》中就特别提到女子嫁人要能够使家庭富裕、和睦美满、关系融洽，促进夫妻好合、白头偕老，"桃之夭夭，灼灼其华。之子于归，宜其室家。桃之夭夭，有蕡其实。之子于归，宜其家室。桃之夭夭，其叶蓁

---

[①] 唐明邦：《周易评注》，中华书局1995年版，第261—262页。
[②] 林尹：《周礼今注今译》，书目文献出版社1985年版，第112页。
[③] ［美］戴维·波普诺：《社会学》，刘云德、王戈译，辽宁人民出版社1987年版，第187页。

萋。之子于归，宜其家人"。① 对于男子而言，男子娶妻组成家庭后要有担当，能够赡养父母、供养妻儿，使家庭生活富裕而美好，《孟子·梁惠王上》上所说的"仰足以养父母，俯足以畜妻子"虽然是对明君的要求，但实际上首先是对所有作为一家之主的丈夫的要求，体现着那个时代的人们对家庭建设的期望，孔子在《论语·里仁》中所说的"父母在，不远游，游必有方"同样包含着男子在家庭中的责任与义务。

第三，节俭是持家的第一要务。早期的人类生产活动以采集、狩猎、捕捞及耕作为主，生产力极其低下，这就对持家提出了要求与希望。就前者而言，形声字的"家"是房屋和猪的结合，"家"自然就代表着有一定的财富。当然，仅有这两类财富只是成为家的必要的物质基础，除此之外还要娶妻"成家"有"家室"。就后者来说，组成家庭后面对普遍匮乏的物质生活资料家庭成员所能做的就是勤俭持家，在《尚书》中，舜帝就称赞禹"克勤于邦，克俭于家，不自满假"，② 勤俭持家是治家的重要手段。孔子也要求"节用而爱人""温良恭俭让"，强调粗茶淡饭，"饭疏食饮水，曲肱而枕之，乐亦在其中"，③ 甚至家里的葬礼也主张用丝织代替亚麻编织孝帽，强调节俭操办丧事，反对奢华和浪费。所以他说"俭，吾从众"，④ 在奢侈与节俭之间他宁可选择节俭者，他说："奢则不孙，俭则固。与其不孙也，宁固。"⑤

第四，和睦是家庭运行的准则。夫和妇组成家庭后就涉及后代的繁衍问题，这既是家得以维持、生生不已的重要条件，也是确保家庭成员免遭饥饿的可靠保证，孟子就曾经说过"百亩之田，勿夺其时，数口之家可以无饥矣"，⑥ 足见家庭人口繁衍的重要性，甚至把它提升到不孝首位，所谓"不孝有三，无后为大"就包含这层含义，它由此涉及家

---

① 褚斌杰：《诗经全注》，人民文学出版社1999年版，第8页。
② 江灏、钱宗武：《今古文尚书全译》，贵州人民出版社1990年版，第43页。
③ 杨伯峻：《论语译注》，中华书局2012年版，第99页。
④ 同上书，第123页。
⑤ 同上书，第108页。
⑥ 杨伯峻：《孟子译注》，中华书局1960年版，第5页。

庭内部成员之间的相处问题。在古代社会思想家们看来，家庭成员之间要相互友爱，和睦相处，而不要彼此疏远，《易经》里提到"王假有家，交相爱也"，[①] 就是强调作为一家之主的家长要能够通过自己的言传身教使得全家人感情融洽、相亲相爱。这种和睦相处更多的是基于心存仁义、去利存义的感性情怀，而不是冰冷的理性选择，孟子也说过"为人子者怀仁义以事其父，为人弟者怀仁义以事其兄"，"父子、兄弟去利，怀仁义以相接也"。[②] 古人十分强调家庭成员和谐相处的重要性，甚至把家庭和睦当成家庭丰裕的前提，当成君臣遵纪守法的条件，认为"父子笃，兄弟睦，夫妇和，家之肥也"，认为只有做到这一点才能实现"大臣法而小臣廉"，做到"官职相序，君臣相正"，实现"国之肥"。[③]

（三）家作为群的基本单元价值

家作为群的基本单元对于准确把握中国特有的社会关系与社会结构具有十分重要的价值。

首先，它是形成社会关系的基础。中西方社会关系一个显著的区别是西方是在陌生人关系基础上形成的社会，而中国则是在熟人关系基础上建立起来的社会，中国的熟人关系起源于家，是家庭关系扩大及外化的产物，君臣关系、师徒关系、上下关系等都是父子关系的延续与拓展，社会领域内的同学关系、战友关系、行业关系以及其他陌生人关系都是家庭内部兄弟关系的外化，家成为中国人的情感所托与生活载体。因此，从家作为群的基本单元出发，就演化出家是整个中国社会的基础，维系家庭和睦的孝悌关系进入到社会后演变为忠孝关系及命令服从关系，整个社会则形成了以家为核心的差序关系格局，是费孝通所说的"私人联系的增加"，所有的社会关系及社会结构都可以从家庭内部关系结构中找到影子，家成为中国社会运行的基础，家作为群的基本单元构成了中国社会之基。

其次，它是治理中国社会的原点。社会是一个复杂的有机整体，社

---

① 郭彧译注：《周易》，中华书局2010年版，第199页。
② 杨伯峻：《孟子译注》，中华书局1960年版，第280页。
③ （清）孙希旦：《礼记集解》，中华书局1989年版，第620页。

会治理就是要理顺社会关系，解决社会主要矛盾，激发社会活力，促进社会公正，实现社会和谐。社会治理始于何处，中西方给出了不同的方案：西方社会把社区当作社会的缩影，认为家只是个体社会化的载体与前提，社会治理的落脚点不在于家而在于社区，以正式的规则将一个个的个体、一个个的社区整合为社会有机体；中国人把家作为群的基本单元，把整个社会理解为家的扩大，各种社会结构、社会制度以及蕴含于其中的关系网络都可以从家庭成员之间的相处之道及家庭成员关系中找到影子，人们怎样治理家庭就去怎样治理国家与社会，治国相当于理家，"治大国若烹小鲜"是中国人的基本态度与共同认知。所以，把家作为群的基本单元就构成了中国社会治理的基础，原来作为人口生活的场所就变为社会治理的基础。

最后，它强调了社会治理的顺序。家作为群的基本单元在社会治理领域还意味着中国社会治理注重逻辑及方式上的顺序性。就治理逻辑而言，它追求修身、齐家、治国、平天下这样一个逻辑顺序，注重修身、齐家作为逻辑的先在性，没有修好身就不可能齐家，也就谈不上治国、平天下了，所谓的"一屋不扫何以扫天下"强调的正是这个意思。就治理方式来说，对社会的治理追求各循其礼、各守其规，家有家规、国有国法，做到"以家为家，以乡为乡，以国为国，以天下为天下"，[1]这实际上还蕴藏着治理要求的顺序性与规范性，也就是说，如果简单地照搬治家的原则去治理乡，简单地照搬治乡的要求去治理国家，简单地照搬治国的要求去治理天下，那么乡、国家及天下都不可能治理得好，所以管子说"以家为乡，乡不可为也；以乡为国，国不可为也；以国为天下，天下不可为也"就是这个道理。

（高和荣）

### 三 国之本在家

把社会理解为由特定关系的人口所组成的家庭的集合体，认为"国之本在家"，强调社会本质上就是家庭数量的扩大、家庭结构的延展，

---

[1] （清）黎翔凤：《管子校注》，中华书局2004年版，第17页。

是中国社会学的鲜明特色。

（一）"国之本在家"的提出

"国之本在家"是由孟子明确提出来的命题。他认为家是整个社会的纽带，自我、家、国乃至天下具有一体性、连贯性以及先后相承性，这一命题凸显家在整个社会结构中处于重要地位。他说："天下之本在国，国之本在家，家之本在身。"①孟子这句话通过明确个体在家及国中居于前提性位置，确认家在个体及社会中起着基础性作用，使得家成为联系个体与社会的桥梁与中介，家所具有的属性和要求规范着个体的行动，同时，家的这些属性及要求成为社会交往的准则，扩展为治国的规范。把家置于核心地位，将家的规范拓展到社会中，使社会的规范成为家的规范的映射，深刻体现出中国社会学的独特性。

先秦时期，除了孟子外，其他思想家也有"国之本在家"类似的论述。《尚书·伊训》中载："今王嗣厥德，罔不在初，立爱惟亲，立敬惟长，始于家邦，终于四海。"意思是君主的德行，尊敬长者和爱护亲人是从家庭和国家开始，然后拓展到"四海"，说明了家、国和天下的递进拓展关系。在《礼记·大学》中也有多处论及个体、家、国和天下的关系，如"心正而后身修，身修而后家齐，家齐而后国治，国治而后天下平"；"一家仁，一国兴仁；一家让，一国兴让；一人贪戾，一国作乱"。就是说三者的层次虽然不同，但是个体自治、家庭治理仍旧是国家治理的前提。《六韬·文启》中记载："古之圣人，聚人而为家，聚家而为国，聚国而为天下。"这阐明了个体走向家，然后由家走向国这一过程，同时也说明了家是国成立的基础。另外，随着社会的发展，家庭也逐渐成为测量国家大小的一个尺度、测量城市面积的风向标、测量官位等级的一个标志，如在《战国策·赵策》中，说到城邦的大小，即"城虽大无过三百丈者；人虽众，无过三千家者，而以集兵三万，距此奚难哉！"就是以家为尺度。

国之本在家这一命题产生具有一定的历史渊源和社会基础。在先秦时期，家庭在社会中处于重要的位置，生产活动的组织、资源的配置、

---

① 杨伯峻：《孟子译注》，中华书局1960年版，第167页。

个人的成长以及个人的交往都是在家庭中进行的,任何人离开了家庭将没有办法生存下去。《管子》中载有"十家为什,五家为伍,什伍皆有长焉";"五家而伍,十家而连,五连而暴。五暴而长,命之曰某乡",立乡然后有邑,最终形成国家行政管理体系;以家为基础,"四聚为一离,五离为一制,五制为一田,二田为一夫,三夫为一家,事制也",完成资源的分配;以家为单位,"百家为里,里十为术,术十为州,州十为都,都十为霸国",完成国家土地的测量;"六畜不育于家,瓜瓠荤菜百果不备具,国之贫也",说明家庭的富裕才能使国家兴旺发达。

其实,当时国家的政令也是通过家庭来进行传播和实施的,《墨子·号令》中言"城上卒若吏各保其左右,若欲以城为外谋者,父母、妻子、同产皆断。左右知不捕告,皆与同罪。城下里中家人皆相葆,若城上之数。有能捕告之者,封之以千家之邑;若非其左右及他伍捕告者,封之二千家之邑"。这说明当时的社会治理、税收与分配、刑罚赏赐、征兵等都是依靠家庭载体来执行。另外,当时虽然有私塾、学校等,但是大多数个体的教育主要是在家庭中进行的,正如《礼记·大学》中所记载"其家不可教而能教人者,无之"。他们传授的知识不仅包括生产生活,还有个体成长和社会交往的规矩。

(二)国之本在家的含义

孟子之所以把家作为国家的根基,把家的规范当成整个社会的规范基础,把齐家作为治国平天下的依据,主要基于以下几个方面因素,它们构成了国之本在家的内容。

第一,家是国的根基,国是家的扩大化。从构成社会的要素与条件来看,社会主要包括人口、资源、环境以及人所形成的习俗与文化。其中,资源与环境构成了社会形成的自然条件,而人口及其文化构成了社会形成的人文条件。但是,如何把这些要素整合起来形成社会,孟子强调透过家庭规模的扩大以及家庭数量的增加而结成一幅有机统一的社会图景;饮食男女结合为夫妇组成了家庭,以血缘关系为基础的各个家庭形成了家族,社会成员之间的交往可以归结为各自赖以生存的家庭或家族之间的交往,不同家族的聚集就扩展为诸侯国家。孟子也非常重视家庭,甚至把父母健在、兄弟无变故也就是家庭健全作为首要的乐趣,他

· 407 ·

说"君子有三乐,而王天下不与存焉。父母俱存,兄弟无故,一乐也"。① 从"国之本在家"出发,整个大千世界其实非常简单,它只是家庭数量以及家庭规模的扩大,只是把若干家庭有机整合起来,国及天下就是一个大家庭,只要我们每个人都去爱自己的亲人,尊敬自己的长辈,天下自然就太平了,"人人亲其亲,长其长,而天下平",② 迈进小康。所以,古人就把掌管最大家庭的君主称为父母官,"岂弟君子,民之父母",③ 尚书也讲"天子作民父母,以为天下王",④ 就是突出家、国之间的一致性。

第二,齐家是治国的根本。从家与国家及天下关系的一致性及同一性出发,古代社会学家们不仅把天下、国家当成家庭数量的增多以及规模的扩大,而且把天下、国家的治理当成家庭治理范围的延伸以及家庭治理规则的运用,所谓治国就是把治理家庭内部成员的规则运用到治理家庭外部成员中去,把家族治理规则运用到不同家族之间,就是家庭规则的外化与延展,治国先齐家,齐家可治国。在中国古代社会思想家那里,治理家庭内部熟人以及治理家庭外部陌生人的规则是同一的,家庭内部重视亲情,家庭外部同样需要友情;家庭内部强调父慈子孝、兄友弟恭,家庭外部则注重讲信修睦;家庭内部讲究慈爱,家庭外部推崇泛爱众,高扬以德治天下;家庭内部看重贤与惠,家庭外部则推举贤与能;家庭内部侍奉父母兄弟,家庭外部侍奉上级长者,做到"壮者以暇日修其孝悌忠信,入以事其兄父,出以事其长者"。⑤ 所以古人把四海之内称为一家,家、国称为一体,认为只要"明德慎罚","国家既治四海平",⑥ 其实就是把家庭内部的治理规则扩展到陌生人之间而已。

第三,家庭内部关系结构成为国家天下关系结构的缩影。家庭内

---

① 杨伯峻:《孟子译注》,中华书局1960年版,第309页。
② 同上书,第173页。
③ 褚斌杰:《诗经全注》,人民文学出版社1999年版,第345页。
④ 江灏、钱宗武:《今古文尚书全译》,贵州人民出版社1990年版,第238页。
⑤ 杨伯峻:《孟子译注》,中华书局1960年版,第10页。
⑥ (清)王先谦:《荀子集解》,中华书局2013年版,第545页。

部关系实质上就是父母子女关系，它包括纵向的父子关系以及横向的兄弟关系，由此形成了纵横交错的家庭内部结构。与此相应的是，整个国家和天下也可以划分为这两类关系结构，无论是师生关系、师徒关系还是君臣之间乃至宗主国与藩属国之间都可以依照父子关系去加以规范，按照父子关系要求处理家庭之外的师徒、师生、君臣以及宗主与藩属关系，进而拓展到家庭之外所有上下等级关系，凡是存在等级关系的地方都可以用父子关系加以规范。其中，家庭内部称为"孝"而家庭外部则称之为"忠"，它们具有一致性：忠以孝为前提，孝拓展到上级、君王则为忠，"君子之事亲孝，故忠可移于君"。（《孝经·广扬名》）蕴含着上对下的命令以及下对上的服从关系。就家庭内部横向关系而言，兄弟姐妹关系拓展到家庭外部成员之间用来称谓同辈群体关系，强调四海之内皆兄弟，以和为贵，以睦兄弟，注重信义，相互切磋，和悦相处，孔子就说过"切切偲偲，怡怡如也，可谓士矣。朋友切切偲偲，兄弟怡怡"，[①] 其实就是把家庭内部横向关系拓展到整个社会关系中，强调横向社会成员间的关系其实就是家庭内部兄弟姐妹关系的延伸。

（三）国之本在家的价值

以孟子为代表的思想家们提出"国之本在家"命题，不仅是对他们所处的时代的深刻洞察，也是对中国社会的准确把握，成为影响至今的社会学命题，体现出中国社会学以及中国社会的独特性。

首先，高度重视家庭内在的基础性地位。家庭是中国传统社会的基石，群体内的各种关系都可以从家庭关系中找到源头并得到印证，都是从家庭关系中引申出来，是家庭内部成员关系的外化；家庭成员关系可以延伸为整个国家内部甚至全天下人们之间的关系，成为认识国家、天下的钥匙，家庭内部关系成为家庭外部关系的缩影。天下、国乃至整个社会这些扩大了的群实质就是家这一群体规模的扩大化，家庭功能的延伸，以及家庭结构在社会领域内的再现。而家是有血缘或姻缘关系联结的个体组成的群，在家这一群之中的个体从属于群，因此对于群的聚集

---

① 杨伯峻：《论语译注》，中华书局2012年版，第199页。

和扩展具有应尽的义务,没有这一群体的存在,那么个体就失去了"组织",也就没有提升的平台,就失去了修身的价值和动力,也不可能治理诸侯及平定天下,建立起和谐有序的社会。

其次,家庭规范成为能群时候恪守规则的场所。一方面,家族、宗族本身就一个小群体,涉及生产、生活、推选乃至军事等各项活动,每一个家族或宗族都会形成自己的"家规"或"家训",这是他们立足于社会并具有独特性的重要标志,这些"家训""家规"具有独特性特征,所谓"皇权不下县,县下皆自治"说的就是家族具有自我管理与自我维持功能,家规甚至先于国法,国法不能妨碍家规的执行。另一方面,个体始于家族或宗族规范,是家族或宗族规范的延展,而这些规范从根源上说又始于家庭规范,因此,家庭成员活动中所结成的规范不仅成为家族或宗族的规范来源,进而成为社会规范的基础,"所谓治国必先齐其家者:其家不可教,而能教人者,无之"就是这个道理。

最后,国之本在家这一命题是对个体、家、国、天下这四位一体的群体关系结构的洞见,也是个体成为群体并能够进行关系与范围拓展的一种预见。中国社会学通过强调并践行"国之本在家",把个体与天下联结起来,形成个体、家、国、天下四位一体"同心圆"结构模式,它是与欧美诸国社会结构的最大差别。"国之本在家"以维系家庭成员之间的亲情关系为主,拓展到家庭之外变为人情关系,进而构成中国特有的世情,亲情、人情、世情三者分别对应着家、国、天下,它们虽有区别但都从亲情演化出来。于是,从个体出发,以家为核心向外拓展为国及天下这样一种"差序格局"社会,形成了若干个"同心圆"结构模式,家庭内外之间的界限较为模糊,它随着亲情、人情的变化不断改变自己的界限与范围,使得整个社会具有很大的伸缩性、灵活性及变动性,塑造出特有的情理交融社会,展示出中国社会的独特性。所以,古人常说"国家者,士民之居也","国家失政,则士民去之",[①] 正是强调家国同构性,说明这四位一体的能群模式具

---

① (清)王先谦:《荀子集解》,中华书局2013年版,第306—307页。

有内在的逻辑性。

（高和荣）

### 四　家和万事兴

家以和为贵，只有家庭和睦，才能万事兴隆，事事顺心。家庭和睦无论是对个人发展、家族传承还是对社会和谐都具有极其重要的意义。"家和万事兴"这个命题体现了家庭和谐和众多事情之间的内在联系，那么，家和万事兴的思想来源是什么？"家和"体现在哪些方面？怎么实现"家和"？"万事兴"体现在哪些方面？

（一）家和万事兴的思想来源

家庭是社会的基本单元，家庭和谐是社会和谐的基础。古代的家有广义和狭义之分，广义上的家同族、宗族、家族同义；狭义上的家指个体家庭。"家是最小国，国是千万家"，先秦思想家认识到这一点，并且形成了"家齐而后国治"[①]的思想。"家"牵系着社会成员的集体责任感与荣誉感，因此为家而奋斗成为人的本能，即"百姓晓然皆知夫为善于家"。[②] 鉴此，荀子告诫切莫"乱家"，切莫因莽撞争斗而导致"室家立残，亲戚不免乎刑戮"[③]的惨祸，更不可如桀纣般作恶，终致"至罢不容妻子"[④]之境地。

先秦"和"成为常用术语，是政治家和思想家所特别倡导的伦理、政治和社会原则。《尚书·尧典》："克明俊德，以亲九族。九族既睦，平章百姓。百姓昭明，协和万邦，黎民于变时雍。"[⑤] 这里的"睦""协""和"都是和睦、和谐之义。该句意为尧能发扬大德，使家族亲密和睦。家族和睦以后，又辨明其他各族的政事。众族的政事辨明了，又协调万邦诸侯，天下众民也相递变化友好和睦起来。儒家创始人孔子

---

[①] 王文锦：《大学中庸译注》，中华书局2013年版，第3页。
[②] （清）王先谦：《荀子集解》，中华书局2013年版，第189页。
[③] 同上书，第64页。
[④] 同上书，第384页。
[⑤] 王世舜、王翠叶译注：《尚书》，中华书局2012年版，第5—6页。

曰："君子和而不同，小人同而不和。"① 君子讲求和谐而不肯盲从附和，小人只是盲从附和，却不肯表示自己的不同意见。有子曰："礼之用，和为贵。"② 认为礼的作用在于使人的关系和谐为可贵。"和为贵"的思想，虽不是针对家庭而言，却是儒家提倡的一个处世原则。所以，这种原则自然也影响了人们的家庭生活。古人格外注重家庭关系，"父子笃，兄弟睦，夫妇和，家之肥也"。③ 清代孙希旦对"父子笃，兄弟睦，夫妇和"注疏曰：父慈子孝，故父子笃；兄良弟弟，故兄弟睦；夫义妇听，故夫妇和。这样，做到以上这些就是一个富足的家庭。先秦思想家非常重视"和"的观念和作用，把"和"作为维护家庭团结与社会稳定的重要法宝。"和"的观念被付诸实践，就形成了中国人独特的行为方式，家庭发展乃至国家兴盛的理想状态都是和谐，所谓"家和万事兴"。

（二）家和万事兴的含义

1. 家和的表现和内容

家和体现在和睦的家庭关系中，和睦的家庭关系是家庭幸福、家族发展以及与其他家庭和睦相处的基础。先秦思想家认识到家庭关系的重要性，他们认为家庭和睦依赖于和睦的夫妇关系、父子关系和兄弟关系。

婚姻是家庭的基础，儒家对婚姻有五不娶之说。《大戴礼记》："女有五不取：逆家子不取，乱家子不取，世有刑人不取，世有恶疾不取，丧妇长子不取。"何休注《公羊传》云："丧妇长女不娶，无教戒也；世有恶疾不娶，弃於天也；世有刑人不娶，弃于人也；乱家女不娶，类不正也；逆家女不娶，废人伦也。"④ 这就是说，从家庭建立就要考虑影响家庭和睦的因素，其中《大戴礼记》所说的五不娶的对象都是在人品、性格和行为方面存在一定问题的女性，试想若娶了这些女性，则从一开始就埋下了不和的种子，等到娶过门后说不定何时就会爆发，从

---

① 杨伯峻：《论语译注》，中华书局2012年版，第196页。
② 同上书，第10页。
③ （清）孙希旦：《礼记集解》，中华书局1989年版，第620页。
④ （汉）戴德撰，（北周）卢辩注：《大戴礼记》，中华书局1985年版，第220页。

而影响家庭和睦,影响个人和家庭发展,甚至还可能带来其他更大不利影响。所以,从建立家庭开始就要考虑,便可把不和睦的因素消灭在萌芽状态之中。

选择婚姻对象是实现家庭和睦的第一步,接下来便是缔结婚姻之后对夫妇角色的要求。在古代,夫妇关系主要是对妻子的要求和规范,要求妻子顺从。《礼记·昏义》曰:"成妇礼,明妇顺,又申之以著代,所以重责妇顺焉也。妇顺也者?顺于舅姑,和于室人,而后当于夫,以成丝麻布帛之事,以审守委积盖藏。是故妇顺备而后内和理,内和理而后家可长久也。"① 这样,则女子自不得不以顺为正。孟子认为夫妇之间不仅要内外有别,而且认为"别"主要是对女子的要求:"丈夫之冠也,父命之;女子之嫁也,母命之。往送之门,戒之曰:'往之女家,必敬必戒,无违夫子!'以顺为正者,妾妇之道也。"② 强调妇女要以顺从为最大原则。

在中国古代,尽管家庭始于婚姻和夫妇,但父子关系是家庭关系的主轴。对父子关系来说父慈子孝是基本要求。先秦思想家认为,父子关系是建立在血缘基础上的人伦之本,其伦理道德准则是父慈子孝。《春秋左传·隐公三年》曰:"君义,臣行,父慈,子孝,兄爱,弟敬,所谓六顺也。"③ 这表明,春秋时人们就已经有了父慈的观念,并且把它和其他五种行为品德看成是社会生活的"六顺"。按此行事,就能得到好的结果;否则,就会招来祸害。《春秋左传·昭公二十六年》把"父慈而教、子孝而箴"视为"礼之善物",④ 也反映出对父慈子孝的重视。孔子特别注重孝,他说:"事父母,能竭其力。"⑤

在兄弟关系上,孔子要求弟子"入则孝、出则悌",⑥ 要求弟子们无论在家还是出外都要孝敬父母,敬爱兄长。孟子说:"亲亲,仁也;

---

① (清)孙希旦:《礼记集解》,中华书局1989年版,第1420—1421页。
② 杨伯峻:《孟子译注》,中华书局1960年版,第140—141页。
③ 杨伯峻:《春秋左传注》,中华书局1990年版,第32页。
④ 同上书,第1480页。
⑤ 杨伯峻:《论语译注》,中华书局2012年版,第7页。
⑥ 同上书,第6页。

敬长，义也。"① 亲近孝顺自己的父母，就是仁，尊敬自己的兄长，就是义。荀子主张兄弟之间要"长幼有序"，② 他说："请问为人兄？曰：慈爱而见友。请问为人弟？曰：敬诎而不苟。"③ 荀子在其家庭伦理的操作中，强调每个人履行道德责任，就会使大家紧密结合在一起。"父子不得不亲，兄弟不得不顺，男女不得不欢。"④ "得"即是"德"，父子之间没有德就不会相互亲爱，兄弟之间没有德就不会相互和顺，男女之间没有德就得不到欢愉。

在战国中期以前，家庭还隶属于宗族。除了家庭内部和睦之外，还注重宗族内亲属之间要相亲。贾谊《新书·六术》曰："人之戚属，以六为法。人有六亲。……六亲有次，不可相逾，相逾则宗族扰乱，不能相亲。"⑤ 何为六亲？按贾谊说是父、昆弟、从父昆弟、从祖昆弟、从曾祖昆弟以及族兄弟，全指父系宗族而言，不涉及母族或妻族。家与家之间应该和睦，这里主要是在家族范围之内强调和睦。家庭需要得到家族的支持，人多力量大。在中国古代，家庭的和睦无论对个人发展、家族传承，还是对社会和谐都具有极其重要意义。

2. 家和与万事兴的关系

家庭和睦是国家稳定和社会和谐的基础。上文解释了家和万事兴当中的家和的表现和内容，这些内容也是实现家和的具体做法和要求。实现家和有助于事业兴盛、国家和社会稳定。荀子曰："长幼有序，则事业捷成而有所休。"⑥ 荀子认为，突出家庭成员序次，分别兄、弟、姐、妹，有助于个人事业取得成功。《易经·彖》曰："家人有严君焉，父母之谓也。父父子子，兄兄弟弟，夫夫妇妇，而家道正。正家而天下定矣。"⑦ 程颐曰："家人之道，必有所尊严而君长者，谓父母也。虽一家之小，无尊严则孝敬衰，无君长则法度废。有严君而后家道正，家者国

---

① 杨伯峻：《孟子译注》，中华书局1960年版，第307页。
② （清）王先谦：《荀子集解》，中华书局2013年版，第125页。
③ 同上书，第275页。
④ 同上书，第216页。
⑤ 夏汉宁：《贾谊文赋全译》，百花洲文艺出版社1996年版，第232页。
⑥ （清）王先谦：《荀子集解》，中华书局2013年版，第535页。
⑦ 徐志锐：《周易大传新注》，齐鲁书社1986年版，第239页。

之则也。"① "父父子子，兄兄弟弟，夫夫妇妇"是说父尽父之道，子尽子之道，兄尽兄之道，弟尽弟之道，夫尽夫之道，妇尽妇之道。父子、兄弟、夫妇各尽其所当尽之道，而家道各得其正，家道既正而推及以至于一国，则整个天下必然太平安定。

家是社会的基础构成，儒家提出了修身、齐家、治国、平天下的主张，这表明家和国之间存在紧密联系。冯友兰指出传统社会里的国"实则还是家。皇帝之皇家，即是国，国即是皇帝之皇家，所谓家天下者是也"。② 在先秦，家国一体，家庭伦理与国家政治原理是相通的，家庭伦理可以直接推及国家政治原理。孔子说："《书》云：'孝乎惟孝，友于兄弟，施于有政。'是亦为政，奚其为为政?"③ 孔子认为，把家庭治理好了，把家庭的伦理道德实践好了，实际上就是参与了政治。《大学》多处谈到治家与治国的关系，把治家作为治国的前提和基础："家齐而后国治，国治而后天下平。"④ "君子不出家而成教于国。孝者所以事君也，弟者所以事长也，慈者所以使众也。"⑤ 朱熹说："孝弟慈，所以修身而教于家者也。然而国之所以事君事长使众之道，不外乎此。此所以家齐于上，而教成于下也。"⑥ 所以，"一家仁，一国兴仁；一家让，一国兴让"。⑦ 这些材料都说明，"齐家"是"治国"的基础和前提，家庭治理好了，才有可能实现天下大治的局面；家庭的治理原则和家庭伦理原则可以直接引申到治国的原则与措施中去。所以，孝悌和忠恕是相通的，在家能善行孝悌，在社会上就能处理好与他人的关系，就能忠于君上；国之本在家，家和万事兴。

国家是由一个一个家庭组成的，尤其是从战国中期以后宗族组织解体，家庭和国家直接交往，家庭是赋税和兵役的来源和基础。一个和睦

---

① 程颢、程颐：《二程集》，中华书局2004年版，第885页。
② 冯友兰：《冯友兰选集》，北京大学出版社2000年版，第143页。
③ 杨伯峻：《论语译注》，中华书局2012年版，第27—28页。
④ 王文锦：《大学中庸译注》，中华书局2013年版，第3页。
⑤ 同上书，第9页。
⑥ （宋）朱熹：《四书章句集注》，浙江大学出版社2012年版，第30页。
⑦ 王文锦：《大学中庸译注》，中华书局2013年版，第9页。

的家庭，会教导家庭成员守法，按照政府的要求当兵纳税，为国家作贡献。相反，一个家庭不和睦，不遵守有关礼仪和社会教化，会想方设法逃避兵役和赋税，势必造成国家的强制，坐牢、监禁等，会给家庭带来不可估量的损失，又会进一步影响家庭，带来更大的矛盾，影响家庭和睦。

（三）"家和万事兴"的提出背景

1. 家和万事兴的思想产生于宗法社会

宗法制是周人在新的经济基础上建立起来的、以宗族为纽带巩固社会秩序为目的的一种上层建筑。《吕氏春秋》载："故先王立法，立天子不使诸侯疑焉，立诸侯不使大夫疑焉，立嫡子不使庶孽疑焉。疑生争，争生乱。是故诸侯失位则天下乱，大夫无等则朝廷乱，妻妾不分则家室乱，嫡孽无别则宗族乱。"[①] 显然，制定宗法制的目的在于防止贵族之间对于爵位财产的争夺，其实质在于维护贵族阶层秩序的和谐，进而实现社会的和谐。在周代，一般庶人实行一夫一妻制，贵族们实行一夫多妻制，共同之处在于妻从属于夫，其特点在于实行同姓不婚，其目的在于加强宗法制度和社会秩序。[②]《礼记·昏义》说"男女有别，而后夫妇有义；夫妇有义，而后父子有亲；父子有亲，而后君臣有正"，[③]以实现社会秩序的和谐稳定。

2. 小家庭出现及其带来的问题

西周和春秋时期，家庭都隶属于家族，以家族为单位，即以封国、采邑、村社等为单位，向自己的统治者纳赋税、服劳役。家族是当时人们的经济生活、政治生活和社会生活的基本单位之一。战国时各国变法的主要内容之一是奖励分居，禁止庞大的家族同财共爨。如秦国商鞅变法规定，"民有二男以上不分异者，倍其赋"，[④] 规定一个家庭有两个或者两个以上的儿子，成年后，必须分财别居，自立门户，各自耕种生

---

[①] 王范之：《吕氏春秋选注》，中华书局1981年版，第134页。
[②] 郭梦婕：《由〈诗经·国风〉中思妇诗探析上古社会女性意识》，《白城师范学院学报》2018年第2期。
[③] （清）孙希旦：《礼记集解》，中华书局1989年版，第1418页。
[④] （汉）司马迁：《史记》，线装书局2006年版，第301页。

产，否则要加倍征收其军赋。战国时期的秦献公十年，秦国实行了"为户籍相伍"政策，把五个小家庭编为一伍，使民众成为国家的"民"，强调所有的民众具有平等的地位。这种"编户齐民"政策被西汉王朝所采纳。

贾谊也说过："故秦人家富子壮则出分，家贫子壮则出赘。"所以富家子壮就成婚另立家庭，穷人子壮娶不起妻就出赘到别家去。奖励分居的主要用意是增加国家的赋役收入。因为赋役是以户口为单位征收的，户口越多，赋役也越多。但这在客观上却大大加速了家族组织的瓦解过程。贾谊谈到战国的道德观念时，忧心忡忡地说："借父櫌鉏，虑有德色；母取箕帚，立而谇语。抱哺其子，与公并倨；妇姑不相说，则反唇而相稽。其慈子耆利，不同禽兽者亡几耳。"① 不过分家异财之后，家庭关系也如此紧张，说明过去那种敬宗收族的宗族制度无法维持下去了。《汉书·地理志》叙述各地风土民情，河内是"薄恩礼，好生分"；颍川"贪遴（吝）、争讼、生分"。此处生分是指父子分居、别籍、异财，儿子一旦成人皆自立门户，谁也不奉养父母。兄弟分居还无所谓，置父母于不顾，不但是道德伦常之堕落，而且由此造成严重的社会问题，这就需要重提并强化家和万事兴，以维护社会秩序的稳定。

（四）启示和意义

家庭在社会中居于重要地位，是社会的基础构成。家庭给个人以支持，是家庭成员奋斗的后盾和保障。家庭和睦有利于个人成长，有利于个人建功立业，从而也为国家和社会作出贡献。在家庭内部，夫妻、父子和夫妇关系和睦，这使得人们心情舒畅，在工作中会尽心尽力去做，无后顾之忧，充分发挥自己的潜力和聪明才智，更容易取得成绩。遇到困难，也会得到家庭的支持和帮助。实现家庭和睦要互相尊重，互相礼让，互相感恩，良好沟通，互相理解，达成共识。这不但对家庭成员要这样做，而且在单位和社会中，在同其他人交往中也需要这样做。"家和万事兴，梦想都成真。"家以和为贵，只有家庭的

---

① （汉）班固：《汉书》，中华书局2000年版，第1723页。

和睦，才能万事兴隆，事事顺心。

（陈为雷）

## 第二节　各循其礼：能群的规则

能群的关键在于各成员之间以及群体与群体之间遵守特定的规范与礼义，使得群体之间和谐相处。这就要求夫妻和和美美，父亲慈爱子女孝顺，长兄友善弟弟恭敬，做到上下之间、长幼之间遵守规范的秩序，如果家庭成员关系混乱、违背礼义则使得家将不家，更不要说治国平天下了。所以，制定婚嫁、祭祀、待客场合等各项礼义法规，推行以礼化人，教育化人，广行仁义，做到宽惠慈爱及恭敬谦让，使群体能够更好地得到治理，也使个体能够更好地约束自身行为，这是能群的规则。

### 一　夫妻和美

夫妻关系是家庭关系的基础，如何处理夫妻关系，不仅关系到家庭和谐，还关系到整个社会的稳定。先秦儒家文献，很早就开始了夫妻关系的讨论，基本的命题便是夫妻和美。夫妻和美是夫妻双方构建和谐的夫妻关系所应遵循的准则。夫妻和美基于夫妻双方的情感互动，同时又赖于礼治的规范。

（一）夫妻关系的情感互动

从传世文献来看，有关夫妇或夫妻对举最早出现于《诗经》。[①] 在《小雅·常棣》中写道："情投意合夫妻恩爱，就像弹琴鼓瑟般和美。"（《小雅·常棣》："妻子好合，如鼓琴瑟。"[②]）此即夫妻和美的出处。在《诗经》中，以琴瑟和鸣象征夫妻和美，还有《郑风·女曰鸡鸣》，这首诗生动地勾勒了夫妻日常互动的生活场景。[③] 在这样的亲密互动

---

[①] 赵东玉：《从男女之别到男尊女卑——先秦性别角色研究》，黑龙江人民出版社2012年版，第247—250页。

[②] 周振甫：《诗经译注》，中华书局2010年版，第219页。

[③] 同上书，第109页。

中，夫妻之间真情流露，他们的关系是忠诚的、对等的，在情感沟通中彼此尊重、相互欣赏，实现了夫妻关系的和美恩爱。

夫妻和美是人类情感归属的基本需要。《诗经》中虽然有大量的男女谈情说爱的歌赋，也有肯定夫妻和美的诗歌，如《卫风·木瓜》："美人送我木瓜，我把玉佩赠给她。不是用来作报答，但愿我俩永相好。"(《卫风·木瓜》："投我以木瓜，报之以琼琚。匪报也，永以为好也。"[1])《周南·桃夭》："可爱姑娘嫁过来，幸福美满好夫妻。"(《周南·桃夭》："之子于归，宜其室家。"[2]) 此外，诗经否定夫妻离绝的诗歌，如《邶风·谷风》，丈夫违背誓言，另结新欢，妻子便劝道："自励自重同心相爱，对我发怒实在不该。蔓菁也采萝卜也采，难道不采地下茎块？人的美德可别抛弃，我愿和你生死不离。"(《国风·古风》："黾勉同心，不宜有怒。采葑采菲，无以下体。德音莫违，及尔同死。"[3])《小雅·白驹》中，妻子反复吟唱："我的好人无消息，你在何处自逍遥""我的好人无归期，何处逍遥自愉悦"。(《小雅·白驹》："所谓伊人，于焉逍遥""所谓伊人，于焉嘉客""慎尔优游，勉尔遁思""毋金玉尔音，而有遐心"。[4]) 故此，夫妻在情感互动中，以夫妻和美为取向，《诗经》有着积极的肯定。

那么，夫妻应该如何进行情感互动呢？《诗经》没有明确表述，但从孔子论诗在社会上发挥的影响力来看，至少在先秦儒家所影响的范围内，以情感为基础的关系互动，既不是完全地放纵情感，也不是完全地禁绝情感，而是有所分寸的节制。在《论语·为政》中，孔子提出《诗经》三百篇，用一句话来概括，就是情性纯正。(《论语·为政》："诗三百，一言以蔽之，曰'思无邪'。"[5]) 何谓情性纯正？孔子评价《关雎》时指出，快乐却没有太过而失其正，悲哀却没有太过而失其

---

[1] 周振甫：《诗经译注》，中华书局2010年版，第86页。
[2] 同上书，第9页。
[3] 同上书，第46—47页。
[4] 同上书，第260—261页。
[5] (宋) 朱熹：《四书章句集注》，中华书局1983年版，第53页。

和。(《论语·八佾》:"乐而不淫,哀而不伤。"[1]) 在孔子看来,过分和赶不上同样不好。(《论语·先进》:"过犹不及。"[2])

(二) 夫妻关系的礼治规范

家庭不仅仅是夫妻情感互动的私密领域,还是社会关系互动的基本场域,这就决定了夫妻间的情感关系不可避免地受到社会的约束。先秦儒家思想,在肯定夫妻关系亲密互动的同时,也提出了夫妻关系的礼治规范,正如《论语·泰伯》所言,从《诗》入手,以礼立足。(《论语·泰伯》:"兴于诗,立于礼。"[3])

1. 《周易》对夫妻关系的理论解释

夫妻关系应该受到礼的规范。《周易·序卦》认为,从天地万物的自然生成过程来说,有了男女才能结合成夫妇,有了夫妇才能有父子关系,有了父子关系才能有君臣之分,有了君臣之分才能有上下尊卑的秩序,然后才能进行礼义纲常制度的安排。(《周易·序卦》:"有天地然后有万物,有万物然后有男女,有男女然后有夫妇,有夫妇然后有父子,有父子然后有君臣,有君臣然后有上下,有上下然后礼仪有所错。夫妇之道不可不久也,故受之以恒,恒者久也。"[4]) 这可以说是先秦儒家对夫妻关系进行理论解释的总纲,可以引申为以下几点:

第一,夫妻关系建立在男女性别基础上,有性别之分,夫妻才能生育后代,男女交合,才能生养万物。(《周易·系辞》:"男女构精,万物化生。"[5]) 第二,性别不同,产生了刚柔两种气质,使得夫妻双方能够相互吸引而进行情感的互动,男女有刚柔之分,才能交感互应相互亲和。(《周易·咸卦》:"柔上而刚下,二气感应以相与。"[6]) 第三,男女在夫妻关系中应该扮演不同的角色,一方面,夫义妇随,妇人应该守

---

[1] (宋) 朱熹:《四书章句集注》,中华书局1983年版,第66页。
[2] 同上书,第126页。
[3] 同上书,第104—105页。
[4] 陈鼓应、赵建伟:《周易今注今译》,商务印书馆2016年版,第741页。
[5] 同上书,第661页。
[6] 同上书,第288页。

贞，跟随丈夫一生不变，而丈夫因时制宜，如果像妇人那样就危险了；(《周易·恒卦》："妇人贞吉，从一而终也；夫子制义，从妇凶也。"①)另一方面，夫外妇内，女子端正在内的位置，男子摆正在外的位置，男女的位置都摆正了，才是天地间最大的道理。(《周易·家人卦》："女正位乎内，男正位乎外。男女正，天地之大义也。"②) 第四，夫妻关系是家庭关系的基础，而家庭关系又是其他社会关系的基础，因此夫妻关系应该和美长久，如此家庭及社会才能安定，故夫妻关系应该恒久保持(《周易·恒卦》："刚柔皆应，恒。"③)，家庭和谐则天下就能安定有序。(《周易·家人卦》："父父子子，兄兄弟弟，夫夫妇妇，而家道正。正家而天下定矣。"④) 第五，夫妻双方具有繁衍后代的义务，以女嫁人，正是为了保证人类始终不断地繁衍。(《周易·归妹》："天地不交而万物不与，归妹，人之终始也。"⑤)

2.《礼记》对夫妻关系的社会规范

由上，《周易》实际提出了夫妇有别、男尊女卑的规范原则，在此基础上《礼记》对夫妻关系进行了具体说明。《礼记·内则》提出，礼以规范夫妇为始。(《礼记·内则》："礼始于谨夫妇。"⑥) 夫妻关系是人伦关系的基础，所以端正夫妻关系是建立整个社会规范的起点，《礼记·昏义》中指出，礼的基本原则就是形成男女有别的分限，建立起夫妇之间正当的道义，男女间有了分限，夫妇才有正义，夫妇间有了正义，然后父子能亲爱，父子有了亲爱，然后君臣才得其正位。(《礼记·昏义》："礼之大体，而所以成男女之别，而立夫妇之义也。男女有别，而后夫妇有义；夫妇有义，而后父子有亲；父子有亲，而后君臣

---

① 陈鼓应、赵建伟：《周易今注今译》，商务印书馆2016年版，第298页。
② 同上书，第335页。
③ 同上书，第296页。
④ 同上书，第335页。
⑤ 同上书，第489页。
⑥ 参见《礼记·内则》："礼始于谨夫妇。"(清) 孙希旦《礼记集解》，中华书局1989年版，第759页。

有正。"①)既然男女有别,那么要端正夫妻关系,根本就是要建立夫妇有别的规范,此即是礼的基本原则。② 在《礼记》看来,夫妇有别规范的建立,既是个人修养的起点,又有利于社会秩序维护,还是人类社会的根本法则。(《礼记·丧服小记》:"亲亲尊尊长长,男女之有别,人道之大者也。"③)

那么,夫妇有别的具体做法是什么?《礼记》主要提出以下三点:第一,内外之分,通过建造宫室,来严辨内外,使男子居外,女子居内。(《礼记·内则》:"男子居外,女子居内,深宫固门,阍寺守之。男不入,女不出。"④)这种内外之分,不仅仅是空间区域,更主要是夫妻社会分工,即男主外事,不问内事,女主内事,不言外事。(《礼记·内则》:"男不言内,女不言外。"⑤)第二,男尊女卑,表现为妻子的"三从四德"及丈夫的"敬妻"。《礼记·郊特牲》提出,妇人就是附从于人的,幼年附从于父兄,出嫁附从于丈夫,丈夫死了,即附从于儿子。(《礼记·郊特牲》:"出乎大门而先,男帅女,女从男,夫妇之义由此始也。妇人,从人者也。幼从父兄,嫁从夫,夫死从子。夫也者,夫也;夫也者,以知帅人者也。"⑥)此即"三从"之说。《礼记·昏义》提出,妇女应该接受婚前教育,包括贞顺的德性、言语的应对、婉娩的容貌及丝枲的家事,(《礼记·昏义》:"教以妇德、妇言、妇容、妇功。"⑦)妇女具备"四德",出嫁后才能孝顺公婆,与姑舅和睦,才适合做一个好妻子,实现婚姻的长久以及家庭的安定。(《礼记·昏义》:"妇顺者,顺于姑舅,和于室人;而后当于夫。以成丝麻布帛之

---

① (清)孙希旦:《礼记集解》,中华书局1989年版,第1418页。荀子同样肯定规范夫妻关系是礼治的基础,在《荀子·大略》云:"夫妇之道,不可不正也,君臣父子之本也。"参见(清)王先谦《荀子集解》,中华书局2013年版,第495页。
② 荀子多处肯定夫妇有别的规范原则,如《荀子·天论》云:"若夫君臣之义,父子之亲,夫妇之别,则日切磋而不舍也。"又如《荀子·非相》云:"夫禽兽有父子而无父子之亲,有牝牡而无男女之别。"参见(清)王先谦《荀子集解》,中华书局2013年版,第316页。
③ (清)孙希旦:《礼记集解》,中华书局1989年版,第871页。
④ 同上书,第759页。
⑤ 同上书,第735页。
⑥ 同上书,第709页。
⑦ 同上书,第1421页。

事，以审守委积盖藏。是故妇顺备而后内和理。内和理而后家可长久也。"①）《礼记·哀公问》提出，夏商周三代的贤明君主，他们执政时也必定敬重他们的妻子，因为妻子是奉事宗庙的主体，这可以不敬重吗？（《礼记·哀公问》："昔三代明王之政，必敬其妻子也，有道。妻也者，亲之主也，敢不敬与？"②）此即要求丈夫敬爱妻子。③ 第三，繁衍子嗣，婚礼的重要功能就是宗族繁衍。（《礼记·郊特牲》："天地合而后万物生兴焉。夫昏礼，万世之始也。"④）

（三）夫妻和美的社会基础

《诗经》提出夫妻和美，除了回应人类普遍的情感需要之外，还有着特定的社会基础。我们虽不能确定《诗经》中描摹夫妻关系诗歌的具体年代，但从整个历史趋势而言，西周王朝建立的宗法组织制度逐渐变迁，个体小家庭开始从宗法家族中独立出来成为社会生产生活的基本单位，在这个过程中，夫妻关系逐渐成为小家庭的轴心，夫妻生活独立自主的空间逐步扩大，他们受到外在宗法家族势力干预的可能性减弱。⑤ 因此在孔子时代，对《诗经》强调夫妻双方的情感互动，构建夫妻和美的情感关系予以肯定，正是对家庭结构发展演变趋势的某种回应。唯有如此，才能巩固逐渐独立出来的家庭组织，从而在宗法制度逐渐瓦解下稳定社会秩序。

春秋后期至战国末年，中国社会处于更大的动荡中，西周建立的宗法制度名存实亡。在这个时期，以直系亲属为核心的家庭冲破了宗法家族组织的外壳而独立出来，成为基层社会中最基本的组织实体。⑥ 先秦儒家学者，在肯定夫妻和美的情感关系的同时，更要思考和规范这一新的组织形态。自《易传》开始，到《礼记》明确提出夫妻关系的礼治

---

① （清）孙希旦：《礼记集解》，中华书局1989年版，第1420页。
② 同上书，第1262页。
③ 孟子亦提出："身不行道，不行于妻子。使人不以道，不能行于妻子"，表明丈夫领导妻子也要遵从道义。参见杨伯峻《孟子译注》，中华书局1960年版，第327页。
④ （清）孙希旦：《礼记集解》，中华书局1989年版，第709页。
⑤ 王利华：《中国家庭史》，广东人民出版社2007年版，第80页；王凤瀚：《商周家族形态研究》，天津古籍出版社1990年版，第428—445页。
⑥ 王利华：《中国家庭史》，广东人民出版社2007年版，第121页。

规范，一切社会伦理均从家庭伦理延伸出去，而夫妻关系又是直系亲属家庭组织中的基本关系，因此规范夫妻关系，就成为稳定家庭组织以及社会秩序的基础。但是，春秋战国时代依然是以农业生产为主要经济基础的时代，同时以直系亲属为核心的家庭又是从周代宗法组织中脱胎而来，使得当时提出的夫妻规范并没有摆脱父权制的思想遗绪，夫妇有别、男尊女卑便成为礼治规范的核心内容，成为了人们处理夫妻关系的基本准则。实际上，在当时的思想家如孟荀看来，这也是人伦关系的自然法则，是在大动荡的时代实现礼治秩序的理性规范。

（徐　磊）

## 二　父慈子孝

"父慈子孝"是传统中国父子乃至家庭伦理关系的理想状态，作为一种双向对等义务关系在先秦时期广泛为人们所认同，并成为儒家孝慈文化的经典。但是，在后来的演变过程中"父慈"和"子孝"逐步被割裂开来，"孝"在被国家意识形态不断强化之下，逐步内化为民众的心理认知和中国人的文化基因，但与之对应的"慈"却在人们的意识中逐渐淡化。这固然有社会环境变革的因素，但更多应归因于秦汉以后过于对"父尊子卑"的强调。而在注重强调父子平等和"孝道双元"[①]的今天，有必要澄清"父慈子孝"本真意涵，并对其产生的社会背景及社会价值作出解释。

（一）父慈子孝的内涵及演变

笼统地讲，"父慈子孝"就是长辈关心爱护晚辈以尽慈道，晚辈孝敬赡养长辈以尽孝道。与秦汉之后过于重视"子孝"不同，先秦较为重视"父慈"，其思想屡见于典籍之中，二者一起组成一对"父慈子孝"的双向义务关系，并构成中国早期完整的孝道伦理。例如《左传·隐公三年》提出："君义、臣行、父慈、子孝、兄爱、弟敬，所谓六顺也。"可见，在春秋早期人们把"父慈"和其他五种品行并列成为

---

[①] 叶光辉：《华人孝道双元模型研究的回顾与前瞻》，《本土心理学研究》（台北）2009年总第32期。

社会生活中的六顺。而在《礼记·礼运》中则有:"何谓人义?父慈,子孝,兄良,弟弟,夫义,妇听,长惠,幼顺,君仁,臣忠,十者谓之人义。"直接把"父慈"放在"人义"之首,并从纯粹家庭关系逐步推展到治国理政的"君仁,臣忠"。在《尚书·康诰》里记有"于父不能字厥子,乃疾厥子"。在这里"字"即爱和慈的意思。根据《尚书正义》的解释,"为人父不能字爱其子,乃疾恶其子,是不慈"。以上典籍可见,"父慈子孝"的思想实质是"父慈"和"子孝"之间的双向关系。

在"父慈"和"子孝"这一双向关系之间,"父慈"有时会被视作"子孝"的基础和前提。① 比如荀子在面临"礼崩乐坏"之时,认为"礼"对治国平天下有规范作用,包括父亲的行为也要合乎礼仪,由此提出了"中父"的概念。"中父"是荀子心目中理想父亲的楷模,在现实中要求父亲的行为符合礼仪,并且坚持道义高于一切。为此荀子进一步提出了"从道不从君,从义不从父,人之大行"的道义理想。而孔子的理想社会是:"君君、臣臣、父父、子子。"② 这表明在儒家的伦理里,父要像父,子要像子,父子各有自己的职责定位和行为规范,都应为对方承担义务,并相应地从对方那里获得权利,"父慈"与"子孝"因此构成一对双向对等的条件和因果关系。后来,在《颜氏家训·治家》中有"是以父不慈则子不孝,兄不友则弟不恭,夫不义则妇不顺矣"的论述。

以上可见,"父慈子孝"这一概念体现为一种"双向义务"结构模式,而这种结构模式的深层基础则是父母与子女之间亲情之爱的"双向交往"心理机制,即亲恩与报恩的双向互动机制。③ 尽管在先秦时期十分强调父子关系的双向性,但在秦汉以后伦理教化的重点毫无疑问是放在"子孝"而非"父慈"上,而且随着时间的推移,这种单向性越来越严重,以至于"孝道"一词成为纯粹面向子辈的要求,而不再同时

---

① 周轶群:《从〈红楼梦〉和〈儿女英雄传〉看"父慈子孝"》,《吉林师范大学学报》(人文社会科学版)2017年第3期。
② 杨伯峻:《论语译注》,中华书局2012年版,第178页。
③ 朱贻庭:《解码"慈孝文化"》,《道德与文明》2009年第3期。

涵盖对父辈的期待和约束。

（二）父慈子孝提出的社会背景

在对家庭等社会关系的论述中，《易经·序卦》有言："有天地，然后有万物；有万物，然后有男女；有男女，然后有夫妇；有夫妇，然后有父子；有父子，然后有君臣；有君臣，然后有上下；有上下，然后礼仪有所错。"意思是说，家庭关系犹如自然万物生成化育一样，男女一旦结为横向的夫妇关系，就会自然而然地产生出纵向的亲子关系。而在传统社会中，亲子关系之所以被看作是家庭关系的核心，是因为我国农耕社会的特征和要求。"父慈"是由于早期的社会成年的男子对子辈必须提供保护，不然后代难以生存下来，所以这种通过家法和社会舆论等对"父慈"的要求和规定显得尤为意义重大。反之亦然。如果不以或强或弱的制度要求儿女为父母提供基本生活资料，老人生活注定悲惨，或成为老人所在农耕社区的负担。①

另外，先秦重视父慈的观念和战国以前中国的宗族社会特点分不开。尽管战国以后宗法社会开始逐步解体，直到宋代复又重建底层的宗族社会，但是可以说战国以前中国社会基本上是宗族社会。《说文》有言："宗，尊祖庙也。"在甲骨文中，宗的本义就是祭祀祖先的场所，亦即祖庙、宗庙。宗族是由若干出自于同一男性祖先的家庭组成的。《礼记·礼运》谓"父之党为宗族"，宗族是在父家长为核心的氏族基础上发展起来的。宗法制度下，同一宗族的成员按血缘亲属关系的不同，拥有共同的姓氏，祭祀共同的祖先，在一定意义上他们是依靠在封邑、采地、禄田上劳动者的劳动而生存的统治集团。《周礼·大司徒》及郑注云"五族为党""党五百家"，说明这个统治集团一般具有相当的规模，而对如此规模的血缘共同体组成的宗族，和谐、秩序的要求相当重要。因此，为了宗族和谐，不同社会角色的人要遵循不同的行为规范，这在当时被称为"人义"。可见，"君子因睦合族"（《礼记·坊记》），才是宗族血脉得以延续和社会得以有序运转的前提和基础。

同时，先秦的宗族血缘政治导致父慈观念比较突出。因为在这一时

---

① 苏力：《齐家：父慈子孝与长幼有序》，《法制与社会发展》2016年第2期。

期作为政治系统的"尊统"和血缘关系的"亲统"是紧密结合在一起的。宗法政治中,从原则上讲周天子既是政治上的"尊统"之长,又是宗法上的"亲统"之长。而在这张宗法血缘与政权合而为一的统治网之中,尊统是亲统的延伸,两者互为表里。所以,宗族内部处理血缘关系的原则——父慈子孝就可以推广到政治领域里成为政治统治的基本原则。比如有人问孔子:"子奚不为政?"孔子对曰:"《书》云:'孝乎惟孝,友于兄弟',施于有政,是亦为政,奚其为为政?"[1] 孔子认为,在家中践行孝道,如果推及到政治领域就是为政。因此,孝慈观念是社会稳定的基础,并成为宗法政治稳定的前提。对此,荀子也明确地提出,父子君臣关系"偏立而乱,俱立而治"。[2] 可见,只有把"父慈"与"子孝"结合起来才有可能出现太平之治。

(三)父慈子孝的实质及社会价值

首先,"父慈子孝"是伦理秩序之本。无论先秦典籍或先贤对"父慈"的强调,或者说"父慈"是"子孝"的前提,都是立基于人的"本分"之上。所谓"本立而道生",就是为每个社会成员设定了各自的本分,即父之为父、子之为子、夫之为夫、妇之为妇的伦理规范,这种伦理是家庭秩序的保障,是社会和谐的基础。比如《大学》有言:"为人子,止于孝;为人父,止于慈。"《荀子·君道》也记载:"请问为人父?曰:宽惠而有礼。请问为人子?曰:敬爱而致恭。"说明"父慈子孝"这种建立于"亲亲"关系基础之上对等的慈爱和尊重,充分体现了父子之间基于对自身角色与责任的理解而主动服从的过程,是一种基本的责任伦理秩序。

其次,"父慈子孝"是代际互惠之要。基于人的生命是从稚嫩到衰老的自然规律,要求成年的父母有责任照顾生命脆弱的子女,子女则因父母年老体衰而生怜惜照顾之责。"父慈子孝"正是基于这种对等的生存需要:在子女年幼没有独立生活能力时,父母要悉心哺育子女长大成人;父母年老体衰时,子女要"反哺"——赡养父母。这种亲子代际间

---

[1] 杨伯峻:《论语译注》,中华书局2012年版,第27—28页。
[2] (清)王先谦:《荀子集解》,中华书局2013年版,第275页。

"哺育"与"反哺"的互惠模式,也就是费孝通提出的双向反馈模式,[①]被西方社会学称为互惠利他主义(reciprocal altruism)的代际之间双向权利与义务,是"父慈子孝"最基本的物质内涵,是对父子之间代际生命伦理秩序的现实需求。

最后,"父慈子孝"是社会建构之基。传统中国"皇权不下县"的社会基础是农村社会治理的有序,这为国家治理创造了有利条件,节省农村社会对国家政治权威和正式法律制度的需求。[②]正如人们耳熟能详的"其为人也孝悌,而好犯上者,鲜矣;不好犯上,而好作乱者,未之有也",[③]有力地说明了"家治而国齐"的层级递进逻辑,正是儒家把这种父子的家族关系延展到政治性的君臣关系,使原本属于家庭和农村社区的日常伦理规范,最终演变为政治生活的基本准则和伦理价值,由此形成了中国特有的"家国同构"式社会结构。

(杨建海)

### 三 兄友弟恭

"兄友弟恭"作为用来揭示传统社会中个体行为规范准则的命题正式出现在《史记》中。《史记·五帝本纪》叙述了高辛氏有八位才子,舜帝"举八元,使布五教于四方,父义母慈,兄友弟恭,子孝,内平外成"。[④]"兄友弟恭"在这里强调的是兄弟之间互敬互爱。后来北齐《颜氏家训》从教育社会化角度提到要率先垂范、以上率下,认为"兄不友则弟不恭",哥哥不友爱,弟弟就不会恭敬,从而揭示了中国特有的社会关系准则。

(一)兄友弟恭命题的来源

"兄友弟恭"这个命题完整表述最早出现在《史记》中。实际上,规范家庭成员兄弟之间关系的准则早在周朝时期就已经出现了,先秦时

---

[①] 费孝通:《家庭结构变动中的老年赡养问题——再论中国家庭结构的变动》,《北京大学学报》(哲学社会科学版)1983年第3期。
[②] 苏力:《齐家:父慈子孝与长幼有序》,《法制与社会发展》2016年第2期。
[③] 杨伯峻:《论语译注》,中华书局2012年版,第3页。
[④] 韩兆琦译注:《史记》,中华书局2007年版,第16页。

第五章　能群的基本命题

期予以明确，成为家庭和睦乃至社会和谐的重要准则。

"兄弟"一词较早地出现在《诗经》中，表明中国社会很早就认识到这个群体在家、国中的地位。《小雅·伐木》中提道"笾豆有践，兄弟无远"[1]，强调兄弟之间不要疏远；《小雅·常棣》篇中几乎每句话都提到了"兄弟"，成为明确兄弟间相互规范的重要文献。首句"常棣之华，鄂不韡韡；凡今之人，莫如兄弟"[2]，讲的是兄弟相亲是人世间最亲关系。次句"死丧之威，兄弟孔怀；原隰裒矣，兄弟求矣"[3]，说的是一旦发生了变故或死伤，兄弟之间最为关心与帮助。第三句"脊令在原，兄弟急难；每有良朋，况也永叹"[4]，说的是每遇急难总是兄弟相救，这即是兄弟间的行为准则及其责任，它构成了兄友弟恭得以成立的根据。第四句"兄弟阋于墙，外御其务；每有良朋，烝也无戎"[5]，说的是只有兄弟会相互协作抵御外敌，亲朋好友不会前来相助。第五句"丧乱既平，既安且宁；虽有兄弟，不如友生"[6]，说的是回归到平静生活中的兄弟关系反而不如朋友。第六句"傧尔笾豆，饮酒之饫；兄弟既具，和乐且孺"[7]和第七句"妻子好合，如鼓琴瑟；兄弟既翕，和乐且湛"[8]讲的是兄弟亲人之间的团聚其乐融融。最后一句"宜尔家室，乐尔妻帑；是究是图，亶其然乎"，[9]则是对前面七句的概括与总结。

在《诗经·小雅·頍弁》中共有三处提到"兄弟"。第一处"岂伊异人，兄弟匪他。茑与女萝，施于松柏。未见君子，忧心奕奕；既见君子，庶几说怿"，[10]讲的是赴宴时主人以好酒招待、并视客人为兄弟的愉悦之情。第二句"岂伊异人？兄弟具来。茑与女萝，施于松上。未见

---

[1] 程俊英：《诗经译注》，上海古籍出版社2004年版，第254页。
[2] 同上书，第251页。
[3] 同上。
[4] 同上。
[5] 同上。
[6] 同上。
[7] 同上书，第251—252页。
[8] 同上书，第252页。
[9] 同上。
[10] 同上书，第374页。

· 429 ·

君子，忧心忡忡；既见君子，庶几有臧"①，说的是在主人的盛情邀请下兄弟都来欢聚一堂之情。第三句"岂伊异人，兄弟甥舅。如彼雨雪，先集维霰。死丧无日，无几相见。乐酒今夕，君子维宴"②，不仅表明了参加宴会的对象涉及兄弟、舅舅及外甥等亲友，而且表达了因社会动乱、命运多舛而及时饮酒作乐的社会心态。这里的"匪他""具来"以及"甥舅"都是用来揭示赴宴人员都是贵族家庭中兄弟、舅舅及外甥等人而没有外人。这里的"兄弟"不是小家庭的兄弟，而是大家庭也就是家族层面上的"兄弟"并延伸到母系血脉中的至亲。

《诗经·大雅》中共有两处提到"兄弟"。《思齐》篇讲"刑于寡妻，至于兄弟，以御于家邦"③，《行苇》篇有"戚戚兄弟，莫远具尔。或肆之筵，或授之几"。④ 前者说的是一家之主给妻子做好楷模，再推及到手足兄弟，这样既可以治理好家庭又可以治理好国家。后者则提出兄弟之间最为亲密而不要疏远。

《尚书·周书》对"兄弟"进行了记载与规定。《康诰》篇讲"于弟弗念天显，乃弗克恭厥兄；兄亦不念鞠子哀，大不友于弟"，说的是弟弟不知天高地厚不恭敬兄长、哥哥不讲慈爱对弟弟很不友好将是国家的悲哀。《蔡仲之命》提到"懋乃攸绩，睦乃四邻，以蕃王室，以和兄弟，康济小民"，讲的是周成王勉励姬胡上任后要与兄弟之邦和谐相处，此处的"兄弟"是指国家。《君陈》篇"惟尔令德，孝恭惟孝，友于兄弟，克施有政"是周成王对周公子君陈的褒奖，此处的"兄弟"应该是指周王室中的成员。

后人整理的《孔子家语》记载了孔子的有关论述："汤武以谔谔而昌，桀纣以唯唯而亡。君无争臣，父无争子，兄无争弟，士无争友，无其过者，未之有也。""君失之，臣得之。父失之，子得之。兄失之，弟得之。己失之，友得之。是以国无危亡之兆，家无悖乱之恶，父子兄

---

① 程俊英：《诗经译注》，上海古籍出版社2004年版，第374—375页。
② 同上书，第375页。
③ 同上书，第442页。
④ 同上书，第440页。

弟无失，而交友无绝也。"① 孔子还说君子有三恕，其中"有亲不能孝，有子而求其报，非恕也；有兄不能敬，有弟而求其顺，非恕也"。②

孟子站在重视家庭角度把兄弟没有变故列为君子三乐之首。他在《孟子·尽心上》说道："君子有三乐，而王天下不与存焉。父母俱存，兄弟无故，一乐也。"③ 要求如果"父母有过"，兄弟要"下气怡色，柔声以谏"。

荀子在《王制》《富国》《乐论》等文章中数次提到了"兄弟"并对此进行了规范。他说："君臣、父子、兄弟、夫妇，始则终，终则始，与天地同理，与万世同久，夫是之谓大本。"④ "父子不得不亲，兄弟不得不顺，男女不得不欢。少者以长，老者以养。"⑤ "故乐在宗庙之中，君臣上下同听之，则莫不和敬；闺门之内，父子兄弟同听之，则莫不和亲；乡里族长之中，长少同听之，则莫不和顺。"⑥ "假之有弟兄资财而分者，且顺情性，好利而欲得，若是，则兄弟相拂夺矣；且化礼义之文理，若是，则让乎国人矣。"⑦ 到了汉代，汉惠帝诏令全国推行孝弟力田，其中用于奖励那些有孝行以及践行孝悌成就突出的人士，"举民孝弟力田者，复其身"。（《汉书·惠帝纪》）

（二）兄友弟恭命题的含义

从上面的文献中我们可以发现，"兄友弟恭"这个命题所蕴含的规范要求有一个逐步明晰的过程，体现出中国特有的生活方式。

第一，兄弟之间的亲密，这是兄友弟恭的基础。"兄弟无远"或"兄弟莫远具尔"是家庭乃至家族得以维系的条件。在现实的普通生活中兄弟关系也许有时反而不如朋友，一旦有了困难，兄弟之间就会相互帮助，共渡难关，所谓的"兄弟阋于墙外御其辱"就蕴含着这层意思。这其实也是兄弟、家庭乃至整个社会和谐运行的条件与保证，在一定程

---

① 杨朝明：《孔子家语》，河南大学出版社2008年版，第173页。
② 同上书，第130页。
③ 杨伯峻：《孟子译注》，中华书局1960年版，第309页。
④ （清）王先谦：《荀子集解》，中华书局2013年版，第193页。
⑤ 同上书，第583页。
⑥ 同上书，第448—449页。
⑦ 同上书，第518—519页。

度上佐证了包含兄弟在内的"家"在中国社会中的独特地位,兄弟间亲密关系构成了"兄友弟恭"规范得以存在的前提。

第二,兄弟包含家族成员其他人员。中国人的家一开始就不是"小家",不是西方社会学所说的"核心家庭",而是以父系关系为基础的"大家庭"甚至是"家族",兄弟、父母乃至甥舅构成家族重要组成部分,"岂伊异人,兄弟匪他"就是这个意思。维系大家庭或家族内部团结的方式固然很多,在节庆假日等举行宴会联络成员之间的感情就是一个好办法。当然,男子在古代农耕社会里是体力劳动的承担者,也是养家糊口的责任人,他们在家庭乃至家族中处于核心地位,因而改善生活、体现富裕生活的宴饮自然就以男性为主。

第三,兄友弟恭不仅是家庭和谐状态,更是一种社会秩序要求。高辛氏时期产生的八位才子得到了舜帝举荐,"兄友弟恭"构成了这八位才子的共同秉性,这些秉性是"内平外成"的重要条件与可靠保证。不仅如此,"兄友弟恭"构成了家庭和睦进而促进社会秩序稳定的基本要素。家庭和睦包括父义母慈、兄友弟恭、子孝孙贤,这样的家以及由此建立的邦和国便可以"御"。所以,兄友弟恭就成了固家安邦的客观要求。

第四,兄不友弟不恭则家不齐、国不治。一方面,兄友弟恭互为条件,兄友是弟恭的前提,只有"兄友"了弟才能"恭",只有"弟恭"了兄才会"友"。如果"兄不友"则"弟将不恭";另一方面,天子要对兄不友弟不恭情形予以惩治。《尚书》曾经说过:"于弟弗念天显,乃弗克恭厥兄;兄亦不念鞠子哀,大不友于弟。"[1] 说的是如果弟弟不恭敬兄长、哥哥对弟弟很不友好,就需要文王依法惩治,以确保周朝社会秩序的稳定。

(三)兄友弟恭命题内容

作为规范人伦秩序及社会秩序的命题,兄友弟恭命题不仅涉及家庭内部成员之间的人伦关系,而且蕴含着中国传统社会特有的社会准则,体现出中国社会交往准则的独特性。

---

[1] 江灏、钱宗武:《今古文尚书全译》,贵州人民出版社1990年版,第280页。

第一，兄友弟恭命题具有鲜明的延展性。在家庭内部，它本身对家庭成员兄弟之间提出的关系要求，这是兄友弟恭最初的、也是最直接的意思。同时，它还蕴含着兄妹、姐弟、姐妹之间也按照"友"与"恭"的准则行事，年长的要"友"而年幼的要"恭"。在家族层面，注重"岂伊异人，兄弟匪他"，兄友弟恭拓展到对家族成员的规范。在社会层面，兄友弟恭拓展到诸侯国，"友恭"则演变为"协和"，做到协和万邦。所以文王提到要"以和兄弟，康济小民"。

第二，兄友弟恭规范了家庭内部人伦关系。兄友弟恭规定着兄弟之间的行为准则，体现出家庭内部成员的角色规范。首先，兄要给弟做表率，让弟弟能够学到兄长的为人处世之道，兄先"友"而后弟才能真正地"恭"。其次，兄要能够慈爱弟，所谓的"长兄如父"就是这个意思，让弟弟生活在能够得到兄长关爱的家庭里。再次，兄长有过失弟弟要及时予以指出，做到"兄失之"而"弟得之"，不要出现没有敢直言长辈兄长过错的人，也就是说不要出现"兄无争弟"情形。

第三，兄友弟恭规范了社会成员行为准则。家是社会的基础，社会由若干个家庭构成，作为家庭内部成员关系准则的兄友弟恭延伸到社会则坚持"四海之内皆兄弟"，将普天之下的民众视为兄弟，于是兄弟关系演化出朋友关系，维系兄弟关系准则的"友恭"则成为朋友之间社会交往的准则，社会成员互动时往往称对方为"兄""兄台""仁兄"，或者"弟""贤弟"，实际上就是将家庭内部成员的"友恭"关系拓展到社会里，进一步强化了中国社会特有的家国一体结构。

（高和荣）

## 四 长幼有序

只有家庭成员的地位及关系明确才能齐家，长幼有序强调家庭成员要遵守人伦秩序，这就不仅为齐家提供了先决条件，而且也是能群的基础条件。家庭成员关系混乱不清将使得家将不家，更不要说治国平天下了。

（一）长幼有序的提出

1. 长幼有序的含义

长幼有序这个命题较为明确地出现是在《礼记·祭统》，用来明确家庭成员祭祀的排位规范，即"凡赐爵，昭为一，穆为一。昭与昭齿，穆与穆齿，凡群有司皆以齿，此之谓长幼有序"。①强调群体中的秩序是以"齿"为基础。接着在孟子的《孟子·滕文公上》篇中，长幼有序被用来明确家中所有成员的规范要求。孟子讲后稷教民耕作解决其生计，但民众因缺乏教养而无异于禽兽，为此圣人派契担任司徒教化人类，让民众明人伦，做到"父子有亲，君臣有义，夫妇有别，长幼有序，朋友有信"。实际上，孔子也表达过类似的意思，强调人与人交往的"长幼之节"，"不可废也"。后来荀子在《君子》篇中从能群的角度强调如果君子引领整个社会"尚贤使能，则主尊下安；贵贱有等，则令行而不流；亲疏有分，则施行而不悖；长幼有序，则事业捷成而有所休"，②强调事业快速成功而又能有休养生息的时间的前提是长幼有序，从而将这一命题的应用范围从小家走向大家。

在西汉及以后，长幼有序不光被用在家庭祭祀之中，它的运用范围也延伸到嫁娶场合、教育的功能以及家族和国家治理之中。在《春秋繁露·五刑相生》中"司寇尚礼，君臣有位，长幼有序，朝廷有爵，乡党以齿……"说明其被用于朝堂之上，通过礼来规范君臣秩序。在《白虎通德论·辟雍》中言："帝庠序之学，则父子有亲，长幼有序，善如尔舍。"说明教育能够使父子亲近，明确长幼秩序。《白虎通德论·嫁娶》中记载了嫁娶时期的礼仪，"又取飞成行、止成列也，明嫁娶之礼，长幼有序，不相逾越也"，以说明秩序不可逾越。在大家族乃至国家之中，强调各个用度要有节制，才能达到长幼秩序，正如《史书·五行志》中载有"古者天子诸侯，宫庙大小高卑有制，后夫人媵妾多少进退有度，九族亲疏长幼有序"。

以上文献可以看出，长幼于个人而言，不仅指老年人和年轻人，也包括从幼年到老年的成长与变化过程；于家庭来说是指遵照礼仪、智慧等维度所区分的年龄大小与辈份高低，它是基于亲缘及血缘关系来予以明确；对社会而言，长幼则是指诸侯爵位高低、百官职位尊卑以及职业

---

① （清）孙希旦：《礼记集解》，中华书局1989年版，第1248页。
② （清）王先谦：《荀子集解》，中华书局2013年版，第453页。

关系的先后。

同时当长幼确定时,它是否"有序",成为群体稳定的关键。"有序"是按照一定标准和规则对人进行分类。其中"序"是指秩序、顺序、序次、序列,强调"上下有序则民不慢"。[1]《国语·周语上》还提道:"不顺必犯,犯王命必诛,故出令不可不顺也。令之不行,政之不立。行而不顺,民将弃上。夫下事上,少事长,所以为顺也。"就是强调有序的重要性。

2. 长幼有序提出的背景

按照墨子的说法,人类刚刚诞生之际没有君主,人们过着群居生活,没有上下、长幼的规矩,每人都有自己的主张,"天下之人异义"[2],但无长幼失序之担忧。君主产生后发现,如果根据自己的欲望则"埶不能容,物不能赡"。[3] 于是,先王分封天下,制定礼乐,以规定"谷禄多少厚薄",从而明长幼秩序,以调和众口,达到"群居和一"[4],成就"先王之道"。后来,随着周王朝逐渐衰微,分封后的诸侯国以先王制定的礼义作为基本要求,注重长幼关系,以齿为序,强调"上下乱,贵贱争,长幼倍,贫富失"会国乱[5],这就确立了长幼有序的地位。

在那个时代,诸侯国之间相互征战融合,社会分工慢慢形成,个体的社会性得到发展,社会角色越来越多,这些分工仍然采用的是以齿为序,如官爵秩序、师徒秩序等。这样,原来主要用于规范家庭成员的长幼有序拓展到社会领域,成为规范社会地位差异的群体或个体的要求。

(二)长幼有序的规定

长幼有序内容十分丰富,涉及居家生活、社会交往、祭祀礼义等各个方面。

---

[1] 黄永堂译注:《国语全译》,贵州人民出版社1995年版,第635页。
[2] 吴毓江:《墨子校注》,中华书局1993年版,第116页。
[3] (清)王先谦:《荀子集解》,中华书局2013年版,第82页。
[4] 同上书,第83页。
[5] (清)黎翔凤:《管子校注》,中华书局2004年版,第198页。

在居家生活中，作为父母的儿子，需掌握"冬温而夏清，昏定而晨省"①的供养和问候礼仪，进出门都要向父母亲报备，即"出必告，反必面，所游必有常，所习必有业"，②居住行走以长者为尊，"居不主奥，坐不中席，行不中道，立不中门"，③"不同位，以厚敬"，④还要观察长者的需求，"听于无声，视于无形"，⑤"戏而不叹"，⑥及时为长者服务。另外，父母健在时自己不能"称老"，"冠衣不纯素"。⑦

在社会交往中，针对不同地位和年龄段的人有不同的规矩，即"年长以倍则父事之，十年以长则兄事之，五年以长则肩随之"，⑧年长者如果是兄辈年龄应该"不错则随"，如果是父辈年龄应紧随其后。⑨遇见先生或长者时不应"舍馆定，然后求见长者"，⑩与长辈商议事情"必操几杖以从之"，⑪向地位高且年长者请教时"辞让而对"，⑫长者没有提及的事"毋儳言"。⑬如果长辈或先生不与自己讲话"则趋而退"，且"从于先生，不越路而与人言"。⑭餐饮也要注意地位尊卑，"客若降等，执食，兴，辞，主人兴，辞于客，然后客坐"，⑮"长者举未觯，少者不敢饮，长者赐，少者、贱者不敢辞"。⑯朝堂之上"同爵则尚齿"，⑰"七十杖于朝，君问则席"。⑱

---

① 胡平生、陈美兰：《礼记·孝经》，中华书局2007年版，第10页。
② 同上书，第12页。
③ 同上书，第13页。
④ （清）孙希旦：《礼记集解》，中华书局1989年版，第1288页。
⑤ 胡平生、陈美兰：《礼记·孝经》，中华书局2007年版，第13页。
⑥ （清）孙希旦：《礼记集解》，中华书局1989年版，第1288页。
⑦ 胡平生、陈美兰：《礼记·孝经》，中华书局2007年版，第14页。
⑧ 同上书，第12页。
⑨ （清）孙希旦：《礼记集解》，中华书局1989年版，第1230页。
⑩ 杨伯峻：《孟子译注》，中华书局1960年版，第181页。
⑪ 胡平生、陈美兰：《礼记·孝经》，中华书局2007年版，第10页。
⑫ 同上。
⑬ 同上书，第21页。
⑭ 同上书，第15页。
⑮ 同上书，第27页。
⑯ 同上书，第31页。
⑰ （清）孙希旦：《礼记集解》，中华书局1989年版，第1229页。
⑱ 同上。

长幼有序还体现在婚丧嫁娶场合中。在祭祀时根据地位的不同"设庙祧坛墠而祭之,乃为亲疏多少之数",① 遵守昭穆排序,祭服颜色材质、祭食规格也有尊卑;问丧时小辈不在堂上挂丧杖,不小步疾走,因"辟尊者之处也"。② 而婚礼祝贺时幼者注意"老者不以筋力为礼"。③ 另外,婚姻名分称呼上也要体现出地位尊卑差别,如"天子之妃曰后,诸侯曰夫人,大夫曰孺人,士曰妇人,庶人曰妻"④ 等,通过这些规定,进一步明确长幼秩序。

(三)长幼有序的目的与原则

1. 长幼有序的目的

家国同构是中国社会的重要特性,先秦时期人们要求人与人之间的交往做到长幼有序,长幼有序成为"夫妇有别、父子有亲、君臣有义、朋友有信"其他四伦的关键,"长幼"表示的不仅是年龄而且也包含着地位及关系,地位高的为"长"而地位低的为"幼",在君臣、父子及夫妇之间,君、父、夫的地位自然要高于臣、子、妻,所以"君臣有义、父子有亲、夫妇有别"实际上就是另外一种形式的"长幼有序"。另外,朋友之间虽然强调"信",但年龄、资历、位阶也存在着差异,因而同样存在着长幼有序的关系。所以,先秦诸子希望通过"长幼有序"明确人伦关系,形成有礼有义的人格品性;以长幼有序调和家庭关系,促进家庭和睦;用长幼有序规范社会身份与社会角色,促进社会成员各安其分、各安其职,实现天下善治。

2. 长幼有序的原则

长幼之义不仅体现在家中,还体现在"遇乡""君臣"乃至"会盟"之间。例如,"近于亲""近于兄""近于弟"⑤ 构成了家庭成员的交往准则,而在会盟时则共同宣称"敬老慈幼,无忘宾旅",⑥ 如果不

---

① 胡平生、陈美兰:《礼记·孝经》,中华书局2007年版,第161页。
② (清)孙希旦:《礼记集解》,中华书局1989年版,第1354页。
③ 胡平生、陈美兰:《礼记·孝经》,中华书局2007年版,第26页。
④ 同上书,第62页。
⑤ 张双棣等译注:《吕氏春秋译注》,北京大学出版社2000年版,第373页。
⑥ 杨伯峻:《孟子译注》,中华书局1960年版,第287页。

遵守"长幼之义"则会"偏立而乱"。①

一是孝悌之义。"端悫顺弟"是好青年的标准;②"老老"则是年轻人和壮年人归顺的标准之一,③这就要行"孝悌之义",④"修子弟之义"。⑤

二是恭敬谦让。为人子"敬爱而致文",⑥善事父母,践行礼仪之本,"忌讳不称,袄辞不出";⑦而为人弟要"敬诎而不苟",⑧善兄弟,"乃知序",⑨"徐行后长者",⑩使"长少之理顺"。⑪

三是宽惠慈爱。先秦诸子希望通过宽惠慈爱来表达长辈对于晚辈的情谊,为人父应是"宽惠而有礼",人兄则是"慈爱而见友"。⑫《尚书·大诰》也说"越予小子考翼,不可征",《国语·周语中》中指出"狄,隗姓也,郑出自宣王,王而虐之,是不爱亲也","慈亲之爱其子也,痛于肌骨,性也"。⑬

(四)长幼有序的实现

1. 仁义而非怀利

先秦诸子承认义、利是人兼有的两种属性,不可完全摆脱。其中,"义胜利者为治世",⑭而"利"胜利者则为乱世。因而,他们希望通过对"义"和"利"的调节,让个人对这两者进行适当的权衡,能够使父子、兄弟去利而怀仁义,避免出现秩序的混乱而致使家庭破败和国家灭亡。所以,孟子就说"为人子者怀仁义以事其父,为人弟者怀仁义以

---

① (清)王先谦:《荀子集解》,中华书局2013年版,第233页。
② 同上书,第40页。
③ 同上。
④ 杨伯峻:《孟子译注》,中华书局1960年版,第5页。
⑤ (清)王先谦:《荀子集解》,中华书局2013年版,第100页。
⑥ 同上书,第232页。
⑦ 同上书,第424页。
⑧ 同上书,第232页。
⑨ 黄怀信:《逸周书校补注译》,西北大学出版社1995年版,第148页。
⑩ 杨伯峻:《孟子译注》,中华书局1960年版,第276页。
⑪ (清)王先谦:《荀子集解》,中华书局2013年版,第424页。
⑫ 同上书,第232页。
⑬ 张双棣等译注:《吕氏春秋译注》,北京大学出版社2000年版,第261页。
⑭ (清)王先谦:《荀子集解》,中华书局2013年版,第502页。

事其兄"。①

就个人而言,保持长幼秩序首先要"容体正,颜色齐,辞令顺",而不应"无亦谓我老耄而舍我,而又谤我",(《国语·楚语上》)能够"正君臣、亲父子、和长幼",②不"居于位",且不"与先生并行"。③其次要听取各方意见而不盲从,遵从礼义以便"内自省以谨于分"。④"敬事耆老,赋事行刑,必问于遗训而咨于故实,不干所问,不犯所咨"。⑤

2. 推行教育化人

先秦诸子希望通过教育实现孝悌、睦友、子爱,让人们明父子之义、长幼之序,"使明其德","知上下之则","知族类,行比义焉",⑥设置太傅、少傅、师、保等职位教育太子使之做到"父在斯为子,君在斯谓之臣",⑦让人们明确父子、君臣、长幼之道。其中,"知长幼,乐养老"就是让人们获得生存资料,"古之人贵能射也,以长幼养老也","仁人之得饴,以养疾侍老也"。⑧先秦诸子强调要礼乐化人,强调自夏商周以来的三代君王都用礼乐教育太子,做到内外兼修,做到"贵贱以分,养老长幼,待之而后存"。⑨

3. 制定礼义法规

明长幼之序的"礼"不仅体现在育人中,而且还体现在日常生活中。《礼记·仲尼燕居》中提道"以之居处有礼,故长幼辨也",⑩然"非礼无以辨君臣上下长幼之位也"。⑪为此,先秦诸国设立"掌幼""掌老""掌孤"等官职,建立"昭穆"制度,在祭祀中严格区分昭穆,

---

① 杨伯峻:《孟子译注》,中华书局 1960 年版,第 280 页。
② 胡平生、陈美兰:《礼记·孝经》,中华书局 2007 年版,第 205 页。
③ 杨伯峻:《论语译注》,中华书局 2012 年版,第 222 页。
④ (清)王先谦:《荀子集解》,中华书局 2013 年版,第 221 页。
⑤ 黄永堂译注:《国语全译》,贵州人民出版社 1995 年版,第 26 页。
⑥ 同上书,第 600 页。
⑦ (清)孙希旦:《礼记集解》,中华书局 1989 年版,第 566 页。
⑧ 张双棣等译注:《吕氏春秋译注》,北京大学出版社 2000 年版,第 278 页。
⑨ (清)王先谦:《荀子集解》,中华书局 2013 年版,第 477 页。
⑩ (清)孙希旦:《礼记集解》,中华书局 1989 年版,第 1268 页。
⑪ (清)王先谦:《荀子集解》,中华书局 2013 年版,第 1258 页。

"昭为一，穆为一"，① "群昭群穆咸在而不失其伦"；② 再以齿为序排序，"以次世之长幼，而等胄之亲疏"；然后"各致齐敬于其皇祖"，"故工、史书世，宗、祝书昭穆"，③ 以免逾越顺序，做到"别父子、远近、长幼、亲疏之序"。④

为此，先秦通过建立起长子继承制，以此实现兄弟无争，保持长幼秩序，不可紊乱。尤其是在长子没有过错情形下不可"废长而立幼"（《东周列国志》）。《孟子·告子下》也说，"诛不孝，无易树子"⑤；《国语·周语上》提道"夫下事上，少事长，所以为顺也。今天子立诸侯而建其少，是教逆也"。如果违背该制度，将造成"不顺必犯""政之不立""民将弃上"的后果⑥。

（高和荣）

### 五 家族和睦

在当今社会，人们通常把家族看成"以同一男姓祖先为统领、将若干个具有血缘关系的家庭组成起来的社会组织"。⑦ 尽管包括家庭、家族、宗族、氏族的含义历朝历代不尽相同，特别是先秦与两汉之后的含义差别较大，但总体上看，家族是家的扩大以及血缘关系的延伸，也是成员遵循亲属差序进行社会交往的载体，还是家族成员向外扩展走向陌生人社会的驿站，因而在中国社会中处于独特地位。

（一）家族和睦的提出

1. 家族和睦的含义

在先秦诸子中，《管子》较早地提出"家族和睦"这个命题。他从爱民角度说："公修公族，家修家族，使相连以事，相及以禄，而民相

---

① （清）孙希旦：《礼记集解》，中华书局1989年版，第1248页。
② 同上。
③ 黄永堂译注：《国语全译》，贵州人民出版社1995年版，第178页。
④ （清）孙希旦：《礼记集解》，中华书局1989年版，第1248页。
⑤ 杨伯峻：《孟子译注》，中华书局1960年版，第287页。
⑥ 黄永堂译注：《国语全译》，贵州人民出版社1995年版，第24页。
⑦ 我国云南摩梭族等极少数民族除外。

亲。"① 意思是当君主治理公族,家长治理家族,两者互相联系,俸禄互相补助,人民就会相亲相爱。在管子看来,家族是维系国家的基石,如果"持戈之士,顾不见亲,家族失而不分",② 这样不用战争国家就会从内部崩溃。另外,在管子之前的文献也有零散提到家族和睦,《诗经》就载有"兄及弟矣、式相好矣、无相犹矣……爰居爰处、爰笑爰语",指明兄弟同住和谐友爱,且亲人团聚笑声欢语。③ 在《易经》中认为"家人,内也",是指家人,和睦在内。④《尚书》有言"克谐以孝",⑤ 指家庭成员能够通过孝顺和谐家庭,孔子也认为,子辈除了对父母有无尽的孝心,也要和父母的亲人和睦相处,这样才能称作孝,"睦于父母之党,可谓孝矣。故君子因睦以合族"。⑥ 后来,不同的家庭成员的角色的运用能够使家庭和睦,如《荀子》中言"君者,国之隆者也。父者,家之隆者也"。⑦

何谓家族?

家族这词最早出现在《管子·小匡》中,作为一种社会组织形式,在先秦时期也以宗族、乡族、氏族以及家室等形式出现。其中,"氏族""以所生,或以官号,或以祖名"而成⑧;相对而言"宗族"的含义较为广泛,表现为一种经济和社会组织出现,《管子·轻重己》提到"宗者,族之始也",强调了宗的先在性,一般宗人有事族人都会帮助;而"家族"在《白虎通德论·宗族》中是指由"生相亲爱,死相哀痛,有会聚之道"的族人组成,包括几个家族,根据亲疏恩爱程度分为"父族四,母族三,妻族二",最重要的是父族四,人们通过兴礼于母

---

① (清)黎翔凤:《管子校注》,中华书局2004年版,第411页。
② 同上书,第1430页。
③ 程俊英:《诗经译注》,上海古籍出版社2004年版,第299页。
④ 郭彧译注:《周易》,中华书局2010年版,第422页。
⑤ 慕平译注:《尚书》,中华书局2009年版,第12页。
⑥ (清)孙希旦:《礼记集解》,中华书局1989年版,第1288页。
⑦ (清)王先谦:《荀子集解》,中华书局2013年版,第263页。
⑧ 陈寿撰,裴松之注:《三国志》,中华书局1999年版,第1041页。徐众评曰:古之建姓,或以所生,或以官号,或以祖名,皆有义体,以明氏族。故曰胙之土而命之氏,此先王之典也,所以明本重始,彰示功德,子孙不忘也。今离文析字,横生忌讳,使仪易姓,忘本诬祖,不亦谬哉!教人易姓,从人改族,融既失之,仪又不得也。

族，而废妻族，已达到亲附父族的目的。《周礼》规定，"五家为比，五比为闾，四闾为族"，①《列仙传·鹿皮公》中也提及宗族的规模，即"淄水来，三下呼宗族家室，得六十馀人，令上山半"。家族作为一种普遍的社会组织广泛出现在唐朝以后。

何谓和睦？

《荀子·乐论》中使用了"和睦"一词。他说："乐者，圣王之所乐也，而可以善民心，其感人深，其移风易俗。故先王导之以礼乐，而民和睦"，②强调人们通过礼乐相处融洽而避免争吵。和包含和谐、和美、和气、讲和、合约、和亲等意思，当它作为动词时，意为将不同物质杂糅在一起，如和亲、和泥、讲和、调和等；当它作为名词时是指群体关系的一种协调状态，如和谐、和气、和睦等。睦则是指亲近和好，《说文》里讲"睦，敬和也""睦，目顺也"，《孟子》也说"百姓亲睦"。③

2. 家族和睦提出的背景

《春秋左传·僖公二十四年》记载，周朝虽然政治昌明、社会和谐，民众安居乐业，但人与人之间尚且不可能近亲得像亲兄弟。因为担忧外族的入侵，周公便"分封建制"，把土地分封给亲戚作为周朝的屏障，其中"管蔡郕霍，鲁卫毛聃"等是"文之昭也"，"邘晋应韩，武之穆也"；"蒋、邢、茅、胙、祭，周公之胤也"。④分封制的施行将小家扩展成家族，齐心协力共同抵御外敌，保障了家族的生存，捍卫领土完整。

先秦时期，私有经济逐渐取代原始公有经济，以家庭为单位的生活方式逐渐取代了原始群居生活方式。但单一家庭的生产、生活能力有限，依靠血缘关系将若干个家庭组织为家族协同生产与生活就有了现实的可能，家族规模大、人丁兴旺不仅能够保障小家庭生活，而且扩大家族内部贤才的社会影响，有助于家族内部贤才进入到政治统治领域。

---

① 李学勤：《周礼注疏》，北京大学出版社1999年版，第264页。
② （清）王先谦：《荀子集解》，中华书局2013年版，第381页。
③ 杨伯峻：《孟子译注》，中华书局1960年版，第119页。
④ 杨伯峻：《春秋左传注》，中华书局1990年版，第423页。

《春秋左传·文公十八年》就讲到十六名族中的"八恺"和"八元",能"明允笃诚""忠肃共懿""宣慈惠和""世济其美,不陨其名",[①]在舜帝没有启用他们时,他们的影响主要在家族内部,舜帝因为他们是名族而重用他们,他们的贤能才能得以发挥。

实际上,家族这个组织在当时也成为政治统治的手段。统治者通过制定奖惩规则让家族管理各个家庭及庶人,或者"能明驯德,以亲九族",[②] 或者"尽加重罪,逮三族"。[③] 这也有利于家族的形成。

(二)家族和睦的规定

家族和睦就是要做到"规而得宜,亲疏有序"。只有做到遵守规定,使各个家庭能够分而有序,才能使家族关系和谐,家族内部不至于紊乱。古代圣君用礼来"辨贵贱、长幼、远近、男女、外内"[④] 礼记。即使"正朔,服色,徽号"发生改变,[⑤] 同族之中"亲亲,尊尊,长长,男女有别"等习俗与规定不会改变,因为它是家族乃至其他社会群体存在的基础。如果没有家族规矩,"妻妾不分"那么"家室乱","适孽无别"必然导致"宗族乱",[⑥] 致使"三族失其和"。[⑦] 总体上看,家族和睦涉及家庭生活、家族社会生活、居住迁移、婚丧嫁娶、工作等多方面内容。

家庭和睦是家族和睦的基础。处于不同地位或角色的人有不同的规定。例如,要使父子关系和谐,做儿子的要侍奉父亲,"三谏而不听,则号泣而随之";[⑧] 兄弟姐妹之间应该以仁德处之,不毁坏血缘关系,"兄弟之怨,不徵于他",即使"兄弟阋于墙",也要"外御其侮"。[⑨] 另外,家庭成员之间要相互尊重,才不致使"厥父菑,厥子弗乃肯播,

---

① 杨伯峻:《春秋左传注》,中华书局1990年版,第638页。
② 韩兆琦译注:《史记》,中华书局2007年版,第3页。
③ 张双棣等译注:《吕氏春秋译注》,北京大学出版社2000年版,第760页。
④ (清)孙希旦:《礼记集解》,中华书局1989年版,第1274页。
⑤ 同上书,第906页。
⑥ 张双棣等译注:《吕氏春秋译注》,北京大学出版社2000年版,第569页。
⑦ (清)孙希旦:《礼记集解》,中华书局1989年版,第1269页。
⑧ 胡平生、陈美兰:《礼记·孝经》,中华书局2007年版,第63页。
⑨ 黄永堂译注:《国语全译》,贵州人民出版社1995年版,第52页。

矧肯获",① 才有后人继承自己的基业，家庭得以传承，家族得以和睦。

家族内部交往上，族人中即使地位高贵者也得按辈分叙礼，自己富贵也不去炫耀，并且献上礼物中的上等之物，"而后敢服用其次也"，② 这是"明父子也"。③ 其中，地位低的嫡子、庶子应该要尊敬家族中的"宗子宗妇"；④ 主人与家臣之间"虽贱，必答拜之"；⑤ 在祖庙中聚餐之时"旁治昆弟"，"序以昭缪，别之以礼义"，⑥ 家族序而不乱，才能体现和睦；君主与同族宴饮，其席位按辈分年龄排列，"族食，世降一等"。⑦ 这体现了对待族人有亲疏区别，避免家族的亲疏关系乱套。家族移居也要根据规定和习俗来行事。迁移之时，"君子行礼，不求变俗"，⑧ 遵循故国的法律，当"去国三世，爵禄有列于朝，出入有诏于国，若兄弟宗族犹存，则反告于宗后"；⑨ 当三个条件皆不符合时，"唯兴之日，从新国之法"。⑩

祭祀时，地位低的族人，"若富，则具二牲，献其贤者于宗子，夫妇皆齐而宗敬焉，终事而后敢私祭"，⑪ 但"登馂献受爵，则以上嗣"，⑫ 这才是"尊祖之道"的表现。同时，只有同族人才能入场致祭，异族者止步。丧礼时期，在家族之内，以"丧服之精粗为序"，由孝子领头，"以次主人"，⑬ 这是族内亲疏关系的体现，出了五服的族人，恩义已经断绝，就不再彼此互相挂孝，而"绝族无移服，亲者属也"。⑭ 婚礼时，家族名分更是人伦大事，只有名分确定了才能参与家族的聚会，

---

① 慕平译注：《尚书》，中华书局2009年版，第160页。
② （清）孙希旦：《礼记集解》，中华书局1989年版，第741页。
③ 同上书，第574页。
④ 同上书，第740页。
⑤ 同上书，第122页。
⑥ 同上书，第905页。
⑦ 同上书，第575页。
⑧ 同上书，第111页。
⑨ 同上书，第112页。
⑩ 同上。
⑪ 同上书，第741页。
⑫ 同上书，第569页。
⑬ 同上书，第570页。
⑭ 同上书，第916页。

名分制定要遵守"同姓从宗,合族属;异姓主名,治际会"①的规则。

另外,家族和睦强调成员之间各守其责而不可僭越。成员在家族中具有不同的角色,只有坚守职位,履行职责,适应社会角色,达到内外合一,才能促进成员之间的和睦。《礼记·内则》规定家庭内外"鸡初鸣,咸盥漱,衣服,敛枕簟,洒扫室堂及庭,布席,各从其事"。②《礼记·大传》中言"君有合族之道,族人不得以其戚戚君,位也",③《尚书·立政》也告诫家族内的人不要去干政,即"其勿误于庶狱,惟有司之牧夫","其勿误于庶狱庶慎,惟正是乂之",恪守本分,才能使群体成员各在其位。

(三)家族和睦的原则

1. 俭而不淫

先秦诸子希望人们遵守节俭使家族长久发展。《国语·晋语九》中告诫大兴土木修建豪华住所的后果:"室成,三年而智氏亡。"④ 在《国语·周语中》刘康公到鲁国去聘问,认为"季文子、孟献子皆俭,叔孙宣子、东门子家皆侈",季、孟两家可以在鲁国当政。⑤ 因此,节俭能够使自身免除灾祸,使家族免于毁灭。另外,要节制自己的欲望,"醴酒在室,醍酒在堂,澄酒在下,示民不淫也",⑥ 以使家族长久,避免"使淫观状",⑦ 节俭而不放纵是家族昌盛的前提。

2. 族重人轻

家族昌盛需要坚持家族为重、个人为轻原则。《列子·杨朱》言,自奉自养之后剩下来的东西要"先散之宗族;宗族之馀,次散之邑里;邑里之馀,乃散之一国"。⑧ 当天子治理天下之时,首先是"治亲",然

---

① (清)孙希旦:《礼记集解》,中华书局1989年版,第905页。
② 同上书,第731页。
③ 同上书,第913页。
④ 黄永堂译注:《国语全译》,贵州人民出版社1995年版,第575页。
⑤ 同上书,第84—85页。
⑥ (清)孙希旦:《礼记集解》,中华书局1989年版,第1289页。
⑦ 黄永堂译注:《国语全译》,贵州人民出版社1995年版,第420页。
⑧ 景中译注:《列子》,中华书局2007年版,第220页。

后才"报功""举贤""使能""存爱"。① 在营造宫室,"宗庙为先,厩库为次,居室为后",② 以显示对于宗族的重视。同时要坚持利于家族之事,如《国语·周语中》言"尊贵、明贤、庸勋、长老、爱亲、礼新、亲旧",③ 既利于族内也有益于族外。以集体为主、个人为辅才能更好的构建群体共同体。

3. 同族同心

家族成员要同族同心,以便使家族形成归属感、认同感与凝聚力。《春秋左传·成公四年》指出:"非我族类,其心必异,楚虽大,非吾族也,其肯字我乎,公乃止。"④《春秋左传·僖公十年》中认为:"神不歆非类,民不祀非族。"⑤ 反过来,同族不管居住在何地,只要同心不变,"其可以安乎"。⑥ 同族同心就成了家族和睦的文化基础。

4. 法先情后

法是群治乱的规则,也是能群的要求,而情是能群的纽带。先秦时期,家族成员在法规和亲情之间,选择法为先,情在后。据《礼记·文王世子》记载:"公族之罪,虽亲,不以犯有司,正术也,所以体百姓也。"⑦ 也就是说即使是亲属也不能干扰判罚。一旦家族有人犯错,主人对官员求情,希望即令有罪也要赦免他,但官吏照旧回答"法不容恕","无及也",最后"公素服不举,为之变,如其伦之丧。无服,亲哭之。公族朝于内朝,内亲也"。

(四) 家族和睦的实现

1. 适中刑罚,明德教化

先秦时期君主的赏罚往往牵涉族群,国家治理的规则与手段均与家族有关,家族和睦不仅避免家族遭受惩罚而且有助于国家治理。为此,国家一方面倡导道德教育先行,教之以礼义,教之以乐,使家族成员学

---

① (清) 孙希旦:《礼记集解》,中华书局1989年版,第904—905页。
② 同上书,第116页。
③ 黄永堂译注:《国语全译》,贵州人民出版社1995年版,第53页。
④ 杨伯峻:《春秋左传注》,中华书局1990年版,第818页。
⑤ 同上书,第334页。
⑥ (清) 王先慎:《韩非子集解》,中华书局1998年版,第172页。
⑦ (清) 孙希旦:《礼记集解》,中华书局1989年版,第576页。

会和谐相处。如果族人犯错,需要先行教育。《荀子·宥坐》就讲到孔子作为鲁司寇时有父子前来相互诉讼,"孔子拘之,三月不别,其父请止,孔子舍之",① 就是通过这个办法促进父子和睦。另一方面,通过政令来鼓励家族和睦,朝会期间国君会亲自询问"于子之乡,有居处好学、慈孝于父母、聪慧质仁、发闻于乡里者,有则以告",② 以此鼓励人们孝敬父母长辈。同时,量刑以家族为单位。《荀子·君子》中提及"故一人有罪,而三族皆夷,德虽如舜,不免刑均,是以族论罪也",③ 并且量刑内容涉及族人日常生活的方方面面,《礼记·文王世子》云"族之相为也,宜吊不吊,宜免不免,有司罚之"。④ 当然,量刑的大小、尺度要有所考量,避免伤及家族长久发展,如"公族无宫刑,不翦其类也"。⑤《尚书·吕刑》也讲"士制百姓于刑之中,以教祗德",⑥ 使族人"怀德而畏威,故能保世以滋大",⑦ "其宁惟永"。⑧

2. 乡规里约,家庭教化

先秦诸子通过乡规里约来约束族人关系,使族人行为符合规定。首先,设立族师,各掌其族之戒令政事。在每月初一和春秋祭酺时聚集族人,"读邦法,书其孝弟睦姻有学者"。⑨ 其次,在乡族中发展"大农、大工、大商",使"谷足""器足""货足",让族人生活有保障,不会"无乱其乡,无乱其族"。⑩ 再次,礼俗共用,规定家族内部男女差别的礼仪、长幼尊卑的秩序,如"远色以为民纪""男女授受不亲"等"以此坊民,民犹淫泆而乱于族"。⑪《论语·乡党》还介绍了乡人举行驱逐

---

① (清)王先谦:《荀子集解》,中华书局2013年版,第521—522页。
② 黄永堂译注:《国语全译》,贵州人民出版社1995年版,第247页。
③ (清)王先谦:《荀子集解》,中华书局2013年版,第452页。
④ (清)孙希旦:《礼记集解》,中华书局1989年版,第572页。
⑤ 同上书,第576页。
⑥ 慕平译注:《尚书》,中华书局2009年版,第302页。
⑦ 黄永堂译注:《国语全译》,贵州人民出版社1995年版,第1页。
⑧ 慕平译注:《尚书》,中华书局2009年版,第306页。
⑨ 李学勤:《周礼注疏》,北京大学出版社1999年版,第306页。
⑩ 曹胜高,安娜译注:《六韬·鬼谷子》,中华书局2007年版,第23—24页。
⑪ (清)孙希旦:《礼记集解》,中华书局1989年版,第1295页。

疫鬼仪式，"朝服而立于阼阶"，① 通过这种仪式化的安排增进家族认同，促进家族和睦。另外，家族内部互济互助，"伍之人祭祀同福，死丧同恤，祸灾共之。人与人相畴，家与家相畴，世同居，少同游"，② 如果祭祀剩下的酒肉，既可以"聚其宗族，以教民睦也"，③ 也可以分于"外者乡里，皆得如具饮食之"，④ 使得族人之间更加和睦，并为外人树立楷模。

3. 仁以修身，顺天效先

在"以族论罪，以世举贤"⑤ 的规则下，个人行为关系到族人。先秦诸子希望家族成员顺应天命，效法先人来使家族得到神灵庇护，进而促进家族和睦。一方面，通过向上天祈祷，庇佑族人，"能定尔子孙于下地"。⑥ 另一方面，通过"追孝于前文人"⑦，"聪听祖考之遗训，越小大德"，⑧ 用德辅助君王，使自己的族人获得嘉奖；同时以先辈为榜样，调整自己行为，使子孙昌盛。例如《列子·杨朱》中提及"展季非亡情，矜贞之邮，以放寡宗"。同时，以仁爱来修身养性，获得好的名声，促进家族和睦。列子就说过"泽及宗族，利兼乡党，况子孙乎？"⑨

（高和荣）

## 六　家有家规

家是组成群的基本单元，无论是合群、能群还是善群、乐群都需要得到家的支持与配合，只有把家治好才有可能结合为群、能够成群，治好了家同样为善群以及乐群打下坚实的基础，进而实现治国平天下这一

---

① 杨伯峻：《论语译注》，中华书局 2012 年版，第 148 页。
② 黄永堂译注：《国语全译》，贵州人民出版社 1995 年版，第 239 页。
③ （清）孙希旦：《礼记集解》，中华书局 1989 年版，第 1289—1290 页。
④ 吴毓江：《墨子校注》，中华书局 1993 年版，第 343 页。
⑤ （清）王先谦：《荀子集解》，中华书局 2013 年版，第 454 页。
⑥ 慕平译注：《尚书》，中华书局 2009 年版，第 146 页。
⑦ 同上书，第 318 页。
⑧ 同上书，第 182 页。
⑨ 景中译注：《列子》，中华书局 2007 年版，第 206 页。

理想追求。为了齐家,先秦时期的社会思想家们提出了"家有家规"这一行为准则,规范家庭成员的行为。

(一)"家有家规"的提出

1. "家有家规"的内涵

家有家规源于周公的庭训。周公用"君子所其无逸"来训诫周成王,作为君王不能"不知稼穑之艰难,不闻小人之劳,惟耽乐之从",作为子女不能"不知稼穑之艰难"而"乃逸乃谚"。① 在《论语·季氏》篇中,针对孔鲤"趋而过庭"这种无礼行为,孔子便作出了"不学诗,无以言""不学礼,无以立"这一庭训。② 其实,在《诗经》等著作中也有涉及家有家规的内容,如《诗经·大雅·既醉》中载有"威仪孔时、君子有孝子。孝子不匮、永锡尔类。其类维何、室家之壸。君子万年、永锡祚胤"。③ 它的意思是什么?治理家庭常安宁。但愿主人寿万年,子孙幸福永继承。指出在祭祀礼节没有差错的时候,主人尽孝道,神灵就会赐予章程,以便治理家庭。在《逸周书》阐述了群体安定和治理的四个要素,"四位:一曰定,二曰正,三曰静,四曰敬。敬位丕哉!静乃时非,正位不废,定得安宅",④ 这四个要素分别是定居、正直、安静和恭敬,恭敬一位最大,而安静乃是其次,正直一位不废,定居就能安家。后来,随着家庭结构、家庭文化以及社会生活的变迁,家规在唐宋明清时期逐渐普及。

家规是"家"和"规"的结合,"家"是规的载体,"规"是家的要求。先秦时期,家既是一个姻缘和亲缘关系群体,即"有夫有妇,然后为家",⑤ 同时"女有家,男有室,无相渎也",⑥ 是指男子有妻子,女子有丈夫,相互之间要相互尊重,这才是有礼,也是家规的基本体

---

① 慕平译注:《尚书》,中华书局2009年版,第234页。
② 杨伯峻:《论语译注》,中华书局2012年版,第249页。
③ 程俊英:《诗经译注》,上海古籍出版社2004年版,第443—444页。
④ 黄怀信:《逸周书校补注译》,西北大学出版社1995年版,第148页。
⑤ 李学勤:《周礼注疏》,北京大学出版社1999年版,第277—278页。原文:乃均土地以稽其人民,而周知其数:上地家七人,可任也者家三人;中地家六人,可任也者二家五人;下地家五人,可任也者家二人。
⑥ 杨伯峻:《春秋左传注》,中华书局1990年版,第152页。

现。家一般为七人;① 家也指一个地点,即共同生活的眷属和他们所住的地方;同时,它也表示对长辈的尊称等。

"规"是与画圆相关的工具或动作。在《荀子·劝学》和《荀子·赋》中荀子写道"木直中绳,輮以为轮,其曲中规"② 和"圆者中规,方者中矩"。③《诗·沔水》《楚辞·离骚》等作品中提道"规者,正圆之器也"和"圆曰规,方曰矩"。当"规"作为动词解时则有画圆之义。《国语·周语下》"其母梦神规其臀以墨"。④ 从圆或画圆中就可以引申出"规劝、劝告和划定"等含义。《墨子·尚同上》讲"上有过则规谏之"⑤ 以及《国语·周语中》"规方千里"。⑥ 因此,"家规"是指能够为家庭和睦提供助力、而为不和睦提供约束的一种治家规矩。

2. 家有家规产生的背景

家规是对人性的约束。荀子坚持人性本恶观念,认为"人生而有欲,欲而不得,则不能无求。求而无度量分界,则不能不争",⑦ 这就需要一定的规范加以制约,避免混乱的产生;墨子认为家庭内部的混乱起源于父子、兄弟之间"不相爱"而"自利"⑧。只有"师法之化,礼义之道,然后出于辞让,合于文理,而归于治",⑨ 最终"以为下则顺,以为上则明,万变不乱"。⑩

在那个"大道既隐,天下为家"的年代,诸侯的权力变成了世袭,并成为正君臣、笃父子、睦兄弟以及和夫妇的礼制,战争由此产生,从而导致"以人是其义,以非人之义,故交相非也,是以内者父子兄弟作,离散不能相和合"。⑪ 于是,"小家"便从氏族中分离出来。但仍然

---

① 李学勤:《周礼注疏》,北京大学出版社1999年版,第277页。
② (清)王先谦:《荀子集解》,中华书局2013年版,第1页。
③ 同上书,第474页。
④ 黄永堂译注:《国语全译》,贵州人民出版社1995年版,第104页。
⑤ 吴毓江:《墨子校注》,中华书局1993年版,第110页。
⑥ (清)王先谦:《荀子集解》,中华书局2013年版,第60页。
⑦ 同上书,第346页。
⑧ 吴毓江:《墨子校注》,中华书局1993年版,第154页。
⑨ (清)王先谦:《荀子集解》,中华书局2013年版,第435页。
⑩ 同上书,第355页。
⑪ 吴毓江:《墨子校注》,中华书局1993年版,第109页。

受氏族和国家治理规则的影响,如"以厚者有乱,而薄者有争,故又使家君总其家之义",① 设立家君进行整合,以获得和睦;以"五家为轨,轨为之长"为基础进行社会治理。② 这说明,家的和睦对于社会及国的和谐的重要性。

(二)家庭的内部规矩

1. 婚嫁方圆,得以成家

"夫妇人伦之始,王化之端",强调夫妇关系是一切纲常伦理的基础。以夫妻而成家,何以为夫妻,"婚礼,万世之始也"。③ 婚姻嫁娶,无规矩,无法成方圆,而无法成家。因此,婚姻要考虑目的,由"利内则福,利外则取祸";④ 要考虑对方的品性,"以德义相合而相亲";⑤ 也要考虑男女相及,"对下以生民",⑥ "继后世",⑦ 使家庭延续。基于此,古人强调婚姻嫁娶有"古婚礼六礼仪""同姓不婚"⑧ "名分等级"⑨ 等规定,以避免婚姻关系乃至家庭内部关系的失序。

首先,"古婚礼六礼仪"包括纳采、问名、纳吉、纳征、请期、亲迎六个步骤。⑩ 其中纳币与迎亲最重。⑪ 聘纳之时,男女之间年龄有差异,男子二十,冠而字;女子许嫁,笄而字;⑫ 须有行媒而知名,需受币而交往,交而往之,以除不亲,⑬ 还需向官方登记,并敬告祖先。亲迎有规有命,迎亲之前,父南向而立,子北面而跪,醮而命之:"往迎

---

① 吴毓江:《墨子校注》,中华书局1993年版,第139页。
② 黄永堂译注:《国语全译》,贵州人民出版社1995年版,第238页。
③ (清)孙希旦:《礼记集解》,中华书局1989年版,第707页。
④ 黄永堂译注:《国语全译》,贵州人民出版社1995年版,第53页。
⑤ 同上书,第386页。
⑥ 同上。
⑦ (清)孙希旦:《礼记集解》,中华书局1989年版,第1421页。
⑧ 黄永堂译注:《国语全译》,贵州人民出版社1995年版,第378页。
⑨ (清)王先谦:《荀子集解》,中华书局2013年版,第179页。
⑩ (清)孙希旦:《礼记集解》,中华书局1989年版,第1416页。
⑪ 纳征与纳币是同一个意思,即送聘礼到女方家中,因为聘礼为币帛之物,所以也可称为纳币。
⑫ 胡平生、陈美兰:《礼记·孝经》,中华书局2007年版,第26页。
⑬ 同上书,第24页。原文为:男女非有行媒,不相知名;非受币,不交不亲。故日月以告君,齐戒以告鬼神,为酒食以召乡党僚友,以厚其别也。

尔相，成我宗事，隆率以敬先妣之嗣，若则有常"；① 迎亲之时，皆主人筵几于庙，而拜迎于门外，入，揖让而升，听命于庙；② 迎亲之尾，共牢而食，合卺而酳，所以合体同尊卑以亲之也。③

其次，"同姓不婚"。这是指不娶同姓人为妻，④ 以避免恶不殖也、⑤ 其生不蕃，⑥ 以厚别也、⑦ 畏乱灾也。⑧ 如果不知是否同姓时则采用占卜方式确定是否可以结婚。《礼记·曲礼上》上记载"故买妾不知其姓则卜之"。⑨

荀子认为，在婚姻家庭中确定名分等级制度，别于男女之礼，当有分义则容天下而治，无分义则一妻一妾而乱。⑩ "名分等级"可以避免在聘纳嫁娶中不遵守规则而出现的"人有失合之忧，而有争色之祸"⑪ 的混乱状况。

2. 长幼有差

家有家规就在于"贵贱有等，长幼有差"，要"序长幼"，⑫ 同时，按照同等的规矩对待他人使家庭或家族和睦，事业获得成功，⑬ 既是齐家之道，也是治国之道。反之，违背规矩，如"幼而不肯事长"，⑭ 则会使人处于不祥的境地。

"长幼"是通过血缘年龄作为标准来划分秩序。长幼的差别主要在于对上事父母长辈、中间与兄弟谦让、对下抚育幼儿。子女对待父母长

---

① （清）王先谦：《荀子集解》，中华书局2013年版，第490页。
② （清）孙希旦：《礼记集解》，中华书局1989年版，第1416页。
③ 同上书，第1417页。
④ 胡平生、陈美兰：《礼记·孝经》，中华书局2007年版，第24页。
⑤ 黄永堂译注：《国语全译》，贵州人民出版社1995年版，第378页。
⑥ 杨伯峻：《春秋左传注》，中华书局1990年版，第408页。
⑦ （清）孙希旦：《礼记集解》，中华书局1989年版，第1294页。
⑧ 黄永堂译注：《国语全译》，贵州人民出版社1995年版，第386页。
⑨ 胡平生、陈美兰：《礼记·孝经》，中华书局2007年版，第24—25页。
⑩ （清）王先谦：《荀子集解》，中华书局2013年版，第517页。
⑪ 同上书，第177页。
⑫ 同上书，第453页。
⑬ 同上书，第452—453页。
⑭ 同上书，第76页。

辈要孝而有规,"敬顺所安为孝",① 进而"孝子不匮,永锡尔类"。②对社会而言,"其为人也孝悌,而好犯上者,鲜矣"。所谓"敬顺"就是顺从并听取长辈的"劝诫和意愿","父在,观其志;父没,观其行;三年无改于父之道",③ 做到"事父母几谏",④ 为其分忧;"敬顺"也是亲身赡养,"弟子入则孝"⑤ "有父兄在,如之何其闻斯行之"⑥ "父母在,不远游,游必有方"⑦ "唯其疾之忧"⑧ 知晓"父母之年"⑨ "纯其艺黍稷,奔走事厥考厥长",以"孝养厥父母,厥父母庆",⑩ 最终使长辈处于五福⑪之中,老而得善终;"敬顺"还是不因"妻子具而孝衰于亲"。⑫

长幼有差强调同辈之间互相谦让,以达到关系和顺。荀子认为"饥而欲饱,寒而欲暖"是人之常情。⑬ "今人见长而不敢先食者,将有所让也",⑭ "尔大克羞耇惟君,尔乃饮食醉饱"⑮。荀子认为,遵从长幼规矩和礼法秩序可以帮助人们修正恶的本性,当循着性情,发生争吵之时,"化礼义则让乎国人矣",⑯ "友于兄弟",⑰ 能使长幼关系和顺。

长幼有差注重抚育幼儿,"幼者慈焉"。荀子所讲法人"幼者慈焉"里的慈爱是有限度的,"爱之而勿面,使之而勿视,导之以道而勿

---

① 黄永堂译注:《国语全译》,贵州人民出版社1995年版,第280页。
② (清)王先谦:《荀子集解》,中华书局2013年版,第510页。
③ 杨伯峻:《论语译注》,中华书局2012年版,第10页。
④ 同上书,第55页。
⑤ 同上书,第6页。
⑥ 同上书,第164页。
⑦ 同上书,第55页。
⑧ 同上书,第19页。
⑨ 同上书,第55页。
⑩ 慕平译注:《尚书》,中华书局2009年版,第182页。
⑪ 江灏、钱宗武:《今古文尚书全译》,贵州人民出版社1990年版,第245页。
⑫ (清)王先谦:《荀子集解》,中华书局2013年版,第444页。
⑬ 同上书,第436页。
⑭ 同上书,第437页。
⑮ 慕平译注:《尚书》,中华书局2009年版,第182页。
⑯ (清)王先谦:《荀子集解》,中华书局2013年版,第439页。
⑰ 杨伯峻:《论语译注》,中华书局2012年版,第27页。

强".① 抚育幼儿也要教导幼儿听从长辈之言,通过"庭训"教之以《诗》与《书》,通过劝诫"教之以义方"② 等。

总的来讲,在家庭内部,先秦时期的社会思想家们强调"贵者敬焉,老者孝焉,长者弟焉,幼者慈焉,贱者惠焉",③ 以达到父子关系亲近、兄弟关系和顺、夫妻关系和谐、"少者以长,老者以养"、家庭关系和顺,家人可"养"而有"别"的状态。

3. 始终有矩,祭祀有序

家庭内部的规矩还体现在丧事和祭祀等规范上。荀子认为,举办丧礼没有别的,主要"明死生之义,送以哀敬,而终周藏也"。④ 因此就要遵循规矩,即"生,事之以礼;死,葬之以礼,祭之以礼",⑤ 对规矩遵守如一,使人的生死始终俱善,这是"君子之道,礼义之文也",⑥ 也是对逝者的敬重。荀子强调,丧事做到"三天而服""三月之葬""三年之期"。⑦ "三天而服"是因为"殡敛之具,未有求也;垂涕恐惧,然而幸生之心未已,持生之事未辍也。卒矣,然后作具之。故虽备家必逾日然后能殡"。"三月之葬"是由于"远者可以至矣,百求可以得矣,百事可以成矣;其忠至矣,其节大矣,其文备矣"。⑧ 而"三年之期"则可以做到"称情而立文,因以饰群,别亲疏贵贱之节,而不可益损也"。⑨

棺材、丧服等也有尊卑秩序之分及男女长幼之别。就棺材的材质和大小选择而言,如果"鲤也死,有棺而无椁。吾不徒行以为之椁。以吾从大夫之后,不可徒行也";⑩ "天子棺椁七重,诸侯五重,大夫

---

① (清)王先谦:《荀子集解》,中华书局2013年版,第490页。
② 杨伯峻:《春秋左传注》,中华书局1990年版,第31页。
③ (清)王先谦:《荀子集解》,中华书局2013年版,第490页。
④ 同上书,第371页。
⑤ 杨伯峻:《论语译注》,中华书局2012年版,第18页。
⑥ (清)王先谦:《荀子集解》,中华书局2013年版,第359页。
⑦ 同上书,第361—362页。
⑧ 同上。
⑨ 同上书,第372页。
⑩ 杨伯峻:《论语译注》,中华书局2012年版,第157页。

三重，士再重"。① 衣服有厚薄，棺木上的花纹亦有等级，"以敬饰之，使生死终始若一"。② 尸体挪动远近有度，形貌变化，能显示出贵贱亲疏的差别，"故变而饰，所以灭恶也；动而远，所以遂敬也；久而平，所以优生也"；③ "故其立哭泣哀戚也，不至于隘慑伤生，是礼之中流也"。④ 男女有别，"祭悼子，康子与焉，酢不受，彻俎不宴，宗不具不绎，绎不尽饫则退"；⑤ 长幼也有别，如"五十不成丧，七十唯衰存"。⑥

古人十分重视上天和祖先，重视祭祀规矩的订立与执行，认为"天地者，生之本；先祖者，类之本也"，⑦ "上事天，下事地，尊先祖"是礼的根本。实际上，在家庭或家族内部祭祀可以"志意思慕之情"，⑧ "合其州乡朋友婚姻，比尔兄弟亲戚"，"弭其百苛，殄其谗慝，合其嘉好，结其亲昵，亿其上下，以申固其姓"，⑨ 进而恩泽家庭与家人。所以，祭祀会根据地位等级不同而划分不同的标准，祭祀时恭敬有礼，"祭如在，祭神如神在"，⑩ 并亲身参与祭祀。例如，在家庙的修建上需"尚尊"，⑪ 有大小的要求。修建时"寝不逾庙"，⑫ "典祀无丰于昵"；⑬ 祭祀的牲畜类别和大小根据位置的不同也有区别，如"国君有牛享，大夫有羊馈，士有豚犬之奠，庶人有鱼炙之荐，笾豆、脯醢则上下共之"。⑭ 同时家庭中设有宗伯这一个职位，以尊卑先后远近来调度宗庙、设立祭坛等。只有这样才能使祭祀有序进行，以维持

---

① （清）王先谦：《荀子集解》，中华书局2013年版，第359页。
② 同上书，第360页。
③ 同上书，第362—363页。
④ 同上书，第363—364页。
⑤ 黄永堂译注：《国语全译》，贵州人民出版社1995年版，第222页。
⑥ （清）王先谦：《荀子集解》，中华书局2013年版，第489页。
⑦ 同上书，第349页。
⑧ 同上书，第376页。
⑨ 黄永堂译注：《国语全译》，贵州人民出版社1995年版，第640页。
⑩ 杨伯峻：《论语译注》，中华书局2012年版，第37页。
⑪ （清）王先谦：《荀子集解》，中华书局2013年版，第494页。
⑫ 同上书，第495页。
⑬ 慕平译注：《尚书》，中华书局2009年版，第110页。
⑭ 黄永堂译注：《国语全译》，贵州人民出版社1995年版，第605页。

家庭的秩序。

（三）家庭外部的规矩

家庭的外部规矩涉及待客之道及待客之礼，主要涉及饮酒、音乐等交往层面。

1. 乡饮有义，和睦内外

先秦时期，个人与社会产生联结的方式主要为"射、乡"① 二礼。通过"乡饮"既可以明白长幼秩序和亲疏贵贱，做到"饮食可飨，和同可观，财用可嘉，则顺而德建"，② 还可以推行家庭和王者教化，避免人为灾祸。③

例如，乡饮迎宾时，"主人亲速宾及介，而众宾皆从之。至于门外，主人拜宾及介，而众宾皆入"，能够看出"贵贱之义别矣"，④ 敬酒时，"宾酬主人，主人酬介，介酬众宾，少长以齿，终于沃洗者"，可以"明长幼之序"。⑤ 尊敬老人与长辈的家规，通过"合诸乡射，教之乡饮酒之礼，而孝弟之行立矣"。⑥ 对于主宾，主人要拜迎"于庠门之外，入，三揖而后至阶，三让而后升"；⑦ 对于主要陪客则随主宾一同入门，饮酒时众宾"升受、坐祭、立饮，不酢而降"，⑧ 体现隆重和简略的区别，使人们有序于家宴中。

2. 乐合同，礼义别

音乐可以调和人与人的关系。即"乐合同，礼别异，礼乐之统，管乎人心矣"。⑨ 乐是礼的根本，它"移风易俗"使民和睦。在不同的地方倾听乐有不同的作用，如在庙堂、家庭、乡里亲族中倾听，使人们恭敬、亲近和温顺；在战场上听，能够征伐诛杀；而在乡饮中，乐礼对应

---

① （清）孙希旦：《礼记集解》，中华书局 1989 年版，第 1418 页。
② 黄永堂译注：《国语全译》，贵州人民出版社 1995 年版，第 71 页。
③ （清）孙希旦：《礼记集解》，中华书局 1989 年版，第 1429 页。原文：孔子曰："吾观于乡，而知王道之易易也。"
④ （清）王先谦：《荀子集解》，中华书局 2013 年版，第 384 页。
⑤ （清）孙希旦：《礼记集解》，中华书局 1989 年版，第 1437 页。
⑥ 同上书，第 1428 页。
⑦ 同上书，第 1424 页。
⑧ （清）王先谦：《荀子集解》，中华书局 2013 年版，第 384 页。
⑨ 同上书，第 382 页。

家规。迎宾时,"入门而金作,示情也";宾宴"以礼乐相示而已";①在饮酒的间歇,"升歌三""笙入三""间歌三,合乐三",同时还会设立一个监管者,观察音乐性质和饮酒的程度,使音乐来调和人们的关系,使人们心里平静,使其达到"和而不流""齐而不乱"。②

(四)家有家规的价值

家有家规的提出有助于家庭内部的和谐。家在中国社会中始终处于核心地位,个人从属于家,离开了家个人无法走向社会;家是人的港湾,个人最终也要回归家庭。个人社会化所需要的规则准则其实就是家庭规矩的延伸,就是熟人交往规则向陌生人延伸。透过家规的建立与完善可以建立起和谐的家庭关系。

家有家规的提出有助于社会的治理。先秦时期新旧社会及政治秩序处于更替时期,周王朝势力衰微小,各诸侯国伺机起兵争霸,整个社会处于礼崩乐坏状态。思想家们从家规开始试图通过规范家庭内外部成员之间的交往规则来治理社会,认为家庭治理是社会治理的起点,社会治理是家庭治理的延续,家有家规可以促进公序良俗的形成。

家有家规的提出有助于国家秩序的重建。诸侯争霸造成了社会秩序的混乱,家有家规的核心是"制礼义以分之",而不至于家庭混乱。家规针对不同的人群划分出了等级差异,长幼尊卑,实现教化,使"长幼、远近、男女、外内",③促进社会秩序稳定。

(高和荣)

## 第三节 齐家有道:能群的方法

家的治理需要运用恰当的方法,古人把家庭当成教育的场所,注重家庭教化。通过家庭教化,个体能够了解德行礼义、生活常识和生产经验,从而在内心形成一套共享的行为规范。当然,教化更需要言传身

---

① (清)孙希旦:《礼记集解》,中华书局1989年版,第1270页。
② (清)王先谦:《荀子集解》,中华书局2013年版,第380页。
③ (清)孙希旦:《礼记集解》,中华书局1989年版,第1274页。

教，认为父母及长辈的言传身教远大于一般意义上的社会教化，这就需要教育者本身要修身养性，以身作则，这样的教育不仅限于家之中，还发生在家庭之外的社会中，坚持有教无类，强调区别对待，注重因材施教。另外，勤俭持家、和顺可亲、疏不间亲同样也是能群的重要手段，它们能够使个体恪守其职，更好治理群体。

### 一　家庭教化

对家庭成员进行教化是齐家的重要手段，齐家构成了古代家庭教化的主要目的。通过家庭教化，让家庭成员接收一套共享的社会规则与行为准则，促进个人走出家庭融入群体，因而家庭教化是人走进群、人能群的基本途径与方法。《管子·小匡》中讲道"与其为善于里，不如为善于家"，① 实现"为善于家"就是要进行家庭教化，做到家庭和睦。

（一）家庭教化的提出

1. 家庭教化的含义

尽管"家庭教化"较为完整的提法出现在西汉时期，但是，以家庭作为教化场所、注重对子女及弟子教育早在先秦以前就已经出现。《诗经》说道"将仲子兮，无逾我里，无折我树杞。岂敢爱之？畏我父母。仲可怀也，父母之言，亦可畏也"，② 就是讲父母对子女进行教育而子女对父母讲话要有敬畏之心。另外，家庭教化也特指"在家教授弟子"。《史记·儒林列传》中记载"申公耻之，归鲁，退居家教，终身不出门，复谢绝宾客，独王命召之乃往"，③ 说的是西汉的申公退隐家中以教授子弟为生。当然，就其一般意义而言，家庭教化更侧重于家长对家庭成员的教育与感化。

2. 家庭教化提出的背景

根据孟子的说法，我国的学校教育始于夏，"夏曰校，殷曰序，周曰庠"。④ 在夏以前没有学校教育，子女的教育只有依靠家庭，父母成

---

① （清）黎翔凤：《管子校注》，中华书局2004年版，第418页。
② 程俊英：《诗经译注》，上海古籍出版社2004年版，第118页。
③ （汉）司马迁：《史记》，中华书局1999年版，第2373页。
④ 杨伯峻：《孟子译注》，中华书局1960年版，第118页。

为子女的老师，教授一些基本生活技能、劳动技能及行为规范，这时的家庭教化与实际生活完全同一。当然，在那个时代学校教育虽然开展，但学校教育的对象更多地针对社会上层特别是贵族子女，普通民众的教育还是依靠家庭去教授子女劳动技能、生活经验、日常礼仪等。这就是说，家庭教化是应对学校教育普遍稀缺而兴起的一种教育方式。

另外，家庭教育也是社会教育的最初形式。它建立在夫妻关系基础上的家庭中，最初的家庭教育侧重于日常生产及生活，把家庭教化作为一种重要的教育方式主要由于儒家对人心不古、礼崩乐坏、世风日下、狂狡有作的社会现实的反思，认为产生这种现象根源在于缺乏包括家庭在内的系统化教育。在儒家看来，家庭教化作为齐家的重要手段既是修身的结果，也是安邦治国的需要。

（二）家庭是人们教化的课堂

家庭既是人们固定居住的场合，也是具有血缘关系的群体共同生活的场所，有家人便有家庭，家庭教化发生在各个场合，如宴会宾客、朝堂之后、农商劳作、婚丧嫁娶等，教化的内容随着场合的不同而有所差异，家庭成为人们教化的载体，教化是人的成长手段，《荀子·劝学》记载干、越、夷、貉等的孩子虽然"生而同声"，但是却"长而异俗"，原因就在于"教使之然也"。[①]

《论语》就记载了孔子对孔鲤的教诲。孔子的弟子陈亢曾经问孔子的儿子孔鲤有没有得到什么特别的教诲，孔鲤回答说只是让他学诗、学礼而没有其他什么特别之处。陈亢问于伯鱼曰："子亦有异闻乎？"对曰"未也。尝独立，鲤趋而过庭。曰'学《诗》乎？'对曰'未也'。'不学《诗》，无以言。'鲤退而学《诗》。他日，又独立，鲤趋而过庭，曰'学礼乎？'对曰'未也。''不学礼，无以立。'鲤退而学礼。闻斯二者。"[②] 由此可见，《诗》和《礼》成为孔子家教的两项重要内容，也是人们通常所说的"庭训"。

婚丧嫁娶场合中，家庭也可以发挥教化功能。《礼记》中记载了许

---

[①] （清）王先谦：《荀子集解》，中华书局2013年版，第1页。
[②] 杨伯峻：《论语译注》，中华书局2012年版，第249页。

多诸如宴会宾客时如何安排座位以及如何敬酒的礼仪,以对家庭成员进行教化。"六十者坐,五十者立侍,以听政役,所以明尊长也。六十者三豆,七十者四豆,八十者五豆,九十者六豆,所以明养老也。民知尊长养老,而后乃能入孝弟。民入孝弟,出尊长养老,而后成教,成教而后国可安也。"① 在《论语·乡党》中孔子详细记载了家庭教化,"食不语,寝不言",②"席不正,不坐",③ 在举行乡饮酒礼后要等拄拐杖的老人出门后自己才能出去,乡亲们举行驱除瘟疫鬼怪仪式时一定要穿正装恭敬地站立于东面的台阶上,这就是所谓的"乡人饮酒,杖者出,斯出矣。乡人傩,朝服而立于阼阶"。④

战争时期及朝堂之上,家庭同样也是教化的课堂。《国语·晋语六》中记载范文子阵前教育儿子要懂得谨慎,"国之存亡,天命也,童子何知焉?且不及而言,奸也,必为戮"。⑤ 在朝堂之后,告诫儿子"干人之怒,必获毒焉","尔勉从二三子,以承君命,唯敬",于是告老还乡。⑥ 范武子教育儿子,在朝为官要谦虚谨慎,明哲保身,即"大夫非不能也,让父兄也。尔童子,而三掩人于朝。吾不在晋国,亡无日矣",最后"击之以杖,折委笄"。⑦

(三)家庭教育的对象与内容

家庭教化对象的形成基于一定的血缘关系。家庭教化集中在父子、夫妻、妻妾、兄弟、族长与族人、长辈与晚辈等各个群体之间。《国语·鲁语下》提到"其母戒其妾""夫妇,学于舅姑者也";⑧《庄子·盗跖》也讲"为人兄者,必能教其弟"。⑨ 面对这类对象,家庭教化的内容具有丰富性与多样性,大致包括德行礼义、生活生产、危难意识等

---

① (清)孙希旦:《礼记集解》,中华书局1989年版,第1428页。
② 杨伯峻:《论语译注》,中华书局2012年版,第146页。
③ 同上书,第147页。
④ 同上书,第147—148页。
⑤ 黄永堂译注:《国语全译》,贵州人民出版社1995年版,第474页。
⑥ 同上。
⑦ 同上书,第447页。
⑧ 同上书,第214、224页。
⑨ 孙通海译注:《庄子》,中华书局2007年版,第347页。

部分。

一是德行礼义。德行礼义的获得能够使家庭成员明确自己的身份与地位,规范家庭成员对外的行为,促进家庭和睦,它是家庭成员走向他群并被接纳的关键。孔子认为礼义教化的作用是潜移默化、润物无声,它能防范恶行的产生。他说:"礼之教化也微,其止邪也于未形,使人日徙善远罪而不自知也。"[1]《荀子·富国》讲到开展德行教化可以使"父子不得不亲,兄弟不得不顺,男女不得不欢。少者以长,老者以养"。[2]《礼记·经解》中的敬让之道则能够使"父子亲、兄弟和"。[3]《管子·形势解》认为"为人父而不明父子之义以教其子而整齐之,则子不知为人子之道以事其父矣"。[4]《礼记》较为详细地列举了家庭中长辈教育晚辈的具体内容,如"七年男女不同席,不共食。八年出入门户及即席饮食,必后长者,始教之让",[5] "父慈、子孝、兄良、弟弟、夫义、妇听、长惠、幼顺、君仁、臣忠",[6] 这些人际关系准则以及"乡饮酒义""丧祭之礼""嫁娶礼仪"等构成了家庭教化的重要内容。

二是生活常识。从幼儿走向成年,生活常识的获得离不开家庭教化。《礼记·内则》记载,子女在幼小能吃饭的时候则"教以右手";能开口说话的时候则教"男唯女俞",并以"男鞶革,女鞶丝"区别男女未来的职业,当幼儿六岁时教授"数与方名",九岁时教"数日"。当然,男女教育有所不同,十岁时男生可以外出学习,而女子则必须待在家中,学习"婉娩听从,执麻枲,治丝茧,织纴组紃"和"女事以共衣服"。[7]

三是生产经验。生产经验的传递虽然有神农氏教民农耕、伏羲氏教民狩猎、燧人氏教人钻燧取火,但是更多劳动技能的获得始于家庭。《管子·小匡》中提及,工匠教给自己的孩子"相良材,审其四时,辨

---

[1] (清)孙希旦:《礼记集解》,中华书局1989年版,第1457页。
[2] (清)王先谦:《荀子集解》,中华书局2013年版,第182页。
[3] (清)孙希旦:《礼记集解》,中华书局1989年版,第1456页。
[4] (清)黎翔凤:《管子校注》,中华书局2004年版,第1180页。
[5] (清)孙希旦:《礼记集解》,中华书局1989年版,第768—769页。
[6] 同上书,第606—607页。
[7] 同上书,第768—773页。

其功苦，权节其用，论比计，制断器，尚完利"，而农夫教给孩子"审其四时，权节具备其械器用，比耒耜谷芨，及寒，击槁除田，以待时耕"，商人教给孩子"观凶饥，审国变，察其四时"的本领，并"相语以利，相示以时，相陈以知贾"。①

四是避害教育。家长告诫孩子有困难时应该找谁来帮助，以躲避祸患，这是家庭教化的重要内容。《国语·晋语五》记载，靡笄之战后范文子回到了晋国，其父甚为担忧，范文子回答说"夫师，郤子之师也，其事臧。若先，则恐国人之属耳目于我也，故不敢"，其父通过对话知道他懂得躲避祸患，很是高兴。②《国语·晋语九》中简子告诫襄子"晋国有难，而无以尹铎为少，无以晋阳为远，必以为归"。③

（四）家庭教化的实现

家庭教化具有多种作用和功能。《庄子·盗跖》言"若父不能诏其子，兄不能教其弟，则无贵父子兄弟之亲矣"。④那么，如何实现家庭教化？先秦时期通过聘请贤能之人、观察学习、劝诫感化等方式来实现家庭教化，使个人能够掌握知识和技能，处理好家庭成员之间的关系。

1. 贤人为教

一些有经济社会地位的家庭聘请贤达人士来家里教学，以提升受教家庭成员的能力与素养，使之更好地融入社会中。《礼记》追述周朝学制的时候曾说"古之教者，家有塾，党有庠，术有序，国有学"。⑤《国语·晋语七》中记载晋悼公询问谁懂得德义，有人举荐"羊舌肸"，因为他"习于春秋"，于是晋悼公就让其"傅太子彪"。也因为家庭成员性情骄奢难以改正，而栾伯因"荀家敦惠，荀会文敏，黡也果敢，无忌镇静"，"使兹四人者为公族大夫"。⑥同时，针对男女学生，有的对所请教师性别还有要求，如《礼记·内则》中请"姆"即女教师，来

---

① （清）黎翔凤：《管子校注》，中华书局2004年版，第402页。
② 黄永堂译注：《国语全译》，贵州人民出版社1995年版，第450页。
③ 同上书，第560页。
④ 孙通海译注：《庄子》，中华书局2007年版，第347页。
⑤ （清）孙希旦：《礼记集解》，中华书局1989年版，第957页。
⑥ 黄永堂译注：《国语全译》，贵州人民出版社1995年版，第487页。

教导女子。①

2. 教之以礼

先秦时期，礼是人们进行人际交往的准则，不同的交往对象、不同的事情以及不同的场合都要"各循其礼"。通过家庭教化习得仁义礼仪，更好地修身、齐家，最终实现治国平天下的理想。一方面，长辈将经验和规范传递给下一代，使下一代能够循礼而行。在《礼记·檀弓上》中提及曾子听父亲讲"哭泣之哀、齐斩之情、饘粥之食，自天子达"②等丧葬礼仪，《国语·晋语八》范宣子借郤犨死来勉励儿子，说明谦虚处事才能免除祸患。③《国语·鲁语下》文伯公之母听闻自己的孩子对待宾客无礼，生气地将公父文赶出家门，并说到"吾闻之先子曰：'祭养尸，飨养上宾。'"。④

另外，通过训诫方式促使家庭成员明礼义、知轻重，以减少不善行为。《墨子·明鬼下》提及"为父者以警其子"，"凡杀不辜者，其得不祥"。⑤《国语·鲁语下》提到文伯公退朝回家后，见母亲正在纺麻，并劝诫他"使僮子备官而未之闻耶？居，吾语女"，指出了劳动的意义是"民劳则思，思则善心生；逸则淫，淫则忘善，忘善则恶心生"；⑥文伯公死后训诫其妾，要求"从礼而静，是昭吾子"。⑦

3. 践行而化

家庭教化可以通过家庭成员的实践来体现，以提醒家庭成员注重礼义情谊，使其行为得到规范。《礼记·坊记》中提到殷人在墓地吊慰死者家属，周人是在家属从墓地返回家中后才吊慰，这能够"示民不偝也"；在葬毕回家后"升自客阶，受吊于宾位，教民追孝也"。⑧

当然，家庭成员通过观察、参与等也可以进行学习，获得经验、教

---

① （清）孙希旦：《礼记集解》，中华书局1989年版，第764页。
② 同上书，第173页。
③ 黄永堂译注：《国语全译》，贵州人民出版社1995年版，第520页。
④ 同上书，第215页。
⑤ 吴毓江：《墨子校注》，中华书局1993年版，第337页。
⑥ 黄永堂译注：《国语全译》，贵州人民出版社1995年版，第218—219页。
⑦ 同上书，第224页。
⑧ （清）孙希旦：《礼记集解》，中华书局1989年版，第1291页。

训和行动准则，提升自己的生产生活技能，以更好的适应生活。《礼记·内则》中讲到女子"观于祭祀，纳酒浆、笾豆、菹醢，礼相助奠"就可以获得祭祀礼仪。① 《管子·小匡》中说工匠居于一处，"相语以事，相示以功，相陈以巧，相高以知事"，士人居住在一起，"父与父言义，子与子言孝，其事君者言敬，长者言爱，幼者言弟"，"旦昔从事于此，以教其子弟"，即使态度不严肃，孩子也会耳濡目染，获得"心安"。② 通过这些方式，实现家庭教化。

（高和荣）

## 二 言传身教

言传身教是知识、经验丰富的人通过言语及行为作用于教育对象，促进受教者能够更好地融入群，它坚持有教无类、身教为主、言传为辅，传授个人修养、家庭仪式和社会交往、为政策略等方面的知识，使人们遵守社会规范，约束自身行为，避免家庭失序及社会混乱。

### （一）言传身教的提出

"言传身教"这个命题所蕴含的意思最早出现在《诗经·小雅·鹿鸣》中，周王宴请宾客时，"视民不恌，君子是则是效"，意思是"示人榜样不轻浮，君子纷纷来仿效"。③ 在《诗经·郑风·将仲子》中"仲可怀也、父母之言、亦可畏也""仲可怀也、诸兄之言、亦可畏也"，④ 说明家庭中父母及兄弟的言传对于个人的影响。孔子在其一生中形成了许多言传身教的行为典范，《庄子·天道》明确讲："语之所贵者意也，意有所随。意之所随者，不可以言传也。"这应该是言传身教的最初表达。

言传通过语言来传授知识、经验和礼仪等，使个人遵守共享的社会规则，因而是个人能群的方法。其中，"言"具有言说、言喻、言论、言辞、语言等意思。《易经·家人卦》里讲"风自火出，家人；君子以

---

① （清）孙希旦：《礼记集解》，中华书局1989年版，第772—773页。
② （清）黎翔凤：《管子校注》，中华书局2004年版，第400—401页。
③ 程俊英：《诗经译注》，上海古籍出版社2004年版，第246页。
④ 同上书，第118页。

言有物而行有恒",就是说是外部的风来自于本身的火,家庭的作用产生于自身,所以,君子应该注意自己的一言一行,说话要有根据,行动要有规矩,从而给他人树立榜样。至于《诗·郑风·将仲子》所讲的"父母之言""诸兄之言""人只多言"以及《国语·周语上》的"口之宣言也,善败于是乎兴"[1] 实际上也包含这层意思。而"传"则包括传递、传输、传授、宣传以及流传等含义,《吕氏春秋·慎行论》提道"昔者舜欲以乐传教于天下"。[2]《孟子·公孙丑上》也说"速于置邮而传命"。[3] 可见"言传"就是指语言的传授,也就是通过语言教育他人。

身教也是一种能群方法,它通过自身的行为教育他人,使他们掌握生活、治家、治国方法。身教更多地强调以自己的行动教育他人,西汉刘向在《列女传·鲁之母师》中曾经写道:"夫人诸姬皆师之,君子谓母师能以身教。"这是"身教"的最直接表达,强调亲自示范、亲自教导。

后来,范晔在《后汉书·第五钟离宋寒列传》中所提到的"其身不正,虽令不行;以身教者从,以言教者讼",更多地侧重于身教大于说教,强调要把身教和说教有机结合起来,实现"言传"与"身教"的统一。

(二)言传身教的原则

言传身教不仅限于家庭这个群体中,它也常常出现在社会中。因此,言传身教的对象不局限于家庭成员,而且渗透到师生、朋友乃至君臣之间。针对不同的对象,言传身教有不同的原则要求。

一是坚持有教无类。孔子强调人人都有接受教育的权利,不应该对教育对象进行筛选并加以拒绝。在孔子的学生中,颜回、仲弓、子夏等来自一般家庭,而孟懿子、南宫敬叔等人则来自鲁国的司空家庭,他们不论是来自哪一个阶层最后都成为孔子的学生,并加以因材施教。从齐家角度看,通过言传身教让所有家庭成员知礼仪、序长幼、明人伦,学

---

[1] 黄永堂译注:《国语全译》,贵州人民出版社1995年版,第10页。
[2] 张双棣等译注:《吕氏春秋译注》,北京大学出版社2000年版,第789页。
[3] 杨伯峻:《孟子译注》,中华书局1960年版,第57页。

习生产技能及生活经验,丰富家庭生活,提高生活质量,促进修身、齐家及治国平天下理想价值的实现。

二是强调区别对待。先秦诸子认为"言传"和"身教"作为两种不同的教育方式应该区别对待,究竟何时采取"言传"、何时使用"身教"需要一定的条件。"若以时入宾,则协其礼与其辞,言传之。"① 但是,如果如《庄子·天道》中言"语之所贵者意也,意有所随,意之所随者,不可以言传也",意思是语言之所以重要是因为它所蕴含的意思,而这背后的蕴意是语言无法传授清楚的。当然,如果言传者上了年纪,而其所掌握的技巧"得之于手而应于心,口不能言,有数存焉于其间"。②

三是身教重于言传。先秦诸子十分重视身教,孔子曾说过"予欲无言",子贡问孔子"您如果不说话,谁教我们呢",孔子以"天何言哉?四时行焉,百物生焉,天何言哉?"③ 告诉子贡身教的重要性,他又说"其身正,不令而行;其身不正,虽令不从",④ 这在一定程度上强调了身教的作用。《庄子·渔父》也说"先生不羞而比之服役,而身教之"。⑤ 其实正是孔子赞扬渔夫把孔子当作弟子一样看待加以亲自教导。这表明,言传固然也是一种齐家手段及能群方法,但是在表意方面还有所不足,而身教则恰好弥补这一缺陷,以身教为主,言传为辅,能够使子女及晚辈耳濡目染,理解并接受齐家的规则与习俗。

(三)言传身教的内容

言传身教的内容十分广泛,小到饮食起居、中到人际交往、至大到定国安邦,均离不开它。

1. 个人修养

言传身教首先指向个人的行为,是长辈、老师通过礼、乐等对晚辈或弟子个人行为的教导,使个人成为正人君子。

---

① 李学勤:《周礼注疏》,北京大学出版社1999年版,第1035页。
② 孙通海译注:《庄子》,中华书局2007年版,第220页。
③ 杨伯峻:《论语译注》,中华书局2012年版,第261页。
④ 同上书,第188页。
⑤ 孙通海译注:《庄子》,中华书局2007年版,第360页。

第五章　能群的基本命题

一是要正人。正人是成人的根据，成人需要正人和成仁，它构成了言传身教的重要内容。《论语》中，樊迟、颜渊、仲弓、司马牛、子张、子贡等弟子向孔子问仁，孔子则认为要"克己复礼"①"言也讱"②"爱人"③"居处恭，执事敬，与人忠。虽之夷狄，不可弃也"④"出门如见大宾，使民如承大祭。己所不欲，勿施于人。在邦无怨，在家无怨"，⑤能践行"恭、宽、信、敏、惠"。⑥

二是尚德与辨惑。德是指"德行，内外之称，在心为德，施之为行"，⑦也指"生乎由是，死乎由是"⑧的坚持，德也是"叙位"的和"能以授官"的标准，⑨而"惑"则是"爱之欲其生，恶之欲其死。既欲其生，又欲其死"。要实现尚德辨惑，就要"主忠信，徙义，崇德也"，⑩然后"攻其恶，无攻人之恶"⑪能"修慝"。

三是如何成为君子。君子怀仁与德，具有"周而不比"⑫的特性，也是"邦家之基，邦家之光"，⑬因而为人们所效仿与追求。孔子认为，"君子务本，本立而道生"，⑭"先行其言而后从之"，⑮"不忧不惧，内省不疚"，⑯即使"人不知而不愠"。⑰《论语·宪问》也指出，君子

---

① 杨伯峻：《论语译注》，中华书局2012年版，第172页。
② 同上书，第173页。
③ 同上书，第182页。
④ 同上书，第194页。
⑤ 同上书，第172页。
⑥ 同上书，第255页。
⑦ 李学勤：《周礼注疏》，北京大学出版社1999年版，第348页。原文为：以三德教国子：一曰至德，以为道本；二曰敏德，以为行本；三曰孝德，以知逆恶。教三行：一曰孝行，以亲父母；二曰友行，以尊贤良；三曰顺行，以事师长。
⑧ （清）王先谦：《荀子集解》，中华书局2013年版，第19页。
⑨ 同上。
⑩ 杨伯峻：《论语译注》，中华书局2012年版，第177页。
⑪ 同上书，第181页。
⑫ 同上书，第23页。
⑬ 程俊英：《诗经译注》，上海古籍出版社2004年版，第269页。
⑭ 杨伯峻：《论语译注》，中华书局2012年版，第3页。
⑮ 同上书，第23页。
⑯ 同上书，第173页。
⑰ 同上书，第2页。

"修己以敬""修己以安人""修己以安百姓"。[1]

2. 家庭规矩

言传身教主要落脚到家庭生活的塑造方面。其中，孝是联结家庭成员的情感链条，涉及生老病死葬等家庭生活的各个环节，因而构成了言传身教的重要内容。孟懿子、孟武伯、子游和子夏询问何谓孝时，孔子言"无违"，即不违背"生事""死葬""祭祀"的礼，同时孝不仅要赡养长者，而且要带着"敬"意，尽可能的使父母或长者"和颜悦色"。[2]

举行婚礼时，父亲告诫儿子迎亲的规矩，说明迎娶的目的，即"承我宗事。勖帅以敬，先妣之嗣"。[3] 也会给予礼物告诫女儿出嫁后要和谐家庭关系，告诫她"戒之敬之，夙夜毋违命"，[4] 而母亲则为女儿束好衣带，结上佩巾，告诫她"勉之敬之，夙夜无违宫事"。庶母送到庙门内，为女儿系上盛物的小囊，"申之以父母之命"，提醒她"敬恭听，宗尔父母之言。夙夜无愆，视诸衿鞶"。在出嫁之前，出嫁的女儿由母亲的左边出房门，"父西面戒之，必有正焉"，[5] 并授予衣、笄等物作为依凭，而母亲则是在西阶上方教导女儿，"不降"。

举行丧礼时，长辈和老师通过言行教授幼辈，以保证丧礼能够按照规矩有序举行，而不违背社会规制。例如，"南宫绦之妻之姑之丧"，孔子教她做丧髻的方法，即"尔毋从从尔，尔毋扈扈尔。盖榛以为笄，长尺，而总八寸"。[6] 子张问"高宗谅阴，三年不言"时，孔子说"君薨，百官总己以听于冢宰三年"。[7] 然友便到邹国去向孟子请教如何办理丧事，孟子说"三年之丧，齐疏之服，饘粥之食，自天子达于庶人，三代共之"，[8] 然后实行三年之丧，为家人和群臣做好表率。颜渊死时

---

[1] 杨伯峻：《论语译注》，中华书局2012年版，第221页。
[2] 同上书，第21页。
[3] 杨天宇：《仪礼译注》，上海古籍出版社2004年版，第50页。
[4] 同上书，第51页。
[5] 同上书，第44页。
[6] （清）孙希旦：《礼记集解》，中华书局1989年版，第179—180页。
[7] 杨伯峻：《论语译注》，中华书局2012年版，第220页。
[8] 杨伯峻：《孟子译注》，中华书局1960年版，第114页。

颜路请求孔子卖掉车子为颜渊购买椁,孔子说"才不才,亦各言其子也。鲤也死,有棺而无椁。吾不徒行以为之椁。以吾从大夫之后,不可徒行也",[①] 强调丧礼的用度应该符合规则。

同样,家庭举行祭礼也是为了教育家人"序宗族"和佑族人。因此,即使在偏远的地方,祭祀的物品也"皆犓豢其牛羊犬彘,洁为粢盛酒醴,以敬祭祀上帝山川鬼神",[②] "牺牲不成,粢盛不洁,衣服不备,不敢以祭";[③] 祭祀的时间采取"春秋祭祀,以时思之",[④] "祭,过时不祭,礼也",[⑤] 且"祭则致其严",[⑥] 等到祭祀那日"颜色必温,行必恐,如惧不及爱然"。[⑦]

3. 社会交往

言传身教除了教授家庭生活礼仪外,也要学习社会交往规则,以便使自己融入社会。面对不同个体要采用不同的方法和原则,"与君言,言使臣。与大人言,言事君";[⑧] 而"与老者言,言使弟子。与幼者言,言孝弟于父兄"。[⑨] 对待友人也要遵循一定的行为准则。子贡问如何交友,孔子言"忠告而善道之,不可则止,无自辱焉";[⑩] 鲁哀公问孔子如何交友,孔子说交朋友大概是"并立则乐,相下不厌;久不相见,闻流言不信;其行本方立义,同而进,不同而退";[⑪] 万章问孟子如何交友,孟子说"不挟长,不挟贵,不挟兄弟而友",[⑫] 而应该以德行交友,相互合作。在交友过程中要注意长幼尊卑,"用下敬上,谓之贵贵;用

---

① 杨伯峻:《论语译注》,中华书局 2012 年版,第 157 页。
② 吴毓江:《墨子校注》,中华书局 1993 年版,第 319 页。
③ 杨伯峻:《孟子译注》,中华书局 1960 年版,第 142 页。
④ 胡平生译注:《孝经译注》,中华书局 1999 年版,第 39 页。
⑤ (清)孙希旦:《礼记集解》,中华书局 1989 年版,第 520 页。
⑥ 胡平生译注:《孝经译注》,中华书局 1999 年版,第 25 页。
⑦ (清)孙希旦:《礼记集解》,中华书局 1989 年版,第 1234 页。
⑧ 杨天宇:《仪礼译注》,上海古籍出版社 2004 年版,第 60 页。
⑨ 同上。
⑩ 杨伯峻:《论语译注》,中华书局 2012 年版,第 183 页。
⑪ (清)孙希旦:《礼记集解》,中华书局 1989 年版,第 1408 页。
⑫ 杨伯峻:《孟子译注》,中华书局 1960 年版,第 237 页。

上敬下,谓之尊贤。贵贵、尊贤,其义一也"。①

4. 为政之道

国家治理首要任务在于齐家,所谓的"家齐而国治"就在于此,治国在于"足食、足兵、民信"。② 言传身教强调明确自己所处的位置,孔子就曾告诫弟子"不在其位,不谋其政",③ 居下者,对待上级要敬而有道,做到"其事上也敬",④"臣事君以忠",⑤"温恭朝夕、执事有恪",⑥"敬其事而后其食"。⑦ 在《论语》中,孔子就告诉鲁定公"君使臣以礼,臣事君以忠"。(《论语·八佾》)

(四)言传身教的方法

1. 修身养性,以身作则

言传身教需要教授者注重修身养性,以身作则,受教者才会学以正身,这样才能达到言传身教效果。孔子认为,实施言传身教,首先要求实施者对知识有正确的态度,做到"知之为知之,不知为不知"。⑧ 例如,卫灵公询问孔子打仗的阵法,孔子因"俎豆之事,则尝闻之矣;军旅之事,未之学也"而拒绝教授。⑨ 言传身教要有"勤勉为公,忠心报国"品质,达到《诗经》中所讲的"刑于寡妻,至于兄弟,以御于家邦"这一要求。

2. 效仿他人,循序渐进

言传身教除了坚持以自身作则之外,还可以以他人为例、让他人成为自己的榜样,同样可以达到言传身教效果,实现经验与知识的传播,利于齐家和治国。例如,叔向对晋平公说:"昔吾先君唐叔射兕于徒林,殪,以为大甲,以封于晋。今君嗣吾先君唐叔,射兕不死,搏之不得,

---

① 杨伯峻:《孟子译注》,中华书局1960年版,第237页。
② 杨伯峻:《论语译注》,中华书局2012年版,第175页。
③ 同上书,第215页。
④ 同上书,第66页。
⑤ 同上书,第41页。
⑥ 程俊英:《诗经译注》,上海古籍出版社2004年版,第561页。
⑦ 杨伯峻:《论语译注》,中华书局2012年版,第238页。
⑧ 同上书,第25页。
⑨ 同上书,第225页。

是扬吾君之耻者也。君其必速杀之，勿令远闻。"① 就是说从前先王唐叔一箭猎杀犀牛，把犀牛皮做了铠甲，正因为他的才艺被成王封为晋侯。现在您射了一只小雀，不仅没有射死而又捕捉不得，您赶紧杀了襄，切不可声张出去。平公当然听出了叔向的言外之意，感到惭愧而赦免了襄。当然，言传身教的时候要注意先易后难、由浅入深、反复练习、循序渐进。《礼记·学记》就讲道"良冶之子，必学为裘；良弓之子，必学为箕；始驾者反之，车在马前"，② 才能使教育事业得以成功。

3. 兴学设职，实施教育

兴办学校、设置职位进行教育，能够使言传身教更好地发挥作用。《孟子·滕文公上》提道"设为庠序学校以教之"，③ 学三代知识，"修六礼，明七教"，"理民性"，④ 能够"明人伦"，⑤ "申之以孝悌之义，颁白者不负戴于道路矣"。⑥ 同时，设立专门的职位如大司徒、乡长、族师等，选择专业的老师教之以六德、六行、六艺。⑦

总之，通过言传身教，明长幼秩序，守社会规范，通君臣之义，更好地齐家兴家、治国安邦。

（高和荣）

## 三 勤俭持家

勤俭持家作为能群的手段，也是齐家的方法，它确保了从二人世界、三口之家的"小家"到大家庭、家族乃至天下的"大家"能够成为"一家"。因此，勤俭持家十分重要。

（一）勤俭持家的提出

先秦时期的人们尽管还没有直接使用"勤俭持家"这一命题，但是，勤俭持家的理念及实践活动早已存在，这集中体现在人们对劳动的

---

① 黄永堂译注：《国语全译》，贵州人民出版社1995年版，第522页。
② （清）孙希旦：《礼记集解》，中华书局1989年版，第957页。
③ 杨伯峻：《孟子译注》，中华书局1960年版，第118页。
④ （清）王先谦：《荀子集解》，中华书局2013年版，第498页。
⑤ 杨伯峻：《孟子译注》，中华书局1960年版，第118页。
⑥ 同上书，第5页。
⑦ 李学勤：《周礼注疏》，北京大学出版社1999年版，第352页。

赞美中。在那个靠天吃饭的年代,只有辛勤劳动才有可能维持家庭成员的基本生活,只有大家的勤劳才可能换取家族的延续以及全体人民的安康。为此,人们通过诗歌等形式歌颂劳动、赞美辛勤劳动。例如,《诗经·周南·芣苢》就描述了周代人采集野生植物车前子时的情形,歌谣唱道:

> 采采芣苢,薄言采之。采采芣苢,薄言有之。
> 采采芣苢,薄言掇之。采采芣苢,薄言捋之。
> 采采芣苢,薄言袺之。采采芣苢,薄言襭之。①

该歌谣通过对劳动过程、劳动成果由少到多过程的反复描述,表达了劳动时的欢悦之情,热情洋溢地歌颂了人们通过勤劳而过上美好生活。

在《诗经·魏风·十亩之间》中,作者勾画出一派清新恬淡的田园风光,抒写了一名采桑女轻松愉快的劳动心情,反映出人们对劳动生活的热爱,蕴含着人们对于辛勤劳动创造美好生活的追求。

> 十亩之间兮,桑者闲闲兮。行与子还兮。
> 十亩之外兮,桑者泄泄兮。行与子逝兮。②

在以家为核心的传统社会中,人们通过辛勤劳动创造美好生活,本质上就是要通过辛勤劳动创造一个美好的家庭生活,就是齐家的一种方法。《诗经》中同样包含着大量对家庭生活赞美的歌谣。

《尚书》初步提出了勤俭持家命题。舜在评价禹时认为禹"克勤于邦,克俭于家",③ 意思是禹能够勤于治理国家,保持节俭的家庭生活,尽管其中的"勤"主要针对的是国家事务,但那个时候人们更多地把国

---

① 程俊英:《诗经译注》,上海古籍出版社 2004 年版,第 12 页。
② 同上书,第 163—164 页。
③ 江灏、钱宗武:《今古文尚书全译》,贵州人民出版社 1990 年版,第 43 页。

作为家的延续，是家的扩大，因此，这句话同样具有勤俭持家的含义。

后来，《国语》较为详细地记载了"刘康公论鲁大夫俭与侈"故事，以此强调"勤俭才能持家、奢侈必然毁家"这一齐家之道：

> 定王八年，使刘康公聘于鲁，发币于大夫。季文子、孟献子皆俭，叔孙宣子、东门子家皆侈。归，王问鲁大夫孰贤？对曰："季、孟其长处鲁乎！叔孙、东门其亡乎！若家不亡，身必不免。"王曰："何故？"对曰："臣闻之：为臣必臣，为君必君，宽肃宣惠，君也；敬恪恭俭，臣也。……敬所以承命也，恪所以守业也，恭所以给事也，俭所以足用也。以敬承命则不违，以恪守业则不懈，以恭给事则宽于死，以俭足用则远于忧。若承命不违，守业不懈，宽于死而远于忧，则可以上下无隙矣，其何任不堪？上任事而彻，下能堪其任，所以为令闻长世也。今夫二子者俭，其能足用矣，用足则族可以庇。二子者侈，侈则不恤匮，匮而不恤，忧必及之，若是则必广其身。且夫人臣而侈，国家弗堪，亡之道也。①

通过刘康公的论述可以看出，那时人们已经认识到奢侈对于家庭甚至家族的巨大坏处，从而映衬着对勤俭持家的认可。

需要注意的是，由于家不仅可以指小家庭，也可以指整个诸侯国乃至天下，因此，勤俭持家不仅可以用于家庭，也可用于指导整个国家乃至天下的治理，主要强调勤政和节约：就勤政而言，《尚书》等文献中记述了君王勤于政务的事例。例如，大禹勤于治水"克勤于邦"，以至于《吕氏春秋》中说，"勤劳为民，无苦乎禹者矣"；② 就节约来说，墨子就告诫"俭节则昌，淫佚则亡"，③ 节俭成为国家治理的有效手段。

（二）勤俭持家提出的背景

勤俭持家顾名思义就是以勤勉节俭的态度经营家庭，勤侧重于指家

---

① 黄永堂译注：《国语全译》，贵州人民出版社1995年版，第84—85页。
② 张双棣等译注：《吕氏春秋译注》，北京大学出版社2000年版，第755页。
③ 吴毓江：《墨子校注》，中华书局1993年版，第48页。

庭收入的增加，俭侧重于指家庭支出的控制。勤俭持家之所以成为齐家的重要手段，离不开当时的社会现实。

一是落后的社会生产。先秦时期的农业生产非常落后，基本上处于看天吃饭状态，普遍缺乏应对自然灾害的手段，一旦发生自然灾害，将危及农业生产与日常生活。此时，家庭要想维持下去只有勤于劳动，家庭成员必须要勤俭节约，这样，勤俭才能持家、持家必须勤俭就构成了匮乏型社会中维系家庭运行的条件。

二是国家长治久安的要求。社会安宁、实现长治久安是上至诸侯国君下至平民百姓的共同心愿。这就需要君主与士大夫勤于政务，督促人们积极开展社会生产，同时，君主与士大夫也要尽可能地节省开支，以备不时之需，引导整个社会形成开源节流的良好风尚。正如墨子所言，"财不足则反之时，食不足则反之用。故先民以时生财，固本而用财，则财足。故虽上世之圣王，岂能使五谷常收而旱水不至哉？然而无冻饿之民者，何也？其力时急而自养俭也"。[1]

（三）勤俭持家的内容

从修身、齐家、治国、平天下角度看，勤俭持家主要包括以下四个方面的内容。

第一，勤俭持家是个人必备的品德。古人把勤劳当成个人的品质，孔子就强调君子"劳而不怨"，[2] 倡导人们通过辛勤劳动创造自己的幸福生活。《论语》讲到了一个故事。

> 子路从而后，遇丈人，以杖荷蓧。子路问曰："子见夫子乎？"丈人曰："四体不勤，五谷不分。孰为夫子？"植其杖而芸。子路拱而立。止子路宿，杀鸡为黍而食之，见其二子焉。明日，子路行以告。子曰："隐者也。"使子路反见之。至则行矣。[3]

---

[1] 吴毓江：《墨子校注》，中华书局1993年版，第36页。
[2] 杨伯峻：《论语译注》，中华书局2012年版，第292页。
[3] 同上书，第272页。

该故事讲的是一个老人批评孔子不事体力劳动来肯定勤劳的价值。其他学派则从功能方面阐述勤劳。例如,杨朱就认为"勤能使逸",① 即只有通过辛勤劳动创造出了足够财富,才能过上相对安逸的生活。

不仅如此,节俭也成为个人应具的品德。《春秋左传》引用鲁国大夫御孙的话"俭,德之共也;侈,恶之大也",② 指出了俭属于德的一种。孔子也称赞周公"家富而愈俭"。③《易经》认为"天地不交,否;君子以俭德辟难,不可荣以禄",④ 实际上包含着节俭可以化解将来的危机。管仲认为"人惰而侈则贫,力而俭则富",⑤ 韩非则进一步指出"今夫与人相若也,无丰年旁入之利而独以完给者,非力则俭也。与人相若也,无饥馑疾疚祸罪之殃独以贫穷者,非侈则惰也。侈而惰者贫,而力而俭者富"。⑥ 由此可见,一个人要想致富,必须同时具备勤奋与借鉴两种品质。相反,如果"恶恭俭而好简易,贪饮食而惰从事,衣食之财不足,是以身有陷乎饥寒冻馁之忧"。⑦

第二,勤俭持家是家庭运行的要求。家庭的正常运转需要一定的物资储备,在生产力非常低下的古代社会中只能靠开源节流。商鞅就指出所谓富者通常"入多而出寡。衣食有制,饮食有节,则出寡矣。女事尽于内,男事尽于外,则入多矣"。⑧ 在这种情形下就需要投入更多的劳动精耕细作才可能创造出尽可能多的财富。商鞅认为,"民壹则朴,朴则农,农则易勤,勤则富",⑨ 意思是只要专注于农业生产通过辛勤劳动,就会实现家庭的富足。

节俭在维系家庭运行中的作用十分巨大。周公就说过"智士俭用其财则家富",然后"俭故能广",⑩ 意思是节俭有助于家庭致富。墨子也

---

① 景中译注:《列子》,中华书局2007年版,第212页。
② 杨伯峻:《春秋左传注》,中华书局1990年版,第229页。
③ (清)王先谦:《荀子集解》,中华书局2013年版,第159页。
④ 郭彧译注:《周易》,中华书局2010年版,第68页。
⑤ (清)黎翔凤:《管子校注》,中华书局2004年版,第1170页。
⑥ (清)王先慎:《韩非子集解》,中华书局1998年版,第458—459页。
⑦ 吴毓江:《墨子校注》,中华书局1993年版,第424页。
⑧ 石磊译注:《商君书》,中华书局2009年版,第155页。
⑨ 同上书,第89页。
⑩ (清)王先慎:《韩非子集解》,中华书局1998年版,第131页。

说过,"故民衣食之财,家足以待旱水凶饥者,何也?得其所以自养之情,而不感于外也。是以其民俭而易治,其君用财节而易赡也"。① 墨子特别强调节葬,提出"故衣食者人之生利也,然且犹尚有节;葬埋者,人之死利也,夫何独无节于此乎"。② 认为既然活着的人都要厉行节约,那么也就没有必要为了安葬死去的人而耗费太多。

第三,勤俭持家是国家强盛的需要。古人大都强调勤俭特别是勤对于治国的好处。《礼记》就记载了有关卫庄公对孔悝说的话:

> 公曰:"叔舅!乃祖庄叔,左右成公。成公乃命庄叔随难于汉阳,即宫于宗周,奔走无射。启右献公。献公乃命成叔,纂乃祖服。乃考文叔,兴旧耆欲,作率庆士,躬恤卫国,其勤公家,夙夜不解,民咸曰:"休哉!"③

文中借卫庄公之口描述了孔悝先祖勤于国政而受到了卫国人的称赞,为卫国的统治作出了卓越贡献。

另外,针对一些君主及士大夫生活奢侈,人们对铺张浪费行为进行了批判,从而强调节俭的必要性。管仲说:

> 国侈则用费,用费则民贫,民贫则奸智生,奸智生则邪巧作;故奸邪之所生,生于匮不足;匮不足之所生,生于侈;侈之所生,生于毋度;故曰:"审度量,节衣服,俭财用,禁侈泰,为国之急也。"④

老子也说道:

> 乱主则不然,一日有天下之富,处一主之势,竭百姓之力,以

---

① 吴毓江:《墨子校注》,中华书局1993年版,第47页。
② 同上书,第268页。
③ (清)孙希旦:《礼记集解》,中华书局1989年版,第1251页。
④ (清)黎翔凤:《管子校注》,中华书局2004年版,第259页。

奉耳目之欲，志专于宫室台榭，沟池苑囿，猛兽珍怪，贫民饥饿，虎狼厌刍豢，百姓冻寒，宫室衣绮绣，故人主畜兹无用之物，而天下不安其性命矣。①

墨翟说：

> 今则不然，厚作敛于百姓，以为美食刍豢，蒸炙鱼鳖，大国累百器，小国累十器，前方丈，目不能遍视，手不能遍操，口不能遍味，冬则冻冰，夏则饐馕，人君为饮食如此，故左右象之。是以富贵者奢侈，孤寡者冻馁，虽欲无乱，不可得也。君实欲天下治而恶其乱，当为食饮，不可不节。②

管仲、老子、墨翟等人都认为国家治理者奢侈的生活将不利于国家统治，反过来，如果统治者能够秉持节俭的理念治理国家，则会给国家带来益处。老子说："君子之道，静以修身，俭以养生。静即下不扰，下不扰即民不怨。"③ 墨子认为，"故其用财节，其自养俭，民富国治"。④

韩非子则记载了秦穆公与由余的对话：

> 昔者戎王使由余聘于秦，穆公问之曰："寡人尝闻道而未得目见之也，愿闻古之明主得国失国何常以？"由余对曰："臣尝得闻之矣，常以俭得之，以奢失之。"⑤

由此可见，节俭关系到能否守住国家、能否促进国家长治久安这个重大问题。

---

① 李德山译注：《文子》，黑龙江人民出版社2003年版，第309页。
② 吴毓江：《墨子校注》，中华书局1993年版，第47页。
③ 李德山译注：《文子》，黑龙江人民出版社2003年版，第309页。
④ 吴毓江：《墨子校注》，中华书局1993年版，第47页。
⑤ （清）王先慎：《韩非子集解》，中华书局1998年版，第70页。

第四，勤俭持家是社会发展的需要。老子强调勤奋是事情成功的基础，那种认为不参加劳动想求得事情的成功则闻之未闻。他说："自天子至于庶人，四体不勤，思虑不困，于事求赡者，未之闻也。"① 《春秋左传》提出"民生在勤，勤则不匮"，② 认为民勤可以避免生存匮乏，进而避免了生存危机，从而有利于社会的安全与稳定。《国语》也指出，"以俭足用则远于忧"，③ 认为"明恭俭以导之孝"，④ 实际上指出了节俭不仅有助于延长物资的消耗，减少对于未来生存不确定性的担忧，而且也强调了一个人如果懂得了谦恭与节俭，那么就有助于他自觉行孝。

（四）勤俭持家的实现

实现勤俭持家，促进家国及天下的长治久安，需要引导人们自觉地树立"成由勤俭败由奢"理念，并据此进行行动。

一是要勤于劳动。要倡导劳动最光荣，勤劳才能持家，勤劳方能致富。在先秦时期更多地要求君主以及士大夫阶层要率先垂范，通过自身言传身教引导人们勤劳持家。正如《礼记》所言"天子亲耕，粢盛、秬鬯以事上帝"，⑤ 天子通过亲自耕田向全社会表达要勤于耕作的信息，从而起到示范效应，引导人们勤于务农。实际上，君主及士大夫也会通过各种措施劝导人们勤勉生产。例如，《礼记》记载："是月也，天子始絺。命野虞出行田原，为天子劳农劝民，毋或失时。命司徒巡行县、鄙，命农勉作，毋休于都。"⑥ 从而在全社会范围内倡导勤俭持家的良好风尚。

二是要注重节俭。墨子指出："食不可不务也，地不可不力也，用不可不节也。"⑦ 节用体现在衣食、住房及葬礼上。老子就强调"量腹

---

① 李德山译注：《文子》，黑龙江人民出版社2003年版，第215页。
② 杨伯峻：《春秋左传注》，中华书局1990年版，第731页。
③ 黄永堂译注：《国语全译》，贵州人民出版社1995年版，第85页。
④ 同上书，第600页。
⑤ （清）孙希旦：《礼记集解》，中华书局1989年版，第1306页。
⑥ 同上书，第444—445页。
⑦ 吴毓江：《墨子校注》，中华书局1993年版，第36页。

而食，度形而衣，节乎己而"。① 管仲认为"明君制宗庙，足以设宾祀，不求其美。为宫室台榭，足以避燥湿寒暑，不求其大"。② 至于葬礼更需要节俭，墨子曾告诫过："衣三领，足以朽肉，棺三寸，足以朽骸，堀穴深不通于泉，流不发泄则止。死者既葬，生者毋久丧用哀。"③

（高和荣）

## 四 和顺可亲

和顺可亲是个体聚集成群的重要方法，个体秉承"和顺"的期望及态度而聚拢成稳定的社会群体。和顺可亲可以通过欣赏音乐、清静无为、遵循礼仪和抚恤民众等方式和途径来实现。

（一）和顺可亲的提出

和顺可亲这个命题讲的是个体和谐顺正、和善温顺，使别人可以亲近他。《诗经·邶风·燕燕》中言"终温且惠，淑慎其身，先君之思，以勖寡人"，④ 这里的"惠"就是"和顺"之义，告诫女子性格要温柔和顺，行为善良谨慎。该命题最初是由"和顺"以及"可亲"两部分构成。根据现有的文献，较早使用"和顺"一词是《周易》等文献中。《易经·说卦传》指出，"和顺于道德而理于义"，⑤ 它要求人们顺应事物的自然本性并穷尽事物的义理，这里的"和顺"有"顺应"之义，侧重于对个体本身的要求。后来，管子在《形势解》中指出，"父母不失其常，则子孙和顺"，意为父母做好作为父母应该做的事情，子孙就会和睦顺从，这里的"和顺"便成为描述家庭的一种和睦状态。此外，《礼记》也较早地使用了"和顺"一词，把它作为实现和顺可亲的一种手段与载体。《礼记·乐记》中曾言，"和顺积中，而英华发外，唯乐不可以为伪"，讲的是和谐顺正的精神蓄积在心中，音乐的精彩才能显

---

① 李德山：《文子译注》，黑龙江人民出版社2003年版，第73页。
② （清）黎翔凤：《管子校注》，中华书局2004年版，第298页。
③ 吴毓江：《墨子校注》，中华书局1993年版，第255页。
④ 程俊英：《诗经译注》，上海古籍出版社2004年版，第41页。
⑤ 郭彧译注：《周易》，中华书局2010年版，第322页。

现出来，只有音乐不会伪装的，① 这里强调人的内心的和谐平静，处于一种正向状态，就可以让他人接近和归附，所谓的"厥德不回、以受方国"，② 讲的就是文王品德高尚可以使四方之民归附于他。

"可亲"一词较早地出现在《列子》与《礼记》中并以负向的含义呈现出来，强调当个体的性情状态是负向时别人则会远离他。《列子·周穆王》中记载说"王之嫔御膻恶而不可亲"，③ 意指周穆王的妃嫔因身上有膻臭味而难以让人亲近。《礼记·儒行》指出，"儒有可亲而不可劫也；可近而不可迫也；可杀而不可辱也"，④ 是指儒者可以接受他人的亲密但不接受他人的劫持，可以接受他人的亲近但不接受他人的胁迫，可以被杀头但不可以被侮辱，是因为他们行义理而已；⑤ 《礼记·文王官人》中云，"诚忠必有可亲之色"，意思是真正的忠诚一定带有可以亲近的神情。上述文献中的"可亲"都可以直接解释为"可以亲近"。

由此可见，和顺可亲大致形成于东周到西汉初年。此时，西周所确立的宗法制度逐步被破坏，诸侯国之间的关系趋于恶化而不断发生战争，致使生灵涂炭，民不聊生。而诸侯争霸恰恰是由于西周后期君主昏庸无道，西周初期形成的"以德配天"的天命观逐步失去现实依据。在这种情形下，统治者体恤民间疾苦顺应民意让人民安居乐业、诸侯国友善相处而免于战争、社会各色人等保持和顺状态而可以亲近，就成了社会共同的期盼。由此便产生了和顺可亲命题。

(二) 和顺可亲的内容

和顺可亲不仅体现在个人的行为要求中，也体现在家庭、社会以及诸侯国交往中，使得社会成员呈现出一种更容易让人接纳的状态。

一是个人的和顺可亲。《诗经》说"温温恭人，维德之基"，⑥ 意为

---

① （清）孙希旦：《礼记集解》，中华书局1989年版，第1006页。
② 程俊英：《诗经译注》，上海古籍出版社2004年版，第411页。
③ 王力波：《列子》，黑龙江人民出版社2002年版，第63页。
④ （清）孙希旦：《礼记集解》，中华书局1989年版，第1403页。
⑤ 同上。
⑥ 周振甫：《诗经译注》，中华书局2002年版，第457页。

"对人温和谦恭,是具备高尚道德的基础",因此,性情上的和顺可亲对个人极为重要,也成为人们颂扬的品质。例如,《诗经·燕燕》中描述了少女出嫁时对妹妹的赞扬,赞扬妹妹"终温且惠,淑慎其身",意为温和而又恭顺,为人谨慎善良。孔子在评价禹的时候,赞扬禹"其仁可亲"。① 反过来,如果个人不具有和顺可亲性情时则会遭到人们的批判。《诗经·羔裘》中云:

> 羔裘豹袪,自我人居居。岂无他人,维子之故。
> 羔裘豹袖,自我人究究。岂无他人,维子之好。②

这首诗实际上讽刺了一些达官贵人因穿着华丽显得高人一等,缺乏和顺可亲的性情,便会受到人们的批判,反映出社会对和顺可亲性情的认可。

二是家庭的和顺可亲。家庭是最基本的社会单位,在中国社会甚至可以成为唯一的社会单位,因而家庭的和顺可亲对于中国社会具有十分重要的意义。例如,《尚书·尧典》中四岳讲述了舜的故事:"瞽子,父顽,母嚚,象傲;克谐以孝,烝烝乂,不格奸。"③ 意思是舜"是一个瞎老头的儿子,父亲和继母都愚顽凶狠,异母弟弟象对他傲慢逞强。但是,舜用自己的孝行感动了全家,使得家庭成员和谐相处、事业兴旺发达,家人们远离了奸邪的行为",④ 这就是说舜凭借个人和顺可亲的性情塑造起了整个家庭的和谐。《诗经·小雅·常棣》中说"妻子好合,如鼓瑟琴。兄弟既翕,和乐且耽。宜尔室家,乐尔妻帑",⑤ 意为与妻子和和睦睦,就像弹琴鼓瑟一样,兄弟关系融洽和顺又快乐,这样你的家庭就会美满,妻儿就会幸福。孔子认为,当出现这样的场景时"父母

---

① 王聘珍:《大戴礼记解诂》,中华书局1983年版,第124页。
② 周振甫:《诗经译注》,中华书局2002年版,第167页。
③ 慕平译注:《尚书》,中华书局2009年版,第11—12页。
④ 同上书,第13页。
⑤ 周振甫:《诗经译注》,中华书局2002年版,第167页。

其顺矣乎"。① 管子认为,父母如果"不失其常",则"子孙和顺",意思是父母不失去伦常,子孙就会和睦顺从。

三是国家的和顺可亲。古代社会,国家主要掌控在君主及士大夫手中,因此,国家的和顺可亲表现在君主的政策上。《礼记·昏义》中载:"教顺成俗,外内和顺,国家理治,此之谓盛德。"意指男性受到良好的教化,女性养成顺从品行,然后王宫之外和睦,王宫之内和顺,国家治理则井井有条。②《礼记·表记》中说:

> 生无私,死不厚其子,子民如父母,有憯怛之爱,有忠利之教,亲而尊,安而敬,威而爱,富而有礼,惠而能散。其君子尊仁畏义,耻费轻实,忠而不犯,义而顺,文而静,宽而有辨。③

这实际上就是要求君主不徇私,仁爱子民,遵守礼教,做到"内和而家理""外和而国治"。

对于士大夫来说,要和顺可亲就需要"进思尽忠,退思补过,将顺其美,匡救其恶,故上下能相亲也";④ "靖共尔位,正直是与","好是正直"。⑤ 意思是士大夫要恭谨地忠于职守,交正直之士亲近贤人,同时要"不戬不难","彼交匪敖",⑥ 努力克制自己,遵守礼节,与贤能的人交往不倨傲。相反,对于那些不可亲的国家则应该远离它,正如《春秋繁露》所言:"晋恶而不可亲,公往而不敢到,乃人情耳。"⑦

四是整个社会的和顺可亲。社会的和顺可亲主要表现在两个方面。一方面,表现在和而不同的理念上,《国语·郑语》中说,"去和而取同。夫和实生物,同则不继。以他平他谓之和,故能丰长而物归之;若

---

① 王文锦:《大学中庸译注》,中华书局2013年版,第26页。
② (清)孙希旦:《礼记集解》,中华书局1989年版,第1422页。
③ 同上书,第1312页。
④ 胡平生:《孝经译注》,中华书局1999年版,第37页。
⑤ 周振甫:《诗经译注》,中华书局2002年版,第338页。
⑥ 同上书,第359页。
⑦ (汉)董仲舒:《春秋繁露》,中华书局1975年版,第9页。

以同裨同，尽乃弃矣"，① 意为不求和协只求相同是不可取的，因为和协能产生万物，相同反而难以持久，用别的事物去协调另外的事物，叫作"和协"，它能丰厚增长并吸引万物；如果在事物之上加上相同的事物，相同的事物是有限的，加完后就被废置不用了，因此，和顺比相同更重要。荀子也论证了和顺在社会中的重要性，他说：

> 故义以分则和，和则一，一则多力，多力则强，强则胜物，故宫室可得而居也。故序四时，裁万物，兼利天下。②

意思是说，靠礼义来施行等级名分，人们就相互协调。协调就能统一，统一就力量大，力量大就强，强就能战胜万物。所以人们能协调地构筑宫室来居住，能安排好一年四季的活动，利用万物，使天下都得到利益。③ 由此可见，和顺的关系非常重要，它能够帮助人们克服个体能力、力量上的局限，完成一些仅靠个体无法完成的事情。

另一方面，和顺可亲表现在社会内部各主体之间的和顺。《礼记》说道：

> 父子笃，兄弟睦，夫妇和，家之肥也。大臣法，小臣廉，官职相序，君臣相正，国之肥也。天子以德为车、以乐为御，诸侯以礼相与，大夫以法相序，士以信相考，百姓以睦相守，天下之肥也。是谓大顺。④

意思是指人与人彼此之间都保持着社会规范所要求的良好关系，那么，整个社会就会出现和谐的景象，从而实现"大顺"。

（三）和顺可亲的实现

古人不仅认可和顺可亲的价值，更提出了实现和顺可亲的途径与

---

① 黄永堂译注：《国语全译》，贵州人民出版社1995年版，第584页。
② （清）王先谦：《荀子集解》，中华书局2013年版，第194页。
③ 蒋南华等：《荀子全译》，贵州人民出版社2009年版，第158页。
④ （清）孙希旦：《礼记集解》，中华书局1989年版，第620页。

办法。

一是，欣赏音乐可达和顺可亲。古人非常重视音乐在个人性情养成中的作用，强调通过音乐可以培养人的和顺可亲的性情。例如，荀子就指出了乐的功能：

> 乐在宗庙之中，君臣上下同听之，则莫不和敬；闺门之内，父子兄弟同听之，则莫不和亲；乡里族长之中，长少同听之，则莫不和顺。故乐者审一以定和者也，比物以饰节者也，合奏以成文者也；足以率一道，足以治万变。①

他强调不同的人倾听庙堂上的音乐就会促使相互之间"和敬""和亲""和顺"，因而，借助于音乐就可以确保社会井然有序，和谐统一。吕不韦编纂的《吕氏春秋》同样认为音乐具有塑造人的和顺性情功效，《吕氏春秋·适音》中说，"凡音乐，通乎政而移风平俗者也"，②也即音乐可以改变社会的风俗习气，因而可以"教民平好恶，行理义"，③从而推动社会走向和顺。

二是，清静无为可达和顺。养成和顺之性的一个重要方法就是清静无为。老子认为，"清静之治者，和顺以寂寞，质真而素朴，闲静而不躁，在内而合乎道，出外而同乎义，其言略而循理，其行悦而顺情，其心和而不伪，其事素而不饰"，④意思是"清静之治，谐和顺畅而空廓寂静，本质天真而简单无华，闲静而不躁动，在内心合乎道，在外践行而于义齐同，其语言简要而遵循理数，其行动愉快而顺应性情，其心意和睦而无虚伪狡诈，其事物素朴而没有巧饰"。⑤这就是说清静无为能带来的个人性情上的光明。《吕氏春秋》也讲"无为之道曰胜天，义曰利身，君曰勿身。勿身督听，利身平静，胜天顺性。顺性则聪明寿长，

---

① （清）王先谦：《荀子集解》，中华书局2013年版，第448—449页。
② 张双棣：《吕氏春秋译注》，吉林文史出版社1986年版，第135页。
③ 同上。
④ 李德山：《文子译注》，黑龙江人民出版社2003年版，第234页。
⑤ 同上书，第235页。

平静则业进乐乡，督听则奸塞不皇"，① 意思是君主要听任天道修身养性，修养自身就会和平清静，听任天道就会顺应天性。顺应天性就会聪明、长寿，和平清静就会事业发展且百姓乐于归附，不偏听就会奸邪闭塞而不至惶恐。② 因此，君主对待有道之士就要让他们各得其所，顺其自然，这就体现出君主和顺可亲的品质。

三是循礼可致和顺可亲。先秦儒家把仁义礼作为一切社会规范的总根据，强调"仁者，义之本也，顺之体也，得之者尊"，③ 认为循礼可以引致和顺可亲。正如《礼记》所言：

> 父慈、子孝、兄良、弟弟、夫义、妇听、长惠、幼顺、君仁、臣忠，十者谓之人义。讲信修睦，谓之人利；争夺相杀，谓之人患。故圣人所以治人七情，修十义，讲信修睦，尚辞让，去争夺，舍礼何以治之？④

由此可见，礼对于各种人际关系的和谐具有不可或缺的作用。尤其是"礼"与"乐"结合起来促使个体的和顺可亲。《礼记·乐记》中言"乐极和，礼极顺，内和而外顺，则民瞻其颜色而弗与争也；望其容貌，而民不生易慢焉"，就是指乐追求的目标在于和，礼追求的目标在于顺。内心和悦而外貌恭顺，那么民众只要看到他的脸色和容貌就不会与他相争，也不会轻慢他。因此，音乐和礼可以使个体内外达到一致并呈现出和顺状态。

当然，儒家所说的"礼"涵盖到日常生活的方方面面，尤其体现在作为理顺上下长幼关系的"孝"上。曾子指出，"孝子言为可闻，行为可见。言为可闻，所以说远也；行为可见，所以说近也；近者说则亲，远者悦则附；亲近而附远，孝子之道也"，⑤ 意思是积极尽孝的人往往

---

① 张双棣：《吕氏春秋译注》，吉林文史出版社 1986 年版，第 73 页。
② 张双棣：《吕氏春秋译注》，北京大学出版社 2000 年版，第 74 页。
③ （清）孙希旦：《礼记集解》，中华书局 1989 年版，第 619 页。
④ 同上书，第 606—607 页。
⑤ （清）王先谦：《荀子集解》，中华书局 2013 年版，第 598—599 页。

也更容易得以亲近,"是故,孝子之事亲也,有三道焉:生则养,没则丧,丧毕则祭。养则观其顺也,丧则观其哀也,祭则观其敬而时也"。① 按照儒家的看法,诚信同样可以达到和顺,《中庸》中说:

> 在下位不获乎上,民不可得而治矣。获乎上有道,不信乎朋友,不获乎上矣。信乎朋友有道,不顺乎亲,不信乎朋友矣。顺乎亲有道,反诸身不诚,不顺乎亲矣。诚身有道,不明乎善,不诚乎身矣。②

这段话就是强调诚信可以"顺乎亲""信乎朋友""获乎上",从而塑造自身和顺的品性。

四是恤民可达和顺可亲。君主或士大夫向民众展现和顺可亲的一面,还需要体恤民众,解决民众合理的诉求,拉近与民众的距离,由此,"古之治民者,劝赏而畏刑,恤民不倦"。③ 要体恤民众,君主需要让每个人都能得到他应该得到的东西。同时,《吕氏春秋·适威》也讲"仁义以治之,爱利以安之,忠信以导之,务除其灾,思致其福"。④ 就是说要通过仁义、爱利和忠信的引导,为民众排除灾祸,创造幸福;《吕氏春秋》还提到要为民众考虑,知晓民众诉求,救民众于水火之中。例如,纣王要赏赐文王土地,文王推让说"愿为民请炮烙之刑";越王"时出行路,从车载食,以视孤寡老弱之溃病困穷颜色愁悴不赡者,必身自食之",以"养百姓","以来其心"。⑤ 这些都顺应民心,吸引百姓聚居与归附,使得百姓的生活更和谐。另外,《礼记》指出,"圣王所以顺,山者不使居川,不使渚者居中原,而弗敝也。用水火金木,饮食必时。合男女,颁爵位,必当年德。用民必顺",⑥ "有叙时,乃大明服,惟民其敕懋和",⑦ 意即如果君主能这样做,就显示出君主

---

① (清)孙希旦:《礼记集解》,中华书局1989年版,第1237—1238页。
② 王文锦:《大学中庸译注》,中华书局2013年版,第34页。
③ 杨伯峻:《春秋左传注》,中华书局1990年版,第1120页。
④ 张双棣等译注:《吕氏春秋译注》,北京大学出版社2000年版,第661页。
⑤ 同上书,第234页。
⑥ (清)孙希旦:《礼记集解》,中华书局1989年版,第622页。
⑦ 慕平译注:《尚书》,中华书局2009年版,第170页。

的公正严明,自然能服众,百姓就会勤勉和顺了。①

(高和荣)

## 五 疏不间亲

疏不间亲是能群的基本方法,它强调在家庭、社会以及诸侯国交往中遵循"亲内而疏外"这个亲疏关系原则,使群体成员恪守本分,避免成员之间的交往发生僭越,确保社会有序运行。

(一)疏不间亲的含义

疏不间亲较早地出现在《管子》中,管子说:"不下倍上,臣不杀君,贱不逾贵,少不凌长,远不闲亲,新不闲旧,小不加大,淫不破义。"② 其含义是:"如果是这样,那么地位低下的人不会背叛地位高的人,做臣子的不杀君主,身份低贱的不违背地位高贵的,年少的不欺负年长的,而关系疏远的不参与关系亲近的人的事情,新不间旧,小不越大,放荡不破毁正义。"③ 此时,"远不闲亲"是指关系疏远的人不参与关系亲近的人的事情。这里的"远不闲亲"就成了"疏不间亲"的最初表达。

后来,在《春秋左传·隐公三年》中,石碏规劝庄公可以疼爱儿子但要教而有道,指出由于公子州吁和夫人娣子的地位具有明显的差异,如果州吁成为太子就逾越了等级界限,为此,他提出了"六顺六逆"命题。其中"六逆"包括"贱妨贵,少陵长,远间亲,新间旧,小加大,淫破义",意思是"地位低贱的害地位高贵的,年少的侵害年长的,关系疏远的代替亲近的,小的凌驾大的,淫乱的破坏正义的"。④ 整个这句话其实与管子《五辅》篇所表达的含义基本相近,"远间亲"其实就是"疏不间亲"。

《说苑·臣术》记载了"魏文侯且置相"这个故事。说的是魏文侯要拜相但不知道是选择季成子还是翟触,于是便询问李克。李克就

---

① 慕平译注:《尚书》,中华书局2009年版,第171页。
② (清)黎翔凤:《管子校注》,中华书局2004年版,第198页。
③ 同上。
④ 杨伯峻:《春秋左传注》,中华书局1990年版,第32页。

回答说"臣闻之，贱不谋贵，外不谋内，疏不谋亲，臣者疏贱，不敢闻命"，意思是"卑贱的人不替尊贵的人谋划，外面的人不替内部的成员谋划，关系疏远的不替关系亲近的谋划，我与您的关系疏远并且地位低下，因而不敢领命、拒绝评价他们"。《三国志》进一步阐述了"疏不间亲"这个命题，在《三国志·刘封传》中孟达写信给刘封说："古人有言'疏不间亲，新不压旧。'此谓上明下直，谗慝不行也。"① 就是说君主如果英明公正臣子就忠直无私，那些谗言欺诈就行不通。

总的来讲，"疏不间亲"的意思是每个人都应该各居其位、各安其分，扮演好自己的角色，关系疏远的不参与关系亲近的事务。它作为能群的方法既可以使用于家庭成员中，也可以广泛运用于社会生活乃至诸侯国交往中。它强调两点：

一是亲疏应有别。它以血缘、地缘、人际和职业等关系作为标准，"亲"是指关系、地位相接近，而"疏"是指关系与地位有一定的距离，强调人与人之间的关系有远近之别，关系疏远的不应该介入关系亲近的，一旦违背了这一规律就会造成关系秩序的混乱。所以《国语·晋语七》就告诫说"戎、狄无亲而好得，不若伐之"，② 意思是这些族群不分亲疏、只顾贪得必将遭到惩罚。

二是亲内而疏外。疏不间亲认为关系疏远的不参与关系亲近的事情，否则就违背伦常，正如曾子所言"内人之疏而外人之亲，不亦反乎"。③《孝经·圣治》也记述道"故不爱其亲而爱他人者，谓之悖德；不敬其亲而敬他人者，谓之悖礼"，就是说如果做儿子的不爱自己的双亲而去爱其他人是违背道德的，做儿子的不尊敬自己的双亲而去尊敬别人是违背礼法的。④ 这两种行为都违背了疏不间亲原理。《韩非子·解老》就明确要求"亲者内而疏者外宜"，⑤ 认为内亲外疏适宜是"义"

---

① 陈寿撰，裴松子注：《三国志》，中华书局1999年版，第735页。
② 黄永堂译注：《国语全译》，贵州人民出版社1995年版，第497页。
③ （清）王先谦：《荀子集解》，中华书局2013年版，第534页。
④ 胡平生：《孝经译注》，中华书局1996年版，第19—20页。
⑤ （清）王先慎：《韩非子集解》，中华书局1998年版，第131页。

的表现。

（二）疏不间亲提出的背景

周王朝所独有的礼义文化为"疏不间亲"这一命题的提出奠定了深厚的社会基础。在那个时代，人们畅行礼义文化，遵循"君臣、父子、兄弟、夫妇"①秩序与规范，讲究君臣关系、家庭秩序、朋友相处之道，主张恰当地处理各种人际关系，使社会不至于因为人的僭越而出现混乱。

但是，到了春秋后期，经济发展和社会的变迁，周王朝时期的礼乐制度逐渐走向解体，诸侯之间的征战使得社会动荡不安，引发社会关系及社会秩序的混乱。如何在混乱的社会中重建良好的社会秩序就成了思想家们的使命，"疏不间亲"就成了规范社会秩序、使整个社会结成一个整体的准则及方法。

（三）疏不间亲的内容

1. 不违背家庭成员交往准则

疏不间亲规范了家庭内部成员和族人之间在交往中所应遵守的规范与准则。家庭成员如果遭到疏远和离间就会破坏家庭秩序，引发家庭成员的不和。《吕氏春秋·审己》曾经提到越王的弟弟因为一己私利而杀害他人的故事，"恶其三人而杀之矣。国人不说，大非上"，同时"又恶其一人而欲杀之，越王未之听。其子恐必死，因国人之欲逐豫，围王宫"。②说的是越王有四个儿子，越王的弟弟豫想把越王的四个儿子都杀了，以便自己继承王位，于是便诽谤越王其中的三个儿子，越王便杀掉了他们，豫又诽谤剩下的一个王子但此时越王没有听豫的话，越王的儿子便借着越国百姓的呼声把豫驱逐出国并包围了王宫。

家庭成员之间的交往也要遵循亲疏差别，以便使家庭形成良好的秩序，因此，疏不间亲表现为一种家庭规范。《荀子·大略》说"吉事尚尊，丧事尚亲"，③意思是喜庆的事情要按照地位尊卑安排座次，而在

---

① （清）王先谦：《荀子集解》，中华书局2013年版，第163页。
② 张双棣等译注：《吕氏春秋译注》，北京大学出版社2000年版，第235页。
③ （清）王先谦：《荀子集解》，中华书局2013年版，第494页。

丧事中则按照与死者的亲疏关系安排座次。荀子认为，在家庭之中父子要亲、兄弟要顺、夫妇要欢，做到"父子不得不亲，兄弟不得不顺，夫妇不得不欢"，这是家庭治理的规范要求。

《礼记·檀弓上》中云"有殡，闻远兄弟之丧，虽缌必往；非兄弟，虽邻不往。所识，其兄弟不同居者皆吊"，① 指的是家中有丧事时如果听说远房兄弟去世，即使与死者的关系最疏远、即使路程再远也必须赶去吊唁。但是，如果没有任何兄弟关系，就是比邻而居也不去吊唁。如果是相识的人，即便他遇上了不同居的兄弟的丧事，朋友们都应去吊唁他，这体现着群体关系的远近。再如，丧礼中"庶子不祭祢者"，② 这是因为庶子身份低微，不能祭祀父庙，父庙应由嫡长子主祭。同时在祭祀中同样要遵循"亲亲尊尊长长，男女之有别，人道之大者也"，③ 明确家庭成员的亲疏关系。

2. 不要妄议生疏之人

疏不间亲是个人与其他社会成员相互交往的准则，也是个体在人际交往中的角色要求，有助整个群体的和谐。《礼记·檀弓上》说道："鲁人有朝祥而莫歌者，子路笑之。"意思是鲁国有个人在早上行过父母去逝两周年的祭礼，到晚上就唱起歌来了。子路知道后就讥笑此人过早的行乐，孔子就批评他不要无休止地责备他人，特别是对那些关系疏远的人更应该慎言，否则就会造成不和谐。例如，《吕氏春秋》说道："嫁不必生也。衣器之物，可外藏之，以备不生。"④ 意思是有人告诉女儿已经成为他人妻子的父母，女人"出嫁了不一定生儿子，衣服器皿之类的东西可以拿到外面藏起来，准备不生儿子而被休回来"，最后她的公婆以为她有外心便休了她。这说明，不要轻易地给不熟悉的人提出建议，否则容易适得其反。

3. 不要逾越亲疏关系

疏不间亲常常作为国家治理以及友邦交往的准则。孟子曾经对齐宣

---

① （清）孙希旦：《礼记集解》，中华书局1989年版，第234页。
② 同上书，第870页。
③ 同上书，第871页。
④ 张双棣等译注：《吕氏春秋译注》，北京大学出版社2000年版，第415—416页。

王说，选拔人才贤士时如果把原本地位低的提拔到地位高的人之上，把原本关系疏远的提拔到关系亲近的人之上，将逾越了国家治理的规矩，因而必须多方考察、谨慎以待。他说："国君进贤，如不得已，将使卑逾尊，疏逾戚。"① 其实就是强调选拔治国安邦之才也不能逾越甚至颠倒远近关系。荀子也说，治理国家的原则是管理近的而不管理远的，如果治理好近处的那么远处的就会得到治理。反过来，既管理近处的又兼管远处的这就过分了，而不能处理近处的却还要处理远处的则违背事理，这就好比是竖起的是弯曲的木头但要求它的影子是直的一样。所以他说："主道治近不治远"，"主能治近则远者理"，"既能治近，又务治远""是过者也"，"不能治近，又务治远"，"是悖者也，辟之是犹立枉木而求其影之直也"。②

（四）疏不间亲的要求

实现疏不间亲不仅要求个人要加强修养，而且还要求设定名分，能够辨别自己的位置和关系亲疏程度，做到各司其职而不僭越。

1. 定立名分

《周礼·春官·宗伯》提到设立小宗伯这个职位来把握三族之间的差别，然后也设立大祝的职位做"辞、命、诰、会、祷、诔"③ 这六辞以便通晓上下、亲疏以及远近之间的关系，也就是"以通上下、亲疏、远近"。④《管子·幼官》讲道，"定府官，明名分，而审责于群臣有司"可以使"下不乘上，贱不乘贵，法立数得，而无比周之民，则上尊而下卑，远近不乖"，意思是确定了大小官阶，明确了上下名分，对群臣有所监督，那么下级不会越过上级，卑微的不会越过尊贵的，结党营私不会出现，远近关系不会僭越。为此，圣人"筑为宫室，谓为宗祧，以别亲疏远迩"。⑤《中庸》说道"君子素其位而行，不愿乎其外"，⑥ 就是强

---

① 杨伯峻：《孟子译注》，中华书局1960年版，第41页。
② （清）王先谦：《荀子集解》，中华书局2013年版，第224页。
③ 李学勤：《周礼注疏》，北京大学出版社1999年版，第661页。
④ 同上。
⑤ （清）孙希旦：《礼记集解》，中华书局1989年版，第1220页。
⑥ 王国轩译注：《大学·中庸》，中华书局2007年版，第76页。

调君子应该按自己当下的地位行事而不要企求分外的事,也是要求定立名分,明确远近亲疏关系。

2. 修己正人

如果说定立名分是疏不间亲的外在要求,那么自我修养则是疏不间亲的内在需要。因为个人只有不断地修身修己,把握好自己的角色,才能在社会交往中分辨出远近关系。例如,荀子认为为父母服丧三年这个时间虽然比较长,但因为它是辨别亲疏关系的礼仪因而不可偏废或减少。他说"称情而立文,因以饰群,别亲疏贵贱之节",所以"不可益损"。[①] 另外,《礼记·檀弓上》中记载了子思的母亲去世后子思前往卫国奔丧,有个叫柳若的人就对子思说:"您是圣人的后代,各地都在关注您如何为家母持丧,你得谨慎一点。"然而子思说:"吾何慎哉?吾闻之:有其礼无其财,君子弗行也;有其礼有其财,无其时,君子弗行也。"[②] "吾何慎哉"强调一切按礼的规定去做自己该做的,倘若财力不足或者财力虽然足够但没有机会,君子都无法行礼,以此回应那些关系疏远者对子思为母奔丧事件的关注。

(高和荣)

## 第四节 家齐而国治:能群的归宿

能群也有自己的理想目标和理想归宿。在群体内部,通过个体遵循群体的规范,做到各安其分、各循其礼,避免角色混乱,处理好个体间的关系,促进家道端正,实现家国一体。而在群体外部,通过处理好群体间的关系,秉持"友善邻国""亲如一家"精神,重视与邻国的关系,做到与邻为善、亲仁善邻,实现四海一家。另外,不论在群体内还是群体外,个体都会在互动中关爱、互助、和谐,守望相助,使群体资源得以有效利用,促进社会的团结。

---

① (清)王先谦:《荀子集解》,中华书局2013年版,第372页。
② (清)孙希旦:《礼记集解》,中华书局1989年版,第220页。

## 一　家国同构

"家"与"国"的关联是传统中国社会结构的基本问题,"家国一体"是古代中国的国家形态,是东方主义的一个普遍命题。① 也就是说,国家和家庭是传统中国社会的两极,② 二者的紧密联结构成了传统中国的基本社会结构,成为国家治理和运行的重要思想和基本形态。简言之,国是扩大了的家,家是缩小了的国,二者的相互渗透形成了"家国同构"。

(一) 家国同构的提出

追本溯源,家国同构始于夏代开启的家天下。据《尚书·大禹谟》记载,舜帝称赞大禹说"克勤于邦,克俭于家"。《尚书·汤诰》中商汤王描述自己的责任说:"俾予一人,辑宁尔邦家。"《周易》师卦里的爻辞也说:"大君有命,开国承家,小人勿用。"可见,夏商周三代君王都有敬天保民思想,这种思想是由"家""国"的联结实现的。

周代兴起之后,周王有感于"天命靡常",欲通过制度的构建来保障周王室的江山永固,于是就采纳了宗法制和分封制来进行国家治理。宗法制以嫡长子继承制、宗庙制和同姓不婚制为基础,分封制则同姓宗亲与异姓功臣兼而有之,天子与异姓诸侯、异姓诸侯相互之间均通过婚姻而建立连带。③ 尽管分封制和宗法制并非完全契合,但异姓诸侯与世卿大夫总体上仍是被纳入于宗法秩序之中,从而基本形成了以宗法制为核心、族权与王权相重合的政治社会框架,即天子有"天下",诸侯有"国",大夫有"家",并通过嫡长子继承制与世卿世禄制来复制延续。④ 宗法制和分封制结合的结果形成了"王者天下之大宗",由此形成了族权与王权相结合的"家""国"一体的社会格局。所以张光直认为:

---

① [德]黑格尔:《历史哲学》,王造时译,生活·读书·新知三联书店1956年版,第164—165页。
② 岳庆平:《中国的家与国》,吉林文史出版社1990年版,第3页。
③ 傅杰:《王国维论学集》,中国社会科学出版社1997年版,第2、12页。
④ 沈毅:《"家""国"关联的历史社会学分析——兼论"差序格局"的宏观建构》,《社会学研究》2008年第6期。

"从社会组织结构的特性和发达程度来看,夏商周似乎都具有一个基本的共同特点,即城邑式的宗族统治机构。"①

到了春秋战国时期,由于相互征伐出现了诸侯争霸的局面,造成了礼崩乐坏和"家""国"的失序。儒家先贤们把社会动乱的原因归结于西周礼仪秩序的破坏,于是在西周宗法制度的基础上,开始系统地阐释"家国一体"的思想。如有人问孔子"子奚不为政"时,孔子回答道:"《书》云:'孝乎惟孝,友于兄弟,施于有政。'是亦为政,奚其为为政?"意思是说,家、国本来是一体的,把家庭照顾好也就等于治国了。而"家国一体"思想到了孟子那里更是得到进一步的阐发。《孟子·离娄上》载:"人有恒言,皆曰:'天下国家。'天下之本在国,国之本在家,家之本在身。"荀子也尝言:"臣之于君也,下之于上也,若子之事父,弟之于兄。"《礼记·大学》也说过:"古之人明明德于天下者,先治其国,欲治于其国,先齐其家。"至此,家国一体的思想脉络已经十分清晰,家国同构的观念也逐步成熟。

(二)家国同构的内涵

理解"家国同构",首先要明确"家""国"所指的实质内涵。在西周时代,实行的是血缘与政权结合的国家治理模式,即以血缘关系切入政治系统而形成的宗法制度,从而完成了族权同国家政权的合一。所以,周天子既是家族的族长,又是国家的最高首脑,其统治之地既可称"国"也可称之为"家"。这一时期的"家国"不分和"家邦"连称,正是反映了血缘群体的"家"与政治组织的"国"在社会组织上的同构性。正如梁漱溟所言的,传统中国的国家观念非常淡漠,"家"或"家族"构成了社会基础,在"天下"观的统领下构成家国同构或家国合一的社会结构特征。②冯友兰也指出:"旧日所谓国者,实则还是家。皇帝之皇家,即是国,国即是皇帝之皇家,所谓家天下者是也。"③

但是,随着社会形态的变革,在春秋时代家与国其实是并立的。国

---

① 张光直:《中国青铜时代》,生活·读书·新知三联书店1999年版,第73页。
② 梁漱溟:《中国文化要义》,学林出版社1987年版,第162—169页。
③ 冯友兰:《新事论》,商务印书馆1940年版,第68页。

是指一个城，主要是城邦内国人之居所，而家是卿大夫的封地，这即所谓"天子建国，诸侯立家"所形成的制度架构。虽然到战国时代，社会朝向领土国家发展，但是万乘之国、千乘之家的说法还很普遍，即家仍然是卿大夫的封地，国是公、侯之封国。与此同时，"家"也不仅仅指皇家之家或诸侯之家，同时可以指称一个小家庭或一个大家庭。如孟子所说的"五口之家""八口之家"就是指小家庭。如果家庭中也有非直系亲属、依附人口等共同居住，那就是大家庭。这里的"家"可以看作是区别于皇家之"国"的。因此"家"与"国"关系的建构依然决定着传统中国社会结构动荡及稳定的基本走向。

可见，家国关系是一个很复杂的社会建构，可以说"是一个几乎无所不及的领域"，其核心还是家国结构上的同构和家国关系上的一体。这也是学者和民间普遍所认同的"社会和国家只不过是家庭组织的一种扩大""家是国的缩小，国是家的放大"等观念或社会形态。尤其在儒家看来，作为伦理团体的家庭，不但有和国家相当的制度，而且也有和国家相当的家法、家规，因而具有浓厚的政治色彩；作为政治实体的国家不但颇为注意泛家族主义，而且十分重视道德教化，表现出浓厚的伦理色彩，这就是政治和伦理的统一，也是中国传统"修齐治平"思想的社会根源。当然，儒家在主张家国同构时，也并没有把家和国完全等同起来，因为他们认为家庭重伦理而国家重政治，家庭重血缘而国家重地缘。[①]

（三）家国同构的影响

从西周实行宗法制和分封制度以降，"家国同构"一直是传统中国进行国家架构和社会治理的重要思想来源和制度实践。在长期的发展演变中，影响着传统中国社会群体的思维、社会秩序的构建和国家治理的理念。

"家国同构"塑造着社会群体的家国情怀。对中国人来说，在家尽孝和为国尽忠一直被视为人生价值的核心。究其思想来源，明显是受到"家国同构"或"家国一体"思想的教化和熏陶。社会群体在奉行"差

---

① 赵馥洁：《儒家的家国观及其历史演变》，《华夏文化》1996年第1期。

序格局"式内外有别的集体认同之下，普遍存在着胸怀天下的家国情怀，具体表现就是在家尽孝、为国尽忠。《诗经·蓼莪》有言："父兮生我，母兮鞠我。拊我畜我，长我育我，顾我复我，出入腹我。欲报之德，昊天罔极。"所以，孝作为中国传统社会整合的基点，是社会个体发自内心情感表达和自觉的价值追求，并作为一种伦理规范在形塑着社会群体的行为。而为国尽忠，则是在家尽孝观念的扩展，是个人面对国家这个大"家"时所产生的价值情怀和思想认同。也因此产生了"天下兴亡，匹夫有责""位卑未敢忘忧国""先天下之忧而忧，后天下之乐而乐"等中国人普遍怀有的社会理想。

"家国同构"决定着社会秩序的构建。在传统中国，"家"是一个集合概念，既可以指一个又一个相对独立的核心家庭，也可以指若干单一家庭组织而成的家族、宗族，宗族、家族乃至国家只不过是家的延伸。[①] 可见，"家"作为一个基本的社会单元，是个体走向社会的中介，同时也是一个复杂的社会关系网络，通过这个网络实现了人际关系的"由己到家，由家到国，由国到天下"的社会格局。因此可以说，传统中国的社会秩序是围绕"家"和"宗族"展开的。正是"家"这种具有凝聚社会个体并将其整合为社会组织或群体的功能，一直维护着基层社会运行的秩序，所以在"家国同构"框架之下，"家"的秩序井然就是"国"的社会稳定。

"家国同构"影响着国家的治理。众所周知，按照"修齐治平"的逻辑关系，治国必先齐家，齐家须先修身。可以说，传统中国是把治国理政的重任落实到修身之上，也即个人不仅仅是一个独立存在的个体，而是作为安邦定国的出发点，成为立家之本、立国之基。这种以修身为出发点，并推衍至"家""国""天下"的治国理念，需要德行作为价值支撑，因此产生了"以德治国"的观念和实践。从国家层面，要求为政者不仅要修养德行，率民以正，实行德政，更要以民为本，所谓"民为邦本、本固邦宁"是也；从社会层面，即在齐家上注重孝道伦理，以孝来规范家族内部的长幼顺序，维护家庭的和睦和团结，用所谓

---

① 景天魁等：《中国社会学：起源与绵延》，社会科学文献出版社 2017 年版，第 345 页。

的"父慈子孝""兄友弟恭"达到家齐而国治;从个体层面,传统中国特别注重个人的品性修养和慎独修身,并强调把个人的修养推展到国家、天下,以至于光宗耀祖和报效祖国。

(杨建海)

## 二 家道得正

《易经·序卦》中以"有天地,然后有万物;有万物,然后有男女;有男女,然后有夫妇;有夫妇,然后有父子;有父子,然后有君臣;有君臣,然后有上下;有上下,然后礼义有所错",[①] 说明家庭是能群的基础,而家庭中各个个体能否和谐相处,遵守本分和职责是能群的关键。家道既是能群的方法,也是能群的落脚点。家庭成员按照礼义处理好相互间关系,做到各安其分、各守其职、各循其礼,避免角色混乱,实现家道得正。

(一)家道得正的提出

1. 家道得正的含义

家道得正最早出现在《易经·家人卦》中,即"父父,子子,兄兄,弟弟,夫夫,妇妇,而家道正"。[②] 其意思为做父亲应尽到做父亲的责任,做儿子的要有儿子的样子,兄长有其责任,兄弟有其责任,丈夫有做丈夫的责任,妻子要尽到妻子的责任,那么家庭成员就会和睦,家风就会端正。其中"家道"是指治家的规则,即家庭赖以成立与维持的规则或道理,它强调家庭成员的角色与义务要能够统一。《诗经》也有多处讲到家道得正,如《诗经·小雅·小弁》"维桑与梓,必恭敬止,靡瞻匪父,靡依匪母"[③] 讲的是为子之道;《诗经·小雅·斯干》"兄及弟矣,式相好矣,无相犹矣"[④] 涉及兄弟之义;《诗经·郑风·女曰鸡鸣》要求清晨时提醒丈夫养家的职责;"将翱将翔、弋凫与雁"[⑤]

---

[①] 郭彧译注:《周易》,中华书局2010年版,第413页。
[②] 同上书,第195页。
[③] 程俊英:《诗经译注》,上海古籍出版社2004年版,第328页。
[④] 同上书,第299页。
[⑤] 同上书,第127页。

等，明确丈夫作为家庭成员的角色要求。后来，"家道"的内涵逐渐丰富，具有家业和家境的含义，在《易经·序卦》也讲到当"家道穷"则家人"必乖"，①《颜氏家训·终制》中也言："今虽混一，家道馨穷，何由办此奉营资费？"此时的"家道"与"家道得正"的含义就存在一定的差别了。

2. 家道得正的背景

神农氏治理天下时，"男耕而食，妇织而衣，刑政不用而治，甲兵不起而王"。②神农氏之后人们开始恃强凌弱，靠人多势众欺压人数少的氏族，黄帝便制定了"君臣上下之义，父子兄弟之礼，夫妇妃匹之合"，③以稳定社会秩序。到了周朝后期，整个社会礼乐崩坏，家庭成员脱离了原来的规范，"父子不慈孝，兄弟不和调"，④出现了"父不父，子不子"状态，社会秩序陷入到紊乱之中。为此，加强家庭建设，寻求齐家之道，重建家道得正的社会状态成为稳定社会秩序的关键。

3. 家道得正的目标

先秦诸子认为治理家庭的关键就在于通过建立并执行一套完整的礼俗制度确保家庭秩序稳定，家道得以端正。所谓家道得以端正首先就是家庭成员扮演好自己的角色，做到《慎子·逸文》中所讲的"父慈子孝，夫信妻贞"，形成和睦的家庭关系。在慎子看来，恪守了这些就是"家之福"，家庭就能维持稳定，家庭成员就能和谐相处。另一方面，如果把家向外拓展到社会，那么，家道得正则就内涵了"正家而天下定"⑤这一目标，通过家道得正以实现"下不倍上，臣不杀君，贱不逾贵，少不陵长，远不闲亲，新不闲旧，小不加大，淫不破义"⑥这样一个和谐社会。

---

① 郭彧译注：《周易》，中华书局2010年版，第416页。
② 石磊译注：《商君书》，中华书局2009年版，第149页。
③ 同上。
④ 吴毓江：《墨子校注》，中华书局1993年版，第158页。
⑤ 郭彧译注：《周易》，中华书局2010年版，第195页。
⑥ （清）黎翔凤：《管子校注》，中华书局2004年版，第198页。

## （二）家道得正的内容

家道得正涉及父子、兄弟和夫妇之间各自的规定。只有家庭成员各居其位，各行其职，做到"父子笃，兄弟睦，夫妇和"，① 才能实现家道"昌"与"正"。

### 1. 宽惠有礼、敬爱致文

父子之道是家道的重要方面，父子之道为"主恩"，② 父与子各有其责，"为人子，止于孝；为人父，止于慈"，③ 荀子也说过人父"宽惠而有礼"，④ 对待孩子宽厚仁爱而有礼节。这样，可以避免家庭内部成员关系的疏远。

一方面，父母有照顾子女的职责，只有履行好这一职责，才有做父母的样子。为父母者要"父母之心"，能够为自己的孩子考虑，"丈夫生而愿为之有室，女子生而愿为之有家"。⑤ 除了"父兮生我，母兮鞠我，抚我畜我，长我育我"，⑥ 父母要有寻找正确的教育方法、教育好孩子的职责，做到"宽惠而有礼""爱之而勿面，使之而勿视，导之以道而勿强"，⑦ 这不仅是为父之道，更是家道得正的重要方面。

另一方面，孩子有孝敬父母的职责，"敬爱而致文"，⑧ 才会有孩子的样子，这才是为子之道。也就是说，对待父母要敬爱而有礼貌，要"永言孝思，孝思维则"，⑨ 常"怀仁义以事其父"，⑩ "怀仁义以相接"，即使在衣食得不到满足的情形下，子"求其亲而不得"，⑪ 也不能抱怨其父母，这样才能使家庭长久。作为子女还要"顺乎亲"，⑫ 做到谨言

---

① （清）孙希旦：《礼记集解》，中华书局1989年版，第620页。
② 杨伯峻：《孟子译注》，中华书局1960年版，第88页。
③ 王国轩译注：《大学·中庸》，中华书局2007年版，第11页。
④ （清）王先谦：《荀子集解》，中华书局2013年版，第232页。
⑤ 杨伯峻：《孟子译注》，中华书局1960年版，第143页。
⑥ 程俊英：《诗经译注》，上海古籍出版社2004年版，第341页。
⑦ （清）王先谦：《荀子集解》，中华书局2013年版，第490页。
⑧ 同上书，第232页。
⑨ 程俊英：《诗经译注》，上海古籍出版社2004年版，第431页。
⑩ 杨伯峻：《孟子译注》，中华书局1960年版，第280页。
⑪ 吴毓江：《墨子校注》，中华书局1993年版，第264—265页。
⑫ 杨伯峻：《孟子译注》，中华书局1960年版，第182页。

慎行且无违,"出必告,反必面,所游必有常,所习必有业",① 当然也不是盲目的顺从与孝顺,如《荀子·子道》中讲"父有争子,不行无礼;士有争友,不为不义。故子从父,奚子孝?臣从君,奚臣贞?审其所以从之之谓孝、之谓贞也"。② 日常行为讲究规矩,"居不主奥,坐不中席,行不中道,立不中门",③ 尤其是为人子者如果父母健在则"冠衣不纯素",而"孤子当室"则"冠衣不纯采"。④ 另外,子女要继承顺从父辈事业,适度纠正父母的过错,以便使家庭处于吉利。《易经·蛊卦》曾说过"干父之蛊,有子;考无咎,厉终吉"。⑤

2. 慈爱见友,敬诎不苟

兄与弟在家庭之中,扮演着不同的角色,应该注重自己的仪表仪容。作为兄长应该"俨然,壮然,祺然,蕼然,恢恢然,广广然,昭昭然,荡荡然",⑥ 作为弟弟则"冠进,其衣逢,其容悫;俭然,恀然,辅然,端然,訾然,洞然,缀缀然,瞀瞀然",⑦ 不同的服饰体现着各自的责任,从而使家庭和睦、家道昌盛。反过来,如果兄弟之间不恪守其道就会产生争吵,影响家庭成员的发展。例如,"齐桓五伯之盛者也,前事则杀兄而争国;内行则姑姊妹之不嫁者七人"。⑧

按照荀子等人的看法,为人兄要"慈爱而见友",⑨ 对待弟弟要仁慈地爱护,"不藏怒焉,不宿怨焉",只是亲近和爱护他们,同时"亲之,欲其贵也;爱之,欲其富也"。⑩ 不仅如此,为人兄者应该具有良好的品性,以便为弟弟做好示范,《诗经·鄘风·鹑之奔奔》中言"人之无良,我以为兄"。⑪

---

① 胡平生、陈美兰:《礼记·孝经》,中华书局2007年版,第12页。
② (清)王先谦:《荀子集解》,中华书局2013年版,第532页。
③ 胡平生、陈美兰:《礼记·孝经》,中华书局2007年版,第13页。
④ 同上书,第14页。
⑤ 郭彧译注:《周易》,中华书局2010年版,第99页。
⑥ (清)王先谦:《荀子集解》,中华书局2013年版,第102页。
⑦ 同上书,第103页。
⑧ 同上书,第106页。
⑨ 同上书,第232页。
⑩ 杨伯峻:《孟子译注》,中华书局1960年版,第213页。
⑪ 程俊英:《诗经译注》,上海古籍出版社2004年版,第73—74页。

为人弟要"敬诎而不苟",① 就是说对待兄长恭敬而顺服。弟弟要常"怀仁义以事其兄",可使"兄弟去利",② 这是兄弟和谐相处之道;当衣食不足"求其兄而不得"③ 时,作为弟弟不得怨恨其兄。当然,作为弟弟也有劝诫兄长职责,《诗经·邶风·燕燕》就提道"仲氏任只,其心塞渊。终温且惠,淑慎其身。先君之思,以勖寡人"。④

3. 夫妇有别,夫妇有道

先秦诸子比较重视夫妇之道,认为夫妇之道是家道的重要组成部分,也是构成家道的基本要素。夫妇职责是有差别的,即"女正位乎内,男正位乎外",⑤ 只有两者刚柔并济,夫唱妇随、配合良好,且"夫妇之道不可以不久",⑥ 才能使家庭的风气、环境得以端正。

荀子认为,作为丈夫要"致功而不流,致临而有辨",⑦ 就是说丈夫要尽力取得功业而不能随波逐流,努力亲近妻子而又保持一定的分寸。为此,要对妻子专一确保夫妻关系和谐稳固,这就是所谓的"敦蒙以固"。⑧ 在日常生活领域,丈夫对妻子的赏罚要适时、适当、适度,就像在国家使用的赏赐一样,对自己的家臣、妻妾发怒也应当像对民众使用刑罚一样,这就是"赐予其宫室,犹用庆赏于国家也;忿怒其臣妾,犹用刑罚于万民也"。⑨

作为妻子讲究"以顺为正者"的"妾妇之道",⑩ 即"往之女家,必敬必戒,无违夫子",⑪ "顺于舅姑,和于室人",⑫ 才能让丈夫满意。因此,她以丈夫是否尊礼而作为自己如何行动的标准,"夫有礼则柔从

---

① (清)王先谦:《荀子集解》,中华书局2013年版,第232页。
② 杨伯峻:《孟子译注》,中华书局1960年版,第280页。
③ 吴毓江:《墨子校注》,中华书局1993年版,第264—265页。
④ 程俊英:《诗经译注》,上海古籍出版社2004年版,第41页。
⑤ 郭彧译注:《周易》,中华书局2010年版,第195页。
⑥ 同上书,第416页。
⑦ (清)王先谦:《荀子集解》,中华书局2013年版,第232页。
⑧ (清)黎翔凤:《管子校注》,中华书局2004年版,第198页。
⑨ (清)王先谦:《荀子集解》,中华书局2013年版,第490页。
⑩ 杨伯峻:《孟子译注》,中华书局1960年版,第140—141页。
⑪ 同上。
⑫ (清)孙希旦:《礼记集解》,中华书局1989年版,第1420页。

听侍",① 如果丈夫不讲礼数不仅心存"恐惧而自竦",而且要以妻子的身份"劝勉以贞"。② 同时,作为妻子操持家庭事务,"以成丝麻、布帛之事,以审守委积、盖藏",③ 遵从"妇功"。当然,妇之道还体现在家庭仪式上。例如,新妇在婚礼第二天要"沐浴以俟见",天亮时在赞礼人引导下见"舅姑",并手捧"笲、枣、栗、段修"④ 作为给她们的见面礼,妇女行吉礼时"虽有君赐,肃拜"⑤ 等,这反映着夫妻之道。

（三）家道得正的实现

1. 各循其礼

《荀子·大略》中讲"夫行也者,行礼之谓也",礼包含"贵者敬焉,老者孝焉,长者弟焉,幼者慈焉,贱者惠焉",其可"以笃父子,以睦兄弟,以和夫妇",⑥ 它使家庭运转秩序得以保证。因此,齐家的核心要义在于家庭成员之间各守其礼,各守其责,这是家道得以端正的保证。从持家治家角度看,"家人有严君焉"⑦ 是家道得正的前提,父母作为家政的管理者需要严格执行家规,恪守家礼,但他们作为孩子的父母则需要有"慈惠"之心,努力用仁爱之心言传身教去教化孩子,行父子之礼。作为兄长要以"宽裕"之心教诲他人,体现兄弟之道。可见,长辈在家庭中的角色是多重的,他不光扮演慈爱幼者角色,还充当教化幼者的角色,践行不同的家礼。另外,家礼贯穿整个家庭之中,作为儿子要用"孝悌"之心严格要求自己,行孝悌礼义,作为弟弟要以"比顺"之心敬重他人,⑧ 行恭敬交往之礼,作为夫妇要践行夫妇之道,从而让大家各守其礼,使家庭和睦。

2. 设官兴教

在先秦时期,诸子十分重视家道,认为家道端正是能群的重要表

---

① （清）王先谦:《荀子集解》,中华书局2013年版,第233页。
② （清）黎翔凤:《管子校注》,中华书局2004年版,第198页。
③ （清）孙希旦:《礼记集解》,中华书局1989年版,第1420页。
④ 同上书,第1419页。
⑤ 同上书,第936页。
⑥ 同上书,第620页。
⑦ 郭彧译注:《周易》,中华书局2010年版,第195页。
⑧ （清）黎翔凤:《管子校注》,中华书局2004年版,第198页。

现,也是国家长治久安的可靠保证。国家设定官职专门管理家,明确家的规范与要求,如设立九嫔掌管妇学之法,① 设立族长管理家族事务,让契作司徒,推行父义、母慈、兄友、弟恭和子孝五种礼②等。同时,利用各个场合对家庭成员进行教化,使之遵守家道,实现家庭内部的秩序稳定。如在妇人出嫁前三个月要进行教育,"祖祢未毁,教于公宫,祖祢既毁,教于宗室,教以妇德、妇言、妇容、妇功",也会教给她们祭祀的礼仪和物品,"牲用鱼,芼之以蘋藻"。③

3. 仪式而养

通过特定的家庭生活仪式,可以明确家庭中各成员之间的角色,使之践行自己的职责,确保家庭得以长久。例如夫妇之间通过婚礼,"成男女之别,而立夫妇之义",进而使"父子有亲";④ 孩子通过成年礼,而懂得践行"为人子、为人弟、为人臣、为人少者之礼";⑤ 在射礼中"为人父者,以为父鹄;为人子者,以为子鹄",⑥ "故射者各射己之鹄",也是遵守父与子的角色身份。

4. 刑礼相济

家庭成员不光遵守家庭内部的规范,也需要外在的规范来进行规制。隆礼而治家,"隆礼"使家庭成员讲究规则。《荀子·君道》中讲:"此道也,偏立而乱,俱立而治,其足以稽矣。请问兼能之奈何?曰:审之礼也。"⑦ 家道之礼现于"冠、昏、丧、祭、乡、相见",⑧ 遵守治家之礼,修身,然后才能"父慈子孝,兄爱弟敬"。至于家庭之外则通过规章制度来加以规定。《尚书·康诰》中言"于父不能字厥子,乃疾厥子。于弟弗念天显,乃弗克恭厥兄;兄亦不念鞠子哀,大不友于弟","乃其速由文王作罚,刑兹无赦"。同时《礼记·王制》中也提及:"凡

---

① 李学勤:《周礼注疏》,北京大学出版社1999年版,第192页。
② 慕平译注:《尚书》,中华书局2009年版,第14页。
③ (清)孙希旦:《礼记集解》,中华书局1989年版,第1421页。
④ 同上书,第1418页。
⑤ 胡平生、陈美兰:《礼记·孝经》,中华书局2007年版,第207页。
⑥ (清)孙希旦:《礼记集解》,中华书局1989年版,第1444页。
⑦ (清)王先谦:《荀子集解》,中华书局2013年版,第233页。
⑧ (清)孙希旦:《礼记集解》,中华书局1989年版,第616页。

听五刑之讼，必原父子之亲、立君臣之义以权之。"

（高和荣）

### 三 守望相助

在儒家的社会理想中，互帮互助、相互关爱、同舟共济是基本的社会构成规则，也是基本的社会系统设计，千百年来一直为中国人所遵循。尤其是灾难来临时，"一方有难，八方支援"是国人的共同心声和责任。而这一文化基因和社会互动的基本表达是"守望相助"。作为社会运行的基本形式，"守望相助"揭示了中国社会运行的规则，那就是在"互动"中形成关爱、互助、和谐，它既表现了社会运行的目的也体现出了社会运行的形式。

（一）守望相助产生的社会背景

根据有案可查的资料，守望相助的思想产生于古代的保甲制度。保甲制的雏形出现在西周时期。西周政权为保持周氏族内部稳定，使平民之间"相保相受""相及相共"，在"王畿"之地推行"州—党—族—闾—比—家"的社会组织形式。[①] 即"五家为比使相保，五比为闾使相受，四闾为族使相葬，五族为党使相救，五党为州使相赒，五州为乡使相宾。族施邦比之法，十家十人八闾俱为联，使之相保相受，刑罚庆赏相及相共"（《周礼·地官》）。这就是保甲制度的来源，从中也可以看出这种组织形式的核心形态是互帮互助和荣辱与共，从这个角度而言，守望相助的思想在此时已经出现。

到了春秋战国时期，由于战乱的频仍，守望相助式的保甲制度得到进一步发展。起初，为了遏制农民的流亡现象，实现对基层社会的控制，有的国家制定了针对流民的治理措施，如齐国的管仲实行"什伍法"，秦国的商鞅在"什伍法"的基础上实行"连坐法"，二者的主要目的都是使"逃亡迁徙者易为稽查"。与此同时，"连坐法"还规定乡下之民"犹得乡田同并守望相助"，意思是乡民之间除相互"连坐"之

---

[①] 牛贯杰：《从"守望相助"到"吏治应以团练为先"——由团练组织的发展演变看国家政权与基层社会的互动关系》，《中国农史》2004年第1期。

外，还要相互"自保"，在这种情况下也就允许了基层社会拥有低水平的军事力量，以形成初步的自我保护功能，从而实现基层社会的控制和稳定。由此可见，此时的守望相助思想除些许的相互扶持之外，更多的是社会控制。

（二）守望相助的含义与演变

而有更多相互帮助意味的守望相助，直到在孟子的语境里才真正出现。"守望相助"一语，出自《孟子·滕文公上》："死徙无出乡，乡田同井，出入相友，守望相助，疾病相扶持，则百姓亲睦。"这段文字的表述背景是孟子在论证"井田制"对治国理政的重要性时，指出井田里的百姓应该怎样相处，才能实现彼此的关爱和社会的和睦。从整篇文字的语义可见，"出入相友，守望相助，疾病相扶持"是社会运行的手段和方式，而"百姓亲睦"则是社会运行的目的。

回溯《孟子·滕文公上》的原文可以看出，"守望相助"的意思也是"防盗御寇互相帮助"，[1] 这在古人的解释中可以得到佐证。比如，汉代赵岐解释"助，察奸也"，就是防范坏人的意思。宋代朱熹解释"守望，防盗寇也"，也是防御盗贼的侵扰。清朝的焦循在《孟子·正义》中解释为："守者，防备所已知；望者，伺察所未形。"其意还是共同防御盗贼。可见，千百年来，人们对于这个古老成语的理解和运用，一直被局限在"相互共同防御""以防盗贼"这个狭隘的范围之内。一直到进入新世纪，"守望相助"的语义才慢慢扩展为我们现在所理解的"互相帮助"。

其实，先秦典籍中，"助"字最常用、最普泛的意义就是今天常用的"帮助"。按照《说文·力部》的解释："助，左也。""左"是"佐"的古字，其本义就是"用手帮扶"，后来泛指"帮助"。所以，当今我们将"守望相助"理解为"互相关爱、相互帮助、同舟共济"也就不足为奇了。有学者曾撰文建议，应该在成语词典中将"守望相助"增补一个新的义项："在巨大灾祸出现时，人们同舟共济互相关爱和帮助。"而笔者个人理解这种语义在新时代的扩展，是将"出入相友，守

---

[1] 杨伯峻：《孟子译注》，中华书局1960年版，第119页。

望相助，疾病相扶持"整体所表达的"互帮互助、相互扶持"思想，浓缩为更为精炼的表达——"守望相助"。

（三）守望相助的价值和功能

任何一个名词或命题能够延续并取得新生，都有其存在的价值和功能，"守望相助"自然也不例外。千百年来，"守望相助"所具有的"互帮互助"功能，一直起着整合社会资源、促进社会团结的作用。

1. 守望相助是实现互帮互助的方式

"守望相助"的核心是互助，是在行为上的互帮互助，更多的是付诸实施。包括古代狭义理解，"守"和"望"都是动词，体现的是行为的安排和行动的付出。所以，在具有友善的认知之后，对具体行为的表现。如同现代汉语的解释，互助是描述一种通过合作方式实现合作双方都获得利益的生物关系。因此，"守望相助"是在互动中实现互帮互助的价值意义。

传统中国是一个乡土社会，而乡土社会的一个重要特质又是熟人社会。熟人社会基本上就是一个彼此相互熟悉、相互了解的社会，这样就为相互信任创造了先天的自然条件，而这一条件又是发生"互助行为"的基础。这种基于熟人信任关系的互帮互助行为，在美国社会学家普特南看来就是一种社会资本，并且认为社会资本是一种和物质资本和人力资本相区别的、存在于社会结构中的个人资本，它为结构内的行动者提供便利资源，包括关系网络、信任和规范。

所以，我们可以把"守望相助"理解为对内互帮互助，以弥补政府和个人的能力不足；对外作为一个整体，共同对抗自然和社会的侵扰。在对内方面，传统社会的宗族养老、族内救济等都是很好的互助实践。在对外方面，一直以来都是作为一种社会资本用于争取和保障团体内部的权益。比如传统社会兴修水利、兴办学堂等。

2. 守望相助是整合社会资源的手段

孟子在论述"守望相助"的社会理想时，目的就是调动社会的各方力量共同面对可能遇到的困难，其实这也是整合社会资源的一种方式和对社会系统运行的设计。在现实社会中，每个人都有可能遭受不可预见的风险事故，但是每个人的力量总是有限的，所以在社会制度的设计和组织架构上，如果能够营造一种相互配合、相互帮助的氛围、环境和机制，将是对社会资源的极大整合。

比如孔子提出的"不独亲其亲，不独子其子"，孟子提倡的"老吾老以及人之老，幼吾幼以及人之幼"，指的是不仅要爱护和帮助自己的老人和小孩，也要关心和爱护别的老人和孩子，其要求是乡里乡亲平时相互友爱，相互帮助，可见这种一脉相承的理念蕴含了丰富的互助思想，一直延续到了近代。

尤其在当今社会中，已经从过去的"熟人社会"变为"陌生人社会"，由原来的"单位人"变成"社会人"，所以在社会治理过程中，就要充分调动和发挥社区居民的固有力量，再把"陌生人"转变为"熟人"，这样才能更好地利用社区固有的资源。比如治安联防、养老互助、环境卫生、慈善帮扶等，就是利用这种相对熟悉的社会关系，相对便利地开展工作。

3. 守望相助有助于实现社会团结

社会团结是社会通过相互依赖、相互帮助等纽带将社会个体整合为一个具有共同情感体验和价值观念的和谐共同体。根据马克斯·韦伯的解释，共同体是建立在以情感为纽带和价值理性为基础的社会团体。事实也是如此，作为社会成员，其生存与发展与他人及社会整体息息相关。这种理解正好契合孟子当初设计"守望相助"的理想，就是在一个息息相关、荣辱与共的共同体里，相互之间要互帮互助。也就是说，因为我们有着相同的身份，有着共同的命运，凡事都要"推己及人"，并且要"己所不欲，勿施于人"。所以，责任共同体是一个不仅能够和他人合作，同时也是实现快乐和利益共享、痛苦和责任共担，甚至达到荣辱与共、生死与共的至上伦理境界。[1]

在孟子的理想社会中，"百姓亲睦"就是社会团结或和谐的状态和目的，而"出入相友，守望相助，疾病相扶持"则是方法手段和组织形式。虽说"守望相助"式的社会团结与涂尔干的社会团结概念有所不同，但内涵却有其相通之处。比如当下许多的社区互助制度，在具有

---

[1] 万俊人等：《善心善举·守望相助》，《人民日报》2014年11月19日，第6版。

共同价值观的同时,也具备明确的分工,从而能有效调动参与成员的积极性和组织的顺畅运转。

实质上,在"守望相助"长期的语义演变中,已经逐渐成为中国构建社会秩序的最基本规则或组织形式。比如始于西周、兴盛于宋代的"保甲"制度,其中主要功能之一就是利用乡党、宗亲等熟人关系,维持基层的社会治安,即所谓的农时为"保",战时为"甲"。尽管在推行过程中也出现许多流弊,但作为一种以"熟人关系"为基础的组织形式,却为基层社会稳定起到了重要作用。也许,这种传统的地方社会治理的组织形式,会与当前的社区治理相结合,产生出新的实现社会团结的思想或经验。

(杨建海)

## 四 亲仁善邻

"亲仁善邻"最早出现在《春秋左传》中,告诫国君必须重视与邻国的关系,做到与邻为善,以邻为伴。从齐家角度看,"亲仁善邻"强调家不是与外界完全隔绝的独立个体,每个家周边生活着若干个其他家庭,相互之间休戚与共,只有友好交往、和睦相处,才能互惠互利、和谐共生。

(一)亲仁善邻的提出

1. 亲仁善邻的内涵

在《春秋左传·隐公六年》中,公子佗谏言陈桓公说道:"亲仁、善邻,国之宝也,君其许郑。"[①] 其含义是亲近仁义而友好邻国,这是国家最宝贵的措施,您还是答应郑国的请求吧。

"亲仁善邻"包括"亲仁"和"善邻"两个部分。"亲仁"首先是让人亲近仁义的人,以使自己获得提高,其次是公开地说明个人的交往原则。在《春秋左传》之前的典籍中就有"泛爱众而亲仁"[②]"五帝善

---

[①] 杨伯峻:《春秋左传注》,中华书局1990年版,第50页。
[②] 杨伯峻:《论语译注》,中华书局2012年版,第6页。

任仁义者"①。这里的"亲"即亲睦、亲近、亲亲、亲临、亲傍等，"仁"即仁义、仁爱、仁政、仁人志士以及"仁宾客"。②

"善邻"在个人层面是指与邻居相互友好，在国家层面则是指与邻国和谐相处。《易经》里较早地提及"善邻"，"有孚挛如，富以其邻；有孚挛如，不独富也"，③《国语》讲"固国者，在亲众而善邻"，④《管子·枢言》进一步提出"边竟安，则邻国亲。邻国亲，则举当矣"。⑤老子也说过"邻国相望，鸡犬之声相闻，民至老死不相往来"。⑥这里的"善"即"友善""和善"之义，"邻"即"近邻""邻里""邻居""邻国"的意思。在某种程度上，"亲仁善邻"揭示了能群的基本原则。

2. 亲仁善邻提出的背景

春秋以来，诸侯为了资源、百姓、名分和发展而争夺。但诸侯们想要合法地采取行动必须要得到周天子的认定。《春秋左传·隐公四年》就有这样的记载：州吁这人没有团结他的人民，石厚向石碏请教稳定君位的计策。石碏说了一句"王觐为可"，就是说朝见周天子就可稳定君位。⑦同时，利用周天子的名义与诸侯讨伐征战才符合王道和名分，如"宋公不王。郑伯为王左卿士，以王命讨之，伐宋"，⑧"郑庄公于是乎可谓正矣。以王命讨不庭，不贪其土以劳王爵，正之体也"。⑨

在那个时代，不与邻国和睦相处会导致灭国的危险，只有亲近仁人志士，与邻友善，远离不仁不义之人，才能达到"君义，臣行，父慈，子孝，兄爱，弟敬"；⑩只有"好事邻国"，才能保卫自己的社稷；只有

---

① 景中译注：《列子》，中华书局2007年版，第110页。
② （清）孙希旦：《礼记集解》，中华书局1989年版，第1268页。
③ 郭彧译注：《周易》，中华书局2010年版，第55页。
④ 黄永堂译注：《国语全译》，贵州人民出版社1995年版，第322页。
⑤ （清）黎翔凤：《管子校注》，中华书局2004年版，第245页。
⑥ 王弼：《老子道德经校注释》，中华书局2008年版，第190页。
⑦ 杨伯峻：《春秋左传注》，中华书局1990年版，第37页。
⑧ 同上书，第65页。
⑨ 同上书，第68—69页。
⑩ 同上书，第32页。

"蕃王室,以和兄弟,康济小民",才能避免战争,甚至不战而屈人之兵。所以,《春秋左传》里提道"今民各有心,而鬼神乏主;君虽独丰,其何福之有!君姑修政而亲兄弟之国,庶免于难"。①

(二)亲仁善邻的内容

1. 亲仁善邻的对象

从对象上看,亲仁善邻涉及国家与个人两个层面。就个体而言,主要是亲近仁人之士。这些仁人之士践行"恭、宽、信、敏、惠",②他们"克己复礼",③懂得"谨择",④不会为了求生而"害仁"却会"杀身以成仁",⑤其本质在于"忠信端悫,而不害伤,则无接而不然"。⑥在荀子看来,仁人之士通过"修志意,正身行,伉隆高,致忠信,期文理",⑦"上则法舜禹之制,下则法仲尼子弓之义",⑧可使"农以力尽田,贾以察尽财,百工以巧尽械器",⑨以使境内得以保固;对外"修大小强弱之义,以持慎之",⑩可使邻邦和谐而处。

亲仁善邻讲的是友善邻居、邻里、邻国及邻邦。前者指的是"小邻",要亲近自己的邻居,做到邻里之间相互有爱,不要"以邻为壑"。后者说的是"大邻",地理管辖范围已经超越居家之外上升到诸侯国家乃至天下层面,如"汤居亳,与葛为邻"⑪"子为晋国,四邻诸侯"。⑫亲仁善邻是这两者的统一。

2. 亲仁善邻的原则

亲仁善邻要遵循"恕""礼义择善""不危及邦"等几个原则。

---

① 杨伯峻:《春秋左传注》,中华书局1990年版,第112页。
② 杨伯峻:《论语译注》,中华书局2012年版,第255页。
③ 同上书,第172页。
④ (清)王先谦:《荀子集解》,中华书局2013年版,第208页。
⑤ 杨伯峻:《论语译注》,中华书局2012年版,第228页。
⑥ (清)王先谦:《荀子集解》,中华书局2013年版,第256页。
⑦ 同上书,第196页。
⑧ 同上书,第97页。
⑨ 同上书,第71页。
⑩ 同上书,第198页。
⑪ 杨伯峻:《孟子译注》,中华书局1960年版,第147页。
⑫ 杨伯峻:《春秋左传注》,中华书局1990年版,第1089页。

第五章　能群的基本命题

"恕"既是修身也是齐家的条件,可以理解为"己所不欲,勿施于人",[①] 能够设身处地地为他人和他群着想,通过"恕"和谐人与人、群与群之间的关系,避免争乱。《礼记》多处记载了"恕",如"无服之丧,内恕孔悲""所藏乎身不恕,而能喻诸人者,未之有也",《春秋左传·隐公三年》也提道"明恕而行,要之以礼,虽无有质,谁能间之",[②]《荀子》讲君子有三种"以己量人"情况,分别是"有君不能事,有臣而求其使,非恕也;有亲不能报,有子而求其孝,非恕也;有兄不能敬,有弟而求其听令,非恕也"。[③] 因此,"恕"对于个人而言可以"端身"和"终身行之"。[④] 对于家及社会来说则可以"在邦无怨,在家无怨"。[⑤] 遵照"恕"行事满足"德之则也,礼之经"。

"礼义择善"是先秦儒家特别重视的一种修身齐家乃至治国平天下准则。《春秋左传》提到礼"经国家,定社稷,序民人,利后嗣者也",[⑥]"礼"用来确定等级秩序、明确人伦关系,达到"善善、亲亲、礼宾"目的。[⑦]"礼义"强调朋友之间的交往"贵在忠信","与朋友交而不信"犹如"大车无輗,小车无軏"。[⑧]"择善"强调同道中人相互亲善,"朋友切切偲偲",[⑨]"道不同,不相为谋",[⑩]"友者,所以相有也"。[⑪] 因此,亲仁善邻就是要按照礼仪对待仁人邻里,做到礼义有道,趋善谨择。

亲仁善邻要求"不危及邦"。邦不在,难以安身立命。"不危及邦"强调边境安宁,"边竟安,则邻国亲。邻国亲,则举当矣"。[⑫]"不危及

---

① 杨伯峻:《论语译注》,中华书局 2012 年版,第 172 页。
② 杨伯峻:《春秋左传注》,中华书局 1990 年版,第 27 页。
③ (清)王先谦:《荀子集解》,中华书局 2013 年版,第 537 页。
④ 杨伯峻:《论语译注》,中华书局 2012 年版,第 233 页。
⑤ 同上书,第 172 页。
⑥ 杨伯峻:《春秋左传注》,中华书局 1990 年版,第 1089 页。
⑦ 黄永堂译注:《国语全译》,贵州人民出版社 1995 年版,第 373 页。
⑧ 杨伯峻:《论语译注》,中华书局 2012 年版,第 28 页。
⑨ 同上书,第 199 页。
⑩ 同上书,第 238 页。
⑪ (清)王先谦:《荀子集解》,中华书局 2013 年版,第 514 页。
⑫ (清)黎翔凤:《管子校注》,中华书局 2004 年版,第 245 页。

邦"注重诸侯内部及诸侯国之间"不患寡而患不均,不患贫而患不安",① 使"自作不和,尔惟和哉!尔室不睦,尔惟和哉",② "和无寡,安无倾",当下免于祸起萧墙,长远则为国家的发展作打算,"今夫颛臾固而近于费,今不取,后世必为子孙忧",③ 这是亲仁善邻的最高原则。

总之,亲仁善邻就是要亲近民众、顺应天命,促进社会稳定。"夫固国者,在因民而顺之",④ "民爱之,邻国亲之";⑤ "变化代兴,谓之天德",⑥ "敬天而道"。⑦ 做到亲仁善邻就不会出现民怨民乱,无论是"背施、幸灾,民所弃也",⑧ 还是"将很天而伐齐,夫吴民离矣,体有所倾",⑨ 其实都是对亲仁善邻原则的抛弃。

(三)亲仁善邻的途径

1. 养智而亲仁,诗文以会友

先秦诸子希望通过培养智慧使人明达,以便亲近仁德之人。智慧具有"行义以正,事业以成,可以禁暴足穷,百姓待之而后泰宁"⑩ 作用,通过"举直错诸枉,能使枉者直",⑪ 促使智慧的养成,使个体"修洁之为亲,而杂污之为狄者"。⑫ 另外,通过诗文来会友,凸显对朋友的尊重,因为诗本身具有"可以群"⑬ "能够群"功用,"君子以文会友,以友辅仁",⑭ 相辅相成,相得益彰。

2. 礼宾而亲,通达而善

荀子认为,"人虽有性质美而心辩知,必将求贤师而事之,择良友

---

① 杨伯峻:《论语译注》,中华书局2012年版,第241页。
② 慕平译注:《尚书》,中华书局2009年版,第264页。
③ 杨伯峻:《论语译注》,中华书局2012年版,第241页。
④ 黄永堂译注:《国语全译》,贵州人民出版社1995年版,第322页。
⑤ (清)黎翔凤:《管子校注》,中华书局2004年版,第385页。
⑥ (清)王先谦:《荀子集解》,中华书局2013年版,第46页。
⑦ 同上书,第42页。
⑧ 杨伯峻:《春秋左传注》,中华书局1990年版,第348页。
⑨ 黄永堂译注:《国语全译》,贵州人民出版社1995年版,第676—677页。
⑩ (清)王先谦:《荀子集解》,中华书局2013年版,第473页。
⑪ 杨伯峻:《论语译注》,中华书局2012年版,第182页。
⑫ (清)王先谦:《荀子集解》,中华书局2013年版,第493页。
⑬ 杨伯峻:《论语译注》,中华书局2012年版,第258页。
⑭ 同上书,第183页。

而友之"。① 这就是说，亲仁善邻要根据不同的对象采取不同的方式。对邻居和百姓，"禹见耕者耦、立而式，过十室之邑、必下";② 对于士级宾客应该"宾于四门，四门穆穆",③《国语·越语上》里讲"四方之士来者，必庙礼之";④ 对于外交之臣则"君召使摈，色勃如也，足躩如也。揖所与立，左右手。衣前后，襜如也。趋进，翼如也。宾退，必复命"。⑤ 如果朋友死了没有后人安葬则要为他送葬，"朋友死，无所归"，"于我殡",⑥ 做到人情通达，兼济他人。

3. 姻亲而联结，会盟而善邻

个体可以通过姻亲关系亲敬仁人之士。例如，在《孔子家语》中公长冶"为人能忍耻"，孔子"以女妻之"，"为之庖正，以除其害，虞思于是而妻之以二姚"。⑦ 身处乱世之中的诸侯为了国家安全，通过联姻、会盟等方式强大自己。例如，"郑公子忽在王所，故陈侯请妻之",⑧ "郑昭公之败北戎，齐人将妻之",⑨ "齐悼公之来也，季康子以其妹妻之"。⑩ "纪子帛、莒子盟于密，鲁故也";⑪ "公及郑伯盟于越，结祊成也"。⑫ 当然，会盟的基础是"德""善""信"，《国语·鲁语下》提及"盟，信之要也。晋为盟主，是主信也。若盟而弃鲁侯，信抑阙矣"。⑬

4. 内和安邦，救济邻国

先秦诸子怀有济世安民理想，他们希望君主修身养性，具有仁、孝、礼、义等崇高德性，以便能够德化天下，富足黎民，安抚百姓。为

---

① （清）王先谦：《荀子集解》，中华书局2013年版，第449页。
② 同上书，第474页。
③ 慕平译注：《尚书》，中华书局2009年版，第1—2页。
④ 黄永堂译注：《国语全译》，贵州人民出版社1995年版，第712页。
⑤ 杨伯峻：《论语译注》，中华书局2012年版，第138页。
⑥ 同上书，第150页。
⑦ 杨伯峻：《春秋左传注》，中华书局1990年版，第1605—1606页。
⑧ 同上书，第55页。
⑨ 同上书，第131页。
⑩ 同上书，第1650页。
⑪ 同上书，第23页。
⑫ 同上书，第82页。
⑬ 黄永堂译注：《国语全译》，贵州人民出版社1995年版，第210页。

此，亲仁善邻就要推行德教，注重个人修养，强调人与人相处"和而不同""己所不欲，勿施于人"，注重以德化人、协和万邦，坚信"德不孤"，"必有邻"。① 亲仁善邻还强调家庭关系的和谐，做到"克明俊德，以亲九族；九族既睦，平章百姓；百姓昭明，协和万邦；黎民于变时雍"；② "协比其邻，昏姻孔云，吾兄弟之不协，焉能怨诸侯之不睦"。③ 亲仁善邻也要制定名分等级以稳定社会秩序，"先王惧其不帅，故制之以义，旌之以服，行之以礼，辩之以名，书之以文，道之以言"。④ 同时，亲仁善邻更要推行德教而不能崇尚武力。"禹劳心力，尧有德，干戈不用三苗服"，⑤《国语·晋语八》就提道"昔栾武子无一卒之田，其宫不备其宗器，宣其德行，顺其宪则，使越于诸侯，诸侯亲之，戎、狄怀之"。⑥

当然，从诸侯国角度看，亲仁善邻要求君主通过亲仁端正自己的行为，到达"修己以安民"的目的，他们对于下级公正而不偏袒，选贤任能，也就是说"其使下也，均遍而不偏"。⑦ 就诸侯国之间关系来看，亲仁善邻就是希望国与国之间进行必要的救济与援助。以缓解民众的饥荒，以帮助邻国走出困境，因为"天灾流行，国家代有，救灾恤邻，道也"。⑧ 例如，《春秋左传·襄公二十九年》就记载了这样一件事："邻于善，民之望也，宋亦饥，请于平公，出公粟以贷，使大夫皆贷。"⑨ 同时，亲仁善邻也要求国家之间不能兵戎相见，"凡晋楚无相加戎，好恶同之，同恤灾危，备救凶患"，还要援兵救助，"若有害楚，则晋伐之"。⑩

（高和荣）

---

① 杨伯峻：《论语译注》，中华书局2012年版，第56页。
② 慕平译注：《尚书》，中华书局2009年版，第1页。
③ 杨伯峻：《春秋左传注》，中华书局1990年版，第395页。
④ 黄永堂译注：《国语全译》，贵州人民出版社1995年版，第620页。
⑤ （清）王先谦：《荀子集解》，中华书局2013年版，第463页。
⑥ 黄永堂译注：《国语全译》，贵州人民出版社1995年版，第545页。
⑦ （清）王先谦：《荀子集解》，中华书局2013年版，第234页。
⑧ 杨伯峻：《春秋左传注》，中华书局1990年版，第345页。
⑨ 同上书，第1157页。
⑩ 同上书，第856页。

### 五 四海一家

四海一家是能群的归属,它不仅指各民族和谐相处,而且也特指各地居民和谐相处、亲如一家,做到"关系和谐,兵革不试""习俗相异,不易其宜""礼乐相待,合敬同爱"等。荀子认为,君主不同于匹夫的重要区别就在于他"能群",做到"善生养人者也,善班治人者也,善显设人者也,善藩饰人者也",[①] 按照荀子的看法,如果君主能够"善生养人""善班治人""善显设人""善藩饰人",使得民众"亲之""安之""乐之""荣之",那么就可以组织起来成为一个和谐的群体,君主就"能群",天下将归君主所有。

(一) 四海一家的提出

1. 四海一家的含义

"四海一家"作为一个命题完整地出现在荀子著作中。他在讲大儒作用的时候提道"故近者歌讴而乐之,远者竭蹶而趋之,四海之内若一家,通达之属莫不从服。夫是之谓人师",[②] 强调大儒能够影响群体成员,使得周围的人歌颂并欢迎大儒,远方的人不辞辛苦地投奔他,这样,在四海之内就亲如一家。其实,在荀子之前一些文献就有了类似的表述。例如,《诗经·商颂·玄鸟》提道"邦畿千里,维民所止,肇域彼四海",[③] "四海来假,来假祁祁","自西自东,自南自北,无思不服"。[④] 此时的"四海一家"包含着天下人都归顺于一个朝廷的意思。

后来,《论语》提道"君子敬而无失,与人恭而有礼,四海之内,皆兄弟也",[⑤] 讲的是如果君子恭恭敬敬地做事而没有过失,与人交往恭敬而合乎礼节,那么普天之下都是他的兄弟。这里的"四海"是古人对国土界限的一种认知,一种强调中国周围都是海,因而被称为"四海之内",《吕氏春秋·有始》提道"凡四海之内,东西二万八千里,

---

[①] (清)王先谦:《荀子集解》,中华书局2013年版,第237页。
[②] 同上书,第121页。
[③] 程俊英:《诗经译注》,上海古籍出版社2004年版,第564页。
[④] 同上书,第434页。
[⑤] 杨伯峻:《论语译注》,中华书局2012年版,第174页。

南北二万六千里，水道八千里，受水者亦八千里，通谷六，名川六百，陆注三千，小水万数"，① 这里的"四海之内"其实就是我们的国土范围。另一种观点认为，"四海"是一种不确定性的称谓，泛指全国各地，《孟子·滕文公下》说"苟行王政，四海之内皆举首而望之"。② 由此可见，"四海一家"既指全国各地，也指各族人民亲如一家。

按照荀子的看法，四海之内是一个和谐的大家庭，强调"四海一家"就是要让人们得到好处从而实现一统天下。"一天下，财万物，长养人民，兼利天下，通达之属莫不从服，六说者立息，十二子者迁化，则圣人之得执者，舜禹是也。"③

2. 四海一家提出的背景

西周以后群雄争霸，动荡不安的社会引起了思想家们的极大关注，以孔子、孟子及荀子为代表的儒家思想家感受到只有百姓和谐、社会安宁国家才能长治久安，如果只想着江山社稷而不爱民利民却要民众拥戴君主这是不可能的，这就需要把天下百姓当成家庭一员，正如荀子所言："故有社稷者而不能爱民，不能利民，而求民之亲爱己，不可得也。"④

在那个时代，多民族共处观念逐步得到认同。最初人们把整个社会划分为夷夏两个部分，认为"夷狄之有君，不如诸夏之亡也"。⑤ 后来，随着社会交往的增多，社会不再把"夷狄"等异族比喻为"禽兽"，甚至较为客观地描述他们，认为他们的秉性之所以不同主要在于生活习性的差异，正如荀子所言："越人安越，楚人安楚，君子安雅；是非知能材性然也，是注错习俗之节异也。"⑥ 在这种观念影响下，夷狄等少数民族逐渐获得了与华夏族同等地位，这就为四海一家的提出提供了社会基础。

---

① 张双棣等译注：《吕氏春秋译注》，北京大学出版社2000年版，第336页。
② 杨伯峻：《孟子译注》，中华书局1960年版，第148页。
③ （清）王先谦：《荀子集解》，中华书局2013年版，第97页。
④ 同上书，第234页。
⑤ 杨伯峻：《论语译注》，中华书局2012年版，第33页。
⑥ （清）王先谦：《荀子集解》，中华书局2013年版，第62页。

(二) 四海一家的内容

四海一家是指天下人亲如一家,其中包括"关系和谐,兵革不试""习俗相异,不易其宜""以礼相待,合敬同爱""仪式有别,各行其是""民无私,相互救济"等内容,这些内容体现了群的融合以及群的相处。

1. 关系和顺,兵革不试

四海之内人们友好相处得像一家人,在这个大群中个体之间关系友善、相处和谐。这就要求君主以及其他处于较高社会地位及社会声望的人讲究仁德,以德服人,以礼待人,以情感人,让人心悦诚服,而不去兴兵动武,确保人际交往关系的和谐,《荀子·成相》说:"禹劳心力,尧有德,干戈不用三苗服。"实际上,君主以这种仁德之心对待人民就可以促进各民族和谐相处,"惟仁者为能以大事小,是故汤事葛、文王事昆夷;惟智者为能以小事大,故太王事獯鬻、句践事吴"[1]。荀子认为,"四海一家"不仅是一种状态,也是一种交往准则,所谓"四海一家"就是说要讲究仁德,即使相互战争也"不杀老弱,不猎禾稼,服者不禽,格者不舍,奔命者不获",[2] 这样才能做到天下归顺。

2. 习俗相异,不易其宜

天下很大,"四海之内,分为万国",[3] 人们的文化习俗及生活方式不尽相同,《义始真经·儿药》就说过"古今之俗不同,东西南北之俗又不同,至于一家、一身之善又不同",因此,尊重各地习俗与文化就成为人与人、人与群以及群与群相处的关键。它意味着在政令统一的基础上承认各地民众特别是夷狄之族可以沿袭原有的宗教信仰与生活习俗,而不改变其固有的生活方式,这样的"四海一家"其实就是在遵循统一性之下的多样性,达到所谓的"修其教不易其俗,齐其政不易其宜"。[4]

---

[1] 杨伯峻:《孟子译注》,中华书局1960年版,第30页。
[2] (清) 王先谦:《荀子集解》,中华书局2013年版,第278页。
[3] 缪文远、罗永莲、缪伟译注:《战国策》,中华书局2007年版,第255页。
[4] (清) 孙希旦:《礼记集解》,中华书局1989年版,第358页。

儒家认为，中原与四方少数民族所构成的"五方之民"各有其独特的生活习性而不可以随意改变，"中国戎夷，五方之民，皆有其性也，不可推移"。① 但是，"中国、夷、蛮、戎、狄，皆有安居、和味、宜服、利用、备器"。也就是说，虽然"五方之民"言语不通，嗜欲不同，但可以用"寄""象""狄鞮""译"来达其志，知晓他们的想法与需求。② 所以，"四海一家"允许外在的差异性而追求内在德性的一致性。

3. 礼乐相待，合敬同爱

实现四海一家就要规范好各成员之间的关系，明确各成员之间的交往规则，否则非但形成不了四海一家局面，甚至会出现分崩离析状态。儒家认为，实现"四海一家"就要遵循礼仪，以礼相待，坚守道义，乐以天下，只有这样才能"四海之内合敬同爱"。③

"四海一家"体现在日常生活中就是要求成员各自遵守礼义规范，做好自己的事情，即"素夷狄，行乎夷狄"，④ 做到人与人互敬互爱。"四海一家"强调朝见时"九夷之国，东门之外，西面北上。八蛮之国，南门之外，北面东上。六戎之国，西门之外，东面南上。五狄之国，北门之外，南面东上。九采之国，应门之外，北面东上"。⑤ 通过位置和朝向不仅规范群体关系的远近、地位的尊卑，避免各诸侯的纷争。举行祭祀时要"各以其职来祭"，⑥ "粒食之民，莫不犓牛羊，豢犬彘，洁为粢盛酒醴，以祭祀于上帝鬼神"。⑦ 同时，它强调不同的仪式演奏不同的音乐，并"纳夷蛮之乐于大庙"⑧ 中，通过不同的声律教人互爱。四海之内"明则有礼乐，幽则有鬼神"，而后"合

---

① （清）孙希旦：《礼记集解》，中华书局1989年版，第359页。
② 同上书，第359—360页。
③ （汉）司马迁：《史记》，中华书局1999年版，第1047页。
④ 王国轩译注：《大学·中庸》，中华书局2007年版，第76页。
⑤ （清）孙希旦：《礼记集解》，中华书局1989年版，第840页。
⑥ 胡平生译注：《孝经译注》，中华书局1999年版，第19页。
⑦ 吴毓江：《墨子校注》，中华书局1993年版，第319页。
⑧ （清）孙希旦：《礼记集解》，中华书局1989年版，第845页。

敬同爱"。①

4. 民心无私，相互救济

"四海一家"强调人与人之间抛弃私心杂念，没有私心是"四海一家"的前提。反之，如果各怀异心，那不仅做不到天下一家，甚至连家庭成员之间也会同床异梦。这就要进行广泛的社会救济，让所有社会成员能够生存下去，做到"出入相友，守望相助，疾病相扶持"，正如《尉缭子·治本》篇中所言"民无私，则天下为一家，无私耕私织，共寒其寒，共饥其饥"。

在先秦社会思想家们看来，"四海一家"不只是自下而上的自然形成过程，同样需要各诸侯国进行具体的行动，国家对四海之内"天民之穷而无告者"提供帮助，对"孤""独""矜""寡"人群提供经常性的"饩"，同时对"瘖、聋、跛、躃、断者、侏儒、百工"则"各以其器食之"，②让这些群体感受到家庭般照顾，不断夯实"四海一家"的社会生活基础。

（四）四海一家的方法

1. 制定法律，互通有无

荀子认为，不同的群体可以根据他们的习俗与生活习惯采取相应的手段，确保人与人相处和谐，社会长治久安，国家繁荣昌盛。在《正论》篇中，荀子强调由于土地、地形和居住环境的差异，人们的器械用具、设备服饰等都存在着明显的不同，因此可以采取"诸夏之国同服同仪，蛮、夷、戎、狄之国同服不同制"，形成内外服的社会规范，做到"封内甸服，封外侯服，侯卫宾服，蛮夷要服，戎狄荒服"。同时由近及远分别以农产品、守候放哨、以宾客的身份进贡等方式来接受行为约束的规范，接受天子的统治。

当然，四海之内还通过约定习俗，形成共同遵守的规则，并成为规范群体行动的基础。《周礼·秋官·司寇》中言"宪邦之刑禁，以诘四

---

① （清）孙希旦：《礼记集解》，中华书局1989年版，第988页。
② 同上书，第388页。

方邦国及其都鄙，达于四海"，① 意思是说"悬挂君王的刑法禁令，以使四方诸侯及其采邑谨慎遵行，使刑法禁令布达天下。凡君王有大事集合民众就宣布刑法禁令以相约束"，从而实现政令统一。《荀子·王制》提及除了"等赋、政事、财万物，所以养万民"，针对农田、集市、山林等征收不同的税可以实现四海一家之外，"通流财物粟米，无有滞留，使相归移"也可以使"四海之内若一家"。②

2. 设官分职，一心同归

四海之大需要用恰当的方法、选取恰当的人员将各族民众团结起来融为一体，而君子、仁人和大儒等就成为人们争相亲近的对象。因为他们"将修志意，正身行，伉隆高，致忠信，期文理"，③ 然后"淑人君子，其仪不忒。其仪不忒，正是四国"。④ 这些人能够"持其有而已，又将兼人"，⑤ 因而"畴四海"。⑥ 所以，实现四海一家就需要分设官职，将有才之人用于合适之位，"英俊豪杰，各以大小之材处其位，由本流末，以重制轻，上唱下和，四海之内，一心同归，背贪鄙，向仁义，其于化民，若风之靡草"，⑦ 于是正月便可以"执旌节以宣布于四方"。

3. 德行教化，讫于四海

各地崇尚道德教化，使个人遵守共同的习俗与规范。《尚书·多士》中言"惟天不畀不明厥德，凡四方小大邦丧，罔非有辞于罚"，⑧ 意思是说"上天不会把大命给予不施行德政的人，四方小国大国的灭亡都是怠慢上天而遭到的惩罚"，明确指出了不修习德行教化会招致国家灭亡。反过来，"以德以义，则四海之大，江河之水，不能亢矣"。⑨ 因

---

① 李学勤：《周礼注疏》，北京大学出版社1999年版，第966页。
② （清）王先谦：《荀子集解》，中华书局2013年版，第160—161页。
③ 同上书，第196页。
④ 程俊英：《诗经译注》，上海古籍出版社2004年版，第224页。
⑤ （清）王先谦：《荀子集解》，中华书局2013年版，第196页。
⑥ 同上书，第325页。
⑦ 李德山译注：《文子》，黑龙江人民出版社2003年版，第309页。
⑧ 慕平译注：《尚书》，中华书局2009年版，第225页。
⑨ 张双棣等译注：《吕氏春秋译注》，北京大学出版社2000年版，第647页。

此，"王敬作所，不可不敬德"，① 以德教善民，百姓效法，人人互敬互爱将使得"东渐于海，西被于流沙，朔南暨，声教讫于四海"，② 天下长治久安。

除此之外，做到"四海一家"就要掌握自然规律，积极疏浚河道，使得华夏各族安居乐业，《国语·周语下》中记载共工的后裔四岳帮助他根据地势的高低、地形的变化而"疏川导滞，钟水丰物，封崇九山，决汨九川，陂鄣九泽，丰殖九薮，汨越九原，宅居九隩，合通四海"。③《尚书·禹贡》也说"九州攸同，四隩既宅。九山刊旅，九川涤源，九泽既陂，四海会同"，④ 意思是说修建山路与疏浚河道能够把四海各族统一起来并安居乐业，真正实现四海一家。

（高和荣）

# 结　语

本章从四个层面阐述了能群的基本命题，全面阐述了群之所以存在，人之所以能群受到哪些因素的影响及作用，涉及能群的基础、能群的规则、能群的方法及能群的归宿等四个方面。作为群的基本单元的家构成了能群的基础，在个人成群中发挥基础性作用，包括夫妇之道、君臣父子之本，国之本在家以及家和万事兴等几个命题；能群的规则讲究夫妻和美、父慈子孝、兄友弟恭、长幼有序、家族和睦以及家有家规等命题；能群的方法则注重家庭教化，讲究言传身教，做到勤俭持家、和顺可亲以及疏不间亲；而能群的归宿包含家国同构、家道得正、守望相助、亲仁善邻、四海一家等命题。

上述四个层面的命题表明，能群涉及的范围极其广泛，能群基础为齐家提供了载体，各循其礼为家庭成员的交往提供了规范准则，注重言传身教、强调勤俭持家、做到疏不间亲构成了家庭成员的交往方法，通

---

① 慕平译注：《尚书》，中华书局2009年版，第204页。
② 同上书，第77页。
③ 黄永堂译注：《国语全译》，贵州人民出版社1995年版，第109页。
④ 慕平译注：《尚书》，中华书局2009年版，第199页。

过齐家实现国治构成了能群的归宿。这四个层面从不同的纬度全面回答了家庭乃至整个社会成员相处所应遵守的重大问题，相互影响又相互支撑，有助于推进家庭和美的建设。

（高和荣）

# 第六章　善群的基本命题

## 引　言

　　善群的核心要务是治国理政，善群的基本命题主要回答治国理政中的重大理论和实践课题。"善群"既是人的"合群"本性的体现，也是人的"能群"能力的检验；人在"善群"中彰显自身的"合群"本性，验证自身的"能群"能力。"善群"基本命题主要回答治国理政中"为何善群""何谓善群""如何善群"等三类基本问题。

　　为何"善群"？从国家产生开始，人类生活就迈进了政治社会时代，国家治理由此成为政治社会的核心要务。荀子曰："君者，善群也。"[1] 国君是国家的象征、代表和统帅，在国家治理体系中居于中枢地位；治国的关键在于"善群"，"善群"是治国的根本任务。荀子之所以提出"善群"思想，具有深刻的社会历史背景。众所周知，春秋战国时期是一个大转型、大动荡的战乱时代，优胜劣汰的兼并战争导致各个诸侯国胜败无常、安危不定。在你死我活的兼并战争中，有的崛起称霸，有的偏安残喘，有的灭亡消失。仅春秋时期的兼并战争，就导致"弑君三十六，亡国五十二。诸侯奔走，不得保其社稷者，不可胜数"。[2] 战国时期的兼并战争更为激烈残酷，既有无数小国灭亡，也产生了战国七雄，最后是秦霸天下。在大浪淘沙的战争洗礼中，在兴衰存

---

[1] （清）王先谦：《荀子集解》，中华书局2013年版，第195页。
[2] 转引自崔乃鑫、杨吉春《春秋战国时期的富国强兵思想》，《辽宁工程技术大学学报》（社会科学版）2003年第1期。

亡的经验教训里，充分凸显出治国理政（善群）的极端重要性。治国有方，善群有法，则本固邦宁；治国无道，善群无术，则国破家亡。荀子提出"君者善群"思想，既是对春秋战国时期治国者"不善善群"的教训总结，也是对治国理政中治国者"为何善群"的使命定位。

何谓"善群"？荀子认为，"善群"的根本任务在于"善生养人者也，善班治人者也，善显设人者也，善藩饰人者也"。[①] 国家是一个复杂的"人群"聚合体，由不同类型、不同层次、不同功能、不同规模、不同诉求的"人群"所组成，是一个高度复杂多元的"群上之群"。因此，所谓"善群"，就是要在治国理政实践中，以遵循人的"合群"本性、发挥人的"能群"能力为基础，合理划分群际界限，切实尊重群际差异，综合协调群际关系，有效化解群际矛盾，持续优化群际格局，尽力保障群际共生，全面促进群际和谐，实现国家长治久安，为迈向"乐群"（平天下）创造条件。

如何"善群"？治国有法，"善群"有道。第一，以民为本是善群的基础。个体之"民"既是组成各种"群"的基本单元，也是构成"国"的微观基础，善群必须始终牢记以民为本的价值理念。在"善群"中实现以民为本，务必坚持民为邦本、民贵君轻、善养民生、得民心者得天下的思想理念与实际行动，为实现本固邦宁提供坚实的民众基础。第二，礼法并重是善群的方略。善群需要讲究方法策略，既要刚柔分明也要刚柔相济，既要文武并重也要张弛有度，礼法并重是最重要的善群方略。坚持礼法并重方略，必须遵守隆礼重法、礼有三本、礼立则国治、义立则国兴、法为治端、立公弃私、明德慎罚、法治之本在人等原则，做到礼治与法治相辅相成、相得益彰。第三，尚贤使能是善群的关键。善群离不开人才支持，国无贤才则无善治，尊重贤能方得国治，用好贤才方能国强。做到尚贤使能，必须尊重贤能，发挥贤能作用，坚持得人才者得天下、理政治民、以教育才、唯贤是举、善待贤才等原则。第四，富民强国是善群的手段。实现善群目标必须采取务实措施，富民强国是实现善群目标的有效手段。富民强国贵在实际效果，主要方

---

① （清）王先谦：《荀子集解》，中华书局2013年版，第280页。

法包括制民恒产、等赋养民、扶危济困、百吏尽职和强兵固国等。第五，修养政德是善群的保证。善群的本质在于治国理政，只有治国者具备高尚的政德素养，才能为善政提供坚实的政德保障。治国者的政德修养贵在终生修炼，重在身体力行，核心要求包括为政以德、正人先正己、以公胜私、以义统利等。

"善群"是一个有机统一的治国行动系统，善群的基础、方略、关键、手段、保证等五个子系统之间，既相对独立又互为支撑，既各有作用又相互影响。总体而言，只有基础牢固、方略明确、关键精准、手段得当、保证有力，才能形成善群合力，才能达到国泰民安的治国目标，并为最终实现平天下的乐群理想创造前提条件。

（毕天云）

## 第一节 以民为本：善群的基础

"民"既是组成各种"群"的基本单元，也是构成"国"的微观基础。在治国理政中，"民"既是国家治理的对象，也是国家兴亡的根基。善群的基础，就是要始终坚持以民为本：明确"民为邦本"的邦民关系，恪守"民贵君轻"的君民关系，致力"善养民生"的治国目标，不忘"得民心者得天下"的治国初衷。在"善群"过程中坚持并实现以民为本，是"善群有法"的第一步。

### 一 民为邦本

"民为邦本"是对邦民关系的凝练总结。统治者治国理政，首先需要明确邦民关系。"民"既为"邦"之本，统治者就要爱人爱众；进一步而言，统治者还要关注到百姓中的弱势群体，扶危济弱；同时统治者还要广施仁政，切实体现对百姓、对民生的关注。概言之，"民为邦本"要求统治者爱护百姓、扶危济弱、广施仁政、关注民生，唯其如此，才是切实把"民"作为"邦"之本，才能实现"善群"的治国目标。

（一）民为邦本的提出和背景

殷商时期，统治者敬鬼重神，事无巨细，每事必卜。至西周时期，统治者由敬鬼重神转向敬天重民，将纯粹抽象外在的天理解为与民心统一的内在的天，提出天意在民。(《尚书·泰誓》："天视自我民视，天听自我民听。"[1]) 民众是国家的根基，根基牢固，国家才能安定。《尚书·五子之歌》："皇祖有训，民可近不可下，民惟邦本，本固邦宁。"[2] 这是"民为邦本"的出处。春秋战国时期，社会动荡，虐政横生。首先，春秋战国时期的社会关系以利害关系为基础："臣下心怀利的观念对待君主，儿子心怀利的观念服侍父亲，弟弟心怀利的观念对待兄长，使得君臣之间、父子之间、兄弟之间最终脱离仁义。"(《孟子·告子下》："为人臣者怀利以事其君，为人子者怀利以事其父，为人弟者怀利以事其兄，是君臣、父子、兄弟终去仁义。"[3]) 上至诸侯卿相，下至黎民百姓，若人人利字当头，就会罔顾仁义，互相侵害。尤其是对统治者而言，"怀利以相接"的社会关系是民本思想的严重缺失，最终只会导致统治者罔顾百姓。其次，兼并战争连年不断。孟子说："如今各国的君王，没有一个不好杀人的。"(《孟子·梁惠王上》："今夫天下之人牧，未有不嗜杀人者也。"[4]) 各国君王如何杀人？孟子说："（这些人）为争夺土地而战，死人遍野；为争夺城池而战，死人满城。"(《孟子·离娄上》："争地以战，杀人盈野；争城以战，杀人盈城。"[5]) "率土地而食人肉"的举动，导致生灵涂炭。再次，统治者的横征暴敛使百姓难堪重负。孟子指责梁惠王说："现在您的厨房里有皮薄膘肥的肉，您的马栏里有健壮的马，老百姓却面带饥色，野外躺着许多饿死的尸体。"(《孟子·梁惠王上》："庖有肥肉，厩有肥马，民有饥色，野有饿莩。"[6]) "怀利以相接"的社会关系导致人们丧失仁义之心，兼并战争和横征暴敛使百姓生活艰辛异常，回顾先贤"以民为本"的史实，发展"民为邦本"的理念，成为先秦诸子的责任与使命。

---

[1] 李民、王健：《尚书译注》，上海古籍出版社2012年版，第157页。
[2] 王世舜、王翠叶译注：《尚书》，中华书局2012年版，第369页。
[3] 杨伯峻：《孟子译注》，中华书局1960年版，第280页。
[4] 同上书，第13页。
[5] 同上书，第175页。
[6] 同上书，第9页。

据《国语》记载，黄帝、颛顼、帝喾、尧、鲧、禹、契、冥、汤、后稷、周文王、周武王等前代圣王，都能秉持"民为邦本"的邦民关系，不断关注民事，敦促民众和睦，最终建立国泰民安的功业。(《国语·鲁语》："黄帝能成命百物，以明民共财，颛顼能修之。帝喾能序三辰以固民，尧能单均刑法以仪民，舜勤民事而野死，鲧障洪水而殛死，禹能以德修鲧之功，契为司徒而民辑，冥勤其官而水死，汤以宽治民而除其邪，稷勤百谷而山死，文王以文昭，武王去民之秽。"①)基于对圣王功业的追怀，基于"民为邦本"的邦民关系，先秦诸子纷纷提出自己的治国理政理念。老子认为，统治者应该把民众的所思所想当作自己的所思所想。(《老子》："圣人无常心，以百姓心为心。"②)也就是说，统治者应该摒弃自我的欲望，以民众为中心，体察民众疾苦，关注民众生活。孔子把民众看作国家之本，提出"老者安之，朋友信之，少者怀之"③的志向。孟子直接向统治者进言："爱人者，人恒爱之"，④倡导统治者要爱护民众。荀子则认为，统治者要像爱护婴儿一样爱护民众。(《荀子·王霸》："上之于下，如保赤子。"⑤)

（二）民为邦本的含义

《诗·大雅·烝民》说"天生烝民，有物有则"，⑥"民"即民众；《管子·治国》说"故先王使农、士、商、工四民交能易作"，⑦"民"演变为承担社会分工、创造社会财富的社会角色。但就总体而论，先秦时期的"民"包含国土范围内的民众之义，与秦汉以后的"百姓"同义。孟子曾说："诸侯之宝三：土地、人民、政事。"⑧土地是进行农业生产的基地，政事是权力的象征，民众则是国之根本，民众和土地、政事一样重要，是治理国家不可或缺的三大要素。"民为邦本"要求统治

---

① 张永祥：《国语译注》，上海三联书店2014年版，第84—85页。
② 朱谦之：《老子校释》，中华书局1984年版，第194页。
③ 杨伯峻：《论语译注》，中华书局2012年版，第73页。
④ 杨伯峻：《孟子译注》，中华书局1960年版，第197页。
⑤ （清）王先谦：《荀子集解》，中华书局2013年版，第261页。
⑥ 周振甫：《诗经译注》，中华书局2015年版，第443页。
⑦ （清）黎翔凤：《管子校注》，中华书局2004年版，第235页。
⑧ 杨伯峻：《孟子译注》，中华书局1960年版，第335页。

者爱人爱众、扶危济弱、广施仁政、关注民生。

1. 爱人爱众

爱人爱众是"民为邦本"的内在要求：民众是国家的根本，应该爱人爱众；爱人爱众，才能凸显民众是国家的根本。怎样爱人爱众？孔子强调推己及人之道：一方面不把自己不喜欢的事物强加于人；(《论语·颜渊》："己所不欲，勿施于人。"①) 另一方面要让别人与自己一样站得住、行得通。(《论语·雍也》："己欲立而立人，己欲达而达人。") 从人己关系出发，孔子进一步提出"泛爱众"②的爱人理念。孟子直言"仁者爱人"，③要求统治者和百姓由尊敬自家长辈扩展到尊敬别家长辈，由爱护自家儿女扩展到爱护别家儿女。(《孟子·梁惠王上》："老吾老，以及人之老；幼吾幼，以及人之幼。"④) 孟子还说："爱人者，人恒爱之"，⑤倡导统治者要"仁民而爱物"。⑥ 墨子提倡兼爱，主张"爱人若爱其身"。⑦

2. 扶危济弱

坚持"民为邦本"，不仅要在一般意义上爱人爱众，更要重点照顾弱势群体。管仲担任国相之后曾实行"九惠之教"："一曰老老，二曰慈幼，三曰恤孤，四曰养疾，五曰合独，六曰问疾，七曰通穷，八曰振困，九曰接绝。"⑧ 管仲的"九惠之教"惠及老、幼、病、残、鳏、寡、孤、独等弱势群体，全面系统，此后的社会救助措施，均无出其右者。荀子认为，国家应该收留、养活残疾人，为其提供衣食，不得疏漏。(《荀子·王制》："五疾，上收而养之，材而事之，官施而衣食之，兼覆无遗。"⑨)

---

① 杨伯峻：《论语译注》，中华书局2012年版，第172页。
② 同上书，第6页。
③ 杨伯峻：《孟子译注》，中华书局1960年版，第197页。
④ 同上书，第16页。
⑤ 同上书，第197页。
⑥ 同上书，第322页。
⑦ 吴毓江：《墨子校注》，中华书局1993年版，第152页。
⑧ （清）黎翔凤：《管子校注》，中华书局2004年版，第1033页。
⑨ （清）王先谦：《荀子集解》，中华书局2013年版，第176页。

### 3. 广施仁政

孟子认为，暴虐之政必失民心，以仁政作为社会整合方案，才能体现"民为邦本"。统治者如何广施仁政？首先，要贵王贱霸。王道是"以德行仁"；霸道是"以力假仁"，即以武力维持社会秩序的稳定。霸道横行，会导致诸侯之间战火不断，生灵涂炭，自然就遑论"民为邦本"。其次，要致力安民。孟子认为，统治者如果是为了百姓的安定生活而努力，便没有人能够阻止其统一天下。(《孟子·梁惠王上》："保民而王，莫之能御也。"①) 再次，要自发地施行仁政。孟子指出，统治者不行仁政，只是不肯干，不是不能干。(《孟子·梁惠王上》："王之不王，不为也，非不能也。"②) 此言可谓切中统治者的要害：统治者不行仁政的重要原因在于他们根本没有把"民为邦本"内化为执政理念。

### 4. 关注民生

孟子向齐宣王进言时明确指出，关注民生，要使百姓上能赡养父母，下能抚育妻儿；好年成丰衣足食，坏年成不致饿死。(《孟子·梁惠王上》："必使仰足以事父母，俯足以畜妻子，乐岁终身饱，凶年免于死亡。"③) 荀子把"生养百姓"作为"君道"之首，同样强调关注民生。荀子重"礼"，认为礼是用来满足人们欲望的。(《荀子·礼论》："礼者，养也。"④) 基于对民众正当欲望的肯定，荀子提出了具体的养民方案：保证每家都有五亩宅地，百亩耕田，不夺农时，以使民众能够专心从事生产，并且致富；设立学校，帮助民众学习礼仪，引导百姓明确伦理。(《荀子·大略》："家五亩宅，百亩田，务其业而勿夺其时，所以富之也。立大学，设庠序，修六礼，明十教，所以道之也。"⑤) 关注民生，是先秦诸子的中心议题，也是"民为邦本"的深刻内涵。

民众是国家治理的对象，若要善群，就应以"民为邦本"为指导思想，不仅做到一般意义上的爱人爱众，还要兼顾对弱势群体的扶助；不

---

① 杨伯峻：《孟子译注》，中华书局1960年版，第14页。
② 同上书，第15页。
③ 同上书，第17页。
④ (清) 王先谦：《荀子集解》，中华书局2013年版，第409页。
⑤ 同上书，第589页。

仅要关注民生，还要把仁政作为社会整合方案。在这个意义上，"民为邦本"是实现善群的保障。

（三）民为邦本的价值

"民为邦本"源于《尚书》，经过先秦诸子的发展，成为先秦思想史上的璀璨明珠。论及"民为邦本"，孔子、孟子、荀子等人的关注重点各异，但其要旨都坚持百姓是国家的根本。"民为邦本"为统治者治国理政提供了道德的最高依据，引领后来者探索善群之道。南北朝时期的思想家刘勰说："衣食者，民之本也，民者，国之本也，民恃衣食，犹鱼之须水，国之恃民，如人之恃足。"[①] 国家倚仗百姓，如同鱼之需水，须臾而不可离。民众安定是国家昌宁的前提，唯有做到"民为邦本"，才能实现国治民安。五四以后，学者们陷入东西文化之辨。金耀基指出："百年来的东西文化之辨，常流于意气之争，保守者多出于民族的感情，骛新者又由于崇洋之意识，北辙南辕，竟成冰炭。实则东西文化，有其'共性'，亦有其'个性'，有共性则东西可以汇流，有个性则东西正应交流。"[②]"民为邦本"作为孕育于中国本土的善群思想，应与西方社会和当代社会的民主观念相衔接，相辅相成，才能实现善群目标。

（徐珺玉）

## 二 民贵君轻

"民贵君轻"是建立在"民为邦本"的邦民关系基础上的君民关系。统治者治国理政，必须正确认识君主与民众的关系，明确君主施政的目的是利民，明确怎样爱护民众。

（一）民贵君轻的提出和背景

周厉王在位期间，宗亲芮良夫论及君民关系时指出："君之所以为君，全由其人民所决定。"[③] 至战国时期，孟子明确提出："百姓最为重

---

[①] （唐）袁孝政：《刘子》，中华书局1985年版，第13页。
[②] 金耀基：《中国民本思想史》，法律出版社2008年版，第198页。
[③] 谢遐龄：《中国社会思想史》，高等教育出版社2008年版，第16页。

要,国家为次,君主为轻。"(《孟子·尽心下》:"民为贵,社稷次之,君为轻。"①) 荀子进一步指出,君主的命运由民心向背决定:君主是船,百姓是水,水能浮起船,也能倾覆船。(《荀子·王制》:"君者,舟也;庶人者,水也。水则载舟,水则覆舟。"②) 君舟民水论是对民贵君轻的深化,既明确了民众是君主赖以存在的基础,又承认了民众的力量足以推翻君主。

"民贵君轻"的提出具有深刻的社会背景。首先,"民贵君轻"切中时弊。春秋战国时期,一些国君诸侯罔顾民生,只顾横征暴敛,以供自己享乐。各诸侯国"杀人以政"的现象频繁出现,原因之一就是统治者对君民关系没有正确的认识。统治者只顾自己享乐,甚至要制定政策与百姓争利,导致君民关系势同水火。民贵君轻,引导统治者正确认识君民关系,有利于缓解社会冲突,实现国治民安。其次,"民贵君轻"顺应潮流。西周时期,周公提出敬德保民,开民本思潮之源。至春秋时期,道家、墨家、儒家均不同程度地论述民本思潮。老子明确提出要"爱民治国";③ 墨子主张爱人、利人;孔子提倡德政,主张养民富民。民本思潮的内涵不断被丰富,成为当时社会的主要思潮之一。"民贵君轻"的提出,是契合民本思潮的体现。

(二) 民贵君轻的含义

1. 立君为民

荀子认为,天设立君主,旨在为民。因此,君主应该是贤德之人,否则就要尊贤禅让。孟子认为,只有仁人才能处于统治地位,不仁之人处于统治地位,就会将罪恶传播给百姓。(《孟子·离娄上》:"惟仁者宜在高位。不仁而在高位,是播其恶于众也。"④) 荀子明确提出,君主的社会功能是为民众服务。荀子说:上天生育民众,不是为了君主;上天设立君主,却是为了民众。(《荀子·大略》:"天之生民,非为君也;

---

① 杨伯峻:《孟子译注》,中华书局1960年版,第328页。
② (清) 王先谦:《荀子集解》,中华书局2013年版,第180页。
③ 贾德永:《老子译注》,上海三联书店2013年版,第23页。
④ 杨伯峻:《孟子译注》,中华书局1960年版,第162页。

天之立君，以为民也。"①）在荀子看来，君主应该是能群之人。（《荀子·君道》："君者，何也？曰：能群也。"②）所谓能群，就是善于养民、善于治民、善于用民、善于用不同的衣服为民装饰。（《荀子·君道》："能群也者，何也？曰：善生养人者也，善班治人者也，善显设人者也，善藩饰人者也。"③）"生养人""班治人""显设人""藩饰人"均具有明确的行动取向，是君主的利民之举。"生养人"要求君主"减少工匠和商人，增加农民，禁止盗贼，铲除奸邪"。（《荀子·君道》："省工贾，众农夫，禁盗贼，除奸邪。"④）"班治人"要求君主"天子下设三公，诸侯下设一相，大夫专职任事，士谨守自己的职责，没有人不依法办事公正无私"；（《荀子·君道》："天子三公，诸侯一相，大夫擅官，士保职，莫不法度而公。"⑤）"显设人"要求君主"按照德行安排等级，权衡能力来授予官职，使每一个人都有自己的职责而且适合自己的才能"；（《荀子·君道》："论德而量次，量能而授官，皆使其人载事而各得其所宜。"⑥）"藩饰人"要求君主"修饰帽子、衣服、礼服上的各种花纹、器具上雕刻的图案等都有一定的差别"。（《荀子·君道》："修冠弁、衣裳、黼黻、文章、琱琢、刻镂皆有差等。"⑦）只有做到善生养人、善班治人、善显设人、善藩饰人，君主才称得上是能群，才能达到上至天子、下至百姓，都能展示才能、实现志向、安乐其事的目标。（《荀子·君道》："由天子至于庶人也，莫不骋其能，得其志，安乐其事。"）对君主来说，"民贵君轻"不应该被束之高阁，而是应该加以贯彻的行动。

2. 履行君职

唐代易学家崔憬认为："体是实际的形质，用是形质所有的作用。"

---

① （清）王先谦：《荀子集解》，中华书局2013年版，第595页。
② 同上书，第280页。
③ 同上。
④ 同上书，第280—281页。
⑤ 同上书，第281页。
⑥ 同上。
⑦ 同上。

(《周易探源》："体者即形质也。用者即形质上之妙用也。"①）某种意义上，民贵君轻就是民体君用：国家以百姓为主体，以君主为实现民意的功用（功能）。换言之，君主作为社会治理者，其职责是履行治理社会和爱护民众的义务。孟子认为，君主应该履行自己的职责。在与梁惠王对话时，孟子暗示，如果一个国家的政治搞得不好，就应该废立君主。(《孟子·梁惠王下》："曰：'士师不能治士，则如之何？'王曰：'已之。'曰：'四境之内不治，则如之何？'王顾左右而言他。"②）梁惠王正是因为没有履行君主应尽的职责，没有做到"四境之内得治"，才会顾左右而言他。

3. 爱护民众

"民贵君轻"要求君主爱护民众，关心民众生活。孟子追怀上古时代的君王："尧治理国家的时候，天下还不安定，洪水四处泛滥，草木密密麻麻地生长，鸟兽成群地繁殖，飞鸟野兽危害人类，谷物却没有收成。尧深感忧虑，把舜选拔出来总领治理工作。舜命令伯益掌管火政，伯益用烈火烧毁山野沼泽地带的草木，使鸟兽逃跑隐藏。禹又疏浚九河，治理济水、漯水，引流入海，挖掘汝水、汉水，疏通淮水、泗水，引导流入长江，才能耕种。"(《孟子·滕文公上》："当尧之时，天下犹未平，洪水横流，氾滥于天下，草木畅茂，禽兽繁殖，五谷不登，禽兽偪人，兽蹄鸟迹之道交于中国。尧独忧之，举舜而敷治焉。舜使益掌火，益烈山泽而焚之，禽兽逃匿。禹疏九河，瀹济漯而注诸海，决汝汉，排淮泗而注之江，然后中国可得而食也。"③）尧选拔舜治理工作，舜选拔伯益管理火政，舜选拔禹治理洪水，都是出于爱护民众的初衷。到了春秋战国时期，一些统治者罔顾"民贵君轻"，俨然"君贵民轻"，使百姓不得安宁。孟子曾批评邹穆公："灾荒年岁，年老体弱的百姓弃尸于山沟荒野之中，年轻力壮的百姓四处逃荒；而您的谷仓中却堆满了粮食，库房里装满了财宝，这是在上位的人不关心百姓，并且还残害他

---

① 李镜池：《周易探源》，中华书局1978年版，第58页。
② 杨伯峻：《孟子译注》，中华书局1960年版，第40页。
③ 同上书，第124页。

们。"(《孟子·梁惠王下》:"凶年饥岁,君之民老弱转乎沟壑,壮者散而之四发者,几千人矣;而君之仓廪实,府库充,有司莫以告,是上慢而残下也。"①)邹穆公是不关心百姓生活的典型,"民贵君轻"被其倒置成"君贵民轻",其结果便是被民众抛弃。(《孟子·梁惠王下》:"出乎尔者,反乎尔者也。"②)梁惠王也不能深刻理解"民贵君轻"思想,俨然以百姓的债权人自居。孟子将他与齐景公对比:齐景公春天里巡视耕种情况,对贫困农户加以补助;秋天里考察收获情况,对缺粮农户加以补助。(《孟子·梁惠王下》:"春省耕而补不足,秋省敛而助不给。"③)梁惠王出巡时则兴师动众,到处筹粮运米,导致饥饿的人得不到食物,劳苦的人得不到休息。(《孟子·梁惠王下》:"今也不然:师行而粮食,饥者弗食,劳者弗息。"④)邹穆公和梁惠王不能正确认识君民关系,作威作福,其结果是百姓无不切齿侧目,怨声载道。(《孟子·梁惠王下》:"睊睊胥谗。"⑤)概言之,治国理政,民众比君主更重要。君主应爱护民众,保证百姓的基本生存和基本生活,使百姓安居乐业。

(三)民贵君轻的价值

统治者治国理政,既包含工具理性的成分,也包含价值理性的因素。"民贵君轻"更接近价值理性,是关于君民关系的一种基本"信仰"。

首先,民贵君轻明确了君主的职责。康有为认为:"所谓君主,就是民众的代理人,代行保全民众之责。君主由民众选举产生,应当为民众所公用。"(《孟子微·总论》:"所谓君者,代众民任此公共保全安乐之事。为众民之所公举,即为众人之所公用。"⑥)设立君主的目的是为民众服务,设置官员更该如此。柳宗元指出:"守土一方的官吏的职责

---

① 杨伯峻:《孟子译注》,中华书局1960年版,第47页。
② 同上。
③ 同上书,第33页。
④ 同上。
⑤ 同上。
⑥ 转引自金耀基《中国民本思想史》,法律出版社2008年版,第169页。

是为民服务，而非让民众为官员服务。"(《送薛存义之任序》："凡吏于土者，若知其职乎？盖民之役，非以役民而已也。"①)治理国家既不能遵循君本位原则，也不能遵循官本位原则，而应遵守民本位原则。这种观念一定程度上缓解了君主专制统治可能发生的弊端。晚清之际，"民贵君轻"观念启发了康有为等人提出具有近代民权意义的"民主君仆"说，具有重要的社会价值。

其次，"民贵君轻"体现了治国理政的责任伦理。作为实践行动的伦理准则，"责任伦理和此岸性相联系"。②责任伦理是一种入世思考的伦理，要求行动者不仅要顾及最初的行动目的，还要对行为产生的后果负责。商王盘庚认识到，当国家治理不善时，君主必须负责。他说："国家治理得不好，惟我一人失罚其所当罚。是我一人的过失。"(《尚书·盘庚》："邦之不臧，惟予一人有佚罚。"③)周厉王崇信荣夷公，允许荣夷公"专利"，把百物之利据为己有以聚敛民财。芮良夫进谏："利，是由各种物质所产生，由天地所生成，如果有人独擅利益，那么对国家的害处可就太多了。"(《国语·周语上》："夫利，百物之所生也，天地之所载也，而或专之，其害多矣。"④)芮良夫不仅反对君主与民争利，进一步指出，为人君者，应该"疏通财利而上用于神下用于民，使神民和各种物质都各得其所"。(《国语·周语上》："将导利而布之上下者也，使神人百物无不得其极。")周厉王不听劝谏，继续崇信荣夷公，导致民心尽失，诸侯不再献贡，厉王本人也被流放到彘地。(《国语·周语上》："诸侯不享，王流于彘。"⑤)从芮良夫提出为民谋利，到孟子提出"民贵君轻"，"民贵君轻"逐渐沉淀为治理国家的责任伦理，引导历代统治者要为民谋利。时至今日，治理国家坚持权为民所用、情为民所系、利为民所谋，和"民贵君轻"有内在亲和关系。

（徐珺玉）

---

① 转引自金耀基《中国民本思想史》，法律出版社2008年版，第128页。
② 杨善华、谢立中主编：《西方社会学理论》，北京大学出版社2005年版，第188页。
③ 王世舜、王翠叶译注：《尚书》，中华书局2012年版，第110页。
④ 陈桐生：《国语》，中华书局2013年版，第13页。
⑤ 同上。

### 三 善养民生

"民"是组成各种"群"的基本单元,民生则是民众的生计和生活。要想善群,必定要关注民生、善养民生。可以说,"善养民生"是大部分统治者治国理政的重要目标。善养民生,要使百姓生活的各个方面都能正常、良性地进行,也就是说,不仅保证百姓衣食充足,还要确保百姓能够受到教化。先秦思想家提出的善养民生方案主要包括以农为本、扶危济弱、追求富民、大兴教化四个方面。

(一) 善养民生的提出和背景

民生,就是民众的生计和生活。人类从诞生之初就与民生问题联系在一起,民生问题也成为思想家们普遍关注的领域。《左传·宣公十二年》说:"民生在勤,勤则不匮。"孔子讲德政,孟子倡仁政,墨子提出兼相爱和交相利,都与民生问题紧密相连。荀子作为先秦儒家的集大成者,同样重视民生问题,他把"善生养人"奉为君道之首,体现了善养民生对于治国理政的重要意义。(《荀子·君道》:"君者,何也?曰:能群也。能群也者,何也?曰:善生养人者也,善班治人者也,善显设人者也,善藩饰人者也。"[1])

春秋时期是一个"群道不当"的社会:诸侯争霸,战乱频仍,民不聊生。"群道不当",实质上是社会的"失范"状态:自周公始,明德、敬天、保民一直是社会所倡导的文化目标;至春秋时期,礼崩乐坏,现实社会中并没有合法化的实现这些目标的制度或措施;至战国时期,"天下正热衷于合纵连横的谋略,把善于攻伐视为贤能"。(《史记·孟子荀卿列传》:"天下方务于合从连横,以攻伐为贤。"[2]) 统治者纷纷以扩张国土、杀伐争霸为强国之道,明德、敬天、保民的文化目标被搁置一旁。

孟子深忧"世衰道微,邪说暴行有作"的社会现实,继承并发展了周公、孔子等人的善养民生思想。荀子认为,理想社会是一个"群道

---

[1] (清) 王先谦:《荀子集解》,中华书局2013年版,第280页。
[2] (汉) 司马迁:《史记》,中华书局2005年版,第1839页。

当"的社会:"群道当则万物皆得其宜,六畜皆得其长,群生皆得其命。"① 若要实现"群道当"的目标,统治者责无旁贷,而君道之首,就是"善生养人"。荀子以能否善群评判君主,又以能否"善养民生"衡量是否善群。唯有提倡善养民生、实现善养民生,才能实现"群道当"的治国(善群)目标。

(二)善养民生的含义

民生是民众的生计,关涉民众生活的方方面面。首先,维持民众生计,就要保证民众的基本温饱。传统社会是农业社会,解决温饱问题,必须重视农业。因此,善养民生的第一要义是以农为本。其次,善养民生以全体民众为对象,同时应该关注弱势群体。因此,善养民生包括扶危济弱。再次,民生的发展,温饱仅是底线,满足温饱以后,还应该追求民众的富裕,即追求富民。最后,民生的发展,还应关注民众的性情养成和德行发展,即大兴教化。

1. 以农为本

民以食为天,食为民所急,关注农业生产,是关注民生的第一要义。《洪范》中将农业生产作为八项主要国事之首。(《尚书·洪范》:"一曰食,二曰货,三曰祀,四曰司空,五曰司徒,六曰司寇,七曰宾,八曰师。"②)《洪范》之后,以农为本,成为先秦思想家的基本共识;如何促进农业生产的发展,成为先秦思想家的讨论热点。

第一,要轻徭薄赋。轻徭薄赋是促进农业发展的重要条件。只有轻徭薄赋,减轻百姓负担,才能调动百姓的生产积极性。孔子明确指出要减少劳役和赋税。(《孔子家语·贤君第十三》:"省力役,薄赋敛。"③)孟子认为,统治者应该减免刑罚,减轻赋税,使百姓能够深耕细作,早除秽草。(《孟子·梁惠王上》:"省刑罚,薄税敛,深耕易耨。"④)荀子提出了更为细致的赋税征收办法:农田征收十分之一的税,关卡和市场只监察而不征税,山林湖泊按时关闭、开放而不征税,视土地的贫瘠

---

① (清)王先谦:《荀子集解》,中华书局2013年版,第195页。
② 王世舜、王翠叶译注:《尚书》,中华书局2012年版,第147页。
③ 王国轩、王秀梅:《孔子家语》,中华书局2016年版,第130页。
④ 杨伯峻:《孟子译注》,中华书局1960年版,第10页。

分别征税。(《荀子·王制》:"田野什一,关市几而不征,山林泽梁以时禁发而不税,相地而衰。"①) 第二,要不违农时。传统社会中的农业生产重视时节,不违农时是促进农业发展的重要前提。孔子说"使民以时",② 主张在农闲时间役使百姓,确保百姓在农忙时能专于农业生产,以保证农业生产的正常发展。荀子认为,农时不可违,统治者应该少役使百姓,使百姓能够按时展开农业生产活动,即"罕兴力役,无夺农时"。③ 第三,要劳民有度。管仲说:"不善用民,劳顿百姓,民力就会衰竭。"(《管子·权修》:"轻用众,使民劳,则民力竭矣。"④) 统治者如果无限度地役使百姓,常会导致百姓无法专心于农业耕种,甚至会导致民怨沸腾,因此,劳民有度是促进农业发展的关键保证。

### 2. 扶危济弱

鳏寡孤独等社会弱势群体是善养民生的重点关注对象。善养民生,就要保障弱势群体的基本生活。孔子主张,年老丧夫或丧妻而孤独无靠的人以及残疾人都应该得到照顾和赡养。(《礼记·礼运》:"矜寡孤独废疾者,皆有所养。"⑤) 孟子说:"老而无妻曰鳏,老而无夫曰寡,老而无子曰独,幼而无父曰孤。此四者,天下之穷民而无告者。文王发政施仁,必先斯四者。"⑥ 重点关注鳏寡孤独四类人群的基本生活。荀子重申了对鳏寡孤独群体的关注:政令制度,是用来对待百姓的,哪怕有像毫毛的末端一样微小的不合理的制度,也不能加诸在鳏寡孤独群体身上。(《荀子·王霸》:"政令制度,所以接天下之人百姓,有不理者如豪末,则虽孤独鳏寡必不加焉。"⑦) 荀子还要求国家收养并养活哑、聋、瘸、断臂、侏儒等有残疾的五种人。(《荀子·王制》:"五疾,上收而养之,材而事之,官施而衣食之,兼覆无遗。"⑧)

---

① (清) 王先谦:《荀子集解》,中华书局 2013 年版,第 189—190 页。
② 杨伯峻:《论语译注》,中华书局 2012 年版,第 5 页。
③ (清) 王先谦:《荀子集解》,中华书局 2013 年版,第 212 页。
④ (清) 黎翔凤:《管子校注》,中华书局 2004 年版,第 49 页。
⑤ 林尹:《周礼今注今译》,书目文献出版社 1985 年版,第 582 页。
⑥ 杨伯峻:《孟子译注》,中华书局 1960 年版,第 36 页。
⑦ (清) 王先谦:《荀子集解》,中华书局 2013 年版,第 261 页。
⑧ 同上书,第 176 页。

### 3. 追求富民

孔子说:"治理国家最急迫的事,没有比让民众富裕和长寿更重要的了。"(《孔子家语·贤君》:"政之急者,莫大乎使民富且寿也。"①)荀子也说:"不富无以养民情。"② 善养民生,不仅要满足百姓的基本温饱,还要追求富民。

如何富民?首先要发展生产。管仲说:"致力于五谷耕种,粮食就能丰足;广种桑麻遍养六畜,百姓就能富裕。"(《管子·牧民》:"务五谷则食足;养桑麻,育六畜则民富。"③)管仲注重发展农业经济,可谓抓住了农耕社会的经济命脉。其次应节制欲望。管仲说:"土地生财是有时令限制的,百姓出力是有疲倦之时的,而君主的欲望却是无穷无尽的。用有时令限制的土地和有疲倦之时的人力,来供奉欲望无穷的君主,如果没有法度的制约,君主和百姓之间就会相互怨恨。于是,便会出现臣弑君、子弑父的现象。所以,敛取财富要有限度,使用民力要有止境。"(《管子·权修》:"地之生财有时,民之用力有倦,而人君之欲无穷。以有时与有倦,养无穷之君,而度量不生于其间,则上下相疾也。是以臣有杀其君,子有杀其父者矣。故取于民有度,用之有止。"④)管仲此论意在倡导君主要节制自己的欲望,不能劳民伤财。再次,应节用裕民。墨子认为:"节用的标准在于实用,凡是不实用的,不能让百姓有所增益的,都要取消。"墨子倡导统治者一定要节用:"除去没有用的费用,是圣明君王的道术,是天下最大的利益。"(《墨子·节用上》:"去无用之费,圣王之道,天下之大利也。"⑤)最后,要以政裕民。荀子提出的裕民方案是:减轻田地的赋税,免除关卡集市的税收,减少商人的数量,少兴徭役,不侵占农时。(《荀子·富国》:"轻田野之税,平关税之征,省商贾之数,罕兴力役,无夺农时。"⑥)

---

① 王国轩、王秀梅:《孔子家语》,中华书局2016年版,第130页。
② (清)王先谦:《荀子集解》,中华书局2013年版,第589页。
③ (清)黎翔凤:《管子校注》,中华书局2004年版,第14页。
④ 同上书,第51页。
⑤ 吴毓江:《墨子校注》,中华书局1993年版,第243页。
⑥ (清)王先谦:《荀子集解》,中华书局2013年版,第211—212页。

荀子主张通过制定政策，让百姓变得富有，其中内含对待百姓的基本原则，即统治者应该使百姓享受到社会发展带来的物质利益，百姓才会积极投入农业生产，创造更多物质财富。

4. 大兴教化

善养民生，既要关注百姓的物质生活，还要关注百姓的精神生活。大兴教化，有助于培养百姓德行，提升百姓的素质，促进社会和谐。孟子提倡善教，认为善教比善政更容易获得民心。(《孟子·尽心上》："善政不如善教之得民也。善政，民畏之；善教，民爱之。"①)百姓对善教的心态是"爱"，对善政的心态则是"畏"，两者相形，高下立判。基于善教思想，孟子主张取法三代，兴办学校，教育百姓。

荀子认为人性本恶，如果不对百姓进行教育，就无法改变人性本恶的事实，故而提倡对百姓进行教化。荀子说："建立太学，设立学校，学习六种礼仪，明确（父子、兄弟、夫妇、君臣、长幼、朋友、宾客）七个方面的伦理教育，这样就可以引导百姓（向善）。"(《荀子·大略》："立大学，设庠序，修六礼，明十教，所以道之也。"②) 大兴教化，还应该保证教育的质量。《周礼》中诸多官员的设置集中体现了对教育质量的重视。例如，大司乐兼管大学的管理和师资问题，即"掌成均之法，以治建国之学政，而合国之子弟焉。凡有道者、有德者，使教焉"。③ 小司徒"掌建邦之教法"；④ 乡师"掌其所治乡之教而听其治"；⑤ 乡大夫"掌其乡之政教禁令"；⑥ 州长"掌其州之教治政令之法"；⑦ 党正"掌其党之政令教治"；⑧ 族师"掌其族之戒令政事"。⑨

---

① 杨伯峻：《孟子译注》，中华书局1960年版，第306页。
② （清）王先谦：《荀子集解》，中华书局2013年版，第589页。
③ 林尹：《周礼今注今译》，书目文献出版社1985年版，第231页。
④ 同上书，第110页。
⑤ 同上书，第115页。
⑥ 同上书，第117页。
⑦ 同上书，第120页。
⑧ 同上书，第121页。
⑨ 同上书，第582页。

## （三）善养民生的价值

善养民生与百姓生活密切相关，以百姓的生计、生活为本，致力于保障民众的生存和生活，具有重要的社会价值。

第一，善养民生内容的全面性。先秦思想家不仅把眼光聚焦于鳏、寡、孤、独、老、幼等特殊群体，而且关注生养教化的全面性。2017年10月，习近平总书记在中国共产党第十九次全国代表大会报告中强调要"坚持在发展中保障和改善民生"，提出"在幼有所育、学有所教、劳有所得、病有所医、老有所养、住有所居、弱有所扶上不断取得新进展"。从"善养民生"到"实现七有"，二者之间具有内在的文化亲和性。实现"民生七有"，可以从"善养民生"的思想中汲取营养，坚定不移地探索并执行有利于改善民生和增进百姓福祉的社会政策和措施。

第二，善养民生必须落到实处。先秦思想家孔子、孟子、荀子等人对于"善养民生"的论述，大致都是循着"三步走"的路子：首先明确善养民生的重要性，然后阐明如何善养民生，最后探讨善养民生的政策措施。此乃"为什么做、做什么、怎么做"的"三步走"路子。"三步走"的路子背后隐藏的关怀是：善养民生以落到实处为归宿。实现"民生七有"，亦要将涉及民生的社会政策和措施落到实处，这与今天善养民生的理念隔两千余年而遥相呼应。

（徐珺玉）

## 四 得民心者得天下

民心向背是衡量统治者治国理念和治国政策的重要标尺。治国理政，始终不能忘记"得民心者得天下"的初衷。孟子认为，得天下之道在于获得百姓支持，获得百姓支持的关键在于获得民心。（《孟子·离娄上》："得天下有道：得其民，斯得天下矣；得其民有道：得其心，斯得民矣。"[1]）"得民心者得天下"告诫我们：要想善群，必须得到人民的支持。

---

[1] 杨伯峻：《孟子译注》，中华书局1960年版，第171页。

## （一）得民心者得天下的提出和背景

春秋战国时期，王权衰落，周王朝解体。各诸侯国不再以周天子为尊，为了各自利益而不断展开军备竞赛，社会动荡不安，百姓无法安身立命。礼崩乐坏的同时，各国纷纷出现变法改革，思想界也发生了巨大的转型，最为显著的是"由尊天、敬鬼神到重民、重社会秩序的变革"，[1] 这就是盛行于春秋战国时期的民本思潮。"得民心者得天下"的提出，与当时的社会现状有着密切的关系。

首先，统治权威开始考虑百姓的认同。郑国政治家子产说："天道远，人道迩，非所及也。"[2] 面临"重天道"和"重人事"的价值选择，子产选择了后者。齐国政治家晏婴说："地位卑微而不失去尊严，迂回行事而不失去正道的人，都是以百姓为本的。"（《晏子春秋译注·内篇问下》："卑而不失尊，曲而不失正者，以民为本者也。"[3]）重视"人事"，以民为本，才能获得百姓的社会认同感，保证政权的稳固，维持社会的稳定，促进社会秩序的协调。其次，君民关系演变为双向义务关系。君主要以百姓为重，此乃君职；百姓要守法纳税，此乃民职。若君主不能履行君职，百姓可以革命。荀子说："有的臣子杀死了他们的君主，有的下级杀死了他们的上级，出卖城池，违背节操，而不为君主去卖命，没有别的原因，而是君主咎由自取。"（《荀子·富国》："臣或弑其君，下或杀其上，粥其城，倍其节，而不死其事者，无它故焉，人主自取之。"[4]）君主与百姓是双向的义务关系，成为当时社会的一种共识，这意味着，失民心者失天下。再次，民心向背依赖于对社会问题的关注和解决。对百姓来说，因战争和社会变革引起的贫困、饥饿和劳顿，影响着每个人的生存和生活。统治者关注"人事"，切入点就是关注并解决百姓面临的问题。管仲向齐桓公进言："百姓很怕饥饿，而当前收税很重；百姓很怕死罪，而当前刑罚严酷；百姓很怕劳顿，而国家举事竟没有时间限定。您若能轻征赋税，百姓就不愁饥饿；宽缓刑罚，

---

[1] 王处辉主编：《中国社会思想史》，中国人民大学出版社2015年版，第62页。
[2] 杨伯峻：《春秋左传注》，中华书局1990年版，第1395页。
[3] 李新城、陈婷珠：《晏子春秋译注》，上海三联书店2014年版，第198页。
[4] （清）王先谦：《荀子集解》，中华书局2013年版，第216页。

百姓就不怕死罪；举事有时间限定，百姓就不愁劳顿了。"（《管子·霸形》："人甚忧饥，而税敛重。人甚惧死，而刑政险。人甚伤劳，而上举事不时。公轻其税敛，则人不忧饥。缓其刑政，则人不惧死。举事以时，则人不伤劳。"①）贫困、饥饿、劳顿是当时齐国百姓普遍面临的社会问题，管仲明确指出，解决这些问题是齐桓公能够得民心的根本所在。齐桓公听取了管仲的建议，"使纳税者只出百分之一（的税），孤、幼不准处以刑罚，水泽中的捕鱼设置按时开放，关卡只查问而不征税，市场只书写契约而不多征税，对邻近的国家示以忠信，对远处的国家示以礼义。几年之后，百姓归附之众，好像流水一样"。（《管子·霸形》："使税者百一钟，孤幼不刑，泽梁时纵，关讥而不征，市书而不赋，近者示之以忠信，远者示之以礼义。行此数年，而民归之如流水。"②）齐桓公的治国政策昭示后人：欲得民心，必须密切关注百姓所面临的社会问题，并予以解决。

（二）得民心者得天下的含义

1. 天下为公

姜太公说："天下不是一个人的天下，而是天下所有人共有的天下。"（《六韬·文师》："天下非一人之天下，乃天下之天下也。"③）如果天下是君主一人的天下，民心向背就会显得微不足道。坚持天下为公，才能"以天下为本位，以君主为附属"。（《明夷待访录·原君》："以天下为主，君为客。"④）

2. 天命无常

"天命"最早见于《尚书》，用以指称"上天的命令"。传统社会中，统治者自称受命于天，亦谓之"天命"。"天命"遂成为统治者治理天下的合理性依据。周公继承并发展了殷商时期的天命观：首先，天命是不断转移的。周公说："天命是难于相信的，如果不能永远继承前人的光荣传统，就会失去上天所赐的天命。"（《尚书·君奭》："天难

---

① （清）黎翔凤：《管子校注》，中华书局2004年版，第453—454页。
② 同上书，第454页。
③ 陈曦：《六韬》，中华书局2016年版，第2页。
④ （明）黄宗羲：《明夷待访录》，中华书局2011年版，第8页。

谌，乃其坠命，弗克经历，嗣前人恭明德。"①）其次，天命只眷顾有德行的统治者。周公说："皇天对于人没有亲疏之别，只辅助有德的人。"（《尚书·蔡仲之命》："皇天无亲，惟德是辅。"②）再次，民意就是天意。周公说："上天听取意见、观察问题，都是从民众中间听取意见、观察问题的；上天表彰好人、惩罚坏人，也是依据民众的意见来表彰和惩罚的。"（《尚书·皋陶谟》："天聪明，自我聪明。天明畏，自我民明威。"③）"天命无常"是加诸统治者身上的"紧箍咒"，对统治者提出了保民的要求：上天公正无私，只会帮助德行高尚之人，唯有明德敬天保民，才能永享天命。

3. 体察民情

孟子说："得到百姓欢心的人可做天子。"（《孟子·尽心下》："得乎丘民而为天子。"④）要取得百姓的欢心，就要体察民情；要体察民情，就要知道百姓的诉求；要知道百姓的诉求，就要广开言路。召公说："堵人民的口，后果比堵塞大河还要严重。大河因壅塞而溃决，一定会淹死很多人，堵人民的口也是这样。所以，治水的人要排除壅塞，使之畅流，治民的人要宣导人民，让他们说话。"（《国语·周语上》："防民之口，甚于防川。川壅而溃，伤人必多，民亦如之。是故为川者决之使导，为民者宣之使言。"⑤）百姓的言论是治理国家的宝贵财富，既能表达百姓欲求，又能反映民心向背。因此，"天子处理政事，要让公卿、大夫、士奉献讽谏诗歌，乐师向天子进献乐曲，史官献书，小师进献箴言，盲人朗诵讽谏诗篇，青光眼的乐师也参与诵读，各类工匠进谏，平民托人将意见带给天子，左右侍卫大臣进陈规谏，天子的同宗大臣弥补督察，瞽史以天道史事教诲，老臣修饬政令，而后天子对各种意见进行斟酌，天子的一切行事才不至于与情理相违背"。（《国语·周语上》："故天子听政，使公卿至于列士献诗，瞽献曲，史献书，师箴，

---

① 王世舜、王翠叶译注：《尚书》，中华书局2012年版，第264页。
② 同上书，第462页。
③ 同上书，第39页。
④ 杨伯峻：《孟子译注》，中华书局1960年版，第328页。
⑤ 陈桐生：《国语》，中华书局2013年版，第10页。

瞍赋，矇诵，百工谏，庶人传语，近臣尽规，亲戚补察，瞽史教诲，耆艾修之，而后王斟酌焉，是以事行而不悖。"①)

### 4. 与民同乐同忧

孟子说："以百姓的快乐为自己的快乐，百姓也会以君主的快乐为自己的快乐；以百姓的忧愁为自己的忧愁，百姓也会以君主的忧愁为自己的忧愁。和天下之人同忧同乐，这样还不能使天下归服于他的，是从来不曾有过的事。"(《孟子·梁惠王下》："乐民之乐者，民亦乐其乐；忧民之忧者，民亦忧其忧。乐以天下，忧以天下，然而不王者，未之有也。"②) 如何做到与民同忧同乐？首先，要与民共利。"能同天下所有人共同分享天下利益的，就可以取得天下；独占天下利益的，就会失掉天下。"(《六韬·文师》："同天下之利者则得天下，擅天下之利者则失天下。"③) 其次，要推广恩惠。孟子说："由近及远地把恩惠推广开去，便足以安定天下；不这样，甚至连自己的妻子儿女都保护不了。"(《孟子·梁惠王上》："推恩足以保四海，不推恩无以保妻子。"④) 统治者既不与民争利，还与民分利，自然会得到百姓的拥护与爱戴。

正如管仲所言："国家政令得以施行，在于顺从民心；国家政令之所以废弛，在于违逆民心。"(《管子·牧民》："政之所兴，在顺民心；政之所废，在逆民心。"⑤) 统治者只有秉承天下为公的理念，善于体察民情，与民同忧同乐，才能顺应民心，天下才能得治。

### （三）得民心者得天下的价值

"得民心者得天下"的价值在于告诉统治者：百姓是政治的目的，百姓是政治的主体。正如荀子所言："天下人归顺他就叫做称王，天下人离弃他就叫做灭亡。"(《荀子·正论》："天下归之之谓王，天下去之之谓亡。"⑥) 统治者要取得民心，就要"重人事"，就要保障百姓的生

---

① 陈桐生：《国语》，中华书局2013年版，第10页。
② 杨伯峻：《孟子译注》，中华书局1960年版，第33页。
③ 陈曦：《六韬》，中华书局2016年版，第2页。
④ 杨伯峻：《孟子译注》，中华书局1960年版，第16页。
⑤ （清）黎翔凤：《管子校注》，中华书局2004年版，第13页。
⑥ （清）王先谦：《荀子集解》，中华书局2013年版，第382页。

存和生活。在"得民心者得天下"思想的浸染下,保民论和养民论逐渐成为传统社会思想界的"大传统"。这个"大传统"横贯中国社会两千余年,引领统治者不断关注民生、关注社会现实,可谓影响深远。

(徐珺玉)

## 第二节 礼法并重:善群的方略

善群方略是治国理政的基本方法和谋略,善群有方,谋略得当,则国家安治。《荀子·王霸》曰:"乡方略,审劳佚,谨畜积,修战备,齺然上下相信,而天下莫之敢当。"[①] 荀子认为,礼法并重是最重要的善群治国方略,遵循礼法并重方略,必须坚持隆礼重法、礼有三本、礼立则国治、义立则国兴、法为治端、立公弃私、明德慎罚、法治之本在人等原则,实现礼治与法治的相辅相成、相得益彰。

### 一 隆礼重法

荀子在综合吸收儒家"礼治"和法家"法治"思想的基础上,创造性地提出"隆礼重法"命题。隆礼重法是荀子处理"礼"与"法"、"礼治"与"法治"及其相互关系的根本观点,集中体现了荀子的治国理念和善群方略。

(一)隆礼重法的提出

在先秦时期,治国方略是诸子百家探讨的中心议题之一。荀子既推崇"礼治",也重视"法治",强调"礼法并举",创造性地提出"隆礼重法"思想。荀子认为,在国家治理中,国君推崇礼义、尊重贤人方能称王,重视法度、爱护人民方能称霸。(《荀子·大略》:"君人者,隆礼尊贤而王,重法爱民而霸。"[②])荀子强调,君主只有在治国理政中做到了"隆礼至法",才能实现国家管理与社会运行的秩序井然。(《荀

---

[①] (清)王先谦:《荀子集解》,中华书局2013年版,第243页。
[②] 同上书,第573页。

子·君道》："隆礼至法则国有常。"①)

荀子提出"隆礼重法"命题，具有深厚的思想基础。从本质上讲，荀子的"隆礼重法"思想是对儒家先驱周公以德配天、敬德保民、明德慎罚思想的继承，② 是对孔子"德治"思想和孟子"仁政"思想的发展。"明德慎罚"一词最早见于周公对康叔的训诫之词《尚书·康诰》，周公在总结商朝灭亡的历史教训基础上，为适应西周统治需要提出"明德慎罚"思想。"明德"就是崇尚道德，推行以德治国；"慎罚"就是谨慎使用刑罚，运用惩罚手段弥补德治的不足。荀子在继承"明德"基础上提出"隆礼"，把内在的道德修养转化为外在的行为规范；在继承"慎罚"基础上提出"重法"，扩大"刑"的外延和范围，用更具一般性意义的"法"代替相对狭义的"刑罚"（刑法）。

（二）隆礼重法的社会背景

荀子提出"隆礼重法"命题，具有特定的社会基础。一方面是夏朝以来礼制的兴盛和衰落。在中华民族发展史上，"礼"产生的时间比较久远，夏朝已有一定的礼仪制度。殷商时期，礼仪体系得以发展充实，殷商礼制的特点是"殷礼齐备，而占卜成风，祭祀特盛"。③ 西周时期是我国礼制发展史上的一个里程碑，周公制礼作乐，使先秦礼制进入最成熟、最完备阶段，形成一整套服务政治统治和国家治理的礼制体系。春秋战国时期，周天子地位衰落，诸侯称霸，周礼发生衰变，出现"礼崩乐坏"局面。先秦时期的"礼制"兴衰从正、反两个角度表明了"礼治"的意义和局限，为荀子的"隆礼"思想提供了经验基础。另一方面是春秋战国时期的变法实践。春秋战国时期，伴随着"礼崩乐坏"的出现，"随时制法"成为诸侯国的治国策略和行为规则。一些具有法家思想的人物为诸侯所用，这些诸侯国开始实施维新变法，颁布制度化的法条，法家的政治影响力不断增强。魏国在"李悝变法"中实行法治，并汇集各国刑典著成《法经》一书，以法律的形式肯定和保护变

---

① （清）王先谦：《荀子集解》，中华书局2013年版，第282页。
② 郭淑新、陈健：《荀子隆礼重法思想的逻辑起点与价值目标》，《法学杂志》2016年第2期。
③ 陈戍国：《中国礼制史·先秦卷》，湖南教育出版社2011年版，第175页。

法成果。"吴起变法"对楚国的政治、法律、军事等实行改革，促进了楚国的国力强盛。秦国的"商鞅变法"吸取了李悝变法和吴起变法的经验，促进了秦国的经济发展和军力提升，实现了"富国强兵"的目标，奠定了此后秦统一全中国的基础。这些早期法家代表人物的变法活动充分显示了法律、法令在国家治理中的积极作用，成为荀子提出"重法"思想的实践基础。

（三）隆礼重法的含义

1. 隆礼方能实现善治

荀子继承儒家崇礼、尊礼的传统，全面论述了礼在修身、齐家、治国、平天下中的地位和作用，构建了系统的"隆礼"思想体系。

第一，以礼修身。荀子认为，礼起源于矫治人性恶的客观需要，礼是人类区别于兽类的根本标志，是修身做人的根本依据，只有尊礼、学礼、知礼、守礼才能成为真正的社会人。荀子说："礼者，所以正身也。……无礼，何以正身？"[1] 礼在"自然人"向"社会人"转化的过程中具有十分重要的作用，个体社会化过程既是社会"以礼教化"的过程，也是个体"以礼修身"的过程。新生的社会成员只有经过以"礼化"为核心的社会化，才能从"自然人"转化为"社会人"，才能成为合格的社会成员。荀子提出，礼是人道的最高准则（《荀子·礼论》："礼者，人道之极也。"[2]），人不遵循礼仪就不能生存（《荀子·修身》："人无礼则不生。"[3]），人类没有礼仪就会混乱，人不知道礼仪就会背离正道（《荀子·性恶》："人无礼义则乱，不知礼义则悖。"[4]）。荀子提出：大凡理气养心的方法，没有比遵守礼义更直接的了。（《荀子·修身》："凡治气养心之术，莫径由礼。"[5]）在《修身》篇中，荀子全面地阐述了礼在日常生活和个人修身中的作用："凡用血气、志意、知虑，由礼则治通，不由礼则勃乱提僈；饮食、衣服、居处、动静，由

---

[1] （清）王先谦：《荀子集解》，中华书局2013年版，第39页。
[2] 同上书，第421页。
[3] 同上书，第27页。
[4] 同上书，第519页。
[5] 同上书，第31页。

礼则和节，不由礼则触陷生疾；容貌、态度、进退、趋行，由礼则雅，不由礼则夷固僻违，庸众而野。"① 荀子总结说：人最宝贵的是生命，最快乐的是安定，礼义则是保养生命和取得安乐的最重要途径。(《荀子·强国》："故人莫贵于生，莫乐乎安，所以养生安乐者莫大乎礼义。"②)

第二，以礼齐家。"齐家"处于承上启下的关键位置，上承"修身"下启"治国"；不能修身难以齐家，不能齐家难以治国。荀子认为，礼是齐家睦家的基本规范，是促进家庭和谐的基本条件，父子无礼就不会亲近，兄弟无礼就不会和顺，夫妇无礼就不会欢乐；年幼的靠礼成长，年老的靠礼赡养。(《荀子·大略》："父子不得不亲，兄弟不得不顺，夫妇不得不欢。少者以长，老者以养。"③) 荀子还认为，礼是规范家庭角色的行为准则。荀子说：做父亲的要宽厚慈爱合乎礼，做儿子的要敬爱父母有礼貌；做哥哥的要慈爱友善，做弟弟的要恭敬顺从不马虎；做丈夫的要努力做事不放荡，亲近妻子又夫妇有别；做妻子的，要么温柔顺从侍奉丈夫，要么担惊受怕表示肃敬。(《荀子·君道》："请问为人父，曰：宽惠而有礼。请问为人子？曰：敬爱而致恭。请问为人兄？曰：慈爱而见友。请问为人弟？曰：敬诎而不苟。请问为人夫？曰：致功而不流，致临而有辨。请问为人妻？曰：夫有礼，则柔从听侍；夫无礼，则恐惧而自竦也。"④) 荀子特别重视"尊老爱幼"的家庭礼教，认为所谓礼义，就是要尊敬尊贵的人，孝顺年老的人，敬爱年长的人，慈爱年幼的人，恩惠卑贱的人。(《荀子·大略》："礼也者，贵者敬焉，老者孝焉，长者弟焉，幼者慈焉，贱者惠焉。"⑤)

第三，以礼治国。孔子最早提出"为国以礼"⑥ 的主张。孔子说：能够用礼让来治理国家吗？这有什么困难呢？如果不能用礼来治理国

---

① （清）王先谦：《荀子集解》，中华书局2013年版，第26—27页。
② 同上书，第354页。
③ 同上书，第583页。
④ 同上书，第275页。
⑤ 同上书，第579页。
⑥ 杨伯峻：《论语译注》，中华书局2012年版，第167页。

家，又怎样来对待礼仪呢？（《论语·里仁》："能以礼让为国乎？何有？不能以礼让为国，如礼何？"①）荀子认为，礼是治国安邦的最高准则，人的命运取决于上天，国家的命运取决于礼义。（《荀子·强国》："故人之命在天，国之命在礼。"②）荀子认为，礼关乎国家安宁，国家无礼就不能得安宁。（《荀子·修身》："国家无礼则不宁。"③）荀子认为礼关乎国家治乱，崇尚礼义、重视道义则国家安定，怠慢礼义、轻视道义则国家混乱。（《荀子·议兵》："隆礼贵义者其国治，简礼贱义者其国乱。"④）在荀子看来，礼是治理国家的最高准则，是使国家强大的根本，是威力盛行天下的途径，是建立功名的总纲要。天子诸侯遵循它就能得到天下，不遵循它就会毁掉社稷。（《荀子·议兵》："礼者，治辨之极也，强国之本也，威行之道也，功名之总也。王公由之，所以得天下也；不由，所以损社稷也。"⑤）荀子进一步指出，礼是治国理政的指引，处理政事不遵循礼，政令就不能得到实行。（《荀子·大略》："礼者，政之挽也，为政不以礼，政不行也。"⑥）总之，荀子认为国家没有礼就治理不好，要把礼作为治国理政的评价标准或衡量尺度。荀子说：礼之所以能够用于治理国家，就好比是用来衡量轻重的标准，绳墨是用来分辨曲直的标准，规矩是用来判断方圆的标准。（《荀子·王霸》："国无礼不正。礼之所以正国也，譬之犹衡之于轻重也，犹绳墨之于曲直也，犹规矩之于方圆也。"⑦）

第四，以礼平天下。荀子主张以礼治理天下，认为遵从礼天下就能得到治理，不遵从礼天下就会混乱；遵从礼天下就会安定，不遵从礼天下就会危险；遵从礼天下就能生存，不遵从礼天下就会灭亡。（《荀子·礼论》："天下从之者治，不从者乱；从之者安，不从者危；从之

---

① 杨伯峻：《论语译注》，中华书局2012年版，第52页。
② （清）王先谦：《荀子集解》，中华书局2013年版，第344—345页。
③ 同上书，第27页。
④ 同上书，第319页。
⑤ 同上书，第332页。
⑥ 同上书，第581页。
⑦ 同上书，第248页。

者存，不从者亡。"①）荀子认为，礼义是君王获得"道德威望"并使天下百姓心悦诚服的有效方式。荀子把君王的"威势"分为道德之威、暴察之威、狂妄之威三种，(《荀子·强国》："威有三：有道德之威者，有暴察之威者，有狂妄之威者。"②）认为君王要能够服众，使百姓心悦诚服，只有依靠道德之威。君王如何获得道德之威呢？荀子认为还得依靠实行礼义。荀子认为，礼乐制度美好，名分等级清楚，行为措施适宜，爱民利民有法，百姓就会敬重、亲近、敬畏君王，君王不用奖赏而百姓也会努力，不用刑罚而威势也能遍行天下。(《荀子·强国》："礼乐则修，分义则明，举措则时，爱利则形，如是，百姓贵之如帝，高之如天，亲之如父母，畏之如神明，故赏不用而民劝，罚不用而威行。"③）荀子特别推崇商汤王和周武王以礼平天下的杰出政绩，认为商汤王和周武王之所以取得天下，关键在于实行礼义；夏桀和商纣之所以失去天下，根源就在于他们"乱礼义之分"。(《荀子·正论》："汤、武非取天下也，修其道，行其义，兴天下之同利，除天下之同害，而天下归之也。桀、纣非去天下也，反禹、汤之德，乱礼义之分，禽兽之行，积其凶，全其恶，而天下去之也。"④）

2. 重法方能国治民安

荀子在"隆礼"的前提下，极力提倡"重法"，认为法是国家治理的重要工具。荀子阐述了法在国家治理中的社会功能，形成完整的"重法"思想体系。

第一，融会贯通法义、法数、类。"以法治国"首先必须"有法可依"，荀子提出法律体系应该由"法义""法数""类"三个层次构成："法义"相当于现在的"法学原理"，"法数"即具体法律，"类"即律例。⑤荀子认为，从"法义"到"法数"再到"类"，是一个从抽象到具体、从普遍到特殊再到个别的过程；在治国过程中，只有兼通义、

---

① （清）王先谦：《荀子集解》，中华书局2013年版，第421页。
② 同上书，第345页。
③ 同上。
④ 同上书，第382页。
⑤ 刘泽华：《中国政治思想通史·先秦卷》，中国人民大学出版社2014年版，第199页。

数、类，才能自如运用法律。荀子指出，法义是法数的指导，不懂得法制的意义而只增加法律条文的数目，即使数量繁多，遇到事情必然混乱。（《荀子·君道》："不知法之义而正法之数者，虽博，临事必乱。"①）荀子认为，处理政事最好的方法，就是有法令规定的就依法行事，没有法令规定的就用类推的方式处理。（《荀子·王制》："有法者以法行，无法者以类举，听之尽也。"②）荀子总结说：没有法就会不知所措，有法而不理解其意义，就会局促不安；依法而行又深入了解它的准则，就会悠闲自若。（《荀子·修身》："人无法，则伥伥然；有法而无志其义，则渠渠然；依乎法而又深其类，然后温温然。"③）

第二，庆赏刑罚要严明。荀子认为，严格治国必须赏罚分明、赏善罚恶、赏功罚罪，才能树立法律的权威。荀子说：奖赏不能实行，贤能之人就不能得到进用；惩罚不能实行，不贤能之人就不能被斥退。（《荀子·富国》："赏不行，则贤者不可得而进也；罚不行，则不肖者不可得而退也。"④）荀子认为：奖赏和刑罚，标准统一而后百姓才响应；政治教化和风俗习惯，要相互顺从然后才能实行。（《荀子·大略》："庆赏刑罚，通类而后应；政教习俗，相顺而后行。"⑤）荀子提出，对于那些散布邪恶言论、鼓吹邪恶学说、干邪恶事情、有邪恶才能、逃亡流窜不守本分之人，就要强制他们工作并教育他们，耐心等待他们转变；用奖赏去勉励他们，用刑罚去惩治他们。（《荀子·王制》："故奸言、奸说、奸事、奸能、遁逃反侧之民，职而教之，须而待之，勉之以庆赏，惩之以刑罚。"⑥）荀子主张把教育、惩罚和奖励有机结合起来，采取多管齐下的方法治理民众。（《荀子·富国》："不教而诛，则刑繁而邪不胜；教而不诛，则奸民不惩；诛而不赏，则勤励之民不劝。"⑦）

---

① （清）王先谦：《荀子集解》，中华书局2013年版，第272页。
② 同上书，第179页。
③ 同上书，第39页。
④ 同上书，第220页。
⑤ 同上书，第590页。
⑥ 同上书，第176页。
⑦ 同上书，第226页。

第三，量罪定刑要相应。荀子认为，一个人所受的惩罚必须与他所犯的罪行相适应，既不能重罪轻罚，更不能轻罪重罚；刑罚与罪行相称就能治理好，刑罚与罪行不相称就会混乱。(《荀子·正论》："刑称罪则治，不称罪则乱。"[1])荀子说：罪行非常严重而刑罚却非常轻，平常人就不知道罪恶了，没有比这更大的混乱了；惩罚人的本意是禁止暴虐、反对作恶，而且防患于未然；杀人者不处死、伤人者不惩罚，那就是善待暴虐而宽恕盗贼，这不是反对作恶。(《荀子·正论》："罪至重而刑至轻，庸人不知恶矣，乱莫大焉。凡刑人之本，禁暴恶恶，且征其未也。杀人者不死而伤人者不刑，是谓惠暴而宽贼也，非恶恶也。"[2])

第四，法治之本在于人。荀子确实重法，但更重视人（执法者）的因素。在荀子看来，实行"法治"的关键在人，如果离开了知法懂法和善于执法的"君子"，"法治"就不能落到实处。荀子认为，法律不能自动起作用，条例不能自动施行；得到善于治国的人，法制就存在，失去善于治国的人，法制就灭亡。法制是治理的开始，君子是法制的本源。有了君子，法制即使简陋，也能足以全面实行；没有君子，法制即使完备，施行起来也会失去先后次序，不能应对事变，足以造成混乱。(《荀子·君道》："故法不能独立，类不能自行，得其人则存，失其人则亡。法者，治之端也；君子者，法之源也。故有君子则法虽省，足以遍矣；无君子则法虽具，失先后之施，不能应事之变，足以乱矣。"[3])荀子特别强调君子在国家治理中的统帅作用，认为国家安定产生于君子，国家混乱产生于小人。荀子说：有好的法令而发生动乱的国家是有的，但有君子而国家混乱的，却从古至今没有听说过。(《荀子·王制》："故有良法而乱者，有之矣；有君子而乱者，自古及今，未尝闻也。"[4])

3. 以礼统法礼为本

荀子主张礼法并举、礼法一体、礼法互补，但在礼与法的地位权衡

---

[1] （清）王先谦：《荀子集解》，中华书局2013年版，第387页。
[2] 同上。
[3] 同上书，第272页。
[4] 同上书，第179页。

上，却不是绝对的平均主义。在礼与法的地位关系上，荀子的基本取向是以礼统法和礼高于法，存在着本末、先后、主辅之别。

第一，礼本法用。孔子认为，在治国安民中，礼义道德的作用比法律刑罚更为根本。如果用法律刑罚来治理百姓，民众只是暂时免于罪过却无廉耻之心；如果用道德礼义来治理百姓，民众不但有羞耻之心而且心悦诚服。(《论语·为政》："道之以政，齐之以刑，民免而无耻；道之以德，齐之以礼，有耻且格。"①) 荀子认为，礼是法之本，礼能治本；法是礼之用，只能治标。荀子认为，礼既是法的本源，也是法的指导思想；立法以礼为指导，以礼为准绳，违背礼义就是没有法度。(《荀子·劝学》："《礼》者，法之大分也，类之纲纪也。"②《荀子·修身》："故非礼，是无法也。"③) 荀子指出，礼具有道德教化功能，可以直指人的内心，"礼以顺人心为本"。④ 在荀子看来，通过礼义教化可以改变人性之恶，使人养成符合社会要求的道德品质，然后自觉遵守社会规范；"礼治"具有"施于未然之先"和"防患于未然"的天然优势，只有礼才是治本之策。相反，"法治"则主要依靠外在强制力约束或限制人的违法犯罪行为，依靠惩罚方式迫使人们不得不遵循社会行为准则，法只能起到治标作用。总之，荀子认为"法"只有遵循"礼"的精神，符合"礼"的规范，才能发挥"法"的社会功效。

第二，先礼后法。从礼和法产生的时间顺序看，是先有礼后有法，礼的历史远比法的历史久远。礼在人类进入阶级社会之前就产生了，而法则是阶级社会的产物。国家产生之前已经有了"礼"和"礼治"，国家产生之后才出现"法"和"法治"，所以荀子说：礼义是治理国家的本源。(《荀子·王制》："礼义者，治之始也。"⑤) 荀子从人性角度论证礼和法的起源，优先强调的是礼义而不是法度，认为矫治人性恶首先要靠"化性起伪"，而实现"化性起伪"的首选途径是礼义教化而非刑

---

① 杨伯峻：《论语译注》，中华书局2012年版，第16页。
② （清）王先谦：《荀子集解》，中华书局2013年版，第14页。
③ 同上书，第39页。
④ 同上书，第579页。
⑤ 同上书，第192页。

罚惩治。在荀子看来,法是根据礼的原则和规范制定的,是为维护礼的精神而产生的。(《荀子·性恶》:"生礼义而起法度。"①) 荀子总结说:古时圣人认为人性本恶难以治理,才设立君主统治他们,并倡导礼义实施教化,制定法律进行整治,运用刑罚加以禁止。(《荀子·性恶》:"古者圣人以人之性恶,以为偏险而不正,悖乱而不治,故为之立君上之埶以临之,明礼义以化之,起法正以治之,重刑罚以禁之。"②)

第三,礼主法辅。荀子从两个角度论证礼主法辅:一是从治国的成功之道角度,荀子把"隆礼""重法"与"王道""霸道"相互对应,认为"隆礼"可以成就王业,"重法"只能成就霸业。在"王道"与"霸道"的关系上,荀子主张"王霸共举",强调"王道"优于"霸道",因为"王道"能够平天下,而"霸道"只能治一国(诸侯)。荀子说:实行礼义的国家能一统天下,善理政事的国家能强大,得到民心的国家能安定,聚敛钱财的国家则灭亡。(《荀子·王制》:"故修礼者王,为政者强,取民者安,聚敛者亡。"③) 荀子指出,以礼修身则行为美好,礼义治国则政治清明,能普遍推行礼义则名声显扬、天下羡慕、令行禁止,王者大业自然得以成就。(《荀子·致士》:"故礼及身而行修,义及国而政明,能以礼挟而贵名白,天下愿,会行禁止,王者之事毕矣。"④) 二是从治理的对象范围角度,荀子认为"礼"的适用范围远远大于"法",礼的作用对象包含全体社会成员,人人需要修礼守礼;而"法"的适用对象并非全体成员,仅限于违法犯罪者。

(四)隆礼重法的价值

荀子提出"隆礼重法"命题,主张实现礼与法的优势互补,为中国传统社会的国家治理提供了一个理想的治国模式。"隆礼重法"模式有三个鲜明的特征:一是辩证性。荀子既认识到"礼治"的优势与劣势,也认识到"法治"的优点与缺点,既讲礼法并举和礼法并用,也讲礼为法本和礼主法辅;既体现了全面性的要求,也突出了重点性的强调。

---

① (清)王先谦:《荀子集解》,中华书局2013年版,第517页。
② 同上书,第520页。
③ 同上书,第181页。
④ 同上书,第306页。

全面性与重点性相结合的思维方式，充分体现了"隆礼重法"方略的辩证性。二是能动性。与道家主张"无为而治"的治国方略相比，"隆礼重法"是一种"有为而治"的治国方略。无论是隆礼还是重法，荀子都要求治国者积极主动地采取实际行动落实治国措施，在治理行动中取得治理实效。三是理想化。"隆礼重法"方略力图综合"礼治"和"法治"的优势，摒弃"礼治"和"法治"的劣势，实现二者的"优优组合"，这多多少少具有一厢情愿的空想色彩，秦汉以后各个朝代的治国实践充分证明了这一点。从治理理论的周延性角度看，"隆礼"与"重法"之间的关系模式有四种组合方式：一是"既隆礼又重法"；二是"隆礼不重法"；三是"重法不隆礼"；四是"不隆礼不重法"。在四种组合模式中，最佳模式是第一种模式，最差模式则是第四种模式。在治国理政实践中，四种组合模式都有可能成为现实。追求"最优模式"固然重要，但避免"最差模式"更为关键。在推进国家治理体系现代化的过程中，既要加强促进"以德治国"与"依法治国"方略之间的相互结合与相互交融，充分实现"德治"与"法治"的相互补充和相互支撑，也要预防"德治"与"法治"的相互分离和相互抵触，避免"德法皆无"的局面发生。

（毕天云）

## 二 礼有三本

"礼有三本"概括了礼的三个本源：天地、先祖和君师。荀子认为，天上最为明亮的是日月，人间最为明亮的就是礼义。（《荀子·天论》："在天者莫明于日月……在人者莫明于礼义。"[①]）国家的命运在于礼义的制定和施行，统治者治国理政，崇尚礼义、尊闲使能，才能称王。（《荀子·天论》："国之命在礼，君人者隆礼尊贤而王。"[②]）隆礼思想是荀子治国思想的重要组成部分。厘清礼的本源，就从源头处说明了礼的重要性和隆礼的必要性，有助于系统理解荀子的礼法并重思想和

---

① （清）王先谦：《荀子集解》，中华书局2013年版，第374页。
② 同上。

治国善群之道。

（一）礼有三本的提出

"夏道遵命""殷人尊神""周人尊礼尚施"①，礼的初步形成应在周代。司马迁在《史记》中记载："成王在丰，天下已定，周之官政未次序，于是周公作周官，官别其宜。"② 可见，周礼侧重于对官员进行等级划分，最终形成等级制度。同时，周礼为贵族专有，"学在官府""礼不下庶民"便是佐证。春秋时期，时人认为"礼"的作用是"经国家，定社稷，序民人，利后嗣"。③ 春秋末期，孔子开创私学，教授弟子礼乐文化，打破官学传统。孔子非常重视"礼"，他教弟子学习六艺，分别为礼、乐、射、御、书、数，礼被视为六艺之首。孔子认为，君子如果能够广泛地学习文事，并用礼仪进行自我约束，就不会离经叛道。(《论语·雍也》："君子博学于文，约之以礼，亦可以弗畔矣夫！"④) 在孔子的视域中，礼不再只是用来划分官员等级的制度，而是成为约束社会成员的礼仪规范。孔子说："仁者人也，亲亲为大；义者宜也，尊贤为大；亲亲之杀，尊贤之等，礼所生焉。"(《礼记·中庸》) 在"仁、义、礼"组成的系统中，仁的核心是爱人，义的核心是尊贤，礼则是对仁和义的具体规定。战国中期，孟子把"仁、义、礼、智"视为人之所以为人的"四德"。孟子说："仁之实，事亲是也；义之实，从兄是也；礼之实，节文斯二者是也。"⑤ 在孟子看来，仁的实质是侍奉父母，义的实质是尊敬兄长，礼的实质是在侍奉父母和尊敬兄长两方面不失礼节、态度恭敬。可见，礼更多地体现为日常生活中约束行为的规范。

战国末期，荀子成为先秦儒家中最重视"礼"的人，他对"礼"的认识和分析全面且系统。第一，从起源上讲，礼是用来满足人们欲望

---

① （清）孙希旦：《礼记集解》，中华书局1989年版，第1310页。
② （汉）司马迁撰，李翰文主编：《名家集评全注全译史记》，新世界出版社2013年版，第405页。
③ 杨伯峻：《春秋左传注》，中华书局1990年版，第76页。
④ 杨伯峻：《论语译注》，中华书局1958年版，第62页。
⑤ 杨伯峻：《孟子译注》，中华书局1960年版，第30页。

的。人类生而有欲,为满足欲望会争抢、会生乱,为避免这种混乱,先王制定礼仪来区分等级名分,调节人们的欲望,即"礼者,养也"。[1]第二,从人的社会性来讲,"礼"是人之"能群",即结合为一种社会性存在的必要条件。人之"胜物"在于"能群",人之"能群"在于有"分","分"而能"行"在于有礼义。如果没有"礼义",人就不能生存,单个的个体"力不若牛,走不若马",[2] 故不能"胜物"。荀子进一步指出,"礼者,人道之极也",[3] 将"礼"视为人的道德规范和社会秩序的最高准则。第三,从治国理政的角度来讲,"王道"之行,首先要"隆礼"。荀子认为,国家的命运在于礼义的制定和施行,统治者治国理政,崇尚礼义、尊闲使能,才能称王。(《荀子·天论》:"国之命在礼,君人者隆礼尊贤而王。"[4]) 荀子又说,"礼之于正国家也,如权衡之于轻重也,如绳墨之于曲直也。故人无礼不生,事无礼不成,国家无礼不宁"。[5] "礼"是荀子思想体系中非常重要的概念,说明"礼"的本源,有助于增强对"礼"的认识和理解。故荀子在《礼论》中说:"礼有三本:天地者,生之本也;先祖者,类之本也;君师者,治之本也。无天地,恶生?无先祖,恶出?无君师,恶治?三者偏亡,焉无安人。故礼,上事天,下事地,尊先祖,而隆君师。是礼之三本也。"[6]

(二)礼有三本的含义

"礼有三本"概括了礼的三个本源:天地、先祖和君师。首先,天地是生命的根源。荀子说"天地者,生之本也",[7] 人与万物都是天地所生,所以天地是人类的"生之本"。"无天地恶生?"没有天地,人类何以产生?"礼"乃"人道之极",是人的道德规范的最高准则,天地乃人类之本,"礼"自然就要求"上事天,下事地"。[8] 其次,祖先是种

---

[1] (清)王先谦:《荀子集解》,中华书局2013年版,第410页。
[2] 同上书,第194页。
[3] 同上书,第421页。
[4] 同上书,第374页。
[5] 同上书,第585页。
[6] 同上书,第413页。
[7] 同上。
[8] 同上。

族的本源。荀子说"先祖者，类之本也"，① 先祖是后代之本。"无先祖恶出？"② 没有祖先，后人如何生出？社会成员信奉礼，自然就要尊奉先祖。再次，君师是社会治理的本源。"君师者，治之本也"，③ 在荀子看来，人之有礼义，必是经过君师的教化才产生的，故君师是礼法教化、社会治理之本。"无君师恶治？"④ 没有君师，也就没有礼法教化、社会治理了。故而社会成员要推重君师。

在荀子的视野中，没有天地，就没有万物，自然也不会有人；没有先祖，就不会有后代，自然也不会有整个人类社会的繁衍生息。礼是人的道德规范的最高准则，（《荀子·礼论》："礼者，人道之极也。"⑤）就应该和整个人类的产生、发展关联在一起。礼首先应该在最根源处和人类的产生与发展相呼应，"事天地""尊先祖"，因为如果没有天地和先祖，就不会有人类社会的发展。然后礼才被"下放"到具体的经验社会中，成为统治者治国理政的重要工具和约束社会成员日常行为的规范。此时，就要"隆君师"，因为在具体的社会生活中，学习礼、践行礼，都要有君师指导，唯其如此，礼才能被社会成员习得掌握，切实地转变为社会成员遵守的行为规范。

荀子又说"三者偏亡焉，无安人"，⑥ 即对天地、祖先和君师的尊奉缺一不可，如果缺少任何一个方面，社会成员的生活就无法安宁。社会生活的井然有序仰仗两个方面，其一是人类社会的不断延续，其二是现实世界的秩序稳定。"事天地""尊先祖"不断提醒着社会成员不忘水源木本，对天地和祖先永远保持敬重；溯源报本，才能保持人类社会的不断延续。"隆君师"不断提醒着社会成员不忘学礼行礼，在已经形成的人类社会中遵守既有的行为规范；践行礼义，才能保证社会生活的有序进行。在这个意义上，"上事天，下事地，尊先祖，而隆君师"，⑦

---

① （清）王先谦：《荀子集解》，中华书局2013年版，第413页。
② 同上。
③ 同上。
④ 同上。
⑤ 同上书，第421页。
⑥ 同上书，第413页。
⑦ 同上。

是一个层次分明又不可缺一的系统。

（三）礼有三本的价值

"礼有三本"，体现了中国文化对天地自然、血缘宗亲和师法教化的崇尚，对以后中国文化的发展有着深远的影响。对于尊礼、守礼、行礼的传统中国人来说，他们不单单是活在现实社会中的人，他们首先是天地自然中的生命和祖先前人的后胤。现实社会的秩序可以重构，现实社会的规范可以调整，但是，对于天地和祖先的信仰、尊奉不可丢弃。统治者和士大夫等精英阶层信奉天地之道、祖宗之法，民间社会普遍设有"天、地、君、亲、师"的祭祀牌位，其源头便是荀子的"礼有三本"之说。

（李存山　徐珺玉）

## 三　礼立则国治

"礼立则国治"是体现"礼法并重"方略的重要命题，是先秦儒家特别是荀子推崇的治国方略之一。"礼治"既体现在国家治理的不同层次，也渗透在国家治理的不同领域，主要表现为以礼安邦、以礼化民、以礼明分、以礼促和、以礼睦邻。礼治既不同于柔性"德治"，也不同于刚性"法治"，是一种"刚柔相济"的善群方略。

（一）礼立则国治的提出背景

"礼立则国治"命题的提出，具有特定的社会背景和思想基础。从社会史角度看，"礼"出现的历史比较悠久，夏朝已有礼仪制度，商朝的礼仪体系进一步丰富拓展；西周的周公制礼作乐，开创了中国礼治的先河，形成比较完备的周礼体系。孔子说：殷朝沿袭夏朝的礼仪制度，有所废除和有所增加，是可以知道的；周朝沿袭殷朝的礼仪制度，有所废除和有所增加，也是可以知道的。（《论语·为政》："殷因于夏礼，所损益，可知也；周因于殷礼，所损益，可知也。"[①]）西周以来，礼的主要表现形式就是各种等级名分制度，要求处于不同等级的社会成员

---

[①] 杨伯峻：《论语译注》，中华书局2012年版，第29页。

"各安其位,各守其分",唯此才能实现社会的井然有序。① 但是,春秋以来的争霸战争和社会动荡损害了等级名分制度,导致"礼崩乐坏",孔子希望通过"克己复礼"的方式,维护等级名分制度的持续。

从思想史角度看,在春秋战国时期,有识之士已普遍认识到礼在治国理政中的重要地位,探讨和总结礼在国家治理中的积极作用。刘泽华认为,"在先秦诸子中,绝大多数思想家都把礼视为治国方略中不可缺少的一着"。② 如《国语》载宁庄子说:礼是国家的纲纪,国家没有纲纪就不可能长久。(《国语·晋语》:"夫礼,国之纪也……国无纪不可以终。"③)《春秋左传·昭公》载晏婴说:礼用来治理国家已经很久了,它和天地一样长久。(《春秋左传·昭公》:"礼之可以为国者久矣,与天地并。"④)《春秋左传·昭公》载叔侯说:礼是用来保有国家、推行政令、不失去人民的制度。(《春秋左传·昭公》:"礼,所以守国家,行其政令,无失其民也。"⑤)

在先秦诸子中,儒家主张"尊礼""隆礼",特别重视"礼"在治理国家中的重要地位和作用,最终提出"礼立则国治"思想。孔子最早提出"以礼治国"主张,(《论语·先进》:"为国以礼。"⑥)他说:能够用礼来治理国家吗?这有什么困难呢?如果不能用礼来治理国家,又怎样对待礼义呢?(《论语·里仁》:"能以礼让为国乎?何有?不能以礼让为国,如礼何?"⑦)孟子认为"礼"关乎国家存亡,如果治国者没有礼义,普通民众没有学识,不轨之民猖獗,那离国家灭亡的日子就不远了。(《孟子·离娄上》:"上无礼,下无学,贼民兴,丧无日矣。"⑧)荀子特别强调"礼"对国家治理的重要性,认为礼是治国的最高准则,是使国家强大的根本,是威力盛行天下的途径,是建立功名的

---

① 王处辉主编:《中国社会思想史》,中国人民大学出版社2009年版,第77页。
② 刘泽华:《中国政治思想通史·先秦卷》,中国人民大学出版社2014年版,第232页。
③ 陈桐生:《国语》,中华书局2013年版,第379页。
④ 杨伯峻:《春秋左传注》,中华书局1990年版,第1480页。
⑤ 同上书,第1266页。
⑥ 杨伯峻:《论语译注》,中华书局2012年版,第167页。
⑦ 同上书,第52页。
⑧ 杨伯峻:《孟子译注》,中华书局1960年版,第162页。

总纲要；天子诸侯遵循它就能得天下，不遵循它就会毁掉社稷。(《荀子·议兵》："礼者，治辨之极也，强国之本也，威行之道也，功名之总也。王公由之，所以得天下也；不由，所以损社稷也。"①)

(二) 礼立则国治的含义

1. 以礼安邦

礼在国家治理中的地位，集中体现为礼是治国安邦的总纲领，是治国理政的最高准则。《春秋左传·隐公》说：礼是治理国家、安定社稷、百姓有序、后代有利的大法。(《春秋左传·隐公》："礼，经国家，定社稷，序民人，利后嗣者也。"②) 孔子认为，礼是先代圣王用以顺承自然之道来治理人情的规矩，丧失礼就要灭亡，得到礼才能生存。圣人把礼明示给人民，天下国家才能得到正确的治理。(《礼记·礼运》："夫礼，先王以承天之道，以治人之情，故失之者死，得之者生。……故圣人以礼示之，故天下国家可得而正也。"③) 孔子说：治理国家倘若没有礼，就犹如盲人没有扶助引导的人。(《礼记·仲尼燕居》："治国而无礼，譬犹瞽之无相与！"④) 荀子把礼与国家命运联系起来，认为人的命运取决于上天，国家的命运取决于礼义。(《荀子·强国》："故人之命在天，国之命在礼。"⑤) 荀子指出，礼关乎国家治乱，崇尚礼义、重视道义的国家就能安定，怠慢礼义、轻视道义的国家就会混乱。(《荀子·议兵》："隆礼贵义者其国治，简礼贱义者其国乱。"⑥) 荀子认为，国家没有礼就治理不好，要把礼作为治国理政的评价标准或衡量尺度；礼之所以能够用于治理国家，就好比秤是用来衡量轻重的标准，绳墨是用来分辨曲直的标准，规矩是用来判断方圆的标准。(《荀子·王霸》："国无礼不正。礼之所以正国也，譬之犹衡之于轻重也，犹绳墨之于曲直也，犹规矩之于方圆也。"⑦) 荀子进一步指出，礼是治国理

---

① （清）王先谦：《荀子集解》，中华书局2013年版，第332页。
② 杨伯峻：《春秋左传注》，中华书局1990年版，第76页。
③ （清）孙希旦：《礼记集解》，中华书局1989年版，第585页。
④ 同上书，第1269页。
⑤ （清）王先谦：《荀子集解》，中华书局2013年版，第344—345页。
⑥ 同上书，第319页。
⑦ 同上书，第248页。

政的指引,处理政事不遵循礼,政令就不能得到实行。(《荀子·大略》:"礼者,政之挽也,为政不以礼,政不行也。"①)

2. 以礼化民

国民是构成国家的核心要素,也是国家治理的对象,治国的实质就是"治人"。孔子认为,安定国家和治理民众的最好方式就是礼义教化。(《礼记·经解》:"安上治民,莫善于礼。"②)为什么要对国民实施教化?荀子认为人性本恶,如果任由人性之恶泛滥,必然出现社会纷争,产生社会冲突,导致社会暴力,破坏社会秩序。(《荀子·性恶》:"人之性恶,……,然则从人之性,顺人之情,必出于争夺,合于犯分乱理,而归于暴。"③)在荀子看来,人性恶及其产生的社会后果必然增加治国的难度,治国者必须对人性恶进行改造和矫治,必须教化国民使其符合国家需要。如何矫治人性之恶呢?荀子认为最根本的途径就是通过"礼教"实现"化性起伪",进而改善人性实现国家治理。孔子和荀子都认为,礼是人类区别于兽类的根本标志,治理国民的首要任务就是通过礼义教化使国民具有真正的人性即"礼性",使国民尊礼、学礼、知礼、守礼。孔子说:礼义是人之所以为人的根据,没有礼就无所谓人的存在。(《礼记·冠义》说:"凡人之所以为人者,礼义也。"④)孔子要求人的行为要"立于礼"⑤和"约之以礼"。⑥荀子认为,礼是人道的最高准则(《荀子·礼论》:"礼者,人道之极也。"⑦),人不遵循礼义就不能生存(《荀子·修身》:"人无礼则不生。"⑧),人类没有礼义就会混乱,人不知道礼义就会背离正道(《荀子·性恶》:"人无礼义则乱,不知礼义则悖。"⑨)。《春秋左传》载子产说:礼是上天的规范,大

---

① (清)王先谦:《荀子集解》,中华书局2013年版,第581页。
② (清)孙希旦:《礼记集解》,中华书局1989年版,第1257页。
③ (清)王先谦:《荀子集解》,中华书局2013年版,第513—514页。
④ (清)孙希旦:《礼记集解》,中华书局1989年版,第1411页。
⑤ 杨伯峻:《论语译注》,中华书局2012年版,第114页。
⑥ 同上书,第89页。
⑦ (清)王先谦:《荀子集解》,中华书局2013年版,第421页。
⑧ 同上书,第27页。
⑨ 同上书,第519页。

地的准则，人民的行动依据。(《春秋左传·昭公二十五年》："夫礼，天之经也，地之义也，民之行也。"①) 孔子认为，通过对国民实施道德和礼义教化，使民接受礼义熏陶，熟知礼义规范，践行礼义要求，就能够做到"不合礼的事不看，不合礼的话不听，不合礼的话不说，不合礼的事不做"，(《论语·颜渊》："非礼勿视，非礼勿听，非礼勿言，非礼勿动。"②) 就可以达到荀子所说的"得到礼义然后实现国家治理"。(《荀子·性恶》："得礼义然后治。"③)

3. 以礼明分

国民是构成国家的核心要素，但国民中存在着客观的等级化和分层化现象。社会等级是社会分层的必然结果，是人类社会发展中的普遍现象。合理规范不同社会等级之间的关系，确立不同社会等级之间的秩序，是保证国家稳定安宁的重要任务，是治国理政的重要目标。在儒家看来，人类社会的等级分化不仅是天经地义的，而且也是合情合理的。④ 国家治理者用什么工具来划分和维护等级秩序呢？儒家认为礼是国君手里的大权柄，国君用它来区别嫌疑，辨明微隐，敬事鬼神，建立制度，分别仁义，所以礼是用来治国理政和保安君位的工具。(《礼记·礼运》："是故礼者，君之大炳也，所以别嫌明征、傧鬼神，考制度，别仁义，所以致政安君也。"⑤) 儒家认为，礼制主要通过"分"和"别"两种运行机制来划分和维护社会等级秩序。孔子说：以尊卑等级为核心的礼制得到贯彻，上下名分就可以确定。(《礼记·礼运》："故礼达而分定。"⑥) 孔子认为，正是有了礼的存在，人们才能确定亲疏，判断嫌疑，区别异同，辨明是非。(《礼记·曲礼上》："夫礼者，所以定亲疏、决嫌疑、别异同、明是非也。"⑦) 孔子说：没有礼，就不能辨明君臣、上下、长幼的身份地位；没有礼，就不能区别男女、父子、兄

---

① 杨伯峻：《春秋左传注》，中华书局1990年版，第1457页。
② 杨伯峻：《论语译注》，中华书局2012年版，第172页。
③ （清）王先谦：《荀子集解》，中华书局2013年版，第514页。
④ 白奚：《礼治、法治与人治》，《哲学动态》1998年第4期。
⑤ （清）孙希旦：《礼记集解》，中华书局1989年版，第602页。
⑥ 同上书，第605页。
⑦ 同上书，第6页。

弟的亲情以及婚姻亲疏的交际关系。(《礼记·哀公问》:"非礼无以辨君臣、上下、长幼之位也,非礼无以别男女、父子、兄弟之亲,昏姻疏数之交也。"①)荀子非常重视"礼"在确立和维护等级秩序中的作用,认为区别事物没有比等级名分更重要的,而等级名分没有比礼更重要的。(《荀子·非相》:"辨莫大于分,分莫大于礼。"②)荀子认为,正是因为礼具有"分"和"别"的功能,所以先王才为人们制定礼义以分别高下,使人们有贵和贱的等级,长和幼的差别,聪明和愚蠢、有能和无能的区分,使每个人各司其职、各得其所。(《荀子·荣辱》:"故先王案为之制礼义以分之,使有贵贱之等,长幼之差,知愚、能不能之分,皆使人载其事而各得其宜。"③)荀子指出,有了礼的存在,才使贵贱有等级,长幼有差别,贫富轻重都有相应规定。(《荀子·富国》:"礼者,贵贱有等,长幼有差,贫富轻重皆有称者也。"④)

4. 以礼促和

社会冲突是人类社会普遍存在的社会现象,如何在充满矛盾冲突的社会里建立和谐稳定的社会秩序?这是考验治国理政者智慧的重大课题,儒家把"礼"视为实现社会和谐的基本手段。儒家虽然强调礼的"分""别"功能,但并不意味着人为制造社会"分裂",更不是社会"碎片化"。在儒家看来,"分"是为了更好地"合","别"是为了更好地"同"。因此,"礼看似是对人加以限制,造成分别,其实作用在于调和人与人的关系,使相通相和如一体……礼就是要在个性与群体性之间求得和谐"。⑤孔子认为,礼的社会功用就在于追求以和为贵,礼的社会价值在于崇尚社会和谐,过去圣明君王治理国家的可贵之处就在于此。(《论语·学而》:"礼之用,和为贵。先王之道,斯为美;小大由之。"⑥)孔子还说:礼的兴盛之时,就是民众大治之日;礼的败坏之

---

① (清)孙希旦:《礼记集解》,中华书局1989年版,第1258页。
② (清)王先谦:《荀子集解》,中华书局2013年版,第93页。
③ 同上书,第82—83页。
④ 同上书,第210页。
⑤ 王处辉主编:《中国社会思想史》,中国人民大学出版社2002年版,第95页。
⑥ 杨伯峻:《论语译注》,中华书局2012年版,第10页。

时，就是民众打乱之日。(《礼记·仲尼燕居》："礼之所兴，众之所治；礼之所废，众之所乱。"①) 孟子一生追求"仁政"理想，实现社会和谐是"仁政"理想的目标。孟子运用反证法说明"礼"对于社会和谐的重要性，他说：治国没有礼义，国家上下就会陷入混乱。(《孟子·尽心下》："无礼义，则上下乱。"②) 为此，孟子要求人们在社会交往中做到"与人交往要遵守规矩，和人接触要符合礼节"。(《孟子·万章下》："其交也以道，其接也以礼。"③) 荀子把"礼"的作用提高到关乎国家安宁的高度，认为没有礼，国家就不能得安宁。(《荀子·修身》："国家无礼则不宁。"④) "人无礼义则乱，不知礼义则悖。"⑤《管子》分析了以礼促进社会和谐的内在机制，认为人知道礼义然后才能恭敬，恭敬然后才能尊让，尊让然后才能少长贵贱不逾越，少长贵贱不逾越，混乱就不会产生而祸患也不会发作了。(《管子·五辅》说："夫人必知礼然后恭敬，恭敬然后尊让，尊让然后少长贵贱不相逾越，少长贵贱不相逾越，故乱不生而患不作。"⑥) 总之，以"礼"规范社会关系、社会行为和社会群体，最终都是为了实现社会安定与和谐有序。

5. 以礼睦邻

国家治理不仅涉及国内事务也涉及国家关系，以礼治国既体现在内部治理也体现在外部治理。中华民族素来重视国家交往中的礼仪、礼节和礼数，重视"礼"在协调邦交关系中的重要作用，认为礼是协调邦交关系的基本准则。《礼记·曲礼上》说："礼尚往来，往而不来，非礼也；来而不往，亦非礼也。"⑦ 孔子认为，治理天下国家有九条纲要，其中第八条是"柔远人也"，第九条是"怀诸侯也"；优待远方之人，四方之人就会闻风归顺；安抚各路诸侯，那么天下的人就会敬畏。

---

① （清）孙希旦：《礼记集解》，中华书局1989年版，第1273页。
② 杨伯峻：《孟子译注》，中华书局1960年版，第328页。
③ 同上书，第240页。
④ （清）王先谦：《荀子集解》，中华书局2013年版，第27页。
⑤ 同上书，第519页。
⑥ （清）黎翔凤：《管子校注》，中华书局2004年版，第196页。
⑦ （清）孙希旦：《礼记集解》，中华书局1989年版，第11页。

(《中庸》："柔远人则四方归之，怀诸侯则天下畏之。"①)《中庸》说：派人送往迎来，嘉奖良善而怜恤无能，这就是优待远方来人；延续绝嗣，兴举废亡小国，为之平治内乱，扶持危弱，让诸侯按时来朝见，多赐财物少收礼物，这就是安抚诸侯。(《中庸》："送往迎来，嘉善而矜不能，所以绥远人也。继绝世，举废邦，治乱持危，朝聘以时，厚往而薄来，所以怀诸侯也。"②) 中国上古时代部落众多，即所谓的"诸侯万国""天下万邦"，如何处理好不同诸侯国之间的关系？《尚书·尧典》提出"协和万邦"③的理念。如何实现"协和万邦"的目标？古代礼制中的处理方式就是以"宾礼"和谐邦交。《周礼》记载："以宾礼亲邦国：春见曰朝，夏见曰宗，秋见曰觐，冬见曰遇，时见曰会，殷见曰同，时聘曰问，殷眺曰视。"④根据《周礼》记载，周天子"春朝诸侯而图天下之事，秋觐以比邦国之功，夏宗以陈天下之谟，冬遇以协诸侯之虑，时会以发四方之禁，殷同以施天下之政"。⑤上古时代以"宾礼"作为处理诸侯国之间外交往来及接待宾客的礼仪制度，是中国传统礼制体系的重要组成部分，在中国礼制史上具有重要地位。

(三) 礼立则国治的价值

"以礼治国"方略在塑造中华民族"礼仪之邦"过程中发挥了重要的历史作用。"在世界历史中，没有任何一种文化及制度的生命力可与中国的'礼'相提并论。中国的礼，虽然古老却生命力极强。"⑥"以礼治国"是独具中华民族特色的治国方略，是中华民族特有的治理智慧，"在世界诸古文明中，中国是惟一一个标榜礼治的国家"。⑦

"以礼治国"不同于"以德治国"，"德治"强调治国者和治理对象的内心德性修养，重视道德规范的"内部约束"，是一种"自律"的治

---

① 王文锦：《大学中庸译注》，中华书局2013年版，第32页。
② 同上书，第33页。
③ 王世舜、王翠叶译注：《尚书》，中华书局2012年版，第5—6页。
④ 徐正英、常佩雨：《周礼》，中华书局2014年版，第404页。
⑤ 同上书，第808页。
⑥ 马小红：《礼与法》，经济管理出版社1997年版，第13页。
⑦ 彭林：《儒家礼治思想的缘起、学理与文化功用》，《湖南大学学报》（社会科学版）2016年第6期。

国方略和治理机制；"礼治"强调治国者和治理对象的外在行为遵从，重视礼仪规范的"外部约束"，是一种具有一定"他律"因素的治国方略和治理机制。"以礼治国"与"以法治国"都强调外部的"显性约束"，但二者的约束力度和约束强度不同。"礼治"是一种自觉性因素的柔性治道，其根基在于以治国者和治理对象内在的德性修养支撑；"法治"则是一种强制性的刚性治道，其根基在于以治国者所掌握的暴力机器作为强制后盾。在一定意义上，"礼治"兼具"柔治"与"刚治"特性，既"刚中有柔"又"柔中有刚"，是一种"刚柔相济"的治国之道。中国在推进国家治理体系现代化的进程中，既要重视"以德治国"和"依法治国"方略，也应重视"为国以礼"的作用，建立"德治""礼治""法治"并举的合力机制，全面发挥"德治""礼治""法治"的综合效应，充分显示"礼仪之邦"的世界形象。

（毕天云）

## 四　义立则国兴

"义"是先秦社会思想的核心范畴之一，"义立则国兴"体现了"义"在国家治理中的重要地位和作用，是善群方略的基本命题。荀子从"王道"理想的治国方略出发，提出并阐述了"义立则国兴"思想。作为一种善群方略，"义立则国兴"主张义为立国之基、以义修养政德、以义处理政务、以义构建秩序。"义立则国兴"既是中国传统社会"王道"理想的基本方略，也是现代国家实现善治的基本理念。

（一）义立则国兴的提出

"义"是先秦社会思想的重要范畴。在儒家"五常"中，"义"排第二位；在《管子》"国之四维"中，"义"为第二维；墨家"贵义"，提出"万事莫贵于义"。[①] "义立则国兴"命题的提出，主要源于对"义"在治国理政中的重要作用的高度肯定，经历了一个不断深化发展的演进过程。《周易》提出"义"在圣人理政中的作用和要求，认为圣人之宝在于地位，坚守宝位靠仁爱，聚集人脉靠财物。聚人的基本方法

---

① 吴毓江：《墨子校注》，中华书局1993年版，第670页。

是治理财政、正定号令，禁止民众为非作歹，这就是"道义"。(《周易·系辞下》："圣人之大宝曰位。何以守位？曰仁。何以聚人？曰财。理财正辞，禁民为非曰义。"①)《尚书》则最早提出"王道"概念，把夏、商、周三代先王的治国之道誉为"王道"，而且认为"王道"是宽广、顺畅、正直的治国之道，"道义"是治理天下的重要原则。《尚书》提出治国者必须重视诚信，显扬道义；尊重有德的人，回报有功的人，如此才能实现天下大治。(《尚书·武成》："惇信明义，崇德报功。垂拱而天下之治。"②) 孟子主张"尊王贱霸"和"崇王抑霸"，③ 把"义"视为君主实现王道政治的基本要求，认为君主忠义就没有人不忠义。(《孟子·离娄上》："君义，莫不义。"④)

荀子非常重视"义"在国家治理中的作用，认为崇尚礼义、重视道义的国家才能安定，怠慢礼义、轻视道义的国家就会混乱。(《荀子·议兵》："隆礼贵义者其国治，简礼贱义者其国乱。"⑤) 荀子认为，一个君主要治理好国家，必须谨慎选择治国之道。荀子把治国之道分为"王道""霸道""亡道"三种类型，认为君主遵循道义才能称王，建立信用方能称霸，玩弄权谋必然灭亡。(《荀子·王霸》："故用国者，义立而王，信立而霸，权谋立而亡。"⑥) 荀子主张"义立而王"，把"义"视为国家治乱的根据，国家兴盛的基础，实现"王道"理想的途径，即所谓"义立则国兴"。

(二) 义立则国兴的含义

"义"的含义比较丰富，既指内心信念也指外显行为，既指思想观念也指社会行动，既指行为规范也指判断标准。在治国层面，"义"主要有四类含义：第一类是遵循正道、正路、正确的观念、行为、规范、标准、制度等；第二类是追求正义、道义、大义的观念、行为、规范、

---

① 杨天才、张善文：《周易》，中华书局2011年版，第606页。
② 王世舜、王翠叶译注：《尚书》，中华书局2012年版，第448页。
③ 王心竹：《以尊王贱霸倡王道思想——孟子王霸论探析》，《河北学刊》2012年第1期。
④ 杨伯峻：《孟子译注》，中华书局1960年版，第180页。
⑤ (清) 王先谦：《荀子集解》，中华书局2013年版，第319页。
⑥ 同上书，第239页。

标准、制度等；第三类是符合应当、当然、正当的观念、行为、规范、标准、制度等；第四类是体现合理、合宜、恰当的观念、行为、规范、标准、制度等。

1. 义为立国之基

首先，义立则王道立。自孟子从类型学意义上明确区分"王道"与"霸道"以来，"王道"与"霸道"成为中国传统社会里两种代表性的治国理念、治国方略和治国模式。儒家极力主张王道理想、王道政治和王道社会，特别强调崇义、重义、讲义、守义，要求把"义立而王"作为建立王道社会的正道、正路。孔子提出治理国家要"务张其义"，主张以礼制推行道义，以道义产生利益，以利益治理百姓，这是处理政务的大纲。(《春秋左传·成公二年》："礼以行义，义以生利，利以平民，政之大节也。"①) 孟子说，仁是人的安逸住宅，义是人的正当道路；空着安逸的住宅不住，舍弃正当的道路不走，就真正是可悲啊！(《孟子·离娄下》："仁，人之安宅也；义，人之正路也。旷安宅而弗居，舍正路而不由，哀哉！"②) 荀子认为，只有把道义贯彻于国家治理实践中，政治才能清明。(《荀子·王霸》："义及国而政明。"③) 荀子主张，实现王道政治，依靠强力的方法行不通，合乎道义的方法才行得通。(《荀子·强国》："力术止，义术行。"④) 荀子指出，正是遵循了道义治国，商汤、武王才取得天下，实现天下归顺。(《荀子·正论》："汤武非取天下也，修其道，行其义，兴天下之同利，除天下之同害，而天下归之也。"⑤) 荀子总结汤、武之所以能够称王的根本原因，靠的就是整个国家都能遵循道义，通过以国齐义实现"义立而王"。(《荀子·王霸》："以国齐义，一日而白，汤、武是也。汤以亳，武王以鄗，皆百里之地也，天下为一，诸侯为臣，通达之属莫不从服，无它故焉，

---

① 杨伯峻：《春秋左传注》，中华书局1990年版，第788—789页。
② 杨伯峻：《孟子译注》，中华书局1960年版，第172页。
③ (清)王先谦：《荀子集解》，中华书局2013年版，第306页。
④ 同上书，第354页。
⑤ 同上书，第382页。

以济义矣。是所谓义立而王也。"① ) 荀子认为,实行王道的人遵循了道义高于天下,所以天下就没有不尊重他的人。(《荀子·王制》:"义眇天下,故天下莫不贵也。"②)

其次,义立则国安定。墨子非常重视"义"在治国中的地位,认为"义"是治国之正道。(《墨子·天志上》:"夫义者,政也。"③) 墨子说:天下有道义就能生存,没有道义就会灭亡;有道义就能富贵,没有道义就会贫穷;有道义就能得到治理,没有道义就会混乱。(《墨子·天志上》:"天下有义则生,无义则死;有义则富,无义则贫;有义则治,无义则乱。"④) 墨子主张以道义施行善政,因为遵循道义治国则国治,不用道义治国则混乱。(《墨子·天志中》:"义者,善政也。何以知义之为善政也?曰:天下有义则治,无义则乱,是以知义之为善政也。"⑤) 在孟子看来,道义是天下最珍贵的宝物,遵循道义治国,则人口一定会众多,刑罚政治一定会得到治理,江山社稷一定会得到安定,人民一定会得到利益。(《墨子·耕柱》:"今用义为政于国家,人民必众,刑政必治,社稷必安。所为贵良宝者,可以利民也,而义可以利人,故曰:义,天下之良宝也。"⑥)

2. 义为修德之本

儒家认为,王道是以德服人的治国之道,王道社会是德政社会,修养政德是治国者的基本功。建立德政社会的关键,在于治国者能够自觉修养政德,具备高尚的政德素养,"义"就是政德修养的根基。

首先,义是修养政德的起点。《礼记·祭统》说:义是用来成就志向的,是各种道德品行的发端和起源;品德高尚则志向远大,志向远大则道义彰显。(《礼记·祭统》:"夫义者,所以济志也,诸德之发也。是故其德盛者其志厚,其志厚者其义章。"⑦) 孔子说,君子认为正义是

---

① (清)王先谦:《荀子集解》,中华书局2013年版,第242页。
② 同上书,第187页。
③ 吴毓江:《墨子校注》,中华书局1993年版,第288页。
④ 同上。
⑤ 同上书,第296页。
⑥ 同上书,第643页。
⑦ (清)孙希旦:《礼记集解》,中华书局1989年版,第1249页。

最可尊贵的政德,君子只有勇猛没有正义就会捣乱造反,小人只有勇猛没有正义就会做土匪强盗。(《论语·阳货》:"君子义以为上,君子有勇而无义为乱,小人有勇而无义为盗。"①)荀子认为,道义是君主为政的根本,奸人产生的根本原因在于君主既不重视道义也不尊重道义。道义的实质在于对内调和人心而对外调和万物,道义上能安定君主下能调节万民。道义是治理天下的根本,信用则排在其次。古时夏禹、商汤遵义忠信安定天下,夏桀、商纣则弃义背信天下混乱。(《荀子·强国》:"凡奸人之所以起者,以上之不贵义,不敬义也。……夫义者,内节于人而外节于万物者也,上安于主而下调于民者也。内外上下节者,义之情也。然则凡为天下之要,义为本,而信次之。古者禹、汤本义务信而天下治;桀、纣弃义背信而天下乱。"②)

其次,义是理政的基本准则。孔子提出,君子讲求道义的基本要求是一个人无论身份贵贱,都要为天下做出应有的贡献。(《礼记·表记》:"君子之所谓义者,贵贱皆有事于天下。"③)孔子认为,君子对天下之事,没有规定要怎么做或不要怎么做,只要符合道义的要求就可以做。(《论语·里仁》:"君子之于天下也,无适也,无莫也,义之与比。"④)孟子认为,不符合道义的义,有贤德的人是不会做的。(《孟子·离娄下》:"非义之义,大人弗为。"⑤)孟子甚至说:贤德的人,所说的话不一定信守,所做的事不一定有结果,只要有道义在就可以了。(《孟子·离娄下》:"大人者,言不必信,行不必果,惟义所在。"⑥)荀子认为,遵循那些能够兼容并包的公正之道和通达公义,这是战胜别人的方法。(《荀子·强国》:"必以道夫公道通义之可以相兼容者,是胜人之道也。"⑦)荀子强调,真心实意地奉行道义,做事就会有条理,有条理就明白易知,明白易知就能使人改变。(《荀子·不苟》:"诚心

---

① 杨伯峻:《论语译注》,中华书局2012年版,第264页。
② (清)王先谦:《荀子集解》,中华书局2013年版,第360—361页。
③ (清)孙希旦:《礼记集解》,中华书局1989年版,第1306页。
④ 杨伯峻:《论语译注》,中华书局2012年版,第51页。
⑤ 杨伯峻:《孟子译注》,中华书局1960年版,第188页。
⑥ 同上书,第189页。
⑦ (清)王先谦:《荀子集解》,中华书局2013年版,第349页。

行义则理，理则明，明则能变矣。"①)

再次，为正义而死是最高境界。《荀子》载孔子说，坚毅刚强而不屈从，是大义也。(《荀子·法行》："坚刚而不曲，义也。"②) 孔子认为，如果国家有外敌入侵，国君为国家领土主权而死，是正义的行为。(《礼记·礼运》："故国有患，君死社稷谓之义。"③) 孟子认为，君主仁爱，则没有人不会仁；君主讲义，则没有人会不义。(《孟子·离娄下》："君仁，莫不仁；君义，莫不义。"④) 孟子认为，社会正义的价值胜过个人生命，为了社会正义可以牺牲自己的生命。孟子说：生命是我所热爱的，正义也是我所热爱的，如果两者不能同时得到，我舍弃生命而选择正义。(《孟子·告子上》："生，亦我所欲也，义，亦我所欲也。二者不可得兼，舍生而取义者也。"⑤)

3. 义为理政之要

"义"的最高层次含义是"公平"与"正义"，公平正义是评判治国理政事务是非对错的最高标准，只有符合公平正义的观念、行为、规范、制度才是合理正当的。首先，坚持公平正义的评价原则。根据《尚书》记载，商汤灭夏凯旋归来途经大坰（今山东定陶）时，仲虺作诰说：要在民众之中建立起中和之道，就用正义来评断理政事务，用礼去控制人心。(《尚书·仲虺之诰》："建中于民，以义制事，以礼制心。"⑥) 孔子说，正义是天下必须遵循的裁断原则。(《礼记·表记》："义者，天下之制也。"⑦) 孔子认为，在治国理政过程中，君子要以公平正义为准则，依照礼节实行它，运用谦逊的语言表达它，用诚实的态度完成它。(《论语·卫灵公》："君子义以为质，礼以行之，孙以出之，信以成之。"⑧) 荀子认为，坚持用公平正义处理政事，就知道什么是有

---

① （清）王先谦：《荀子集解》，中华书局2013年版，第54页。
② 同上书，第632页。
③ （清）孙希旦：《礼记集解》，中华书局1989年版，第606页。
④ 杨伯峻：《孟子译注》，中华书局1960年版，第187页。
⑤ 同上书，第265页。
⑥ 王世舜、王翠叶译注：《尚书》，中华书局2012年版，第383页。
⑦ （清）孙希旦：《礼记集解》，中华书局1989年版，第1300页。
⑧ 杨伯峻：《论语译注》，中华书局2012年版，第231页。

利的事。(《荀子·君子》:"以义制事,则知所利矣。"①)其次,以正义评判公私事务。孔子认为,正如仁爱有程度高低之分,道义也有长短大小之别。(《礼记·表记》:"仁有数,义有长短大小。"②)孔子主张区分"大义"与"小义",大义是公共政治领域中的正义,小义则是私人家庭事务中的恩情。《礼记》说:家庭内部私人领域的事务,恩情大于公义;家庭之外公共领域的事务,公义大于恩情。(《礼记·丧服四制》:"门内之治恩演义,门外之治义断恩。"③)公平正义成为中国古代国家治理的基本原则,强化了国家统治的合法性基础。

4. 义为秩序之魂

社会秩序是社会运行的基础条件,"义"是构建合理、合宜、恰当的社会秩序的基本原则。荀子认为,"义"的本在于遵循合理性,所以憎恶扰乱合宜的社会秩序。(《荀子·议兵》:"义者循理,循理,故恶人之乱之也。"④)首先,以义构建合宜的社会等级秩序。先秦社会具有鲜明的等级性,社会等级的必然性及其合理性要求社会成员"各安其位、各守其分","义"正好能够为此提供正当性的基础。《管子》认为,社会秩序要符合"义",社会成员就要各安其位、各得其宜。(《管子·心术》:"义者,谓各处其宜也。"⑤)《管子》进一步论证说:朝廷是等级名分的体现,爵位制度合理则百姓就不会产生怨恨;百姓不怨恨就不会犯上作乱,这样等级名分才能体现出来。爵位制度不合理则无法治理国家,等级名分也不能得到充分体现。所以,一个国家的臣民不可以全部都尊贵,全部尊贵就无人从事生产,对国家也不利;假设没有少数尊贵者,百姓就不能自己管理自己。因此,只有辨明爵位的尊卑高下,才能懂得先后次序和贵贱之别,这就是治国的原则。(《管子·乘马》:"朝者义之理也,是故爵位正而民不怨,民不怨则不乱,然后义可理。理不正则不可以治,而不可不理也。故一国之人,不可以皆贵,

---

① (清)王先谦:《荀子集解》,中华书局2013年版,第535页。
② (清)孙希旦:《礼记集解》,中华书局1989年版,第1302页。
③ 同上书,第1469页。
④ (清)王先谦:《荀子集解》,中华书局2013年版,第330页。
⑤ (清)黎翔凤:《管子校注》,中华书局2004年版,第770页。

皆贵则事不成而国不利也。为事之不成、国之不利也，使无贵者则民不能自理也。是故辨于爵列之尊卑，则知先后之序，贵贱之义矣。为之有道。"①) 荀子也认为，尊重地位高的人、尊敬显贵的人、尊重贤者、爱护老人、敬重长者，这就是义所要求的伦理。(《荀子·大略》："贵贵、尊尊、贤贤、老老、长长，义之伦也。行之得其节，礼之序也。"②) 需要特别指出的是，在以"义"构建等级秩序的过程中，孔子非常重视尊重贤能群体的社会意义，认为在"义"之"合宜"含义中，以尊重贤人为大义。(《中庸》："义者，宜也，尊贤为大。"③)

其次，以义建立合宜的社会关系秩序。人的本质是各种社会关系的总和，社会就是一个关系体系或关系网络；建立并形成合宜的社会关系，是治国理政的一项根本任务。在社会交往和社会互动中，只有遵照合理的"人义"行事，才能形成合宜的社会关系秩序。《礼记》提出处理社会关系的"十义"：父亲慈爱，子女孝顺，兄长善良，兄弟敬爱，丈夫守义，妻子服从，长辈慈惠，晚辈孝顺，国君仁爱，臣子忠贞。(《礼记·礼运》："何谓人义？父慈，子孝，兄良，弟敬，夫义，妇听，长惠，幼顺，君仁，臣忠，十者，谓之人义。"④) 在社会关系的"十义"中，孟子特别重视"君臣之义"，对君臣关系的复杂性进行了深入分析：君王看待臣下如手足，则臣下看待君王像腹心；君王看待臣下如狗马，则臣下看待君王像路人；君王看待臣下如尘草，则臣下看待君王像仇敌。(《孟子·离娄下》："君之视臣如手足，则臣视君如腹心；君之视臣如犬马，则臣视君如国人；君之视臣如土芥，则臣视君如寇仇。"⑤) 荀子比较重视人际关系协调，提出处理人际关系的"五义"：面对君王就要奉行臣下的义务，面对乡亲就要讲究长幼辈分，面对长辈就要实现子弟之道，面对朋友就要讲究礼节谦让，面对地位卑微的少年则要教导宽容。(《荀子·非十二子》："遇君则修臣下之义，遇乡则修

---

① （清）黎翔凤：《管子校注》，中华书局2004年版，第87页。
② （清）王先谦：《荀子集解》，中华书局2013年版，第579—580页。
③ 王文锦：《大学中庸译注》，中华书局2013年版，第30页。
④ （清）孙希旦：《礼记集解》，中华书局1989年版，第606—607页。
⑤ 杨伯峻：《孟子译注》，中华书局1960年版，第186页。

长幼之义,遇长则修子弟之义,遇友则修礼节辞让之义,遇贱而少者则修告导宽容之义。"①)《管子》高度重视"义"在建立合宜社会关系秩序中的作用,不但明确区分了社会关系中"德""义""礼"三者之间的差异,而且从更广阔的社会关系空间出发,提出处理社会关系的"七义"法则:以孝敬慈惠处理家庭关系,以恭敬忠信侍奉君主,以公正合宜实行礼节,以严整谦逊避免犯罪,以节俭省用防备饥荒,以淳朴专一防备祸乱,以协调和谐防备敌寇。(《管子·五辅》:"义有七体。七体者何?曰:孝悌慈惠以养亲戚;恭敬忠信以事君上;中正比宜以行礼节;整齐撙诎以辟刑僇;纤啬省用以备饥馑;敦蒙纯固以备祸乱;和协辑睦以备寇戎。"②)

(三) 义立则国兴的价值

"以义治国"与"以德治国""以礼治国""以法治国"之间既有联系也有区别,只有从它们的相互联系与区别中,才能准确把握"义立则国兴"的价值。首先,"义治""德治"和"礼治"同属于"王道"的范畴,都主张国家治理的柔性手段,都重视国家治理中的教化方法,都追求国家治理中民众的心悦诚服。作为实现"王道"理想的不同策略或方式,三者之间也存在一定的差异。"德治"强调治国理政的伦理化或道德化,重视治国主体的政德修养,重视治理对象的道德教化和道德内化;"礼治"强调治国理政的程序化或仪式化,重视对治理对象行为的"刚柔并济"的约束控制;"义治"则强调治国理政的道义性和正义性,重视治国方法手段的合理性、合宜性和正当性。三者之间的差异既表明各自独立存在的必然性和必要性,也说明三者之间相互补充、相辅相成的重要性和实用性。其次,"以义治国"属于"王道"范畴,"以法治国"属于"霸道"范畴。"义治"追求治国理政的正当性与道义性,从深层次为治国理政提供合法性支撑,为国家兴盛提供终极的道义支持,具有浓厚的"价值合理性"意蕴。"法治"重视国家治理的强制性和威慑性,追求治国理政的公正性和平等性,为国家兴盛提供刚性

---

① (清) 王先谦:《荀子集解》,中华书局 2013 年版,第 117 页。
② (清) 黎翔凤:《管子校注》,中华书局 2004 年版,第 197—198 页。

的"底线"支撑，避免国家运行突破"底线"而陷入混乱，具有较强的"工具合理性"特质。再次，完善国家治理的道义保障体系。在实现中华民族伟大复兴的历史进程中，"义立则国兴"思想仍然具有重要的现实意义。一方面，要健全国内治理的道义保障体系，始终遵循正道，坚持走正路，坚守好正义，制定和实施合理、合宜、正当的公共政策和社会政策，增强综合国力，提升民生水平；另一方面，要在国际治理中坚持"义立而王"理念，勇于承担大国责任，自觉履行国际义务，讲求国际道义，维护世界大义，为打造"人类命运共同体"做出中华民族的世界贡献。

（毕天云）

## 五 法为治端

在治国方略上，荀子主张礼法并重，既"隆礼"又"重法"，"法为治端"是荀子"重法"方略中的一个重要命题。荀子认为，法律是规制人性恶的基本手段，法令制度的制定与施行是统治者治国理政的重要基础，是实现国家大治的起点。"法为治端"对于现代中国的法治国家、法治政府和法治社会建设仍然具有重要的借鉴价值。

（一）法为治端的提出背景

荀子认为，在国家治理中，既要重视"礼"与"法"的作用，也要重视"人"的作用。荀子在比较"人"与"法"在治国理政中的作用差异中，提出了"法为治端"的思想命题。在荀子看来，人和法在国家治理中的地位存在着差别，法制是国家治理的开始，君子则是法制的本源。（《荀子·君道》："法者，治之端也；君子者，法之原也。"[1]）荀子认为，法律制度的制定与执行是实现国家大治的起点，一个国家的法度完备，制度执行严格，才能兴旺繁荣；否则，国家就会衰弱败亡。东汉思想家王符把荀子的观点进一步引申，在《潜夫论·述赦》中提出："法令行则国治，法令弛则国乱。"[2]

---

[1] （清）王先谦：《荀子集解》，中华书局2013年版，第272页。
[2] （汉）王符著，彭铎校正：《潜夫论笺校正》，中华书局2014年版，第247页。

荀子提出"法为治端"命题，主要源于两个方面的社会背景。一是西周礼制的衰落。春秋战国时期，在诸侯之间的兼并争霸战争过程中，出现了孔子所说的"天下无道，礼乐征伐自诸侯出"的局面，导致最终的"礼崩乐坏"。"礼崩乐坏"的社会事实说明，"以礼治国"并非万能，"礼治"存在着局限，需要充分发挥"法治"的功能。二是法家变法的成功。西周时期已有"法治"（刑罚）传统，但没有在国家治理中占据主导地位。到了春秋战国时期，鉴于"礼崩乐坏"，法家代表人物为诸侯所用，实施维新变法，取得了显著的政治效果。魏国的"李悝变法"实行法治，汇集各国刑典著成《法经》一书。楚国的"吴起变法"实行政治、法律、军事改革，强盛了楚国国力。秦国的"商鞅变法"提升了秦国的经济实力和军力力量，奠定了此后秦国统一全中国的基础。这些变法改革充分显示了法律、法令在治国中的积极作用，成为荀子提出"法为治端"命题的实践基础。

（二）法为治端的含义

1. 以法规制人性

国家治理归根结底是对人的治理，治理方略的选择与人性观之间密切相关。人性观的不同，治理方法也就不同，荀子从人性起源角度论证法律在治国中的必然性、必要性和重要性。在人性观上，荀子主张"人性恶"，认为任由性恶泛滥必然产生社会纷争，破坏社会运行秩序。（《荀子·性恶》说："人之性恶，其善者伪也。今之人性，生而有好利焉，顺是，故争夺生而辞让亡焉；生而有疾恶焉，顺是，故残贼生而忠信亡焉；生而有耳目之欲，有好声色焉，顺是，故淫乱生而礼义文理亡焉。然则从人之性，顺人之情，必出于争夺，合于犯分乱理，而归于暴。"[①]）荀子认为，为了避免人性恶可能造成的社会恶果，必须对人性恶进行改造和矫治，实现"化性起伪"。荀子提出，达成化性起伪的基本方法有二：一是礼义教化即"礼治"，二是法律规制即"法治"。（《荀子·性恶》说："今人之性恶，必将待师法然后正，得礼义然后治。今人无师法则偏险而不正，无礼义则悖乱而不治。古者圣王以人之

---

[①] （清）王先谦：《荀子集解》，中华书局2013年版，第513—514页。

性恶，以为偏险而不正，悖乱而不治，是以为之起礼义，制法度，以矫饬人之情性而正之，以教化人之情性而导之也。"①)

2. 坚持法定主义

春秋时期已产生防止刑罚权滥用的罪刑法定思想，同时出现了是否应当制定成文法的争鸣，导致国家立法的法定主义与非法定主义观点尖锐对立。公元前536年，郑国政治家子产"铸刑书于鼎，以为国之常法"，将成文刑法《铸刑书》铸在具有王权象征意义的大鼎上，并公布于众，使民众对于主政者所确立的是非标准能够事先知晓，对于个人行为的后果能够进行合理预测。成文法的诞生结束了"刑不可知，则威不可测"的司法历史，在中国法制史上具有划时代的意义。当时，成文刑法的制定和施行遭到晋国叔向和孔子的反对，理由是担心民众知晓存在刑罚所不及之处，就不会再重视道德、遵守礼仪，而是去钻法律条文中的空子，以法律条文为根据，寻找逃避刑法制裁的方法。(《汉书·刑法志》："民知有辟，则不忌于上，并有争心，以征于书，而侥幸以成之，弗可为矣。"②)

荀子秉承法定主义思想，赞成成文法的制定与施行。荀子认为，国家制定与施行成文法，让天下百姓明白盗窃是不可能发家致富的，抢劫杀人是不可能获得长寿的，触犯了君主的禁令是不可能得到安宁的，为非作歹后即使躲藏逃亡也不能够免受处罚，让民众理解法律规定的内容可以达到预防犯罪的目的。(《荀子·君子》："天下晓然皆知夫盗窃之不可以为富也，皆知夫贼害之不可以为寿也，皆知夫犯上之禁之不可以为安也。……皆知夫为奸则虽隐窜逃亡犹不足以免也。"③) 如果君主制定的法令制度明确无误，判断决定遵循常规，法令制度公之于众，民众就知道了自己行为的方向，认识到不能突破法令的底线。(《荀子·成相》："君法明，论有常，表仪既设民知方。"④) 君主明达不被人蒙蔽，远方的百姓都会来归顺。君主能够看清合法与不合法的事，看清百姓很

---

① （清）王先谦：《荀子集解》，中华书局2013年版，第514页。
② （汉）班固：《汉书》（二），中华书局2012年版，第1005页。
③ （清）王先谦：《荀子集解》，中华书局2013年版，第532—533页。
④ 同上书，第554页。

难看到的事，耳聪又目明，百姓人人都敬畏法令、遵守法令，没有人敢肆意妄为。(《荀子·成相》："上通利，隐远至，观法不法见不视。耳目既显，吏敬法令莫敢恣。"①) 群臣百官畏惧法制而遵守法令，这样国家的基本法律制度就不会混乱，社会就井然有序。(《荀子·王霸》："百吏畏法循绳，然后国常不乱。"②) 总之，制定和公布成文法，使官吏和百姓均有所遵循，法才能真正成为治国重器。

3. 坚守法律正义

荀子不仅重视以法治国的作用，而且强调法的正义价值。荀子认为，坚持法律正义可以防止司法官吏的徇私枉法和擅断，可以维护社会的公平正义，最终达到维持社会的稳定的目的。荀子否定"法而不议"，主张"法而议"，强调国家制定法律要进行充分酝酿，保障其公平、正义和实效。如果法律规定没有经过充分议论，将会导致内容不全面，适用范围不明确，法律规定不公正，在法律所不及之处定然出现错误的处理。(《荀子·王制》："法而不议，则法之所不至者必废。"③) 荀子认为礼义是法度的指导原则，是制定法律的依据，是法度的总纲和类推断案的依据，制定法度必须以礼义为标准，兼采众长，以礼为法之大分，类之纲纪，以礼义纠正法度的偏颇，以礼义保障法律的正义。(《荀子·劝学》："礼者，法之大分，类之纲纪也。""非礼，是无法也。"④) 荀子不仅重视法的稳定性，即成文法的制定、公布、施行与遵守，而且关注法律的公平、正义和实效，以实现礼的价值与秩序。(《荀子·王霸》："加义乎法则度量。"⑤) 荀子认为，若不能正确理解法律的原理和立法的宗旨（即"法义"），即便熟知法律条文或者判例的具体内容（即"法数"），执法者遇到具体案件也会束手无策、乱了章法，无法对发生争议的纠纷事实作出甄别，也无法对现实中多样化的法律现象进行正确分析判断。(《荀子·君道》："不知法之义而正法之

---

① (清)王先谦：《荀子集解》，中华书局2013年版，第557页。
② 同上书，第271页。
③ 同上书，第179页。
④ 同上书，第39页。
⑤ 同上书，第241页。

数者，虽博，临事必乱。"①)

### 4. 罪刑相称

荀子主张对有罪者应当处以刑罚，但是所处的刑罚应当与其所犯之罪相称。刑罚与罪行相称就有威慑力，与罪行不相称就会受到诟病。(《荀子·正论》："刑称罪则治，不称罪则乱。"②) 荀子的称刑主义刑罚观不仅限于犯罪与刑罚相称，而且强调社会状况要与刑罚相适应。荀子提出治世则行重刑，乱世当行轻罚。(《荀子·正论》："故治则刑重，乱则刑轻，犯治之罪固重，犯乱之罪固轻也。"③) 其理由是，治世时人们生活富足，基本上没有犯罪的理由，若触犯刑法则当重罚；而乱世时人们生活穷乏，容易犯罪，故当从轻处罚。基于罪刑相称的思想，荀子反对滥用刑罚，主张多用奖赏的方法治理社会。(《荀子·王霸》："刑滥则害及君子。"④) 同时，荀子坚决反对刑罚执行中株连无辜，认为"族诛"是暴政。

### 5. 先教后罚

荀子主张采用礼义教化的方式改造人的"性恶"，优先进行礼的教化，教化无效之后再视情况实施刑罚。荀子既反对"不教而诛"的暴虐，也反对"教而不诛"的纵容。荀子指出，不重视教育而一味处罚，刑罚繁多但不能战胜邪恶；只施行教化而不使用刑罚，邪恶的人就得不到惩治。(《荀子·富国》："不教而诛，则刑繁而邪不胜。教而不诛，则奸民不惩。"⑤) 实行礼治是在违法犯罪行为没有发生之前就禁止它，注重预防教育，防患于未然；实行法治是在违法犯罪行为发生之后才追究责任，注重事后制裁。(《汉书·贾谊传》："礼者禁于将然之前，而法者禁于已然之后。"⑥) 因此，对于违法犯罪的预防，与刑罚相比，依靠礼的教化更为有效。虽然荀子强调礼义教化，但是他主张对有罪之人

---

① （清）王先谦：《荀子集解》，中华书局2013年版，第272页。
② 同上书，第387页。
③ 同上。
④ 同上书，第311页。
⑤ 同上书，第226页。
⑥ （汉）班固：《汉书》，中华书局1962年点校本，第360页。

严格依照刑罚惩治，否则一般人就不知道违法犯罪的危害后果，就会导致社会的严重混乱，对罪大恶极的罪犯则可以不经教化而处以极刑处死。(《荀子·王制》："元恶不待教而诛。"①) 在荀子看来，礼与法两者互为表里，各有侧重，礼侧重于教化，可防患于未然，其功用在于劝善；法侧重于制裁，惩戒于已然，其功用在于惩恶。

(三) 法为治端的价值

荀子兼容战国诸子百家之长，创造性地提出了"法为治端"的法治观，信奉礼法合治，坚守法律正义，坚持法定主义，坚持罪刑相称，提倡先教后罚，具有重要的价值。

第一，礼法合治对推进国家治理体系和治理能力现代化具有借鉴意义。荀子认为，既应重视道德的教化作用，又应强调刑罚的制裁功能，礼与刑并重才能使百姓安宁。推进国家治理体系和治理能力现代化，应该坚持法治与德治相结合。第二，先教后罚对和谐社会建设具有借鉴意义。荀子主张礼义教化优先于刑罚，应当优先进行礼的教化，然后再视情况实施处罚。建设和谐社会，也应当教化优先，而非刑罚优先。第三，"君臣上下贵贱皆从法"对全民守法具有重要启示。荀子提出"君臣上下贵贱皆从法"的原则，认为国家法律应当得到全体社会成员的遵守。当今社会，国家法律是规范社会成员行为的共同准绳，没有任何个人可以凌驾于国家法律之上。全民守法与荀子所提倡的"君臣上下贵贱皆从法"遥相呼应。

(周梁云)

## 六 立公弃私

"立公弃私"是先秦思想家慎到从法治角度最早提出的以法治国命题，是"重法"方略在治国理政中的具体体现。先秦思想家特别是法家认为，公共性是法的本质属性，法是公共利益的代表，法是公平正义的象征。立公弃私是以法治国中处理公私关系的基本准则，贯穿以法治国的全过程，包括法律姓公不姓私、立法为公不为私、执法公正不徇私、

---

① (清) 王先谦：《荀子集解》，中华书局 2013 年版，第 175 页。

守法奉公不谋私。"立公弃私"思想从法治维度强化和巩固了先秦时期形成的"崇公抑私"传统,为处理国家治理中的公私关系构建了新视角,为维护法治正义提供了新思路。

(一)立公弃私的提出

战国时期著名思想家慎到最早从法治角度提出"立公弃私"命题。慎到提出,治国理政不能没有法制,因为"治国无其法则乱"。① 慎到认为,在国家治理中,法律的根本功能在于规制和管控私义并且使之不能盛行。(《慎子·逸文》:"法之功,莫大使私不行。"②）慎到明确提出,制定法制礼仪的宗旨就是为了公道正义,公与私不可同存,立公必然弃私:"法制礼籍,所以立公义也。凡立公,所以弃私也。"③

1. 社会背景

立公弃私是从法治维度规制公私关系的基本准则,先秦时期因土地所有制变化导致的公私矛盾和公私冲突事实,成为立公弃私命题形成和提出的社会背景。④ 西周早期的土地属于周王个人所有,即所谓"溥天之下,莫非王土";由于周王是国家的代表,周王的土地亦即国家的土地,实质上是土地的国家公有制。周天子的所有土地分成"公田"和"私田",由庶人负责耕种,庶人在"公田"上为周王和贵族劳动,在"私田"上生产自己所需的生活资料。但从西周末年开始,庶人为了自身利益开垦出越来越多的"私田",出现了"公田不治"现象。与此同时,贵族也乘机将"公田"占为私有,并且进行买卖、交换和抵押。《吕氏春秋·审分》对此描述说:"今以众地者,公作则迟,有所匿其力也;分地则速,无所匿迟也。"⑤ 春秋时期,"私家"(即卿大夫)对"公室"(即国君和诸侯)的土地侵夺屡屡发生,不少"私家"成为拥有大量私产的富有者,出现了"私肥于公"的局面。到了战国时期,

---

① 许富宏:《慎子集校集注》,中华书局2013年版,第78页。
② 同上书,第64页。
③ 同上书,第18页。
④ 参见刘泽华、张荣明等《公私观念与中国社会》,中国人民大学出版社2003年版,第55—62页。
⑤ 陆玖译注:《吕氏春秋》,中华书局2011年版,第571页。

小农经济成为经济结构的主要形式，到处可见"五口之家""八口之家"占有"五亩之宅"和"百亩之田"，通过劳动追求私利已成为社会共识。"私家"势力的兴盛和私有观念的兴起与蔓延，打破了原有的社会秩序。在"李悝变法""吴起变法""商鞅变法"中，都有限制和打击"私家""私族"的措施。面对日益兴起的"私家"力量和不断凸显的公私冲突，不仅需要"柔性"的道德教化，更需要"刚性"的法律规制。

2. 思想基础

春秋战国时期是"私"字盛行的时代，公私无序的社会现实促使先秦诸子深入思考合理的公私关系，"崇公抑私"成为先秦时期占主导地位的价值取向，为从法治维度提出"立公弃私"命题奠定了丰富的思想基础。老子在先秦诸子中最早把"公"与"道"联系在一起，提出"天道无私"思想。[①]《尚书》提出，国君只有做到以公灭私才能得到百姓的信任服从。(《尚书·周官》："以公灭私，民其允怀。"[②])《管子》最早提出"以法治国"思想，主张君主治国理政必须依靠公义而非私欲。(《管子·任法》："任公而不任私。"[③]) 孔子不仅提出"大道之行，天下为公"[④] 的大同政治理想，而且提出著名的"三无私"思想，要求治国者效法"天道无私"。(《礼记·孔子闲居》说："天无私覆，地无私载，日月无私照，奉斯三者以劳天下，此之谓三无私。"[⑤]) 墨子认为，要做到公正公义，就必须去除私怨。(《墨子·尚贤上》："举公义，辟私怨。"[⑥]) 庄子认为，五官的职责不同，君主只有不偏私某一官职，国家才能得到治理。(《庄子·则阳》："五官殊职，君不私，故国治。"[⑦]) 《吕氏春秋》认为，先王以公正无私作为治理天下的前提，只

---

[①] 陈乔见：《公私辨——历史衍化与现代诠释》，生活·读书·新知三联书店 2013 年版，第 59 页。
[②] 王世舜、王翠叶译注：《尚书》，中华书局 2012 年版，第 471 页。
[③] （清）黎翔凤：《管子校注》，中华书局 2004 年版，第 900 页。
[④] （清）孙希旦：《礼记集解》，中华书局 1989 年版，第 582 页。
[⑤] 同上书，1277 页。
[⑥] 吴毓江：《墨子校注》，中华书局 1993 年版，第 66 页。
[⑦] （清）王先谦：《庄子集解》，中华书局 1987 年版，第 59 页。

有公正无私才能天下太平。(《吕氏春秋·贵公》:"昔先王之治天下也,必先公。公则天下平也。"①) 商鞅认为,先王靠仁义得天下,五霸靠法度正诸侯,都不是一己之私治以天下,而是为了民众之公治天下。(《商君书·修权》:"故王者以义亲天下,五伯以法正诸侯,皆非私天下利也,为天下治天下。"②)

在先秦诸子的"崇公抑私"思想中,蕴含着公私分明、公私对立、公私冲突的社会判断和价值取向。如何将"崇公抑私"的价值取向转化为社会生活中的实践行为?转化为社会生活中可以遵守的行为准则?从法治维度提出的"立公弃私"成为一些思想家及统治者眼中可行的实践之道。

(二) 立公弃私的含义

1. 法律姓公不姓私

法家认为,法的本质属性是公共性,"公"是法的本质规定性,正是法的公共性才使法律具有客观性、普适性、无私性等优点。在法家的以法治国思想中,"公"与"法"常常是相互定义、相互规定、相互体现、相辅相成的;"法"是"公"的条文化规定,"公"是"法"的灵魂。③ 慎到说:"法者,所以齐天下之大动,至公大定之制也。"④ 慎到认为,法律立"公义",犹如蓍龟立"公识"、权衡立"公正"、书契立"公信"、度量立"公审"。(《慎子·威德》:"故蓍龟,所以立公识也;权衡,所以立公正也;书契,所以立公信也;度量,所以立公审也。"⑤) 在法家看来,"公"即"法","法"即"公",法的公共性集中体现在法家创造的"公法"概念里。"公法"是一种不以个人意志为转移的普遍性法则,是全体社会成员必须共同遵守的公共准则,相对于各种主观性、特殊性、个人性的"私"。法家还认为,"公"与"私"

---

① 陆玖译注:《吕氏春秋》,中华书局 2011 年版,第 21 页。
② 石磊译注:《商君书》,中华书局 2011 年版,第 108 页。
③ 刘泽华、张荣明等:《公私观念与中国社会》,中国人民大学出版社 2003 年版,第 6 页。
④ 许富宏:《慎子集校集注》,中华书局 2013 年版,第 108 页。
⑤ 同上书,第 18 页。

是完全相背的,"背公"即为"私","背私"即为"公";既然"公"与"私"水火不容,"立公"必然"弃私","有公"必须"去私"。《管子·五辅》说"公法行而私曲废","公法废而私曲行"。[①] 商鞅认为公私分明是国家存亡的根本,在《商君书·修权》中提出:"故公私之交,存亡之本也。"[②]《韩非子·有度》:"能去私曲就公法者,民安而国治;能去私行行公法者,则兵强而敌弱。"[③] 韩非对私深恶痛绝,直接提出立法废私:"夫立法令者,以废私也。法令行而私道废也。"[④] 韩非还总结治世经验说:"古者世治之民,奉公法,废私术,专意一行,具以待任。"[⑤] 总之,正是法律具备姓公不姓私的本质规定性,才为"立公弃私"奠定了坚实的合法性基础。

2. 立法为公不为私

立法为公不为私是立公弃私的根本宗旨。有法可依是以法治国的前提,立法又是有法可依的前提。法家认为,为公立法还是为私立法不仅直接反映立法宗旨,还是检验治国理政是否坚持法律公共性的试金石,立法为公不为私是法的公共性本质对立法活动的必然要求。为何要立法为公?法家从正、反两个角度论证了必然性、重要性与合理性。首先,立法为公是实现"法治公正"的起点。法治公正包括立法、执法、司法、守法等一系列环节,立法既是以法治国的起点,也是法治公正的起点。只有为公立法而不是为私立法,才能在立法活动中维护公义,才能制定出公正良法,才能为后续的法治行动提供正义之剑。一言以蔽之,立法为公是从"根子上"奠定公正法治的"基石",是防止"法治"走上歪路邪道的根本保证。慎到说:"治国无其法则乱,宗法而不变则衰,有法而行私谓之不法。"[⑥] 韩非提出,法制严明则国家强盛,法制松弛则国家衰弱。(《韩非子·邪饰》:"明法者强,慢法者弱。"[⑦])其次,

---

① (清)黎翔凤:《管子校注》,中华书局2004年版,第192页。
② 石磊:《商君书》,中华书局2011年版,第108页。
③ 高华平、王齐洲、张三夕译注:《韩非子》,中华书局2015年版,第44页。
④ 同上书,第652页。
⑤ 同上书,第47页。
⑥ 许富宏:《慎子集校集注》,中华书局2013年版,第78页。
⑦ 高华平、王齐洲、张三夕译注:《韩非子》,中华书局2015年版,第180页。

立法为公是预防"以私害国"的重要保障。法家对立法为私的危害性进行了全面深刻的揭示,坚决反对"以私害国"。《管子》认为,私心是扰乱天下国家的根源:"私者,乱天下者也。"① 《管子》还指出,舍公而好私,百姓就会背离法制而肆意妄为,国家就不得安宁。(《管子·心术下》:"舍公而好私,故民离法而妄行,……而国家不治。"②)慎到说:"立法而行私,是私与法争,其乱甚于无法。"③ 商鞅在《商君书·修权》篇说:"君臣释法任私,必乱。故立法明分,而不以私害法,则治。"④ 韩非说:"私义行则乱,公义行则治,故公私有分。"⑤ 又说:"君臣废法而服私,是以国乱兵弱而主卑。"⑥

3. 执法公正不徇私

执法公正不徇私是立公弃私的关键环节。从法治角度看,治国理政过程就是治国者的执法过程,以法治国只有通过法律的运用才能落到实处。有法不用还不如无法,离开了执法环节,再公正的立法和良法都等于零。从法治公正的角度看,立法为公仅仅是公正法治的开端,执法公正是法治公正的核心和关键。慎到认为,"事断于法"是"国之大道",⑦ 是执法公正不徇私的基本准则。根据"事断于法"的要求,处理一切政务必须完全依法行事,既要依法判断,也要依法裁定,还要依法实行。慎到提出,治国者应根据法律制度来评判时政的得失,不合乎法的话不要听,不合乎法的辛劳不给予赏赐,没有功劳的亲属不能任用他们做官;当官的人不能因亲徇私,法律不应有特殊的施舍;上下级之间不能讲私情,只能把法律当作唯一依据。(《慎子·君臣》:"为人君者不多听。据法倚数,以观得失。无法之言,不听于耳;无法之劳,不图于功;无劳之亲,不任于官。官不私亲,法不遗爱,上下无事,唯法

---

① (清)黎翔凤:《管子校注》,中华书局2004年版,第778页。
② 同上书,第900页。
③ 许富宏:《慎子集校集注》,中华书局2013年版,第64页。
④ 石磊:《商君书》,中华书局2011年版,第105页。
⑤ 高华平、王齐洲、张三夕译注:《韩非子》,中华书局2015年版,第184页。
⑥ 同上书,第133页。
⑦ 许富宏:《慎子集校集注》,中华书局2013年版,第64页。

所在。"①)慎到还主张法治反对人治,认为公正执法必须确立统一标准,不能因人而异,否则就会生产社会怨恨。(《慎子·君人》:"君人者,舍法而以身治,则诛赏予夺从君心出矣。然则受赏者虽当,望多无穷;受罚者虽当,望轻无已。君舍法以心裁轻重,则同功殊赏、同罪殊罚矣。怨之所由生也。"②)《管子》说:明君不把爵位俸禄私自授予所爱的人,忠臣就不会假冒才能来骗取爵位俸禄;君主不以私治国,臣子就不能假冒才能。(《管子·法法》:"明君不以禄爵私所爱,忠臣不诬能以干爵禄。君不私国,臣不诬能。"③)商鞅认为,明君治理天下应遵照法度来处理政事,按功行赏。(《商君书·君臣》:"明君之治天下也,缘法而治,按功行赏。"④)商鞅提出"任法去私",认为明君坚持法制摒弃私利,国家就不会产生"缝隙"和"蠹虫"。(《商君书·修权》:"是故明王任法去私,而国无隙、蠹矣。"⑤)《荀子·君道》说:"公道达而私门塞矣,公义明而私事息矣。"⑥ 韩非则提出:"明王之道,必明于公私之分,明法制,去私恩。"⑦

4. 守法奉公不谋私

守法奉公不谋私是立公弃私的社会基础。仅仅依靠治国者的公正执法并不能完全实现治国理政的法治化,全面以法治国必须具备深厚的社会基础,必须在全国上下形成奉公守法的社会氛围。荀子认为,上至天子下至士人,都要依据法律行事,奉公守法,各司其职,唯有如此才能实现国家有治。(《荀子·君道》:"天子三公,诸侯一相,大夫擅官,士保职,莫不法度而公,是所以班治之也。"⑧)商鞅特别强调国君严格守法的重要性,认为明主忠臣要想治理好他们的国家,不能片刻忘掉法律。(《商君书·慎法》:"故有明主忠臣产于今世,而欲领其国者,不

---

① 许富宏:《慎子集校集注》,中华书局2013年版,第57页。
② 同上书,第52页。
③ (清)黎翔凤:《管子校注》,中华书局2004年版,第312—313页。
④ 石磊:《商君书》,中华书局2011年版,第162页。
⑤ 同上书,第109页。
⑥ (清)王先谦:《荀子集解》,中华书局2013年版,第282页。
⑦ 高华平、王齐洲、张三夕译注:《韩非子》,中华书局2015年版,第707页。
⑧ (清)王先谦:《荀子集解》,中华书局2013年版,第281页。

可以须臾忘于法。"①）商鞅还提出：明君治国务必重视法度，不合法度的言论不听，不合法度的行为不推崇，不合法度的事情不做。（《商君书·君臣》："故明主慎法制。言不中法者不听也，行不中法者不高也，事不中法者不为也。言中法，则辩之；行中法，则高之；事中法，则为之。"②）慎到认为奉公守法没有例外，即使最聪明能干的人也不能超越法律而任意谋事，最能言善辩的人也不得超越法律随意评论，士人不能违背法律获得名誉，臣子不能违背法律取得功利。（《慎子·逸文》："故智者不得越法而肆谋，辩者不得越法而肆议，士不得背法而有名，臣不得背法而有功。"③）慎到还强调，百姓要根据法律规定守法做事即"以力役法"，各级官吏则严格遵守法律为官即"以死守法"。（《慎子·逸文》："以力役法者，百姓也；以死守法者，有司也。"④）

（三）立公弃私的价值

"立公弃私"主要是先秦法家从法治维度提出的处理公私关系的基本准则，认为法的本质属性在于公共性，要把法的公共性贯穿于以法治国的全过程。"立公弃私"主张法律姓公，反对法律姓私；主张立法为公，反对立法为私；主张公正执法，反对徇私枉法；主张奉公守法，反对以法谋私。"立公弃私"命题为落实"重法"方略提供了操作化的实施策略，丰富了治国理政过程中提高善群水平的保障机制。

首先，"立公弃私"命题为处理国家治理中的公私关系构建了新视角。"立公弃私"是从法治视角提出的命题，实质上是一个法律命题，既不同于伦理命题，也不同于经济命题。先秦时期，大多数社会思想家主要从伦理视角展开"公私之辨"，主要集中在道德领域讨论公私关系，从道德修养角度倡导"崇公抑私""大公无私""以公胜私""以公灭私"等主张。在公私关系的处理上，伦理视角的"应然"准则当然必不可少，但仅靠道德的内心信念和自律机制并不能完全处理好公私关系。法家从法治角度探索公私关系的治理之道，把公私关系纳入法治

---

① 石磊：《商君书》，中华书局 2011 年版，第 171 页。
② 同上书，第 164 页。
③ 许富宏：《慎子集校集注》，中华书局 2013 年版，第 108 页。
④ 同上书，第 78 页。

轨道，明确提出以法治国中"有公无私"的法治思维，为保障"公法治国"全面实施，避免"私法横行"提供了强制性的他律机制。

其次，"立公弃私"命题为维护法治正义提供了新思路。在法家看来，如果从伦理维度审视法治模式，可把法治模式分为"善治型"的"公法治国"和"恶治型"的"私法治国"两种类型。法家认为，法的本质属性在于公共性，法即公法，以法治国的实质就是"公法治国"，以公法治国才符合法治正义的根本要求。法家同时指出，既然法即公法，那么，也就无所谓"私法"，凡是"私"就不是法。这样，法家就从根子上把"私"从法治中"剔除"了，即所谓的"弃私"。尽管法家在理论上否定了"私法"的存在，但具有现实主义特质的法家也看到，治国实践中确实存在着"立法为私""徇私枉法""以法谋私"等现象。"私法横行"属于"恶治"，违背法治正义；唯有"公法治国"才是正义法治，唯有"立公弃私"才是维护法治正义的唯一选择和唯一路径。

（毕天云）

### 七 明德慎罚

"明德慎罚"思想最早由西周初年的周公提出，荀子将其提升到治国方略高度，成为先秦时期治国思想的重要命题。"明德慎罚"命题站在治国方略的高度，主张在国家治理中必须全面认识和辩证处理"道德"（德治）与"刑罚"（法治）的关系，坚持崇尚德政、慎用刑罚、德法并施、德主刑辅，这对当代中国推进国家治理现代化仍然具有重要借鉴意义。

（一）明德慎罚的提出及背景

"明德慎罚"一词最早见于《尚书》的《康诰》和《多方》两篇。周公在平定三监之乱后，封康叔于殷地管理殷之余民时对康叔的训诫之词《康诰》说："只有英明的文王能够崇尚德教而谨慎地使用刑罚，不敢欺侮那些无依无靠的人，任用那些应当受到任用的人，尊敬那些应当受到尊敬的人，惩罚那些应当受到惩罚的人，并让庶民了解他的这种治国之道。"（《尚书·康诰》："惟乃丕显考文王，克明德慎罚，不敢侮鳏寡，庸庸，祗祗，威威，显民。"①) 周公代表成王对殷人发布的诰令《多方》中说："从成汤到纣的父亲帝乙，无不努力阐明德教，谨慎地使用刑罚，都是为了勉励人们走上正道。"(《尚书·多方》："以至于帝乙，罔不明德慎罚，亦克用劝。"②) 荀子在总结其政治主张的《成相》篇说："崇尚德政慎用刑罚，国家安定四海太平。"(《荀子·成相》："明德慎罚，国家既治四海平。"③) "明德慎罚"至此成为治国理政和善群方略的重要命题。

"明德慎罚"思想是周公总结商朝灭亡教训、适应西周统治需要提出的治国方略，它的提出具有深刻的历史原因。商朝末年，商纣王抛弃成汤的光荣传统，沉湎酒色，滥施酷刑，政治腐败混乱，社会矛盾日益激化，激起人民的反抗。据《尚书·微子》记载，当时商纣王"沉酗于酒，用乱败厥德于下。殷罔不小大，好草窃奸宄。卿士师师非度，凡有辜罪，乃罔恒获。小民方兴，相为敌仇"。④《尚书·武成》说："今商王受无道，暴殄天物，害虐烝民，为天下逋逃主，萃渊薮。"⑤ 商纣王的残暴统治激起众叛亲离，以致牧野之战，商军溃败，纣王自焚，商朝灭亡。西周王朝建立初期，统治阶级如履薄冰，时时刻刻担心王权失手。西周统治者总结和吸取商朝灭亡教训，认识到仅靠天命天罚和重刑镇压难以维护长治久安，必须施行道德教化，并审慎地使用刑罚，才能争取民心，维持长久统治。⑥ 荀子在总结夏桀、商纣灭亡的教训时也说：商汤、夏桀、商纣并不是丢掉了天下，而是违背了夏禹、商汤的美德，扰乱了礼义名分，行为如同禽兽，罪恶累累，无恶不作，因此天下人离弃了他们。(《荀子·正论》："桀纣非去天下也，反禹汤之德，乱礼义之分，禽兽之行，积其凶，全其恶，而天下去之也。"⑦)

---

① 王世舜、王翠叶译注：《尚书》，中华书局2012年版，第181页。
② 同上书，第280页。
③ （清）王先谦：《荀子集解》，中华书局2013年版，第545页。
④ 王世舜、王翠叶译注：《尚书》，中华书局2012年版，第133页。
⑤ 同上书，第444页。
⑥ 韩星：《由明德慎罚到德主刑辅——西周明德慎罚思想及其历史影响》，《观察与思考》2015年第9期。
⑦ （清）王先谦：《荀子集解》，中华书局2013年版，第382页。

(二) 明德慎罚的含义

1. 崇尚德政

所谓"明德",就是治国者要做到"尚德""敬德"和"崇德",坚持以德治国,加强道德修养,推行以德教民。《尚书·梓材》说:"我们的先王辛勤而努力地推行德政,一些贤臣都主动来做助手,辅助国王推行德政,许多诸侯都来纳贡称臣,甚至兄弟之国也来表示臣服,就是因为努力推行德政的缘故。"(《尚书·梓材》:"先王既勤用明德,怀为夹,庶邦享作,兄弟方来,亦既用明德。"①) 孔子主张"为政以德",认为以德行政的君主就会拥有感召力、吸引力和凝聚力,就像天上的北斗星,满天的星座都会环绕着它运转。(《论语·为政》:"为政以德,譬如北辰,居其所而众星共之。"②) 在为政之德中,孔子特别重视"正德"。孔子说:"政字的意思就是端正。您自己带头端正,谁敢不端正呢?"(《论语·颜渊》:"政者,正也。子帅以正,孰敢不正?"③) 又说:"统治者本身行为正当,不发命令也能执行无阻;统治者本身行为不正当,虽三令五申,百姓也不会信从。"(《论语·子路》:"其身正,不令而行;其身不正,虽令不从。"④) 荀子也特别强调君主的以身作则和率先垂范,他说:"君主如同测量时间的日晷,人民如同影子,日晷端正影子也端正。"(《荀子·君道》:"君者,仪也,仪正而景正。"⑤) 荀子还认为,君主是人们的本源,本源清澈支流就清澈,本源混浊支流就混浊。(《荀子·君道》:"君者,民之原也,原清则流清,原浊则流浊。"⑥) 孟子的德治思想集中体现为以性善论为基础的"仁政"理论。孟子说:"每个人都有同情他人之心。古代圣君有同情他人之心,因此才有同情百姓的政治。用同情他人之心,施行同情他人的政治,治理天下就像把它放在手掌中转动一样容易。"(《孟子·公孙丑

---

① 王世舜、王翠叶译注:《尚书》,中华书局 2012 年版,第 213 页。
② 杨伯峻:《论语译注》,中华书局 2012 年版,第 15 页。
③ 同上书,第 180 页。
④ 同上书,第 188 页。
⑤ (清) 王先谦:《荀子集解》,中华书局 2013 年版,第 277 页。
⑥ 同上。

上》："人皆有不忍人之心。先王有不忍人之心，斯有不忍人之政矣。以不忍人之心，行不忍人之政，治天下可运之掌上。"① ）孟子认为，依靠道德施行仁政方能天下称王，依靠道德使他人服从的，是心中高兴出自内心的服从。(《孟子·公孙丑上》："以德行仁者王……以德服人者，中心悦而诚服也。"②)《管子》认为，道德是维系国家存续兴盛的基础，"礼""义""廉""耻"等道德准则是维系国家存续的"四维"。(《管子·牧民》："何谓四维？一曰礼，二曰义，三曰廉，四曰耻。"③) 孔子主张以德教民，认为用道德来教导民众，用礼来规范民众的行为，民众不但有廉耻之心，而且是真正的人心归服。(《论语·颜渊》："道之以德，齐之以礼，有耻且格。"④)

2. 慎用刑罚

所谓"慎罚"，就是治国者要谨慎使用刑罚，做到刑罚适中、罪刑相应。如何做到"慎罚"？一是宽容犯罪主体中的特殊群体。西周在实施刑罚处罚时，要求根据犯罪人的具体情况区别对待，不能一刀切地实施严刑峻法。按照西周"三赦之法"规定，年幼无知的孩童、年老体衰的老人和患有精神障碍的痴呆愚蠢者犯罪甚至杀人，一般均可赦免或免于刑罚。(《周礼·秋官·司刺》："一赦曰幼弱，再赦曰老耄，三赦曰蠢愚。"⑤) 周公告诫康叔："不要互相残害，不要相互虐待，对于孤寡老人要尊敬，对于微贱的妇女也要爱护，他们犯了罪都要加以宽恕。"(《尚书·梓材》："无胥戕，无胥虐，至于敬寡，至于属妇，合由以容。"⑥) 二是区分犯罪动机和认罪态度。周公主张执法既要严明也要恭谨，要根据犯罪人的犯罪动机和认罪态度对刑罚轻重进行适当调整。有的人虽然犯了小罪却故意不思忏悔、屡犯不改，则不可不杀。有的人虽偶然犯了大罪却能认错悔过，也可不杀。(《尚书·康诰》："人有小罪，非眚，乃惟终，自作不典，式

---

① 杨伯峻：《孟子译注》，中华书局1960年版，第79页。
② 同上书，第197—198页。
③ （清）黎翔凤：《管子校注》，中华书局2004年版，第11页。
④ 杨伯峻：《论语译注》，中华书局2012年版，第74页。
⑤ 徐正英、常佩雨：《周礼》，中华书局2014年版，第770页。
⑥ 王世舜、王翠叶译注：《尚书》，中华书局2012年版，第212页。

尔，有厥罪小，乃不可不杀。乃有大罪，非终，乃惟眚灾，适尔，既道极厥辜，时乃不可杀。"① ）三是刑罚与罪行相适宜。在司法过程中要坚持"刑罚唯中"原则，惩罚要与罪行相符，做到罪刑适当，既不乱罚无罪也不乱杀无辜，既不偏重也不偏轻，既要坚持原则惩处犯罪也要根据实际情况灵活变通。(《尚书·吕刑》说："上刑适轻，下服。下刑适重，上服。轻重诸罚有权。刑罚世轻世重。"②）孔子认为，刑罚不得当，罪刑不相应，老百姓就会不知所以，手足无措。(《论语·子路》："刑罚不中，则民无所措手足。"③）荀子认为，刑罚与罪行相称则社会安定，刑罚与罪行不相称则社会混乱。(《荀子·正论》："刑称罪则治，不称罪则乱。故治则刑重，乱则刑轻，犯治之罪固重，犯乱之罪固轻也。"④）四是先教而后诛。周公主张应当首先施以教化，给人改过自新的机会，如经教化仍然故意累犯，再以刑罚惩戒。《尚书·酒诰》说：商人"湎于酒"，"勿庸杀之，姑且教之"。⑤ 孔子继承周公思想，反对不教而杀。孔子希望为政者教化为先，不要随意暴虐百姓。(《论语·尧曰》："不教而杀谓之虐。"⑥）孟子主张"省刑罚""不嗜杀人"，反对重刑滥杀等"虐政"和"暴政"。《孟子·尽心上》说："杀一无罪非仁也。"⑦《孟子·公孙丑上》说："行一不义、杀一不辜，而得天下，皆不为也。"⑧ 孟子建议统治者要谨慎使用死刑，不能草率杀人。(《孟子·梁惠王下》："左右皆曰可杀，勿听；诸大夫皆曰可杀，勿听；国人皆曰可杀，然后察之；见可杀焉，然后杀之。"⑨）

### 3. 德法并施

"道德"与"刑罚"各有优点也各有缺点，治国不能单纯依靠"德

---

① 王世舜、王翠叶译注：《尚书》，中华书局2012年版，第185页。
② 同上书，第329页。
③ 杨伯峻：《论语译注》，中华书局2012年版，第186页。
④ （清）王先谦：《荀子集解》，中华书局2013年版，第387页。
⑤ 王世舜、王翠叶译注：《尚书》，中华书局2012年版，第207页。
⑥ 杨伯峻：《论语译注》，中华书局2012年版，第293页。
⑦ 杨伯峻：《孟子译注》，中华书局1960年版，第316页。
⑧ 同上书，第63页。
⑨ 同上书，第41页。

治"或"刑罚",必须坚持德刑并重,优势互补,方能达成善治。"德治"是一种"柔性"的治理手段,主要运用道德教化和道德说服力提高社会成员的道德觉悟,依靠自律机制规范社会成员的行为。"德治"具有内在性、自觉性、自愿性、自律性等优点,但"德治"并非万能,它对严重犯罪行为却无能为力甚至束手无策。正如荀子所说,虽然尧、舜是天下最善于教化的人,但也不能使奸诈卑鄙的小人感化。(《荀子·正论》:"尧、舜者,天下之善教化者也,不能使嵬琐化。"①)"刑罚"是一种"刚性"的治理手段,主要运用国家强制力和暴力机器作为后盾,依靠他律机制规范社会成员的行为。"刑罚"具有外在性、强制性、惩戒性、威慑性等优点,但"刑罚"不能使人心悦诚服,滥用惩罚必然引起民众反抗。总之,孔子认为,施政宽和百姓就怠慢,怠慢了就用严厉来纠正;施政严厉会使百姓受到伤害,受到伤害又要用宽政来对待。用宽和调节严厉,用严厉调节宽和,政事因此而和谐。(《春秋左传·昭公二十年》:"政宽则民慢,慢则纠之以猛。猛则民残,残则施之以宽。宽以济猛,猛以济宽,政事以和。"②)孟子主张"德法并施",认为治理国家必须把行善政与行法令结合起来,只有善德不足以处理国家政务,只有法度也不能够自动实施。(《孟子·离娄上》:"徒善不足以为政,徒法不能以自行。"③)荀子主张"教诛结合",认为不进行教化就惩罚罪犯,即使刑法很多仍然不能战胜邪恶;只有教化不施惩罚,奸邪的人就得不到制裁。(《荀子·富国》:"故不教而诛,则刑繁而邪不胜。教而不诛,则奸民不惩。"④)

4. 德主刑辅

"德法并施"要求既要崇尚"明德"也要坚持"慎罚",但这并不意味着"明德"与"慎罚"处于同等重要的位置,二者之间存在着本末先后之分。一是德本刑末。儒家的治国思想认为,道德能从根本上对人的内心和思想进行改造,以杜绝邪恶之念的萌发和产生;德治"治

---

① (清)王先谦:《荀子集解》,中华书局2013年版,第399页。
② 杨伯峻:《春秋左传注》,中华书局1990年版,第1421页。
③ 杨伯峻:《孟子译注》,中华书局1960年版,第162页。
④ (清)王先谦:《荀子集解》,中华书局2013年版,第226页。

心",属于"内治",是治本的方法和手段。刑罚只是对人的恶行或罪行进行惩戒,使人畏惧法律的严厉而不敢再为非作歹;刑罚治行属于"外治",是治标的方法和手段。受儒家思想影响的《淮南子》明确提出:仁义是治理国家的根本,法度是治理国家的末节。(《淮南子·泰族训》:"治之所以为本者,仁义也;所以为末者,法度也。"[1])二是先德后刑。德本刑末原理体现在治国策略的先后顺序上,必然要求以德教为先,以刑罚为后。周公认为,教化与刑罚的目的都是要勉励人民立德守德,在德刑并用的情况下应当首先以德教化人。儒家从德本刑末理论出发,主张治理国家首先要抓住根本,优先实施道德教化,重点提高治国主体和治理对象的道德修养,引导人们自觉从善。从辩证法的角度看,"德主刑辅"思想既坚持了"两点论"也坚持了"重点论",实现了"两点论"和"重点论"的有机统一。

(三)明德慎罚的价值

"明德慎罚"是先秦时期的治国思想,在此基础上孕育形成的"德主刑辅""宽猛相济""刚柔并济"等治国策略对促进国家安定、社会和谐发挥了积极的历史作用,对于当代中国推进国家治理体系和治理能力现代化仍然具有重要的启迪意义和借鉴价值。

一是提高"官德"水准。"明德"就是要崇尚德政,中国共产党提出"以德治国"基本方略,这是对"明德"思想的继承和发展。实施"以德治国"方略,关键在于提高"官德"水准。中国语境中的"官德"就是干部道德,亦即国家公务人员的职业道德。只有处在不同层次、不同地位的国家管理者既有良好的"公德"也有高尚的"私德",既有良好的道德修养也有高尚的道德情操,以德治国才有基础,国家善治才有希望。必须强化官德建设力度,切实做到以德治党、以德执政、以德行政的有机结合,才能不断提高善治水平。

二是加强"民德"建设。实施"以德治国"方略,基础在于"民德"素养。以德治国既是国家的责任也是民众的责任,既是国家的目标也是民众的追求。提高全民道德素养是实现以德治国目标的基础工程,

---

[1] 何宁:《淮南子集释》,中华书局1998年版,第1422页。

基础不牢，地动山摇。在社会主义市场经济条件下，在网络社会与现实社会交互影响的时代中，必须持续加强社会主义核心价值观教育，全面推进公民道德文化建设，努力提高全民道德意识，才能建成文明的社会主义现代化强国。

三是全面推进依法治国。"慎罚"思想的核心观点是"刑罚适中"，背后的价值理念是依法治国。中国历史上的法治思想比较悠久，但法治传统却不够深厚，实施依法治国是我国法制现代化的必由之路。在中国特色社会主义新时代全面推进依法治国，既要健全法律规范体系的完备性，也要增强法治实施体系的高效性；既要保障法治监督体系的严密性，也要提高法治保障体系的有力性；既要实现科学立法、严格执法，也要实现公正司法、全民守法；既要坚持依法执政和依法行政协同推进，也要坚持法治政府和法治社会一体建设。

（毕天云）

## 八　法治之本在人

"法治之本在人"是荀子处理国家治理中"法"与"人"关系的一个重要命题。荀子认为，在国家治理中既要重视法的价值，也要强调人的作用；但是，"法"与"人"的作用不能"等量齐观"，"人"比"法"更为根本。"法治之本在人"的核心要义是治国理政应当重视法制，更应当重视人的作用；法律只是治国理政的工具，人才是依法治国理政的根本。"法治之本在人"命题告诫后人：治国理政既要有善法，更要有贤人。

（一）法治之本在人的提出

在国家治理中，荀子非常重视法律的作用，提出"重法"主张。但是，有了法律就必然或一定能够实现国治久安吗？荀子认为，法律制度固然重要，但更为根本的因素则是人。荀子说：有能够使国家治理好的人，但没有能使国家自动治理好的法制。（《荀子·君道》："有治人，无治法。"[①]）荀子指出：法制不能自动起作用，条例也不能自动施行；

---

[①]（清）王先谦：《荀子集解》，中华书局2013年版，第272页。

得到善于治国的人，法制就存在；失去善于治国的人，法制就灭亡。(《荀子·君道》："法不能独立，类不能自行，得其人则存，失其人则亡。"①) 这就是荀子"法治之本在人"命题的由来。

(二) 法治之本在人的含义

1. 人是法制的本源

在国家治理中人与法的关系上，荀子特别强调人的基础性和决定性作用。荀子虽然认为法制是治国的开端，但却特别强调君子是法制的本源。在荀子看来，"人"与"法"的关系是"源"与"流"的关系，法治的好坏完全取决于"人"的好坏。荀子认为，治国理政有了君子，法律即使简略，也能够适应国家治理的需要；如果没有君子，法律即使完备，也会失去先后的实施次序，不能适应国家治理的发展变化，导致国家和社会的混乱。(《荀子·君道》："法者，治之端也；君子者，法之原也。故有君子，则法虽省，足以遍矣；无君子，则法虽俱，失先后之施，不能应事之变，足以乱矣。"②) 在《荀子·致士》篇中，荀子进一步论证了"人是法制本源"的主张。荀子说：君子是治国原则和法制的总管，片刻不能缺少；得到他国家就能实现安治，失去他国家就会混乱；得到他国家就会安定，失去他国家就会危险；得到他国家就会存在，失去他国家就会灭亡。(《荀子·致士》："君子也者，道法之总要也，不可少顷旷也。得之则治，失之则乱；得之则安，失之则危；得之则存，失之则亡。"③) 荀子举例说，历史上曾经有过拥有良好法制还发生混乱的国家，但拥有贤明君子而产生混乱的国家，却从古到今未曾听说过。(《荀子·王制》："故有良法而乱者，有之矣；有君子而乱者，自古及今，未尝闻也。"④)

2. 人是法律的制定者

在国家治理中实施"法治"的前提条件是"有法可依"，"有法可依"的前提条件是创设法制。法律制度不是自然生成或凭空出现的，而

---

① (清) 王先谦：《荀子集解》，中华书局2013年版，第272页。
② 同上。
③ 同上书，第307页。
④ 同上书，第179页。

是治国者自觉立法的结果。因此,没有人就没有法律制度,也就无所谓法治。在法律制度的起源上,荀子特别强调人的能动作用,强调人是法律制度的制定主体。荀子认为,国家的礼仪法度都是圣人创制的,产生于圣人的思想和作为。圣人为改变人的本性而制定规章制度,制定了规范社会行为的礼仪和法度。(《荀子·性恶》:"圣人积思虑,习伪故,以生礼仪而起法度。"①)当然,应该辩证理解荀子"有治人,无治法"的思想,不能孤立地认为荀子只倡导人治,不重视法制。事实上,在治国理政实践中,有法无人或有人无法,都无以致君道;有法,非君子不能行;得人,必善法以佐之。

3. 人是法律的实施者

法治的关键环节在于法律的实施,法律的实施离不开人,离开了人,"法治"就必然落空。孟子说:仅有好心不足以治理好天下,仅有法律也不能自行实施。只有由"贤者"来主持政事,来执行法律,政事才能处理好,法律才会发挥应有的作用。(《孟子·离娄上》:"徒善不足以为政,徒法不能以自行。"②)荀子认为,国家制定的法律不能自动发挥作用,只有依靠人才能实现法治。(《荀子·君道》:"法不能独立,类不能自行。"③)如果一个国家有了善于用法的人,法律就能发挥其规范人们行为和定纷止争的积极作用,达到制定法律的目的,实现其调节社会关系的目的;如果一个国家失去了善于用法的人,法律就形同虚设,成为摆设,发挥不了它的作用。荀子认为,有了善于用法的人,法律即便简略,也能发挥其作用。如果没有善于用法的人,法律即使完备,也会实施不当,也不能适应社会的发展变化,而出现混乱的局面。基于人在法律实施中的重要作用,荀子得出了"有治人,无治法"的著名论断。

荀子认为,即使有了"良法",还得靠人来执行和实施,否则,法律再好也只是一纸空文。荀子比喻说:后羿的射箭方法没有失掉,但不

---

① (清)王先谦:《荀子集解》,中华书局2013年版,第517页。
② 杨伯峻:《孟子译注》,中华书局1960年版,第162页。
③ (清)王先谦:《荀子集解》,中华书局2013年版,第272页。

是代代都有后羿那样的神箭手;禹的法律仍然存在,但夏朝不是世世都有像禹那样的圣王。(《荀子·君道》:"羿之法非亡也,而羿不世中;禹之法犹存,而夏不世王。"①)荀子强调,坚持法律实施的公正,是处理政事的准则;宽严适中,是处理政事的准绳;在处理矛盾纠纷的过程中,有法律依据的就按照法律来办理,没有法律条文可遵循的就按照类推的办法来办理,这是处理政事的重要原则;偏袒而没有常规,是处理政事的歪道。(《荀子·王制》:"故公平者,职之衡也;中和者,听之绳也;其有法者以法行,无法者以类举,听之尽也;偏党而无经,听之辟也。"②)荀子还提出,法律适用中的变通或者自由裁量是法律实施中经常遇到的情况,如何依法进行变通或者自由裁量也要依靠人才能完成。

(三)"法治之本在人"的价值

"法治之本在人"揭示了以法治国过程中"人"与"法"的相互关系及其地位差异,在"重法"基础上强调了人是法治的主体,在法治过程中居于主导地位;法是实现法治的工具和手段,在法治过程中处于从属地位。

"法治之本在人"强调人在法治过程中的能动作用,并非意味着荀子主张"人治"高于"法治"、"人治"优于"法治"。荀子是在"重法"前提下强调人的因素和作用,意在说明不能离开人的作用而孤立地强调法律的功能。事实上,离开了人的存在,法律的制定、执行、实施,就成了"无源之水,无本之木"。

"法治之本在人"蕴含着强调人在法治过程中的社会责任。根据权利义务对等原则,既然人在法治过程中处于主导地位,那么,人也要承担法治效果的主要责任。法治效果的好坏,既取决于法律本身,更取决于实施法治的人。从这个角度看,"法治之本在人"命题对于当今中国全面推进以法治国的最大启示在于:必须高度重视法治过程各环节中人的素质提升,大力培养具有法治意识、法治精神、法治知识和法治能力

---

① (清)王先谦:《荀子集解》,中华书局2013年版,第272页。
② 同上书,第179页。

的"法治人",全面落实"科学立法、严格执法、公正司法、全民守法"的法治要求,努力建设法治国家、法治政府、法治社会,积极推进中国法治建设现代化。

(周梁云　毕天云)

## 第三节　尚贤使能:善群的关键

民众作为组成各种"群"的基本单元,也是国家治理的对象。君主的善群之道,不是直接管理民众,而是要善于选取贤能之人帮助自己管理民众,保证民众生活能够有序进行。因此,君主善群离不开人才支持,尚贤使能成为君主善群的关键。要尚贤使能,就要心怀"得人才者得天下"的用人初衷,坚持"理政治民"的治国手段,秉持"以教育才"的人才培养观,坚守"唯贤是举"的选拔标准,坚定"善待贤才"的用人之道,唯其如此,才能保证人尽其才,才能最大化地发挥贤能之人在治国理政过程中的作用,才能实现善群的目标。

### 一　得人才者得天下

传统社会中,人才的功用是辅佐君主治理国家。具备不同才能的人才被委任为不同的官职,成为连接君主与民众之间的重要纽带。换言之,君主治国,由于国家之大、民众之多、事务之繁杂等原因,不可能直接治理民众,只能通过选拔各类人才协助自己治国理政。君主得到人才的辅佐,是帮助民众结成群、协调群、巩固群、发展群的重要手段。"得人才者得天下"因此成为君主治国理政的用人初衷。

(一)得人才者得天下的提出

荀子认为,治国是天下最重大的任务,一定要妥当地选择适合的人才来治理国家。(《荀子·王霸》:"国者,天下之大器也,重任也,不可不善为择所而后错之。"[①])荀子提出,想要治理政事、醇厚风俗,不如先寻找善于治国的人才。(《荀子·君道》:"欲修政美俗,则莫若求

---

① (清)王先谦:《荀子集解》,中华书局2013年版,第245页。

其人。"① 荀子坚持，如果能恰当地任用人才，天下就能安定；如果不能恰当地任用人才，国家就会危亡。(《荀子·王霸》："能当一人而天下取，失当一人而社稷危。"②）可以说，荀子充分肯定了人才对于治国理政的重要价值，"得人才者得天下"亦是荀子一以贯之的治国观点。

（二）得人才者得天下的含义

1. 人才是协助君主治理天下的重要角色

荀子认为，治理天下是极其重要的任务，若非大才，不能胜任；治理天下需要处理极其广泛繁杂的事务，若非明辨之人，不能恰当地分辨并处理好各类事务；治理天下需要管理人数众多的百姓，若非圣明之人，不能实行王道。(《荀子·正论》："天下者，至重也，非至强莫之能任；至大也，非至辨莫之能分；至众也，非至明莫之能王。"③）荀子从任务之艰巨、事务之繁杂、管理民众之繁多三个方面说明了人才的重要性：人才是协助君主治理天下的重要角色，君主要心怀"得人才者得天下"的用人初衷，致力于发现、选拔、任用人才。正如荀子所言，控制天下并不是要占领天下的土地，而是要有能够统一人心的治国之道，如果其他国家的人心和我们统一，他们的土地自然也会归属于我们。(《荀子·王霸》："取天下者，非负其土地而从之之谓也，道足以一人而已矣。彼其人苟一，则其土地且奚去我而适它？"④）而统一人心的方法之一就是要选取人才，以各种各样的人才来率领、治理百姓。

2. 得人才的方式、方法呈现多样性

王充在论及战国时期人才流动问题时指出："六国的贤能之士，到了楚国楚国就日显重要，出了齐国齐国就被人轻视，维护赵国赵国就逐渐强大，离开魏国魏国就日渐沦丧。"(《论衡·效力》："六国之士，入楚楚重，出齐齐轻，为赵赵完，畔魏魏丧。"⑤）"入楚""出齐""为赵""畔魏"说明了战国时期，具有不同才能的"六国之士"在各国之

---

① （清）王先谦：《荀子集解》，中华书局2013年版，第278—279页。
② 同上书，第263页。
③ 同上书，第383页。
④ 同上书，第254页。
⑤ 《百子全书》，岳麓书社1993年版，总第3345页。

间频繁地横向流动。人才流动越频繁,就越需要想方设法留住人才。因此,春秋战国时期获得人才的方式、方法呈现多样性,举荐、招聘和赎买纷纷成为获得人才的手段。例如,商鞅曾被公叔痤举荐给魏王,但未受重用,后来商鞅投秦并在秦国推行变法,极大地壮大了秦国的军事、经济实力。又如,燕昭王即位后于易水旁修筑黄金台,广招天下人才,乐毅、邹衍、剧辛等前来投奔。再如,秦穆公听说在楚国做奴隶的百里奚很有才干,便设法用五张羊皮将其赎回秦国。

(三)"得人才者得天下"的背景

"得人才者得天下"是春秋战国时期的社会共识。首先,"得人才者得天下"具有深厚的思想基础。儒、墨、道、法各家虽然主张各异,但都承认人才的重要性。管子认为,争夺天下的君主,必定先争取人才。(《管子·霸言》:"夫争天下者,必先争人。"[1]) 商鞅认为,圣明的君王明白举贤不避亲、不避仇的道理,能够吸引贤良之辈、摒弃奸邪之人,仅此一举就能臣服诸侯。("圣王明君则不然,内举不避亲,外举不避仇。……是以贤良进而奸邪并退,故一举而能服诸侯。"[2])墨子提出,崇尚贤能是治国的根本所在,即"夫尚贤者,政之本也"。《吕氏春秋》认为:"得到贤人,国家没有不安定的,名声没有不荣耀的;失去贤人,国家没有不危险的,名声没有不受辱的。"(《吕氏春秋·求人》:"得贤人,国无不安,名无不荣;失贤人,国无不危,名无不辱。"[3]) 其次,"得人才者得天下"具有深刻的社会背景。春秋战国时期,社会动荡,周天子不再是"天下共主",各诸侯国形成政治多元的格局,竞争激烈。各国为了实现国富民强的目标,急需人才,形成了礼贤下士的良好社会氛围。人才流动也成为春秋战国时期的社会常态。比如魏文侯在位期间,礼贤下士,拜子夏、田子方、段干木等儒门弟子为"王者师";任用李悝、翟璜为相,推行法治;起用乐羊、吴起为将,开拓疆土。由于善用人才,魏文侯方能励精图治,使魏国一跃成为战国

---

[1] (清)黎翔凤:《管子校注》,中华书局2004年版,第465页。
[2] (清)王先慎:《韩非子集解》,中华书局1998年版,第405页。
[3] 《百子全书》,岳麓书社1993年版,总第2777页。

初期的中原霸主。可见,"得人才者得天下"已经成为当时各国君主认同的用人初衷。

(四)"得人才者得天下"的价值

正如管仲所言:"夫争天下者,必先争人。"① 人才是治国理政的一支重要力量,人才的得失关乎国家盛衰和天下兴亡,培养和重视人才是传统社会中一以贯之的治国理念。春秋战国时期,各类人才(士)被各国君主重用,参与社会政治变革,推动社会进步发展。推进国家治理体系和治理能力现代化,数量庞大的人才队伍是不可或缺的重要力量。特别需要准确定位各类人才的政治角色,强调各类人才的社会担当,发挥人才在全面实现国家治理现代化中的作用。

(楚 刃  徐珺玉)

## 二 理政治民

理政治民,即制定并实施相关制度、法规和章程,以此治理民众。理政的主体是官吏队伍,理政的实质是治理民众。理政治民是君主善群的一种手段,处理好政事,治理好民众,才能实现善群的目标。

(一)理政治民的提出

理政治民是"接天下之政,治天下之民"的现代表述。墨子在追怀上古圣王时提出,尧因为舜的才能而选择舜为天子,使其接管天下的政务、治理天下的百姓。(《墨子·尚贤中》:"古者舜耕历山,陶河濒,尧得之服泽之阳,举以为天子,与接天下之政,治天下之民。"②)此即"理政治民"的出处。荀子未曾明确提出"理政治民"的说法,但其思想中不乏理政治民的内容。比如,荀子认为,君主想要使国家安定,就要调和政治,爱护民众。(《荀子·王制》:"故君人者欲安则莫若平政爱民矣。"③)荀子指出,处理政事,接触百姓,根据道义变通地位来应付各种事变,态度宽容而不急躁,用恭敬的态度去引导百姓,这是治理

---

① (清)黎翔凤:《管子校注》,中华书局2004年版,第465页。
② 《百子全书》,岳麓书社1993年版,总第2378页。
③ (清)王先谦:《荀子集解》,中华书局2013年版,第180页。

政事的起始步骤；辅以中正和谐的观察决断，这是治理政事的中间步骤；任用贤能之人，罢黜奸邪之备，罚有罪，奖有功，这是处理政事的最后步骤。(《荀子·致士》："临事接民而以义，变应宽裕而多容，恭敬以先之，政之始也；然后中和察断以辅之，政之隆也；然后进退诛赏之，政之终也。"①)某种意义上，理政治民是君主善群的一种手段，处理好政事，治理好民众，才能实现善群的目标。

(二) 理政治民的含义

1. 理政的实质是治理民众

先秦时期，"政"常用来指称制度、秩序、法令。比如，根据《左传》记载，康叔被封于殷商故地，沿用商代的政治制度，而按周朝的法制划分土地疆界。(《春秋左转·定公六年》："命以康诰而封于殷墟，皆启以商政，疆以周索。"②)此处的"政"主要是指政治制度。"治"则主要是治管理和教化人民。"理政治民"，就是要处理政事、治理民众。君主治国理政，要懂得选取能够治理不同人群的人才，实现对民众的治理。荀子认为，"农民善于种地，但不能做管理农业的官员；商人善于做买卖，但不能做管理商业的官员；工匠善于制作器械，但不能做管理工业的官员。有的人虽然不会这三项技术，但却可以做管理这三种行业的官员，这是由于他掌握了管理规则，通晓了事物规律"。(《荀子·解蔽》："农精于田而不可以为田师，贾精于市而不可以为市师，工精于器而不可以为器师。有人也，不能此三技而可使治三官，曰：精于道者也，精于物者也。"③)可见，理政的实质就是治理民众，规范民众行为，使民众生活能够有序进行。

2. 理政的主体是官吏队伍

荀子认为，君主不可能独立地治理国家，官员的辅佐是君王的拐杖，不可不及早准备好，所以君主必须有称职的官员辅佐才行。(《荀子·君道》："人主不可以独也。卿相辅佐，人主之基、杖也，不可不

---

① (清) 王先谦：《荀子集解》，中华书局2013年版，第309页。
② 杨伯峻：《春秋左传注》，中华书局1990年版，第1538—1539页。
③ (清) 王先谦：《荀子集解》，中华书局2013年版，第471—472页。

早具也。故人主必将有卿相辅佐足任者然后可。"①）怎样选择称职的官员？荀子认为，要选择有道德的人，使用有才能的人，委任他们以官职，这是圣明君王的做法。(《荀子·王霸》："论德使能而官施之。"②）以称职的官吏队伍作为理政的主体，才能实现理政治民的目的。

(三) 理政治民的背景

春秋战国时期，时局动荡，战乱不息。与诸侯争战同时存在的，是先秦诸子乱中求治的政治理想和政治目标。管仲认为："君主必须致力于四时农事，确保粮食储备。国家财力充足，远方的人们就能自动迁来；荒地得到开发，本国的人民就能安心留住。有足够的粮食，人们就知道礼节；有丰足的衣食，人们就懂得荣辱。君主的服用合乎法度，六亲就可以相安无事；四维发扬，君令就可以贯彻推行。"(《管子·牧民》："凡有地牧民者，务在四时，守在仓廪。国多财则远者来，地辟举则民留处，仓廪实则知礼节，衣食足则知荣辱，上服度则六亲固，思维张则君令行。"③）墨子指出，贤能的人治国，早出晚归，审查案件，治理朝政。(《墨子·尚贤中》："贤者之治国也，蚤朝晏退，听狱治政。"④）荀子认为："政令制度是要爱护老百姓的，即使有像毫毛末端一样细微的不合理之处，也不能强加给鳏寡孤独群体。"(《荀子·王霸》："政令制度，所以接天下之百姓，有不理者如毫末，则虽孤独鳏寡必不加焉。故下之亲上欢如父母，可杀而不可使不顺。"⑤）管仲、墨子和荀子等人虽然没有直接提出"理政治民"，但其所论则围绕处理政务、治理民众而展开，为"理政治民"积淀丰厚的思想基础。

(四) 理政治民的价值

理政和治民紧密相连，理政是治民的措施，治民是理政的目的。基于此，理政治民常常会与民生问题挂钩，这对当今的社会建设仍有借鉴意义。在当代中国，汲取先秦诸子的理政治民思想，借鉴先秦各国贤卿

---

① (清) 王先谦：《荀子集解》，中华书局2013年版，第288—289页。
② 同上书，第253页。
③ 《百子全书》，岳麓书社1993年版，总第1259页。
④ 同上书，总第2376页。
⑤ (清) 王先谦：《荀子集解》，中华书局2013年版，第261页。

的爱民事迹，想老百姓之所想，急老百姓之所急，利老百姓之所利，才能全面搞好政治、经济、文化、社会和生态建设。

（楚　刃　徐珺玉）

### 三　以教育才

以教育才，就是以教化的手段培育人才。以教育才是儒家的重要观点之一。孔子开设私学，广教人才；孟子认为，善政不如善教；荀子基于"人性恶"的观点提出"化性起伪"，主张通过教育使人向善，磨砺、修养自己的德、能等素质，进而成为君子。对于统治者来说，以教育才是治国理政需要秉持的人才培养观。坚持以教育才，才能培养出大量的治国人才，为治国理政提供人才支撑，进而实现善群目标。

（一）以教育才的提出

荀子十分注重教化之功。首先，个体发展有赖教化。荀子认为，人性本恶，靠师友教化才能变得端正，靠礼仪规范才能得以治理。（《荀子·性恶》："人之性恶，必将待师法而后正，得礼义而后治。"[1]）个体如果想成为君子，必须坚持不懈地学习，即"学不可以已"；[2] 同时还要选择德行优良的师友，多向他们学习。（《荀子·性恶》："必将求师而事之，择良友而友之。"[3]）其次，治国理政必须注重教化。荀子认为，如果不对民众实施教化，就不能调理民性，即"不教无以理民性"。[4] 概言之，无论是个体的发展，还是国家的治理，都需要以教化手段培养人才。

（二）以教育才的含义

1. 以培育德行为本

以教育才的本质是"化性起伪"。荀子认为，人性本恶，善行皆是后天教化之功。（《荀子·性恶》："人之性恶明矣，其善者伪也。"[5]）

---

[1] （清）王先谦：《荀子集解》，中华书局2013年版，第514页。
[2] 同上书，第1页。
[3] 同上书，第531页。
[4] 同上书，第589页。
[5] 同上书，第514页。

所以一定要用师长、法度和礼义引导教化民众，他们才能拥有辞让之心，懂得遵守礼法，最终使社会安稳太平。(《荀子·性恶》："故必将有师法之化、礼义之道，然后出于辞让，合于文理，而归于治。"①) 这就是荀子的"化性起伪"论。以教育才的本质就是"化性起伪"，即通过教育的手段将人性之恶转化为善良之性，进而为社会发展培养人才。

2. 实现个性全面发展

以教育才的目标是实现个性的全面发展。个性是一个人在思想、性格、品质、意志、情感、态度等方面不同于其他人的特质。荀子视野中的个性主要是指充分发展个体的品格和能力，最终实现成为圣人的目标。荀子认为，学习的步骤是从诵读《诗》《书》等经典入手，到诵读《礼经》结束；学习的意义是从成为士开始，到成为圣人结束。(《荀子·劝学》："其数则始乎诵经，终乎读礼；其义则始乎为士，终乎为圣人。"②) 圣人是先秦诸子对人才层级的最高期待，也是人才个性充分发展的终极目标。

3. 设立人才培养机构

以教育才的社会组织是庠、序、学。荀子主张兴办学校培养人才：设立国家的最高学府，同时兴办地方学校，使百姓能够学习六种礼仪，明确十种教育，达到引导百姓的目的。(《荀子·大略》："立大学，设庠序，修六礼，明十教，所以道之也。"③) 庠、序、大学是培养人才的社会组织，是以教育才的场所。荀子认为，《礼经》《乐经》有法度但嫌疏略；《诗经》《尚书》古朴但不切近现实；《春秋》隐微但不够周详；不如仿效良师的学问，既崇高又全面，还可通达世理。因此，学习的捷径是亲近良师。(《荀子·劝学》："礼乐法而不说，诗、书故而不切，春秋约而不速。方其人之习君子之说，则尊以遍矣，周于世矣。故曰学莫便乎近其人。"④) 在庠、序、学等教育场所中，老师传授学生课业和品德，将其塑造成才。

---

① （清）王先谦：《荀子集解》，中华书局2013年版，第514页。
② 同上书，第13页。
③ 同上书，第589页。
④ 同上书，第16页。

(三)以教育才的背景

1. 以教育才的思想背景

先秦诸子比较重视以教育才。孔子强调学习的重要性，认为学习并且经常复习自己所学，是一件让人很高兴的事。(《论语·学而》："学而时习之，不亦说乎？"①) 管仲认为，士人没有邪恶之行，是教育的结果；妇女没有淫荡之行，是训导的结果。教育训导可以醇风俗、省刑罚，这就是治理社会的规律。(《管子·权修》："士无邪行，教也；女无淫事，训也。教训成俗而刑罚省，数也。"②) 孟子认为，好的政令，百姓畏服；好的教育，百姓喜爱；相行之下，善教更得民心。(《孟子·尽心上》："善政，民畏之；善教，民爱之。善政得民财，善教得民心。"③) 尸佼认为，学习好比磨刀，不仅要学习知识，还要磨炼一个人的身心，这样才能培养出全面的人才。(《尸子·劝学》："夫学，譬之犹砺也。……今人皆知砺其剑，而弗知砺其身。夫学，身之砺也。")④ 可见，先秦诸子都注重通过教育培养人才。

2. 以教育才的社会背景

西周已有"国学""乡学"两级官学。至春秋战国时期，伴随礼崩乐坏的是私学的兴起。孔子便是兴办私学的佼佼者，许多读书人慕名前往接受孔子的教育，即"以诗、书、礼、乐教弟子，盖三千焉，身通六艺者七十有二人……颇守业者甚众"。⑤ 荀子把教育看作"外砾"的后天学习过程，培育出李斯、韩非等一流的政治家和思想家。齐国的稷下学宫在兴盛时期曾容纳当时诸子百家中的几乎各个学派，汇集天下贤士多达千人。可见，教育机构的兴办，为以教育才奠定了坚实的社会基础。

(四)以教育才的价值

春秋战国时期既是礼崩乐坏、社会动乱的时代，也是百家争鸣、思

---

① 杨伯峻：《论语译注》，中华书局 2012 年版，第 2 页。
② (清) 黎翔凤：《管子校注》，中华书局 2004 年版，第 235 页。
③ 杨伯峻：《孟子译注》，中华书局 1960 年版，第 306 页。
④ 《百子全书》，岳麓书社 1993 年版，总第 1596 页。
⑤ (汉) 司马迁：《史记》，中华书局 2005 年版，第 1560 页。

想解放的时代。当时的人才教育也处于破旧立新的时代。"以教育才"产生于当时的社会背景之下,以培育德行本质,以实现个性的全面发展为目标,以庠、序、学为进行教育的社会组织和场所,形成相对全面的人才培养观,为治国理政培养大量人才的同时,也为之后历代人才教育提供借鉴。

(楚 刃 徐珺玉)

## 四 唯贤是举

君主治国理政,需要贤能之才加以辅佐。一定程度上贤能之才是连接君主和民众的纽带,起着上令下达、下情上传的重要作用。君主越能任用贤能,就越能团结人群。因此,治国理政必须坚守唯贤是举的选拔标准。

(一)唯贤是举的提出

荀子特别重视贤能之才在治国理政过程中的作用。荀子认为,对于君主来说,要想建立功劳和显扬名声,不如崇尚贤才、任用能人。(《荀子·王制》:"欲立功名,则莫若尚贤使能矣,是人君之大节也。"[1]) 君主崇尚礼仪,尊重贤才,就可以称王天下,即"人君者隆礼尊贤而王"。[2] 荀子进一步揭露,当时的君主普遍具有如下弊病:让贤能的人去做事,却与不贤的人一起去纠正他;让明智的人去考虑问题,却与愚蠢的人一起去评判他;让品德美好的人去干事业,却和污邪之人一起去评估他。(《荀子·君道》:"使贤者为之,则与不肖者规之;使知者虑之,则与愚者论之;使修士行之,则与污邪之人疑之。"[3]) 荀子揭露君主用人之弊,实则是在强调唯贤是举的重要性。

(二)唯贤是举的含义

1. 选拔贤能君子

贤指高贵的品德,能指卓越的才能,贤能之才往往是德才兼备之

---

[1] (清)王先谦:《荀子集解》,中华书局2013年版,第180页。
[2] 同上书,第345页。
[3] 同上书,第283—284页。

人，是辅佐君主治理国家不可或缺的关键人群。荀子视野中的"君子"就是贤能之才。荀子认为，君子是能总理治道和法制的人，治国理政，片刻也不能离开君子。得到君子，国家就能实现安定和大治；失去君子，国家就会陷入混乱和危亡。(《荀子·致士》："君子也者，道法之总要也，不可少顷旷也。得之则治，失之则乱；得之则安，失之则危；得之则存，失之则亡。"①) 唯贤是举，就要致力于选拔德才兼备的君子，辅佐君主实现善群目标。

2. 改善人才结构

管子认为，君主在选拔贤才的时候，要选择有德行的人给予其爵位，不能选择无德之人；要选择有才能的人担任适当的官职，不能选择无能之辈。(《管子·君臣》："其选贤遂材也，举德以就列，不类无德，举能以就官，不类无能。"②) 荀子认为，要区别善恶，这样贤能之人和不肖之徒才不会混杂，是非才能得以分辨。(《荀子·王制》："听政之大分：以善至者，待之以礼；以不善至者，待之以刑。两者分别，则贤不肖不杂，是非不乱。"③) 吴起强调，要举荐贤人，罢黜不肖，让贤能者居于上位，卑下者处于下位。(《吴子·图国》："君能使贤者居上，不肖者处下。"④) 只有唯贤是举，才能改善人才结构，使人才队伍中都是贤能之辈。

（三）唯贤是举的背景

春秋五霸争斗不息，战国七雄兼并激烈，对各类贤才的需求激增。某种程度上各国争雄称霸为"唯贤是举"奠定了社会基础。注重贤才也成为当时社会的风气，比如楚人王孙圉将擅长辞令的观射父视为珍宝，齐王认为自己的贤臣檀子比能照亮十二辆马车的夜明珠更为珍贵。正如王充所言，"六国之士，入楚楚重，出齐齐轻，为赵赵完，畔魏魏丧"，⑤ 贤才的流入与流出关系到一个国家的兴亡。在这样的社会大背

---

① （清）王先谦：《荀子集解》，中华书局2013年版，第307页。
② 《百子全书》，岳麓书社1993年版，总第1341页。
③ （清）王先谦：《荀子集解》，中华书局2013年版，第176页。
④ 《百子全书》，岳麓书社1993年版，总第1138页。
⑤ 同上书，第3345页。

景下，无论是君主还是诸子百家，都强调唯贤是举，希望通过贤才的力量帮助君主逐渐实现善群的目标。

（四）唯贤是举的价值

先秦时期唯贤是举的思想和经验，对于后世和当代社会具有重要的启迪意义。正如荀子所说："尊崇圣人的可以称王，珍贵贤能的可以称霸，敬重贤能的可以存在，怠慢贤能的则会消亡，这是自古至今一样的规律。"（《荀子·君道》："故尊圣者王，贵贤者霸，古今一也。"[①]）中国历史上盛世王朝，比如文景之治、贞观之治、康乾之治，无不与唯贤是举有着紧密关联。当今社会，各国之间的竞争是综合国力的竞争，人才在其中的关键性不容小觑。

（楚　刃）

## 五　善待贤才

善待贤才，即充分爱护贤才、善意对待贤才。善待贤才，既可以在精神层面对贤才进行奖励和表彰，也可以在物质层面对贤才给予俸禄和赏赐，还可以在制度层面完善机制，赐予贤才职务和爵位。善待贤才，能够更好地激发贤才的才能，使其才能得到充分发挥，进而使其全身心投身于治国理政、治群善群的事务中。善待人才是君主治国理政时坚定不移的用人之道，先秦诸子也有关于善待人才的丰富论述。

（一）善待贤才的提出

荀子没有明确提出过"善待贤才"的说法，但却不乏相关论述。首先，善待人才的措施分为不同层级。荀子认为："崇尚礼义，论功行赏，这是上等的措施；增加俸禄，提倡气节，这是次等的措施；重视功劳，轻视气节，这是下等的措施。"（《荀子·议兵》："隆礼效功，上也；重禄贵节，次也；上功贱节，下也；是强弱之常也。"[②]）善待贤才，应该首选"崇尚礼义、论功行赏"的上等措施。其次，善待贤才是君主必须具备的能力和素质。荀子指出："君主是能把人组织为群的人。怎样

---

① （清）王先谦：《荀子集解》，中华书局2013年版，第535页。
② 同上书，第319页。

把人组织为群？——要善于养活百姓，善于治理百姓，善于任用人才，善于用不同的服饰来区分人。"(《荀子·君道》："君者何也？曰：能群也。能群者何也？曰：善生养人者也，善班治人者也，善显设人者也，善藩饰人者也。"①) 在荀子看来，君主如果能善于任用人才，就会得到百姓的欢心，即"善显设人者人乐之"。②

（二）善待贤才的含义

1. 充分满足贤才的物质需要

荀子认为，人们都有一定的欲望，贤才也不例外。鉴于此，君主应该以丰厚的俸禄奖励贤才。荀子认为，上等的贤才要抽取天下税收作为俸禄，次等的贤才要抽取一国的税收作为俸禄，下等的贤才要抽取封地内的税收作为俸禄。(《荀子·正论》："上贤禄天下，次贤禄一国，下贤禄田邑。"③) 管仲认为，圣明的君主治国，要以丰厚的爵禄勉励百姓和人才，这样君主才能派遣、使用他们；如果没有爵禄，则无法勉励百姓和贤才。(《管子·明法解》："明主之治也，县爵禄以劝其民，故主有以使之……故无爵禄则无以劝民。"④)

2. 充分考虑贤才的不同需要

按照马斯洛的需要层次理论，人们的需要从低到高，依次是生理（衣、食、住、行等）、安全（保证、稳定、依赖、保护、秩序等）、社交（归属、爱情等）、尊敬（自尊和受到尊敬）、求知（知道、了解、探索事物）、美（均称、整齐、美丽等）、自我实现（自我成就和实现个人潜能等）共七个层次。⑤ 早在战国时期，中国古人就考虑到了贤才的不同层次的需要。公元前496年，赵简子在作战誓师时宣告：攻克敌人的人，上大夫受封县邑，下大夫受封郡，士受封十万亩土地，平民工匠商人做官，奴隶免除奴隶身份。(《春秋左传·哀公二年》："克敌者，

---

① （清）王先谦：《荀子集解》，中华书局2013年版，第280页。
② 同上。
③ 同上书，第407页。
④ 《百子全书》，岳麓书社1993年版，总第1410页。
⑤ [美]弗兰克·戈布尔：《第三思潮：马斯洛心理学》，吕明、陈红雯译，上海译文出版社1987年版，第57页。

上大夫受县，下大夫受郡，士田十万，庶人工商遂，人臣隶圉免。"①)。赵简子誓词成为"奖励军功，以功释奴"的标本。其中，上大夫、下大夫、士、庶人工商、人臣隶圉，是人才从上往下的等级分层；而县、郡、田十万、做官、免除奴隶身份，是从高到低的奖赏等级；两者结合起来，虽然在战争中建立了同样的功劳，但对不同层次的人才则给予不同的奖赏，其实是在满足不同等级的需要。

3. 利于实现社会组织目标

"社会组织是人们为了实现一定的目标而建立的。从组织内部来说，一个组织要存在和发展必须使组织成员在一定程度上认同组织的目标，而要使组织成员与组织目标认同，组织必须充分考虑其成员的需要、要求、愿望。"② 荀子认为：君主是能把人组织为群体的人。所谓能群，就是善于养活人，善于治理人，善于安置人，善于用不同的服饰区分人的等级。(《荀子·君道》："君者何也？曰：能群也，能群者何也？曰：善生养人者也，善班治人者也，善显设人者也，善藩饰人者也。"③) 君主安置人才，其实也是在满足贤才的需要。墨子认为："爵位不高，人民不尊敬他；俸禄不厚，人民不信服他；权力不大，人民不惧怕他。所以古代圣王用人时要授予其很高的爵位、丰厚的俸禄、实际的任务和决断的权力。这不仅仅是在赏赐臣下，目的是把事情办成。"(《墨子·尚贤中》："爵位不高，则民不敬也；蓄禄不厚，则民不信也；政令不断，则民不畏也。故圣王高予之爵，重予之禄，任之以事，断之以令。夫岂为其臣赐哉，欲其事之成也。"④) 君主给贤才以爵位、俸禄、任务和权力，是为了能办成事情，即实现社会组织的目标。

(三) 善待贤才的背景

1. 善待贤才的思想背景

春秋战国时期的多数执政者和思想家都把善待贤才作为执政理念。比如，韩非主张，有功劳的能够得到优厚俸禄，有才能的能够处于高官

---

① 杨伯峻：《春秋左传注》，中华书局1990年版，第1614页。
② 张乐宁：《社会学概论》，中央广播电视大学出版社1986年版，第71页。
③ (清) 王先谦：《荀子集解》，中华书局2013年版，第280页。
④ 《百子全书》，岳麓书社1993年版，总第2376页。

显位。(《韩非子·人主》:"有功者受重禄,有能者处大官。"①) 管仲认为:"得到人才的办法,不如给人才以利益;而给人才利益的办法,不如用实际的政绩来证明。"(《管子·五辅》:"然则得人之道,莫如利之;利人之道,莫如教之以政。"②) 商鞅认为:"民众之所以努力战斗而不害怕死亡,是因为想要追求爵位和俸禄。圣明的君主治理国家,如果将士有杀死敌人、捕获俘虏的功劳,一定要使他的爵位能够得到充足的俸禄,使他的俸禄足以保证全家的衣食所需。"(《商君书·君臣》:"凡民之所疾战不避死者,以求爵禄也。明君之治国也,士有(战)(斩)首捕虏之功,必其爵足禄也,禄足食也。"③) 吕不韦认为,如果君主对臣下的赏罚爵禄适宜,那么无论亲疏、贤良、庸劣的人都可以供君主使用。(《吕氏春秋·当赏》:"主之赏罚爵禄之所加者宜,则亲疏远近贤不肖皆尽其力而以为用矣。"④)

2. 善待贤才的社会背景

春秋战国时期,各国为实现富国强兵,无不厚礼重禄、招徕贤才。比如,秦穆公听说在楚国放牛的百里奚很有才干,便设法用五张羊皮将百里奚赎回秦国,予以重用,百里奚因此被称为"五羊皮大夫"。又如,燕昭王为郭隗建筑黄金台,给他国师的礼遇。随后,乐毅从魏国前往投靠,邹衍从齐国前往投靠,剧辛从赵国前往投靠,贤士们都争先投奔燕国。复如,魏国针对有功的士卒,设立了奖赏制度:依据法度考试录取武卒,被选中的就免除其劳役和赋税。(《荀子·议兵》:"魏氏之武卒,以度取之。……中试则复其户,利其田宅。"⑤) 再如,商鞅曾经制定法律,规定:斩获敌人一个头颅的赏爵一级,想当官的就给五十石粟米俸禄的官;斩获敌人两个头颅的赏爵二级,想当官的就给一百石粟米俸禄的官。(《韩非子·定法》:"商君之法曰:斩一首者爵

---

① 《百子全书》,岳麓书社1993年版,总第1799页。
② 同上书,总第1283页。
③ 同上书,总第1576页。
④ 同上书,总第2788页。
⑤ (清)王先谦:《荀子集解》,中华书局2013年版,第321—322页。

一级，欲为官者为五十石之官；斩二首者爵二级，欲为官者为百石之官。"①

（四）善待贤才的价值

墨子认为，贤良之士是国家的珍宝和社稷的良佐，必须使他们富裕、显贵、受到尊敬、得到赞誉，这样才能增加国家的贤良之士。（《墨子·尚贤上》："又有贤良之士，厚乎德行，辨乎言谈，博乎道术者乎？此固国家之珍，而社稷之佐也，亦必且富之、贵之、敬之、誉之，然后国之良士，亦将可得而众也。"②）墨子提出的善待贤才的方案，包括"富之、贵之、敬之、誉之"，注重从精神上、物质上和制度上多方面善待人才，具有重要的借鉴价值。人才是实现民族振兴的战略资源，是衡量一个国家综合国力的重要指标。谁能培养和吸引更多优秀人才，谁就能在竞争中占据优势。全面建成小康社会，实现中华民族的伟大复兴，要为人才创造施展才能的环境和平台，实行更加积极、更加开放、更加有效的人才政策，以识才的慧眼、爱才的诚意、用才的胆识、容才的雅量、聚才的良方，把各方面的优秀人才集聚到新时代的建设事业中来。

（楚　刃　徐珺玉）

## 第四节　富民强国：善群的手段

实现善群目标必须采取务实措施，富民强国是实现善群目标的有效手段。富民强国贵在实际效果，主要方法包括制民恒产、等赋养民、扶危济困、百吏尽职和强兵固国等。

### 一　制民恒产

"制民恒产"是孟子在孔子、管仲等人的富民思想基础上提出的强国思想，是实现民富国强的重要途径。百姓占有固定田产是制民恒产的

---

① 《百子全书》，岳麓书社1993年版，总第1773页。
② 同上书，总第2374页。

前提，统治者不误民业是制民恒产的条件；制民恒产有利于滋养民之恒心，进而实现个体的全面发展和国家的安定富强。制民恒产既是传统社会中统治者实行仁政的重要内容，也是传统社会中王道得行的重要途径，在现代的国家建设与国家发展中仍然具有重要的指导意义。

（一）制民恒产的提出

春秋战国时期是从西周封邦建国到秦汉中央集权的过渡时代，政治、经济、社会等方面都发生了急剧的变革。政治方面，诸侯之间的争霸与兼并瓦解了西周以来确立的封建秩序；经济方面，铁器的使用和牛耕的推广标志着社会生产力的显著提高；社会方面，诸侯争战频仍，赋税徭役繁重，自然灾害频繁，百姓的农业生产活动纷纷破产。保护农民田产，稳定农业经济，是呼之欲出的时代要求。"制民恒产"命题即是诞生在这样的社会背景之下。"制民恒产"出自《孟子·梁惠王上》和《孟子·滕文公上》。梁惠王向孟子请教治国之道（《孟子·梁惠王上》："愿夫子辅吾志，明以教我。"[1]），孟子明确提出"明君制民之产"[2]的主张。孟子又说，无恒产便无恒心，无恒心便会肆意妄为。（《孟子·滕文公上》："民之为道也，有恒产者有恒心，无恒产者无恒心。苟无恒心，放辟邪侈，无不为已。"[3]）因此，明君所制之产应是恒产。两相结合，要想富民强国，就要制民恒产。

（二）制民恒产的含义

1. 百姓有田产

百姓占有固定田产是制民恒产的前提。"恒产"是制民恒产命题中的核心概念。"恒"为"固定、不变"之意；据《康熙字典》的解释，"产"乃"民业"；"民业"是百姓从事的生产活动。（《三国演义·第三十一回》："现今禾稼在田，恐废民业，姑待秋成后取之未晚。"[4]）对"恒产"的理解自然离不开孟子所处的时代背景。战国时期，先秦诸子都在探索强国富民之道，孟子也不例外。孟子继承了孔子的富民思想

---

[1] 杨伯峻：《孟子译注》，中华书局1960年版，第17页。
[2] 同上。
[3] 同上书，第117页。
[4] （明）罗贯中：《三国演义》，时代文艺出版社2010年版，第133页。

(《论语·子路》:"子适卫,冉有仆。子曰:'庶矣哉!'冉有曰:'既庶矣,又何加焉?'曰:'富之。'"①),认为强国必须建立在富民的基础之上。若要富民,统治者就要保证百姓具有固定的田产,使百姓能够以土地为依托有条不紊地从事生产活动。因此,对孟子所说的"恒产"较为恰切的理解是固定不变的田产和固有的民业,正如焦循所言:"恒产者,田里树畜,民则持之以养其生者也。"易言之,百姓占有固定田产是制民恒产的前提;要制民恒产,必须解决百姓的田产问题。

首先,孟子认为,固定的田产包括"五亩之宅"和"百亩之田"。"五亩之宅"用以进行"树之以桑""鸡豚狗彘之畜"等副业生产活动,解决穿衣和吃饭等基本温饱问题。(《孟子·梁惠王上》:"五亩之宅,树之以桑,五十者可以衣帛矣。鸡豚狗彘之畜,无失其时,七十者可以食肉矣。"②)"百亩之田"进行农业生产活动,保证一个小农家庭能够生存。(《孟子·梁惠王上》:"百亩之田,勿夺其时,八口之家可以无饥矣。"③)其次,孟子提出,保证百姓占有固定田产的方案是"正经界"。在孟子看来,"正经界"是统治者实行仁政的开端,经界不正,便无法为百姓均匀地划分土地,田租收入也会成为问题。(《孟子·滕文公上》:"夫仁政,必自经界始。经界不正,井地不钧,谷禄不平,是故暴君污吏必慢其经界。经界既正,分田制禄可坐而定也。"④)"正经界"的具体做法是把九百亩的井田平均分成九份,最当中的一百亩是公田,其余八百亩分给八家作私有田,公田由八家共同耕种,耕种顺序是先耕种公田再料理私田。(《孟子·滕文公上》:"方里而井,井九百亩,其中为公田。八家皆私百亩,同养公田;公事毕,然后敢治私事。"⑤)"正经界"并非主张土地私有,而是在土地国有的前提下,要求统治者以制度的形式明确百姓和土地之间的责权关系:统治者保证百姓能够稳定地占有、耕种"百亩之田";百姓共同耕种"公田"以供养

---

① 杨伯峻:《论语译注》,中华书局2012年版,第189页。
② 杨伯峻:《孟子译注》,中华书局1960年版,第5页。
③ 同上。
④ 同上书,第118页。
⑤ 同上书,第119页。

统治者。

以今日视角来看,孟子"正经界"的具体方案虽然具有空想性和一定程度上的局限性,但意义仍然不容小觑。它确立了关注百姓田产问题的思想传统,使田产问题成为传统社会中诸多思想家一脉相承的思想基因。荀子继承了孟子的恒产论,明确指出:五亩宅地和百亩耕田是百姓富裕的前提条件。(《荀子·大略》:"故家五亩宅,百亩田,务其业而勿夺其时,所以富之也。"①)宋代李觏主张"平土",认为土地不均是百姓贫富不均的主要原因。张载则明确提出应该恢复井田制,固定土地经界,不得随意兼并,并且要着眼于土地的平均分配。所有这些思想的固定内核,都是在寻求以合法的形式保证百姓占有固定的田产,以实现"制民恒产"的目标。

2. 不误民业

统治者不误民业是制民恒产的条件。制民恒产,不仅要保证百姓占有固定的田产,还要保证不误民业。孟子提出"民事不可缓也",② 实则是在劝导统治者做到不误民业。在孟子的视野中,影响民业的两大因素包括自然因素和政策因素。

首先,农业生产活动和气候、农时等自然因素息息相关。孟子认为,气候条件对作物生长而言是不可抗因素,应该因势利导。(《孟子·梁惠王上》:"七八月之间旱,则苗槁矣。天油然作云,沛然下雨,则苗浡然兴之矣。其如是,孰能御之?"③)同时,倘若统治者在百姓耕种收获的季节征兵征工,就会妨碍民业,此乃违背农时之举。可见,尊重自然规律,不违农时,才能保证不误民业。其次,农业生产活动和税收政策有着重要关联。政府重赋往往会加重百姓的负担,其结果是百姓夙兴夜寐却几无所得,有损其从事农业生产活动的积极性。有鉴于此,英明的统治者大多会实行薄税政策。孟子也认识到了税收政策对农业生产活动的重要性,在他看来,"省刑罚,薄税敛,深耕易耨"④ 才是仁

---

① (清)王先谦:《荀子集解》,中华书局2013年版,第589页。
② 杨伯峻:《孟子译注》,中华书局1960年版,第117页。
③ 同上书,第13页。
④ 同上书,第10页。

政的表现。

3. 民有恒心

民有恒产是民有恒心的基础。孟子认为，民有恒产是民有恒心的基础。(《孟子·滕文公上》："民之为道也，有恒产者有恒心，无恒产者无恒心。"①) 孟子视野中的"恒心"是指恒定的道德观念，是"人所常有之善心"，是百姓进行社会活动的行为准则。

在孟子看来，百姓和士人不同。没有固定的产业收入，却常怀有向善之心，只有士人能够做到。一般的老百姓，如果没有可以长久经营的产业，也就没有向善之心。如果没有向善之心，百姓就会违法乱纪、胡作非为。(《孟子·梁惠王上》："无恒产而有恒心者，惟士为能。若民，则无恒产，因无恒心。苟无恒心，放辟邪侈，无不为已。"②) 正如孟子所言，倘若百姓上不能赡养父母，下不能以养活妻儿，好年景过得艰辛，坏年景死路一条，处于一种竭尽全力都不足以保全自己性命的生活状态之中，自然不会有工夫学习礼义之道。(《孟子·梁惠王上》："仰不足以事父母，俯不足以畜妻子；乐岁终身苦，凶年不免于死亡。此惟救死而恐不赡，奚暇治礼义哉？"③) 只有解决了上能赡养父母、下能养活妻儿、丰年能够足食、灾年能够免饥的基本生活保障问题，才能劝导百姓怀有"恒心"，走上行善之路。(《孟子·梁惠王上》："必使仰足以事父母，俯足以畜妻子，乐岁终年饱，凶年免于死亡；然后驱而之善。"④) 这与管仲所说的"仓廪实而知礼节，衣食足而知荣辱"有着异曲同工之妙，再次论证了制民恒产的重要性。

4. 民有发展

制民恒产并不止步于为百姓规划恒定的产业，而且致力于滋养百姓的"恒心"。"恒心"是百姓进行社会活动的道德观念和行为准则，治国理政，有需要而且有必要培养人人具有"恒心"的社会风尚。孟子认为，教育是滋养"恒心"的不二法门：首先，政府应该兴办学校。

---

① 杨伯峻：《孟子译注》，中华书局1960年版，第117页。
② 同上书，第17页。
③ 同上。
④ 同上。

孟子指出，夏、商、周三代非常重视对百姓的教育，兴办"庠""序""学""校"对百姓进行教育。当时的统治者应该借鉴三代的经验，设立"庠序之教"，以实现教育的常规化。其次，政府应该重视伦理道德教育。教育的目的是引导百姓了解人与人之间的相互关系、掌握人与人相处的各种行为准则，即"所以明人伦也"：[1] 孝顺父母、敬爱兄长即"孝悌之义"[2] 是首要的人伦之道；"老吾老，以及人之老；幼吾幼，以及人之幼"[3] 的推恩之道则是促进人际关系和谐的普遍之善。

孟子提出"制民恒产"，不仅保障了百姓的基本生活能够存续，更为滋养百姓的"恒心"奠定了物质基础。制民恒产实际上为百姓勾勒了个体全面发展的蓝图：父母可养、妻儿得畜、温饱无忧、善行广施。更进一步而言，制民恒产并不仅是个体之事，而是关乎国家社稷的大政方针。有恒产、能乐业是百姓生存权得到保障的体现，有恒心、能从善是百姓发展权得到保障的体现，二者兼有，百姓必能安居乐业，国家也必能长治久安。换言之，制民恒产的社会将是王道得行的社会。(《孟子·梁惠王上》："然而不王者，未之有也。"[4])

(三) 制民恒产的价值

中国传统社会是农本社会，农业生产的发展是百姓温饱、社会发展之源。大力发展农业生产，不断创造物质财富，满足百姓的物质需求，是富民强国的题中之义。时至今日，中国仍然是农业人口占全国总人口比重最大的农业大国，农业仍然是支撑国民经济建设与发展的基础产业。促进农业发展，保障百姓温饱，始终是富民、强兵、强国的起点。在这个意义上，"制民恒产"命题自诞生之日延续至今，都有着不可忽视的社会价值。

首先，制民恒产是民富的前提。要想富民，必得保证民业的稳定。要想稳定，必得有固定的田产可供百姓生产、经营。现代社会，保护民众的产权亦是富民的前提。如果民众不能恒定地占有、保护自己的私有

---

[1] 杨伯峻：《孟子译注》，中华书局1960年版，第118页。
[2] 同上书，第5页。
[3] 同上书，第16页。
[4] 同上书，第5页。

财产，就会没有创造物质财富的决心和恒心，只会助长短期敛财行为，积聚起来的财富也遑论保障，实现富民更是无从谈起。其次，制民恒产是国富的根基。荀子认为，民富则国富，民贫则国贫。统治者若想达成国富的目标，途径是按照礼制节约费用，制定政策使人民富裕。(《荀子·富国》："足国之道，节用裕民而善臧其馀。节用以礼，裕民以政。"[1])而制民恒产，其实也是富民的政策体现。在这个意义上，制民恒产可视为是国富的根基。最后，制民恒产是对先秦既重道德、又重经济的全面总结。经济基础和道德修养的关系问题，是先秦诸子经常会探讨的问题。孔子主张先富后教，管仲提出"仓廪实而知礼节，衣食足而知荣辱"，荀子认为"不富无以养民情"，[2]都渗透着既重道德又重经济的思想内核。当代哲学家贺麟这样总结："就立国根本而言，道德是立国之大本。这是因为国家的基础不是建立在武力上，也不是建立在经济上，只有道德才是维系国家基础的命脉。以素持德治礼治的孔孟，有此种见解，自无足怪；然以实行霸道著称的管仲，也说出这类的话，更特别值得重视。就施政次第言，须先着手解决经济或国计民生问题，次及国防问题，次及道德文化问题。"[3]当今社会的时代背景和现实问题与先秦时代不同，富民、强兵、强国的具体标准和方法自然也不同。但是，在今天要实现富民、强兵、强国的目标，仍然要兼顾道德建设和经济建设，既要满足人民群众日益增长的美好生活需要，也要搞好社会主义精神文明建设。从"制民恒产"到兼顾社会主义物质文明建设和精神文明建设，二者之间具有内在的文化亲和性。这是"制民恒产"命题历经两千多年后仍然闪耀的现代价值。

(徐珺玉　楚刃)

## 二　等赋养民

在传统社会，征收赋税是统治者增加国家财富的重要手段。征收赋

---

[1] (清)王先谦:《荀子集解》，中华书局2013年版，第209页。
[2] 同上书，第589页。
[3] 贺麟:《经济与道德》，商务印书馆1996年版，第25页。

第六章 善群的基本命题

税，必然关系到征用是否适度。围绕赋税问题，先秦思想家有多种主张。管仲提倡按照不同税率征税。孔子提倡轻徭薄赋，藏富于民。孟子主张建立统一的税制，并继承孔子轻徭薄赋的思想。荀子在综合孔孟等人的赋税思想之后，提出了"等赋养民"的思想。"等赋养民"既是相对完整的赋税思想体系，又是荀子"富国论"的重要组成部分。"等赋养民"要求以差等征税为征税原则，以开源节流为财政原则，以节用裕民为要归。"等赋养民"影响深远，被后世思想家和历代统治者奉为圭臬，是具有重要意义的强国之道。

（一）等赋养民的提出

荀子认为，按照不同等级征收赋税，是统治者养育万民的方法之一。（《荀子·王制》："王者之等赋、政事，财万物，所以养万民也。"①）此即"等赋养民"的出处。但是，"等赋养民"讨论的不仅是赋税问题，以赋税为起点，"等赋养民"还关涉富国问题和养民问题。在传统社会中，赋税与国家财政紧密相关，国家财力又影响到百姓的生活与富裕，三者环环相扣。围绕赋税问题展开讨论，探讨强国之道，是先秦思想家难以回避的"主流"问题。

管仲认为，应根据土地的不同，分等级征收赋税。土地好，农作物产量高，就多征税；土地差，农作物产量低，就少征税。此即"相地而衰征"。② 管仲进一步指出，农业税税率应根据年成的好坏而有所区别。齐桓公在位的十九年间，采取了管仲提出的税收政策，规定：以粮食数量作为计算农赋的标准，两次合并成一次征收，并按土地肥瘠程度的不同分别征收。丰收年成的税率为十分之三，中等年成的税率为十分之二，下等年成的税率为十分之一，饥荒之年不予征税，待饥荒缓解之后再行征税。（《管子·大匡》："赋禄以粟，案田而税，二岁而税一。上年取什三，中年取什二，下年取什一，岁饥不税。岁饥驰而税。"③）管仲的赋税思想为荀子提出"等赋养民"奠定了基础。孔子主张"敛从

---

① （清）王先谦：《荀子集解》，中华书局2013年版，第189页。
② 陈桐生：《国语》，中华书局2017年版，第254页。
③ （清）黎翔凤：《管子校注》，中华书局2004年版，第368页。

其薄",反对统治者以赋役的形式过分搜刮百姓。孔子认为,百姓富足是统治者富足的前提和基础。(《论语·颜渊》:"百姓足,君孰与不足?百姓不足,君孰与足?"①)因此,孔子主张藏富于民。同时,孔子提出税负公平的思想,认为只有均平财富,社会才能安定。(《论语·季氏》:"丘也闻有国有家者,不患寡而患不均,不患贫而患不安。"②)孔子的均平思想为国家征税提供导向,引导政府课税应注重公平,避免贫富不均。孟子继承并发展了孔子的赋税思想:第一,以"取于民有制"③为征税原则。孟子认为,统治者向百姓征税时,应该遵循一定的税制。这种税制应该是助法,而不是贡法。④所谓助法,指依据不同的年景,确定不同的征税标准;所谓贡法,指比较若干年的收成后,得到征税的定数。贡法不分灾年和丰年,只按照定数对百姓征收田税,不利于提升百姓的生产积极性。第二,农村和城市采取不同的税率。孟子主张,郊野地区采取九分之一的助法征税,城市地区采取十分抽一的贡法征税。(《孟子·滕文公上》:"请野九一而助,国中什一使自赋。"⑤)此外,孟子还主张减少赋税,以减轻百姓的负担。孟子认为,赋税包括三种,有征收布帛的赋税,有征收谷米的赋税,有征发人力的赋税。统治者应该在三种征税方式中选择一种,其余两种暂时不用。如果同时向百姓征收两种赋税,百姓就会饿死。如果同时向百姓征收三种赋税,就会导致父子都无法相互顾及的局面。(《孟子·尽心下》:"有布缕之征,粟米之征,力役之征。君子用其一,缓其二。用其二而民有殍,用其三而父子离。"⑥)

春秋战国时期,赋税问题不仅是思想家探讨的"主流"问题,也是各诸侯国治国理政的关注点。许多诸侯国为了解决财政危机,纷纷进行税制改革。其中,"齐国推行'相地而衰征'按土质与产量折征相应税

---

① 杨伯峻:《论语译注》,中华书局2012年版,第177页。
② 同上书,第241页。
③ 杨伯峻:《孟子译注》,中华书局1960年版,第118页。
④ 同上。
⑤ 同上书,第119页。
⑥ 同上书,第335页。

额；晋国'作爰田'，把土地分配固定到个体家庭；鲁国实行'初税亩'，对耕地改征实物地租；楚国'书土田'，登记耕地面积，确定赋税标准"。① 面对这样的社会背景，荀子整合并发展了管仲、孔子、孟子等人的赋税思想，将赋税问题与富国问题、养民问题纳入其赋税思想体系，阐释三者之间的关系，提出了"等赋养民"命题。

（二）等赋养民的含义

"等赋养民"既是荀子提出的赋税思想体系，又是其"富国论"的重要组成部分。荀子以前，其他学派论及富国，大都主张使用征税的手段，增加国家财富，而不关心民众的富有。② 荀子则把"富国"与"富民"统一起来，主张既要"足君"，又要"足民"，做到"上下皆富"，实现真正的"足国之道"。"等赋养民"的主要含义如下所述。

1. 差等征税

荀子认为，统治者应该按照不同等级征收赋税，处理好民事，管理好万物，这是统治者养育万民的方法。(《荀子·王制》："王者之等赋、政事，财万物，所以养万民也。"③) 显然，"等赋"之"等"，不是均等化，而是差等化。如何差等征税？荀子认为主要有三种方法。第一，不同的税收种类，征税幅度不同。荀子主张，农田征收十分之一的税，关卡和市场只监察不征税，山里湖泊按时开放、关闭而不征税。(《荀子·王制》："田野什一，关市几而不征，山林泽梁以时禁发而不税。"④) 可见，荀子主张对农业实行轻税，对工商业则不课税。如此简单的税制，其目的是更好地促进农业生产和市场流动，即"通流财物粟米，无有滞留"。⑤ 第二，农业征税实行差别税率。荀子认为，应根据土地的肥瘠程度分别征税，此即对农业税实行差别税率。(《荀子·王制》："相地而衰征。"⑥) 此论是对管仲的赋税思想的继承。据《国语》

---

① 曹姣：《孟子的赋税思想之我见》，《法治与社会》2008 年第 7 期。
② 参见周道生《论西周至西汉中叶赋税思想的发展》，《求索》1995 年第 3 期。
③ （清）王先谦：《荀子集解》，中华书局 2013 年版，第 189 页。
④ 同上书，第 189—190 页。
⑤ 同上书，第 190 页。
⑥ 同上。

记载，齐桓公向管仲咨询治国之道，管仲提出，观察土地的肥瘠程度而征收不同的赋税，百姓就不会随便迁移。(《国语·齐语》："相地而衰征，则民不移。"[1]) 三国时期著名史学家韦昭对此注曰："衰，差也。视土地之美恶，及所生出，以差征赋之轻重也。"按照土地的肥力不同和产出不同作为税收的计算基础，可以公平税负，有利于百姓积极从事农业生产。第三，贡品缴纳差等化。荀子认为，应按照道路的远近划定不同等级，作为缴纳贡品的计算基础。(《荀子·王制》："理道之远近而致贡。"[2])

荀子提出的差等征税方案，既考虑到了农、工、商不同行业的不同情况，又兼顾到了因土地肥力不同造成的产出不同这一客观事实，虽然是差等征税，实则是一种更加公平的征税原则。

2. 开源节流

差等征税，减轻百姓的税负，只是"等赋养民"的第一步。一个国家若要养民，必须有强大的财力作为后盾，此即荀子所倡导的"富国"。如何富国？在荀子看来，必须坚守节源开流的财政原则。第一，分辨财富之本和财富之末。荀子认为，民富是国富的前提。百姓贫穷，国家就贫穷，百姓富裕，国家就富裕。(《荀子·富国》："下贫则上贫，下富则上富。"[3]) 鉴于此，统治者应该分辨清楚财富之本和财富之末。荀子认为，田野和乡村是财富的根本，货仓和粮库是财富的末节。(《荀子·富国》："田野乡鄙者，财之本也；垣窌仓廪者，财之末也。"[4]) 这并非是说粮食储存不重要，而是要告诫统治者，应重视农业生产，适度储藏货财以供已用。第二，开源节流。分辨清楚财富之本和财富之末后，荀子引出了财政之源和财政之流。荀子认为，百姓按时劳作，生产秩序井然，这是财政之源；征收赋税，贮存货物，这是财政之流。(《荀子·富国》："百姓时和、事业得叙者，货之源也；等赋府库

---

[1] 陈桐生：《国语》，中华书局2017年版，第254页。
[2] （清）王先谦：《荀子集解》，中华书局2013年版，第190页。
[3] 同上书，第230页。
[4] 同上。

者，货之流也。"①）在荀子的视野中，征收赋税、储存货物，并不能实现国家的真正富强，因为这只是财政之流。只有节制支流，广开财源，百姓富足有余，才能实现富国，统治者也就无须再担心财物不足。（《荀子·富国》："故明主必谨养其和，节其流，开其源，而时斟酌焉，潢然使天下必有馀而上不忧不足。"②）反之，如果田野荒芜而粮仓充实，百姓贫乏而国库富足，便是在伐本竭源，国家很快就会灭亡。（《荀子·富国》："故田野荒而仓廪实，百姓虚而府库满，夫是之谓国蹶。伐其本，竭其源，而并之其末，然而主相不知恶也，则其倾覆灭亡可立而待也。"③）

荀子从开源和节流两个方面说明了发展生产和增加税赋的关系。"开源"的现代说法就是不违农时，大力发展农业生产；"节流"的现代说法就是节制赋税征收，节省国家财政开支。某种程度上，"荀子已经认识到了生产决定财政，经济决定税收，而财政税收又反过来推进和制约社会生产和经济发展的辩证关系"。④荀子正确地揭示了社会生产与财政之间的关系是本与末、源与流的关系，"开源节流"遂成为传统社会中被统治者奉为圭臬的财政原则。

3. 节用裕民

荀子视野中的富国与富民、裕民紧密相连。富民是富国的前提，富国是富民的保证。"等赋养民"，以差等征税为税收原则，以节流开源为财政原则，最终都是为了实现养民的目标。如何实现养民？荀子的答案是节用裕民。第一，节用的关键是统治者不聚敛财富。荀子认为，如果统治者一味聚敛钱财、精打细算，就会失去民心。（《荀子·王制》："聚敛计数之君也，未及取民也。"⑤）更甚者，聚敛钱财，是招来敌寇、养肥敌人、灭亡国家、危害自身的道路，贤明的统治者绝对不会走上聚

---

① （清）王先谦：《荀子集解》，中华书局 2013 年版，第 230 页。
② 同上。
③ 同上书，第 231 页。
④ 刘爱明：《荀子财政赋税思想及其借鉴》，《湖北财经高等专科学校学报》2004 年第 6 期。
⑤ （清）王先谦：《荀子集解》，中华书局 2013 年版，第 181 页。

敛之路。(《荀子·王制》："聚敛者，召寇、肥敌、亡国、危身之道也，故明君不蹈也。"①) 第二，制定相关政策实现裕民。荀子指出，应该制定相关政策使百姓富裕。这些政策包括：减轻田地的赋税，免除关卡集市的税收，减少商人的数量，少兴徭役，不夺农时。(《荀子·富国》："轻田野之税，平关市之征，省商贾之数，罕兴力役，无夺农时，如是，则国富矣。夫是之谓以政裕民。"②) 荀子进一步指出，强本节用是人们与自然进行斗争的有效手段。加强农业发展，减少费用开支，即使是上天也不能使他贫穷。(《荀子·天论》："强本而节用，则天不能贫。"③) 反之，如果荒废农业，生活奢侈，即使是上天也不能使他富裕。(《荀子·天论》："本荒而用侈，则天下不能使之富。"④) 一定程度上，发展农业、减少支出的"节用裕民"思想体现了荀子朴素的唯物主义自然观：无论是百姓的贫富，还是国家的贫富，都不是由上天决定的，而取决于生产是否发展、行为是否节俭。

统治者要节用裕民，就要减少聚敛，减少支出，发展生产。做到节用裕民，才能实现养民的目标。在这个意义上，节用裕民是养民之道。

(三) 等赋养民的价值

赋税既是统治者增加国家财富的主要手段，也是调节百姓再分配的重要杠杆。统治者想增加国家财富，应该致力于增加百姓财富，应该致力于发展生产。因为社会生产的发展是赋税征收的物质基础和根本保证。

"等赋养民"是中国传统社会中处理赋税问题的主导思想，也是凝聚先秦思想家智慧结晶的赋税观念。从治国理政的角度看，"等赋养民"关注赋税问题，但又不止步于赋税问题，而是将赋税、富国、养民三个问题紧密相连，通过差等征税实现公平税负，通过开源节流实现国家富强，通过节用裕民实现百姓富有。"等赋养民"的思想虽然形成于先秦时期，但其意义却跨越时空。时至今日，赋税仍然是调节社会再分配的重要杠杆，公平问题和追求富民也是治国理政者处理税收问题时必

---

① (清)王先谦:《荀子集解》，中华书局2013年版，第182页。
② 同上书，第211—212页。
③ 同上书，第362页。
④ 同上书，第364页。

须注意之处。在这个意义上,"等赋养民"对今天的税收事务仍然具有借鉴价值。

(徐珺玉)

### 三 扶危济困

迄今为止的任何社会和任何时期,灾害、疾病、死亡、养老、慈幼等问题都是人类必须面对的风险。这些风险可能会使社会成员陷入困境,成为危弱者或穷困者。如果百姓都陷入危困境地,遑论善群,更遑论国家之强大。鉴于此,统治者治理国家,势必要分散百姓面对的上述多种风险,使其免于危困。在这个意义上,扶危济困既是治国者关注百姓民生的体现,也是治国者实现善群目标的起点。中国传统社会中有着丰富的扶危济困思想和悠久的扶危济困传统。早在先秦时期,许多思想家从重民、保民思想出发,提出具体的扶危济困主张,尝试建构相应政策体系并予以实施。先秦思想家视野中的扶危济困是一个内涵丰富的命题,要求治国者在治理国家时重视灾民、鳏寡孤独、老幼废疾等弱势群体;以赋役减免和社会救济两种手段为主,辅以调粟措施,并以实现百姓的安居乐业为最终目标。

(一)扶危济困的提出和背景

"扶危济困"一词出自《水浒传》。天目将彭玘称赞宋江时说:"素知将军仗义行仁,扶危济困,不想果然如此义气。"简言之,扶危济困就是扶助有危难者、救济穷困者。"扶危济困"的明确提出虽然始自明代施耐庵所作的《水浒传》,但"扶危济困"的思想传统早在先秦时期已经广为存在。面对危弱者,多数人会心生怜悯并施以援手。这种人之常情被孟子称为"恻隐之心"。孟子说"恻隐之心,人皆有之",[1] 而且这种人人都有的"恻隐之心"是人本身就有的,并非由外界加诸个体。(《孟子·告子上》:"非由外铄我也,我固有之也。"[2])可以说,怜恤帮助危弱者的"恻隐之心"是治国者进行扶危济困活动的认识基础。

---

[1] 杨伯峻:《孟子译注》,中华书局1960年版,第259页。
[2] 同上。

换言之，治国者会将扶危济困内化为执政理念，提出相关政策并加以实施，保障危弱人群的基本生存和基本生活，进而实现百姓的安居乐业和国家的强大。扶危济困命题的形成和发展包括三个阶段。

首先，先秦思想家普遍持有重民、保民思想。周公认为，统治者治理国家，必须重视民心向背。(《尚书·康诰》："天畏棐忱，民情大可见。"①) 周公倡导统治者体察民情，"知稼穑之艰难""知小民之依"，②关怀民生疾苦。孔子认为，治国理政应该重视百姓、粮食、丧葬、祭祀四件大事，(《论语·尧曰》："所重：民、食、丧、祭。"③) 并提出"因民之利而利之"④的重民观点。管子认为"政之所行，在顺民心；政之所废，在逆民心"，⑤从此重民思想出发，统治者应该懂得为百姓谋取利益。荀子也主张以民为本，认为治国者应该体察民众疾苦，反对横征暴敛。荀子认为，只有百姓安居乐业，统治才能得到稳固。(《荀子·王制》："故君人者欲安则莫若平政爱民矣。"⑥)

其次，从重民、保民思想出发，先秦思想家着重关注弱势群体，提出具体的扶危济困思想。孔子认为，博施济众是尧舜都难以达到的美德。(《论语·雍也》："子贡曰：'如有博施于民而能济众，何如？可谓仁乎？'子曰：'何事于仁！必也圣乎！尧舜其犹病诸！'"⑦) 博施济众理念是扶危济困的思想基石。只有博施济众，关爱他人，才能扶助贫弱，保障百姓的基本生存和基本生活。曾子提出"上恤孤而民不倍"，⑧明确要求治国者体恤孤弱之人。管子提出"兴德六政"，分别是"厚其生""输之以财""遗之以利""宽其政""匡其急""振其穷"。⑨其中，"匡其急"是指帮助百姓解救急难之事，包括敬养老人、慈恤孤

---

① 王世舜、王翠叶译注：《尚书》，中华书局2012年版，第184页。
② 同上书，第254页。
③ 杨伯峻：《论语译注》，中华书局2012年版，第292页。
④ （清）王先谦：《荀子集解》，中华书局2013年版，第180页。
⑤ （清）黎翔凤：《管子校注》，中华书局2004年版，第13页。
⑥ （清）王先谦：《荀子集解》，中华书局2013年版，第180页。
⑦ 杨伯峻：《论语译注》，中华书局2012年版，第90—91页。
⑧ 王文锦：《大学中庸译注》，中华书局2013年版，第11页。
⑨ （清）黎翔凤：《管子校注》，中华书局2004年版，第194—195页。

## 第六章　善群的基本命题

幼、救济鳏寡、关心病人、吊慰祸丧；(《管子·五辅》："养长老，慈幼孤，恤鳏寡，问疾病，吊祸丧，此谓匡其急。"[①])"振其穷"是指解救穷困之人，包括给予饥渴受冻者以衣食、救助贫寒者、赈济破败人家、资助面临绝境的人。(《管子·五辅》："衣冻寒，食饥渴，匡贫窭，振罢露，资乏绝，此谓振其穷。"[②])在管子提出的"兴德六政"中，"匡其急"和"振其穷"是鲜明的扶危济困思想。据《晏子春秋》记载，齐景公希望用祭祀人的礼仪来祭祀死去的宠物，此举受到晏婴的指责。晏婴认为，国家尚有许多孤儿、老人、鳏夫、寡妇没有得到政府的抚恤，而齐景公却浪费钱财在宠物身上，势必会招致百姓和诸侯的不满。(《晏子春秋》："景公走狗死，公令外共之棺，内给之祭。晏子闻之，谏。公曰：'亦细物也，特以与左右为笑耳。'晏子曰：'君过矣；夫厚籍敛不以反民，弃货财而笑左右，傲细民之忧，而崇左右之笑，则国亦无望已。且夫孤老冻馁，而死狗有祭，鳏寡不恤而死，狗有棺，行辟若此，百姓闻之，必怨吾君，诸侯闻之，必轻吾国。'"[③])这反映了晏婴对以"孤老"和"鳏寡"为代表的社会危弱群体的特殊关照。孟子将鳏寡孤独者视为弱势群体，认为统治者施行仁政，必须先扶助这四类孤弱人群。(《孟子·梁惠王下》："老而无妻曰鳏，老而无夫曰寡，老而无子曰独，幼而无父曰孤。此四者，天下之穷民而无告者。文王发政施仁，必先斯四者。"[④])荀子也主张统治者关注弱势群体，尤其是残疾人群体，指出国家应全面照顾残疾人群体，收养他们并供给衣食，同时根据其个人能力安排工作。(《荀子·王制》："五疾，上收而养之，材而事之，官施而衣食之，兼覆无遗。"[⑤])

再次，治国者吸收扶危济困思想，尝试建构相关政策体系并加以实施。周文王勤于政事，生活节俭，对"鳏寡"之类的危弱穷困群体给予特别恩惠，以至于从清晨忙到正午，无暇休息和进食，其目的在于使

---

[①] （清）黎翔凤：《管子校注》，中华书局2004年版，第195页。
[②] 同上。
[③] 张纯一：《晏子春秋校注》，中华书局2014年版，第116页。
[④] 杨伯峻：《孟子译注》，中华书局1960年版，第36页。
[⑤] （清）王先谦：《荀子集解》，中华书局2013年版，第176页。

百姓万民能"和"。(《尚书·无逸》:"文王卑服,即康功田功。徽柔懿恭,怀保小民,惠鲜鳏寡。自朝至于日中昃,不遑暇食,用咸和万民。"①)《周礼·地官司徒》着重记述周制中的民政制度,其中最为著名的就是"保息六政"。"保息六政"是西周王朝针对不同人群的六项社会政策:"一曰慈幼,二曰养老,三曰振穷,四曰恤贫,五曰宽疾,六曰安富。"②"振穷"和"恤贫"是非常明确的扶危济困政策。至春秋时期,管仲构建并实施了全面的扶危济困政策体系——"九惠之教",包括"老老""慈幼""恤孤""养疾""合独""问疾""通穷""振困""接绝"。③ 其中,"老老"针对七十岁以上的老人,供给酒肉,免征徭役。"慈幼"针对有幼子的家庭,依据其幼子人数的多寡,给予不同程度的赋税减免。"恤孤"规定,百姓死后,子女孤幼且无父母养育者,将由同乡、熟人或故旧抚养,国家依据其抚养孤儿的人数给予不同程度的赋税减免。"养疾"规定,国家收养生活不能自理的残疾人,并供给衣食,直到他们身死为止。"合独"规定,鳏夫和寡妇独木难支,难以生存,应该让其结合,并给以田宅,使其能够生存。"问疾"规定,政府官员应根据患病者的年龄和病重程度进行慰问。"通穷"规定,贫困人口若无住处或无衣食,政府官员应及时上报并给予衣食保障。"振困"主要针对灾民,规定政府应开放粮仓,赈济灾民。"接绝"规定,如果百姓因国事而死,要保证他们的朋友、熟人从政府领到钱财并祭祀他们。(《管子·入国》:"所谓老老者,凡国都皆有掌老,年七十已上,一子无征,三月有馈肉。八十已上,二子无征,月有馈肉。九十以上,尽家无征,日有酒肉。死,上共棺椁。劝子弟,精膳食,问所欲,求所嗜。此之谓老老。所谓慈幼者,凡国都皆有掌幼。士民有子,子有幼弱不胜养为累者,有三幼者无妇征,四幼者尽家无征,五幼又予之葆。受二人之食,能事而后止。此之谓慈幼。所谓恤孤者,凡国都皆有掌孤。士人死,子孤幼,无父母所养不能自生者,属之其乡党知识故

---

① 王世舜、王翠叶译注:《尚书》,中华书局2017年版,第257页。
② 吕友仁、李正辉:《周礼》,中州古籍出版社2017年版,第104页。
③ (清)黎翔凤:《管子校注》,中华书局2004年版,第1033页。

人。养一孤者，一子无征。养二孤者，二子无征。养三孤者，尽家无征。掌孤数行问之，必知其食饮饥寒。身之腃胜而哀怜之。此之谓恤孤。所谓养疾者，凡国都皆有掌养疾。聋盲喑哑，跛躄偏枯握递。不耐自生者，上收而养之。疾，官而衣食之，殊身而后止。此之谓养疾。所谓合独者，凡国都皆有掌媒。丈夫无妻曰鳏，妇人无夫曰寡，取鳏寡而合和之，予田宅而家室之，三年然后事之。此之谓合独。所谓问疾者，凡国都皆有掌病。士人有病者，掌病以上令问之。九十以上，日一问。八十以上，二日一问。七十以上，三日一问。众庶五日一问。疾甚者以告上，身问之。掌病行于国中，以问病为事。此之谓问病。所谓通穷者，凡国都皆有通穷。若有穷夫妇无居处，穷宾客绝粮食，居其乡党，以闻者有赏，不以闻者有罚。此之谓通穷。所谓振困者，岁凶，庸人訾厉，多死丧。弛刑罚，赦有罪，散仓粟以食之。此之谓振困。所谓接绝者，士民死上事，死战事，使其知识故人受资于上而祠之。此之谓接绝也。"[1]）"九惠之教"因其全面性和系统性被认为是扶危济困思想在社会政策方面的集大成体现。从思想主张到制度设想再到政策实施，扶危济困逐渐成为先秦思想家讨论治国问题时的"主流声音"。

（二）扶危济困的含义

1. 扶助弱势群体

扶危济困的对象是鳏寡孤独、老幼废疾和灾民等弱势群体。弱势群体是对社会中生活困难、能力不足的人的概称。就其概念内涵来讲，弱势群体一直存在于人类社会当中。先秦时期，社会福利制度尚不完善，社会保障范围有限，水旱等自然灾害频仍，诸侯国之间战争频繁，再加上农业社会物质财富相对匮乏等因素，百姓很容易陷入危弱穷困境地。在先秦思想家的视野中，弱势群体主要包括灾民、鳏寡孤独、老幼废疾三类人群。

扶危济困，首先要保证灾民的基本生存权。传统社会中，水旱灾害频仍，做好备荒赈灾工作，是扶危济困的题中之义。《周礼》构建了完备的备荒赈灾措施：第一，设立"遗人"和"仓人"负责粮食储备工

---

[1] （清）黎翔凤：《管子校注》，中华书局2004年版，第1033—1035页。

作。遗人掌管粮食储备并向有需要的灾民施惠，即"掌邦之委积，以待施惠。乡里之委积，以恤民之艰厄；门关之委积，以养老孤；郊里之委积，以待宾客；野鄙之委积，以待羁旅；县都之委积，以待凶荒"。① 仓人掌管各种谷物的储藏并根据具体情况调节谷物的使用，如果谷物不够使用，就减少带有福利性质的谷物使用，如果谷物有余，就储藏起来以备荒年之用。(《周礼·地官司徒》："掌粟入之藏。辨九谷之物，以待邦用。若谷不足，则止余法用；有余，则藏之，以待凶而颁之。"②) 第二，采取"荒政十二"，明确详细的灾后救济措施。《周礼》共设计了十二种措施用于灾后救济工作，分别是：贷给百姓种子和粮食；减轻租税；宽大处理犯罪者；停止征调徭役；解除山泽禁令，方便百姓觅食；取消市场盘查；简化吉礼和嘉礼的礼仪；简化丧礼和葬礼的礼仪；收藏乐器；鼓励适龄男女婚嫁；检查是否漏掉应该祭祀的鬼神；严惩盗贼。(《周礼·地官司徒》："以荒政十有二聚万民：一曰散利，二曰薄征，三曰缓刑，四曰弛力，五曰舍禁，六曰去几，七曰眚礼，八曰杀哀，九曰蕃乐，十曰多昏，十有一曰索鬼神，十有二曰除盗贼。"③) 其中，"散利"属于直接的救灾措施，其余十一项措施则有助于促进灾后恢复和灾后重建工作。"荒政十二"是先秦时期最为完备的赈灾和灾后重建措施，集中体现了对灾民的救助理念。

扶危济困，还要保证鳏寡孤独、老幼废疾等弱势群体的基本生活能够正常进行。鳏寡孤独群体一直是扶危济困的重点关注对象。对其进行帮助，缓解其生活困难，是扶危济困的重要内容。孔子说"矜寡独孤废疾者，皆有所养"，④ 孟子说："老而无妻曰鳏，老而无夫曰寡，老而无子曰独，幼而无父曰孤。此四者，天下之穷民而无告者。文王发政施仁，必先斯四者。"⑤ 均将鳏寡孤独群体确定为扶危济困的对象。荀子认为，哪怕是像毫毛末端一样微小的不合理制度，都不能施加给孤独鳏

---

① 吕友仁、李正辉：《周礼》，中州古籍出版社2017年版，第133页。
② 同上书，第170页。
③ 同上书，第104页。
④ 林尹：《周礼今注今译》，书目文献出版社1985年版，第582页。
⑤ 杨伯峻：《孟子译注》，中华书局1960年版，第36页。

寡群体，亦体现了对鳏寡孤独群体的关爱。(《荀子·王霸》："政令制度，所以接天下之人百姓，有不理者如豪末，则虽孤独鳏寡必不加焉。"①)《礼记》对孤、独、矜、寡等弱势群体加以明确界定："少而无父者谓之孤，老而无子者谓之独，老而无妻者谓之矜，老而无夫者谓之寡。"② 要对这四类群体进行粮食救济，即"此四者，天民之穷而无告者也，皆有常饩"。③ 此外，孔子还主张官府在徭役问题上对鳏寡孤独躯体实施特惠政策，对不能从事徭役者免于征用。(《国语》："有鳏、寡、孤、疾，有军旅之出则征之，无则已。"④) 老幼废疾群体也是扶危济困的重要对象。荀子说："五疾，上收而养之，材而事之，官施而衣食之，兼覆无遗。"⑤ 要求国家收养五种残疾人（哑、聋、瘸、断臂、侏儒）。荀子还主张官府在赋役问题上对年老废疾者施以特殊恩惠，即年满八十者可以有一个儿子不服役，年满九十者可以全家不服役，残疾人家中可以有一人不服役。(《荀子·大略》："八十者一子不事，九十者举家不事，废疾非人不养者，一人不事。"⑥)《周礼》提出许多针对老幼群体的优惠政策。如司刺掌三赦之法，"壹赦曰幼弱，再赦曰老旄，三赦曰蠢愚"，⑦ 即凡七岁以下的幼童、七十岁以上的老人和蠢愚者犯罪，不予追究法律责任。又如"凡有爵者与七十者与未龀者，皆不为奴"，⑧ 允许七十岁以上的老者和尚未换牙的幼童不没为奴。再如小司徒负责救助事务，"以辨其贵贱、老幼、废疾，凡征役之施舍与其祭祀、饮食、丧纪之禁令"，⑨ 负责免除老幼废疾者的徭役。《礼记》则要求百工以其技能供养残疾人群体，体现了工匠群体和残疾人群体之间的互济互助。(《礼记·王制》："喑、聋、跛躄、断者、侏儒、百工，各以其

---

① （清）王先谦：《荀子集解》，中华书局2013年版，第261页。
② （清）孙希旦：《礼记集解》，中华书局1989年版，第387页。
③ 同上。
④ 汪济民、仲坤：《国语译注》，百花洲文艺出版社1992年版，第127页。
⑤ （清）王先谦：《荀子集解》，中华书局2013年版，第176页。
⑥ 同上书，第590页。
⑦ 吕友仁、李正辉：《周礼》，中州古籍出版社2017年版，第325页。
⑧ 同上书，第328页。
⑨ 同上书，第112页。

器食之。"①)

## 2. 轻徭济困

扶危济困兼重赋役减免和社会救济两种手段。先秦社会中，无论是思想家提出的扶危济困思想，还是政府实施的扶危济困政策，在对弱势群体进行帮助时常以减免赋役和社会救济两种手段为主，辅以调粟措施。

传统社会中，百姓的赋税徭役负担较重。尤其是遭遇灾年时，田产歉收，百姓更加无力承担沉重的赋税徭役。此时，统治者常会施行赋税减免政策，减轻百姓负担，缓和社会矛盾。减免赋役成为传统社会中经常被使用的扶危济困手段。"荒政十二"中的"薄征"提出要减轻租税，"驰力"提出要停止征调徭役，是统治者减免赋税的体现。《周礼》中还设置"旅师"一职，规定：对于因自然灾害而迁入的农民，在一定的时期内免除他们的徭役。(《周礼·地官司徒》："凡新甿之治皆听之，使无征役。"②) 对于老幼废疾群体，先秦统治者也常会通过减免服役的手段对其进行救助。荀子主张，通过减免老人家庭的赋役负担，体现对老人的尊重和敬养。(《荀子·大略》："八十者一子不事，九十者举家不事，废疾非人不养者，一人不事。"③)《周礼》中设置乡大夫一职，规定要豁免老人和病人的徭役。(《周礼·地官司徒》："其舍者，国中贵者、贤者、能者、服公事者、老者、疾者，皆舍。"④)《礼记·王制》提出，"五十不从力政，六十不与服戎"，⑤ 即五十岁免除劳役，六十岁不服兵役。此外，"八十者，一子不从政；九十者，其家不从政；废疾非人不养者，一人不从政"，⑥ 即家中若有年满八十者，可以有一个儿子不服役；家中若有年满九十者，全家可以不服役；家中若有残疾、患病或生活不能自理者，可以有一人不服役。

---

① （清）孙希旦：《礼记集解》，中华书局1989年版，第388页。
② 吕友仁、李正辉：《周礼》，中州古籍出版社2017年版，第157页。
③ （清）王先谦：《荀子集解》，中华书局2013年版，第590页。
④ 吕友仁、李正辉：《周礼》，中州古籍出版社2017年版，第119页。
⑤ （清）孙希旦：《礼记集解》，中华书局1989年版，第384页。
⑥ 同上。

社会救济，是指国家和社会对陷入困境的社会成员，给予直接的物质接济或金钱资助。在中国传统社会中，社会救济的传统古已有之。据《说苑》记载，鲁哀公向孔子问政，孔子明确提出要对鳏寡孤独群体开仓赈济。（《说苑》："发其仓府以赈鳏寡孤独。"①）孟子指出，对老而无子者、老而无妻者、老而无夫者，要予以救济，以养其老，即"皆有常饩"。《礼记》构建了较为完善的养老保障制度，赐物成为最广泛的针对老人群体的救济措施：一是奉行养老礼。年满五十者在乡中行养老礼，年满六十者在国都行养老礼，年满七十者在大学行养老礼。（《礼记·王制》："五十养于乡；六十养于国；七十养于学。"②）二是实行几杖制度。授予老人几杖，并赐予其饮食。（《礼记·月令》："养衰老，授几杖，行糜粥饮食。"③）三是全面保障老年人的日常生活。国家为五十以上的老人提供粮食、肉类、衣帽和丧葬用品等物，保证老人能够颐养天年。（《礼记·王制》："五十异粻，六十宿肉，七十贰膳，八十常珍，九十饮食不离寝，膳饮从于游可也。六十岁制，七十时制，八十月制，九十日修，唯绞、纻、衾、冒，死而后制。五十始衰，六十非肉不饱，七十非帛不暖，八十非人不暖，九十虽得人不暖矣。"④）对于灾民的救济，根据内容可分为无偿赈济和有偿赈济。无偿赈济，是指国家在灾害之年把积蓄的物资和粮食拿出来，用以赈济灾民。有偿赈济，是国家对受灾不严重的灾民提供的以粮食为主的物资，待其秋后粮食丰收后再偿还给国家。《周礼》中设置遗人和仓人两项官职，专门负责救济灾民，其手段就包括无偿赈济和有偿赈济两种。

在减免赋役和社会救济之外，传统社会中还有一种扶危济困手段——调粟。先秦时期的调粟措施包括移民就粟、移粟就民和平粜三个方面。梁惠王在向孟子请教政事时，曾提到移民就粟和移粟就民。梁惠王说，如果河内地区遭受饥荒，他便把河内的部分百姓迁到河东地区，同时把河东地区的部分粮食运往河内地区。前者是移民就粟，

---

① 程翔：《说苑译注》，北京大学出版社2009年版，第166页。
② （清）孙希旦：《礼记集解》，中华书局1989年版，第382页。
③ 同上书，第473页。
④ 同上书，第382—383页。

后者是移粟就民，通过这两项措施暂时缓解灾民无粮的困境。(《孟子·梁惠王上》："河内凶，则移其民于河东，移其粟于河内。河东凶亦然。"①) 平粜与平籴相对应，指国家在民用不足时把储存的物资和粮食平价售出，以稳定物价，保证百姓的日用供应，缓解社会矛盾。范蠡认为，农业生产具有"六岁穰，六岁旱，十二岁一大饥"的规律，主张国家在丰年收购粮食储藏，在歉收时把粮食平价粜出，达到"平粜齐物"的目的。对于灾后救济工作而言，平粜不失为一种有效的辅助手段。

概而论之，扶危济困强调对百姓的财富接济和生活扶助，是实现强国富民的前提和起点。一定程度上，扶危济困和强国富民是紧密相扣的两环，扶危济困是强国富民的基础，强国富民是扶危济困的归宿。

（三）扶危济困的价值

扶危济困命题具有重要价值。对百姓而言，扶危济困是一种风险分散机制，分散了百姓因灾害、疾病、死亡、慈幼、养老等问题所带来的风险，使其免于危困。对统治者而言，扶危济困强调对鳏寡孤独、老幼废疾、灾民等弱势群体提供基本生存保障、能够维持弱势群体的基本生活需要，体现政权的合法性，有利于统治者实现强国富民。对社会而言，统治者坚持扶危济困理念，关怀孤弱，赈济鳏寡，能够起到正人心、厚风俗的作用。以今日视角回溯，扶危济困可以说既是中华民族传统福利思想的源头，又是中华民族传统福利文化的重要内容，对构建具有中华民族特色的现代社会福利体系具有宝贵的借鉴价值。

（徐珺玉）

## 四　百吏尽职

君主治理国家，事务众多，不可能事必躬亲，势必会设置不同的岗位。百吏尽职，就是众多的官吏要明确自己的岗位职责，在自己的职权范围内履行责任，辅佐君主实现善群的目标。百吏尽职是中国传统社会中治理国家的重要途径，也为现代社会中的社会管理活动提供借鉴。

---

① 杨伯峻：《孟子译注》，中华书局1960年版，第5页。

（一）百吏尽职的提出

《说文》中说："吏，治人者也。"《管子·明法解》中说："吏者，民之所悬命也。"① "吏"是协助君主管理百姓之人，"百吏"代指公卿以下众官，是国家治理体系中的重要一环。(《国语·周语上》："王乃使司徒咸戒公卿、百吏、庶民。"②) 管子在强调法令对于治国的重要性时曾说："罚严令行，则百吏皆恐；罚不严，令不行，则百吏皆喜。"③ 管子认为，百吏应该遵守法令，依法行事。荀子赞扬秦国国政，指出秦国的各级官吏无不恭敬节俭、敦厚可敬、忠诚守信，宛如古时的官吏。(《荀子·强国》："及都邑官府，其百吏肃然，莫不恭俭、敦敬、忠信而不楛，古之吏也。"④) 管子和荀子所言，其实是在为百吏做出规划，他们希望百吏遵守法令，希望百吏恭俭敦敬，最终目的就是希望百吏能够更好地协助君主管理百姓、治理国家。"百吏尽职"是对此问题的精准概括。

（二）百吏尽职的含义

1. 设官分职

百吏尽职以设官分职为前提条件。在荀子的视野中，国家治理囊括祭祀、民政、军事、营建、农业、工业、商业、文教等诸多事项，各项事业都有专人负责，才能促进国事的顺利推进。换言之，在治国层面，百官的设立和职权的分配是百吏尽职的前提条件。荀子明确划分了官员的职责：宰爵掌管接待宾客和祭祀事宜；司徒掌管民政事务；司马掌管军队，管理军赋，组织军训，执行军法；太师掌管法令修改，推进移风易俗；司空掌管水利和营建事务；治田负责农业生产；虞师负责保护山林湖泽，促进农副产业发展；乡师勉励教化，督促孝悌，负责乡里的教化事宜；工师评定百工，分辨产品优劣，负责工业的发展；治市管理商铺，整治市场，推动商业的发展；司寇掌管刑罚，惩奸除恶；冢宰负责考绩事宜，督促百官尽职尽责。(《荀子·王制》："序

---

① （清）黎翔凤：《管子校注》，中华书局2004年版，第1213页。
② 陈桐生：《国语》，中华书局2017年版，第17页。
③ （清）黎翔凤：《管子校注》，中华书局2004年版，第284页。
④ （清）王先谦：《荀子集解》，中华书局2013年版，第358页。

官：宰爵知宾客、祭祀、飨食、牺牲之牢数，司徒知百宗、城郭、立器之数，司马知师旅、甲兵、乘白之数。修宪命，审诗商，禁淫声，以时顺修，使夷俗邪音不敢乱雅，大师之事也。修堤梁，通沟浍，行水潦，安水臧，以时决塞，岁虽凶败水旱，使民有所耘艾，司空之事也。相高下，视肥硗，序五种，省农功，谨蓄藏，以时顺修，使农夫朴力而寡能，治田之事也。修火宪，养山林薮泽草木鱼鳖百索，以时禁发，使国家足用而财物不屈，虞师之事也。顺州里，定廛宅，养六畜，闲树艺，劝教化，趋孝弟，以时顺修，使百姓顺命，安乐处乡，乡师之事也。论百工，审时事，辨功苦，尚完利，便备用，使雕琢文采不敢专造于家，工师之事也。相阴阳，占祲兆，钻龟陈卦，主攘择五卜，知其吉凶妖祥，伛巫、跛击之事也。修采清，易道路，谨盗贼，平室律，以时顺修，使宾旅安而货财通，治市之事也。抎急禁悍，防淫除邪，戮之以五刑，使暴悍以变，奸邪不作，司寇之事也。本政教，正法则，兼听而时稽之，度其功劳，论其庆赏，以时慎修，使百吏免尽而众庶不偷，冢宰之事也。"①

正如《吕氏春秋》所言，统治者必须明察百官的职分，才能实现国家的安定。(《吕氏春秋·审分》："凡人主必审分，然后治可以至。"②)只有明确设置官职，明晰职权划分，百官才有可能严守职责，做好分内工作，实现百吏尽职。(《管子·明法解》："守本任，治分职，此臣道也。"③)

2. 重视法令

百吏尽职以重视法令为内在要求。管子说："法者，天下之程式也，万事之仪表也。"④ 治理国家，必须重视法令。(《管子·重令》："凡君国之重器，莫重于令。"⑤) 重视法令也是百吏尽职的内在要求。首先，重视法令要求依法办事。管子认为，依法办事是国治国强的先决条件。

---

① （清）王先谦：《荀子集解》，中华书局2013年版，第196—201页。
② 陆玖译注：《吕氏春秋》，中华书局2015年版，第571页。
③ （清）黎翔凤：《管子校注》，中华书局2004年版，第1208页。
④ 同上书，第1213页。
⑤ 同上书，第284页。

国家的安定和强大源于能够依法办事,国家的衰弱和动乱源于不能依法办事。(《韩非子·外储说右下》:"治强生于法,弱乱生于阿。"①) 韩非也持相似观点,认为只有君主坚持依法办事,国家才会强大。(《韩非子·有度》:"国无常强,无常弱。奉法者强,则国强;奉法者弱,则国弱。"②) 因此,君主想要促进百官各尽其责,实现百吏尽职,势必重视法令。(《管子·明法解》:"人主之治国也,莫不有法令赏罚。"③) 其次,重视法令要求严明赏罚。管子认为,要想做到令不虚行,就要严明赏罚。(《管子·重令》:"行令在乎严罚。"④) 就百吏尽职问题而言,严明赏罚与官吏是否尽责直接相关:如果严明赏罚,百官就会畏法尽职;如果赏罚不当,百官就会玩忽职守。(《管子·重令》:"罚严令行,则百吏皆恐;罚不严,令不行,则百吏皆喜。"⑤) 因此,严明赏罚是促进百吏尽职的有效手段。所谓严明赏罚,就是对有功者给予爵禄,对有罪者施以诛罚。(《韩非子·外储说右下》:"爵禄生于功,诛罚生于罪。"⑥) 同时,严明赏罚要求不能偏私。韩非认为,如果官吏有功,即使是与君主关系疏远的人,也要奖赏;如果官吏有错,即使是君主亲近喜爱的人,也要严惩。(《韩非子·主道》:"是故诚有功,则虽疏贱必赏;诚有过,则虽近爱必诛。"⑦) 君主明于此道,就要"正赏罚而非仁下",⑧ 做到"当于法者赏之,违于法者诛之"。⑨

设官分职明确了官员的职责,使百吏尽职有可能实现。重视法令确立了赏罚严明的准则,敦促百吏尽职尽责。更进一步,百吏尽职不仅涉及官员自身是否尽职,还关涉君主对百官的治理。君主善于治吏,才能实现百吏尽职。

---

① 高华平、王齐洲、张三夕译注:《韩非子》,中华书局2017年版,第504页。
② 同上书,第41页。
③ (清)黎翔凤:《管子校注》,中华书局2004年版,第1210页。
④ 同上书,第284页。
⑤ 同上。
⑥ 高华平、王齐洲、张三夕译注:《韩非子》,中华书局2017年版,第504页。
⑦ 同上书,第39页。
⑧ 同上书,第504页。
⑨ (清)黎翔凤:《管子校注》,中华书局2004年版,第1213页。

### 3. 君主治吏

百吏尽职要求君主善于治吏。韩非对吏的作用做过精彩的论述。在韩非看来，英明的君主应该向善于张网捕鱼的人学习，如果逐个拨弄网眼去捕鱼，不但劳苦而且很难捕捉到鱼，如果牵引网上的纲绳，捕鱼就会变得很容易。(《韩非子·外储说右下》："善张网者引其纲，若一一摄万目而后得，则是劳而难；引其纲，而鱼已囊矣。"①) 君主作为国家的最高统治者，就像捕鱼者无法逐个拨弄网眼一样，很难对为数众多的百姓进行直接管理。韩非指出："故吏者，民之本、纲者也，故圣人治吏不治民。"② 如果君主善于治吏，能够选准、用好各级官员（"百吏"），就会形成百官恪尽职守、百姓安分守己的局面。在这个意义上，百吏尽职要求君主善于治吏。

荀子认为，君主是能把人组成群体之人，善于治吏、善于用人是"能群"的重要内容。(《荀子·君道》："君者，何也？曰：能群也。能群也者，何也？曰：善生养人者也，善班治人者也，善显设人者也，善藩饰人者也。"③) 首先，君道之要在于治吏。官吏是协助君主治理百姓之人，如果建成一支尽职尽责的官吏队伍，国家就能得到良好的治理。因此，君主治国，应该致力于管理好官吏而不是管理民众。(《韩非子·外储说右下》："明主治吏不治民。"④) 其次，治吏的前提是取人有道。荀子认为，君主治国，应该根据一定的原则和方法任用人才。(《荀子·君道》："其取人有道，其用人有法。"⑤) 如果君主不是依据德才任用官吏，那么组成的官吏队伍将无法治理。何以体现君道中的善于治吏、善于用人之道？荀子给出的答案是：按照德行安排官吏的等级，权衡能力授予官吏的官职，使每个人都能够履行和自己才能相宜的职责。(《荀子·君道》："论德而定次，量能而授官，皆使其人载其事

---

① 高华平、王齐洲、张三夕译注：《韩非子》，中华书局2017年版，第518页。
② 同上。
③ （清）王先谦：《荀子集解》，中华书局2013年版，第280页。
④ 高华平、王齐洲、张三夕译注：《韩非子》，中华书局2017年版，第516页。
⑤ （清）王先谦：《荀子集解》，中华书局2013年版，第284页。

而各得其所宜。"①）韩非也持相似观点，认为君主应该根据法制而非私愿遴选官员。(《韩非子·有度》："明主使法择人，不自举也；使法量功，不自度也。"②）再次，治吏二柄在于刑德。在韩非的视野中，刑是对官吏的杀戮，德是对官吏的奖赏。韩非认为，百吏作为人臣，畏惧刑罚而喜欢奖赏，因此，圣明的君主应善于运用刑、德二柄治理官吏。(《韩非子·二柄》："明主之所导制其臣者，二柄而已矣。二柄者，刑德也。"③）正确运用刑、德二柄的关键在于"审合刑名"，即仔细审查官吏的言论和事实是否相合。韩非指出，官吏取得的功效与他所做的事情相当，事情又与他的言论相当，就要对其进行奖赏，反之则对其进行惩罚。(《韩非子·二柄》："功当其事，事当其言，则赏；功不当其事，事不当其言，则罚。"④）最后，治吏的题中之义是循名责实。韩飞强调君主用人之术，认为"术"就是君主依据官员才能授予官职，按照官员名位核查实绩，操控官员的生杀大权，并考核百官的能力。(《韩非子·定法》："术者，因任而授官，循名而责实，操生杀之柄，课群臣之能者也。"⑤）循名责实，要求君主就百官之言观百官之行，考察其是否名实相符。倘若君主能够循名责实，就会督促百官恪尽职守、实事求是，而不是耽于做表面文章。荀子认为，"名定而实辨"，⑥ 王者制名的目的是"指实"。如果名实混乱，就会是非不明，那么即便官吏维护法制、儒生维护典章，社会一样会陷入混乱。(《荀子·正名》："名实乱，是非之形不明，则虽守法之吏，诵数之儒，亦皆乱也。"⑦）荀子的名实之论告诫我们，君主治理官吏要循名责实，百官履行职责也要名实相符。

4. 谨守臣道

百吏尽职要求百官谨守臣道。百吏所尽之职，不仅是具体的职责

---

① （清）王先谦：《荀子集解》，中华书局2013年版，第281页。
② 高华平、王齐洲、张三夕译注：《韩非子》，中华书局2017年版，第45页。
③ 同上书，第52页。
④ 同上书，第54页。
⑤ 同上书，第620页。
⑥ （清）王先谦：《荀子集解》，中华书局2013年版，第489页。
⑦ 同上书，第490页。

和职守，还包括为臣之道。论及为臣之道，先秦诸子往往将君臣关系联系在一起。孔子认为，君臣关系是双向关系，只有君主按照礼的要求对待臣子，臣子才会以尽忠的态度侍奉君主。(《论语·八佾》："君使臣以礼，臣事君以忠。"①) 管子指出，君主要研究管理官吏的办法，不要干预百官职责以内的具体内容；臣子要处理自己职责以内的事情，不要关注本职工作以外的事务。(《管子·君臣》："为人君者，修官上之道，而不言其中；为人臣者，比官中之事，而不言其外。"②) 在管子的视野中，君臣之间要分工治事，各尽其责，才能治理好国家。荀子的思想与管子一脉相承，既作《君道》篇强调君主对于国家治理的重要作用，紧随其后又作《臣道》篇强调臣子应该恪守的行为准则。在他们看来，只有君守君道，臣尽臣道，君臣之间分工治事，才能保证百吏尽职。

荀子认为，臣道和君道不同，为君之道在于知人，为臣之道则在于知事，即明确自身职责，在职权范围内履行自己的责任。(《荀子·大略》："主道知人，臣道知事。"③) 从角色要求来说，谨守臣道要求百官能够正确处理与君主的关系。荀子继承并发展了"君使臣以礼，臣事君以忠"的思想，将君臣关系分为四种：听从君主命令且有利于君主的臣子是"顺"，听从君主命令而不利于君主的臣子是"谄"，违背君主命令而有利于君主的臣子是"忠"，违背君主命令而不利于君主的臣子是"篡"。(《荀子·臣道》："从命而利君谓之顺，从命而不利君谓之谄；逆命而利君谓之忠，逆命而不利君谓之篡。"④) 荀子推重"忠""顺"，认为臣子的角色要求就是"忠顺而不懈"。对"忠""顺"之德的推崇，表明了荀子"从道不从君"⑤ 的价值取向。也就是说，百吏作为协助君主治理国家的管理者，所恪尽的具体职责和所谨守的为臣之道类似于一种工具合理性和价值合理性的关系，谨守臣道这一价值合理性，才能更

---

① 杨伯峻：《论语译注》，中华书局2012年版，第41页。
② （清）黎翔凤：《管子校注》，中华书局2004年版，第545页。
③ （清）王先谦：《荀子集解》，中华书局2013年版，第595页。
④ 同上书，第294页。
⑤ 同上书，第295页。

好地促进具体职责的履行。

（三）百吏尽职的价值

中国传统社会中，一国事务繁多，国家治理体系复杂，君主作为国家的最高统治者，要想实现善群的治国目标，必须依靠百官各尽其职。如果没有一批专业尽责的官员，遑论治国和善群。百吏尽职，以设官分职为前提条件，以重视法令为内在要求，强调君守君道、臣守臣道，有利于各级官吏明确分工、明晰职责，协助君主治理好国家。可以说，百吏尽职是先秦国家治理体系中的重要理念，对现代社会中的社会管理思想亦有重要影响。20世纪六七十年代以后，西方社会管理思想蓬勃发展，注重强调对工人和民众的管理，却鲜少论及对管理者的管理。回看"百吏尽职"，在两千多年前就开始强调官吏的尽职尽责，这其实是一种"管理管理者"的思想。在这个意义上，百吏尽职对现代社会的官吏治理和社会管理无疑具有重要的启示和参考价值。

（徐珺玉）

### 五　强兵固国

"强兵固国"是先秦思想家总结春秋战国时期战争实践提出的治国思想，是先秦圣明国君善用的强国之道，也是治国理政中的重要善群手段之一。"强兵固国"思想认为，裕民富国是强兵的物质基础，强兵是固国安邦的根本保证，强兵之道在于以仁治军，强兵固国但不穷兵黩武。强兵固国是实现国家强盛安定的基本途径，在现代国家建设与国家治理中仍然具有重要的指导意义。

（一）强兵固国的提出和背景

"强兵固国"思想的提出具有特定的社会历史背景，是春秋战国时期诸侯争霸和兼并战争实践的理论总结，也是先秦时期圣明国君善用的强国之道。春秋战国时期是中国古代社会发生急剧变化的大动荡时期，社会矛盾错综复杂，战火烽烟四起，兼并战争频繁。春秋时期，周王室势力衰微，诸侯力量兴起，诸侯强国之间合纵连横、东征西讨，展开了激烈的争霸战争，先后出现了著名的"春秋五霸"，这种状况被孔子称为"天下无道，则礼乐征伐自诸侯出"。① 优胜劣汰的兼并战争致使大国胜败无常，小国安危不定。据《史记》记载，仅在春秋时期，战争结果导致"弑君三十六，亡国五十二。诸侯奔走，不得保其社稷者，不可胜数"。战国时期，诸侯国之间经过更加激烈残酷的兼并战争，形成七国争霸天下局面。在战国七雄中，秦国脱颖而出，最终一统天下。春秋战国时期的兼并战争兵刃相接，你死我活，直接关乎国家生死存亡。

在战争频发的历史时期，诸侯国君迫切需要固国安邦的治国良策，先秦社会思想家也积极探讨强国之道。孔子认为，"足兵"即强兵是治国理政的三大要务之一。(《论语·颜渊》："子贡问政。子曰：足食、足兵，民信之矣。"②)《管子》说：决定君主地位的卑下或尊贵，国家形势的安宁或危亡，没有比强兵更重要的途径。(《管子·参患》："君之所以卑尊，国之所以安危者，莫要于兵。"③) 荀子深入分析富国、强兵、固国之间的内在联系，明确提出了"强兵固国"命题。荀子认为，只有开垦土地，充实粮仓，方便器用，上下一心，三军同力，才能长途跋涉与别国作战；才能积聚国内兵力，巩固防守，迎头击敌。(《荀子·富国》："将辟田野，实仓廪，便备用，上下一心，三军同力，与之远举极战则不可。境内之聚也，保固视可，午其军，取其将，若拨麷。"④)

(二) 强兵固国的含义

1. 裕民富国是强兵的基础

富国是强兵之源，国富则兵强，国贫则兵弱。民为国之本，强兵必先富国，富国必先裕民，离开裕民的富国强兵，如同无源之水，无本之木。孔子认为，"足食"即富国是君主为政的第一要务。(《论语·颜渊》："子贡问政。子曰：足食、足兵，民信之矣。"⑤) 墨子提出"利民谨厚"思想，特别关心百姓的民生问题，强调治国理政必须"观其

---

① 杨伯峻：《论语译注》，中华书局2012年版，第243页。
② 同上书，第175页。
③ (清) 黎翔凤：《管子校注》，中华书局2004年版，第534页。
④ (清) 王先谦：《荀子集解》，中华书局2013年版，第232—233页。
⑤ 杨伯峻：《论语译注》，中华书局2012年版，第175页。

中国家百姓人民之利",① 才能为富国强兵奠定坚实的经济基础。墨子认为,只有国库充实,才能足以应付突发事件;只有兵器甲胄没有损坏,士兵百姓不劳顿,才能足以征服不顺从的国家,才能成就天下霸业。(《墨子·辞过》:"府库实满,足以待不然,兵革不顿,士民不劳,足以征不服,故霸王之业可行于天下矣。"②)《管子》认为,治理国家的第一要务是使百姓富裕,百姓富裕就容易治理,百姓贫穷就难以治理。(《管子·治国》:"凡治国之道,必先富民,民富则易治也,民贫则难治也。"③)《管子》特别重视通过农业生产实现富民富国,进而强兵固国。《管子》说:百姓从事农业则田地得到开垦,田地得到开垦则粮食增多,粮食增多则国家富裕,国家富裕则兵力强盛,兵力强盛则战无不胜,战无不胜则国土广大。(《管子·治国》:"民事农则田垦,田垦则粟多,粟多则国富,国富者兵强,兵强者战胜,战胜者地广。"④)《管子》提出,强兵的基础在于积聚财富,使财富数量无敌于天下;要想统一天下,财富数量不能不领先于天下,否则不能统一天下。(《管子·七法》:"为兵之数,存乎聚财而财无敌……是以欲正天下,财不盖天下,不能正天下。"⑤) 齐桓公正是在管仲辅佐之下,才制定出"通货积财,富国强兵"的战略方针,使齐国具备了雄厚的经济实力和物质基础,造就了齐国春秋"五霸"之首的地位。

荀子主张"君人者爱民而安",⑥ 主张为君之道在于爱民利民,并从正、反两个方面论述了爱民利民的重要性。荀子说:君主只有爱护人民,为人民谋利,才能得到人民的亲近爱戴,人民才会为自己所用,为自己卖命;否则,兵力就不能强劲,城防就不会坚固,遇到外敌入侵就可能丧国灭亡。(《荀子·君道》:"故有社稷者而不能爱民,不能利民,而求民之亲爱己,不可得也。民不亲不爱,而求其为己用,为己死,不

---

① 吴毓江:《墨子校注》,中华书局1993年版,第394页。
② 同上书,第45页。
③ (清)黎翔凤:《管子校注》,中华书局2004年版,第924页。
④ 同上。
⑤ 同上书,第116页。
⑥ (清)王先谦:《荀子集解》,中华书局2013年版,第279页。

可得也。民不为己用，不为己死，而求兵之劲，城之固，不可得也。兵不劲，城不固，而求敌之不至，不可得也。敌至而求无危削，不灭亡，不可得也。"①）荀子认为，统治国家者，得到百姓尽力劳动则富裕，得到百姓拼死作战则强大，得到百姓赞誉则光荣；如果三者俱得，则天下可归顺。(《荀子·王霸》："用国者，得百姓之力者富，得百姓之死者强，得百姓之誉者荣。三得者具有而天下归之。"②）荀子主张，富国的基本途径是节约费用使人民富裕，并妥善储存多余的财物。(《荀子·富国》："足国之道，节用裕民而善藏其馀。"③）如何才能做到为政裕民呢？荀子提出五条利民益民的具体措施：减轻田地的赋税、免除关卡集市的税收、减少商人的数量、少兴劳役徭役、不侵占农业生产时间。(《荀子·富国》："轻田野之税，平关市之征，省商贾之数，罕兴力役，无夺农时，如是，则国富也。夫是谓之以政裕民。"④）

2. 强兵方能保证国固邦安

春秋战国时期的兼并战争证明，一个国家只有拥有一支强大的军队，才有可能在战争中拥有立足之地，才有可能在此基础上实现国固邦安。春秋时期著名军事家孙武提出：强兵是治国的大事，关系国家的生死存亡，不可不深入考察。(《孙子兵法·始计》篇："兵者，国之大事，死生之地，存亡之道，不可不察也。"⑤）《管子》主张圣明君主必须"积务于兵"，如果君主不努力增强兵力和积聚军力，就等于将国家拱手送给敌人。(《管子·参患》："主不积务于兵者，以其国予人也。"⑥）首先，强兵是战争时代的必然选择。《吕氏春秋》认为，既然战争不能废除，那么强兵则不可不务。尽管历史上确实发生了因战争亡国的事实，但因此就废止天下一切战争的想法却是荒谬的；战争犹如水火，善于利用它则可造福于人，不善于利用它就会造成灾祸。(《吕氏

---

① （清）王先谦：《荀子集解》，中华书局2013年版，第277—278页。
② 同上书，第265—266页。
③ 同上书，第209页。
④ 同上书，第211—212页。
⑤ 陈曦：《孙子兵法》，中华书局2011年版，第2页。
⑥ （清）黎翔凤：《管子校注》，中华书局2004年版，第537页。

春秋·荡兵》:"有以用兵丧其国者,欲偃天下之兵,悖。夫兵不可偃也,譬之若水火然,善用之则为福,不能用之则为祸。"①)《管子》认为,只要有国家,军队就有存在的意义和价值。征伐强暴之国必须使用军队,禁止邪僻之民必须利用刑法;军队对外可用于征伐强暴之国,对内可用以禁止邪僻之民。(《管子·参患》:"故诛暴国必以兵,禁僻民必以刑。然则兵者外以诛暴,内以禁邪。"②)《管子》特别指出,只要存在国家和战争,"寝兵之说"和"兼爱之说"就纯属亡国覆军之道。《管子》说:如果停息兵备的观点盛行,则险要的阵地也守不住。(《管子·立政》:"寝兵之说胜,则险阻不守。"③)如果彼此相爱的观点盛行,则士兵就不肯交战。(《管子·立政》:"兼爱之说胜,则士卒不战。"④)其次,强兵才能真正保卫国家。墨子虽然提倡"非攻",但也特别重视战备与强兵。墨子说,战备是国家最重要的事情,粮食是国家的财宝,士兵是国家的爪牙,一个国家必须同时具备。(《墨子·七患》:"故备者,国之重也。食者,国之宝也;兵者,国之爪也;城者,所以自守也。此三者国之具也。"⑤)《管子》提出,一个国家国富兵强,则其他诸侯就会信服它的政治,相连敌国就会畏惧它的威势,即使不用珠宝礼品去奉献各国诸侯,诸侯各国也不敢随意来侵犯。(《管子·形势解》:"国富兵强,则诸侯服其政,邻敌畏其威。虽不以宝币事诸侯,诸侯不敢犯也。"⑥)相反,如果是国贫兵弱,则进攻不能取胜,防守不能坚固,即使拿出国中最贵重的宝物去侍奉敌国,也免不了亡国的忧患。(《管子·形势解》:"故国贫兵弱,战则不胜,守则不固,虽出名器重宝以事邻敌,不免于死亡之患。"⑦)荀子认为,只有建立强大的仁义之师,才能上下相爱,百将齐心,三军同力,抗击和抵御外敌入侵。

---

① 陆玖译注:《吕氏春秋》,中华书局2011年版,第198页。
② (清)黎翔凤:《管子校注》,中华书局2004年版,第534—535页。
③ 同上书,第79页。
④ 同上。
⑤ 吴毓江:《墨子校注》,中华书局1993年版,第36页。
⑥ (清)黎翔凤:《管子校注》,中华书局2004年版,第1173页。
⑦ 同上。

(《荀子·议兵》："仁人上下，百将一心，三军同力。"①）再次，强兵才能战胜敌国。仅仅依靠防御守国并不能完全实现保国固国的目标，在战争不可避免的情况下，只有战胜敌国才能保住自己的国家，才能巩固自己的国家。《管子》说：国家不会凭空强大，国家要真正强大，必须依靠军队取得胜利才能实现。(《管子·重令》："故国不虚重……凡国之重也，必待兵之胜也，而国乃重。"②）《管子》指出，没有强盛的兵力和军队，就能够战胜敌国，这种事从来没有过。(《管子·七法》："不能强其兵，而能必胜敌国者，未之有也。"③）《管子》认为，在战争时代，强兵兴军虽然称不上道义完备、道德至上，却可以辅佐王业、成就霸业。(《管子·兵法》："夫兵虽非备道至德也，然而所以辅王成霸。"④）荀子认为，只有建立强大的仁义之师，才能实现天下无敌。荀子说：仁义之兵聚集起来就会成为队伍，分散开来成为行列，延伸开来就像莫邪长剑，触到的就会折断；直捣敌人就像莫邪神剑的剑锋，抵挡的就会溃败；以圆形驻扎或方形停留，就像磐石般牢固，触犯者会被摧毁，只能四散而逃，溃不成军。(《荀子·议兵》："仁人之兵聚则成卒，散则成列，延则若莫邪之长刃，婴之者断；兑则若莫邪之利锋，当之者溃；圆居而方止，则若盘石然，触之者角摧，案角鹿埵、陇种、东笼而退耳。"⑤）

3. 强兵正道在于以仁治军

有兵胜于无兵，但兵多并不等于兵强，只有治军有道才能强兵。先秦儒家崇尚王道政治，主张实行"德治""仁政"和"礼治"，从"形而上"层次探讨强兵之道，提出"以仁治军"乃强兵之正道。孔子主张"以德治国"，提出"仁者爱人"，重视以仁教兵，在"礼、乐、射、御、书、数"等教育内容中就包含军事技能训练的内容。孔子认为只有以"仁"教民，民众才能符合"必有勇"要求，进而达到"善人教民

---

① （清）王先谦：《荀子集解》，中华书局2013年版，第316页。
② （清）黎翔凤：《管子校注》，中华书局2004年版，第288页。
③ 同上书，第106页。
④ 同上书，第317页。
⑤ （清）王先谦：《荀子集解》，中华书局2013年版，第316—317页。

## 第六章 善群的基本命题

七年，亦可以即戎矣"。①孟子提出"王道"治国，主张推行"仁政"，崇尚"以德服人"，并把"仁政"方略推广到治军领域。孟子认为，决定战争胜负的根本因素不是天时、不是地利而在于"人和"。(《孟子·公孙丑下》："天时不如地利，地利不如人和。"②) 所谓"人和"，就是仁政得民心，仁政顺民意，君民同心，人民支持，拼死效命。孟子提出"仁者无敌"③思想，认为限制人民不依靠国家的疆界，巩固国防不依靠山河的险要，威慑天下不依靠武器的锋利；得到正义的人帮助他的人就多，失掉正义的人帮助他的人就少。(《孟子·公孙丑下》："域民不以封疆之界，固国不以山溪之险，威天下不以兵革之利。得道者多助，失道者寡助。"④)

荀子继承孔子的"仁爱"思想和孟子的"仁政"学说，主张培养仁义之兵，建立仁义之师，对以仁治军进行了全面阐述。首先，推行仁政培养"仁兵"。荀子认为，建立仁义之师是称王天下者的志向。(《荀子·议兵》："仁人之兵，王者之志也。"⑤) 荀子指出，统治者以仁义治国，修明政治，则广大兵民自然就会亲附君主，能够做到不顾一切地为国效命。(《荀子·议兵》："彼仁义者，所以修政者也，政修则民亲其上，乐其君，而轻为之死。"⑥) 荀子还指出：仁人治理方圆十里的国家，就能了解方圆百里的事情；治理方圆百里的国家，就能了解方圆千里的事情；治理方圆千里的国家，就能了解天下的事情。(《荀子·议兵》："且仁人之用十里之国，则将有百里之听；用百里之国，则将有千里之听；用千里之国，则将有四海之听。"⑦) 其次，以礼治军树立军威。荀子推崇"以礼治国"，主张"以礼治军"。荀子认为礼是治理国家的最高准则，是国家强大的根本，是威力盛行天下的途径，是建立功名的纲要。所以铠甲坚固、兵器锐利不足以取得胜利，城墙再高、护城

---

① 杨伯峻：《论语译注》，中华书局 2012 年版，第 199 页。
② 杨伯峻：《孟子译注》，中华书局 1960 年版，第 86 页。
③ 同上书，第 10 页。
④ 同上书，第 86 页。
⑤ （清）王先谦：《荀子集解》，中华书局 2013 年版，第 315 页。
⑥ 同上书，第 331 页。
⑦ 同上书，第 316 页。

河再深不足以坚不可破,法令严厉、刑罚繁多不足以威吓人民,遵循礼义之道则通行,违背礼义之道就失败。(《荀子·议兵》:"礼者,治辨之极也,强国之本也,威行之道也,功名之总也。……故坚甲利兵不足以为胜,高城深池不足以为固,严令繁刑不足以为威,由其道则行,不由其道则废。"①)荀子认为,对民众进行礼义教化,协调统一百姓,则兵力强大、城防坚固,敌国就不敢随意来侵犯。(《荀子·强国》:"教诲之,调一之,则兵劲城固,敌国不敢婴也。"②)再次,仁义之师通行天下。荀子说:仁义之师停留的地方都会得到治理,经过的地方都会达到教化,犹如及时雨降落,没有人不喜欢。(《荀子·议兵》:"故仁人之兵,所存者神,所过者化,若时雨之降,莫不说喜。"③)荀子举例说,尧、舜、禹、汤和文王、武王之所以征伐取胜,是因为他们都是以仁义之师行天下。近处之人喜欢他们的美德,远方之人仰慕他们的道义,兵器没有沾上血迹,远近之人都来归服,道德达到如此程度,影响就遍及四方。(《荀子·议兵》:"是以尧伐兜,舜伐有苗,禹伐共工,汤伐有夏,文王伐崇,武王伐纣。此四帝、两王,皆以仁义之兵行于天下也。故近者亲其善,远方慕其德,兵不血刃,远迩来服,德盛于此,施及四极。"④)

4. 强兵固国但不穷兵黩武

在战争连绵不断的春秋战国时期,兵力强弱直接关系到国家安危,强盛兵力才能保护国家安全,才能巩固国家生存。但是,当一个国家兵力强大到超过自卫防御能力后,如何才能保证军队不成为掠夺侵占他国的暴力工具呢?先秦社会思想家提出"强兵固国但不穷兵黩武"的思想。孔子对待战争始终采取慎重的态度,反对以大欺小、以强凌弱的侵略战争。⑤孟子从性善论、德治论和仁政论的立场出发,坚决反对扩张土地、掠夺财富、残害人民的兼并战争,并嗤之为"不义之战"。孟子

---

① (清)王先谦:《荀子集解》,中华书局2013年版,第332页。
② 同上书,第344页。
③ 同上书,第330页。
④ 同上书,第330—331页。
⑤ 柯远扬:《试论孔子的军事思想》,《孔子研究》1990年第1期。

第六章 善群的基本命题

认为，即使迫不得已发动或参与了"禁暴除害"的"仁义之战"，也必须坚持"以至仁伐至不仁"的原则，力戒和避免"以暴制暴"的战争。墨子明确提出著名的"非攻"命题，反对掠夺性的非正义战争。墨子从历史与现实两个维度考察了战争的社会危害性，认为历史上的战争都是凶事祸害，绝非安定社会的正确途径；现实中的掠夺性战争不仅给双方民众带来深重灾难，而且给社会物质财富造成巨大的损失，必须彻底加以反对。①《管子》从现实主义出发，既肯定了战争的必然性、必要性和合理性，也指出了战争的巨大危害性，反对穷兵黩武和随意发动战争。《管子》认为，战争性质存在"义"和"不义"之分，主张"竞于德"而"不竞于兵"，反对"不义"之战；强调用兵打仗必须"举之必义"，实现"有义胜无义"的目的。②《管子》认为，使百姓贫困和财产破坏，最严重的就是战争；使国家危险和君主忧患，最快速的也是战争。(《管子·法法》："贫民、伤财，莫大于兵，危国、忧主，莫速于兵。"③)《管子》进一步指出：多次交战必定会使士兵疲倦，多次取胜会使君主骄傲，骄傲的君主驱使疲倦的士兵去作战，国家怎么能不危险？(《管子·兵法》："数战则士罢，数胜则君骄。夫以骄君使罢民，则国安得无危？"④)《管子》特别分析了兵役对农业生产造成的巨大危害，抽十分之一的人去服兵役，实际上就要有十分之三的人不从事农业生产，庄稼的收成就要失去三分之一。(《管子·八观》："什一之师，什三毋事，则稼亡三之一。"⑤)

荀子认为，国家养兵强兵的目的在于"禁暴除害"，而非攻城略地争权夺利。(《荀子·议兵》："彼兵者，所以禁暴除害也，非争夺也。"⑥)荀子提出，王者只有诛伐没有攻战，敌人坚守城池就不去攻打，敌人抵抗就不出击，敌人上下一心就庆贺他们。王者之师不屠戮城

---

① 黄朴民：《〈墨子〉军事思想简论》，《东岳论丛》1995年第3期。
② 袁德全：《〈管子〉的军事思想初探》，《管子学刊》1989年第1期。
③ （清）黎翔凤：《管子校注》，中华书局2004年版，第313页。
④ 同上书，第325页。
⑤ 同上书，第261页。
⑥ （清）王先谦：《荀子集解》，中华书局2013年版，第330页。

中居民,不搞突然袭击,不让军队久留在外,用兵不超过规定的时间。所以乱国之民都喜欢王者政治,不安于自己君主的统治,都盼望王者到来。(《荀子·议兵》:"王者有诛而无战,城守不攻,兵格不击,上下相庆则喜之。不屠城,不潜军,不留众,师不越时。故乱者乐其政,不安其上,欲其至也。"[1])荀子提出兼并他国有三种方法,主张"以德兼人",认为以自己良好德行的感召力使别国归附,既能获得民心,又能使自己的土地越来越大,军队越来越强。(《荀子·议兵》:"凡兼人者有三术:有以德兼人者,有以力兼人者,有以富兼人者。彼贵我名声,美我德行,欲为我民,故辟门除涂以迎吾入,因其民,袭其处,而百姓皆安,立法施令莫不顺比。是故得地而权弥重,兼人而兵俞强,是以德兼人者也。"[2])荀子推崇以王道方略取天下,把仁义、道义、威望有机结合起来,就可以实现不战而胜、不攻而得。(《荀子·王制》:"仁眇天下,故天下莫不亲也。义眇天下,故天下莫不贵也。威眇天下,故天下莫敢敌也。以不敌之威,辅服人之道,故不战而胜,不攻而得,甲兵不劳而天下服,是知王道者也。"[3])

(三)强兵固国的价值

自人类进入政治社会以来,战争一直是人类生活的重要组成部分,人类历史在很大程度上就是一部战争史。只要有国家存在,无论一个国家好战与否,都会有大大小小的战争行为;无论一个国家自愿与否,都有可能卷入各种战争旋涡。只要有战争存在,无论战争正义与否,都必然依靠军队解决问题。没有军队,正义之战不会自动胜利;没有军队,不义之战不会自然失败。当今世界,国家众多,虽然全球一体化进程势不可挡,但天下并不太平,区域性和局部性的战乱仍然频发不止。综观世界存亡大势,"强兵固国"依然必要;屹立世界民族之林,"强兵固国"依然重要。

中华民族不是"好战"民族,历来爱好和平,推崇"王道"治天

---

[1] (清)王先谦:《荀子集解》,中华书局2013年版,第330页。
[2] 同上书,第341页。
[3] 同上书,第332页。

下，追求"人类大同"，希望建立"人类命运共同体"。但是，"不好战"并不意味着"不备战"，"不好战"并不意味着"刀枪入库，马放南山"。保护国家的核心利益不被侵害，维护国家主权、国家统一和领土完整不受侵犯，军队建设和国防建设只能加强不能削弱。在实现中华民族伟大复兴的征程上，"强兵固国"仍是当代中国的理性选择和明智选项，提升军事实力仍然是增强综合国力的核心要务。当然，历史时代不同，"强兵"的要求不同，标准不同，方法不同。今天的"强兵"，就是要建立世界一流军队，持续提高军队的卫国、固国、保国能力。今天的"固国"，既要满足人民群众日益增长的美好生活需要，实现"民富国强"目标；也要积极承担国际责任，彰显大国的责任担当，为建设和谐世界和美好世界贡献中华民族的力量。

（毕天云）

## 第五节　修养政德：善群的保证

善群者不仅要会运用各种"善群"之术，更应具备良好的"善群"之德。先秦诸子非常重视治国理政者的政德（官德）修养，把修养政德视为善群治国的重要保证。政德修养的根本任务，就是要遵循为政以德，坚持以德治国；坚守正人先正己，做到以身作则；正确处理公私关系，践行以公胜私；正确处理义利关系，奉行以义统利。

### 一　为政以德

"为政以德"思想自孔子提出后，经孟子、荀子的继承发展，日渐成为儒家治国理政思想的核心理念和基本原则。"为政以德"主张德为政本，要求统治者不断修养政德，以德服人、以德化民；它倡导以德政为核心，以人心归服为目标，试图通过有德者施德政的路径达成为政者与臣民之间的和谐关系，进而实现治国平天下的理想，这种治国理政思想可为当代中国社会治理和社会运行提供重要的思想资源。

（一）为政以德的提出

"德"作为治国者需要遵循的基本原则，源于西周时期的"以德配天""敬德保民"思想。在周以前的中国古代社会，治国的大事只有祭祀与战争。(《左传·成公十三年》："国之大事，在祀与戎。")天子秉承天命行使权力，依靠武力用战争处理好与敌对者的关系，通过祭祀取悦于神灵来处理好人与神的关系，德对于解决好祭祀与战争这两种关系都不可能发挥重要作用。到西周时，周公为了解释说明周天子代替秉承天命的商王成为天下共主的合法性问题，提出了"以德配天""敬德保民"思想，把天命、敬德、保民联系起来，指出天子（统治者）只有具备应有的品德、做天下臣民的表率，才能永受天命。(《尚书·召诰》："王敬作所，不可不敬德。"①"惟不敬厥德，乃早坠厥命。"②"王其德之用，祈天永命。"③"欲王以小民，受天永命。"④)

孔子在总结周公"以德配天、敬德保民"思想的基础上，明确提出"为政以德"的治国理政思想，认为为政者应该修养自己的德行，用德行治理国家、统率臣民，这样就能像北极星居于天空正中的位置而天上的群星都能环绕它一样，得到臣民的诚服。(《论语·为政》：子曰："为政以德，譬如北辰居其所而众星共之。"⑤)孟子在继承孔子"为政以德"思想的基础上，提出其"仁政"思想，认为"仁人无敌于天下"，强调统治者要"以德服人"，这样才可以让臣民心悦诚服。(《孟子·公孙五上》：孟子曰："以力假仁者霸，霸必有大国。以德行仁者王，王不待大——汤以七十里，文王以百里。以力服人者，非心服也，力不赡也。以德服人者，中心悦而诚服也，如七十子之服孔子也。"⑥)荀子则进一步提出要以德征服他国、统领臣民，这样才能真正实现"王天下"的目标。(《荀子·议兵》："凡兼人者有三术：有以德兼人者，有以力兼人者，有以富兼人者。……以德兼人者王，以力兼人者弱，以富兼人者贫。古今一也。"⑦)

---

① 王世舜、王翠叶译注：《尚书》，中华书局2012年版，第223页。
② 同上书，第224页。
③ 同上书，第225页。
④ 同上书，第226页。
⑤ 杨伯峻：《论语译注》，中华书局2012年版，第15页。
⑥ 杨伯峻：《孟子译注》，中华书局1960年版，第74页。
⑦ （清）王先谦：《荀子集解》，中华书局2013年版，第341页。

由孔子提出的为政以德思想，经孟子、荀子的扩充发展，成为儒家一以贯之的治国理政的核心理念和基本原则。

（二）为政以德的含义

1. 德为政本

"德"是为政者治理国家、统领臣民、平定天下的根本，这是"为政以德"的第一要义。从此根本出发，为政者必须以明德、敬德、施行德政为第一要务。因此，为政者只有做到明德、敬德，施行德政，才可以使臣民心悦诚服接受统治，才可以实现王天下的目标。周公在总结商亡周兴经验的基础上，提出"以德配天、敬德保民"思想，把德作为周文王取代商纣王承受天命并取得政权、巩固政权的关键，由此开创了把德作为治国施政的纲领和关键的传统。周公认为，不论是商王还是周王，只有把德作为施政的基本原则并加以执行，才能够取得上帝信任而被授予王天下的天命，得到天命后继续把德作为根本并施行德政才能巩固政权。商纣王没有像商朝的先王们一样施行德政，上帝就收回天命，并把天命授予施行德政的周文王，周文王正是遵循了德政的基本原则才灭掉商而取得政权的。（《尚书·康诰》："惟乃丕显考文王，克明德慎罚，不敢侮鳏寡，庸庸，祗祗，威威，显民。……惟时怙冒闻于上帝，帝休，天乃大命文王殪戎殷，诞受厥命越厥邦厥民。"[1]《尚书·梓材》："先王既勤用明德，怀为夹，庶邦享作，兄弟方来，亦既用明德。"[2]）

孔子也把德作为治国理政的根本纲领和基本原则，认为德与刑相比较，刑是不得以而为之的下策，只有德才能从根本上解决治国理政的根本问题——不仅使臣民免于刑罚，而且还能使臣民在免于刑罚时还有羞耻之心。（《论语·为政》："道之以政，齐之以刑，民勉而无耻。道之以德，齐之以礼，有耻且格。"[3]）

孟子则比较了力与德两种统一天下的方式，认为有强大实力的国家依靠武力假借仁义也能称霸天下，但只有依靠德行施仁政才能称王天

---

[1] 王世舜、王翠叶译注：《尚书》，中华书局2012年版，第181页。
[2] 同上书，第213页。
[3] 杨伯峻：《论语译注》，中华书局2012年版，第16页。

下。依靠武力称霸只能令臣民暂时屈服而不能真正征服臣民；只有依靠德行施仁政才能让臣民真正的心悦诚服，这才是值得推崇的，德是王天下的根本方法。(《孟子·公孙丑上》："以力假仁者霸，霸必有大国。以德行仁者王，王不待大，汤以七十里，文王以百里。以力服人者，非心服也，力不赡也。以德服人者，中心悦而诚服也，如七十子之服孔子也。"①)

荀子比较了德、力、富三种兼并他国、实现天下统一的方式，认为用道德兼并他国才能实现王天下的目标，而用武力兼并他国则会导致国家越来越弱，用财富兼并他国则会导致国家越来越贫困，所以德政是实现天下统一的根本法则。(《荀子·议兵》："凡兼人者有三术：有以德兼人者，有以力兼人者，有以富兼人者。……以德兼人者王，以力兼人者弱，以富兼人者贫。古今一也。"②)

《礼记·大学》更为明确地提出"德者为本"的思想，认为国君在治国理政中，要严谨慎重地对待道德，要认识到有了道德才会拥有人民，有了人民才会有国土，有了国土才能获得财富；财富与道德相比较，道德是根本，财富则是处于最末端。(《大学》："是故君子先慎乎德。有德此有人，有人此有土，有土此有财，有财此有用。德者本也，财者末也。"③)

总之，为政以德最主要的内涵就是德是治理国家的根本，施政者首先必须是有德者，在此基础上，必须施行有德之政，使人心归服、社会阶层之间的关系和谐，这样才能实现"治"的目标。

2. 以德服人

为政者以自己的德性修养为基础，以施行德政为路径，以统领臣民并使他们人心归服，这是为政以德所追求的目标。人心向背一直是儒家思考如何治国平天下问题的核心，在儒家看来，善治者一定是可以较好处理君臣、君民关系，使有贤能的人成为辅佐君王治理国家的大臣、使

---

① 杨伯峻：《孟子译注》，中华书局1960年版，第74页。
② （清）王先谦：《荀子集解》，中华书局2013年版，第341页。
③ 王文锦：《大学中庸译注》，中华书局2013年版，第12页。

老百姓真心实意诚服于君王的统治，而决定人心是否归服的关键因素就在于为政者（天子、君王）的德行。虽然力、刑可以暂时让臣民不得不服从为政者，但却不能使他们真正的心悦诚服，只是因力弱而暂时屈从，或者因为惧怕受到刑罚处罚而不得不服从，这都不是儒家的为政以德所追求的目标。哀公曾向孔子请教如何做才能使民众人心归服？孔子回答说：为政者要能够任用有德的、正直的人，不用邪恶不正直的人，这样能使民心归服，选贤任能正是儒家所认为的有德者行德政的表现。（《论语·为政》："哀公问曰：'何为则民服？'孔子对曰：'举直错诸枉，则民服；举枉错诸直，则民不服。'"[1]）

孟子明确提出了"以德服人"的命题，认为欲王天下者，必须是为政者以自己的德性、施德政使臣民人心归服，如果是以力服人，臣民并不是真正的心悦诚服，不过是害怕为政者的强力而选择的权宜之计。（《孟子·公孙丑上》："以力服人者，非心服也，力不赡也。以德服人者，中心悦而诚服也。"）孟子认为，天下政治清明时，就是有德的国君能够使臣民人心归服之时，国君如果好仁、行德政，就可以强大到天下无敌。（《孟子·离娄上》："天下有道，小德役大德，……夫国君好仁，天下无敌。"[2]）荀子也认可为政者应该施德者以兼并他国、整合社会各个阶层，最终实现王天下的目标，如果是用武力、用财富兼并其他国家、整合各方力量，难以真正实现王天下的目标。（《荀子·议兵》："以德兼人者王，以力兼人者弱，以富兼人者贫。"[3]）

3. 以德化民

为政以德所强调的德，首先是针对为政者的，主要是针对君王而言，它要求君王必须有德性，施德政，以此治理好国家，使臣民人心归服。但是，儒家在推崇和倡导为政者必须以自己的德性修养感化臣民的同时，也提倡为政者应该用道德教化臣民，提高臣民的道德水平，使他们能够自觉遵守道德礼义，这也是治理好国家非常重要的方面。因为在

---

[1] 杨伯峻：《论语译注》，中华书局2012年版，第26页。
[2] 杨伯峻：《孟子译注》，中华书局1960年版，第168页。
[3] （清）王先谦：《荀子集解》，中华书局2013年版，第341页。

儒家看来，通过教化使臣民懂得道德礼义，顺从国君的统治，进而可以更好地推行其德政。孔子对于他所生活的时代，认为最让他忧虑的就是社会普遍缺乏道德，但是又不重视德性的培养，有不善良的行为但是又不能积极改正。(《论语·述而》："德之不修，学之不讲，闻义不能徙，不善不能改，是吾忧也。"[1]) 为此，孔子认为，应该对百姓进行道德教育，使他们懂得道德礼义，能够主动地用道德礼义规范自己的行为。(《论语·为政》："季康子问：'使民敬、忠以劝，如之何？'子曰：'临之以庄，则敬；孝慈，则忠；举善而教不能，则劝。'"[2])

孟子生活的时代，各诸侯国之间依然进行着无休无止的兼并战争，社会远远没有实现由乱到治的转变，他坚信为政者应该以仁政方式解决社会由乱到治的转变，仁政的施行不仅需要为政者有德性、施仁义，也需要对臣民进行道德教化，提高他们的道德修养，使他们能够遵循各种礼义规矩。(《孟子·滕文公上》："圣人有忧之，使契为司徒，教以人伦——父子有亲，君臣有义，夫妇有别，长幼有叙，朋友有信。"[3])

荀子也提出了较为丰富的对于百姓进行道德教化的思想，他认为，对于百姓中表现出来的各种不符合道德礼义、不利于国家治理的行为举止，最关键的就是要进行道德教育，通过教化使百姓能够改掉恶习而从善，能够尊重道德、修养身心，能够遵从礼义而端正自己的行为，最终则是使百姓能够得到教化而顺从。(《荀子·议兵》："故厚德音以先之，明礼义以道之，致忠信以爱之，尚贤使能以次之，爵服庆赏以申之，时其事、轻其任以调齐之，长养之，如保赤子。……于是有能化善、修身、正行、积礼义、尊道德，百姓莫不贵敬，莫不亲誉，然后赏于是起矣。……故民归之之如流水，所存者神，所为者化而顺。暴悍勇力之属为之化而愿，旁辟曲私之属为之化而公，矜纠收缭之属为之化而调，夫是之谓大化至一。"[4])

---

[1] 杨伯峻：《论语译注》，中华书局2012年版，第94页。
[2] 同上书，第27页。
[3] 杨伯峻：《孟子译注》，中华书局1960年版，第125页。
[4] 同上书，第338—341页。

（三）为政以德的价值

为政以德思想的提出，标志着儒家以德政为核心的治国理念的形成，这与道家的无为而治思想、法家的严刑峻法主张形成了鲜明的区别。儒家的为政以德思想在中国传统的社会治理实践中，有着极其重要的影响。

为政以德思想的提出，标志着儒家以圣王为核心、以德治为路径的理想的社会治理模式的发端。为政者是否有德性、能否实施德政，是孔子提出的为政以德思想的关键。它要求为政者首先必须是有德者，再由有德者来实施德政，由此使百姓人心归服，心悦诚服接受国君统治，而不是依靠武力、刑罚等暴力或强力实现社会秩序的构建，维护社会的有序运行。这就要求为政者必须不断加强自身德性修养，具有较高道德品质，即后来儒家所极力推崇的圣王、圣君。虽然儒家寄予厚望的圣王、圣君没有能够真正出现，但这种对于为政者必须是有德者、为政者应该实施德政的主张，还是有非常重要的意义。它对为政者的德性、德行提出了明确的要求，告诫为政者不能随心所欲、为所欲为，必须要明德、重德、修德、敬德，应该实施德政，这样才能得到百姓拥护和支持，才能获得政权、巩固政权。这种思想在一定程度上影响着中国古代的治国方略和社会治理方式，使中国传统政治伦理化、伦理政治化，即伦理与政治相互影响、相互成就。

为政以德思想要求为政者在构建社会秩序、维护社会有序运行的治国理政实践中，不能扰民、伤民、害民，体现了以民为本的政治思想和治国诉求。为政以德思想的对立面就是武力、刑罚等暴力或强力实施的统治，儒家的为政以德思想，虽然不是一味否定力与刑的作用，但力与刑是退而求其次、不得已而为之的方式。在儒家理想的德治、仁政中，要求为政者要"博施于民而能济众""勿夺民时"使百姓能够养生送死，这些主张在一定程度上要求关注民生，而不能为了治国平天下而损害百姓利益、干扰百姓生产生活。这正是以民为本思想的要求或诉求的体现。在此基础上，孟子明确提出了"民贵君轻"的思想。

为政以德提倡的以德处理好君臣、君民关系是善政、善治、善群的关键。在儒家看来，实现社会由乱到治、维护社会有序运行的关键，是臣民是否归服、顺从君王的统治，而人心向背、人心是否归服则又取决于君王是否有德行、是否能够实施德政。如果有德的君王实施德政，以德服人，臣民就会心悦诚服接受统治，君臣、君民关系就会和谐，社会就能够实现有序运行，君王在实现其德治理想的同时，社会治理的问题也就解决了。

为政以德思想所要求的为政者必须是有德者、应该以德服人、不扰民、不损害百姓利益、以德妥善处理好君臣与君民关系等思想，在今天的社会治理中仍然具有重要的借鉴意义。

（杨树美）

## 二 正人先正己

正确认识并妥善处理好为政者与臣民之间的关系，是儒家社会治理思想的重要内容。从孔子开始，儒家就把"正人先正己"作为处理好为政者与臣民关系的基本准则，认为要处理好君、臣、民之间的多重关系，为政者必须通过修德正身、以身作则、以上率下，才能够保证上行下效、政令畅通，进而实现国治、天下平的目标。通过正人先正己的方式以实现治国理政的目标，反映出儒家试图以善群实现善治的为政理想。

（一）正人先正己的提出

"正人先正己"出自孔子"政者，正也。子帅以正，孰敢不正？"[①]"其身正，不令而行；其身不正，虽令不从"[②] 等言论中，但是，要求为政者自己先要做到品行端正，然后影响下属与百姓因此不得不端正自己的品行的思想，早在周穆王时就已经提出。据《尚书·君牙》记载，周穆王在任命君牙为大司徒时，在册命之词中告诫君牙要端正自己的品行，以自己忠诚纯正的品行作为下属和百姓品行的准则。周穆王认为，如果君牙做到了忠诚纯正，身居下位的下属和百姓就没有人敢于不端正自己的品行了；因为百姓心中没有中正的准则，关键是君牙能不能做到

---

[①] 杨伯峻：《论语译注》，中华书局2012年版，第180页。
[②] 同上书，第188页。

中正而成为百姓效仿的榜样。(《尚书·君牙》："尔身克正，罔敢弗正。民心罔中，惟尔之中。"①) 这里可以清晰地看到周穆王已经把为政者与下属、百姓之间的关系看得非常重要了，而且提出了处于高位的人应该成为下属、百姓品行的榜样的思想。

根据《左传·桓公二年》的记载，晋大夫师服也提出了通过政治使百姓做到中正、端正，使百姓能够服从正确的政令，如果改变了这个准则就会发生混乱的思想。(《左传》："政以正民，是以政成而民听，易则生乱。")

孔子在继承前人用"政"与"正"分析为政者与下属、百姓之间关系的思想基础上，分析了他所处时代之所以会出现社会恶性运行或无序运行的原因，认为这是当时的为政者没有做到正己而导致的后果。在孔子看来，当时社会上普遍存在的臣弑君、子弑父等现象，既是社会混乱无序的表现，也是各个层级的人特别是为政者都没有做到己身正而导致的后果。如何改变这种礼崩乐坏、社会失序的混乱局面呢？对此，孔子认为要克服社会混乱失序的状态，使社会重新恢复秩序实现治的目标，关键在于为政者如何认识和处理好社会各个层级之间的关系，孔子从为政以德理念出发，提出了"政者，正也"的思想，认为为政者治理国家、维护社会有序运行的关键就是为政者自己首先要端正、中正，如果为政者自己先做到了端正、中正，谁还敢于不端正、不中正呢？如果整个社会从上到下都做到了端正、中正，社会也就可以重新恢复治的有序局面了。(《论语·颜渊》："政者，正也。子帅以正，孰敢不正？"②) 孔子进而认为为政者只要先做到品行端正、正直、中正，在施政的过程中，即使不强行命令，百姓都会自觉遵从政令，如果为政者的品行不端正、不正直、不中正，百姓是不会遵从所下达的命令的。(《论语·子路》："其身正，不令而行；其身不正，虽令不从。"③)

"正人先正己"思想，是历代儒者推崇、继承和发挥的重要的治国

---

① 王世舜、王翠叶译注：《尚书》，中华书局2012年版，第487页。
② 杨伯峻：《论语译注》，中华书局2012年版，第180页。
③ 同上书，第188页。

理政思想，也是儒家所遵从的处理君、臣、民相互关系的基本准则。

（二）正人先正己的含义

1. 品行端正

正人先正己命题，其核心内涵就在于"正"。从孔子以"正"来解释说明什么是"政"，结合孔子"为政以德"的治国思想看，这里所说的"正"，首先是对包括君、臣在内的为政者们的道德品行的要求，它要求处于上位的为政者，必须是有德性修养的人，在治理国家、统率百姓时，使自己的品行修养合乎于道的要求，能够根据道德、仁义行事，还能游走于各种技艺之中。（《论语·述而》："志于道，据于德，依于仁，游于艺。"①）具体而言，就是要端正自己的言语行为，使自己的一言一行都符合礼节制度，体现出敬德、守礼、爱民等为政者应有的品行修养，并用自己正确、中正的德性品行为处于下位的人提供表率。（《论语·子路》："上好礼，则民莫敢不敬；上好义，则民莫敢不服；上好信，则民莫敢不用情。"②）另外，我们通过孔子评论子产有四种行为合乎君子之道的言论也可以看出"正"的内涵主要就是品行端正、合于道德礼义、体现仁爱精神。孔子认为子产身上体现了君子的四种美德：他的行为庄重恭敬，他事奉君上恭敬勤勉，他养育人民时给予恩惠，驾驭驱使人民合乎于仁义美德。（《论语·公冶长》："子谓子产：'有君子之道四焉：其行己也恭，其事上也敬，其养民也惠，其使民也义。'"③）

在正人先正己命题中，首先是要求处于高位的为政者要端正品行，然后引导各层级的为政者端正自己品行，不同层级的为政者群体以自己端正的品行使百姓不敢不端正自己的品行。通过自上而下的各层级的人都做到品行端正，进而使整个社会有序运行，实现治的目标。正如孔子所希望的，整个社会，君的品行要像君，臣的所作所为要像臣，父亲对待子女要像父亲，子女对待父母要像子女，即各安其位，各守本分，如

---

① 杨伯峻：《论语译注》，中华书局2012年版，第94页。
② 同上书，第187页。
③ 同上书，第66页。

果大家都做到了品行端正，社会也就会免于混乱了。(《论语·颜渊》："齐景公问政于孔子。孔子对曰：'君君，臣臣，父父，子子。'"①)

2. 修己安民

"正"即品行端正，所作所为中正，但是，如何才能做到品行端正呢？一个人的德性修养不是与生俱有的，品行端正不会自发产生，为政者必须要通过持之以恒的道德修养，才能不断提高自己的德性涵养，即需要进行"修己""修身"，成为仁人君子，做到明德敬德，在治国理政时，使他人、百姓都可以安定、安宁，过上美好的生活。(《论语·宪问》："子路问君子。子曰：'修己以敬。'……'修己以安人。'……'修己以安百姓。'"②) 孟子也认同孔子修己安民的思想，指出国君最值得推崇的品行就是通过修养自身而使天下太平。(《孟子·尽心下》："君子之守，修其身而天下平。"③)

《大学》比较明确地提出修身的三大纲领就是要弘扬光明正大的品德，使人能够弃恶从善、去旧革新，使自己达到最高的善；而修身的八条目则提出修身就是要从认识事物的道理开始，使自己获得广博的知识，使自己心意诚实、心思端正，然后修养道德，整治好家庭，治理好国家，最终实现天下太平的目标。儒家关于修身的三纲领八条目把向内修养自身道德、向外治理国家平定天下有机地结合起来，实质正是孔子"修己以敬""修己以安人""修己以安百姓"思想的继承与发展。(《大学》："大学之道，在明明德，在亲民，在止于至善。……古之欲明明德于天下者，先治其国；欲治其国者，先齐其家；欲齐其家者，先修其身；欲修其身者，先正其心；欲正其心者，先诚其意；欲诚其意者，先致其知；致知在格物。"④) 修身的目的就是向内提高自身的德性，对外要做到安人、安百姓，即儒家所推崇的内圣外王。

从正人先正己观之，其起点或出发点是修养自身的道德品行，而落脚点则是安人、安百姓，进而治国平天下。但要做到治国安民、平天

---

① 杨伯峻：《论语译注》，中华书局2012年版，第178页。
② 同上书，第221页。
③ 杨伯峻：《孟子译注》，中华书局1960年版，第338页。
④ 王文锦：《大学中庸译注》，中华书局2013年版，第3页。

下,关键在于为政者的德性修养。《大学》明确提出,上至一国之君,下至普通百姓,都要以修身作为根本。如果不以修身为根本,国君和其他为政者想要实现治国安民的目标是不可能的。(《大学》:"自天子以至于庶人,壹是皆以修身为本。其本乱,而末治者否也。"①)

3. 以身作则

以身作则、以上率下、率先垂范是正人先正己命题的内在要求。孔子认为,只要为政者自己做到品行端正,即使不用武力、不用刑罚,下属和百姓都不敢不端正自己的言行。(《论语·颜渊》:"子帅以正,孰敢不正?"②)如果国君做到仁和善,那么百姓也就会端正自己的行为,使之合乎于礼仪规范而不敢有所僭越。(《论语·泰伯》:"君子笃于亲,则民兴于仁;故旧不遗,则民不偷。"③)因为国君的道德品行可以匡正百姓的言语行为,如果国君用自己善的品行引导百姓,百姓就会去恶从善;如果国君品行端正,就会抑制百姓恶或不善的言行。(《论语·颜渊》:"子欲善而民善矣。君子之德风,小人之德草。草上之风,必偃。"④)反之,如果为政者不能做到品行端正,怎么可以要求下属和百姓品行端正呢?(《论语·子路》:"苟正其身矣,于从政乎何有?不能正其身,如正人何?"⑤)

荀子从国君是人民的本源、人民是支流的角度,说明只有为政者做到品行端正,人民也才可能品行端正;如果为政者品行不端正,那人民的品行也不可能端正。(《荀子·君道》:"君者,民之原也,原清则流清,原浊则流浊。"⑥)荀子还用日晷与影子、盘子与水的关系来说明国君就是百姓学习和效仿的榜样,国君的品行决定着百姓的品行,因此,国君治理国家首要的就是要修养身心,提高自身的品行德性。(《荀子·君道》:"请问为国?曰:闻修身,未尝闻为国也。君者,仪也。

---

① 王文锦:《大学中庸译注》,中华书局2013年版,第4页。
② 杨伯峻:《论语译注》,中华书局2012年版,第180页。
③ 同上书,第111页。
④ 同上书,第180页。
⑤ 同上书,第191页。
⑥ (清)王先谦:《荀子集解》,中华书局2013年版,第277页。

仪正而景正;君者,槃也,槃圆而水圆;君者,盂也,盂方而水方。君射则臣决。楚庄王爱细腰,故朝有饿人。故曰:闻修身,未尝闻为国也。"①)

国君首先做出表率,引导群臣学习仿效;各层级的为政者都做到了品行端正,就会引导百姓跟随、顺从;从君到各层级的臣民百姓都能品行端正,那就能够实现治国平天下的目标。这种层层以上率下,各层级的为政者都率先垂范、以身作则,进而促使整个社会都步入正道的思想,得到孔子之后历代儒者的继承和发扬。在《礼记·哀公问》篇中,通过孔子与哀公问答的形式,对孔子提出的国君要以上率下、以身作则的思想进行了进一步的阐释和发挥。文中以孔子言论的形式,指出治国理政是人道中最重大的事,而治国理政就是国君先做到"正",如果国君做到了品行端正,臣民就会听众政令、服从统领;因为国君的品行、言语就是臣民效法模仿的榜样;如果国君无所作为,臣民将无所适从。(《礼记·哀公问》:"公曰:'敢问何谓为政?'孔子对曰:'政者,正也。君为政,则百姓从政矣。君之所为,百姓之所从也;君所不为,百姓何从?'"②)在治国理政过程中,下属和百姓的言语行为,往往不是看居于上位的为政者的命令,而是看居于上位的为政者的行为,以居于上位的为政者的所作所为作为行动的标准、准则,因此,居于上位的为政者就是居于下位的臣和百姓的表率。(《礼记·缁衣》:"子曰:下之事上也,不从其所令,从其所行。上好是物,下必有甚者矣。故上之所好恶不可不慎也,是民之表也。"③)

国君又如何做到以身作则呢?在哀公与孔子的问答中可见其一端。哀公问国君应该如何为政?孔子说,最重要的是做到夫妇有区别、父子相亲爱、君臣之间相敬重,如果这三重关系处理恰当、做得端正,就能引领其他事情做好。而在夫妻、父子、君臣关系中,最重要的则是要做到爱与敬,爱与敬是为政的根本;国君应该在爱与敬上成为臣民的表

---

① (清)王先谦:《荀子集解》,中华书局2013年版,第277页。
② (清)孙希旦:《礼记集解》,中华书局1989年版,第1260页。
③ 同上书,第1323页。

率。(《礼记·哀公问》:"公曰:'敢问为政如之何?'孔子对曰:'夫妇别,父子亲,君臣严。三者正,则庶物从之矣。'……'古之为政,爱人为大。所以治爱人,礼为大。所以治礼,敬为大。……爱与敬,其政之本与!'"①)

4. 身正令行

正人先正己命题,要求为政者先要做到"正己",这是前提、是出发点,但"正己"的最终目的是为了"正人":使下属和百姓的言行合乎制度礼节,使下属和百姓能够服从、顺从为政者的统领;而"正人"的目的是使为政者的政令畅通,使家、国、天下都能归于正道,社会能够有序运行,实现社会由乱到治的目标,即正身是为了臣民能够较好执行政令。(《论语·子路》:"其身正,不令而行;其身不正,虽令不从。"②)

孟子从其仁政思想出发,在继承孔子的身正令行思想基础上,认为为政者必须学习尧、舜之道,实行仁政,国君要履行国君的道义,臣子要尽臣子的道义,这才是平治天下的正道。(《孟子·离娄上》:"欲为君,尽君道;欲为臣,尽臣道。二者皆法尧、舜而已矣。"③)如果居于上位的君王做到了仁爱,其他人也就能做到仁爱;如果君王做到了仁义,就没有人敢不仁义了;只要君王做到了品行端正,臣民就没有不正的。一个国家,只要君王做到品行端正,自身中正,国家也会安定。(《孟子·离娄上》:"天子不仁,不保四海;诸侯不仁,不保社稷。"④"其身正而天下归之。"⑤"君仁,莫不仁;君义,莫不义;君正,莫不正。一正君而国定矣。"⑥)

《礼记》对于君王做到修德好仁、品行端正,进而引导、影响臣民积极修养自身品行、自觉遵守政令而使国家有序运行的思想进行了阐

---

① (清)孙希旦:《礼记集解》,中华书局1989年版,第1260页。
② 杨伯峻:《论语译注》,中华书局2012年版,第188页。
③ 杨伯峻:《孟子译注》,中华书局1960年版,第165页。
④ 同上书,第166页。
⑤ 同上书,第167页。
⑥ 同上书,第180页。

发。认为国君应该修德正身,端正品行,并以仁德教化臣民、慈爱臣民,以此使民心归服,吸引四方的国家都来归顺。(《礼记·缁衣》:"上好仁,则下之为仁争先人。帮长民者章志、贞教、尊仁以子爱百姓,民致行己以说其上矣。诗云:'有梏德行,四国顺之。'"①)

从儒家所推崇的正人先正己思想看,其最终目标就是要通过为政者修德正身、以上率下,进而影响、促使臣民也积极进行修德正行,自觉遵守、执行政令,这表现为为政者以自己端正的德行而实现人心归服,最终则是通过为政者的积极努力和作为,实现政令畅通、国家安定、天下统一的目标。

(三)正人先正己的价值

处于春秋战国的乱世,如何实现社会的有序运行、如何实现治国平天下的理想,是诸子百家共同面对的时代课题。对此,儒家提出了以为政者自身的德行修养,感化、影响臣民的品行向着有利于国家安定、社会有序运行的方向发展的思想主张,即正人先正己的思想。

首先,正人先正己命题,体现了儒家尝试通过善群实现善治的思想理念。在分析思考社会问题的过程中,儒家特别重视人伦关系对于社会问题产生和解决的重要影响;在现实社会的多种人伦关系中,儒家又特别重视君、臣、民之间的关系,特别是在其治国思想中,儒家把如何认识和处理君、臣、民的关系视为为政者善治的保障。认为为政之道就是善于把社会各个阶层的人组织成群体,进而使天下人都归顺于国君,即通过善群实现善治。(《荀子·君道》:"道者何也?曰:君道也。君者何也?曰:能群也。能群也者何也?曰:善生养人者也,善班治人者也,善显设人者也,善藩饰人者也。善生养人者人亲之,善班治人者人安之,善显设人者人乐之,善藩饰人者人荣之。四统者俱而天下归之,夫是之谓能群。"②)这就把能群、善群作为治国理政所应遵循的原则、所要解决的重要问题,凸显了善群、能群对于维护社会有序运行的重要意义。

其次,正人先正己命题要求为政者必须发挥主观能动性,积极作

---

① (清)孙希旦:《礼记集解》,中华书局1989年版,第1323—1324页。
② (清)王先谦:《荀子集解》,中华书局2013年版,第280页。

为、主动作为。正人先正己要求为政者必须修身正行，以自己端正的品行作为下属和百姓的榜样；要求为政者修己安人、修己安民。这凸显了为政者必须积极作为、主动作为，用自己"先之、劳之"的品行，影响、引导百姓有所作为、有所行动。

再次，正人先正己命题认为以上率下是保持政令畅通的关键。在儒家看来，社会能否有序运行，能否达到国治天下平的理想状态，关键在于国君是否有较高的德行修养、能否端正自己的品，能否做到以上率下，使百姓能够人心归服，进而心悦诚服接受国君的统率。这就要求国君必须不断提高自身道德修养、不断修身正行，成为臣民的表率和榜样，这是政令畅通的保障。这从一个侧面指出，对于国家治理、社会运行而言，为政者担负着比普通百姓重要得多的责任，要求其不仅要修养政德，而且要能够正身正行，造福百姓。

（杨树美）

### 三 以公胜私

公、私是中国传统社会思想的基本范畴，公私关系是国家治理中带有根本性意义的社会关系。处理公私关系有多种选择，不同选择体现不同的政德修养水平。在"公私之辨"中提出的"以公胜私"命题明确了治国者在处理公私关系时必须遵循的价值导向、行为准则和评价标准，要求治国者在处理公私关系时做到公私分明、天下为公、崇尚公义、抑制私欲。"以公胜私"是实现善群的重要思想保证，揭示了古今中外治国者必须遵循的政德准则。

#### （一）以公胜私的提出和背景

"以公胜私"思想的提出具有特定的社会背景和思想基础，社会背景是西周以来国家体制变革所引起的公私关系冲突，[1] 思想基础是先秦诸子关于重建公私关系秩序的反思。[2] 西周时期实行分封建国的等级制

---

[1] 刘泽华、张荣明：《公私观念与中国社会》，中国人民大学出版社2003年版，第26—30页。

[2] 同上书，第55—67页。

国家体制，周王和诸侯代表"公室"，卿大夫代表"私家"，这种国家体制内含着"公室"与"私家"的结构性矛盾。力量强大的诸侯国"挟天子以令诸侯"，势力强盛的卿大夫则瓜分"公室"。西周已有"公室"与"私家"矛盾，西周末年产生了"公田不治"；春秋时期，"公室"与"私家"之争集中表现为"私家"对"公室"的土地侵夺；战国时期，"私家"对"公室"的威胁依然强大，各国几乎都出现过程度不同的"私家专权"。"私家"强大必然削弱"公室"，分散的"多私"必然损害统一的"一公"。面对"私家"的强大及其危害，魏国的"李悝变法"、楚国的"吴起变法"和秦国的"商鞅变法"中，都有打击"私家""私族""私势"的内容和措施。

"私家"势力的兴盛和私有观念的兴起与蔓延，打破了原有的社会秩序，引起了先秦思想家的关注与思考。先秦诸子没有在肯定私的合理性基础上构建新型公私关系秩序，而是对"私"进行了不同程度的批评贬抑，对"公"给予了高度称颂张扬，并在"公私之辨"中提出"以公胜私"思想。以公胜私是先秦时期占主导地位的公私观，在先秦诸子的公私观中具有较高的重叠共识。老子是先秦诸子中最先把"公"与"道"联系在一起的思想家，提出"天道无私"思想。[1] 孔子贵公，在《礼记·礼运》中提出"大道之行，天下为公"的大同政治理想；[2] 墨子认为，要坚持公正公义，就必须去除私怨。(《墨子·尚贤上》："举公义，辟私怨。"[3]) 《管子》提出，君主治国理政中要依靠公义而不依靠私欲。(《管子·任法》："任公而不任私。"[4]) 韩非认为，私义盛行则国家混乱，公义盛行则国家安治。(《韩非子·饰邪》："私义行则乱，公义行则治。"[5]) 荀子在综合前人思想的基础上，强调为政者应根据社会公义而不是个人好恶行事，君子要以公道正义战胜个人私欲，

---

[1] 陈乔见：《公私辩——历史衍化与现代诠释》，生活·读书·新知三联书店2013年版，第59页。
[2] （清）孙希旦：《礼记集解》，中华书局1989年版，第582页。
[3] 吴毓江：《墨子校注》，中华书局1993年版，第66页。
[4] （清）黎翔凤：《管子校注》，中华书局2004年版，第900页。
[5] （清）王先慎：《韩非子集解》，中华书局1998年版，第128页。

提出著名的"公义胜私欲"命题。(《荀子·修身》:"君子之能以公义胜私欲也。"①)

(二)以公胜私的含义

以公胜私作为官吏阶层政德修养的基本要求,作为治国理政者处理公私关系的价值导向、行为准则和评价标准,主要包括四层含义。

1. 公私分明

公私分明是以公胜私的前提条件,没有明确的公私界限,就可能公私不分,就无所谓以公胜私。公私关系以公私现象的客观存在为前提条件,如果社会运行中没有公私的客观事实,就不会有公私关系,也就没有以公胜私。只有明确国家治理中的"公""私"的含义、范围与边界,才能准确理解政德修养意义上的"以公胜私"。国家治理中的"公"包括三层含义:一是政治管理领域的公。政治管理领域的"公"与治国理政直接相关,体现国家治理活动中的公共属性,主要指公共机构、公共事务、公共标准。公共机构指官府或朝廷,是国家为进行公共管理而设置的政治机构;公共事务指国家事务、朝廷公务等"公事",区别于家庭或个人事务之"私事";公共标准指社会普遍公认的一般标准,是实现公正治国的各种"公器"。二是道德伦理领域的公。道德伦理领域的"公"指治国理政者应该遵守的职业道德或职业伦理,其本质要求是天下为公,公正无私,公平正直,公道通义,公开透明。三是经济利益领域的公。经济利益领域的公即"公利",表现为国家利益、社会利益、集体利益等公共利益,对应于家庭利益、个体利益、个人利益等"私利"。国家治理中的"私"包括四层含义:一是指私有、私利、私物。既可以是个人之私,也可以是家庭之私。二是指私心、自私、私欲。这里的"私"具有强烈的道德评价意蕴,被认为是人性之"恶"。三是指偏私、偏心、偏袒。这里的"私"是指对人对事采取特殊主义,没有做到一视同仁,存在偏倚、偏护。四是指私下、私议、私密。这里的"私"主要是指"保密"或"不公开"的暗箱操作状,相对于"公开""透明"状态。当

---

① (清)王先谦:《荀子集解》,中华书局2013年版,第42页。

然，在不同的时空中，公私边界具有动态性，公私关系具有相对性；但在特定的时空中，公私边界具有稳定性，公私关系具有确定性。明确了"公"与"私"的内涵，治国者才知道治国理政中应该崇尚什么、坚持什么，应该反对什么、放弃什么。

商鞅首先提出"公私分明"主张，认为只有做到公私界限分明，小人才不会嫉妒贤才，无能之辈才不会妒忌功臣。(《商君书·修权》："公私之分明，则小人不疾贤，而不肖者不妒功。"①) 商鞅高度重视公私分明对于国家治理的重要性和必要性，认为公私分明是国家存亡的根本。(《商君书·修权》："故公私之交，存亡之本也。"②) 韩非则认为，如果圣明君主详察公私的不同和各自利害之所在，奸臣就无机可乘。(《韩非子·八经》："故明主审公私之分，审利害之地，奸乃无所乘。"③)

2. 天下为公

天下为公是以公胜私的根本准则，是各级官吏特别是君主在治国中必须遵循的第一准则。"天下为公"是对"天下为私"的彻底否定，直接针对君主把国家、天下视为个人私有的观念，即所谓"溥天之下，莫非王土；率土之滨，莫非王臣"。④《吕氏春秋》明确提出：天下不是某一个人的天下，而是天下人的天下。(《吕氏春秋·贵公》："天下，非一人之天下也，天下之天下也。"⑤)《吕氏春秋》认为，大凡立君的本意，都是出于公、为了公。(《吕氏春秋·贵公》："凡主之立也，生于公。"⑥) 慎到说：古时立天子并尊贵，不是只利天子一个人；立天子是为天下，不是为天子本人；立君主是为了国家，不是为了君主本人。(《慎子·威德》："古者立天子而贵之者，非以利一人也。……故立天子以为天下，非立天下以为天子也。立君以为国，非立国以为君也。"⑦) 商鞅认为，

---

① 石磊：《商君书》，中华书局2011年版，第108页。
② 同上。
③ （清）王先慎：《韩非子集解》，中华书局1998年版，第433页。
④ 王秀梅译注：《诗经》，中华书局2015年版，第488页。
⑤ 陆玖译注：《吕氏春秋》，中华书局2011年版，第22页。
⑥ 同上书，第21页。
⑦ 许富宏：《慎子集校集注》，中华书局2013年版，第16页。

三王靠仁义得天下,五霸靠法度控制诸侯,都不是以天下为一己之私,而是为了民众治理天下。(《商君书·修权》:"故王者以义亲天下,五伯以法正诸侯,皆非私天下利也,为天下治天下。"①)一言以蔽之,这些主张一致要求君主必须做到以公治国、公心为国、夙夜在公、一心为民。

君主奉公治国,集中体现在出于公心任官用人。任官用人是君主的权力也是君主的责任,直接关系国家安危。荀子认为,君主用人要按照德行安排等级,权衡能力授予官职,使每一个人都有自己的职责而且适合各自的才能。(《荀子·君道》:"论德而定次,量能而授官,皆使人载其事而各得其所宜。"②)荀子反对以私授官,认为君主可以私人以财产,但不能私人以官职。(《荀子·君道》:"故明主有私人以金石珠玉,无私人以官职事业。"③)荀子说,公正产生光明,偏私产生黑暗。(《荀子·不苟》:"公生明,偏生暗。"④)荀子认为,如果任官用人做到了公正无私,那么,公正之道就畅通而徇私后门就堵上了,公理正义显明了则图谋私利的事情就停止了。(《荀子·君道》:"公道达而私门塞矣,公义明而私事息矣。"⑤)《管子》也说:圣明君主不把爵位俸禄私自授予所爱的人,忠臣就不会假冒才能来骗取爵位俸禄;君主不以私治国,臣子就不能假冒才能。(《管子·法法》:"明君不以禄爵私所爱,忠臣不诬能以干爵禄。君不私国,臣不诬能。"⑥)

3. 崇尚公义

崇尚公义是以公胜私的价值取向,要求治国者在处理公私关系时必须始终把"公"放在首位,崇尚公道、公正,坚持公平、公心。一是以公灭私。《尚书》提出,君主只有做到出于公心,消灭私情,老百姓才会信任并服从。(《尚书·周官》:"以公灭私,民其允怀。"⑦)

---

① 石磊:《商君书》,中华书局2011年版,第108页。
② (清)王先谦:《荀子集解》,中华书局2013年版,第281页。
③ 同上书,第286页。
④ 同上书,第59页。
⑤ 同上书,第282页。
⑥ (清)黎翔凤:《管子校注》,中华书局2004年版,第312—313页。
⑦ 王世舜、王翠叶译注:《尚书》,中华书局2012年版,第471页。

"以公灭私"强调公的绝对性和至上性,认为公私截然对立,不可调和,有公则无私,其中所蕴含的尚公意识可谓表现到极致。与此相近的观点是先秦法家早期代表人物慎到提出的"立公弃私",慎到认为公与私不可同存,立公必然弃私。(《慎子·威德》:"凡立公,所以弃私也。"①)"立公灭私"观对后世产生了巨大影响,并发展成为"至公无私"和"大公无私"。二是公正无私。公正无私就是在国家治理活动中要做到一视同仁,不偏不倚。孔子提出著名的"三无私"思想,要求治国理政者在处理公共政务时要效法"天道无私",就像天地日月无私对待万物一样。孔子说:天宇无私地覆罩万物,大地无私地承载万物,日月无私地临照万物,遵循这三种无私精神来劝勉天下,就叫三无私。(《礼记·孔子闲居》:"天无私覆,地无私载,日月无私照,奉斯三者以劳天下,此之谓三无私。"②)《吕氏春秋》说:先王治理天下以公正无私为前提,坚持公正无私才能实现天下太平。(《吕氏春秋·贵公》:"昔先王之治天下也,必先公。公则天下平也。"③)三是公而忘私。作为一种处理公私关系的精神境界,公而忘私观承认"私"的客观存在,但"忘私"并不等于"无私"和"灭私"。贾谊说:臣子为了君主忘了自身,为了国家忘了家庭,为了公共利益忘了个人私利。(《汉书·贾谊传》:"则为人臣者主耳忘身,国耳忘家,公耳忘私。"④)四是先公后私。先公后私的观念在《诗经》中已出现:雨水降落到公田,同时滋润我私田。(《诗经·小雅·大田》:"雨我公田,遂及我私。"⑤)先公后私观承认"公利"与"私利"并存的前提下,主张国家利益、社会利益优先于个人利益,整体利益、集体利益优先于个体利益。坚持先公后私,就要反对先私后公的思想和行为。"尚公"是四种公私观念中的"最大公约数",这是中华民族处理公私关系上传承至今的优良传统。

---

① 许富宏:《慎子集校集注》,中华书局2013年版,第18页。
② (清)孙希旦:《礼记集解》,中华书局1989年版,第1277页。
③ 陆玖译注:《吕氏春秋》,中华书局2011年版,第21页。
④ (汉)班固:《汉书》,中华书局1962年版,第2257页。
⑤ 王秀梅译注:《诗经》,中华书局2015年版,第515页。

### 4. 抑制私欲

抑制私欲是以公胜私的底线保障,要求治国理政者处理公私关系时必须坚决反对私利、私心、私情、私意,始终做到限制私、排斥私、抵制私、摒弃私。一是认清私欲的社会危害。先秦诸子对私欲的社会危害进行了全面的分析和批判。《管子》认为,私心是扰乱天下的根源。(《管子·心术下》:"私者,乱天下者也。"①)《管子》进一步指出,舍弃公法而喜好私情,百姓就会背离法制而肆意妄为,国家就不得安定。(《管子·任法》:"舍公而好私,故民离法而妄行,……而国家不治。"②)《吕氏春秋》提出,把私利放在公利之上,这是衰微国家的政治。(《吕氏春秋·举难》:"以私胜公,衰国之政也。"③)韩非认为,谋求私利的行为得逞,国家利益就不复存在。(《韩非子·五蠹》:"私行立而公利灭矣。"④)荀子指出,君主喜欢偏私,则大臣百官就会乘机进行偏私。(《荀子·君道》:"上好曲私,则臣下百吏乘是而后偏。"⑤)二是重视抑私的社会价值。先秦诸子从正、反两个维度对抑制私欲的必要性和重要性进行了充分的论证和阐述。庄子认为,五官的职责不同,君主不曾偏私某一官职,所以国家才能得到治理。(《庄子·则阳》:"五官殊职,君不私,故国治。"⑥)荀子说:只有在思想上克服私心,才能在行为上做到为公。(《荀子·儒效》:"志忍私然后能公。"⑦)韩非认为,除掉奸邪谋私之行而遵循国家公正法度,百姓就能得到安宁,国家就能治理好;除掉图谋私利的行为而实行公正法度,军队就会强大而敌人弱小。(《韩非子·有度》:"能去私曲就公法者,民安而国治;能去私行行公法者,则兵强而敌弱。"⑧)三是建立抑私的社会机制。老子从"无为而治"的理念出发,认为抑制私欲的基本方法是保持外表

---

① (清)黎翔凤:《管子校注》,中华书局2004年版,第778页。
② 同上书,第900页。
③ 陆玖译注:《吕氏春秋》,中华书局2011年版,第731页。
④ (清)王先慎:《韩非子集解》,中华书局1998年版,第448—449页。
⑤ (清)王先谦:《荀子集解》,中华书局2013年版,第273页。
⑥ (清)王先谦:《庄子集解》,中华书局1987年版,第59页。
⑦ (清)王先谦:《荀子集解》,中华书局2013年版,第172页。
⑧ (清)王先慎:《韩非子集解》,中华书局1998年版,第32页。

单纯而内心淳朴，少有私心降低欲望。(《老子·十九章》："见素抱朴，少私寡欲。"①) 老子的抑私策略实质上是一种消极无为机制，依靠自我减少甚至杜绝私心杂念消除私欲。庄子从顺应自然的角度提出，只要顺应事物本性而不掺杂私念，天下就可以实现大治。(《庄子·应帝王》："顺物自然而无容私焉，而天下治矣。"②) 儒家则强调治国者的主动作为和自觉努力，通过自身的政德修养实现克己奉公，坚决反对假公济私、以公谋私、以私害公、以私损公和先私后公等行为。荀子特别赞赏"公士"的品质：不勾结下面的人欺骗君主，不苟合君主残害臣民，在纷争中保持公正，不以个人私利损害他人。(《荀子·不苟》："不下比以暗上，不上同以疾下，分争于中，不以私害之，若是，则可谓公士矣。"③) 墨子认为治国者应该效法"天"的"无私"品性，在治国理政中坚持公正无私的兼爱思想。(《墨子·法仪》："天之行广而无私，其施厚而不德，其明久而不衰，故圣王法之。"④) 《管子·正》提出"废私立公"，⑤ 以实现"官无私论，士无私议，民无私说"。⑥ 商鞅提出"任法去私"，认为圣明君主执行法制摒弃私利，国家就不会有"缝隙"和"蛀虫"。(《商君书·修权》："是故明王任法去私，而国无隙、蠹矣。"⑦) 韩非对私深恶痛绝，直接提出"立法废私"策略。(《韩非子·诡使》："夫立法令者以废私也，法令行而私道废矣。"⑧)

（三）以公胜私的价值

公私关系是古今中外普遍存在的社会关系，处理公私关系是国家治理和社会治理中的永恒主题。在处理公私关系中形成的多元公私观中，"以公胜私"一直以来都是中华民族公私观念中的"主文化"，在中国传统社会治理和中华民族文化绵延中发挥了极为重要的历史作用。历史

---

① 朱谦之：《老子校释》，中华书局1984年版，第75页。
② （清）王先谦：《庄子集解》，中华书局1987年版，第46页。
③ （清）王先谦：《荀子集解》，中华书局2013年版，第58页。
④ 吴毓江：《墨子校注》，中华书局1993年版，第29页。
⑤ （清）黎翔凤：《管子校注》，中华书局2004年版，第896页。
⑥ 同上书，第911页。
⑦ 石磊：《商君书》，中华书局2011年版，第109页。
⑧ （清）王先慎：《韩非子集解》，中华书局1998年版，第414页。

证明,"以公胜私"在承认公私共生基础上倡导尚公贵公的价值取向,其正义性、合理性、正确性和科学性毋庸置疑,是最符合人类社会、国家民族整体利益的政德素养。

中华人民共和国成立近 70 年来,我国在处理公私关系上既有成功经验也有深刻教训。在推进国家治理体系和治理能力现代化的进程中,公私关系是实现治理现代化的重大难题之一,以公胜私仍然是我们全面协调和科学处理公私关系的首要准则。国家公职人员本身就"姓公",根本职责就是用好公共权力,承担公共管理,提供公共服务,促进公共利益;国家公职人员遵循以公胜私确属天经地义,应该成为践行以公胜私的典范和榜样;国家公职人员必须担当公共使命,为全社会合理构建公私利益格局,合法划分公私利益边界,兼顾公私利益并重,坚持公共利益优先,实现公私利益共赢。

(毕天云)

### 四 以义统利

义、利是中国传统社会思想的基本范畴,义利关系是国家治理中经常遇到的重大社会关系,正确处理义利关系既是治国者修养政德的基本要求,也是治国者实现善群目标的重要保证。处理义利关系有多种选择,不同选择体现不同的政德修养,产生不同的社会效果。先秦思想家在"义利之辨"中提出重叠共识程度较高的"以义统利"命题,明确了治国者在处理义利关系时必须遵循的基本原则,要求治国者在处理义利关系时做到义为利本、见利思义、以义制利、义利合一。

(一)以义统利的提出和背景

义利关系是一种客观存在的社会关系,"以义统利"是先秦社会思想家在"义利之辨"中提出的重要命题,其形成和发展过程可概括为三个阶段。

第一阶段是先秦社会现实中出现了义利冲突的客观事实。春秋时期,农业生产工具的变革加速了荒地的大量开发,致使私有土地不断增加;私商和私营手工业开始产生并日趋活跃,形成了一支独立的私有经济力量。私有经济的膨胀激发了人们追求物质财富和政治权力的功利欲望,功利欲望驱使人们做出各种违逆"周礼"的行为,造成"礼崩乐坏"的局面,形成了以道德为内核的"礼乐教化"和以利益为动力的私有经济之间的尖锐冲突即义利冲突。[1]

第二阶段是义利冲突转化为义利之辨。社会存在决定社会意识,社会意识反映社会存在。社会现实中出现的义利关系失调或义利冲突问题,引起了社会思想家的关注和思考,社会存在中的义利冲突折射和转化到社会意识领域,产生了"义利之辨"。春秋时期齐国著名政治家晏子评论说:谦让是德行的主干,能谦让是美德;凡有血气的人都有争夺之心,所以利益不可强取,想到道义才更胜一筹;道义是利益的根本,蓄积利益会生妖孽。(《春秋左传·昭公十年》:"让,德之主也。让之谓懿德。凡有血气,皆有争心,故利不可强,思义为愈。义,利之本也。蕴利生孽。"[2])生活于春秋末期的孔子第一个自觉意识到义利关系的重要性,"义利之辨"发端于孔子,他提出以义为上、先义后利、见利思义、见得思义等观点。[3]

第三阶段是综合"义利之辨"各种观点提出"以义统利"思想。从孔子开始,先秦诸子分别从不同立场和角度出发,提出了一系列义利观,主要表现为四种理论形态:儒家学派的"重义轻利"观、法家学派的"重利轻义"观、墨家学派的"义利合一"观和道家学派的"义利双弃"观。从基本倾向看,四种理论形态的划分有一定的合理性;从本质上看,儒、墨、法、道四家的义利观并非泾渭分明、相互排斥,四家之间存在着相互借鉴、相互补充甚至相互支持的因素。综观先秦诸子义利观中的"重叠共识"或"最大公约数","以义统利"是最具综合性的命题。

(二)以义统利的含义

1. 义利共生

义利共生是以义统利的前提条件。荀子对义利共生有着非常深刻的认识,明确提出义与利是人类社会行动本身所具有的两个内在要

---

[1] 朱贻庭主编:《中国传统伦理思想史》,华东师范大学出版社2009年版,第36—37页。
[2] 杨伯峻:《春秋左传注》,中华书局1990年版,第1317页。
[3] 罗国杰主编:《中国伦理思想史》,中国人民大学出版社2008年版,第127—129页。

素。荀子说：道义和利益，二者都是人所兼有的。即使尧、舜也不能去掉民众追求利益的欲望，然而他们能使民众对利益的追求不超过对道义的爱好。即使夏桀、商纣也不能去掉民众对道义的爱好，然而他们能使民众对道义的爱好不超过对利益的追求。（《荀子·大略》："义与利者，人之所两有也。虽尧、舜不能去民之欲利，然而能使其欲利不克其好义也。虽桀、纣亦不能去民之好义，然而能使其好义不胜其欲利也。"①）

"义利之辨"中的"义"，是指社会行动是否符合社会公认的"道义""正义""大义""仁义""合宜"等；"义"是社会行动的道德维度，体现社会行动的道德价值，为社会行动中的"利"提供正当性、合理性、合宜性的说明。"义利之辨"中的"利"，是指社会行动者追求和获得的物质利益，包含"公利"（天下之利、国家之利、百姓人民之利等公共利益）和"私利"（个人利益），墨家的"利"主要指"公利"（公共利益），儒家、法家、道家的"利"主要指"私利"（个人利益）；"利"是社会行动的功利维度，体现社会行动的功利价值。"以义统利"思想主张，处理义利关系时要在尊重义利共生的前提下坚持义对利的统率作用。

2. 义为利本

"义为利本，以义生利"实现以义统利的社会本体论基础。首先是义为利本。《春秋左传》说：道义是利益的根本，利益要以道义为根基。（《春秋左传·昭公十年》："义，利之本也。"②）义之所以是利之本，是因为义是利的立足点，没有义的支撑，则利就不能立足立世。《国语》说："义是利的立足点，贪是招怨的祸根；废除了义则利就不能立足，贪心太重就会生怨。"（《国语·晋语二》："夫义者，利之足也；贪者，怨之本也。废义则利不立，厚贪则怨生。"③）如何实现义为利本？孔子提出，君子在社会行动中要以道义为准则，依照礼节实行

---

① （清）王先谦：《荀子集解》，中华书局2013年版，第592页。
② 杨伯峻：《春秋左传注》，中华书局1990年版，第1317页。
③ 陈桐生：《国语》，中华书局2013年版，第327页。

它，运用谦逊的语言表达它，用诚实的态度完成它。(《论语·卫灵公》："君子义以为质，礼以行之，孙以出之，信以成之。"①) 荀子则认为，只有坚持道义处理政事，才能知道何为有利。(《荀子·君子》："以义制事，则知所利矣。"②) 其次是以义生利。利是人类社会存在和发展的物质基础，孔子认为，君主为政的第一美德就是顺应和给予人民所需要的利益和实惠。(《论语·尧曰》："因民之所利而利之。"③) 如果义不能生利，则义的存在就失去了意义。因此，以义生利既是义为利本在社会实践中的具体表现，也是义为利本正当性的实践基础。正是在这个意义上，孔子提出，君子讲义就是要求任何一个人无论身份贵贱，都要为天下做出自己应有的贡献。(《礼记·表记》："君子之所谓义者，贵贱皆有事于天下。"④)《春秋左传》载孔子的话说：用礼制推行道义，道义就能产生利益，用利益治理百姓，这是政事的大纲。(《春秋左传·成公二年》："礼以行义，义以生利，利以平民，政之大节也。"⑤) 荀子举例说，商汤、武王正是遵循了道义治国，并且大兴天下共同利益，最终实现了天下归顺。(《荀子·正论》："汤武非取天下也，修其道，行其义，兴天下之同利，除天下之同害，而天下归之也。"⑥) "以义生利"的现代说法就是"和气生财"，"和气"就是"义"，"生财"就是"利"，和则生利，不和则损利。

3. 见利思义

"见利思义"是实现以义统利的社会认识论基础。思想认识是社会行动的先导，只有"心中有义"，才能"行中见义"。只有心中装着"义"，行动之中才会想着"义"，才能做到行中见"利"不忘"义"。如果心中没有"义"，行中见"利"不思"义"，行中见"利"就只想"利"。荀子说，人之所以为天下最尊贵的生灵，最根本的不是人有气、有生命、有

---

① 杨伯峻：《论语译注》，中华书局2012年版，第231页。
② （清）王先谦：《荀子集解》，中华书局2013年版，第535页。
③ 杨伯峻：《论语译注》，中华书局2012年版，第292页。
④ （清）孙希旦：《礼记集解》，中华书局1989年版，第1306页。
⑤ 杨伯峻：《春秋左传注》，中华书局1990年版，第788页。
⑥ （清）王先谦：《荀子集解》，中华书局2013年版，第382页。

知觉，而是人有道义。(《荀子·王制》："人有气、有生、有知，亦且有义，故最为天下贵也。"①)《周易》之所以把"义"作为君子的四大美德之一，正是因为君子面对利益都能想到道义，君子取利都能符合道义。(《周易·乾》："利者，义之和也……利物足以和义。"②) 孔子认为，君子和小人在义利问题上的根本区别，就是君子心中有义并且懂得义，小人则是心中无"义"只有"利"。(《论语·里仁》："君子喻于义，小人喻于利。"③) 荀子认为，为了保利益而舍去道义的人，可谓之大贼。(《荀子·修身》："保利弃义，谓之至贼。"④) 孔子把见利思义作为个人成为完人全人的重要途径，视为衡量完美君子的重要评价标准。(《论语·宪问》："见利思义，……亦可以为成人矣。"⑤) 孔子进一步强调，心中有义固然重要，但更为重要的是在社会行动中能够见义。孔子认为，凡是见到可得的利益，都要考虑可得之利背后的道义或可得之利的正当性。(《论语·子张》："见得思义。"⑥) 在孔子看来，尽管富贵是人人都需要的，但以不符合道义的方法取得它，则君子不接受。(《论语·里仁》："富与贵，是人之所欲也；不以其道得之，不处也。"⑦) 所以孔子说：凡是不符合道义要求得来的富贵，对他而言犹如浮云。(《论语·述而》："不义而富且贵，于我如浮云。"⑧) "见利思义不忘义"的现代说法就是"君子爱财，取之有道""不义之财不可取"。

4. 以义制利

"以义制利"是实现以义统利的方法论基础。首先是以义胜利。以义胜利是儒家处理义利关系的基本原则。荀子站在国家治理的高度指出，道义胜过利益则社会安定和谐，利益胜过道义则社会混乱无序。

---

① （清）王先谦：《荀子集解》，中华书局2013年版，第194页。
② 杨天才、张善文：《周易》，中华书局2011年版，第10页。
③ 杨伯峻：《论语译注》，中华书局2012年版，第54页。
④ （清）王先谦：《荀子集解》，中华书局2013年版，第28页。
⑤ 杨伯峻：《论语译注》，中华书局2012年版，第207页。
⑥ 同上书，第278页。
⑦ 同上书，第49页。
⑧ 同上书，第99页。

(《荀子·大略》："故义胜利者为治世，利克义者为乱世。"①) 孔子认为，君子要以遵循道义为上，否则有勇无义则扰乱社会秩序。(《论语·阳货》："君子义以为上，君子有勇而无义为乱，小人有勇而义为盗。"②) 孔子还说，如果完全放任人们唯利而行，必然会招致很多怨恨。(《论语·里仁》："放于利而行，多怨。"③) 如何实现以义胜利？儒家非常重视君主的表率作用。孟子说，君主仁爱，则没有人不仁爱；君主讲道义，则没有人会不义。(《孟子·离娄下》："君仁，莫不仁；君义，莫不义。"④) 荀子认为，君主重视道义，道义就胜过利益；君主推崇利益，利益就胜过道义。(《荀子·大略》："上重义则义克利，上重利则利克义。"⑤) 荀子指出，奸人产生的根本原因就是君主既不重视道义也不尊重道义。(《荀子·强国》："凡奸人之所以起者，以上之不贵义，不敬义也。"⑥) 荀子主张，君主要做遵循道义的表率，唯有如此，群臣上下，贵贱老幼，以至普通百姓，才不会有人不遵从道义，则天下人都会归附道义。(《荀子·强国》："君臣上下，贵贱长少，至于庶人，莫不为义，则天下孰不欲合义矣？"⑦) 其次是义重于利。《荀子》载孔子说，坚毅刚强而不屈从，是大义也。(《荀子·法行》："坚刚而不曲，义也。"⑧) 孔子认为，如果国家有外敌入侵，国君为国家领土主权而死，是符合大义的行为。(《礼记·礼运》："故国有患，君死社稷谓之义。"⑨) 荀子赞赏士君子的勇敢精神，认为他们为了遵循道义，不屈从于权势，不考虑个人利益得失，甚至把整个国家给他也不改变做法，至死都永不屈服。(《荀子·荣辱》："义之所在，不倾于权，不顾其利，举国而与之不为改视，重死持义而不挠。"⑩) 孟子提出，在个人

---

① （清）王先谦：《荀子集解》，中华书局2013年版，第592页。
② 杨伯峻：《论语译注》，中华书局2012年版，第264页。
③ 同上书，第52页。
④ 杨伯峻：《孟子译注》，中华书局1960年版，第187页。
⑤ （清）王先谦：《荀子集解》，中华书局2013年版，第592页。
⑥ 同上书，第360页。
⑦ 同上书，第350页。
⑧ 同上书，第632页。
⑨ （清）孙希旦：《礼记集解》，中华书局1989年版，第606页。
⑩ （清）王先谦：《荀子集解》，中华书局2013年版，第66页。

生命与社会道义发生冲突的时候,为了社会道义可以不惜牺牲自己的生命。(《孟子·告子上》:"生亦我所欲也,义亦我所欲也;二者不可得兼,舍生而取义者也。"①)再次是先义后利。既然是义重于利,在社会行动中就应做到先义后利。荀子对义利顺序的选择行为进行道德评价,认为以道义为先、利益为后的行为光荣,而以利益为先、道义为后的行为则耻辱。(《荀子·荣辱》:"先义而后利者荣,先利而后义者辱。"②)荀子甚至说,君子如果能够做到不以利益损害道义,那么耻辱就不会到来。(《荀子·法行》:"故君子苟能无以利害义,则耻辱亦无由至矣。"③)孔子认为,如果一个人先讲道义再取利益,人们就不会讨厌他。(《论语·宪问》:"义然后取,人不厌其取。"④)孔子举例说,臣子首先要用心做事侍奉君主,然后才谈俸禄。(《论语·卫灵公》:"事君,敬其事而后其食。"⑤)孟子坚决反对先利后义,他对梁惠王说,如果信奉先利后义的话,人的欲望永远不会满足。(《孟子·梁惠王上》:"苟为后义而先利,不夺不餍。"⑥)

5. 义利合一

"义利合一"是以义统利的最高境界。墨子既贵义又尚利,提出"义利合一"的义利观,在先秦时期的义利思想中独树一帜。一方面,义者利也。墨子贵义,认为"义"是天下万物中最珍贵的东西。(《墨子·贵义》:"万事莫贵于义。"⑦)"义"为什么珍贵?天下有道义就能生存,无道义就会灭亡;有道义就能富贵,无道义就会贫穷;有道义就能得到治理,无道义就会混乱。(《墨子·天志上》:"天下有义则生,无义则死;有义则富,无义则贫;有义则治,无义则乱。"⑧)墨子进一步提出,义是天下之"良宝",因为"义"能利国家、利社稷、利人

---

① 杨伯峻:《孟子译注》,中华书局1960年版,第265页。
② (清)王先谦:《荀子集解》,中华书局2013年版,第68页。
③ 同上书,第631页。
④ 杨伯峻:《论语译注》,中华书局2012年版,第208页。
⑤ 同上书,第238页。
⑥ 杨伯峻:《孟子译注》,中华书局1960年版,第1页。
⑦ 吴毓江:《墨子校注》,中华书局1993年版,第670页。
⑧ 同上书,第288页。

民,遵循道义治国,人口一定会众多,刑罚政治一定会得到治理,江山社稷一定会得到安定,人民一定会得到利益。(《墨子·耕柱》:"今用义为政于国家,人民必众,刑政必治,社稷必安。所为贵良宝者,可以利民也,而义可以利人,故曰:义,天下之良宝也。"①) 墨子以"义"释"利",把"义"视为实现利民、利国、利天下的根本手段,认为仁义之人治理政事的原则,一定是要增进天下的利益,除去天下的祸患。(《墨子·兼爱中》:"仁人之所以为事者,必兴天下之利,除去天下之害,以此为事者也。"②) 另一方面,利者义也。墨子尚利,以"利"释"义",主张"义"要以"利"为内容、标准和归宿。墨子认为,凡是符合天下之利、国家之利、百姓之利、他人之利的行为,就是"有义"之行,反之则是"不义"之举。在墨子看来,所谓"义"者,就是"利人",例如有力量的人快速去帮助别人,有财产的人努力分给别人,有道德的人尽力去教导别人。(《墨子·尚贤下》:"有力者疾以助人,有财者勉以分人,有道者劝以教人。"③) 总之,墨子认为,"义"存在于"公利"之中,只有实现"公利"的"义"才称得上"义";有无"公利"是评价有无"义"的依据,"公利"大小是衡量"义"之多少的标准。墨子通过"义利合一",实现了"以义统利"的最高境界。

(三) 以义统利的价值

义利共生于人的社会行动之中,既是社会行动的两个内在因素,也是评价社会行动的两种尺度。"义"对社会行动的评价属于价值评价,是一种"应然尺度",反映"该不该""当不当"等属性;"利"对社会行动的评价属于事实评价,是一种"实然尺度",反映"有无""多少"等属性。在两种评价尺度中,"义"尺度是属于人类自身的"内部尺度",人们可以用"义"去评价"利";"利"尺度属于客观事物的"外部尺度",客观事物不可能用"利"来评价"义",这就是在义利关系评价中坚持"以义统利"而非"以利统义"的根本依据。

---

① 吴毓江:《墨子校注》,中华书局1993年版,第643页。
② 同上书,第155页。
③ 同上书,第96页。

"以义统利"是中国传统社会处理义利关系的主导思想,是中华民族发展过程中最受推崇的义利观,是中华民族传统义利文化的深层结构和深厚底蕴,已沉淀为华夏子孙处理义利关系的"集体无意识",扎根于普通百姓的精神世界和灵魂深处。从社会学的角度看,义利关系实质上是一种价值合理性与工具合理性的关系,是实质合理性与形式合理性的关系。"义"代表价值合理性和实质合理性,"利"代表工具合理性和形式合理性。"以义统利"思想反映出中华民族是一个高度重视价值合理性和实质合理性的民族,是一个强调价值合理性高于工具合理性、实质合理性重于形式合理性的民族。中华民族的这一价值取向,体现在国家治理上就是"王道"高于"霸道"、"王道"优于"霸道"的治国方略,体现在个人修身上就是"德才兼备、以德为先"的君子标准。

"以义统利"思想虽然形成于先秦时期,但其内含的精神价值却具有超时空的普遍意义。在不同的历史时期,"义"与"利"的具体内容会发生变化,"义"与"利"的具体要求具有相对性;但"义利并存、以义统利"的基本原则和价值导向却具有绝对性,不因时空的变化而改变。身处物质匮乏时代的先哲们尚且懂得"以义统利"的重要意义,身处物质丰裕时代的现代人更应珍惜"以义统利"的民族精神。当今社会,价值合理性与工具合理性、实质合理性与形式合理性的矛盾依然存在,"义"与"利"的冲突也时常出现,有时甚至还比较尖锐。坚持"以义统利"的价值取向,仍然是处理现代社会义利关系的行为准则和评价标准。在推进国家治理现代化的过程中,"以义统利"仍然是治国理政者处理义利关系必须遵循的基本准则。承担公共服务职能的不同类型和层次的国家管理者,更应该把"以义统利"作为现代官德修养的重要任务,并在公共服务实践中成为社会典范。

(毕天云)

## 结　语

本章从五个层面全面阐述了善群的基本命题,系统回答了治国者在国家治理实践中达成国治目标的善群之道。第一个层面是善群的基础。

## 第六章 善群的基本命题

本章认为，善群的基础是以民为本，治国者必须高度重视民众在国家结构中的重要地位，始终牢记以民为本的治国理念。以民为本作为善群的基础，主要体现在民为邦本、民贵君轻、善养民生、得民心者得天下等命题中。第二个层面是善群的方略。本章认为，善群的方略是礼法并重，治国理政者既要重视"法治"也要重视"礼治"，要做到礼法互补、相辅相成。礼法并重作为善群的方略，主要体现为隆礼重法、礼有三本、礼立则国治、义立则国兴、法为治端、立公弃私、明德慎罚、法治之本在人等命题。第三个层面是善群的关键。本章认为，善群的关键是尚贤使能，治国理政者要高度重视贤才在国家治理中的地位，充分发挥贤才在国家治理中的作用，坚持贤才治国、贤才兴国。尚贤使能作为善群的关键，集中体现在得人才者得天下、理政治民、以教育才、唯贤是举、善待贤才等命题中。第四个层面是善群的手段。本章认为，善群的手段是富民强国，只有治国理政者采取各种有效方法实现国家富强，才能确保社会稳定、社稷安宁。富民强国作为善群的手段，主要包括制民恒产、等赋养民、扶危济困、百吏尽职、强兵固国等手段。第五个层面是善群的保证。本章认为，善群的保证在于修养政德，只有治国理政者加强政德修养，提高政德水平，才能为治国理政奠定坚实的政德保证。政德修养作为善群的保证，主要体现为为政以德、正人先正己、以公胜私、以义统利。

上述五个层面表明，善群是一项复杂艰巨的治国理政工程。善群基础为国家治理奠定价值理念，善群方略为国家治理提供基本战略，善群关键为国家治理找到人才依靠，善群手段为国家治理指明方法抓手，善群保证为国家治理提出政德保障。五个层面分别从不同侧面回答了治国理政中的重大问题，五个层面之间既相互独立又相互影响，实现五个层面之间的良性互动，才能形成国家治理的合力效应，实现国家治理的综合目标。

（毕天云）

# 第七章 乐群的基本命题

## 引 言

乐群关切的是群存在的最大可能性,乐群的基本命题主要回答了群得以存在是受哪些理想价值所指引。乐群是合群、能群、善群的必然要求,修身、齐家和治国都以平天下为最高目标,平天下是群之最乐。乐群不仅仅是指平天下的手段和途径,还是指具有整合性功能的普遍价值。

本章要回答几个基本问题:乐群有什么样的理念?乐群以什么为基础?乐群的原则是什么?乐群的手段有哪些?乐群的理想是什么?这些问题分别涉及公天下、和为贵、和而不同、兼爱互利、天下大同等共享性文化预设,[①] 这些文化预设奠定了中国古典社会学富有整体性、温情性、乐观性等品格。

乐群以公天下为理念。中国古代社会思想中存在着一种广阔无垠的天人合一空间思想,这造成了一种整体性的公共观念。这种整体性的公共观念的重要性在于降低人性的不确定性,因为人性可能"天生蒸民,其命匪谌"(《诗经·大雅·荡》),有了公天下的理念,就可以去不断完善一种确定性的制度。

乐群以和为贵为基础。以公天下为理念,就有了一种建设公共制度的确定性追求。公共制度的建设要以一定的心态为基础,"和为贵"正

---

① [美]本杰明·史华兹:《古代中国的思想世界》,程钢译,江苏人民出版社2008年版,第552页。

是一种心态,它作为制度的基础,可以说是奠定了后世秩序的基础。

乐群以和而不同为原则。在整体上是追求统一和谐的秩序,然而不能为和而和,必须为这生活于制度中的个体留出空间和创造性,这就为制度和秩序留出了反思性和知识性,没有和而不同,也就无法达到统一。

兼爱互利是乐群的手段。平天下是群体性的行动,必须以大多数人的利益为考量,因此,兼爱互利就成为群体行动的基本手段。在春秋战国这样的混乱时代,兼爱互利是凝聚力汇集的重要手段。

天下大同是乐群的理想。没有理想就没有动力,中国古人创造出一种和谐性而非对抗性的社会理想,天下大同这一理想使得一种文明生生不息、源源不断向前。

(何 健)

## 第一节 公天下:乐群的理念

### 一 天下有道

(一)"天下有道"命题的含义

"天下有道"这一讲法是先秦诸子思想与行动展开的动力之所在。虽然由于对"道"的不同理解而导致的路径大不相同,其间虽然有对无序的激愤和对个体内心和谐的回归,[①] 不过总的来说还是希望社会有治。先秦诸子会通天道与人道,孔子作《春秋》成就了我国第一部史书,目的是让乱臣贼子惧;老子本为周守藏室史,主张无为而治;墨子通自然科学与社会情势,用世救世。

"道"是中国思想文化中的核心概念之一。"道"本身由两个维度构成,一为行走或行动,一为领导。因此,"道"并非一种静态,而是具有强烈的动态性和过程性,可以转化、可以治理,所谓循天之道,成人之道。从《尚书》《论语》《中庸》等文献中可以看到这种思想观念:

---

① 葛兆光:《中国思想史》,复旦大学出版社2001年版,第111—127页。

道有升降，政由俗革。……惟周公克慎厥始，惟君陈克和厥中，惟公克成厥终。三后协心，同砥于道，道洽政治，泽润生民，四夷左衽，罔不咸赖，予小子永膺多福。(《尚书·毕命》)

笃信好学，守死善道。危邦不入，乱邦不居。天下有道则见，无道则隐。邦有道，贫且贱焉，耻也；邦无道，富且贵焉，耻也。(《论语·泰伯》)

故为政在人，取人以身，修身以道，修道以仁。(《中庸》)

道者何也？曰：君之所道也。君者何也？曰：能群也。能群也者何也？曰：善生养人者也，善班治人者也，善显设人者也，善藩饰人者也。……道存则国存，道亡则国亡。(《荀子·君道》)

"天下有道"有以下五层意思：其一，是指天下有秩序，位居中央的天子能够行礼乐征伐，地方听中央号令，不各自为政，基层老百姓没有怨恨。

天下有道，则礼乐征伐自天子出；天下无道，则礼乐征伐自诸侯出。自诸侯出，盖十世希不失矣；自大夫出，五世希不失矣；陪臣执国命，三世希不失矣。天下有道，则政不在大夫。天下有道，则庶人不议。(《论语·季氏》)

先王之道，人之隆也，比中而行之。曷谓中？曰：礼义是也。道者，非天之道，非地之道，人之所以道也，君子之所道也。……言必当理，事必当务，是然后君子之所长也。(《荀子·儒效》)

其二，天下有序是指人伦关系与政治关系的内外和谐。

天下之达道五，所以行之者三，曰：君臣也，父子也，夫妇也，昆弟也，朋友之交也，五者天下之达道也。(《中庸》)

孟子曰：天下有道，小德役大德，小贤役大贤；天下无道，小役大，弱役强。斯二者天也。顺天者存，逆天者亡。……得天下有道：得其民，斯得天下矣；得其民有道：得其心，斯得民矣；得其

心有道：所欲与之聚之，所恶勿施尔也。民之归仁也，犹水之就下、兽之走圹也。(《孟子·离娄上》)

其三，"天下有道"是一种"实践性的福道"。

今以夫先王之道，仁义之统，以相群居，以相持养，以相藩饰，以相安固邪。(《荀子·荣辱》)

道虽迩，不行不至；事虽小，不为不成。(《荀子·修身》)

神莫大于化道，福莫长于无祸。……故学至乎礼而止矣。夫是之谓道德之极。……故必由其道至，然后接之；非其道则避之。故礼恭，而后可与言道之方；辞顺，而后可与言道之理；色从而后可与言道之致。(《荀子·劝学》)

道者，古今之正权也；离道而内自择，则不知祸福之所托。(《荀子·正名》)

其四，"天下有道"在于己身修行，知荣辱成人道，以公义胜私欲。

人之所以为人者何已也？……人道莫不有辨。(《荀子·非相》)

志意修则骄富贵，道义重则轻王公；内省而外物轻矣。……身劳而心安，为之；利少而义多……故良农不为水旱不耕，良贾不为折阅不市，士君子不为贫穷怠乎道。……君子之求利也略，其远害也早，其避辱也惧，其行道理也勇。(《荀子·修身》)

君子乐得其道，小人乐得其欲；以道制欲，则乐而不乱；以欲忘道，则惑而不乐。(《荀子·乐论》)

欲虽不可尽，可以近尽也。欲虽不可去，求可节也。所欲虽不可尽，求者犹近尽；欲虽不可去，所求不得，虑者欲节求也。道者，进则近尽，退则节求，天下莫之若也。(《荀子·正名》)

威有三：有道德之威者，有暴察之威者，有狂妄之威者，此三威者，不可不孰察也。礼乐则修，分义则明，举错则时，爱利则形。如是，百姓贵之如帝，高之如天，亲之如父母，畏之如神明。故赏不用而民劝，罚不用而威行，夫是之谓道德之威。……然则得胜人之埶者，其不如胜人之道远矣！夫主相者，胜人以埶也，是为是，非为非，能为能，不能为不能，并己之私欲，必以道，夫公道通义之可以相兼容者，是胜人之道也。(《荀子·强国》)

其五，"天下有道"在于人的良知。

善治需要达道，达道需要"知道""体道"，一言以蔽之，善治要以心智健全、智虑深远为前提。

何谓衡？曰：道。故心不可以不知道；心不知道，则不可道，而可非道。人孰欲得恣，而守其所不可，以禁其所可？以其不可道之心取人，则必合于不道人，而不合于道人。以其不可道之心与不道人论道人，乱之本也。夫何以知？曰：心知道，然后可道；可道然后守道以禁非道。以其可道之心取人，则合于道人，而不合于不道之人矣。以其可道之心与道人论非道，治之要也。何患不知？故治之要在于知道。(《荀子·解蔽》)

夫能有其国、保其身者必且体道，体道则其智深，其智深则其会远。(《韩非子·解老》)

(二)"天下有道"命题的思想史源流

中国古代思想是一种天地（天道）、社会（世道）、人类（人道）一体化的总体性观念。[①] 老子看似消极其实积极，强调"执古之道，以御今之有"，这是承认道的存在性和可能性。如果说老子的入世比较隐晦，那么孔子的入世则是彰明。"鸟兽不可与同群，吾非斯人之徒与而谁与？天下有道，丘不与易也。"(《论语·微子》) 在孔子看来，"道"曾经实现过，"周鉴于二代，郁郁乎文哉，吾从周"(《论语·八佾》)。也就是说，过去曾出现过一个具有普遍性、整体性、包容性的文明秩序

---

① 葛兆光：《中国思想史》，复旦大学出版社2001年版，第124页。

第七章　乐群的基本命题

和系统。① 荀子因此讲"大道者，所以变化遂成万物也"（《荀子·哀公》）、"循道正行，足以为纪纲"（《荀子·尧问》）、"从道不从君""好同非独"（《荀子·臣道》）、"公道兼容并私，胜人以势不如胜人以道"（《荀子·强国》）。

（三）"天下有道"命题的社会史基础

"天下有道"意味着一种普遍性秩序系统是可能的。三代形成的系统奠定了整个文化秩序的轴心，后世的制度、典章、组织、仪礼由此展开，孔子因此讲"行夏之时，乘殷之辂，服周之冕，乐则韶舞"（《论语·卫灵公》）。人类社会制度不外是"道"的具体（常）体现，"天行有常，不为尧存，不为桀亡。……天有常道矣，地有常数矣，君子有常体矣"（《荀子·天论》）。或者可以认为，社会秩序有着长久不变的原则，"常道"与"常法"蕴含在社会系统结构之中，失去了原则就会变得混乱，正如慎到所说的"国无常道""官无常法""国家日缪"（《慎子·威德》）。②

这"常道""常法"最明显地体现在各种礼法和典章中。"礼者，人道之极也。"（《荀子·礼论》）柳诒徵认为，中国从周代始，政教秩序之主干已成，组织与机制初成，通过命官制（太宰）、贡物制（司会）、盟约制（司约、司盟）、朝聘制（大、小行人）、刑罚制（司寇）、哀恤制、文书制（史官、方志官、诵训官）等，俨然成为一社会义化有机体。③

> 施典于邦国，而建其牧，立其监，设其参，傅其伍，陈其殷，置其辅。（《周礼·天官冢宰》）
>
> 司会：掌邦之六典、八法、八则之贰，以逆邦国、都鄙、官府之治。以九贡之法致邦国之财用，以九赋之法令田野之财用，以九功之法令民职之财用，以九式之法均节邦之财用。掌国之官府、郊

---

① ［美］本杰明·史华兹：《古代中国的思想世界》，程刚译，江苏人民出版社2008年版，第87页。
② 同上书，第333—334页。
③ 柳诒徵：《中国文化史》，上海古籍出版社2001年版，第204—215页。

野、县都之百物财用，凡在书契版图者之贰，以逆群吏之治而听其会计。以参互考日成，以月要考月成，以岁会考岁成。以周知四国之治，以诏王及冢宰废置。(《周礼·天官冢宰》)

司约：掌邦国及万民之约剂。治神之约为上，治民之约次之，治地之约次之，治功之约次之，治器之约次，治挚之约次之。……司盟：掌盟载之法。凡邦国有疑会同，则掌其盟约之载及其礼仪，北面诏明神，既盟，则贰之。盟万民之犯命者，诅其不信者亦如之。凡民之有约剂者，其贰在司盟；有狱讼者，则使之盟诅。凡盟诅，各以其地域之众庶，共其牲而致焉；既盟，则为司盟共祈酒脯。(《周礼·秋官司寇》)

古者，大行人掌大宾之礼，及大客之义，以亲诸侯。春朝诸侯而图天下之事，秋觐以比邦国之功，夏宗以陈天下之谋，冬遇以协诸侯之虑。时会以发四方之禁，殷同以施天下之政，时聘以结诸侯之好，殷眺以成邦国之贰，闲问以谕诸侯之志，归脤以交诸侯之福，贺庆以赞诸侯之喜，致会以补诸侯之灾。(《大戴礼记·朝事》)

大司寇之职：掌建邦之三典，以佐王刑邦国、诘四方：一曰刑新国用轻典，二曰刑平国用中典，三曰刑乱国用重典。(《周礼·秋官司寇》)

小史：掌邦国之志，奠系世，辨昭穆。(《周礼·春官宗伯》)

外史：掌书外令，掌四方之志，掌三皇五帝之书，掌达书名于四方。若以书使于四方，则书其令。(《周礼·春官宗伯》)

诵训：掌道方志，以诏观事。掌道方慝，以诏辟忌，以知地俗。王巡守，则夹王车。(《周礼·地官司徒》)

(何　健)

## 二　天下为公

乐群是一种极广大的平天下境界，"天下为公"作为一种整合性观念，可以将"小家"和"大家"整合为一体。

## 第七章 乐群的基本命题

### （一）"天下为公"命题的含义

根据《礼记·礼运》的记载，"天下为公"语出：

> 大道之行也，天下为公，选贤与能，讲信修睦。故人不独亲其亲，不独子其子，使老有所终，壮有所用，幼有所长，矜、寡、孤、独、废、疾者皆有所养，男有分，女有归。货恶其弃于地也，不必藏于己；力恶其不出于身也，不必为己。是故谋闭而不兴，盗窃乱贼而不作，故外户而不闭。谓之大同。
> 
> 今大道既隐，天下为家，各亲其亲，各子其子，货力为己，大人世及以为礼，城郭沟池以为固，礼义以为纪。以正君臣，以笃父子，以睦兄弟，以和夫妇，以设制度，以立田里，以贤、勇、知，以功为己。故谋用是作，而兵由此起。禹、汤、文、武、成王、周公，由此其选也。此六君子者，未有不谨于礼者也。以著其义，以考其信，著有过，刑仁讲让，示民有常。如有不由此者，在势者去，众以为殃，是谓小康。（《礼记集解·礼运第九》）[①]

一直以来，关于"天下为公"的理解虽聚讼纷纭，但总体上都是在"天下为公""天下为家"一分为二框架下的不同理解。其一，认为"天下为公"是一种社会形态或社会理想。[②] 其二，认为"天下为公"就是关乎行事是否通乎性情上的"去私由公"。其三，认为"天下为公"类似现代的博爱和平等精神，公天下（大同）以其公平的理念不断调节和制约家天下（小康）阶段的不公平。[③] 其四，认为中国古代虽然有民主思想，虽有局部的"财产共有"，但"天下为公"并不意味着中国古代就有"天下公有"和"公有制"的思想。[④] 其五，现代考古学

---

[①]（清）孙希旦：《礼记集解》，中华书局1989年版，第581—583页。
[②] 张曙光：《"天下为公"：在理想与现实之间》，《北京师范大学学报》（社会科学版）2016年第2期。
[③] 向世陵：《从"天下为公"到"民胞物与"——传统公平与博爱观的旨趣和走向》，《中国人民大学学报》2015年第2期。
[④] 董楚平：《"天下为公"原义新探》，《文史哲》1984年第4期。

研究表明,"天下为公"指的是史前末期(山西襄汾县陶寺中期)复合聚落没有强烈分化、和谐共居的基本社会状况。①

综合以上,"天下为公"的含义需历史地、整体地加以理解。"天下为公"属《礼记》中的《礼运》部分,因此必须从礼的运行之必要性、功能性来理解。礼之必要性是因为"大家"分化为"小家",礼之功能性在于调节"小家"私之弊端,因此,去私由公的"天下为公"具有一种观念整合功能。"天下为公"将"小家"和"大家"统一在一起,有着对人类全体的关切之意,选贤与能(禅让制)、家天下都在人类和谐共同生活这个大前提之下。

(二)"天下为公"命题的思想史源流

"天下为公"指向的是"大同",同者,和也,平也之意。② 这种和平生活的思想传统流传深远。《诗经》中有多处表达和睦共生之意:

神之听之,终和且平。(《诗经·鹿鸣之什·伐木》)

嗟嗟烈祖,有秩斯祜。申锡无疆,及尔斯所。既载清酤,赉我思成。亦有和羹,既戒既平。(《诗经·商颂·烈祖》)

如果说《诗经》表达的只是一种朴素情怀,那么《尚书》则是制度上的明示,比如,"以公灭私,民其允怀""推贤让能,庶官乃和,不和政庞"(《尚书·周官》)。

另外,《春秋左传》里也有关于"天下为公"的故事,比如祁黄羊救叔向的故事非常有力地说明了中国古人不念私而为人类苍生立命的高尚情怀。襄公二十一年夏,晋国名臣叔向因其亲弟羊舌虎牵连而被囚于家,祁黄羊救叔向,救后不见叔向而归,叔向亦不告免焉而朝,着实体现了叔向、祁黄羊一类中国古人"天下为公"的社稷尽忠精神,"外举不弃雠,内举不失亲"。③

---

① 李宏飞:《中国古典意义的"大同·小康社会"》,《社会学研究》2010 年第 4 期。
② (清)孙希旦:《礼记集解》,中华书局 1989 年版,第 582 页。
③ 杨伯峻:《春秋左传注》,中华书局 1990 年版,第 1060 页。

### （三）"天下为公"命题的社会史基础

在中国古代，"天下为公"虽然并不意味着就有公有制，但却坚持行事的公正和公道。《吕氏春秋·贵公》中的"天下非一人之天下也，天下之天下也"紧接着的一句是"阴阳之和，不长一类，甘露时雨，不私一物，万民之主，不阿一人"。这意味着"贵公"并非"公有"，而是意味着公正治理、公正用人、公正公道。正如董楚平先生所言，虽然"天下"总归一人或一家治理，但能否长久，要看那"一人""一家"的治理到底公道不公道。① 中国历史上的禅让制、传贤制、传子制，以及后世一家之治的优选制，在根本上主张的是由公道公正者来操持。

"天下为公"是基于现实主义而提出来的，它承认现实中私的前提，但以公为尊崇，冀求对现实生活中普遍的私进行某种限制，不要以私乱公，② 愈后又演化为一种公有的理想。《礼记·大同》中的"货恶其弃于地也，不必藏于己""力恶其不出于身也，不必为己"两句，其实都是指不必都为己，不独私。古文献中多有强调公私并立，但不得以私害公。春秋时代楚国丞相石奢面对其父杀人而陷入公私两难困境，最后自刎以谢罪。战国时代魏将乐羊攻中山国不以子为私而牺牲了被囚于城中的儿子。汉文帝处死淮南王、汉武帝推行"推恩令"等历史事实多表明了公私并立，但在公事面前，往往要牺牲亲私。

中国古代的君主制度事实上大体确立了两个世界：一个是公的世界，比如君臣关系是公，皇权绅权关系是公；另一个是私的世界，仅限于父子关系、亲族关系。公私两个世界是在承认有私的前提下，建立起公的世界优越于私的世界的等级关系，所以，中国古代还有串联公私两个世界的知识分子世界，这个世界即为教育界和学术界，可以称为教权，但它的性质仍是公器，不过作用的是心灵、精神和价值领域。

"天下为公"承认"大家"（公家）和"小家"（私家）的并立，为了缓解冲突，事先得有一定的安排。比如，井田制就是从理想上规范

---

① 董楚平：《"天下为公"原义新探》，《文史哲》1984年第4期。
② ［日］尾形勇：《中国古代的"家"与国家》，张鹤泉译，中华书局2010年版，第150页。

了变动不居的现实，并框定了后世历朝历代的政治行动。① 公道在于人心，人心在于生活的安定，为此必须施行"仁政"，而仁政之落脚点在于人有所养，人要有所养必据于一定田制。孟子曰："夫仁政，必自经界始。经界不正，井地不钧，谷禄不平。是故暴君污吏必慢其经界。经界既正，分田制禄可坐而定也。……无君子莫治野人，无野人莫养君子。请野九一而助，国中什一使自赋。卿以下必有圭田，圭田五十亩。馀夫二十五亩。死徙无出乡，乡田同井。出入相友，守望相助，疾病相扶持，则百姓亲睦。方里而井，井九百亩，其中为公田。八家皆私百亩，同养公田。公事毕，然后敢治私事，所以别野人也。"②

孔孟以前周之田制有三种，一为画地为井而无公田者，二为画地为井而以其中百亩为公田者，三为不画井但制沟洫者。③ 孟子所讲的井田实为第二种类型。为何后世各代政治家接茬翻新第二种类型，这是因为国家社会治理之需要，通过井田建立起从井（"九夫为井"）、邑（"四井为邑"）、丘（"四邑为丘"）、甸（"四丘为甸"）、县（"四甸为县"）、都（"四县为都"）的治理谱系，这套谱系在《周官·小司徒》中被称为"乃经土地而井牧其田野"。我们在此不妨称为"井牧之术"。此套井牧之术必须兼顾公私的平衡，否则孟子所讲的"无君子莫治野人，无野人莫养君子"就没有着落，所以井田制成为孟子以降各代朝野辩论的重要话题。④

（何　健）

### 三　公则天下平

乐群之所以乐，是因为平天下是一种安宁祥和的状态，"公则天下平"显然是对社会安宁这种状态的肯定。

---

① 凌鹏：《井田制研究与近代中国——20世纪前半期的井田制研究及其意义》，《社会学研究》2016年第4期。
② 杨伯峻：《孟子译注》，中华书局1960年版，第118—119页。
③ 柳诒徵：《中国文化史》，上海古籍出版社2001年版，第157页。
④ 凌鹏：《井田制研究与近代中国——20世纪前半期的井田制研究及其意义》，《社会学研究》2016年第4期。

第七章　乐群的基本命题

（一）"公则天下平"命题的含义

"公则天下平"语出《吕氏春秋·贵公》，取的是"平得于公"之意，"得之以公，失之必以偏"。然而究其历史，"公"与"平"各有演变。"公"最早更多是指以王公为代表的行为，比如召公、周公，后演变至"公事"，比如，"惟公德明光于上下，勤施于四方"（《尚书·洛诰》）。然后"公"逐渐与"私"相对，比如"大者公之，小者庶民私之"（《周礼·秋官司寇》）。而"平"在早期更多和"土"的整理有关，所谓"地平天成"（《尚书·虞书·大禹谟》）。"平"这个观念的重要性恰恰因为"土地"在农业社会中的重要地位。土地既可能是物理地理性质问题而引起社会问题，比如水患，也可能因为土地分配不均而致社会不和谐，这两个问题都说明了"平"和"土地"之间的关联性，尤其后面一个问题随着社会发展日趋重要，充分说明"平"和"私"之间的关系，所以，"公"和"平"之间便有了联系，所以《说文》认为"公，平分也"。

在上述关系中，"公"和"平"之间的话语重要性，本是因为诸如"土地"等"私"而发生，不过随着社会发展，"公""平"作为共同、公共的道德重要性具有了压倒性优势，"公平"为上，"私"为下，甚至"公"和"平"成为了无极限之道德。全然没有古希腊那种带有条件性、限制性、分析性的"正义观"（Justice），总体胜过个体，安宁胜过权利。

因此，"公则天下平是社会安宁的保证"这一命题便是指中国古代文化以集体共存为重，有了公平公道，社会才会安宁和谐。

庄子在《天下》中提出了"道术将为天下裂"的社会变迁问题，[①]即"道术"本为天下治平的前提，现在却是"方术"竟出以争天下，从而导致社会动荡，人类不能成为一体。"道术"与"方术"之间是一古一今、一正一反、一得一失、一全一分、一大体一具体、一常态一变态的关系。

"道术"之得：

---

① 王青：《说"道术将为天下裂"》，《管子学刊》2007年第2期。

古之所谓道术者，果恶乎在？曰："无乎不在。"曰："神何由降？明何由出？""圣有所生，王有所成，皆原于一。"不离于宗，谓之天人。不离于精，谓之神人。不离于真，谓之至人。以天为宗，以德为本，以道为门，兆于变化，谓之圣人。以仁为恩，以义为理，以礼为行，以乐为和，薰然慈仁，谓之君子。以法为分，以名为表，以参为验，以稽为决，其数一二三四是也。百官以此相齿，以事为常，以衣食为主，蕃息畜藏，老弱孤寡为意，皆有以养，民之理也。古之人其备乎！配神明，醇天地，育万物，和天下，泽及百姓，明于本数，系于末度，六通四辟，小大精粗，其运无乎不在。（《庄子·天下》）

"方术"之失：

天下之治方术者多矣，皆以其有为不可加矣。……天下大乱，贤圣不明，道德不一，天下多得一察焉以自好。……悲夫！百家往而不反，必不合矣。后世之学者，不幸不见天地之纯，古人之大体，道术将为天下裂。（《庄子·天下》）

那如何解决这个"天下裂"的问题呢？庄子提出"弟子虽饥，不忘天下""愿天下之安宁以活民命""周行天下，虽天下不取，强聒而不舍""接万物""齐万物""公而不当（党）……与之俱往"（《庄子·天下》）。这就是说，要使天下一体，必须恢复社会世界的公道。这种共同生存思想在中国古代思想中是一种主流思想。孔子所讲"性相近，习相远也"（《论语·阳货》）讨论的是人类的共同性，荀子所说"坐于室而见四海""经纬天地而材官万物"（《荀子·解蔽》）指的是人类具备相通的知性能力。孔子提出"吾道一以贯之"（《论语·里仁》），认为贯通全部世界的"道"叫作"忠恕之道"，而"忠恕之道"又最终落实在具有普遍性的"礼"。

（二）"公则天下平"命题的思想史源流

"公则天下平是社会安宁的保证"这一命题涉及"公平"这一重要

主题。中国的公平思想和古希腊之正义思想，具有极大的差异。柏拉图《理想国》的正义是有限制的定义，所以一步步分析、辩论和探寻各种正义："正义就是给每个人以适如其分的报答""正义就是把善给予友人，把恶给予敌人""正义就是强者的利益"等。中国的公平思想是无限制级的公平，出自自然，（《周易·乾》："云行雨施，天下平也。"）广阔得涵括天道、地道、人道，（《管子·形势》："天公平而无私，故美恶莫不覆；地公平而无私，故小大莫不载。"）开放得人人享有，都可为圣人，（《尚书》曰："不偏不党，王道荡荡。"）复杂得公私可不分。（《诗经·小雅·大田》："雨我公田，遂及我私。"）

公则天下平，不公则不平，不公不平意味着社会不得安宁。在中国，公私不易分离，往往公不公、私不私，呈现"你中有我、我中有你"的状态，因此容易相互撕扯，所以经常会出现公报私仇、损公肥私，而大公无私、克己奉公往往是个人的美德，寄望国之"精华"（《春秋繁露·精华》），法和制度在公私面前是柔性的，人己之间的界限在"家"等观念的作用下难以界分，法和制度往往不保。

（三）"公则天下平"命题的社会史基础

"公则天下平是社会安宁的保证"要实现的话，在现实行为领域要求有"不私"的人，也就是公平之士，没有公平之士，就达不到孔子所说的"群而不党"之要求。不党即为不私，不党不私即为衡平。掌握衡平者即公平之士，所谓"故公平者，听之衡也；中和者，听之绳也"（《荀子·王制》）。《说苑·尊贤》中尤其强调贤良公平之士对社会安宁之作用：

> 春秋之时，天子微弱，诸侯力政，皆叛不朝；众暴寡，强劫弱，南夷与北狄交侵，中国之不绝若线。桓公于是用管仲、鲍叔、隰朋、宾胥无、甯戚，三存亡国，一继绝世，救中国，攘戎狄，卒胁荆蛮，以尊周室，霸诸侯。晋文公用咎犯、先轸、阳处父，强中国，败强楚，合诸侯，朝天子，以显周室。楚庄王用孙叔敖、司马子反、将军子重，征陈从郑，败强晋，无敌于天下。秦穆公用百里子、蹇叔子、王子廖及由余，据有雍州，攘败西戎。吴用延州莱季

子,并翼州,扬威于鸡父。郑僖公富有千乘之国,贵为诸侯,治义不顺人心,而取弑于臣者,不先得贤也。至简公用子产、裨谌、世叔、行人子羽,贼臣除,正臣进,去强楚,合中国,国家安宁。(《说苑·尊贤》)

公平之士多为"循吏",中国历史上的"循吏"文化观贯穿历代,中国民众对循吏尊崇的历史源远流长,从楚国的孙叔敖、汉代的倪宽、文翁、黄霸,到明代的海瑞,他们的故事和影响代代流传。司马迁的《史记》专辟有循吏列传。

比如楚国名臣孙叔敖的故事:

楚令尹虞丘子复于庄王曰:"臣闻奉公行法,可以得荣,能浅行薄,无望上位,不名仁智,无求显荣,才之所不著,无当其处。臣为令尹十年矣,国不加治,狱讼不息,处士不升,淫祸不讨,久践高位,妨群贤路,尸禄素餐,贪欲无猒,臣之罪当稽于理,臣窃选国俊下里之士孙叔敖,秀赢多能,其性无欲,君举而授之政,则国可使治而士民可使附。"庄王曰:"子辅寡人,寡人得以长于中国,令行于绝域,遂霸诸侯,非子如何?"虞丘子曰:"久固禄位者,贪也;不进贤达能者,诬也;不让以位者,不廉也;不能三者,不忠也。为人臣不忠,君王又何以为忠?臣愿固辞。"庄王从之,赐虞子采地三百,号曰"国老",以孙叔敖为令尹。少焉,虞丘子家干法,孙叔敖执而戮之。虞丘子喜,入见于王曰:"臣言孙叔敖果可使持国政,奉国法而不党,施刑戮而不骫,可谓公平。"庄王曰:"夫子之赐也已!"(《说苑·至公》)

循吏这一史实涉及两个方面:一方面是正式规则的法,要求制度公平,公职人员能够"秉公无私""奉公行法""奉国法而不党"。在先秦思想中,法家一派多谈及奉公。《商君书》讲"定分":"自治奉公",《韩非子》谈"有度":"奉公法,废私术"。另一方面是公平的社会文化心理,呈现出公私辩证一体的关系,正如翟学伟所说:"中国人在定义公的时候是通过私的反面来加以认识的。它们的逻辑是 A 与非 A 的关系，而不是 A 与 B 的关系。其差异在于 A 或 B 均是可以确定的概念，而非 A 是不确定的概念。"[①] 在逻辑上，既可能"非私即公"，也可能"非公即私"，但事实上随着国家权力的至大而至公，共同性、公共性成为社会的主导观念。所以《尚书·周官》讲"以公灭私，民其允怀"。因此，官事、公门、公法为上，而私党、私家、私利、私亲为下。故《说苑·至公》：

> 治官事则不营私家，在公门则不言货利，当公法则不阿亲戚，奉公举贤则不避仇雠，忠于事君，仁于利下，推之以恕道，行之以不党。(《说苑·至公》)

(何　健)

## 第二节　和为贵：乐群的基础

### 一　善同贵和

中国文化传统中虽然在修身层面有"君子和而不同，小人同而不和"的讲法，但在群体生活层面上，主导的观念是善同而不求异，贵和而不求冲突。

(一)"善同贵和"命题的提出

《周易》中有"同人"一卦，据其《彖传》《象传》等解释，"同"具有"通和""亲和""柔中""中和"之意，强调"君子以类族辨物"，但否定"同流合污"之负面意义，而肯定"志同道合""同心同德"之积极意义。《诗经》中出现大量体现群体生活状态的"同行""同车""同穴""同归""同裳""同袍""四方攸同""万福攸同"等词组。《尚书》中除了"尚克修和"(《尚书·君奭》)、"咸和万民"(《尚书·周书·无逸》)、"九州攸同"、"四海会同"(《尚书·禹贡》)、"汝则从，龟从，筮从，卿士从，庶民从，是之谓大同"(《尚

---

[①] 翟学伟：《中国人的"大公平观"及其社会运行模式》，《开放时代》2010 年第 5 期。

书·洪范》）等单独讲"和""同"外，有"同寅协恭和衷哉"（《尚书·皋陶谟》）一句，"同"与"和"在此同时出现，不仅如此，在晚一点的《礼记》中出现了"天地和同"（《礼记·月令》）、"上下和同"（《礼记·孔子闲居》）的讲法。这显现出中国传统文化中一种"同中有和""和中有同"的文化意蕴。

在群体层面，孔子强调"道不同，不相为谋"（《论语·卫灵公》），甚至直接肯定"同"是人的规定性之一，"鸟兽不可与同群，吾非斯人之徒与而谁与？"（《论语·微子》）孔子认为，"同"有各种形式，比如父亲、兄弟、朋友、邦国、盟誓等，在这些之中，"宗庙"（祭祀）与"会同"（外交）是最重要的两件大事，"宗庙会同，非诸侯而何？赤也为之小，孰能为之大？"（《论语·先进》）

显然，"祭祀"与"外交"这两件大事都需要礼来规制，因此孔子的学生有子认为"礼之用，和为贵"这一原则非常好，几乎什么大小场合都可适用。（《论语·学而》："先王之道斯为美，小大由之。"）因为有子看到"礼之用"是有条件的，适合恰当才用，不适合时要节制使用，否则便是不可行的。（《论语·学而》："有所不行，知和而和，不以礼节之，亦不可行也。"）这其实就是一种"明礼贵和"的思想，[①]即明了礼之使用，贵在恰当！换言之，"同群"亦要恰当！

孟子因此讲人要足够大，"善与人同""舍己从人""人告之以有过则喜"（《孟子·公孙丑上》）。这是一种形塑君子的途径。除此之外，孟子之"同"还涉及生计之法的"乡田同井""同养公田"（《孟子·滕文公上》），治道层面的"与民同乐"，（《孟子·梁惠王下》："今王与百姓同乐，则王矣。"）以及万事之理同层面，即"凡同类者，举相似也""屦之相似，天下之足同也""口之于味也，有同耆焉；耳之于声也，有同听焉；目之于色也，有同美焉。至于心，独无所同然乎？心之所同然者何也？谓理也，义也。圣人先得我心之所同然耳。故理义之

---

[①] 此观点受惠于李存山老师，他在由云南师范大学哲学与政法学院举办的群学思想史会议（2018年4月20—22日）上提醒笔者，要仔细区分"同"与"和"之间的差异性和对立性。受此启发，笔者体会出"礼之用，和为贵"之"和"的原初意义具有适合、适切、恰当之意，并非我们现今的"和气"之说。

悦我心，犹刍豢之悦我口"（《孟子·告子上》）。

孟子讲"和"之处不多，但把"人和"上升到极高的地位："天时不如地利，地利不如人和。"（《孟子·公孙丑下》）荀子也讲"人和"，谈得也不多，其讲法与孟子相似，主要强调不失"人和"，荀子也是更多谈"同"。

稍不同于孟子之处，荀子更多是从礼法治理的客观性层面讲"同"，认为"凡人有所一同"（《荀子·荣辱》），饥食、寒暖、劳息、好利、恶害，皆是人之生物特性和社会特性。（《荀子·荣辱》："人情之所同欲也。"）这种客观上的资源不均，即荀子所说"谷禄多少厚薄之称"（《荀子·荣辱》），要求人类之间就必须"同类""合应"，（《荀子·不苟》："君子洁其身而同焉者合矣，善其言而类焉者应矣。"）从而可以"兴天下同利，除天下同害"（《荀子·王霸》）。荀子"同"的思想有"至平"（《荀子·荣辱》）的指向，为达人伦，"制礼义以分之"，"斩而齐，枉而顺，不同而一"，即所谓"群居和一之道"（《荀子·荣辱》）。不仅如此，荀子将工具性的"同"推高到道德性层面，"道德纯备，智惠甚明，南面而听天下，生民之属莫不震动从服以化顺之。天下无隐士，无遗善，同焉者是也，异焉者非也"（《荀子·正论》）。

在孔、孟、荀之外，墨子基于其底层身份提出了明确的尚同学说。尚同的基本原理是"总天下之义，以尚同于天"（《墨子·尚同下》），墨子的尚同思想是防范天下生乱的具体制度设计。尚同起因于"天下之所以乱者，生于无政长"（《墨子·尚同上》），因此立天子、三公、正长（国君、里长、乡长），"尚用之天子，可以治天下矣；中用之诸侯，可而治其国矣；小用之家君，可用而治其家矣"（《墨子·尚同下》）。尚同的制度要能真正发挥作用，必须以爱为基础，"致信而持之"（《墨子·尚同下》），不爱民则"民无可使"（《墨子·尚同下》）。

在先秦儒、墨之外，道家超越墨家的具实和儒家的王道，自成其道，但也对"同""和"有着非常的重视，存有"育万物，和天下""同焉者和"（《庄子·天下》）、"和者大同于物"（《黄帝》）、"阴阳不同气，然其为和同也"（《鹖冠子·环流》）、"与万物同和者，德也"

(《文子·精诚》)等论述。

总而言之,先秦思想中的"善同贵和"思想为中国人的群体生活奠定了轴心式的基础,为后世的存同求异、和平共处提供了思想资源和动力。

(二)"善同贵和"命题的含义

"善同贵和"这一命题是对先秦思想中"同""和"观念的归整和总结,它认为"同"是"和"的事实性前提,"和"是"同"的指向,从"善同"到"贵和"要经过一个"礼之用"的过程。本命题包括三个方面的内容,其一是指"善与人同",其二是指"明礼贵和",其三是指"以和柔刚"。

1. 善与人同

"善与人同"取自《孟子》中"大舜有大焉,善与人同"(《公孙丑上》)一句。孟子的意思是说,"同"即"通"也,舜能舍己从人,具有大胸怀,通达上下,"同"不只是各种外在形式的群体,还具有内在的"发而皆中节"之"和",即执两用中,乐取于人以为善。[①]

由此看出,"善同贵和"确如前面命题所讲,有"与人为善"之内涵,这里尤其要强调的是它作为乐群的基础性条件方面。作为基础性条件,"善同"其实是承认社会中确实存在各种"不同"之事,要么协调、要么扭转、要么改变,"善同"也就有着强烈的行动意志。比如孔子讲,在比射箭这件事上,因为人的力量不同,不以射穿为准,而以射准为准。(《论语·八佾》:"射不主皮,为力不同科,古之道也。")显然制定公平的标准是一种行动。除了人力不同,还有"男女不同""性命不同""嗜欲不同""贫富不同"等,这些"不同"需要"善同"的行动来调节。正如孟子言,要学孔子"可以仕则仕,可以止则止,可以久则久,可以速则速"(《孟子·公孙丑上》)。

2. 明礼贵和

古代中国的乐群传统有一个非常重要的方面,即重视自然、音律、妻子、兄弟等的和谐、好合与和乐。《诗经》中有"鼓瑟鼓琴,和乐且

---

[①] 焦循:《孟子正义》,中华书局1987年版,第240—241页。

湛"(《小雅·鹿鸣》)、"妻子好合,如鼓瑟琴"、"兄弟既翕,和乐且湛"(《小雅·常棣》)等讲法。群之和乐要通过一定的制度来保障,所以《诗经》很早就有"礼仪卒度,笑语卒获"、"礼仪既备,钟鼓既戒"(《诗经·楚茨》)的记载。

"善同"并非"乱同",是指行动要合理,也就是要循礼、合礼,因此,"善同贵和"作为乐群基础的第二层含义就是"明礼贵和",即礼能和,"掌邦礼,治神人,和上下"(《周礼·周官》),"以礼乐合天地之化、百物之产,以事鬼神,以谐万民,以致百物"(《周礼·春官宗伯》)。周代的礼典、礼职其实皆以"和邦国""统百官""谐万民"(《周礼·天官冢宰》)为务。比如"大行人"这一官职就是"掌大宾之礼及大客之仪,以亲诸侯"(《周礼·秋官司寇》)。显然,"和""统""谐"具有"同"的精神,而周礼把"和"列为"六德"之一,即"知、仁、圣、义、忠、和"(《周礼·地官司徒》),"和"德为最后,起"统""谐"的作用,正如荀子总结性地指出,"审节而不和,不成礼;和而不发,不成乐。故曰:仁义礼乐,其致一也"(《荀子·大略》)。

3. 以和柔刚

"善同贵和"作为乐群的基础,它主张"以和柔刚"(《山海经·西山经》)。"和"有四"文",即"德""顺""仁""义",按此四文行事,则天下和,正如《山海经》中讲,"有鸾鸟自歌,凤鸟自儛。凤鸟首文曰德,翼文曰顺,膺文曰仁,背文曰义,见则天下和"(《山海经·海内经》)。有德、能顺、仁义,无疑即《中庸》所讲"虽柔必强""宽柔以教""柔远人则四方归之,怀诸侯则天下畏之"等的具体做法。

(三)"善同贵和"命题的社会价值

"善同贵和"的社会价值在于它作为乐群的基础,是通过"礼乐刑政"发挥着"同民心而出治道"的统一整合功效。(《礼记·乐记》:"乐统同,礼辨异,礼乐之说,管乎人情矣。")这就要求综合施治,走向"民治"。

· 707 ·

>乐者为同,礼者为异。同则相亲,异则相敬,乐胜则流,礼胜则离。合情饰貌者礼乐之事也。礼义立,则贵贱等矣;乐文同,则上下和矣;好恶著,则贤不肖别矣。刑禁暴,爵举贤,则政均矣。仁以爱之,义以正之,如此,则民治行矣。(《礼记·乐记》)

乐群从家庭邻里相亲走向更大范围的一国或天地之间,就是所谓的"大乐与天地同和,大礼与天地同节。和故百物不失,节故祀天祭地,明则有礼乐,幽则有鬼神。如此,则四海之内,合敬同爱矣"(《礼记·乐记》)。

(何 健)

## 二 以乐化人

以乐化人是先秦儒家提出的乐群基本命题之一。先秦儒家认为音乐与政治相通,以乐化人既是对民众进行音乐社会化,更是对民众进行政治社会化,是实现善政、达到乐群的重要途径。以乐化人的本质是追求"人和",包括完善人的本性、调节人的情感、节制人的欲望、陶冶人的情操、和谐人群关系,其最终目的在于增进社会团结,实现国家安定,奠定乐群基础。

(一) 以乐化人的提出过程

先秦儒家强调音乐与政治之间的紧密联系,主张在国家治理中实施以乐化人。《吕氏春秋》认为音乐与政治相通,音乐是反映国家治理状态的象征和标志:太平盛世的音乐安宁而快乐,反映国家的政治安定;动乱时代的音乐厌恨而愤怒,体现国家的政治乖谬;濒临亡国的音乐悲痛而哀愁,象征国家处于政治险恶境地。(《吕氏春秋·适音》:"故治世之音安以乐,其政平也;乱世之音怨以怒,其政乖也;亡国之音悲以哀,其政险也。凡音乐,通乎政而移风平俗者也。"[1])孔子认为,音乐是移风易俗的最佳方式,乐教是安国治民的最佳方法。(《孝经·广要

---

[1] 陆玖译注:《吕氏春秋》,中华书局2011年版,第144页。

道》:"移风易俗,莫善于乐;安上治民,莫善于礼。"①)因此,治国者可以通过礼乐引导和教育民众,促进民众和谐相处。(《孝经·三才章》:"导之以礼乐,而民和谐。"②)孔子主张把懂得礼乐作为选拔治国人才的一条重要标准,认为要优先选用懂得礼乐的人。(《论语·先进》:"先进于礼乐,野人也。后进于礼乐,君子也。如用之,则吾从先进。"③)孟子认为,观察一个国家的礼仪就可以知道它的政治状况,听到一个国家的音乐就可以了解它的道德风貌。(《孟子·公孙丑上》:"见其礼而知其政,闻其乐而知其德。"④)孟子还提出"乐教优于言教"主张,认为仁德的语言不如仁德的乐声深入人心,音乐教化更能够打动人心。(《孟子·尽心上》:"仁言不如仁声之入人深也。"⑤)荀子继承儒家"以乐治国"的思想传统,把音乐与民心联系起来,认为音乐中正平和则民众和睦不淫荡,音乐严肃庄重则民众心齐而不混乱。(《荀子·乐论》:"乐中平则民和而不流,乐肃庄则民齐而不乱。"⑥)荀子在《乐论》篇集中阐述了音乐的社会起源、基本分类、社会功能以及乐教实施,进一步丰富、深化和发展了"以乐化人"思想。

(二)以乐化人的社会背景

以乐化人的治国实践奠基于西周时期。西周统治者高度重视礼乐在国家治理中的作用,摄政成王的周公不仅主张"礼乐治国",而且亲自"制礼作乐",⑦建立了完备的西周礼乐制度,为后代统治者开创了一条具有典范意义的文治之道。西周时期既是中国上古音乐的集大成时期,也是音乐的高度繁荣时期。据《周礼·春官》记载,西周时期已设有专门的音乐机构,掌管乐事的官职有大司乐、乐师、大胥、小胥、大师、小师、磬师、钟师、笙师、镈师、韎师、典同、司干等;西周时期

---

① 胡平生:《孝经译注》,中华书局2009年版,第28页。
② 同上书,第13页。
③ 杨伯峻:《论语译注》,中华书局2012年版,第154页。
④ 杨伯峻:《孟子译注》,中华书局1960年版,第63页。
⑤ 同上书,第306页。
⑥ (清)王先谦:《荀子集解》,中华书局2013年版,第449页。
⑦ (清)孙希旦:《礼记集解》,中华书局1989年版,第986页。

的大学、国学等学校开设乐教课程，对贵族子弟进行音乐教育。根《周礼·大司乐》记载，西周实行"乐德""乐语""乐舞"教育：通过乐德教育贵族子弟具备六种德行：忠诚、刚柔适中、恭敬、有原则、孝顺父母、有爱兄弟，通过乐语教育贵族子弟掌握六种语言技巧：比喻、引古论今、背诵诗文、吟咏诗文、主动发言、回答叙述，通过乐舞教育贵族子弟学会《云门》《大卷》《大咸》《大韶》《大夏》《大濩》《大武》等舞蹈。(《周礼·春官宗伯第三》："以乐德教国子中、和、祗、庸、孝、友，以乐语教国子兴、道、讽、诵、言、语，以乐舞教国子舞《云门》《大卷》《大咸》《大韶》《大夏》《大濩》《大武》。"[1])

进入春秋战国以后，连绵不断的争霸战争和兼并战争破坏了西周建立的礼乐制度，出现了"礼崩乐坏"的局面，正统雅乐逐渐式微；与此同时，墨家提出"非乐"思想，对儒家音乐观进行全面否定。[2] 生活在战国末期的荀子，担负着为儒家礼乐治国和以乐化人思想正名的责任，他在《乐论》《礼论》《天论》《劝学》等篇中深入阐述了儒家的乐教思想。

（三）以乐化人的基本含义

1. 以音乐完善人的本性

先秦儒家认为，音乐教化是完善人性的重要途径。虽然孟子和荀子的人性观迥异，但两人都重视音乐教化，殊途同归。孟子的乐教思想建立在人性善的基础上，认为音乐教化顺应和体现了人性善的内在要求，是巩固和光大人性善的重要保障。孟子主张性善论，认为人类天生具有恻隐、善恶、恭敬、是非四种"善心"，天生具备仁、义、礼、智四种道德品质。(《孟子·告子上》："恻隐之心，仁也；善恶之心，义也；恭敬之心，礼也；是非之心，智也。仁、义、礼、智，非由外铄我也，我固有之也。"[3]) 孟子认为，要保障人性本善不被后天环境"破坏"，不在外部环境中"变恶"，实施音乐教化是一条实现"善上加善"的必

---

[1] 徐正英、常佩雨：《周礼》，中华书局2014年版，第478页。
[2] 李重明：《从"治心"到"化性"——荀子乐教思想论略》，《船山学刊》2010年第4期。
[3] 杨伯峻：《孟子译注》，中华书局1960年版，第259页。

由之路。孟子还认为，一个人具备了"四心"和"四品"，就会使人产生情不自禁的快乐，而快乐正是音乐的本质，快乐正是乐教的目的。孟子说：快乐的实质是以仁义为乐，快乐从仁义中产生，人有了快乐就会情不自禁地手舞足蹈。(《孟子·离娄上》："乐之实，乐斯二者，乐则生矣，生则恶可已也，恶可已，则不知足之蹈之手之舞之。"①)

荀子则主张性恶论，认为人的本性是不断追求生理欲望、财富欲望、享乐欲望的满足；如果这些欲望得不到有效节制，必然会出现"争夺生而辞让亡焉""残贼生而忠信亡焉""淫乱生而礼义文理亡焉"等失范行为。② 荀子认为，虽然人性本恶，但完全可以通过后天的改造实现"化性起伪"，对人性恶进行积极主动的矫正，最终达到"化恶为善"效果。如何实现人性的"化恶为善"？荀子既主张法律规训、刑罚惩戒，也非常重视礼义教化和音乐熏陶。荀子说：音乐为圣人所喜欢，可用来善化民心，它能感人至深，能改变陈旧风俗。(《荀子·乐论》："乐者，圣人之所乐也，而可以善民心，其感人深，其移风易俗。"③)

2. 以音乐调节人的情感

荀子认为，音乐表现人的快乐情感，音乐离不开情感；人不可没有情感，所以人不能没有音乐。(《荀子·乐论》："夫乐者，乐也，人情之所以必不免也，故人不能无乐。"④)《乐记》认为，音乐通过声音来表达情感，情感来源于人心对外界事物的反映。在外物、情感、音乐之间存在着一种相互联动和互相影响的内在机制，外物变化引起情感变化，情感变化引起音乐变化。反之，音乐影响人的情感，情感影响人对外物的感知。(《礼记·乐记》："乐者，音之所由生也，其本在人心感于物也。"⑤)《乐记》认为，人的情感影响音乐表达，不同的情感可以在不同的音乐中表现出来。悲哀的情感发出焦虑急促的声音，快乐的情感发出舒畅缓慢的声音，愤怒的情感发出粗暴严厉的声音，敬重的情感

---

① 杨伯峻：《孟子译注》，中华书局1960年版，第183页。
② （清）王先谦：《荀子集解》，中华书局2013年版，第513页。
③ 同上书，第450页。
④ 同上书，第448页。
⑤ （清）孙希旦：《礼记集解》，中华书局1989年版，第976页。

发出直爽庄重的声音，慈爱的情感发出柔和的声音。(《礼记·乐记》："是故其哀心感者，其声噍以杀；其乐心感者，其声啴以缓；其喜心感者，其声发以散；其怒心感者，其声粗以厉；其敬心感者，其声直以廉；其爱心感者，其声和以柔。"①)《乐记》还认为，音乐不是完全消极被动的，音乐具有"建构情感"的功能；音乐不仅表达人的情感，而且影响人的情感，不同的音乐会产生不同的情感体验。《乐记》说：奏起细微急促的音乐，人们听了就会产生忧愁感；奏起舒畅和谐、缓慢平易、节奏简明的音乐，人们听了就会产生安康快乐感；奏起粗犷严厉、发声猛烈、收尾亢奋、充满激愤的音乐，人们听了就会产生满怀刚毅之情；奏起廉直刚正、庄重真诚的音乐，人们听了就会肃然起敬；奏起宽裕圆润、流畅柔和的音乐，人们听了就会产生慈爱的情感；奏起浮躁怪癖、邪恶散乱、轻佻放荡的音乐，人们听了就容易产生淫乱的情感。(《礼记·乐记》："是故志微、噍杀之音作而民思忧，啴谐、慢易、繁文、简节之音作而民康乐，粗厉、猛起、奋末、广贲之音作而民刚毅，廉直、劲正、庄诚之音作而民肃敬，宽裕、肉好、顺成、和动之音作而民慈爱，流辟、邪散、狄成、涤滥之音作而民淫乱。"②)既然音乐能够影响甚至"建构"人的情感，那么，在国家治理中就可以通过音乐变换来调节人的情感，通过音乐教化来改变人的情感，通过音乐熏陶来培养国家和社会所需要的情感。

3. 以音乐节制人的欲望

音乐是满足人的情感需要和快乐欲望的艺术形式，但人的欲望具有浓厚的非理性特征，任由其放纵必然生产社会混乱，必须对其进行有效节制和正确引导。荀子认为，人天生就有耳目声色之欲与表达内心快乐的需要，这些欲望不能不表现出来，如果不对它们进行正确引导和节制，社会就会出现混乱。先王厌恶这种混乱，所以创作《雅》乐、《颂》乐来进行引导，使乐声能够表达快乐而不淫荡，使乐章能够辨清乐曲含义而不邪僻，使音乐的曲直、繁简、清浊、节奏能够感动人的善

---

① （清）孙希旦：《礼记集解》，中华书局1989年版，第976—977页。
② 同上书，第998页。

心，使那些奸邪污浊之气不能接触民众。(《荀子·乐论》:"故人不能不乐，乐则不能无形，形而不为道，则不能无乱。先王恶其乱也，故制《雅》《颂》之声以道之，使其声足以乐而不流，使其文足以辨而不諰，使其曲直、繁省、廉肉、节奏足以感动人之善心，使夫邪污之气无由得接焉。"①)荀子还提出，君子和小人对待音乐的态度不同，君子以从音乐中获得道义而快乐，小人以从音乐中满足欲望而快乐。用道义来约束欲望，就会快乐而不淫乱；只想满足欲望而忘记道义，就会迷惑而不快乐。(《荀子·乐论》:"君子乐得其道，小人乐得其欲。以道制欲，则乐而不乱；以欲忘道，则惑而不乐。"②)《吕氏春秋》也认为，先王制定礼乐的目的不是用来使耳目欢愉和满足口腹欲望，而是要教导人们端正好恶、实施理义。(《吕氏春秋·适音》:"故先王之制礼乐也，非特以欢耳目、极口腹之欲也，将教民平好恶、行理义也。"③)《乐记》提出，人的欲望产生于对外界事物的感知，外界事物无穷无尽地撼动人心，人的好恶情欲如果不能加以节制，就会导致人随物化。如果人随物化，就会灭绝天理而纵情人欲。如此，人们就会产生悖乱忤逆、欺诈虚伪的念头，就会发生纵情放荡、为非作歹的行为。(《礼记·乐记》:"物至知知，然后好恶形焉。好恶无节于内，知诱于外，不能反躬，天理灭矣。夫物之感人无穷，而人之好恶无节，则是物至而人化物也。人化物也者，灭天理而穷人欲者也。于是有悖逆诈伪之心，有淫泆作乱之事。"④)为了防止人欲横流而酿成大乱，古圣先王制礼作乐，加以节制。(《礼记·乐记》:"是故先王之制礼乐，认为之节。"⑤)《乐记》告诫统治者要运用乐教来规制情欲，培育民众的平易、正直、慈爱、诚信之心态，进而达到安定舒畅、性命长久、符合天道、通乎神明。(《礼记·乐记》:"致乐以治心，则易直子谅之心油然生矣。易直子谅之心

---

① (清)王先谦:《荀子集解》，中华书局2013年版，第448页。
② 同上书，第451页。
③ 陆玖译注:《吕氏春秋》，中华书局2011年版，第144—145页。
④ (清)孙希旦:《礼记集解》，中华书局1989年版，第984页。
⑤ 同上书，第986页。

生则乐，乐则安，安则久，久则天，天则神。"①）

### 4. 以音乐陶冶人的情操

音乐对人的感情、情绪、性格和意志的影响具有延伸性和扩展性，它会扩展到人的心理的各个方面，并对人的道德品质发生作用。《乐记》认为，音乐与伦理相通，音乐用来体现道德。（《礼记·乐记》："凡音者，生于人心者也。乐者，通伦理者也。"②）《乐记》指出，道德是人性的根本，音乐是品德的花朵。（《礼记·乐记》："德者，性之端也。乐者，德之华也。"③）孔子认为，一个人的道德品质可以在音乐中得到反映，如果一个人没有仁德，怎么会懂得音乐呢？（《论语·八佾》："人而不仁，如乐何？"④）既然音乐与伦理相通，那么就可以依托音乐进行道德教育，运用音乐陶冶人的道德情操，提升人的道德修养。乐教如何陶冶人的道德情操？一是要保持音乐的纯正真实。音乐只有纯正真实，才能从灵魂深处打动人心，纯洁人的心灵，陶冶出高尚的道德情操。《乐论》认为，乐虽然有诗、歌、舞等不同表现形式，但它们都是源自人的本心，都是人的真情实感和自然流露，唯有乐是不可作伪的。（《礼记·乐记》："诗，言其志也。歌，咏其声也。舞，动其容也。三者本于心，然后众乐从之。是故情深而文明，气盛而化神，和顺积中而英华发外，唯乐不可以为伪。"⑤）二是要追求音乐的至善至美。孔子把音乐的"美"与"善"联系起来，要求音乐的内容与形式统一，实现美与善的统一。孔子说：朴实胜过文采则显得粗野，文采胜过朴实则显得浮夸；文采与朴实两者兼备，这才是君子。（《论语·雍也》："质胜文则野，文胜质则史。文质彬彬，然后君子。"⑥）孔子认为，音乐只有达到至善至美才是至乐，并极力推崇尽善尽美的《韶》乐。（《论语·八佾》："子谓《韶》，尽美矣，又尽善也。谓《武》，尽美矣，未

---

① （清）孙希旦：《礼记集解》，中华书局1989年版，第1029页。
② 同上书，第982页。
③ 同上书，第1006页。
④ 杨伯峻：《论语译注》，中华书局2012年版，第33页。
⑤ （清）孙希旦：《礼记集解》，中华书局1989年版，第1006页。
⑥ 杨伯峻：《论语译注》，中华书局2012年版，第85页。

尽善也。"①)《吕氏春秋》认为：如果听不到完美的音乐，则音乐就不会使人快乐。(《吕氏春秋·明理》："不闻至乐，其乐不乐。"②) 三是要选择正统音乐实现"德音"教育。音乐有不同的类型，既有"雅乐"也有"俗乐"，既有"德音"也有"溺音"，既有"正声"也有"奸声"；不同类型的音乐，对人的影响不同，好的音乐产生积极影响，坏的音乐带来消极影响。《乐记》认为，在乐教过程中，必须选用符合国家伦理道德规范的正统音乐（"德音"），只有"德音"才能称作乐。(《礼记·乐记》："天下大定，然后正六律，和五声，弦歌诗颂，此之谓德音，德音之谓乐。"③) 孔子主张，乐教要志向在道上，据守在德上，依靠在仁上，游憩在艺上。(《论语·述而》："志于道，据于德，依于仁，游于艺。"④) 荀子认为，凡是奸邪的音乐感动人则歪风邪气就会响应它，由此将导致社会混乱；凡是正派的音乐感动人则和顺风气就会响应它，由此将实现社会安定。(《荀子·乐论》："凡奸声感人而逆气应之，逆气成象而乱生焉，正声感人而顺气应之，顺气成象而治生焉。"⑤)

5. 以音乐和谐人群关系

荀子认为，"中和"既是音乐的本质属性，也是音乐最重要的社会功能，可以运用音乐和谐社会关系，进而实现国家安定。(《荀子·乐论》："故乐者，天下之大齐也，中和之纪也。"⑥) 一是和谐等级关系。先秦社会是等级社会，不同社会等级之间存在着利益差别甚至矛盾冲突，协调不同等级之间的关系是国家治理的重要任务，荀子从礼与乐的功能差异性与效果互补性角度论述音乐在"柔化"社会等级矛盾中的突出作用。荀子认为音乐是使民众和谐的原则，礼仪是治理社会的准则；音乐使民众和谐一致，礼仪区分等级差异，礼乐结合约束人的言行。(《荀子·乐论》："且乐也者，和之不可变者也；礼也者，理之不

---

① 杨伯峻：《论语译注》，中华书局2012年版，第46页。
② 陆玖译注：《吕氏春秋》，中华书局2011年版，第187页。
③ （清）孙希旦：《礼记集解》，中华书局1989年版，第1015页。
④ 杨伯峻：《论语译注》，中华书局2012年版，第94页。
⑤ （清）王先谦：《荀子集解》，中华书局2013年版，第451页。
⑥ 同上书，第449页。

可易者也。乐合同，礼别异。礼乐之统，管乎人心矣。"①）《乐记》也认为，音乐是为了合同人们的情感，礼仪是为了区别等级的差异；情感合同就能相互亲近，等级差异就能相互尊敬；礼仪建立就能显示贵贱等级，乐章相同则上下和睦。（《礼记·乐记》："乐者为同，礼者为异。同则相亲，异则相敬。乐胜则流，礼胜则离。合情饰貌者，礼乐之事也。礼义立，则贵贱等矣；乐文同，则上下和矣。"②）二是和敬君臣关系。君臣关系是中国传统社会中治国者群体内部最重要的人际关系，直接影响国家治乱兴衰，为历代君主所高度重视。君主贤明、大臣尽忠、君臣同心，则国家稳定、社稷安康、人民安居乐业；君主昏庸、奸臣当道、君臣异心，则国家动乱、江山飘摇、人民怨声载道。荀子认为，音乐是调节君臣关系的重要手段，君臣上下一起在宗庙之中倾听音乐，能够促进君臣之间和睦恭敬。（《荀子·乐论》："乐在宗庙之中，君臣上下同听之，则莫不和敬。"③）三是和善君民关系。君民关系是国家治理中的根本关系，《尚书》提出"民为邦本"，孟子提出"民贵君轻"，都是强调"以民为本"的极端重要性。孟子主张实施仁政，要求君主"与民同乐"，认为这是君主获得民心，实现王道理想的重要方式。（《孟子·梁惠王下》："为民上而不与民同乐者，亦非也。乐民之乐者，民亦乐其乐；忧民之忧者，民亦忧其忧。乐以天下，忧以天下，然而不王者，未之有也。"④）四是和亲家庭关系。在"家国同构"的中国传统社会，家庭关系不仅影响家庭团结，也影响国家稳定。只有家庭关系和谐，才能实现"家和万事兴"；只有"家和万事兴"，才能实现"国和天下平"。荀子认为，音乐在家庭之中，父子兄弟一起倾听，能够促进家庭成员间的和睦亲近。（《荀子·乐论》："闺门之内，父子兄弟同听之，则莫不和亲。"⑤）五是和顺乡邻关系。乡邻关系是中国传统社会最重要的地缘关系，邻里既是一个地域共同体，也是一个生活共同体，还

---

① （清）王先谦：《荀子集解》，中华书局2013年版，第452页。
② （清）孙希旦：《礼记集解》，中华书局1989年版，第986—987页。
③ （清）王先谦：《荀子集解》，中华书局2013年版，第448页。
④ 杨伯峻：《孟子译注》，中华书局1960年版，第33页。
⑤ （清）王先谦：《荀子集解》，中华书局2013年版，第448—449页。

是一个命运共同体。邻里之间的守望相助、出入相友、疾病相扶，是中国传统社会里效率最高的民间互助保障体系。荀子认为，音乐在乡邻之中，年长者与年少者一起倾听，能够促进乡邻关系和睦亲顺。（《荀子·乐论》："乡里族长之中，长少同听之，则莫不和顺。"[1]）

（四）以乐化人的历史价值

"以礼治国"强调外部行为规制，"以乐化人"则侧重于"治心"，是一种潜移默化的乐群机制。"以乐化人"命题兼具双重社会属性，既是音乐社会学命题，也是政治社会学命题。从音乐社会学角度看，它回答了音乐的社会起源、社会分类和社会功能，揭示了音乐与社会之间的紧密联系和互动机制。从政治社会学角度看，它回答了音乐在个体政治社会化中的意义，分析了音乐作为国家治乱的象征或标志功能，揭示了音乐与政治之间的内在联系和互动机制。以乐化人作为中国传统社会的一种文治教化之道，既是治国者的善群手段和善群艺术，更是社会成员达到乐群境界的重要基础。以乐化人有利于培养社会成员的乐群德性和乐群能力，有利于改善不同社会等级之间的纵向关系，有利于改善不同社会人群之间的横向关系，有利于达成社会和谐、国家安宁、人民安乐的治世目标。

（毕天云）

## 三　多助而天下顺

多助而天下顺，是多助之至、天下顺之的概括，意即得到的帮助多了，治理天下就顺畅了。而多助的前提，则在于得道，即所谓得道多助，失道寡助。无论是一个团体，还是一个国家，都是一个群的形式。人们要能群、合群、善群、乐群，把群搞好，都必须得到更多的帮助。而要得到更多的帮助，则需要具有正义、道义，作为国家则需要实行仁政，以民为贵。

（一）"多助而天下顺"命题的提出

多助而天下顺这一命题较为完整的表述是在孟子的著作中，在《公

---

[1] （清）王先谦：《荀子集解》，中华书局2013年版，第449页。

孙丑下》篇中载有"域民不以封疆之界,固国不以山溪之险,威天下不以兵革之利。得道者多助,失道者寡助。寡助之至,亲戚畔之;多助之至,天下顺之。以天下之所顺,攻亲戚之所畔;故君子有不战,战必胜矣"。它的意思为"限制人民不必用国家的疆界,保护国家不必靠山川的险阻,威行天下不必凭兵器的锐利。行仁政的帮助他的人就多,不行仁政的帮助他的人就少。帮助的人少到极点时,连亲戚都反对他,帮助他的人多到极点时,全天下都顺从他。拿全天下顺从的力量来攻打亲戚都反对的人,那么,仁君圣主或者不用战争,若用战争,是必然胜利的了"。[1] 这里的道义是指仁政之道,当君主实行仁政,那么帮助他的人自然会很多,当个体数量累积到一定程度之后,天下也会归顺于他,此时乐群和平定天下的手段就是实行仁政之道。除了孟子的完整叙述外,早在《诗经》、《周易》和《尚书》等著作中也曾提及多助而天下顺的命题。他们多强调实行仁政得到助力的关键因素在于关注人,在《诗经·大雅·抑》中就有言"惠于朋友、庶民小子、子孙绳绳、万民靡不承"。[2] 强调管理者惠及百姓,子孙才能昌盛,才会有更多的百姓来归顺。在《周易》中有"观乎天文,以察时变;观乎人文,以化成天下";[3] 同时"观天之神道,而四时不忒,圣人以神道设教,而天下服矣"。[4] 通过观察天时、地利和人和,教化百姓,而得到百姓的服从和归附,从而使天下太平。

在孟子之后,儒家也有代表将多助而天下顺的思想内涵进一步整合和延伸。如荀子阐述了道的具体内涵,道是"君之所道也",是君主使个体能够成为群并乐于群的关键,其方法在于"善生养人者也,善班治人者也,善显设人者也,善藩饰人者也。善生养人者人亲之,善班治人者人安之,善显设人者人乐之,善藩饰人者人荣之",[5] 通过能群而使群体成员乐于群,在实际操作层面则需要"隆礼至法则国有常,尚贤使

---

[1] 杨伯峻:《孟子译注》,中华书局2012年版,第91页。
[2] 程俊英:《诗经译注》,上海古籍出版社2004年版,第470页。
[3] 郭彧译注:《周易》,中华书局2010年版,第177页。
[4] 同上书,第107页。
[5] (清)王先谦:《荀子集解》,中华书局2013年版,第237页。

能则民知方，纂论公察则民不疑，赏克罚偷则民不怠，兼听齐明则天下归之",① 最终，通过合适的管理方式，使百姓会各司其职，辅助群体，从而达到群体的和谐。

其实，不仅仅儒家详细阐述了多助而天下顺的内在含义，其他学派也有相关的论述，如道家，指出道与神明的关系，在无形的群体环境和群体发展规律中，如何顺应神明，"修正于境内，而远方怀德，制胜于未战"，然后达到"诸侯宾服也"的目的。② 老子详细进行了说明，他说："古之得道者，静而法天地，动而顺日月，喜怒合四时。号令比雷霆，音气不戾八风，诎伸不获五度。因民之欲，乘民之力，为之去残除害，夫同利者相死，同情者相成，同行者相助，循己而动，天下为斗。故善用兵者，用其自为用，不能用兵者，用其为己用，用其自为用，天下莫不可用，用其为己用，无一人之可用也。"③ 他强调被多助者的具有优势的性格特征，也强调顺应百姓的欲望且利用人民的力量去为他们除去残害，当这两者相结合时，那么同情、同利、同行者可以相助相成。如果仅仅为了私欲，没有这样的人格品质，那么会引起天下相争，无人相助。墨家则认为兼爱节俭之道易得人多助，同时尚贤使能能够使天下得以顺利发展。

由此可见，多助而天下顺，它有一个前提，即被多助者具有优秀的品质，同时也善于行仁政，那么天下百姓才会帮助于他，归顺于他。其次为天下人、群体发展趋利避害才是得到帮助和群体顺利发展的内在动力。最后，天下顺是得道者追求的理想目标。

春秋战国时期，社会问题严重，战争造成生产力极大破坏，严重影响社会生产和社会生活。《孟子·离娄上》说："争地以战，杀人盈野；争城之战，杀人盈城。"④ 国家统一，社会安定，是人民的强烈愿望，多助而天下顺这一命题就是在这样一种社会背景下产生的。

---

① （清）王先谦：《荀子集解》，中华书局2013年版，第238—239页。
② 李德山：《文子译注》，黑龙江人民出版社2004年版，第219—221页。
③ 同上。
④ 《四书五经》第一卷，线装书局2010年版，第160页。

## （二）"多助而天下顺"命题的含义

在《荀子·君道》中言"道存则国存，道亡则国亡"，[①] 得道者可以获得众人的帮助，使社会秩序不至于紊乱，而天下才能太平。通过整合各家学派的观念，我们可以看出，多助而天下顺主要包括以下内容：一是管理者实行仁政，能够使群体成员乐于群，使群体和谐发展；二是在管理的过程中，坚持以民为贵的思想，才能更好地回应到百姓的需求，反过来获得百姓的认可和支持；三是在管理的过程中，尚贤使能，使人乐于群，而到达四海归一；四是敬畏天命，遵循天道规律，从而获得天时和地利，也为推行的政策获得支持，从而得到百姓的认同。

### 1. 仁政多助

实行仁政而获得多助，然后天下和谐。仁者是管理者管理群体的方法，也是使群体乐于群的前提，在《孟子·离娄上》就有言"尧舜之道，不以仁政，不能平治天下"。如果管理者在刑罚赋税上，"施仁政于民，省刑罚，薄税敛，深耕易耨"，[②] 百姓可以富足生活，那么他们也会按照相同的方式对待管理者，即"斯民亲其上，死其长矣"；[③] 在生产生活上，合理调配时间，"壮者以暇日修其孝悌忠信，入以事其父兄，出以事其长上"，[④] 则"民之悦之，犹解倒悬也"，[⑤] 可以抵御别国的入侵，同时也能使天下归顺，从而实现"仁者无敌"；[⑥] 在思想行为上，以德服人，推行仁义，在邻国的交往上，审时度势实行王道，而非霸道，因为"以力服人者，非心服也，力不赡也；以德服人者，中心悦而诚服也"，[⑦] 这样才能得到邻国和百姓的支持和拥护，"则四方之民襁负其子而至矣"。[⑧]

---

[①] （清）王先谦：《荀子集解》，中华书局1988年版，第237页。
[②] 杨伯峻：《孟子译注》，中华书局1960年版，第10页。
[③] 同上书，第47页。
[④] 同上书，第10页。
[⑤] 同上书，第57页。
[⑥] 同上书，第10页。
[⑦] 同上书，第74页。
[⑧] 杨伯峻：《论语译注》，中华书局2012年版，第187页。

2. 以民为贵

以民为贵，才能得民多助，使天下顺利发展。孟子认为得到百姓的支持就能得到天下，即"得天下有道：得其民，斯得天下矣"。① 首先，坚持与民同乐，而非为己的思想是多助而天下顺的前提条件之一。老子强调"举事以为人者，众助之，以自为者，众去之，众之所动，虽弱必强，众之所去，虽大必亡"。② 孟子则认为管理者"乐民之乐者，民亦乐其乐；忧民之忧者，民亦忧其忧。乐以天下，忧以天下"，③ 只有为百姓考虑，才能使管理者得到支持，也能使天下归服。其次，以民为贵，也是处理国家和百姓关系的指导原则。在孟子看来"民为贵，社稷次之，君为轻"，④"邦畿千里，维民所止"，⑤ 得到百姓的拥护，才能成为天子。如何坚持以民为贵，成为得道者需要考虑众多的事情，一方面先秦诸子们强调保民、养民，制定相关政策给予支持，如在《史记·显王》中提及"梁惠王废逢忌之薮以赐民"；⑥ 另一方面强调教民，孟子等人认为"善政，不如善教之得民也。善政，民畏之；善教，民爱之；善政，得民财；善教，得民心"。⑦ 另外，爱民也是大家所推崇的获得百姓拥护的方式，《晏子春秋》言"意莫高于爱民，行莫厚于乐民"。

3. 显设人乐

"显设人乐"是实现多助而天下顺的方法之一。显设即让贤能的人各司其职、各就其位，然后能够使人乐于群，同时也使管理者能够得到更多有贤能、有德行的人的支持。墨子认为"尚贤者，政之本也"，⑧ 而孟子则进一步指出"尊贤使能，俊杰在位，则天下之士皆悦而愿立于其朝矣"。⑨ 如何实现"显设人乐"，在贤能之人的选拔分配方面，《荀

---

① 杨伯峻：《孟子译注》，中华书局1960年版，第171页。
② 李德山：《文子译注》，黑龙江人民出版社2004年版，第296—298页。
③ 杨伯峻：《孟子译注》，中华书局1960年版，第33页。
④ 同上书，第328页。
⑤ 程俊英：《诗经译注》，上海古籍出版社2004年版，第564页。
⑥ 《史记·竹书纪年·显王》中载有"四年夏四月甲寅，徙邦于大梁。王发逢忌之薮以赐民。于越寺区弟思弑其君莽安，次无颛立"。
⑦ 杨伯峻：《孟子译注》，中华书局1960年版，第306页。
⑧ 吴毓江、孙启治点校：《墨子校注》，中华书局1993年版，第67页。
⑨ 杨伯峻：《孟子译注》，中华书局1960年版，第77页。

子·君道》中荀子认为"论德而定次,量能而授官,皆使人载其事,而各得其所宜,上贤使之为三公,次贤使之为诸侯,下贤使之为士大夫"。①在针对贤能之人的刑赏方面,应该进行广泛的推及,这样才会有更多人愿意支持,《吕氏春秋·不苟》中认为"凡行赏欲其博也,博则多助。今虎非亲言者也,而赏犹及之,此疏远者之所以尽能竭智者也"。②

4. 敬天有道

敬畏天命,君主获得"道"的关键,也是君主获得天助的动因。在先秦时期,人们普遍信天命,对上天有着特殊情结。如果管理者能够顺应天命,敬畏有道,那么管理者就能获得天助,天助也是多助的一种。管子认为"其功顺天者天助之,其功逆天者天违之。天之所助,虽小必大;天之所违,虽成必败;顺天者有其功,逆天者怀其凶,不可复振也"。③如何实现敬天,首先,在生产生活中顺应时节,如《管子·禁藏》"春仁,夏忠,秋急,冬闭,顺天之时,约地之宜,忠人之和";④其次,在祭祀等重要场合中遵守敬天的规矩,如《周易·萃》中有记载,根据推算,祭祀之时"用大牲吉,利有攸往,顺天命也"。⑤最后,兼爱天下之人,利人爱人从而顺应天命,从而得到上天的赏赐和帮助,为管理者的存在提供认同的依据,实现"顺天者存"。

(三)"多助而天下顺"命题的价值

1. 塑造整个群体发展的价值与风向

在群体的发展之中,推崇遵循发展之道,而得到他们的帮助和支持这一理念,能够对群体成员起到示范的作用,也能引领整个社会的价值方向。如何实现得道多助,主要强调个人的人格品质。人们拥有为民之心,遵行道义与正义,同时以众人的利益为前提,践行仁义道德,才能吸引到其他人的关注,从而获得拥护。另外,整个社会通过对这一品质和价值的推崇,能够使群体成员思想和行为有价值可依据,有利于营造

---

① 王先谦:《荀子集解》,中华书局1988年版,第237页。
② 张双棣等译注:《吕氏春秋译注》,北京大学出版社2000年版,第824页。
③ (清)黎翔凤:《管子校注》,中华书局2004年版,第44页。
④ 同上书,第1018页。
⑤ 郭彧译注:《周易》,中华书局2006年版,第236页。

良好的群体发展氛围,同时有利于天下之民的和乐。

2. 群体管理经验的总结

多助而天下顺这一命题的关键在于得道。道也是管理者治理家庭和国家经验的总结。不少学者认为实现仁政是对道的具体体现,如孟子将仁引入管理之中,实现由仁心到仁政的转变,道德与政治有机地结合,讲究推行王道,抑制霸道;加强民生,富国强民;消弭祸患,安定社会。这对于群体的管理员而言,在治理群方面有很好的借鉴作用;同时也有学者认为道乃天道,强调尊重自然和社会发展规律,才能使群体治理者获得更多的认同感。因此,得道者不仅仅能得到人助,也能得到天助,从而实现天下和顺。

3. 得道多助是群体多助关系互动的桥梁

得道多助,失道寡助,也是群体之间构建稳定关系的中介,也可促进群体成员之间关系的和谐。助是一个双向互动的过程,只有助者与被助者之间和谐共处才能使这一个关系得以形成和发展。得道者一方面坚持自己的人格特性,另一方面也会考虑到别人的所思所想,并指导自己的行动,才能使别人有帮助自己的行动和想法。如果没有这一过程,那么也没有多助的升华。没有这一过程,而强求他人的帮助和拥护是不能实现的。因此,多助是由一个互动的前提,在实现这一前提之后,才能使群体成员乐于助人,从而实现天下稳定和发展。

(楚 刃　柳小琴)

## 四　仁者无敌

"仁"是先秦时期社会思想的核心范畴之一,"仁者无敌"这一命题既可理解为怀着仁慈之心的人,悲悯大众或宽容别人,从而团结一致抵抗灾祸;又可理解为施行仁政的治国者,必然赢得民众的拥戴,众志成城无敌于天下。因此,可以看出"仁者无敌"这一命题在人际交往、国家治理和天下统一方面具有重要的地位和作用,为"乐群"的实现打下了牢固的基础。

(一)"仁者无敌"命题的提出

"仁者无敌"这一命题是由孟子明确提出的,梁惠王向孟子求教治国之道：

> 梁惠王曰："晋国，天下莫强焉，叟之所知也。及寡人之身，东败于齐，长子死焉；西丧地于秦七百里；南辱于楚。寡人耻之，愿比死者一洒之，如之何则可？"
> 孟子对曰："地方百里而可以王。王如施仁政于民，省刑罚，薄税敛，深耕易耨。壮者以暇日修其孝悌忠信，入以事其父兄，出以事其长上，可使制梃以挞秦楚之坚甲利兵矣。彼夺其民时，使不得耕耨以养其父母，父母冻饿，兄弟妻子离散。彼陷溺其民，王往而征之，夫谁与王敌？故曰：'仁者无敌。'王请勿疑！"（《孟子·梁惠王上》）①

在此处，所谓"仁者无敌"，就是说要施行仁政于民，从而才能无敌于天下。在孟子看来，只要有纵横各一百里的小国就可以行仁政而使天下归服，而梁惠王所治理的魏国作为一个大国，如果能向百姓实行仁政，"省刑罚，薄税敛，深耕易耨"。让年轻的人在闲暇时间来学习"孝悌忠信"，而且运用这些道德侍奉父兄和尊敬上级。如此这样，就是制造木棒也可以抗击秦、楚军队的"坚甲利兵"。因为秦国和楚国无时不在征兵征工，侵占了百姓的生产时间，使他们不能耕种来养活父母，兄弟妻子四处逃散，百姓处于痛苦的深渊中。这时魏国如果去讨伐他们，将不会有人来抵抗。因此，魏国便能无敌于天下了。

孟子从"王道"理想的治国方略出发，明确提出并阐述了"仁者无敌"思想，成为群学中的乐群基础之一。然而，先秦时期所说的"仁"，并不仅仅限于孟子所说的仁政问题，而是有着更广泛的意义，不同思想家对"仁者无敌"思想有着不同的阐述。

孔子认为，所谓"仁"就是人性的体现，亲近亲人是其最重要的含义。（《礼记·中庸》："仁者人也，亲亲为大。"）人们做事情只要符合标准，讲求仁爱，就会变得强大。（《礼记·礼运》："协于艺，讲于仁，

---

① 杨伯峻：《孟子译注》，中华书局1960年版，第10页。

得之者强。") 因为仁乃 "义之本" "顺之体",谁能做到 "仁",谁就会受到他人的尊敬。此处的 "仁者无敌" 指的是做一个仁爱之人,从而被人尊敬并变得强大。

荀子对 "仁者无敌" 思想的阐述主要集中在行军用兵方面,认为仁德的军队所停留的地方会得到全面治理,所经过的地方会受到教育感化,就像及时雨的降落一样受到人们的欢喜。(《荀子·议兵》:"故仁者之兵,所存者神,所过者化,若时雨之降,莫不说喜。"①) 而且,荀子还举了许多 "仁者无敌" 的例子,提出尧、舜、禹、汤四帝和周文王、周武王两王,都是凭借仁义的军队驰骋于天下的。正因为军队皆为仁德之人,行仁义,施仁政,所以附近的人们喜爱他们的善良,远方的百姓仰慕他们的德行,从而远近的人都来归附,其德行甚至影响到四方极远的地方。(《荀子·议兵》:"是以尧伐驩兜,舜伐有苗,禹伐共工,汤伐有夏,文王伐崇,武王伐纣,此四帝两王,皆以仁义之兵,行于天下也。故近者亲其善,远方慕其德,兵不血刃,远迩来服,德盛于此,施及四极。"②) 此处的 "仁者无敌" 是指凭借仁德之人的军队,拥有战胜他人的实力,并获得百姓的拥戴,从而无敌于天下。

除此之外,墨子认为仁德的人做事情,必须讲求 "兴天下之利,除天下之害",③ 并以此作为天下民众都应遵循的准则。商鞅认为仁德的人不仅仅限于爱护自己的亲人,而是把爱护、方便别人当作自己的事务。(《商君书·开塞》:"凡仁者以爱利为务,而贤者以相出为道。"④) 韩非认为 "仁者" 就是内心自发地去爱人,喜欢别人得到幸福而不喜欢别人遭到祸害;是出自内心抑制不住的情感,并不是为了求得别人的报答。(《韩非子·解老》:"仁者,谓其中心欣然爱人也。其喜人之有福,而恶人之有祸也。生心之所不能已也,非求其报也。"⑤) 以上论述

---

① (清) 王先谦:《荀子集解》,中华书局 2013 年版,第 279 页。
② 同上书,第 280 页。
③ 方勇译注:《墨子》,中华书局 2011 年版,第 273 页。
④ 石磊:《商君书》,中华书局 2011 年版,第 69 页。
⑤ 高华平、王齐洲、张三夕译注:《韩非子》,中华书局 2010 年版,第 188 页。

虽未明确提出"仁者无敌"这一概念，但其核心含义不变，即在人们与他人交往的群体活动中，为了形成和谐的人际关系，实现"乐群"，就必须坚持一颗仁心，爱人，悯人，广泛团结人。

（二）"仁者无敌"命题的含义

"仁"是先秦时期儒家思想的重要概念，在儒家"五常"中，"仁"排第一位，作为最基本的、最普遍的德行标准，统率着其他一切德目，如信、义、孝、忠等。在先秦文献中，可看到，有关"仁者"有着多种含义：仁善的人；施行仁政的治国者；相亲相爱的人。而这些含义其实并不冲突，能够施行仁政的人必然是仁善的，而仁善之人必然会形成相亲相爱的关系。"无敌"则是指没有可对抗的人或灾祸。而"仁者无敌"作为一个完整命题，其含义主要可从三方面来看。

1. 仁者爱人而促进交往

所谓"仁者爱人而促进交往"是指就个人层面而言，仁善的人与他人友好交往，从而建立和谐的人际关系。

首先，何为"仁者"？孔子认为，所谓仁者，就是能做到自己想成功时也帮别人成功，自己想通达时也帮别人事事通达。推己及人，便是实行仁的方法。（《论语·雍也》："夫仁者，己欲立而立人，己欲达而达人。能近取譬，可谓仁之方也已。"[1]）孔子强调只有仁者才能正确地爱人或恨人。（《论语·里仁》："唯仁者能好人，能恶人。"[2]）并且认为仁者"安仁""好静""不忧""有勇"。孟子对"仁"有着至高的评价，认为仁是上天尊贵的爵位，是人间最安逸的住宅。（《孟子·公孙丑上》："夫仁，天之尊爵也，人之安宅也。"[3]）

其次，如何"爱人"？也就是说仁者如何爱护他人，与他人和谐共处的问题。弟子颜回曾请教孔子如何才能达到仁的境界，孔子回答道：约束自己，符合礼制，就能达到仁的境界。如果哪一天能做到约束自己而遵守礼的规定，天下就会归于仁道了。一个人要达到仁的境界，是要

---

[1] 杨伯峻：《论语译注》，中华书局2012年版，第91页。
[2] 同上书，第48页。
[3] 杨伯峻：《孟子译注》，中华书局1960年版，第81页。

凭自己修养的，具体来说，就是在社会生活中，人的视、听、言、动都要符合礼的规范。(《论语·颜渊》："颜渊问仁。子曰：'克己复礼，为仁。一日克己复礼，天下归仁焉。为仁由己，而由人乎哉？颜渊曰：请问其目。子曰：非礼勿视，非礼勿听，非礼勿言，非礼勿动。'"①) 子贡问怎样实现仁，孔子认为生活在一个国家，就应追随这里的贤能之人，结交这里的仁义之士。就像工匠为了干好活需要先磨好工具一样。(《论语·卫灵公》："子贡问为仁。子曰：'工欲善其事，必先利其器。居是邦也，事其大夫之贤者，友其士之仁者。'"②) 而且，孔子还强调要做到"仁者爱人"，应学会"己所不欲，勿施于人"。

最后，为何要"爱人"？孟子指出，有仁爱之心的人爱护别人，就会得到人们的爱护；懂得礼让的人尊敬别人，就会受到人们的尊敬。拒绝去做违背仁爱和礼义的事情，这样即使有一天遇到不测之祸，高尚的人也不会感到有多么大的忧患。(《孟子·离娄下》)："仁者爱人，有礼者敬人。爱人者，人恒爱之；敬人者，人恒敬之。……非仁无为也，非礼无行也。如有一朝之患，则君子不患矣。"③) 这就是"仁者爱人"的原因：通过爱护他人，与他人形成和谐、友好、团结的关系，从而共同抵御灾祸。这也是"乐群"的具体体现。

2. 仁者无敌而治国安邦

所谓"仁者无敌而治国安邦"是指就国家层面而言，治国者通过修养德行，施行仁政，从而实现国家的稳定有序和繁荣昌盛。

首先，仁者为何无敌？荀子提出"仁人用国日明"，也就是说仁德之人当政，国家就会日益昌盛。因为仁者当政，上下将领则会齐心一致，共同努力。臣子尽心侍奉君主，下级尽力保护上级。而且仁德之人不管治理多大的国家，都会了解到国家的所有情况，他一定会耳聪目明，警惕戒备，使得全国协调团结得像一个整体。(《荀子·议兵》："故仁人上下，百将一心，三军同力；臣之于君也，下之于上也，若子

---

① 杨伯峻：《论语译注》，中华书局2012年版，第172页。
② 同上书，第228页。
③ 杨伯峻：《孟子译注》，中华书局1960年版，第197页。

之事父，弟之事兄，若手臂之扞头目而覆胸腹也，……且仁人之用十里之国，则将有百里之听；用百里之国，则将有千里之听；用千里之国，则将有四海之听，必将聪明警戒和传而一。"①)也就是说，仁者当政，会使得国家上下团结一致，共同抵御外敌，故而无敌。

其次，仁者如何治国安邦？鲁哀公问孔子如何治理好政事，孔子回答说"为政在人，取人以身，修身以道，修道以仁"(《礼记·中庸》)。由此可以看出，"为政以仁"是治理国家的基本原则，即治国者应怀有一颗仁爱之心，遵循天下大道并修德养性，从而选用贤臣来治理政事。孟子认为，只要施行仁政就会荣耀，不施行仁政就会受辱。因此提出仁者治国的具体措施，即崇尚有德行的人并尊重有才能的士人，使有德行的人处在合适的位置，使有才能的人担任一定的职务，同时修明政令刑法，这样就算大国也会感到畏惧。(《孟子·公孙丑上》："仁则荣，不仁则辱。……如恶之，莫如贵德而尊士，贤者在位，能者在职。国家闲暇，及是时明其政刑。虽大国，必畏之矣。"②)

3. 仁者无敌而平定天下

所谓"仁者无敌而平定天下"是指就整个群体层面而言，仁德之人通过爱护他人，施行仁政，不仅能建立友好的人际关系，维护国家的安稳有序，还能促进国与国之间的和睦共处，实现"天下一家"的美好愿望。

齐宣王问与邻国交往的讲究，孟子谈到只有有仁德的人才能够以大国的身份侍奉小国，比如商汤侍奉葛伯，周文王侍奉昆夷。以大国身份侍奉小国的，是以天命为乐的人，而以天命为乐的人才能安定天下。(《孟子·梁惠王下》："惟仁者为能以大事小，是故汤事葛，文王事昆夷；……以大事小者，乐天者也；……乐天者保天下，畏天者保其国。"③)

孟子十分强调仁政对于平定天下的重要性，认为即使有尧舜所遵循

---

① （清）王先谦：《荀子集解》，中华书局2013年版，第267—268页。
② 杨伯峻：《孟子译注》，中华书局1960年版，第75页。
③ 同上书，第30页。

的道路，如果不施行仁政，也不能把天下治理好。(《孟子·离娄上》："尧舜之道，不以仁政，不能平治天下。"①) 孟子提出，仁者无敌于天下，不仁者则失天下。夏、商、周三代能够得到天下是因为仁，最后失去天下是因为不仁。诸侯国家的兴盛、衰败、生存和灭亡的原因也是如此。天子如果不仁，就不能保住天下；诸侯如果不仁，就不能保住国家；公卿大夫等官员如果不仁，就不能保有宗庙；士人和普通百姓不仁，就不能保住自身。(《孟子·离娄上》："三代之得天下也以仁，其失天下也以不仁。国之所以废兴存亡者亦然。天子不仁，不保四海；诸侯不仁，不保社稷；卿大夫不仁，不保宗庙；士庶人不仁，不保四体。"②) 在孟子看来，人民归向于仁爱，就像水向低处流，野兽喜欢在旷野上奔跑一样。因此现今天下若有施行仁政的治国者，那么凶暴的诸侯们就会为他驱赶百姓，必然会使得其平定天下。(《孟子·离娄上》："民之归仁也，犹水之就下、兽之走圹也。……今天下之君有好仁者，则诸侯皆为之驱矣。虽欲无王，不可得已。"③)

（三）"仁者无敌"命题的社会价值

"仁政无敌"的社会价值应当体现在两个方面。

其一，对先秦时期政治有着重要的思想指导价值。处于战乱纷争的年代，如何实现社会的有序运行和国家的繁荣稳定，是诸子百家共同面对的时代话题。对此，思想家们提出了"仁者无敌"这一命题，其中所蕴含的"仁政"思想，如孟子提出"省刑罚""薄赋税""深耕易耨"，孔子提出"克己复礼，天下归仁"，荀子提出"尚贤使能"，可谓是为当时乃至以后的治国者指引了正确的政治方向，对于和谐社会的建立有着重要的思想指导意义。

其二，为"乐群"的实现奠定了坚实的基础，体现了先秦时期思想家尝试通过乐群实现平天下的思想理念。一方面，该命题提倡"爱人"，不仅要爱护自己的亲人，还要自发地爱护和尊敬其他社会成员，

---

① 杨伯峻：《孟子译注》，中华书局1960年版，第162页。
② 同上书，第166页。
③ 同上书，第171页。

从而得到最大多数人的帮助，形成和谐友爱的人际关系；另一方面，该命题强调修养德行，施行仁政，不仅得到国内广大百姓的拥护支持，维护国家的稳定有序，还会受到其他国家百姓的尊敬仰慕，从而促进国与国之间的平等共处，最终实现"治国平天下"的目的。

（楚　刃　刘　佩）

## 第三节　和而不同：乐群的原则

"和而不同"是人类生存的前提条件，是乐群可能的基本原则，"和"则是"天人"之间、"世人"之间的规范，可以"不同"，但不能因为"不同"而产生纷争、冲突，"和"是人类相互交往的根本要求。

### 一　并育并行

（一）"并育并行"命题的含义

郝大维和安乐哲认为，以孔子为代表的中国思想，不是地方主义，不是地方观念。[①] 大千世界，自然界物种多样、千奇百态，人世界也是人种多样、文化多元，中国古人对此认识非常清楚：

> 仲尼祖述尧、舜，宪章文、武；上律天时，下袭水土。辟如天地之无不持载，无不覆帱，辟如四时之错行，如日月之代明。万物并育而不相害，道并行而不相悖，小德川流，大德敦化，此天地之所以为大也。（《中庸》）

"并育并行"取自其中"万物并育而不相害，道并行而不相悖"，意味着万物相容相生，各有其径，各得其所。"并育并行是乐群的理路"这一命题有以下几层意思。

---

① [美]郝大维、安乐哲：《孔子哲学思微》，蒋弋为、李志林译，江苏人民出版社1996年版，第237页。

## 第七章　乐群的基本命题

1. 殊途同归，群和而生

中国文化的精髓是生生不息，而殊途正是同归于"群和群生"。故《周易·系辞》里讲"天下同归而殊途，一致而百虑"。显然殊途是前提，具有绝对性，不承认这个多样性，就归不到"群和群生"。中国文化的本源藏在《周易》中，"形而上者谓之道，形而下者谓之器。化而裁之谓之变，推而行之谓之通，举而错之天下之民，谓之事业"（《周易·系辞》）。这里的"道器并重""变化通行"之理具有重要意义，[①]道器互化变通、万物并育并行。

> 和实生物，同则不继。以他平他谓之和，故能丰长而物生之。若以同裨同，尽乃弃矣。故先王以土与金木水火杂以成百物。（《国语·郑语》）

因此，中国古代文化有自身的演化论，不似西方进化论导致的你死我活，而是寻求通过达到一种共生，"有天地，然后有万物。有万物，然后有男女。有男女，然后有夫妇。有夫妇，然后有父子。有父子，然后有君臣。有君臣，然后有上下。有上下，然后礼仪有所错"（《周易》），这种进化论进化出"礼仪"两个字，而西方的进化论则进化出"弱肉强食"四个字。[②]

2. 同求异道，群分无争

中国古人承认大千世界的多样性，这既是一个绝对事实，也是一种绝对价值，承认这种事实和价值，意味着"群分"而无争，正如荀子认为，"万物同宇而异体……人伦并处，同求而异道，同欲而异知，生也。……离居不相待则穷，群居而无分则争；穷者患也，争者祸也，救患除祸，则莫若明分使群矣"（《荀子·富国》）。

这里的"明分使群"就是"群分"。"群分"一方面是指社会分化、

---

[①] 阎纯德：《"和而不同"与殊途同归——试论中国文化的普适价值》，《中国政法大学学报》2009年第1期。

[②] 刘明武：《"尚象制器"：发明创造的哲理与实践》，《中州学刊》2001年第5期。

社会分工、社会等级，另一方面是指社会群体的多样性、多元化。然而"群分"绝非是指后来的"三纲法纪"和"帝王政治"，而是指"效法自然"，"夫'大人'者，与天地合其德，与日月合其明，与四时合其序"（《周易》）。董仲舒的"三纲"的立论变质了"道"的平衡原则，阴阳和合平衡才是道，并非"阳主阴"这种"以纲为道"论。"以纲为道""纲举目张"谋得的权力和主宰，要的是统领与服从，这种权力论腐蚀了中国原声文化的"生生不息"本质。

《周易》以"创生"为纲："易有太极，是生两仪，两仪生四象，四象生八卦，八卦定吉凶，吉凶生大业。"

3. 通四方，礼亲和

乐群的内在理路是并育并行，在本质上是通四方，"知通统类"（《荀子·儒效》），以礼亲和，正如《周易》所言，"天地交，而万物通也；上下交，而其志同也。内阳而外阴，内健而外顺，内君子而外小人，君子道长，小人道消也"。

荀子认为，善学者即是能通者，"伦类不通，仁义不一，不足谓善学"（《荀子·劝学》）。通者触类旁通，所谓"知则明通而类""通则文而明"（《荀子·不苟》）。荀子把这样的通者可以叫作"通士"，"上则能尊君，下则能爱民，物至而应，事起而辨，若是则可谓通士矣"（《荀子·不苟》）。那何以能通呢？荀子曰："宜于时通……礼信是也。"（《荀子·修身》）

> 以嘉礼亲万民：以饮食之礼亲宗族兄弟，以婚冠之礼亲成男女，以宾射之礼亲故旧朋友，以飨燕之礼亲四方之宾客，以脤膰之礼亲兄弟之国，以贺庆之礼亲异姓之国。（《周礼·春官宗伯》）

（二）"并育并行"命题的思想史源流

"并育并行是乐群的理路"之"并育""并行"虽然语出《中庸》这一具有明显整合性的文献，但是"并育并行"所蕴含的"兼容并蓄"传统却是源自《诗经》这等最古老的文献。

《诗经》里多次出现过"并"字，比如"并受其福""并其臣仆"

"并驱""并坐鼓瑟"等语，它们共同具有一个基本意义，即"在一起"。下面这一段话中的"并"字"在一起"的意思尤其明显。

> 有车邻邻、有马白颠。未见君子、寺人之令。阪有漆、隰有栗。既见君子、并坐鼓瑟。今者不乐、逝者其耋。阪有桑、隰有杨。既见君子、并坐鼓簧。今者不乐、逝者其亡。（《诗经·车邻》）

这里的"并坐"意味着，和有德的君子在一起做事（"鼓瑟""鼓簧"）是最为乐哉之事，人们如果现在不能在一起（做事），那么只能哀叹追逝，等待空山人尽。由此可见，《诗经》是最早蕴藏"并"为"在一起"（"乐群"）的思想。《论语》中有一句："曾子曰：'堂堂乎张也，难与并为仁矣。'"（《论语·子张》）意思是说子张虽然外表堂堂，但难以和他一起做大事（"难与并为仁矣"）。这里的"并"也是"一起"的意思。另外，"三人行，必有我师焉""择其善者而从之，其不善者而改之"（《论语·述而》）这两句耳熟能详的警语，完全可以看作是对"并"字的最好注解。

在中国古代社会思想史上，"并"的观念是以一种暗线的方式渗透在各家各派的学说中，起着勾连整合的作用，要求拯救那禽兽横行的社会。比如，由孔子而子夏（延至荀子）、曾子（延至孟子）两派，[①] 孟子、荀子两人虽然在表面上存在"性善""嗜欲"之间的不同，然而两人的共同性表现为社会行动的取向方面。孟子看重行动的社会价值（"养"），以社会价值（"四心""四端"）实现"并"，"恻隐之心，仁之端也；羞恶之心，义之端也；辞让之心，礼之端也；是非之心，智之端也。人之有是四端也，犹其有四体也"（《孟子·公孙丑上》）。荀子则提倡行动的社会制度（"化"），强调"制天命而用之""化性起伪""所积而致""明分使群""隆礼重法"，这是以制

---

① 比较言之，荀子被认为是汉代经学家的尊师，孟子则被两宋道学家所敬奉，也就是说，子夏、荀子一派之影响早于孟子一派。

度化的社会行动实现"并"。

"并育并行"能够达到乐群乐和的效果。《吕氏春秋》曰:"凡乐,天地之和,阴阳之调也。"(《吕氏春秋·仲夏纪·大乐》)《淮南子》也讲"阴阳和平""天地之气莫大于和,和者,阴阳调,日夜分,而生物"(《淮南子·泛论训》)。

"并育并行"的社会思想确实贯穿着中国历史始终,确如陈寅恪所说,"真能于思想上自成系统,有所创获者,必须一方面吸收输入外来之学说,一方面不忘本民族之地位"。所以是并育并行而致乐群不竭,先秦"百家争鸣"是并育并行,秦汉儒法儒道是并育并行,中世儒道释是并育并行,现代"中文""西学""人文""科学"仍是并育并行。

(三)"并育并行"命题的社会史基础

从整体上看,"并育并行是乐群之理路"这一命题关系着"中国"之存续。《春秋穀梁传》有"中国有善事则并焉,无善事则异之,存之也"之说,即"存中国"之义。

> 夏,五月甲午,遂灭傅阳。遂,直遂也。其曰遂何?不以中国从夷狄也。公至自会。会夷狄不致,恶事不致,此其致何也?存中国也。中国有善事则并焉,无善事则异之,存之也。汲郑伯,逃归陈侯,致柤之会,存中国也。楚子贞、郑公孙辄帅师伐宋。晋师伐秦。(《春秋穀梁传·襄公十年》)

具体而言,这一命题关系社会民生。"天生五材,民并用之,废一不可。"(《春秋左传·襄公二十七年》)这里的"五材"是指金、木、水、火、土。这些都是关乎民生的,缺一不可。虽然流传至今有两千多年的梅赜版《尚书》已经被清华竹简证明是伪书,但其中"水、火、金、木、土、谷,惟修;正德、利用、厚生、惟和"(《尚书·大禹谟》)等民生观念也有一定的合理性。例如,《春秋左传》中有"齐有彗星"一则事例,充分说明"并育并行"作为乐群之理路的重要性。

齐有彗星，齐侯使禳之，晏子曰，无益也，祇取诬焉，天道不谄不贰，其命若之何，禳之，且天之有彗也，以除秽也，君无秽德，又何禳焉，若德之秽，禳之何损，诗曰，惟此文王，小心翼翼，昭事上帝，聿怀多福。厥德不回。以受方国，君无违德，方国将至，何患于彗，诗曰，我无所监，夏后及商，用乱之故，民卒流亡，若德回乱，民将流亡，祝史之为，无能补也，公说，乃止，齐侯与晏子坐于路寝，公叹曰，美哉室，其谁有此乎，晏子曰，敢问何谓也，公曰，吾以为在德，对曰，如君之言，其陈氏乎，陈氏虽无大德，而有施于民，豆区釜钟之数，其取之公也薄，其施之民也厚，公厚敛焉，陈氏厚施焉，民归之矣，诗曰，虽无德与女，式歌且舞，陈氏之施，民歌舞之矣，后世若少惰陈氏而不亡，则国其国也已，公曰，善哉，是可若何，对曰，唯礼可以已之，在礼家施不及国，民不迁农，不移工，贾不变士，不滥官，不滔大夫，不收公利，公曰，善哉，我不能矣，吾今而后知礼之可以为国也，对曰，礼之可以为国也久矣，与天地并，君令臣共，父慈子孝，兄爱弟敬，夫和妻柔，姑慈妇听，礼也，君令而不违，臣共而不贰，父慈而教，子孝而箴，兄爱而友，弟敬而顺，夫和而义，妻柔而正，姑慈而从，妇听而婉，礼之善物也，公曰善哉，寡人今而后闻此，礼之上也，对曰，先王所禀于天地，以为其民也，是以先王上之。（《春秋左传·昭公二十六年》）

（何　健）

## 二　物不齐而齐物

### （一）"物不齐而齐物"命题的含义

乐群的法则是"和而不同"，正如孔子所说"君子和而不同，小人同而不和"（《论语·子路》），可见，"和而不同"是指一种人们在一起所要遵循的行为准则。这一准则历经了一个辩证发展的思想过程，这一过程也是乐群的内生逻辑。

"物不齐"和"齐物"分别出自孟子和庄子。孟子讲"物不齐"

(《孟子·滕文公上》),庄子则讲"道者开物者也,非齐物者也"(《庄子·齐物论·能天》)。

> 从许子之道,则市贾不贰,国中无伪。虽使五尺之童适市,莫之或欺。布帛长短同,则贾相若;麻缕丝絮轻重同,则贾相若;五谷多寡同,则贾相若;屦大小同,则贾相若。曰:"夫物之不齐,物之情也;或相倍蓰,或相什伯,或相千万。"子比而同之,是乱天下也。巨屦小屦同贾,人岂为之哉?从许子之道,相率而为伪者也,恶能治国家?(《孟子·滕文公上》)

> 道者开物者也,非齐物者也。故圣,道也,道非圣。道者,通物者也,圣者,序物者也。是以有先王之道,而无道之先王。(《庄子·齐物论·能天》)

虽然思想旨趣殊异,但逐渐相互融合向前发展形成为一种整合性思想,这里可以综合为"物不齐而齐物是乐群的基础"这一命题。这个命题有以下几层意思。

1. "物不齐"既是乐群的物质条件,也是乐群的终极目标

天地之间,自然物质和社会物质多样多化,所谓"万物",《中庸》曰:"今夫天,斯昭昭之多,及其无穷也,日月星辰系焉,万物覆焉。"《礼记·乐记》也言:"天高地下,万物散殊。"这是自然界之万物。

社会界之万物亦是多样,比如布帛、丝麻之贾(价)也是不一样。孟子在与农家许行之徒陈相辩驳时也指出:"夫物之不齐,物之情也;或相倍蓰,或相什伯,或相千万。"(《孟子·滕文公上》)

万物本万千,故万物之理在于,万物育焉。

> 天地欣合,阴阳相得,煦妪覆育万物,然后草木茂,区萌达,羽翼奋,角骼生,蛰虫昭苏,羽者妪伏,毛者孕鬻,胎生者不殰,而卵生者不殈,则乐之道归焉耳。(《礼记·乐记》)

第七章　乐群的基本命题

万物不仅"覆",也要"载":

> 今夫地,一撮土之多,及其广厚,载华岳而不重,振河海而不泄,万物载焉。(《中庸》)

这一"覆"一"载",说明万物既是乐群之"始",亦是乐群之"鹄"。

2. "齐物"既是乐群的行动基础,也是乐群的实现手段

大千世界,万物得自"和""合",和合为齐物之法,《礼记》曰:"乐由阳来者也,礼由阴作者也,阴阳和而万物得","天地合而后万物兴焉。"(《礼记·郊特牲》)

社会世界纠缠纷繁,社会位育亦须"齐物",齐物是"道",是"一",是"礼"。首先,齐物是道。"古者包羲氏之王天下也,仰则观象于天,俯则观法于地,观鸟兽之文与地之宜,近取诸身,远取诸物,于是始作八卦,以通神明之德,以类万物之情。"(《系辞下·第二章》)"大道泛兮,其可左右。万物恃之以生而不辞,功成而不就,衣养万物而不为主,可名为小;万物归焉而不为主,可名为大。"(《老子·三十四章》)其次,齐物是以人伦为一。荀子认为人伦是一,"斩而齐,枉而顺,不同而一。夫是之谓人伦"(《荀子·荣辱》)。再次,齐物是礼。《礼记·礼器》曰:"礼也者,合于天时,设于地财,顺于鬼神,合于人心,理万物者也。"

3. "各归其分""各以其类"是"齐物乐群"的和合状态

"齐物乐群"作为一种生成性过程,"各归其分""各以其类"是它达到的一种和合状态,即"万物并育而不相害"(《中庸》)。这种状态体现出一种美学境界:[1]

---

[1] 中国社会思想不同于西方社会思想的地方在于它更具有诗性和美学性质。参见安乐哲《差异比较与沟通理解——当代西方学者研究中国哲学的倾向及障碍》,载《和而不同:比较哲学与中西会通》,北京大学出版社2002年版,第11—23页。

倡和有应，回邪曲直，各归其分；而万物之理，各以其类相动也。是故君子反情以和其志，比类以成其行。(《礼记·乐记》)

(二)"物不齐而齐物"命题的思想源流

"物不齐而齐物是乐群的基础"这一命题思想可以追溯到《诗经》《易》这两部最早的经典。在这两部经典都有"生生不息"的观念，但都是以"物"这一基本概念为指向来解说。比如《诗经》里有："物其多矣、维其嘉矣。物其旨矣、维其偕矣。物其有矣、维其时矣。"(《小雅·白化之什·鱼丽》)"天生烝民、有物有则。"(《大雅·荡之什·烝民》)《易》里也有"天下雷行，物与无妄；先王以茂对时，育万物"(《无妄·象传》)这样的表述。

《易》《诗经》这两部中国最早的文献关于"物"的看法总体是一致的，以万物生生不息的指向，这种看法贯穿着后世中国古代各家各派，虽然各派讲法不一致、手段不一样，但都不改这一宗旨。正如孔子所言："子曰：'予欲无言。'子贡曰：'子如不言，则小子何述焉？'子曰：'天何言哉？四时行焉，百物生焉，天何言哉？'"(《论语·阳货》)

可见，齐物即是摠(总)万物而生，(《荀子·王制》："君子者，天地之参也，万物之总也。")那谁齐物呢，谁总物呢？孔子曰："天地不合，万物不生。"(《礼记·哀公问》)这里的"合"字其实要有一个行动的主体，这个主体就是君子，君子守道而万物生长，(《荀子·大略》："主道知人，臣道知事。故舜之治天下，不以事诏而万物成。")只有君子才具备诚的能力。(《荀子·不苟》："天地为大矣，不诚则不能化万物"，"夫诚者，君子之所守也，而政事之本也，唯所居以其类至。")

万物由天地合成，分为自然产品和社会财货，君子四海一家，兼利天下，(《荀子·儒效》："通乎财万物，养百姓之经纪。")《荀子》中"儒效""王制""强国""解蔽"涉及家国、礼法、爱心、诚成等环节，根本的环节仍是使万物生生不息。由此可见，"物不齐而齐物"是中国社会思想中的固有逻辑：

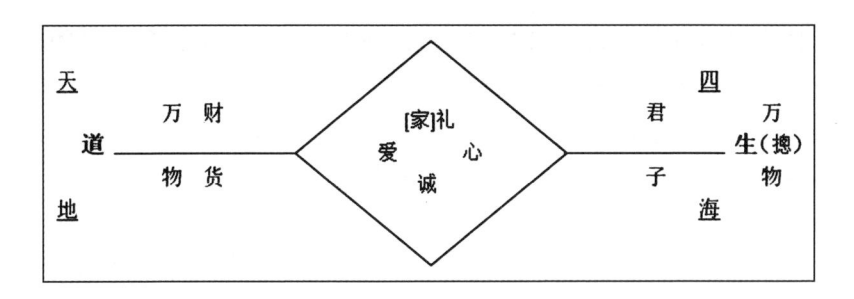

```
天                              四
道  万 财        [家]礼    君  万
    ────    爱      心     ────  生(挽)
地  物 货        诚    子  物
                                海
```

（三）"物不齐而齐物"命题的社会史基础

"物不齐而齐物是乐群的基础"这一命题所涉及"物不齐""齐物"是关乎乐群之存续的根本问题，中国文化史于此之制度典章源远流长，比如《易经》《周礼·冬官考工记》《水经注》《齐民要术》《天工开物》等文献无不与生民之存续有关。另外，中国的"劝农桑"传统更是一个重要例证，乃至今日每年中央一号文件都是这种文明的体现。

> 王者劝农而祷祀之诗，赋也。（《诗说·小雅·南山》）
> 子曰："夫易，何为者也？夫易开物成务，冒天下之道，如斯而已者也。是故，圣人以通天下之志，以定天下之业，以断天下之疑。"（《易经·系辞上》）

《周易》制"地官司徒"：

> 以土宜之法辨十有二土之名物，以相民宅而知其利害，以阜人民，以蕃鸟兽，以毓草木，以任土事。辨十有二壤之物而知其种，以教稼穑树艺。以土均之法辨五物九等，制天下之地征，以作民职，以令地贡，以敛财赋，以均齐天下之政。重财物而制之，合天下而君之……主天下，治万变，材万物，养万民。（《周易·地官司徒》）

· 739 ·

地官司徒可分角人、羽人、掌葛,分别"掌以时征齿角凡骨物于山泽之农,以当邦赋之政令",为角人,羽人"掌以时征羽翮之政于山泽之农,以当邦赋之政令",掌葛则是"掌以时征绤绤之材于山农,凡葛征,征草贡之材于泽农,以当邦赋之政令"。

> 审天时,物地生,以辑民力。禁淫务,劝农功,以职其无事,则小民治矣。(《管子·君臣下》)

(何 健)

## 三 己所不欲勿施于人

### (一)"己所不欲勿施于人"命题的提出

人己关系是社会学的核心问题。中国古代思想对此有多种看法,形成了许多有洞见的思想。孔门人己关系的核心是"忠恕之道":"忠恕违道不远,施诸己而不愿,亦勿施于人。"(《中庸》)据《说文解字》,恕,仁也,从心;己,中宫也,己在中,人在外。己与人的关系,偏重于"从心"处理与他人关系,对关系的处理要坚持"从心",并且行动指向仁,人在人事中做好了就能够实现"恕"。

> 颜渊问仁。子曰:"克己复礼为仁。一日克己复礼,天下归仁焉。为仁由己,而由人乎哉?"颜渊曰:"请问其目。"子曰:"非礼勿视,非礼勿听,非礼勿言,非礼勿动。"颜渊曰:"回虽不敏,请事斯语矣。"(《论语·颜渊》)

显然,这里是对常人而言的。常人的人己关系处理有一定次序,从自己逐步展开,"为人由己",己的内心可能有善,也可能有恶,孔子自己没有明确界定,但肯定了"仁"是行动的指向,所谓"克己复礼为仁","一日克己复礼,天下归仁焉"(《论语·颜渊》)。

如果是圣人的话,他的心是广大的,那么,他就不会爱自己了,所以荀子讲,"圣人不爱己"(《荀子·正名》)。

## 第七章 乐群的基本命题

仲弓问仁。子曰:"出门如见大宾,使民如承大祭。己所不欲,勿施于人。在邦无怨,在家无怨。"仲弓曰:"雍虽不敏,请事斯语矣。"(《论语·颜渊》)

子贡问曰:"有一言而可以终身行之者乎?"子曰:"其恕乎!己所不欲,勿施于人。"(《论语·卫灵公》)

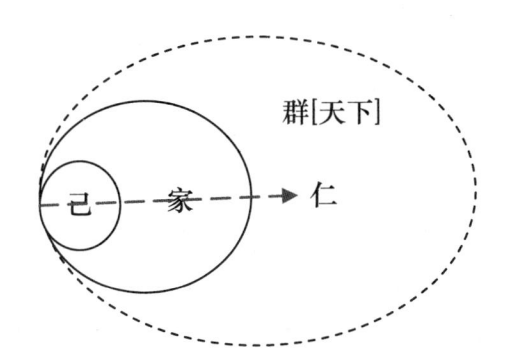

孔子曰:"君子有三恕:有君不能事,有臣而求其使,非恕也;有亲不能报,有子而求其孝,非恕也;有兄不能敬,有弟而求其听令,非恕也。士明于此三恕,则可以端身矣。"(《荀子·法行》)

取人以己者,度恕而行也。度恕者,度之于己也。己之所不安,勿施于人。(《管子·版法解》)

荀卿子说齐相曰:处胜人之埶,行胜人之道,天下莫忿,汤武是也。处胜人之埶,不以胜人之道,厚于有天下之埶,索为匹夫不可得也,桀纣是也。然则得胜人之埶者,其不如胜人之道远矣!夫主相者,胜人以埶也,是为是,非为非,能为能,不能为不能,并己之私欲,必以道,夫公道通义之可以相兼容者,是胜人之道也。(《荀子·强国》)

楚子狩于州来,次于颍尾……楚子次于乾溪,以为之援……四国皆有分,我独无有,今吾使人于周,求鼎以为分,王其与我乎,……周不爱鼎,郑敢爱田……克己复礼,仁也,信善哉,楚灵王若能如是,岂其辱于乾溪。(《左传·昭公十二年》)

## （二）"己所不欲勿施于人"命题的含义

### 1. 问题：群己关系的可能性

在西方社会人际关系学中有白金法则和黄金法则的讲法。"黄金法则"是指想别人怎样对待你，你就要怎样对待别人。"白金法则"则是指"别人希望你怎么对待他们，你就怎么对待他们"。中国社会也有类似的思想，比如"将心比心""己所不欲，勿施于人"等。中西方思想在实质意义上存在着重大差别，西方可能重视群体（团体格局），中国可能更重视伦理（差序格局），那么，在现代化情境下，能否从传统资源中找到适合重建社会的群己关系资源呢？

俞吾金教授曾认为，"己所不欲，勿施于人""这个命题就其否定的意义而言，是利己主义的；就其肯定的意义而言，又体现为权力意志，因而根本不适宜成为全球伦理的黄金律令"。① 针对这一观点，彭怀祖教授提出了不同看法，他认为，"'己所不欲，勿施于人'的等值语句是'施于人，己所欲'，而非'己所欲，施于人'；它的适用范围只能是道德领域，把它认定为总是滑动在利己主义和权力意志两个极端之间，是不妥的；提倡'己所不欲，勿施于人'，会促进人与人之间的互惠，它不会必然导致'群氓理想'，引发'弱者道德的统治'；在道德领域，人的忍耐与克制具有一定的合理性；由于价值多元的普遍存在，所有格言警句都难成为全球伦理的黄金律令；'己所不欲，勿施于人'虽然不是全球伦理的黄金律令，但它在当代具有极为重要的道德价值"。②

显然，上述争辩涉及的"群己关系"话题是中国社会学的核心问题之一。正如金耀基指出，"儒家社会理论的问题的根源即在于，群己界线未能在概念的层次上明确地表述出来"。③

---

① 俞吾金：《黄金律令，还是权力意志——对"己所不欲，勿施于人"命题的新探析》，《道德与文明》2012年第5期。

② 彭怀祖：《"己所不欲，勿施于人"的当代道德价值——对俞吾金先生〈黄金律令，还是权力意志〉一文的商榷》，《道德与文明》2015年第1期。

③ 金耀基：《中国社会与文化》，牛津大学出版社2013年版。

2. 群己关系的制度/行为层面：度己以绳

中国传统社会思想中的群己层次分为：己、家、群。家和群有很大的伸缩性，家和群可大到家族、宗族、天下一家、人类整体，家和群越大，个体（己）就与之关系越远，越能够积极主动进取，在各种社会规则中谋求自己的一席之地，反之，家和群体越具体，个体（己）越伦理化，越能够克己复礼。因此，乐群在平天下层次，群己关系既表现为行为和制度层面上的"度己以绳"，又表现为道德伦理上的"己所不欲，勿施于人"。

"度己以绳"取自"度己以绳，故足以为天下法则矣；接人用抴，故能宽容，因求以成天下之大事矣"（《荀子·非相》）。"度己以绳是乐群的特质"这一命题有以下几层含义。

（1）承认个体（"己"）具有反思（"度"）的能力。
（2）个体反思（"度"）意指一种同理心。
（3）具有同理心的个体在社会交往中要遵循一定的准绳。

3. 群己关系的道德伦理层面：己所不欲勿施于人

群己关系涉及家、己、群等层次，因此从谱系上看，己所不欲勿施于人大致处于礼与仁之间，所谓"克己复礼为仁"，礼为家所看重，仁为己所求，家与己显然更为偏重道德和伦理，即"忠恕之道"。当然，向更广的乐群扩展也是可能的，即"推己及人"，推出去以后，范围扩大了，因此需要客观性的原则，这时就需要"度己以绳"。所以，己所不欲勿施于人是"虚"与"实"的结合，普遍原则为虚，人伦关系为实：

家己群
克己复礼—己所不欲勿施于人—仁—推己及人—度己以绳
忠恕

（三）"己所不欲勿施于人"命题的社会价值

从乐群—平天下的维度看，"己所不欲勿施于人"可以在春秋战国那样一个纷乱时期安抚各阶层的内心紧张与慌乱，强调大小国之间要本着人性而行事，尽可能遵守历史上的习俗和准则，特别周代遗留的封建天下、家天下的伦理和操守。虽然兼并和伐阀不断，但是"己所不欲勿施于人"这一人性伦理确实成为后世统治者进行制度创设和改制的普遍性道德前提。

（何　健）

## 四　国无大小皆天之邑

（一）"国无大小皆天之邑"命题的提出

墨子生处战国初期，列国竞相征伐杀戮日多，而尤祸及普通百姓为烈。在这样一个背景下产生了一个具有高度和平普世精神的学派，这就是墨子开创的墨家。墨子的职业为当时所谓的工匠"贱人"，因此，墨家学术之关切：一方面着眼于普通民众之安危、民生与生计，另一方面着眼于反对过于繁冗的儒家厚葬等奢靡礼节。[1] 总体而言，墨家"法天""明鬼""兼爱""尚同""非攻"，反对厚葬，崇尚节葬，非不从礼，而是反对繁冗之礼。（《墨子·修身》："丧虽有礼，而哀为本焉。"）墨家尤其发挥孔子"仁"思想之内心精神一面，言名数质力之理颇合近代科学之法，重视实质实利，护佑民众民生，统一政治且人民平等思想盛。[2]

从"乐群—平天下"的层次看，墨家思想相比其他各家最为彻底、最为切实地主张统一前提下的普遍平等。相对孔子的"和而不同"、孟子的"尚和"、荀子的"分同结合，秩序为纲"、韩非子的"必同（统）"，墨子则主张"兼爱尚同"。然而，墨家之兼爱与儒家之仁爱，虽都谈"爱"，但前提是不一样的。儒家之"仁爱"本乎心，属孟子的性善，而墨家的"兼爱"则认为人有"自爱""自利"的一面，这就像贵族的自由观和农奴的自由观是不同的一样。

因此，相比儒家"仁爱"的亲疏差等推恩先后之别，墨家更为重视

---

[1] 萧公权：《中国政治思想史》，商务印书馆2011年版，第126页。
[2] 蔡元培：《中国伦理学史》，商务印书馆1998年版，第51—52页。

爱利的普及和广远。① 墨子提出，"今天下无大小国，皆天之邑也"（《墨子·法仪》）。这种思想是不同于儒家"精英大同主义"的另外一种"大同"思想，属于"底层大同主义"。尽管阶层不同，但都具有某种普遍性的和平主义，这不啻为一种国际性的和平伦理。

（二）"国无大小皆天之邑"命题的含义

1. 天爱人利人

墨子认为世界之乱是有原因的："乱何自起？起不相爱。"（《墨子·兼爱上》）"不相爱"的实质是"自爱""自利"以"亏"人，这是人天性的一部分，然而是不好的一部分；人的天性的另一部分是"使天下兼相爱"，究其原因是"天之行广而无私，其施厚而不德，其明久而不衰"（《墨子·法仪》），天不自私、不自居，天"兼而有之"，人类为天之一部分，天"兼而食之"，人类受天供养，因此，"天必欲人之相爱相利，而不欲人之相恶相贼也"（《墨子·法仪》）。

2. 对等相视则相爱和合

相比其他学派的俯视而言，墨家更为强调平视。墨子主张"视人之国若视其国，视人之家若视其家，视人之身若视其身"，也就是说，不是推己及人，而是视为己出，完全的人己平等，看待别国家为自己国家，看待别人家为自己家族，看待别人身为自己身。墨子认为，如果能做到对等相视，那么就可以"诸侯相爱则不野战，家主相爱则不相篡，人与人相爱则不相贼，君臣相爱则惠忠，父子相爱则慈孝，兄弟相爱则和调。天下之人皆相爱，强不执弱，众不劫寡，富不侮贫，贵不敖贱，诈不欺愚"（《墨子·兼爱中》）。这样一来才能真正达到孔子般"仁者"之要求，"凡天下祸篡怨恨可使毋起者，以相爱生也，是以仁者誉之"（《墨子·兼爱中》）。可见，墨子的相爱平视虽不同于儒家之差等视之，但可以认为墨子的这种学说受到了孔子"仁学"的影响。②

墨子认为，如果能对等相视，就会在观念上避免价值对立，相反，观念上的纷争只会导致类似霍布斯所说的战争状态。

---

① 萧公权：《中国政治思想史》，商务印书馆2011年版，第135—136页。
② 同上书，第126页。

子墨子言曰:"古者民始生,未有刑政之时,盖其语'人异义'。是以一人则一义,二人则二义,十人则十义,其人兹众,其所谓义者亦兹众。是以人是其义,以非人之义,故交相非也。……天下之百姓,皆以水火毒药相亏害,至有余力不能以相劳,腐臭馀财不以相分,隐匿良道不以相教,天下之乱,若禽兽然。"(《墨子·尚同上》)

### 3. 国无大小,皆天之邑

墨子认为天之下,人无长幼贵贱,国无大小之分。这是可以证明的,因为不管什么人,都要劳动(《墨子·非乐上》:"赖其力者生,不赖其力者不生。"),都要生活,都要"事天""敬天",而且,天拥有人类所需要的食物,并供给着人类,"此以莫不犓羊牛豢犬猪,洁为酒醴粢盛,以敬事天,此不为兼而有之,兼而食之邪?天苟兼而有食之,夫奚说以不欲人之相爱相利也?"(《墨子·法仪》)

天如此爱人利人,"爱人利人者,天必福之,恶人贼人者,天必祸之","杀不辜者,得不祥焉。夫奚说人为其相杀而天与祸乎?是以知天欲人相爱相利,而不欲人相恶相贼也"(《墨子·法仪》)。

"天下"因此"兼相爱则治,交相恶则乱",天之下的国家本身的形成是通过"兼爱"解决自爱自利之众多个体导致的混乱,形成的这些国家本身也有自爱自利一面,因为也有相互混乱的潜在可能,为此仍然只有通过"兼爱"去保证国无大小之间的和合与共。

(三)"国无大小皆天之邑"命题的社会价值

墨子提出了国际关系的伦理思想的雏形,这就是"视人之国若视其国",意即看待别人的国家就好像看待自己的国家。墨子要求国与国之间相互爱护,国与国之间可互利互惠,不要损害别国的利益。如果真正能做到这样,世界也就太平了,世界也就成为大同社会了。[①]

(何 健)

---

[①] 徐希燕:《墨学研究:墨子学说的现代阐释》,商务印书馆2001年版,第256页。

## 第四节　兼爱相利：乐群的手段

### 一　礼尚往来

群之乐，在一定程度上和兼爱互利、公平交往相关。中国古代的"礼尚往来"内蕴着"施报"关系的处理原则，既涉及人际关系，也左右着内外关系，[1] 即"注重相互的关系"。[2]

（一）"礼尚往来"命题的提出

古代中国不仅是"礼'仪'之邦"，更是"礼'义'之邦"，[3]"仪"作为礼节仪容，是指具体方面，"义"作为行为得宜，是指行为的标准，因此，礼作为原则便是"礼义"，礼作为措施便是"礼仪"。"礼尚往来"作为礼的一般理论对中国人的行为关系起着支配性作用，它作为礼的准则的一部分，自然包括礼仪和礼义两个方面，但尤以礼义为主。也就说，"礼尚往来"是涉及相互往来之间的礼义。

那礼为什么会往来呢？往来的动力和规则何在呢？现代法国学者莫斯的《礼物》一书揭示了北美初民社会中的"全面馈赠制"，其实中国古代社会也出现过，但中国古人更早就在《礼记》（公元前475—前221年）中总结出了"礼尚往来"这一理论。

当然，关于"礼尚往来"的思想可以追溯至更为久远的文献。在《诗经·祈父之什·斯干》中的"兄及弟矣、式相好矣、无相犹矣"一句讲的是兄弟之间"相好无相犹"，"相好"指密切，"无相犹"指相互信任，兄弟之间如果不来往，就不密切，不密切就会不信任。《诗经·小雅·小旻之什·巧言》这首诗更是强调"往来行言、心焉数之"，君子之交要靠往来的行为来确证，光会说话是建立不起信任的，正所谓

---

[1] 杨向奎：《论"礼尚往来"》，《中国社会科学院研究生院学报》1999年第1期。
[2] 李安宅：《〈仪礼〉与〈礼记〉之社会学的研究》，上海世纪出版集团2005年版，第16页。
[3] 王能宪：《"礼义之邦"与"礼仪之邦"考辨》，《太原日报》2013年7月22日第11版。

"蛇蛇硕言、出自口矣。巧言如簧、颜之厚矣"。

往来的重要性不仅对于个人的人格是检验,也不仅对于亲人邻人之间很重要,(《易经》:"憧憧往来,朋从尔思。")对于更大的社会与邦国方国也是如此。在《尚书》中有一段"无能往来,兹迪彝教,文王蔑德降于国人"(《周书·君奭》)的记载,意思是说,"如不勤勉履行法教,则文王即无德惠降于国人也"。① 故《系辞上》有言:"一阖一辟谓之变;往来不穷谓之通。"

《诗》曰:"无言不雠,无德不报","往来"其实是相互"施报",正如《诗经》里讲"投我以木瓜、报之以琼琚"(《卫风·木瓜》)。除此外,《诗经》中有讲述"善来则善往,人无行而不得其报"② 道理的有名段落:"辟尔为德、俾臧俾嘉。淑慎尔止、不愆于仪。不僭不贼、鲜不为则。投我以桃、报之以李。彼童而角、实虹小子。"(《大雅·荡之什·抑》)。人们相互往来需要制度化、规范化,这就是"礼",故《周礼》明确了礼的官职、礼典的种类和功用,比如"礼典,以和邦国,以统百官,以谐万民"(《周礼·天官冢宰》)。这里的"和""统""谐"都讲的是礼使人们相互往来的结果。所以孔子讲"德不孤,必有邻","何以报德?以直报怨,以德报德"(《论语·宪问》)。

孟子对交往的讨论,更为注重"合礼",即礼之规则。

> 孟子居邹,季任为任处守,以币交,受之而不报。处于平陆,储子为相,以币交,受之而不报。他日由邹之任,见季子;由平陆之齐,不见储子。屋庐子喜曰:"连得闲矣。"问曰:"夫子之任见季子,之齐不见储子,为其为相与?"曰:"非也。《书》曰:'享多仪,仪不及物曰不享,惟不役志于享。'为其不成享也。"屋庐子悦。或问之。屋庐子曰:"季子不得之邹,储子得之平陆。"

---

① 屈万里:《尚书集释》,中华书局2014年版,第213页。
② (清)王先谦:《诗三家义集疏》,中华书局1987年版,第937页。

第七章　乐群的基本命题

(《孟子·告子下》)

在这段对话里，孟子还礼季子而不还礼储子，并不是因为孟子的区别对待，而是因为储子是臣不是君，可以亲赴送礼，按礼，储子送礼孟子应当本人亲赴，然而不亲送，显然缺乏交往诚意，孟子没有必要回报。

显然，这一点不同于莫斯、马林诺夫斯基关于礼物强制回馈的讲法，从孟子的事例中可以看出，中国的礼之来往有明显的人格化特征，人在这个过程中有判断力、选择性，对合礼之礼才会义务性遵循。

对于礼的往来，荀子坚持"礼义而礼乐"的基本原则，正是由于礼，人与国才会相敬相和。

> 川渊深而鱼鳖归之，山林茂而禽兽归之，刑政平而百姓归之，礼义备而君子归之。故礼及身而行修，义及国而政明，能以礼挟而贵名白，天下愿，令行禁止，王者之事毕矣。《诗》曰："惠此中国，以绥四方。"此之谓也。(《荀子·致士》)

从"名"的角度讲，礼是"敬"之文，礼通过相敬而实现相互理解，所以人人国国因之相通，"后王之成名：刑名从商，爵名从周，文名从礼，散名之加于万物者，则从诸夏之成俗曲期，远方异俗之乡，则因之而为通"(《荀子·正名》)。

荀子认为，如果人人国国之间按照礼的方式做到了敬老、扶弱、施不求报，那么人人国国就会争先归往，"老老而壮者归焉，不穷穷而通者积焉，行乎冥冥而施乎无报，而贤不肖一焉。人有此三行，虽有大过，天其不遂乎！"(《荀子·修身》)

孔、孟、荀之外的墨子，把往来视为人人国国的存活之道。《墨子》中有则对话是讲鲁国国君害怕齐国攻打，问墨子可有解救之法？墨子说："吾愿主君，之上者尊天事鬼，下者爱利百姓，厚为皮币，卑辞令，亟遍礼四邻诸侯，驱国而以事齐，患可救也，非此，顾无可为者。"

· 749 ·

(《墨子·鲁问》）这是讲礼交四邻可以解救安危。

（二）"礼尚往来"命题的含义

"礼尚往来"出自《礼记》，"太上贵德，其次务施报。礼尚往来。往而不来，非礼也；来而不往，亦非礼也。人有礼则安，无礼则危。故曰：礼者不可不学也"（《礼记·曲礼上》）。

"曲礼"是指日常细微之礼，亦指日常之事，故《礼器》有云："经礼"三百，"曲礼"三千。如此看来，"礼尚往来"的思想和观念正是对礼的日常性特征的高度重视。那如何在此背景下来理解"礼尚往来"的含义呢？

1. 礼的时间日常性

"往而不来，非礼也；来而不往，亦非礼也"一句有两则含义：其一，礼是日常性的，来来往往是常事之表现；其二，礼必往来，不往不来，非礼也，"非礼"之"非"，意味着礼的时间日常性带来一定的强制性，所以管子讲"天有常象，地有常形，人有常礼"（《管子·君臣上》）。

2. 礼的空间延展性

礼之往来，是在一定的空间中进行。《周礼》中讲"使""节"之功能。"使"有"君礼"（"朝、觐、宗、遇、会、同"）和"臣礼"（"存、䀩、省、聘、问"）两种，"使适四方，协九仪宾客"。"节"有"六节"，"金""竹"两类，以达天下："山国用虎节，土国用人节，泽国用龙节，皆以金为之。道路用旌节，门关用符节，都鄙用管节，皆以竹为之。"（《周礼·秋官司寇》）

3. 施报对等的机制

"礼尚往来"所在段落，在它之前有一句"太上贵德，其次务施报"，其中的"施报"概念意味着是应"贵德"之行为，这就意味着"礼尚往来"在本质上是以"施报"关系为机制的，这足以说明乐群之手段样式，所谓"乐也者施也；礼也者报也"（《礼记·乐记》）。

"施报"关系可在《春秋左传》《仪礼》《礼记》等文献中找到多个例证，比如晋惠公背信弃义、晋文公重耳忘报介之推等史实，这些事例共同反映出一种对等性礼仪平衡原则，即"礼尚往来"的原则，这一原则普遍应用于周代的交聘关系中,并贯穿于报礼、报币、报书、报使等交聘全过程。①

(三)"礼尚往来"命题的社会价值

"礼尚往来"在西周时期表现为服务于宗法、姻亲的交聘制度,这时期的交聘制度属于礼仪性质。到了春秋,礼仪性的交聘转变为处于政治、经济和军事动机的务实性交聘。可见,"礼尚往来"的社会价值也会随着时代之不同而发生一定的变化,但其对等平衡的根本精神得以流传。②

(何　健)

## 二 兼相爱

乐群而平天下,需要兼爱以实现之。群体无论大小皆需有爱,中国的先秦思想家在春秋战国这个独特的时代背景下清楚地看到人类相爱的团体凝聚意义和战争消解功能,相比古希腊的理性之爱更显现出东方人性之爱的心底柔软,而后世法国实证主义哲学家奥古斯特·孔德硬是在生命晚期才强调爱是实证主义的一部分。

(一)"兼相爱"命题的提出

从春秋到战国,整个社会不是愈加安定,而是愈加动荡,相当大一部分人具有某种幻灭感,老庄已不用说了,强调无为而治,儒家其实有相当一部分人对莫不可测天道的失望,而陷入一种通过追求礼乐修养和古典文献研究来转移,虽然未把孔子树立的为世界开太平("天下归仁")的旨趣抛之脑后,但显然更为关心自己的报酬和生活。③

墨子不满于孔子之后儒士的消极,在承继孔子"兼爱无私"的精神之下,提出了具有宗教性、组织性的"兼爱"学说。可见,"兼爱"的思想也是有一个发展的过程。首先是孔子提出"泛爱众",然后墨、孟有"爱无差等"和"爱有差等"之不同,而到了荀子那里,则是"术

---

① 黎虎:《周代交聘中的"礼尚往来"原则》,《文史哲》2009年第3期。
② 同上。
③ [美]本杰明·史华兹:《古代中国的思想世界》,程刚译,江苏人民出版社2008年版,第185—186页。

法爱人"。①

孔子曾讲"泛爱众，而亲仁"（《论语·学而》），"泛爱"有博爱之意，即所谓"兴灭国，继绝世，举逸民，天下之民归心焉"（《论语·尧曰》）。虽然孟子骂墨子很是厉害，"天下之言，不归杨，则归墨。杨氏为我，是无君也；墨氏兼爱，是无父也。无父无君，是禽兽也"（《孟子·滕文公下》），但是，孟子在"爱有等差"的前提下，还是要主张"爱人"，只不过是"爱人不亲反其仁"（《孟子·离娄上》），所以孟子认为，"仁者爱人"，"爱人者人恒爱之"（《孟子·离娄下》）。

孟子的"爱人"讲求的是"以仁存心""以礼存心"，可以说是一种儒家博爱博取的心法之道。相比这种心法之道，荀子立于孔子"仁者爱人"之宗旨而强调术法，所谓"术礼义而情爱人"（《荀子·修身》）。也就是说，荀子之"爱人"观念是一种带有功利主义的"爱人"，"爱人"要避免"暴察""狂妄"之"威"害，因为"无爱人之心，无利人之事"必成"乱人之道"（《荀子·强国》），反之，"如是者能爱人也"，"莫不为天下之显诸侯"（《荀子·君道》）。

荀子对墨子看法不高，一是认为墨子为俗儒，二是认为"墨子有见于齐，无见于畸"（《荀子·天论》）。

荀子在《荀子·儒效》将"人"分为"俗人""俗儒""雅儒""大儒"四类。在荀子看来，墨子无疑属于俗儒范畴，介于"俗人"与"雅儒"之间：

> 逢衣浅带，解果其冠，略法先王而足乱世术，缪学杂举，不知法后王而一制度，不知隆礼义而杀诗书；其衣冠行伪已同于世俗矣，然而不知恶；其言议谈说已无所以异于墨子矣，然而明不能别；呼先王以欺愚者而求衣食焉；得委积足以掩其口，则扬扬如

---

① 孔子、墨子、孟子、荀子之间的异同主要表现为，墨、孟、荀都受孔子思想的影响，或阐发或扶正。孔子主仁与名；孟子从性善，由恻隐之心，大申仁与礼，黜霸贵名；荀子从性恶，大申名与治，集先秦礼论之大成，离法家之专制法还远，求治人以行治法；墨子从自私功利，纠偏孔孟主观性的仁爱，而青睐于从效果利害取舍爱恶。参阅萧公权《中国政治思想史》，商务印书馆2011年版，第103、114、119—120、136页。

也；随其长子，事其便辟，举其上客，亿然若终身之虏而不敢有他志：是俗儒者也。(《荀子·儒效》)

荀子对墨子的这番评价不可谓不低，然而，荀子毁誉墨子处，正是墨子真实闪光处，荀子认为墨子"不知法后王而一制度，不知隆礼义而杀诗书"，其实是墨子不以少数阶级之安逸为念，而更念及大多数的天下苍生。其实，荀子于此点也是清楚不过的："墨子之言昭昭然为天下忧不足。夫不足非天下之公患也，特墨子之私忧过计也。"(《荀子·富国》)

不过荀子觉得墨子的这种"节俭过度"其实是不理性的，如果能"善治"，则资源是源源不断。荀子认为"五谷"可"一岁而再获之"，"瓜桃枣李一本数以盆鼓"，"六畜禽兽一而剸车"，"鼋、鼍、鱼、鳖、鳅、鳝以时别，一而成群"，"万物""可以相食养者，不可胜数也"(《荀子·富国》)。

照荀子的理解，墨子之主张是"役夫之道"，而非"王道"(《荀子·王霸》)，只能使社会贫乱、无分失序。

> 天下之公患，乱伤之也。胡不尝试相与求乱之者谁也？我以墨子之"非乐"也，则使天下乱；墨子之"节用"也，则使天下贫，非将堕之也，说不免焉。墨子大有天下，小有一国，将蘰然衣粗食恶，忧戚而非乐。若是则瘠，瘠则不足欲；不足欲则赏不行。墨子大有天下，小有一国，将少人徒，省官职，上功劳苦，与百姓均事业，齐功劳。若是则不威；不威则罚不行。赏不行，则贤者不可得而进也；罚不行，则不肖者不可得而退也。贤者不可得而进也，不肖者不可得而退也，则能不能不可得而官也。若是，则万物失宜，事变失应，上失天时，下失地利，中失人和，天下敖然，若烧若焦，墨子虽为之衣褐带索，嚽菽饮水，恶能足之乎？既以伐其本，竭其原，而焦天下矣。(《荀子·富国》)

相比孟子对爱的礼的限定，墨子扩展了孔子对爱的仁的含义和范围,(《庄子·天道》:孔子曰:"中心物恺,兼爱无私,此仁义之情也。")也不像荀子那样偏执于精英阶层之术法,而是认为"兼爱非公"是遇到"国家务夺侵凌"情况时的必须选择。(《墨子·鲁问》:"择务而从事。")

由此可见,兼相爱的思想在先秦各家中都是具有的,但立场和方法确有极大的不同。

(二)"兼相爱"命题的含义

"兼相爱"一语出自《墨子》一书的第四卷《兼爱》篇:"天下兼相爱则治,交相恶则乱。"(《墨子·兼爱上》)这一命题的含义是指,人人之间的普遍相爱可以消解因自私而起的憎恶和混乱,从而使得天下太平。[①]

1. 乱起不相爱

孟子曾讨论过"一治一乱"[②]的社会历史变迁规律,在讨论这个规律时,孟子认为墨子虽以君王、天下为事,但"无父"之主张使得"仁义充塞",这是认为人之为人,只能在亲亲、尊尊、贵贵、贤贤的等级和纪律下实现,简言之,爱有差等。孟子的爱有差等之主张恰是墨子诟病评价之所在,小范围的爱并非真正之爱,种种的等级是不容易打通的,反而容易引起"交相恶",只有兼爱才能真正打通人与人之间的障碍,从根本上提升人的境界,天下才可以为治。所以墨子认为,"圣人以治天下为事者也,不可不察乱之所自起。当察乱何自起?起不相爱"(《孟子·兼爱上》)。"不相爱"起于"自爱""自利""亏人"之心,君臣、诸侯、大夫、父子、兄弟、盗贼皆有可能"自爱亏人"。

2. 相爱:爱人若爱己

孟子的"爱有差等"观念是基于各亲其亲、各子其子的自然倾向,这种自然倾向可转化为"博爱"(推己及人)的基础,而墨子在根本上对"爱有差等"之自爱自私的狭隘性有清楚的认识,提出"爱无差等"

---

[①] 参见孙中原《天下兼相爱则治,交相恶则乱》,《光明日报》2016年1月20日第6版。

[②] 后世法家韩非子也谈过"一治一乱",解决之道为"利""威""名"三项,最终一并于法。(《韩非子·诡使》)

的理想和价值来超越狭隘之小群，来建立广泛之大群。①

"爱人若爱己"是"内在化"与"外在化"相统一的过程，内在的"爱"与外在的"视"是统一的，"视"即平等看待，看待父兄如君、看待弟子如臣、看待他人之居室家庭身体如同己出，"视"是一个平等客观化过程，有了这个平等化的过程，内在的爱才无尽与广阔，才会真正不乱家、不相攻。

"爱人若爱己"是把自己和全天下连成一群，"爱人不外己，己在所爱之中。己在所爱，爱加于己。伦列之爱己，爱人也"（《墨子·大取》）。

3. 尽爱且周爱（普遍性）

兼相爱是最广泛最普遍的乐群，（《墨子·经上》："无穷不害兼。"）它是对天地人神、过去与现在施以广泛的爱，"众世"与"寡世"没有差别，"尚世"与"后世"都如"今世"，"鬼神"亦爱之，所谓"爱众世与爱寡世相若，兼爱之，有相若。爱尚世与爱后世，一若今之世人也。鬼，非人也；兄之鬼，兄也"（《墨子·大取》）。即使知道这个世界仍有盗贼，仍然爱这世界的所有人。（《墨子·大取》："智是之世之有盗也，尽爱是世。"）

（三）"兼相爱"命题的社会价值

在春秋战国那样一个乱世，墨家以其兼相爱的思想，形成一种类似今天人类命运共同体的主张。

一则世人"兼而食之"，有相同的习性和风尚，故"必兼而爱之"，"譬之若楚、越之君，今是楚王食于楚之四境之内，故爱楚之人；越王食于越，故爱越之人。今天兼天下而食焉，我以此知其兼爱天下之人也"（《墨子·天志下》）。

二则"兼爱天下，不可以虚名为也，必有其实"（《吕氏春秋·审应》）。譬如公孙龙批评赵惠文王对强"偃兵"、对弱厉兵的两面性，兼爱天下必须虚实相应，否则"无礼慢易而求敬，阿党不公而求令，烦号数变而求静，暴戾贪得而求定，虽黄帝犹若困"（《吕氏春秋·审应》）。

---

① 参见萧公权《中国政治思想史》，商务印书馆2011年版，第136页。

三则"兼爱心意"的价值绝对性。有一则巫马子与墨子辩论"兼爱天下"之价值的故事。巫马子谓墨子曰:"子兼爱天下,未云利也;我不爱天下,未云贼也。功皆未至,子何独自是而非我哉?"墨子曰:"今有燎者于此,一人奉水将灌之,一人掺火将益之,功皆未至,子何贵于二人?"巫马子曰:"我是彼奉水者之意,而非夫掺火者之意。"墨子曰:"吾亦是吾意,而非子之意也。"(《墨子·耕柱》)

(何 健)

## 三 交相利

在春秋战国这个独特的社会背景之下,墨子在提出"兼相爱"后,随即便提出了"交相利"的观点,并常常将"兼相爱、交相利"勾连在一起讨论。换言之,乐群而平天下,不仅需要兼爱实现之,而且还需要互利以实现之。因为在群体之中,与相爱相同,相利亦有着促进团体凝聚和消解战争的功能,交兼者天下之大利。

(一)"交相利"命题的提出

春秋战国时期,天下处于各诸侯国的混战状态之中,列国之间的混战愈演愈烈,大国兼并小国、强国兼并弱国时常发生。这在墨子看来,正是:

> 大国之攻小国也,大家之乱小家也,强之劫弱,众之暴寡,诈之谋愚,贵之敖贱,此天下之害也。又与为人君者之不惠也,臣者之不忠也,父者之不慈也,子者之不孝也,此又天下之害也。又与今人之贼人,执其兵刃、毒药、水、火,以交相亏贼,此又天下之害也。(《墨子·兼爱》)

造成这种乱世状态的原因在于"不相爱":

> 今诸侯独知爱其国,不爱人之国,是以不惮举其国以攻人之国。今家主独知爱其家,而不爱人之家,是以不惮举其家以篡人之家。今人独知爱其身,不爱人之身,是以不惮举其身以贼人之身。

是故诸侯不相爱则必野战。家主不相爱则必相篡，人与人不相爱则必相贼，君臣不相爱则不惠忠，父子不相爱则不慈孝，兄弟不相爱则不和调。天下之人皆不相爱，强必执弱，富必侮贫，贵必敖贱，诈必欺愚。凡天下祸篡怨恨，其所以起者，以不相爱生也，是以仁者非之。……若使天下兼相爱，爱人若爱其身，犹有不孝者乎？视父兄与君若其身，恶施不孝？犹有不慈者乎？视弟子与臣若其身，恶施不慈？故不孝不慈亡有，犹有盗贼乎？故视人之室若其室，谁窃？视人身若其身，谁贼？故盗贼亡有。犹有大夫之相乱家、诸侯之相攻国者乎？视人家若其家，谁乱？视人国若其国，谁攻？故大夫之相乱家、诸侯之相攻国者亡有。若使天下兼相爱，国与国不相攻，家与家不相乱，盗贼无有，君臣父子皆能孝慈，若此则天下治。故圣人以治天下为事者，恶得不禁恶而劝爱？故天下兼相爱则治，交相恶则乱。(《墨子·兼爱》)

而"不相爱"的缘由，墨子认为来自人的私利观念：

子自爱不爱父，故亏父而自利；弟自爱不爱兄，故亏兄而自利；臣自爱不爱君，故亏君而自利，此所谓乱也。虽父之不慈子，兄之不慈弟，君之不慈臣，此亦天下之所谓乱也。父自爱也不爱子，故亏子而自利；兄自爱也不爱弟，故亏弟而自利；君自爱也不爱臣，故亏臣而自利。……今若国之与国之相攻，家之与家之相篡，人之与人之相贼，君臣不惠忠，父子不慈孝，兄弟不和调，此则天下之害也。(《墨子·兼爱》)

于是，墨子认为要使"国与国不相攻，家与家不相乱，盗贼无有，君臣父子皆能孝慈，若此则天下治"，其应对方式不仅需要"天下兼相爱"，并且还需要"兴天下之利"，亦即为"以兼相爱交相利之法易之"。

(二)"交相利"命题的含义

与"兼相爱"的观念相同，"交相利"亦是墨子的核心观念之一，出自《墨子》第四卷《兼爱》篇："今天下之君子，忠实欲天下之富，而恶其贫；欲天下之治，而恶其乱，当兼相爱，交相利，此圣王之法，天下之治道也，不可不务为也。"（《墨子·兼爱中》）在墨子的思想中，墨子将"交相利"的观点放置在重要的位置之中。诸如在《墨子·兼爱中》中"仁人之所以为事者，必兴天下之利，除去天下之害"；在《墨子·尚贤中》中"兼而爱之从而利之"；在《墨子·法仪》中"天必欲人之相爱相利"；等等。这一命题的含义是指"利人者，人必从而利之"，"害人者，人必从而害之"（《墨子·兼爱中》），换言之，人与人之间、国与国之间的互惠互助互利、各不相害的方式能够消解天下的怨恨与祸篡，兴天下之利。

1. 仁人兴天下之利

"利"字即指利益。在墨子看来，由于利益争夺因私利而引起，所以"子自爱不爱父""父自爱不爱子""弟自爱不爱兄""兄自爱不爱弟""臣自爱不爱君""君自爱不爱臣"，所以"大国之攻小国也，大家之乱小家也，强之劫弱，众之暴寡，诈之谋愚，贵之敖贱""人君者之不惠也，臣者之不忠也，父者之不慈也，子者之不孝也""今人之贱人，执其兵刃、毒药、水、火，以交相亏贼"（《墨子·兼爱》）。于是，墨子提出"交相利"，即互惠互助以获利。那么，何以"交相利"？这首先需要有爱，利用爱来打通亲亲、尊尊、贵贵、贤贤的等级差序，将小爱扩展为大爱，自爱扩展为兼爱。又由于"爱"包含着"仁"的意涵，仁即为爱，爱即为仁，"仁体爱也"（《经上》），"仁者，爱人"（《孟子》），"仁者，谓其中心欣然爱人也"（《韩非子》）。其中尽管儒家思想中的"仁"往往是指一种具有差序等级的爱。[①] 但是当墨子将"爱"打破差序等级，转变为兼爱之时，其中"仁"的对象和范畴也发生了变化，不仅是对己、对亲亲与尊尊，还包括对其他的人与物。这样，基于仁与爱的德性基础上，人与人之间、国与国之间才会摒除私利，互惠互助互利。于是，墨子认为："仁人之所以为事者，必兴天下之利。"（《墨子·兼爱》）

---

① 参见景天魁《中国社会学：起源与绵延》，社会科学文献出版社2017年版，第181页。

2. 利者义之和

孟子曾讲:"何必曰利?亦有仁义而已矣。"(《孟子·梁惠王》)又如《论语》中:"君子喻于义,小人喻于利。"(《论语·里仁》)换言之,在儒家治世思想中,言利为大戒,义与利似乎天然相克。实际上,孟子尚"义"斥"利",是以仁义的名义推恩不忍之政,以利之名示自私交征之事。① 而墨子所讲的"交相利"中的"利"并非为人之私利,而是提倡通过互助互惠,将人之私利转变为大利或公利,亦即为"交兼者天下之大利",这与儒家所斥之利并无抵牾。相反,墨子所讲的"利"中带有着"义"的意涵。正如《经上》曰:"义,利也。"《经说上》将其解释为:"义,志以天下为爱而能能利之。"② 墨子自己也反复强调,仁义即为上利于天、中利于鬼、下利于人;"天下有义则生,无义则死;有义则富,无义则贫;有义则治,无义则乱"(《墨子·天志上》)。由此可见,墨子所讲的"兼相利",借助于实用主义,通过"义"将利己扩展到利民。这与孔子所讲的"利者义之和""以美利利天下"(《易传》)中的"利"与"义"的含义相近。

3. 兴利以除天下之害

墨子在讲"交相利"的时候,实际上是将"害"视作"利"的反面,认为"仁人之事者,必务求兴天下之利,除天下之害"(《墨子·兼爱下》)。而何为"天下之害"?他认为"大国之攻小国也,大家之乱小家也,强之劫弱,众之暴寡,诈之谋愚,贵之敖贱,此天下之害也""为人君者之不惠也,臣者之不忠也,父者之不慈也,子者之不孝也,此又天下之害也""与今人之贱人,执其兵刃、毒药、水、火,以交相亏贼,此又天下之害也"。那么如何消解"天下之害"呢?则需要"交相利"以化解。换言之,这就需要明确的是"交相利"的做法,墨子认为可以"先从事乎爱利人之亲,然后人报我以爱利吾亲",正如"《大雅》之所道曰:'无言而不雠,无德而不报''投我以桃,报之以李。'即此言爱人者必见爱也,而恶人者必见恶也";可以"将正求与

---

① 参见萧公权《中国政治思想史》,中国人民大学出版社2014年版,第84页。
② 同上。

天下之利而取之，以兼为正，是以聪耳明目相与视听乎，是以股肱毕强相为动宰乎，而有道肆相教诲。是以老而无妻子者，有所侍养以终其寿；幼弱孤童之无父母者，有所放依以长其身"（《墨子·兼爱下》）。

（三）"交相利"命题的社会价值

处于春秋战国的乱世之中，墨子于"兼相爱"思想中延伸出来的"交相利"思想，实际上类似于当前所提倡的以互惠互利互助的姿态共建和谐社会的主张。墨子认为行"兼相爱交相利之法"可以使"王公大人之所以安也，万民衣食之所以足也""国与国不相攻，家与家不相乱，盗贼无有，君臣父子皆能孝慈，若此则天下治"，而这正是"圣王之道"。由此，"君子莫若审兼而务行之，为人君必惠，为人臣必忠，为人父必慈，为人子必孝，为人兄必友，为人弟必悌。故君子莫若欲为惠君、忠臣、慈父、孝子、友兄、悌弟，当若兼之不可不行也，此圣王之道而万民之大利也"（《墨子·兼爱下》）。

（蒋梓莹）

### 四　协和万邦

乐群有着中国传统知识分子关于治国与平天下的最为远大的抱负和情怀。"四海之内若一家，通达之属莫不从服"（《荀子·议兵》）、天涯海角若比邻、"各美其美、美人之美、美美与共、天下大同"[1] 均是"乐群"最为形象的诠释。那么，要使人们乐意合群、愿意合群，不但需要人与人之间的礼尚往来、相爱、相利，并且还需要国家层面上的协和。

（一）"协和万邦"命题的提出

从上古尧舜时代至夏商周朝这段时期，华夏文明区域最初由众多的原始部族组成，当原始部族逐渐演变成为方国之后，通过分封制和贡赋制将众方国组成为松散联合的联盟共主制国家。[2] 当时的王室为了维护王权、治理天下，一方面通过广建诸侯国的形式，将诸侯国作为维护封

---

[1] 费孝通：《论文化与文化自觉》，群言出版社2005年版，第542页。
[2] 参见江林昌《中国上古文明考论》，上海教育出版社2005年版，第53页。

建王权之藩屏；另一方面又建立起各邦国或部族、诸侯国之间交往的规范和准则，以维护天下太平。正因为如此，"协和万邦"的天下治理理念应运而生。最初"协和万邦"一语出自《尚书》中的《尧典》篇：

> 曰若稽古帝尧，曰放勋。钦明文思安安，允恭克让，光被四表，格于上下。克明俊德，以亲九族。九族既睦，平章百姓。百姓昭明，协和万邦。黎民于变时雍。

描述的是尧帝为政之时，能够使各邦国或部族间和谐相处，天下民众友好和睦的善政行为。同时，在《尚书》的其他篇章中，亦有着类似于"协和万邦"的表述，如《尚书·为政》：

> 桀德，惟乃弗作往任，是惟暴德罔后。亦越成汤陟，丕厘上帝之耿命，乃用三有宅；克即宅，曰三有俊，克即俊。严惟丕式，克用三宅三俊，其在商邑，用协于厥邑；其在四方，用丕式见德。

又如：

> 自作不和，尔惟和哉！尔室不睦，尔惟和哉！（《尚书·多方》）

在《周礼》中，周朝对太宰官衔的职责设置也反映出"协和万邦"的意涵：

> 掌建邦之六典，以佐王治邦国：一曰治典，以经邦国，以治官府，以纪万民。二曰教典，以安邦国，以教官府，以扰万民。三曰礼典，以和邦国，以统百官，以谐万民。四曰政典，以平邦国，以正百官，以均万民。五曰刑典，以诘邦国，以刑百官，以纠万民。六曰事典，以富邦国，以任百官，以生万民。（《周礼·天官冢宰》）

## (二)"协和万邦"命题的含义

"协和万邦"主张的是国与国之间友好交往,和谐共处的蓝图。该命题主要包含两层含义:第一层含义是其形成的基础,来自"为政以德"的治世观念;第二层含义则为该命题所反映主题——和合。

### 1. 德治:协和万邦之基石

儒家治世思想讲求王道,其中第一要义在于德治,亦即为政以德。而德治,不只在于君王自身德行修养的"内圣"状态,还在于治国之道,《尚书·洪范》有言:"无偏无颇,遵王之义;无有作好,遵王之道;无有作恶,尊王之路。无偏无党,王道荡荡;无党无偏,王道平平;无反无侧,王道正直。"也正是在德治的基础上,万邦之协和才具备形成的条件。事实上,在《尚书·尧典》中,"协和万邦"就是在颂扬尧帝"德惟善政,政在养民"[①]之德治的背景下出现的。又如《尚书·梓材》中记述道:

> 王启监,厥乱为民。曰:"无胥戕,无胥虐,至于敬寡,至于属妇,合由以容。"王其效邦君越御事:"厥命曷以,引养,引恬?自古王若兹,监罔攸辟。"惟曰:"若稽田,既勤敷灾,惟其陈修,为厥疆畎。"今王惟曰:"先王既勤用明德,怀为夹,庶邦享作,兄弟方来。亦既用明德,后式典集,庶邦丕享。皇天既付中国民越厥疆土于先王,肆王惟德用,和怿先后迷民,用怿先王受命。已!若兹监。"惟曰:"欲至于万年,惟王子子孙孙永保民。"

如《尚书·大禹谟》中记述的舜帝以"德"征服苗族的事例:

> 三旬,苗民逆命。益赞于禹曰:"惟德动天,无远弗届。满招损,谦受益,时乃天道。帝初于历山,往于田,日号泣于旻天,于父母,负罪引慝。祗载见瞽瞍,夔夔斋栗,瞽亦允若。至诚感神,矧兹有苗。"禹拜昌言曰:"俞!"班师振旅。帝乃诞敷文德,舞干

---

① 王世舜、王翠叶译注:《尚书》,中华书局2012年版,第5页。

羽于两阶，七旬有苗格。

如《尚书·召诰》中：

> 予小臣敢以王之仇民百君子越友民，保受王威命明德。王末有成命，王亦显。我非敢勤，惟恭奉币，用供王能祈天永命。

由此可见，正是基于君王德治的基础上，运用"德"的力量治理天下百邦，邦国或部族、诸侯国之间才能够和谐相处，这正如荀子在《荀子·议兵》中所言：

> 彼仁者爱人，爱人故恶人之害之也；义者循理，循理故恶人之乱之也。彼兵者所以禁暴除害也，非争夺也。故仁者之兵，所存者神，所过者化，若时雨之降，莫不说喜。是以尧伐驩兜，舜伐有苗，禹伐共工，汤伐有夏，文王伐崇，武王伐纣，此四帝两王，皆以仁义之兵，行于天下也。故近者亲其善，远方慕其德，兵不血刃，远迩来服，德盛于此，施及四极。

### 2. 和合：协和万邦之主题

"协和万邦"一语的重要之处在于"协"与"和"，"协"为相互协调，求同存异；"和"则为和睦或和谐共处；二者在一起便形成以"和合"为主题的治理天下万邦之理念。首先，处理国与国之间的关系，"和合"提倡的是"民为邦本，本固邦宁"（《尚书·五子之歌》）的治世理念。正如《尚书·大禹谟》一文形象地强调了黎民百姓的重要性：

> 禹曰："于！帝念哉！德惟善政，政在养民。水、火、金、木、土、谷，惟修；正德、利用、厚生、惟和。九功惟叙，九叙惟歌。戒之用休，董之用威，劝之以九歌俾勿坏。"
> 皋陶曰："帝德罔愆，临下以简，御众以宽；罚弗及嗣，赏延

于世。宥过无大，刑故无小；罪疑惟轻，功疑惟重；与其杀不辜，宁失不经；好生之德，洽于民心，兹用不犯于有司。"

又如在《尚书·无逸》中，周文王对于保民重要性的强调：

厥亦惟我周太王、王季，克自抑畏。文王卑服，即康功田功。徽柔懿恭，怀保小民，惠鲜鳏寡。自朝至于日中昃，不遑暇食，用咸和万民。文王不敢盘于游田，以庶邦惟正之供。

在牧野之战后，周公基于安民、保民的理念之上，利用怀柔政策对殷商遗民进行安置处理，目的在于巩固周朝的统治：

王曰："多士，昔朕来自奄，予大降尔四国民命。我乃明致天罚，移尔遐逖，比事臣我宗多逊。"王曰："告尔殷多士，今予惟不尔杀，予惟时命有申。今朕作大邑于兹洛，予惟四方罔攸宾，亦惟尔多士攸服奔走臣我多逊。尔乃尚有尔土，尔用尚宁干止，尔克敬，天惟畀矜尔；尔不克敬，尔不啻不有尔土，予亦致天之罚于尔躬！今尔惟时宅尔邑，继尔居；尔厥有干有年于兹洛。尔小子乃兴，从尔迁。"（《尚书·多士》）

其次，"和合"提倡建立礼秩交往准则。这是因为礼的作用在于建立一种"礼之用，和为贵"（《论语·学而》）的和谐共处秩序。在先秦时期，"礼"不仅是指在人际关系的交往准则中的"和"；[①] 实际上也作为调节国与国之间的关系，和谐共处的国家交往原则而存在。当周公建立分封制、制定周礼后，礼制秩序便成为周朝执政规范，形成三代之后儒家治世思想中所向往的礼法社会。据《尚书·洛诰》记载：

---

① 参见景天魁《中国社会学：起源与绵延》，社会科学文献出版社2017年版，第654页。

第七章　乐群的基本命题

周公拜手稽首曰："朕复子明辟。王如弗敢及天基命定命，予乃胤保大相东土，其基作民明辟。予惟乙卯，朝至于洛师。我卜河朔黎水，我乃卜涧水东，瀍水西，惟洛食；我又卜瀍水东，亦惟洛食。伻来以图及献卜。"王拜手稽首曰："公不敢不敬天之休，来相宅，其作周匹，休！公既定宅，伻来，来，视予卜，休恒吉。我二人共贞。公其以予万亿年敬天之休。拜手稽首诲言。"周公曰："王，肇称殷礼，祀于新邑，咸秩无文。予齐百工，伻从王于周，予惟曰：'庶有事。'今王即命曰：'记功，宗以功作元祀。'惟命曰：'汝受命笃弼，丕视功载，乃汝其悉自教工。'孺子其朋，孺子其朋，其往！无若火始焰焰；厥攸灼叙，弗其绝。厥若彝及抚事如予，惟以在周工往新邑。伻向即有僚，明作有功，敦大成裕，汝永有辞。"……王曰："公！予小子其退，即辟于周，命公后。四方迪乱未定，于宗礼亦未克敉，公功迪将，其后监我士师工，诞保文武受民，乱为四辅。"王曰："公定，予往已。公功肃将祗欢，公无困哉！我惟无斁其康事，公勿替刑，四方其世享。"周公拜手稽首曰："王命予来承保乃文祖受命民，越乃光烈考武王弘朕恭。孺子来相宅，其大敦典殷献民，乱为四方新辟，作周恭先。曰其自时中乂，万邦咸休，惟王有成绩。"

通过上述周公与周文王的对话，可以看到大臣与天子之间相交以礼，大臣向天子"拜手稽首"之礼，天子亦向大臣行"拜手稽首"之礼；还可以看到周朝以宗礼治四方民众，"肇称殷礼，祀于新邑"，以"大敦典殷献民，乱为四方新辟，作周恭先"，从而使"自时中乂，万邦咸休"。至此周朝在处理邦交关系上，一直通过礼制秩序来维系周王室与诸侯国、藩属国之间的和谐交往。

（三）"协和万邦"命题的社会价值

自古以来，天下观隐含的就是"大一统"思想，平天下代表着大一统，大一统代表着天下太平。那么何以平天下？战争亦是求同存异？在处理天子之国与番邦部族、宗主国与诸侯国之间的关系问题上，春秋战国时期各国相互征战，大国兼并小国、强国吞并弱国的做法表示压迫

·765·

或征伐并不是最佳的方式。而上古至三代以内所秉承的"协和万邦"的理念，才是应有的方式。正如荀子认为"和则一，一则多力"（《荀子·王制》）。这放到国家层面上，则是国与国之间需要保持和睦相处，方能团结一致，相互促进，共同谋求发展，永保天下太平。由此，"协和万邦"表现出华夏民族对于和平的不懈追求，以及"中和位育"的美好愿望，是乐群而平天下的重要手段之一。

（蒋梓莹）

## 第五节　天下大同：乐群的理想

### 一　从小康到大同

"小康"和"大同"都是人类社会所追寻的理想状态，两者虽有区别，但并不矛盾。从小康到大同可以看作一个递进的过程，也有着并列的关系。在"小康"的基础上实现"大同"是"乐群"实现的理想道路。

（一）"从小康到大同"命题的提出

在先秦文献里，《诗经·大雅·民劳》中就提到"小康"一词："民亦劳止，汔可小康。惠此中国，以绥四方。"在这里，"小康"指的是一种生活安定的状态，而非广泛的社会结构内涵。而"大同"一词，最早见于《尚书·洪范》：

> 汝则有大疑，谋及乃心，谋及卿士，谋及庶人，谋及卜筮。汝则从，龟从，筮从，卿士从，庶民从，是之谓大同。[①]

在此，"大同"是赞成、赞同的意思。而《吕氏春秋·有始览》篇中说道："天地万物，一人之身也，是谓大同。"此处"大同"是高度同一的意思，与《庄子·在宥》篇的"颂论形躯，合乎大同，大同而无己"中的"大同"意思相似，都是指天地万物融为一体。

---

[①] 王世舜、王翠叶译注：《尚书》，中华书局2012年版，第153页。

## 第七章 乐群的基本命题

"小康"和"大同"作为一种社会制度或社会思想则同是出现在《礼记·礼运》的"大同小康"之说。借孔子之口分别描述了两种不同的理想社会状态,大同社会以"德治"为主,而小康社会以"礼治"为主。

"从小康到大同"这一命题正是"德""礼"并重,这一思想在《论语》中有所体现。孔子认为既要用道德引导百姓,又要用礼制去同化他们,才会使百姓有羞耻心和归顺心。(《论语·为政》:"道之以政,齐之以刑,民免而无耻;道之以德,齐之以礼,有耻且格。"[①])另外,孔子既向往大同社会的"讲信修睦"的社会关系,提出"老者安之,朋友信之,少者怀之"(《论语·公冶长》)的理想状态,又重视小康社会"礼义以为纪"的规范,要求在日常生活中做到一切符合礼的规范,即"非礼勿视,非礼勿听,非礼勿言,非礼勿动"(《论语·颜渊》)。

不仅如此,"从小康到大同"这一命题的思想,在孟子、墨子、荀子的论述中皆有体现,他们都各自描绘了自己的理想社会。孟子为劝导梁惠王做一个仁君,曾勾画出这样一幅小康社会的蓝图:

> 五亩之宅,树之以桑,五十者可以衣帛矣。鸡豚狗彘之畜,无失其时,七十者可以食肉矣。百亩之田,勿夺其时,数口之家可以无饥矣。谨庠序之教,申之以孝悌之义,颁白者不负戴于道路矣。七十者衣帛食肉,黎民不饥不寒,然不王者,未之有也。[②](《孟子·梁惠王上》)

在孟子理想的小康社会里,人们温饱富足,每个家庭都有自己的住宅、树木、牲畜和田地,大家都生活得很安逸。这主要体现在物质基础方面,而孟子最理想的社会生活是达到"大同"的境界,即以"父子有亲,君臣有义,夫妇有别,长幼有序,朋友有信"(《孟子·滕文公

---

① 杨伯峻:《论语译注》,中华书局2012年版,第16页。
② 杨伯峻:《孟子译注》,中华书局1960年版,第5页。

上》）为原则维持社会的稳定有序，并做到"老吾老，以及人之老，幼吾幼，以及人之幼"（《孟子·梁惠王上》），实现"死徙无出乡，乡田同井，出入相友，守望相助，疾病相扶持，则百姓亲睦"（《孟子·滕文公上》）的社会。这才能真正地形成"乐群"。

荀子提出构建一个"隆礼重法"的理想社会，重视礼法在社会运行中的作用，并主张社会上所有人，如农民、商人、工匠、士大夫及王公侯伯等都能各尽其职，做到井然有序，使人们可以和谐一致地群居在一起，最终形成"上下俱富"的和谐社会。（《荀子·荣辱》："皆使人载其事而各得其宜，然后使悫禄多少后保之称，是夫群居和一道也。然后使悫禄多少厚薄之称，是夫群居和一之道也。故仁人在上，则农以力尽田，贾以察尽财，百工以巧尽械器，士大夫以上至于公侯，莫不以仁厚知能尽官职，夫是之谓至平。"①）

墨子提出"兼爱"思想，认为对待别人的国家要像对待自己国家一样，对待别人的家庭要像对待自己家庭一样，爱护他人要像爱护自己一样。（《墨子·兼爱中》："视人之国若视其国，视人之家若视其家，视人之身若视其身。"②）天下一家，所有人相亲相爱，这十分符合"大同"社会的内涵，也是实现"乐群"的基本要求。

综上可知，在先秦文化中，"小康大同"思想内涵丰富，但都归位一体，即实现人们的和谐共处，社会的安定有序。

（二）"从小康到大同"命题的含义

"小康"与"大同"都是"追寻理想的社会秩序"，③ 两者的具体含义皆出于《礼记·礼运》：

> 大道之行也，天下为公，选贤与能，讲信修睦，故人不独亲其亲，不独子其子，使老有所终，壮有所用，幼有所长，鳏寡孤独废疾者皆有所养。男有分，女有归，货恶其弃于地也不必藏于己，力

---

① （清）王先谦：《荀子集解》，中华书局2013年版，第70—71页。
② 吴毓江：《墨子校注》，中华书局1993年版，第156页。
③ 王处辉：《论传统"大同"与"小康"的理想社会秩序观》，《南开学报》（哲学社会科学版）2005年第2期。

第七章　乐群的基本命题

恶其不出于身也不必为己，是故谋闭而不兴，盗窃乱贼而不作，故外户而不闭，是谓大同。①

今大道既隐，天下为家。各亲其亲，各子其子，货力为己。大人世及以为礼，城郭沟池以为固。礼义以为纪，以正君臣，以笃父子，以睦兄弟，以和夫妇，以设制度，以立田里，以贤勇知，以功为己。故谋用是作，而兵由此起。禹、汤、文、武、成王、周公，由此其选也。此六君子者，未有不谨于礼者也。以著其义，以考其信，著有过，刑仁讲让，示民有常。如有不由此者，在势者去，众以为殃。是谓小康。②

从《礼记·礼运》的这两段文献可以看出，"大同"与"小康"分别是先秦时期思想家们所描绘的两种理想社会，两者略有不同，却各有特色。

一是在核心概念方面："大同"是"天下为公"，将"天下"视为人们公有，而前提是要大道运行。所谓大道，也可称为天道，是"一种超越于人世间之上的宇宙秩序"，③ 体现了人们对"天"的敬仰。"天"是无私的，对待万物都是平等的。正如《吕氏春秋·孟春纪》中说道："天无私覆也，地无私载也，日月无私烛也，四时无私行也，行其德而万物得遂长焉。"意思是天地日月以及四季运行都是无私的，它们各自施行恩德使得万物可以成长。在这一点上，《春秋繁露·王道通三》也有体现，即"天覆育万物，既化而生之，又养而成之，事公无已，终而复始，凡举归之以奉人"。意为"天"孕育了万物，却不占为己有，可以说完全做到了"天下为公"。故在大同社会里，所有人都能各得其所，即"人不独亲其亲，不独子其子，使老有所终，壮有所用，幼有所长，鳏寡孤独废疾者皆有所养"。而"小康"是"天下为家"，以家为中心建立秩序，所以"各亲其亲，各子其子"，君主把"天下"看作自

---

① （清）孙希旦：《礼记集解》，中华书局1989年版，第582页。
② 同上书，第583页。
③ 翟学伟：《中国人的"大公平观"及其社会运行模式》，《开放时代》2010年第5期。

· 769 ·

己的家，人们也都各自爱护自己的家庭。

二是在人才选拔方面：大同社会是"选贤与能"，即选拔管理人才的标准是"贤"和"能"。孙希旦《礼记集解》曰："选贤与能，诸侯国不传世，惟贤能者则选而用之也。"[①] 小康社会是"以贤勇知，以功为己"，虽标准仍讲求"贤勇知"，但核心是以"礼"选拔，百姓无选拔权。孔颖达谓："今此经云'大道之行也'，谓广大道德之行，五帝时也。'与三代之英'者。'英'谓英异，并与夏殷周三代英异之主，若禹汤文武等。"（《礼记正义·礼运》）在孔颖达看来，"大同"对应着施行禅让制的五帝之时（黄帝、颛顼、帝喾、尧、舜），而"小康"对应着施行世袭制的三王之时（禹、汤、文武）。

三是在社会关系方面：大同社会"讲信修睦"，孔颖达谓"讲信修睦者，讲，谈说也；信，不欺也；修，习；睦，亲也。此淳无欺，谈说辄有信也"（《礼记正义·礼运》）。因此，在大同社会里，人们之间讲求信用且和睦共处，没有高低贵贱之分。故"男有分，女有归"，即男女各有其职位和归宿，两者是独立平等的关系。而小康社会则是"礼义以为纪"，人们之间出现了等级差别，主要通过礼制来维系社会运行，以"礼"来"正君臣""笃父子""睦昆弟""和夫妇""设制度""立田里""贤勇知""功为己"。

四是在财产意识方面：大同社会是"货不藏于己"，"力出于己"，即财产为人民所公有的，大家都自觉干活。因此人们生活得很有安全感，无须防备盗贼，即"外户而不闭"。而在小康社会，是"货力为己"，财产开始私有，人们安全感变弱，所以需要管理者用礼义治国，提醒人们要互相谦让且遵守规范。即"以著其义，以考其信，著有过，刑仁讲让，示民有常"。

综上可知，"小康"和"大同"分别是两种不同的理想社会状态。两者作为一种社会制度，无分好坏，都是一个涵盖经济、政治、道德、文化等多领域的综合体系。在这一层面上，命题中的"小康"和"大同"是并列的关系。而"大同"即大道运行之时，其特别之处就是在

---

[①] （清）孙希旦：《礼记集解》，中华书局1989年版，第582页。

于弃恶扬善，用"个人的善美，营造出社会的真美"。① 其所呈现的极度团结和文明的状态正符合"乐群"的理想境界。因此，在这一层面上，"从小康到大同"是一种递进的关系，其递进的过程就是通往"乐群"的理想道路。

因此，本命题的含义是：从小康社会到大同社会，在制度约束的层面上充分发挥个人道德的作用，最终实现社会生活的秩序和谐，即人与人、民族与民族、国家与国家之间，乃至整个世界的和谐。

（三）"从小康到大同"命题的社会背景

"小康大同是乐群的理想道路"这一命题的提出，与当时"礼崩乐坏"的社会背景密不可分。众所周知，在中国"礼"的发展历程中，西周时期是我国礼制发展最为完备和成熟的时期，形成了一整套维护社会秩序的礼制体系。而到了春秋战国时期，随着诸侯兼并土地的争霸战争日益频繁，周天子地位衰弱，因此周礼也渐渐衰变，出现了"礼崩乐坏"的局面。而鲁国作为诸侯国之一，与其他诸侯国相比保留着最多的周文化传统，因此到春秋末期还有着"周礼尽在鲁"② 这一说法。然而，孔子在参加完鲁国的祭祀后，却发现鲁国举行的郊天禘祖，也不再合乎礼的规定，从而意识到周礼是真的衰败了。（《礼记·礼运》："於呼哀哉！我观周道，幽、厉伤之。吾舍鲁何适矣！鲁之郊禘，非礼也，周公其衰矣！"③）由此，孔子提出了"大同小康"之说，表达了对当时动荡不安、阶级压迫的社会的不满，以及对以往"礼制"社会的留念和"大同"社会的向往。

另外，中国上古社会实态也是"大同"思想来源的有力例证，虽然没有文字记录，但仍可以在古代文献中找到对上古社会生活状况的描述，如：

> 古者民童蒙不知东西，貌不羞乎情，而言不溢乎行；其衣致暖

---

① 王处辉：《论传统"大同"与"小康"的理想社会秩序观》，《南开学报》（哲学社会科学版）2005年第2期。
② 杨伯峻：《春秋左传注》，中华书局1990年版，第1227页。
③ （清）孙希旦：《礼记集解》，中华书局1989年版，第597—598页。

而无文,其兵戈铢而无刃;其歌乐而无转,其哭哀而无声。凿井而饮,耕田而食,无所施其美,亦不求得。①(《淮南子·齐俗训》)

克明俊德,以亲九族。九族既睦,平章百姓。百姓昭明,协和万邦。黎民于变时雍。②(《尚书·尧典》)

从这些文献中可以看出,上古社会民风淳朴,和谐安定,天下民众友好和睦,呈现"大同"社会之景象。

除了古代传说,相关的考古资料也可以证明我国古代历史上"小康"社会和"大同"社会的存在。在新石器时代我国北方和中原地区,就出现了若干常规聚落以群相聚组成"复合聚落"的景象,随后因聚落内部出现了社会阶层的复杂化,最终形成了以陶寺中期城址为代表的"天下为公"的"大同社会"。据资料显示,当时在该城址内,各个社会阶层是和谐共处于同一个大型聚落的。而随着中国早期广域王权国家的形成,社会出现剧烈变革,大型都邑级聚落出现"城郭以为固,礼义以为纪"的现象,并且在居住方式上具有明显的社会阶层分化,从而形成了以二里头遗址和殷墟遗址为代表的"天下为家"的"小康社会"。③由此可见,"小康"和"大同"社会的存在是有据可循的。

(四)"从小康到大同"命题的社会价值

一是充分阐释了"乐群"的内在含义。先秦时期所提出的"从小康到大同"命题,虽然不同学派对其有着不同的描述,但其核心内容都是对理想社会的向往——在这种理想社会里,百姓安居乐业,"讲信修睦";国家繁荣富强,"以礼为纪";天下安定有序,和谐友爱。因此,这一思想正是更详细地阐释了"乐群"所蕴含的"天下一家,和睦共处"的人类命运共同体的价值取向,所以说,实现"从小康到大同"的过程正是走向"乐群"的理想道路。

二是与马克思的"共同体理论"有着契合之处。马克思在批判资本

---

① 何宁:《淮南子集释》,中华书局1998年版,第760—761页。
② 王世舜、王翠叶译注:《尚书》,中华书局2012年版,第5—6页。
③ 李宏飞:《中国古典意义的"大同·小康社会"》,《社会学研究》2010年第4期。

主义所导致的阶级分化和阶级对立时,提出了共同体的理想存在样态,即"在社会发展过程中形成人与人之间和谐相处、互助合作与全面发展的理想共同体,并实现物质财富充分涌流和人们精神境界显著提高"。[1]可见,先秦时期的"小康大同"思想与马克思的"共同体理论"在本质上是高度相关的,因而具有一定的理论意义。

(刘　佩　何　健)

## 二　文教化成

"文教化成"是儒家的社会教化思想,这一命题在群学史上占有重要的地位,因为它具有丰富的内涵,强调通过人文教化来塑造良好的社会风尚,促进社会的和谐稳定和国家间的和睦共处,为"乐群"的形成提供了良好的方式,对当代仍有着深远的意义。

(一)"文教化成"命题的提出

"文教化成"这一命题最早是在《周易》中提出的,并且在先秦时期的诸子思想中皆有所体现。

孔子提出以身教化的主张,认为治国者应该以身作则,百姓自然会顺从。(《论语·子路》:"子曰:'其身正,不令而行;其身不正,虽令不从。'"[2])而在孔门为解释《周易》所作的《易传》中(如今已包含在《周易》内容里),也有多处体现"人文教化"的思想:

　　泽上有地,临;君子以教思无穷,容保民无疆。[3](《周易·临卦》)
　　风行地上,观;先王以省方观民设教。[4](《周易·观卦》)
　　水洊至,习坎;君子以常德行,习教事。[5](《周易·坎卦》)

---

[1] 臧峰宇:《马克思共同体思想的核心要义与中国语境》,《中国高校社会科学》2018年第1期。
[2] 杨伯峻:《论语译注》,中华书局2012年版,第188页。
[3] 郭彧译注:《周易》,中华书局2006年版,第103页。
[4] 同上书,第108页。
[5] 同上书,第152—153页。

以上论述虽未明确指出"文教化成"的概念，但是都强调了"道德品行"和"教化"的重要性，特别是在《周易·文言传》中，孔子提到"德博而化"，认为广大的德行可以感化民众，这充分表达了孔子的人文教化思想。

在孟子看来，治国的关键不在于治理，而在于教化。只有善于教化，才能得民心。(《孟子·尽心上》："善政不如善教之得民也。善政民畏之，善教民爱之。善政得民财，善教得民心。"①) 因此，孟子提出以人伦道德为内容教化百姓，让每个人的行为都合乎规范。即父子之间讲亲爱，君臣之间讲礼义，夫妇之间讲内外之别，长幼之间讲尊卑次序，朋友之间讲真诚守信。(《孟子·滕文公上》："圣人有忧之，使契为司徒，教以人伦：父子有亲，君臣有义，夫妇有别，长幼有序，朋友有信。"②) 而且，孟子还肯定了"化成"的结果，认为人人都可以成为像尧、舜那样有德行、有教养、有智慧的人。(《孟子·告子下》："曹交问曰：'人皆可以为尧舜，有诸？'孟子曰：'然。'"③) 最后，孟子还提出了五种教化方法：或是像及时雨一样进行润化，或是助其养成品德，或是助其发展才能，或是为其解答疑问，或是靠品德学问使人私下受到教诲。(《孟子·尽心上》："君子之所以教者五：有如时雨化之者，有成德者，有达财者，有答问者，有私淑艾者。"④)

除此之外，在荀子的诸多论述中，也体现了"文教化成"的思想。

首先，他提出"文教化成"之根在于"人"。"文教"的对象是人，"化成"的目的是使人性更加完善自觉，因为"人性为贵"，而人性何以为贵？荀子认为人与水火、草木以及禽兽相比，是有气、有生命、有知觉的，而且是讲礼义的，所以在天下万物中最为尊贵。(《荀子·王制》："水火有气而无生，草木有生而无知，禽兽有知而无义；人有气、有生、有知亦且有义，故最为天下贵也。"⑤)

---

① 杨伯峻：《孟子译注》，中华书局1960年版，第306页。
② 同上书，第125页。
③ 同上书，第276页。
④ 同上书，第320页。
⑤ (清)王先谦：《荀子集解》，中华书局2013年版，第164页。

其次，他提出"文教化成"之本是"诚"。在《荀子·不苟》中，荀子曰："天地为大矣，不诚则不能化万物；圣人为知矣，不诚则不能化万民。"① 意为天地如此之大，不真诚就不能化育万物；同样，圣人如此明智，不真诚就不能感化众人。在这里，荀子强调了"诚"的重要性，化物和化人皆归结于"诚"。正所谓"动则变，变则化。唯天下至诚为能化"（《中庸》）。

再次，他提出"文教化成"之基在于"化"。"注错习俗，所以化性也"②（《荀子·儒效》）；"政令教化，刑下如影"③（《荀子·臣道》）；"济而材尽，长迁而不反其初，则化矣"④（《荀子·不苟》）。这里的"化"都有教化之意，主要是指道德感化、道德教化。荀子主张通过礼乐法度和后天的教育化导来成就善，认为音乐可以深入改变人的本性，礼法可以彰显真诚、去除虚伪。（《荀子·乐论》："穷本极变，乐之情也；著诚去伪，礼之经也。"⑤）

最后，他提到"文教化成"之果在于"成天下"。荀子认为尧、舜是天下最善于教化的人，并描绘了圣人道德教化的最高境界，即天下民众皆"顺之"。（《荀子·正论》："尧、舜，至天下之善教化者也，南面而听天下，生民之属莫不振动从服以化顺之。"⑥）此处的"天下"可理解为"溥天之下"，⑦ 我国传统天下观是没有民族思想的，⑧ 因此不局限于单个国家这个层面，而是指全世界所有的人和国家。

（二）"文教化成"命题的含义

"文教化成"取自"人文化成"之一意，最早出现在《周易·贲卦·彖传》："贲'亨'柔来而文刚，故'亨'；分刚上而文柔，故

---

① （清）王先谦：《荀子集解》，中华书局2013年版，第48页。
② 同上书，第144页。
③ 同上书，第248页。
④ 同上书，第48页。
⑤ 同上书，第382页。
⑥ 同上书，第336—337页。
⑦ 何健：《关于"天下"的思与构——一种社会学视角》，《北京工业大学学报》（社会科学版）2017年第4期。
⑧ 萧公权：《中国政治思想史》，商务印书馆2011年版，第19—20页。

'小利有攸往'。天文也。文明以止，人文也。观乎天文，以察时变。观乎人文，以化成天下。"① 对此，后来的人们有诸多注解。

王弼在《周易正义》中注："止物不以威武而以文明，人之文也，观天之文则时变可知也，观人之文则化成可为也。"

程颐在《伊川易传》中释："止谓处于文明也。质必有文，自然之理。理必有待，生生之本也。有上则有下，有此则有彼，有质则有文；一不独立，二则为文，非知道者，孰能识之？天文，天之理也；人文，人之道也。"

其意思是指大自然中有阴阳之分，刚柔之别，相互交错，这就是天文，即自然；而对人的思想进行文饰，通过礼乐教化来约束调整人的行为，这就是人文，即文化。治国者既要观察天道自然的运行规律，从而掌握四时的变化；又要把握社会中的人伦关系，用来教化天下民众，使人们的行为都合乎礼仪规范，并由此推及家庭、国家以及国与国之间，以实现天下一家。

"文教化成"中的"文"，指的是"人文"，而"人文"则是指"礼乐之教，礼乐之治"等。② 孔颖达曰："文明，离也，以止艮也。用此文明之道裁止于人，是人之文德之教。"（《周易正义》）而所谓"教"，主要可作为手段来看，即教化之义。命题中的"文教"是指用人文教化，这是与"暴力征服"所相对的。

"化成"一词可分开来看，所谓"化"，可分为两个层次来理解，一是自然造化的"化"，有改变、变化、转化之意，遵循的是天道；二是道德感化的"化"，有教化或感化之意，遵循的是人道。③ "文教化成"中的"化"是将两个层次贯通，将天道与人道相结合，形成一个循序渐进的过程。而"成"则意为实现，实现个人、家庭、国家和谐共生的天下。而如何来"化成"呢？孔颖达曰："观乎人文以化成天下者，言圣人观察人文，则《诗》《书》《礼》《乐》之谓，当法此教而

---

① 郭彧译注：《周易》，中华书局2006年版，第117页。
② 徐复观：《徐复观集》，群言出版社1993年版，第207页。
③ 黄有东：《"人文化成"："文化"的古典意义》，《现代哲学》2017年第4期。

化成天下也。"(《周易正义》)据孔颖达所注,主要是通过《诗》《书》《礼》《乐》来教化天下众生,使天下社会处于一个和谐的状态。

本命题"文教化成",虽大致意思与"人文化成"相同,但更强调普遍性的广泛影响,也就是说,不仅是指要通过人文来将人们培养成有教养、有礼貌、有品德的人,还要潜移默化地影响到生活中的方方面面,在社会中形成良好的风气,构建优良的人文环境;在国家间形成友好的氛围,建立亲密的往来关系。从而又反过来促进社会中每个个体素质的提高,使之遵循社会的规范秩序和顺应自然客观规律的发展。从这一点来看,"文教"与"化成"是相互作用的,其最终目的是实现人与人、家庭与家庭、国家与国家之间的和谐共处。因此,本命题可分为以下几个方面。

1. 以文教化,化成个人

人文教化,首先是从个人出发,提升个人的德行与素养。荀子主张"人性恶",认为要有师长和法制的教化以及礼义的引导,然后才能确立正常的秩序,实现社会的稳定。(《荀子·性恶》:"故必将有师法之化,礼义之道,然后出于辞让,合于文理,而归于治。"[1]) 古代圣明的君王正是因为知道"人性恶",因此通过制定礼仪制度,用来矫正人的性情,教化并引导他们。使人们遵守社会秩序,合乎道德规范。(《荀子·性恶》:"古者圣王以人性恶,以为偏险而不正,悖乱而不治,是以为之起礼义,制法度,以矫饰人之情性而正之,以扰化人之情性而导之也,始皆出于治,合于道者也。"[2])

2. 以文教化,化成家庭

人文教化,是维护家庭和谐稳定的必要手段。荀子认为,如果没有君子的道德教化,父子之间就会不亲近,兄弟之间就会不和顺,夫妻之间就会不欢乐,这将会严重影响到家庭内部的和谐。(《荀子·富国》:"父子不得不亲,兄弟不得不顺,男女不得不欢,少者以长,老者以

---

[1] (清)王先谦:《荀子集解》,中华书局2013年版,第435页。
[2] 同上。

养。"①）比如说，在分配财产时，如果按照个人本性兄弟之间就会产生争夺，而在接受礼义教化之后，他们便能学会互相谦让。（《荀子·性恶》："故顺情性则弟兄争矣，化礼义则让乎国人矣。"②）荀子强调音乐可以渗透人心，教化他人且十分迅速。（《荀子·乐论》："夫声乐之入人也深，其化人也速。"）并详细说明其可以调和人与人之间的矛盾，促进不同社会成员的和谐共处，如君臣和敬、父子兄弟和亲、长少和顺，从而达到和乐群情的效果。（《荀子·乐论》："故乐在宗庙之中，君臣上下同听之，则莫不和敬；闺门之内，父子兄弟同听之，则莫不和亲；乡里族长之中，长少同听之，则莫不和顺。"③）

3. 以文教化，化成国家

人文教化，是治理国家的必要方式。荀子认为诸侯的职责之一就是要推广教化并美化风俗，从而全面地照顾百姓并使他们协调统一。而天子的职责是完善道德，达到崇高的政治境界，使礼仪文化极其完备，从而统一天下，使天下民众归顺。（《荀子·王制》："论礼乐，正身行，广教化，美风俗，兼覆而调一之，辟公之事也。全道德，致隆高，綦文理，一天下，振毫末，使天下莫不顺比从服，天王之事也。"④）而春秋五霸便没有做到这一点，他们不把政治教化作为治国之本，也没有推崇和完善礼仪制度，不能使人心悦诚服，因而孔门弟子都耻于谈说五霸。（《荀子·仲尼》："然而仲尼之门，五尺之竖子，言羞称五伯，是何也？曰：然！彼非本政教也，非致隆高也，非綦文理也，非服人之心也。"⑤）

4. 以文教化，化成天下

人文教化，是国家与国家之间交往的基本原则。荀子提出能够实现统一大业的君主就是靠德行以及完备的礼仪制度来教化天下的，而非通过暴力征服。（《荀子·仲尼》："彼王者则不然：致贤而能以救不肖，

---

① （清）王先谦：《荀子集解》，中华书局2013年版，第182页。
② 同上书，第439页。
③ 同上书，第379页。
④ 同上书，第170—171页。
⑤ 同上书，第107页。

致强而能以宽弱,战必能殆之而羞与之斗,委然成文,以示之天下,而暴国安自化矣。"①)

综上可知,本命题的含义是:以文教化,修个人、安家庭、治国家、平天下。通过道德伦理和制度规范培育品质优良的公民,形成良好的社会风尚和温馨的生活氛围,以此来促进人们的和睦共处和国家间的友好往来。

(三)"文教化成"命题的社会背景

"文教化成"这一命题是关乎乐群之实现的根本。本命题的提出是有着渊远的社会史基础的,可追溯到上古时代,孟子就曾记载了有关上古时代的帝王如何通过教化来"成天下"的事例,即《孟子·离娄上》:"舜尽事亲之道而瞽瞍厎豫,瞽瞍厎豫而天下化,瞽瞍厎豫而天下之为父子者定,此之谓大孝。"② 讲的就是舜尽心尽力地侍奉父亲瞽瞍,从而教化天下、移风易俗,并使得父子的伦常关系得以确定的故事。朱熹注:"瞽瞍至顽,尝欲杀舜,至是而厎豫焉。书所谓'不格奸亦允若'是也。盖舜至此而有以顺乎亲矣。是以天下之为子者,知天下无不可事之亲,顾吾所以事之者未若舜耳。于是莫不勉而为孝,至于其亲亦厎豫焉,则天下之为父者,亦莫不慈,所谓化也。"③ 虽然父亲瞽瞍想要杀害舜,但舜依然以身作则,孝治天下,从而达到教化民众的目的,绘制了一幅"父慈子孝"的美好图景。

另外,"文教化成"的主体是人,而众所周知,我国古代早期的图腾崇拜主要是以自然崇拜为主的,充满了神秘色彩。但据资料显示,到了殷商王族时期,其宗教信仰对象已经出现了逐渐向"以家族祖先为基础的近祖崇拜"转化的趋势。④ 从"夏道尊命"到"殷人尊神",再到"周人尊礼",体现了其从对"神"的敬仰转向对"人"的关注,开启了人文信仰传统。《礼记·表记》中有记载:

---

① (清)王先谦:《荀子集解》,中华书局2013年版,第108页。
② 杨伯峻:《孟子译注》,中华书局1960年版,第183页。
③ (宋)朱熹:《四书章句集注》,中华书局1983年版,第293页。
④ 常玉芝:《商代史:商代宗教祭祀》,中国社会科学出版社2010年版,第539—552页。

> 夏道尊命，事鬼敬神而远之，近人而忠焉。先禄而后威，先赏而后罚。亲而不尊。其民之敝，蠢而愚，乔而野，朴而不文。殷人尊神，率民以事神，先鬼而后礼，先罚而后赏。尊而不亲，其民之敝，荡而不静，胜而无耻。周人尊礼尚施，事鬼敬神而远之，近人而忠焉，其赏罚用爵列。亲而不尊，其民之敝，利而巧，文而不惭，贼而蔽。

正是中华文明从一开始就蕴含着对"人"的关注，从而建立起了礼乐文化制度和德育教化传统，才有了后来的文明鼎盛，国家的繁荣富强和天下的和谐安定。由此可见，"文教化成"这一命题是有坚实的社会史基础的。

而且，据文献记载，西周时期的统治者已经有了"文教化成"的观念，如《周易·蒙卦》："击蒙，不利为寇，利御寇。"[1] 意思是说，去除无知，不仅可以利于人们不做贼寇，而且还有利于防御贼寇。"蒙昧"是昏昧、愚昧或懵懂的意思，是与"人文"相反的概念，"去除蒙昧"即意味着走向文明，而去除蒙昧的过程也就是一个"文教化成"的过程。[2] 西周统治者以孝、德为教化内容，以礼制为外在形式对百姓进行价值观教育，从而有力维护其统治的政治实践，正是"文教化成"思想践行的有力证明。

到了春秋战国时期，诸侯争霸，"礼崩乐坏"，以往的文明秩序受到严重的破坏，孔子等思想家意识到"人文教化"是稳定社会局面，恢复文明秩序的关键，所以在这一时期越发强调该命题的重要性，宣扬"克己复礼，天下归仁"。因此，"文教化成"这一命题在该时期被正式提出。

（四）"文教化成"命题的社会价值

"文教化成"这一命题的提出对于"乐群"的实现具有方法论上的

---

[1] 郭彧译注：《周易》，中华书局2006年版，第29页。
[2] 张颖欣：《〈易传〉"人文化成"思想及其价值》，《东岳论丛》2015年第8期。

意义。一方面，该命题明确了教化的内容，在个人层面主要以礼乐法制为形式，强调人文精神对于成就理想人格的作用，并且鼓励人们完善自我人格，发扬道德精神，提升人文素养；在国家层面主要通过人文教化，宣扬"天下一家"的思想，倡导和平相处的交往原则。另一方面，该命题确立了教化的方式，从个体入手，以个体带动群体，通过促进个人的不断完善来推动整个国家乃至整个世界文明的进步，在人与人之间建立融洽的人际关系，在国与国之间构建友好的往来关系。故该命题的提出有助于为形成"天涯若比邻"的"乐群"提供方法论上的指导。

（刘　佩　何　健）

### 三　天下大同①

乐群而平天下，平天下即是"天下大同"的实现。"天下大同"这一命题作为对美好理想生活的憧憬，乃是人们沿着"修身、齐家、治国、平天下"道路前进的最终归宿。该命题强调人与人、家庭与家庭、国家与国家、人与自然之间的和睦共处，正是"乐群"的最终理想。

（一）"天下大同"命题的提出

"世界"一词在广义上讲，就是全部、所有、一切。一般意义上来讲是指人类社会和自然社会一切事物的总和。在先秦时期的文献中，多以"天地""天下""万物"等词代称。如"其为气也，至大至刚，以直养而无害，则塞于天地之闲"（《孟子·公孙丑上》）；"一日克己复礼，天下归仁焉"（《论语·颜渊》）；"群道当，则万物皆得其宜"（《荀子·王制》）。

"大同"一词最早见于《尚书·洪范》："汝则从，龟从，筮从，卿士从，庶民从，是之谓大同。"此处的"大同"是赞同、赞成的意思。《墨子·大取》中有"是石也唯大，不与大同"，《列子·黄帝》中讲"和者大同于物"，此处"大同"乃相同之意。而《庄子·在宥》篇中的"颂论形躯，合乎大同。大同而无己"与《吕氏春秋·有始览》中

---

① 这里要感激谢立中教授在审稿时对笔者的提醒，"大同"和"小康"不是两种并列的"理想"社会状态，从"理想"角度看，"大同"当比"小康"更"理想"。

的"天地万物,一人之身也,是谓大同",此处"大同"是天地万物融为一体的意思。而"大同"作为一种社会理想或是社会制度,则是最早出现在《礼记·礼运》的"大同小康"之说:

> 大道之行也,与三代之英,丘未之逮也,而有志焉。大道之行也,天下为公。选贤与能,讲信修睦,故人不独亲其亲,不独子其子,使老有所终,壮有所用,幼有所长,鳏寡孤独废疾者,皆有所养。男有分,女有归。货,恶其弃于地也,不必藏于己;力,恶其不出于身也,不必为己。是故,谋闭而不兴,盗窃乱贼而不作。故外户而不闭。是谓大同。①

此处"大同"是团结、和谐、平等、太平之意。本命题"天下大同"就是针对于社会理想所讲的,即指整个世界的一种理想状态,是对未来的憧憬与构想。

孔子有关"天下大同"的思想除了在《礼记·礼运》篇中明确提出,在其他地方也都有所体现。比如孔子在《论语·公冶长》中提出"老者安之,朋友信之,少者怀之"的志向,与"老有所终,幼有所长"的思想相一致;又在《论语·雍也》中提出"己欲立而立人,己欲达而达人"的行事准则,与大同思想的"人不独亲其亲,不独子其子"的思想相一致;而且孔子还对他的学生曾皙所描绘的和谐安定的生活状态表示了赞同:"暮春者,春服既成,冠者五六人,童子六七人,浴乎沂,风乎舞雩,咏而归。"(《论语·先进》)

庄子"天下大同"的思想主要体现在他对上古社会生活的称赞,他曾描绘了太古时代天地间阴阳互相谐和,一年四季循环有序,万物颐养天年的自然状态,并认为这就是最单一的至德之世。(《庄子·缮性》:"当是时也,阴阳和静,鬼神不扰,四时得节,万物不伤,群生不夭,人虽有知,无所用之,此之谓至一。"②)还曾表达了对远古时期"甘其

---

① (清)孙希旦:《礼记集解》,中华书局1989年版,第582页。
② 方勇译注:《庄子》,中华书局2010年版,第253页。

食，美其服，乐其俗，安其居"的淳朴民风和和谐生活的向往。

墨子提出"兼相爱"的大同世界，在这种大同世界里，强调"为人君必惠，为人臣必忠；为人父必慈，为人子必孝，为人兄必友，为人弟必悌"①的处世原则；人们对待别人就像对待自己（《墨子·兼爱下》："为彼者犹为己也。"②），倡导天下民众都相亲相爱，即"强不执弱，众不劫寡，富不侮贫，贵不敖贱，诈不欺愚"③（《墨子·兼爱中》），从而实现"老而无妻子者，有所侍养以终其寿；幼弱孤童之无父母者，有所放依以长其身"④（《墨子·兼爱下》）。另外，为证明这种理想社会得以实现，墨子还例举了大禹治水、文王治西土、武王祭泰山的事例。

（二）"天下大同"命题的含义

"天下大同"命题源自先秦时期各思想家对古代理想社会的憧憬，本命题的含义是指：以"天下为公"为奋斗目标，以"选贤举能"为实现手段，以"讲信修睦"为处事原则，最终实现天下一家、平等友好、和谐共处的太平盛世。

1. 推崇"天下为公"

本命题推崇"天下为公"，也就是说天下不是某一个人、某一个家庭或是某一个国家的，而是为大家所公有的。

首先，要推崇"天下为公"，需要做到"无私"。孔子提出有关圣人"三无私"的行为准则，即要像天那样无私地覆盖万物，像地那样无私地承载万物，像日月那样无私地照耀万物。（《礼记·孔子闲居》："天无私覆，地无私载，日月无私照。"⑤）荀子认为，在大同世界里，万物都会充分发挥它们的长处、竭尽它们的效用，对上可以装饰贤良的人、对下可以养活老百姓并使他们安居乐业。（《荀子·王制》："故天之所覆，地之所载，莫不尽其美，致其用，上以饰贤良，下以养百姓而

---

① 方勇译注：《墨子》，中华书局2011年版，第150页。
② 同上书，第136页。
③ 同上书，第126页。
④ 同上书，第138页。
⑤ （清）孙希旦：《礼记集解》，中华书局1989年版，第1277页。

安乐之。"①)

其次,要推崇"天下为公",需要实现财产公有。孔子提出"均贫富"的观念,认为贫富分配不均会导致社会动荡,所以古代诸侯和大臣不担心财产少,而担心财富分配不均;不担心人口少,而担心境内不安定。因此,孔子倡导要平均分配财产,从而实现民众和睦,境内安定。(《论语·季氏》:"不患寡而患不均,不患贫而患不安。盖均无贫,和无寡,安无倾。"②)另外,实现财产公有,也就是在孔子所描绘的大同世界里,人人要做到"货不藏于己""力不必为己",故"谋闭而不兴""盗窃乱贼而不作""外户而不闭"。荀子也有着相同看法,认为在大同世界中,家家不必关闭大门,走遍天下都没有界限。(《荀子·儒效》:"故外阖不闭,跨天下而无蕲。"③)人与人之间、国与国之间财物、粮食流通无阻,互相为对方提供供给,天下民众就像一家人一样。(《荀子·王制》:"通流财物粟米,无有滞留,使相归移也,四海之内若一家。"④)

2. 主张"选贤举能"

所谓"选贤举能",就是推选有德行、有才能的人为领导,这可以看作是实现"天下大同"的具体措施。

孔子认为"政在选贤",古代圣明的治国者想要治理好国家,必须要选用贤良的人,罢免贬斥才能品德差的官员。(《孔子家语·王言解》:"进用贤良,退贬不肖。"⑤)因为只有把正直无私的人提拔起来,才会得到百姓的信服;相反,若是将"不肖"之人提拔起来,而把"贤良"之人置于一旁,老百姓就不会服从统治了。(《论语·为政》:"举直错诸枉,则民服;举枉错诸直,则民不服。"⑥)并且治国者还应对天下所有贤人善士的情况了如指掌,知道他们的姓名、实际才能、人

---

① (清)王先谦:《荀子集解》,中华书局2013年版,第162页。
② 杨伯峻:《论语译注》,中华书局2012年版,第241页。
③ (清)王先谦:《荀子集解》,中华书局2013年版,第137页。
④ 同上书,第161页。
⑤ 王国轩、王秀梅:《孔子家语》,中华书局2011年版,第27页。
⑥ 杨伯峻:《论语译注》,中华书局2012年版,第26页。

数，以及他们所住的地方。(《孔子家语·王言解》："古者明王，必尽知天下良士之名；既知其名，又知其实，又知其数及其所在焉。"①) 而那些不知道考虑推崇和选用贤人善士的人，在孔子看来乃是"庸人"。(《荀子·哀公》："所谓庸人者，口不道善言，心不知邑邑；不知选贤人善士托其身焉以为己忧。"②)

荀子认为，君子想要建立功业和名望，就要推崇品德高尚的人，使用有才能的人。(《荀子·王制》："欲立功名，则莫若尚贤使能矣。"③) 另外，荀子还强调选用贤良之人是百姓安于政治的条件之一。所谓"选贤良，举笃敬，兴孝弟，收孤寡，补贫穷。如是，则庶人安政矣"。④

墨子提出尚贤乃"为政之本"，并主张要效仿古时的圣王，尊崇贤人而任用能人，不偏袒任何人。(《墨子·尚贤中》："古者圣王甚尊尚贤而任使能，不党父兄，不偏贵富，不嬖颜色。"⑤) 他认为贤能的人参与政事，才能使得"国家治"、"刑法正"、"官府实"且"万民富"。⑥ 古时三代圣明的君王之所以能统一天下，也正是因为如此。(《墨子·尚贤中》："故唯昔三代圣王尧、舜、禹、汤、文、武之所以王天下，正诸侯者，此亦其法已。"⑦)

管子认为，"选贤举能"是做君主的"道"。(《管子·君臣上》："论材量能，谋德而举之，上之道也。") 如果举用人才正确得当，则可"坐而收其福，不可胜收也"。而且，管子强调"信以继信，善以传善"，治国者的"善用"，臣子的"贤良"将会传递下去，不仅能治理好国家，还能使整个天下得到善治。(《管子·君臣上》："君善用其臣，臣善纳其忠也。信以继信，善以传善。是以四海之内，可得而治。")

综上可知，"选贤举能"是治国安邦之道。所谓修身、齐家、治

---

① 王国轩、王秀梅：《孔子家语》，中华书局2011年版，第30页。
② (清)王先谦：《荀子集解》，中华书局2013年版，第538—539页。
③ 同上书，第153页。
④ 同上书，第152页。
⑤ 方勇译注：《墨子》，中华书局2011年版，第56页。
⑥ 同上书，第57页。
⑦ 同上书，第58页。

国、平天下,是层层递进的关系,缺一不可。"治国"是"平天下"的前一个层面,因此想要实现"天下大同",必须要主张"选贤举能"。

3. 倡导"讲信修睦"

所谓"讲信修睦",就是说人们之间讲究信誉,相处和睦。

一方面,"讲信修睦"可以看作是"天下大同"的具体体现,荀子曾描绘的没有偷盗、礼让财物、风俗美好、拾金不昧的理想社会,正是"讲信修睦"的大同世界的具体表现。(《荀子·正论》:"故盗不窃,贼不刺,狗豕吐菽粟,而农贾皆能以货财让。风俗之美,男女自不取于涂,而百姓羞拾遗。"[1])孟子也曾描绘过"出入相友,守望相助,疾病相扶持"[2]的百姓亲睦的场景。孔子提出"四海之内,皆兄弟"[3]的理念,也就是说"讲信修睦"不仅仅是指国家内部人们之间的良好人际关系,还包括国家与国家之间睦邻友好、和平共处的往来关系。因此,墨子有提出"兼爱"的主张来实现"讲信修睦"的大同世界,认为看待别人国家要像自己的国家一样,看待别人的家族要像自己的家族一样,看待别人之身要像自己之身一样。(《墨子·兼爱中》:"视人之国,若视其国;视人之家,若视其家;视人之身,若视其身。"[4])

另一方面,"讲信修睦"也可以看作是实现"天下大同"的必然要求。孔子认为,圣人能够使整个天下像是一个家庭,全体民众像是一个人,也就是实现"天下大同",并不是凭着主观想象做到的,而是凭着懂人情,晓人义,明人利,熟人患。(《礼记·礼运》:"故圣人耐以天下为一家,以中国为一人者,非意之也,必知其情,辟于其义,明于其利,达于其患,然后能为之。")其中,何为人利?孔子曰:"讲信修睦,谓之人利。"(《礼记·礼运》)而且孔子还认为只有管理者注重了信用,老百姓才会用真情实感来对待你。(《论语·子路》:"上好信,则民莫敢不用情。"[5])

---

[1] (清)王先谦:《荀子集解》,中华书局2013年版,第338—340页。
[2] 杨伯峻:《孟子译注》,中华书局1960年版,第119页。
[3] 杨伯峻:《论语译注》,中华书局2012年版,第174页。
[4] 方勇译注:《墨子》,中华书局2011年版,第126页。
[5] 杨伯峻:《论语译注》,中华书局2012年版,第187页。

(三)"天下大同"命题的社会背景

本命题的出现与春秋战国时期的社会基础密不可分,在经济方面,这一时期开始使用铁制农用工具和牛耕技术,再加上水利工程的兴建使得农业得到很大发展,同时手工业、商业也都逐渐发展起来,使得这一时期的生产力大大提高。但随着西周时期的分封制和宗法制的逐渐瓦解,周天子的权威受到了挑战,在政治方面出现了"礼崩乐坏"的局面,统治者们"好专利而妄",[1] 各诸侯国视封国为己有,想尽办法扩大自己的地盘,占有更多的土地,因此便出现了"争地以战,杀人盈野;争城以战,杀人盈城"[2] 的局面,而随着诸侯争霸战争的不断展开,下层百姓民不聊生,甚至"饥者不得食,寒者不得衣,劳者不得息"。[3] 因此,这一时期人们的思想领域发生变化,出现了"百家争鸣"的现象,涌现出一大批思想家、政治家。他们对现实感到不满,渴望创建一个和谐互助、公平正义、天下一家的太平之世,故"天下大同"这一命题在这一时期被提出。

(四)"天下大同"命题的社会价值

第一,就对于先秦时期的意义而言:"天下大同"这一命题是先秦时期追求的"修己以安人"[4]"治国平天下"的社会理想目标,是先秦时期各政治家、思想家所向往的理想社会。这一思想的传播为当时深受苦难的人们带来了希望与美好的期盼。

第二,就对于乐群的价值而言:"世界"是最大规模层次的群,因此实现了"天下大同",也就是达成了"乐群"的最终理想。在大同世界里,没有国界种族之分,没有性别的歧视,没有财产贫富的制约,有的只是人们在一个和谐的环境中追求人类的最大幸福。因此,人们能在大同世界里找到归属感和安定感,这也就是所谓的"有群方能乐"。

第三,就对于当代的意义而言:"天下大同"这一命题与当今所提

---

[1] 杨伯峻:《春秋左传注》,中华书局1990年版,第1726页。
[2] 杨伯峻:《孟子译注》,中华书局1960年版,第175页。
[3] 方勇译注:《墨子》,中华书局2011年版,第275页。
[4] 杨伯峻:《论语译注》,中华书局2012年版,第221页。

出的"人类命运共同体"的理念不谋而合。通过继承和发扬先秦时期"天下大同"这一思想，探讨人类命运共同体的建设，对于解决当今世界发展问题，推进人类的和平进步，具有重要的意义。

（刘 佩 何 健）

### 四 天人合一

"天人合一"是先秦时期思想的重要内核，是处理人与自然关系的正确思想原则，该命题强调"天"与"人"的协调统一，而这种状态正是乐群所要达到的理想境界。

（一）"天人合一"命题的提出

"天人合一"这一命题在先秦时期虽未被明确提出，但在诸家的论述中都可找到这一思想的相关阐释。最早可追溯到《周易》中的"天生人"之说，如"有天地，然后万物生焉"（《周易·序卦传》）、"天地感而万物化生"（《周易·咸卦》）。《礼记·效特牲》中也提道："天地合而后万物兴焉。"天孕育万物，同时也赋予了人的生命。此处的天地万物并行而生的思想正是"天人合一"这一命题的重要体现。在这里，"天"指的是主宰之天，有着凌驾于一切之上的力量。

在孔子看来，"天"就是包含四时运行、万物生长的自然界。（《论语·阳货》："天何言哉！四时行焉，百物生焉，天何言哉！"[①]）而君子有三件事要敬畏，第一件便是要敬畏自然规律，之后才是敬畏大人物和圣人的话。（《论语·季氏》："君子有三畏：畏天命，畏大人，畏圣人之言。"[②]）此处的"天"是指自然界，而这种对自然界的敬畏之心正是人与自然界和谐共处所应持有的态度。

孟子提出人"尽心、知性而知天"的认知路线和"存心、养性而事天"的行动准则，正是其"天人合一"思想的具体表现。（《孟子·尽心上》："尽其心者，知其性也。知其性，则知天矣。存其心，养其

---

[①] 杨伯峻：《论语译注》，中华书局2012年版，第261页。
[②] 同上书，第246页。

性，所以事天也。"①）而且孟子还主张"顺天者存，逆天者亡"（《孟子·离娄上》）。并认为以天命为乐的人才能安定天下，敬畏天命的人才能安定自己的国家，（《孟子·梁惠王下》："乐天者保天下，畏天者保其国。"②）强调了人们顺应"天命"的必要性。此处的"天"指的是命运之天，是不可抗的自然力量在人们观念中的体现。

而在荀子的大多数论述中，"天人合一"思想强调的都是人与自然的和谐共处。认为天地是生命的本源，（《荀子·王制》："天地者，生之始也。"③）提出"天行有常"，主张人们应该"制天命而用之"，即在尊重大自然的基础上，利用自然规律达到人事的完满。

综上可知，在先秦时期的"天人合一"思想中，对"天"主要有三个层面的阐释：一是指孕育万物的主宰之天，这可以看作是物质层面的；二是体现不可抗的自然力量的命运之天，这可以看作是精神层面的；三是指涵盖整个自然界的自然之天。在先秦时期各家对"天人合一"的复杂阐释中，这三种含义时常是交织在一起的，但可以看出，无论是主宰之天还是命运之天，其最基本的含义都是指向自然之天，即自然界或自然界运行的规律。因此，这一时期所谓的"天人合一"思想也主要是人与自然的关系论证。

（二）"天人合一"命题的含义

"天人合一"这一命题是对先秦时期"天"和"人"之间关系的总结，其中，"天"常以"天意""天道""天地""天命"等词组出现，基本含义是指自然界或自然界的客观规律，而"人"讲的就是人类。本命题的含义主要包含两个部分：其一是指"以人事明天命"；其二是指"知天命促人事"。

1. 以人事明天命

所谓"以人事明天命"，就是说人们自身要主动去掌握大自然的客观规律。

---

① 杨伯峻：《孟子译注》，中华书局1960年版，第301页。
② 同上书，第30页。
③ （清）王先谦：《荀子集解》，中华书局2013年版，第163页。

首先，人为何要"明天命"。荀子认为上天有其时节变化，大地有其财富资源，人类有其治理方法，所以，人想要与天地万物和谐共生，必须要首先思考如何"参"到天地中去治理万物。（《荀子·天论》："天有其时，地有其财，人有其治，夫是之谓能参。"①）因此，荀子认为作为一名圣明的帝王，首先要"上察于天，下错于地"（《荀子·王制》），即上能明察天时的变化，下能安排好土地的开发。而且孔子也明确提出天所展现的春、夏、秋、冬四季的变化以及刮风下雨、下露降霜等天气变化，都是天所显示的教化，人君应当把其奉行以为政教，从而治理国事。（《礼记·孔子闲居》："天有四时，春秋冬夏，风雨霜露，无非教也。"）荀子还强调自然界是有其客观规律的，顺应规律就会吉利，而违背规律则会遇到凶险的事情。（《荀子·天论》："天行有常，不为尧存，不为桀亡。应之以治则吉，应之以乱则凶。"②）

其次，人要"明"什么"天命"。荀子认为，人类要通过观察上天所显现的天象，获得有关气候变化的天文资料；要通过了解大地所显现的适宜条件，掌握有关庄稼种植的地文资料；要通过寻求四季所显现的规律，获知农业活动的节气安排；要通过认识阴阳所显现的和气，明晰事物的治理因素。（《荀子·天论》："所志于天者，已其见象之可以期者矣；所志于地者，已其见宜之可以息者矣；所志于四时者，已其见数之可以事者矣；所志于阴阳者，已其见和之可以治者矣。"③）

最后，人如何"明天命"。孟子认为人要通过保存本心，修养本性，才可以了解天，从而去侍奉天。（《孟子·尽心上》："存其心，养其性，所以事天也。"④）而且这个过程是循序渐进的，不是一蹴而就的，孔子讲"五十而知天命"（《论语·为政》）。荀子认为，人要"知天"，必须要懂得什么事情应该做，什么事情不应该做，即做到"清其天君，正其天官，备其天养，顺其天政，养其天情，以全其天功"，如

---

① （清）王先谦：《荀子集解》，中华书局2013年版，第308页。
② 同上书，第306—307页。
③ 同上书，第310—311页。
④ 杨伯峻：《孟子译注》，中华书局1960年版，第301页。

此才能做到"官天地,役万物"。① 另外,《中庸》里也讲,想要"参天地",则需要充分发挥众人和万物的本性。(《礼记·中庸》:"能尽人之性,则能尽物之性。能尽物之性,则可以赞天地之化育。可以赞天地之化育,则可以与天地参矣。")

2. 知天命促人事

所谓"知天命促人事",就是说通过尊重和利用自然规律来促进人类的生产活动,达成人与自然的协调共处。

知天命促人事,是尽孝之道。孔子认为普通老百姓要施行孝道,应该要学会利用节气变化的自然规律,分辨土地的不同优势,谨慎行事,节省花销,以此来孝养父母。(《孝经·庶人》:"用天之道,分地之利,谨身节用,以养父母,此庶人之孝也。"②)而且,孔子还强调"孝"是人们的重要品行,施行孝道乃"天经地义"。天地严格按照其规律运动,所以人们也应该以它们为典范来施行孝道。因此,他主张治国者应顺乎天时地利对天下民众施以政教,从而达到天下大治。(《孝经·三才》:"夫孝,天之经也,地之义也,民之行也。天地之经,而民是则之。则天之明,因地之利,以顺天下。"③)

知天命促人事,是为政之法。《礼记·月令》篇曾详细记载了国家每个月根据其气候特点和生物生长阶段所应施行的政令,比如在孟春正月,草木开始萌芽,动物开始苏醒活动,因此在这一时期国家就会颁布禁止伐木的政令,并禁止捣毁巢穴,杀害"孩虫、胎、夭、飞鸟"等,也不允许捕杀幼兽和掏取鸟卵。("禁止伐木。毋覆巢,毋杀孩虫、胎、夭、飞鸟。毋麛,毋卵。")而在孟秋七月,是谷物成熟的季节,而且露水也开始降落,因此这一时期农民开始收谷,天子也会"命百官,始收敛。完堤防,谨壅塞,以备水潦"。

知天命促人事,是富国之路。孟子认为只要合理利用自然规律,按时耕作、打渔、伐木,就会有吃不完的粮食、鱼鳖水产和用不尽的木

---

① (清)王先谦:《荀子集解》,中华书局2013年版,第310页。
② 胡平生、陈美兰:《礼记·孝经》,中华书局2007年版,第237页。
③ 同上书,第239页。

材。(《孟子·梁惠王上》:"不违农时,谷不可胜食也;数罟不入洿池,鱼鳖不可胜食也;斧斤以时入山林,材木不可胜用也。"①) 管仲提出通过立法的方式,严格规定山林湖堤的开放和关闭时间,以保证自然资源出产的可持续。(《管子·立政》:"修火宪,敬山泽,林薮积草,夫财之所出,以时禁发焉。") 荀子继承和发展了上述思想,提出"制天命而用之",按照生物的生长规律,形成了一套更加系统的资源保护措施,什么时间应该怎么做,都有着明确的说明,即"草木荣华滋硕之时,则斧斤不入山林,不夭其生,不绝其长也。鼋鼍鱼鳖鳅鳝孕别之时,罔罟毒药不入泽,不夭其生,不绝其长也"。荀子主张要严格按照"春耕、夏耘、秋收、冬藏"的时令,以此来确保百姓能够有充足的粮食和木材,并能打捞到丰饶繁多的鱼鳖。(《荀子·王制》:"春耕、夏耘、秋收、冬藏,四者不失时,故五谷不绝,而百姓有余食也。污池渊沼川泽,谨其时禁,故鱼鳖优多,而百姓有余用也。斩伐养长不失其时,故山林不童,而百姓有余材也。"②) 并强调英明的君主一定要懂得顺应时节的变化,节流开源,才能使得天下的财富绰绰有余,国家也不用担忧财物的不足。(《荀子·富国》:"故明主必谨养其和,节其流,开其源,而时斟酌焉。潢然使天下必有余,而上不忧不足。"③)

当然,荀子也指出人不是一味地被动享受大自然的赠予或遭受大自然的惩罚,只要能"尽人事",即加强农业生产并节约费用,衣食给养储备齐全并适时活动,遵循自然规律并不出差错,那么水涝旱灾不能使他挨饿,严寒酷暑不能使他生病,自然界的反常变异也不能使他遭殃。(《荀子·天论》:"强本而节用,则天不能贫;养备而动时,则天不能病;修道而不贰,则天不能祸。故水旱不能使之饥,寒暑不能使之疾,祅怪不能使之凶。"④) 也就是说,"知天命尽人事"不是一个完全顺从大自然、自上而下的过程,而是人与自然的良性互动。

综上可知,本命题的含义是:人们在发挥主观能动性去认识和了解

---

① 杨伯峻:《孟子译注》,中华书局1960年版,第5页。
② (清)王先谦:《荀子集解》,中华书局2013年版,第165页。
③ 同上书,第194—195页。
④ 同上书,第307页。

自然的基础上,利用自然规律为人类谋福利,从而改善人们的生活,促进人们的生产活动,最终实现人与人、人与自然和谐共处的"乐群"理想。

(三)天人合一的社会背景

"天人合一"这一思想的出现与先秦时期的农耕经济和文化发展程度是离不开的。这一时期,人们主要以农业为生,人们的生产生活都对大自然有着很大的依赖性,于是便产生了敬畏自然的观念。并尝试通过占卜的形式获取"天意",或通过祭祀的方式祈求"天"的恩泽。孔子就曾提到,从前,夏、商、周三代的圣明君王,都会通过占卜来祭祀天地和神明,不敢妄逞私意而亵渎天地神明。所以一般不会冲犯不吉利的日子,也从不违背卜筮的指示。(《礼记·表记》:"昔三代明王皆事天地之神明,无非卜筮之用,不敢以其私,亵事上帝。是故不犯日月,不违卜筮。")例如,《尚书》中有记载:盘庚登上王位后想把都城迁到殷地,却遭到众人的反对,他便通过卜问来决定。最后卜辞显示是天意如此,即老天有意让其迁移到新都并在此成长,从而复兴伟业,安定四方。因而为了敬尊天命,民众才同意其迁都之举。

> 《尚书·盘庚》:"我王来,即爱宅于兹,重我民,无尽刘。不能胥匡以生,卜稽,曰其如台? 先王有服,恪谨天命,兹犹不常宁;不常厥邑,于今五邦。今不承于古,罔知天之断命,矧曰其克从先王之烈? 若颠木之有由蘖,天其永我命于兹新邑,绍复先王之大业,厎绥四方。"[①]

由此可见,早在夏商周时期,人们就已经产生了尊敬自然的观念,并努力使自身的行为与自然协调一致。另外,还有许多历史典故都能反映这一时期"天人合一"的思想。如《史记》中所记载的"网开三面"的典故,讲的就是成汤王外出游猎,看见郊野四面张着罗网,觉得这样

---

① 王世舜、王翠叶译注:《尚书》,中华书局2012年版,第102页。

会把禽兽赶尽杀绝,便把罗网撤去三面以保护禽兽的故事。(《史记·殷本纪》:"汤出,见野张网四面,祝曰:'自天下四方皆入吾网。'汤曰:'嘻,尽之矣!'乃去其三面,祝曰:'欲左,左。欲右,右。不用命,乃入吾网。'诸侯闻之,曰:'汤德至矣,及禽兽。'"①)还有《国语·鲁语》中所记载的"里革断罟"的典故,里面讲到:鲁宣公夏天把鱼网投入泗水深处捕鱼,里革割断他的鱼网扔在一旁,并向其宣讲保护草木鸟兽虫鱼的"古训",即"且夫山不槎蘖,泽不伐夭,鱼禁鲲鲕,兽长麑䴠,鸟翼□卵,虫舍蚳蝝,蕃庶物也"。②从这两则典故可以看出,古人早已树立起生态保护的观念,因此说,"天人合一"这一命题是有牢固的社会史基础的。

(四)"天人合一"命题的社会价值

先秦时期"天人合一"命题的价值在于它作为乐群的理想,通过强调自然的客观性和人的能动性,以及对生命价值的重视,把人与自然和谐统一了起来。一方面,该命题提升了乐群的层次,在人与人、家庭与家庭、国家与国家的层次上新加了一个层次——人与自然,由人类社会扩展到自然世界,这是非常重要的。另一方面,该命题促进了"乐群"的形成,"乐群"的形成离不开对自然的把握和利用,正所谓"乐天者保天下"。正是对自然的合理利用,才能使得人们幸福、国家富强、天下安定,从而为形成"天下一家"的乐群提供重要的保障。

(刘 佩 何 健)

# 结 语

"乐群—平天下"这一章的基本命题回答了群之存在主要是受哪些理想价值所指引的问题,包括乐群的理念、乐群的基础、乐群的原则、乐群的手段、乐群的理想等五个部分。

---

① 韩兆琦译注:《史记》,中华书局2010年版,第153页。
② 尚学锋、夏德靠译注:《国语》,中华书局2007年版,第48页。

## 第七章 乐群的基本命题

公天下作为乐群的理念，包括了天下有道、天下为公、公则天下平等三个命题。天下有道命题的本质在于它是社会善治的目标，天下为公这一命题反映出它是"小家"和"大家"相互整合的观念基础。

和为贵是乐群的基础，包括了善同贵和、以乐化人、多助而天下顺、仁者无敌等四个命题。善同贵和命题强调中国古人极看重群体生活，主导的观念是善同而不求异，贵和而不求冲突。以乐化人命题本质上追求"人和"，乐感和情感并融，强调完善人的本性、调节人的情感、节制人的欲望、陶冶人的情操、和谐人群关系。多助而天下顺命题强调群之和乐以相互协助为根基，帮助者和受助者之间的关系取决于仁义和道义。仁者无敌这一命题承继多助而天下顺，仁心和仁政才能换来群的凝聚。

和而不同是乐群的原则，包括了并育并行、物不齐而齐物、己所不欲勿施于人、国无大小皆天之邑等四个命题。并育并行命题取自"万物并育而不相害，道并行而不相悖"，意味万物相容相生，各有其径，各得其所。物不齐而齐物命题源于《诗经》《易经》内蕴的生生不息之意，命题折中孟子和庄子而成，体现的是一种辩证统一生存观。物不齐既是乐群的物质条件，也是乐群的终极目标；齐物既是乐群的行动基础，也是乐群的实现手段；各归其分、各以其类是齐物乐群的和合状态。己所不欲勿施于人命题是中国人际关系的重要法则，处理己、家、群之间的关系问题。国无大小皆天之邑命题强调大爱人利人，对等相视相爱和合，国与国之间不分大小，有其存在的合理性。

兼爱相利作为乐群的手段，包括了礼尚往来、兼相爱、交相利、协和万邦等四个命题。礼尚往来命题，内蕴着"施报"关系的处理原则，强调了礼的时间日常性、礼的空间延展性，以及施报对等机制。兼相爱是指，人人之间的普遍相爱可以消解因自私而起的憎恶和混乱，从而使得天下太平。交相利是指人与人之间、国与国之间的互惠互助互利、各不相害方式能够消解天下的怨恨与祸患，从而兴天下之利。协和万邦命题主张国与国之间友好交往，和谐共处。

天下大同是乐群的理想，包括从小康到大同、文教化成、天下大同、天人合一等命题。从小康到大同命题说明了乐群的理想道路，文教化成是乐群的理想方式，天下大同是乐群的最终理想，天人合一是乐群的最高境界。

（何　健）

# 第八章 总结：论群学元典

## ——中国社会学话语体系的第一个版本[①]

## 引 言

100多年来，所谓社会学只是"舶来品"，中国古代没有社会学，已成无须论证即广被承认的"铁案"。20世纪初美国基督教传教士来中国传授西方社会学，即确立了其在大学讲堂的独占地位；[②] 社会学在中国恢复重建之初，1980年日本著名社会学家又来宣扬中国不仅本无社会学，就是引进社会学也"比日本晚四分之一世纪"。[③] 在这一"洋教条"禁锢下，有人居然把中国社会学史视为西方社会学在中国的传播史。至于中国本土到底有没有社会学，竟然基本无人提及，就是罕见地谈到荀子之时，也只是说他提出了"群"的概念，顶多承认他提出了"群论"，根本称不上是"学"。如此一来，西方概念和理论就占据了独尊的地位，以其裁剪中国经验事实自然就是理所当然的了。可是这样的话，怎么可能像吴文藻、费孝通等前辈所希望的那样，在中国土地上从头建立起一门中国自己的社会学，[④] 更遑论建设中国特色、中国风格、中国气派的社会学话语体系和学科体系了。由此看来，中国社会学到底

---

[①] "元典"与"原典"都有原初的意思，"原典"更有本来的、原来的之意；我们这里使用"元典"，更强调第一的、最初的、首创的之意——我们认为荀子群学是中国社会学话语体系第一个版本。

[②] 赵晓阳：《寻找中国社会生活史之途：以燕大社会调查为例》，《南京社会科学》2016年第2期。

[③] ［日］福武直、张建群：《中国社会学及其复活》，《国外社会科学》1980年第6期。

[④] 费孝通：《从实求知录》，北京大学出版社1998年版，第17页。

有没有自己的本土起源？搞清楚这个问题，对于中国社会学的前途命运至为关键。早在1902年，梁启超在《论中国学术思想变迁之大势》的总论中写道："上世史时代之学术思想，我中华第一也"，"中世史时代之学术思想，我中华第一也"，"虽然，近世史之前途，未有艾也，又安见此伟大国民，不能恢复乃祖乃宗所处最高尚最荣誉之位置，而更执牛耳于全世界之学术思想界者！吾欲草此论，吾之热血，如火如焰；吾之希望，如海如潮"。[①]

而对于发端于春秋之末、以战国为主的数百年，梁启超称之为中国学术的"全盛时代"。荀子生活的战国之末，则是"全盛中之全盛"时期。[②]他盛赞荀子创立的群学，称荀子是"社会学之巨擘"。[③]早在1897年所作的《说群序》中，他就立下了要"发明群义"的宏愿，然"则理奥例赜，苦不克达，既乃得侯官严君复之治功《天演论》，浏阳谭君嗣同之《仁学》，读之犁然有当于其心"。于是计划"作《说群》十篇，一百二十章"。[④]然而这一宏愿不知何故却未能实现，留下了学术史上的巨大遗憾。不过，梁启超在《新民说》等多篇著作中，还是对群学多有阐发。荀子群学是战国末期处于世界学术"最高尚最荣誉之位置"的杰出成果之一，循着先哲的研究方向，回到荀子群学元典，探赜索隐，继续"发挥之光大之"，亦是今日致力于实现中华民族伟大复兴的吾辈之责。

在今天，研究群学元典，不仅对于清末民初的先哲们而言具有接续的意义，对于建设中国社会学的学科体系和话语体系更是一个重大而迫切的任务。中国社会学究竟始于何时？这是不可回避的一个重大问题。百年来流行的"中国本无社会学"之论，完全漠视了中国历史上深厚而璀璨的社会学资源。然而，费孝通先生多次引述英国功能主义大师拉德克利夫·布朗早在20世纪30年代的论断：中国早在战国末期已由荀

---

① 梁启超：《论中国学术思想变迁之大势》，上海世纪出版集团2006年版，第2页。
② 同上书，第26页。
③ 梁启超：《中国法理学发达史论》，《饮冰室合集》（文集第五册），中华书局2015年版，第1317页。
④ 梁启超：《说群序》，《饮冰室合集》（文集第二册），中华书局2015年版，第135页。

子创立了社会学这个学科。[①] 照此说来，中国社会学绝对不只是什么"舶来品"，中国社会学史绝对不只是"西方社会学在中国的传播史"，它有自己的起源与演进脉络。荀子群学就是中国社会学话语体系的初始版本。以此为历史基础，才可能"在中国土地上从头建立起一门中国自己的社会学"，才可能真正增强中国社会学的学术自觉和学科自信。

## 第一节 "一线四层"：群学元典的基本格局

在笔者看来，令梁启超感到"理奥例赜，苦不克达"的，很可能主要是群学在《荀子》一书中的呈现形态问题——《荀子》一书并不是符合西方学科标准的单一学科"专著"，为什么说该书之中的群学是中国古典社会学的元典？这是继"凭什么说早在战国末期中国就具备了创立群学的社会历史条件"这一问题[②]之后的又一个必须回答的问题。这个问题，不仅在梁启超所处的群学与西方社会学相遇初期是"理奥例赜"的，就是在今天也难免令人有"苦不克达"之感。事实上，这是一些人不理解群学就是中国古典社会学的"原因"之一，因而应该是本文讨论的重点。

显然，《荀子》一书并不是单单讲"群"的专著，我们说《荀子》一书中包含着群学的元典形态，根据就在于该书提出了群学的合群、能群、善群、乐群等四层命题，形成了最主要、最基本的群学概念体系和命题体系。而不在于荀子是否提出了"群学"之名，不在于《荀子》一书是不是符合西方学科标准的"社会学专著"。以是否提出来"群学"之名、是否有了西方样式的专著，作为评判荀子是否创立了群学的标准，那是用现代人的"学科"概念去苛求2200多年前的古人。这就如同问荀子是否有"身份证"、群学是否注册了发明权一样。梁启超称

---

[①] 费孝通：《从实求知录》，北京大学出版社1998年版，第232、244页。
[②] 对于这一问题，景天魁在《中国社会学源流辨》(《中国社会科学评价》2015年第2期)及其主持撰写的合著《中国社会学：起源与绵延》(社会科学文献出版社2017年版)中均有论述，在即将出版的《中国社会学史》(第一卷)中设有专章，从文明基础、社会基础、人才条件、学术条件、教育条件、个人际遇等方面作了论证。

赞荀子是"社会学之巨擘",卫惠林肯定荀子是"中国第一位社会学者",[①] 拉德克利夫·布朗认定荀子是社会学的老祖,显然都不是依据那种表面的"标签",而是根据实质性的"内涵"——群学的概念、命题和原理。

"元典"初创的标志,是形成了核心概念和基本原理;"元典"完成的标志是形成了相对独立的概念体系和相对系统的命题体系。群学命题体系是在群学概念体系[②]的基础上构建而成的。命题是由概念构成的判断,由命题组成的命题体系可以完整地表达群学的宗旨、要义和功用。如果说概念体系可以证明群学的存在性,那么,命题体系则可以直接呈现群学的丰富内容。而这些在《荀子》一书中都以当时可能的最完整、最系统的形式呈现出来了。

## 一 一条贯穿始终的主线

《荀子》一书从《劝学》篇、《修身》篇开始,首先阐述了合群的前提和根基。梁启超认为,"合群"是群学的第一要义,"群学"就是"合群的学问"。[③] 如果只看到《荀子》一书到第九篇《王制》才正式论述"群",就以为荀子只是提出来"群"的概念,并没有建立群学概念体系,那是没有理解《荀子》一书思想脉络的结果。实际上,《荀子》从一开篇讲的就是怎么才能合群的问题。荀子讲人、讲群,不是从天生本能的层次,而是从社会性的高度出发的。诚然,人也有自然本能,从动物本能来说,许多种群例如蜜蜂、羊群等都明显表现出"合群性",这在荀子不可能观察不到。他说:"禽兽群焉,物各从其类也。"[④] 从本能来说,人与其他许多动物都有合群性,但是,荀子强调人的"合群性"高于其他动物,就在于人的合群性主要是后天习得的,来自教

---

[①] 卫惠林:《社会学》,正中书局1980年版,第17页。
[②] 详见景天魁等《中国社会学:起源与绵延》,社会科学文献出版社2017年版。
[③] 梁启超:《说群一:群理一》,《饮冰室合集》(文集第二册),中华书局2015年版,第93页。
[④] 方勇、李波译注:《荀子》,中华书局2011年版,第4页。

育，具有"社会性"。①《劝学》篇第一段话就说："干、越、夷、貊之子，生而同声，长而异俗，教使之然也。"② 吴国、越国、夷族、貊族的孩子，生下来哭声相同，长大了习俗不同，这是后天教育不同的结果。教育就是要学习礼义，对人来说，没有礼义就不成其为人，"人无礼则不生"，③ 这是修身的根本。"义则不可须臾舍也。为之，人也；舍之，禽兽也。"是否知晓和遵守礼义才是人与动物的根本区别。

《荀子》由合群而讲到能群。《王制》篇说："人有气、有生、有知，亦且有义，故最为天下贵也。力不若牛，走不若马，而牛马为用，何也？曰：人能群，彼不能群也。人何以能群？曰：分。分何以能行？曰：义。"④ 这里讲的"能群"是什么意思？如果认为荀子在这里还是用"能群"来讲人与动物的区别，甚至认为动物不是也"能群"吗？据此批评荀子以是否"能群"区分人与动物是不准确、不恰当的，这也是脱离《荀子》一书的思想脉络作字面上的孤立解读的结果。在《王制》篇之前，荀子讲了如何以礼义为"大本"，处理夫妻、父子、兄弟之间的关系；怎样爱护老人、扶助穷人；君子如何以礼义立身，做事如何以诚信为本（《不苟》⑤）；先义而后利者荣，先利而后义者辱。总之，以礼义为本，处理与他人、与家庭、与家族、与国家的关系，则"以群则和，以独则足"，这是达到"群居和一之道"，可以尽人伦，社会达到"至平"之境（《荣辱》⑥）。这个含义上的"能群"，哪里是禽兽所能具备的？可知《王制》篇讲"能群"，根本不是在讲人与其他动物的区别。

《荀子》早在前面讲到的合群性那里，已经"人猿相揖别"了。到

---

① 康有为、梁启超、严复都肯定，荀子的"群"就是西方社会学所说的"社会"，因而"合群性"也就是"社会性"的一种表现形式。对此，笔者在《论群学复兴——从严复"心结"说起》一文（《社会学研究》2018 年第 5 期）、《中国社会学：起源与绵延》（社会科学文献出版社 2017 年版）中均有所提及，此处不赘述。
② （清）王先谦：《荀子集解》，中华书局 2013 年版，第 1 页。
③ 同上书，第 27 页。
④ 同上书，第 194 页。
⑤ 方勇、李波译注：《荀子》，中华书局 2011 年版，第 32、42 页。
⑥ 同上书，第 49、51 页。

了《王制》篇，已经不再是讲人与动物相区别的起点，而在借用人与牛马的不同，讲明人何以能群的道理，强调"明分"和"礼义"的重要性。动物当然也有分工，但那只是基于本能，而不可能依据礼义。人"不可少顷舍礼义"，这是荀子的核心思想，对此他是从各个角度、多个层次反复强调和论证的。荀子是一位逻辑大家，而且是一位辞章大家，赋体就是他创立的，虽然战国时代人们著述的习惯与今日不同，但不可以为《荀子》一书是杂乱无章的。对于《荀子》一书的思想脉络我们今天可以有不同的理解，各人的理解难免带有主观的成分，但是，前提是要承认《荀子》一书是有逻辑结构的，不能脱离或无视这个逻辑结构，仅从一段一段文字的字面上去作孤立解读。笔者认为，《王制》篇论"群"的这段话极其关键，它既是对前面几篇对合群、能群论述的总结，也是对后面论述善群和乐群的开启。确实，就在这段话的结尾，荀子提出了"善群"的概念。他指出，能用礼义侍奉父母叫作"孝"，能用礼义侍奉兄长叫作"悌"，能用礼义侍奉君主叫作"顺"，能用礼义役使臣下叫作"君"。这种意义上的"能"就是"能群"。以"能群"为基础，进而引出"善群"。

"君者，善群也。"① 所谓君，就应该是善于把人组织成群体的人。其实，每一个人都应该"善群"，都可以"善群"。"礼义者，治之始也"，"始"即治国的"本源"。每个人都遵从礼义，君要像君、臣要像臣、父要像父、子要像子、兄要像兄、弟要像弟，同样，农民要像农民、士人要像士人、工匠要像工匠、商人要像商人，大家都把礼义作为最高原则，守本分、尽职责，整个社会就会和谐有序。② "然后农分田而耕，贾分货而贩，百工分事而劝，士大夫分职而听，建国诸侯之君分土而守，三公总方而议，则天子共己而止矣。"③ 君主只要拱着手就安然无事了，于是天下大治，④ 这就是善群。

在《荀子》一书中，善群的命题大多包含在从《王制》到《强国》

---

① （清）王先谦：《荀子集解》，中华书局2013年版，第194—195页。
② 方勇、李波译注：《荀子》，中华书局2011年版，第126页。
③ 同上书，第179页。
④ 同上。

的篇章中。而"天论"以后的篇章则进一步勾画了乐群的理想。荀子基于他独创的"天人相分"命题,对人类的理性能力充满了信心。梁启超认为欧西学者之所谓理性,也就是荀子所说的"义","亦谓之普遍性,亦谓之大我。此大我之普遍性,即人类所以能结为团体之原因也"。① 荀子基于此,早在战国末期就提出了"四海之内若一家"的命题,② 构思了"天下莫不平均,莫不治辨"③的乐群境界,显示出惊人的眼界和气度,实在是震古烁今之论。

这样,《荀子》一书就明确地呈现出合群、能群、善群、乐群这条贯穿始终的主线。它构成了群学的重要特色。

## 二 四个有序展开的层次

荀子不仅讲了合群、能群、善群、乐群,还讲过分群、使群、为群、利群、安群等概念,为什么只将前四者作为群学主线的标志性环节呢?这就涉及群学元典的层次问题了。

循着合群、能群、善群、乐群这条主线,《荀子》一书是如何展开群学的丰富命题的?它是以修身、齐家、治国、平天下为平台,将群学概念体系④转化为命题体系,从而将命题体系展开为修身(合群)、齐家(能群)、治国(善群)、平天下(乐群)四个层面的。

修身、齐家、治国、平天下,见于《礼记·大学》。"礼记"是孔门后学记述《礼经》的论著。按传统说法,《大学》是孔子门生曾参所作。曾参生于公元前505年,比孔子小46岁,大约比荀子早100多年。虽然《大学》受到推崇是后来的事,但在战国后期其在儒家各派中是得到公认的,《荀子》一书以修身、齐家、治国、平天下为基本进路,是作为儒家代表人物的荀子自然而然的选择。《荀子》一书正是从修身(《劝学》《修身》)开篇,后面的篇章多以"治国"为主,但相继展开

---

① 梁启超:《饮冰室合集》(文集第五册),中华书局2015年版,第1317页。
② 方勇、李波译注:《荀子》,中华书局2011年版,第124页。
③ 同上书,第179页。
④ 我们在《中国社会学:起源与绵延》一书(社会科学文献出版社2017年版)中梳理出由4个基础性概念(群、伦、仁、中庸)和30个基本概念构成的群学命题体系。

了齐家、平天下的丰富内容。

与此基本一致的是，合群、能群的相关命题，大多包含在从《劝学》到《儒效》的篇章中；善群、乐群的相关命题大多包含在《王制》以后的篇章中。当然，合群、能群、善群、乐群与修身、齐家、治国、平天下只是基本上并非严格地一一对应，也有一多对应，这只是对应形式的区别，总之是存在一定的对应关系的。事实上，按荀子本来的用法，讲"能群"较多，有时把"合群""善群"也包含到"能群"之中，有时"乐群"和"善群"也不大区分。例如，他既讲君者能群，也讲君者善群。这也不难理解，因为不论是合群、能群、善群、乐群，还是修身、齐家、治国、平天下，凡是前者都是后者的前提和条件，合群不仅是能群的前提，也是善群、乐群的前提；修身与后几项的关系也是如此。交叉地看，也是如此。修身的目的是增进合群性，当然也有助于齐家、治国、平天下。所以，"四群"（合群、能群、善群、乐群）虽然是我们的一种归纳、一种"建构"，应该大体上是符合《荀子》原意的。

至于分群、使群、为群、利群、安群等概念和命题，均可包含到"四群"之中。这样归纳的"四群"命题及其展开层次，确如严复所指出的，是与西方社会学的命题层次（"节目枝条"）"暗合"的。合群是指个人如何通过修身，成为群体的合格成员，这相当于社会学的个人社会化层次；能群是在合群的基础上，进一步处理好与家庭、宗族乃至社会的关系，这相当于社会学的社会关系、社会组织层次；善群就是更进一步地通过制度建设和社会治理，协调人们的利益、规制人们的行为，使社会和谐有序，这相当于社会学的制度与结构、分层与流动、发展与治理的层次；再进入最高的理想层次，四海一家，天下大同，那就是社会学追求的人类理想秩序了。

《荀子》一书正是以修身、齐家、治国、平天下为平台，合群、能群、善群、乐群的命题依次展开为以下四个层面。

在修身（合群）层面，荀子指出了修身的原则、方法及途径。他认为，人之所以合群就在于他"明分"，人是"明天人之分"、能"与天地相参"的独立主体；强调修身为本是合群的根基，修身才成其为人，修身在正心，修己以安人；合群的原则是"修身以礼"，因为"人无礼不立"，"礼"可以"正身""定分""致和"；而合群的方法则有"存心养性""无信不立""与人为善""舍生取义"，合群的途径是"修身以学"，礼义主要靠学习而得来，而且学可以固群、学至于行。

以合群为前提，人才能处理好己与他人、与家、与宗族、与社会的关系，这就是"能群"。在齐家（能群）层面，《荀子》阐述了能群的基础、规则、方法与归宿等，把"家"当成能群的基础，认为家是群的基本单元，国之本在家，家和万事兴。因此，"各循其礼"就成了能群的规则，它要求夫妻和美、父慈子孝、兄友弟恭、长幼有序、家族和睦，把家庭教化、言传身教、勤俭持家、和顺可亲、疏不间亲作为能群的方法，主张"家齐而国治"。

之所以"家齐而国治"，是因为家与国是同构的，治国就必须"善群"。"善群"既是人"合群"的体现，也是人"能群"的结果。因而在治国（善群）层面，《荀子》一书用大量篇章集中论述了"为何善群""何谓善群""如何善群"等三个基本问题。荀子认为，以民为本构成了善群的基础，礼法并重是善群的方略，"尚贤使能"是善群的关键，富民强国是善群的手段，而"修养政德"则是善群的保证。

荀子具有"四海一家"的"天下观"，他把乐群看作是群学的最高追求与理想境界。在平天下（乐群）层面，荀子指出，乐群就要坚持"天下为公"理念，认为"公则天下平"是社会秩序稳定和谐的保证；乐群就是要把"以和为贵"作为基础，坚持"和而不同"，采取"兼爱相利"，以实现天下大同。天下大同是群学的使命与抱负。

综上所述，纵向上的合群、能群、善群、乐群这条主线，与横向展开的修身（合群）、齐家（能群）、治国（善群）、平天下（乐群）这四个层次，就形成了群学元典"一线四层"的基本格局。

### 三 聚焦特定的对象

不论是合群、能群、善群、乐群这条主线，还是在修身、齐家、治国、平天下四个层面，研究对象都聚焦于群。不是说作为学科必须有相对独立的研究对象和领域吗？群学的研究对象是非常明确的，符合作为学科的要求。群学的特点是：群既是研究对象，又是行动主体；群学既有理论性的一维，又有实践性的一维；既有明晰的结构，又有强大的功能。而且理论性与实践性、结构与功能是高度统一的。

群学不像西方社会学那样，把对"社会是什么"的描述，与应该怎么办的行动绝然分开，也不区分什么"社会静力学"与"社会动力学"。但群学与西方社会学的这一区别，并没有妨碍严复做出群学就是社会学的判断。对于群学的功用，严复早在1895年发表的《原强》一文中就指出：斯宾塞的《社会学研究》这本书"约其所论，其节目枝条，与吾《大学》所谓诚正修齐治平之事有不期而合者，第《大学》引而未发，语焉不详。至锡彭塞（斯宾塞——笔者注）之书，则精深微妙，繁富奥衍"。[①] 在这里，严复明确认为，斯宾塞社会学与群学的"诚正修齐治平"的"节目枝条"是"不期而合"的。他甚至径直指出，斯宾塞就是用"近今格致之理术"，以"发挥修齐治平之事"。[②] 而在诸种学问中，"以群学为要归。唯群学明而后知治乱兴衰之故，而能有修齐治平之功"。[③] 在中国学术史上，群学的修齐治平之功在其漫长的绵延和演进过程中，得到了充分的发挥。

总之，就研究对象和领域而言，即便是按照西方近现代的所谓"学科标准"来衡量，群学也不仅是一种"学说"，而是可以称为一门"学科"的。

## 第二节　环环嵌套：群学命题体系的原本结构

梁启超指出，群学"与欧西学者之分类正同"。[④] 用严复的说法是"节目枝条"与西学"暗合"。所谓"节目枝条"，用今天的说法，主要

---

① 黄克武编：《严复卷》，中国人民大学出版社2014年版，第8页。
② 严复：《原强修订稿》，载黄克武编《严复卷》，中国人民大学出版社2014年版，第37页。
③ 同上书，第38页。
④ 梁启超：《中国法理学发达史论》，《饮冰室合集》（文集第五册），中华书局2015年版，第1317页。

是指在前述元典基本格局之下，群学命题体系的整体结构及其演进逻辑。我们先看看群学命题体系的结构特征。

所谓群学命题体系的整体结构，是指分布在"一线四层"上的一个个命题相互联结而成的体系。在《荀子》一书里，其结构特征是什么？荀子说："始则终，终则始，若环之无端也。"① 就是说，是环环相扣的。

我们把荀子创立群学时的命题结构称为"原本结构"，以区别于此后两千多年间群学绵延和转型过程中发生了形态变化的命题结构。"原本结构"的命题主要见于《荀子》一书，但因群学的创立是先秦社会思想集大成的结晶，所以也包括孔孟等儒家和道家、墨家等诸子各家与"群"有关的命题。

我们在《中国社会学：起源与绵延》一书中，曾经区分了群学的基础性概念（群、伦、仁、中庸）和基本概念（30个）。相应地，群学命题也可以区分为基础性命题和基本命题。正如基础性概念的含义贯穿于群学的整个概念体系并构成每一个基本概念的共同基础一样，基础性命题也贯穿于整个命题体系并为每一个基本命题确定了基础性的意义。

## 一 群学的基础性命题及其结构

群学基础性命题是由群、伦、仁、中庸这四个基础性概念所展开的命题。

首先，有关"群"的基础性命题具有实体性，它们表述的是人类的实际存在形式。群学并不把"群"（社会）看作抽象的存在，而是看作经验上可以观察和描写的具体存在。由经验得知，"人生不能无群"，这是群学的首个命题。人是以群的方式生活的，长期孤立的个人或者无法生存，或者必然失去"人性"，因而群学强调"合群性"是人的本性。但是，人们是通过明确的劳动分工形成群的，这种分工不是像动物那样出于本能，而是出于情义和理智。"明分使群"作为群学的重要命

---

① 方勇、李波译注：《荀子》，中华书局2011年版，第126页。

题，它所讲的"分"是"以义为能群之本原"。① 而"义"又是由"礼"所规定的，以"礼""为隆正"，就是纲要。这样才能实现"群居和一"。这就是荀子讲的"人何以能群"的道理，而"礼为大分"。可见，有关"群"的命题在实体性上是环环相扣的。

其次，有关"伦"的基础性命题具有关系性，它们表述的是群的基本结构。在群里，人们怎么相处？荀子强调"人伦与天地同理"，这个"理"是至高的法则，这样的法则当然是人们相互关系的根基。因为人类之相处，需求相同而满足需求的办法不同，欲望相同而实现欲望的智慧却不同，这是人的天性，即所谓"执同知异"。既然如此，那就要讲究"伦"，而群有"五伦"——父子有亲、君臣有义、夫妇有别、长幼有序、朋友有信。② 处理好群体关系的原则就要"不失其伦"。而要"不失其伦"就要通过"教化"的途径以"明人伦"。可见，有关"伦"的命题在关系性上也是环环相扣的。

再次，有关"仁"的基础性命题具有规范性，它们表述的是群的价值导向和观念基础。"伦"有类别、次序和关系，在不同的类别、次序和关系中如何教化才能"明人伦"？这就要讲"仁"，所谓"修道以仁"。因为"仁者人也"，③ 不论是强调以孝悌为本，还是要求"泛爱众"，仁总是做人的根本。"仁"是贯穿于群体互动之中的，换言之，如果不以"仁"为规范，那就算不得"人伦"之"群"。可见，有关"仁"的命题在规范性上必定是相互嵌套的。

最后，有关"中庸"的基础性命题具有行动性，他们表述的是群的实现方法与和谐之道。中庸以中和作为社会位育的目标，要达到中和，就必须适度与时中，做到适度与时中又必须至诚，这几个环节贯通起来就是中庸。可见，有关"中庸"的命题在行动性上同样是环环相扣、相互嵌套的。

总之，有关"群"的实体性命题、有关"伦"的关系性命题、有

---

① 梁启超：《中国法理学发达史论》，《饮冰室合集·文集》第五册，中华书局2015年版，总第1317页。
② 杨伯峻译注：《孟子译注》，中华书局2008年版，第94页。
③ 杨天宇撰：《礼记译注》（下），上海古籍出版社2004年版，第700页。

关"仁"的规范性命题、有关"中庸"的行动性命题,它们之间既是相互补充的,也是环环相扣、相互嵌套的。

**二 群学的基本命题及其结构**

以上四个方面的基础性命题,可以在修身、齐家、治国、平天下四个层次,为达到合群、能群、善群、乐群四种状态和境界奠定全面完整的基础。

这里需要指出的是,这些基础性命题,既不是在"一线四层"格局之外的一个独立部分,也不是其内的一个单独层次,而是体现在基本命题之中的。所谓"基础性"是指它们为其他命题确定了一般性的意义。显然,群学的每一个命题都是"群"和"伦"的表现,每一个命题也都是"仁"和"中庸"的体现。像"人不能无群""不失其伦""仁者爱人""中和、至诚"这样的命题,显然适合于修身(合群)、齐家(能群)、治国(善群)、平天下(乐群)等每一个层次,而不是单单适合于某一个层次。一般存在于特殊之中,基础性命题也存在于"一线四层"的基本命题之中,规定着它们普遍的、一般的意义,也制约着它们之间的连接方式——基础性命题之间是环环相扣的,基本命题的结构特征也是一环扣一环的。

首先,合群的基本命题从天人关系出发,进入人与人的关系,依次展开,是一环扣一环的。"参天地"则可"明人伦",因为人伦是与天地同理的。"明人伦"则可修身成人,修身的关键在"正心","正心"则修己,修己则安人,安人推广之即可安百姓。安百姓必须明礼,明礼则可"定分","定分"则可"致和"。

其次,能群的基本命题,也是一环扣一环的。家是国之本,家和则万事兴;家和则夫妻、父子、兄弟必须"各循其礼";"家道正"则能"亲仁善邻",达到"四海一家"。

再次,善群的基本命题,还是一环扣一环的。治国必须"以民为本","民本"就要"营养民生",于是则可得民心,得民心则可得天下;治国要靠"礼义","义立则国兴";法治之本在人,得人才者得天下;得人才还要"百吏尽职",要尽职先要"为政以德",如此方能

"固国强兵"。

最后，乐群的基本命题，同样是一环扣一环的。乐群就是要"公天下"，天下者天下人之天下，"公"则天下安宁；天下人众多，必有差别、有矛盾，乐群就是要"尚同贵和"，"贵和"则要"以乐化人"，讲究"和而不同"；国与国无大小之别，要"礼尚往来"，则可"协和万邦"，如此则可"天下大同"。

显而易见，上述仅仅作为例子举出的群学命题，至今人们仍然感觉耳熟能详。2000多年来，它们作为理念、作为规范、作为准则，一直影响着中国社会，塑造着群体秩序，教化着中国人，化作中国人的品格，成为中国文化的基因。

### 三 环环嵌套型结构及其特点

群学命题环环相扣的结构，可以称为"嵌套型结构"。"嵌套型"的含义：第一，命题不是单一的，而是部分复合的；第二，不是单向的，而是环形的；第三，相互嵌套是一种一和一、一和多的联结方式。

"嵌套型结构"的特点：第一，环环相扣、相互衔接、相互包含，而不是两两对立的二元结构。如按西方的"二元对立"式思维，主体就是主体，不是客体，不能主客不分，二者的界限是分明的，是相互排斥的；个人与社会之间也是这样，个人就是个人，个人之外才是社会；结构与行动相对应，结构一般是被动的，行动才是能动的，如此等等。而"嵌套"却是外延和外延或内涵和内涵都可能部分重合，正如"家"与"国"是同构的一样。在西方思维中，家就是家，不是国，外延和内涵都是界限分明、相互排斥的。前者是"私域"，后者是"公域"，结构和含义都是不同的。而中国的小家不仅连着"大家"（国），还要以国为家。所谓"家国情怀"，家与国是嵌套在一起的。

第二，嵌套型结构无始无终，不是从简单到复杂的进化结构。修身不一定比治国简单，治国不一定比修身、齐家复杂，"治大国如烹小鲜"，治国虽然头绪多、事情多，但是办起来不一定比修身难，修身要正己、正心、"破心中贼"，包含的内容可能更丰富、更难做好，有治国之才的不一定修身就修得好，有些职务很高的人政务处理得很好，最后栽在修身欠缺上。就是说，修身、齐家、治国、平天下不过是场域的不同，不是简单与复杂的区别；合群、能群、善群、乐群不过是层次的区别，也不是简单与复杂、先进与落后之类的区别。

既然不是从简单到复杂，也就难以确定固定的"起点"。修身是"起点"？劝学是"起点"？不一定。在齐家、治国或者平天下的过程中，随时都会发现不足，都要回过头来学习、修身。修身、齐家、治国、平天下，如环之无端，它们是无始无终的。"起点"随时都会变成"中点"或"终点"，也就无所谓从简单到复杂的直线，也就难以确定直线上的"起点"。

第三，既然是相互嵌套，命题之间就不是通过另外的什么纽带、什么机制连接在一起的，而是它们自己直接地通过相互补充、相互关联，环环相扣地镶嵌在一起的，无分简繁、无别始终。

## 第三节 整合—贯通：群学命题体系的演进逻辑

"嵌套型"只是一种结构形式的刻画，群学命题何以形成嵌套型结构？为什么外表看来"界限不清"的命题体系，却又显得头头是道，有很强的说服力，个中的奥妙何在？如果它也有一种逻辑体现其中的话，其内在的逻辑是什么？荀子讲"以类行杂，以一行万，始则终，终则始，若环之无端也，舍是而天下以衰矣"。[①]"以类行杂"，从整体上把握纷杂的事物，相当于我们今天所讲的"整合"；"以一行万"，即用统一、合一的原则统摄万事万物，也就是"贯通"。总起来说，我们可以称之为"整合—贯通逻辑"。荀子强调，如果舍弃了这个原则，天下就要衰亡了。那是因为这个"逻辑"与"天下"通行的法则是相一致的。

### 一 整合及其学理基础

奥妙首先在于"整合"。群学命题体系的演进逻辑，不是分析的、

---

[①] 方勇、李波译注：《荀子》，中华书局2011年版，第126页。

区隔的、非此即彼的区隔—分析逻辑。梁启超在讲到王阳明的"知行合一"时说,中国人什么都讲"合一",追求的就是"合一",知是(为)行的知,行是有知之行,本是"一物",或谓"知行本为一事""心与物合一""心与理合一"。[①] 知之于行、义之于利、道之于功,在西方的"区隔—分析逻辑"中,是要把二者的界限分得越清楚越好,甚至为了分得清楚,不惜把二者对立起来,而在中国传统思维中,二者不过是"本一物而二名"。环环嵌套的群学命题结构之所以是嵌套型的,其中体现的就是这种"整合性"。

"整合"不一定是"融合",整合达到一定程度,才是融合。"整合"本身是包容多样性的,所谓"和而不同""多元一体"都是这个意思。中国文化强调包容,不崇尚扩张,不主张相互排斥、相互取代。中华民族的形成机理不是如西方那样的扩张式发展,而是整合式地向中心聚拢式的发展——向中原文明聚拢,周边藩属国向中央帝国聚拢,表现在思维上就是整合性逻辑。这种逻辑靠的是中华文明的向心力和吸引力、中国文化的凝聚力和包容力。对此,许多学者已有深入研究,这里不赘。

## 二 贯通及其实现机理

环环相扣不是循环论,它也是一种发展形式,不过,作为发展形式,它不是进化主义的。西方概念,要求内涵要确定,外延要清晰,并且具有排他性。中国传统的学术概念,讲究概念之间的内涵要能融通,外延要能嵌套,这样才便于贯通。学术旨趣不同,各有其规范。因为要清晰和明确,最好就要二元区隔甚至对立起来;因为讲究融通和贯通,最好能够通达乃至整合起来。

关于实现贯通的机理,荀子特别强调"解蔽","蔽"则塞,"蔽"则障,去蔽则通。他指出:"故为蔽:欲为蔽,恶为蔽;始为蔽,终为蔽;远为蔽,近为蔽;博为蔽,浅为蔽;古为蔽,今为蔽。凡万物异则

---

[①] 梁启超著,许葆云评注:《梁启超讲阳明心学》,陕西人民出版社2014年版,第88—89页。

莫不相为蔽，此心术之公患也。"① 基于"解蔽"认识论，自始至终贯彻合群、能群、善群、乐群这条主线，服务于修身、齐家、治国、平天下这个贯彻始终的实践目的，整个群学命题体系都可以贯通起来。而这种情形，可以用"中庸"的方法论去体会和理解。从"中庸"来看，始为蔽，终为蔽，取其"中"者则为"既有始有终又无始无终"；远为蔽，近为蔽，取其"中"者则为"既有远有近又无远无近"；博为蔽，浅为蔽，取其"中"者则为"既有浅有博又无浅无博"；古为蔽，今为蔽，取其"中"者则为"既有古有今又无古无今"。知此，就无怪乎儒家总是把修身、齐家、治国、平天下的"大学之道"，与"从容中道，圣人也"② 的"中庸之道"紧密关联起来了，荀子群学就是体现这种关联性、通达性的一个典型。诚然，欲与恶之差异，始与终之差异，远与近之差异，博与浅之差异，古与今之差异，都是存在的，这些差异为什么在认识中会起到蒙蔽的作用呢？因为它们原本是相互依存、相互规定、相互联系、相互转化的，离开了一方另一方就是难以存在、难以说明、难以理解、难以把握的，所以对它们不能分割开来、孤立起来、对立起来、将之绝对化。荀子这里批评的人们思想方法上的共同毛病，不就是我们今天所说的"区隔—分析"二元对立的分析方法吗？

### 三 递进而又递归

群学的研究对象具有确定性，而且具有严密的逻辑结构。但与伦理学对"伦"的研究不同，合群、能群、善群、乐群是以人伦为基础的社会关系依次递进地展开其结构和过程的四个阶段或形式。

不论是在合群、能群、善群、乐群诸环节，还是在修身、齐家、治国、平天下诸方面，群学都是既有理论一维，又有实践一维；既有结构一维，又有功能一维。前者称为群理，后者称为群治，二者完全是合二为一的。

首先，就称为群理的理论结构而言，合群、能群、善群、乐群呈现

---

① 方勇、李波译注：《荀子》，中华书局2015年版，第337—338页。
② 杨天宇撰：《礼记译注》（下），上海古籍出版社2004年版，第702页。

为依次递进、层层包含和提升的关系（前者是后者的前提）；同时又是逆序递归的——后者依次包含前者并且是前者的提升。每个环节都不是相互独立和断裂的阶段。

其次，就称为群治的实践功能而言，同样，修身、齐家、治国、平天下也是既顺序递进，又逆序递归的。

合群、能群、善群、乐群与修身、齐家、治国、平天下这两个序列之间，既是一一对应的，也是一多对应、交互对应、相互影响的。因一一对应，两个序列之间的联系具有了确定性；因一多对应、交互对应，两个序列之间的联系增强了紧密性。

通过依序递进和逆序递归，群学命题之间既实现了相互整合，又实现了相互贯通。这种递进—递归双向推理的因果逻辑，是推理极为严密的一种逻辑。典型代表是《大学》中关于修身、齐家、治国、平天下的那段论述："古之欲明明德于天下者，先治其国；欲治其国者，先齐其家；欲齐其家者，先修其身；欲修其身者，先正其心；欲正其心者，先诚其意；欲诚其意者，先致其知，致知在格物。物格而后知至，知至而后意诚，意诚而后心正，心正而后身修，身修而后家齐，家齐而后国治，国治而后天下平。"① 这里，每一项既是前提，又是结果。"始则终，终则始"，既有始有终又无始无终，既依序递进又逆序递归，这是荀子式"若环之无端"的逻辑，这一整合—贯通逻辑与西方的"区隔—分析逻辑"的差异是很明显的。

为了形象地表示二者的差异，我们试举果树为例。怎么观察一棵长着许多果子的果树？假如想搞清楚这棵果树上到底有多少果子，怎么数数？按照整合—贯通逻辑，就要坚持从整体关照个体，保持果树活生生的完整性，那就要在果子原样长在树上时去数，有的果子可能被树叶遮挡，不容易计数；按照区隔—分析逻辑，就将果子摘下来摆在地上数数，可能计算最准确。两种方法哪个更清楚？后者更清楚。哪个更真实？果子长在树上，那是最真实的。哪个更客观？前者未加人工干预，那是客观的；后者计数准确，也是一种客观性。哪种更完美？前者保留

---

① 汪受宽、金良年译注：《孝经·大学·中庸》，上海古籍出版社2012年版，第95页。

了果树的整体美,后者如果在地上将果子摆成某种造型,那是人工美,但果树的整体美却丧失了。

可见,整合—贯通逻辑与区隔—分析逻辑各有所长,也各有所短。不论如何,这都是思维方式、学术传统、文化特色问题,不是学科标准问题,更不是学科有无问题,甚至也不是学科优劣问题。它们本应该相互承认、相互尊重、相互借鉴、相互学习、相互促进,共同发展,不应该对任何一方否定、漠视、排斥和取代。退一步说,就算是从学科标准角度看,社会学在西方存在一个统一的标准吗?只有实证的才算社会学?只有经验性的才算社会学?如果说,只有孔德实证主义的才算社会学,德国的马克思和韦伯同意吗?只有美国的社会学才算社会学,法国人同意吗?西方社会学本来就是一门多种范式的学科,为什么到了中国,它就成了具有唯一标准的学科了呢?为什么说到群学,它就必须符合在西方都没有获得独占权的某一个学科标准呢?就是在美国这一个国家内部,同样存在多种范式的社会学。可是,即使在同一种研究范式甚至用同一种研究方法,正如美国杜克大学社会学系主任林南教授指出过的,他在美国做的经验研究,从来没有人质疑其真实性,他到中国来用同样方法做的研究,回到美国去讲的时候就不断地被质疑,这哪里是什么学科标准问题?只能说这叫"文化偏见";或许林南教授说得更到位,叫"文化殖民"。的确,学术本质上属于文化的范畴,"纯学术"是很难寻觅的。尽管如此,本文对群学,只是探讨其命题结构、演进逻辑,这是学术,没有扩展到更广的文化领域,因为对于国人来说,对群学主要是一个认识问题。

## 四 浑然而非混沌

关于群学元典,还有一个容易引起质疑的问题,就是它在《荀子》一书中不是如今天人们所习惯的"专著"形式呈现的,战国末期似乎并没有近现代西方这样的"学科分化"。那么,为什么群学可以称为中国古典社会学?的确,中西所谓"学"各有自己的分法。大体上说,西方是学科之内分学派,中国古代却是学派之内分学科。例如,孔学之内有"六艺","六艺"相当于六个"专业";墨学之内分谈辩、说书、从事三科，每科又有许多"专科"，仅"从事"一科就又划分为农、工、商、兵各种专科。中西学科只是分法不同，并非有无问题。不同分法各有优长，但要相互承认，不能只说西方有学科，中国就没有学科。群学是荀学的一个组成部分，在《荀子》一书中，群学是与荀子的政治学、伦理学、逻辑学等其他学科并存的。"并存"不见得就没有独立的研究对象，"交叉"可以是独立学科之间的交叉。"交叉并存"不同于未分化的"混沌一体"，如果没有分化，就既谈不到"交叉"，也谈不到"并存"。确实，"交叉并存"的样态，初看起来，容易与未分化为学科的"学问""思想"相混同，实际上，《荀子》是已经分化的学科之间以及与尚未分化的学问之间具有一定结构的"浑然一体"。"浑然"不再是混沌，只是相似于混沌。

群学命题体系的嵌套型结构也是一种清晰的结构，整合—贯通的演进逻辑更是非常清晰的，正是此二者，使得看似浑然一体的群学命题体系，有了并不逊于西方社会学而具有自己特色的严整结构和严密逻辑，同时也富于壮丽的整体美。正如前面举的果树的例子，难道只有一棵单独生长的果树才是果树，长在树林中的果树就不是果树吗？

# 结　语

本卷作为《中国社会学史》第一卷，首先论述了群学创立的社会基础，认为群学是先秦中华文明高峰的结晶，是春秋战国社会剧变的产物，是士阶层崛起的智慧集成，是第一次百家争鸣的学术硕果；认为稷下学宫是群学得以创立的孕育之地，荀子的个人际遇和综合思维才能也是直接条件。这样就回答了一个疑问——荀子比孔德早了2100多年，凭什么说早在战国末期中国就具备了创立群学的社会历史条件？只要客观看待本卷论述的必要和直接条件，又能摆脱已成思维定式的欧洲中心论，这个疑问是可以消解的。

本卷以大量篇幅从格局、结构和逻辑等三个方面，论述了群学元典的形成。具体梳理出群学命题体系，从而继《中国社会学：起源与绵延》梳理出群学概念体系之后，进一步论证了荀子群学就是中国古典社会学，亦即合群、能群、善群、乐群之学。其中，重点阐述了合群的前提、根基、原则、方法及途径；能群的基础、规则、方法与归宿；集中论述了"为何善群""何谓善群""如何善群"等问题；认为乐群是群学的追求与境界，乐群就要坚持"天下为公"理念，要把"和为贵"作为基础，坚持"和而不同"，以实现天下大同。以上几点，构成了群学的基本内容和重要特色。

100多年来，对于"中国社会学"的"学科史"，均以严复将西方社会学传入中国之时为"开端"，都自觉和不自觉地把清末民初以前的社会学（群学）仅仅称为"社会思想"，认为其称不上"学"，不能登临"学科史"之列。本书首次将战国末期荀子群学作为中国社会学的开端，将群学创立以来2200多年的发展史作为"学科史"来书写。并且，本卷首次以命题演进史的形式书写群学创立史。不论这在学科史研究中算不算是一项创新，都有助于追本溯源，确立中国社会学的本土起源，从而为建立中国特色社会学话语体系、学科体系提供历史基础。

本卷总结的"一线四层"格局、环环嵌套型结构和整合—贯通逻辑，是对群学元典的基本认识。这三点认识侧重于形式而不是内容的方面。至于内容方面，我们认为群学与西方社会学是同大于异的，无须多讨论；在形式方面，群学与西方社会学确实是异大于同。即便如此，从我们归纳的群学元典在形式方面的三点基本认识来看，这也只能说是群学的特点，而不成其为否认群学是中国古典社会学的理由。在各有独立起源的学术脉络中，内涵相通的学问采取不同的形式，那是再正常不过的了，正如白皮肤的人是人、黄皮肤的人也是人一样。由此，我们就回答了对于群学元典的另一个疑问——《荀子》一书并不是符合西方学科标准的单一学科"专著"，为什么说它是中国古典社会学的元典？只要理解了"一线四层"格局、嵌套型结构和整合—贯通逻辑，而又不以西方所谓"学科标准"为圭臬，这个疑问也应该是可以消解的。因为，既然群学不仅有自己的核心概念和基本原理，而且形成了相对独立的概念体系和相对系统的命题体系，那就不能只承认它是一种"学问"、一种"思想"，不论它是以什么样的历史形态呈现出来的，而应该承认它是一个"学科"——具有相对独立的研究对象的专门学问。因为尚未分化为"学科"的"学问",与已经形成的学科的区别,在于是否形成了相对独立的概念体系和相对系统的命题体系。尽管后者可能以与其他学科或学问交叉并存的形式呈现出来,那它仍然是一个"学科"。

既然荀子的"群"的实际内涵相当于后来所说的"社会",只不过在历史上"群"的概念出现得比"社会"更早一些,而且二者虽然略有差别但还是可以相互包含的。到了近代,康有为、梁启超、谭嗣同、严复、刘师培都肯定"群"就是"社会",即使从日本翻译了《社会学》一书的章太炎,也高度称赞荀子的群学,实际上将群学视为中国古已有之的社会学。那么,即使从名称上说,不承认群学就是中国古典社会学,除了坚信只有西方的孔德才创立了社会学这个"洋教条"之外,在中国学术史中是找不到什么像样的根据的。

本卷梳理出来的作为群学元典的命题体系,是中国社会学话语体系的第一个版本,此后的2200多年间它是怎样演进的,其对于现在构建中国特色社会学话语体系有什么意义,是后面几卷要回答的问题。

正如法国启蒙运动大师伏尔泰所指出的,意大利文艺复兴的重大意义不在于复古,而在于创造。① 也可以说,研究群学元典不是为了历史,而是为了将来——它是构建中国特色社会学话语体系必须从头做起的基础性工作。

本书第一卷是中国社会学史的开篇,是荀子创立的群学元典形态。群学概念体系和命题体系是此后2200多年来由元典形态向现代形态演进的历史根基。循着群学的概念体系和命题体系的历史脉络一路捋下来,自秦汉到隋唐,群学参与了中国传统社会制度的构建,形成了群学的制度化形态,这是本书第二卷的研究内容;唐宋以后随着礼制下移,中国民间社会发育繁盛,形成了群学的民间化形态,这是本书第三卷要考察的;群学历来就有重视人文的传统,到明代中期的阳明心学走向巅峰,此后也得到延续,形成群学的内向化形态,这是本书第四卷要梳理的一个历史轨迹;清末民初西方社会学传入,中西学术碰撞,思潮激

---

① [瑞士]雅各布·布克哈特:《意大利文艺复兴时期的文化》,商务印书馆1983年版,齐思和为该书中译本写的序言,第2页。

## 第八章 总结：论群学元典

荡，中国社会学开始探索会通之道，群学因而进入转型期，基本形成了群学的转型形态，这是本书第五卷要着重研究的；改革开放以后，中国社会学得以恢复重建，一方面中国学术实现了空前的开放，另一方面随着中国经济社会的快速变革、发展和崛起，中国社会学不论从规模到质量，还是从研究广度到深度，都取得了巨大进步，朝着实现群学复兴亦即中国现代社会学崛起的目标前进，必将形成中国社会学（群学）的崛起形态，本书第六卷将对此作一探讨和展望。中国社会学史的"六形态说"亦可算是这套书的又一个创新。立足于中国社会学（群学）如此漫长、辉煌而非凡的历程，回溯荀子群学这一中国古典社会学的创始形态，总结群学经历的如此之多的形态演进，这不仅与执着于知识形态的西方社会学明显不同，就是在各门社会科学学科中也是罕见的、非凡的、难能可贵的。有如此深厚的历史积累和学科根基，中国社会学在21世纪实现崛起必定指日可待！

（景天魁）

# 参考文献

## A

［美］安乐哲、郝大维：《切中伦常》，彭国翔译，中国社会科学出版社2011年版。

［英］安东尼·吉登斯、菲利普·萨顿：《社会学》，赵旭东等译，北京大学出版社2015年版。

## B

白奚：《稷下学研究：中国古代的思想自由与百家争鸣》，生活·读书·新知三联书店1998年版。

白奚：《礼治，法治与人治》，《哲学动态》1998年第4期。

《百子全书》，岳麓出版社1993年版。

班固：《白虎通》，中华书局1985年版。

彼特·布劳：《不平等与异质性》，王春光、谢胜赞译，中国社会科学出版社1991年版。

边燕杰主编：《关系社会学：理论与研究》，社会科学文献出版社2011年版。

［美］本杰明·史华兹：《古代中国的思想世界》，程刚译，江苏人民出版社2008年版。

## C

蔡元培：《中国伦理学史》，商务印书馆1998年版。

曹姣：《孟子的赋税思想之我见》，《法治与社会》2008年第7期。

曹胜高、安娜译注：《六韬·鬼谷子》，中华书局2007年版。

常玉芝：《商代史：商代宗教祭祀》，中国社会科学出版社 2010 年版。

晁天义：《"亲亲"与"尊贤"：前国家时代的政治遗产》，《陕西师范大学学报》（哲学社会科学版）2013 年第 6 期。

陈璧耀：《点读中国传统文化：皇帝与官制》，宁夏人民出版社 2009 年版。

陈登原：《国史旧闻》，中华书局 2000 年版。

陈鼓应：《道家的人文精神》，中华书局 2015 年版。

陈鼓应：《管子四篇诠释》，中华书局 2015 年版。

陈鼓应：《黄帝四经今注今译》，中华书局 2016 年版。

陈鼓应、赵建伟：《周易今注今释》，商务印书馆 2016 年版。

陈鼓应注译：《黄帝四经今注今译》，中华书局 2016 年版。

陈光连：《荀子"分"义研究》，东南大学出版社 2013 年版。

陈默：《道德经》，吉林美术出版社 2015 年版。

陈乔见：《公私辩——历史衍化与现代诠释》，生活·读书·新知三联书店 2013 年版。

陈寿撰，裴松子注：《三国志》，中华书局 1999 年版。

陈戍国：《四书五经·周易·系辞下》，岳麓书社 1991 年版。

陈戍国：《中国礼制史·先秦卷》，湖南教育出版社 2011 年版。

陈桐生：《国语》，中华书局 2014 年版。

陈曦：《六韬》，中华书局 2016 年版。

陈曦：《孙子兵法》，中华书局 2011 年版。

陈永革：《人心向善与人性本善——孟子心性论的伦理论释》，《中国哲学史》1996 年第 4 期。

程颢、程颐：《二程集》，中华书局 2004 年版。

程俊英：《诗经译注》，上海古籍出版社 1985 年版。

程翔：《说苑译注》，北京大学出版社 2009 年版。

楚刃、王华芳：《三晋史稿》，三晋出版社 2015 年版。

褚斌杰：《诗经全注》，人民文学出版社 1999 年版。

崔乃鑫、杨吉春：《春秋战国时期的富国强兵思想》，《辽宁工程技术大学学报》（社会科学版）2003 年第 1 期。

## D

戴德撰，卢辩注：《大戴礼记》，中华书局1985年版。

戴维·波普诺：《社会学》，刘云德、王戈译，辽宁人民出版社1987年版。

丁鼎：《〈仪礼·丧服〉考论》，社会科学文献出版社2001年版。

丁福保：《六祖坛经笺注》，齐鲁书社2012年版。

丁凌华：《五服制度与传统法律》，商务印书馆2013年版。

丁晓武：《儒家中庸思想的"至诚"主张及现代意蕴》，《青海师范大学学报》（哲学社会科学版）2009年第1期。

董楚平：《"天下为公"原义新探》，《文史哲》1984年第4期。

董仲舒：《春秋繁露》，中华书局1975年版。

杜维明：《儒家思想：以创造转化为自我认同》，东大图书股份有限公司2014年版。

## E

［法］E.迪尔凯姆（又译：涂尔干）：《社会学方法的准则》，狄玉明译，商务印书馆1995年版。

## F

方东美：《原始儒家道家哲学》，黎明文化事业股份有限公司1993年版。

方勇、李波译注：《荀子》，中华书局2011年版。

费孝通：《从实求知录》，北京大学出版社1998年版。

费孝通：《家庭结构变动中的老年赡养问题——再论中国家庭结构的变动》，《北京大学学报》（哲学社会科学版）1983年第3期。

费孝通：《论文化与文化自觉》，群言出版社2005年版。

费孝通：《试谈扩展社会学的传统界限》，《北京大学学报》2003年第3期。

冯汉骥：《中国亲属称谓指南》，徐志诚译，上海文艺出版社1989年版。

冯其庸等：《历代文选》，中国青年出版社1962年版。

冯契：《中国近代哲学的革命进程》，上海人民出版社1989年版。

冯时:《瑚生三器铭文研究》,《考古》2010年第1期。

冯时:《文明以止——上古的天文、思想与制度》,中国社会科学出版社2018年版。

冯时:《叶家山曾国墓地札记三题》,《江汉考古》2014年第2期。

冯时:《殷卜辞四方风研究》,《考古学报》1994年第2期。

冯时:《中国古文字学概论》,中国社会科学出版社2016年版。

冯时:《中国天文考古学》,中国社会科学出版社2017年版。

冯友兰:《冯友兰选集》,北京大学出版社2000年版。

冯友兰:《三松堂学术文集》,北京大学出版社1984年版。

冯友兰:《新事论》,商务印书馆1940年版。

弗兰克·戈布尔:《第三思潮:马斯洛心理学》,吕明、陈红雯译,上海译文出版社1987年版。

傅杰:《王国维论学集》,中国社会科学出版社1997年版。

傅斯年:《傅斯年讲史学》,凤凰出版社2008年版。

[日]福武直、张建群:《中国社会学及其复活》,《国外社会科学》1980年第6期。

## G

高亨:《周易古经今注》,中华书局1984年版。

高华平、王齐洲、张三夕译注:《韩非子》,中华书局2015年版。

高山译注:《尚书·礼记》,中国文联出版社2016年版。

葛兆光:《中国思想史》,复旦大学出版社2001年版。

顾颉刚、刘起釪:《尚书校释译论》,中华书局2005年版。

郭沫若:《十批判书》,人民出版社2012年版。

郭淑新、陈健:《荀子隆礼重法思想的逻辑起点与价值目标》,《法学杂志》2016年第2期。

郭彧译注:《周易》,中华书局2010年版。

过常宝:《制礼作乐与西周文献的生成》,中国社会科学出版社2015年版。

[日]冈田武彦:《王阳明大传:知行合一的心血智慧》,杨田等译,钱明审校,重庆出版社2015年版。

## H

韩星：《由明德慎罚到德主刑辅——西周明德慎罚思想及其历史影响》，《观察与思考》2015年第9期。

何炳棣：《何炳棣思想制度史论》，中华书局2017年版。

何建章：《战国策注释》，中华书局2016年版。

何健：《关于"天下"的思与构——一种社会学视角》，《北京工业大学学报》（社会科学版）2017年第17卷第4期。

何宁：《淮南子集释》，中华书局1998年版。

贺麟：《经济与道德》，商务印书馆1996年版。

洪迈：《容斋随笔》，上海古籍出版社1996年版。

胡平生、陈美兰：《礼记·孝经》，中华书局2007年版。

胡平生：《孝经·开宗明义》，中华书局1999年版。

胡适：《胡适学术文集·中国哲学史》，中华书局1991年版。

胡适：《中国思想史》，华东师范大学出版社2015年版。

胡适：《中国哲学史大纲》，民主与建设出版社2017年版。

黄光国：《儒家关系主义——文化反思与典范重建》，北京大学出版社2006年版。

黄怀信：《逸周书校补注译》，西北大学出版社1995年版。

黄克武编：《中国近代思想家文库·严复卷》，中国人民大学出版社2014年版。

黄朴民：《〈墨子〉军事思想简论》，《东岳论丛》1995年第3期。

黄寿祺、张善文：《周易译注》，上海古籍出版社2001年版。

黄永堂译注：《国语全译》，贵州人民出版社1995年版。

黄有东：《"人文化成"："文化"的古典意义》，《现代哲学》2017年第4期。

回清廉：《回族社会学家——丁克全传略》，《回族研究》1992年第1期。

[德] 黑格尔：《历史哲学》，王造时译，生活·读书·新知三联书店1956年版。

［德］黑格尔：《哲学史讲演录》（第一卷），贺麟、王太庆译，商务印书馆1983年版。

［美］郝大维、安乐哲：《孔子哲学思微》，蒋弋为、李志林译，江苏人民出版社1996年版。

［英］赫伯特·斯宾塞：《社会学研究》，严复译，世界图书出版公司2012年版。

## J

季旭昇主编，陈霖庆、郑玉珊、邹濬智合撰：《〈上海博物馆藏战国楚竹书（一）读本〉》，万卷楼图书股份有限公司2004年版。

贾德永：《老子译注》，上海三联书店2013年版。

江林昌：《中国上古文明考论》，上海教育出版社2005年版。

姜尚贤：《荀子思想体系》，协益印刷局1966年版。

蒋重跃：《〈大学〉思想体系的中国特质——基于元典和古代诠释传统的本体论透视》，《南京大学学报》（哲学·人文科学·社会科学）2017年第5期。

焦循：《孟子正义》，中华书局1987年版。

金耀基：《中国民本思想史》，法律出版社2008年版。

金耀基：《中国社会与文化》，牛津大学出版社1992年版。

荆门市博物馆：《郭店楚墓竹简》，文物出版社1998年版。

景天魁等：《中国社会学：起源与绵延》，社会科学文献出版社2017年版。

景天魁：《论群学复兴》，《社会学研究》2018年第5期。

景天魁：《中国社会学崛起的历史基础》，《北京工业大学学报》（社会科学版）2017年第4期。

景天魁：《中国社会学源流辨》，《中国社会科学评价》2015年第2期。

景天魁主编：《中国社会发展观》，云南人民出版社1997年版。

景中译注：《列子》，中华书局2007年版。

## K

柯远扬：《试论孔子的军事思想》，《孔子研究》1990年第1期。

孔繁：《荀子评传》，南京大学出版社2011年版。

## L

劳思光：《新编中国哲学史》，生活·读书·新知三联书店2015年版。
雷祯孝：《中国人才思想史》，中国展望出版社1986年版。
黎虎：《周代交聘中的"礼尚往来"原则》，《文史哲》2009年第3期。
黎靖德编：《朱子语类》，中华书局1986年版。
黎翔凤：《管子校注》，中华书局2004年版。
李安宅：《〈仪礼〉与〈礼记〉之社会学的研究》，上海人民出版社2005年版。
李德山译注：《文子》，黑龙江人民出版社2003年版。
李鼎祚：《周易集解》，中央编译出版社2011年版。
李恩江：《文白对照〈说文解字〉译述》，中原农民出版社2000年版。
李翰文主编：《名家集评全注全译史记》，新世界出版社2013年版。
李宏飞：《中国古典意义的"大同·小康社会"》，《社会学研究》2010年第4期。
李镜池：《周易探源》，中华书局1978年版。
李零：《郭店楚简校读记》，中国人民大学出版社2007年版。
李新城、陈婷珠：《晏子春秋译注》，上海三联书店2014年版。
李学勤：《李学勤说先秦》，上海科学技术文献出版社2011年版。
李学勤：《十三经注疏·尚书正义》，北京大学出版社2000年版。
李学勤：《中国古代文明研究》，华东师范大学出版社2009年版。
李学勤：《周礼注疏》，北京大学出版社1999年版。
李学勤：《周易正义》，北京大学出版社1999年版。
李约瑟：《文明的滴定：东西方的科学与社会》，张卜天译，商务印书馆2016年版。
李重明：《从"治心"到"化性"——荀子乐教思想论略》，《船山学刊》2010年第4期。
梁启超：《梁启超论先秦政治思想史》，商务印书馆2012年版。
梁启超：《梁启超论诸子百家》，商务印书馆2012年版。
梁启超：《论中国学术思想变迁之大势》，上海古籍出版社2006年版。
梁启超：《清代学术概论》，中华书局2010年版。

《梁启超全集》，北京出版社1999年版。

梁启超：《饮冰室合集》，中华书局1989年版。

梁漱溟：《中国文化要义》，上海人民出版社2005年版。

梁涛：《郭店竹简与思孟学派》，中国人民大学出版社2008年版。

廖名春：《〈荀子·天论〉篇"大天而思之"章新诠》，《邯郸学院学报》2012年第4期。

林甘泉：《中国封建土地制度史》，中国社会科学出版社1990年版。

林桂榛：《天道天行与人性人情——先秦儒家"性与天道"论考原》，中国社会科学出版2015年版。

林素英：《丧服制度的文化意义——以〈仪礼·丧服〉为讨论中心》，文津出版社2000年版。

林尹：《周礼今注今译》，书目文献出版社1985年版。

林语堂：《中国人》，郝志东、沈益洪译，学林出版社1994年版。

凌鹏：《井田制研究与近代中国——20世纪前半期的井田制研究及其意义》，《社会学研究》2016年第4期。

刘爱明：《荀子财政赋税思想及其借鉴》，《湖北财经高等专科学校学报》2004年第6期。

刘金波：《中国古代文论的至诚之美》，《武汉大学学报》（人文科学版）2014年第1期。

刘明武：《"尚象制器"：发明创造的哲理与实践》，《中州学刊》2001年第5期。

刘乾先等：《韩非子译注》，黑龙江人民出版社2002年版。

刘师培著，李妙根编，朱维铮校：《刘师培辛亥前文选》，中西书局2012年版。

刘诗竹：《浅论先秦游士之风》，《群文天地》2011年第6期。

刘蔚华、苗润田：《稷下学史》，中国广播电视出版社1992年版。

刘泽华、张荣明等：《公私观念与中国社会》，中国人民大学出版社2003年版。

刘泽华：《中国政治思想通史·先秦卷》，中国人民大学出版社2014年版。

柳诒徵：《明伦》，载孙尚扬、郭兰芳编《国故新知论——学衡派文化论著辑要》，中国广播电视出版社1995年版。

柳诒徵：《中国文化史》，上海古籍出版社2001年版。

楼宇烈整理：《康南海自编年谱》，中华书局1992年版。

路德斌：《荀子哲学的两大原理——"天生人成"与"礼义之统"及疏解》，《陕西师范大学学报》（哲学社会科学版）2017年第4期。

吕不韦编：《吕氏春秋·去私》，陆玖译注，中华书局2011年版。

吕思勉：《先秦学术概论》，中国人民大学出版社2011年版。

吕思勉：《中国制度史》，上海教育出版社1985年版。

吕友仁、李正辉：《周礼》，中州古籍出版社2017年版。

罗贯中：《三国演义》，时代文艺出版社2010年版。

罗国杰主编：《中国伦理思想史》，中国人民大学出版社2008年版。

罗泰：《宗子维城：从考古材料的角度看公元前1000至前250年的中国社会》，吴长青、张莉等译，王艺等审校，上海古籍出版社2017年版。

骆宾译注：《荀子》，中国文联出版社2016年版。

［德］罗哲海：《轴心时期的儒家伦理》，陈咏明、翟德瑜译，大象出版社2009年版。

［英］理查德·惠普、芭芭拉·亚当、艾达·萨伯里斯编：《建构时间：现代组织中的时间与管理》，冯周卓译，北京师范大学出版社2009年版。

## M

马戎：《差序格局——中国传统社会结构和中国人行为的解读》，《北京大学学报》2007年第3期。

蒙文通著，蒙默编：《蒙文通全集》，巴蜀书社2015年版。

缪文远、罗永莲、缪伟译注：《战国策》，中华书局2007年版。

牟宗三：《中国哲学十九讲》，吉林出版集团有限公司2010年版。

［美］孟旦：《早期中国"人"的观念》，丁栋、张兴东译，北京大学出版社2009年版。

## N

牛贯杰：《从"守望相助"到"吏治应以团练为先"——由团练组织的发展演变看国家政权与基层社会的互动关系》，《中国农史》2004年第1期。

## P

潘光旦：《儒家的社会思想》，北京大学出版社2010年版。

《潘光旦文集》，北京大学出版社2000年版。

彭怀祖：《"己所不欲，勿施于人"的当代道德价值——对俞吾金先生〈黄金律令，还是权力意志〉一文的商榷》，《道德与文明》2015年第1期。

彭林：《儒家礼治思想的缘起、学理与文化功用》，《湖南大学学报》（社会科学版）2016年第6期。

［英］帕特里克·贝尔特：《时间、自我与社会存在》，陈生梅、摆玉萍译，北京师范大学出版社2009年版，第11页。

## Q

钱穆：《钱宾四先生全集》，联经出版社1998年版。

钱穆：《中国文化导论——文化危机与展望》，中国青年出版社1989年版。

钱穆：《中国文化史导论（修订本）》，商务印书馆1994年版。

钱耀鹏：《略论中国史前农业的发展及其特点》，《农业考古》2000年第1期。

钱锺书：《管锥编》，生活·读书·新知三联书店2007年版。

## R

（清）阮元：《十三经注疏》，中华书局1980年版。

饶宗颐：《选堂集林·史林新编》，中华书局2015年版。

容庚编著，张振林、马国权摹补：《金文编》，中华书局1989年版。

## S

（汉）司马迁：《史记》，中华书局2005年版。

萨孟武：《中国社会政治史》，生活·读书·新知三联书店2018年版。

萨孟武：《中国社会政治史——先秦秦汉卷》，生活·读书·新知三联书店 2018 年版。

邵汉明：《荀子天人观论析》，《管子学刊》1992 年第 2 期。

社会学卷编辑委员会编：《中国大百科全书·社会学卷》，中国大百科全书出版社 1991 年版。

沈毅：《"家""国"关联的历史社会学分析——兼论"差序格局"的宏观建构》，《社会学研究》2008 年第 6 期。

石磊译注：《商君书》，中华书局 2009 年版。

司空图：《二十四诗品》，罗仲鼎、蔡乃中注，浙江古籍出版社 2013 年版。

《四书五经》，线装书局 2010 年版。

苏秉琦：《中国文明起源新探》，商务印书馆 1997 年版。

苏力：《齐家：父慈子孝与长幼有序》，《法制与社会发展》2016 年第 2 期。

孙隆基：《中国文化的深层结构》，广西师范大学出版社 2004 年版。

孙尚扬、郭兰芳：《国故新知论——学衡派文化论著辑要》，中国广播电视出版社 1995 年版。

孙通海译注：《庄子》，中华书局 2007 年版。

孙希旦：《礼记集解》，中华书局 1989 年点校本。

孙晓主编：《中国极简史》，中国社会科学出版社 2017 年版。

孙筱：《两汉经学与社会》，中国社会科学出版社 2002 年版。

孙应祥、皮后锋编：《〈严复集〉补编》，福建人民出版社 2004 年版。

孙中原：《天下兼相爱则治，交相恶则乱》，《光明日报》2016 年 1 月 20 日第 6 版。

## T

汤志钧编：《康有为政论集》，中华书局 1981 年版。

唐明邦：《周易评注》，中华书局 1995 年版。

涂可国：《社会儒学视域中的荀子"群学"》，《中州学刊》2016 年第 9 期。

## W

（清）王先谦：《荀子集解》，中华书局 2013 年点校本。

（清）王先慎：《韩非子集解》，中华书局 1998 年版。

汪济民、仲坤：《国语译注》，百花洲文艺出版社 1992 年版。

王弼：《老子道德经校注释》，中华书局 2008 年版。

王处辉：《论传统"大同"与"小康"的理想社会秩序观》，《南开学报》（哲学社会科学版）2005 年第 2 期。

王处辉主编：《中国社会思想史》，中国人民大学出版社 2002 年版。

王范之：《吕氏春秋选注》，中华书局 1981 年版。

王符著，彭铎校正：《潜夫论笺校正》，中华书局 2014 年版。

王国维：《殷周制度论》，中华书局 2004 年版。

王国轩、王秀梅：《孔子家语》，中华书局 2016 年版。

王健民、梁柱、王胜利：《曾侯乙墓出土的二十八宿青龙白虎图象》，《文物》1979 年第 7 期。

王利华：《中国家庭史》，广东人民出版社 2007 年版。

王能宪：《"礼义之邦"与"礼仪之邦"考辨》，《太原日报》2013 年 7 月 22 日第 11 版。

王聘珍：《大戴礼记解诂》，中华书局 1983 年版。

王青：《说"道术将为天下裂"》，《管子学刊》2007 年第 2 期。

王世舜、王翠叶译注：《尚书》，中华书局 2012 年版。

王栻主编：《严复集》，中华书局 1986 年版。

王肃、姚振文：《〈老子〉世传本"常道"与帛书本"恒道"辨析》，《船山学刊》2012 年第 4 期。

王巍：《聚落形态研究与中华文明探源》，《文物》2006 年第 5 期。

王伟、戴杨毅、姚新中编：《中国伦理学百科全书·应用伦理学卷》，吉林人民出版社 1993 年版。

王文锦：《大学中庸译注》，中华书局 2013 年版。

王襄：《簠室殷契类纂》，天津市博物院石印本 1920 年版。

王心竹：《以尊王贱霸倡王道思想——孟子王霸论探析》，《河北学刊》2012 年第 1 期。

王秀梅译注：《诗经》，中华书局 2015 年版。

王宇信：《建国以来甲骨文研究》，中国社会科学出版社 1981 年版。

王中江：《中西早期的"适度"思想及适用范围的扩展——从人间伦理到生态伦理》，《孔子研究》2005 年第 3 期。

卫惠林：《社会学》，正中书局 1980 年版。

吴承仕：《中国古代社会研究者对于丧服应认识的几个根本观念》，载陈其泰、郭伟川、周少川编《二十世纪中国礼学研究论集》，学苑出版社 1998 年版。

吴飞：《从丧服制度看差序格局——对一个经典概念的再反思》，《开放时代》2011 年第 1 期。

吴飞：《五服图与古代中国的亲属制度》，《中国社会科学》2014 年第 12 期。

吴毓江：《墨子校注》，中华书局 1993 年版。

吴哲楣主编：《十三经》，国际文化出版公司 1993 年版。

［日］尾形勇：《中国古代的"家"与国家》，张鹤泉译，中华书局 2010 年版。

## X

（汉）许慎撰，（宋）徐铉校定：《说文解字》，中华书局 1963 年版。

夏汉宁：《贾谊文赋全译》，百花洲文艺出版社 1996 年版。

夏鼐：《中国文明的起源》，中华书局 2009 年版。

向世陵：《从"天下为公"到"民胞物与"——传统公平与博爱观的旨趣和走向》，《中国人民大学学报》2015 年第 2 期。

萧公权：《中国政治思想史》，商务印书馆 2011 年版。

谢遐龄：《中国社会思想史》，高等教育出版社 2008 年版。

徐复观：《徐复观集》，群言出版社 1993 年版。

徐希燕：《墨学研究：墨子学说的现代阐释》，商务印书馆 2001 年版。

徐元诰：《国语集解》，中华书局 2002 年版。

徐正英、常佩雨：《周礼》，中华书局 2014 年版。

徐志锐：《周易大传新注》，齐鲁书社 1986 年版。

许富宏：《慎子集校集注》，中华书局 2013 年版。

宣兆琦、张杰：《荀子与稷下学宫》，《邯郸师专学报》2001 年第 1 期。

## Y

阎纯德：《"和而不同"与殊途同归——试论中国文化的普适价值》，《中国政法大学学报》2009年第1期。

阎云翔：《差序格局与中国文化的等级观》，《社会学研究》2006年第4期。

杨伯峻：《春秋左传注》，中华书局1990年版。

杨伯峻：《论语译注》，中华书局2012年版。

杨伯峻：《孟子译注》，中华书局1960年版。

杨荣国：《中国古代思想史》，生活·读书·新知三联书店1954年版。

杨善华、谢立中主编：《西方社会学理论》，北京大学出版社2005年版。

杨生民：《中国春秋战国经济史》，人民出版社1994年版。

杨天才、张善文：《周易》，中华书局2011年版。

杨天宇：《仪礼译注》，上海古籍出版社2004年版。

杨英姿：《试论〈大学〉"三纲八目"之儒学奥义及当代价值》，《伦理学研究》2015年第1期。

杨泽波：《孟子性善论研究》，中国社会科学出版社1995年版。

叶光辉：《华人孝道双元模型研究的回顾与前瞻》，《本土心理学研究》（台北）2009年总第32期。

应劭：《风俗通义校注》，王利器校注，中华书局1981年版。

于海：《西方社会思想史》，复旦大学出版社2010年版。

余敦康：《回到轴心时期——金岳霖、冯友兰、熊十力先生关于易道的探索》，学林出版社1997年版。

俞吾金：《黄金律令，还是权力意志——对"己所不欲，勿施于人"命题的新探析》，《道德与文明》2012年第5期。

袁德全：《〈管子〉的军事思想初探》，《管子学刊》1989年第1期。

袁孝政：《刘子》，中华书局1985年版。

岳庆平：《中国的家与国》，吉林文史出版社1990年版。

［美］约翰·马克·法拉格、玛丽·乔·布尔、丹尼尔·切特罗姆、苏珊·阿米蒂奇：《合众存异：美国人的历史》，王晨、李书军、丁维等译，上海社会科学院出版社2018年版。

[瑞士]雅各布·布克哈特:《意大利文艺复兴时期的文化》,何新译,马香雪校,商务印书馆1983年版。

## Z

(清)张之洞、何启、胡礼垣:《劝学篇·劝学篇书后》,冯天瑜、肖川点注,湖北人民出版社1991年版。

(宋)朱熹、吕祖谦编:《近思录》,中州古籍出版社2008年版。

(宋)朱熹:《四书章句集注》,中华书局1983年版。

臧峰宇:《马克思共同体思想的核心要义与中国语境》,《中国高校社会科学》2018年第1期。

曾振宇注说:《春秋繁露》,河南大学出版社2009年版。

翟学伟:《伦:中国人之思想与社会的共同基础》,《社会》2016年第5期。

翟学伟:《再论"差序格局"的贡献、局限与理论遗产》,《中国社会科学》2009年第3期。

翟学伟:《中国人的"大公平观"及其社会运行模式》,《开放时代》2010年第5期。

张纯一:《晏子春秋校注》,中华书局2014年版。

张岱年:《中国哲学史大纲》,中国社会科学出版社1982年版。

张东荪:《理性与良知——张东荪文选》,上海远东出版社1995年版。

张光直:《殷礼中的二分现象》,《中国青铜时代》,生活·读书·新知三联书店2013年版。

张光直:《中国青铜时代》,生活·读书·新知三联书店1999年版。

张海焘主编:《冯友兰文选·中国哲学的精神》,国际文化出版公司1998年版。

张宏明:《中国铁器时代应起源于西周晚期》,《安徽史学》1989年第2期。

张金鑑:《中国文官制度史》,台湾华冈出版有限公司1977年版。

张晋藩、王超:《中国政治制度史》,中国政法大学出版社1987年版。

张乐宁:《社会学概论》,中央广播电视大学出版社1986年版。

张良才:《从〈管子·弟子职〉看稷下学宫的教学与生活管理》,《管子学刊》1994 年第 3 期。

张奇伟：《论"礼义"范畴在荀子思想中的形成——兼论儒学由玄远走向切近》，《北京师范大学学报》（人文社会科学版）2001 年第 2 期。

张曙光：《"天下为公"：在理想与现实之间》，《北京师范大学学报》（社会科学版）2016 年第 2 期。

张舜清：《从知天命到制天命——论原始儒家"生"之伦理的实现方式》，《武汉大学学报》（人文科学版）2009 年第 5 期。

张荫麟：《中国史纲》，中华书局 2009 年版。

张颖欣：《〈易传〉"人文化成"思想及其价值》，《东岳论丛》2015 年第 8 期。

张永祥：《国语译注》，上海三联书店 2014 年版。

章诗同：《荀子简注》，上海人民出版社 1974 年版。

章太炎著，王小红选编：《二十世纪儒学大师文库·章太炎儒学论集》（下册），四川大学出版社 2011 年版。

赵东玉：《从男女之别到男尊女卑——先秦性别角色研究》，黑龙江人民出版社 2012 年版。

赵法生：《荀子天论与先秦儒家天人观的转折》，《清华大学学报》（哲学社会科学版）2015 年第 2 期。

赵世超：《中国古代等级制度的起源与发展》，《陕西师范大学学报》（哲学社会科学版）2016 年第 1 期。

赵卫东：《天道性命的贯通与内在德性的开显：〈中庸〉上下内外相互贯通的立体思维架构》，《理论学刊》2004 年第 2 期。

赵新：《先秦神话传说的精神走向——应用长时段理论的一个解答》，《前沿》2012 年第 11 期。

赵修义：《世界性的百家争鸣：冯契先生对后学的期望》，凤凰网，2015 年 11 月 5 日。

中国社会科学院考古研究所：《甲骨文编》，中华书局 1982 年版。

《中华文明探源工程文集》，科学出版社 2009 年版。

周道生：《论西周至西汉中叶赋税思想的发展》，《求索》1995 年第 3 期。

周振甫：《诗经译注》，中华书局 2010 年版。

朱伯崑：《先秦伦理学概论》，北京大学出版社 1984 年版。

朱岚：《中国传统孝道思想发展史》，国家行政学院出版社 2011 年版。

朱谦之：《老子校释》，中华书局 1984 年版。

朱贻庭：《解码"慈孝文化"》，《道德与文明》2009 年第 3 期。

朱贻庭主编：《中国传统伦理思想史》，华东师范大学出版社 2009 年版。

竺可桢：《中国近五千年来气候变迁的初步研究》，《考古学报》1972 年第 1 期。

Claude Levi-Strauss, *The Elementary Structures of Kinship*, Boston: Beacon Press, 1971.

Han-Yi Feng, *The Chinese Kinship System*, Cambridge, Mass.: Harvard University Press, 1984.

# 索　引

## A

爱无差等　165，751，754

安百姓　82，83，273，283，302，305 - 310，355，390，467，665，809

安身立命　274，309，339，382，511，542

## B

八元　26，27，177，190，428，443

霸道　9，38，114，126，127，211，529，555，569，570，576，622，686，720，723

霸诸侯　22，89，365，701，702

百官论　113

百家争鸣　3，8，20，21，30 - 34，36，41，61，62，78，101，104，123，128，359，388，609，734，787，816

百吏尽职　525，616，638 - 645，687，809

百姓亲睦　89，442，505，507，698，768，786

褒子　29

保息六政　632

报怨以德　76

必节　229

编户齐民　11 - 13，17，398，417

编户制　8，11，12，125，126

别子　10，51，52

并育并行　730 - 732，734，795

博施济众　216，630

不耻下问　380，381，391

不夺农时　529，628

不失其伦　130，166，183，185，186，188 - 191，439，808，809

布衣将相　29

## C

恻隐之心　202，203，206，207，210，276，312，313，336，337，341，350，351，629，710，733，752

差等分配　136

差等之爱　201

差序格局　120，185，186，188，197，204，210，306，353，410，493，496，742

长治久安　295，358，395，474，477，478，503，516，519，521，524，591，621

成人之美　304

初税亩　12，625

春秋五霸　31，611，645，778

· 837 ·

慈惠　209，443，502，575，576

从俗　117

存心　78，199，281，290，295，316，336，337，339，752，788

存心养性　274，335，336，338，339，341，391，805

## D

大本　73，121，133，167，217，224，228，246，325，348，378，431，622，801

大儒　80，115，122，123，145，157，165，186－188，374，375，515，520，752

大同　89，122，165，224，239，584，655，671，695－697，703，705，745，746，766－773，781－784，786，787，795，796

道法自然　66

道家　19，20，33，62，66，72－76，81－87，91，98，100，101，103－107，123，124，126，170，223，233，235，246，254，255，356，359，366，368，531，556，661，679，680，705，719，807

道术　85，100，539，616，699，700

道义　119，155－159，161，192，214，293，299，317，332，376，389，421，423，425，518，550，562，569－572，574，576，577，604，650，654，668，679－685，691，713，717，718，722，795

德治　102，190，408，547，556，560，567，568，576，582，590，592，594－596，622，650，652，661，662，762，763，767

等赋养民　525，616，622，623，625－629，687

等量齐观　597

调粟　629，636，637

独善其身　288，291，304，305

度己以绳　229，743

多助而天下顺　717－723，795

## F

法家　19，20，22，38，40，66，72，81，83，87，89，90，101，102，106－108，123，127，172，233，246，359，398，423，546－548，578，582，585－587，589，590，661，675，679，680，702，752，754

法为治端　524，546，577，578，582，687

法先王　116，122，203，375，752

反躬自省　354，355

反求诸己　292，295

犯而不校　77

泛爱众　77，199，201，211，212，345，346，352，408，508，528，751，752，808

方术　103，699，700

访贤　27

非攻　19，89，106，649，653，744

分封制　12，13，15，21，120，204，442，493，495，760，764，787

索　引

分群　125-127，219，374，524，803，804

分以义行　130，154，155，157，160，161

分职而治　78，81

封君　29

夫妻关系　167，418-424，454，459，501

扶危济困　525，616，629-638，687

父慈子孝　174，195，394，408，412，413，424-428，497，498，503，521，735，779，805

复古　117，126，818

复礼　137，138

富民强国　524，616，617，621，687，805

G

公器　672，697

公私分明　585，586，670，672，673

公义　76，87，148，150，572，574，583-588，670-672，674，691

公则天下平　585，675，698-701，795，805

共同体　204，220，240，426，446，507，577，655，716，717，755，772，773，788

固国安邦　645，646

关系　7，8，10-13，15，17，20-22，24，30，33，35，43，52-55，61-63，65，68-71，73，74，76，78，83，93，96，97，106，107，112，113，115，123，125，126，131，133，134，136，137，140，156，162-173，175，177-191，193-202，204，206，208，209，211，216，223-227，253-256，258-260，263-269，272-276，279，282，283，288，290，291，296-301，303-305，308，326，335，337，341，342，348-350，352，360-363，370，386，389-391，393-402，404-410，412-415，417-421，423-429，431-435，437，440，442-444，447-449，451，453，454，456，457，459-462，468，477，480，481，483，485，487-492，494-499，504，506，508，511，513-515，517，518，524-528，530，531，534，535，542，546，554-556，564-567，575，576，582-584，589，590，597，598，600，611，618，621-623，625，627，641，644，648，652，655，656，658，661-664，666，667，669-680，682，685，686，690，697，699，702，703，708，715-717，719，721，723，726-728，730，734，740，742，743，746，747，750，751，763-766，770，771，776，777，779，781，786，788，789，795，801，804，805，808，809，814

官吏制　22

· 839 ·

官学　18，19，25，26，286，557，609

贯通　34，73，110，131，179，219，224－227，338，372，551，700，776，808，811－817

贵贱有等　59，77，125，135，136，143，145，150，151，171，176，326，374，434，452，565

贵生　84－86，331，363，364，366，368

贵贤　112，113，344，612

国学　3，4，14，25，30，33，34，39，50，100，101，105，128，192，609，710，747，798，806，818，819

## H

浩然之气　292－296，340，390

合礼　225，226，280，313，314，317，329，330，334，390，425，564，566，664，707，726，727，748，749，767

合群　3，35，42，48，49，55，60，73，117－120，130，140，142，173，175，179，193，205，221，224，250－253，263，273，279，282－284，288，291，292，295－297，299－302，310，314，315，317，320，322，328－332，335，342，345，348，349，360，362，368，369，372，374，376，377，379，381，383，384，389－391，393－395，448，523，524，688，717，760，799－805，807，809，811，813，814，817

和而不同　49，176，177，411，482，514，688，689，703，730，731，735，737，744，795，805，810，812，817

和合　73，74，97，121，130，137，177，251，271，334，450，653，732，737，745，746，762－764，795

和气　169，442，619，681，704，790，803

和顺可亲　395，458，479－486，521，805

和为贵　108，329，330，409，411，412，417，565，688，703，704，764，795，805，817

厚积薄发　379，381

互动　4，130，148，194，199－204，211－214，216，219，305，306，362，394，400，418－420，423，425，433，492，504，506，575，687，717，723，792，808

化民成俗　370，371，376，377

化性起伪　58，60，275，361，554，563，578，607，608，711，733

化育　111，217，221，223－225，227，265，339，365，426，775，791

荒政十二　634，636

## J

祭酒　29，30，32，35－37

稷下黄老学派　19，104，105

稷下学宫　3，19，26，29－37，41，128，299，609，816

家道得正　497-499，502，521

家规　394，405，410，448-450，452，456，457，495，502，521

家国同构　120，202，285，305，410，428，437，492-496，521，716

家国一体　121，181，415，433，492，494，495

家和万事兴　411，412，414-417，521，716，805

家天下　408，415，493，494，695，696，744

家庭教化　395，447，457-464，521，805

家庭结构　11，196-199，398，400，405，409，423，428，449

家族和睦　394，411，440-443，445-448，452，521，805

兼爱　19，64，69，85，86，89，106，200，201，204，209，304，353，528，649，677，685，688，689，719，722，744-747，751，752，754-758，760，768，783，786，795，805

见贤思齐　354，360，381-384

荐举　26，27

讲信修睦　24，89，122，408，485，695，767，768，770，772，782，783，786

教化　63，103，121，125，126，130，131，142，166，172，183，190，191，193，201，275，276，291，309，313，315，321，328，357，361，369，377，394，395，416，425，434，446，456-461，482，495，502，503，520，536，537，540，541，548，552，554，555，559，560，563，564，576，578，579，581，582，584，591，594-596，605，607，608，639，640，652，659，660，669，679，709-712，717，718，773-781，790，808，810

节用　80，89，105，116，251，258，260，262，309，347，357，358，403，478，539，622，627，628，753，791，792

节用裕民　358，539，622，623，627，628，648

解蔽　76，116，130，192，230，267，378，692，700，738，812，813

进贤　71，491，702

井牧之术　698

敬德保民　204，531，547，656，657

敬事而信　80，309，347

九惠之教　528，632，633

九流　101，106

九族　6，121，186，302，303，307，411，434，443，514，761，772

举贤才　22，71

均贫富　784

君权神授　173，257

君子儒　83

**K**

开源节流　395，474，475，623，626-

·841·

628

克己复礼 203，210，279，287，306，312，350，352，467，510，561，727，729，740，741，743，780，781

孔子 8，16，19，20，22，33，63，66-69，72，74，77，79，82，86-92，95，98，101-103，105，106，108-111，119-123，130-132，137，154，165，167，177，178，190，195，197，199-206，208，210-215，218，220，225，227-232，235，238，244，248，249，254，256，259，262，273-277，280-282，285-287，290，295，296，298，299，303，306-309，311-318，321，324，326，335，341-348，350-352，354，357，359-361，363-366，369，372-375，378-385，387-389，396，397，403，409，411，413，415，419，420，423，425，427，430，431，434，441，447，449，456，459-461，464-470，474，475，481，490，494，507，513，516，527，528，530，531，536-539，541，547，549，554，557，560-566，570-575，578，579，584，592-595，607，609，616，617，622-625，630，634，635，637，644-646，650-652，655-668，671，675，679-684，689，692，693，700，701，704，706，708，709，714，715，724，726-730，733，735，738，740，741，744，745，748，751-754，759，767，771，773，774，780，782-786，788，790，791，793，803

## L

劳民伤财 539

老子 19，33，64，65，67，71，73-77，81，82，84-87，89，90，100，102，104，106，107，109，111，115，141，165，169，238，246，250，254，255，349，356，364，366，476-478，484，509，527，531，584，671，676，677，689，692，719，721，737

乐群 42，48，49，117，121，130，173，205，221，224，250，295，301，371，377，381，384，394，395，448，524，525，688，689，694，698，703，706-708，717，718，723，724，726，727，729，730，732-739，743，744，746，750，751，755，756，760，766，768，771-773，778-781，787，788，793-796，799，802-805，809-811，813，814，817

礼崩乐坏 15，18，21，26，72，121，138，160，197，202，205，210，216，358，383，384，425，457，459，494，536，542，547，561，578，609，663，679，710，771，

索　引

780，787

礼法并重　524，546，556，560，577，687，805

礼尚往来　566，747，750，751，760，795，810

礼贤下士　27，28，69，603

礼以成人　311

礼以定分　59，320－322，324，325，327－329

礼以正身　314，315，319

礼以致和　329，330，334

礼义　55－58，67，103，110，112，114，122，125，126，134，136，138，145，147，151，152，155－163，167－169，171，172，178，187，200，219，251－253，262，266，270，273，275－277，279－283，312－334，340，345－348，361，364，365，367，374－376，383，384，390，394，395，399，418，420，431，435，439，444，446，450，453，454，456，457，460，461，463，483，489，497，502，510，511，518，543，546，548－551，554－556，558，559，561－566，569，578－582，591，607，608，612，620，652，659，660，664，690，695，705，708，711，716，727，747，749，752，753，767，769，770，772，774，777，778，801，802，805，809

礼有三本　524，546，556－558，560，687

礼治　15，102，186，394，418，420，422－424，524，546，547，549，550，554－556，560，561，564，566－568，576，578，581，622，650，651，687，717，765，767

理政治民　524，601，604－606，687

立公弃私　524，546，582－590，675，687

立人　199，203，209，225，253，265，291，296，304，307，352，390，528，726，782

量能授官　149

六典　693，761

六礼　26，192，451，471，529，540，608

六逆　487

六亲　414，606

六顺　413，424，425，487

六艺　16，19，25，286，369，471，557，609，815

隆礼重法　127，159，162，165，524，546－548，555，556，687，733，768

伦理　7，24，65，67，91，98，102，103，109，117，133，134，166，167，170，173，181，182，187－190，192，194，196，228，231，234，236，258，268，272，282，285，291，293，296，305，314，320，339，341，349，372，373，395，411，413－415，424，425，427，428，451，495，496，507，

· 843 ·

529,535,540,575,576,589,590,621,661,672,679,714,715,742-746,779,813,816

## M

孟子 8,15,18,23,31-33,35,37,43,64-66,69,70,72,77-79,82,89,96,101,111,112,114,116,121,123,124,126,138,178-180,190,199-203,206,207,210,211,222,229,230,233,234,238,245,247,249,251,266,270,274-276,278,280-283,289,290,292-295,297,301,304,308,309,312-314,316-318,321,322,324-326,335-341,344,345,349-351,353-367,369,382-384,397,401,403,404,406-409,413,414,423,431,434,436-440,442,458,465,468-471,490,491,494,495,499-501,505-507,510,516,517,526-531,533-538,540,541,544,545,547,557,561,566,569-573,575,592-595,599,607,609,616-621,623-625,629,631,634,637,638,651,652,655-661,665,668,683,684,690,691,698,704-706,709-711,716-721,723,724,726-729,733,735,736,744,748,749,752-754,758,759,767,768,774,779,781,786-792,795,808

民爱之 309,512,540,609,721,774

民本 96,126,526,530,531,534,535,542,809

民贵君轻 79,357,524,525,530-535,661,687,716

民为邦本 82,496,524-530,687,716,763

名家 20,101,106,235,557

明道而钧分 146

明德 74,75,94,95,121,285,288,289,291,309,349,394,446,494,536,543,544,547,591,592,595,596,657,661,665,762,763,814

明德慎罚 75,95,408,524,546,547,590-592,596,657,687

明分 7,56,57,60,74-76,108,125,130,141,148,150,154,155,159,160,560,564,587,802,804

明分达治 75,76,147,148

明分使群 56,118,124,125,127,134,139-141,145,147,149,151,157,162,165,179,400,731,733,807

明礼贵和 704,706,707

明人伦 18,66,130,166,190,191,193,369,434,465,471,621,808,809

明天人之分 257-259，262，269，389，804

明主 22，23，83，153，272，477，588，589，613，627，642，643，673，674，792

墨家 19，20，22，33，34，81，85，89，101，105-107，111，235，299，353，367，531，568，679，680，705，710，719，744，745，755，807

墨子 16，22，33，64-66，69-71，74，75，77-79，87，88，103，105，106，111，113，115，116，153，158，165，188，200，201，204，208，209，220，235，247，248，250，272，286，297，299，301，304，347，353，363，367，435，448，450，451，463，469，473-479，498，499，501，518，528，531，536，539，568，571，584，603，604，606，614，616，646，647，649，653，671，677，684，685，689，705，721，725，744-746，749-760，767，768，781，783，785-787

**N**

内圣外王 73，85，86，203，290，291，307，665

能群 42，56-58，60，110，117，119，125-127，130，131，136，145，159，173，175，179，205，221，224，250，252，295，301，314，322，362，374，377，381，384，393-396，398，400，410，418，433，434，446，448，457，458，464-466，471，487，488，492，497，502，509，514，515，521-524，532，536，558，575，613，614，642，669，688，690，717，718，799，801-805，807-809，811，813，814，817

念敬我众 96

鸟兽不可与同群 63，130-132，692，704

农战 11

**P**

平天下 83，114，117，120，121，130，139，202，221，250，253，275，282，283，285，289-292，302，303，305-307，315，319，338，347，355，368，372，377，379，381，390，391，396，402，405，407，415，418，425，433，448，463，466，474，511，524，525，548，550，551，555，655，658，661，665，667，669，688，689，694，698，729，730，743，744，751，756，760，765，766，779，781，786，787，794，803-805，809，811，813，814

平章百姓 6，121，307，411，514，761，772

**Q**

七义 576

齐家　83，117，120，121，130，202，221，250，253，285，289－292，301－303，305－307，315，319，338，355，368，372，376，377，379，381，390，391，393－396，400－402，405，407，408，415，426，428，433，449，452，457－459，463，465，466，470－474，496，498，502，508，510，511，521，522，548，549，688，781，785，803－805，809－811，813，814

齐物　638，735－739，795

强本节用　20，628

强兵固国　525，616，645－647，652，654，655，687

锲而不舍　380

亲亲　18，21，68－72，74，93，105，108，123，158，188，206，209，210，278，279，353，413，422，427，443，490，509，511，557，724，754，758

亲仁善邻　395，492，508－514，521，809

勤俭持家　403，458，471－476，478，521，805

轻徭薄赋　309，537，623

穷兵黩武　645，652，653

曲礼　46，55，72，77，87，119，452，564，566，750

取人以身　284，287，288，690，728

去私就公　86

权险之平　113，114

全盛时代　34，62，128，798

群居和一　49，55，58，59，61，132，134，138，139，145，157，158，161－166，168，252，321，327，328，381，384，391，435，705，768，801，808

## R

人本主义　105

人贵有义　155

人伦　35，59，65，66，74，112，125，130，133，158，161，163，166－171，173，174，178－181，183，187－191，193，196，211，225－227，273，274，282，283，323，324，369，390，395－401，412，413，421，424，432，433，444，451，621，660，669，690，705，731，737，743，774，776，801，808，809，813

人伦与天地同理　130，166，168，170，172，808

人生不能无群　63，145，156，179，252，322，326，360，807

人无礼不立　310，311，314，805

人有差等　130，132－134，136－140

人与天地相参　263，264，266－268

仁爱　192，200，202－206，208，209，213，215，278，281，282，353，355，361，378，448，482，499，502，509，568，573－575，651，664，668，683，724，725，

索　引

727-729，744，752

仁者爱人　130，132，158，199-205，208，211，216，282，307，316，350，361，375，528，650，726，727，752，763，809

仁者无敌　211，278，651，720，723-729，795

仁政　78，89，123，191，203，204，211，283，357，358，360，369，509，525，528-530，536，547，566，592，593，617-619，631，650-652，656-658，660，661，668，698，716-720，723-730，795

任贤　21，105

儒家　14，19，20，22，29，33，34，38，66，69-73，77，80-83，85，86，89，91，95，96，98，101-103，105，108-112，115-117，121，127，130-132，161，166，175，178，181，182，186，195，199，205，211，221，223，231，235，238，240，246，249，250，256，258，272，273，275-277，280-283，285-287，290-292，295，299，304，306-308，314，335，337，339-341，353，355，360，361，368-370，396，400，411，412，415，418-420，423-425，428，459，485，486，494，495，504，511，516，518，531，536，546-548，557，560，561，564，565，567，568，570，571，595，596，607，650，655，657-662，664，665，669，670，677，679，680，682，683，705，708-710，718，719，726，742，744，745，751，752，758，759，762，764，773，803，807，813

S

三纲　167，171，172，180，183，289，291，305，665，732

三极　263，264

三威　332，691

善待贤才　524，601，612-616，687

善群　42，46，117，120，127，130，136，151，152，172，173，205，221，224，250，252，282，295，301，377，381，384，394，395，448，523-525，529，530，536，537，541，546，557，560，568，589，591，601，604，605，607，611，612，616，629，638，645，655，661，662，669，670，678，686-688，717，799，802-805，809，811，813，814，817

禅让制　25，214，696，697，770

善同贵和　703，706，707，795

善养民生　524，525，535-541，687

善与人同　350，353，354，356，361，704，706

善政　308，309，349，350，357，360，361，391，525，540，571，595，607，609，661，708，721，761-

·847·

763，774

善政待民 356-358，361

赏罚分明 552

尚贤 22，59，68-72，106，286，584，603，604，606，610，616，671，685，721，758，785

尚贤使能 21，23，113，144，157，176，332，434，524，601，610，660，687，718-720，729，785，805

舍己从人 354-356，704，706

舍生取义 362，363，366-368，391，805

社会关系 35，38，41，52-55，166-169，172-174，176，178-181，183，189，197，210，211，216，296，306，362，393，404，405，409，420，421，426，428，489，496，507，526，566，575，576，599，670，677，678，715，767，770，804，813

社会地位 118，128，134，136，162，169，195，210，435，462，517

社会风气 10，204，210，211，283，287，320，354，395

社会规范 35，172，173，179，189，194，198，199，208，210，306，314，334，335，395，410，421，464，471，483，485，519，554

社会和谐 74，161，217，220，321，329，330，333，335，348，377，400，405，411，414，427，429，431，442，540，565，566，596，717，804

社会交往 190，194，295，305，348，391，394，395，406，407，432，433，435，436，440，464，469，492，516，566，575，743

社会结构 41，51，52，168，173，179，181，185，197，198，203，204，210，211，216，404-406，410，428，492-495，506，766

社会救济 519，629，636，637

社会实践 127，181，212，213，291，389，681

社会行动 40，199，211-213，216，220，389，569，679-682，684，685，733，734

社会责任 85，132，224，305，309，325，600

社会治理 35，38，140，145，163，190，197，198，257，300，372，405，407，428，451，457，495，507，508，533，559，655，661，662，677，698，804

身劳而心安 296-301，390，691

慎罚 547，593，595，597

慎终追远 7

圣法之治 83

圣人之治 83

师法 114，275，315，319，369，450，560，578，607，608，777

十家九流 101

十教 26，192，529，540，608

十义 485,575,746

时中 62,80,90,131,231,235,236,239,240,243-247,765,808

食客 28

世卿制 8,12,22

市令 9

适得 248,288,332,381,490

适度 131,227-231,236,500,501,623,626,808

守望相助 89,396,492,504-508,519,521,698,717,768,786

守中 100,130,173,217,245

疏不间亲 93,395,458,487-492,521,805

庶子 10,24,444,490

私家 583,584,671,697,703

私学 19,20,26,33,557,607,609

四端 191,206,312,337,339,340,351,733

四海一家 145,395,492,514-521,738,804,805,809

四群 42,117,804

四时 47,56,67,144,155,160,167,226,231,233,234,237,239-245,247,248,252-255,257,263,265,266,271,331,461,462,466,483,606,718,719,730,732,738,769,776,782,788,790

四心 337,350,356,361,711,733

T

太和 74

天道无私 75,584,671,675

天赋人权 173

天理 66,130,167,171-174,223,268,354,526,713

天命 95,103,137,170,171,185,191,205,232,233,249,250,254,257,262,269-272,274,290,309,339,358,363,364,378,448,460,480,493,512,543,544,591,656,657,720,722,728,788-790,793

天人感应 170

天人合一 21,227,267,268,338,339,688,788,789,793,794,796

天时 67,111,218,231-233,235,237,240,242,243,246-249,263,265,266,269,270,272,651,705,718,720,730,737,740,753,790,791

天下大同 688,689,760,766,781-784,786-788,795,796,804,805,810,817

天下为公 24,89,122,543,545,584,670-673,694-697,768,769,772,782-784,795,805,817

天下一家 87,121,204,519,728,743,768,772,776,781,783,787,794

天下有道 64, 132, 344, 358, 541, 571, 659, 684, 689 – 693, 721, 795

天行有常 170, 253 – 259, 269, 389, 693, 789, 790

通义 29, 38, 156, 158, 159, 161, 297, 551, 572, 672, 692, 741

推己及人 200, 210, 350 – 353, 361, 507, 528, 726, 743, 745, 754

## W

王道 9, 38, 71, 78, 89, 96, 114, 126, 127, 211, 228, 456, 509, 529, 555, 558, 568 – 571, 576, 602, 617, 621, 650, 651, 654, 686, 701, 705, 716, 720, 723, 724, 753, 762, 769

王天下 89, 90, 119, 308, 407, 431, 610, 651, 656 – 659, 737, 785

王者之法 114

王者之论 114, 300

王者之政 114, 149, 300, 301

王者之制 114

为仁由己 279, 280, 283, 306, 312, 727, 740

为政以德 67, 309, 357, 525, 592, 655 – 659, 661 – 664, 687, 762, 809

唯贤是举 524, 601, 610 – 612, 687

位育 193, 217 – 219, 737, 766, 808

文教化成 145, 773 – 777, 779, 780, 795, 796

闻过则喜 354, 355

无夺农时 358, 538, 539, 628, 648

无为 29, 76, 77, 81, 107, 256, 315, 356, 395, 479, 484, 556, 661, 676, 677, 689, 727, 751

无信不立 341 – 343, 348, 364, 805

五常 171, 172, 180, 191, 305, 568, 726

五服 55, 137, 142, 184 – 186, 370, 444

五疾 163, 301, 528, 538, 631, 635

五伦 73, 130, 166, 167, 171, 172, 177 – 183, 191, 808

五义 575

## X

贤贤易色 345, 373

显设人乐 721

显学 19, 71, 104, 124, 244, 299

乡规里约 394, 447

乡学 25, 609

小国寡民 64, 123, 165

小康 165, 408, 616, 695, 696, 766 – 773, 781, 782, 795, 796

小儒 115, 123, 186 – 188

孝悌 130, 190, 194 – 199, 202, 208, 216, 358, 360, 362, 369, 394, 404, 408, 415, 428, 431, 438, 439, 453, 471, 502, 576, 621, 639, 720, 724, 767, 808

协和万邦 6, 98, 121, 307, 411, 433, 514, 567, 760 – 763, 765, 766, 772, 795, 810

索　引

信而好古　357
信悌　202
信义　342-344，347，409
兄友弟恭　197，394，408，428，429，431-433，497，521，805
修己以安人　273，301-307，355，384，390，467，665，787，805
修齐治平　85，117，120，121，348，495，496，806
修身　35，71，79，83，85，114，117，120，121，130，155，200，202，221，222，229，250，253，261，273-275，277-279，281-292，296，297，299，301-305，307，310，311，313-316，319，330，335，339，342-344，346，348，355，361，366，368，369，372-374，376-379，381-384，386，389-391，394-396，402，405，410，415，448，458，459，463，466，470，474，477，485，492，496，497，503，510，511，513，548-550，552，554，555，563，566，660，665-667，670，672，682，686，688，690，691，703，728，732，744，749，752，781，785，800，801，803-805，809-811，813，814
修身成人　273-275，282，283，291，309，310，809
选贤任能　70，145，307，514，659
选贤与能　24，89，122，695，696，768，770，782
学而不已　377，378，381
学而优则仕　285，388
学能固群　372，373，376
学至于行　384-389，805
荀子　1-4，7，8，14，17，20，23，24，26，29，30，32-39，41-43，48，49，52，55-61，63，76，77，79-82，101，102，109-128，130-136，138-181，185-188，191，192，199，200，218，219，221，222，228-231，235，237，238，240，241，245，246，248-262，265，267，269-273，275-279，281-283，285-287，290，291，296，297，299-301，304，311-334，341，343-348，358，360，361，364-367，369-380，382-389，393-401，408，410，411，414，422，425，427，431，434，435，438，439，441，442，447，448，450-457，459，461，467，471，475，483-485，488-492，494，499-503，510-517，519，520，523，524，527-532，536-542，545-566，568-582，588，590-592，594，595，597-602，604-615，619，622，623，625-628，630，631，634-636，639，640，642-644，646-660，666，667，669，671，672，674，676，677，679-684，690-693，700，

· 851 ·

701,705,707,709-713,715-722,725,727-729,731-733,737,738,740,741,743,744,749,751-754,760,763,766-768,774,775,777-779,781,783-786,789-792,797-805,807,808,811-819

徇私枉法 580,589,590

## Y

严明赏罚 641

言传身教 395,404,457,458,464-471,478,502,521,805

养民 203,308,309,357,529,531,532,539,546,617,622,623,625-628,664,721,762,763

养士 16,28,31,284,379

养天下 57,136,147,160,322,323

养中 100,223,245

一天下 80,89,127,145,146,157,165,315,516,529,647,657,778,785

以德报怨 210

以德服人 517,571,593,651,655,656,658,659,662,720

以德兼人 153,654,656,658,659

以德治国 357,496,547,556,567,568,576,592,596,650,655

以公胜私 525,589,655,670-674,676-678,687

以功仕进 28

以教育才 524,601,607-610,687

以乐化人 708-710,717,795,810

以身作则 252,395,458,470,592,655,662,666,667,773,779

以修养取人 283-285,287

以义统利 525,655,678-682,684-687

因材施教 203,371,458,465

用天 247,269,272,273,791

有法可依 551,586,598

有教无类 19,203,298,369,395,458,464,465

与人为善 348-351,353-356,358-362,391,706,805

## Z

长长 68,158,188,422,443,490,575

长幼有序 145,178,180,190,191,204,216,345,369,374,394,414,426,428,433-435,437,438,521,767,774,805,808

昭穆 183,184,186,219,437,439,440,694

整合性 167,179,219,688,694,732,736,812

正名 20,66,107,114,116,127,137,138,150,176,367,643,691,710,740,749

正人先正己 525,655,662-666,668-670,687

正心 288-292,296,315,338,390,396,805,809,810

知天命　96，262，272，364，789－792

知同知异　130，166，174，177

知行合一　292，384，385，387－389，391，812

职而教之　300，301，552

职分　118，124，134，147，150，154，157，370，640

至诚　131，220－224，339，775，808，809

志同道合　214，703

制天命　111，164，249，257，268－270，272，273，389，733，789，792

制民恒产　525，616－622，687

制天　71，249，269，273，739

治国　23，83，85，86，114，117，120－122，130，139，147，148，160，172，202，219，221，231，238，250，253，257，282－285，289－292，301－303，305－307，315，319，338，347，349，355，357，360，368－370，372，377－379，381，390，391，395，396，400－402，405－408，410，415，418，425，433，448，452，459，463，465，466，470，471，474，476，491，494，496，511，523－525，527，531，537，541，543，546－557，560－563，566－571，574，576－578，580，582－604，606，607，613，615，617，626，629－631，633，639－642，645－648，651，655－658，661，664－667，669，670，672－674，677，678，681，685－688，709，710，716，717，723，724，726－730，736，760，762，770，773，774，776，778，779，781，784－787，791，802－805，809－811，813，814

治国理政　124，348，370，391，425，496，505，523－525，527，530，534－536，541，546，550，556，558，559，561，562，564，565，568，573，575－577，582－584，586－589，591，597－599，601，602，604，605，607，610－612，620，624，628，630，645，646，655－658，661，662，664，665，667，669，671－673，675－677，686，687

中和　73，74，94，98，121，131，146，217－220，235，378，573，600，605，701，703，715，766，808，809

中理　114，425

中事　114，218，253，263

中庸　22，43，68，70，71，73，79，83，96，98，111，114，118，120，121，130，131，177，206，208，209，216，217，219－224，226－228，231，236，242，250，265，274－276，278，279，284－287，289，323，330，336，339，349，

356, 378, 397, 401, 411, 415, 482, 486, 491, 499, 518, 557, 567, 575, 630, 658, 665, 666, 689, 690, 707, 724, 728, 730, 732, 736, 737, 740, 775, 791, 803, 807－809, 813, 814

忠信　75, 80, 109, 151, 187, 200, 209, 279, 283, 319, 332, 343－348, 358, 360, 362, 408, 467, 486, 510, 511, 520, 543, 572, 576, 578, 639, 660, 711, 720, 724

终身学习　380, 381, 391

众人　23, 47, 50, 64, 82, 123, 153, 162, 186－188, 228, 251, 252, 330, 332, 345, 349, 352, 355, 534, 659, 720, 722, 775, 791, 793

诸子百家　8, 20, 31, 34, 42, 62, 63, 69, 70, 78, 90, 100, 101, 105, 128, 359, 546, 582, 609, 612, 669, 729

庄子　19, 64, 65, 67－69, 73－76, 79, 81, 84－87, 100, 101, 103, 104, 106, 111, 116, 209, 225,

233, 238, 239, 241, 244, 247, 248, 250, 267, 274, 280, 298, 311, 364, 460, 462, 464, 466, 561, 584, 676, 677, 699, 700, 705, 735, 736, 754, 766, 781, 782, 795

自暴自弃　280, 340

自耕农　10, 11, 13, 126

自为　48, 77, 105, 152, 153, 297, 314, 690, 719, 721

宗法制　8, 10－12, 51, 52, 60, 61, 109, 120, 121, 123, 125, 126, 184, 186, 205, 219, 398, 416, 423, 426, 480, 493－495, 787

宗族　10－13, 24, 37, 51, 52, 54, 60, 120, 141, 185, 196, 197, 399, 410, 411, 414－417, 423, 426, 427, 440－446, 448, 469, 494, 496, 506, 732, 743, 804, 805

尊师重教　369－372, 391

尊贤相间　71

尊尊　18, 21, 68, 108, 123, 158, 188, 422, 443, 490, 575, 754, 758

# 后　　记

　　中国源远流长的历史孕育了博大精深的文化，历史馈赠给我们的既有厚重的文化积淀还饱含众多的思想瑰宝。作为社会学者深感拥有如此宝贵财富的荣幸，但更感深深的不安。今人总说中华有上下五千年的历史，但谈到社会学的创立时，难免有些"气馁"，学界普遍认为中国社会学"自西方社会学传入始"，社会学是"舶来品"。近年来，按照费孝通先生晚年的重要提示，我们系统梳理了"群学"概念体系，出版了《中国社会学：起源与绵延》一书，以群学概念体系证明了荀子群学就是中国古典社会学，确定了中国社会学有着自己的本土起源，进而证明了中国社会学不是始于清末民初，而是早在2200多年前就已然存在，这就将中国社会学的起始时间提早到战国末期。

　　本书正是循着中国社会学（群学）的基本脉络，从修身、齐家、治国、平天下四个层面，以"合群""能群""善群""乐群"为要旨，串联并逐一论述了100多个社会学命题的思想来源、基本内涵、社会背景、实践方法、古今价值，从而更为全面深入地揭示了群学的形成，清晰地呈现出群学的基本图景，展示了群学作为中国古典社会学的丰富内容、实践逻辑和历史价值。

　　群学命题体系的构建，不同于现行的西方社会学命题体系的构建方式，它是从浩瀚典籍中挖掘出具有中国本土与历史文化气息、符合社情民情的基本命题，阐述群学命题的基本内涵，实现与西方社会学的对话。这是从中国社会中生长出来的、真正能够实现中西会通的社会学。

　　为了写好《中国社会学史》（第一卷：群学的形成），早在2016年《中国社会学：起源与绵延》书稿定稿会上，景天魁研究员就提出在该书出版之后，紧接着就要全面而系统地梳理群学命题体系。为此，课题组召开了 10 多次研讨会，确定命题筛选、框架建构、学术论证等写作思路。

2017 年 2 月 24—26 日，景天魁在北京召开的课题组会议上正式提出《中国社会学史》（第一卷：群学的形成）一书的写作构想，确定按照合群、能群、善群及乐群的主线梳理命题体系，并要求据此筛选和提炼群学命题。循着这一思路，2017 年 5 月 26—28 日在西南大学召开讨论会，确定《中国社会学史》（第一卷：群学的形成）的写作框架，并就需要阅读的文献、查询的资料、可以请教的专家以及能够提炼的命题等进行了广泛而深入的讨论、论证和规划，订立了"抓住合群、能群、善群、乐群这条主线，写成命题演进史，而不是一般的思想史，更不能是哲学史"的写作要求和基调，依据文献与历史，跳出前人的套路，化繁为简，有根据地创新。同年 8 月 24—26 日在北京召开了第三次讨论会，讨论部分存在争议的命题，检查写作进度。同年 9 月 23—24 日，在中国社会科学院社会学所召开第四次讨论会，继续逐一对各个命题进行论证、取舍与完善。

2018 年 4 月 20—22 日，课题组在云南师范大学召开"'群学：中国社会学的历史渊源'学术研讨会"，邀请与会专家对《中国社会学史》（第一卷：群学的形成）已有的文稿进行审议，并引入新的学者专家，调整命题写作成员与方式，删除重复命题，增加并论证新的命题，强调要吸纳各学科能为群学所用之处。同年 6 月 16—17 日和 7 月 22—24 日课题组连续两次在中国社会科学院社会学所召开讨论会，邀请专家学者参与讨论，继续找问题、提建议，规范写作内容与形式。8 月 22—25 日在云南师范大学召开《中国社会学史》（第一卷：群学的形成）统稿会，采取各章负责人跨章统稿、学术顾问分章审稿的统稿方式。

2018 年 10 月《中国社会学史》（多卷本）荣获国家社科基金重大项目资助，课题组于 12 月 1—2 日在中国社会科学院社会学所召开全体会议，认真讨论了课题评审专家的意见和建议，决定从《中国社会学史》（多卷本）的全局出发，对第一卷（群学的形成）的写作提出更高

## 后 记

的要求：一是第一卷要构建"群学元典形态"；二是第一卷在《中国社会学史》（多卷本）中兼具"群学概论"的性质；三是第一卷的章节结构对于后面几卷具有"摹本"的意义。这次会议各章统稿人和学术顾问还就统稿进程和意见建议作了交流与研讨。2019 年 1 月 26—27 日，在中国社会科学院社会学所继续召开统稿会，基本确定了《中国社会学史》（第一卷：群学的形成）一书除第一、二章以外的全部内容。2019 年 3 月 15—17 日，在中国社会科学院社会学所召开的定稿会上，经过广泛讨论后最终将书名定为《中国社会学史》（第一卷：群学的形成）。此后，第一、二章增写了部分章节，新写了第八章。也就是说，全书的写作和统稿到 2019 年 7 月才完成，历时 3 年多。

《中国社会学史》（第一卷：群学的形成）由中国社会科学院的 5 个研究所、北京大学、中国人民大学、中国传媒大学、厦门大学、山东大学、西南大学、云南师范大学、武汉理工大学、西北大学等十几所高校和科研院所的 30 多位学者集体攻关而成。本书在写作过程中特邀相关领域专家开展专题讲座，以保证群学命题的专业性、学科性和准确性。还邀请中国社会科学院学部委员冯时，中国社会科学院研究员李存山、孙晓，山西社会科学院研究员楚刃等参与撰写和讨论，邀请中国社会科学院学部委员魏道儒、北京大学教授谢立中、中国人民大学教授刘少杰、中国传媒大学教授冯波、西北大学教授张茂泽等参与审稿和讨论。大家精诚合作、集思广益，共同完成了本书的写作。

为了保证本书的学术质量，课题组加强了统稿和审稿两个环节。第一、二、八章由中国社会科学院学部委员景天魁统稿，第三章由山东大学研究员杨善民统稿，第四章由武汉理工大学教授邓万春统稿，第五章由厦门大学教授高和荣统稿，第六章由云南师范大学教授毕天云统稿，第七章则由西南大学副教授何健统稿。统稿结束后，邀请中国社会科学院哲学研究所研究员李存山、中国人民大学教授刘少杰、山西省社会科学院研究员楚刃、中国社会科学院历史研究所研究员孙晓、山东大学研究员杨善民、北京大学教授谢立中、西北大学教授张茂泽、中国传媒大学教授冯波等专家进行审稿。

在本书提纲拟定、写作及统稿等阶段，中国社会科学院社会学研究所办公室和科研处、云南师范大学、西南大学等单位多次承办讨论会和统稿会。中国社会科学出版社社长赵剑英给予了大力支持,编辑张靖晗在申请国家出版基金过程中付出了艰辛的努力,责任编辑姜阿平认真细致高效,确保本书顺利出版。在此一并表示衷心感谢!

本书作者执笔情况如下(按章节顺序排列):

景天魁:总序,前言,第一章引言、结语、第四节第一小节,第二章引言、结语,第四章第二节第五小节,第八章。

孙晓:第一章第一节、第二节、第四节第二小节,第二章第四节。

楚刃:第一章第三节,第六章第三节(第一、二、三、五小节与徐珺玉合写)、第四节第一小节(与徐珺玉合写),第七章第二节第三小节(与柳小琴合写)、第二节第四小节(与刘佩合写)。

冯时:第二章第一节。

杨善民:第二章第二节,第三章引言、结语、第一节第二小节(与宋国恺合写)、第三小节、第四小节(与宋国恺合写),第三章第二节第二小节,第三章第四节第五小节。

李存山:第三章第一节第一小节,第四章第二节第四和第七小节、第五节第一小节,第六章第二节第二小节(与徐珺玉合写)。

宋国恺:第三章第一节第二小节(与杨善民合写)、第四小节(与杨善民合写),第四章第五节第二、三、四、五小节(与邓万春合写)。

徐磊:第三章第一节第五小节,第五章第一节第一小节、第二节第二小节。

苑仲达:第三章第二节第一、三、四、五小节。

高和荣:第三章第三节(第一小节与赵春雷合写),第五章引言、结语、第一节第二、三小节,第五章第二节第三、四、五、六小节,第五章第三节,第五章第四节第二、四、五节,后记。

赵春雷:第三章第三节第一小节(与高和荣合写)。

何健:第三章第四节第一、三、四小节,第七章引言、结语,第一节,第七章第二节第一小节,第七章第三节,第七章第四节第一、二小节,第七章第五节(与刘佩合写)。

蒋梓莹:第三章第四节第二小节,第七章第四节第三、四小节。

# 后 记

顾金土：第四章第一节第一、二、四小节。

邓万春：第四章引言、结语，第一节第三小节，第四章第二节第二、六小节，第四章第三节，第四章第四节第二、四小节，第四章第五节第二、三、四、五小节（与宋国恺合写）。

杨树美：第四章第二节第一小节，第六章第五节第一、二小节。

王俊秀：第四章第二节第三小节。

陈为雷：第四章第四节第一小节，第五章第一节第四小节。

张曙晖：第四章第四节第三小节。

杨建海：第五章第二节第二小节，第五章第四节第一、三小节。

徐珺玉：第六章第一节，第六章第二节第二小节（与李存山合写），第六章第三节第一、二、三、五小节（与楚刃合写），第六章第四节第一、二、三、四小节（第一小节与楚刃合写）。

毕天云：第六章引言、结语，第二节第一、三、四、六、七、八小节（第八小节与周梁云合写），第六章第四节第五小节，第六章第五节第三、四小节，第七章第二节第二小节。

周梁云：第六章第二节第五小节，第六章第二节第八小节（与毕天云合写）。

柳小琴：第七章第二节第三小节（与楚刃合写）。

刘佩：第七章第二节第四小节（与楚刃合写），第七章第五节（与何健合写）。

张娜：参考文献、索引汇总整理，部分章节文稿脚注规范处理。

高和荣执笔
2019年9月1日